**FÉDÉRATION NATIONALE
DES LOGIS ET AUBERGES DE FRANCE**
25, rue Jean-Mermoz · 75008 Paris · Tél. (1) 43 59 86 67
Télex 643 562 F

CARTE ROUTIÈRE

AVEC LES LOCALITÉS FIGURANT DANS LE

GUIDE 1988

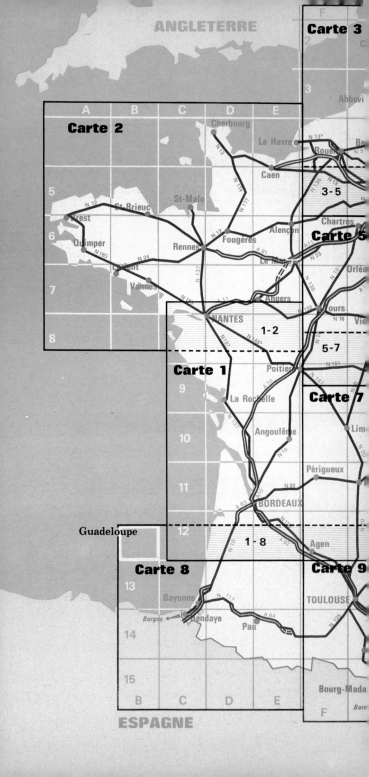

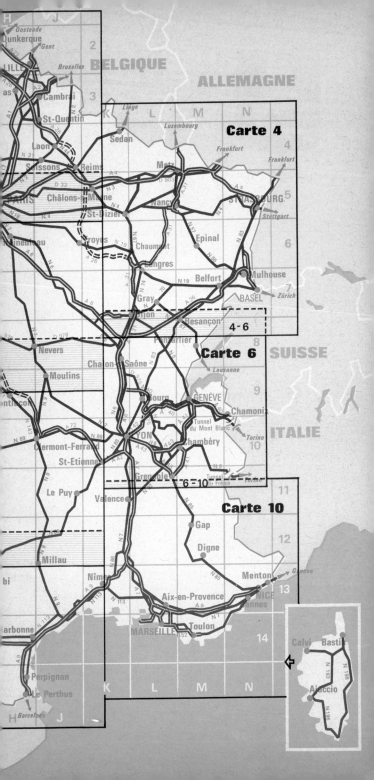

LOGIS DE FRANCE

Certains Hôtels, situés dans de très petites localités figurant sur ces cartes, sont référencés à l'intérieur du Guide sous le nom d'une autre commune. Pour les retrouver, veuillez vous reporter, en fin de brochure, à la liste alphabétique des localités regroupées par département.

Légende des cartes régionales

le noir est exclusivement réservé à la localisation et à la désignation des localités possédai Logis de France et/ou Auberges de France les villes repères étant mentionnées en b

●	Logis de France et / ou Auberges de France
⬟	Agglomérations importantes
○	Autres localités repères
MARSEILLE PARIS	Villes de plus de 200.000 habitants
Blois Pai	Préfectures et sous-préfectures
Gérardmer Clisson	Chefs-lieux de cantons et communes
A 13	Autoroutes en service
N 7	Principaux axes routiers (correspondant au réseau de la France générale)
N 160 D 949-	Grandes routes
D 632	Autres routes
-----------	Limites de départements
— — — —	Liaisons maritimes
	Régions de sports d'hiver

Chaque côté du quadrillage des cartes représente environ 70 km

l'emprise et la numérotation des 10 cartes ci-après correspondent au découpage et aux numéros figurant en noir sur la France générale de la page précédente.

AUBERGE DE FRANCE

Editions Grafocarte  GRAINDORGE

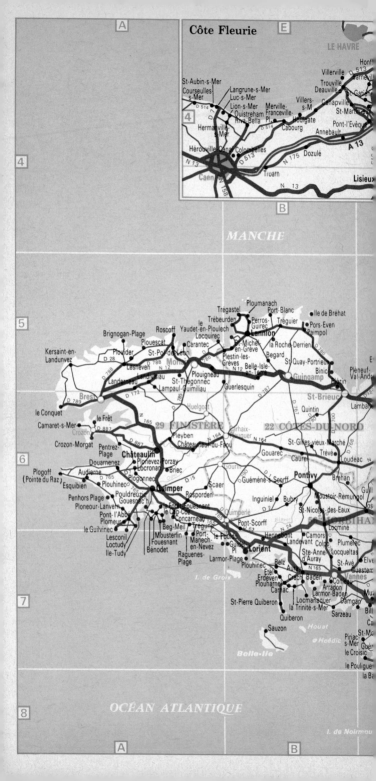

Côte Fleurie

LE HAVRE

Honf
Villerville
Trouville
Deauville
Canapville
St-Gatien
St-Martin
Pont-l'Evèque
Annebault

St-Aubin-s-Mer
Courseulles-s-Mer
Langrune-s-Mer
Luc-s-Mer
Lion-s-Mer
Merville-Franceville-Pl
Villers-s-M
Quistreham
Houlgate
Hermanville-s-Mer
Riva-Bella
Cabourg
Hérouville
Canal
Colombelles
Dozulé

Caen
Troarn
Lisieux

N 13

A 13

MANCHE

Tregastel
Ploumanach
Port-Blanc
Ile de Bréhat
Trébeurden
Perros-Guirec
Tréguier
Pors-Even
Brignogan-Plage
Roscoff
le Yaudet-en-Ploulech
Lannion
Paimpol
Plouescat
Locquirec
St-Michel-en-Grève
la Roche-Derrien
Kersaint-en-Landunvez
Plouider
Carantec
Plestin-les-Grèves
St-Quay-Portrieux
Pléneuf-Val-André
Lesneven
St-Pol-de-Léon
Morl
Belle-Isle-en-Terre
Bégard
Binic
Landivisiau
Plouigneau
Guingamp
Landerneau
Plouigneau
St-Thégonnec
Guerlesquin
Brest
Lampaul-Guimiliau
Huelgoat
Quintin
St-Brieuc
Lamba

le Conquet
le Frèt
29 FINISTÈRE
Carhaix-Plouguer
22 CÔTES-DU-NORD
Camaret-s-Mer
Crozon
Pleyben
St-Gilles-vieux-Marché
Crozon-Morgat
Châteauneuf-du-Faou
Gouarec
Trévé
Loudéac
Pentrez-Plage
Châteaulin
Plonévez-Porzay
Caurel
Douarnenez
Locronan
Briec
Gourin
Plogoff
Audierne
Pont-Scorff
Pontivy
Bréhan
(Pointe du Raz)
Scaer
Guémené-s-Scorff
Esquibien
Quimper
Guli
Penhors Plage
Pouldreuzic
Rosporden
Inguiniel
Bubry
Moustoir-Remungol
los
Plouhinec
Gouesnac'h
le Cap-Coz
St-Nicolas-des-Eaux
Ploneour-Lanvern
le Fort-Fouesnant
Quimperlé
MORBIHA
Pont-l'Abbé
Concarneau
Locmine
Plomeur
Beg-Meil
Tréguine
Pont-Scorff
le Guilvinec
Mousterlin
le Pouldu
Hennebont
Camors
Lesconil
Fouesnant
Port-Manech-en-Nevez
Guidel
Landevant
Colp
Plumelec
Loctudy
Bénodet
Larmor-Plage
Lorient
Ste-Anne-d'Auray
Locqueltas
Ile-Tudy
Raguenes-Plage
Plouhinec
Belz
Crach
Baden
St-Avé
Elve
Erdeven
Auray
Conleau
Guesten
Plouharnel
Arradon
Vannes
St-Pierre Quiberon
Carnac
Locmariaquer
Larmor-Baden
Damgan
Mu
la Trinité-s-Mer
Sarzeau
Bill
Ca
Quiberon
Houat
Piriac-s-Mer
St-Mc
Sauzon
Hoëdic
Gerand
le Croisic
Belle-île
le Pouligue
la Ba

OCÉAN ATLANTIQUE

I. de Groix

I. de Noirmou

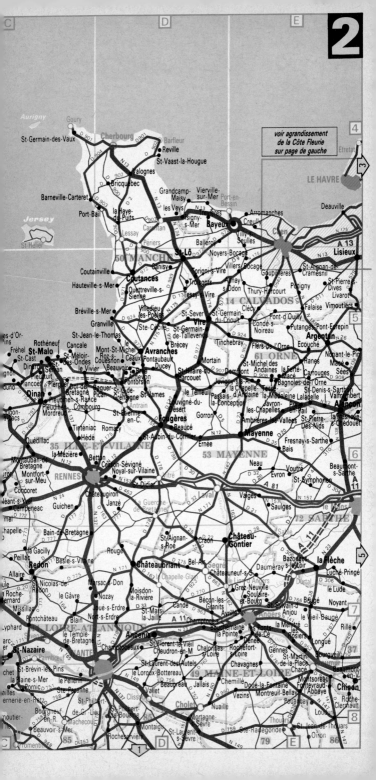

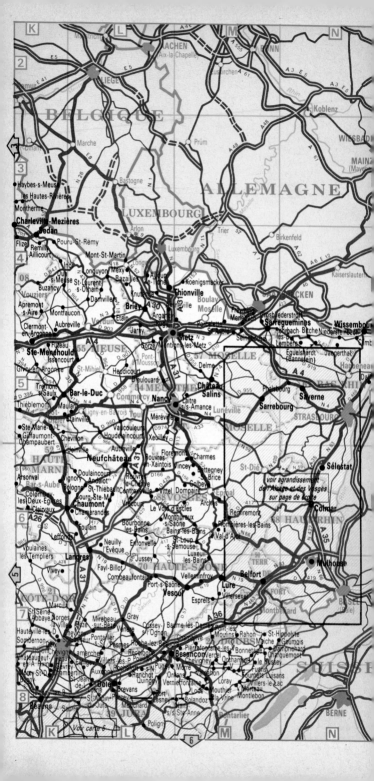

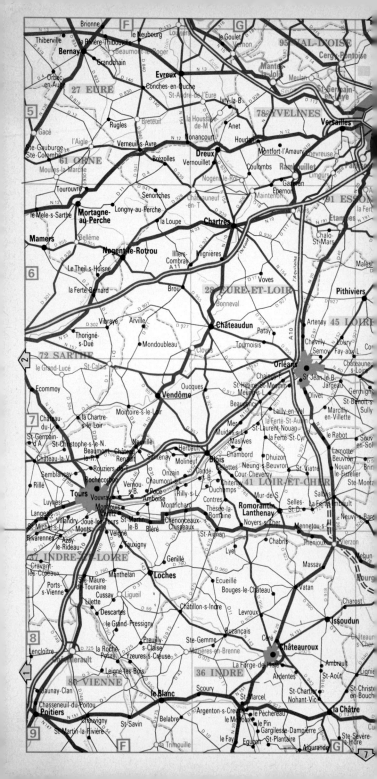

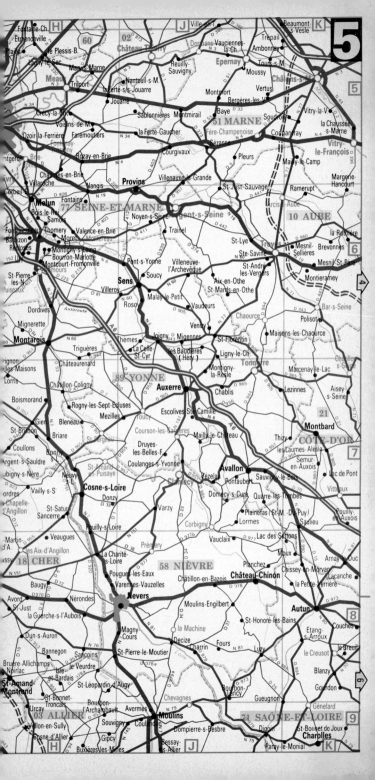

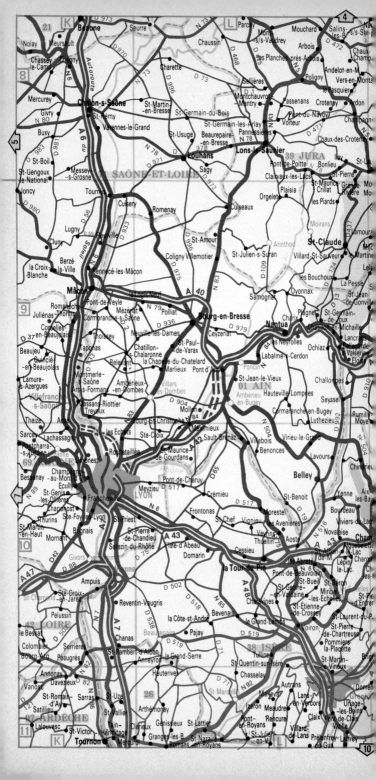

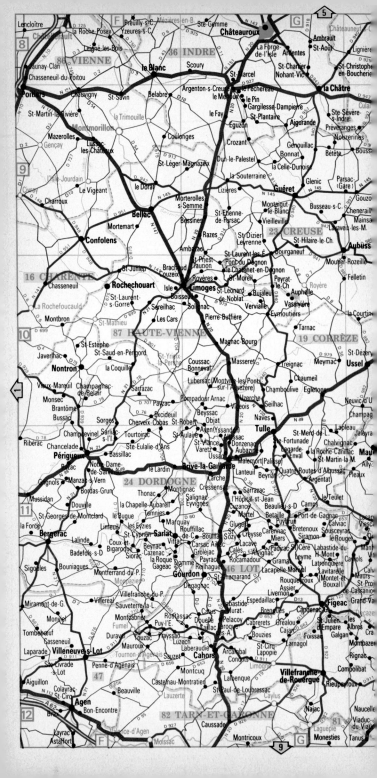

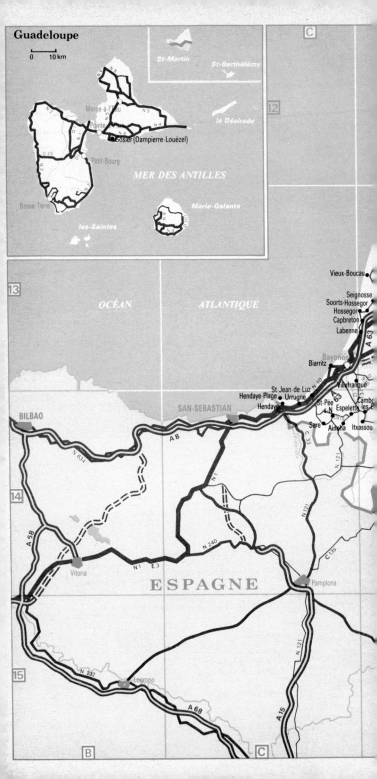

Guadeloupe

0   10 km

St-Martin
St-Barthélémy

C

12

la Désirade

Morne-à-l'Eau

Pointe-à-Pitre

Gosier (Dampierre-Louézel)

Petit-Bourg

MER DES ANTILLES

Marie-Galante

Basse-Terre

les-Saintes

13

OCÉAN   ATLANTIQUE

Vieux-Boucau

Seignosse
Soorts-Hossegor
Hossegor
Capbreton
Labenne

Bayonne

Biarritz

St-Jean-de-Luz   Villefranque
Hendaye-Plage   Urrugne   Cambo
                 Hendaye   St-Pée   Espelette-les-
SAN-SEBASTIAN   Itxassou
BILBAO   Sare   Ainhoa

A 8

N 634

14

A 58

N 1

N 1 E 3

Vitoria

N 240

ESPAGNE

Pamplona

C 135

N 121

15

N 232

Logroño

A 68   A 15

B   C

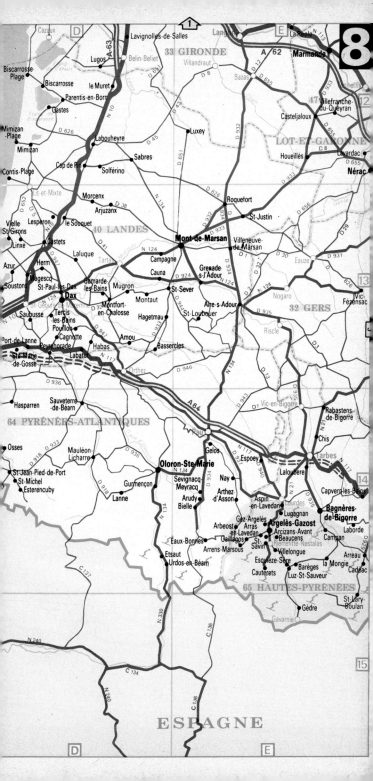

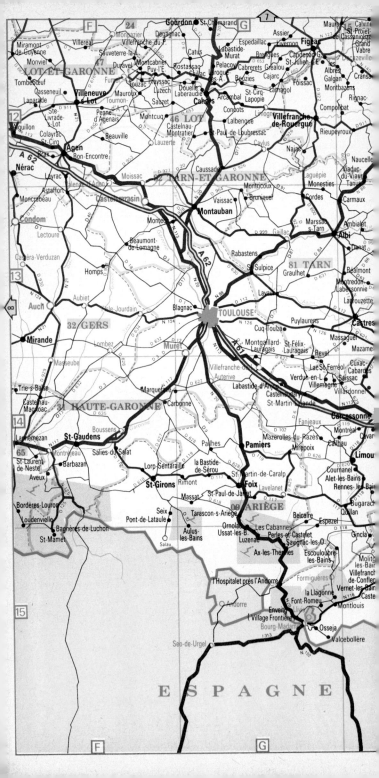

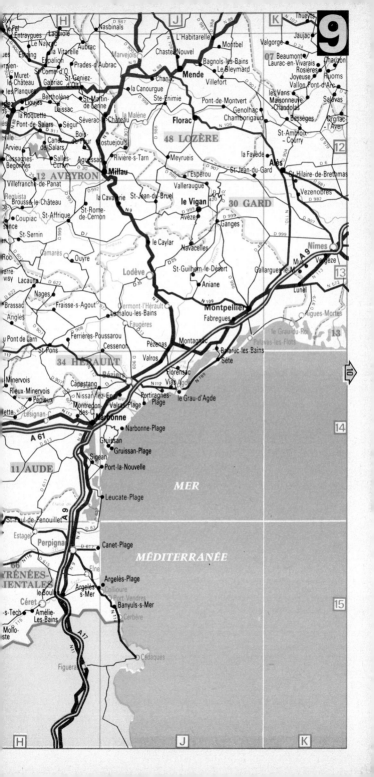

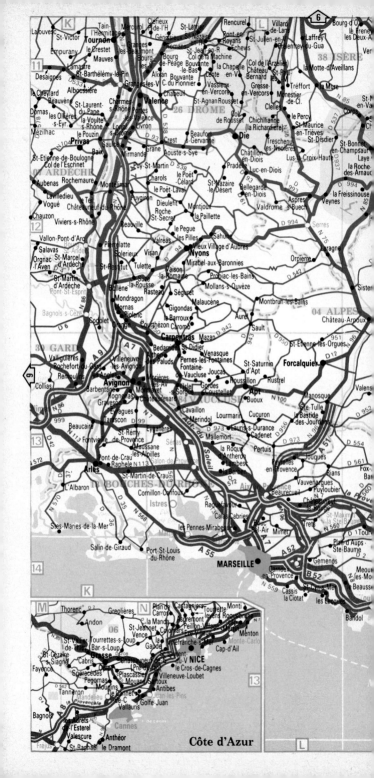

Côte d'Azur

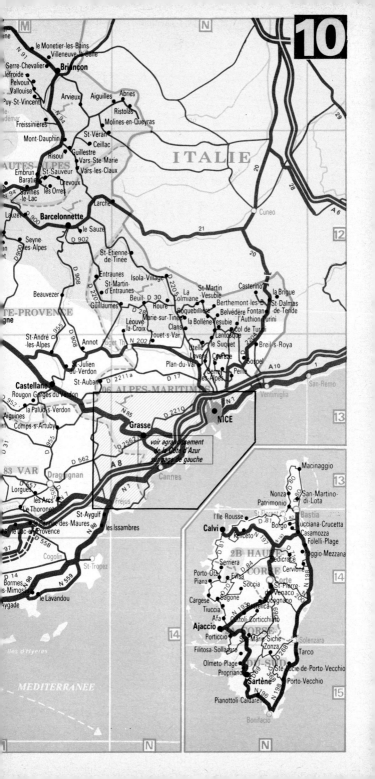

Cet encart est le complément indispensable du guide
des LOGIS et AUBERGES DE FRANCE

1988

Editions FIVEDIT - 96, rue du Faubourg-Poissonnière - 75010 Paris
Cartographie Graindorge, 16, rue Etienne-Marcel, 75002 Paris
Sources de documentation : I.G.N. Ministère des Transports
PRINTED IN FRANCE
Reproduction interdite - Dépôt légal 1er trimestre 1988
N° ISBN 2-903021-10-4

MOËT & CHANDON

SOPAD NESTLÉ
Restauration Professionnelle
Distribution Automatique

OLIDA
RESTAURATION

BON APPETIT, BON OLIDA !

S. Nanterre B 310 580 410 · BET

4658 hôteliers-restaurateurs ont choisi OLIDA pour satisfaire leurs clients.

OLIDA RESTAURATION BP123 92201 Neuilly Cedex

« LOGIS EN LIBERTÉ »

340 hôtels-restaurants « Logis et Auberges de France » vous proposent une manière simple et agréable de visiter la France entière.

Comment utiliser "LOGIS EN LIBERTÉ" ?

Grâce à "Logis en Liberté" vous pouvez vous promener dans toute la France au gré de vos envies et de vos découvertes. Vous résidez à l'hôtel en demi-pension, ce qui vous permettra de déguster et d'apprécier la cuisine régionale et les différentes spécialités françaises.
— Vous achetez des bons d'échange,
— Vous pouvez réserver à l'avance vos étapes par l'intermédiaire de vos bons d'échange et le dépliant "Logis en Liberté" ; à ce moment-là vous faites vos réservations d'hôtel en hôtel avec l'aide de l'hôtelier.
Vous découvrirez ainsi grâce à ce système, et à des prix raisonnables, la France authentique.
Pour toute information complémentaire, contactez votre agence de voyage dont le téléphone et l'adresse figurent ci-dessous.

A simple and pleasant way to discover the entire France with 340 hotels-restaurants « Logis et Auberges de France » throughout the country.

How to use "LOGIS EN LIBERTÉ" ?

The Logis name and logo have long been synonymous with a warm friendly welcome, pleasant atmosphere and delicious regional cuisine. Now Logis et Auberges de France bring you "Logis en Liberté", the best way to discover the real France. Either pre book hotels or meander through rural France staying at one of more than 300 family run participating hotels on a half board basis. Logis offers the way to discover authentic France at establishments normally found beyond the large towns.
— You buy vouchers and then go: "Logis en Liberté" can be used in two ways. Either pre book your entire stay or book the first and last nights accomodation then with help of the proprietor.
— Either way, you are sure to discover the authentic France...
Utilising the "LOGIS EN LIBERTÉ" system, you will discover the true face of France at reasonable prices. For further information, please contact your travel agent (telephone number and adress listed below).

ARGENTINA : ARTRIC TRAVEL, BUENOS AIRES. Tél. 312.5297
ARGENTINA : GIMEZA TURISMO, BUENOS AIRES. Tél. 392.1651
AUSTRALIA : FRANCE BONJOUR TRAVEL, SYDNEY. Tél. 02.438.47.33
BELGIQUE : FHAM TOURISME, BRUXELLES. Tél. 02.538.84.12
BELGIQUE : JOKER TOERISME, BRUXELLES. Tél. 02.648.78.78
BELGIQUE : VOYAGE LA FAMILLE, BRUXELLES.
BELGIQUE : V.T.B., ANTWERPEN. Tél. 3.234.34.34
CANADA : TOURS CHANTECLERC, MONTREAL. Tél. 514.861.9749
CANADA : DER TOURS, TORONTO. Tél. 416.968.33.19
DENMARK : GITES DE FRANCE, COPENHAGUEN. Tél. 1.32.67.50
DENMARK : PROFIL REJSER, COPENHAGUEN. Tél. 225.588
DEUTSCHLAND : FRANCE REISEN, MUNCHEN. Tél. 089.28.82.37
DEUTSCHLAND : GITES DE FRANCE, FRANKFURT/A/MAIN. Tél. (069) 68.35.99
DEUTSCHLAND : PRIVATOURS, FRIEDBERG. Tél. 06031.93244
EIRE : FERRY TOURS/IRISH CONTINENTAL LINE, DUBLIN. Tél. 01.77.56.93
FRANCE : VOYAGES SAULNIER, PARIS. Tél. (1) 42.60.37.51
GREAT BRITAIN : GITES DE FRANCE, LONDON. Tél. 1.491.09.14
GREAT BRITAIN : T.V.O., LONDON. Tél. 01.749.63.39
ITALIA : GRANTOUR, SAN DONATO MILANESE.
ITALIA : SIAM, TORINO. Tél. 39.11.517.481
ITALIA : TALENTI VIAGGI, ROMA. Tél. 82.78.114
NEW ZEELAND : ATLANTIC AND PACIFIC, AUCKLAND. Tél. 770.660
NEDERLAND : BELVILLA C.V., ALKMAAR. Tél. 726.225.44
NEDERLAND : STICHTING GITES DE FRANCE, AMSTERDAM. Tél. 20.27.67.00
NEDERLAND : VAN GINKEL, WADDINX VEEN.
NORGE : INFORMA TOURS, OSLO. Tél. 202.160
ÖSTERREICH, ARBÖ, WIEN. Tél. 0222.85.35.35
ÖSTERREICH, MERIDIAN, WIEN. Tél. 0222.51.54.80
PORTUGAL, MAPAMUNDO VIAGENS, LISBOA. Tél. 57.04.03
SOUTH AFRICA : WILLIAMS WORLD, JOHANNESBURG. Tél. (011) 331.0681
SPANIA : ICARIA, BARCELONA. Tél. 214.10.50
SPANIA : T.M.R., MADRID. Tél. 449.69.09
SVERIGE : FRANCE TOURSAB, STOCKHOLM. Tél. 08.71.40.980
USA : ICIS Inc, CHICAGO. Tél. 1.800.621.3252
USA : NOVA WORLD TOURS, SURFSIDE - FLORIDA. Tél. 1.800.327.77.36
USA : US OVERSEAS TOURS, FORT WORTH - TEXAS.
COLOMBIA - VENEZUELA - PERU - URUGUAY - PUERTO RICO : AGENCIAS MELIA

Sommaire

Contents · Inhaltsangabe · Inhoud · Sommario · Indice

Pages

LES LOGIS ET AUBERGES DE FRANCE

4 658 hôtels-restaurants
dans 3 271 localités et 92 départements

''Première chaîne nationale d'hôtellerie artisanale dans le monde''

vous proposent leur charte de qualité.

Comment tout savoir? Rendez-vous page 4.

THE LOGIS AND AUBERGES DE FRANCE

4 658 hotel-restaurants
in 3 271 localities and 92 departments of France

''The world's top national chain of family-run hotels''

offers you its quality charter.

To find out all you need to know - Turn to page 6.

DIE LOGIS UND AUBERGES DE FRANCE

4 658 Hotels-Restaurants
in 3 271 Orten und 92 Departements

''Die bedeutendste nationale Kette unabhängiger Hotels der Welt''

bieten Ihnen ihre Qualitätscharta.

Wie informieren Sie sich? Wissenswertes auf Seite 8.

DE LOGIS EN AUBERGES DE FRANCE

4 658 hotel-restaurants
in 3 271 plaatsen en 92 departementen

"De grootste nationale keten van familiehotels in de wereld"

biedt U hun kwaliteit-charter aan.

Hoe komt men alles te weten? Afspraak op bladzijde 10.

I LOGIS E AUBERGES DE FRANCE

4 658 alberghi-ristoranti
in 3 271 località e 92 dipartimenti

"Prima catena alberghiera nazionale di tipo artigianale del mondo"

vi propongono la loro cartina di qualità.

Come sapere tutto? Appuntamento a pagina 12.

LOS LOGIS Y AUBERGES DE FRANCE

4 658 hoteles-restaurantes
en 3 271 localidades y 92 departamentos

"Primera cadena nacional de hotelería artesanal del mundo"

le proponen su carta de calidad.

¿Cómo saberlo todo? Le damos cita en la página 14.

BIENVENUE

Je suis heureux et fier de vous présenter notre Guide 1988.

Il vous permettra, j'en suis certain, de découvrir parmi nos 77 985 chambres celle qui vous convient, celle où vous vous sentirez ''chez vous''.

Notre ambition est en effet que, d'un Logis ou d'une Auberge à l'autre, tout en changeant à chaque fois de décor, vous ne soyez jamais ''le client'', mais plutôt l'ami de passage.

Ainsi, au travers de la chaleur de notre accueil, grâce à la cuisine typique de notre beau pays, vous rentrerez après votre voyage ayant trouvé une hôtellerie de tradition offrant le meilleur confort, vous aurez découvert ce qu'est véritablement l'image de la France.

A tous, je souhaite bonne route...
et bienvenue dans les Logis
et Auberges de France.

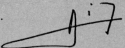

4 095 Logis de France
563 Auberges de France

Ce sont des hôtels de petite ou moyenne capacité, à gestion familiale, dont une des caractéristiques est d'être situés presque exclusivement en dehors des centres urbains, dans nos beaux villages de France.

4 095 Logis de France classés généralement en 1 ou 2 étoiles Tourisme.

563 Auberges de France dont la capacité d'hébergement ne leur permet pas d'accéder aux normes officielles de classement.

Les Logis et Auberges de France, c'est :

4 658 hôtels-restaurants unis autour d'une **Charte de qualité**, qui vous garantit :
- la chaleur d'un accueil personnalisé : vous serez un hôte payant ;
- un confort correspondant aux normes officielles de tourisme ;
- une cuisine faisant une large place aux produits régionaux et aux spécialités ''maison'' ;
- des prix raisonnables.

COMMENT RÉSERVER ?

Toute réservation doit se faire par écrit auprès de l'hôtelier avec un versement d'arrhes qui vous seront remboursées **à la fin de votre séjour pour la période convenue**.

L'usage établit qu'en cas de réservation annulée ou différée ou subissant une réduction de durée, **l'hôtelier doit être dédommagé du préjudice qu'il subit** et est en droit de conserver les arrhes. L'hôtelier demeure seul juge de considérer si le délai jusqu'au séjour prévu lui laisse le temps de relouer la chambre.

MONTANT DES ARRHES

Il n'existe pas de montant légal des arrhes. Cependant l'usage a généralement consacré le barème suivant :

— **par exemple**, pour un séjour d'une semaine,
sans pension : 3 nuitées,
en pension complète : 4 jours de pension.

LES PRIX

Les prix mentionnés dans le Guide ont été communiqués au 1er septembre 1987 et **ne peuvent en aucun cas être contractuels**. Lors de la réservation, il est donc nécessaire de les faire confirmer, les conditions économiques et la réglementation pouvant entraîner quelques variations.

PRIX PENSION
Par personne et par jour : ils comprennent chambre, petit déjeuner, déjeuner et dîner.

PRIX 1/2 PENSION
Par personne et par jour : ils comprennent chambre, petit déjeuner, déjeuner ou dîner.

PRIX CHAMBRE ''CH''
Ils s'entendent **à la chambre et non par personne**.

PARTICIPEZ AVEC LES LOGIS ET AUBERGES DE FRANCE A LA MISE EN VALEUR DE LA CUISINE RÉGIONALE

Qui mieux que les Logis et Auberges de France peut faire découvrir à la clientèle française et étrangère les traditions culinaires de la France et l'infinie variété de notre cuisine régionale ?

VOUS VOULEZ DÉCOUVRIR NOS SPÉCIALITÉS RÉGIONALES ?

Suivez le signe distinctif de notre petite casserole : elle vous indique les hôteliers-restaurateurs qui ont bien voulu mettre à l'honneur les produits régionaux amoureusement cuisinés dans le respect des recettes traditionnelles de leur région ou à partir de créations originales propres à leurs maisons.

Avec nous, participez à la mise en valeur de notre cuisine régionale durant l'été 1988 :
— **demandez à nos hôteliers-restaurateurs le questionnaire correspondant ;**
— **donnez-nous votre appréciation sur les mets dégustés** (exclusivement ceux indiqués par la petite casserole).

Grâce à votre réponse, vous serez peut-être l'**heureux gagnant** d'un séjour dans un Logis ou dans une Auberge de France, offert par nos Associations départementales, et vous nous permettrez de désigner les hôteliers-restaurateurs finalistes de la Promotion de la cuisine régionale 88.

Pour honorer de votre visite les finalistes Eté 87, reportez-vous page 23.

WELCOME
TO THE LOGIS AND AUBERGES DE FRANCE

I am happy and proud to introduce our Guide for 1988.

I know it will help you find among our 77 985 rooms the one that suits you : the one that will really make you feel at home.

We want you to be more than a hotel guest — from one Logis or Auberge to another, even though your surroundings will be different each time, we want you to feel like a friend dropping in.

We want the warmth of our welcome and the typical cuisine of our lovely country to leave you, when you go home at the end of your trip, with a memory of traditional hotels offering the very best in comfort : you will have discovered the true face of France.

Have a pleasant trip.
and welcome to the Logis
and Auberges de France.

4 095 Logis de France
563 Auberges de France

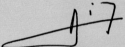

These are small or medium family-run hotels, almost all of which are situated outside urban areas, in France's lovely villages.

4 095 Logis de France, mainly classified as one- or two-star tourist hotels.

563 Auberges de France, which have too few rooms to qualify for the official star ratings.

The Logis and Auberges de France means :

4 658 hotels-restaurants united by a **Quality Charter** which guarantees :
- a warm personal welcome as a ''paying guest'',
- comfortable accommodation at least in accordance with the official standards for tourist hotels,
- cooking that makes a feature of regional dishes and the chef's own specialities,
- prices listed inclusive of service.

BOOKING

All bookings must be made directly with the hotel keeper, in writing and accompanied by a deposit of earnest money, which will be returned to you **at the end of your stay for the agreed period**.

The established practice is that where a booking is cancelled or postponed, or where the stay is shorter than originally booked, **the hotel keeper must be compensated for the loss suffered** and has the right to keep the deposit. The hotel keeper alone has the right to decide whether it is possible for him to re-let the room in the time left before the cancelled booking.

THE DEPOSIT SUM

There is no legally set sum for the deposit. However, the generally accepted custom has established the following rates:
- **for example**, for a one-week stay,
  without board: 3 room nights,
  full board: 4 days' full board.

THE PRICES

The prices quoted in the Guide are those supplied to us as at 1st September 1987, and **cannot under any circumstances be contractual**. These prices may be subject to change owing to government regulations or the economic situation, and it is advisable to confirm exact prices when you book.

FULL BOARD PRICES
Per person per day: these prices include room, breakfast, lunch and dinner.

HALF BOARD PRICES
Per person per day: these prices include room, breakfast, lunch or dinner.

ROOM PRICES "CH"
This is the price **per room, not per person**.

CELEBRATE FRANCE'S REGIONAL CUISINE WITH THE LOGIS AND AUBERGES DE FRANCE

Who better than the Logis et Auberges de France to introduce French guests and visitors from abroad to the fine traditions of French cookery and the infinite variety of France's regional dishes?

DISCOVER
OUR REGIONAL SPECIALITIES!

Follow the distinctive little saucepan symbol: this indicates the innkeepers who give pride of place to regional produce lovingly prepared, either to traditional recipes from the region or to the chef's own original recipes.

> Take part in our celebration of regional cuisine with the **Summer 1988 competition**:
> - **ask our innkeepers for the regional cuisine questionnaire**;
> - **give us your opinion of the dishes you have tried** (only those marked with the saucepan symbol).
>
> You could be the **lucky winner** of a stay in a Logis or Auberge de France paid for by our local Associations in each department of France; and your comments will help us to select the 1988 regional cuisine finalists.
>
> To find out which Auberges and Logis are on our Summer '87 finalists list, turn to page 23.

EIN HERZLICHES WILLKOMMEN

Ich bin glücklich und stolz, Ihnen unseren Führer 1988 vorlegen zu dürfen.

Ich bin sicher, daß er es Ihnen ermöglichen wird, unter unseren 77 985 Zimmern jenes zu finden, das Ihnen entspricht, und in dem Sie sich zu Hause fühlen werden.

Wenn Sie von einem Logis oder einer Auberge zur anderen fahren, ist es unser Bestreben, daß Sie zwar immer eine andere Atmosphäre vorfinden, aber niemals der ''Kunde'' sondern vielmehr der durchreisende Freund sind.

So werden Sie über die Herzlichkeit Ihrer Aufnahme und dank der typischen Küche unseres schönen Landes nach Ihrer Reise heimkehren und eine traditionelle Hotellerie entdeckt haben. Sie werden das wahre Frankreich kennengelernt haben.

Ich wünsche Ihnen allen eine gute Reise
und ein herzliches Willkommen
in den Logis
und Auberges de France.

4 095 Logis de France
563 Auberges de France

Es handelt sich um kleine oder mittlere Hotels, die im Familienbetrieb geführt werden. Eines ihrer Merkmale besteht darin, fast ausschließlich außerhalb der Stadtgebiete, in unseren schönen Dörfern Frankreichs, zu liegen.

4 095 Logis de France, die im allgemeinen der 1- oder 2-Stern-Kategorie angehören.

563 Auberges de France, deren Beherbergungskapazität es ihnen nicht erlaubt, den offiziellen Einstufungsnormen zu entsprechen.

Die Logis und Auberges de France bedeuten :

4 658 Hotels-Restaurants, die eine **Qualitätscharta** einhalten, die Ihnen folgendes garantiert :
— die Herzlichkeit eines persönlichen Empfangs : Sie sind ein ''zahlender Gast'' ;
— einen Komfort, der den offiziellen Fremdenverkehrsnormen entspricht ;
— eine Küche, die weitgehend regionale Produkte und Spezialitäten des Hauses bietet ;
— Inklusivpreise.

RESERVIERUNGEN ?

Reservierungen haben schriftlich mit einer Anzahlung an den Hotelier gerichtet zu werden. Die Anzahlungsbeträge werden **am Ende Ihres Aufenthaltes für den entsprechenden Zeitraum** rückerstattet.

Es ist üblich, daß bei Stornierungen, Aufschub oder Verkürzungen des Aufenthalts, **der Hotelier für den erlittenen Schaden entschädigt werden muß** und das Recht hat, die Anzahlung einzubehalten. Es ist dem Hotelier überlassen zu beurteilen, ob die bis zum vorgesehenen Aufenthalt verstrichene Zeit ausreicht, um das Zimmer weiterzuvermieten.

ANZAHLUNGSBETRAG

Es gibt keine gesetzliche Regelung für Anzahlungsbeträge. Üblicherweise gilt jedoch folgendes:
— **Beispiel**, für einen einwöchigen Aufenthalt,
  ohne Pension: 3 Übernachtungen,
  mit Vollpension: 4 Tage mit Pension.

PREISE

Die im Führer angegebenen Preise wurden am 1. September 1987 bekanntgegeben und **sind keinesfalls verbindlich**. Sie müssen deshalb bei der Reservierung bestätigt werden, da wirtschaftliche Bedingungen und Gesetzgebung Abweichungen mit sich bringen können.

PENSIONSPREISE
Pro Person und Tag. Sie beinhalten Zimmer, Frühstück, Mittag- und Abendessen.

HALBPENSIONSPREISE
Pro Person und Tag. Sie beinhalten Zimmer, Frühstück, Mittag- oder Abendessen.

ZIMMERPREISE ''CH''
Gelten **pro Zimmer und nicht pro Person**.

NEHMEN SIE MIT DEN LOGIS UND AUBERGES DE FRANCE AN DER FÖRDERUNG DER REGIONALEN KÜCHE TEIL

Welcher bessere Ort als die Logis et Auberges de France bietet sich, um der französischen und ausländischen Kundschaft die kulinarischen Traditionen Frankreichs und die unendliche Vielfalt unserer regionalen Küche näherzubringen?

WOLLEN SIE UNSERE REGIONALEN SPEZIALITÄTEN ENTDECKEN ?

Dann folgen Sie unserem Erkennungszeichen, dem kleinen Kochtopf: Er weist die Hoteliers und Gastwirte aus, die mit Liebe zubereitete regionale Produkte, traditionelle Rezepte ihrer Region oder originelle Kreationen des eigenen Hauses anbieten.

Nehmen Sie mit uns an der Förderung unserer regionalen Küche im Sommer 1988 teil:
— **verlangen Sie von unseren Hoteliers und Gastwirten den entsprechenden Fragebogen;**
— **teilen Sie uns Ihre Bewertung der gekosteten Gerichte mit** (ausschließlich jener, die durch den kleinen Kochtopf ausgewiesen sind).

Dank Ihrer Antwort werden Sie vielleicht der **glückliche Gewinner** eines Aufenthalts in einem Logis oder einer Auberge de France sein, der von unseren Verbänden der Departements geboten wird, und Sie ermöglichen uns dadurch, die Gastwirte zu benennen, die in die Endrunde des Wettbewerbs zur Förderung der regionalen Küche 88 gelangt sind.

Wenn Sie die Teilnehmer der Endrunde des Sommers 87 durch Ihren Besuch auszeichnen wollen, schlagen Sie Seite 23 auf.

WELKOM

Ik ben blij en trots U onze Gids voor 1988 te presenteren.

Ik ben ervan overtuigd dat deze Gids met onze 77 985 kamers U in staat stelt net die kamer te vinden die U zoekt en waarin U zich ''thuis'' voelt.

Wij streven er dan ook inderdaad naar dat, al trekkend van het ene naar het andere ''Logis'' of ''Auberge'', waarbij U iedere keer in een andere omgeving terecht komt, U zich niet de ''klant'' maar eerder een vriend op doorreis voelt.

Wanneer U na Uw reis weer thuis bent, heeft U door de hartelijkheid van ons welkom en dankzij de keuken die ons mooie land zo kenmerkt, een traditiegetrouw hotel met het beste comfort gevonden en derhalve het ware gezicht van Frankrijk kunnen ontdekken.

Ik wens U allen een goede reis
en van harte welkom in onze Logis
en Auberges de France.

4 095 Logis de France
563 Auberges de France

Dit zijn kleine of middelgrote hotels, die in familieverband worden beheerd met als één van de kenmerken dat zij bijna uitsluitend buiten de steden, maar in onze mooie Franse dorpen zijn gelegen.

4 095 Logis de France doorgaans met 1 of 2 Toeristenklasse sterren.

563 Auberges de France die door hun geringere hotelcapaciteit buiten de officiële normen van de rangschikking vallen.

De Logis en Auberges de France, is :

4 658 hotel-restaurants, verenigd door een **Kwaliteit-Charter**, die U het volgende garandeert :
– de hartelijkheid van een persoonlijk welkom dat U wordt toebereid : U bent een betalende gast ;
– een comfort dat met de officiële normen van de Toeristenklasse overeenkomt ;
– een keuken die een grote plaats inruimt voor de regionale produkten en voor speciale ''eigengemaakte'' gerechten ;
– de prijzen zijn inclusief bediening.

Alle reserveringen worden schriftelijk bij de hoteleigenaar gemaakt met een borgsom die aan het **einde van Uw verblijf van de overeengekomen tijdsduur** aan U wordt terugbetaald.

De gewoonte wil dat ingeval van een geannuleerde of uitgestelde reserveringen, of reserveringen van een kortere tijdsduur, **de hoteleigenaar schadeloos moet worden gesteld voor de schade die hij ondervindt** en in dat geval heeft hij het recht de borgsom te houden. De hoteleigenaar is de enige persoon die kan beoordelen of het tijdsbestek tot aan het geplande verblijf lang genoeg voor hem is om de kamer opnieuw te kunnen verhuren.

HET BEDRAG VAN DE WAARBORGSOM

Er bestaat geen wettelijke bepaling voor het bedrag van de waarborgsom. Maar over het algemeen heeft het gebruik de navolgende tarieflijst tot regel verheven :

– **bij voorbeeld**, voor een verblijf van een week,
zonder pension : 3 overnachtingen,
met vol-pension : 4 pensiondagen.

PRIJZEN

De in de Gids vermelde prijzen zijn per 1 september 1987 opgegeven **en zijn in geen enkel geval van contractuele aard**. Bij de reservering is het dus noodzakelijk dat U de prijzen laat bevestigen, de economische situatie en de reglementering kunnen enkele wijzigingen ten gevolge hebben.

PENSIONPRIJZEN
Per persoon en per dag : hierbij zijn inbegrepen, de kamer, ontbijt, lunch en avondmaaltijd.

HALF-PENSIONPRIJZEN
Per persoon en per dag : dit houdt in de kamer met ontbijt, lunch of avondmaaltijd.

KAMERPRIJZEN ''CH''
Deze zijn **per kamer en niet per persoon** berekend.

DOE SAMEN MET DE LOGIS EN AUBERGES DE FRANCE MEE AAN DE BEVORDERING VAN DE REGIONALE KEUKEN

Wie beter dan de ''Logis et Auberges de France'' kan zijn Franse en buitenlandse klanten de Franse traditionele kookkunst en de eindeloos grote verscheidenheid van onze regionale keuken laten ontdekken ?

WILT U ONZE REGIONALE SPECIALITEITEN ONTDEKKEN ?

Dan moet U de karakteristiek van ons pannetje volgen : hij geeft alle eigenaren van hotel-restaurants aan die de ereplaats aan de regionale produkten hebben gegeven die zij met liefde klaarmaken in trouwe navolging van de traditionele recepten uit hun streek of met originele ideeën die op de familierecepten zijn geïnspireerd.

> **Doet U, samen met ons, in de zomer 1988, mee aan de bevordering van onze regionale keuken :**
> – **vraag de eigenaren van onze hotel-restaurants naar de bijbehorende vragenlijst ;**
> – **geef ons Uw oordeel over de gerechten die U heeft gegeten** (uitsluitend de gerechten die door het pannetje worden aangegeven).
>
> Misschien bent U dankzij Uw antwoord de **gelukkige winnaar** van een verblijf in een Logis of in een Auberge de France die U door onze Departementale Verenigingen wordt aangeboden en stelt U ons in de gelegenheid tevens de finalisten onder de eigenaren van hotel-restaurants voor de bevordering van de regionale keuken '88 aan te wijzen.
>
> Teneinde de finalisten van de Zomer '87 met Uw bezoek te vereren, verwijzen wij U naar bladzijde 23.

BUONGIORNO

Sono felice e fiero di presentarvi la nostra Guida per il 1988.

Sono certo che vi permetterà di scoprire fra le nostre 77 985 camere quella che più vi conviene, quella dove vi sentirete "a casa".

É nostra ambizione far si che, andando da un "Logis" o da un "Auberge" all'altro, pur cambiando sempre di decoro, non vi sentiate mai "il cliente" ma piuttosto l'amico di passaggio.

In tal modo, grazie alla calorosa accoglienza, ad una tradizione alberghiera che offre il massimo comfort, e alla cucina tipica del nostro bel paese, rientrerete dal vostro viaggio sicuri di aver scoperto il vero volto della Francia.

Auguro a tutti voi un buon viaggio
e il benvenuto nei Logis
e Auberges de France.

4 095 Logis de France
563 Auberges de France

Sono alberghi di piccola o media capacità, a gestione familiare, una delle cui caratteristiche è di trovarsi quasi esclusivamente fuori dai centri urbani, nei bellissimi paesini francesi.

4 095 Logis de France di regola da 1 o 2 stelle Turismo.

563 Auberges de France con una capacità che non li fa rientrare nelle norme di classifica ufficiali.

I Logis e Auberges de France sono:

4 658 alberghi-ristoranti, elencati in una **Cartina di qualità**, che vi garantiscono:
- il calore di una accoglienza personalizzata: sarete un ospite pagante;
- un comfort che corrisponde alle norme ufficiali del Turismo;
- una cucina che lascia ampio spazio ai prodotti regionali e alle specialità "fatte in casa";
- dei prezzi con servizio incluso.

Le prenotazioni devono essere fatte per scritto presso l'albergo prescelto versando un deposito che vi sarà rimborsato **alla fine del vostro soggiorno per il periodo convenuto**.

L'uso stabilisce che in caso di prenotazioni annullate, rinviate, o la cui durata viene ridotta, **l'albergatore deve essere indennizzato del danno subito** ed ha il diritto di trattenere il deposito. Spetta unicamente all'albergatore di giudicare se il tempo che resta fino al soggiorno successivo previsto gli consente di riaffittare la camera.

AMMONTARE DEL DEPOSITO

Non esiste un ammontare del deposito fissato per legge. Tuttavia l'uso prevede di solito le seguenti tariffe:

- **per esempio**, per un soggiorno di una settimana,
  senza pensione: 3 notti,
  con pensione completa: 4 giorni di pensione.

I PREZZI

I prezzi indicati nella Guida sono stati comunicati per il 1 settembre 1987 e **non possono in nessun caso essere discussi**. Dato che le condizioni economiche e la regolamentazione possono subire qualche modifica, è necessario farseli riconfermare al momento della prenotazione.

PREZZI PER PENSIONE COMPLETA
A persona e al giorno: comprendono camera, colazione, pranzo e cena.

PREZZI PER SEMIPENSIONE
A persona e al giorno: comprendono camera, colazione, pranzo oppure cena.

PREZZI CAMERE ''CH''
Prezzi **a camera e non a persona**.

PARTECIPATE INSIEME AI LOGIS E AUBERGES DE FRANCE ALLA VALORIZZAZIONE DELLA CUCINA REGIONALE

Chi più dei ''Logis et Auberges de France'' può far scoprire alla clientela francese e straniera le tradizioni culinarie della Francia e l'infinita varietà della nostra cucina regionale?

VOLETE SCOPRIRE LE NOSTRE SPECIALITÀ REGIONALI?

Seguite il segno distintivo del nostro pentolino: vi indicherà gli albergatori che hanno voluto mettere in risalto i prodotti regionali cucinati con cura nel rispetto delle ricette tradizionali o basandosi su creazioni regionali proprie alla casa.

Partecipate con noi alla valorizzazione della nostra cucina regionale per l'estate 1988:
- chiedete ai nostri albergatori il questionario relativo alla votazione;
- dateci il vostro giudizio sui piatti assaggiati (soltanto quelli contrassegnati dal pentolino).

Potreste essere il **fortunato vincitore** di un soggiorno in un Logis o in un Auberge de France, offerto dalle nostre Associazioni dipartimentali, e ci permetterete di designare gli albergatori finalisti della promozione della cucina regionale '88.

Per onorare della vostra visita i finalisti dell'Estate '87, vedete a pagina 23.

BIENVENIDA

Me complace y enorgullece presentar nuestra Guía 1988.

No me cabe duda de que le permitirá descubrir entre nuestras 77 985 habitaciones la de su conveniencia, la que le hará sentirse como en ''su casa''.

En efecto, nuestra ambición es que, al ir de un ''Logis'' o un ''Auberge'' a otro, con un marco diferente cada vez, usted nunca sea ''el cliente'', sino el amigo que está de paso.

De ese modo, a través de nuestro cálido recibimiento y gracias a la cocina típica de nuestro hermoso país, usted regresará a su casa habiendo conocido una hotelería de tradición con todas las comodidades y descubierto una verdadera imagen de Francia.

Deseo a todos buen viaje
y les doy la bienvenida a los Logis
y Auberges de France.

4 095 Logis de France
563 Auberges de France

Son hoteles de pequeña o mediana capacidad, de gestión familiar. Una de sus características es que están ubicados casi exclusivamente fuera de los centros urbanos, en nuestros hermosos pueblos de Francia.

4 095 Logis de France , clasificados generalmente en la categoría de 1 o 2 estrellas Turismo.

563 Auberges de France , cuya capacidad de alojamiento no les permite tener acceso a las normas oficiales de clasificación.

Los Logis et Auberges de France son :

4 658 hoteles-restaurantes, reunidos en torno a una **Carta de Calidad**, que le garantiza :
- la calidez de un recibimiento personalizado : usted será un huesped de pago ;
- las comodidades correspondientes a las normas oficiales de turismo ;
- una cocina que otorga gran importancia a los productos regionales y a las especialidades ''caseras'' ;
- precios que incluyen el servicio.

¿ CÓMO RESERVAR ?

Toda reseva se hará por escrito, dirigida al hotelero, e irá acompañada de un anticipo que usted recuperará **al final de su estancia por el período convenido**.

La costumbre establece que en caso de anulación, postergación o reducción de la duración de una reserva **el hotelero sea indemnizado por el perjuicio ocasionado** y que, por tanto, tiene derecho a conservar el anticipo. Sólo el hotelero podrá determinar si queda tiempo suficiente, antes de la fecha de la estancia prevista, para encontrar un huésped de reemplazo.

IMPORTE DEL ANTICIPO

No existe ningún importe legal del anticipo. No obstante, la práctica ha consagrado la siguiente norma :

— **por ejemplo**, para estancia de una semana,
sin pensión : el equivalente a tres noches,
con pensión completa : el equivalente a cuatro días de pensíon.

LOS PRECIOS

Los precios que figuran en la Guía fueron comunicados antes del 1° de septiembre de 1987 y **en ningún caso tienen valor contractual**.Por tanto, hay que confirmarlos en el momento de hacer la reserva puesto que las condiciones económicas y la reglamentación pueden ocasionar modificaciones.

PRECIO DE LA PENSIÓN
Comprende por persona y por día : la habitación, el desayuno, el almuerzo y la cena.

PRECIO DE LA MEDIA PENSIÓN
Comprende por persona y por día : la habitación, el desayuno, el almuerzo o la cena.

PRECIO HABITACIÓN ''CH''
Es el precio por **la habitación y no el precio por persona**.

PARTICIPE CON LOS LOGIS Y AUBERGES DE FRANCE EN LA REVALORIZACIÓN DE LA COCINA REGIONAL

¿Qué mejor que los ''Logis et Auberges de France'' para hacer descubrir a la clientela francesa y extranjera las tradiciones culinarias de Francia y la infinita variedad de nuestra cocina regional ?

¿DESEA USTED DESCUBRIR NUESTRAS ESPECIALIDADES REGIONALES ?

Guíese por el signo distintivo de nuestra pequeña cacerola, que le indicará los hoteles-restaurantes que han aceptado honrar a los productos regionales preparados con dedicación, respetando las recetas tradicionales de su región o a partir de creaciones originales de sus propios establecimientos.

Participe en la revalorización de nuestra cocina regional durante el verano de 1988 :
— solicite en nuestros hoteles-restaurantes el cuestionario correspondiente ;
— comuníquenos su apreciación acerca de los platos saboreados (exclusivamente los que indica la pequeña cacerola).

Gracias a su respuesta usted podrá ser el **feliz ganador** de una estancia en un Logis o un Auberge de France, ofrecida por nuestras Asociaciones departamentales y usted nos permitirá designar a los hoteles-restaurantes finalistas de la promoción de la cocina regional 88.

Para honrar con su visita a los finalistas del Verano 87, remítase a la página 23.

	SIGNES ET ABRÉVIATIONS	ZEICHEN UND ABKÜRZUNGEN	SEGNI E ABBREVIAZIONI
M.	Mètres (alt. à partir de 600 m)	Meter (Ortshöhe ab 600 m)	Metri (alt. a partire da 600 m)
HAB.	Habitants	Einwohner	Abitanti
S.I.	Syndicat d'Initiative	Fremdenverkehrsverein	"Syndicat d'Initiative"
CH.	Chambre	Zimmer	Camera
MENU	Prix des menus	Menüpreise	Prezzo dei menu
PENSION	Prix de la pension complète	Preis der Vollpension	Prezzo della pensione completa
DEMI-PENSION	Prix de la demi-pension	Halbpension	Prezzo della semipensione
PDC	Petit déjeuner compris	Inklusive Frühstück	Colazione inclusa
FERME	Dates et jours de fermeture	An folgenden Tagen geschlossen	Date e giorni di chiusura
F	Forfaits	Pauschalen	Forfait
✕	Pas de restaurant	Kein Restaurant	Senza ristorante
🕿	Téléphone	Telefon	Telefono
🐕	Chiens non acceptés	Mitbringen von Hunden untersagt	Cani non accettati
⚲	Piscine	Schwimmbad	Piscina
🎾	Tennis	Tennisplatz	Tennis
🚗	Garage fermé	Abgeschlossene Garage	Garage chiuso
	Cuisine régionale	Regionale Küche	Cucina regionale
*	Classement de l'hôtel	Einstufung (in der "Tourismus"-Kategorie)	Classifica in categoria Turismo
AF	Auberge de France	Auberge de France (Landgasthaus)	Auberge de France
ec	Classement de l'hôtel en cours	Einstufung erfolgt demnächst	In corso di classifica
VAC. SCOL.	Vacances scolaires	Schulferien	Vacanze scolastiche
HS	Hors saison	Außerhalb der Saison	Fuori stagione
💳 , AE	C.b.-Visa, American Express	Visa, American Express	Visa, American Express
💳 , E	Diners Club, Eurocard	Diners Club, Eurocard	Diners Club, Eurocard
CV	Handicapés	Behinderte	Handicappati
	Chèques-vacances acceptés		
⊞	Ascenseur	Fahrstuhl	Ascensore

Abbreviation	ABBREVIATIONS	TEKENS EN AFKORTINGEN	SIGNOS Y ABREVIATURAS
M.	Metres (altitude from 600 m)	Meters (boven 600 m)	Metros (altura a partir de 600 m)
HAB.	Number of inhabitants	Inwoners	Habitantes
S.I.	Syndicat d'Initiative	Verkeersbureau	Oficina de turismo
CH.	Room	Kamers	Habitación
MENU	Price of the fixed-price meals	Prijs menu's	Precio del menú
PENSION	Full-board price	Prijs vol pension	Pension completa
DEMI-PENSION	Half-board price	Half pension	Media pension
PDC	Breakfast included	Ontbijt inbegrepen	Desayuno incluido
FERME	Closing dates	Gesloten	Dias y fechas de cierre
[F]	Inclusive prices	Arrangementen	Precios globales
	Without restaurant	Geen restaurant	Sin restaurante
	Telephone	Telefoon	Teléfono
	Dogs not allowed	Honden niet toegelaten	Perros no acceptados
	Swimming-pool	Zwembad	Piscina
	Tennis	Tennisbanen	Tenis
	Lock-up garage	Afgesloten garage	Garage privado
	Regional cooking	Regionale keuken	Comida regional
*	Classification in tourist category	Hotelclassering (in de toeristen cat.)	Clasificación (en categoría de turismo)
AF	Rural Inn (Auberge de France)	Landelijke herberg	Posada
ec	In process of classification	Classering binnenkort verwacht	Clasificación del hotel en curso
VAC. SCOL.	School holidays	Schoolvakanties	Vacaciones escolares
HS	Low season	Voor- en Naseizoen	Baja temporada
	Visa Card, American Express	Visa, American Express	Visa, American Express
	Diners Club, Eurocard	Diners Club, Eurocard	Diners Club, Eurocard
	Handicapped	Gehandicapten	Minusválidos
	Lift	Lift	Ascensor

Carte
des départements
français

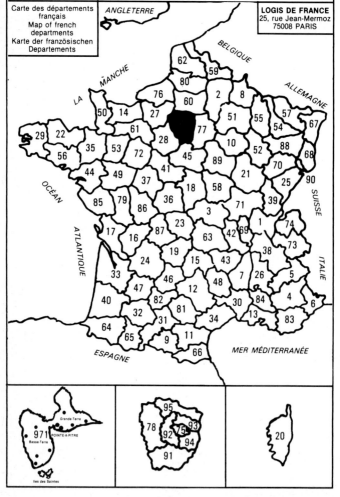

Carte des départements français
Map of french departments
Karte der französischen Departements

LOGIS DE FRANCE
25, rue Jean-Mermoz
75008 PARIS

ANGLETERRE

BELGIQUE

ALLEMAGNE

LA MANCHE

OCÉAN ATLANTIQUE

SUISSE

ITALIE

ESPAGNE

MER MÉDITERRANÉE

Grande-Terre
POINTE-A-PITRE
Basse-Terre
971
Iles des Saintes

95
78 92 75 93
94
91

20

Liste alphabétique
des départements

Le numéro du département permet de situer celui-ci
sur la carte géographique ci-contre

Nom du département	N° du département	Nom du département	N° du département
Ain	01	Maine-et-Loire	49
Aisne	02	Manche	50
Allier	03	Marne	51
Alpes-de-Haute-Provence	04	Haute-Marne	52
Hautes-Alpes	05	Mayenne	53
Alpes-Maritimes	06	Meurthe-et-Moselle	54
Ardèche	07	Meuse	55
Ardennes	08	Morbihan	56
Ariège	09	Moselle	57
Aube	10	Nièvre	58
Aude	11	Nord	59
Aveyron	12	Oise	60
Bouches-du-Rhône	13	Orne	61
Calvados	14	Pas-de-Calais	62
Cantal	15	Puy-de-Dôme	63
Charente	16	Pyrénées-Atlantiques	64
Charente-Maritime	17	Hautes-Pyrénées	65
Cher	18	Pyrénées-Orientales	66
Corrèze	19	Bas-Rhin	67
Corse (Haute et du Sud)	20	Haut-Rhin	68
Côte-d'Or	21	Rhône	69
Côtes-du-Nord	22	Haute-Saône	70
Creuse	23	Saône-et-Loire	71
Dordogne	24	Sarthe	72
Doubs	25	Savoie	73
Drôme	26	Haute-Savoie	74
Eure	27	Seine	75
Eure-et-Loir	28	Seine-Maritime	76
Finistère	29	Seine-et-Marne	77
Gard	30	Yvelines	78
Haute-Garonne	31	Deux-Sèvres	79
Gers	32	Somme	80
Gironde	33	Tarn	81
Hérault	34	Tarn-et-Garonne	82
Ille-et-Vilaine	35	Var	83
Indre	36	Vaucluse	84
Indre-et-Loire	37	Vendée	85
Isère	38	Vienne	86
Jura	39	Haute-Vienne	87
Landes	40	Vosges	88
Loir-et-Cher	41	Yonne	89
Loire	42	Territoire de Belfort	90
Haute-Loire	43	Essonne	91
Loire-Atlantique	44	Hauts-de-Seine	92
Loiret	45	Seine-Saint-Denis	93
Lot	46	Val-de-Marne	94
Lot-et-Garonne	47	Val-d'Oise	95
Lozère	48	Guadeloupe	971

ASSOCIATIONS DÉPARTEMENTALES DES LOGIS ET AUBERGES DE FRANCE

(Addresses of the departmental Associations)

01 **AIN** 4, rue Bourgmayer, 01000 BOURG-EN-BRESSE, tél. 74 22 54 73

02 **AISNE** Comité départemental du Tourisme, 1, rue Saint-Martin, 02006 LAON CEDEX, tél. 23 20 45 54

03 **ALLIER** 35, rue de Bellecroix, 03400 YZEURE, tél. 70 44 41 57, télex 990740

04 **ALPES-DE-HAUTE-PROVENCE** Chambre de Commerce, 04000 DIGNE, tél. 92 31 03 14, télex 420374

05 **HAUTES-ALPES** Chambre de Commerce, 16, rue Carnot, 05000 GAP, tél. 92 51 73 73, télex 420219

06 **ALPES-MARITIMES** 55, promenade des Anglais, 06000 NICE, tél. 93 44 70 70, télex 461341

07 **ARDÈCHE** 8, cours du Palais, B.P. 221, 07002 PRIVAS CEDEX, tél. 75 64 04 66, télex 345270

08 **ARDENNES** Résidence Arduinna, 18, avenue G.-Corneau, 08000 CHARLEVILLE-MEZIÈRES, tél. 24 59 19 20, télex 840016

09 **ARIÈGE** M. Crouhennec, 46, rue Delcassé, 09000 FOIX, tél. 61 65 52 66

10 **AUBE** Hôtel du Département, B.P. 394, 10026 TROYES CEDEX, tél. 25 42 50 90

11 **AUDE** Comité du Tourisme, 39, bd Barbès, 11000 CARCASSONNE, tél. 68 71 30 09, télex 500824

12 **AVEYRON** 10, place de la Cité, B.P. 530, 12005 RODEZ CEDEX, tél. 65 42 63 52, télex 530366

13 **BOUCHES-DU-RHÔNE** Comité du Tourisme, 6, rue du Jeune-Anacharsis, 13001 MARSEILLE, tél. 91 54 92 66, télex 441194

14 **CALVADOS** 23 bis, place de la République, 14000 CAEN, tél. 31 85 19 50 (après-midi, mardi et vendredi)

15 **CANTAL** 8, rue Marie-Maurel, 15000 AURILLAC, tél. 71 48 08 10

16 **CHARENTE** Office du Tourisme, place Bouillaud, 16021 ANGOULÊME, tél. 45 92 24 43, télex 791607

17 **CHARENTE-MARITIME** Comité du Tourisme, 11 bis, rue des Augustins, B.P. 1152, 17008 LA ROCHELLE CEDEX, tél. 46 41 43 33, télex 790712

18 **CHER** Chambre de Commerce, route d'Issoudun, B.P. 54, 18001 BOURGES CEDEX, tél. 48 50 48 08, télex 760466

19 **CORRÈZE** Chambre de Commerce, 10, avenue M.-Leclerc, 19316 BRIVE CEDEX, tél. 55 74 32 32, télex 590209

20 **CORSE (HAUTE)** Hôtel du Vallon, rue de l'Ancienne-Poste, 20131 VENACO, tél. 95 31 16 45 (Chambre de Commerce, Bastia), télex 460485

20 **CORSE DU SUD** 4, rue Capitaine-Livrelli, 20000 AJACCIO, tél. 95 21 21 26 ou 95.27.63.68

21 **CÔTE-D'OR** C.R.C.I., 68, rue Chevreul, 21006 DIJON CEDEX, tél. 80 67 33 25, télex 350795

22 **CÔTES-DU-NORD** M. Crouzil, B.P. 28, 22130 PLANCOËT, tél. 96 84 10 24

23 **CREUSE** Chambre de Commerce, avenue de la République, 23000 GUÉRET, tél. 55 52 55 27, télex 590076

24 **DORDOGNE** Office du Tourisme, 16, rue Wilson, 24000 PÉRIGUEUX, tél. 53 53 44 35

25 **DOUBS**, 15, avenue Edouard-Droz, 25000 BESANÇON, tél. 81 80 38 18, télex 360242

26 **DRÔME** Comité du Tourisme, 1, avenue de Romans, 26000 VALENCE, tél. 75 43 27 12

27 **EURE** Comité de Tourisme, 35, rue du Docteur-Oursel, B.P. 187, 27001 EVREUX CEDEX, tél. 32 38 21 61, télex 770531

28 **EURE-ET-LOIR** M. Baudry, B.P.R.O.P., 42, rue Noël-Ballay, 28000 CHARTRES, tél. 37 21 07 36

29 **FINISTÈRE** 2, rue Frédéric-Le-Guyader, 29000 QUIMPER, tél. 98 95 12 31

30 **GARD** 12, rue de la République, 30032 NIMES CEDEX, tél. 66 67 65 31

31 **HAUTE-GARONNE** Comité du Tourisme, 63, boulevard Carnot, 31000 TOULOUSE, tél. 61 23 52 52

32 **GERS** Pas d'association mais 5 hôtels

33 **GIRONDE** 21, cours de l'Intendance, 33000 BORDEAUX, tél. 56 52 61 40, télex 541523

34 **HÉRAULT** 24, rue des Azalées, LA CHAMBERTE, 34100 MONTPELLIER, tél. 67 75 79 23

35 **ILLE-ET-VILAINE** 8, Quai Administrateur Thomas, 35260 CANCALE, tél. 99 89 60 16

36 **INDRE** Chambre de Commerce, 24, place Gambetta, 36000 CHATEAUROUX, tél. 54 27 01 16, télex 750534

37 **INDRE-ET-LOIRE** Chambre de Commerce, 4 bis, rue J.-Favre, 37010 TOURS CEDEX, tél. 47 66 61 11, télex 750020

38 **ISÈRE** Maison du Tourisme, 14, rue de la République, B.P. 227, 38019 GRENOBLE CEDEX, tél. 76 54 34 36, télex 980718

39 **JURA** Hôtel du Département, 55, rue St-Désiré,39021 LONS-LE-SAUNIER CEDEX, tél. 84 24 19 64 ou 84 24 57 70

40 **LANDES** Chambre de Commerce, BP 137, 40003 MONT-DE-MARSAN, tél. 58 75 01 25

41 **LOIR-ET-CHER** Comité du Tourisme, 11, pl. du Château, 41000 BLOIS, tél. 54 78 55 50, télex 751375

42 **LOIRE** 5, place Jean-Jaurès, 42021 SAINT-ÉTIENNE CEDEX, tél. 77 33 15 39

43 **HAUTE-LOIRE** 12, bd Philippe Jourde, BP 185, 43005 LE PUY-EN-VELAY CEDEX, tél. 71 09 26 05

44 **LOIRE-ATLANTIQUE** Maison du Tourisme, place du Commerce, 44000 NANTES, tél. 40 89 50 77, télex 711505

45 LOIRET 54, rue de la Gare, 45000 ORLÉANS, tél. 38 62 71 60

46 LOT Chambre de Commerce, 107, quai Cavaignac, 46002 CAHORS CEDEX, tél. 65 22 05 77, télex 531427

47 LOT-ET-GARONNE Résidence Les Jacobins, 1 ter, pl. des Jacobins, 47000 AGEN, tél. 53 47 03 31

48 LOZÈRE Hôtel du Pont-Roupt, 48000 MENDE, tél. 66 65 01 43

49 MAINE-ET-LOIRE Comité du Tourisme, place Kennedy, B.P. 2148, 49021 ANGERS CEDEX, tél. 41 88 23 85

50 MANCHE Hôtel du Département, 50008 SAINT-LO CEDEX, tél. 33 57 52 80, télex 170652

51 MARNE 2 bis, boulevard Vaubécourt, 51000 CHÂLONS-SUR-MARNE, tél. 26 68 37 52

52 HAUTE-MARNE Conseil général, Préfecture, 52011 CHAUMONT CEDEX, tél. 25 32 86 70

53 MAYENNE Comité du Tourisme, 84, av. Robert-Buron, 53018 LAVAL CEDEX, tél. 43 53 18 18. télex 721021

54 MEURTHE-ET-MOSELLE Comité du Tourisme, BP 65, 1, rue Mably, 54002 NANCY CEDEX, tél. 83 35 56 56

55 MEUSE Comité du Tourisme, 55012 BAR-LE-DUC, tél. 29 79 48 10

56 MORBIHAN Office du Tourisme, 1, rue Thiers, 56000 VANNES, tél. 97 54 14 56

57 MOSELLE Chambre de Commerce, 10, avenue Foch, 57016 METZ CEDEX, tél. 87 52 31 00, télex 860362

58 NIÈVRE Nièvre Tourisme, Préfecture, 58019 NEVERS, tél. 86 57 80 90

59 NORD Comité du Tourisme, 15, rue du Nouveau Siècle, BP 135, 59027 LILLE CEDEX, tél. 20 57 00 61, télex 136793

60 OISE 1, rue Villiers-de-l'Isle-Adam, 60008 BEAUVAIS CEDEX, tél. 44 45 82 12

61 ORNE 88, rue Saint-Blaise, B.P. 50, 61002 ALENÇON CEDEX, tél. 33 28 88 71, télex 171556

62 PAS-DE-CALAIS Comité du Tourisme, 44, Grande-Rue, 62200 BOULOGNE-SUR-MER, tél. 21 31 98 58, télex 135543

63 PUY-DE-DÔME 17, place Delille, 63038 CLERMONT-FERRAND CEDEX, tél. 73 91 14 40

64 PYRÉNÉES-ATLANTIQUES Chambre de Commerce, 1, Rue de Donzac, 64100 BAYONNE, tél. 59 25 75 75, télex 570001

65 HAUTES-PYRÉNÉES Maison du Tourisme, 9, rue André-Fourcade, 65000 TARBES, tél. 62 93 01 10, télex 530535

66 PYRÉNÉES-ORIENTALES Chambre de Commerce, quai De-Lattre-de-Tassigny, 66020 PERPIGNAN, tél. 68 35 66 33, télex 500024

67 BAS-RHIN Maison du Tourisme, 9, rue du Dôme, 67000 STRASBOURG, tél. 88 22 01 02, télex 880198

68 HAUT-RHIN Chambre de Commerce, 8, rue du 17-Novembre, 68051 MULHOUSE CEDEX, tél. 89 46 01 14 ou 89 66 71 71, télex 881695

69 RHÔNE Chambre de Commerce, 317, boulevard Gambetta, 69654 VILLEFRANCHE-SUR-SAÔNE CEDEX, tél. 74 65 10 11, télex 340777

70 HAUTE-SAÔNE Banque populaire, 11, rue Noirot, 70000 VESOUL, tél. 84 75 41 23

71 SAÔNE-ET-LOIRE Chambre de Commerce, place Gérard-Geneves, 71000 MACON, tél. 85 38 93 33, télex 800831

72 SARTHE Comité du Tourisme, Hôtel du Département, 21 X, 72040 LE MANS CEDEX, tél. 43 81 72 72 (poste 4425)

73 SAVOIE 11 bis, avenue de Lyon, 73000 CHAMBÉRY, tél. 79 69 26 18

74 HAUTE-SAVOIE Chambre de Commerce, 2, rue du Lac, 74011 ANNECY CEDEX, tél. 50 51 55 56, télex 385201

75 SEINE Pas d'association et pas d'hôtels

76 SEINE-MARITIME Palais des Consuls, B.P. 641, 76007 ROUEN, tél. 35 88 44 42, télex 770036

77 SEINE-ET-MARNE Maison du Tourisme, 170, avenue H.-Barbusse, 77190 DAMMARIE-LES-LYS, tél. (1) 64 37 19 36

78 YVELINES Chambre de Commerce, 21, av. de Paris, 78011 VERSAILLES CEDEX, tél. (1) 39 53 96 22

79 DEUX-SÈVRES Comité du Tourisme, 74, rue Alsace-Lorraine, 79000 NIORT, tél. 49 24 76 79

80 SOMME 21, rue Ernest-Cauvin, 80000 AMIENS, tél. 22 92 26 39, télex 140754

81 TARN Comité du Tourisme, Hôtel du Département, 81014 ALBI CEDEX, tél. 63 47 56 50

82 TARN-ET-GARONNE Chambre de Commerce, 16, allées Mortarieu, 82005 MONTAUBAN CEDEX, tél. 63 63 22 35, télex 531705

83 VAR Conseil général, boulevard Foch, 83005 DRAGUIGNAN CEDEX, tél. 94 68 97 74, télex 462493

84 VAUCLUSE Chambre de Tourisme, place Campana, 84008 AVIGNON CEDEX, tél. 90 86 43 42, télex 431018

85 VENDÉE 8, place Napoléon, 85000 LA ROCHE-SUR-YON, tél. 51 05 45 28, télex 700747

86 VIENNE 11, rue Victor-Hugo, 86000 POITIERS, tél. 49 41 58 22

87 HAUTE-VIENNE Chambre de Commerce, 16, place Jourdan, 87000 LIMOGES, tél. 55 34 70 11, télex 580915

88 VOSGES Chambre de Commerce, 10, rue Claude-Gelée, B.P. 96, 88003 ÉPINAL CEDEX, tél. 29 35 18 14, télex 960536

89 YONNE Comité du Tourisme, 1, quai de la République, 89000 AUXERRE, tél. 86 52 26 27, télex 351860

90 TERRITOIRE DE BELFORT Chambre de Commerce, 1, rue du Docteur-Fréry, B.P. 199, 90004 BELFORT CEDEX, tél. 84 21 62 12, télex 360977

91 ESSONNE Pas d'association mais 3 hôtels

97 GUADELOUPE Office du Tourisme, Maison Du Port-Cours Nolivos, 97100 BASSE-TERRE, tél. (590) 81 24 83 ou 90 07 25

FEDERATIONS RÉGIONALES DES LOGIS ET AUBERGES DE FRANCE

(Addresses of the regional Federations)

BRETAGNE :
>8, Quai Administrateur Thomas
>35260 CANCALE, tél. 99.89.60.16

BOURGOGNE :
>Chambre régionale de Commerce
>68, rue Chevreul, 21006 DIJON CEDEX,
>tél. 80.67.33.25

FRANCHE-COMTÉ :
>15, avenue Edouard-Droz
>25000 BESANÇON, tél. 81.80.38.18

LANGUEDOC-ROUSSILLON :
>24, rue des Azalées, La Chamberte
>34100 MONTPELLIER, tél. 67.75.79.23

LIMOUSIN :
>Chambre de Commerce
>10, avenue Maréchal Leclerc
>19316 BRIVE CEDEX, tél. 55.74.32.32

NORMANDIE :
>Hôtel du Département
>50008 SAINT-LO, tél. 33.57.52.80

PROVENCE - CÔTE D'AZUR :
>Palais de la Bourse
>13001 MARSEILLE, tél. 91.54.92.66

FINALISTES 1986
DE LA
PROMOTION DE LA CUISINE RÉGIONALE

Lauréat 1986

Alsace
M. Jean-Marie RENNER, Auberge de Froeningen,
2, route d'Illfurth, 68720 Froeningen

Aquitaine
M. Léon ISNARD, Hôtel Les Charmettes, 24390 Cherveix-Cubas

Auvergne
MM. Paul et Patrice SOUCHAL, Hôtel Souchal, 63470 Herment

Bourgogne
M. Daniel AUBLANC, Hôtel Les Capucins, 6, av. Paul Doumer, 89200 Avallon

Bretagne
M. Alain POTTIER, Hôtel de France et Petit Prince, 22370 Pleneuf-Val-André

Centre
Mme Lucette CLASSIOT, Hôtel de la Gare, 18300 Veaugues

Champagne - Ardennes
M. Jacques BLANQUET, Hôtel de la Boule d'Or, 11, rue Lefèvre, 51170 Fismes

Franche-Comté
Mme Josiane BARON-CATTENOT, Hôtel du Parc, 39300 Champagnole

Ile de France
M. Maurice LONG-LEFEVRE, Hostellerie des Trois Sources, 125, Rue Grande, 77140 Montcourt-Fromonville

Languedoc-Roussillon
M. Bruno BRUCHET, Hostellerie du Grand Duc, 11140 Gincla

Limousin
M. Michel SAGNE, Hôtel Le Belvédère, 264, rue de Toulouse, 87000 Limoges

Lorraine
M. Yves GABRIEL, Hôtel Le Tremplin, rue du 3e-R.T.A., 88540 Bussang

Midi-Pyrénées
M. André CAZAUX, Hôtel de la Tour, 65220 Trie-sur-Baise

Nord - Pas-de-Calais
M. Jean-Claude MARSZOLIK, Grand Hôtel et Restaurant de Paris, 1, Porte de Paris, 59600 Maubeuge

Basse Normandie
M. Gérard BAUDE, Auberge Saint-Germain, Saint-Germain-du-Crioult, 14110 Conde-sur-Noireau

Haute Normandie
M. Alain DEPOIX, Hôtel Le Logis, 1, place Saint-Denis, 27800 Brionne

Pays de la Loire
M. Michel LECŒUR, Hôtel La Bourrine, 8, rue de la Taillé, 44580 Bourgneuf-en-Retz

Picardie
M. Francis DUBOIS, Hôtel Belle Vue (Ville Haute), 02380 Coucy-le-Château

Poitou-Charentes
M. Robert GUARINO, Hôtel La Paloma, route de Villars, 16510 Verteuil

Provence - Alpes - Côte d'Azur
M. Albert ROUQUIER, Hôtel des Voyageurs, 06750 Thorenc

Rhône-Alpes
M. Gabriel TRINCAZ, Hôtel Les Cornettes de Bise, 74360 La Chapelle-d'Abondance

LOGIS
DE FRANCE

Liste
des hôtels

A

ABONDANCE 74360 HAUTE-SAVOIE 1050 M. 1000 HAB. S.I.
- **DE L'ABBAYE** M. MAXIT ☎ 50.73.02.03 – 20 CH. 90/160 F. MENU 52/110 F. PENSION 172/235 F. DEMI-PENSION 140/195 F. ▦ ▤ E.
- ** **LE BEL AIR** (A RICHEBOURG) M. TERRIER ☎ 50.73.01.71 – 20 CH. 125/165 F. MENU 58/170 F. PENSION 170/180 F. DEMI-PENS. 140/160 F. FERME MERCR. HS. ▰ ▦ ▤ E.

ABRESCHVILLER 57560 MOSELLE 1300 HAB. S.I.
- ** **DES CIGOGNES** 92, RUE JORDY M.BAILLET ☎ 87.03.70.09 TELEX 861472 – 29 CH. 137/215 F. MENU 68/150 F. PENSION 210/265 F. Ⓕ ▱ ▰ ▤ ▤ ⓞ CV.

ABRETS (LES) 38490 ISERE 322 M. 2500 HAB. S.I.
- ** **LA BELLE ETOILE** 4 RUE VICTOR HUGO M. DI TACCHIO ☎ 76.32.04.97 – 15 CH. 73/205 F. MENU 59/140 F. PENSION 152/191 F. DEMI-PENSION 99/152 F. FERME 1/30 NOV., DIMANCHE SOIR ET LUNDI 31 OCT./31 MAI. ☎ ▦ ▤ E.
- ** **LE SAVOY** 5 RUE DE LA REPUBLIQUE M.DUTARTRE ☎ 76.32.03.54/76.32.21.18 – 8 CH. 108/210 F. MENU 62/155 F. FERME 1/22 DEC., MARDI SOIR ET MERCREDI. ▦ ▤ CV.

ABRIES 05460 HAUTES-ALPES 1500 M. 242 HAB. S.I.
- ** **LE SERRE-LARA** (LA GARCINE). M. PRIETO ☎ 92.45.75.05 – 29 CH. 110/233 F. MENU 49/74 F. PENSION 195/260 F. DEMI-PENSION 160/210 F. HOTEL FERME 30 SEPT./15 JUIN, RESTAURANT FERME 15 SEPT./ 15 JUIN. Ⓕ ▱ ▰ CV.

ADRETS (LES) 38190 BRIGNOUD ISERE 800 M. 290 HAB. S.I.
- ** **LE VIEUX MANEGE** LES AVONS LES ADRETS M. SAVIOZ ☎ 76.71.09.91 – 16 CH. 120/161 F. MENU 60/130 F. PENSION 212/268 F. DEMI-PENSION 157/211 F. RESTAURANT FERME LUNDI. Ⓕ ▦ ▤ E CV.

ADRETS-DE-L'ESTEREL (LES) 83600 FREJUS VAR 450 HAB.
- **CHEZ PIERRE - LE RELAIS DES ADRETS** QUARTIER PANESTEL M. DIMEO ☎ 94.40.90.88 – 9 CH. 183/230 F. MENU 68/96 F. PENSION 223/243 F. DEMI-PENSION 167/187 F. Ⓕ ▦ ▤ E.

AFA 20000 AJACCIO CORSE 1300 HAB.
- AF **LA GRILLADE** R.N. 194 BALEONE Mme.MAISETTI ☎ 95.22.37.19 – 5 CH. RENSEIGNEMENTS NON COMMUNIQUES.

AGEN 47000 LOT-ET-GARONNE 32800 HAB. S.I.
- *** **CHATEAU-HOTEL DES JACOBINS** 1ter, PLACE DES JACOBINS. M. ET Mme BUJAN ☎ 53.47.03.31 TELEX 560800 C/O JACOB – 15 CH. 200/400 F. DEMI-PENSION 300/500 F. ▰ ✕ ♿.
- *** **LE PROVENCE** 22,COURS DU 14-JUILLET M. GARRIGUES ☎ 53.47.39.11 TELEX 560800 – 20 CH. 150/285 F. ▱ ▰ ✕ ▦ ▤ ⓞ E ▥.
- **MA CHAUMIERE** 28, COURS DU 14 JUILLET. Mme LE GUENNEC ☎ 53.66.52.32 – 7 CH. 100/260 F. MENU 70/120 F. DEMI-PENSION 220/250 F. Ⓕ ▦ E.
- ** **PONT-NEUF** 62, COURS DU 14-JUILLET M.VICH ☎ 53.66.15.67 TELEX 560800 – 10 CH. 90/165 F. MENU 48/150 F. PENSION 190/230 F. DEMI-PENSION 135/186 F. ▦ CV.

AGEN (COLAYRAC-SAINT-CIRQ) 47450 COLAYRAC-SAINT-CIRQ LOT-ET-GARONNE 743 HAB.
- *** **LA CORNE D'OR** M. LOISILLON ☎ 53.47.02.76 TELEX 560800 – 14 CH. 210/250 F. MENU 90/190 F. DEMI-PENSION 200/300 F. FERME 13 JUIL./9 AOUT, SAMEDI ET DIMANCHE SOIR. Ⓕ ▦ ▤ ⓞ CV.

AGUESSAC 12520 AVEYRON 700 HAB.
- **LE RASCALAT** SUR N. 9 M.RAMONDENC ☎ 65.59.80.43 – 22 CH. 95/210 F. MENU 62/125 F. PENSION 189/227 F. DEMI-PENSION 128/165 F. FERME 1/25 JANV., SAMEDI SOIR ET DIMANCHE HS. ▦ ▤ CV.

AIGUEBELETTE-LE-LAC 73610 LEPIN-LE-LAC SAVOIE 150 HAB.
- **DE LA COMBE** M. DUFOUR ☎ 79.36.05.02 – 8 CH. 95/180 F. RESTAURANT FERME 28 OCT./23 NOV. ▰ ▦ ▤ ⓞ E.

AIGUEBELLE 73220 SAVOIE 1100 HAB.
- ** **DE LA POSTE** Mme.VINCENT ☎ 79.36.20.05 – 12 CH. 90/180 F. MENU 60/100 F. PENSION 160/180 F. DEMI-PENSION 110/130 F. FERME 20 DEC./1 FEV. ET SAMEDI.
- **DU SOLEIL** GRAND'RUE M.RATTIER ☎ 79.36.20.29 – 17 CH. 75/160 F. MENU 50/160 F. DEMI-PENS. 110/140 F. FERME 15 OCT./1 NOV., DIMAN. SOIR ET LUNDI. ▰ ▦ ▤ ▤ ⓞ E.

AIGUEPERSE 63260 PUY-DE-DOME 2800 HAB. S.I.
- **HOSTELLERIE BLONDEAU** 201 GRANDE RUE M. BLONDEAU ☎ 73.63.61.78 – 21 CH. 80/150 F. MENU 58/130 F. PENSION 180/200 F. DEMI-PENSION 150/170 F. FERME 29 OCT./10 DEC. ▰ ▰ ▦ E.

AIGUILLES 05470 HAUTES-ALPES 1470 M. 310 HAB. S.I.

** **LES BALCONS DE COMBE-ROUSSET** Mme SIMOND ☎ 92.45.77.15 – 15 CH. 200/270 F.
☞ MENU 65 F. PENSION 242/270 F. DEMI-PENS. 200/240 F. Ⓕ 🎟 Ⓐ ⓔ E C V ♿.

AIGUILLON 47190 LOT-ET-GARONNE 2800 HAB. S.I.

** **LE JARDIN DES CYGNES** ROUTE DE VILLENEUVE. M. BENITO ☎ 53.79.60.02 TELEX
560800 – 17 CH. 138/247 F. MENU 63/165 F. PENSION 205/253 F. DEMI-PENSION 177/215 F.
FERME 12 DEC./11 JANV., 9/18 AVR., ET SAMEDI 8 SEPT./14 JUIL RESTAURANT FERME 24/30
AOUT. PARKING FERME. Ⓕ 🏖 🎟 Ⓐ ⓔ E CV.

AIGUINES 83630 AUPS VAR 800 M. 160 HAB.

* **ALTITUDE 823** Mme FEOLA ☎ 94.70.21.09 – 11 CH. 70/105 F. MENU 60/150 F. DEMI-PEN-
SION 150/210 F. FERME 3 NOV./26 MARS. Ⓕ.

** **DU GRAND CANYON DU VERDON** (SUR D.71 RIVE GAUCHE, A 15 km). M. FORTINI ☎
☞ 94.76.91.31/94.76.90.01 TELEX 462 390 – 15 CH. 260/300 F. MENU 60/180 F. DEMI-PENSION
265/325 F. FERME 1 NOV./1 AVR. ET MARDI SOIR/MERCREDI SOIR OCT. SEULEMENT. Ⓕ
🏖 🎟 Ⓐ ⓔ E ♿.

AIGURANDE 36140 INDRE 2288 HAB.

* **RELAIS DE LA MARCHE** M.CHAMBON ☎ 54.06.31.58 – 7 CH. 130/150 F. MENU
60/150 F. RESTAURANT FERME 14/28 SEPT., 2/16 NOV., ET LUNDI HS. 🏖 🎟 E CV.

AIME 73210 SAVOIE 690 M. 2500 HAB. S.I.

** **PALANBO** (PRES ROUX) M. BOCH ☎ 79.55.67.55 – 20 CH. 155/210 F. MENU 65/70 F.
PENSION 245/295 F. DEMI-PENSION 185/235 F. RESTAURANT A 500 METRES DE L'HOTEL.
Ⓕ Ⓐ ⓔ E.

AINOHA 64790 PYRENEES-ATLANTIQUES 590 HAB.

** **OHANTZEA** M.ITHURRIA ☎ 59.29.90.50 – 10 CH. 130/200 F. MENU 85/175 F. PENSION
230/250 F. DEMI-PENSION 170/190 F. FERME 1 JANV./15 FEV. ET DIMANCHE SOIR/LUNDI.
Ⓕ 🏖 🎟 Ⓐ E C V ♿.

AIRE-SUR-ADOUR 40800 LANDES 8000 HAB. S.I.

* **CHEZ DUPOUY** 22, RUE DU 13-JUIN Mme DELHOSTE ☎ 58.71.71.76 – 14 CH. FERME
☞ LUNDI. PRIX NON COMMUNIQUES. Ⓕ 🎟 Ⓐ ⓔ E CV.

* **CHEZ PIERETT** 15, RUE DU 4-SEPTEMBRE M.DASTE ☎ 58.71.63.01 – 10 CH. 60/90 F. MENU
☞ 43/120 F. PENSION 135/145 F. DEMI-PENSION 105/115 F. Ⓕ 🐎 🎟 Ⓐ ⓔ
E CV.

** **DU COMMERCE** 3, BD DES PYRENEES M.LABADIE Charles ☎ 58.76.60.06 – 20 CH.
85/180 F. MENU 60/160 F. PENSION 180/220 F. DEMI-PENSION 150/180 F. FERME JANV.,
DIMANCHE SOIR ET RESTAURANT FERME LUNDI. 🏖 🐎 🎟 E.

AIRE-SUR-LA-LYS 62120 PAS-DE-CALAIS 10000 HAB. S.I.

*** **HOSTELLERIE DES TROIS MOUSQUETAIRES** (N.43,CHATEAU DU FORT DE LA
☞ REDOUTE) M.VENET ☎ 21.39.01.11 – 27 CH. 200/350 F. MENU 78/250 F. FERME 20 DEC./20
JANV., DIMANCHE SOIR ET LUNDI. 🎟 E.

AISEY-SUR-SEINE 21400 CHATILLON-SUR-SEINE COTE-D'OR 150 HAB.

** **DU ROY** M.DAMOND ☎ 80.93.21.63 – 10 CH. 80/195 F. MENU 55/90 F. PENSION
☞ 250/270 F. DEMI-PENSION 200/220 F. FERME 1 DEC./3 JANV., ET MARDI.

AIX-EN-OTHE 10160 AUBE 3000 HAB. S.I.

*** **AUBERGE DE LA SCIERIE** (LA VOVE). M. LEFORT ☎ 25.46.71.26 – 14 CH. 200/320 F.
MENU 105/195 F. DEMI-PENSION 300/350 F. FERME LUNIDI SOIR ET MARDI 15 OCT./15 AVR.
🏖 🎟 Ⓐ ⓔ E.

AIX-LES-BAINS 73100 SAVOIE 24000 HAB. S.I.

** **AU PETIT VATEL** 11, RUE DU TEMPLE. M. KAHLOUCH ☎ 79.35.04.80 – 26 CH. 105/200 F.
MENU 52/118 F. PENSION 185/255 F. DEMI-PENSION 155/225 F. Ⓕ 🏖 🎟 Ⓐ
ⓔ E CV ♿.

** **AZUR** 18, RUE VICTORIA M.JACQUIER ☎ 79.35.00.96 – 16 CH. 120/240 F. FERME 15
DEC./6 FEV. PARKING CLOS. 🐎 🎟 Ⓐ ⓔ E.

* **CHEZ LA MERE MICHAUD** 82 BIS, RUE DE GENEVE Mme.CHAPPEL ☎ 79.35.06.03 –
33 CH. 110/180 F. MENU 60/100 F. PENSION 185/245 F. DEMI-PENSION 160/220 F. FERME 1
DEC./20 JANV. 🎟 E CV 🔲.

** **DAUPHINOIS ET NIVOLET** 14, AV. DE TRESSERVE M.COCHET ☎ 79.61.22.56 – 40 CH.
150/250 F. MENU 85/165 F. PENSION 180/285 F. PENSION 145/250 F. FERME 15
DEC./15 FEV. Ⓕ 🐎 🎟 Ⓐ ⓔ E 🔲.

** **DAVAT** LE GRAND PORT MM.DAVAT ☎ 79.35.09.63 – 20 CH. 200/280 F. MENU 80/200 F.
PENSION 250/300 F. DEMI-PENSION 220/250 F. FERME 2 NOV./20 MARS, LUNDI SOIR ET
MARDI. 🏖 🎟 ⓔ E.

** **DE GENEVE** 1, RUE DU CASINO M.CROISAT ☎ 79.35.01.94 – 36 CH. MENU 70/85 F. PENSION
195/285 F. DEMI-PENSION 170/260 F. FERME 1 NOV./20 MARS. Ⓕ 🐎 🎟 🔲.

** **DE LA PAIX** 11, RUE LAMARTINE. M. MONTREAL ☎ 79.35.02.10 – 70 CH. 140/180 F.
MENU 75 F. PENSION 190/250 F. DEMI-PENSION 160/220 F. FERME 10 NOV./1 MARS. Ⓕ
🏖 🎟 ⓔ E 🔲.

** **DU SOLEIL COUCHANT** 130,AVENUE DE St-SIMON M.CARROZ ☎ 79.35.05.83 – 28 CH.
110/220 F. MENU 60/180 F. PENSION 210/260 F. DEMI-PENSION 180/230 F. FERME 5 OCT./5
MAI. 🎟 Ⓐ ⓔ E CV.

** **GRAZIELLA** 14, RUE DU CASINO M. GRAND ☎ 79.35.13.89 – 19 CH. 100/230 F. FERME 6
DEC./19 MARS. Ⓕ 🐎 🎟 E E.

*** **LA PASTORALE** 221 AV.DU GRAND PORT M.DAVAT ☎ 79.35.25.36 TELEX 309709 – 30 CH.
230/300 F. MENU 80/160 F. PENSION 295/320 F. DEMI-PENSION 200/270 F. FERME 1 FEV./30
MARS. ET RESTAURANT FERME DIMANCHE SOIR. 🎟 Ⓐ ⓔ E 🔲.

— 26 —

AIX-LES-BAINS (suite)
*** **LE MANOIR** 37 RUE GEORGES 1er M.PIRAT ☎ 79.61.44.00 TELEX 980793 — 40 CH. 215/395 F. MENU 105/195 F. PENSION 258/398 F. DEMI-PENSION 218/358 F. FERME MI-DEC./MI-JANV. Ⓕ 🚗 🖫 ⓘ E CV ♿ 🕭.

AIX-LES-BAINS (PUGNY-CHATENOD) 73100 AIX-LES-BAINS SAVOIE 450 HAB.
** **CLAIREFONTAINE** ROUTE DU REVARD M. VUILLERMET ☎ 79.61.47.09 — 29 CH. 130/360 F. MENU 70/160 F. PENSION 175/340 F. DEMI-PENSION 150/290 F. FERME 15 OCT./25 MARS. 🖾 ♂ 🚗 🖫 E ♿.

AIX-LES-BAINS (TREVIGNIN) 73100 AIX-LES-BAINS SAVOIE 620 M. 300 HAB.
** **BELLEVUE** (A TREVIGNIN) M. TRAVERSAZ ☎ 79.61.48.32 — 20 CH. 100/230 F. MENU 65/150 F. PENSION 190/230 F. DEMI-PENSION 160/200 F. FERME 1 NOV./31 JANV. ET DIMANCHE SOIR. 🖫 🗚 E.

AJACCIO 20000 CORSE 66000 HAB. S.I.
** **BELLA VISTA** BD SYLVESTRE-MARCAGGI M. GIOVANNELLI jean Baptiste ☎ 95.21.07.97 — 34 CH. 160/200 F. FERME 1 NOV./31 MARS. Ⓕ.
** **CRESTE E MARE** ROUTE DES SANGUINAIRES M.MASSEI ☎ 95.21.66.63 — 38 CH. PRIX NON COMMUNIQUES. ✖.
*** **IMPERIAL** 6,BD. ALBERT-1er Mme.FIESCHI ☎ 95.21.50.62 TELEX 460269 — 44 CH. 190/365 F. MENU 68/120 F. PENSION 280/425 F. DEMI-PENSION 205/345 F. 🖫 🗚 ⓘ E 🕭.
*** **NAPOLEON** 4, RUE LORENZO-VERO M.FRATANI ☎ 95.21.30.01 TELEX 460625 — 62 CH. 235/345 F. Ⓕ 🖫 🗚 ⓘ E 🕭.
** **SAN CARLU** 8, Bld D. CASANOVA. M. ANTONIOLI ☎ 95.21.13.84 TELEX 460158 — 44 CH. 276/315 F. FERME DEC. 🚗 ✖ 🖫 🗚 ⓘ E.

ALBAN 81250 TARN 610 M. 1150 HAB. S.I.
** **AU BON ACCUEIL** M.BARDY ☎ 63.55.81.03 — 15 CH. 89/140 F. MENU 55/89 F. PENSION 150/170 F. DEMI-PENSION 125/145 F. FERME LUNDI, SAUF JUIL./AOUT. Ⓕ 🚗 🐕 🖫 🗚 ⓘ E.

ALBARON (L') 13123 BOUCHES-DU-RHONE 50 HAB.
* **LE FLAMANT ROSE** SUR D.37 M. COULET ☎ 90.97.10.18 — 18 CH. 105/250 F. MENU 70/120 F. DEMI-PENSION 160/190 F. FERME MARS ET MARDI SAUF JUIL. ET AOUT. 🖫 🗚 ⓘ E CV.

ALBEPIERRE 15300 MURAT CANTAL 1050 M. 300 HAB.
AF **LA BELLE ARVERNE** M.RIGAL ☎ 71.20.02.00 — 10 CH. 90/250 F. MENU 48/90 F. PENSION 140/180 F. DEMI-PENSION 130/160 F. FERME 1/30 NOV. 🚢 🖫 🗚 ⓘ E CV.

ALBERT 80300 SOMME 13000 HAB. S.I.
* **DE LA BASILIQUE** 3 ET 5, RUE GAMBETTA M.PETIT ☎ 22.75.04.71 — 10 CH. 65/145 F. MENU 48/130 F. FERME 20 DEC./10 JANV., 16/31 AOUT ET DIMANCHE. 🛏 🖫 E.
* **GRAND HOTEL DE LA PAIX** 39-47, RUE VICTOR-HUGO. M. DUTHOIT ☎ 22.75.01.64 — 15 CH. 68/145 F. MENU 60/105 F. PENSION 190/270 F. DEMI-PENSION 135/210 F. FERME 1/15 FEV. ET RESTAURANT FERME DIMANCHE SOIR. Ⓕ 🚗 🖫 🗚 ⓘ E CV.

ALBERTVILLE 73200 SAVOIE 20000 HAB. S.I.
AF **L'AUBERGE** RTE DE GRIGNON-PONT-ALBERT M.GRAND ☎ 79.32.23.00 — 8 CH. 75/170 F. MENU 65/140 F. PENSION 160/260 F. DEMI-PENSION 120/190 F. FERME 2 QUINZ. JUIN ET 1 SEM. JUIL. 🖫 E CV.
*** **LE ROMA** SUR NATIONALE 90 M. NAEL, Mme. MICHAUD. ☎ 79.37.15.56 TELEX 980140 — 70 CH. 230/280 F. MENU 75/220 F. PENSION 375 F. DEMI-PENSION 320 F. RESTAURANT FERME DIMANCHE SOIR/MARDI. GRILL. PIZZERIA. 🖾 🚢 ♂ 🚗 🖫 🗚 ⓘ E ♿.

ALBI 81000 TARN 48340 HAB. S.I.
** **DU PARC** 3, AV. DU PARC M. RICARD ☎ 63.54.12.80 — 17 CH. 110/230 F. ✖ 🖫 🗚 ⓘ E.
** **LAPEROUSE** 21, PLACE LAPEROUSE. Mme CHARTROU ☎ 63.54.69.22 — 12 CH. 160/190 F. MENU 60 F. RESTAURANT FERME 15 AOUT/8 SEPT., DIMANCHE ET LUNDI. 🖫 E.
* **LE VIEIL ALBY** 25, RUE TOULOUSE-LAUTREC M.SICARD ☎ 63.54.14.69 — 8 CH. 85/235 F. MENU 53/140 F. FERME FIN JUIN/DEBUT JUIL., 25 DEC./15 JANV., SAMEDI SOIR ETDI-MANCHE. 🖫 🗚 ⓘ E.
*** **MODERN'PUJOL** 22, AV. COLONEL-TEYSSIER M. ANDRE ☎ 63.54.02.92 TELEX 520411 — 21 CH. 160/300 F. MENU 110/210 F. PENSION 290/390 F. DEMI-PENSION 220/300 F. RESTAU-RANT FERME 1/20 JUIL., 2 SEM. VAC. SCOL. FEV. VENDREDI SOIR ET SAMEDI MIDI/DIMANCHE SOIR. Ⓕ 🚗 🖫 🗚 ⓘ E.
** **RELAIS GASCON ET AUBERGE LANDAISE** 1 ET 3, RUE BALZAC Mme GARCIA ☎ 63.54.26.51 — 15 CH. 120/280 F. MENU 58/130 F. PENSION 280/300 F. DEMI-PENSION 220/240 F. RESTAURANT FERME DIMANCHE SOIR ET LUNDI. Ⓕ 🖫 E.

ALBIEZ-MONTROND 73300 SAINT-JEAN-DE-MAURIENNE SAVOIE 1500 M. 295 HAB. S.I.
** **LA RUA** S.A.R.L.LA RUA. ☎ 79.59.30.76 — 22 CH. 165/180 F. MENU 60/150 F. PENSION 187/248 F. DEMI-PENSION 152/213 F. FERME 15 AVR./15 MAI ET 30 SEPT./15 DEC. Ⓕ ✖ CV.

ALBOUSSIERE 07440 ARDECHE 600 M. 700 HAB. S.I.
* **DU DUZON** M.VIEUX ☎ 75.58.30.23 — 12 CH. 90/130 F. MENU 50/130 F. PENSION 130/160 F. DEMI-PENSION 110/140 F. FERME NOV./MARS 🚢 🖫 🗚 ⓘ E CV ♿.

ALBRES (LES) 12220 MONTBAZENS AVEYRON 100 HAB.

* **FRECHET** M.OBERHEIDT ☎ 65.80.66.10/65.80.42.46 — 18 CH. 120/240 F. MENU 59/120 F. PENSION 175/225 F. DEMI-PENSION 160/195 F. FERME 1/15 SEPT. 🇫 ⚓ 🏍 🚉 ▦ 🄰 ❶ E.

ALENCON 61000 ORNE 35000 HAB. S.I.

** **DE L'INDUSTRIE** 22,PCE DU GAL DE GAULLE M.LOMNITZ ☎ 33.27.19.30 — 9 CH. 80/200 F. MENU 60/120 F. PENSION 180/215 F. DEMI-PENSION 130/180 F. FERME 27 JUIL./8 AOUT, ET SAMEDI 1 SEPT./15 JUIN. 🇫 ▦ E CV.

** **GRAND HOTEL DE LA GARE** 51, AV. WILSON M.RUMEAU ☎ 33.29.03.93 — 22 CH. 120/235 F. MENU 48/100 F. PENSION 170/220 F. DEMI-PENSION 135/195 F. FERME 20 DEC./5 JANV. ET RESTAURANT FERME DIMANCHE. 🇫 ⚓ ▦ 🄰 E CV.

** **LE GRAND SAINT MICHEL** 7, RUE DU TEMPLE M. CANET ☎ 33.26.04.77 — 13 CH. 85/260 F. MENU 65/250 F. PENSION 225/345 F. DEMI-PENSION 175/285 F. FERME JUIL., VAC.SCOL.FEV., DIMANCHE SOIR ET LUNDI SAUF RESERVATIONS. CHIENS PAYANTS 10 F. 🇫 ⚓ ▦ E.

ALES 30100 GARD 50000 HAB. S.I.

AF **DU PARC** 174, ROUTE DE NIMES M.BRES ☎ 66.30.62.33 — 5 CH. MENU 60/120 F. PENSION 250/350 F. DEMI-PENSION 175/255 F. 🇫 🛏 ▦ E CV.

ALET-LES-BAINS 11580 AUDE 550 HAB. S.I.

* **L'EVECHE** M. LIMOUZY ☎ 68.69.90.25 — 30 CH. 75/220 F. MENU 50/170 F. PENSION 175/290 F. DEMI-PENSION 130/240 F. FERME 31 OCT./1 AVR. 🇫 CV ♿.

ALIXAN 26300 BOURG-DE-PEAGE DROME 1099 HAB.

** **ALPES PROVENCE** (SUR N.532) M.BOCAUD ☎ 75.47.02.84 — 23 CH. 85/220 F. MENU 70/150 F. PENSION 150/280 F. DEMI-PENSION 105/210 F. FERME 15/30 NOV. ⚓ ▦ E.

* **DE FRANCE** M. SANFILIPPO ☎ 75.47.03.44 — 14 CH. 85/120 F. MENU 50/89 F. PENSION 150/160 F. DEMI-PENSION 130/140 F. RESTAURANT FERME DIMANCHE SOIR. ▦ 🄰 E CV 🄷.

ALLAIRE 56350 MORBIHAN 2680 HAB.

** **LE GAUDENCE Restaurant AU RELAIS** ROUTE DE REDON M. SEBILLET ☎ 99.71.93.64 — 17 CH. 140/208 F. MENU 43/119 F. PENSION 205/276 F. DEMI-PENSION 205/237 F. RESTAURANT FERME 24 DEC., ET DIMANCHE SOIR. ▦ E.

ALLASSAC 19240 CORREZE 3600 HAB. S.I.

* **DU MIDI** 14 AVENUE VICTOR HUGO M.MERY ☎ 55.84.90.35 — 10 CH. 100/180 F. MENU 60/85 F. PENSION 170/190 F. DEMI-PENSION 150/170 F. ▦ E CV.

ALLEGRE 43270 HAUTE-LOIRE 1000 M. 1000 HAB.

* **DES VOYAGEURS** M.LEYDIER ☎ 71.00.70.12 — 24 CH. 80/180 F. MENU 55/70 F. PENSION 150/170 F. DEMI-PENSION 110/120 F. FERME 15 DEC./15 MARS. 🇫 ⚓ CV.

ALLEMANS-DU-DROPT 47800 LOT-ET-GARONNE 600 HAB. S.I.

* **ETAPE GASCONNE** M.FOURNIER ☎ 53.20.23.55 TELEX 560800 F — 13 CH. 68/132 F. MENU 42/186 F. PENSION 150/190 F. DEMI-PENSION 120/160 F. FERME 20/31 DEC. BALNEO-THERAPIE.REEDUCATION. REPAS DIETETIQUES. ▦ ❶ E CV.

ALLEVARD-LES-BAINS 38580 ISERE 2400 HAB. S.I.

** **DES BAINS Restaurant LE CHARDONNERET** DECORPS ET FILS ☎ 76.97.51.78 — 40 CH. 92/262 F. MENU 55/120 F. PENSION 166/236 F. DEMI-PENSION 114/184 F. FERME 1 OCT./30 NOV. ▦ ❶ E CV ♿ 🄷.

* **DES TERRASSES** M.TONONE ☎ 76.97.51.74 — 21 CH. 65/75 F. MENU 52/68 F. PENSION 150/180 F. FERME 24 SEPT./18 MAI. ▦ E.

* **LES ALPES** PLACE DU TEMPLE M. ROBERT ☎ 76.97.51.18 — 12 CH. 105/130 F. MENU 52/88 F. PENSION 170/185 F. DEMI-PENSION 130/145 F. FERME 25 SEPT./1 NOV. ET LUNDI HORS VAC.SCOL. 🇫 ▦ E CV.

** **LES PERVENCHES** AVENUE DAVALLET M. BADIN ☎ 76.97.50.73 — 30 CH. 168/240 F. MENU 68/168 F. PENSION 262/295 F. DEMI-PENSION 207/245 F. FERME 10 AVR./10 MAI, 25 SEPT./1 FEV. ET RESTAURANT FERME MERCREDI ET JEUDI MIDI. ⚓ 🚲 ⚓ ▦ E CV.

** **SPERANZA** ROUTE DU MOUTARET M.JANOT ☎ 76.97.50.56 — 20 CH. 100/235 F. MENU 52/90 F. PENSION 170/235 F. DEMI-PENSION 135/200 F. FERME 1 OCT./20 DEC. ET 15 AVR./15 MAI.

ALLEVARD-LES-BAINS (PINSOT) 38580 ALLEVARD ISERE 730 M. 80 HAB.

** **PIC DE LA BELLE ETOILE** M. RAFFIN ☎ 76.97.53.62 TELEX 305551 — 34 CH. 200/234 F. MENU 77/175 F. PENSION 226/270 F. DEMI-PENSION 186/230 F. FERME 18 AVR./8 MAI ET 23 OCT./4 DEC. 🇫 🚲 🦌 ▦ E 🄷.

ALLEYRAS 43570 HAUTE-LOIRE 670 M. 290 HAB.

** **CACAUD** M. CACAUD ☎ 71.57.57.63 — 12 CH. 100/200 F. MENU 50/85 F. PENSION 150/180 F. DEMI-PENSION 120/150 F. 🇫 ▦ E ♿ 🄷.

ALLINGES 74200 THONON-LES-BAINS HAUTE-SAVOIE 2000 HAB.

* **L'EAU VIVE** (A NOYER). Mme BUFFET ☎ 50.70.51.32 — 16 CH. 110/190 F. MENU 50 F. PENSION 160/200 F. DEMI-PENSION 110/160 F. FERME 20 SEPT./5 OCT., ET DIMANCHE SOIR HS. 🇫 ⚓ ▦ E CV.

ALLINGES-MESINGES **74200** **THONON-LES-BAINS** HAUTE-SAVOIE 2098 HAB.

* **LES HORIZONS** (A MESINGES). Mme DEMANGE ☎ 50.71.21.30 – 10 CH. 75/140 F. MENU 60/80 F. PENSION 165/180 F. DEMI-PENSION 135/150 F. FERME NOV./MARS. 🇫 ☲ 🄰 ⑨ E CV.

ALLONZIER-LA-CAILLE **74350** **CRUSEILLES** HAUTE-SAVOIE 700 M. 600 HAB.

** **LE MANOIR** M.RIVOIRE ☎ 50.46.81.82 TELEX 309499 – 16 CH. 170/250 F. MENU 85/260 F. PENSION 280/320 F. DEMI-PENSION 250/280 F. FERME 1 NOV./20 DEC., ET LUNDI HS. 🇫 🏊 ☲ 🄰 ⑨ E CV.

ALLY **15700** **PLEAUX** CANTAL 720 M. 876 HAB.

* **AU RELAIS DE POSTE** M. GOUVART ☎ 71.69.03.44 – 11 CH. 110 F. MENU 60/120 F. PENSION 150 F. DEMI-PENSION 130 F. 🇫 ☲ 🄰 ⑨ E CV.

ALPE-D'HUEZ **38750** ISERE 1850 M. 1340 HAB. S.I.

** **ECLOSE** M.CHALVIN ☎ 76.80.32.16 – 28 CH. 150/240 F. PENSION 220/300 F. FERME 31 AOUT/19 DEC., 17 AVR./1 JUIL.ET RESTAURANT 17 AVR./19 DEC. 🇫 🐎 🄷.

ALTHEN-DES-PALUDS **84520** VAUCLUSE 1288 HAB.

* **AUBERGE DES GAFFINS** (SUR D.942). Mme GUIGUE ☎ 90.62.01.50 – 7 CH. 110/210 F. MENU 75/150 F. PENSION 220/230 F. DEMI-PENSION 170/180 F. RESTAURANT FERME DIMANCHE SOIR/LUNDI. 🇫 ☲ E.

ALTKIRCH **68130** HAUT-RHIN 6000 HAB. S.I.

** **LA TERRASSE** 44-46, RUE DU 3eme ZOUAVE. M.BLUM ☎ 89.40.98.02 – 20 CH. 100/185 F. MENU 35/85 F. 🇫 ☲ 🄰 ⑨ E CV.

ALTKIRCH (CARSPACH) **68130** HAUT-RHIN 6000 HAB. S.I.

** **AUBERGE SUNDGOVIENNE** ROUTE DE BELFORT M.KELLER ☎ 89.40.97.18 – 29 CH. 95/210 F. MENU 55/130 F. PENSION 185/260 F. DEMI-PENSION 145/210 F. FERME 23 DEC./1 FEV., ET LUNDI. RESTAURANT FERME LUNDI/MARDI17H 🇫 🏊 ☲ 🄰 ⑨ E CV 🛁 🄷.

ALVIGNAC **46500** **GRAMAT** LOT 600 HAB. S.I.

* **DU CHATEAU CARBOIS** M. DARNIS Jacques ☎ 65.33.60.14 – 35 CH. 72/180 F. MENU 45/90 F. PENSION 193/242 F. DEMI-PENSION 138/187 F. FERME 1 NOV./15 AVR. 🇫 ☲ 🄰 ⑨ E CV.

** **NOUVEL HOTEL** M.BATTUT ☎ 65.33.60.30 – 13 CH. 82/160 F. MENU 45/130 F. PENSION 150/200 F. DEMI-PENSION 120/160 F. FERME 15 DEC./1 MARS, VENDREDI SOIR, SAMEDI ET DIMANCHE NOV/PAQUES. ☲.

AMANCY **74800** **LA ROCHE-SUR-FORON** HAUTE-SAVOIE 1403 HAB. S.I.

** **LE BEAUREGARD** RUE DE LA FOLLIEUSE. Mme BENZAL ☎ 50.03.22.37 – 12 CH. 90/135 F. MENU 48/120 F. PENSION 183/225 F. DEMI-PENSION 140/181 F. RESTAURANT FERME DIMANCHE SOIR. ☲ 🄰 E.

AMBAZAC **87240** HAUTE-VIENNE 5000 HAB. S.I.

* **DE FRANCE** PL. DE L'EGLISE M.JOLY ☎ 55.56.61.51 – 8 CH. 60/110 F. MENU 50/80 F. PENSION 120/160 F. DEMI-PENSION 100/140 F. FERME 20 DEC./15 JANV., ET DIMANCHE 1 NOV./1 AVR. 🇫 ☲ 🛁.

AMBERIEUX EN DOMBES **01330** **VILLARS LES DOMBES** AIN 750 HAB.

** **AUBERGE DES BICHONNIERES** ROUTE DE SAVIGNEUX M.CRETIN ☎ 74.00.82.07 – 12 CH. 200/320 F. MENU 98/220 F. FERME 1/30 JANV. ET LUNDI HS 🐎 ☲ E 🛁.

AMBERT **63600** PUY-DE-DOME 8000 HAB. S.I.

ec **LA CHAUMIERE** 41, AV. MARECHAL-FOCH M.OLLIER ☎ 73.82.14.94 – 15 CH. 160/260 F. MENU 65/170 F. PENSION 200/280 F. DEMI-PENSION 160/220 F. FERME 1 JANV./15 FEV., SAMEDI ET DIMANCHE SOIR. PARKING PRIVE. 🇫 🏊 ☲ 🄰 ⑨ E CV.

* **LES COPAINS** 42, BD HENRI-IV Mme.CHELLE ☎ 73.82.01.02 – 15 CH. 80/160 F. MENU 54/60 F. PENSION 135/185 F. DEMI-PENSION 95/145 F. FERME 20 AOUT/20 SEPT., SAMEDI SOIR ET DIMANCHE SOIR HS. 🇫 🐎.

AMBIALET **81510** **VALENCE-D'ALBI** TARN 450 HAB. S.I.

** **DU PONT** M.SAYSSET ☎ 63.55.32.07 – 13 CH. 126/161 F. MENU 65/160 F. PENSION 189/226 F. DEMI-PENSION 145/180 F. FERME 30 NOV./1 MARS. 🏊 ☲ 🄰 ⑨ E.

AMBOISE **37400** INDRE-ET-LOIRE 12000 HAB. S.I.

** **AUBERGE DU MAIL** 32, QUAI DU GAL DE GAULLE M. GUILLERAULT ☎ 47.57.60.39 – 12 CH. 110/260 F. MENU 95/200 F. PENSION 360 F. DEMI-PENSION 260 F. FERME 15 NOV./15 DEC., ET VENDREDI HS. 🐎 ☲ 🄰 ⑨ E.

*** **BELLEVUE et Annexe PETIT LUSSAULT** 12,QUAI CHARLES GUINOT ET N.152 M. LEVESQUE ☎ 47.57.02.26/47.57.30.30 – 50 CH. 190/300 F. FERME 15 NOV./15 MARS. ANNEXE PETIT LUSSAULT 2 ETOILES. 🥢 🐎 ☲ E 🄷.

*** **DU PARC** 8, RUE LEONARD-DE-VINCI Mme.GARNIER ☎ 47.57.06.93 – 20 CH. 140/380 F. FERME 31 OCT./1 MARS. 🥾 ☲ E.

** **LE LION D'OR** 17 QUAI CHARLES GUINOT M.WILLIEME ☎ 47.57.00.23 – 23 CH. 135/250 F. MENU 114/196 F. PENSION 324/380 F. DEMI-PENSION 210/266 F. FERME 1 NOV./30 MARS. ☲ E.

AMBONNAY **51150** **TOURS-SUR-MARNE** MARNE 820 HAB.

* **AUBERGE SAINT VINCENT** M.PELLETIER ☎ 26.57.01.98 – 11 CH. 100/150 F. MENU 90/280 F. PENSION 230/270 F. DEMI-PENSION 160/240 F. FERME DIMANCHE SOIR/MARDI MATIN. 🏊 🐎 ☲ 🄰 ⑨ E.

AMBRAULT 36120 ARDENTES INDRE 600 HAB.

* **LE COMMERCE** M.MALEPLATE ☎ 54.49.01.07 — 7 CH. 100/120 F. MENU 80/140 F. FERME 2/15 JANV., 10/20 OCT., DIMANCHE SOIR ET LUNDI. 🛏 💳 **E**.

AMBRIERES-LES-VALLEES 53300 MAYENNE 2000 HAB. S.I.

** **LE GUE DE GENES** 27 RUE NOTRE DAME M.POSTEL ☎ 43.04.95.44 — 8 CH. 70/150 F. MENU 49/110 F. PENSION 160/180 F. DEMI-PENSION 120/130 F. FERME 2EME QUINZ. FEV., 2EME QUINZ. DEC., ET MERCREDI HS. **F** 💳.

AMELIE-LES-BAINS 66110 PYRENEES-ORIENTALES 4500 HAB. S.I.

** **AUBERGE LES ROCHES** 9, AV. DU GL-LECLERC M. GAILLOTTE Jean-Marie ☎ 68.39.05.08 — 6 CH. 85/120 F. MENU 60/75 F. PENSION 170/185 F. DEMI-PENSION 145/160 F. FERME 10 DEC./10 FEV. **F** 🛏.

* **CENTRAL** M. SITJA ☎ 68.39.05.49 — 21 CH. 185 F. MENU 70/90 F. PENSION 210 F. DEMI-PENSION 180 F. FERME 25 DEC./1 JANV. **F** 🛏 💳 🏧.

** **ENSOLEILLADE LA RIVE** 70, RUE J.-COSTE M.ROUE ☎ 68.39.06.20 — 19 CH. 150/185 F. FERME 1 DEC./6 AVR. **F** 🛏 💳 🏧.

AMMERSCHWIHR 68770 HAUT-RHIN 1500 HAB. S.I.

** **A L'ARBRE VERT** M.GEBEL ☎ 89.47.12.23 — 13 CH. 100/200 F. MENU 70/275 F. DEMI-PENSION 180/220 F. FERME 26 NOV./10 DEC., 10 FEV./25 MARS., ET MARDI. 🛏 💳 🏧 **E**.

AMNEVILLE 57360 MOSELLE 8950 HAB. S.I.

** **SAINT ELOY** BOIS DE COULANGE. M. DALLE FRATTE ☎ 87.70.32.62 — 20 CH. 200 F. PENSION 210/265 F. DEMI-PENSION 175/230 F. **F** 🛏 💳 🏧 **E** ⚒.

AMOU 40330 LANDES 1500 HAB. S.I.

* **AU FEU DE BOIS** M. MARTINET ☎ 58.89.00.86 — 10 CH. 60/90 F. MENU 65/95 F. PENSION 140 F. DEMI-PENSION 120 F. FERME 1/31 JANV., VENDREDI SOIR ET SAMEDI MIDI. 💳 **E CV** ⚒.

** **LE COMMERCE** PLACE DE LA POSTE M.DARRACQ ☎ 58.89.02.28 — 18 CH. 120/200 F. MENU 90/170 F. PENSION 200/240 F. DEMI-PENSION 160/180 F. FERME 10 NOV./1 DEC., 15 FEV./1 MARS ET LUNDI. **F** 💳 🏧 ⓓ **E CV**.

* **LES VOYAGEURS** PLACE DE LA TECOUERE M.LAFFITAU ☎ 58.89.02.31 — 14 CH. 80/170 F. MENU 46/130 F. PENSION 140/180 F. DEMI-PENSION 100/140 F. FERME 1 FEV./8 MARS ET RESTAURANT FERME SAMEDI DEC./MAI. 💳 **E CV**.

AMPHION-LES-BAINS   74500   EVIAN-LES-BAINS HAUTE-SAVOIE 5000 HAB. S.I.

** **LE TILLEUL** M. BARRAS ☎ 50.70.00.39 — 15 CH. 120/280 F. MENU 65/190 F. PENSION 220/270 F. DEMI-PENSION 190/230 F. FERME JANV., DIMANCHE SOIR ET LUNDI HS. **F** 🛏 💳 ⓓ **E**.

AMPUIS 69420 CONDRIEU RHONE 2100 HAB.

* **OGIER** LES ALLEES M. NOTREDAME ☎ 74.56.10.37 — 8 CH. 75/180 F. MENU 59/120 F. FERME DIMANCHE SOIR ET LUNDI SAUF SAISON. 🚗 💳 🏧 ⓓ **E**.

ANCENIS 44150 LOIRE-ATLANTIQUE 7310 HAB. S.I.

** **DU VAL DE LOIRE** ROUTE D'ANGERS. M. BODINEAU ☎ 40.96.00.03 TELEX 711592 — 30 CH. 175/219 F. MENU 55/149 F. PENSION 208/270 F. DEMI-PENSION 162/229 F. RESTAURANT FERME SAMEDI. **F** 💳 🏧 **E CV** ⚒.

** **LES VOYAGEURS** 98, RUE GEORGES CLEMEMCEAU. Mme FLORENTIN Irene ☎ 40.83.10.06/40.83.17.74 — 20 CH. 150/195 F. MENU 58/160 F. PENSION 240/260 F. DEMI-PENSION 180/200 F. RESTAURANT FERME 20 DEC./20 JANV., ET DIMANCHE SOIR. 🚗 ⓓ **E**.

ANCIZES-COMPS (LES) 63770 LES ANCIZES-COMPS PUY-DE-DOME 710 M. 1998 HAB. S.I.

* **BELLE VUE** AU PONT DU BOUCHET (Alt.510 m.). M.CHOMILIER ☎ 73.86.80.39 — 20 CH. 85/105 F. MENU 47/125 F. PENSION 130/140 F. DEMI-PENSION 110/120 F. FERME 1 NOV./4 JANV., ET MERCREDI 15 SEPT./15 JUIN. **F** 🛏 **E CV**.

ANDELAROCHE 03120 LAPALISSE ALLIER 300 HAB.

ec **LE RELAIS DE LA MARGUETIERE** Mme FOUILLAND ☎ 70.55.20.32 — 10 CH. 160/210 F. DEMI-PENSION 160 F. 💳 **CV** ⚒.

ANDELOT 52700 HAUTE-MARNE 916 HAB.

*AF **LE CANTAREL** PLACE CANTAREL M. ROYER ☎ 25.01.31.13 — 10 CH. 70/150 F. MENU 52/80 F. PENSION 140/190 F. DEMI-PENSION 120/160 F. FERME FEV., ET LUNDI. 🚗 💳 🏧 ⓓ **E**.

ANDELOT-EN-MONTAGNE   39110   SALINS-LES-BAINS JURA 630 M. 555 HAB.

* **AU CREUX DE FER** Mme BUTHIAUX ☎ 84.51.40.49 — 9 CH. 74/143 F. MENU 50/110 F. PENSION 159/170 F. DEMI-PENSION 120/135 F. FERME MERCREDI. 💳 **E**.

ANDELYS (LES) 27700 EURE 8500 HAB. S.I.

** **DE LA CHAINE D'OR** PL. ST-SAUVEUR M.FOUCAULT ☎ 32.54.00.31 — 12 CH. 100/360 F. MENU 120/260 F. FERME 2 JANV./3 FEV., DIMANCHE SOIR ET LUNDI. 💳.

ANDERNOS-LES-BAINS 33510 GIRONDE 5985 HAB. S.I.

** **CENTRAL Restaurant LE RETRO** 20, AV. THIERS. Mme BONNET ☎ 56.82.02.10 — 17 CH. 130/230 F. MENU 70/115 F. PENSION 260/340 F. DEMI-PENSION 200/280 F. RESTAURANT FERME 1 JANV./31 MARS. ET DIMANCHE APRES-MIDI/ LUNDI. SOIREE VRP 185 F. CHIENS PAYANTS 18 F. **F** 💳 **E**.

ANDLAU 67140 BARR BAS-RHIN 2000 HAB. S.I.

* **AU CANON** Mme NICOLAS ☎ 88.08.95.08 — 10 CH. 86/156 F. PENSION 244/290 F. DEMI-PENSION 155/200 F. FERME FEV., LUNDI SOIR ET MARDI. 🄵 🛏 💳 🄰🄴 ⊙ E CV.

ANDOLSHEIM 68600 HAUT-RHIN 1100 HAB.

*** **DU SOLEIL** M. CARBONNEL ☎ 89.71.40.53 — 17 CH. 85/220 F. MENU 110/280 F. DEMI-PENSION 220/320 F. FERME 1 FEV./1 MARS, MARDI SOIR ET MERCREDI HS. 💳 🄰🄴 ⊙.

ANDON 06750 CAILLE ALPES-MARITIMES 250 HAB.

ec **HOSTELLERIE D'ANDON** M. ZERATHE ☎ 93.60.45.11 — 18 CH. 150/190 F. MENU 65/95 F. PENSION 210/260 F. DEMI-PENSION 145/195 F. 🄵 ♨ 💳 🄰🄴 ⊙

ANET 28260 EURE-ET-LOIR 1900 HAB. S.I.

* **AUBERGE DE LA ROSE** 6 RUE CHARLES LECHEVREL M.BOISSIER ☎ 37.41.90.64 — 9 CH. 80/125 F. MENU 77/215 F. PENSION 220 F. DEMI-PENSION 170 F. FERME VAC. SCOL. FEV., DIMANCHE SOIR ET LUNDI. RESTAURANT FERME 15/31 AOUT. 🛏 💳.

ANGLES 81260 BRASSAC TARN 750 M. 650 HAB. S.I.

** **LE MANOIR** M. SENEGAS ☎ 63.70.96.06 — 14 CH. 180 F. MENU 65/160 F. PENSION 220 F. DEMI-PENSION 165 F. RESTAURANT FERME 1 SEPT./30 JUIN. HOTEL PERMANENT. ♨ CV.

ANGLES (LES) 30400 GARD 5000 HAB. S.I.

** **LE PETIT MANOIR** AV. JULES FERRY. M.CHAILLY ☎ 90.25.03.36 — 28 CH. 110/250 F. MENU 65/150 F. PENSION 225/315 F. DEMI-PENSION 150/220 F. RESTAURANT FERME LUNDI, LUNDI ET MERCREDI MIDI EN JUIL., AOUT. 🄵 ♨ 🛵 💳 E ♿.

ANGOULEME 16000 CHARENTE 60000 HAB. S.I.

** **LA BOURSE** PL. GERARD-PEROT M.ROLLAND ☎ 45.92.06.42 — 29 CH. 100/200 F. MENU 50/200 F. DEMI-PENSION 190/230 F. FERME 1/21 SEPT. RESTAURANT FERME VENDREDI SOIR/ SAMEDI MIDI. ♨ 💳 🄰🄴 ⊙ E.

* **LE CRAB** 27, RUE KLEBER M.BOUCHET ☎ 45.95.51.80 — 21 CH. 80/160 F. MENU 45/120 F. PENSION 140/195 F. DEMI-PENSION 100/150 F. RESTAURANT FERME SAMEDI/DI- MANCHE SOIR. 🄵 💳 ⊙ E

ANIANE 34150 HERAULT 1620 HAB. S.I.

* **LA CLAMOUSE** SUR D. 32 M. RAOUL ☎ 67.57.71.63/67.57.49.04 — 9 CH. 102/166 F. MENU 58/179 F. PENSION 186/218 F. DEMI-PENSION 130/161 F. 💳 E.

ANNEBAULT 14430 DOZULE CALVADOS 253 HAB.

* **AUBERGE LE CARDINAL** M. LEGENTIL ☎ 31.64.81.96 — 7 CH. 150/250 F. MENU 80/160 F. PENSION 250/300 F. DEMI-PENSION 220/260 F. FERME 10 JANV./25 FEV., 15/30 NOV., ET MARDI SOIR/JEUDI MATIN. 🛏 💳 🄰🄴 ⊙ E.

ANNECY 74000 HAUTE-SAVOIE 60000 HAB. S.I.

** **ALLOBROGES** 11, RUE SOMMEILLER M.FOUDRAZ ☎ 50.45.03.11 TELEX 385417 — 55 CH. 170/380 F. 🄵 ♨ 💳 🄰🄴 ⊙ E ♿ 🈁.

** **AU FAISAN DORE** 34, AV. D'ALBIGNY M. CLAVEL ☎ 50.23.02.46 — 40 CH. 280/310 F. MENU 88/160 F. PENSION 325/345 F. DEMI-PENSION 290/310 F. ♨ 💳 E 🈁.

* **AUBERGE DU LYONNAIS** 9, RUE DE LA REPUBLIQUE M.BRUCHET ☎ 50.51.26.10 — 8 CH. 150/280 F. MENU 88/258 F. FERME 16 DEC./1 FEV., 15 JUIN/1 JUIL., MARDI SOIR ET MERCREDI. 🛏 💳 🄰🄴 E.

** **LE COIN FLEURI** 3, RUE FILATERIE Mme.ZULLI ☎ 50.45.27.30 — 14 CH. 110/190 F. ✂.

ANNECY-LE-VIEUX 74000 HAUTE-SAVOIE 10000 HAB.

* **LA MASCOTTE** RUE DU CAPITAINE-BAUD M.DOMENJOUD ☎ 50.23.51.47 — 14 CH. 130/200 F. MENU 55/130 F. PENSION 200/237 F. DEMI-PENSION 165/195 F. FERME 1/20 SEPT., ET LUNDI. 💳 ⊙.

ANNECY-LE-VIEUX ALBIGNY 74000 ANNECY HAUTE-SAVOIE 15000 HAB.

* **DES MUSES** 61, RUE CENTRALE M.GAY ☎ 50.23.29.26 — 30 CH. 84/190 F. MENU 58/160 F. PENSION 196/242 F. DEMI-PENSION 130/182 F. FERME 17 DEC./2 JANV. RESTAU- RANT FERME 30 OCT./31 MARS DIMANCHE SOIR ET LUNDI HS. 🄵 ♨ 🛏 💳 E.

ANNEMASSE (ETREMBIERES) 74100 HAUTE-SAVOIE 1800 HAB. S.I.

** **MAISON BLANCHE** Mme BAJULAZ ☎ 50.92.01.01 — 11 CH. 100/200 F. MENU 70/150 F. PENSION 200/250 F. DEMI-PENSION 170/200 F. FERME FIN OCT./1 DEC., ET DIMANCHE SAUF SAISON, OU FETES. 💳 🄰🄴 ⊙ E.

ANNEYRON 26140 SAINT-RAMBERT-D'ALBON DROME 3000 HAB.

AF **DE LA MAIRIE** M.JULLIEN ☎ 75.31.50.31 — 10 CH. 90/150 F. MENU 48/130 F. PENSION 140/200 F. DEMI-PENSION 100/150 F.

ANNONAY 07100 ARDECHE 21500 HAB. S.I.

** **DU MIDI** 17, PL. DES CORDELIERS Mme.DUFAUD ☎ 75.33.23.77 — 40 CH. 95/195 F. FERME 20 DEC./20 JANV., ET DIMANCHE SOIR EN HIVER. 🄵 ♨ ✂ 💳 🄰🄴 ⊙ E 🈁.

ANNOT 04240 ALPES-DE-HAUTE-PROVENCE 705 M. 1000 HAB. S.I.

* **DU PARC** M.TYTGAT ☎ 92.83.20.03 — 30 CH. 100/160 F. MENU 60/160 F. PENSION 165/190 F. DEMI-PENSION 145/170 F. FERME 1 OCT./1 AVR. 🄵 ♨.

ANOULD 88230 **FRAIZE** VOSGES 3000 HAB.

* **DE LA POSTE** 10 PLACE DE MONTLUCON Mme DORMOY ☎ 29.57.11.14 — 10 CH. 98/120 F. MENU 45/75 F. PENSION 140 F. FERME 15 SEPT./5 OCT. ET LUNDI. 🅵 🚗 🎦.

ANSE 69480 RHONE 3800 HAB.

** **SAINT-ROMAIN** ROUTE DE GRAVES M.LEVET ☎ 74.68.05.89 TELEX 380514 — 25 CH. 180/210 F. MENU 70/270 F. PENSION 330/370 F. DEMI-PENSION 280/300 F. RESTAURANT FERME DIMANCHE SOIR 1 DEC./30 AVR. 🅵 🚗 🚅 🎦 🅰🅴 ⊕ E CV ♿.

ANTIBES 06600 ALPES-MARITIMES 80000 HAB. S.I.

** **AUBERGE PROVENCALE** 61, PLACE NATIONALE M. MARTIN ☎ 93.34.13.24 — 6 CH. 240/480 F. MENU 70/190 F. FERME 15 NOV./15 DEC. ET RESTAURANT LUNDI. 🎦 🅰🅴 ⊕ E.

** **LA BELLE EPOQUE** 10 AV. DU 24 AOUT M. BADEMYAN ☎ 93.34.53.00 — 10 CH. 170/250 F. MENU 68/81 F. PENSION 225/282 F. DEMI-PENSION 170/227 F. RESTAURANT FERME NOV., ET LUNDI. 🅵 🎦 🅰🅴 ⊕ E.

* **LA MEDITERRANEE** 6, AV. MARECHAL-REILLE Mme CAZET ☎ 93.34.14.84 — 17 CH. 160/355 F. PENSION 200/220 F. DEMI-PENSION 170/180 F. FERME HOTEL 1 OCT./28 FEV.,RESTAURANT 1 OCT./28 MARS. 🍴 🎦.

AOSTE 38490 **LES ABRETS** ISERE 1500 HAB.

** **AU COQ EN VELOURS** M.BELLET ☎ 76.31.60.04 — 16 CH. 160/200 F. MENU 60/200 F. PENSION 220/240 F. DEMI-PENSION 160/180 F. FERME 2/26 JANV., DIMANCHE SOIR ET LUNDI. 🅵 🚗 🅰🅴 ⊕ E.

** **LA VIEILLE MAISON** M.BERTRAND ☎ 76.31.60.15 — 10 CH. 190/200 F. MENU 80/210 F. PENSION 260 F. DEMI-PENSION 175/180 F. FERME 23 AOUT/16 SEPT., 23 DEC./2 JANV. ET MERCREDI SAUF JUIL. ET AOUT. ♂ ⊕ CV ♿.

AOUSTE-SUR-SYE 26400 **CREST** DROME 1800 HAB.

* **DE LA GARE** M.GUIER ☎ 75.25.14.12 — 7 CH. 70/145 F. MENU 65/145 F. PENSION 190 F. DEMI-PENSION 160 F. FERME 1/15 SEPT., ET VENDREDI SOIR/SAMEDI. 🚅 🎦.

APREMONT-SUR-AIRE 08250 **GRANDPRE** ARDENNES 180 HAB.

* **DE L'ARGONNE** M.LEBLAN ☎ 24.30.53.88 — 3 CH. 90/100 F. MENU 52/125 F. PENSION 150/160 F. DEMI-PENSION 110/120 F. FERME 22/30 DEC. ET VENDREDI 1 SEPT./30 JUIN. 🅵 🎦 E.

APT 84400 VAUCLUSE 12000 HAB. S.I.

** **LE VENTOUX** 67,AV. VICTOR-HUGO M. BARBIER ☎ 90.74.07.58 — 13 CH. 110/188 F. MENU 59/140 F. DEMI-PENSION 167/206 F. FERME JANV. 🅵 🎦 🅰🅴 ⊕ & 🏠.

* **RELAIS DE ROQUEFURE** (PRES LE CHENE, A 6 KM D'APT). M.ROUSSET ☎ 90.74.22.80 — 16 CH. 100/200 F. MENU 80/100 F. PENSION 220/260 F. DEMI-PENSION 190/210 F. FERME 15 JANV./20 FEV. RESTAURANT FERME MARDI. EQUITATION. 🅵 🎦 E.

ARBEOST 65560 **FERRIERES** HAUTES-PYRENEES 164 HAB.

TOURNANT M.BEUILLE ☎ 59.53.41.42 — 6 CH. 80/115 F. MENU 40/110 F. PENSION 140 F. DEMI-PENSION 120 F. FERME 1/15 NOV. 🅵.

ARBOIS 39600 JURA 4000 HAB. S.I.

** **DE PARIS** M. JEUNET Jean Paul ☎ 84.66.05.67 TELEX 361033 — 18 CH. 250/400 F. MENU 100/300 F. FERME 30 NOV./15 MARS. RESTAURANT FERME LUNDI SOIR/MERCREDI MIDI. 🅵 🚗 🎦 🅰🅴 ⊕ E.

** **LES MESSAGERIES** Mme.RICOUX ☎ 84.66.15.45 — 26 CH. 95/230 F. FERME 1 DEC./31 MARS. 🅵 🚗 ✂ 🎦 E.

ARBOIS (LES PLANCHES) 39600 **ARBOIS** JURA 75 HAB.

** **LE MOULIN DE LA MERE MICHELLE** (LIEU DIT LES PLANCHES). M. DELAVENNE ☎ 84.66.08.17 — 9 CH. 170/235 F. MENU 78/280 F. FERME 1 JANV./1 MARS. RESTAURANT FERME VENDREDI MIDI/ DIMANCHE SOIR HS. 🚅 ♂.

ARCACHON 33120 GIRONDE 13665 HAB. S.I.

** **DE LA PLAGE** 10, AV. NELLY DEGANNE. M. VILLENAVE ☎ 56.83.06.23 TELEX 572 082 — 50 CH. 310 F. PENSION 300 F. DEMI-PENSION 270 F. 🚗 🎦 🅰🅴 ⊕ E ♿ 🏠.

ARCAIS 79210 **MAUZE-SUR-LE-MIGNON** DEUX-SEVRES 525 HAB.

* **DU MARAIS** M. JUIN ☎ 49.35.37.08 — 7 CH. 90/220 F. MENU 60/130 F. PENSION 170/220 F. DEMI-PENSION 130/170 F. FERME 1 NOV./31 MARS. 🍴 🎦 🅰🅴 ⊕ E.

ARCAMBAL 46090 CAHORS LOT 535 HAB.

*AF **LE GALESSIE** M. ROUX ☎ 65.35.30.27 — 6 CH. 120/180 F. MENU 48/150 F. DEMI-PEN-SION 155/185 F. FERME 1/30 NOV. ET LUNDI. 🎦 🅰🅴 ⊕ E.

ARCENS 07310 **SAINT-MARTIN-DE-VALAMAS** ARDECHE 625 M. 525 HAB.

** **DE L'EYSSE** M. BLACHER ☎ 75.30.43.85 — 10 CH. 100/160 F. MENU 55/126 F. PENSION 169/189 F. DEMI-PENSION 137/147 F. FERME FEVRIER ET MERCREDI 🎦.

ARCIZANS-AVANT 65400 **ARGELES-GAZOST** HAUTES-PYRENEES 650 M. 220 HAB.

LE CABALIROS M.SAINT-MARTIN ☎ 62.97.04.31 — 9 CH. 85/110 F. MENU 60/120 F. PEN-SION 140/150 F. DEMI-PENSION 115/125 F. FERME 26 SEPT./10 NOV. 🅵 🍴.

ARCS (LES) 83460 VAR 3915 HAB.

LE LOGIS DU GUETTEUR PLACE DU CHATEAU M. CALLEGARI ☎ 94.73.30.82/94.73.20.31 — 10 CH. 190 F. MENU 69/195 F. PENSION 260 F. DEMI-PENSION 220 F. FERME 15 NOV./15 DEC. ET VENDREDI. 🚗 🎦 🅰🅴 ⊕ E.

— 32 —

ARCY-SUR-CURE 89270 VERMENTON YONNE 509 HAB. S.I.
* **DES GROTTES** M. NOLLE ☎ 86.40.91.47 – 7 CH. 90/160 F. PENSION
198/270 F. DEMI-PENSION 165/220 F. FERME 5 JANV./10 FEV. ET MERCREDI 25 SEPT./1 JUIN.
🍴 E CV.

ARDENTES 36120 INDRE 3280 HAB.
** **LE CHENE VERT** 20,22 AVENUE DE VERDUN M. MIMAULT ☎ 54.36.22.40 – 8 CH.
90/265 F. MENU 90/130 F. DEMI-PENSION 180/250 F. FERME 1/23 AOUT, 2 SEM. JANV.,
DIMANCHE SOIR ET LUNDI. 🍴 E.

ARDON 39300 CHAMPAGNOLE JURA 600 M. 150 HAB.
* **DU PONT DE GRATTEROCHE** Mme SCHIAVON-MARTIN ☎ 84.51.70.46 – 20 CH.
80/215 F. MENU 52/115 F. PENSION 150/210 F. DEMI-PENSION 110/210 F. FERME 18 SEPT./6
OCT., 24 DEC./5 JANV., ET LUNDI 18 SEPT./ 1 JUIN. 🍴 🅰🅴 ⊙ E CV.

ARDRES 62610 PAS-DE-CALAIS 3165 HAB.
** **LE RELAIS** 66, Bld SENLECQ. M. RIVELON ☎ 21.35.42.00 TELEX 130886 – 11 CH.
140/250 F. MENU 60/170 F. 🍴 🅰🅴 .

ARES 33740 GIRONDE 4000 HAB. S.I.
** **LE BELFORT** 37,AV.DE LA LIBERATION M.SAVARY ☎ 56.60.04.50 – 10 CH. 140/210 F.
MENU 55/150 F. PENSION 210/250 F. DEMI-PENSION 170/196 F. FERME 24 DEC./31 JANV. ET
MERCREDI 11H/18H. 🅵 🍴 🅰🅴 ⊙ CV.

ARFEUILLES 03640 ALLIER 1000 HAB.
* **DU NORD** PLACE DES VICTOIRES Mme AUROUX ☎ 70.55.50.22 – 9 CH. 70/180 F. MENU
55/120 F. PENSION 180/200 F. DEMI-PENSION 130/160 F. FERME 11/22 FEV., 11 NOV./5 DEC.
ET DIMANCHE SOIR SEPT./AVR. 🅵.

ARGELES-GAZOST 65400 HAUTES-PYRENEES 4500 HAB. S.I.
* **BEAU SITE** Mme.TAIK-COLPI ☎ 62.97.08.63 – 11 CH. 70/140 F. MENU 53 F. PENSION
130/165 F. FERME 5 NOV./5 DEC. 🍴.
** **BERNEDE** 31 RUE MARECHAL FOCH M.GABAIG ☎ 62.97.06.64 TELEX 531040 – 40 CH.
150/250 F. MENU 60/165 F. PENSION 200/250 F. DEMI-PENSION 150/160 F. FERME 1 NOV./31
JANV. 🅵 🍴 🅰🅴 ⊙ E CV 🈁.
** **BON REPOS** Mlle.DOMEC ☎ 62.97.01.49 – 20 CH. 70/155 F. MENU 55/80 F. PENSION
148/175 F. DEMI-PENSION 120/145 F. FERME OCT./MAI SAUF VAC.SCOL. HIVER PARKING.
🅵 🚗 🍴 ⊙ CV ♿.
** **DES PYRENEES** M.RODE ☎ 62.97.07.90 – 30 CH. 150/280 F. MENU 70/180 F. PENSION
190/220 F. DEMI-PENSION 160/200 F. FERME HIVER ET LUNDI SAUF VAC. 🅵 🍴 ⊙ CV.
** **L'AUBISQUE** Mme HARRACA ☎ 62.97.00.05 – 12 CH. 140/160 F. FERME 30 SEPT./1 JUIN.
(PRIX 1987). 🍴.
** **LES CIMES** M.BAT ☎ 62.97.00.10 – 26 CH. 130/180 F. MENU 53/150 F. PENSION 168/200 F.
DEMI-PENSION 140/160 F. FERME 10 OCT./18 DEC. 🅵 🍴 E ♿ 🈁.
** **PRIMEROSE** 23 RUE DE L'YSER Mme CASTELLINI ☎ 62.97.06.72 – 26 CH. 100/105 F.
PENSION 150/200 F. DEMI-PENSION 115/165 F. FERME 25 SEPT./30 MAI. ♿.
** **SOLEIL LEVANT** 21 AV. DES PYRENEES Mme JAUSSANT ☎ 62.97.08.68 – 25 CH.
115/140 F. MENU 45/160 F. PENSION 155/170 F. DEMI-PENSION 140/155 F. FERME 1 DEC./31
JANV. 🅵 🍴.

ARGELES-PLAGE 66700 ARGELES-SUR-MER PYRENEES-ORIENTALES
1500 HAB. S.I.
* **LA CHAUMIERE MATIGNON** 30, AV. DU TECH. Mme JAMPY-MATIGNON ☎ 68.81.09.84
– 9 CH. 158/178 F. MENU 58/135 F. PENSION 210/220 F. DEMI-PENSION 175/185 F. FERME
30 SEPT./19 MARS. ET RESTAURANT FERME MERCREDI MIDI AVR./30 SEPT. 🍴 E.

ARGELES-SUR-MER 66700 PYRENEES-ORIENTALES 6000 HAB. S.I.
** **GRAND HOTEL LE COMMERCE** 14, ROUTE NATIONALE. M. RIUS ☎
68.81.00.33/68.81.05.52 – 40 CH. 103/200 F. MENU 53/145 F. PENSION 180/236 F. DEMI-
PENSION 150/198 F. FERME 20 DEC./4 JANV., RESTAURANT FERME DIMANCHE SOIR ET LUNDI
OCT./MARS. 🅵 🚗 🍴 🅰🅴 ⊙ E CV 🈁.
AF **L'HOSTALET** 32,RUE DE LA REPUBLIQUE Mme ALEXANDER ☎ 68.81.06.62 – 7 CH.
85/115 F. MENU 58/142 F. DEMI-PENSION 112/132 F. FERME 1 NOV./28 FEV. RESTAURANT
FERME MARDI. 🍴 E CV.
** **LE COTTAGE** RUE, ARTHUR RIMBAUD. FAMILLE SAVY-PARET ☎ 68.81.07.33 – 22 CH.
205/275 F. MENU 55/180 F. PENSION 260/295 F. DEMI-PENSION 205/240 F. FERME 1 NOV./30
JUIN. 🅵 🚗 🍴 ⊙ E CV ♿.

ARGENT-SUR-SAULDRE 18410 CHER 3000 HAB. S.I.
** **RELAIS DE LA POSTE** M.PINAULT ☎ 48.73.60.25 TELEX 783312 – 8 CH. 100/220 F.
MENU 80/280 F. PENSION 200/260 F. FERME 15 JANV./15 FEV., ET LUNDI OCT./JUIN.
🅵 🚗 🍴 E.

ARGENTAN 61200 ORNE 18000 HAB. S.I.
** **DE FRANCE** 8, BOULEVARD CARNOT M. SANOUILLER ☎ 33.67.03.65 – 12 CH. 85/230 F.
MENU 60/155 F. PENSION 200/300 F. FERME 15 FEV./15 MARS, DIMANCHE SOIR ET RESTAU-
RANT FERME 1/10 SEPT. 🅵 🍴 E.
** **LA RENAISSANCE** 20,AV. 2eme DB Mme MOULIN ☎ 33.36.14.20 – 15 CH. 115/230 F.
MENU 78/185 F. PENSION 186/281 F. DEMI-PENSION 166/210 F. FERME DIMANCHE. 🅵
🚗 🍴 🅰🅴 ⊙ E.

ARGENTAN (ECOUCHE) 61200 ECOUCHE ORNE 1500 HAB. S.I.
* **DU LION D'OR** (A 8km D'ARGENTAN). M. AUVRAY ☎ 33.35.16.92 – 9 CH. 130/290 F.
MENU 65/150 F. PENSION 240/295 F. DEMI-PENSION 175/230 F. FERME LUNDI. 🅵 🍴
🅰🅴 E CV.

ARGENTAT 19400 CORREZE 3800 HAB. S.I.

* **FOUILLADE** PLACE GAMBETTA M. FOUILLADE ☎ 55.28.10.17 — 28 CH. 80/150 F. MENU 52/125 F. PENSION 160/190 F. DEMI-PENSION 125/150 F. FERME 3 NOV./15 DEC. RESTAURANT FERME LUNDI 15 SEPT./15 JUIN ▦ ♿.

** **GILBERT** M. DESMARIS ☎ 55.28.01.62 — 30 CH. 95/250 F. MENU 65/175 F. PENSION 190/260 F. DEMI-PENSION 130/200 F. FERME 5 JANV./5 MARS. RESTAURANT FERME VENDREDI SOIR ET SAMEDI MIDI. [F] 🛏 ▦ [AE] ⑩ E CV ♿ 🔟.

AF **LE GAMBETTA** 15, PLACE GAMBETTA. M. MARTIN ☎ 55.28.16.08 — 5 CH. 80/160 F. MENU 50/78 F. PENSION 180/210 F. DEMI-PENSION 130/160 F. FERME 1 OCT./1 NOV., 22 FEV./1 MARS, LUNDI. DIMANCHE APRES- MIDI/MARDI MATIN HS. ▦.

ARGENTIERE 74400 CHAMONIX HAUTE-SAVOIE 1250 M. 600 HAB. S.I.

** **DE SAVOIE** MM.CARRIER & STENGEL ☎ 50.54.00.13 — 17 CH. 100/250 F. MENU 48/100 F. PENSION 190/247 F. DEMI-PENSION 150/215 F. FERME 4 MAI/15 JUIN, 20 SEPT./15 NOV. ▦ E.

** **LE DAHU** M.DEVOUASSOUX ☎ 50.54.01.55 — 22 CH. 140/210 F. MENU 46/72 F. FERME 10 OCT./13 DEC., 15 MAI/15 JUIN. ▦ [AE] E CV.

ARGENTON-SUR-CREUSE 36200 INDRE 6921 HAB. S.I.

** **CHEVAL NOIR** 27, RUE AUCLERT-DESCOTTES M.JEANROT ☎ 54.24.00.06 TELEX 751183 — 30 CH. 100/260 F. MENU 65/150 F. FERME 1 JANV./15 FEV., ET MARDI. 1/2 PENSION GROUPES 158/168 F. 🛏 ▦ E ♿.

** **DE FRANCE** 8, RUE J.-J.-ROUSSEAU M.RAMON ☎ 54.24.03.31 — 22 CH. 69/187 F. MENU ☞ 55/103 F. DEMI-PENSION 124/200 F. FERME 15 NOV./15 DEC. HOTEL FERME DIMANCHE HS. RESTAURANT FERME DIMANCHE. 🛏 ▦ [AE] ⑩ E.

** **DE LA GARE ET DU TERMINUS** 7 RUE DE LA GARE M.LERON ☎ 54.01.10.81 — 14 CH. ☞ 70/190 F. MENU 45/100 F. PENSION 140/210 F. DEMI-PENSION 110/170 F. FERME 15/28 FEV., ET LUNDI. [F] ▦ E CV.

AF **MAITRE JEAN** 67, AVENUE ROLLINAT M.AUPETIT ☎ 54.24.02.09 — 6 CH. 75/95 F. MENU 53/120 F. PENSION 160 F. DEMI-PENSION 130 F. FERME 2EME QUINZ. OCT., ET MERCREDI. 🛏.

ARJUZANX 40110 MORCENX LANDES 300 HAB.

* **AUBERGE LANDAISE** M.SOUBIRAN ☎ 58.07.80.52 — 10 CH. 55/100 F. MENU 38/130 F. PENSION 125/140 F. DEMI-PENSION 98/105 F. FERME VENDREDI SOIR.

ARLANC 63220 PUY-DE-DOME 600 M. 2800 HAB. S.I.

AF **DE LA GARE** AVENUE DE LA GARE. M.PITAVY ☎ 73.95.02.44 — 13 CH. 60/150 F. MENU ☞ 60/120 F. PENSION 180/300 F. DEMI-PENSION 120/200 F. FERME 31 DEC./31 MARS. [F] E CV.

ARLEMPDES 43490 COSTAROS HAUTE-LOIRE 840 M. 250 HAB.

* **DU MANOIR** M.CELLE ☎ 71.57.17.14 — 16 CH. 120/150 F. MENU 58/140 F. PENSION 170/180 F. DEMI-PENSION 150/160 F. FERME 1 NOV./1 MARS. 🍴.

ARLES 13200 BOUCHES-DU-RHONE 50000 HAB. S.I.

** **DE LA MUETTE** 15, RUE DES SUISSES Mme.DEPLANCKE ☎ 90.96.15.39 TELEX 440096 — 17 CH. 110/205 F. DEMI-PENSION 138/185 F. [F] 🛏 🍴 ▦ [AE] ⑩ E.

ARLES (PONT-DE-CRAU) 13200 ARLES BOUCHES-DU-RHONE 50000 HAB. S.I.

** **HOSTELLERIE DE LA SOURCE** PONT DE CRAU M.REDARES ☎ 90.96.12.42 — 15 CH. ☞ 100/240 F. MENU 80/150 F. PENSION 205/250 F. DEMI-PENSION 180/200 F. FERME 1/30 NOV. ET RESTAURANT FERME DIMANCHE. 🛏 ▦ [AE] ⑩ E.

ARLES (RAPHELE) 13200 ARLES BOUCHES-DU-RHONE 2500 HAB. S.I.

** **LA PASTOURELLO** 19, ROUTE DE LA CRAU. M. NIPOTE ☎ 90.98.48.22/90.98.47.61 — 7 CH. 205/295 F. MENU 75/110 F. DEMI-PENSION 225/245 F. FERME 15 DEC./10 JANV., DIMANCHE SOIR ET LUNDI. [F] ▦ ⑩ E CV ♿.

ARLES-SUR-TECH 66150 PYRENEES-ORIENTALES 3000 HAB. S.I.

** **LES GLYCINES** M. BASSOLE ☎ 68.39.10.09 — 34 CH. 100/190 F. MENU 75/180 F. PENSION 195/270 F. DEMI-PENSION 175/240 F. FERME 15 DEC./31 JANV. ET RESTAURANT FERME LUNDI. [F] ▦ E.

ARMOY 74200 THONON-LES-BAINS HAUTE-SAVOIE 630 M. 500 HAB.

** **LE CARLINA** M.POLETTO ☎ 50.73.94.94 — 16 CH. 180/190 F. MENU 110/130 F. PENSION 235/240 F. DEMI-PENSION 215/225 F. FERME 1 NOV./15 MARS, DIMANCHE SOIR ET LUNDI HS. [F] ▦ [AE] ⑩ E CV ♿.

ARNAY-LE-DUC 21230 COTE-D'OR 2500 HAB. S.I.

** **DE LA POSTE** 20 RUE SAINT JACQUES M.MENEVAUT ☎ 80.90.00.76 — 14 CH. 125/220 F. FERME OCT./20 MAI. 🛏 🍴 🍴.

AF **DU DAUPHINE** RUE RENE LAFORGE. M.THIERRY ☎ 80.90.14.25 — 8 CH. 80/180 F. MENU 42/105 F. PENSION 140/180 F. DEMI-PENSION 125/150 F. FERME 25 MAI/6 JUIN, 15 NOV./6 DEC., ET LUNDI HS. ▦ [AE] ⑩ E CV.

* **TERMINUS** 2 RUE DE L'ARQUEBUSE, RN 6 M.PREFOT ☎ 80.90.00.33 — 11 CH. 70/200 F. ☞ MENU 60/170 F. PENSION 160/220 F. FERME 6 JANV./6 FEV., ET MERCREDI. ▦ E CV.

ARRADON 56610 MORBIHAN 4000 HAB.

** **LE GUIPPE** RTE DE LA POINTE M. BOULIN ☎ 97.44.03.15/97.44.01.42 — 25 CH. 150/170 F. MENU 60/160 F. PENSION 220/237 F. DEMI-PENSION 161/174 F. RESTAURANT FERME LUNDI HS. ▦ ⑩ E CV.

ARRAS 62000 PAS-DE-CALAIS 50000 HAB. S.I.

•• **LE CHANZY** 8, RUE CHANZY M.DE TROY ☎ 21.71.02.02 – 24 CH. 100/200 F. MENU 80/160 F. 🍽 ⚫ 🎖 🅿 ⚫ ⚫.

• **LES QUARANTE CHEVAUX** 13, COURS DE VERDUN. M. THERET Jean ☎ 21.71.02.91 – 11 CH. 110/150 F. MENU 88/230 F. 🖬 CV.

ARRAS (GAVRELLE) 62580 VIMY PAS-DE-CALAIS 400 HAB.

•• **DU MANOIR** 35 ROUTE NATIONALE M. LEQUETTE ☎ 21.58.68.58 – 20 CH. 195/210 F. MENU 60/100 F. FERME 25 DEC./1 JANV. RESTAURANT FERME 25/29 DEC. SOIREE ETAPE VRP 240F. 🖬 🎖 🛏 🖬 🅿 ⚫.

ARRAS-EN-LAVEDAN 65400 ARGELES-GAZOST HAUTES-PYRENEES 640 M. 450 HAB.

AUBERGE DE L'ARRAGNAT Mme. DUCHÊSNE ☎ 62.97.14.23 – 18 CH. 70/240 F. MENU 65/100 F. PENSION 130/220 F. DEMI-PENSION 85/160 F. FERME 1 OCT./31 MARS. 🖬

ARREAU 65240 HAUTES-PYRENEES 700 M. 900 HAB. S.I.

ANGLETERRE RTE DE LUCHON M.AUBIBAN ☎ 62.98.63.30 – 25 CH. 155/205 F. MENU 50/160 F. PENSION 195/215 F. DEMI-PENSION 155/175 F. FERME 10/26 OCT., 15 AVR./1 JUIN ET MERCREDI HS. PRIX DEMI-PENSION EN HIVER. PARKING PRIVE. 🖬 🛏 🖬 ⚫.

DE FRANCE PLACE OFFICE TOURISME M.CAZENEUVE ☎ 62.98.61.12 – 17 CH. 95/180 F. MENU 60/120 F. PENSION 205/250 F. DEMI-PENSION 125/170 F. FERME 1/30 MAI, 1 OCT./26 DEC. ET MERCREDI. 🖬 🎖 🛏 🖬 🅿 ⚫.

ARRENS-MARSOUS 65400 ARGELES-GAZOST HAUTES-PYRENEES 800 M. 900 HAB. S.I.

• **LA RENAISSANCE** M.RIVERON ☎ 62.97.01.57 – 8 CH. 70/115 F. MENU 35/80 F. PENSION 115/145 F. DEMI-PENSION 95/125 F. 🖬 CV.

• **LE TECH** M.COUSTET ☎ 62.97.01.60 – 11 CH. 100/160 F. MENU 55/130 F. PENSION 160/185 F. DEMI-PENSION 130/155 F. 🖬.

ARRENS-MARSOUS (GAILLAGOS) 65400 ARGELES-GAZOST HAUTES-PYRENEES 800 M. 82 HAB. S.I.

RELAIS DES COLS M.HOURTAL ☎ 62.97.05.53 – 11 CH. 90/145 F. MENU 58/150 F. PENSION 150/180 F. DEMI-PENSION 130/150 F. FERME 1 OCT./1 MAI. 🛏 ⚫.

ARROMANCHES 14117 CALVADOS 450 HAB. S.I.

•• **DE LA MARINE** QUAI DU CANADA M.VERDIER ☎ 31.22.34.19 – 20 CH. 145/280 F. MENU 70/120 F. DEMI-PENSION 195/240 F. FERME 15 NOV./1 MARS. 🛏 🖬 ⚫.

ARS-EN-RE 17590 CHARENTE-MARITIME 1083 HAB. S.I.

LE PARASOL RTE DU PHARE DES BALEINES M. LAPORTE ☎ 46.29.46.17 – 29 CH. 205/315 F. MENU 89/185 F. PENSION 290/350 F. DEMI-PENSION 210/270 F. FERME 15 NOV./15 DEC., 7/15 JANV. ET RESTAURANT MARDI 1 OCT./15 MARS. 🖬 ⚫.

ARS-SUR-FORMANS 01480 JASSANS-RIOTTIER AIN 700 HAB. S.I.

GRAND HOTEL DE LA BASILIQUE Mme.PATROU ☎ 74.00.73.76 – 60 CH. 75/180 F. MENU 50/110 F. PENSION 180/210 F. DEMI-PENSION 120/150 F. FERME 1 NOV./31 MARS. 🖬 🖬 ⚫.

LA BONNE ETOILE M. TAUVIE ☎ 74.00.77.38 – 11 CH. 110/220 F. MENU 60/130 F. PENSION 250 F. DEMI-PENSION 200 F. FERME 15/31 DEC. ET MARDI 🛏 ⚫.

•• **REGINA** M.PELOT ☎ 74.00.73.67 TELEX 305767F – 31 CH. 98/168 F. MENU 72/130 F. PENSION 200/250 F. DEMI-PENSION 140/200 F. FERME 15 NOV./15 MARS. 🖬 🍽 🛏 ⚫.

ABSONVAL 10200 BAR-SUR-AUBE AUBE 340 HAB.

AF **HOSTELLERIE DE LA CHAUMIERE** R.N. 19 M.GUILLERAND ☎ 25.26.11.02 – 3 CH. 100/150 F. MENU 80/200 F. PENSION 190/200 F. DEMI-PENSION 140/150 F. FERME VACANCES SCOLAIRES DEC. + FEV. 🖬 🛏 🖬 🅿 ⚫.

ARTENAY 45410 LOIRET 2000 HAB.

DE LA FONTAINE M.ROUSSEAU ☎ 38.80.00.06 – 11 CH. 75/145 F. FERME LUNDI. 🚗 🛏.

ARTHEMONAY 26260 SAINT-DONAT-SUR-L'HERBASSE DROME 294 HAB.

AUBERGE LE PONT DU CHALON (SUR D.538) M.MILAN ☎ 75.45.62.13 – 9 CH. 130/200 F. MENU 60/160 F. PENSION 195/210 F. DEMI-PENSION 170/185 F. FERME OCT., FEV. ET JUIN. 🖬 🛏 🖬 ⚫.

ARTHEZ-D'ASSON 64800 NAY PYRENEES-ATLANTIQUES 0 M. 478 HAB.

L'ESTIBETTE Mme BERDUCOU ☎ 59.53.40.83 – 7 CH. 70/75 F. MENU 42 F. PENSION 140 F. DEMI-PENSION 100 F. 🍽.

ARTZENHEIM 68320 MUNTZENHEIM HAUT-RHIN 510 HAB.

AUBERGE D'ARTZENHEIM 30 RUE DU SPONECK M.HUSSER SCHMITT ☎ 89.71.60.51 TELEX 716051 – 11 CH. 115/185 F. MENU 80/225 F. DEMI-PENSION 115/190 F. FERME 15 FEV./15 MARS, LUNDI SOIR ET MARDI. 🍽 🛏 CV 🖬.

ARUDY 64260 PYRENEES-ATLANTIQUES 2960 HAB. S.I.

DE FRANCE 1 PL. DE L'HOTEL DE VILLE M. BERNETEIX ☎ 59.05.60.16 – 21 CH. 85/170 F. MENU 55/86 F. PENSION 175/250 F. DEMI-PENSION 125/150 F. FERME 1/30 MAI, SAMEDI HS. ET VAC. SCOL. 🖬 🍽 🛏 CV.

ARVERT 17530 CHARENTE-MARITIME 2500 HAB.

VILLA FANTAISIE RUE DU VIEUX MOULIN GIRAUD-ANCELET ET FILS ☎ 46.36.40.09 – 23 CH. 250/350 F. MENU 95/250 F. PENSION 300/420 F. DEMI-PENSION 260/350 F. FERME 1 JANV./28 FEV., DIMANCHE SOIR ET LUNDI. 🖬 🛏 🖬 ⚫.

ARVIEU **12590 CASSAGNES-BEGONHES** AVEYRON 720 M. 1200 HAB. S.I.

AF   **LES TILLEULS** M.GRIMAL ☎ 65.46.75.44 — 8 CH. 60/70 F. MENU 45/65 F. PENSION 120/125 F. DEMI-PENSION 100 F. ▣ ☰ ⒶⒺ ⑩ E.

ARVIEUX **05350 CHATEAU-VILLE-VIEILLE** HAUTES-ALPES 1650 M. 350 HAB. S.I.

**   **LA BORNE ENSOLEILLEE** (LA CHALP D'ARVIEUX) M. REYNAUD ☎ 92.45.72.89/92.45.77.56 — 18 CH. 190/220 F. MENU 56/115 F. PENSION 205/230 F. DEMI-PENSION 158/183 F. FERME 15 AVR./15 JUIN, ET 15 SEPT/20 DEC. ☰ E CV.

ARVILLARD **73110 LA ROCHETTE** SAVOIE 800 HAB. S.I.

**   **LES IRIS** Mme JOSSE ☎ 79.25.51.29 — 27 CH. 89/200 F. MENU 55/145 F. PENSION 149/220 F. DEMI-PENSION 124/195 F. ▣ ☰.

ARVILLE **41170 MONDOUBLEAU** LOIR-ET-CHER 152 HAB.

AF   **RELAIS DE LA COMMANDERIE** MM. LEGRAND ET MAINDRON ☎ 54.80.94.32 — 3 CH. 80/100 F. MENU 40/80 F. PENSION 175 F. DEMI-PENSION 135 F. FERME 20 DEC./10 JANV., ET JEUDI.

ASPIN-EN-LAVEDAN **65100 LOURDES** HAUTES-PYRENEES 280 HAB.

  DU LAVEDAN Mme AZAVANT ☎ 62.94.15.24 — 18 CH. 75/156 F. MENU 42/110 F. PENSION 112/146 F. DEMI-PENSION 83/117 F. FERME 15 OCT./1 FEV. ET 1 MARS/15 AVR. ▣ ☰.

ASPREMONT **06790 ALPES-MARITIMES** 1200 HAB. S.I.

▱   **HOSTELLERIE D'ASPREMONT** PLACE ST CLAUDE M.CAMOUS ☎ 93.08.00.05 — 10 CH. 160 F. MENU 78/98 F. PENSION 220 F. DEMI-PENSION 185 F. FERME LUNDI HS. ⇰ ☰ ⒶⒺ ⑩ E.

*   **LE SAINT JEAN** ROUTE DE CASTAGNIERS M. RUBERT ☎ 93.08.00.66 — 12 CH. 150 F. PENSION 200 F. DEMI-PENSION 165 F. ⇰ ☰ ⒶⒺ ⑩ E.

ASPRES-SUR-BUECH **05140** HAUTES-ALPES 760 M. 700 HAB. S.I.

▱   **DU PARC** M. OLIVE ☎ 92.58.60.01 — 24 CH. 110/200 F. MENU 70/150 F. DEMI-PENSION 165/277 F. FERME 1 OCT./30 AVR., ET LUNDI MAI/JUIN. ☰ ⒶⒺ ⑩ E CV.

ASSIER **46320** LOT 530 HAB. S.I.

AF   **DU MIDI** M. HUG ☎ 65.40.57.55 — 4 CH. 90 F. MENU 40/80 F. PENSION 120 F. DEMI-PENSION 100 F. ☰ ⒶⒺ E.

ASTAFFORT **47220** LOT-ET-GARONNE 1800 HAB. S.I.

  DE LA TOUR (ROUTE DE CUQ - D. 114) Mme WENGER de BACQUENCOURT ☎ 53.67.11.96 — 8 CH. 140/170 F. MENU 75/110 F. PENSION 240/250 F. DEMI-PENSION 210/220 F. HOTEL FERME 1 JANV./28 FEV. RESTAURANT FERME 1 OCT./31 MARS. ⇰.

AUBAZINE **19190 BEYNAT** CORREZE 700 HAB. S.I.

  DE LA TOUR M.LACHAUD ☎ 55.25.71.17 — 20 CH. 110/190 F. MENU 60/130 F. PENSION 160/240 F. DEMI-PENSION 160/190 F. FERME 1/15 FEV., DIMANCHE SOIR ET LUNDI MATIN HS. ▣ ☰ ☰.

**   **DU COIROUX** Mme RAMOS ☎ 55.25.75.22 — 30 CH. 120/170 F. MENU 70/150 F. PENSION 180/220 F. DEMI-PENSION 170/200 F. ▣ ⇰ ☰ ⒶⒺ ⑩ E CV &.

*   **SAUT DE LA BERGERE** M.BOUTOT ☎ 55.25.74.09 — 10 CH. 90/150 F. MENU 65/140 F. PENSION 190/210 F. DEMI-PENSION 125/150 F. FERME 1 DEC./28 FEV. ▣ ☰.

AUBENAS **07200** ARDECHE 13700 HAB. S.I.

  LA PINEDE ROUTE DU CAMPING DES PINS D.235 M.MAZET ☎ 75.35.25.88 — 30 CH. 155/235 F. MENU 68/138 F. PENSION 248/265 F. DEMI-PENSION 190/210 F. FERME 15 DEC./20 JANV. ET LUNDI ✏ ⇰ ⇷ ☰ E.

AF   **PONSON** QUARTIER PONSON Mme.MATHIEU ☎ 75.35.07.78 — 12 CH. 100/140 F. MENU 55/75 F. PENSION 180/200 F. DEMI-PENSION 140 F. RESTAURANT FERME DIMANCHE SAUF JUIL./AOUT. ☰ ⒶⒺ ⑩ E.

AUBENAS (LAVILLEDIEU) **07170 VILLENEUVE-DE-BERG** ARDECHE 0 M. 1000 HAB.

**   **LES PERSEDES** (SUR N. 102 - A 5km D'AUBENAS). Mme BUREL M. CHAMBON ☎ 75.94.88.08 — 16 CH. 180/280 F. MENU 80/140 F. FERME 1 OCT./1 MARS ET LUNDI HS. ▣ ⇰ ⇷ ⒶⒺ CV &.

AUBETERRE-SUR-DRONNE **16390 SAINT-SEVERIN** CHARENTE 404 HAB. S.I.

ec   **AUBERGE DU CHATEAU** 9, PLACE DU CHATEAU. M. COMBES ☎ 45.98.50.46/45.98.61.33 — 8 CH. 110/150 F. MENU 59/205 F. PENSION 220/280 F. DEMI-PENSION 135/180 F. ▣ ☰ ⒶⒺ ⑩ E CV.

AUBIGNY-SUR-NERE **18700** CHER 6000 HAB. S.I.

▱   **CENTRAL Restaurant LES CHARMILLES** 6, RUE DU CHATEAU M. MARCILLOUX ☎ 48.58.17.18 — 8 CH. 99/250 F. MENU 68/129 F. PENSION 235/323 F. DEMI-PENSION 173/261 F. FERME 1/15 FEV., DIMANCHE SOIR/ LUNDI MIDI SAUF JUIL., AOUT ET FETES. ⇰ 🐄 ☰ E CV.

**   **LA CHAUMIERE** 1 PLACE PAUL LASNIER M.BRUNNEVAL ☎ 48.58.04.01 TELEX 783539 — 16 CH. 85/240 F. MENU 75/220 F. PENSION 285/362 F. DEMI-PENSION 192/286 F. ▣ ⇰ ☰ ⒶⒺ ⑩ E.

AUBIGNY-SUR-NERE (SAINTE-MONTAINE) **18700 AUBIGNY-SUR-NERE** OTHER 250 HAB.

*   **DU CHEVAL BLANC** (A SAINTE-MONTAINE, 9 km). M. THEBAULT ☎ 48.58.06.92 — 18 CH. 90/200 F. MENU 60/125 F. PENSION 200/280 F. DEMI-PENSION 160/240 F. FERME 30 AOUT/21 SEPT., 24 DEC./2 JANV. ET DIMANCHE SOIR/ LUNDI MIDI. ▣ ⇷ ☰ E.

AUBRAC **12470 SAINT-CHELY-D'AUBRAC** AVEYRON 1350 M. 10 HAB.

** **MODERNE** Mme.AUGUY ☎ 65.44.28.42 – 24 CH. 100/230 F. MENU 55/156 F. PENSION
185/230 F. DEMI-PENSION 145/195 F. FERME 4 OCT./1 FEV., 7 MARS/22 MAI, RESTAURANT
FERME MERCREDI MIDI EN JUIN ET SEPT. 🅴 🚐 ⛳ 🅰🅴.

AUBREVILLE **55120 CLERMONT-EN-ARGONNE** MEUSE 355 HAB.

* **DU COMMERCE** M.LABROSSE ☎ 29.87.40.35 – 10 CH. 70/130 F. MENU 60/80 F. PENSION
160/170 F. DEMI-PENSION 120/130 F. FERME 1/15 OCT. 🅴 🚐 ⛳.

AUBUSSON **23200** CREUSE 6400 HAB. S.I.

** **DE FRANCE** M.DUBREUIL ☎ 55.66.10.22 – 21 CH. 100/280 F. MENU 60/220 F. FERME
DIMAN. SOIR ET LUNDI 1 SEPT./31 MAI SAUF FERIES. 🅴 🚐 ⛳ 🅰🅴 ⑨ E CV.

** **DE LA SEIGLIERE** (VALLEE DU LEONARDET) M. DELARBRE ☎ 55.66.37.22 TELEX SEIGLI
590073 – 42 CH. 230/420 F. MENU 90/160 F. PENSION 290/380 F. DEMI-PENSION 220/320 F.
FERME 15 NOV./1 MARS. 🅴 ✔ 🚐 ⛳ E CV ♿ 🅷.

AUBUSSON-D'AUVERGNE **63120 COURPIERE** PUY-DE-DOME 200 HAB.

* **AU BON COIN** M.DECOUZON ☎ 73.53.55.78 – 7 CH. 75/150 F. MENU 60/220 F. PENSION
140/170 F. DEMI-PENSION 120/145 F. FERME 15 JANV./1 FEV., ET LUNDI HS. 🚐 E CV.

AUCHY-LES-HESDIN **62770 LE PARCQ** PAS-DE-CALAIS 1814 HAB. S.I.

AF **AUBERGE LE MONASTERE M. MARECAUX ☎ 21.04.83.54 – 10 CH. 160/230 F. PENSION
250 F. RESTAURANT FERME LUNDI. 🚐 🅰🅴 ⑨ E.

AUDIERNE **29113** FINISTERE 3975 HAB. S.I.

** **AU ROI GRADLON** SUR LA PLAGE M.AUCLERT ☎ 98.70.04.51 – 20 CH. 180/230 F. MENU
65/260 F. PENSION 270/300 F. DEMI-PENSION 230/260 F. FERME 5 JANV./15 FEV., ET LUNDI HS.
🅴 🚐 🅰🅴.

** **DES DUNES** 3, RUE AMPERE M.PRIOL ☎ 98.70.01.19 – 22 CH. 110/170 F. MENU 57/150 F.
PENSION 210/240 F. DEMI-PENSION 170/200 F. FERME 15 NOV./1 FEV. RESTAURANT FERME
LUNDI. 🅴 🚐 🅰🅴 ⑨ E.

AUDIERNE (ESQUIBIEN) **29113 AUDIERNE** FINISTERE 2000 HAB.

LE CABESTAN M. RINQUIN ☎ 98.70.08.82 – 17 CH. 120/240 F. MENU 55/140 F. PENSION
200/240 F. DEMI-PENSION 150/180 F. FERME 15 NOV./31 DEC. RESTAURANT FERME DIMANCHE 1
JANV./ 1 MAI. 🚐 E CV.

AUDUN-LE-TICHE **57390** MOSELLE 6390 HAB.

DE LA POSTE 59, RUE M.-FOCH M.CRUCHTEN ☎ 82.52.10.40 – 15 CH. 100/160 F. MENU
55/110 F. PENSION 175/195 F. DEMI-PENSION 145/175 F. 🅴 🚐 🅰🅴 ⑨ E
CV.

AULUS-LES-BAINS **09140 SEIX** ARIEGE 785 M. 200 HAB. S.I.

BEAU SEJOUR M.CALVET ☎ 61.96.00.06 – 20 CH. 130/180 F. MENU 80/95 F. PENSION
200/260 F. DEMI-PENSION 170/230 F. FERME 30 SEPT./15 JUIN. 🚐 CV.

** **DE LA TERRASSE** Mme.AMIEL ☎ 61.96.00.98 – 15 CH. 120/190 F. MENU 75/180 F. PEN-
SION 180/250 F. DEMI-PENSION 150/200 F. FERME 15 OCT./25 DEC. 🅴 🚐 🅰🅴 ⑨
E.

AUMALE **76390** SEINE-MARITIME 3500 HAB. S.I.

AF **LE MOUTON GRAS 2, RUE DE VERDUN M.GAUTHIER ☎ 35.93.41.32 – 6 CH. 120/150 F.
MENU 60/110 F. FERME 16 AOUT/12 SEPT. ET LUNDI SOIR/MERCREDI MATIN. 🚐
🅰🅴 ⑨ E CV ♿.

AUNAY-SUR-ODON **14260** CALVADOS 3500 HAB. S.I.

DE LA PLACE Mme.MANAS ☎ 31.77.60.73 – 16 CH. 85/160 F. MENU 37/72 F. PENSION
135/180 F. DEMI-PENSION 105/145 F. RESTAURANT FERME SAMEDI SOIR ET DIMANCHE. 🅴
🚐 🅰🅴 ⑨ E CV.

* **SAINT-MICHEL** 6 ET 8 RUE DE CAEN M. LAVAJO ☎ 31.77.63.16 – 7 CH. 90/210 F. MENU
58/155 F. PENSION 170/230 F. DEMI-PENSION 130/195 F. FERME 15/30 NOV., 15/31 JANV.,
DIMANCHE SOIR/LUNDI SAUF JUIN, JUIL. ET AOUT. 🚐 🚐 E ♿.

AUPS **83630** VAR 1652 HAB. S.I.

AF **LE SAINT MARC M. BURET-LOISILLON ☎ 94.70.06.08 – 7 CH. 110/170 F. MENU 45/120 F.
PENSION 180/240 F. DEMI-PENSION 150/210 F. FERME MARDI SOIR ET MERCREDI SAUF JUIL.,
AOUT, JOURS FERIES. 🚐 ⑨.

AURAY **56400** MORBIHAN 12400 HAB. S.I.

DE LA MAIRIE 28, PLACE DE LA MAIRIE. Mme ET M. STEPHANT ☎ 97.24.04.65 – 21 CH.
89/187 F. MENU 55/96 F. FERME FIN SEPT./DEBUT NOV., SAMEDI SOIR/DIMANCHE HS. 🚐
🚐.

AUREC-SUR-LOIRE (SEMENE) **43110** HAUTE-LOIRE 4294 HAB. S.I.

COSTE ALLEE DES AMIS M.COSTE ☎ 77.35.40.15 – 7 CH. 85 F. MENU 39/137 F. PENSION
155 F. DEMI-PENSION 124 F. FERME VAC.FEV., AOUT, DIMANCHE SOIR ET LUNDI. 🅴 🚐
E.

AUREL **84390 SAULT** VAUCLUSE 890 M. 113 HAB.

RELAIS DU MONT VENTOUX Mme PANTOUSTIER ☎ 90.64.00.62 – 14 CH. 110/160 F.
MENU 55/100 F. PENSION 200/220 F. DEMI-PENSION 150/170 F. FERME 1 JANV./25 MARS, ET
VENDREDI HS. 🚐 🅰🅴 ⑨ E.

AURILLAC **15000** CANTAL 630 M. 35000 HAB. S.I.

GRAND HOTEL DE BORDEAUX 2, AV. DE LA REPUBLIQUE M.GARDES ☎ 71.48.01.84 TELEX
990 316 – 37 CH. 180/310 F. FERME 20 DEC./15 JANV. 🅴 🚐 ✖ 🚐 🅰🅴 ⑨
E CV 🅷.

AURILLAC (suite)

** **LA FERRAUDIE** 15, RUE DE BEL-AIR M.LAMOUROUX ☎ 71.48.72.42 – 20 CH. 190/300 F.
🅴 ⚒ ✕ 🎾 📺 ⓔ 🏠.

AURILLAC (GIOU-DE-MAMOU) **15130 ARPAJON-SUR-CERE** CANTAL
630 M. 461 HAB.

AF **AUBERGE LA ROCADE** LIEUDIT ROQUES (SUR N.122). M. TEULIERE ☎ 71.63.49.18 – 4 CH.
☞ 70/90 F. MENU 60/115 F. PENSION 150/165 F. DEMI-PENSION 110/125 F. FERME 20 JUIN/6
JUIL., 5/25 SEPT.ET DIMANCHE SAUF JUIL./AOUT 🅴 🎾 📺 ⓔ E.

AURIS-EN-OISANS **38142 LE FRESNEY-D'OISANS** ISERE 1450 M. 130 HAB.
S.I.

* **AUBERGE DE LA FORET** M. DECARROZ ☎ 76.80.06.01 – 10 CH. 90/175 F. MENU
55/180 F. PENSION 185/205 F. DEMI-PENSION 140/160 F. 🅴 🎾 📺 ⓔ CV.

* **BEAU SITE (LES ORGIERES)**. M. GARDENT ☎ 76.80.06.39 – 21 CH. 92/174 F. MENU 42/97 F.
PENSION 182/204 F. DEMI-PENSION 155 F. FERME 20 AVR./10 MAI, ET WEEK-ENDS HS. 🐄
🎾.

AUSSOIS **73500 MODANE** SAVOIE 1500 M. 500 HAB. S.I.

** **LES MOTTETS** M.MONTAZ ☎ 79.20.30.86 – 19 CH. 120/195 F. MENU 74 F. PENSION
225/250 F. DEMI-PENSION 180/190 F. 🅴 🐄 📺 ⓔ CV.

AUTRANS **38880** ISERE 1050 M. 1600 HAB. S.I.

** **AU FEU DE BOIS** (LE TONKIN). M. BARNIER ☎ 76.95.33.32 – 10 CH. 190/200 F. MENU
75/110 F. PENSION 240/250 F. DEMI-PENSION 220/210 F. FERME 5 OCT./20 DEC. ET 30 MAI/4
JUIL. 🎾 E CV.

** **DE LA POSTE** M.BARNIER ☎ 76.95.31.03 – 30 CH. 165/190 F. MENU 65/180 F. PENSION
☞ 250/270 F. DEMI-PENSION 220/240 F. FERME 15 OCT./10 DEC. 🅴 ⚒ 🎾 E CV.

** **LE VERNAY** M. REPELLIN ☎ 76.95.31.24 TELEX 308495 – 13 CH. 165/200 F. MENU 60/90 F.
PENSION 230/280 F. DEMI-PENSION 190/240 F. FERME OCT. ET 15 AVR./15 MAI. 🎾 CV.

** **MA CHAUMIERE** M.FAURE S.A.R.L. ☎ 76.95.30.12 – 20 CH. 136/189 F. MENU 68/85 F.
PENSION 225/250 F. DEMI-PENSION 195/220 F. FERME 2 MAI/15 JUIN ET 20 SEPT./1 DEC. ⚒
🐄 🎾 E CV.

AUTREVILLE **88300 NEUFCHATEAU** VOSGES 100 HAB.

** **LE RELAIS ROSE** Mme LOEFFLER ☎ 83.52.04.98/83.52.05.42 – 15 CH. 70/300 F. MENU
☞ 73/100 F. DEMI-PENSION 160/210 F. ⚒ 🎾 📺 ⓔ 🏠.

AUTUN **71400 SAONE-ET-LOIRE** 20000 HAB. S.I.

DE FRANCE PL. DE LA GARE M.CHAMPMARTIN ☎ 85.52.14.00 – 23 CH. 65/150 F. MENU
22/33 F. DEMI-PENSION 150/165 F. FERME DIM. A PARTIR DE 13H. 4 OCT./2 JUIL. BRASSERIE.

** **LES ARCADES** 22, AV. DE LA REPUBLIQUE Mme.LAPIERRE ☎ 85.52.30.03 – 30 CH. 90/220 F.
FERME 15 NOV./15 MARS. ⚒ ✕ 🎾 E.

** **MODERNE ET DE LA TETE NOIRE** 1, 3, RUE DE L'ARQUEBUSE M.LANORD ☎ 85.52.25.39 –
☞ 19 CH. 85/200 F. MENU 56/120 F. DEMI-PENSION 120/180 F. FERME 4/20 MARS, 15/30 OCT.,
VENDREDI SOIR ET SAMEDI HS. RESTAURANT FERME SAMEDI. ⚒ 🎾 E.

AUVILLERS-LES-FORGES **08260 MAUBERT-FONTAINE** ARDENNES
350 HAB.

*** **HOSTELLERIE LENOIR** M.LENOIR-DELAIVE ☎ 24.54.30.11 – 12 CH. 140/350 F. MENU
215/380 F. DEMI-PENSION 260/385 F. FERME 1 JANV./1 MARS. ET VENDREDI. 🅴 🎾
📺 ⓔ E CV 🛁 🏠.

AUXERRE **89000 YONNE** 40698 HAB. S.I.

** **DE SEIGNELAY** 2, RUE DU PONT. M. RAFESTIN ☎ 86.52.03.48 – 23 CH. 80/210 F. MENU
☞ 58/140 F. PENSION 261 F. DEMI-PENSION 191 F. FERME 10 JANV./10 FEV. ET LUNDI. ⚒ 🎾
E.

** **LES CLAIRIONS** AV. DE WORMS M.FARON ☎ 86.46.85.64 TELEX 800039 – 61 CH. 210/250 F.
MENU 80/180 F. PENSION 290/340 F. DEMI-PENSION 210/240 F. 2 TENNIS. 🅴 ⚒ 🏄
🎾 📺 ⓔ CV 🛁 🏠.

AUXONNE **21130 COTE-D'OR** 7000 HAB. S.I.

DU CORBEAU 1, RUE DE BERBIS M.HOUBRON ☎ 80.31.11.88 – 10 CH. 130/250 F. MENU
☞ 65/180 F. RESTAURANT FERME LUNDI. ⚒ 🐄 🎾 📺 ⓔ E CV.

AUZANCES **23700 CREUSE** 600 M. 1800 HAB. S.I.

* **LE RELAIS FLEURI** 1 AV.G.CLEMENCEAU Mme BOURLOT ☎ 55.67.00.46 – 13 CH. 65/110 F.
MENU 42/120 F. PENSION 138/175 F. DEMI-PENSION 105/135 F. FERME 1/15 NOV. ET DIMANCHE
TOUSSAINT/PAQUES. 🅴 🎾 E.

AVALLON **89200 YONNE** 10000 HAB. S.I.

DU PARC 3, PL. DE LA GARE M.HURION ☎ 86.34.17.00 – 27 CH. 85/225 F. MENU 70/110 F.
FERME 10 DEC./15 JANV. ET RESTAURANT FERME DIMANCHE. 🎾 E.

** **LES CAPUCINS** 6, AV. PAUL DOUMER. M. AUBLANC ☎ 86.34.06.52 – 8 CH. 160/312 F.
MENU 85/250 F. FERME 15 DEC./20 JANV. ET MERCREDI. 🎾 E.

AVALLON (SAUVIGNY-LE-BOIS) **89200 AVALLON** YONNE 330 HAB.

*** **LE RELAIS FLEURI** (N.6) M.SCHIEVER ☎ 86.34.02.85 TELEX 800084 – 48 CH. 225/325 F.
MENU 90/140 F. ⚒ 🎾 📺 ⓔ E 🛁.

AVENIERES (LES) **38630** ISERE 4000 HAB. S.I.

** **LE RELAIS DES VIEILLES POSTES** (LES NAPPES). M. THOMAS ☎ 74.33.62.99 – 17 CH.
180/240 F. MENU 105/275 F. FERME 5/19 AVR., 20 DEC./12 JANV., DIMANCHE SOIR ET LUNDI.
🏄 🎾 📺 ⓔ E CV.

AVEUX 65370 LOURES-BAROUSSE HAUTES-PYRENEES 45 HAB.

** **LE MOULIN D'AVEUX** SUR D. 925 M.CHOMY ☎ 62.99.20.68 – 12 CH. 96/190 F. MENU 76/119 F. PENSION 156/211 F. DEMI-PENSION 108/163 F. 🄵 ▦ 🄰🄴 ◉ **E CV**.

AVEZE 30120 LE VIGAN GARD 950 HAB. S.I.

* **AUBERGE COCAGNE** PLACE DU CHATEAU. M. WELKER ☎ 67.81.02.70 – 7 CH. 75/140 F.
▱ MENU 60/110 F. PENSION 160/180 F. DEMI-PENSION 120/150 F. FERME 20 DEC./10 JANV. ▦ 🄰🄴 ◉ **E** &.

AVEZE 63690 TAUVES PUY-DE-DOME 840 M. 100 HAB.

AF **AUDIGIER** M. AUDIGIER. ☎ 73.21.10.16 – 12 CH. 76/125 F. MENU 58/120 F. PENSION 146/155 F. DEMI-PENSION 133/150 F. 🄵 **CV**.

AVIGNON 84000 VAUCLUSE 100000 HAB. S.I.

** **D'ANGLETERRE** 29, BD RASPAIL M.PONS ☎ 90.86.34.31 – 34 CH. 115/295 F. FERME 20 DEC./24 JANV. ▦ 🛏 ✕ ▦ 🕮.

** **LE MAGNAN** 63, PORTAIL MAGNANEN M.GRANIER ☎ 90.86.36.51 – 31 CH. 163/196 F. PENSION 203/243 F. DEMI-PENSION 153/183 F. FERME 15 DEC./15 JANV. 🄵 🛏 ▦.

AVIGNON (MONTFAVET) 84140 MONTFAVET VAUCLUSE 3500 HAB. S.I.

** **AUBERGE DE BONPAS** ROUTE DE CAVAILLON M. LEVEQUE ☎ 90.22.41.81 – 10 CH. 145/220 F. MENU 90/200 F. DEMI-PENSION 180/220 F. FERME 15 JANV./28 FEV. RESTAURANT FERME MERCREDI. 🄵 ▦ **E CV**.

AVORD 18520 CHER 3210 HAB.

AF **PECILE** 18, RUE MAURICE BOURBON. M. PECILE ☎ 48.69.13.09 – 9 CH. 75/150 F. MENU 50/70 F. PENSION 150 F. DEMI-PENSION 92/100 F. FERME 23 DEC./31 JANV., MERCREDI SEPT./MAI, DIMANCHE/LUNDI JUIN/AOUT, ET JOURS FERIES.

AVRANCHES 50300 MANCHE 10419 HAB. S.I.

** **DU JARDIN DES PLANTES** 10, PLACE CARNOT M. LEROY ☎ 33.58.03.68 – 19 CH. 85/165 F. MENU 44/125 F. PENSION 150/220 F. DEMI-PENSION 115/195 F. FERME 1/15 OCT., 25/31 DEC., 15/29 FEV. RESTAURANT FERME SAMEDI SOIR/DIMANCHE HS, ET MERCREDI SAISON. ▦ ◉ **CV**.

AVRILLE 49240 MAINE-ET-LOIRE 11380 HAB.

** **DU BOIS DU ROY** 8 AVENUE PIERRE MENDES FRANCE M.PIAUMIER ☎ 41.69.20.18 TELEX 701940 BOIS DU ROY – 25 CH. 195/230 F. MENU 60/139 F. PENSION 315 F. DEMI-PENSION 270 F. 🄵 ▦ 🄰🄴 &.

** **DU CAVIER** ROUTE DE LAVAL. M. HUEZ ☎ 41.42.30.45 – 29 CH. 150/240 F. MENU 54/72 F. PENSION 220/384 F. DEMI-PENSION 160/292 F. RESTAURANT FERME 15J. DEBUT AOUT, ET 15J. NOEL. 🄵 🛏 ▦ 🄰🄴 ◉ **E CV** &.

AX-LES-THERMES 09110 ARIEGE 720 M. 1800 HAB. S.I.

** **DES PYRENEES** 3 AV. DELCASSE Mme MENENDEZ ☎ 61.64.21.01 – 16 CH. 85/140 F. MENU 47/75 F. PENSION 183/210 F. DEMI-PENSION 135/160 F. FERME 1 NOV./15 DEC. 🄵 ▦ ◉ **E CV**.

** **LE CHALET** AV. DE TURREL. M.VELASQUEZ ☎ 61.64.24.31 – 10 CH. 182/231 F. MENU 56/114 F. PENSION 195/242 F. DEMI-PENSION 160/164 F. FERME 6 NOV./20 DEC., 4/20 JANV. 🄵 🛏.

** **LE ROY RENE** 11 AV. DOCTEUR GOMMA. M.DENOIZE ☎ 61.64.22.28/61.64.20.50 TELEX 520594F POSTE 811 – 28 CH. 166/239 F. MENU 60/160 F. PENSION 200/260 F. DEMI-PENSION 170/205 F. FERME 1 NOV./1 AVR. 🄵 🚗 🛏 ▦ 🄰🄴 & 🕮.

** **MODERNE** M.TRAPE ☎ 61.64.20.24 – 20 CH. 85/220 F. MENU 55/100 F. PENSION 170/240 F. DEMI-PENSION 130/205 F. FERME 30 OCT./1 FEV. 🚗 🕮.

AYDAT (ROUILLAS-BAS) 63970 PUY-DE-DOME 850 M. 120 HAB. S.I.

* **AU VIEUX LOGIS** M.BOYER ☎ 73.79.37.30 – 20 CH. 80/145 F. MENU 40/90 F. PENSION 135/175 F. DEMI-PENSION 110/150 F. FERME 1/15 OCT., 20 DEC./15 FEV., ET LUNDI. 🄵
▱ 🛏 **E**.

AYEN 19310 CORREZE 700 HAB. S.I.

AF **SIMON** M. SIMON. ☎ 55.25.10.15 – 5 CH. 75/110 F. MENU 65/120 F. PENSION 155/180 F. DEMI-PENSION 120/130 F. FERME 1/31 OCT. 🄵 🚗 🛏 ▦.

AYEN (YSSANDON) 19310 AYEN CORREZE 600 HAB.

* **LES TAMARIS** LA PRODELIE. M. TOUROT ☎ 55.25.11.76 – 30 CH. 140/180 F. MENU 70/75 F. PENSION 210 F. DEMI-PENSION 175 F. FERME 20 SEPT./1ER JUIN. 🚗 ♂ ▦ 🄰🄴 ◉ **E CV**.

AZAY-LE-RIDEAU 37190 INDRE-ET-LOIRE 3200 HAB. S.I.

** **DE BIENCOURT** 7, RUE BALZAC M. MARIOTON ☎ 47.45.20.75 – 9 CH. 160/220 F. FERME 15 NOV./15 FEV. 🛏 ✕ ▦.

** **LE GRAND MONARQUE** PLACE DE LA REPUBLIQUE M.JACQUET ☎ 47.45.40.08 – 30 CH.
▱ 110/340 F. MENU 80/210 F. PENSION 330/500 F. DEMI-PENSION 230/400 F. RESTAURANT FERME 10 NOV./1 MARS. 🄵 🚗 ▦ 🄰🄴 **E**.

** **VAL DE LOIRE** 50-52, RUE NATIONALE. M. DOVALE ☎ 47.45.23.67 – 26 CH. 160/280 F. FERME 20 NOV./15 MARS. 🚗 ▦ ◉ **E** &.

AZUR 40140 SOUSTONS LANDES 365 HAB.

AF **AUBERGE DU SOLEIL** M.BEDAT ☎ 58.48.10.17 – 8 CH. 100/160 F. DEMI-PENSION 150/165 F. FERME OCT. ET SAMEDI. 🛏 **E CV**.

*AF **DES PINS** RTE DE SOUSTONS Mmes CALCOS LACAZE ☎ 58.48.01.31 – 12 CH. DEMI-PENSION 135/150 F. FERME 1/25 OCT. ET HOTEL SAMEDI. ▦ 🄰🄴 ◉ **E**.

B

BADAILHAC 15800 VIC-SUR-CERE CANTAL 950 M. 193 HAB.

AF   AUBERGE DU PLATEAU Mme.DUCHER ☎ 71.47.40.86 — 7 CH. 60/100 F. MENU 50/100 F. PENSION 145/170 F. DEMI-PENSION 110/135 F. 🄵 ⚏ 🚋 🄰🄴 ⓓ E.

BADEFOLS-SUR-DORDOGNE 24150 LALINDE DORDOGNE 130 HAB.

✶✶   LOU CANTOU Mmes CLAUX ET CORNAILLE ☎ 53.22.50.36 — 12 CH. 130/180 F. MENU 52/160 F. PENSION 178/203 F. DEMI-PENSION 138/164 F. FERME 30 SEPT./1 AVR. 🄵.

BADEN 56870 MORBIHAN 2000 HAB.

✶✶   LE GAVRINIS LIEU-DIT TOULBROCHE M.JUSTUM ☎ 97.57.00.82 — 19 CH. 147/262 F.
☞   MENU 89/245 F. PENSION 273/331 F. DEMI-PENSION 189/247 F. FERME 3/10 OCT., MI-JANV./MI-FEV., DIMANCHE SOIR ET LUNDI HSRESTAURANT FERME LUNDI. 🐄 🖾 ⓓ E.

BAGNERES-DE-BIGORRE 65200 HAUTES-PYRENEES 600 M. 12000 HAB. S.I.

✶✶   FLORIDA 1, AV. MARECHAL-JOFFRE Mme.MICHELY ☎ 62.95.03.84 — 36 CH. 75/160 F. MENU 35/120 F. PENSION 175/200 F. DEMI-PENSION 135/190 F. FERME NOV. SOLARIUM. 🄵 🖾 CV ♿.

✶✶   FRASCATI BD CARNOT M.CORTADE ☎ 62.95.21.14 — 17 CH. 160/300 F. MENU 50/130 F.
☞   PENSION 200/270 F. DEMI-PENSION 160/220 F. FERME 16 OCT./16 NOV. ET MERCREDI. 🄵 🖾 🄰🄴 ⓓ ♿.

✶   LE BEARN 24, RUE DU GENERAL DE GAULLE. M. MATTERA ☎ 62.95.02.70 — 13 CH. 70/156 F. MENU 40/80 F. PENSION 135/180 F. DEMI-PENSION 95/120 F. FERME NOV. 🄵 🖾.

✶✶   LE COMMERCE 2, PL. ANDRE-FOURCADE M.THUAUX ☎ 62.95.07.33 — 23 CH. 90/180 F. MENU 32/125 F. PENSION 195/260 F. DEMI-PENSION 155/210 F. 🄵 🖾 CV.

✶   LES VIGNAUX 16, RUE DE LA REPUBLIQUE M.LAGARDE ☎ 62.95.03.41 — 14 CH. 65/145 F.
☞   MENU 38/174 F. PENSION 137/187 F. DEMI-PENSION 94/165 F. FERME 15 OCT./15 NOV. ET LUNDI HS. 🄵 🐄 🖾 ⓓ CV.

✶✶   TRIANON PL. DES THERMES M.RIPALDA ☎ 62.95.09.34 — 30 CH. 85/225 F. MENU 60/120 F. PENSION 200/280 F. FERME 26 AOUT/1 MAI. ⚏ 🖾 🄰🄴 ⓓ E ♿.

BAGNOLES-DE-L'ORNE 61140 ORNE 651 HAB. S.I.

✶✶   ALBERT 1er 7, AV. DU Dr POULAIN M. ARGENCE ☎ 33.37.80.97 TELEX 170525 — 20 CH.
☞   135/220 F. MENU 70/125 F. PENSION 220/320 F. DEMI-PENSION 190/280 F. FERME 15 NOV./1 MARS. 🄵 🖾 🄰🄴 ⓓ E ♿ 🄿.

✶✶   BEAUMONT 26 BLD LEMEUNIER DE LA RAILLERE Mme BOULANGER ☎ 33.37.91.77 —
☞   38 CH. 160/300 F. MENU 70/250 F. PENSION 265/330 F. FERME 8 OCT./29 AVR. ET RESTAURANT FERME 1 OCT./29 AVR. 🄵 🐄 🖾 E.

✶✶   DE LA FORET 56, Bld PAUL CHALVET. M. SIMON ☎ 33.37.82.88 — 24 CH. 98/160 F. MENU 58/170 F. PENSION 170/220 F. FERME JANV.FEV.MARS ET MERCREDI HS. 🄵 ⚏ 🖾 🄰🄴 E.

✶   DE NORMANDIE 2, AV. DU DOCTEUR PAUL LEMUET. M. BONDIAU ☎ 33.30.80.16 — 24 CH. 92/195 F. MENU 80/120 F. PENSION 190/280 F. DEMI-PENSION 190/280 F. FERME 2 NOV./15 AVR. 🄵 🖾 🄰🄴 ⓓ E.

BAGNOLES-DE-L'ORNE   (TESSE-LA-MADELEINE)   61140 ORNE 1200 HAB. S.I.

✶✶   LE CELTIC 14, BLD ALBERT CHRISTOPHLE. M. ALIROL ☎ 33.37.92.11 — 14 CH. 70/195 F. MENU 50/110 F. PENSION 185/300 F. DEMI-PENSION 135/250 F. FERME 1/31 JANV., DIMANCHE SOIR ET LUNDI HS. 🄵 🖾 E.

✶✶   NOUVEL HOTEL M.CHANCEREL ☎ 33.37.81.22 — 30 CH. 189/242 F. MENU 70/95 F. PEN-
☞   SION 268/296 F. FERME NOV./FIN AVR. ⚏ 🐄 🖾 🄰🄴 ⓓ E.

BAGNOLS 63810 PUY-DE-DOME 850 M. 950 HAB. S.I.

✶   LES VOYAGEURS M.VERGNOL ☎ 73.22.20.12 — 20 CH. 60/200 F. MENU 60/120 F. PEN-SION 150/240 F. DEMI-PENSION 120/170 F. FERME 15 SEPT./15 FEV. 🄵 ⚏ 🖾.

✶   LION D'OR Mme PICARD ☎ 73.22.20.03 — 16 CH. 66/142 F. MENU 55/110 F. PENSION 135/152 F. DEMI-PENSION 112/126 F. FERME 30 SEPT./PAQUES, SAUF VAC. SCOL. 🄵.

BAGNOLS 83600 VAR 1000 HAB.

✶   AUBERGE BAGNOLAISE ROUTE DE FREJUS Mme.ESTIVANT ☎ 94.40.60.24 — 8 CH. 120/150 F. MENU 85/120 F. PENSION 180/240 F. DEMI-PENSION 160/200 F.

BAGNOLS-LES-BAINS 48190 LOZERE 913 M. 240 HAB. S.I.

✶✶   RESIDENCE DU PONT 7 PLACE DU PONT M. BUISSON ☎ 66.47.60.03 — 28 CH. 120/200 F. MENU 45/100 F. PENSION 180/280 F. DEMI-PENSION 150/250 F. FERME 20 OCT./1 FEV. 🄵 ⚏ 🖾 CV.

BAGUER-PICAN 35120 DOL-DE-BRETAGNE ILLE-ET-VILAINE 1000 HAB.

AF   AUBERGE DU RELAIS 32, RUE PARIS Mme COLLIN ☎ 99.48.09.64 — 8 CH. 75/120 F. MENU 39/60 F. DEMI-PENSION 110 F. FERME 24 DEC./1 JANV. ET SAMEDI 30 SEPT./15 MARS. 🖾 🄰🄴 ⓓ E.

BAIGNES 16360 CHARENTE 1600 HAB.

✶   LE CENTRAL PLACE DE L'HORLOGE M.FRAIGNEAU ☎ 45.78.40.30 — 9 CH. 75/100 F. MENU 45/110 F. PENSION 140 F.

— 40 —

BAIN-DE-BRETAGNE **35470** ILLE-ET-VILAINE 5316 HAB. S.I.

* **DES 4 VENTS** 1 ET 3 RTE DE RENNES M.QUERE ☎ 99.43.71.49 — 20 CH. 92/182 F. MENU 45/150 F. PENSION 180/210 F. DEMI-PENSION 130/150 F. FERME 22 DEC./16 JANV. **F** 🎦 **E**.

BAINS-LES-BAINS **88240** VOSGES 1757 HAB. S.I.

** **DE LA PROMENADE** 8, AVENUE COLONEL CHAVANE M.CHEVALLIER ☎ 29.36.30.06 — 33 CH. 147/170 F. MENU 58/140 F. PENSION 198/230 F. FERME 1 NOV./28 FEV. ET LUNDI HS. 🎦 🎦.

** **LES OMBREES** M.ZIMMERMANN ☎ 29.36.31.85 — 15 CH. 105/190 F. MENU 75/120 F. PENSION 193/270 F. DEMI-PENSION 148/212 F. FERME 15 OCT./31 MARS. SAUNA, SOLARIUM, SALLE MUSCULATION. **F** 🛏 **AE** ⅋.

BAIS **53160** MAYENNE 1457 HAB. S.I.

*AF **LE LION D'OR** 5 PLACE DE L'EGLISE M. RENAULT ☎ 43.37.90.05 — 7 CH. 80/120 F. MENU 45/90 F. PENSION 135/155 F. DEMI-PENSION 120/140 F. FERME 8J. HIVER, ET DIMANCHE APRES-MIDI. 🚗.

BAIX **07210 CHOMERAC** ARDECHE 550 HAB.

** **DES QUATRE VENTS** M. HALIN ☎ 75.85.84.49/75.85.80.64 — 16 CH. 110/180 F. MENU 45/105 F. PENSION 162/180 F. DEMI-PENSION 141/160 F. **F** 🎦 **E CV** ⅋.

BALARUC-LES-BAINS **34540** HERAULT 3500 HAB. S.I.

** **DES PINS** 11, SQUARE MARIUS BORGES Mme DELSOL ☎ 67.48.50.15 — 20 CH. 160/100 F. FERME 15 DEC./15 MARS. ✂ 🚗.

BALDERSHEIM **68390** SAUSHEIM HAUT-RHIN 2000 HAB.

** **AU CHEVAL BLANC** M.LANDWERLIN ☎ 89.45.45.44 TELEX 881024 — 54 CH. 100/240 F. ☞ MENU 39/190 F. PENSION 190/250 F. DEMI-PENSION 160/230 F. FERME 1/14 JUIL. RESTAURANT FERME JEUDI. **F** 🎦 **E CV** ⅋.

BALLEROY **14490** CALVADOS 700 HAB. S.I.

AF **DES BIARDS** 1 PLACE DU MARCHE M.BRIARD ☎ 31.21.60.05 — 7 CH. 65/170 F. MENU 42/105 F. PENSION 155/180 F. DEMI-PENSION 110/135 F. FERME 2 JANV./10 MARS, ET LUNDI SAUF JOURS FERIES. **F** 🚗 🛏.

BALLON D'ALSACE (LEPUIX-GY) **90200 GIROMAGNY** TERRITOIRE-DE-BELFORT 1250 M. 12 HAB. S.I.

* **DU SAUT DE LA TRUITE** M.GOEPFERT ☎ 84.29.32.64 — 7 CH. 90/140 F. MENU 65/150 F. PENSION 185 F. DEMI-PENSION 145 F. FERME 30 NOV./1 FEV., ET VENDREDI HS. **F** 🚗 🛏 🎦 ⓓ **E**.

** **DU SOMMET DU BALLON D'ALSACE** M.FREYBURGER ☎ 84.29.30.60 — 20 CH. 65/215 F. MENU 35/105 F. PENSION 176/190 F. DEMI-PENSION 140/151 F. FERME 15 NOV./15 DEC., ET JEUDI HS. **F** 🎦 🛏 **E CV**.

BALME-DE-SILLINGY (LA) **74330** HAUTE-SAVOIE 2000 HAB.

** **LES ROCHERS ET LA CHRISSANDIERE** M.PUTHOD ☎ 50.68.70.07 — 35 CH. 120/260 F. MENU 72/210 F. PENSION 195/280 F. DEMI-PENSION 165/250 F. FERME 1/11 NOV., JANV., DIMANCHE SOIR ET LUNDI. **F** 🚗 🛏 **AE E**.

BAN-DE-LAVELINE **88520** VOSGES 1100 HAB.

** **AUBERGE LORRAINE** M.ANTOINE ☎ 29.51.78.17 — 7 CH. 88/210 F. MENU 44/130 F. PENSION 192/226 F. DEMI-PENSION 128/162 F. RESTAURANT FERME DIMANCHE SOIR ET LUNDI HS. 🚗 🎦 **AE E CV**.

BANDOL **83150** VAR 6700 HAB. S.I.

** **BEL OMBRA** 31, RUE LA FONTAINE. M. GRENAT ☎ 94.29.40.90 — 20 CH. 170/225 F. ☞ MENU 60/85 F. PENSION 245/285 F. DEMI-PENSION 195/225 F. FERME 1 OCT./30 AVR. 🎦 **AE** ⓓ **E**.

** **L'ERMITAGE** (RESIDENCE DU CHATEAU). M. HECQ ☎ 94.29.46.50 TELEX 400383 — 22 CH. 180/236 F. MENU 95 F. PENSION 244/267 F. DEMI-PENSION 208/234 F. RESTAURANT FERME 30 SEPT./31 MARS. **F** 🚗 🛏 🎦 **AE** ⓓ **E CV**.

*** **LA KER MOCOTTE** RUE RAIMU M.GOETZ ☎ 94.29.46.53 TELEX 400383 — 19 CH. 210/285 F. MENU 105/180 F. PENSION 310/345 F. DEMI-PENSION 245/280 F. FERME 20 OCT./1 MARS. CARTES DE CREDIT UNIQUEMENT POUR PASSAGES. 🛏 🎦 **AE**.

** **SPLENDID HOTEL** PL.DE RENECROS M.DAVID ☎ 94.29.41.61 TELEX 400 383 — 22 CH. ☞ 210/230 F. MENU 100 F. PENSION 286/296 F. DEMI-PENSION 223/233 F. FERME 1 NOV./16 MARS. **F** 🛏 🎦 **CV**.

BANNEGON **18210 CHARENTON-DU-CHER** CHER 351 HAB.

*** **AUBERGE DU MOULIN DE CHAMERON** M.CANDORE ☎ 48.61.83.80 — 13 CH. 180/420 F. MENU 160 F. FERME 15 NOV./15 DEC., 4 JANV./4 MARS ET MARDI HS. PISCINE CHAUFFEE. **F** 🚗 ⅋.

BANTZENHEIM **68490** OTTMARSHEIM HAUT-RHIN 1500 HAB.

** **DE LA POSTE** M. BEHE ☎ 89.26.04.26 — 10 CH. 140/240 F. MENU 30/80 F. PENSION 180/200 F. DEMI-PENSION 150/170 F. RESTAURANT FERME DIMANCHE. **F** 🎦.

BANYULS-SUR-MER **66650** PYRENEES-ORIENTALES 5000 HAB. S.I.

* **LE MANOIR** 20, AV. MARECHAL-JOFFRE M.ESPINOS ☎ 68.88.32.98 — 20 CH. 100/190 F. MENU 55/110 F. PENSION 189/225 F. DEMI-PENSION 140/170 F. FERME 8 JOURS NOV.,8 JOURS FEV.,RESTAURANT FERME 1 OCT./ 1 JUIN. **F**.

** **LES ELMES** PLAGE DES ELMES. M. SANNAC ☎ 68.88.03.12 — 21 CH. 220/330 F. MENU ☞ 75/200 F. PENSION 280/350 F. DEMI-PENSION 210/280 F. FERME 30 OCT./22 MARS. **F** 🛏 🎦 **AE E CV** ⅋.

— 41 —

BAPAUME 62450 PAS-DE-CALAIS 4085 HAB.

** **DE LA PAIX** 11, AV. ABEL GUIDET. M. LEFEBVRE ☎ 21.07.11.03 – 16 CH. 95/180 F. MENU
🛌 58/120 F. PENSION 230/250 F. DEMI-PENSION 170/200 F. FERME 20 DEC./4 JANV., 1/15
AOUT ET SAMEDI. 🚲 🐎 ⱥ **E**.

BAR-LE-DUC 55000 MEUSE 22000 HAB. S.I.

** **DE LA GARE** PL. DE LA REPUBLIQUE M.JOLIOT ☎ 29.79.01.45 – 35 CH. 180/260 F. MENU
45/100 F. DEMI-PENSION 200/230 F. 🐎 ⱥ **E CV**.

BAR-SUR-LOUP 06620 ALPES-MARITIMES 1691 HAB. S.I.

AF **LA THEBAIDE** 54, CHEMIN DE LA SANTOLINE Mlle.REBOUL ☎ 93.42.41.19 – 9 CH. PEN-
🛌 SION 155/255 F. DEMI-PENSION 115/215 F. **F** 🚲 ⱥ ⱥ **E**.

BARAQUEVILLE 12160 AVEYRON 800 M. 2200 HAB. S.I.

* **DE LA GARE** M.LUTRAN ☎ 65.69.01.62 – 14 CH. 60/100 F. MENU 55/120 F. PENSION
130/150 F. DEMI-PENSION 100/120 F. FERME LE LUNDI. 🚲 ⱥ ⱥ **E**.

* **DU CENTRE** 299, AV. DU CENTRE. SARL COSTES FRERES ☎ 65.69.00.05 – 8 CH. 59/74 F.
MENU 45/125 F. PENSION 116 F. FERME LUNDI SOIR. **F** ⱥ **E**.

* **L'AGRICULTURE** 449, AV. DU CENTRE. M.FOULQUIE ☎ 65.69.00.06 – 9 CH. 80/150 F.
MENU 50/150 F. PENSION 140/160 F. DEMI-PENSION 120/140 F. FERME VAC. TOUSSAINT,
VENDREDI SOIR ET SAMEDI MIDI. **F**.

BARATIER 05200 EMBRUN HAUTES-ALPES 870 M. 300 HAB.

** **LES PEUPLIERS** M GUERRE-GENTON LAURENT ☎ 92.43.03.47 – 24 CH. 100/200 F. MENU
🛌 65/120 F. PENSION 180/220 F. DEMI-PENSION 135/180 F. FERME OCT. 🚲 🐎 ⱥ
ⱥ **E CV**.

BARBAZAN 31510 HAUTE-GARONNE 400 HAB. S.I.

*** **HOSTELLERIE DE L'ARISTOU** RTE DE SAUVETERRE M.GERAUD ☎
🛌 61.88.30.67/61.88.37.55 – 8 CH. 150/300 F. MENU 90/205 F. PENSION 295/320 F. DEMI-
PENSION 225/250 F. **F** ⱥ ⱥ **E**.

** **LE PANORAMIQUE** (HAMEAU DE BURS). Mme MASCAGNI ☎ 61.88.30.35/61.88.35.23 –
🛌 20 CH. 190/210 F. MENU 80/120 F. DEMI-PENSION 190/255 F. FERME NOV. ET RESTAURANT
FERME LUNDI. **F** ⱥ.

BARBEN (LA) 13330 PELISSANNE BOUCHES-DU-RHONE 350 HAB.

** **LA TOULOUBRE** M.ROUGER ☎ 90.55.16.85 – 8 CH. 240 F. MENU 85/250 F. PENSION
🛌 375 F. FERME 10/30 JANV., DIMANCHE SOIR ET LUNDI. **F** 🐎 ⱥ ⱥ.

BARBENTANE 13570 BOUCHES-DU-RHONE 3900 HAB. S.I.

* **SAINT JEAN** 1, LE COURS. M. CIZAIRE ☎ 90.95.50.44 – 14 CH. 115/160 F. MENU
🛌 58/150 F. PENSION 180/350 F. DEMI-PENSION 150 F. FERME 1 JANV./15 FEV. ET LUNDI HS.
🚲 🐎 ⱥ **E**.

BARBEZIEUX 16300 CHARENTE 5800 HAB. S.I.

** **LA BOULE D'OR** M.FERRIERE ☎ 45.78.22.72 – 28 CH. 95/220 F. MENU 58/180 F. DEMI-
PENSION 160/185 F. **F** 🚲 ⱥ **E CV**. (

BARBIZON 77630 SEINE-ET-MARNE 1200 HAB. S.I.

*** **HOSTELLERIE LA CLE D'OR** 73 GRANDE RUE M.J.P. KARAMPOURNIS ☎ (1)60.66.40.96
🛌 TELEX 692131 – 15 CH. 180/420 F. MENU 135 F. PENSION 310 F. RESTAURANT FERME
DIMANCHE SOIR. ⱥ ⱥ ⱥ **E CV** ఉ.

** **MANOIR SAINT HEREM** 29, GRANDE RUE M. KARAMPOURNIS Jean Pierre ☎ (1)60.66.40.96
TELEX 692131 – 14 CH. 150/180 F. **F** ✕ ⱥ ⱥ ⱥ **E CV** ఉ ⱥ.

BARCELONNETTE 04400 ALPES-DE-HAUTE-PROVENCE 1127 M.
3200 HAB. S.I.

* **L'AUPILLON** ROUTE DE ST PONS M. POTTIER ☎ 92.81.01.09/92.81.13.23 – 7 CH. MENU
70/110 F. PENSION 200 F. DEMI-PENSION 170 F. FERME 1 NOV./6 DEC. ET MERCREDI. ⱥ
E CV ఉ.

BAREGES 65340 HAUTES-PYRENEES 1250 M. 300 HAB. S.I.

** **DE L'EUROPE** M.LONS ☎ 62.92.68.04 – 51 CH. 155/220 F. MENU 50/150 F. PENSION
🛌 190/230 F. DEMI-PENSION 160/200 F. FERME 8 AVR./10 JUIN ET 23 SEPT./24 DEC. SAUNA.
F ⱥ ⱥ.

* **LA MONTAGNE FLEURIE** M.LAPEYRE ☎ 62.92.68.50 – 12 CH. 60/95 F. PENSION
165/170 F. DEMI-PENSION 135/140 F. FERME FIN AVR., FIN MAI, ET FIN SEPT./ AU 15/20
DEC. **F** ⱥ ⱥ ⱥ **E**.

BAREMBACH 67130 SCHIRMECK BAS-RHIN 850 HAB.

** **RELAIS DU CHATEAU** 5 RUE DU MAL DE LATTRE DE TASSIGNY MM. CLEMENT ☎
🛌 88.97.97.50/88.97.85.67 TELEX 880400 – 15 CH. 175/460 F. MENU 85/285 F. DEMI-PENSION
270/380 F. FERME JEUDI SAUF FERIES NOV./AVR. PETITE PISCINE ET MINI-GOLF. **F** 🚲
ⱥ ⱥ ⱥ **E CV**.

BARJOLS 83670 VAR 2016 HAB. S.I.

* **DU PONT D'OR** ROUTE DE SAINT-MAXIMIN. M. ODDO ☎ 94.77.05.23 – 16 CH. 90/160 F.
MENU 65/135 F. PENSION 215/240 F. DEMI-PENSION 150/175 F. FERME 1 DEC./15 JANV.,
RESTAURANT FERME DIMANCHE SOIR ET LUNDI 1 OCT./31 MAI. 🚲 🐎 ⱥ **E**.

BARNEVILLE-CARTERET 50270 MANCHE 2325 HAB. S.I.

* **DE LA MARINE** 11 RUE DE PARIS M.CESNE ☎ 33.53.83.31 – 28 CH. 200/380 F. MENU
85/280 F. PENSION 320/350 F. DEMI-PENSION 240/280 F. FERME 4 JANV./4 FEV., 22 FEV./3
MARS, 13 NOV./18 DEC. REST. FERME 24/25 DEC., ET LUNDI SAUF JUIL./AOUT. PRIX 1987.
ⱥ ⱥ **E**.

BARNEVILLE-CARTERET (suite)

** **DE PARIS** M. POITVIN ☎ 33.04.90.02 — 25 CH. 85/230 F. MENU 48/150 F. PENSION 180/260 F. DEMI-PENSION 120/200 F. RESTAURANT FERME DIMANCHE SOIR/LUNDI SOIR. PARKING PRIVE. 🄵 🎠 **E C V** &.

** **LES ISLES** M. MASSON ☎ 33.04.90.76 — 34 CH. 125/253 F. MENU 70/210 F. PENSION 225/291 F. DEMI-PENS. 167/235 F. FERME 23 NOV./30 JANV. 🄵 🎠 🄰🄴 ⓓ **E C V**.

BARNEVILLE-LA-BERTRAN 14600 HONFLEUR CALVADOS 150 HAB.

** **DE LA SOURCE** M. LEGEAY ☎ 31.89.25.02 — 11 CH. 200/280 F. MENU 110 F. DEMI-PENSION 200/240 F. FERME 15 NOV./15 FEV., ET MERCREDI. 🎠.

BARR 67140 BAS-RHIN 4600 HAB. S.I.

** **DU CHATEAU D'ANDLAU** 113 VALLEE ST ULRICH M.WEISGERBER ☎ 88.08.96.78/88.08.98.54 — 25 CH. 110/220 F. 🄵 🎠 🍴 ✕ 🎠 **E**.

** **MAISON ROUGE** 1, RUE DE LA GARE M.EICHENBERGER ☎ 88.08.90.40 — 13 CH. 90/160 F. MENU 35/160 F. FERME FEV. ET LUNDI. 🚗 🎠 🄰🄴 **CV**.

BARROUX (LE) 84330 CAROMB VAUCLUSE 369 HAB.

* **LES GERANIUMS** PLACE E LA CROIX M. ROUX ☎ 90.62.41.08 — 22 CH. 100/190 F. MENU 65/160 F. PENSION 180/280 F. DEMI-PENSION 140/180 F. FERME 3 JANV./3 FEV., ET MERCREDI HS. 🄵 🎠 🄰🄴 ⓓ **E CV**.

BAS-EN-BASSET 43210 HAUTE-LOIRE 2521 HAB. S.I.

** **DE LA LOIRE** M. COTTIER ☎ 71.66.72.15 — 10 CH. 220/300 F. MENU 62/130 F. PENSION 245/335 F. DEMI-PENSION 185/285 F. FERME 1/31 JANV. 🎠 🄰🄴 ⓓ **E** &.

BAS-ET-LEZAT 63310 RANDAN PUY-DE-DOME 210 HAB.

AF **HOSTELLERIE DE BAS** M.BLANC ☎ 70.58.90.77 — 7 CH. 70/85 F. MENU 55 F. PENSION 150/160 F. DEMI-PENSION 135 F. FERME 16 AOUT/1 SEPT., ET LUNDI. 🚗.

BASSAC 16120 CHATEAUNEUF-SUR-CHARENTE CHARENTE 540 HAB.

* **CHANTECLER** Mme CHAPEAU ☎ 45.81.94.55 — 10 CH. 75/150 F. MENU 43/95 F. PENSION 140/220 F. DEMI-PENSION 120/180 F. FERME 1/15 NOV., 1/15 FEV., ET MERCREDI. 🄵 **CV**.

BASSERCLES 40700 HAGETMAU LANDES 150 HAB.

L'OASIS M.LAFITUQUE ☎ 58.79.00.58 — 6 CH. 80/100 F. MENU 45/100 F. PENSION 160/200 F. DEMI-PENSION 115/130 F. RESTAUR. FERME LUNDI. 🄵 🚗 🎠 ⓓ **E CV**.

BASSILLAC 24330 SAINT-PIERRE-DE-CHIGNAC DORDOGNE 1390 HAB.

AF **L'ESCALE** M. PEAN ☎ 53.54.42.95 — 5 CH. 147/188 F. MENU 57/150 F. PENSION 270 F. DEMI-PENSION 198 F. 🎠.

BASTELICA 20119 CORSE 796 HAB.

** **U CASTAGNETU** M. BRASSENS-FOLACCI ☎ 95.28.70.71 — 15 CH. FERME 3 NOV./15 DEC. ET MARDI HS. PRIX NON COMMUNIQUES. 🄵 🎠 🄰🄴 ⓓ.

BASTIDE-DE-SEROU (LA) 09240 ARIEGE 1000 HAB.

* **FERRE** M.DELRIEU ☎ 61.64.50.26 — 10 CH. 80/120 F. MENU 45/95 F. PENSION 220 F. DEMI-PENSION 160 F. FERME 2/31 JANV., ET LUNDI HS. ✕ 🎠 ⓓ **E**.

BASTIDE-DES-JOURDANS (LA) 84240 LA TOUR-D'AIGUES VAUCLUSE 724 HAB.

* **AUBERGE DU CHEVAL BLANC** LE LOURS M. MOULLET ☎ 90.77.81.08 — 8 CH. 140/300 F. MENU 85/130 F. PENSION 205/275 F. DEMI-PENSION 150/220 F. FERME 15 JANV./1 MARS, MERCREDI SOIR ET JEUDI. 🎠 **E**.

BATHIE (LA) 73540 SAVOIE 1800 HAB.

* **DE LA CENTRALE** Mme.CAILLET ☎ 79.31.01.28 — 10 CH. 100/180 F. MENU 50/105 F. PENSION 160 F. DEMI-PENSION 125 F. FERME SAMEDI HS. 🚗.

BAUDUEN 83630 AUPS VAR 180 HAB. S.I.

** **AUBERGE DU LAC** M. BAGARRE ☎ 94.70.08.04 — 10 CH. 220/250 F. MENU 70/160 F. PENSION 250/280 F. DEMI-PENSION 210/240 F. FERME 11 NOV./15 MARS. 🄵 ✕ 🎠 🄰🄴 ⓓ **E**.

** **LES CAVALETS** Mme MESLARD ☎ 94.70.08.64 — 20 CH. 210/240 F. MENU 70/140 F. PENSION 380/410 F. DEMI-PENSION 310/340 F. FERME MARDI 1 OCT./31 MAI. 🚗 🎠 ⓓ **E**.

BAUGE 49150 MAINE-ET-LOIRE 4000 HAB. S.I.

* **LA BOULE D'OR** M. JOLLY ☎ 41.89.82.12 — 11 CH. 85/185 F. MENU 59/170 F. PENSION 300 F. DEMI-PENSION 160/250 F. FERME 15 JANV./15 FEV., DIMAN. SOIR ET LUNDI. 🚗 🎠.

AF **LE GRAND TURC** 9 AVENUE JEANNE D'ARC M. AUDRAIN ☎ 41.89.10.36 — 8 CH. 90/160 F. MENU 50/130 F. PENSION 190 F. DEMI-PENSION 140 F. FERME 15/30 JUIN, 15/31 DEC., ET SAMEDI. 🚗 **CV** &.

BAUGY 18800 CHER 1106 HAB.

*AF **LE RELAIS** 6 RUE DU 8 MAI M.BARBIER ☎ 48.26.15.62 — 7 CH. 65/120 F. MENU 45/80 F. PENSION 140/160 F. DEMI-PENSION 120/130 F. FERME 10 SEPT./15 OCT., ET LUNDI. 🄵 🚗 🐄 🎠 🄰🄴 ⓓ **E**.

BAULE (LA) 44500 LOIRE-ATLANTIQUE 16000 HAB. S.I.

** **DU BOIS D'AMOUR** 30, AV. DU BOIS D'AMOUR Mme METTON ☎ 40.60.00.96 — 26 CH. 220/240 F. MENU 70/165 F. PENSION 270/290 F. DEMI-PENSION 220/240 F. FERME 15 NOV./15 MARS. 🎠 🄰🄴 **E**.

** **HOSTELLERIE DU BOIS** 65, AV. LAJARRIGE M. SALAUN ☎ 40.60.24.78 — 15 CH. 160/280 F. MENU 89/125 F. PENSION 270/325 F. DEMI-PENSION 200/260 F. FERME 1 JANV./15 FEV. 🄵 🎠 🄰🄴 ⓓ **E**.

— 43 —

BAULE (LA) (suite)

** **LA MASCOTTE** 26, AV. MARIE-LOUISE M. LANDAIS ☎ 40.60.26.55 – 16 CH. 190/260 F. MENU 82/140 F. PENSION 260/310 F. DEMI-PENSION 210/260 F. FERME 15 OCT./15 MARS. ⚏.

** **LA PALMERAIE** 7, ALLEE DES CORMORANS M.BRILLARD ☎ 40.60.24.41 – 23 CH. 220/280 F. MENU 90/110 F. PENSION 230/315 F. DEMI-PENSION 190/250 F. FERME 1 OCT./26 MARS. 1/2 PENS. HS. ⚏ ⚏ AE ⓓ E CV.

** **LE LUTETIA** 13, AV. DES EVENS M. L'HYVER ☎ 40.60.25.81 – 15 CH. 220/260 F. MENU 75/130 F. PENSION 260/280 F. DEMI-PENSION 230/240 F. RESTAURANT FERME NOV./FEV. ⚏ AE ⓓ E CV.

** **LE SAINT PIERRE** 124, AV. de LATTRE de TASSIGNY. Mme GLAUDIS ☎ 40.24.05.41 – 19 CH. 140/210 F. MENU 63/120 F. PENSION 185/250 F. DEMI-PENSION 150/210 F. FERME AVR./OCT. RESTAURANT FERME MAI/OCT. F ⚏ E.

*** **LES ALIZES** 10,AV. DE RHUYS M.LIEGE ☎ 40.60.34.86 TELEX 710050 – 30 CH. 260/420 F. MENU 115/210 F. PENSION 470/480 F. DEMI-PENSION 355/365 F. RESTAURANT FERME 1 SEPT./30 JUIN. F ⚏ ⚏ AE ⓓ E CV 🅷.

** **LES ALMADIES** 146, AV. de LATTRE de TASSIGNY. M. ELIND ☎ 40.60.79.05 – 15 CH. 120/220 F. MENU 50/130 F. DEMI-PENSION 160/200 F. FERME 10 DEC./5 JANV., 10/28 FEV. ⚏ E.

** **MUSSET** 15 ALLEE DES CYGNES M. GUERET ☎ 40.60.24.08 – 11 CH. 210/250 F. MENU 80 F. DEMI-PENSION 250/280 F. RESTAURANT FERME 25 SEPT./1 AVR. F ⚏.

BAUME-LES-DAMES 25110 DOUBS 6000 HAB. S.I.

** **CENTRAL** 3, RUE COURVOISIER M.MESNY ☎ 81.84.09.64 – 12 CH. 75/210 F. FERME 3/20 NOV., 15/31 JANV., ET DIMANCHE 1 OCT./31 MARS. ⚏ ⚏ ⚏ E.

BAYE 51270 MONTMORT-LUCY MARNE 400 HAB.

* **DU CHEVAL BLANC** Mme.DAVOINE ☎ 26.59.12.24/26.52.80.66 – 7 CH. 60/100 F. MENU 52 F. PENSION 145 F. DEMI-PENSION 105 F. PARKING PRIVE. F ⚏ E.

BAYENGHEM-LES-SENINGHEM 62380 LUMBRES PAS-DE-CALAIS 350 HAB.

AF **HOSTELLERIE LE RELAIS** M.MICIELSKI ☎ 21.39.64.54 – 4 CH. 80/150 F. MENU 80/125 F. PENSION 200 F. DEMI-PENSION 170 F. FERME 15 AOUT/5 SEPT., SAMEDI ET DIMANCHE SOIR. ⚏ ⚏ E &.

BAYEUX 14400 CALVADOS 16000 HAB. S.I.

*** **DU LION D'OR** 71,RUE SAINT-JEAN M.JOUVIN-BESSIERE ☎ 31.92.06.90 TELEX 171143 – 29 CH. 180/380 F. MENU 80/220 F. PENSION 265/500 F. DEMI-PENSION 235/440 F. FERME 20 DEC./20 JANV. ⚏ ⚏ AE ⓓ.

*** **DU LUXEMBOURG** 25, RUE DES BOUCHERS M.MOREL ☎ 31.92.00.04 TELEX 171663 – 31 CH. 250/400 F. MENU 99/250 F. PENSION 325/435 F. DEMI-PENSION 220/280 F. F ⚏ ⚏ ⚏ AE 🅷.

* **NOTRE DAME** 44, RUE DES CUISINIERS M.HEBERT ☎ 31.92.87.24 – 24 CH. 95/195 F. MENU 45/160 F. DEMI-PENSION 130/210 F. FERME 1/15 NOV., DIMANCHE SOIR ET LUNDI. ⚏ E.

BAZAILLES 54620 PIERREPONT MEURTHE-ET-MOSELLE 193 HAB.

AF **AU GENTIL VAL** 2 RUE BLANCHE FONTAINE M. MINETTE ☎ 82.89.60.60 – 7 CH. 90/180 F. MENU 45/115 F. PENSION 160/240 F. DEMI-PENSION 130/200 F. FERME 4/31 JANV., DIMANCHE SOIR ET LUNDI. F ⚏ ⚏ E.

BAZOUGES-SUR-LE-LOIR 72200 SARTHE 1400 HAB.

AF **DES CYCLISTES** 8 RUE D'ANJOU M.CHARNACE ☎ 43.45.32.39 – 11 CH. 70/90 F. MENU 40/75 F. PENSION 130 F. DEMI-PENSION 90 F. FERME NOEL. F ⚏ AE.

BEAGE (LE) 07630 ARDECHE 1200 M. 500 HAB.

* **BEAUSEJOUR** Mme VERNET Colette ☎ 75.38.85.02 – 11 CH. 86/140 F. MENU 53/76 F. PENSION 135/145 F. ⚏.

* **DU NORD** PLACE CENTRALE M.LAVASTRE ☎ 75.38.80.21 – 16 CH. 55/120 F. MENU 40/81 F. PENSION 134/146 F. DEMI-PENSION 99/111 F. FERME LUNDI HS. PRIX 1987 F ⚏ ⚏ AE ⓓ E.

BEAUBERY 71220 SAINT-BONNET-DE-JOUX SAONE-ET-LOIRE 445 HAB.

AF **AUBERGE DE BEAUBERY** LE REPLAT M. JANNON ☎ 85.24.80.21 – 4 CH. 71/98 F. MENU 53/115 F. PENSION 210 F. DEMI-PENSION 160 F. FERME MARDI SOIR/MERCREDI. F ⚏ ⚏ E.

BEAUCAIRE 30300 GARD 14000 HAB. S.I.

** **ROBINSON** ROUTE DU PONT-DU-GARD Mme LEON-BLANC ☎ 66.59.21.32 – 30 CH. 80/250 F. MENU 60/133 F. PENSION 220/370 F. DEMI-PENSION 160/310 F. FERME FEV. ⚏ ♂ &.

BEAUCE 35133 ILLE-ET-VILAINE 1000 HAB.

** **MAINOTEL** RTE DE PARIS M.LESAULNIER ☎ 99.99.81.55 TELEX 730956 – 50 CH. 171/286 F. MENU 66/193 F. PENSION 286/359 F. RESTAURANT FERME DIMANCHE SOIR. F ♂ ⚏ E CV &.

BEAUCENS 65400 ARGELES-GAZOST HAUTES-PYRENEES 244 HAB.

** **THERMAL** PARC THERMAL Mme.COIQUIL ☎ 62.97.04.21 – 30 CH. 100/210 F. MENU 60/110 F. PENSION 175/215 F. DEMI-PENSION 130/170 F. FERME 30 SEPT./1 JUIN. F ⚏ ⚏ CV.

BEAUFORT-SUR-DORON 73270 SAVOIE 756 M. 1914 HAB. S.I.

* **DU GRAND MONT** Mme FRISON-ROCHE ☎ 79.31.20.18/79.38.33.36 – 15 CH. 85/180 F. MENU 55/100 F. PENSION 180/200 F. DEMI-PENSION 150 F. FERME 28 SEPT./5 NOV. ET VEN-DREDI 14H/SAMEDI 14H HS. F ⚏ E CV.

BEAUFORT-SUR-DORON (suite)

* **HOSTELLERIE DU DORON** M.BOUCHAGE ☎ 79.38.33.18 — 18 CH. 85/140 F. MENU 55/110 F. PENSION 165/180 F. DEMI-PENSION 130/150 F. FERME 4 JANV./4 FEV. PARKING PRIVE. **F** 💺 **AE** 🔊 E CV.

BEAUFORT-SUR-GERVANNE 26400 CREST DROME 254 HAB.

AF **DU MIDI** Mme PUTIGNY ☎ 75.76.41.11 — 12 CH. 60/80 F. MENU 55/90 F. PENSION 140/160 F. DEMI-PENSION 100/120 F. FERME 21 SEPT./9 OCT. ET MARDI. 🐾 💺 **AE** 🔊 E CV.

BEAUGENCY 45190 LOIRET 7000 HAB. S.I.

** **HOSTELLERIE DE L'ECU DE BRETAGNE** PL. DU MARTROI M.CONAN ☎ 38.44.67.60 TELEX 306 254 — 26 CH. 90/250 F. MENU 85/160 F. 🍴 💺 **AE** 🔊 E.

* **LA MAILLE D'OR** 3, AV. DE BLOIS. Mme MANCEL ☎ 38.44.53.43 — 21 CH. 82/200 F. MENU 65/130 F. PENSION 300/355 F. DEMI-PENSION 210/265 F. FERME 10/31 JANV. **F** 🍴 💺 **AE** E.

** **LE RELAIS DES TEMPLIERS** RUE DU PONT M. REGOLF et Mlle TILLER ☎ 38.44.53.78 — 15 CH. 180/250 F. MENU 50 F. PLAT DU JOUR 50F. ✂ 💺 **AE** ♿.

BEAUJEU 69430 RHONE 2200 HAB. S.I.

* **ANNE DE BEAUJEU** 28 RUE REPUBLIQUE M. CANCELA ☎ 74.04.87.58 — 7 CH. 80/180 F. MENU 95/260 F. DEMI-PENSION 150/195 F. FERME 20 DEC/20 JANV., 1/8 AOUT, DIMANCHE SOIR ET LUNDI. **F** 💺 E.

BEAULIEU-SUR-DORDOGNE 19120 CORREZE 1700 HAB. S.I.

** **CENTRAL HOTEL FOURNIE** 4 PLACE DU CHAMP DE MARS Mme FOURNIE. ☎ 55.91.01.34 ⌐ — 30 CH. 80/250 F. MENU 60/200 F. PENSION 200/250 F. DEMI-PENSION 150/200 F. FERME 15 NOV./15 MARS. **F**.

* **FARGES** 17, PLACE DU CHAMPS DE MARS. SARL CFR ☎ 55.91.11.04 — 17 CH. 70/160 F. ⌐ MENU 60/160 F. PENSION 150/200 F. DEMI-PENSION 120/170 F. FERME 2/31 JANV. **F** 🛵 💺 🔊 E CV.

BEAUMONT 07260 LARGENTIERE ARDECHE 280 M. 173 HAB.

** **LA GUARIBOTE** (LIEU DIT LE GUA). M. GARNIER ☎ 75.39.44.09 — 8 CH. 210/245 F. MENU 100/150 F. DEMI-PENSION 210/245 F. FERME 1 DEC./15 MARS, ET LUNDI. **F** 💺 **AE** ♿.

BEAUMONT-DE-LOMAGNE 82500 TARN-ET-GARONNE 4000 HAB. S.I.

* **DE LA HALLE** 21 RUE LAUNAC M. THOMAS ☎ 63.02.34.15 — 15 CH. 72/145 F. MENU 45/100 F. PENSION 178/218 F. DEMI-PENSION 132/168 F. FERME 5/12 OCT. ET 30 DEC./3 JANV. 💺 **AE** 🔊 E CV.

* **LE COMMERCE** M.HAMON ☎ 63.02.31.02 — 14 CH. 78/160 F. MENU 59/150 F. FERME 20 ⌐ DEC./15 JANV., SEM. DU 1er MAI, DIMANCHE SOIR ET LUNDI SAUF JUIL./AOUT. 🍴 🐾 💺 🔊 E.

BEAUMONT-LA-RONCE 37360 NEUILLE-PONT-PIERRE INDRE-ET-LOIRE 1040 HAB.

AF **LES TROIS MARCHANDS** Mme SIMON ☎ 47.24.44.85 — 7 CH. 90/110 F. MENU 42/100 F. PENSION 155 F. DEMI-PENSION 120 F. FERME DIMANCHE SOIR ET LUNDI HS. 🍴 💺.

BEAUMONT-SUR-SARTHE 72170 SARTHE 2224 HAB. S.I.

* **DU CHEMIN DE FER** M.HARY ☎ 43.97.00.05 — 15 CH. 80/180 F. MENU 54/160 F. PEN-SION 148/245 F. DEMI-PENSION 126/209 F. FERME 15/31 OCT., 8 FEV./1 MARS, ET DIMANCHE SOIR/MARDI MATIN HS. 💺 💺 E.

BEAUMONT-SUR-VESLE 51400 VERZENAY MARNE 500 HAB.

** **LA MAISON DU CHAMPAGNE** 2 RUE DU PORT M.BOULARD ☎ 26.03.92.45 — 10 CH. 65/200 F. MENU 55/135 F. PENSION 215/240 F. DEMI-PENSION 160/185 F. FERME 1/15 OCT., 1/15 FEV., DIMANCHE SOIR ET LUNDI. 🍴 💺 **AE** 🔊 E.

BEAUNE 21200 COTE-D'OR 20000 HAB. S.I.

** **AU RAISIN DE BOURGOGNE** 164, ROUTE DE DIJON Mme FORASACCO ☎ 80.24.69.48 — 11 CH. 100/240 F. FERME DIMANCHE. 💺 **AE** 🔊 E CV.

** **AUBERGE BOURGUIGNONNE** 4, PL. MADELAINE M. AUTIN ☎ 80.22.23.53 — 8 CH. 160/230 F. MENU 78/172 F. FERME 1/7 JUIN, 22 DEC./24 JANV., ET LUNDI SAUF JOURS FERIES 💺 E.

*** **CENTRAL** 2,RUE VICTOR-MILLOT SARL ☎ 80.24.77.24 — 20 CH. 120/350 F. MENU 103/230 F. FERME 23 NOV./18 DEC., 18/31 JANV., UNE SEMAINE MARS MERCREDI ET JEUDI MIDI NOV. ET MERCREDI AVR./JUIN. 💺.

*** **DE LA CLOCHE** 40,42,RUE DU FG-MADELEINE M.PETIT ☎ 80.24.66.33/80.24.69.44 — ⌐ 15 CH. 185/300 F. MENU 85/180 F. DEMI-PENSION 310/365 F. FERME 20 DEC./25 JANV., LUNDI SOIR ET MARDI 25 OCT./31 MAI MARDI 1 JUIN/24 OCT. 💺 E.

** **GRILLON** 21, ROUTE SEURRE ☎ 80.22.44.25 — 18 CH. 160/220 F. MENU 75/110 F. DEMI-PENSION 200/300 F. FERME 15 JANV./15 FEV. RESTAURANT FERME MERCREDI. 💺 **AE** 🔊 E.

*** **LA CLOSERIE** 61,RTE D'AUTUN MM. LAURENT ET RICHARD ☎ 80.22.15.07 TELEX 351213 — 30 CH. 290/335 F. FERME 24 DEC./31 JANV. ET DIMANCHE 22 NOV./20 MARS. 🍴 ✂ 💺 **AE** 🔊 E CV.

BEAUNE (SAVIGNY-LES) 21420 SAVIGNY-LES-BEAUNE COTE-D'OR 1500 HAB. S.I.

** **L'OUVREE** ROUTE DE BOUILLAND M.PETITJEAN ☎ 80.21.51.52 — 22 CH. 170/210 F. MENU ⌐ 75/171 F. PENSION 333/366 F. DEMI-PENSION 260/294 F. FERME 1 FEV./12 MARS. **F** 💺 E ♿.

BEAUPREAU 49600 MAINE-ET-LOIRE 5600 HAB. S.I.

** **DE FRANCE** 4,PL. DU Gal LECLERC M.DUBOIS ☎ 41.63.00.26 – 13 CH. 120/190 F. MENU 60/150 F. DEMI-PENSION 180/220 F. FERME 1/15 AOUT. RESTAURANT FERME SAMEDI ET DIMANCHE. [F] 🚗 ⓓ E C V ♿.

BEAURAINVILLE 62990 PAS-DE-CALAIS 2500 HAB. S.I.

* **LE VAL DE CANCHE** 2 GDE RUE M.DECOBERT ☎ 21.90.32.22 – 10 CH. 98/180 F. MENU 50/140 F. PENSION 190/230 F. DEMI-PENSION 120/170 F. FERME 1/20 SEPT., 1/15 JANV., DIMANCHE SOIR ET LUNDI SAUF FETES. 🚗 🛏 🏧 E CV.

BEAURECUEIL 13100 AIX-EN-PROVENCE BOUCHES-DU-RHONE 466 HAB.

** **RELAIS SAINTE VICTOIRE** M.JUGY-BERGES ☎ 42.28.94.98/42.28.91.34 – 10 CH. 160/400 F. MENU 200/350 F. DEMI-PENSION 280/350 F. FERME 1 SEM. TOUSSAINT, DEBUT JANV., FEV., DIMANCHE SOIR ET LUNDI. [F] 🚗 ♿ 🏧 🏧 ⓓ E.

BEAUREPAIRE-EN-BRESSE 71580 SAGY SAONE-ET-LOIRE 505 HAB.

** **AUBERGE DE LA CROIX BLANCHE** Mme POULET ☎ 85.74.13.22 – 14 CH. 130/192 F. MENU 74/145 F. PENSION 252/269 F. DEMI-PENSION 178/196 F. FERME JANV., ET LUNDI SOIR/MARDI HS. SALLE GYMNASTIQUE. [F] 🏧 E ♿.

BEAUSSET (LE) 83330 VAR 4500 HAB. S.I.

** **AUBERGE DE LA GRUPPI** 46, R.N. 8 Mme.BICHEL ☎ 94.98.70.18 – 11 CH. 158/284 F. MENU 150/190 F. PENSION 245/308 F. DEMI-PENSION 175/238 F. FERME FEV. ET MARDI. [F] 🛏 🏧 🏧 ⓓ E CV.

BEAUVAIS (WARLUIS) 60430 NOAILLES OISE 1160 HAB. S.I.

** **LES ALPES FRANCO-SUISSES** M. MAILLARD ☎ 44.89.26.51/44.89.26.56 – 25 CH. 95/200 F. MENU 50/120 F. PENSION 280 F. DEMI-PENSION 230 F. 🏧 🏧 ⓓ E.

BEAUVAIS-SUR-MATHA 17490 CHARENTE-MARITIME 900 HAB.

AF **LE COMMERCE** Mme.COIFFET ☎ 46.26.10.76 – 6 CH. 75/120 F. MENU 40 F. PENSION 150 F. DEMI-PENSION 120 F. FERME DERNIERE SEMAINE AOUT. (PRIX 19879. PARKING. CHIENS PAYANTS. [F] 🏧 🏧 ⓓ E.

BEAUVENE 07190 SAINT-SAUVEUR-DE-MONTAGUT ARDECHE 230 HAB.

* **DES TOURISTES Restaurant PERRIER** (PONT DE CHERVIL). M. PERRIER ☎ 75.29.06.19 – 8 CH. 150/180 F. MENU 50/80 F. DEMI-PENSION 130 F. HOTEL FERME OCT/1 MARS, RESTAURANT FERME 30 OCT./15 NOV. 20 FEV./1 MARS, ET MARDI. PARKING PRIVE. [F] 🚗 🏧 🏧 ⓓ E.

BEAUVEZER 04440 ALPES-DE-HAUTE-PROVENCE 1175 M. 240 HAB. S.I.

** **DU VERDON** MM.BONNET ☎ 92.83.44.44 – 26 CH. 77/178 F. MENU 59/105 F. PENSION 185/295 F. DEMI-PENSION 124/238 F. FERME 21/31 MAI ET 31 OCT./25 DEC. [F] 🛏 🏧 E.

BEAUVILLE 47470 LOT-ET-GARONNE 600 HAB. S.I.

* **DU MIDI** Mme.SERRES ☎ 53.95.41.18 – 7 CH. 75/140 F. MENU 50/120 F. PENSION 150/160 F. DEMI-PENSION 130/140 F. FERME 1/15 SEPT., ET LUNDI SOIR. [F] 🚗 🏧 CV.

BEAUVOIR 50170 MANCHE 480 HAB.

** **DESFEUX»LE BEAUVOIR**«LA GREVE M. BOULAY ☎ 33.60.09.39 TELEX 170537 – 19 CH. 160/260 F. MENU 48/85 F. DEMI-PENSION 140/200 F. FERME 15 NOV./1 FEV. RESTAURANT FERME MARDI. [F] 🏧.

BEAUVOIR 60120 BRETEUIL OISE 180 HAB.

* **LA TAVERNE** LIEU-DIT LA FOLIE, D.916. M.CAYEZ ☎ 44.07.03.57 – 11 CH. 90/140 F. MENU 50/120 F. DEMI-PENSION 150/220 F. RESTAURANT FERME LUNDI. [F] 🏧 🏧 ⓓ E.

BEAUVOIR-SUR-MER 85230 VENDEE 3040 HAB. S.I.

** **DES TOURISTES** 1 RUE DU GOIS M.BRIAND ☎ 51.68.70.19 – 19 CH. 98/204 F. MENU 55/181 F. PENSION 199/265 F. DEMI-PENSION 179/245 F. FERME 4 JANV./31 AVR. ET LUNDI SAUF PERIODE SCOL. [F] 🏧 🏧 ⓓ E C V ♿.

** **DU MARCHE** 2 GRAND PLACE M. FRADET ☎ 51.68.71.40 – 17 CH. 100/180 F. MENU 61/180 F. PENSION 214/254 F. DEMI-PENSION 144/184 F. 🛏 🏧 E ♿.

BECON-LES-GRANITS 49370 LELOUROUX BECONNAIS MAINE-ET-LOIRE 2300 HAB.

AF **DES TROIS MARCHANDS** PLACE DE L'EGLISE M.LECHENE ☎ 41.77.90.21 – 6 CH. 120/140 F. MENU 55/120 F. PENSION 160/170 F. DEMI-PENSION 140/150 F. FERME 15/31 DEC., VENDREDI SOIR ET DIMANCHE SOIR. [F] 🛏 🏧 E.

BEDARRIDES 84370 VAUCLUSE 4800 HAB.

** **LE LOGIS 7** (SUR N. 7). M. DE BERNARDI ☎ 90.33.05.98 – 20 CH. 80/160 F. MENU 50/100 F. PENSION 150/195 F. DEMI-PENSION 100/145 F. FERME 24 DEC./24 JANV., ET DIMANCHE. [F] 🛏 🏧 E ♿.

BEG-MEIL 29170 FOUESNANT FINISTERE 700 HAB. S.I.

** **THALAMOT** LE CHEMIN CREUX,POINTE DE BEG-MEIL. M. LE BORGNE ☎ 98.94.97.38 – 33 CH. 160/303 F. MENU 79/217 F. PENSION 216/324 F. DEMI-PENSION 181/289 F. FERME 2 OCT./26 AVR. [F] 🛏 🏧 E.

BEGARD 22140 COTES-DU-NORD 5000 HAB.

* **LA POMME D'OR** 7 RUE PIERRE PERREN M.LE GOFF ☎ 96.45.21.68 – 8 CH. 105/140 F. MENU 40/80 F. PENSION 165/190 F. DEMI-PENSION 135/160 F. FERME 1/20 SEPT.ET LUNDI. 🚗 🏧.

BEL-AIR 49520 COMBREE MAINE-ET-LOIRE 3000 HAB.

*   **RELAIS ANJOU BRETAGNE** 2 RUE DE BRETAGNE M.GILET ☎ 41.61.50.44 – 8 CH. 120/195 F. MENU 65/140 F. PENSION 180/200 F. DEMI-PENSION 150/195 F. FERME 20 DEC./15 JANV., ET LUNDI. Ⓕ ⊠ **E**.

BELABRE 36370 INDRE 1070 HAB. S.I.

*   **DE L'ECU** M.COTAR ☎ 54.37.60.82 – 7 CH. 150/250 F. MENU 160/300 F. PENSION 250/350 F. DEMI-PENSION 200/250 F. FERME 11 JANV./15 FEV., 1 SEM. SEPT., DIMANCHE SOIR ET LUNDI ⇄ ⊠ Ⓐ ➊ **E**.

BELCAIRE 11340 ESPEZEL AUDE 1000 M. 463 HAB.

*   **BAYLE** M. BAYLE ☎ 68.20.31.05 – 14 CH. 68/190 F. MENU 58/160 F. PENSION 155/220 F. DEMI-PENSION 115/180 F. FERME 2 NOV./15 DEC., RESTAURANT FERME LUNDI 15 DEC./1 JUIN SAUF VAC. NOEL ET PAQUES. ⇄ ⊠ **E CV**.

BELFORT 90000 TERRITOIRE-DE-BELFORT 65000 HAB. S.I.

**   **LES CAPUCINS** 20, FAUBOURG DE MONTBELIARD M. POULAIN ☎ 84.28.04.60 – 35 CH. 160/280 F. MENU 66/150 F. PENSION 240/310 F. DEMI-PENSION 175/245 F. FERME 19 DEC./10 JANV., SAMEDI ET DIMANCHE HS. ⇄ ⊠ **E** & Ⓗ.

BELLAC 87300 HAUTE-VIENNE 6000 HAB. S.I.

*   **CENTRAL HOTEL** M.MERINE ☎ 55.68.00.34 – 15 CH. 90/144 F. MENU 66/130 F. FERME 15 SEPT./10 OCT., 5/20 JANV., ET LUNDI. ⇄ ⊠ **E**.

**   **LES CHATAIGNIERS** A 2KM ROUTE DE POITIERS M.BEAUCOURT ☎ 55.68.14.82 – 27 CH. 170/280 F. MENU 85/200 F. FERME 2 NOV./2 DEC., SEM. 1ER MAI, VENDREDI SOIR ET SAMEDI HS. ⇄ ⊠ Ⓐ **E**.

BELLE ISLE EN TERRE 22810 COTES-DU-NORD 1100 HAB. S.I.

**   **LE RELAIS DE L'ARGOAT** RUE DU GUIC M.MARAIS ☎ 96.43.00.34/96.43.00.35 – 10 CH. 125/155 F. MENU 55/180 F. PENSION 210/240 F. DEMI-PENSION 180/200 F. FERME 1/28 FEV. ET LUNDI. Ⓕ ⊠ **E CV**.

BELLE-ILE-EN-MER (SAUZON) 56360 LE PALAIS MORBIHAN 600 HAB.

*   **DU PHARE** (A SAUZON). M. PACALET ☎ 97.31.60.36 – 15 CH. 120/140 F. MENU 66/150 F. DEMI-PENSION 150/160 F. FERME FIN SEPT./PAQUES.

BELLEGARDE-EN-DIOIS 26470 LA MOTTE-CHALANCON DROME 850 M. 60 HAB.

*   **LE GITE** M.KNOTTER ☎ 75.21.33.58 – 14 CH. 99/123 F. MENU 55 F. PENSION 148/220 F. DEMI-PENSION 108/180 F. CUISINE VEGETARIENNE EXCLUSIVEMENT. Ⓕ ⊠ Ⓐ ➊ **E**.

BELLEGARDE-SUR-VALSERINE 01200 AIN 12000 HAB. S.I.

***   **BELLE EPOQUE** 10, PLACE GAMBETTA M. SEVIN ☎ 50.48.14.46 – 10 CH. 130/200 F. MENU 110/200 F. FERME 6/23 JUIL.,16 NOV./4 DEC., DIMANCHE SOIR ET LUNDI HS Ⓕ ⊠ **E**.

**   **CENTRAL COLONNE** 1, RUE JOSEPH-BERTOLA M. DOUCET ☎ 50.48.10.45 – 28 CH. 100/200 F. MENU 62/180 F. FERME 15 OCT./15 NOV., DIMANCHE SOIR ET LUNDI. ⇄ Ⓐ ➊ **E** & Ⓗ.

BELLENAVES 03330 ALLIER 1150 HAB.

AF   **L'AUBERGE** RUE DES FORGES M. JAFFEUX ☎ 70.58.34.06 – 5 CH. 70/110 F. MENU 40/70 F. PENSION 160/190 F. DEMI-PENSION 125/150 F. FERME RESTAURANT MERCREDI SOIR. ⇄ **CV** &.

BELLEVAUX 74470 HAUTE-SAVOIE 900 M. 1100 HAB. S.I.

*   **GAI SOLEIL** LIEU-DIT LA COTE. M. CONVERSET ☎ 50.73.71.52 – 13 CH. 160 F. MENU 58/75 F. PENSION 185 F. DEMI-PENSION 165 F. FERME 15 AVR./20 JUIN, 20 SEPT./18 DEC. Ⓕ.

**   **LES MOINEAUX** M. MEYNET ☎ 50.73.71.11/50.73.71.45 – 14 CH. 150/250 F. MENU 75/95 F. PENSION 185/200 F. DEMI-PENSION 170/185 F. FERME 15 SEPT./15 DEC., 20 AVR./20 JUIN. PISCINE CHAUFFEE. ⇌ ♂.

BELLEVAUX (HIRMENTAZ) 74470 BELLEVAUX HAUTE-SAVOIE 40 HAB. S.I.

**   **LES SKIEURS** (A HIRMENTAZ - 1.200 m.). M. BERNAZ ☎ 50.73.70.46 – 20 CH. 150/190 F. MENU 45/120 F. PENSION 160/230 F. DEMI-PENSION 130/200 F. FERME 20 AVR./1 JUIL., 1 SEPT./15 DEC. Ⓕ **CV**.

BELLEY 01300 AIN 8000 HAB. S.I.

**   **DU BUGEY** 10, RUE GEORGES GIRERD M. GUINET ☎ 79.81.01.46 – 12 CH. 60/190 F. MENU 50/120 F. PENSION 179/274 F. DEMI-PENSION 125/224 F. RESTAURANT FERME SAMEDI. ⇄ ⊠ **E**.

BELVEDERE 06450 LANTOSQUE ALPES-MARITIMES 800 M. 1200 HAB. S.I.

*   **LA VALLIERA** M. DUBUC ☎ 93.03.41.46 – 15 CH. 130 F. MENU 90 F. PENSION 190 F. DEMI-PENSION 170 F. FERME 2/30 NOV. ET JEUDI HS. ⊠▸

BELZ 56550 MORBIHAN 3500 HAB.

**   **RELAIS DE KERGOU** ROUTE D'AURAY M. LORVELLEC ☎ 97.55.35.61 – 12 CH. 100/221 F. MENU 48/157 F. PENSION 166/226 F. DEMI-PENSION 119/179 F. FERME VAC. SCOL. FEV., ET MERCREDI HS. Ⓕ ⊠ **E CV** &.

BENODET **29118** FINISTERE 2087 HAB. S.I.

** **DE LA POSTE** M. GUILLOU ☎ 98.57.01.09 – 18 CH. 140/350 F. MENU 58/200 F. PENSION
250/325 F. DEMI-PENSION 175/250 F. FERME JANV. 🅵 ⬛ ☷ 🄰🄴 ⏻ CV ♿.

** **LE CORNOUAILLE** 62 AVE DE LA PLAGE M.DESPRES ☎ 98.57.03.78 – 30 CH. 190/270 F.
MENU 70/120 F. PENSION 240/320 F. DEMI-PENSION 190/270 F. FERME OCT./AVR. **CV**.

** **LE MINARET** (CORNICHE DE L'ESTUAIRE). Mme KERVRAN ☎ 98.57.03.13 – 21 CH.
180/320 F. MENU 60/160 F. DEMI-PENSION 220/290 F. FERME 30 SEPT./1 AVR. ☷ **E**
🔟.

BENODET (CLOHARS-FOUESNANT) **29118** **BENODET** FINISTERE
800 HAB. S.I.

** **DOMAINE DE KEREVEN** (A KEREVEN). M. BERROU ☎ 98.57.02.46 – 12 CH. 235/280 F.
MENU 85 F. DEMI-PENSION 225/250 F. FERME 30 SEPT./PAQUES. 🐾 ♿.

BENONCES **01470 SERRIERES-DE-BRIORD** AIN 300 HAB.

** **AUBERGE DE LA TERRASSE** M.JOANNAN ☎ 74.36.73.56 – 7 CH. 120/265 F. MENU
65/220 F. PENSION 214/279 F. DEMI-PENSION 182/225 F. FERME 2 JANV./25 MARS., RESTAU-
RANT FERME DIMANCHE SOIR ET LUNDI. 🅵 ☷ 🄰🄴

BERCK-PLAGE **62600 BERCK** PAS-DE-CALAIS 18000 HAB. S.I.

** **LE LITTORAL** 36, PLACE DE L'ENTONNOIR. M. DEVOUCOUX ☎ 21.09.07.76 – 10 CH.
160/170 F. MENU 55/75 F. PENSION 210 F. DEMI-PENSION 180 F. FERME 15 SEPT./15 OCT. ET
MARDI. 🅵 ☷ 🄰🄴 ⏻ **E**.

BERGERAC **24100** DORDOGNE 30000 HAB. S.I.

** **DE BORDEAUX** 38, PL. GAMBETTA M.MAURY ☎ 53.57.12.83 TELEX 550412 – 41 CH.
180/230 F. MENU 75/130 F. PENSION 290/310 F. DEMI-PENSION 230/250 F. FERME 15
DEC./30 JANV. 🅵 ⬛ ⬛ ☷ 🄰🄴 ⏻ **E CV** ♿.

** **DU COMMERCE LA CREMAILLERE** 36 PLACE GAMBETTA Mme CHASSAGNE ☎
53.27.30.50 TELEX 541888 – 30 CH. 147/215 F. MENU 75/140 F. DEMI-PENSION 188/200 F.
FERME 15 FEV./1 MARS. ET DIMANCHE SOIR 15 NOV./15 AVR. 🅵 ☷ 🄰🄴 ⏻
E 🔟.

** **LE CYRANO** 2, BD MONTAIGNE M. TURON JEAN PAUL ☎ 53.57.02.76 – 10 CH. 150/175 F.
MENU 100/200 F. FERME 26 JUIN/11 JUIL., 2/26 DEC., DIMANCHE SOIR ET LUNDI. ☷
🄰🄴 ⏻ **E**.

*** **RELAIS DE LA FLAMBEE** ROUTE PERIGUEUX-POMBONNE M.BOURNIZEL ☎ 53.57.52.33 –
20 CH. 198/280 F. MENU 130/240 F. DEMI-PENSION 345 F. FERME 4 JANV./31 MARS,
DIMANCHE SOIR, ET RESTAURANT FERME DIMANCHE SOIR ET LUNDI HS. 🅵 ✎ ☷
🄰🄴 ⏻ **E**.

BERGERES-LES-VERTUS **51130 VERTUS** MARNE 510 HAB.

** **DU MONT AIME** M. SCIANCALEPORE ☎ 26.52.21.31 – 17 CH. 110/220 F. MENU 75/250 F.
PENSION 200 F. DEMI-PENSION 180 F. FERME DIMANCHE SOIR 17H. ☷ 🄰🄴 ⏻ **E**.

BERGHEIM **68150** HAUT-RHIN 1800 HAB.

** **A LA VIGNETTE** 14 RTE DE THANNENKIRCH M.JAKOB ☎ 89.73.63.42 – 13 CH. 110/176 F.
MENU 65/80 F. PENSION 190/240 F. DEMI-PENSION 130/180 F. FERME 31 JANV./1 AVR. RES-
TAURANT FERME MERCREDI. 🐾.

BERGUES **59380** NORD 4743 HAB. S.I.

* **AU TONNELIER** 4, RUE DU MONT DE PIETE. Mme DECLERCQ ☎ 28.68.70.05 – 11 CH.
80/195 F. MENU 58/120 F. PENSION 185/290 F. DEMI-PENSION 125/230 F. FERME 1/19
JANV., 18 AOUT/6 SEPT., ET VENDREDI. 🅵 ⬛ 🐾 ☷ **E**.

BERNAY **27300** EURE 12000 HAB. S.I.

* **D'ANGLETERRE ET DU CHEVAL BLANC** 10, RUE GENERAL-DE-GAULLE M.CABOURG ☎
32.43.11.75/32.43.12.59 – 22 CH. 98/150 F. MENU 90/195 F. PENSION 250/300 F. DEMI-
PENSION 160/200 F. FERME 1/20 FEV. ⬛ ☷ 🄰🄴 ⏻ **E**.

BERNERIE-EN-RETZ (LA) **44760** LOIRE-ATLANTIQUE 1826 HAB. S.I.

** **DE NANTES** 12, RUE G. CLEMENCEAU. M. HENRIOT ☎ 40.82.70.14 – 34 CH. 90/180 F.
MENU 38/125 F. PENSION 180/240 F. DEMI-PENSION 135/185 F. 🅵 ☷ **E CV**.

BERNEVAL-SUR-MER **76370** **NEUVILLE-LES-DIEPPE** SEINE-MARITIME
900 HAB.

* **AUBERGE DES GOURMETS** 2 RUE J. D'ARC M.PICARD ☎ 35.83.61.00 – 12 CH.
90/130 F. MENU 55/115 F. PENSION 160/180 F. DEMI-PENSION 130/150 F. FERME OCT.,
MARDI SOIR ET MERCREDI. ☷ 🄰🄴 ⏻ **E**.

BERNEX **74500** EVIAN HAUTE-SAVOIE 950 M. 613 HAB. S.I.

** **CHEZ TANTE MARIE** M. BIRRAUX. ☎ 50.73.60.35 – 25 CH. 180/250 F. MENU 65/160 F.
PENSION 210/270 F. DEMI-PENSION 180/240 F. FERME 15 OCT./15 DEC. 🅵 🐾
☷ ⏻ **CV**.

BERNEX (LA BEUNAZ) **74500** EVIAN HAUTE-SAVOIE 1000 M. 1100 HAB.
S.I.

* **LE RELAIS SAVOYARD** M.COINTEREAU ☎ 50.73.60.14 – 9 CH. 110/200 F. MENU
80/100 F. PENSION 165/210 F. DEMI-PENSION 140/170 F. FERME 15 OCT./15 DEC. ☷
E CV.

BERRE-LES-ALPES **06390 CONTES** ALPES-MARITIMES 680 M. 630 HAB.

* **DES ALPES** SARL PUONS ☎ 93.91.80.05 – 9 CH. 130/150 F. MENU 80/120 F. PENSION
190/210 F. FERME 2 NOV./10 DEC. ET LUNDI. 🐾 ☷ 🄰🄴 ⏻ **E**.

BERTHEMONT-LES-BAINS 06450 ROQUEBILLIERE ALPES-MARITIMES
930 M. 50 HAB.

ec   **CHALET DES ALPES** M. PEDA ☎ 93.03.51.65 — 7 CH. 160/200 F. MENU 160/200 F. PEN-
SION 260/280 F. DEMI-PENSION 180/220 F. FERME JANV. ET FEV. PARKING PRIVE. **F**
🛏 **CV.**

BERTHOLENE 12310 LAISSAC AVEYRON 1000 HAB.

*   **BANCAREL** M.BRUN ☎ 65.69.62.10 — 13 CH. 100/130 F. MENU 42/100 F. PENSION
160/180 F. DEMI-PENSION 130/150 F. FERME 25 SEPT./15 OCT. 🚗 ☴ **AE** ⑩ **E**
CV.

BESANCON 25000 DOUBS 130000 HAB. S.I.

**   **TERRASS'HOTEL** 38, AV. CARNOT STE SETHOTEL ☎ 81.88.03.03 — 38 CH. 90/200 F.
MENU 60/120 F. PENSION 190/210 F. DEMI-PENSION 130/160 F. 🚗 ☴ **AE** ⑩
E CV.

BESLE-SUR-VILAINE 44290 GUEMENE-PENFAO LOIRE-ATLANTIQUE
850 HAB. S.I.

*   **DE L'UNION** 28 RUE DU GNL DE GAULLE Mme DOUARD ☎ 40.87.26.03 — 7 CH. 98/165 F.
MENU 46/187 F. PENSION 177/198 F. DEMI-PENSION 160/179 F. FERME 15 OCT./15 MARS,
DIMANCHE SOIR ET LUNDI HS. **AE** ⑩ **CV.**

BESSANS 73480 LANSLEBOURG-MONT-CENIS SAVOIE 1750 M. 260 HAB.
S.I.

**   **LA VANOISE** M.CLAPPIER Jean-Louis ☎ 79.05.96.79 — 29 CH. 100/220 F. MENU 60/100 F.
PENSION 190/260 F. DEMI-PENSION 160/230 F. FERME 26 SEPT./15 DEC. **F** 🛏.

*   **LE MONT ISERAN** PLACE DE LA MAIRIE. M.CLAPPIER lucien ☎ 79.05.95.97 — 17 CH.
100/200 F. MENU 55/100 F. PENSION 165/200 F. DEMI-PENSION 135/170 F. FERME 1 MAI/20
JUIN. 1 ET 1 OCT./20 DEC. **F** 🛏.

BESSAT (LE) 42660 SAINT-GENEST-MALIFAUX LOIRE 1170 M. 220 HAB.

**   **DE FRANCE** M.TARDY ☎ 77.20.40.99 — 30 CH. 80/140 F. MENU 45/110 F. PENSION
160/185 F. DEMI-PENSION 125/145 F. FERME 1/15 SEPT., 1/15 AVR., 21 DEC./2 JANV.,
DIMANCHE SOIR ET LUNDI. 🚗 ☴ **CV.**

BESSAY-SUR-ALLIER 03340 NEUILLY-LE-REAL ALLIER 1400 HAB.

*   **MODERNE** SUR N.7 M.COUSIN ☎ 70.43.00.36 — 10 CH. 70/110 F. MENU 55/120 F. PEN-
SION 140/150 F. FERME 1/21 SEPT. ET JEUDI.

BESSE ET SAINT-ANASTAISE 63610 PUY-DE-DOME 1050 M. 1800 HAB.
S.I.

**   **DE LA GAZELLE** (ROUTE DE COMPAINS). M. VERNY ☎ 73.79.50.26 — 29 CH. 150/170 F.
MENU 60/120 F. PENSION 170/190 F. DEMI-PENSION 130/155 F. FERME 20 SEPT./1 OCT., 30
OCT./20 DEC. 🛏.

**   **DU LEVANT** M.CREGUT ☎ 73.79.50.17 — 16 CH. 70/168 F. MENU 62/110 F. PENSION
160/210 F. DEMI-PENSION 120/160 F. FERME 10 AVR./15 JUIN, 24 SEPT./20 DEC. 🚗
🛏 ☴ **E.**

**   **HOSTELLERIE DU BEFFROY** M.LEGROS ☎ 73.79.50.08 — 16 CH. 100/250 F. MENU
55/160 F. PENSION 200/250 F. DEMI-PENSION 170/210 F. FERME 15 SEPT./1 OCT., 1 NOV./20
DEC., ET MERCREDI HORS VAC.SCOL. **F** 🛏.

**   **LE CLOS** LIEU DIT»LA VILLETOUR. M. SUGERES Jacques ☎ 73.79.52.77 — 25 CH.
120/170 F. MENU 60/120 F. PENSION 180/240 F. DEMI-PENSION 155/205 F. FERME 17 AVR./4
JUIN ET 24 SEPT./17 DEC. ☴ ⑩ **E.**

***   **LES MOUFLONS** M.SACHAPT ☎ 73.79.51.31 — 50 CH. 250/300 F. MENU 95/220 F. PEN-
SION 300/380 F. DEMI-PENSION 260/340 F. FERME 28 SEPT./31 MAI. **F** 🛏 ☴
AE.

BESSE ET SAINT-ANASTAISE (LE FAU) 63610 PUY-DE-DOME 1050 M.
1926 HAB. S.I.

**   **LA PETITE FERME** S.A.R.L. BOUDET & FILS. ☎ 73.79.51.39 — 26 CH. 106/180 F. MENU
70/120 F. PENSION 175/230 F. DEMI-PENSION 145/190 F. FERME 20 AVR./20 MAI, 20
SEPT./20 DEC. 🛏.

BESSEGES 30160 GARD 5260 HAB. S.I.

ec   **AUBERGE DES COMBES** (LES COMBES) M. DESHONS ☎ 66.25.06.78 — 10 CH.
180/280 F. MENU 60/120 F. DEMI-PENSION 160/240 F. RESTAURANT FERME MARDI. **F**
🚗 🛏 ☴ ⑩ **E CV.**

BESSENAY 69690 RHONE 1500 HAB.

*   **AUBERGE DE LA BREVENNE** LA BREVENNE M.RIGAUD ☎ 74.70.80.01 — 7 CH.
90/150 F. MENU 135/170 F. FERME DIMANCHE SOIR ET LUNDI. 🛏 ⑩ **CV** ♿.

BESSINES 87250 HAUTE-VIENNE 6000 HAB. S.I.

**   **DE LA VALLEE** SUR N. 20 Mme MOREAU ☎ 55.76.01.66 — 20 CH. 103/171 F. MENU
45/148 F. PENSION 211/279 F. DEMI-PENSION 166/234 F. FERME 1 FEV./1 MARS, ET
DIMANCHE SOIR. **F** 🚗 ☴ **E.**

*   **DU CENTRE** RUE SUZANNE VALADON M.MEYRAT-NADAUD ☎ 55.76.03.17 — 13 CH.
85/180 F. MENU 52/80 F. PENSION 180/200 F. DEMI-PENSION 120/135 F. FERME 25 SEPT./25
OCT., ET DIMANCHE HS. **F** 🛏.

BETAILLE 46110 VAYRAC LOT 750 HAB.

AF   **LE QUERCY** Mme.MONSBROT ☎ 65.32.41.17 — 6 CH. 50/70 F. MENU 45/60 F. PENSION
130 F. DEMI-PENSION 95 F. FERME 10/20 OCT.

BETETE 23270 CHATELUS-MALVALEIX CREUSE 650 HAB.

AF   LA POELE ENCHANTEE Mme.LABRUNE ☎ 55.80.70.64 – 5 CH. 50/60 F. MENU 42/70 F. PENSION 150 F. DEMI-PENSION 100 F. FERME SEPT. ☰ E.

BETTEGNEY-SAINT-BRICE 88130 VINCEY VOSGES 160 HAB.

AF   AUBERGE LE SAINT BERNARD Mme.VIRION ☎ 29.66.94.30 – 3 CH. 80 F. MENU 38/50 F. PENSION 160 F. DEMI-PENSION 130 F. FERME 15 AOUT/15 SEPT. ET SAMEDI. ☰.

BETTENDORF 68560 HIRSINGUE HAUT-RHIN 350 HAB.

AF   CHEVAL BLANC M.PETIT RICHARD ☎ 89.40.50.58 – 6 CH. 75/130 F. MENU 38/140 F. PENSION 135/145 F. DEMI-PENSION 100/110 F. FERME 19 FEV./4 MARS, 8/22 JUIL. RESTAU-RANT FERME MERCREDI SOIR ET JEUDI. ⏚ ☰ E.

BETTLACH 68480 FERRETTE HAUT-RHIN 223 HAB.

AF   STUDERHOFF M.FISCHER ☎ 89.40.71.49 – 4 CH. 70/90 F. MENU 32/120 F. PENSION 145 F. DEMI-PENSION 115 F. FERME 22 JUIL./16 AOUT, 25 DEC./3 JANV., ET MERCREDI HS. ⏤ ☰ E.

BETTON 35830 ILLE-ET-VILAINE 6000 HAB.

*   DE LA LEVEE 4,RUE D'ARMORIQUE M.LOUAZEL ☎ 99.55.81.18 – 10 CH. 65/200 F. MENU 39/64 F. FERME 1/15 JUIL., 29 OCT./12 NOV., DIMANCHE SOIR ET LUNDI. ☰ ⏦ E CV.

BEUIL 06470 GUILLAUMES ALPES-MARITIMES 1450 M. 387 HAB. S.I.

**   L'ESCAPADE M. MARY ☎ 93.02.31.27 – 11 CH. 200 F. MENU 59/119 F. PENSION 250 F. DEMI-PENSION 200 F. FERME 20 NOV./20 DEC. F ☰ E.

BEUZEVILLE 27210 EURE 2400 HAB. S.I.

**   COCHON D'OR et PETIT CASTEL M.FOLLEAU ☎ 32.57.70.46/32.57.76.08 – 23 CH. 110/260 F. MENU 60/170 F. DEMI-PENSION 150/220 F. FERME 15 DEC./15 JANV., ET LUNDI. ⏚ ☰ E.

BEVENAIS 38690 LE GRAND LEMPS ISERE 435 HAB.

*   RELAIS DE MI-PLAINE SUR N.85 M. JEANNIARD ☎ 76.91.40.44 – 10 CH. 110/155 F. MENU 59/145 F. PENSION 185 F. DEMI-PENSION 150 F. ☰ E.

BEYNAC-CAZENAC 24220 SAINT-CYPRIEN DORDOGNE 411 HAB. S.I.

**   BONNET M.BONNET ☎ 53.29.50.01 – 22 CH. 95/210 F. MENU 90/175 F. PENSION 270/290 F. DEMI-PENSION 210/230 F. FERME 15 OCT./RAMEAUX. ⏚ ⏤ ☰ E.

BEYNAT 19190 CORREZE 1250 HAB. S.I.

*   LE TOURTEL M. MORICE ☎ 55.85.50.28 – 9 CH. 60/120 F. MENU 60/130 F. PENSION 160/165 F. DEMI-PENSION 120/125 F. FERME MERCREDI. F ⏚.

BEYSSAC 19230 ARNAC-POMPADOUR CORREZE 980 HAB.

AF   DE L'ETRIER Mme.SARGNAC ☎ 55.73.33.37 – 4 CH. 80/110 F. MENU 65/95 F. PENSION 160/180 F. DEMI-PENSION 115/135 F. ⏤ CV.

BEZE 21310 MIREBEAU-SUR-BEZE COTE-D'OR 550 HAB. S.I.

**   AUBERGE DE LA QUATR'HEURIE Mme FEUCHOT ☎ 80.75.30.13 – 9 CH. 90/190 F. MENU 60/170 F. PENSION 180/300 F. DEMI-PENSION 140/250 F. F ☰ E CV.

**   LE BOURGUIGNON M. BOURGEOIS ☎ 80.75.34.51 – 11 CH. 90/180 F. MENU 45/140 F. ▱ PENSION 155/210 F. DEMI-PENSION 105/160 F. RESTAURANT FERME 20/31 DEC. F ⏚ ☰ Ⓐ ⏦ E CV.

*   LE RAISIN D'OR 2, PLACE DE VERDUN. M.CHAMBRETTE ☎ 80.75.34.52 – 10 CH ▱ 85/120 F. MENU 40/180 F. PENSION 160 F. DEMI-PENSION 120/130 F. FERME 1/12 JANV ⏚ ☰ ⏦ E CV.

BIARRITZ 64200 PYRENEES-ATLANTIQUES 4000 HAB. S.I.

**   LES FLOTS BLEUS 41 PERSPECTIVE COTE DES BASQUES. Mme LORENZON ☎ 59.24.10.03/59.01.29.54 – 9 CH. 75/185 F. MENU 63/133 F. PENSION 228/266 F. DEMI-PENSION 150/188 F. FERME 2/30 NOV. ☰ CV ⏦.

BIELLE 64260 ARUDY PYRENEES-ATLANTIQUES 420 HAB.

*   L'AYGUELADE M.LARTIGAU ☎ 59.05.61.30 – 12 CH. 75/130 F. MENU 45/92 F. PENSION ▱ 130/170 F. DEMI-PENSION 110/150 F. FERME 1/25 JANV. ET RESTAURANT FERME MARDI SAUF VAC.SCOL. ⏚ ☰ ⏦ E CV.

BIESHEIM 68600 NEUF-BRISACH HAUT-RHIN 3000 HAB.

**   2 CLEFS STE.GROFF ☎ 89.72.51.20 TELEX 890861 – 23 CH. 100/210 F. MENU 65/180 F. PEN-SION 165/230 F. DEMI-PENS. 170/230 F. FERME 1/10 JANV. F ⏚ ☰ Ⓐ ⏦ E.

BILLIERS 56190 MUZILLAC MORBIHAN 1000 HAB. S.I.

*   DES GLYCINES PLACE DE L'EGLISE M. BEDOUET ☎ 97.41.64.63 – 11 CH. 85/110 F. MENU 60/190 F. DEMI-PENSION 125/145 F. FERME FEV., ET LUNDI HS. SOIREE ETAPE VRP. F ☰ E CV.

**   LE CELTIC (POINTE DE PENLAN). Mme JARLEGAN ☎ 97.41.64.11 – 12 CH. 175/270 F. PDCMENU 50/180 F. PENSION 250/280 F. DEMI-PENSION 220/250 F. FERME FIN SEPT./MARS. F ☰ Ⓐ ⏦ E 🕮.

BINIC 22520 COTES-DU-NORD 2380 HAB. S.I.

*   LE GALION 4 AVENUE FOCH M. RISPAL ☎ 96.73.61.30 – 24 CH. 69/145 F. MENU 69/138 F. PENSION 174/210 F. DEMI-PENSION 118/205 F. F ☰ ⏦ E.

BIOT (LE) 74430 SAINT-JEAN-D'AULPS HAUTE-SAVOIE 822 M. 286 HAB. S.I.

**   LES TILLEULS M. PREMAT ☎ 50.79.60.41 – 17 CH. 180/200 F. MENU 60/150 F. PENSION ▱ 200/220 F. DEMI-PENSION 170/190 F. FERME 1/15 MAI, 1/15 OCT., ET LUNDI HS. ⏚ ☰ Ⓐ ⏦ E CV.

BIRKENWALD **67440 MARMOUTIER** BAS-RHIN 220 HAB.

** **AU CHASSEUR** M.GASS ☎ 88.70.61.32 – 28 CH. 170/200 F. MENU 50/180 F. PENSION 190/215 F. DEMI-PENSION 170/190 F. FERME 15/27 DEC., FEV., DIMANCHE SOIR ET LUNDI. ⊡ ☴ ⌗ ⬛ E CV ዿ.

** **DES VOSGES** M.STEVAUX-KIEFFER ☎ 88.70.61.06 – 13 CH. 75/135 F. MENU 44/140 F. PENSION 160/180 F. DEMI-PENSION 130/150 F. FERME 4 JANV./5 FEV. ET RESTAURANT FERME LUNDI SOIR/MERCREDI ⌗ E CV.

BISCARROSSE **40600 LANDES** 8600 HAB. S.I.

* **HOSTELLERIE D'EN CHON** 12, QUARTIER D'EN CHON. M. RAMIERE ☎ 58.78.13.52 – 18 CH. 120/160 F. MENU 58 F. DEMI-PENSION 130/150 F. FERME 15 SEPT./15 JUIN SAUF WEEK-END ET JOURS FERIES. ⌗ E CV.

** **LA CARAVELLE (BAIE D'ISPE)** (LAC NORD). Mme MEURICE-CHARLOTTEAUX ☎ 58.78.02.67 – 11 CH. 140/230 F. MENU 68/180 F. PENSION 200/260 F. DEMI-PENSION 160/200 F. FERME 1 DEC./14 FEV. RESTAURANT FERME LUNDI HS. ☴ ⌗ E CV ዿ.

BISCARROSSE-PLAGE **40520 LANDES** 7000 HAB. S.I.

* **CHEZ JACKY** 1, RUE DE LA GAROLLE M. RENAUD ☎ 58.78.21.38 – 5 CH. 150/200 F. MENU 80/125 F. PENSION 245 F. DEMI-PENSION 195 F. RESTAURANT FERME VENDREDI SOIR ET SAMEDI MIDI 20 SEPT. / 30 AVR. ⊡ ⌗.

** **DE LA PLAGE** 2,AVENUE DE LA PLAGE M.BLANOT ☎ 58.78.26.69 – 34 CH. 320/380 F. MENU 80/120 F. DEMI-PENSION 265 F.⌗.

** **LA FORESTIERE** 60, AV. DU PYLA SOCIETE ☎ 58.78.24.14 – 34 CH. 230/390 F. MENU 65/210 F. PENSION 260/340 F, DEMI-PENSION 210/280 F. RESTAURANT FERME 2/31 JANV. ET VENDREDI 1 OCT./30 MAI. ⊡ ⌗.

BISCHWIHR **68320 MUNTZENHEIM** HAUT-RHIN 400 HAB.

** **RELAIS DU RIED** M. GEBEL ☎ 89.47.47.06 – 60 CH. 140/210 F. MENU 80/160 F. PENSION 240 F. DEMI-PENSION 190 F. ⊡ ☴ ⌗ ⬛ ⬤ E CV ዿ.

BITCHE **57230 MOSELLE** 7770 HAB. S.I.

** **AUBERGE DE STRASBOURG** 24, RUE TEYSSIER M.ROHR ☎ 87.96.00.44 – 11 CH. 95/220 F. MENU 58/120 F. PENSION 200/240 F. DEMI-PENSION 170/190 F. FERME 1/25 SEPT., DIMANCHE SOIR ET LUNDI. ☴ ⌗ E.

** **LE RELAIS DES CHATEAUX-FORTS** QUAI BRANLY. Mme ROHR ☎ 87.96.14.14 – 30 CH. 175/230 F. MENU 86/120 F. PENSION 245/265 F. DEMI-PENSION 200/220 F. FERME JANV., MI-FEV. ET RESTAURANT FERME JEUDI. SAUNA, CHIENS PAYANTS 35 F. ⊡ ⌗ E ዿ.

BIZAC **43370 SOLIGNAC** HAUTE-LOIRE 950 M. 50 HAB.

** **DE LA DILIGENCE** (N.88) Mlle BONNEFOY ☎ 71.03.11.50 – 19 CH. 100/183 F. MENU 40/60 F. PENSION 130/150 F. DEMI-PENSION 130 F. FERME JANV., VENDREDI SOIR ET SAMEDI MIDI HS. ☴ ⌗ E CV.

BLAGNAC **31700 HAUTE-GARONNE** 15000 HAB.

** **LES TERRASSES** 5, BD FIRMIN-PONS M.BOUCHET ☎ 61.71.46.00 – 8 CH. 70/150 F. MENU 45/150 F. PENSION 150/190 F. DEMI-PENSION 110/150 F. FERME JUIL., DIMANCHE SOIR ET LUNDI. ⌗ ⬤.

BLAIN **44130 LOIRE-ATLANTIQUE** 8000 HAB. S.I.

** **DU PORT** 6 QUAI SURCOUF M. COCHIN ☎ 40.79.01.22 – 14 CH. 66/150 F. MENU 68/168 F. PENSION 160/180 F. DEMI-PENSION 140/150 F. FERME FEV., DIMANCHE SOIR ET LUNDI. ⌗ ⬛ ⬤.

* **LA GERBE DE BLE** 4, PL. J.-GUIHARD M.BONDU ☎ 40.79.10.50 – 10 CH. 80/140 F. MENU 65/175 F. PENSION 140 F. DEMI-PENSION 130 F. FERME 1/15 NOV., 24 DEC./2 JANV., ET SAMEDI. RESTAURANT FERME 1/15 JUIN. ⌗ E.

BLANC (LE) **36300 INDRE** 8435 HAB. S.I.

** **L'ILE D'AVANT** ROUTE DE CHATEAUROUX. Mme CARRE ☎ 54.37.01.56 – 15 CH. 110/170 F. MENU 50/200 F. DEMI-PENSION 140/220 F. FERME DIMANCHE SOIR ET LUNDI HS. ⌗ E ዿ.

BLANZY **71450 SAONE-ET-LOIRE** 6000 HAB.

** **LE PLESSIS** 33, ROUTE DE MACON M.MAZOYER ☎ 85.57.07.74 – 11 CH. 75/160 F. MENU 55/150 F. PENSION 165/200 F. FERME 20 SEPT./15 OCT. ET LUNDI. ⌗ E.

BLENDECQUES **62570 WIZERNES** PAS-DE-CALAIS 5341 HAB.

** **LE SAINT SEBASTIEN** 2, GRAND PLACE. M. DUHAMEL-WILS ☎ 21.38.13.05 – 7 CH. 150/170 F. MENU 55/100 F. PENSION 250 F. DEMI-PENSION 210 F. RESTAURANT FERME SAMEDI MIDI. ⌗ E.

BLENEAU **89220 YONNE** 2000 HAB. S.I.

** **DE FRANCE** M.LEGOFF ☎ 86.74.92.63 – 7 CH. 100/180 F. MENU 100/250 F. ⊡ ☴ ☴ ⌗ ⬤ E.

BLERE **37150 INDRE-ET-LOIRE** 4200 HAB. S.I.

** **DU CHEVAL BLANC** PLACE DE L'EGLISE M. BLERIOT ☎ 47.30.30.14 – 13 CH. 170/210 F. DEMI-PENSION 200/260 F. FERME JANV. RESTAURANT FERME DIMANCHE SOIR/LUNDI, SAUF JUIL./AOUT. ⊡ ☴ ⌗ E.

BLESLE (LE BABORY) **43450 HAUTE-LOIRE** 881 HAB. S.I.

** **TOURIST HOTEL** (LE BARBORY DE BLESLE). M.TIXIDRE ☎ 71.76.22.10 – 12 CH. 80/130 F. MENU 45/90 F. PENSION 150/160 F. DEMI-PENSION 120 F. FERME 15 NOV./15 DEC. ET LUNDI 1 SEPT./30 JUIN. ⌗ ⬛ ⬤ E.

BLEYMARD (LE) 48190 **BAGNOLS-LES-BAINS** LOZERE 1069 M. 448 HAB.
* **LA REMISE** M. AUBENQUE ☎ 66.48.65.80 — 13 CH. 110/160 F. MENU 58/82 F. PENSION
170 F. DEMI-PENSION 125 F. FERME MERCREDI. [F] ⊞.

BLIGNY-SUR-OUCHE 21360 COTE-D'OR 840 HAB. S.I.
* **AUBERGE DU VAL D'OUCHE** M.BOUVARD ☎ 80.20.12.06 — 25 CH. 100/160 F. MENU
60/120 F. PENSION 160/180 F. DEMI-PENSION 130/150 F. [F] ⊞ ⊞ ⊞.

BLODELSHEIM 68740 **FESSENHEIM** HAUT-RHIN 1100 HAB.
*AF **AU LION D'OR** Mme DECKERT-BAUR ☎ 89.48.60.47 — 15 CH. 70/180 F. MENU 45/135 F.
⊃ PENSION 170/250 F. DEMI-PENSION 120/170 F. FERME 22 DEC./5 JANV. RESTAURANT FERME
MARDI ET VENDREDI SOIR. 🛏 ⊞ ⊞ ⊞ E.

BLOIS 41000 LOIR-ET-CHER 55000 HAB. S.I.
** **ANNE DE BRETAGNE** 31, AV. J.-LAIGRET Mme.LOYEAU ☎ 54.78.05.38/54.78.19.36 —
29 CH. 95/260 F. FERME 6 FEV./7 MARS. ✕ ⊞ ⊞ ⊞ E.

** **AU GRAND CERF** 40, AV.WILSON Mme.COLAERT ☎ 54.78.02.16 — 14 CH. 75/190 F. MENU
50/200 F. PENSION 210/260 F. DEMI-PENSION 128/180 F. FERME FEV., ET VENDREDI HS. ⊞
E.

* **CROIX BLANCHE** 24, AV. DU PRESIDENT WILSON. M. SAUGER ☎ 54.78.25.32 — 16 CH.
70/190 F. MENU 47/114 F. DEMI-PENSION 155/204 F. FERME 4/23 JANV., 26 JUIN/8 JUIL., VEN-
DREDI ET DIMANCHE SOIRSAUF JUIL./AOUT. 🛏 ⊞ E.

* **DE L'ETOILE D'OR** 7, 9, RUE DU BOURG-NEUF Mme.MOUZAY ☎ 54.78.46.93 — 10 CH.
57/160 F. 🛏 ✕ ⊞ ⊞ E.

* **DU BELLAY** 12, RUE DES MINIMES Mme ASTIER ☎ 54.78.23.62 TELEX 750 135 — 14 CH.
95/160 F. 🛏 ✕ ⊞ ⊞ ⊙.

** **HOSTELLERIE DE LA LOIRE** 8, Bld DE LATTRE DE TASSIGNY. M. RENOULT ☎ 54.74.26.60 —
17 CH. 80/220 F. MENU 95/155 F. FERME DIMANCHE. ⊞ ⊞ ⊞ E.

** **LA CASTILLE** 58, RUE FOULERIE. M. YABLONSKY ☎ 54.74.48.86 — 12 CH. 88/249 F. MENU
58/125 F. FERME NOV. RESTAURANT FERME LUNDI. ⊞ ⊞ E.

* **VIENNOIS** 5, QUAI A. CONTANT M.PRETESEILLE ☎ 54.74.12.80 — 26 CH. 70/180 F. MENU
55/145 F. FERME 15 DEC./15 JANV., ET DIMANCHE SOIR/LUNDI MIDI, SAUF JUIL./AOUT.

BOCOGNANO 20136 CORSE 620 HAB.
* **BEAU SEJOUR** M. FERRI-PISANI ☎ 95.27.40.26 — 16 CH. 110/140 F. MENU 75/140 F. PEN-
SION 220 F. DEMI-PENSION 180/190 F. FERME 30 SEPT./30 AVR.

BOESCHEPE 59299 NORD 2000 HAB.
⊃ **DU MONT NOIR** LIEU -DIT LE MONT-NOIR. STE ☎ 28.42.51.33 TELEX 132293 — 7 CH.
90/220 F. MENU 65/200 F. PENSION 200 F. DEMI-PENSION 150 F. FERME DEBUT JANV./DEBUT
FEV. ET VENDREDI 1 SEPT./31 JUIL. [F] ⊞ ⊞ ⊙ E CV.

BOGEVE 74250 **VIUZ-EN-SALLAZ** HAUTE-SAVOIE 925 M. 530 HAB. S.I.
* **DES BRASSES** M. JULLIARD ☎ 50.36.62.34 — 13 CH. 110/160 F. MENU 60/120 F. PENSION
180/200 F. DEMI-PENSION 170 F. FERME 1 SEPT./15 DEC., 20 AVR./15 JUIN. ⊞ ⊞ ⊙
E CV.

AF **LA SOLEILLETTE** (LE GLANDON). M. VAN DER BURG ☎ 50.36.62.61 — 10 CH. DEMI-PENSION
175 F. FERME 1/30 NOV. ⊼.

BOIS-D'AMONT 39220 **LES ROUSSES** JURA 1090 M. 1300 HAB. S.I.
⊃ **AUBERGE DU VIVIER** Mme RECEVEUR ☎ 84.60.93.00 — 14 CH. 130/170 F. MENU 59/115 F.
PENSION 220/230 F. DEMI-PENSION 160 F. FERME 1/15 JUIN ET 1/15 NOV. [F] ⊞ ⊞
CV.

BOIS-DU-FOUR 12780 **SAINT-LEONS** AVEYRON 810 M. 15 HAB.
* **RELAIS DU BOIS DU FOUR** M.RODIER GALIERE ☎ 65.61.86.17 — 27 CH. 78/160 F. MENU
47/110 F. PENSION 160/190 F. FERME 15 NOV./10 MARS, ET MERCREDI 15 MARS/15 JUIN, OCT.
NOV. ⊼.

BOIS-LE-ROI 77590 SEINE-ET-MARNE 3488 HAB.
* **HOSTELLERIE DE LA FORET** 67, AV. A.ROLL. Mlle KIESSER ☎
(1)60.69.60.31/(1)60.69.64.64 — 23 CH. 180/250 F. MENU 65/230 F. PENSION 360/420 F.
DEMI-PENSION 295/355 F. ⊞ ⊞ ⊞ &.

BOISMORAND 45290 **NOGENT-SUR-VERNISSON** LOIRET 250 HAB.
AF **LA PETITE PUISAYE** M. AUDIFFRED ☎ 38.31.81.00 — 10 CH. 65/110 F. MENU 70/130 F.
DEMI-PENSION 145 F. FERME 15 FEV./1 MARS. ✓ ⊞ E.

BOISSE-PENCHOT 12300 **DECAZEVILLE** AVEYRON 622 HAB.
* **LE ROCHER DU VIAL** Mme SANCHEZ ☎ 65.63.30.00 — 14 CH. PRIX NON COMMUNIQUES.
⊞ ⊞ ⊞ E &.

BOISSEUIL 87220 **FEYTIAT** HAUTE-VIENNE 1200 HAB.
⊃ **LE RELAIS - GRIL DE L'ANNEAU** Mme CELLERIER ☎ 55.06.90.06 — 12 CH. 95/200 F.
MENU 55/100 F. FERME 6 DEC./3 JANV. ET MERCREDI. ⊞ ⊞ &.

BOLANDOZ 25330 **AMANCEY** DOUBS 650 M. 290 HAB. S.I.
* **LE ROCHANON** Mme PEDE ☎ 81.86.62.07 — 8 CH. 140/150 F. MENU 45/110 F. PENSION
200/210 F. FERME MARDI. [F] 🛏 ⊞ ⊞ E.

ROLLENBERG-ROUFFACH 68250 **ROUFFACH** HAUT-RHIN 5102 HAB. S.I.
* **DU BOLLENBERG** S.A.R.L. ☎ 89.49.60.04/89.49.62.47 TELEX 880896 F — 50 CH.
250/270 F. MENU 130/300 F. DEMI-PENSION 297/312 F. RESTAURANT FERME 21 DEC./6 JANV.
[F] 🛏 ⊞ ⊞ ⊙ &.

BOLLENE 84500 VAUCLUSE 11520 HAB. S.I.
* **LE CHENE VERT** (QUARTIER SAINT-PIERRE). Mme VANDENBOS ☎ 90.30.53.11 – 17 CH. 108/151 F. MENU 51/120 F. PENSION 183/215 F. DEMI-PENSION 160/189 F. 🄵 ⵂ E♿.

BOLLENE-VESUBIE (LA) 06450 LANTOSQUE ALPES-MARITIMES 700 M. 250 HAB. S.I.
** **LE LOGIS DU PUEI** Mme LAUGIER ☎ 93.03.01.05 – 15 CH. 130/260 F. MENU 90/130 F. PENSION 225/340 F. DEMI-PENSION 260/320 F. FERME 1/28 FEV. ET MARDI. 🄼.

BOLLEZEELE 59470 WORMHOUT NORD 1500 HAB.
** **HOSTELLERIE SAINT LOUIS** 47 RUE DE L'EGLISE M.DUBREUCQ ☎ 28.68.81.83 TELEX 132297 – 16 CH. 190/240 F. MENU 100/210 F. DEMI-PENSION 260 F. 🄵 ⵂ 🐾 ⵂ E.

BOLOGNE 52310 HAUTE-MARNE 2230 HAB.
* **DU COMMERCE** Mme.GRANDPRE ☎ 25.01.41.18 – 7 CH. 65/98 F. MENU 45/70 F. PENSION 140/160 F. FERME 23 DEC./5 JANV., ET DIMANCHE. ⵂ 🄰🄴 E CV.

BON-ENCONTRE 47240 LOT-ET-GARONNE 3893 HAB. S.I.
** **LE PARC** 41 RUE DE LA REPUBLIQUE M. MARIOTTAT ☎ 53.96.17.75 – 10 CH. 150/220 F. MENU 90/220 F. DEMI-PENSION 210/250 F. RESTAURANT FERME DIMANCHE SOIR. ⵂ E.
** **SXANDRA** N. 113 M.MUSIAL ☎ 53.96.37.02 – 38 CH. 165/220 F. ✻ ⵂ E♿.

BONHOMME (LE) 68650 LAPOUTROIE HAUT-RHIN 700 M. 628 HAB. S.I.
*AF **AU LION D'OR** M. CARENO ☎ 89.47.51.18 – 12 CH. 82/109 F. MENU 60/86 F. PENSION 153/165 F. DEMI-PENSION 110/122 F. FERME 12 NOV./12 DEC., ET MERCREDI/JEUDI MATIN. 🄵 ⵂ E.
** **DE LA POSTE** RUE DU 5EME SPAHI M.TOSCANI ☎ 89.47.51.10 – 21 CH. 120/170 F. MENU ⌂ 60/180 F. PENSION 180/240 F. DEMI-PENSION 130/185 F. FERME 4 NOV./22 DEC. RESTAURANT FERME 17/23 AVR., MARDI SOIR, ET MERCREDI HS. 🄵 ⵂ 🄰🄴 E CV.
*AF **TETE DES FAUX** M. SECOURGEON ☎ 89.47.51.11 – 12 CH. 90/160 F. MENU 65/100 F. DEMI-PENSION 126/163 F. FERME 1/15 OCT., ET MARDI HS.

BONLIEU 39130 CLAIRVAUX-LES-LACS JURA 800 M. 170 HAB.
** **L'ALPAGE** N. 78 M.LERCH ☎ 84.25.57.53 – 8 CH. 170/250 F. MENU 75/160 F. PENSION ⌂ 220/250 F. DEMI-PENSION 190/200 F. RESTAURANT FERME LUNDI. 🄵 ⵂ 🄰🄴 E CV.
** **LA POUTRE** M.MOUREAUX ☎ 84.25.57.77 – 10 CH. 100/250 F. MENU 90/350 F. PENSION 250/330 F. DEMI-PENSION 220/300 F. FERME 15 DEC./1 FEV., MARDI ET MERCREDI SAUF JUIL./ AOUT. ⵂ.

BONLIEU 74270 FRANGY HAUTE-SAVOIE 250 HAB.
* **DU PONT DE BONLIEU** M. TOURNIER ☎ 50.77.82.12 – 9 CH. 90/120 F. MENU 60/120 F. PENSION 150/170 F. DEMI-PENSION 130/150 F. FERME NOV. ET MERCREDI. 🐾 ⵂ.

BONNAT 23220 CREUSE 1500 HAB. S.I.
* **LES HIRONDELLES** GRANDE RUE M.CARROYE ☎ 55.62.11.56 – 15 CH. 70/75 F. MENU ⌂ 45/110 F. PENSION 150 F. DEMI-PENSION 120 F. FERME SAMEDI OCT./AVR. 🐾 🐾 CV.

BONNE 74380 HAUTE-SAVOIE 1650 HAB.
** **BAUD** M. BAUD ☎ 50.39.20.15 – 12 CH. 200/280 F. MENU 70/220 F. PENSION 160/250 F. DEMI-PENSION 160/250 F. FERME 15/30 JUIN, ET MARDI SAUF JUIL./AOUT. 🄵 🐾 ⵂ E.

BONNETAGE 25210 RUSSEY DOUBS 900 M. 600 HAB.
** **ETANG DU MOULIN** M. BARNACHON ☎ 81.68.92.78 – 18 CH. 165/195 F. MENU 68/130 F. ⌂ PENSION 175/195 F. DEMI-PENSION 155/175 F. 🄵 ⵂ E CV.
** **LES PERCE-NEIGE** S.N.C. BOLE-JOLY ☎ 81.68.91.51/81.68.91.52 – 12 CH. 130/170 F. MENU 48/130 F. PENSION 155/180 F. DEMI-PENSION 130/150 F. FERME 15/30 OCT. ⵂ 🄰🄴 🄳 E CV.

BONNEVAL-SUR-ARC 73480 LANSLEBOURG SAVOIE 1850 M. 200 HAB. S.I.
* **DU GLACIER DES EVETTES** Mme FACCIO ☎ 79.05.94.06 – 19 CH. 135/168 F. MENU 60/82 F. PENSION 173/210 F. DEMI-PENSION 141/177 F. FERME 1 MAI/20 JUIN ET 15 SEPT./20 DEC. 🄵 🐾 🄰🄴 🄳.
** **LA MARMOTTE** M. GINET ☎ 79.05.94.82 – 28 CH. 198/220 F. MENU 85/154 F. PENSION ⌂ 260/280 F. DEMI-PENSION 210/230 F. FERME 2 MAI/15 JUIN ET 15 SEPT./18 DEC. 🄵 🐾 🐾 ⵂ E.

BONNEVILLE 74130 HAUTE-SAVOIE 9100 HAB. S.I.
** **DE L'ARVE** RUE DU PONT Mme.HERBUTE ☎ 50.97.01.28 – 16 CH. 145/210 F. MENU 62/174 F. PENSION 218 F. DEMI-PENSION 158 F. FERME SEPT., VENDREDI SOIR ET SAMEDI, SAUF AOUT. 🐾 🐾 ⵂ.
** **DES ALPES** 85, RUE DE LA GARE M.AYMONOD ☎ 50.97.10.47 – 16 CH. 115/155 F. MENU 60/120 F. PENSION 185/205 F. DEMI-PENSION 132/155 F. FERME 15/30 JUIN, 10/26 DEC., VENDREDI ET DIMANCHE SOIR. 🄵 🐾 ⵂ 🄰🄴 🄳 E.
* **LE RUCHER** AV. DE PONTCHY. Mme GLOUX ☎ 50.97.39.36 – 8 CH. 120/200 F. MENU 58 F. FERME LUNDI. 🄵 ⵂ 🄰🄴 E.

BONNY-SUR-LOIRE 45420 LOIRET 2500 HAB. S.I.
AF **DES VOYAGEURS** Mme.VAUDEQUIN ☎ 38.31.62.09 – 5 CH. 85/115 F. MENU 49/140 F. FERME DIMANCHE SOIR ET LUNDI. 🐾 ⵂ 🄳 E.

BONSON 42160 LOIRE 4500 HAB.

AF **DES VOYAGEURS** 4, AVE SAINT RAMBERT M.MESCHI ☎ 77.55.16.15 — 6 CH. 100/145 F.
☞ MENU 48/150 F. PENSION 160/185 F. FERME 30 JUIL./7 AOUT. F ✕ A4 🅓 E
CV.

BORDAS-GRUN 24380 VERGT DORDOGNE 168 HAB.

* **LA POMME D'OR** N.21 M.HUOT ☎ 53.54.91.03 — 10 CH. 115/185 F. MENU 56/120 F. DEMI-
PENSION 170/200 F. FERME 5 OCT./7 NOV. ET MARDI 7 NOV./31 MAI. 🚗.

BORDERES-LOURON 65590 HAUTES-PYRENEES 840 M. 180 HAB. S.I.

DU PEYRESOURDE M.MARSALLE ☎ 62.98.62.87 — 18 CH. 75/170 F. MENU 42/80 F. PEN-
SION 125/160 F. DEMI-PENSION 100/130 F. F 🚗.

BOREE 07310 SAINT-MARTIN-DE-VALAMAS ARDECHE 1132 M. 225 HAB.

DES 2 ROCHES Mme CHALENCON ☎ 75.29.10.34 — 8 CH. 120/140 F. MENU 52/98 F. PEN-
SION 165/180 F. DEMI-PENSION 125/145 F. 🚗.

BORGO 20290 CORSE 3413 HAB.

** **CASTELLU ROSSU** ROUTE DE L'AEROPORT. M. MICHELI ☎ 95.36.08.71 — 28 CH. 200/240 F.
☞ MENU 80 F. PENSION 270 F. DEMI-PENSION 200 F. F 🚗 🐎 🚗 ✕ E ⅙ 🅗.

BORMES-LES-MIMOSAS 83230 VAR 3000 HAB. S.I.

* **BELLE VUE** Mme BRET ☎ 94.71.15.15 — 13 CH. 110/190 F. MENU 75/98 F. PENSION 230 F.
DEMI-PENSION 150/170 F. FERME 1 OCT./1 FEV. ✕ E CV.

BORT-LES-ORGUES 19110 CORREZE 5000 HAB. S.I.

** **CENTRAL HOTEL** AV. DE LA GARE Mme LEFEVRE ☎ 55.96.74.82 TELEX 580106 — 25 CH.
95/200 F. MENU 85/135 F. PENSION 255/297 F. DEMI-PENSION 170/230 F. FERME DIMANCHE
SOIR ET LUNDI 15 SEPT./10 JUIN. F 🚗 ✕ A4 🅓 E ⅙.

* **DE LA GARE** AV. DE LA GARE M.LE RIDER ☎ 55.96.00.47/55.96.73.07 — 25 CH. 78/195 F.
MENU 58/140 F. PENSION 160/210 F. DEMI-PENSION 110/160 F. FERME 20/29 DEC., ET VEN-
DREDI 15H/SAMEDI 17H. F 🚗 ✕ A4 🅓 E.

BOSC-LE-HARD 76850 SEINE-MARITIME 1224 HAB.

AF **AUBERGE DU COMMERCE** 6 PLACE DU MARCHE M.COUDRAY ☎ 35.33.30.25 — 4 CH.
76/100 F. MENU 48/118 F. DEMI-PENSION 125 F. FERME FEV. ET LUNDI. F ✕ E
CV.

BOUC-BEL-AIR 13320 BOUCHES-DU-RHONE 6000 HAB.

** **L'ETAPE** ROUTE DE GARDANNE. M.LANI ☎ 42.22.61.90 — 40 CH. 140/230 F. MENU 85/190 F.
☞ PENSION 220/295 F. DEMI-PENSION 180/255 F. RESTAURANT FERME 23/31 DEC., VENDREDI SOIR
ET SAMEDI MIDI. UNE PISCINE AVEC SOIN HYDRO-THERAPIE. F 🚗 🚗 🐎 ✕
A4 🅓 E CV.

BOUCHEMAINE (LA POINTE) 49000 ANGERS MAINE-ET-LOIRE 4800 HAB.
S.I.

* **L'ANCRE DE MARINE** A LA POINTE BOUCHEMAINE. M.PROUST ☎ 41.77.14.46/41.77.11.96
☞ — 10 CH. 72/160 F. MENU 67/180 F. PENSION 180/200 F. DEMI- PENSION 155/180 F. F
✕ E.

BOUCHET (LE) 74230 THONES HAUTE-SAVOIE 940 M. 160 HAB.

* **LE RELAIS DU MONT CHARVIN** M. CURT ☎ 50.02.06.66 — 13 CH. MENU 55/130 F. PEN-
SION 160 F. DEMI-PENSION 135/180 F. FERME 15 SEPT./20 DEC. RESTAURANT FERME 15/30
SEPT., ET MERCREDI. F 🌲 ✕ A4 🅓 E CV.

BOUCHOUX (LES) 39370 JURA 960 M. 280 HAB.

* **AUBERGE DE LA CHAUMIERE** M.BENHAMOU ☎ 84.42.71.63 — 7 CH. 90/140 F. MENU
☞ 45/120 F. PENSION 135/175 F. DEMI-PENSION 105/135 F. FERME 7 NOV./7 DEC. F ✕
🅓 E CV.

BOUGES-LE-CHATEAU 36110 LEVROUX INDRE 400 HAB.

* **DU LION D'OR** M. BARRE ☎ 54.35.88.09 — 8 CH. 70/90 F. MENU 45/100 F. 🌲.

BOULOU (LE) 66160 PYRENEES-ORIENTALES 4290 HAB. S.I.

** **LE CANIGOU** RUE J.B. BOUSQUET M. CARRERE ☎ 68.83.15.29 — 17 CH. 95/195 F. MENU
65/98 F. PENSION 195/280 F. DEMI-PENSION 165/205 F. FERME 31 OCT./1 AVR. ✕.

BOUNIAGUES 24560 ISSIGEAC DORDOGNE 300 HAB.

DES VOYAGEURS M.FEYTOUT ☎ 53.58.32.26 — 13 CH. 90/150 F. MENU 60/200 F. PENSION
155/250 F. DEMI-PENSION 120/245 F. FERME 15 OCT./15 NOV. ET LUNDI. ✕ E CV.

BOUPERE (LE) 85510 VENDEE 3000 HAB.

* **LE BOCAGE** 2 RUE DU MARECHAL LECLERC M.DESLANDES ☎ 51.91.42.82 — 10 CH. 82/115 F.
☞ MENU 55/175 F. PENSION 196/223 F. DEMI-PENSION 139/170 F. RESTAURANT FERME LUNDI HS.
F ✕ A4 E.

BOURBACH-LE-BAS 68290 MASEVAUX HAUT-RHIN 500 HAB.

AF **LA COURONNE D'OR** M. MUNINGER ☎ 89.82.51.77 — 4 CH. 95 F. MENU 40/140 F. PENSION
☞ 150 F. DEMI-PENSION 115 F. FERME LUNDI. ✕ A4.

BOURBON-L'ARCHAMBAULT 03160 ALLIER 2700 HAB. S.I.

** **GRAND HOTEL MONTESPAN-TALLEYRAND** 1-3 PLACE DES THERMES M. LIVERTOUT ☎
70.67.00.24 — 30 CH. 119/210 F. MENU 75/98 F. PENSION 196/258 F. DEMI-PENSION
166/228 F. FERME 25 AOUT/1 AVR. F 🚗 🚗 ✕ E.

BOURBON-LANCY 71140 SAONE-ET-LOIRE 7000 HAB. S.I.

* **DU PONT DE LA LOIRE** (LE FOURNEAU) M.FLORENTIN ☎ 85.89.20.18 — 7 CH. 90 F. MENU
55/150 F. PENSION 170 F. FERME SAMEDI. ✕ A4 🅓 E.

BOURBON-LANCY (suite)

** RAYMOND 8, RUE D'AUTUN M. RAYMOND ☎ 85.89.17.39 — 19 CH. 90/220 F. MENU 75/280 F. PENSION 210/310 F. DEMI-PENSION 170/260 F. FERME 22 AVR./2 MAI, 18 NOV./10 DEC., SAMEDI MIDI, VENDREDI SOIR SAUF JUIL./AOUT ET DDIMANCHE SOIR NOV./MAI. ⚍ ✕ ⓓ E.

BOURBONNE-LES-BAINS 52400 HAUTE-MARNE 3000 HAB. S.I.

** D'ORFEUIL 29 RUE D'ORFEUIL M.TROISGROS ☎ 25.90.05.71 — 25 CH. 60/160 F. MENU 45/120 F. PENSION 157/254 F. DEMI-PENSION 133/236 F. FERME 31 OCT./27 MARS. Ⓕ ⚍ ✕ ⒶⒺ ⓓ E.

* ETOILE D'OR 53, 55 GDE RUE M.BONNET ☎ 25.90.06.05 — 29 CH. 58/140 F. MENU 55/100 F. PENSION 145/200 F. DEMI-PENSION 128/183 F. FERME 20 OCT./17 AVR. Ⓕ ⚍ ✕ ⒶⒺ ⓓ E C V.

** HERARD 29 GRANDE RUE M. ARENDS Michel ☎ 25.90.13.33 — 43 CH. 115/190 F. MENU 57/130 F. PENSION 160/260 F. DEMI-PENSION 145/245 F. Ⓕ ⚍ 𝄞 ✕ ⒶⒺ ⓓ E C V 🖬.

PENSION COFFIN 25 RUE DE LA CHAVANNE M. PELTIER ☎ 25.90.01.95 — 8 CH. 70/120 F. MENU 50/61 F. PENSION 137/205 F. FERME 31 OCT./28 FEV. ⚍ ✕ ⒶⒺ ⓓ E.

BOURBONNE-LES-BAINS (ENFONVELLE) 52400 BOURBONNE-LES-BAINS HAUTE-MARNE 134 HAB.

ec ☞ AUBERGE DU MOULIN DE LACHAT M. ARENDS ☎ 25.90.09.54 — 8 CH. 190 F. MENU 70 F. PENSION 200/240 F. DEMI-PENSION 170/210 F. FERME 2 JANV./12 MARS. Ⓕ ⚍ 𝄞 ⚍ ✕ ⒶⒺ ⓓ E C V.

BOURBOULE (LA) 63150 PUY-DE-DOME 850 M. 2700 HAB. S.I.

** AVIATION-HOTEL Mmes LAUDOUZE ET NORE ☎ 73.81.09.77 — 48 CH. 110/260 F. MENU 72/150 F. PENSION 210/285 F. DEMI-PENSION 180/240 F. FERME 1 OCT./20 DEC., 15 AVR./1 MAI. 🖬.

* DES BAIGNEURS M.GNERRO ☎ 73.81.07.66 — 30 CH. 80/160 F. MENU 55 F. PENSION 150/190 F. DEMI-PENSION 125/145 F. FERME 30 SEPT./10 JANV. RESTAURANT FERME 17 AVR./1 MAI. 🖬.

** DU PARC QUAI MARECHAL FAYOLLE Mme.PERRETIERE ☎ 73.81.01.77 — 50 CH. 99/250 F. **☞** MENU 72/120 F. PENSION 180/270 F. DEMI-PENSION 135/215 F. FERME 26 SEPT./15 MAI. Ⓕ ✕ ⒶⒺ ⓓ E C V 🖬.

** INTERNATIONAL AV. D'ANGLETERRE. M. DUDIT-GAMANT ☎ 73.81.05.82 TELEX 990147 — 16 CH. 190 F. MENU 75 F. PENSION 240 F. DEMI-PENSION 200 F. FERME 4 NOV./20 DEC. Ⓕ ⚍ ✕ ⓓ E C V.

* LA JOIE DE VIVRE RUE PIERRE CURIE M. VAZEILLE ☎ 73.81.01.80 — 17 CH. 100/200 F. MENU 60 F. PENSION 180/200 F. DEMI-PENSION 160/180 F. FERME 1 OCT./31 DEC. Ⓕ ✕ CV.

** LE CHARLET BD LOUIS CHOUSSY M.BIGOT ☎ 73.81.05.80 — 38 CH. 100/180 F. MENU **☞** 60/130 F. PENSION 160/230 F. DEMI-PENSION 130/200 F. FERME 10 OCT./20 DEC. ✕ E 🖬.

* LE PAVILLON AV.D'ANGLETERRE M. MONTRIEUL ☎ 73.81.01.42 — 26 CH. 80/220 F. MENU 58/80 F. PENSION 150/200 F. DEMI-PENSION 120/170 F. FERME 30 SEPT./15 MAI. 🛏 ₺ 🖬.

** LES FLEURS M.FOURNIER ☎ 73.81.09.44 — 24 CH. 80/250 F. MENU 51/120 F. PENSION 156/277 F. DEMI-PENSION 131/252 F. FERME OCT./DEC. ⚍ 🛏 ✕ E.

** REGINA AVENUE ALSACE LORRAINE M.QUEYROUX ☎ 73.81.09.22 — 25 CH. 160/240 F. MENU **☞** 60/150 F. PENSION 200/300 F. DEMI-PENSION 180/260 F. FERME 15 NOV./25 DEC. Ⓕ ⚍.

BOURCEFRANC-LE-CHAPUS 17560 CHARENTE-MARITIME 3000 HAB. S.I.

* LE CHALET (PORT DU CHAPUS). M. FERNANDEZ ☎ 46.85.02.29 — 8 CH. 140/170 F. MENU 50/80 F. PENSION 220 F. DEMI-PENSION 170 F. Ⓕ 🛏 ✕ ⒶⒺ ⓓ E C V.

* LE TERMINUS LE PORT MM.BOUSSEREAU ☎ 46.85.02.42 — 10 CH. 130/170 F. MENU 50/150 F. PENSION 235 F. DEMI-PENSION 175 F. FERME 16 OCT./15 NOV. ET LUNDI SOIR HS. ✕ E ₺.

BOURDEAU 73370 LE-BOURGET-DU-LAC SAVOIE 350 HAB.

** DE LA TERRASSE M.NOVEL ☎ 79.25.01.01 — 12 CH. 250/350 F. MENU 86/280 F. PENSION 280/320 F. DEMI-PENSION 250/280 F. FERME 1 OCT./1 FEV., RESTAURANT FERME DIMANCHE SOIR ET LUNDI1 FEV./1 AVR., SEPT., LUNDI ET MARDI MIDI 1 AVR./1 SEPT. 🛏 ✕ ⒶⒺ ⓓ E.

BOURG-ARGENTAL 42220 LOIRE 4000 HAB. S.I.

* DU LION D'OR 10, PLACE DE LA LIBERTE. M. CLOT ☎ 77.39.62.25 — 7 CH. 80/130 F. MENU 50/67 F. PENSION 135/150 F. DEMI-PENSION 105/115 F. FERME 15 JOURS NOV, 15 JOURS JANV. ET MERCREDI. ✕.

BOURG-D'OISANS 38520 ISERE 720 M. 3000 HAB. S.I.

* LE ROCHER LA GARE M. COQUAND ☎ 76.80.01.53 — 12 CH. 80/145 F. MENU 65/150 F. PENSION 170/180 F. DEMI-PENSION 135/145 F. FERME 25 AOUT/15 SEPT., 18 AVR./5 MAI ET DIMANCHE HS. ⚍ ✕ E C V.

AF LE TERMINUS Restaurant MOULIN DES TRUITES BLEUES AV. DE LA GARE M. MENANT **☞** ☎ 76.80.00.26 — 8 CH. 99/158 F. MENU 51/79 F. PENSION 188/220 F. DEMI-PENSION 167/190 F. FERME 15 JOURS PRINTEMPS, 15 JOURS AUTOMNE ET VENDR. SOIR/SAMEDI MIDI HS.

** OBERLAND AVENUE DE LA GARE M.DURAND ☎ 76.80.24.24 — 30 CH. 220 F. MENU 80/188 F. PENSION 252 F. DEMI-PENSION 210 F. FERME 18 NOV./19 MAI ET 19 SEPT./31 JANV. Ⓕ ✕ ⒶⒺ ⓓ E C V 🖬.

BOURG-D'OISANS (LA GARDE-EN-OISANS) 38520 BOURG-D'OISANS
ISERE 1450 M. 64 HAB. S.I.

* **LA FORET DE MARONNE** HAMEAU DU CHATELARD Mme OUGIER ☎ 76.80.00.06 – 12 CH. 120/250 F. MENU 61/150 F. PENSION 170/220 F. DEMI-PENSION 149/200 F. FERME 1 MAI/15 JUIN ET 30 SEPT./15 DEC. 🛏 🍴 🎨 CV.

BOURG-DE-PEAGE 26300 DROME 10000 HAB. S.I.

** **YAN'S HOTEL** AV. ALPES-PROVENCE M.BOYADJIAN ☎ 75.72.44.11 – 18 CH. 240/320 F. 🛏 � 🎨 E &.

BOURG-EN-BRESSE 01000 AIN 50000 HAB. S.I.

** **LES NEGOCIANTS** 9.R.CHARLES ROBIN Mme CHARNAY ☎ 74.23.13.24 – 16 CH. 120/230 F. MENU 58/130 F. DEMI-PENSION 250/280 F. FERME SAMEDI/DIMANCHE HS. HOTEL FERME NOV. ET DEC. RESTAURANT FERME 1 MARS/31 MAI. F 🛏 � 🎨 AE.

BOURG-LASTIC 63760 PUY-DE-DOME 850 M. 1500 HAB. S.I.

AF **LA POMME D'OR** Mlle.GAY ☎ 73.21.80.18 – 8 CH. 65/180 F. MENU 50/140 F. PENSION 155/180 F. DEMI-PENSION 130/155 F. FERME 5/30 JANV., ET MERCREDI HS. 🎨 ● E CV.

BOURG-SAINT-CHRISTOPHE 01800 MEXIMIEUX AIN 500 HAB.

* **CHEZ GINETTE** Mme.GOUTTEFANGEAS. ☎ 74.61.01.49 – 7 CH. 75/120 F. MENU 42/130 F. PENSION 135/148 F. DEMI-PENSION 100/113 F. FERME 3 DERNIERES SEMAINES AOUT, 2 DERNIERES SEMAINES DEC., ET VENDREDI. 🎨 E CV.

BOURG-SAINT-MAURICE 73700 SAVOIE 850 M. 6000 HAB. S.I.

** **LE CONCORDE** AV. MARECHAL LECLERC M.DOIN ☎ 79.07.08.90 – 32 CH. 220/280 F. MENU 68/90 F. PENSION 240/280 F. DEMI-PENSION 220/240 F. FERME OCT. ET NOV. F 🛏 🎨 AE ● E CV & 🔲.

BOURG-SAINTE-MARIE 52150 BOURMONT HAUTE-MARNE 195 HAB.

* **SAINT-MARTIN** M.FAYNOT ☎ 25.01.10.15 – 14 CH. 95/190 F. MENU 50/135 F. FERME 20 DEC./20 JANV. 🛏 🎨 AE ● E CV.

BOURGANEUF 23400 CREUSE 3940 HAB. S.I.

** **LE COMMERCE** M.JABET ☎ 55.64.14.55 – 16 CH. 80/250 F. MENU 60/220 F. FERME 22 DEC./15 FEV., DIMANCHE SOIR ET LUNDI HS. SAUF FERIES. 🛏 🎨 AE ● E.

BOURGNEUF-EN-RETZ 44580 LOIRE-ATLANTIQUE 2280 HAB. S.I.

*AF **LA BOURRINE** 6-8 RUE DE LA TAILLEE M. LECOEUR ☎ 40.21.40.69 – 7 CH. 80/120 F. MENU 67/125 F. PENSION 220/250 F. DEMI-PENSION 165/185 F. F 🛏 CV.

BOURGTHEROULDE 27520 EURE 2560 HAB.

* **LA CORNE D'ABONDANCE** Mme BERNARD ☎ 35.87.60.08 – 8 CH. 80/160 F. MENU 61/185 F. FERME 5 JANV./6 FEV., DIMANCHE SOIR, ET MERCREDI HS. 🛏 🎨 E CV.

BOURGUEIL 37140 INDRE-ET-LOIRE 4185 HAB. S.I.

* **L'ECU DE FRANCE** RUE DE TOURS M. ROYER ☎ 47.97.70.18 – 10 CH. 76/115 F. MENU 55/145 F. PENSION 150/160 F. DEMI-PENSION 125/135 F. FERME FIN JANV./DEBUT MARS, DIMANCHE SOIR, ET DIMANCHE SOIR/MARDI MATIN HS. 🛏 🎨 AE ● E CV.

BOURRON-MARLOTTE 77780 SEINE-ET-MARNE 3000 HAB. S.I.

* **DE LA PAIX** PLACE DE L'EGLISE. Mme VILLECHENOUX ☎ (1)64.45.99.81 – 10 CH. 95/185 F. MENU 57 F. PENSION 160/186 F. DEMI-PENSION 120/140 F. FERME 1 FEV./2 MARS ET MARDI APRES-MIDI/JEUDI MATIN. PARKING. 🎨 E.

BOUSSAC 23600 CREUSE 1980 HAB. S.I.

AF **DU TILLEUL** 15 RUE DES LOGES M. FEUILLADE ☎ 55.65.08.41 – 10 CH. 70/100 F. MENU 40/80 F. PENSION 125/150 F. DEMI-PENSION 90/110 F. FERME 18 DEC./6 JANV. ET DIMANCHE SOIR SAUF AVR./OCT. 🛏 CV.

* **LE BOEUF COURONNE** PLACE DE L'HOTEL DE VILLE M.PINOT ☎ 55.65.15.92 – 11 CH. 75/160 F. MENU 45/110 F. PENSION 170/250 F. DEMI-PENSION 130/210 F. FERME 10 JANV./1 FEV. 🎨 ● CV.

BOUT DU PONT DE L'ARN. 81660 PONT DE L'ARN TARN 538 HAB.

* **AU LOGIS DE LA VALLEE DE L'ARN** Mme BONNERY ☎ 63.61.14.54 – 17 CH. 83/160 F. MENU 52 F. PENSION 130/190 F. DEMI-PENSION 100/175 F. FERME VENDREDI SOIR/SAMEDI SOIR. F 🛏 �.

BOUVANTE (COL DU PIONNIER) 26190 SAINT-JEAN-EN-ROYANS DROME 1060 M. 222 HAB. S.I.

AF **AUBERGE DU PIONNIER** Mme.BRUSEGAN ☎ 75.48.57.12 – 9 CH. 85/130 F. MENU 50/98 F. PENSION 145/190 F. DEMI-PENSION 110/155 F. FERME 1 NOV./20 DEC.

BOUVANTE-LE-BAS 26190 SAINT-JEAN-EN-ROYANS DROME 222 HAB.

* **DU SAPIN** M.BEGUIN ☎ 75.48.57.63 – 21 CH. 80/120 F. MENU 50/80 F. PENSION 130/160 F. DEMI-PENSION 100/120 F. F 🛏 CV &.

BOUZIES 46330 CABRERETS LOT 95 HAB.

* **LES FALAISES** M. DESCHAMPS ☎ 65.31.26.83 – 9 CH. 105/176 F. MENU 50/170 F. PENSION 176/205 F. DEMI-PENSION 143/172 F. FERME 31 OCT./1 AVR. PISCINE CHAUFFEE. F 🛏 🎨 E CV.

BRANNE 33420 GIRONDE 850 HAB. S.I.

** **DE FRANCE** 7-9, PLACE DU MARCHE. M.LESPINE ☎ 57.84.50.06 – 15 CH. 100/240 F. MENU 80/160 F. PENSION 280/360 F. DEMI-PENSION 190/280 F. FERME 1/31 OCT. ET MARDI DEBUT NOV./FIN AVR. F 🛏 � 🎨 E.

BRANTOME 24310 DORDOGNE 2000 HAB. S.I.

AF **L'AUBERGE DU SOIR** M.LAMBOLEY ☎ 53.05.82.93 – 8 CH. 135/185 F. MENU 65/190 F. PENSION 200/250 F. DEMI-PENSION 185/200 F. FERME 15 JANV./15 FEV. ET LUNDI 1 OCT./1 AVR. 🄵 Ⅺ 🄰🄴 ⓓ E CV.

BRASSAC 81260 TARN 1800 HAB. S.I.

• **CAFE DE PARIS** Mme.BIRINDELLI ☎ 63.74.00.31 – 11 CH. 100/140 F. MENU 55/120 F. PENSION 160/170 F. DEMI-PENSION 145/155 F. FERME WEEK-END HS. 🄵 Ⅺ 🄰🄴 ⓓ E ⓗ.

AF **DU CENTRE** Mme CAMINADE ☎ 63.74.00.14 – 13 CH. 90/180 F. MENU 43/100 F. PENSION 140/160 F. DEMI-PENSION 110/125 F. FERME SAMEDI. Ⅺ 🄰🄴 ⓓ E.

BRASSAC-LES-MINES 63570 PUY-DE-DOME 5000 HAB.

• **LE LIMANAIS** 11, ROUTE DE ST.-FLORINE M.MARCON ☎ 73.54.13.98 – 18 CH. 85/140 F. MENU 49/110 F. PENSION 200/220 F. FERME SEPT., ET LUNDI. Ⅺ.

BRAX 47310 LAPLUME LOT-ET-GARONNE 1120 HAB.

•• **LA RENAISSANCE DE L'ETOILE** M. GRUEL ☎ 53.68.69.23 – 10 CH. 180/320 F. MENU 85/179 F. FORFAIT VRP 220F. CHIENS PAYANTS 20 F. 🄵 Ⅺ E.

BRECEY 50370 MANCHE 2133 HAB. S.I.

AF **AUBERGE DE LA TOURELLE** M.RUAULT ☎ 33.48.70.27 – 5 CH. 70/100 F. MENU 45/85 F. PENSION 120/180 F. DEMI-PENSION 100/120 F. Ⅺ 🄰🄴 ⓓ E.

AF **AUBERGE DES SPORTS** 27 RUE DU STADE M. HULIN ☎ 33.48.72.89 – 6 CH. 50/100 F. MENU 45/75 F. PENSION 157/207 F. DEMI-PENSION 112/162 F. FERME MERCREDI APRES-MIDI 1 SEPT./30 JUIN. 🄵 Ⅺ E.

AF **LE TERMINAL** 2, RUE DES PELERINS. M. GOHIN ☎ 33.48.70.29 – 6 CH. 70/120 F. MENU 39/75 F. PENSION 140 F. DEMI-PENSION 110 F. FERME LUNDI APRES-MIDI. Ⅺ 🄰🄴 E.

BREDANNAZ-DOUSSARD 74210 FAVERGES HAUTE-SAVOIE 50 HAB.

•• **PORT ET LAC** M.RASSAT ☎ 50.68.67.20 – 19 CH. 100/230 F. MENU 70/150 F. PENSION 180/260 F. DEMI-PENSION 140/230 F. FERME 15 NOV./1 FEV. 🄵 🚢 CV ⓗ.

BREHAN 56580 ROHAN MORBIHAN 2200 HAB.

•• **LA CREMAILLERE** M.LAUNAY ☎ 97.38.80.93 – 10 CH. 70/120 F. MENU 36/120 F. PENSION 150 F. DEMI-PENSION 100/120 F. FERME OCT. 🖂.

BREIL-SUR-ROYA 06540 ALPES-MARITIMES 2160 HAB.

• **CASTEL DU ROY** CHEMIN DE L'AIGARA. M. BALDACCI ☎ 93.04.43.66 – 15 CH. 150/220 F. MENU 90/150 F. PENSION 295/385 F. DEMI-PENSION 235/315 F. FERME 1 DEC./1 MARS. 🄵 Ⅺ E.

BREITENBACH 68380 METZERAL HAUT-RHIN 900 HAB.

AF **CECCHETTI** M.CECCHETTI ☎ 89.77.32.20 – 16 CH. MENU 72/165 F. PENSION 180/220 F. DEMI-PENSION 150/180 F. FERME JANV., ET LUNDI. 🄵 ⓓ.

BRENGUES 46320 ASSIER LOT 160 HAB.

• **DE LA VALLEE** M.GRIMAL ☎ 65.40.02.50 – 18 CH. 85/130 F. MENU 55/100 F. PENSION 160 F. DEMI- PENSION 120 F. 🄵 🚣 ⓓ E.

BRESSE (LA) 88250 VOSGES 635 M. 5400 HAB. S.I.

AF **AUBERGE DU PECHEUR** (VOLOGNE). M.GERMAIN ☎ 29.25.43.86 – 5 CH. 100/130 F. MENU 58/100 F. FERME 15/30 JUIN, 1/15 DEC. ET MARDI/MERCREDI. 🄵 Ⅺ 🄰🄴 ⓓ E.

• **DE LA POSTE** 5, RUE DE L'EGLISE M.JEANGEORGE ☎ 29.25.43.29 – 7 CH. 90/110 F. MENU 45/80 F. PENSION 150/180 F. DEMI-PENSION 110/130 F. FERME 10 OCT./10 NOV. ET RESTAURANT FERME DIMANCHE SOIR. Ⅺ E.

••• **DES VALLEES** 31 RUE PAUL CLAUDEL MM.REMY ☎ 29.25.41.39 TELEX 960573 – 54 CH. 260/300 F. MENU 65/185 F. PENSION 280/320 F. DEMI-PENSION 230/270 F. SAUNA, SALLE DE MUSCULATION, PISCINE COUVERTE ET CHAUFFEE. 🄵 🚣 🏌 🚤 Ⅺ 🄰🄴 ⓓ E CV ⓗ 🖫.

•• **DU LAC DES CORBEAUX** 103, RUE DU HOHNECK M. LEMAIRE ☎ 29.25.41.17 – 17 CH. 80/160 F. MENU 39/75 F. PENSION 150/190 F. DEMI-PENSION 105/145 F. Ⅺ 🄰🄴 ⓓ E.

•• **LE CHALET DES ROCHES** 10, RUE DES NOISETTES M.HOLVECK ☎ 29.25.50.22 – 20 CH. 120/170 F. MENU 45/80 F. PENSION 170/185 F. DEMI-PENSION 135/150 F. 🄵 Ⅺ 🄰🄴 ⓓ ⓗ.

BRESSUIRE 79300 DEUX-SEVRES 16000 HAB. S.I.

•• **LA SAPINIERE** ROUTE DE BOISME. M. BOISSINOT ☎ 49.74.24.22 – 22 CH. 180/250 F. MENU 52/150 F. PENSION 320/390 F. DEMI-PENSION 270/340 F. 🄵 🛏 Ⅺ E ⓗ.

BRETENOUX 46170 LOT 1210 HAB. S.I.

•• **DE LA CERE** M. SOLOVIEFF ☎ 65.38.40.19 – 26 CH. 120/200 F. MENU 55/128 F. PENSION 195 F. DEMI- PENSION 160 F. 🚣 ⓗ.

• **DE LA SOURCE** M. RAMOS ☎ 65.38.40.02 – 12 CH. 75/145 F. FERME 30 SEPT./30 OCT. 🖂 Ⅺ E.

BRETEUIL 60120 BRETEUIL-SUR-NOYE OISE 4000 HAB.

•• **CAP NORD** ROUTE DE PARIS M.MONORY ☎ 44.07.10.33 – 38 CH. 150/195 F. MENU 49/200 F. FERME 20 DEC./3 JANV. RESTAURANT FERME 19 DEC./10 JANV. 2/17 JUIL., VENDREDI SOIR ET SAMEDI. 🖂 Ⅺ E CV ⓗ.

BRETIGNOLLES 85470 VENDEE 1920 HAB. S.I.

•• **LA GARENNE** 26, AVENUE DES DUNES M. DANILO. ☎ 51.90.55.33/51.90.56.19 – 15 CH. 118/250 F. MENU 48/99 F. PENSION 159/245 F. DEMI-PENSION 139/225 F. FERME 1 OCT./15 MARS. PARKING PRIVE. 🄵 Ⅺ 🄰🄴 ⓓ E.

BREVILLE-SUR-MER 50290 BREHAL MANCHE 570 HAB.

** **AUBERGE DES QUATRE ROUTES** M.BRETEL ☎ 33.50.20.10 – 7 CH. 105/190 F. MENU 42/110 F. DEMI-PENSION 150/175 F. FERME 1 OCT./PAQUES ET MERCREDI, SAUF JUIL./AOUT. RESTAURANTFERME 2/23 MARS, 7/28 DEC. ⌁ ⌁ ⌁ ⌁ E.

BREVONNES 10220 PINEY AUBE 600 HAB.

* **LE VIEUX LOGIS** M.BAUDESSON ☎ 25.46.30.17 – 7 CH. 86/160 F. MENU 50/150 F. PENSION 182/227 F. FERME 19/29 FEV. ET DIMANCHE SOIR + LUNDI SAUF FERIE. ⌁ ⌁ ⌁ E.

BREZOLLES 28270 EURE-ET-LOIR 1500 HAB.

** **LE RELAIS** M.BITTOU ☎ 37.48.20.84 – 21 CH. 100/180 F. MENU 65/90 F. PENSION 180/230 F. DEMI- PENSION 145/185 F. FERME AOUT, ET DIMANCHE SOIR. ⌁ ⌁ E CV.

BREZONS 15230 PIERREFORT CANTAL 900 M. 350 HAB.

* **AUBERGE DE LA CASCADE** (A LUSTRANDE DE BREZONS). M. ARTIS ☎ 71.73.41.51 – 9 CH. 100/110 F. MENU 45/80 F. PENSION 140/150 F. DEMI-PENSION 110/120 F. FERME MERCREDI HS. ⌁ ⌁ E.

BRIANÇON 05100 HAUTES-ALPES 1300 M. 12000 HAB. S.I.

** **AUBERGE«LE MONT PROREL»**5, RUE RENE-FROGER M.MORANVAL ☎ 92.20.22.88 – 18 CH. 110/320 F. MENU 70/130 F. PENSION 250/350 F. DEMI-PENSION 180/290 F. ⌁ ⌁ ⌁ E CV.

* **CRISTOL** 6, ROUTE D'ITALIE M. CAIRE Alfred ☎ 92.20.20.11 TELEX 410898 – 16 CH. 220/250 F. MENU 80/140 F. PENSION 275/320 F. DEMI-PENSION 200/250 F. FERME 15 NOV./15 DEC. ⌁ ⌁ ⌁ ⌁ ⌁ E CV.

* **DE LA CHAUSSEE** 4, RUE CENTRALE M.BONNAFOUX ☎ 92.21.10.37 – 12 CH. 100/200 F. MENU 60/120 F. DEMI-PENSION 140/200 F. FERME MAI ET NOV. ⌁ ⌁ E.

BRIARE 45250 LOIRET 5682 HAB. S.I.

** **HOSTELLERIE LE CANAL** QUAI DU PONT-CANAL M.RIMBAU ☎ 38.31.22.54 – 18 CH. 170/250 F. MENU 60/185 F. PENSION 200/300 F. DEMI-PENSION 180/220 F. FERME 20 DEC./1 FEV. ET LUNDI HS. ⌁ ⌁ E CV.

BRICQUEBEC 50260 MANCHE 3721 HAB.

** **DU VIEUX CHATEAU** M.HARDY ☎ 33.52.24.49 – 28 CH. 100/250 F. MENU 55/155 F. DEMI-PENSION 140/195 F. FERME 20 DEC./25 JANV. ⌁ ⌁ ⌁ E CV ⌁.

BRIDES-LES-BAINS 73600 MOUTIERS SAVOIE 600 HAB. S.I.

** **LES BAINS** BRIDES LES BAINS M.RUSSO ☎ 79.55.22.05 – 34 CH. FERME 18 OCT./10 AVR. PRIX NON COMMUNIQUES. ⌁ ⌁ ⌁ ⌁ E CV ⌁.

** **LES SOURCES** M.BLAT ☎ 79.24.10.22 – 70 CH. 180/300 F. MENU 70/80 F. PENSION 175/420 F. DEMI- PENSION 170/220 F. SAUNA - SOLARIUM. ⌁ ⌁ CV ⌁ ⌁.

** **VAL VERT** M.CHEDAL ☎ 79.55.22.62 TELEX 980405 – 26 CH. 130/290 F. MENU 78/105 F. PENSION 220/300 F. DEMI-PENS. 190/270 F. FERME 30 OCT./15 DEC. ⌁ ⌁ E CV.

BRIEC 29112 FINISTERE 4000 HAB. S.I.

** **DU MIDI** M.LE LONG ☎ 98.57.90.10 – 15 CH. 88/95 F. MENU 58/120 F. DEMI-PENSION 120/160 F. FERME 4/18 SEPT., VAC. NOEL, ET SAMEDI SAUF JUIL./AOUT. ⌁ ⌁ E.

BRIEY 54150 MEURTHE-ET-MOSELLE 5460 HAB. S.I.

DU COMMERCE 63, RUE DE METZ. SARL. ☎ 82.46.21.00 – 10 CH. 80/100 F. MENU 44/118 F. PENSION 145 F. DEMI-PENSION 105 F. FERME NOEL, NOUVEL AN, ET DIMANCHE. ⌁ ⌁ ⌁ E CV.

BRIGNAIS 69530 RHONE 6800 HAB.

** **RESTOTEL** LES AIGAIS, ROUTE DE LYON. M. CORTESE ☎ 78.05.24.57 TELEX 330949/211 – 19 CH. 220/280 F. MENU 85/200 F. FERME 25/31 DEC. ET RESTAURANT FERME DIMANCHE + LUNDI SOIR. ⌁ ⌁ ⌁ ⌁ E ⌁.

BRIGNOGAN-PLAGE 29238 FINISTERE 986 HAB. S.I.

* **AR REDER MOR** 35 RUE DU GENERAL DE GAULLE Mme.JAFFRES ☎ 98.83.40.09 – 26 CH. 101/194 F. MENU 90 F. PENSION 191/267 F. DEMI-PENSION 149/232 F. FERME 1 NOV./1 AVRIL. RESTAURANT FERME 30 SEPT./1 AVR. ⌁ ⌁.

BRIGNOLES 83170 VAR 10000 HAB. S.I.

** **LE PARIS** 29, AVENUE DREO M. BARBAUDY ☎ 94.69.01.00 TELEX 430 200 – 16 CH. 90/242 F. MENU 72/82 F. PENSION 253/348 F. DEMI-PENSION 181/276 F. FERME JANV. ET RESTAURANT FERME LUNDI. PARKING. ⌁ ⌁ E.

BRIGNON (LE) 43370 SOLIGNAC HAUTE-LOIRE 930 M. 664 HAB.

* **MON AUBERGE** M. ALONSO ☎ 71.03.10.51 – 9 CH. 90 F. MENU 45/85 F. PENSION 150 F. DEMI-PENSION 130 F.

BRIGNOUD 38190 ISERE 6034 HAB.

* **DU DAUPHINE** 12, AV. ROBERT HUANT. M.PILOZ ☎ 76.71.40.56 – 7 CH. 85/150 F. MENU 62/120 F. PENSION 150/165 F. DEMI-PENSION 130/150 F. FERME 27 AOUT/12 SEPT. ⌁ ⌁ ⌁ ⌁ ⌁ E.

BRIGUE (LA) 06430 TENDE ALPES-MARITIMES 800 M. 600 HAB.

** **MIRVAL** M. ET Mme DELLEPIANE ☎ 93.04.63.71 – 18 CH. 140/220 F. MENU 70/120 F. PEN-SION 210/250 F. DEMI-PENSION 170/210 F. FERME 1 NOV./1 AVR. ⌁ ⌁ ⌁ ⌁ ⌁ E.

BRINON-SUR-SAULDRE 18410 ARGENT-SUR-SAULDRE CHER 1200 HAB.

** **AUBERGE LA SOLOGNOTE** M.GIRARD ☎ 48.58.50.29 – 10 CH. 160/300 F. MENU 130/250 F. FERME 1/27 FEV., 10 MAI/5 JUIN, 15/29 SEPT., MARDI SOIR ET MERCREDI. ⌁ ⌁.

BRIONNE 27800 EURE 5038 HAB. S.I.
- ** **LE LOGIS DE BRIONNE** 1 PLACE SAINT DENIS M.DEPOIX ☎ 32.45.77.22/32.44.81.73 – 16 CH. 85/180 F. MENU 100/220 F. FERME 24 DEC./24 JANV., DIMANCHE SOIR ET LUNDI MIDI, LE LUNDI SOIR HS. ♨ 🗙 E.

BRIOUDE 43100 HAUTE-LOIRE 8427 HAB. S.I.
- * **LA VIEILLE AUBERGE** PL. DE LA LIBERATION M. NICOLAS Philippe ☎ 71.50.15.93 – 10 CH. 70/135 F. MENU 45/85 F. PENSION 135/185 F. DEMI-PENSION 105/140 F. FERME DIMANCHE 10 SEPT./20 JUIN. ♨ 🗙 E.
- ** **LE BRIVAS** AV.DU VELAY M.JOUVE ☎ 71.50.10.49 TELEX CHAMCO 392 589 F – 30 CH. 180/270 F. MENU 65/200 F. FERME 20 NOV./28 DEC., VENDREDI SOIR ET SAMEDI MIDI 15 OCT./15 MARS. F 🗙 ℗ & 🖭.
- ** **MODERNE** 12, AV. VICTOR-HUGO M.DELMAS ☎ 71.50.07.30 – 17 CH. 180/260 F. MENU 65/210 F. PENSION 300/350 F. DEMI-PENSION 200/240 F. FERME 1 JANV./15 FEV., DIMANCHE SOIR ET LUNDI SAUF JUILAOUT ET FERIES. ♨ 🗙 ℗ 🖭.

BRIOUX-SUR-BOUTONNE 79170 DEUX-SEVRES 1616 HAB. S.I.
- AF **AUBERGE DE LA BOUTONNE** 1, RUE DU COMMERCE. M. DEROCHE ☎ 49.07.50.61 – 6 CH. 85/145 F. MENU 49/120 F. PENSION 200/320 F. DEMI-PENSION 150/210 F. FERME LUNDI JUSQU'A 18H30. F ♨ 🗙 E.

BRIVE 19100 CORREZE 60000 HAB. S.I.
- * **CHAMPANATIER** 15, RUE DUMYRAT M.BURGMANN ☎ 55.74.24.14 – 12 CH. 66/220 F. MENU 64/100 F. FERME 15/28 FEV., 4/19 JUIL. RESTAURANT FERME VENDREDI SOIR ET DIMANCHE SOIR SAUF JUIL./AOUT.
- ** **COQ D'OR** 16-18, Bld JULES FERRY. M. PEYRAMAURE ☎ 55.24.06.45 – 12 CH. 110/160 F. MENU 55/75 F. PENSION 215/230 F. DEMI-PENSION 190/200 F. FERME 24 DEC./4 JANV., ET DIMANCHE. F 🗙 ℗ & 🖭.
- * **DE FRANCE** 60, AV. JEAN JAURES. M. TARDIEU ☎ 55.74.08.13 – 15 CH. MENU 60 F. PENSION 140 F. FERME DIMANCHE. F 🗙 ℗ & E CV &.
- * **LA CREMAILLERE** 53, AV. DE PARIS M.REYNAL ☎ 55.74.32.47 – 10 CH. 160/220 F. MENU 90/180 F. FERME DIMANCHE SOIR ET LUNDI. ➳ 🗙 ℗.
- * **LE MONTAUBAN** 6, AV. EDOUARD-HERRIOT M. PEYRE ☎ 55.24.00.38 – 18 CH. 100/160 F. MENU 60 F. PENSION 200/300 F. DEMI-PENSION 160/200 F. FERME 1/31 JANV. RESTAURANT FERME LUNDI MIDI, VENDREDI ET SAMEDI MIDI. ♨ 🗙 ℗ E CV.
- ** **LE REGENT** 3, PL. W.-CHURCHILL Mme.LIGNAC ☎ 55.74.09.58 – 24 CH. 120/270 F. MENU 65/150 F. PENSION 270/380 F. DEMI-PENSION 203/308 F. RESTAURANT FERME 1 SEMAINE EN FEV., DIMANCHE SOIR ET LUNDI. 🗙 🖭.

BRIVE (SAINT-VIANCE) 19240 VARETZ CORREZE 850 HAB. S.I.
- ** **DU RIEUX** SORTIE BRIVE, ROUTE DE VARETZ. Mme BOUNAIX ☎ 55.85.01.49 – 16 CH. 135/150 F. MENU 50/120 F. PENSION 200/220 F. DEMI-PENSION 180/200 F. FERME 16 AOUT/1 SEPT., 20 DEC./1 JANV., ET SAMEDI. 🗙 ℗ &.

BRIVE (USSAC) 19270 DONZENAC CORREZE 2500 HAB.
- ** **AUBERGE SAINT-JEAN** PLACE DE L'EGLISE. M. CORCORAL ☎ 55.88.30.20 – 13 CH. 135/200 F. MENU 55/160 F. PENSION 200/230 F. DEMI-PENSION 185/195 F. F ♨ 🗙 E.

BRIVE (VARETZ) 19240 VARETZ CORREZE 1296 HAB.
- **** **CHATEAU DE CASTEL NOVEL** M.PARVEAUX ☎ 55.85.00.01 TELEX 590065 – 28 CH. 450/850 F. MENU 180/350 F. PENSION 715/915 F. DEMI-PENSION 555/755 F. FERME 15 OCT./6 MAI. ♨ ✔ 🗙 ℗ & 🖭.
- ** **ROQUE** (A VARETZ). M. ROQUE. ☎ 55.85.06.96 – 16 CH. 90/120 F. MENU 45/100 F. PENSION 200/220 F. DEMI-PENSION 180 F. FERME 11 NOV./12 DEC., ET LUNDI. 🗙 E.

BROMMAT 12600 MUR-DE-BARREZ AVEYRON 648 M. 150 HAB.
- * **DES BARRAGES** M.VIERS ☎ 65.66.00.84 – 13 CH. 55/85 F. MENU 40/60 F. PENSION 130/160 F. DEMI- PENSION 100/130 F. FERME SAMEDI HS. ♨ ✔.

BROU 28160 EURE-ET-LOIR 3700 HAB. S.I.
- * **LE PLAT D'ETAIN** 15 PLACE DES HALLES Mme EGRET ☎ 37.47.03.98 – 20 CH. 95/185 F. MENU 69/160 F. PENSION 279/314 F. DEMI-PENSION 210/245 F. FERME 1 FEV./7 MARS. RESTAURANT FERME 1 DEC./1 AVR. ♨ ✔ 🗙 E.

BROUSSE-LE-CHATEAU 12480 BROQUIES AVEYRON 60 HAB.
- * **LE RELAYS DU CHASTEAU** Mme SENEGAS ☎ 65.99.40.15 – 14 CH. 75/110 F. MENU 55/78 F. PENSION 160/200 F. DEMI-PENSION 120/160 F. FERME VENDREDI 14H/SAMEDI 18H, ET 15 DEC./15 JANV. ♨ 🗙 🖭 ℗.

BROUVELIEURES 88600 BRUYERES VOSGES 600 HAB.
- ** **DOSSMANN FORTERRE** Mme.FORTERRE ☎ 29.50.20.14/29.50.26.21 – 15 CH. 105/200 F. MENU 58/150 F. PENSION 190/230 F. DEMI-PENSION 150/190 F. FERME 2eme QUINZ. SEPT., MI-DEC./MI-JANV.

BRUAY-EN-ARTOIS 62700 PAS-DE-CALAIS 28000 HAB. S.I.
- ** **L'UNIVERS** 30, RUE HENRI-CADOT M.FERMAUT ☎ 21.62.40.31 – 18 CH. 80/220 F. MENU 65/125 F. RESTAURANT FERME SAMEDI ET DIMANCHE SOIR. 🗙 E CV.

BRUERE-ALLICHAMPS 18200 CHER 649 HAB.
- * **LES TILLEULS** ROUTE DE NOIRLAC M.DAUXERRE ☎ 48.61.02.75 – 13 CH. 100/160 F. MENU 78/145 F. DEMI-PENSION 140/170 F. FERME 1/28 FEV., 21/31 DEC., MERCREDI, ET DIMANCHE SOIR NOV./FIN JANV. ✔.

BRUERE-ALLICHAMPS (NOIRLAC) 18200 SAINT-AMAND-MONT-ROND CHER 25 HAB.

AF **AUBERGE DE L'ABBAYE** Mme.BALIN ☎ 48.96.22.58 – 2 CH. 130/160 F. MENU 55/110 F. PENSION 180 F. DEMI-PENSION 140 F. FERME 15 JANV./15 MARS, ET MARDI.

BRUMATH 67170 BAS-RHIN 8000 HAB.

** **L'ECREVISSE** 4, AV. DE STRASBOURG. M.ORTH ☎ 88.51.11.08 – 21 CH. 60/220 F. MENU 128/259 F. FERME VAC. SCOL. FEV., 17 JUIL./7 AOUT, LUNDI SOIR ET MARDI.RESTAURANT CLIMATISE - SAUNA. F AE E CV.

BRUNIQUEL 82800 NEGREPELISSE TARN-ET-GARONNE 500 HAB. S.I.

ETAPE DU CHATEAU M.GILET ☎ 63.67.25.00 – 7 CH. 90/120 F. MENU 60/90 F. PENSION 200/230 F. DEMI-PENSION 150/160 F. FERME 1 JANV./15 MARS, 1/10 SEPT., MARDI SOIR ET MERCREDI HS., RESTAURANT FERME 1 JANV./15 FEV. F E.

BUBRY 56310 MORBIHAN 2300 HAB.

** **AUBERGE DE COET DIQUEL** (A COET-DIQUEL) M.ROMIEUX ☎ 97.51.70.70 – 20 CH. 210/265 F. MENU 64/166 F. PENSION 259/289 F. DEMI-PENSION 229/259 F. FERME 1 DEC./15 MARS. F E.

BUDELIERE 23170 CHAMBON-SUR-VOUEIZE CREUSE 800 HAB. S.I.

AF **RELAIS DE SAINTE-RADEGONDE** M.NORRE ☎ 55.82.80.63 – 6 CH. 60/90 F. MENU 40/90 F. PENSION 130/150 F. DEMI-PENSION 90/110 F. FERME VENDREDI APRES-MIDI. F AE E CV.

BUGARACH 11190 COUIZA AUDE 144 HAB.

AF **LE PRESBYTERE** Mme JESSU ☎ 68.69.88.51 – 6 CH. 135/260 F. MENU 85/170 F. PENSION 190/380 F. DEMI-PENSION 160/300 F. FERME MARDI HS. CV.

BUGUE (LE) 24260 DORDOGNE 2800 HAB. S.I.

AF **AUBERGE DU PRE SAINT LOUIS** Mme ARCHAMBAUD ☎ 53.07.15.14 – 10 CH. 130/225 F. MENU 60/225 F. PENSION 355/405 F. DEMI-PENSION 295/320 F. FERME 1 FEV./1 MARS ET LUNDI. F CV.

BUHL 68530 HAUT-RHIN 4000 HAB.

** **A LA VIGNE** M.MUNCH ☎ 89.76.92.99 – 13 CH. 80/160 F. MENU 55/80 F. PENSION 180/230 F. DEMI- PENSION 90/150 F. FERME 1/15 JANV., ET LUNDI HS. F E.

BUJALEUF 87460 HAUTE-VIENNE 1000 HAB. S.I.

*AF **ALARY** ROUTE DU LAC M. ALARY ☎ 55.69.50.18 – 9 CH. 65/90 F. MENU 50/90 F. PENSION 140/150 F. DEMI-PENSION 100/110 F. FERME NOV.

* **DES TOURISTES** M.TERRIER ☎ 55.69.50.01 – 12 CH. 61/91 F. MENU 44/92 F. PENSION 172/203 F. DEMI-PENSION 130/158 F. FERME 20/31 DEC., 1/28 FEV. AE E.

BUOUX 84480 BONNIEUX VAUCLUSE 103 HAB.

AF **AUBERGE DES SEGUINS** M. PESSEMESSE ☎ 90.74.16.37 – 23 CH. 100/130 F. MENU 75/80 F. PENSION 180/200 F. DEMI-PENSION 145/160 F. FERME 15 NOV./1 MARS. F.

BURNHAUPT-LE-HAUT 68520 HAUT-RHIN 2000 HAB.

*AF **DU PONT D'ASPACH** 1 PONT D'ASPACH M.STROHMEYER ☎ 89.48.70.63 – 26 CH. 75 F. MENU 37 F. PENSION 160 F. DEMI-PENSION 125 F. FERME 15 JUIL./15 AOUT, 24 DEC./2 JANV., SAMEDI APRES-MIDI ET DIMANCHE. F E CV.

BUSSAC 24350 TOCANE-SAINT-APRE DORDOGNE 200 HAB.

AF **L'EDEN VERT** M. LECOQ ☎ 53.03.52.01 – 6 CH. 90/110 F. MENU 50/130 F. PENSION 145 F. DEMI-PENSION 115 F. FERME 1 /15 JANV. E.

BUSSANG 88540 VOSGES 625 M. 1990 HAB. S.I.

** **DES DEUX CLEFS** Mme FRITZ ☎ 29.61.51.01 – 17 CH. 90/200 F. MENU 48/96 F. PENSION 160/180 F. DEMI-PENSION 105/135 F. F AE E CV.

** **DES SOURCES** 12 ROUTE ES SOURCES M.JOLLY ☎ 29.61.51.94 – 9 CH. 185/240 F. MENU 69/220 F. PENSION 200/240 F. DEMI-PENSION 170/210 F. F CV.

ec **DU CENTRE** 9, RUE D'ALSACE. M. SAILLEY ☎ 29.61.50.56 – 7 CH. 70/90 F. MENU 45/65 F. PENSION 165 F. DEMI-PENSION 131 F. FERME MERCREDI HS. F AE E.

** **DU TREMPLIN** RUE DU 3eme R.T.A. M.GABRIEL ☎ 29.61.50.30 – 20 CH. 90/160 F. MENU 50/120 F. PENSION 155/230 F. DEMI-PENSION 130/200 F. FERME 26 SEPT./26 OCT. ET LUNDI HORS VAC.SCOL. F AE E CV.

BUSSEAU-SUR-CREUSE 23150 AHUN CREUSE 2000 HAB.

** **DU VIADUC** M.LEMESTRE ☎ 55.62.40.62 – 7 CH. 180/220 F. MENU 70/195 F. DEMI-PENSION 220/280 F. FERME 15 DEC./15 JANV., DIMANCHE SOIR ET LUNDI. E.

BUXIERES-LES-MINES 03440 ALLIER 1397 HAB.

* **DU COMMERCE** 17 PLACE LOUIS GANNE M.BARTHELAT ☎ 70.66.01.11 – 8 CH. 70/80 F. MENU 40/150 F. PENSION 116/136 F. DEMI-PENSION 115/120 F. FERME 30 JUIL./16 AOUT, 18/31 DEC. ET VENDREDI SOIR.

BUXY 71390 SAONE-ET-LOIRE 1800 HAB. S.I.

** **GIRARDOT** M. GIRARDOT ☎ 85.92.04.04 – 11 CH. 95/290 F. MENU 65/140 F. PENSION 245/320 F. DEMI-PENSION 170/245 F. FERME 15 JANV./29 FEV., RESTAURANT FERME DIMANCHE SOIR ET LUNDI. ANIMATION. F E CV.

BUZANÇAIS 36500 INDRE 5000 HAB.

ec **DU CROISSANT** 53 RUE GRANDE M.DESROCHES ☎ 54.84.00.49 – 10 CH. 80/200 F. MENU 65/170 F. PENSION 160/220 F. DEMI-PENSION 140/170 F. FERME FEV., VENDREDI ET SAMEDI. E.

BUZANÇAIS (suite)

** **HERMITAGE** ROUTE D'ARGY. M. SUREAU ☎ 54.84.03.90 – 17 CH. 85/250 F. MENU 60/195 F.
⌐ PENSION 195/270 F. DEMI-PENSION 155/225 F. FERME DIMANCHE SOIR ET LUNDI. 🇫 🚗
🖿 ढ.

BUZANCY 08240 ARDENNES 470 HAB.

AF **DU SAUMON** Mme REAL ☎ 24.30.00.42 – 6 CH. 65/108 F. 🇫 ✕ 🅰🅴.

C

CABANNES (LES) 09310 ARIEGE 535 M. 469 HAB.

* **LA FLAMBEE** 10, PLACE DES PLATANES. M. PONS ☎ 61.64.77.84 – 15 CH. 90/200 F. MENU
⌐ 55/135 F. PENSION 180/260 F. DEMI-PENSION 173/205 F. 🇫 🖿 ◑.

CABOURG 14390 CALVADOS 3300 HAB. S.I.

AF **AUBERGE DU PARC** 31 AV.DU GENERAL LECLERC M. HAMELIN ☎ 31.91.00.82 – 10 CH.
90/160 F. MENU 62/145 F. PENSION 200/235 F. DEMI-PENSION 145/190 F. FERME 30 SEPT./PA-
QUES, MARDI ET MERCREDI HS. 🇫 🖿.

* **L'OIE QUI FUME** 18 AVENUE DE LA BRECHE BUHOT. M. DUTEURTRE ☎ 31.91.27.79 – 16 CH.
110/200 F. MENU 75/160 F. PENSION 210/240 F. DEMI-PENSION 160/200 F. FERME 4 JANV./4
FEV., DIMANCHE SOIR, LUNDI, MARDI DU 28 SEPT./PAQUES. 🖿 E ढ.

CABRERETS 46330 LOT 220 HAB. S.I.

** **AUBERGE DE LA SAGNE** RTE DE PECH-MERLE (A 1KM) M.LABROUSSE ☎ 65.31.26.62 –
10 CH. 110/170 F. MENU 65/105 F. DEMI-PENSION 140/170 F. FERME 1 OCT./30 AVR. 🇫
🖿 🅰🅴 ◑ E CV.

** **DES GROTTES** M.THERON ☎ 65.31.27.02 – 18 CH. 100/179 F. MENU 58/107 F. DEMI-PEN-
SION 127/167 F. FERME 30 SEPT./15 MAI ET REST. FERME MIDI HORS VAC. ⇶ 🛏 🖿 CV.

CABRIS 06530 ALPES-MARITIMES 1100 HAB. S.I.

** **L'HORIZON** M.LEGER-ROUSTAN ☎ 93.60.51.69 – 18 CH. 120/250 F. MENU 80 F. PENSION
270/285 F. DEMI-PENSION 215/230 F. FERME 15 OCT./15 MARS ET RESTAURANT MERCREDI.
🛏 🖿 🅰🅴 ◑ E.

CADEAC 65640 HAUTES-PYRENEES 725 M. 170 HAB.

** **HOSTELLERIE DU VAL D'AURE** M. DAVEZAN. ☎ 62.98.60.63 – 21 CH. 165/240 F. MENU
⌐ 65/210 F. PENSION 190/250 F. DEMI-PENSION 160/210 F. FERME 15 AVR./1 JUIN ET 30 SEPT./22
DEC. 🇫 ♂ ⇶ 🖿 ढ.

CADENET 84160 VAUCLUSE 2340 HAB.

** **AUX OMBRELLES** AVENUE DE LA GARE M.DRABIN ☎ 90.68.02.40 – 11 CH. 85/185 F. MENU
95/185 F. PENSION 225/370 F. DEMI-PENSION 155/275 F. FERME 1 DEC./1 FEV., ET LUNDI 1
SEPT./1 JUIL. 🛏 🖿.

CAGNES-SUR-MER (LE CROS) 06170 ALPES-MARITIMES 29538 HAB. S.I.

** **LES MIMOSAS** 151, AV. DE NICE Mlle CANONNE ☎ 93.31.00.15 – 15 CH. 130/190 F. MENU
70 F. DEMI-PENSION 130/200 F. FERME 30 OCT./1 DEC., ET DIMANCHE. 🛏 ✕ 🖿.

CAGNOTTE 40300 PEYREHORADE LANDES 450 HAB.

** **BONI** M. DEMEN ☎ 58.73.03.78 – 10 CH. 120/150 F. MENU 70/180 F. PENSION 190/250 F.
DEMI-PENSION 140/200 F. FERME MI-DEC./DEBUT MARS, DIMANCHE SOIR ET LUNDI 1 OCT./ 31
JUIN. ⇶ 🛏 🖿 CV.

CAHORS 46000 LOT 27000 HAB. S.I.

*** **CHARTREUSE** RUE SAINT-GEORGES M.GARDILLOU ☎ 65.35.17.37/65.35.56.40 – 34 CH.
150/300 F. MENU 50/150 F. FERME 24 DEC./5 JANV. RESTAURANT FERME 1/15 NOV. ET LUNDI.
🇫 🖿 E.

*** **DE FRANCE** 252,AV. JEAN-JAURES M.QUEBRE ☎ 65.35.16.76 – 78 CH. 150/220 F. 🚗
🛏 ✕ 🖿 🅰🅴 ◑ E CV ढ 🖾.

* **DE LA PAIX** 30, PL. SAINT-MAURICE M.FIRMY ☎ 65.35.03.40 – 20 CH. 85/120 F. MENU
50/150 F. PENSION 130/150 F. DEMI-PENSION 110/130 F. FERME DIMANCHE. 🛏 🖿
🅰🅴 ◑ E.

AF **L'ESCARGOT** 5, BD GAMBETTA M.ROUQUAL ☎ 65.35.07.66 – 10 CH. 70/117 F. MENU
48/107 F. FERME 8/23 MAI, 7/23 NOV. ET DIMANCHE SOIR/MARDI. 🛏 🖿 E.

** **LE MELCHIOR** PL. DE LA GARE M.CABANES ☎ 65.35.03.38 – 30 CH. 78/175 F. MENU
51/150 F. PENSION 200/300 F. DEMI-PENSION 150/250 F. FERME JANV. ET DIMANCHE HS.
🇫 🖿 🅰🅴 ◑ E CV ढ.

*** **TERMINUS Restaurant LE BALANDRE** M. DARNAL-MARRE ☎ 65.35.24.50 – 31 CH.
160/260 F. MENU 80/160 F. FERME RESTAURANT VAC. FEV., 9/16 JUIN, DIMANCHE SOIR ET
LUNDI HS. ⇶ 🛏 🖿 E ढ 🖾.

CAHORS (LABERAUDIE) 46090 LOT 1500 HAB.

* **LE CLOS GRAND** M. SOUPA ☎ 65.35.04.39 – 21 CH. 110/180 F. MENU 55/180 F. PENSION
⌐ 220/250 F. DEMI-PENSION 170/200 F. FERME RESTAURANT 5/14 MARS, 25 JUIN/4 JUIL., 24
SEPT./10 OCT., SAMEDI ET DIMANCHE SOIR. 🇫 🛏 🖿 ढ.

CAHORS (LAROQUE-DES-ARCS) 46090 CAHORS LOT 300 HAB.

** **BEAU RIVAGE** Mme CALMON ☎ 65.35.30.58 – 15 CH. 150/260 F. PENSION 200/220 F.
FERME OCT./UNE SEMAINE AVANT PAQUES. RESTAURANT FERME JANV. ET LUNDI. 🖿 🅰🅴
E ढ.

CAHORS-SUD 46230 LALBENQUE LOT 21903 HAB.

*** **L'AQUITAINE** RN. 20 M. MARRE ☎ 65.21.00.51 TELEX 532570 – 44 CH. 240/270 F. MENU
65/150 F. PENSION 270/340 F. DEMI-PENSION 200/275 F. 🇫 ⇶ 🖿 🅰🅴 ◑ E
CV ढ 🖾.

CAILHAU 11240 BELVEZE-DU-RAZES AUDE 180 HAB. S.I.

** **LE RELAIS TOURISTIQUE DE BELVEZE - LE FRICASSOU** (CARREFOUR DE BELVEZE - SUR D.623) M. CARDEYMAELS ☎ 68.69.08.78 – 7 CH. 125/160 F. MENU 59/190 F. PENSION 200/260 F. DEMI-PENSION 180/250 F. 🅵 ⵣ 🆑 ⓓ E CV.

CAILLAC 46140 LUZECH LOT 380 HAB.

* **CHEZ NADAL** M. LEMOZIT ☎ 65.30.92.35/65.30.91.55 TELEX 520356 – 18 CH. 89/178 F. MENU 77/205 F. PENSION 247/300 F. DEMI-PENSION 173/215 F. FERME 10 OCT./1 AVR. ET LUNDI HS. 🅵 ≛ 🆑 🆑 E CV.

CAJARC 46160 LOT 1200 HAB. S.I.

AF **DE LA PROMENADE** M.CONQUET ☎ 65.40.61.21 – 5 CH. 65/90 F. MENU 45/100 F. PENSION 135/150 F. FERME 15 SEPT./15 JUIN, SAMEDI SOIR ET DIMANCHE HS. RESTAURANT FERME 1/15 NOV., 26 MARS/11 AVR. 🆑 🆑 ⓓ E CV.

AF **DU PONT** RUE DU PONT M.ESCARRIE ☎ 65.40.67.84 – 7 CH. 90/110 F. MENU 55/95 F. PENSION 150/160 F. DEMI-PENSION 110/125 F. FERME 25 DEC./2 JANV. ET SAMEDI HS.

* **LE LION D'OR** M.FORESTIER ☎ 65.40.65.47 – 9 CH. 100/115 F. MENU 50/115 F. PENSION 175 F. DEMI-PENSION 135 F. FERME 10/20 OCT.

CALAIS 62100 PAS-DE-CALAIS 60000 HAB. S.I.

** **LE GEORGE V** 36, RUE ROYALE. M. BEAUVALOT ☎ 21.97.68.00 TELEX 135159 – 43 CH. 100/250 F. MENU 60/130 F. RESTAURANT FERME 21 DEC./4 JANV. ET SAMEDI MIDI/DIMANCHE SOIR. PARKING PRIVE. 🆑 🆑 ⓓ E.

CALAS-CABRIES 13480 CABRIES BOUCHES-DU-RHONE 6120 HAB.

** **HOSTELLERIE DU LAC BLEU** (SUR D.9 - LE REALTOR). M. LAROSE ☎ 42.69.07.81/42.69.07.82 – 10 CH. 180/280 F. MENU 110/200 F. PENSION 380 F. DEMI-PENSION 300 F. RESTAURANT FERME DIMANCHE SOIR HIVER. 🆑.

CALES 46350 PAYRAC LOT 150 HAB.

** **LE PAGES** ROUTE DE PAYRAC. PAGES ET Fils ☎ 65.37.95.87 – 15 CH. 105/250 F. MENU 55/200 F. PENSION 200/250 F. DEMI-PENSION 60/220 F. FERME 1/29 OCT., 3 JANV./3 FEV. ET RESTAURANT FERME MARDI 1 NOV./1 AVR.

** **PETIT RELAIS** Mme.XIBERAS ☎ 65.37.96.09 – 9 CH. 98/140 F. MENU 45/210 F. FERME 23 DEC./3 JANV. ET SAMEDI HS. 🅵 🆑 E.

CALVI 20260 CORSE 3500 HAB. S.I.

** **LA CARAVELLE** LA PLAGE Mmes LEVY & RUSE ☎ 95.65.01.21 – 20 CH. 152/217 F. MENU 90 F. PENSION 250/296 F. DEMI-PENSION 217/231 F. FERME 30 SEPT./30 AVR. 🐎 🆑 CV.

** **MOTEL LE PADRO** (A 6km, SUR ROUTE DE CALENZANA). Mme FRATACCI ☎ 95.65.08.89 – 8 CH. 190/220 F. MENU 75 F. PENSION 280/312 F. DEMI-PENSION 205/237 F. ≛ 🆑 E.

** **REVELLATA** AVENUE NAPOLEON M. MARANINCHI ☎ 95.65.01.89 – 41 CH. 250/300 F. MENU 70/85 F. DEMI-PENSION 225/250 F. FERME 15 OCT./31 MARS. 🅵 🐕 🆑 🆑 ⓓ

CALVIAC 46190 SOUSCEYRAC LOT 600 M. 293 HAB.

* **LE RANFORT** LIEU-DIT PONT-DE-RHODES. Mme DELBERT ☎ 65.33.01.06 – 11 CH. 85/140 F. MENU 45/130 F. PENSION 150/170 F. DEMI-PENSION 110/130 F. 🆑 🆑 E.

CALVINET 15340 CANTAL 600 M. 493 HAB.

* **DE LA TERRASSE** PLACE J. DE BONNEFON M.LACOSTE ☎ 71.49.91.59 – 11 CH. 55/115 F. MENU 50/100 F. PENSION 140/150 F. DEMI-PENSION 115/125 F. FERME 1 NOV./31 MARS. 🅵 ≛ 🆑 ⓓ E.

CAMARET-SUR-MER 29129 FINISTERE 3400 HAB. S.I.

** **DE FRANCE** SUR LE PORT M.MOREAU ☎ 98.27.93.06 – 22 CH. 120/340 F. MENU 58/252 F. PENSION 225/365 F. DEMI-PENSION 180/320 F. FERME 11 NOV./25 MARS, ET VENDREDI HS. 🅵 ⵣ 🆑 E CV 🆑.

CAMBO-LES-BAINS 64250 PYRENEES-ATLANTIQUES 4200 HAB. S.I.

*** **LE RELAIS DE LA POSTE** PLACE DE LA MAIRIE. M. AUBER ☎ 59.29.73.03 – 10 CH. 200/210 F. MENU 120/210 F. PENSION 360/370 F. DEMI-PENSION 305/315 F. FERME 1 JANV./15 AVR. ET 1 NOV./31 DEC. 🅵 🆑 🆑 E.

CAMBRAI 59400 NORD 36620 HAB. S.I.

AF **LA CHOPE** 17, RUE DES DOCKS. M. ROUSSEL ☎ 27.81.36.78 – 12 CH. 85/125 F. MENU 54/85 F. PENSION 155/175 F. DEMI-PENSION 135 F. FERME DIMANCHE SOIR. 🅵 ≛ 🆑 ⓓ CV.

CAMIERS 62176 PAS-DE-CALAIS 2126 HAB.

** **LES CEDRES** 64, RUE DU VIEUX MOULIN. Mme CODRON ☎ 21.84.94.54 – 22 CH. 130/230 F. MENU 65/160 F. PENSION 250/280 F. DEMI-PENSION 200/230 F. 🅵 🆑 🆑 ♿.

CAMOEL 56130 LA ROCHE-BERNARD MORBIHAN 600 HAB.

** **LA VILAINE** M.LE HUCHE ☎ 99.90.01.55 – 24 CH. 110/230 F. MENU 55/155 F. PENSION 210/260 F. DEMI-PENSION 170/260 F. FERME FEV., ET MARDI. 🅵 ♂ 🆑 ⓓ E.

CAMORS 56330 PLUVIGNER MORBIHAN 2300 HAB.

** **AR BRUG** 14 RUE PRINCIPALE Mme.LE TOUZIC ☎ 97.39.20.10 – 20 CH. 98/168 F. MENU 50/192 F. PENSION 140/192 F. DEMI-PENSION 112/147 F. 🅵 🆑 🆑 ⓓ E CV.

CAMPAGNE 40090 MONT-DE-MARSAN LANDES 682 HAB.

RELAIS DE MARSAN M. STEFANETTO ☎ 58.44.79.58 – 6 CH. 70 F. MENU 50/145 F. PENSION 150 F. DEMI-PENSION 120 F. FERME VAC.SCOL.FEV. ET MERCREDI. 🅵 🆑 E.

CAMPAN **65200** HAUTES-PYRENEES 650 M. 1540 HAB.

* **BEAU SEJOUR** Mme GARCIA ☎ 62.91.75.30 — 21 CH. 95/110 F. MENU 38/110 F. PENSION 140/170 F. DEMI-PENSION 120/135 F. FERME 8 NOV./8 DEC. 🄵 ☎ 🄰🄴 ⊛ E.

CAMPENEAC **56800** PLOERMEL MORBIHAN 1306 HAB.

** **A L'OREE DE LA FORET** M.JOURDRAN ☎ 97.93.40.27 — 12 CH. 96/170 F. MENU 50/135 F. PENSION 162/200 F. DEMI-PENSION 125/160 F. FERME 6/20 OCT., VAC. SCOL. FEV., ET VENDREDI HS. 🄵 ⏚ ☎ E CV.

CAMPS **19430** MERCOEUR CORREZE 340 HAB.

** **DU LAC** M. SOLIGNAC ☎ 55.28.51.83 — 11 CH. 90/180 F. MENU 55/170 F. PENSION 172/212 F. DEMI-PENSION 122/160 F. FERME 31 OCT./15 NOV., 1/28 FEV. RESTAURANT FERME MARDI SOIR/JEUDI MATIN OCT./PAQUES. 🄵 ☎ E 🖧.

CANAPVILLE **14800** DEAUVILLE CALVADOS 180 HAB.

** **L'AUBERGADE** ROUTE DE PARIS. M. COURSAULT ☎ 31.65.22.59 — 13 CH. 230/290 F. MENU 95/385 F. PENSION 312/341 F. DEMI-PENSION 232/261 F. FERME JANV./FIN MARS. ☎ 🄰🄴 ⊛ E 🖧.

CANCALE **35260** ILLE-ET-VILAINE 5000 HAB. S.I.

** **DE LA POINTE DU GROUIN** M.SIMON ☎ 99.89.60.55 — 16 CH. 138/240 F. MENU 85/240 F. PENSION 255/310 F. DEMI-PENSION 225/290 F. FERME 30 SEPT./PAQUES ET MARDI 1er SEPT./10 JUIL. ☎ E.

** **EMERAUDE** 7, QUAI THOMAS M.CHOUAMIER-GROSSIN ☎ 99.89.61.76 — 16 CH. 90/250 F. MENU 80/175 F. PENSION 250/325 F. DEMI-PENSION 175/240 F. FERME 15 NOV./15 DEC. ET RESTAURANT FERME 15 NOV./30 MARS. ☎ E.

** **LE CONTINENTAL** SUR LE PORT M.CHOUAMIER ☎ 99.89.60.16 — 19 CH. 120/350 F. MENU 104/175 F. PENSION 290/410 F. DEMI-PENSION 190/305 F. FERME 15 NOV./15 FEV. ET RESTAURANT FERME LUNDI. ☎ E.

** **LE PHARE** 6, QUAI A.-THOMAS M.LEBRET ☎ 99.89.60.24 — 7 CH. 100/200 F. MENU 70/200 F. DEMI-PENSION 120/180 F. FERME 1 DEC./15 FEV. ET MERCREDI. ☎.

CANDE **49440** MAINE-ET-LOIRE 2600 HAB. S.I.

** **LA RENAISSANCE ET PLAISANCE** ROUTE D'ANGERS/VILLEGONTIER M.HERGON ☎ 41.92.70.32/41.92.04.25 — 21 CH. 85/200 F. MENU 46/150 F. PENSION 150/200 F. DEMI-PENSION 130/150 F. FERME 16/30 OCT. HOTEL PLAISANCE PERMANENT. HOTEL RENAISSANCE FERME VENDREDI. ⏚ ⊨ ☎ 🖧.

* **LES TONNELLES** 8 PLACE DES HALLES M.BOUDET ☎ 41.92.71.12 — 9 CH. 65/85 F. MENU 43/115 F. PENSION 140/150 F. DEMI-PENSION 95/105 F. FERME 1ERE SEM. OCT., ET MERCREDI. ⏚ ☎.

CANDE-SUR-BEUVRON **41120** LES MONTILS LOIR-ET-CHER 1000 HAB. S.I.

** **LE LION D'OR** 1, RUE DE BLOIS. M.PIGOREAU ☎ 54.44.04.66 — 10 CH. 72/195 F. MENU 58/120 F. PENSION 163/215 F. DEMI-PENSION 110/163 F. FERME MARDI. ⊨ ☎ E.

CANET-DE-SALARS **12290** PONT-DE-SALARS AVEYRON 835 M. 120 HAB.

AF **AUBERGE DES ARCADES** M.BELET ☎ 65.46.85.13 — 8 CH. RESTAURANT FERME 1/16 SEPT. PRIX NON COMMUNIQUES. ⏚ ⊨ ☎ E.

CANET-PLAGE **66140** CANET-EN-ROUSSILLON PYRENEES-ORIENTALES 4600 HAB. S.I.

** **LE CONTINENTAL** 45, Bld DE LA COTE VERMEILLE. M. MARTINEZ ☎ 68.80.23.45 — 17 CH. 170/270 F. FERME 1 OCT./1 AVR. RESTAURATION A L'HOTEL SAINT-GEORGES. 🄵 ⏚ ✕ ☎.

** **SAINT GEORGES** 54 AVENUE CASSANGES M. MARTINEZ ☎ 68.80.33.77 — 48 CH. 160/270 F. MENU 60/70 F. PENSION 200/220 F. DEMI-PENSION 160/190 F. FERME 1 OCT./1 AVR. 🄵 ⏚ ☎ 🄵.

CANISY **50750** MANCHE 750 HAB.

* **AU PICHET D'ETAIN** M. LESEINE ☎ 33.56.61.13 — 9 CH. 80/140 F. MENU 40/80 F. PENSION 150/170 F. DEMI-PENSION 125/140 F. FERME 2/10 JANV., 28 JUIN/11 JUIL. ET DIMANCHE SOIR/LUNDI 17 H.30. ⊨ ☎.

CANNET-DE-CANNES (LE) **06110** ALPES-MARITIMES 30000 HAB. S.I.

* **LE VIRGINIA** 41, BD CARNOT M.DANILLON ☎ 93.45.43.87 — 20 CH. 130/190 F. MENU 55/85 F. DEMI-PENSION 100/170 F. FERME 20 OCT./10 NOV. ET DIMANCHE. 🄵 ⏚ ☎ ⊛ E CV.

CANNET-DES-MAURES (LE) **83340** LE LUC VAR 2155 HAB.

* **LE MAS DU FOUR** (EST DU LUC PAR N.7)RTE DE L'EA ALAT M.FOURTINES ☎ 94.60.74.64/94.73.48.41 — 10 CH. 120/150 F. MENU 70/150 F. PENSION 250/330 F. DEMI-PENSION 210/300 F. FERME 24/31 OCT., 15 JANV./15 FEV., DIMANCHE SOIR ET LUNDI SEPT./28 JUIN. 🄵 ⏚ ⊨ ☎ E.

CANOURGUE (LA) **48500** LOZERE 1877 HAB. S.I.

** **DU COMMERCE** M. MIRMAND ☎ 66.32.80.18 — 30 CH. 137/180 F. MENU 48/100 F. PENSION 200/220 F. DEMI-PENSION 165/180 F. FERME 15 NOV./1 MARS, DIMANCHE SOIR ET LUNDI. 🄵 ⏚ ☎ CV 🖧 🄵.

CAP-COZ (LE) **29170** FOUESNANT FINISTERE 4900 HAB. S.I.

** **BELLE-VUE** 30, DESCENTE DE BELLE VUE. Mme KERNEVEZ ☎ 98.56.00.33 — 21 CH. 98/220 F. MENU 62/95 F. PENSION 199/320 F. DEMI-PENSION 149/270 F. FERME 15 OCT./15 MARS. RESTAURANT FERME 20 SEPT./15 AVR., ETMARDI. ⊨ ☎ E.

** **DE LA POINTE** 81, AV. DE LA POINTE. Mme LE TORCH ☎ 98.56.01.63 — 22 CH. 126/252 F. MENU 79/150 F. PENSION 185/264 F. DEMI-PENSION 135/214 F. FERME 28 SEPT./2 AVR., ET MERCREDI. ⊨ ☎.

— 63 —

CAP-D'AIL 06320 ALPES-MARITIMES 5000 HAB. S.I.

** **LA CIGOGNE** ROUTE DE LA PLAGE-MALA M.MACCHI ☎ 93.78.29.60 – 15 CH. 280/300 F. MENU 120/130 F. DEMI-PENSION 240/260 F. FERME 2 NOV./21 MARS. ▆.

CAPBRETON 40130 LANDES 4800 HAB. S.I.

** **L'OCEAN** 85 AV.GEORGES POMPIDOU M. GELOS Jacques ☎ 58.72.10.22 – 33 CH. 95/240 F. MENU 60/200 F. DEMI-PENSION 195/250 F. FERME 15 OCT./28 FEV. ET RESTAURANT FERME MERCREDI HS. 🄵 ▆ ▆ ▆ 🄴 ▥.

CAPDENAC-GARE 12700 AVEYRON 6000 HAB. S.I.

* **DE PARIS** 12, AV. GAMBETTA M.SOULIGNAC ☎ 65.64.74.72 – 15 CH. 75/130 F. MENU 45/130 F. PENSION 135/160 F. DEMI-PENSION 95/120 F. FERME 24 DEC./2 JANV. RESTAURANT FERME DIMANCHE. ▆ ▥ E.

CAPELLE (LA) 02260 AISNE 2270 HAB.

* **DE LA THIERACHE** M. MARLOT ☎ 23.97.33.80 – 14 CH. 95/160 F. MENU 57/135 F. PENSION 160/250 F. DEMI-PENSION 130/200 F. FERME 10/25 FEV. 🄵 ▆ ▆ E.

CAPELLE-LES-BOULOGNE (LA) 62360 PONT-DE-BRIQUES PAS-DE-CALAIS 1200 HAB.

AF **AUBERGE DE LA STATION** M. MINY ☎ 21.83.32.54 – 4 CH. 80/140 F. MENU 62/150 F. DEMI-PENSION 120 F. FERME 1 DEC./1 MARS, DIMANCHE SOIR ET LUNDI ET RESTAURANT FERME FEV. ▆ ▥ E CV.

CAPESTANG 34310 HERAULT 2550 HAB. S.I.

** **FRANCHE-COMTE** Mme GINER ☎ 67.93.31.21 – 15 CH. 140/175 F. MENU 60 F. DEMI-PENSION 145/160 F. RESTAURANT FERME DIMANCHE. ▆ ▆ ▆ ▆ ▥ E CV.

CAPVERN-LES-BAINS 65130 HAUTES-PYRENEES 1000 HAB. S.I.

** **AUBERGE DE LA GOUTILLE** RUE DES THERMES Mme LABAT ☎ 62.39.03.62 – 12 CH. 140/160 F. MENU 65 F. PENSION 190 F. DEMI-PENSION 165 F. FERME 22 OCT./1 MAI. 🄵 ▆ ▆ ▆ ▥ E.

* **BELLEVUE** M. DARIES ☎ 62.39.00.29 – 34 CH. 58/118 F. MENU 65/110 F. PENSION 145/236 F. DEMI-PENSION 134/206 F. FERME 5 OCT./2 MAI. ▆ ఉ.

* **LEMOINE** M. LEMOINE ☎ 62.39.02.18 – 20 CH. 80/150 F. MENU 58/80 F. PENSION 130/200 F. DEMI-PENSION 113/180 F. FERME 22 OCT./30 AVR. ▆.

CARANTEC 29226 FINISTERE 2600 HAB. S.I.

* **DU PORS POL** 7 RUE SURCOUF M.BOHIC ☎ 98.67.00.52 – 30 CH. 70/170 F. MENU 60/180 F. PENSION 156/203 F. DEMI-PENSION 154/165 F. FERME 19 SEPT./26 MARS, ET 16 AVR./21 MAI. ▆ E.

CARBONNE 31390 HAUTE-GARONNE 3400 HAB. S.I.

*AF **CHEZ LEON** 15 PLACE DE LA REPUBLIQUE M.LOUMAGNE ☎ 61.87.85.03 – 6 CH. 98/120 F. MENU 45/64 F. ▆.

CARCANS-OCEAN 33121 GIRONDE 12 HAB.

** **DE L'OCEAN** M.DESPREZ ☎ 56.60.31.13 – 14 CH. 137/214 F. MENU 75/140 F. DEMI-PENSION 177/217 F. FERME 1 OCT./1 AVR. ▆.

CARCASSONNE 11000 AUDE 49000 HAB. S.I.

** **ARAGON** 15, MONTEE COMBELERAN. M. DOMINGO ☎ 68.47.16.31 TELEX 505076 – 29 CH. 195/340 F. MENU 78/90 F. PENSION 430/490 F. DEMI-PENSION 350/370 F. RESTAURANT FERME 1 JANV./1 FEV. ET DIMANCHE SOIR/MARDI MIDI. 🄵 ▆ ▆ ▆ ▥ E.

** **BRISTOL** 7, AV. FOCH M. SARTORE ☎ 68.25.07.24 TELEX 505039 – 70 CH. 80/200 F. MENU 60/95 F. FERME 1 DEC./1 MARS. 🄵 ▆ ▆ ▥.

*** **DU DONJON** 2,RUE COMTE ROGER (LA CITE) Mme PUJOL ☎ 68.71.08.80 TELEX 505012 – 36 CH. 215/380 F. MENU 95 F. RESTAURANT FERME MERCREDI. 🄵 ▆ ▆ ▥ E ▥.

*** **LOGIS DE TRENCAVEL** 286, AV. GENERAL-LECLERC M. RODRIGUEZ ☎ 68.71.09.53 – 12 CH. 120/270 F. MENU 120/225 F. PENSION 420/520 F. DEMI-PENSION 270/360 F. FERME 10 JANV./10 FEV. ET MERCREDI. ▆ ▆ ▆ ▥ E.

CARENNAC 46110 VAYRAC LOT 350 HAB. S.I.

** **AUBERGE DU VIEUX QUERCY** M.CHAUMEIL ☎ 65.38.69.00 – 24 CH. 170/200 F. MENU 55/180 F. PENSION 250/260 F. DEMI-PENSION 200/220 F. FERME 1 DEC./28 FEV. ET LUNDI HS. 🄵 ▆ ▆ E ఉ.

* **DES TOURISTES** Mme.BRILLANT ☎ 65.38.47.07 – 12 CH. 82/135 F. MENU 48/100 F. FERME 1 OCT./30 AVR. 🄵 ▆ ▆.

* **HOSTELLERIE FENELON** M.RAYNAL ☎ 65.38.67.67 – 19 CH. 110/170 F. MENU 56/186 F. PENSION 195/240 F. DEMI-PENSION 155/190 F. FERME 15 JANV./6 MARS, VENDREDI ET SAMEDI MIDI HS. ▆ CV.

CARENTAN (LES VEYS) 50500 CARENTAN MANCHE 392 HAB. S.I.

** **AIRE DE LA BAIE** (SUR N. 13) M. LEPAISANT ☎ 33.42.00.99 TELEX 772085 – 33 CH. 185/270 F. MENU 70/90 F. PENSION 175/250 F. DEMI-PENSION 140/195 F. FERME 24 DEC./4 JANV. 🄵 ఄ ▆ ▥ ▥ E CV ఉ.

CARGESE 20130 CORSE 900 HAB. S.I.

** **LA SPELUNCA** M.FEDI ☎ 95.26.40.12 – 20 CH. 210/240 F. FERME 30 OCT./PAQUES. ▆.

CARMAUX 81400 TARN 13400 HAB. S.I.

* **TERMINUS** 56, AV. J.-JAURES M.BOZZOLA ☎ 63.76.50.28 – 13 CH. 68/130 F. MENU 47/135 F. PENSION 145/165 F. 🄵 ▆ ▆ CV.

CARNAC 56340 MORBIHAN 3735 HAB. S.I.

•• **DE LA MARINE** 4 PLACE DE LA CHAPELLE M.GEKIERE ☎ 97.52.07.33/97.52.06.34 — 33 CH. 150/380 F. MENU 75/220 F. DEMI-PENSION 195/315 F. FERME 1 NOV./1 FEV. 🛏 ✕ 🅰 🅮 E.

•• **HOSTELLERIE LES AJONCS D'OR** (KERBACHIQUE - ROUTE DE PLOUHARNEL). Mme LE MAGUER ☎ 97.52.32.02 — 19 CH. 185/250 F. MENU 85/190 F. DEMI-PENSION 185/225 F. FERME 15 NOV./15 FEV. �F ✕ 🅮 E ♿.

•• **LANN ROZ** 36 RUE DE LA POSTE Mme.LE CALVEZ ☎ 97.52.10.48 — 12 CH. 240/265 F. MENU 105/240 F. DEMI-PENSION 220/242 F. FERME 2 JANV./2 FEV. �F 🛏 ✕ E.

•• **LE PLANCTON** Mme.BOUCHEZ ☎ 97.52.13.65 — 30 CH. 204/345 F. MENU 105/175 F. PENSION 285/395 F. DEMI-PENSION 231/301 F. FERME 12 OCT./26 MARS. �F 🐕 ✕ E 🏧.

•• **LES ALIGNEMENTS** M.CAMENEN ☎ 97.52.06.30 — 27 CH. 170/226 F. MENU 50/115 F. DEMI-PENSION 180/206 F. FERME 22 SEPT./31 MARS, 5 AVR./9 MAI. RESTAURANT FERME 20 SEPT./21 MAI. 🛏 ✕ 🏧.

CARNOUX-EN-PROVENCE 13470 BOUCHES-DU-RHONE 6000 HAB. S.I.

•• **HOSTELLERIE DE LA CREMAILLERE** Mme DENIS ☎ 42.82.00.75 — 20 CH. 75/190 F. MENU 50/130 F. DEMI-PENSION 130/250 F. ✕ 🅰 E.

CAROMB 84330 VAUCLUSE 2500 HAB. S.I.

• **LA MIRANDE** PLACE DE L'EGLISE. M. HUGON ☎ 90.62.40.31 — 11 CH. 90/190 F. MENU 60/130 F. PENSION 190/220 F. DEMI-PENSION 160/180 F. FERME FEV., ET MERCREDI HS. ✕ 🅰 🅮 E CV.

•• **LE BEFFROI** (VIEUX VILLAGE). M.LAHONTAN ☎ 90.62.45.63 — 15 CH. 140/300 F. MENU 70/250 F. PENSION 300/380 F. DEMI-PENSION 220/300 F. FERME FEV. ET MERCREDI HS. ANNEXE HOTEL LES PINS. �F ✕ E.

CARPENTRAS 84200 VAUCLUSE 28000 HAB. S.I.

••• **SAFARI HOTEL** AV. JH.-FABRE M.ROUX ☎ 90.63.35.35 TELEX 431553 — 42 CH. 250/295 F. MENU 85/135 F. PENSION 350/380 F. DEMI-PENSION 250/280 F. FERME 22 DEC./5 JANV. SALLE DE GYMNASTIQUE. �F 🏊 ♂ ✕ 🅰 🅮 E CV.

CARPENTRAS (SAINT-DIDIER) 84210 PERNES-LES-FONTAINES VAU-CLUSE 1313 HAB.

•• **LES 3 COLOMBES** AV.DES GARRIGUES A St-DIDIER. M. MONTORFANO ☎ 90.66.07.01 TELEX 431067 — 24 CH. 250/270 F. MENU 85/125 F. PENSION 305/325 F. DEMI-PENSION 230/250 F. FERME 1 JANV./28 FEV. �F 🏊 ♂ ✕ 🅰 🅮 E CV ♿.

CARRIERE-DE-SEGUR (LA) 15300 MURAT CANTAL 1040 M. 370 HAB.

•• **DE LA SANTOIRE** M.CHABRIER ☎ 71.20.70.68 — 28 CH. 115/140 F. MENU 50/130 F. PENSION 190/210 F. DEMI-PENSION 160/180 F. FERME 7 NOV./15 DEC. �F 🏊 ♂ ✕ E CV.

CARROS (PLAN DE) 06510 CARROS ALPES-MARITIMES 6000 HAB.

•• **LOU CASTELET** (PLAN DE CARROS). M.SERVELLA ☎ 93.29.16.66 — 14 CH. 120/300 F. MENU 70/150 F. PENSION 180/250 F. DEMI-PENSION 180/220 F. FERME NOV., ET LUNDI. �F 🏊 ♂ ✕ 🅰 E CV.

•• **PROMOTEL** PREMIERE AVENUE DE CARROS. M. SERVELLA ☎ 93.08.77.80 — 27 CH. 230/300 F. MENU 80/130 F. PENSION 260/320 F. DEMI-PENSION 210/250 F. RESTAURANT A 200M. �F 🏊 ♂ 🚗 ✕ 🅰 E ♿ 🏧.

CARROUGES 61320 ORNE 800 HAB. S.I.

• **DU NORD** PLACE CHARLES DE GAULLE M.MASSERON ☎ 33.27.20.14 — 15 CH. 58/130 F. MENU 34/75 F. PENSION 110/150 F. DEMI-PENSION 75/115 F. FERME 26 DEC./31 JANV. ET VENDREDI 1 SEPT./30 JUIN. 🚗 ✕ E CV.

AF **SAINT PIERRE** M. CIROUX ☎ 33.27.20.02 — 5 CH. 90/190 F. MENU 65/220 F. DEMI-PEN-SION 170/190 F. FERME 1 FEV./1 MARS. �F 🚗 ✕ E.

CARROZ-D'ARACHES (LES) 74300 CLUSES HAUTE-SAVOIE 1180 M. 500 HAB. S.I.

AF **L'AUBERGE DU VIEUX GUIDE** (LES FEUX - ROUTE DE FLAINE). M. RIEUSSET ☎ 50.90.03.23 — 6 CH. 200/220 F. MENU 58 F. PENSION 205/250 F. DEMI-PENSION 188/205 F. FERME 9 NOV./15 DEC., 1 MAI/15 JUIN, 1/30 SEPT., SAUF SAMEDI, DIMANCHE, ET SEMAINE TOUSSAINT. �F 🛏 ✕ E CV.

•• **LA CROIX DE SAVOIE** M. SAPIN ☎ 50.90.00.26 — 19 CH. 150/240 F. MENU 60/135 F. PENSION 230/280 F. DEMI-PENSION 200/250 F. FERME 15 AVR./15 JUIN, 15 SEPT./15 DEC. �F 🛏 ✕ E CV.

CARS (LES) 87230 CHALUS HAUTE-VIENNE 588 HAB.

• **MODERNE** Mme HENRIQUET ☎ 55.36.90.06 — 10 CH. 100/160 F. MENU 60/180 F. PEN-SION 165/200 F. DEMI-PENSION 135/165 F. �F ✕ CV.

CARSAC-AILLAC 24200 SARLAT DORDOGNE 1000 HAB.

AF **DELPEYRAT** M.DELPEYRAT ☎ 53.28.10.43 — 14 CH. 72/135 F. MENU 60/140 F. PENSION 150/180 F. DEMI-PENSION 125/145 F. FERME 12 OCT./10 NOV. ET 15/27 FEV.

CASSAGNES-BEGONHES 12120 AVEYRON 600 M. 1200 HAB. S.I.

• **CAILHOL** ☎ 65.46.70.04 — 9 CH. 60/110 F. �F ✕ 🅰 🅮 E CV.

• **HOSTELLERIE DES VOYAGEURS** M.JOSSERAN ☎ 65.46.70.07 — 6 CH. 90/120 F. MENU 68/120 F. PENSION 150/180 F. DEMI-PENSION 150/160 F. �F 🚗.

CASSENEUIL 47440 LOT-ET-GARONNE 3000 HAB. S.I.
* **AUBERGE LA RESIDENCE** ROUTE DE VILLENEUVE Mme.REIX ☎ 53.41.08.08 — 11 CH.
☞ 80/150 F. MENU 50/105 F. FERME SAMEDI. ⅡⅢ E.

CASSIS 13260 BOUCHES-DU-RHONE 5830 HAB. S.I.
* **LE COMMERCE** 2, RUE SAINT-CLAIR Mme EVERAERT ☎ 42.01.09.10 — 16 CH. 130/170 F.
☞ MENU 70/150 F. PENSION 185/225 F. DEMI-PENSION 150/185 F. ⒻⅢⅢ ⬤ ఈ.
AF **MAGUY** AV. DU REVESTEL. M. FANCELLI ☎ 42.01.72.21 — 8 CH. DEMI-PENSION 150/175 F.
☞ FERME 1 NOV/1 MARS. PARKING PRIVE FERME. 🐾.

CASTAGNIERS 06670 SAINT-MARTIN-DU-VAR ALPES-MARITIMES 1076 HAB.
* **CHEZ MICHEL** M.MICHEL ☎ 93.08.05.15 — 10 CH. 100/120 F. MENU 100/130 F. PENSION
☞ 180/200 F. DEMI-PENSION 160/170 F. FERME 1/30 NOV. ET MERCREDI. ⚓ ⅢⅢ ⅢⅢ ⬤
 E CV ఈ.
* **DES MOULINS** M.SERVELLA ☎ 93.08.10.62 TELEX 461547 — 14 CH. 120/190 F. MENU
 80/160 F. PENSION 210/270 F. DEMI-PENSION 160/230 F. FERME 26 OCT./15 NOV.,1/15
 MARS ET MERCREDI. Ⓕ ⚓ ✍ ⚓ ⅢⅢ CV.
** **SERVOTEL** M.SERVELLA ☎ 93.08.22.00 TELEX 461 547 F — 36 CH. 200/280 F. MENU
 85/160 F. PENSION 265/295 F. DEMI-PENSION 200/230 F. FERME RESTAURANT 1/31 OCT. ET
 MERCREDI EN HIVER. Ⓕ ⚓ ✍ ⚓ ⅢⅢ ⅢⅢ E CV ఈ 🆙.

CASTEIL 66820 VERNET-LES-BAINS PYRENEES-ORIENTALES 750 M. 60 HAB.
* **MOLIERE** M. TRILLAS ☎ 68.05.50.97 — 12 CH. 110/130 F. FERME 1 NOV./20 DEC., JANV.
☞ ET MERCREDI HS. Ⓕ ⅢⅢ E CV.
AF **RELAIS SAINT MARTIN** M. ROUSSEL ☎ 68.05.56.76 — 9 CH. 95/180 F. MENU 40/80 F.
 PENSION 170/200 F. DEMI-PENSION 120/170 F. FERME MERCREDI HS. Ⓕ ⅢⅢ E.

CASTELJALOUX 47700 LOT-ET-GARONNE 6000 HAB. S.I.
** **DES CADETS DE GASCOGNE** PL.GAMBETTA M.MALVEAUX ☎ 53.93.12.59 TELEX 560800
 — 13 CH. 150/230 F. MENU 70/200 F. PENSION 250/320 F. DEMI-PENSION 180/280 F. FERME
 15/30 NOV. CHEQUES VAC. JUSQU'AU 31 AOUT. ⚓ ⚓ ⅢⅢ E.
** **DES CORDELIERS** 1 RUE DES CORDELIERS M.WICKY ☎ 53.93.02.19 TELEX 560800 F —
 24 CH. 90/240 F. FERME NOV. ⚓ ✂ ⅢⅢ E 🆙.

CASTELLANE 04120 ALPES-DE-HAUTE-PROVENCE 725 M. 1200 HAB. S.I.
AF **AUBERGE BON ACCUEIL** M.TARDIEU ☎ 92.83.62.01 — 18 CH. 90/190 F. MENU
 60/80 F. DEMI-PENSION 145/200 F. FERME 1 OCT./15 MAI. ⅢⅢ ⅢⅢ ⬤ E CV.
** **LE PEYRASCAS** COL DES LEQUES (1148M) M. CLOS ☎ 92.83.61.28/92.83.62.74 — 11 CH.
 190/230 F. MENU 68/110 F. ⚓ ⅢⅢ E.

CASTELNAU-MAGNOAC 65230 HAUTES-PYRENEES 950 HAB.
** **DUPONT** ☎ 62.39.80.02 — 34 CH. 100/150 F. MENU 45/90 F. PENSION 160/180 F. DEMI-
☞ PENSION 140/150 F. Ⓕ ⚓ ⅢⅢ E CV.

CASTELNAU-MONTRATIER 46170 LOT 2080 HAB. S.I.
* **DES ARCADES** PLACE GAMBETTA M.PICOT ☎ 65.21.95.52 — 9 CH. MENU 50 F. PENSION
 180/190 F. DEMI-PENSION 130/140 F. ⅢⅢ ⅢⅢ ⬤ E.
* **DES TROIS MOULINS** M.BASSINOT ☎ 65.21.92.95 — 12 CH. 130/180 F. MENU 55/166 F.
 PENSION 190 F. DEMI-PENSION 160 F. 🐾 ⅢⅢ E.

CASTELNAUDARY 11400 AUDE 12000 HAB. S.I.
** **DU CENTRE ET DU LAURAGAIS** 31, COURS DE LA REPUBLIQUE M. CAMPIGOTTO ☎
 68.23.25.95 — 17 CH. 145/190 F. MENU 58/200 F. FERME 15 DEC./1 JANV. ⅢⅢ.
*AF **LE SIECLE** 24, COURS DE LA REPUBLIQUE. M. DAVY ☎ 68.23.13.16 — 8 CH. 80/140 F.
 MENU 46/130 F. PENSION 160/200 F. DEMI-PENSION 130/170 F. Ⓕ ⅢⅢ CV.
* **LES JARDINS DE BELLONDRADE** SUR R.N. 113. M. MONNEREAU ☎
 68.23.15.32/68.23.13.04 — 6 CH. 120/150 F. MENU 75/100 F. DEMI-PENSION 180/200 F.
 RESTAURANT FERME LUNDI. 🐾 ⅢⅢ ⅢⅢ ⬤ E.

CASTERINO 06430 TENDE ALPES-MARITIMES 1600 M. 25 HAB. S.I.
* **AUBERGE DES MELEZES** M.BOULANGER ☎ 93.04.64.95 — 11 CH. MENU 70/180 F. PEN-
☞ SION 200/290 F. DEMI-PENSION 155/220 F. 🐾 ⅢⅢ E CV ఈ.
* **AUBERGE MARIE MADELEINE** Mme.BOULANGER ☎ 93.04.65.93 — 10 CH. 120/160 F.
☞ MENU 65/85 F. PENSION 400/450 F. FERME 10 NOV./1 AVR. PRIX PENSION COMPLETE EST
 POUR 2 PERSONNES. ⅢⅢ.
AF **VAL CASTERINO** Mlle AVIOTTI ☎ 93.04.64.38 — 13 CH. 74/130 F. MENU 80/95 F. PEN-
 SION 210/230 F. DEMI-PENSION 160 F. FERME 15 OCT./15 JUIN. ⅢⅢ ⅢⅢ ⬤ E.

CASTETS 40260 LANDES 1450 HAB. S.I.
* **LE RELAIS LANDAIS** (SUR N. 10). M. LESBATS ☎ 58.89.40.28 — 9 CH. 115/230 F. MENU
 40/160 F. PENSION 170/220 F. DEMI-PENSION 140/170 F. FERME VENDREDI 1 OCT./30 MARS.
 ⅢⅢ ⅢⅢ ⬤ E ఈ.

CASTRES 81100 TARN 50000 HAB. S.I.
AF **CAFE DU PONT** (LES SALVAGES A 5km, Av.DU SIDOBRE). M. BONNOT ☎ 63.35.08.21 —
 6 CH. 120/240 F. MENU 80/200 F. FERME DIMANCHE SOIR ET LUNDI. 🐾 ⅢⅢ ⅢⅢ
 ⬤ E.
** **L'OCCITAN** 201, AV. CH.-DE-GAULLE M. REY ☎ 63.35.34.20 TELEX 532672 — 30 CH.
 150/255 F. FERME 20 DEC./4 JANV. ⚓ 🐾 ✂ ⅢⅢ ⅢⅢ ⬤ E ఈ.

CATUS 46150 LOT 750 HAB. S.I.

*   **LA CROIX BLANCHE** M.BALET ☎ 65.22.70.32 – 7 CH. 105/150 F. ✹.
* AF   **LA TERRASSE** Mme LABOULFIE ☎ 65.22.71.49 – 6 CH. 80/130 F. ✹.

CAUDEBEC-EN-CAUX 76490 SEINE-MARITIME 3000 HAB. S.I.

**   **DE NORMANDIE** 19 QUAI GUILBAUD M. GREMOND ☎ 35.96.25.11 – 15 CH. 149/258 F. MENU 50/148 F. FERME FEV. ET RESTAURANT FERME DIMANCHE SOIR. ▆ ▨ E.

CAUNA 40500 SAINT-SEVER LANDES 410 HAB.

*   **LE RELAIS DE LA CHALOSSE** M.COSTEDOAT ☎ 58.76.10.47 – 10 CH. 75/180 F. MENU 50/120 F. PENSION 150/200 F. DEMI-PENSION 120/150 F. ▆ ⑩ E CV.

CAUNES-MINERVOIS 11160 AUDE 1556 HAB.

*   **D'ALIBERT** PLACE DE LA MAIRIE. M. GUIRAUD ☎ 68.78.00.54 – 10 CH. 90/160 F. MENU 45/150 F. PENSION 160 F. DEMI-PENSION 140 F. FERME JANV. ET SAMEDI HS. Ⓕ ⇶ ▆.

CAUREL 22530 MUR-DE-BRETAGNE COTES-DU-NORD 376 HAB.

**   **LE BEAU RIVAGE** M. LE ROUX ☎ 96.28.52.15 – 8 CH. 150/280 F. MENU 85/240 F. DEMI-PENSION 250/320 F. FERME 4 JANV./8 FEV., LUNDI SOIR ET MARDI HS. Ⓕ ⇤ ▆ ▨ ⑩ E.

CAUSSADE 82300 TARN-ET-GARONNE 5890 HAB. S.I.

**   **LARROQUE** AV. DE LA GARE. MM. LARROQUE ☎ 63.93.10.14/63.65.12.04 – 27 CH. 100/250 F. MENU 62/200 F. PENSION 220/280 F. DEMI-PENSION 180/220 F. FERME 25 DEC./18 JANV., SAMEDI MIDI ET DIMANCHE SOIR HS. Ⓕ ⇶ ▆ ⑩ E CV.

CAUTERETS 65110 HAUTES-PYRENEES 1000 M. 1350 HAB. S.I.

*   **BEAU SOLEIL** 25 RUE MARECHAL JOFFRE M.FLORENCE ☎ 62.92.53.52 – 20 CH. 85/165 F. MENU 55/65 F. DEMI-PENSION 123/140 F. FERME 1 OCT./20 DEC. ET RESTAURANT FERME 1 OCT./31 MAI. ⇤ ▆ ▨ ⑩ E.
*   **BEL ARAYO** M.BECAT ☎ 62.92.53.76 – 19 CH. 55/95 F. MENU 55/85 F. PENSION 140/160 F. DEMI-PENSION 120/140 F. FERME 30 SEPT./18 DEC. Ⓕ.
*   **BELLEVUE ET GEORGE V** M. VOLFF ☎ 62.92.50.21 – 41 CH. 195/230 F. MENU 63 F. PENSION 220/240 F. DEMI-PENSION 180/200 F. FERME 30 SEPT./20 DEC. ET 30 AVR./1 JUIN. ⊡.
*   **CENTRE POSTE** M.KAESER ☎ 62.92.52.69 – 20 CH. 110/160 F. MENU 65/100 F. PENSION 150/190 F. DEMI-PENSION 130/170 F. FERME 10 AVR./8 MAI. ET 22 SEPT./20 DEC. ▆ ▨ ⑩ E ⊡.
*   **CESAR** M.FONTAN ☎ 62.92.52.57 – 19 CH. 80/200 F. MENU 55 F. PENSION 180/235 F. DEMI-PENSION 160/200 F. FERME OCT. ET 20 AVR./15 MAI. Ⓕ ⇤ ▆ ▨ ⑩ E.
**   **EDELWEISS** M.TARRIEU ☎ 62.92.52.75 – 26 CH. 168/189 F. MENU 65/70 F. PENSION 195/210 F. DEMI-PENSION 165/180 F. FERME 30 SEPT./20 DEC. ET FIN DE VAC.PAQUES/1 JUIN. ▆ ▨ ⑩ E ⊡.
**   **ETCHE ONA** 20, RUE DE RICHELIEU. Mme.MARQUASSUZAA ☎ 62.92.51.43 TELEX 530 337 – 30 CH. 100/235 F. MENU 65/120 F. PENSION 215/280 F. DEMI-PENSION 150/220 F. FERME 1 OCT./15 DEC. ET 15 AVR./6 MAI. ▆ ▨ E ⊡.
**   **LA ROTONDE** Mme GANCHOU ☎ 62.92.52.68 – 22 CH. 100/160 F. MENU 60/80 F. PENSION 160/200 F. DEMI-PENSION 110/160 F. FERME 1 NOV./20 DEC. ▆ ▨ ⑩ E.
*   **LE MONNE** 6 BLD LATAPIE FLURIN M.LONGUE ☎ 62.92.51.33 – 20 CH. RENSEIGNEMENTS NON COMMUNIQUES. ▆ ⊡.
*   **LE PAS DE L'OURS** 21, RUE DE LA RAILLERE M. BARRET ☎ 62.92.58.07 – 11 CH. 155 F. MENU 57 F. PENSION 190 F. DEMI-PENSION 153 F. FERME 30 SEPT./15 DEC. ET MAI. SAUNA.
*   **LE PEGUERE** 26, RUE DE LA RAILLERE. Mme.DOMER ☎ 62.92.51.08 – 16 CH. 100/130 F. MENU 58/68 F. PENSION 152/173 F. DEMI-PENSION 122/142 F. FERME 1 OCT./20 DEC., 18 AVR./30 MAI, ET HIVER SAUF VAC. SCOL. ⇤.
**   **VICTORIA** Bd LATAPIE FLURIN. M.LACRAMPE ☎ 62.92.50.43 – 30 CH. 125/190 F. MENU 60/85 F. PENSION 168/260 F. DEMI-PENSION 145/235 F. FERME 1 OCT./20 DEC. ET 17 AVR./1 MAI. Ⓕ CV ♿ ⊡.

CAVAILLON 84300 VAUCLUSE 21500 HAB. S.I.

**   **TOPPIN** 70, COURS GAMBETTA. M. TOPPIN ☎ 90.71.30.42 TELEX 432631 – 32 CH. 160/210 F. MENU 75/160 F. PENSION 220/260 F. DEMI-PENSION 170/200 F. Ⓕ ⇶ ▆ ▨ ⑩ E CV.

CAVALERIE (LA) 12230 AVEYRON 800 M. 1280 HAB.

*   **DE LA POSTE** Mme.BONNEMAYRE ☎ 65.62.70.66 – 8 CH. 80/150 F. MENU 60/140 F. PENSION 200/260 F. DEMI-PENSION 170/200 F. FERME VENDREDI SOIR/DIMANCHE MATIN, ET JANV. ▆ ▨ CV.
*   **GRAND HOTEL DES VOYAGEURS** 60, RUE DU GRAND CHEMIN. M. SAUNIER ☎ 65.62.71.30 – 19 CH. 100/120 F. MENU 50/120 F. PENSION 150/180 F. DEMI-PENSION 150 F. ▆ ▨ CV.

CAVANAC 11570 CAZILHAC AUDE 580 HAB.

* AF   **AUBERGE DU CHATEAU** (CHATEAU DE CAVANAC). M. GOBIN ☎ 68.79.61.04 – 5 CH. 200/220 F. MENU 165 F. DEMI-PENSION 220/365 F. FERME NOV./MARS, DIMANCHE SOIR ET LUNDI.

CAYLAR (LE) 34520 HERAULT 750 M. 295 HAB.

*   **GRAND HOTEL DU LARZAC** M. AMOUROUX ☎ 67.44.50.02 – 8 CH. 100/180 F. MENU 48/98 F. FERME 15 DEC./15 JANV., MARDI SOIR ET MERCREDI SEPT./JUIL. Ⓕ ⇶ ▆ CV ♿.

CAYROLS 15290 LE ROUGET CANTAL 250 HAB.

*   **AU POINT DU JOUR** M. RODES ☎ 71.46.11.06 – 12 CH. 75/150 F. MENU 42/65 F. PENSION 130 F. DEMI-PENSION 95 F. FERME 1 OCT./1 AVR. ▆ ▨ ⑩ E.

CAYROLS (suite)

AF **RELAIS DE CAYROLS** M.ROUSSILHE ☎ 71.46.11.11 — 4 CH. 60/80 F. MENU 55/65 F. PENSION 95/100 F. FERME 15 JOURS EN SEPT. ⊠ Ⓐ ⓓ E.

CEAUX 50220 DUCEY MANCHE 460 HAB.

** **AU P'TIT QUINQUIN** (LES FORGES) M.BARBIER ☎ 33.70.97.20 — 17 CH. 95/170 F. MENU 55/160 F. DEMI-PENSION 150/180 F. FERME 1 JANV./25 MARS, 16 NOV./31 DEC. RESTAURANT FERME DIMANCHE SOIR/LUNDI 26 MARS/15 NOV. SAUF JUIL./AOUT. ⊠ ⊠ E.

CEILLAC 05600 GUILLESTRE HAUTES-ALPES 1640 M. 290 HAB. S.I.

** **LA CASCADE** M. BERARD ☎ 92.45.05.92/92.45.19.52 — 25 CH. 150/240 F. MENU 55/69 F. PENSION 179/252 F. DEMI-PENSION 134/227 F. FERME 18 AVR./3 JUIN, ET 5 SEPT./19 DEC. F ⚞ ⊠ E.

CELLE-DUNOISE (LA) 23800 DUN-LE-PALESTEL CREUSE 700 HAB. S.I.

* **HOSTELLERIE PASCAUD** M. PASCAUD ☎ 55.89.10.66 — 10 CH. 90/250 F. MENU 55/185 F. PENSION 150/280 F. DEMI-PENSION 130/200 F. FERME 15/30 OCT., 23 JANV./15 FEV., DIMANCHE SOIR ET LUNDI. ⟐ ⊠ CV.

CELLE-SAINT-CYR (LA) 89970 YONNE 600 HAB.

** **AUBERGE DE LA FONTAINE AUX MUSES** M.POINTEAU-LANGEVIN ☎ 86.73.40.22 — 14 CH. 250/290 F. DEMI-PENSION 260/310 F. FERME LUNDI ET RESTAURANT FERME LUNDI/ MARDI MIDI. ⟐ ✐ ⚞ ⊠ ⓓ E.

CELLES-SUR-BELLE 79370 DEUX-SEVRES 3400 HAB. S.I.

* **LE NATIONAL** 6 RUE ANCIENNE MAIRIE M.BRUNET ☎ 49.79.80.34 — 17 CH. 80/175 F. MENU 50/150 F. PENSION 150/220 F. DEMI-PENSION 115/195 F. FERME DIMANCHE. ⚞ ⊠ E.

CELLES-SUR-DUROLLE 63250 CHABRELOCHE PUY-DE-DOME 670 M. 2100 HAB.

AF **AUBERGE DU PALAIS** Mme.BOUTERIGE ☎ 73.51.50.51 — 3 CH. 70/80 F. MENU 55/75 F. PENSION 130/140 F. DEMI-PENSION 100/110 F. FERME 15 AOUT/1 OCT., VAC. PAQUES, ET MERCREDI. F ⚞

CELLETTES 41120 LES MONTILS LOIR-ET-CHER 2000 HAB. S.I.

AF **AUBERGE DU LION D'OR** 10, RUE NATIONALE. Mme.VARSANYI ☎ 54.70.40.14 — 7 CH. 70/120 F. MENU 45/100 F. DEMI-PENSION 60 F. FERME 1 DEC./1 FEV., ET LUNDI. RESTAURANT FERME LE SOIR. ⊠ ⓓ E &.

CENSEAU 39250 NOZEROY JURA 850 M. 300 HAB.

* **CENTRAL** M.LHOTE ☎ 84.51.30.46 — 8 CH. 75/88 F. MENU 46/80 F. PENSION 120/130 F. DEMI-PENSION 110/120 F. FERME 1/15 SEPT., 3/10 JANV., ET SAMEDI. ⊠ CV.

CERGNE (LE) 42460 CUINZIER LOIRE 673 M. 600 HAB.

* **BEL'VUE** M.MAYENSON ☎ 74.89.77.56 — 7 CH. 65/140 F. MENU 70/240 F. PENSION 190/220 F. DEMI-PENSION 130/160 F. FERME 1/20 JANV., 25 SEPT./5 OCT., DIMANCHE SOIR ET LUNDI. ⊠ Ⓐ ⓓ E.

CERIZAY 79140 DEUX-SEVRES 4880 HAB.

** **DU CHEVAL BLANC** 33 AV. DU 25 AOUT. M.BOUTIN ☎ 49.80.05.77 — 24 CH. 70/210 F. MENU 45/95 F. PENSION 200/370 F. DEMI-PENSION 150/320 F. FERME 23 DEC./8 JANV., DIMANCHE SOIR 1 SEPT./30 JUIN SAUF JUIL./AOUT ET RESERVATION. F ⛍ ⊠ E.

CERNAY 68700 HAUT-RHIN 11000 HAB. S.I.

* **BELLE-VUE** 10, RUE MAL-FOCH M.RIETSCH ☎ 89.75.40.15 — 15 CH. 110/280 F. MENU 50/220 F. PENSION 160/220 F. DEMI-PENSION 140/170 F. FERME 20 DEC./25 JANV., VENDREDI SOIR ET DIMANCHE SOIR. F ⊠ E CV.

* **HOSTELLERIE D'ALSACE** 61, RUE POINCARRE M.LIERMANN ☎ 89.75.59.81 — 10 CH. 90/160 F. MENU 62/225 F. PENSION 198 F. DEMI-PENSION 150 F. FERME 14/30 JUILLET, 20/30 DEC., ET LUNDI. ⟐ ⊠ Ⓐ ⓓ E.

CERONS 33720 PODENSAC GIRONDE 1300 HAB.

** **GRILLOBOIS** (SUR N. 113). M. FLEURY ☎ 56.27.11.50 — 10 CH. 180/230 F. MENU 68/145 F. DEMI-PENSION 210/290 F. FERME JANV., DIMANCHE SOIR ET LUNDI. ⟐ ✐ ⊠.

CERVIONE 20230 CORSE 1500 HAB.

* **LE SAINT ALEXANDRE** Mme.RAFFALLI ☎ 95.38.10.83 — 11 CH. MENU 55/75 F. PENSION 250 F. DEMI-PENSION 200 F. F ⊠ Ⓐ ⓓ E.

CESSENON 34460 HERAULT 2000 HAB. S.I.

* **AU PAPYLOUP** M.MILHE ☎ 67.89.66.04 — 10 CH. 65/150 F. MENU 55/100 F. PENSION 175/190 F. DEMI-PENSION 145/160 F. F ⊠ E.

CESSIEU 38110 LA TOUR-DU-PIN ISERE 1610 HAB.

* **LA GENTILHOMMIERE** M.COTTAZ ☎ 74.88.30.09 TELEX 308034 F — 6 CH. 120/180 F. MENU 100/250 F. FERME 15 NOV./5 DEC., DIMANCHE SOIR ET LUNDI. ⟐ ⊠ Ⓐ ⓓ E.

CESSON-SEVIGNE 35510 ILLE-ET-VILAINE 12000 HAB.

** **GERMINAL** 9, COURS DE LA VILAINE M.GOUALIN ☎ 99.83.11.01 — 20 CH. 190/250 F. MENU 80/180 F. FERME 1/21 AOUT, 25 DEC./8 JANV. ET RESTAURANT FERME DIMANCHE. F ⊠ E & ⑪.

CEYZERIAT 01250 AIN 2000 HAB. S.I.

* **DU BALCON** RUE JEROME LALANDE M. BOSCO ☎ 74.30.00.16 — 10 CH. 90/270 F. MENU 65/145 F. PENSION 150/190 F. DEMI-PENSION 120/140 F. FERME 15/22 OCT., RESTAURANT FERME LUNDI. F ⟐ ⊠ E.

CEYZERIAT (suite)

* **RELAIS DE LA TOUR** M. ANDREOLI ☎ 74.30.01.87 – 10 CH. 150/210 F. MENU 70/200 F. FERME 15 OCT./15 NOV., DIMANCHE SOIR ET LUNDI. E.

CHABEUIL 26120 DROME 3916 HAB. S.I.

** **RELAIS DU SOLEIL** SUR D. 538 M. RIGOLLET Bernard ☎ 75.59.01.81 – 21 CH. 160/270 F. MENU 65/200 F. PENSION 250/300 F. DEMI-PENSION 210/250 F. RESTAURANT FERME 15 DEC./5 JANV. ET LUNDI HS. PING-PONG,GRILL AU BORD DE LA PISCINE, BOULODROME. E.

* **ROCH HOTEL** M. ROCH ☎ 75.59.00.23 – 20 CH. 100/200 F. MENU 50/100 F. PENSION 200 F. DEMI-PENSION 150 F. FERME 15/30 NOV. ET SAMEDI HS. F E.

CHABLIS 89800 YONNE 2414 HAB. S.I.

** **HOSTELLERIE DES CLOS** RUE JULES RATHIER M. VIGNAUD ☎ 86.42.10.63 TELEX 800 997 – 26 CH. 200/308 F. MENU 128/315 F. DEMI-PENSION 385/435 F. FERME 4/24 JANV., MERCREDI ET JEUDI MIDI 1 OCT./31 MAI. E.

CHABRIS 36210 INDRE 3000 HAB. S.I.

* **DE LA PLAGE** 42 RUE DU PONT M.PINAULT ☎ 54.40.02.24 – 13 CH. 92/158 F. MENU 72/130 F. PENSION 205/242 F. DEMI-PENSION 134/174 F. FERME 20 DEC./20 FEV., MARDI SOIR ET MERCREDI DEBUT SEPT./ 15 JUIN. F E.

CHACE 49400 SAUMUR MAINE-ET-LOIRE 1000 HAB.

** **AUBERGE DU THOUET** 46 PLACE DE LA MAIRIE M. ET Mme PERROT ☎ 41.52.97.02 – 14 CH. 85/195 F. MENU 60/150 F. PENSION 220/280 F. DEMI-PENSION 145/220 F. FERME VAC. SCOL. ZONE 2 TOUSSAINT, NOEL, ET WEEK-ENDS 1 OCT/1 AVR. F E CV.

CHAGNY 71150 SAONE-ET-LOIRE 6000 HAB. S.I.

** **BONNARD** (SUR N.6) M. BONNARD ☎ 85.87.21.49 – 20 CH. 170/240 F. MENU 62/150 F. DEMI-PENSION 190/210 F. FERME 1 JANV./1 MARS. LUNDI HS.

CHAGNY (CHASSEY-LE-CAMP) 71150 SAONE-ET-LOIRE 300 HAB.

** **AUBERGE DU CAMP ROMAIN** M.DRESSINVAL ☎ 85.87.09.91 – 27 CH. 100/278 F. MENU 79/126 F. FERME 3 JANV./10 FEV. ET MERCREDI 1 NOV./15 MARS. F E.

CHAINGY-FOURNEAUX 45610 LOIRET 3200 HAB. S.I.

** **LES PETITES ARCADES** 42, RTE DE BLOIS Mme.SALMON ☎ 38.88.85.11/38.88.87.43 – 25 CH. 92/175 F. FERME 24 DEC./3 JANV. E.

CHAISE-DIEU (LA) 43160 HAUTE-LOIRE 1080 M. 1000 HAB. S.I.

** **AU TREMBLANT** SUR D.906 M.BOYER ☎ 71.00.01.85 – 28 CH. 95/250 F. MENU 60/175 F. PENSION 200/270 F. DEMI-PENSION 160/220 F. FERME 15 NOV./15 AVR. F E.

** **ECHO ET ABBAYE** Mme.CHIROUZE ☎ 71.00.00.45 – 11 CH. 140/250 F. MENU 71/200 F. PENSION 240/280 F. DEMI-PENSION 220/250 F. FERME 5 NOV./PAQUES. PARKING. F E.

** **TERMINUS ET MONASTERE** M.MAZET ☎ 71.00.00.73 – 13 CH. 75/210 F. MENU 50/110 F. PENSION 140/190 F. DEMI-PENSION 90/140 F. FERME 30 NOV./1 MARS.

CHALLANS 85300 VENDEE 15000 HAB. S.I.

* **LE MARAIS** 16, PL. DE GAULLE Mme.PAJOT ☎ 51.93.15.13 – 11 CH. 95/135 F. MENU 75 F. PENSION 309 F. DEMI-PENSION 225 F. E CV.

CHALLES-LES-EAUX 73190 SAVOIE 2500 HAB. S.I.

* **DE LA MAIRIE** 117 AV.CHARLES PILLET Mme BERNARD ☎ 79.85.20.24/79.72.86.26 TELEX 320772 – 15 CH. 90/160 F. MENU 62/120 F. PENSION 170/230 F. DEMI-PENSION 140/200 F. FERME DIMANCHE SOIR 1 OCT./31 MARS ET RESTAURANT FERME 26 SEPT./1 AVR. E.

CHALLONGES 74910 SEYSSEL HAUTE-SAVOIE 275 HAB.

ec **LES DEUX SABOTS** AU BOURG M. CLARY ☎ 50.77.93.92 – 7 CH. 130/200 F. MENU 50/100 F. PENSION 160/175 F. DEMI-PENSION 130/170 F. E.

CHALO-SAINT-MARS 91780 ESSONNE 1070 HAB.

AF **AUBERGE DES ALOUETTES** 5, RUE SOLON. M. BARRET ☎ (1)64.95.44.27 TELEX 690525 – 3 CH. 160/200 F. FERME FEV. F E.

CHALON-SUR-SAONE 71100 SAONE-ET-LOIRE 72000 HAB. S.I.

* **AUX VENDANGES DE BOURGOGNE** 21 RUE GENERAL LECLERC Mme THOMAS ☎ 85.48.01.90 – 21 CH. 75/198 F. MENU 31/41 F. PENSION 160 F. DEMI-PENSION 125 F. FERME DIMANCHE. LE RESTAURANT EST UNE CREPERIE. F E.

** **DE LA GARE** 17, AV. J.-JAURES M. ET Mme POISSONNIER ☎ 85.48.36.83 TELEX 800175 – 51 CH. 111/262 F. MENU 58/128 F. PENSION 230/280 F. DEMI-PENSION 185/265 F. FERME DIMANCHE 1 NOV./15 MARS. ET RESTAURANT FERME 20 NOV./ 15 DEC. F.

* **DU KIOSQUE** 10, RUE DES JACOBINES M.OBOZIL ☎ 85.48.12.24 – 28 CH. 102/129 F. FERME 23 DEC./5 JANV.

* **LE REGAL** 7, RUE DU Dr-MAUCHAMP M. THEVENET ☎ 85.46.59.98 – 14 CH. 70/130 F. MENU 43/90 F. PENSION 140/160 F. DEMI-PENSION 120/140 F. FERME AOUT, 24 DEC./2 JANV., SAMEDI SOIR ET DIMANCHE. F E.

CHALON-SUR-SAONE (SAINT-REMY) 71100 SAONE-ET-LOIRE 4926 HAB. S.I.

** **LE SAINT-REMY** 89, RUE AUGUSTE MARTIN M. HENRY ☎ 85.48.38.04 TELEX 800 175 ITACH – 38 CH. 98/204 F. E CV.

CHALONNES-SUR-LOIRE 49290 MAINE-ET-LOIRE 5000 HAB. S.I.

** **DE FRANCE** 5, RUE NATIONALE M.BOURGET ☎ 41.78.00.12 TELEX 722183 – 14 CH. 120/200 F. MENU 50/150 F. PENSION 187/235 F. DEMI-PENSION 150/195 F. FERME 20 DEC./5 JANV., VENDREDI SOIR ET SAMEDI 1 NOV./ 31 MARS. ⓕ 🍴 ☎ E CV.

CHALVIGNAC 15200 MAURIAC CANTAL 575 M. 580 HAB. S.I.

AF **HOSTELLERIE DE LA BRUYERE** M. AUBERT ☎ 71.68.20.26 – 9 CH. 85/150 F. MENU 50/150 F. PENSION 140/200 F. DEMI-PENSION 110/170 F. ⓕ 🍴 ☎ ⓔ E.

CHAMARANDES 52000 CHAUMONT HAUTE-MARNE 895 HAB.

* **AU RENDEZ-VOUS DES AMIS** 4 PLACE DU TILLEUL M.NICARD ☎ 25.03.20.10 – 12 CH. 70/103 F. MENU 60/120 F. PENSION 170/190 F. DEMI-PENSION 140/160 F. FERME 1/25 AOUT, 15/30 JANV., VENDREDI SOIR ET SAMEDI. ☎ ⓔ E.

CHAMBERY 73000 SAVOIE 70000 HAB. S.I.

** **SAVOYARD** 35, PL. MONGE M.GACHET ☎ 79.33.36.55 – 10 CH. 85/140 F. MENU 55/150 F. PENSION 213/250 F. DEMI-PENSION 158/198 F. FERME DIMANCHE. ☎ ⒶⒺ ⓔ E.

CHAMBERY (LES CHARMETTES) 73000 SAVOIE 56788 HAB. S.I.

** **AUX PERVENCHES** LES CHARMETTES M.PIQUET ☎ 79.33.34.26 – 13 CH. 80/130 F. MENU 50/180 F. FERME MI-FEV., 4/30 AOUT, MERCREDI ET DIMANCHE SOIR. 🍴 ☎ ⒶⒺ ⓔ E CV ⓧ.

CHAMBON GARE 17290 CHARENTE-MARITIME 630 HAB.

* **A L'ABRI DES ACACIAS** M.JUCHEREAU ☎ 46.07.06.92 – 7 CH. 100/180 F. MENU 70/120 F. DEMI-PENSION 150/250 F. FERME 1/15 OCT., 1/15 FEV. ET MERCREDI HS. 🍴 ☎ E.

CHAMBON-SUR-LAC 63790 MUROL PUY-DE-DOME 870 M. 600 HAB. S.I.

AF **BEAU COTTAGE** M.PICOT ☎ 73.88.62.11 – 14 CH. 75/100 F. MENU 60/120 F. PENSION 150/160 F. DEMI-PENSION 120/130 F. FERME 1 OCT./31 NOV. ⓕ ☎ E.

** **BEAU SITE** M.MEALLET ☎ 73.88.61.29/73.88.65.66 – 19 CH. 130/190 F. MENU 60/130 F. PENSION 170/210 F. DEMI-PENSION 140/170 F. FERME 1 NOV./31 JANV. ⓕ ☎ ⒶⒺ E CV.

** **BELLEVUE** M.JURY ☎ 73.88.61.06 – 25 CH. 80/250 F. MENU 46/165 F. DEMI-PENSION 125/260 F. FERME OCT./FIN MARS, SAUF VAC. SCOL. ⓧ.

** **LE GRILLON** Mme.PLANEIX ☎ 73.88.60.66/73.88.60.09 – 20 CH. 75/165 F. MENU 50/130 F. PENSION 140/200 F. DEMI-PENSION 115/175 F. FERME NOV./VAC. FEV., SAUF JANV. POUR GROUPES. ⓕ ☎ E CV.

CHAMBON-SUR-LIGNON (LE) 43400 HAUTE-LOIRE 1000 M. 3200 HAB. S.I.

*** **CLAIR MATIN** LES BARANDONS SUR D.185 M.BARD ☎ 71.59.73.03 – 30 CH. 230/280 F. MENU 90/150 F. PENSION 250/300 F. DEMI-PENSION 230/258 F. FERME 20 NOV./20 DEC. SAUNA. SALLE DE REMISE EN FORME. ⓕ ☎ ⒶⒺ ⓔ E CV.

** **LE BOIS VIALOTTE** ROUTE DE LA SUCHERE Mmes.MARION HERITIER ☎ 71.59.74.03 – 25 CH. 95/190 F. MENU 65/90 F. PENSION 154/220 F. DEMI-PENSION 134/200 F. FERME 1 OCT./31 MARS. ⓕ CV.

** **LES AIRELLES** CHEMIN DES AIRELLES M.JOUVE ☎ 71.59.74.56 – 15 CH. 85/152 F. MENU 64/80 F. PENSION 150/185 F. DEMI-PENSION 120/160 F. FERME 25 SEPT./1 AVR. (PRIX 1987). ⓕ ♨.

* **LES MELEZES** Mme.BLANC ☎ 71.59.71.12 – 10 CH. 75/100 F. MENU 45/80 F. PENSION 140/160 F. DEMI-PENSION 120/140 F. ⓕ 🍴 🍴 ⒶⒺ ⓔ E.

CHAMBORD 41250 BRACIEUX LOIR-ET-CHER 360 HAB. S.I.

** **DU GRAND SAINT MICHEL** M.LE MEUR ☎ 54.20.31.31 – 38 CH. 130/320 F. MENU 90/180 F. FERME 12 NOV./20 DEC. ✔ 🍴 🍴 ☎ ⒶⒺ ⓔ E.

CHAMBORIGAUD 30530 GARD 874 HAB.

* **LES CEVENNES** AV. DE LA PLAINE. M. CHOMAT ☎ 66.61.47.27 – 11 CH. 90/135 F. MENU 48/100 F. PENSION 150/170 F. DEMI-PENSION 120/140 F. FERME 7/20 DEC., 5/20 JANV. ET MERCREDI HS. ☎ E.

CHAMBOULIVE 19450 CORREZE 1200 HAB. S.I.

** **DESHORS FOUJANET** (SUR D.940). Mme FOUJANET MALATERRE ☎ 55.21.62.05 – 29 CH. 85/160 F. MENU 60/170 F. PENSION 175/215 F. DEMI-PENSION 145/195 F. FERME 1/29 OCT., ET VAC. SCOL. FEV. ⓕ ☎ ⓔ E CV.

CHAMONIX 74400 HAUTE-SAVOIE 1050 M. 8000 HAB. S.I.

** **DE L'ARVE** RUE VALLOT, QUAI DE L'ALPINA. MM. ET Mmes DIDILLON ET LOCHET ☎ 50.53.02.31 – 39 CH. 132/223 F. MENU 74 F. PENSION 211/256 F. DEMI-PENSION 157/203 F. FERME 11 NOV./20 DEC. RESTAURANT FERME 18 AVR./MI-JUIN, ET MI-SEPT./15 JANV. ☎ ⒶⒺ ⓔ E Ⓗ.

** **L'ARVEYRON** CHEMIN DES CRISTALLIERS M.SCHMITT ☎ 50.53.18.29 – 28 CH. 109/240 F. MENU 53/72 F. PENSION 165/240 F. DEMI-PENSION 127/202 F. FERME 20 SEPT./20 DEC., APRES PAQUES/DEBUT JUIN. 🍴 ☎ E.

CHAMONIX (LE LAVANCHER) 74400 CHAMONIX-MONT-BLANC HAUTE-SAVOIE 1240 M. 120 HAB. S.I.

** **CHALET-HOTEL BEAU SOLEIL** 60, ALLEE DES PEUPLIERS M.BOSSONNEY ☎ 50.54.00.78 – 16 CH. 150/275 F. MENU 75/140 F. PENSION 220/275 F. DEMI-PENSION 195/245 F. FERME 20 SEPT./20 DEC. ✔ 🍴 🍴 E.

** **LES GENTIANES** (LE LAVANCHER) M.RAGON ☎ 50.54.01.31 TELEX 385022 – 14 CH. 118/290 F. MENU 88/110 F. PENSION 183/285 F. DEMI-PENSION 140/240 F. FERME 17 AVR./27 MAI ET 25 SEPT./17 DEC. 🍴 🍴.

CHAMONIX (LES BOSSONS) 74400 HAUTE-SAVOIE 1032 M. 110 HAB. S.I.
** **L'AIGUILLE DU MIDI** M.FARINI ☎ 50.53.00.65 – 50 CH. 190/280 F. MENU 82/160 F. PENSION 221/315 F. DEMI-PENSION 180/270 F. FERME 20 SEPT./20 DEC., 5 JANV./3 FEV., 18 AVR./11 MAI. ⌂ ⬩ 🐎 ▦ E 🔟.

CHAMOUSSET 73390 CHAMOUX SAVOIE 300 HAB.
* **CHRISTIN** M. CHRISTIN Georges ☎ 79.36.42.06 – 15 CH. 90/160 F. MENU 50/130 F. PENSION 145/230 F. DEMI-PENSION 135/210 F. FERME 15/30 SEPT., 24 DEC./2 JANV., DIMANCHE SOIR ET LUNDI. 🅵 ⬥ ▦ E CV.

CHAMPAGNAC 15350 CANTAL 622 M. 1411 HAB.
** **LE LAVENDES** CHATEAU DE LAVENDES,ROUTE DE NEUVIC. M. GIMMIG ☎ 71.69.62.79 TELEX 393160 – 7 CH. 210/255 F. MENU 92/190 F. DEMI-PENSION 210/255 F. FERME 2 JANV./28 FEV. ET RESTAURANT FERME MERCREDI HS. SAUNA, SOLARIUM. ⌂ 🐎 ▦ E.

CHAMPAGNAC-DE-BELAIR 24530 DORDOGNE 745 HAB.
* **DU CHATEAU** M. CHAUSSE ☎ 53.54.80.23 – 7 CH. 115/129 F. MENU 50/75 F. PENSION 150 F. DEMI-PENSION 130 F. FERME MARDI. 🐈 ▦ ᴀᴇ 🅾 E.

CHAMPAGNE-AU-MONT-D'OR 69440 RHONE 4800 HAB.
** **LA CHAUMIERE** 11, AV.GENERAL DE GAULLE (R.N.6). M. CHORON ☎ 78.35.10.60 – 16 CH. 160/200 F. MENU 70/200 F. RESTAURANT FERME 1/31 AOUT ET SAMEDI/DIMANCHE. ▦ E.

CHAMPAGNEY 70290 HAUTE-SAONE 3290 HAB.
* **DU COMMERCE** 4, AV. DU GENERAL BROSSET Mme ANGLY ☎ 84.23.13.24 – 20 CH. 80/150 F. MENU 55/160 F. PENSION 160/190 F. DEMI-PENSION 150/170 F. FERME FEV., ET LUNDI HS. 🅵 ▦ ᴀᴇ 🅾 E CV.

CHAMPAGNOLE 39300 JURA 10700 HAB. S.I.
* **DU PARC** 13 RUE PAUL CRETIN Mmes BARON ☎ 84.52.13.20 – 18 CH. 120/250 F. MENU 55/150 F. DEMI-PENSION 160/210 F. FERME 1 NOV./1 DEC. RESTAURANT FERME MIDI ET DIMANCHE HS. 🅵 ⬥ ▦ ᴀᴇ 🅾 E CV ♿.
* **FRANC COMTOIS** 11, RUE CLEMENCEAU Mme.SCHUMACHER ☎ 84.52.04.95 – 14 CH. 80/200 F. MENU 50/90 F. PENSION 175/180 F. DEMI-PENSION 135/140 F. FERME 1 OCT./1 NOV., ET LUNDI HS. 🅵

CHAMPAGNY-EN-VANOISE 73350 SAVOIE 1250 M. 400 HAB. S.I.
** **LES GLIERES** M.LEJEUNE ☎ 79.22.04.46 TELEX 530 955 – 20 CH. 230/270 F. MENU 60/110 F. PENSION 224/310 F. DEMI-PENSION 201/287 F. FERME 16 AVR./30 JUIN, 15 SEPT./19 DEC. ET RESTAURANT FERME 31 AOUT/19 DEC. 🅵 ⬥ 🐈 ▦ E.

CHAMPCEVINEL 24000 PERIGUEUX DORDOGNE 1847 HAB.
* **LA FORGE** M. COMMERY ☎ 53.04.61.65 – 7 CH. 120/135 F. MENU 50/180 F. PENSION 210/230 F. DEMI-PENSION 190/190 F. 🅵 ▦ E.

CHAMPEIX 63320 PUY-DE-DOME 1100 HAB.
AF **LA PROMENADE** M.MONDANI ☎ 73.96.70.24 – 7 CH. 100/140 F. MENU 65/200 F. DEMI-PENSION 135/175 F. FERME 7 SEPT./7 OCT., NOEL, ET MERCREDI. ▦ E CV.

CHAMPLIVE 25360 BOUCLANS DOUBS 150 HAB.
* **DU CHATEAU DE VAITE** M.BEAUQUIER ☎ 81.55.20.66 – 7 CH. 85/130 F. MENU 60/100 F. PENSION 130 F. DEMI-PENSION 95 F. FERME JANV., ET LUNDI. 🐈.

CHAMPNIERS 16430 CHARENTE 4500 HAB.
** **MOTEL PM 16** SUR N.10, ROUTE DE POITIERS. M.LAMOINE ☎ 45.68.03.22 TELEX 790345 F – 41 CH. 200/250 F. MENU 60/180 F. DEMI-PENSION 190/250 F. RESTAURANT FERME JANV. ET LUNDI HS. 🅵 ▦ ᴀᴇ 🅾 E CV ♿.

CHAMPS-SUR-TARENTAINE 15270 CANTAL 1500 HAB. S.I.
** **AUBERGE DU VIEUX CHENE** MME MOINS ☎ 71.78.71.64 – 20 CH. 150/250 F. MENU 65/180 F. PENSION 175/230 F. DEMI-PENSION 150/200 F. FERME 1 JANV./15 MARS. ET DIMANCHE SOIR/LUNDI. 🅵 ▦ E CV.
* **HOSTELLERIE DE L'ARTENSE** ROUTE DE SAINT-FLOUR. M. BOURRET ☎ 71.78.70.15 – 27 CH. 70/110 F. MENU 50/110 F. PENSION 140/150 F. DEMI-PENSION 110 F. FERME 15/31 JANV. 🅵 ⬥ ▦ ᴀᴇ E CV.

CHAMPTOCE-SUR-LOIRE 49170 SAINT-GEORGES-SUR-LOIRE MAINE-ET-LOIRE 1300 HAB.
* **CHEVAL BLANC** 1 RUE GILLES DE RAIS Mlle PAVY ☎ 41.39.91.81 – 10 CH. MENU 43/80 F. FERME 3 PREMIERES SEM. SEPT. ⬥ ▦ E CV ♿.

CHAMPTOCEAUX 49270 SAINT-LAURENT-DES-AUTELS MAINE-ET-LOIRE 1200 HAB. S.I.
** **DE LA COTE** MME LE FRANC ☎ 40.83.50.39 – 30 CH. 133/176 F. MENU 50/185 F. PENSION 160/190 F. DEMI-PENSION 125/155 F. FERME 20 DEC./5 JANV. 🅵 ⬥ ▦ ᴀᴇ 🅾 E.
* **DES VOYAGEURS** PLACE DU CHANOINE BRICARD M. RABU ☎ 40.83.50.09/40.83.53.83 – 17 CH. 110/150 F. MENU 40/180 F. PENSION 190/230 F. DEMI-PENSION 160/190 F. FERME 12 NOV./11 DEC., VAC. SCOL. FEV. RESTAURANT FERME 12 JANV./11 FEV., ET MERCREDI. 🅵 ▦ E.

CHANAC 48230 LOZERE 630 M. 900 HAB. S.I.
* **DES VOYAGEURS** MM. PALMIER ET ARNAL ☎ 66.48.20.16 – 18 CH. 80/135 F. MENU 48/100 F. PENSION 145/185 F. DEMI-PENSION 120/140 F. RESTAURANT FERME 23 DEC./3 JANV., VENDREDI SOIR ET SAMEDI 10 NOV./1 MARS. 🅵 ⬥ ▦ E.

CHANAS 38150 ROUSSILLON ISERE 2000 HAB.

** LE PARIS NICE 43 RTE DE MARSEILLE RN.7 M.MARIAS ☎ 74.84.21.22/75.31.08.12 —
15 CH. 149/380 F. MENU 70/200 F. FERME 1 NOV./10 FEV. RESTAURANT FERME MERCREDI
MIDI. ♨ ⌨ ᴬᴱ ⓓ E CV.

CHANCELADE 24650 DORDOGNE 3295 HAB.

** DU PONT DE LA BEAURONNE M. MOUSNIER ☎ 53.08.42.91 — 24 CH. 82/135 F. MENU
50/150 F. PENSION 210/265 F. DEMI-PENSION 155/210 F. FERME DIMANCHE SOIR ET LUNDI
MIDI. ⏚ ⌨ ⌨ ᴬᴱ ⓓ.

CHANTONNAY 85110 VENDEE 7430 HAB. S.I.

** LE MOULIN NEUF (A 800 M N. 137, AU BORD DU LAC) M.NEX ☎ 51.94.30.27 — 60 CH.
150/300 F. MENU 66/150 F. PENSION 220/250 F. DEMI-PENSION 170/200 F. Ⓕ ♨
♂ ♂ ⌨ .

** LE MOUTON 31 RUE NATIONALE M.COINDREAU ☎ 51.94.30.22 — 11 CH. 160/220 F. MENU
55/150 F. PENSION 280/320 F. DEMI-PENSION 230/270 F. FERME VAC.SCOL. TOUSSAINT,
LUNDI SAUF FETES, JUIL. ET AOUT. ⌨ ᴬᴱ E CV.

CHAPAREILLAN 38530 PONTCHARRA ISERE 1500 HAB. S.I.

* DE L'AVENUE M. SACHE ☎ 76.45.23.35 — 7 CH. 95/130 F. MENU 65/150 F. PENSION
165/200 F. DEMI-PENSION 135/160 F. FERME SEPT. OU OCT. ET LUNDI. Ⓕ ♨ ⌨
E.

CHAPARON 74210 FAVERGES HAUTE-SAVOIE 400 HAB.

** LA CHATAIGNERAIE (A 1Km,500 N.508) M.MILLET ☎ 50.44.30.67 TELEX 385417 —
25 CH. 210/310 F. MENU 70/200 F. PENSION 270/320 F. DEMI-PENSION 235/285 F. FERME 1
NOV./1 FEV., DIMANCHE SOIR ET LUNDI 1 OCT./1 MAI. Ⓕ ⌨ ᴬᴱ ⓓ E CV.

CHAPELLE-AUBAREIL (LA) 24290 MONTIGNAC DORDOGNE 280 HAB.

*AF DU JARDIN Mme.SARDAN ☎ 53.50.72.09 — 15 CH. 100/140 F. MENU 65/100 F. PENSION
190/200 F. DEMI-PENSION 150/160 F. FERME 15 OCT./1 AVR. ⌨ ᴬᴱ CV.

AF LA TABLE DU TERROIR (A FOUGERAS). M. GIBERTIE ☎ 53.50.72.14 — 16 CH.
220/250 F. MENU 65/170 F. PENSION 220/230 F. DEMI-PENSION 200/210 F. FERME 15
NOV./15 MARS. SAUF SAMEDI, DIMANCHE, JOURS FERIES ET GROUPES SUR RESERVATION.
♨ ♨ ⌨ ᴬᴱ ⓓ E ♂

CHAPELLE-CARO (LA) 56460 SERENT MORBIHAN 1104 HAB.

* LE PETIT KERIQUEL PLACE DE L'EGLISE M. HAVARD ☎ 97.74.82.44 — 8 CH. 75/145 F.
MENU 49/140 F. PENSION 170/220 F. DEMI-PENSION 125/175 F. FERME FEV., ET LUNDI. PAR-
KING PRIVE. ⌨ E.

CHAPELLE-D'ABONDANCE (LA) 74360 ABONDANCE HAUTE-SAVOIE 1020 M. 500 HAB. S.I.

** L'ENSOLEILLE M.TRINCAZ ☎ 50.73.50.42 — 34 CH. 170/220 F. MENU 70/220 F. PENSION
200/280 F. DEMI-PENSION 170/280 F. FERME APRES PAQUES/15 JUIN, 15 SEPT./20 DEC.
⌨ E ▥.

** LE VIEUX MOULIN ROUTE DE CHEVENNES M. MAXIT ☎ 50.73.52.52 — 16 CH. 220 F.
MENU 70/200 F. PENSION 200/250 F. DEMI-PENSION 185/220 F. ♨ ⌨ E CV.

** LES CORNETTES DE BISES M.TRINCAZ ☎ 50.73.50.24 — 40 CH. 180/230 F. MENU
70/240 F. PENSION 200/250 F. DEMI-PENSION 170/250 F. FERME 25 OCT./18 DEC., 20
AVR./20 MAI. ♂ ♨ ⌨ E ♂ ▥.

CHAPELLE-D'ANDAINE (LA) 61140 BAGNOLES-DE-L'ORNE ORNE 1390 HAB. S.I.

** LE CHEVAL BLANC 8 RUE DE LA GARE M. FERET ☎ 33.38.11.88 — 12 CH. 110/180 F.
MENU 62/103 F. PENSION 170/240 F. DEMI-PENSION 140/210 F. FERME DIMANCHE SOIR.
⌨ ᴬᴱ E.

CHAPELLE-DES-BOIS 25240 MOUTHE DOUBS 1089 M. 198 HAB.

* LES MELEZES M.PAGNIER ☎ 81.69.21.82 — 9 CH. 110/200 F. MENU 65/95 F. PENSION
160/240 F. DEMI-PENSION 130/210 F. FERME 15 AVR./25 JUIN, 15 SEPT./15 DEC. SAUNA.
GOLF. Ⓕ ♄ ⌨ E.

CHAPELLE-DU-CHATELARD (LA) 01240 SAINT-PAUL-DE-VARAX AIN 202 HAB.

AF DES PLATANES M.MALAPEL ☎ 74.24.50.42 — 5 CH. 100/150 F. MENU 60/180 F. FERME
1/10 SEPT.,FEV., MARDI SOIR ET MERCREDI. ♄.

CHAPELLE-EN-VERCORS (LA) 26420 DROME 955 M. 700 HAB. S.I.

* DES SPORTS M.REVOL ☎ 75.48.20.39 — 15 CH. 74/170 F. MENU 54/80 F. PENSION
153/200 F. DEMI-PENSION 106/150 F. FERME 13 NOV./31 JANV. ET DIMANCHE SOIR HS. ♨
⌨ E.

CHAPELLE-LAURENT (LA) 15500 MASSIAC CANTAL 950 M. 450 HAB.

AF DE LA ROCHETTE M. DE LA ROCHETTE ☎ 71.73.12.16 — 6 CH. 55/80 F. MENU 52/60 F.
PENSION 130/140 F. DEMI-PENSION 100/120 F. ♄ CV.

CHAPELLE-SUR-VIRE (LA) (TROISGOTS) 50420 MANCHE 361 HAB.

AF AUBERGE DE LA CHAPELLE M.FOUCHARD ☎ 33.56.32.83 — 4 CH. 80/120 F. MENU
58/140 F. PENSION 160/180 F. DEMI-PENSION 130/150 F. FERME MI-OCT./MI-FEV., DIMANCHE
SOIR ET LUNDI. Ⓕ ⌨ ᴬᴱ ⓓ E CV.

CHAPONOST 69630 RHONE 6000 HAB. S.I.

* LE PRADEL 22 RUE RENE CHAPARD M. PRADEL ☎ 78.45.20.11 — 25 CH. 75/105 F. MENU
40/140 F. PENSION 150/200 F. DEMI-PENSION 120/150 F. RESTAURANT FERME DIMANCHE
SOIR ET MARDI SOIR SAUF PENSIONNAIRES. Ⓕ ♂ ⌨ CV ♂.

CHARAVINES **38850** ISERE 1010 HAB. S.I.

** **DE LA POSTE** Mlle DESIGAUX ☎ 76.06.60.41 — 20 CH. 155/250 F. MENU 85/200 F. PENSION 200/260 F. DEMI-PENSION 170/230 F. FERME 1 NOV./15 DEC. ET DIMANCHE SOIR-MARDI MATIN. 🄵 ☎ 🄰🄴.

** **HOSTELLERIE DU LAC BLEU** (LAC DE PALADRU) M.CORINO ☎ 76.06.60.48 — 13 CH. 130/200 F. MENU 75/150 F. PENSION 185/220 F. FERME 15 OCT./15 MARS, LUNDI SOIR ET MARDI HS. ☎ E.

CHARBONNIER **63340** SAINT-GERMAIN-LEMBRON PUY-DE-DOME 980 HAB.

AF **LE GENESTOU** M. DUMUR ☎ 73.54.02.79 — 6 CH. 70/80 F. MENU 40 F. PENSION 150 F. DEMI-PENSION 120 F. 🄵.

CHARENSAT (CHANCELADE) **63640** SAINT-PRIEST-DES-CHAMPS PUY-DE-DOME 680 M. 800 HAB.

AF **LE CHANCELADE HOTEL** M.LANOUZIERE ☎ 73.52.21.77 — 7 CH. 77/110 F. MENU 60/100 F. PENSION 145/180 F.

CHARETTE **71270** PIERRE-DE-BRESSE SAONE-ET-LOIRE 360 HAB.

ec **DOUBS RIVAGE** M.REAU ☎ 85.76.23.45 — 8 CH. 100/200 F. MENU 65/160 F. PENSION 165/200 F. DEMI-PENSION 135/150 F. FERME 1/29 FEV., MARDI SOIR ET MERCREDI HS. (PRIX 1987). 🄵 ☎ E.

CHARITE-SUR-LOIRE (LA) **58400** NIEVRE 6422 HAB. S.I.

** **LE GRAND MONARQUE** 33, QUAI CLEMENCEAU. M. GRENNERAT ☎ 86.70.21.73 — 9 CH. 170/230 F. MENU 90/176 F. DEMI-PENSION 310 F. FERME VAC.SCOL.FEV. ET MERCREDI 15 NOV./30 MARS. 🚗 ☎ 🄰🄴 🚲 E.

CHARIX **01130** NANTUA AIN 850 M. 250 HAB.

AF **AUBERGE DU LAC GENIN** M.GODET ☎ 74.75.52.50 — 5 CH. 54/70 F. MENU 46/64 F. FERME 15 OCT./1 DEC., DIMANCHE SOIR ET LUNDI. 🍴 ☎.

CHARLEVAL **27380** FLEURY-SUR-ANDELLE EURE 1654 HAB.

** **AUBERGE DE L'ECURIE** M. ROBIN ☎ 32.49.30.73 — 11 CH. 115/204 F. MENU 54/125 F. PENSION 231/322 F. DEMI-PENSION 176/266 F. FERME 1/22 FEV., DIMANCHE SOIR ET LUNDI. ☎.

CHARLEVILLE-MEZIERES **08000** ARDENNES 60000 HAB. S.I.

*** **LE RELAIS DU SQUARE** 3, PL. DE LA GARE M.SALMON ☎ 24.33.38.76 TELEX 841196 RELAIS — 49 CH. 160/230 F. 🄵 ☎ 🄰🄴 🚲 🖐 ⑤ 🍴.

CHARLIEU **42190** LOIRE 5070 HAB. S.I.

** **RELAIS DE L'ABBAYE** (LA MONTALAY) M. FOUILLAND ☎ 77.60.00.88 TELEX 307 599 — 27 CH. 185/235 F. MENU 85/220 F. PENSION 273/290 F. DEMI-PENSION 213/230 F. HELISTATION. 🄵 ☎ 🄰🄴 🚲 E CV.

CHARMES **88130** VOSGES 6000 HAB. S.I.

* ☞ **CENTRAL HOTEL** 4 RUE DES CAPUCINS M.VAUDOIS ☎ 29.38.02.40 — 9 CH. 85/161 F. MENU 76/225 F. PENSION 180/250 F. DEMI-PENSION 158/229 F. FERME 4/15 AVR., 1/15 OCT. ET DIMANCHE SOIR/MARDI MATIN. 🚗 ☎ 🚲 E.

* ☞ **DANCOURT** 6,PL. DE L'HOTEL DE VILLE M. DANCOURT ☎ 29.38.03.09 — 10 CH. 130/170 F. MENU 60/210 F. PENSION 200/250 F. DEMI-PENSION 150/180 F. FERME 1/15 JANV., 7/14 JUIL. ET VENDREDI. 🚗 ☎ E CV.

CHARMES-SUR-RHONE **07800** LA VOULTE-SUR-RHONE ARDECHE 1500 HAB.

* **LE LOGIS CHARMANT** SOCIETE BOIS ☎ 75.60.80.32 — 10 CH. 75/120 F. MENU 42/45 F. PENSION 140/150 F. DEMI-PENSION 105/115 F. ☎ 🄰🄴 🚲 E.

CHAROLLES **71120** SAONE-ET-LOIRE 4850 HAB. S.I.

** **MODERNE** AVENUE DE LA GARE M.BONIN ☎ 85.24.07.02 — 18 CH. 110/300 F. MENU 85/220 F. PENSION 290/380 F. DEMI-PENSION 200/300 F. FERME FIN DEC./DEBUT FEV., DIMANCHE SOIR ET LUNDI HS. 🄵 🚗 ☎ 🄰🄴 🚲 ⑤.

CHAROLS **26450** CLEON-D'ANDRAN DROME 300 HAB.

* ☞ **DES VOYAGEURS** M.GAUCHERAND ☎ 75.90.15.21 — 11 CH. 105/120 F. MENU 50/95 F. PENSION 160/170 F. DEMI-PENSION 137 F. FERME 1/30 OCT., 24 DEC./4 JANV. ET RESTAURANT FERME SAMEDI EN HIVER. 🚗 CV.

CHAROST **18290** CHER 1150 HAB.

** **RELAIS DE CHAROST** 11 AVENUE DU 8 MAI M. GUEMON ☎ 48.26.20.39 — 12 CH. 120/180 F. MENU 75/160 F. PENSION 210 F. DEMI-PENSION 160 F. FERME 15 FEV./15 MARS, ET DIMANCHE SOIR. ☎ E.

CHARQUEMONT **25140** DOUBS 900 M. 2500 HAB.

** **DE LA POSTE** M.VOISARD ☎ 81.44.00.20 — 32 CH. 120/200 F. MENU 50/115 F. PENSION 160/195 F. DEMI-PENSION 160/180 F. FERME NOV., ET LUNDI HS. 🄵 🚗 🚗 ☎ E CV.

CHARRIN **58300** DECIZE NIEVRE 700 HAB.

AF ☞ **DES VOYAGEURS** M. JOLIVET ☎ 86.50.30.50 — 10 CH. 68/88 F. MENU 42/135 F. PENSION 130 F. DEMI-PENSION 90 F. FERME DIMANCHE SOIR/MARDI. ☎ 🄰🄴.

CHARROUX **86250** VIENNE 1552 HAB. S.I.

*AF **HOSTELLERIE CHARLEMAGNE** PLACE DES HALLES M. OZENNE ☎ 49.87.50.37 — 9 CH. 70/130 F. MENU 60/145 F. 🄵 ☎ E.

CHARTRE-SUR-LE-LOIR (LA) **72340** SARTHE 2000 HAB. S.I.

** **DE FRANCE** M.PASTEAU ☎ 43.44.40.16 – 28 CH. 68/195 F. MENU 58/190 F. PENSION 180/220 F. DEMI-PENSION 130/170 F. FERME 15 NOV./15 DEC. 🚗 ▧.

CHARTRES **28000** EURE-ET-LOIR 41251 HAB. S.I.

** **DE LA POSTE** 3, RUE DU GENERAL KOENIG. M. SEVETRE ☎ 37.21.04.27 TELEX 760533 – 60 CH. 103/235 F. MENU 60/115 F. PENSION 266/303 F. DEMI-PENSION 188/225 F. 🄵 🚗 ▧ 🄰🄴 ⑩ E 🄵.

CHASSELAY **38470** VINAY ISERE 600 M. 250 HAB.

AF **AUBERGE DU GRAND PRE** M.DORNE ☎ 76.64.21.04 – 4 CH. 60 F. MENU 50/150 F. PENSION 140 F. FERME 25 DEC./15 JANV., ET SAMEDI. 🐾.

CHASSENEUIL **16260** CHARENTE 3500 HAB.

** **DE LA GARE** 9 RUE DE LA GARE M.CORMAU ☎ 45.39.50.36 – 12 CH. 55/180 F. MENU 48/250 F. PENSION 180/220 F. DEMI-PENSION 140/180 F. FERME 2/15 JANV., 5/20 JUIL., ET LUNDI. 🄵 ▧ E CV.

CHASSENEUIL-DU-POITOU **86360** VIENNE 2500 HAB. S.I.

* **BINI** ☎ 49.52.76.68 – 8 CH. RESTAURANT FERME DIMANCHE SOIR. PRIX NON COMMUNIQUES. 🄵 ▧ E CV.

CHASTEL-NOUVEL **48000** MENDE LOZERE 1020 M. 500 HAB.

AF **DURAND** Mme.LAURAIRE ☎ 66.65.13.02 – 7 CH. 68/90 F. MENU 45 F. PENSION 130 F. DEMI-PENSION 90 F. FERME 20 DEC./11 JANV., ET SAMEDI SOIR.

CHATAIGNERAIE (LA) **85120** VENDEE 3080 HAB. S.I.

** **AUBERGE DE LA TERRASSE** 7, RUE DE BEAUREGARD. M. LEROY ☎ 51.69.68.68 – 14 CH. 130/270 F. MENU 29/78 F. DEMI-PENSION 152/198 F. FERME DIMANCHE SOIR HS. ▧ 🄰🄴 ⑩ E ዿ.

CHATEAU-ARNOUX **04160** ALPES-DE-HAUTE-PROVENCE 5000 HAB. S.I.

** **DU LAC** 14 ALLEE DES ERABLES M. DALMAS ☎ 92.64.04.32/92.64.35.28 – 17 CH. 120/160 F. MENU 55/140 F. PENSION 190 F. DEMI-PENSION 170 F. 🄵 🚗 ▧ ⑩ E.

CHATEAU-BERNARD (COL DE L'ARZELIER) **38650** MONESTIER-DE-LERMONT ISERE 1154 M. 147 HAB. S.I.

** **DES DEUX SOEURS** M.RIONDET ☎ 76.72.37.68 – 24 CH. 140/170 F. MENU 60/138 F. PENSION 215/231 F. DEMI-PENSION 172/185 F. 🄵 🚗 ▧ E CV.

CHATEAU-CHINON **58120** NIEVRE 3500 HAB. S.I.

** **AU VIEUX MORVAN** 8 PLACE GUDIN M. DURIATTI ☎ 86.85.05.01 – 23 CH. 85/280 F. MENU 70/160 F. PENSION 250/350 F. DEMI-PENSION 180/280 F. ▧ ⑩ E.

* **LE LION D'OR** 10, RUE DES FOSSES M. DANGELSER ☎ 86.85.13.56 – 10 CH. 60/150 F. MENU 45/120 F. PENSION 140/160 F. DEMI-PENSION 95/110 F. FERME DIMANCHE SOIR/MARDI MATIN. 🚗 ▧ E CV.

CHATEAU-DU-LOIR **72500** SARTHE 6200 HAB. S.I.

* **DE LA GARE** M.JANIERE ☎ 43.44.00.14 – 15 CH. 80/130 F. MENU 43/110 F. PENSION 150/180 F. FERME 20 AOUT/4 SEPT., 17 DEC./2 JANV., DIMANCHE EN HIVER ETDIMANCHE SOIR EN ETE. 🚗 🐾 ▧ E ዿ.

** **LE GRAND HOTEL** 59, RUE ARISTIDE BRIAND Mme CHESNIER ☎ 43.44.00.17 – 20 CH. 90/210 F. MENU 65/150 F. PENSION 190/260 F. DEMI-PENSION 158/200 F. RESTAURANT FERME DIMANCHE SOIR ET LUNDI. 🄵 ▧ E ዿ.

CHATEAU-GONTIER **53200** MAYENNE 10000 HAB. S.I.

* **DU CERF** 31, RUE GARNIER Mme.MEZIERE ☎ 43.07.25.13 – 22 CH. 68/120 F. 🚗 ✕ ▧ ⑩ E.

*** **LA BRASSERIE ET LE PARC HOTEL** 2 ET 46, AVENUE JOFFRE M.CADOT ☎ 43.07.28.41 – 43 CH. 90/220 F. MENU 72/260 F. PENSION 260/310 F. DEMI-PENSION 180/250 F. FERME 2 JANV./25 FEV. RESTAURANT FERME DIMANCHE. LA BRASSERIE 2 ETOILES. ⊿ ♂ 🚗 ▧

CHATEAU-LA-VALLIERE **37330** INDRE-ET-LOIRE 2000 HAB.

AF **AUBERGE DU VAL FLEURI** Mme.MARAIS ☎ 47.24.00.38 – 3 CH. 100/150 F. MENU 45/140 F. PENSION 160/170 F. DEMI-PENSION 130/140 F. FERME JEUDI.

* **HOSTELLERIE DU GRAND CERF** (LA PORRERIE, D.959). M.MEUNIER ☎ 47.24.11.06 – 20 CH. 100/190 F. MENU 50/160 F. PENSION 170/220 F. DEMI-PENSION 160/180 F. FERME 30 OCT./22 NOV., 5/17 AVR., DIMANCHE SOIR, ET SAMEDI HS. 🄵 ▧ 🄰🄴 ⑩ E CV.

CHATEAU-RENAULT **37110** INDRE-ET-LOIRE 7500 HAB. S.I.

*** **L'ECU DE FRANCE** M.JULIEN ☎ 47.29.50.72 – 10 CH. 200/260 F. MENU 81/138 F. DEMI-PENSION 250 F. FERME 1/31 JANV., ET DIMANCHE SOIR/LUNDI MIDI HS. 🚗 ▧ 🄰🄴 E CV.

* **LE LION D'OR** 166 RUE REPUBLIQUE M.GUIGNARD ☎ 47.29.66.50 – 10 CH. 100/180 F. MENU 70/185 F. PENSION 260/340 F. DEMI-PENSION 190/270 F. FERME 1/15 NOV., 1/15 MARS, ET DIMANCHE SOIR/MARDI MATIN. 🚗 ▧ CV ዿ.

CHATEAU-SALINS **57170** MOSELLE 2800 HAB. S.I.

ec **LE CASTEL** 26, RUE DE METZ M. NONDIER ☎ 87.05.17.05 – 10 CH. 65/130 F. MENU 49/115 F. PENSION 130/150 F. DEMI-PENSION 110/130 F. FERME FEV. ET LUNDI. 🄵 ▧ E.

LE FLORIDE 17, RUE DE STRASBOURG M.NONDIER ☎ 87.05.11.39 – 14 CH. 80/120 F. MENU 40/80 F. PENSION 120/140 F. DEMI-PENSION 100/120 F. FERME 25 DEC./31 JANV. ET DIMANCHE SOIR. 🄵 🚗 ▧ E CV.

CHATEAUBRIANT 44110 LOIRE-ATLANTIQUE 16000 HAB. S.I.

*   **LE PARIS OCEAN** 25, RUE D'ANCENIS Mme DUBOIS ☎ 40.81.21.79 – 7 CH. 85/125 F. MENU 40/95 F. FERME 20 DEC./10 JANV. RESTAURANT FERME DIMANCHE. 🛏🚗 🖽.

CHATEAUDUN 28200 EURE-ET-LOIR 17000 HAB. S.I.

**   **DE LA ROSE** 12, RUE LAMBERT-LICORS M.AVERBUCH ☎ 37.45.21.83 – 7 CH. 170/195 F. MENU 85/190 F. PENSION 280/380 F. DEMI-PENSION 205/300 F. 🚗 🛏 🖽 ⓓ.

CHATEAUGIRON 35410 ILLE-ET-VILAINE 3500 HAB. S.I.

*   **DU CHEVAL BLANC ET DU CHATEAU** M.COTTEBRUNE ☎ 99.37.40.27 – 18 CH. 72/137 F. MENU 47/126 F. RESTAURANT FERME DIMANCHE SOIR. 🖽 E CV.

CHATEAULIN 29150 FINISTERE 5500 HAB. S.I.

**   **AU BON ACCUEIL** A PORT LAUNAY Mme.LE GUILLOU ☎ 98.86.15.77 TELEX 940501 – 59 CH. 87/189 F. MENU 54/170 F. PENSION 172/248 F. DEMI-PENSION 147/223 F. FERME 1 JANV./1 FEV., DIMANCHE SOIR/LUNDI 1 FEV./1 MAI 15 SEPT./31 DEC. HOTEL 24 NOV./2 DEC. REST. 21/29 NOV. 🖽 🚗 🛏 🖽 ⓓ E CV 🅰 🖽.

*   **LE CHRISMAS** 33, GRAND-RUE M.FEILLANT ☎ 98.86.01.24 – 26 CH. 90/190 F. MENU 48/110 F. PENSION 162/205 F. DEMI-PENSION 125/168 F. FERME 1/16 OCT., 24/31 DEC., SAMEDI SOIR ET DIMANCHE HS. 🖽 E CV 🅰.

CHATEAUNEUF-DE-GRASSE (PRE-DU-LAC) 06740 ALPES-MARITIMES 1650 HAB.

**   **AUBERGE DES SANTONS** ROUTE DE VENCE M.GRANGE ☎ 93.42.40.97 – 17 CH. 120/220 F. MENU 63/160 F. PENSION 190/250 F. DEMI-PENSION 135/185 F. FERME 15 OCT./1 FEV. 🖽 CV.

CHATEAUNEUF-DU-FAOU 29119 FINISTERE 4000 HAB. S.I.

*   **LE GAI LOGIS** ROUTE DE QUIMPER M.LARIVIERE ☎ 98.81.73.87 – 12 CH. 95/150 F. MENU 48/150 F. PENSION 190/210 F. DEMI-PENSION 160/190 F. FERME 1/31 JANV., ET LUNDI 1 NOV./31 MARS. 🛏🚗 🖽 E.

CHATEAUNEUF-EN-AUXOIS 21320 POUILLY-EN-AUXOIS COTE-D'OR 70 HAB.

**   **HOSTELLERIE DU CHATEAU** MR. ET MME TRUCHOT. ☎ 80.49.22.00 – 14 CH. 120/480 F. MENU 110/250 F. DEMI-PENSION 250/390 F. FERME 12 NOV./15 MARS, LUNDI SOIR ET MARDI 1 OCT./15 JUIN. 🖽 🖽 E.

CHATEAUNEUF-LE-ROUGE 13790 ROUSSET BOUCHES-DU-RHONE 1300 HAB.

**   **LA GALINIERE** (N. 7) M.GAGNIERES ☎ 42.58.62.04 TELEX BSCGALINIERE 305551F – 21 CH. 125/305 F. MENU 75/350 F. PENSION 285/340 F. DEMI-PENSION 180/235 F. 🖽 🖽 🖽 ⓓ E 🅰.

CHATEAUNEUF-LES-BAINS 63390 SAINT-GERVAIS-D'AUVERGNE PUY-DE-DOME 400 HAB. S.I.

*   **DU CHATEAU** M.BATTEUX ☎ 73.86.67.01 – 38 CH. 110/170 F. MENU 65/150 F. PENSION 120/190 F. DEMI-PENSION 90/150 F. FERME 27 SEPT./22 MAI. 🖽 🚗 🖽 ⓓ E CV.

CHATEAUNEUF-SUR-LOIRE 45110 LOIRET 7000 HAB. S.I.

AF   **AUBERGE DU PORT** 83, GRANDE RUE DU PORT M. BERTHIER ☎ 38.58.43.07 – 4 CH. 65/98 F. MENU 37/130 F. PENSION 145 F. DEMI-PENSION 115 F. FERME 18 FEV./11 MARS, 16 SEPT./7 OCT. ET MERCREDI. 🚗 🖽.

*   **DU POINT DU JOUR** 44,AV. ALBERT VIGER M. GREFFIER ☎ 38.58.95.52 – 11 CH. 90/144 F. FERME 2EME QUINZ. OCT., ET DIMANCHE APRES-MIDI. 🍴.

**   **LA CAPITAINERIE** GRANDE RUE Mme WIGNIOLLE ☎ 38.58.42.16 – 14 CH. 150/210 F. MENU 80/140 F. DEMI-PENSION 230/275 F. FERME 1/28 FEV. ET RESTAURANT FERME LUNDI. 🖽 🖽 E CV.

**   **NOUVEL HOTEL DU LOIRET** 4 PLACE ARISTIDE BRIAND Mme LAINE ☎ 38.58.42.28 – 24 CH. 89/168 F. MENU 69/145 F. FERME DIMANCHE SOIR. 🚗 🖽 🖽 ⓓ E.

CHATEAUNEUF-SUR-SARTHE 49330 MAINE-ET-LOIRE 2100 HAB. S.I.

*   **DE LA SARTHE** M. HOUDEBINE ☎ 41.69.85.29 – 7 CH. 90/180 F. MENU 60/175 F. FERME 15/30 OCT., VAC. SCOL. FEV., DIMANCHE SOIR ET LUNDI SAUF JUIL./AOUT. 🛏🚗 🅰.

CHATEAURENARD 13160 BOUCHES-DU-RHONE 12000 HAB. S.I.

AF   **LA PASTOURELLE** 12, RUE DES ECOLES M.GUILIANI ☎ 90.94.10.68 – 9 CH. 80/100 F. MENU 37/65 F. PENSION 140 F. DEMI-PENSION 120 F. FERME 17 JANV./7 FEV., LUNDI SOIR ET JOUR NOEL. 🖽 CV.

**   **LE CENTRAL** 27, COURS CARNOT M.PLEINDOUX ☎ 90.94.10.90 – 15 CH. 80/160 F. MENU 55/150 F. PENSION 170/210 F. DEMI-PENSION 120/160 F. FERME 1/7 OCT., 15 DEC./15 JANV. ET RESTAURANT FERME SAMEDI. 🖽 🖽 CV.

**   **LES GLYCINES** 14 AV.VICTOR HUGO M.GARAGNON ☎ 90.94.78.10 – 10 CH. 100/180 F. MENU 65/130 F. PENSION 180/200 F. DEMI-PENSION 150/180 F. FERME 2 SEMAINES FEV. ET LUNDI. 🖽 🛏 🖽 ⓓ E.

CHATEAURENARD 45220 LOIRET 2200 HAB. S.I.

*   **LE SAUVAGE** M. ROGER ☎ 38.95.23.55 – 7 CH. 97/160 F. MENU 65/159 F. PENSION 220 F. DEMI-PENSION 190 F. FERME VAC. HIVER, 1/15 SEPT., DIMANCHE SOIR ET LUNDI. 🖽 🖽 E.

CHATEAUROUX 36000 INDRE 55620 HAB. S.I.

**   **DE LA GARE** PL. DE LA GARE M.MICHEL ☎ 54.22.77.80 TELEX 750091 – 28 CH. 100/190 F. MENU 65/170 F. PENSION 260/270 F. DEMI-PENSION 195/225 F. 🚗 🚗 🖽 🖽 ⓓ E.

CHATEAUROUX (suite)

** **LE CONTINENTAL** 17 RUE DU PALAIS DE JUSTICE M.COSNIER ☎ 54.34.36.12 — 24 CH.
90/280 F. MENU 65/120 F. PENSION 240/370 F. DEMI-PENSION 174/284 F. FERME 25 DEC./3
JANV., ET DIMANCHE. ☎ E.

** **LE PARC** 148, AV. DE PARIS M.LAMAMY ☎ 54.34.36.83 — 27 CH. 85/200 F. MENU 55/130 F.
PENSION 230/300 F. DEMI-PENSION 160/170 F. FERME 1 NOV./8 DEC. RESTAURANT FERME
SAMEDI HS. ⍾.

** **LE VOLTAIRE** 42, PLACE VOLTAIRE M.MICHEL ☎ 54.34.17.44 TELEX 750091 — 37 CH.
170/240 F. DEMI-PENSION 250/260 F. HOTEL FERME 24 DEC./2 JANV. RESTAURANT PERMA-
NENT. ⚍ ☎ Æ ⍾ E ⅙ ⊞.

CHATEAUROUX (CERE) 36130 DEOLS INDRE 1000 HAB.

** **LA PROMENADE** (A CERE COINGS) M.BROUSSIN ☎ 54.34.39.15 — 16 CH. 90/210 F. MENU
44/90 F. FERME SAMEDI HS. ☎ E.

CHATEAUROUX (LA FORGE-DE-L'ISLE) 36330 LE POINCONNET INDRE
55620 HAB. S.I.

* **DE LA FORGE DE L'ISLE** Mme BAYARD ☎ 54.22.57.23 — 11 CH. 65/75 F. MENU 60/165 F.
FERME DIMANCHE SOIR, ET SOIR DE JOURS FERIES. ☎ E CV.

CHATEL 74390 HAUTE-SAVOIE 1200 M. 900 HAB. S.I.

** **AUBERGE DE LA DRANSE** (L'ESSERT). Mme RUBIN ☎ 50.73.20.57 — 16 CH. 190/260 F.
MENU 80/130 F. PENSION 240/280 F. DEMI-PENSION 220/240 F. ☎ Æ ⍾ E CV.

** **LA BERGERIE** M.DECURNINGE ☎ 50.73.22.31/50.73.21.44 — 24 CH. 128/168 F. MENU
65/95 F. PENSION 191/297 F. DEMI-PENSION 169/275 F. FERME 13 SEPT./19 DEC., 12 AVR./11
JUIN. ⍾⊟.

* **LA SAVOYARDE** M. CLAIDIERE ☎ 50.73.23.13 TELEX 385856 — 30 CH. 80/250 F. MENU
75/120 F. PENSION 170/255 F. DEMI-PENSION 150/235 F. FERME 15 AVR./30 JUIN, 1 SEPT./20
DEC. F ☎ ⍾.

** **LE KANDAHAR** (CLOS DU TOUR). Mme VUARAND ☎ 50.73.30.60 — 10 CH. 150/170 F. MENU
65/130 F. PENSION 235/270 F. DEMI-PENSION 210/250 F. FERME 15 AVR./3 MAI, 20 NOV./5
DEC. F ☎ Æ ⍾ E ⅙.

CHATELAILLON 17340 CHARENTE-MARITIME 6000 HAB. S.I.

** **MAJESTIC** BD DE LA LIBERATION M.AUCOUTURIER ☎ 46.56.20.53 — 29 CH. 140/220 F. MENU
80/110 F. PENSION 200/250 F. DEMI-PENSION 190/220 F. FERME 20 DEC./10 JANV., 14/21 FEV.,
SAMEDI ET DIMANCHE EN HIVER. ⚍ ☎ Æ ⍾ E.

CHATELARD (LE) 73630 SAVOIE 750 M. 450 HAB. S.I.

* **ROSSANE** M.CHAINEY ☎ 79.54.80.32 — 20 CH. 90/100 F. MENU 65/100 F. PENSION 160 F.
DEMI-PENSION 135 F. FERME 25 SEPT./6 FEV. RESTAURANT FERME 1 NOV./6 FEV. **CV**.

CHATELBLANC 25240 MOUTHE DOUBS 1020 M. 120 HAB. S.I.

** **LE CASTEL BLANC** Mme Yanne LE BIGOT JACQUIER ☎ 81.69.24.56 — 11 CH. MENU
68/120 F. PENSION 210/260 F. DEMI-PENSION 160/210 F. FERME 30 SEPT./15 DEC., 20 AVR./1
JUIL. F ☎ E.

CHATELGUYON 63140 PUY-DE-DOME 3500 HAB. S.I.

* **CHANTE GRELET** 32 AVENUE GAL DE GAULLE M.FOURNIER ☎ 73.86.02.05/73.86.00.70 —
35 CH. 120/180 F. MENU 80/130 F. PENSION 183/237 F. DEMI-PENSION 158/208 F. FERME 10
OCT./20 AVR. ⍾.

** **DES BAINS** 12.14 AV. BARADUC M.CHALUS ☎ 73.86.07.97 — 37 CH. 141/190 F. MENU
72/114 F. PENSION 227/312 F. DEMI-PENSION 207/292 F. FERME 30 SEPT./25 AVR. F
☎ CV.

** **REGENCE CENTRAL** 31 AV.DES ETATS UNIS M.PORTE ☎ 73.86.02.60 — 27 CH. 134/191 F.
MENU 58/67 F. PENSION 212/257 F. DEMI-PENSION 190/237 F. FERME 10 OCT./25 AVR. ☎
⊞.

CHATELGUYON (SAINT-HIPPOLYTE) 63140 CHATELGUYON PUY-DE-
DOME 1100 HAB. S.I.

* **LE CANTALOU** (A SAINT-HIPPOLYTE). M.CHEYROUSE ☎ 73.86.04.67 — 30 CH. 100/160 F.
MENU 47/85 F. PENSION 130/195 F. DEMI-PENSION 100/165 F. FERME 3 NOV./28 FEV. RESTAU-
RANT FERME LUNDI EN SAISON DIMANCHE SOIR ET LUNDI HS. F ⍾ CV.

CHATENET-EN-DOGNON (LE) 87400 SAINT-LEONARD-DE-NOBLAT
HAUTE-VIENNE 500 HAB.

* **RELAIS DES TILLEULS** M.DETIVAUD ☎ 55.57.10.24 — 6 CH. 90/110 F. MENU 60/130 F.
PENSION 140/160 F. DEMI-PENSION 120/140 F. FERME DIMANCHE SOIR ET LUNDI. F ☎

CHATENOIS 67730 BAS-RHIN 3200 HAB. S.I.

* **DONTENVILLE** M. DONTENVILLE ☎ 88.92.02.54 — 10 CH. FERME FEV. ET MARDI HS. PRIX
NON COMMUNIQUES. ⚍ ☎.

**CHATILLON EN MICHAILLE (OCHIAZ) 01200 BELLEGARDE SUR VALSE-
RINE** AIN 1000 M. 1971 HAB. S.I.

* **AUBERGE LE CATRAY** (PLATEAU DE RETORD) M.CHAPPUIS ☎ 50.48.02.25 — 9 CH.
100/170 F. MENU 55/120 F. PENSION 185/235 F. DEMI-PENSION 140/190 F. FERME 1/15
SEPT.,1/15 NOV., MARDI HORS VACANCES SCOLAIRES RESTAURANT FERME LUNDI SOIR ET
MARDI. F ☎ Æ ⍾ E CV.

CHATILLON-COLIGNY 45230 LOIRET 2000 HAB. S.I.

* **L'AUBERGE DU CANAL** 33, FAUBOURG DU PUIRAULT. Mme LODE ☎ 38.92.56.95 — 7 CH.
80/140 F. MENU 50/100 F. PENSION 160/170 F. DEMI-PENSION 140/150 F. FERME JANV. ET
LUNDI. ☎ E.

CHATILLON-EN-BAZOIS 58110 NIEVRE 1150 HAB. S.I.

AF **AUBERGE DE L'HOTEL DE FRANCE** M.CHAUVIERE ☎ 86.84.13.10 – 14 CH. 110/180 F.
☐ MENU 80/135 F. DEMI-PENSION 190/260 F. FERME 20 DEC./30 JANV. ⛟ ⬛.

* **DE LA POSTE** M. REYMOND ☎ 86.84.14.68 – 12 CH. 80/145 F. MENU 49/120 F. PENSION
☐ 145/185 F. DEMI-PENSION 130/165 F. FERME 20 DEC./20 JANV. ET DIMANCHE SOIR/LUNDI
17H30. ⛟ ⬛.

CHATILLON-EN-DIOIS 26410 DROME 505 HAB. S.I.

* **DE FRANCE** M.VINCENT ☎ 75.21.12.02 – 19 CH. 95 F. MENU 50/80 F. PENSION 160 F. DEMI-
PENSION 115 F. FERME 15 NOV./25 DEC. ET VENDREDI APRES-MIDI/SAMEDI APRES-MIDI. (PRIX
1987). Ⓕ CV.

**CHATILLON-EN-DIOIS (TRESCHENU-LES-NONIERES) 26410 CHA-
TILLON-EN-DIOIS** DROME 850 M. 118 HAB.

** **LE MONT BARRAL** M. FAVIER ☎ 75.21.12.21 – 24 CH. 100/160 F. MENU 55/150 F. PEN-
☐ SION 200/240 F. DEMI-PENSION 152/180 F. FERME 15 NOV./20 DEC. ET MARDI. Ⓕ ⛟
  ♂ ⬛ E CV.

CHATILLON-SUR-CHALARONNE 01400 AIN 3000 HAB. S.I.

** **DE LA TOUR** Mme.CORMORECHE ☎ 74.55.05.12 – 12 CH. 100/240 F. MENU 80 F. FERME 10
FEV./15 MARS, DIMANCHE SOIR HS et MERCREDI. ⬛ E.

CHATILLON-SUR-INDRE 36700 INDRE 3800 HAB. S.I.

* **AUBERGE DE LA TOUR** 2 ROUTE DU BLANC M.NICOLAS ☎ 54.38.72.17 – 11 CH. 100/230 F.
☐ MENU 60/150 F. PENSION 200/300 F. DEMI-PENSION 140/240 F. FERME 15 DEC./31 JANV.,
DIMANCHE SOIR/LUNDI 1 JUIL./15 SEPT. Ⓕ ⛟ ⬛ E.

CHATRE (LA) 36400 INDRE 5005 HAB. S.I.

** **DU LION D'ARGENT** M.AUDEBERT ☎ 54.48.11.69 TELEX 130960 – 26 CH. 90/200 F. MENU
70/100 F. PENSION 230/260 F. DEMI-PENSION 163/183 F. Ⓕ ⬛ 🅰 ⊙ E.

** **LES TANNERIES** 2, RUE DU LION D'ARGENT. M. AUDEBERT ☎ 54.48.21.00 TELEX 130960 –
10 CH. 190/220 F. MENU 98/260 F. PENSION 305/395 F. DEMI-PENSION 220/300 F. RESTAU-
RANT FERME 1 JANV./1 FEV., DIMANCHE SOIR/LUNDI 1 OCT./1 MARS. Ⓕ ⬛ 🅰 ⊙
E.

** **NOTRE DAME** Mme.LEUILLET ☎ 54.48.01.14 – 16 CH. 115/230 F. FERME 25 DEC./2 JANV.
⛟ ♒ ✕ ⬛ ⊙ E CV.

CHAUDES-AIGUES 15110 CANTAL 750 M. 1500 HAB. S.I.

** **DES THERMES** M.COSTEROUSSE ☎ 71.23.51.18 – 34 CH. 105/200 F. MENU 48/110 F. PEN-
SION 165/230 F. FERME 17 OCT./22 AVR. Ⓕ ⛟ ⬛ E 🈺.

CHAUDRON-EN-MAUGES 49110 SAINT-PIERRE-MONTLIMART MAINE- ET-
LOIRE 1500 HAB.

AF **LA PETITE AUBERGE** M.DANTO ☎ 41.70.11.17 – 5 CH. 80/110 F. MENU 41 F. PENSION
140 F. DEMI-PENSION 110 F. FERME 1/20 AOUT. ⬛ ⬛ 🅰 ⊙ E.

CHAUFFAYER 05800 SAINT-FIRMIN HAUTES-ALPES 915 M. 500 HAB. S.I.

AF **LE BERCAIL** M.CHARPENTIER ☎ 92.55.22.21 – 11 CH. 80/130 F. MENU 50/70 F. PENSION
180/220 F. DEMI-PENSION 140/180 F. FERME DIMANCHE SOIR. Ⓕ ⬛ 🅰 ⊙ E.

CHAULME (LA) 63660 SAINT-ANTHEME PUY-DE-DOME 1150 M. 150 HAB.

AF **AUBERGE DU CREUX DE L'OULETTE** M.BERAUD ☎ 73.95.41.16 – 11 CH. 75/125 F.
MENU 45/150 F. PENSION 135/150 F. DEMI-PENSION 105/120 F. FERME 20 NOV./20 MARS,
SAUF VAC. SCOL., et MERCREDI. Ⓕ ⬛ E.

CHAUMEIL 19390 SAINT-AUGUSTIN CORREZE 650 M. 275 HAB.

AF **AUBERGE DES BRUYERES** Mme.FEUGEAS ☎ 55.21.34.68 – 15 CH. 70/110 F. MENU
☐ 50/120 F. PENSION 140/165 F. DEMI-PENSION 120 F. FERME 10/22 OCT., ET DIMANCHE SOIR HS.
Ⓕ ⬛ CV.

CHAUMES-EN-BRIE 77390 SEINE-ET-MARNE 2200 HAB.

* **LA CHAUM'YERRES** 1 AVE DE LA LIBERATION M.& Mme BERTON ☎ (1)64.06.03.42 – 9 CH.
120/180 F. MENU 75/160 F. FERME 15/28 FEV., 15/30 NOV. ET DIMANCHE SOIR. Ⓕ ⬛
🅰 ⊙ E.

CHAUMONT 52000 HAUTE-MARNE 30000 HAB. S.I.

** **L'ETOILE D'OR** ROUTE DE LANGRES M.SCHLIENGER ☎ 25.03.02.23 – 15 CH. 110/195 F.
☐ MENU 55/150 F. FERME OCT., ET DIMANCHE SOIR/LUNDI 17H. ⬛ E CV.

CHAUMONT-SUR-LOIRE 41150 ONZAIN LOIR-ET-CHER 750 HAB. S.I.

*** **HOSTELLERIE DU CHATEAU** 2 RUE DU ML DE LATTRE DE TASSIGNY S.A. BONNIGAL ☎
54.20.98.04 – 15 CH. 220/550 F. MENU 68/230 F. PENSION 400/500 F. DEMI-PENSION
300/400 F. FERME 1 DEC./1 MARS. ♒ ⛟ ✕ ⊙ E.

CHAUSSEE-SUR-MARNE (LA) 51240 MARNE 550 HAB. S.I.

* **DU MIDI** M. CABY PATRICK ☎ 26.72.94.77 – 10 CH. 65/130 F. MENU 42/77 F. PENSION 140 F.
DEMI-PENSION 110 F. FERME DIMANCHE SOIR. ⬛ 🅰 E CV &.

CHAUSSIN 39120 JURA 1500 HAB.

** **DES VOYAGEURS»CHEZ BACH«** Mme VERNAY ☎ 84.81.80.38 – 11 CH. 110/200 F. MENU
50/180 F. PENSION 140/180 F. DEMI-PENSION 120/140 F. FERME 2/10 JANV., ET VENDREDI
SOIR. Ⓕ ⛟ ⬛ E CV.

CHAUVIGNY 86300 VIENNE 7000 HAB. S.I.

** **DU LION D'OR** 8,RUE DU MARCHE M.CHARTIER ☎ 49.46.30.28 – 27 CH. 110/220 F. MENU
66/160 F. FERME 15 DEC./15 JANV. ET SAMEDI 1 NOV./30 MARS. ⬛ &.

CHAUX-CHAMPAGNY 39110 SALINS-LES-BAINS JURA 97 HAB.

AF **AUBERGE DU VAL D'HERY** M. DUPONT ☎ 84.73.06.54 – 4 CH. 200/240 F. MENU
76/176 F. PENSION 354/500 F. FERME 1/31 JANV., DIMANCHE SOIR ET LUNDI. Ⓕ ☎
ⒶⒺ E.

CHAUX-DES-CROTENAY 39150 SAINT-LAURENT-EN-GRANDVAUX JURA
714 M. 394 HAB.

* **BEAUSEJOUR** (PONT DE LA CHAUX - SUR N.5). Mme MONNIER ☎ 84.51.52.51 – 23 CH.
75/240 F. MENU 51/160 F. PENSION 170/190 F. DEMI-PENSION 140/160 F. Ⓕ ☎ ☎
ⒶⒺ ⓓ E.

** **DES LACS** (PONT DE LA CHAUX - SUR N.5). M. MONNIER ☎ 84.51.50.42 – 32 CH. 116/125 F.
MENU 52/110 F. PENSION 162/170 F. DEMI-PENSION 125/132 F. FERME 10 OCT./20 DEC.
Ⓕ ☎ ☎ E.

CHAUZON 07120 RUOMS ARDECHE 180 HAB.

AF **AUBERGE SAPEDE** M.SAPEDE. ☎ 75.39.66.03 – 12 CH. 110/140 F. MENU 50/90 F. PEN-
SION 160/170 F. DEMI-PENSION 130/140 F. FERME 1 OCT./30 NOV. Ⓕ CV.

CHAVAGNES-LES-EAUX 49380 THOUARCE MAINE-ET-LOIRE 713 HAB.

** **AU FAISAN** M.PELTIER ☎ 41.54.31.23 – 10 CH. 130/200 F. MENU 49/145 F. DEMI-PENSION
145/195 F. FERME 15 NOV./20 DEC., DIMANCHE SOIR ET LUNDI. ☎ E.

CHAVANIAC-LAFAYETTE 43230 PAULHAGUET HAUTE-LOIRE 425 HAB.

* **LAFAYETTE** M. BRUN ☎ 71.77.50.38 – 11 CH. 65/190 F. MENU 40/90 F. PENSION
150/180 F. DEMI-PENSION 115/140 F. Ⓕ ☎ ☎ E ⑪.

CHEMILLE 49120 MAINE-ET-LOIRE 5963 HAB.

* **DE L'ARRIVEE** 15, PLACE DE LA GARE. M. GIMENEZ ☎ 41.30.60.31 – 8 CH. 90/135 F. MENU
⌐ 60/140 F. PENSION 180/250 F. DEMI-PENSION 130/190 F. FERME 2EME/3EME SEM. FEV., ET
DIMANCHE SOIR 30 SEPT./30 MAI. Ⓕ ☎.

CHENAC-SAINT-SEURIN D'UZET 17120 COZES CHARENTE-MARITIME
721 HAB.

* **AUX FINS GOURMETS** (A CHENAC, 2 Km - D.145). Mme THOMAS ☎
⌐ 46.90.63.13/46.90.67.99 – 8 CH. 100/150 F. MENU 70/150 F. PENSION 205/230 F. DEMI-PEN-
SION 185/210 F. FERME 1/14 OCT. ET LUNDI HS SAUF FERIE. Ⓕ ☎ ☎ ⒶⒺ.

CHENAY 79120 LEZAY DEUX-SEVRES 574 HAB.

* **LES TROIS PIGEONS** M.DELINEAU ☎ 49.07.38.59 – 12 CH. 70/150 F. MENU 50/135 F.
⌐ PENSION 170/250 F. DEMI-PENSION 130/160 F. FERME VENDREDI SOIR/SAMEDI. Ⓕ ☎
ⒶⒺ E.

CHENERAILLES 23130 CREUSE 800 HAB.

** **LE COQ D'OR** PLACE DU CHAMP DE FOIRE M.DAUDU ☎ 55.62.30.83 – 7 CH. 75/150 F. MENU
45/100 F. PENSION 170/200 F. DEMI-PENSION 135/160 F. FERME 24 DEC./30 JANV., VENDREDI
SOIR ET SAMEDI. ☎.

CHENONCEAUX-CHISSEAUX 37150 BLERE INDRE-ET-LOIRE 612 HAB.
S.I.

** **CLAIR COTTAGE** RUE DE L'EUROPE M. BOURBONNAIS ☎ 47.23.90.69 – 21 CH. 110/185 F.
MENU 55/250 F. PENSION 150/250 F. DEMI-PENSION 130/180 F. FERME 15 DEC./15 JANV. PRIX
1987. Ⓕ ☎ ⓓ E CV.

CHERVEIX-CUBAS 24390 HAUTEFORT DORDOGNE 800 HAB. S.I.

AF **LES CHARMETTES** M. ISNARD ☎ 53.50.56.80 – 7 CH. 75/140 F. MENU 60/110 F. PENSION
140/180 F. DEMI-PENSION 100/140 F. FERME LUNDI/MARDI HS. ☎.

* **R. FAVARD** M.FAVARD ☎ 53.50.41.05 – 8 CH. 85/180 F. MENU 48/130 F. PENSION
140/170 F. DEMI-PENSION 120/150 F. FERME 15/30 OCT. Ⓕ ☎ ☎ E ⑥.

CHEVANCEAUX 17210 MONTLIEU-LA-GARDE CHARENTE-MARITIME
1200 HAB.

* **LE RELAIS DE SAINTONGE** M. ALLERON ☎ 46.04.60.66 – 7 CH. 78/115 F. FERME MER-
CREDI. ☎ E.

CHEVIGNEY-LES-VERCEL 25530 DOUBS 650 M. 80 HAB.

* **DE LA PROMENADE** M.RIEME ☎ 81.56.24.76 – 11 CH. 100/110 F. MENU 40/110 F. PEN-
⌐ SION 130/135 F. DEMI-PENSION 100/110 F. FERME 15 SEPT./15 OCT. RESTAURANT FERME LUNDI
1 SEPT./ 30 JUIN. ☎ ☎ E.

CHEVIGNY-FENAY 21600 LONGVIC COTE-D'OR 1200 HAB.

** **LE RELAIS DE LA SANS FONDS** Mme GERBET ☎ 80.36.61.35 – 17 CH. 125/240 F. MENU
⌐ 65/115 F. PENSION 250/315 F. DEMI-PENSION 190/250 F. FERME 24 DEC./1 JANV. RESTAURANT
FERME DIMANCHE SOIR. Ⓕ ☎ ⒶⒺ E CV.

CHEVIGNY-SAINT-SAUVEUR 21800 QUETIGNY COTE-D'OR 7000 HAB.

** **AU BON ACCUEIL** 17, AV. DE LA REPUBLIQUE. Mme MARC ☎ 80.46.13.40 – 27 CH.
92/142 F. MENU 42/80 F. PENSION 165/235 F. DEMI-PENSION 140/185 F. FERME 20 DEC./4
JANV., ET DIMANCHE. RESTAURANT FERME SAMEDI SOIR ET DIMANCHE. Ⓕ ☎ ☎
⑪.

CHEVILLON 52170 HAUTE-MARNE 1156 HAB.

ec **LE MOULIN ROUGE** 2 RUE DE LA MARNE M.BALLAVOISNE ☎ 25.04.40.63 – 9 CH. 85/180 F.
MENU 57/160 F. DEMI-PENSION 120 F. ☎.

CHEVILLY 45520 LOIRET 2626 HAB.

** **LA GERBE DE BLE** 2, AV. DU CHATEAU. M. PERDEREAU ☎ 38.80.10.31 – 11 CH. 99/210 F.
MENU 80/170 F. FERME DIMANCHE SOIR ET LUNDI. ☎ ☎ ⒶⒺ ⓓ E.

— 78 —

CHEYLADE **15400 RIOM-ES-MONTAGNE** CANTAL 950 M. 600 HAB. S.I.

* **DE LA VALLEE** M.VALARCHER ☎ 71.78.90.04 — 14 CH. 65/115 F. MENU 50/80 F. PENSION 135 F. DEMI-PENSION 115 F. FERME 2/12 MAI ET DERNIERE SEMAINE OCT. 🄵 🛏 🖭 🖭 E.

CHEYLARD (LE) **07160** ARDECHE 5000 HAB. S.I.

* **DES VOYAGEURS** 2 RUE DU TEMPLE M.FAURE ☎ 75.29.05.88 — 17 CH. 80/185 F. MENU 45/160 F. PENSION 150/190 F. DEMI-PENSION 130/160 F. FERME 15 SEPT./6 OCT., ET DIMANCHE SOIR 27 SEPT./PENTECOTE. 🖭 🖭 🖭 CV.

CHICHILIANNE (LA RICHARDIERE) **38930 CLELLES** ISERE 1050 M. 150 HAB.

* **AU GAI SOLEIL DU MONT AIGUILLE** M. BEAUME ☎ 76.34.41.71 — 27 CH. 105/170 F. MENU 53/130 F. PENSION 158/210 F. DEMI-PENSION 126/175 F. FERME 10 NOV./20 DEC. 🄵 🖭 🖭 🖭 E CV.

CHINDRIEUX **73310** SAVOIE 1100 HAB.

** **NOUVEL HOTEL Restaurant GODDARD** (LIEU-DIT CHAUDIEU). M. GODDARD ☎ 79.54.20.37 — 15 CH. 100/225 F. MENU 75/250 F. PENSION 170/240 F. DEMI-PENSION 155/200 F. FERME 28 JANV./28 FEV. ET MERCREDI HS. 🚗 🖭 🖭 E.

CHINON **37500** INDRE-ET-LOIRE 9000 HAB. S.I.

** **GRAND HOTEL DE LA BOULE D'OR** 66, QUAI JEANNE-D'ARC Mme.LEBRUN ☎ 47.93.03.13 — 20 CH. 98/250 F. MENU 65/195 F. PENSION 278/379 F. DEMI-PENSION 189/230 F. FERME 15 DEC./1 FEV., ET LUNDI HS. 🄵 🖭 🖭 🖭 E CV.

CHINON (BEAUMONT EN VERON) **37420 AVOINE** INDRE-ET-LOIRE 2300 HAB. S.I.

** **LA GIRAUDIERE** A 5km CHINON,PAR D.749 & Rte SAVIGNY M. VOISIN ☎ 47.58.40.36 — 24 CH. 130/295 F. FERME 1 JANV./1 MARS. 🄵 🚗 🗶 🖭 🖭 E.

CHINON (LA ROCHE-CLERMAULT) **37500 CHINON** INDRE-ET-LOIRE 470 HAB.

** **AUBERGE DU HAUT CLOS** M. BORDEAU ☎ 47.95.94.50 — 15 CH. 92/220 F. MENU 65/170 F. PENSION 228/330 F. DEMI-PENSION 135/280 F. FERME 15 DEC./7 JANV., DIMANCHE SOIR ET LUNDI 15 OCT./15 AVR 🄵 🖭 🖭 E CV 🛁.

CHIS 65800 AUREILHAN HAUTES-PYRENEES 210 HAB.

** **DE LA FERME SAINT FERREOL** M.DALAT ☎ 62.36.22.15 — 23 CH. 120/220 F. MENU 220/230 F. PENSION 210/255 F. DEMI-PENSION 165/210 F. FERME VENDREDI ET DIMANCHE, RESTAURANT FERME SAMEDI MIDI ET DIMANCHE SOIR HS. 🄵 🗶 🖭 🖭 🖭 E CV 🛁.

* **DE LA TOUR** Mme.PUJOL ☎ 62.36.21.14 — 10 CH. 100/150 F. MENU 55/180 F. PENSION 155/180 F. DEMI-PENSION 130/160 F. 🖭 🖭.

CHISSEY-EN-MORVAN **71540 LUCENAY-L'EVEQUE** SAONE-ET-LOIRE 368 HAB.

* **AUBERGE FLEURIE** SNC. IOTTI ☎ 85.82.62.05 — 7 CH. 80/125 F. MENU 43/96 F. PENSION 109/174 F. DEMI-PENSION 73/137 F. FERME 1 JANV./31 MARS ET MERCR. 1 SEPT./30 JUIN. 🖭.

CHITENAY **41120 LES MONTILS** LOIR-ET-CHER 689 M. 700 HAB.

** **AUBERGE DU CENTRE** M. MARTINET (S.A.) ☎ 54.70.42.11 — 17 CH. 86/250 F. MENU 88/200 F. PENSION 164/200 F. DEMI-PENSION 112/250 F. FERME 24 JANV./1 MARS, ET LUNDI HS. 🖭 E.

CHORGES **05230** HAUTES-ALPES 860 M. 1500 HAB. S.I.

* **DES ALPES** M.MAUDUECH ☎ 92.50.60.08 — 22 CH. 80/150 F. MENU 65/80 F. PENSION 180/200 F. DEMI-PENSION 140/160 F. FERME 1 OCT./11 NOV. 🄵 🚗 🖭 CV.

CIOTAT (LA) **13600** BOUCHES-DU-RHONE 35000 HAB. S.I.

** **PROVENCE PLAGE** 3, AVENUE DE PROVENCE M.FARJON-GALLIGANI ☎ 42.83.09.61 — 20 CH. 200/280 F. MENU 85/180 F. PENSION 250/280 F. DEMI-PENSION 200/220 F. FERME 2/30 JANV. 🄵 🛏 🖭 🖭.

CLAIRVAUX **10310 BAYEL** AUBE 350 HAB.

AF **DE L'ABBAYE** M.DELOISY ☎ 25.26.20.12 — 14 CH. 80/150 F. MENU 55/125 F. PENSION 180/290 F. DEMI-PENSION 155/240 F. RESTAURANT FERME DIMANCHE SOIR/LUNDI SOIR. 🚗 🖭 🖭 E CV.

CLAIRVAUX-LES-LACS **39130** JURA 1500 HAB. S.I.

* **DU COMMERCE** M.BRESNU ☎ 84.25.80.76 — 10 CH. MENU 60 F. PENSION 190 F. DEMI-PENSION 160 F. FERME 5 SEPT./15 OCT., ET LUNDI. 🄵 🚗 🛏 🖭.

* **LA CHAUMIERE DU LAC** M.RAUX ☎ 84.25.81.52 — 14 CH. 100/150 F. MENU 65/95 F. PENSION 180/200 F. DEMI-PENSION 140/170 F. FERME 15 OCT./1 MAI. CV.

CLAIX 38640 ISERE 4000 HAB.

AF **TORD** SOMMET DU VIEUX PONT M. TORD ☎ 76.98.04.61 — 2 CH. 70 F. MENU 65/135 F. DEMI-PENSION 140 F. FERME 1/28 FEV., ET DIMANCHE SOIR/LUNDI. 🖭 E.

CLANS **06420 SAINT-SAUVEUR-SUR-TINEE** ALPES-MARITIMES 700 M. 200 HAB.

AF **AUBERGE SAINT JEAN** M.UGO ☎ 93.02.90.21 — 6 CH. 90/110 F. MENU 70/130 F. PENSION 190 F. DEMI-PENSION 160 F. FERME 20 OCT./10 NOV. 🄵.

CLAUX (LE) **15400 RIOM-ES-MONTAGNES** CANTAL 1050 M. 360 HAB. S.I.

** **LE PEYRE ARSE** M. DELFAU ☎ 71.78.93.32 — 29 CH. 150/185 F. MENU 40/185 F. PENSION 180/195 F. DEMI-PENSION 145/160 F. 🄵 🖭 🖭 🖭 E 🛁.

CLAYETTE (LA) **71800** SAONE-ET-LOIRE 2710 HAB. S.I.

* **DE LA GARE** 38 AV. DE LA GARE M. THORAL ☎ 85.28.01.65 – 9 CH. 80/190 F. MENU 55/190 F. PENSION 165/250 F. DEMI-PENSION 130/220 F. FERME DIMANCHE SOIR ET LUNDI 1 SEPT./30 JUIN. E.

** **DE LA POSTE ET DU DAUPHIN** 17, RUE CENTRALE M.TOUZOT ☎ 85.28.02.45 – 15 CH. 85/200 F. MENU 60/170 F. PENSION 220/305 F. DEMI-PENSION 170/235 F. FERME 23 DEC./25 JANV., VENDR. SOIR, SAMEDI ET DIMANCHE SOIR HS. E CV.

CLECY **14570** CALVADOS 1150 HAB. S.I.

** **LE SITE NORMAND** Mme.FOUCHER ☎ 31.69.71.05 TELEX 170234 – 12 CH. 120/220 F. MENU 80/180 F. PENSION 220/300 F. DEMI-PENSION 180/280 F. FERME 1 JANV./5 MARS, ET LUNDI HS. E.

CLELLES **38930 CLELLES-EN-TRIEVES** ISERE 830 M. 320 HAB. S.I.

** **FERRAT** M. FERRAT ☎ 76.34.42.70 – 16 CH. 160/280 F. MENU 62/88 F. PENSION 250 F. DEMI-PENSION 190 F. FERME 11 NOV./1 FEV. ET MARDI HS. E.

CLERMONT (AGNETZ) **60600** OISE 1100 HAB. S.I.

** **LE CLERMOTEL** RN.31 M.DEPRET ☎ 44.50.09.90 – 30 CH. 193/235 F. MENU 60/108 F. RESTAURANT FERME 20 DEC./6 JANV. F E CV ♿.

CLERMONT-EN-ARGONNE **55120** MEUSE 1763 HAB. S.I.

** **BELLEVUE** M. CHODORGE ☎ 29.87.41.02 – 7 CH. 80/230 F. MENU 60/180 F. PENSION 180/280 F. DEMI-PENSION 130/230 F. FERME VAC. SCOL. FEV. ET MERCREDI HS. F E CV.

CLERMONT-FERRAND **63000** PUY-DE-DOME 165000 HAB. S.I.

** **GRAND HOTEL DU MIDI** 39, AV. DE L'UNION SOVIETIQUE M.GORCE ☎ 73.92.44.98 TELEX 990969 POSTE 307 – 39 CH. 104/195 F. MENU 50/100 F. PENSION 255/310 F. DEMI-PENSION 195/240 F. F E.

CLERMONT-FERRAND (CHAMALIERES) **63400 CHAMALIERES** PUY-DE-DOME 24000 HAB.

** **LE CHALET FLEURI** 37, AV. MASSENET Mme.ETIENNE ☎ 73.35.09.60 – 39 CH. 145/220 F. MENU 90/180 F. PENSION 305/372 F. E.

CLIMBACH **67510 LEMBACH** BAS-RHIN 500 HAB.

* **CHEVAL BLANC** M. FREY ☎ 88.94.41.95 – 7 CH. 85/140 F. MENU 65/140 F. PENSION 165/180 F. DEMI-PENSION 120/140 F. FERME 15 JANV./20 FEV., 1/8 JUIL., MARDI SOIR ET MERCREDI. E.

CLUNY **71250** SAONE-ET-LOIRE 4500 HAB. S.I.

* **DE L'ABBAYE** AV. DE LA GARE M.BEAUFORT ☎ 85.59.11.14 – 16 CH. 80/180 F. MENU 75/130 F. DEMI-PENSION 150/250 F. FERME 1 DEC./2 MARS, RESTAURANT FERME DIMANCHE SOIR ET LUNDI MIDI HS. E.

** **LE MODERNE** LE PONT DE L'ETANG. M. BERNIGAUD ☎ 85.59.05.65 – 15 CH. 120/250 F. MENU 100/180 F. DEMI-PENSION 250/360 F. RESTAURANT FERME 15 NOV./15 FEV., LUNDI 15 SEPT./15 JUIN. F E.

CLUSAZ (LA) **74220** HAUTE-SAVOIE 1100 M. 1600 HAB. S.I.

** **BEAU SITE** Mme PICHON ☎ 50.02.40.47 – 20 CH. 130/230 F. MENU 65/90 F. PENSION 195/260 F. DEMI-PENSION 165/190 F. FERME 17 AVR./1 JUIL., 1 SEPT./20 DEC. E.

** **DES ARAVIS** Mme.CONAN ☎ 50.02.60.31 – 40 CH. 112/280 F. MENU 58/130 F. PENSION 200/310 F. DEMI-PENSION 161/270 F. FERME 15 AVR./19 JUIN, 7 SEPT./20 DEC. E.

** **LE BELLACHAT** (LES CONFINS). M.GALLAY ☎ 50.02.40.50 – 25 CH. 150/180 F. MENU 70/180 F. PENSION 200/240 F. DEMI-PENSION 190/200 F. FERME 1 OCT./20 DEC., 20 MAI/10 JUIL. F.

** **LE CHRISTIANIA** M.THEVENET ☎ 50.02.60.60 – 28 CH. 140/255 F. MENU 69/125 F. PENSION 195/300 F. DEMI-PENSION 170/265 F. FERME 20 AVR./30 JUIN, 16 SEPT./20 DEC. F E.

** **LES SAPINS** Mme JAKKEL ☎ 50.02.40.12/50.02.43.24 – 27 CH. 160/290 F. MENU 70/76 F. PENSION 200/290 F. FERME 15 AVR./15 JUIN, 14 SEPT./19 DEC. F E.

CLUSES **74300** HAUTE-SAVOIE 20000 HAB. S.I.

* **DU COMMERCE** 2 A. GRANDE-RUE M.REY ☎ 50.98.00.84 – 13 CH. 100/170 F. MENU 70/150 F. PENSION 230/300 F. DEMI-PENSION 170/240 F. FERME 1 SEPT./1 OCT. RESTAURANT FERME DIMANCHE SOIR/MARDI.

* **DU MONT BLANC** 10, RUE G.-NICOLLET M.REYDET ☎ 50.98.00.14 – 20 CH. 83/175 F. MENU 55/63 F. PENSION 200/225 F. DEMI-PENSION 136/160 F. FERME 21J. MAI, 8J. TOUSSAINT, 8J NOEL. RESTAURANT FERME DIMANCHE. E.

COARAZE **06390 CONTES** ALPES-MARITIMES 620 M. 463 HAB. S.I.

*AF **AUBERGE DU SOLEIL** Mme JACQUET ☎ 93.79.08.11 – 7 CH. 195/360 F. MENU 95 F. DEMI-PENSION 220/290 F. PISCINE. E CV.

CODOLET **30200** GARD 400 HAB.

*AF **AUBERGE LA PETITE HUTTE** M.BIANCHI ☎ 66.90.13.96 – 12 CH. 75/95 F. MENU 55/70 F. PENSION 160/170 F. FERME 23 DEC./3 JANV., SAMEDI, DIMANCHE ET FERIES. F E.

COGNAC **16100** CHARENTE 22000 HAB. S.I.

** **L'ETAPE** 2, AV. D'ANGOULEME M. GIRAUD ☎ 45.32.16.15 – 22 CH. 98/210 F. MENU 54/120 F. PENSION 237/450 F. DEMI-PENSION 175/250 F. FERME 15 DEC./15 JANV. RESTAURANT FERME DIMANCHE. F E CV.

COGNAC (suite)

** **MODERNE** 24, RUE ELYSEE-MOUSNIER M. BLOMME ☎ 45.82.19.53 TELEX 793105 — 40 CH. 165/250 F. FERME 20 DEC./4 JANV. 🄵 🍴 ✕ 🍽 ⑩ E CV ♿ 🅗.

COGNAC (SAINT-LAURENT-DE) 16100 CHARENTE 621 HAB. S.I.

*** **LOGIS DE BEAULIEU** RN. 141 Mme BIANCHERI-BIGARANI ☎ 45.82.30.50 TELEX 791020 —
↗ 21 CH. 100/450 F. MENU 91/150 F. PENSION 217/450 F. DEMI-PENSION 230/430 F. 🄵
🍴 🍽 🅐🄴 E.

COL DE LA CHARBONNIERE (BELLEFOSSE) 37130 SCHIRMECK BAS-RHIN 1000 M. 100 HAB.

** **LA CHARBONNIERE** (Alt. 1.000m. AU COL). Mme WOLF ☎ 88.08.31.17 — 18 CH. 170/213 F.
MENU 75/350 F. PENSION 260/335 F. DEMI-PENSION 208/272 F. 🄵 🍴 🍽 ⑩
E.

COL DE LA FAUCILLE 01170 GEX AIN 1323 M. 4370 HAB. S.I.

** **LA PETITE CHAUMIERE** M.GIROUD ☎ 50.41.30.22 TELEX 309081 — 34 CH. 185 F. MENU
70/120 F. PENSION 230/290 F. DEMI-PENSION 180/200 F. FERME 15 OCT./15 DEC., ET 15 AVR./1
JUIN. 🄵 🍽 E.

COL DE LA MADELEINE 73130 LA CHAMBRE SAVOIE 10 HAB. S.I.

AF **REFUGE 2000** SOCIETE. M. CROUSAUD ☎ 79.59.10.60 — 5 CH. 70/90 F. MENU 75/100 F.
PENSION 160/200 F. DEMI-PENSION 140/180 F. FERME 1 MAI/1 JUIL. ET 30 SEPT./20 DEC. 🍽.

COL DE SAINTE-MARIE-AUX-MINES 68160 SAINTE-MARIE-AUX-MINES VOSGES 772 M. 10 HAB.

* **BELLEVUE - DU COL DE SAINTE-MARIE** M. SPECHT ☎ 89.58.72.39 — 14 CH. 95/135 F.
↗ MENU 58 F. PENSION 150/175 F. DEMI-PENSION 120/140 F. FERME 15 NOV./1 FEV. 🍴 🍽
🅐🄴 ⑩ E CV.

COL DU BONHOMME (PLAINFAING) 88230 FRAIZE VOSGES 950 M. 2400 HAB. S.I.

** **RELAIS VOSGES ALSACE** M. VUILLEMIN ☎ 29.50.32.61 — 13 CH. 95/210 F. MENU
48/120 F. PENSION 210/260 F. DEMI-PENSION 140/190 F. FERME 12 NOV./13 DEC. 🄵 🍽
🅐🄴 ⑩ E CV.

COL DU MONT SION 74350 CRUSEILLES HAUTE-SAVOIE 800 M. 50 HAB.

** **LA CLEF DES CHAMPS ET HOTEL REY** (AU COL). M. REY ☎ 50.44.13.11/50.44.13.29 —
31 CH. 233/260 F. PENSION 301/326 F. DEMI-PENSION 238/263 F. FERME 1/15 NOV., 5/25
JANV. RESTAURANT FERME JEUDI MIDI/ VENDREDI MIDI. 🍴 ✓ 🍽 🅗.

COLIGNY (VILLEMOTIER) 01270 AIN 372 HAB.

** **LE SOLNAN** MOULIN DES PONTS M.MARGUIN ☎ 74.51.50.78 — 16 CH. 220/260 F. MENU
100/270 F. PENSION 260/350 F. DEMI-PENSION 220/300 F. FERME 1/30 JANV., LUNDI ET
DIMANCHE SOIR 15 SEPT./15 MAI. 🄵 🍴 🍽 E.

COLLIAS 30210 REMOULINS GARD 1000 HAB.

* **LE GARDON** Mme.MOUCHEL ☎ 66.22.80.54 — 13 CH. 120/180 F. MENU 90 F. DEMI-PENSION
180/210 F. FERME 1 OCT./15 MARS ET RESTAURANT FERME 30 SEPT./1 AVR. 🐄 🍽
E.

COLMAR 68000 HAUT-RHIN 67410 HAB. S.I.

** **BEAUSEJOUR** 25, RUE DU LADHOF Mme.KELLER ☎ 89.41.37.16 TELEX 880666 — 29 CH.
↗ 90/220 F. MENU 65/140 F. PENSION 170/290 F. DEMI-PENSION 120/240 F. RESTAURANT FERME
DIMANCHE. 🄵 🍽 E CV ♿.

** **DE LA FECHT** 1, RUE DE LA FECHT M.MAURICE ☎ 89.41.34.08 TELEX 880 650 — 39 CH.
↗ 160/280 F. MENU 49/185 F. PENSION 290/330 F. DEMI-PENSION 210/240 F. RESTAURANT
FERME SAMEDI ET DIMANCHE SOIR HS. 🄵 🍴 🍽 🅐🄴 ⑩ E CV ♿.

** **MAJESTIC** 1 RUE DE LA GARE/7 RUE J.PREISS M. SAINT-DIZIER ☎ 89.41.45.19 — 40 CH.
125/190 F. MENU 55/180 F. FERME MI- DEC./MI-JANV. RESTAURANT FERME DIMANCHE ET
LUNDI SOIR. 🍴 🍽 🅐🄴 🅗.

COLMIANE (LA) 06420 VALDEBLORE ALPES-MARITIMES 1500 M. 600 HAB.

ec **LES AIRELLES** M. BOUREL ☎ 93.02.81.18 — 16 CH. 80/210 F. MENU 58/130 F. PENSION
188/280 F. DEMI-PENSION 128/222 F. FERME 10/25 NOV. ET MERCREDI HS. 🄵 🍽 ♿.

COLOMARS 06670 SAINT-MARTIN-DU-VAR ALPES-MARITIMES 2200 HAB.

** **DU REDIER** M. SCOFFIER ☎ 93.37.94.37/93.37.93.51 — 28 CH. 280/300 F. MENU 80/160 F.
PENSION 380 F. DEMI-PENSION 320 F. FERME 2/31 JANV. 🄵 🍴 🍽 🅐🄴 E ♿.

COLOMARS (LA MANDA) 06670 SAINT-MARTIN-DU-VAR ALPES-MARI-TIMES 3000 HAB.

** **AUBERGE DE LA MANDA** (PONT DE LA MANDA) SUR N. 202 M.CASTIGLIA ☎ 93.08.11.64 —
↗ 17 CH. 100/280 F. MENU 75/120 F. PENSION 165/210 F. DEMI-PENSION 135/175 F. FERME 2
JANV./7 FEV. ET MERCREDI 7 FEV./30 JUIN. 🄵 ✓ 🍴 🍽 ⑩ E ♿.

COLOMBELLES 14460 CALVADOS 6000 HAB.

** **DU PARC** 44 RUE JULES GUESDE M.ARTUR ☎ 31.72.40.18 — 11 CH. 150/220 F. MENU
85/260 F. PENSION 300 F. DEMI-PENSION 240 F. FERME 15 DEC./5 JANV. 🍽 E CV ♿.

COLOMBEY-LES-DEUX-EGLISES 52330 HAUTE-MARNE 300 HAB.

** **AUBERGE DE LA MONTAGNE** M. NATALI ☎ 25.01.51.69 — 9 CH. 90/200 F. MENU
70/220 F. FERME MI-JANV./MI-FEV., LUNDI SOIR ET MARDI SEPT./MAI. 🐄 🍽 🅐🄴
E ♿.

COLOMBIER 42220 BOURG-ARGENTAL LOIRE 820 M. 250 HAB.

* **DEGRAIX** Mme DEGRAIX ☎ 77.51.50.14 – 7 CH. 88/120 F. MENU 45/90 F. PENSION 130/145 F. DEMI-PENSION 100/110 F. FERME 2/31 JANV. ET LUNDI HS. 🄵 🛥 🔀 ⦿ E CV.

AF **MARSOT** Mme MARSOT ☎ 77.51.51.90 – 7 CH. 58/70 F. MENU 42/80 F. PENSION 100/110 F. DEMI-PENSION 75/90 F. FERME 2/28 SEPT. 🄵 🛥 🔀 E.

COLPO 56390 GRANDCHAMP MORBIHAN 1400 HAB.

** **AUBERGE DE KORN-ER-HOET** Mme HELSLY ☎ 97.66.82.02 – 17 CH. 95/200 F. MENU 70/195 F. DEMI-PENSION 150/220 F. FERME 20 DEC./20 JANV., DIMANCHE SOIR/MARDI MATIN SAUF JUIL./AOUT RESTAURANT FERME LUNDI MIDI. 🄵 🔀 E.

COMBEAUFONTAINE 70120 HAUTE-SAONE 360 HAB.

** **DU BALCON** M.GAUTHIER ☎ 84.92.11.13/84.92.14.63 – 26 CH. 85/220 F. MENU 65/270 F.
☞ DEMI-PENSION 140/200 F. FERME 1 SEM. OCT., 26 DEC./15 JANV., DIMANCHE SOIR ET LUNDI. 🄵 🛥 🔀 ⦿ E.

COMBLOUX 74920 COMBLOUX HAUTE-SAVOIE 1000 M. 1425 HAB. S.I.

*** **IDEAL MONT BLANC** ROUTE DU FEU M.MUFFAT ☎ 50.58.60.54 TELEX 385550 – 25 CH.
☞ 223/378 F. MENU 112/146 F. PENSION 313/400 F. DEMI-PENSION 269/341 F. FERME 15 SEPT./10 DEC., 15 AVR./14 JUIN. GOLF. 🄵 🛥 🔀 🄰🄴 ⦿ E & 🄼.

*** **LE ROND-POINT DES PISTES** (LE HAUT COMBLOUX) M.GALLICE ☎ 50.58.68.55 TELEX 385550 – 29 CH. 300/380 F. MENU 60/210 F. PENSION 250/380 F. DEMI-PENSION 220/350 F. FERME 15 SEPT./20 DEC., 15 AVR./20 JUIN. 🄵 ☂ CV & 🄼.

*** **LES AIGUILLES DE WARENS** M. PERRIN ☎ 50.93.36.18 – 34 CH. 220/330 F. MENU 105/140 F. PENSION 295/360 F. DEMI-PENSION 255/295 F. FERME 15 AVR./22 JUIN, 12 SEPT./21 DEC. 🔀 🄰🄴 ⦿ E CV.

COMBOURG 35270 ILLE-ET-VILAINE 5000 HAB. S.I.

** **DU CHATEAU ET DES VOYAGEURS** 1, PLACE CHATEAUBRIAND M.PELE ☎ 99.73.00.38 TELEX 741276 – 30 CH. 77/350 F. MENU 58/250 F. PENSION 200/360 F. DEMI-PENSION 154/300 F. FERME 15 DEC./25 JANV., RESTAURANT FERME DIMANCHE SOIR ET LUNDI. 🄵 🛥 🔀 🄰🄴 ⦿ E.

** **DU LAC** 2, PLACE CHATEAUBRIANT M.HAMON ☎ 99.73.05.65 – 30 CH. 88/210 F. MENU 55/176 F. PENSION 176/270 F. DEMI-PENSION 127/204 F. FERME NOV., VENDREDI ET DIMANCHE SOIR HS. 🄵 🛥 🔀 🄰🄴 ⦿ E CV.

COMBREUX 45530 VITRY AUX LOGES LOIRET 150 HAB.

** **L'AUBERGE DE COMBREUX** Mme GANGLOFF ☎ 38.59.47.63/38.59.49.79 – 21 CH. 195/280 F. DEMI-PENSION 260/300 F. FERME 15 DEC./15 JANV. PISCINE CHAUFFEE. 🄵 🛥 ♪ 🔀 E.

** **LA CROIX BLANCHE** M. JAMA ☎ 38.59.47.62 – 7 CH. 165/175 F. MENU 95/145 F. FERME LUNDI SOIR ET.MARDI. 🔀 ⦿ E.

COMPIEGNE 60200 OISE 50000 HAB. S.I.

** **DE FRANCE ROTISSERIE DU CHAT QUI TOURNE** 17, RUE EUGENE-FLOQUET Mme.RO-BERT ☎ 44.40.02.74 TELEX 150211 – 20 CH. 105/263 F. MENU 100/163 F. PENSION 334/397 F. DEMI-PENSION 240/304 F. 🄵 🔀 🄰🄴 ⦿ E.

*** **DU NORD** 1,PL. DE LA GARE M.LAUDIGEOIS ☎ 44.83.24.04/44.83.22.30 – 20 CH. 200/260 F. MENU 145/190 F. FERME AOUT, ET DIMANCHE SOIR. 🛥 🔀 🄼.

COMPOLIBAT 12350 LANUEJOULS AVEYRON 500 HAB. S.I.

AF **AUBERGE LOU CANTOU** Mme.MONTEIL ☎ 65.81.94.55 – 7 CH. 105/115 F. MENU
☞ 38/125 F. PENSION 140 F. DEMI-PENSION 110 F. FERME MERCREDI HS. 🄵.

AF **BEDEL** M.BEDEL ☎ 65.81.92.56 – 10 CH. 80/105 F. MENU 39/98 F. PENSION 125/145 F.
☞ DEMI-PENSION 105/125 F. FERME VACANCES DE FEV. PARKING PRIVE. 🄵 🔀 🄰🄴 ⦿ E &.

COMPS-SUR-ARTUBY 83840 VAR 900 M. 250 HAB.

** **GRAND HOTEL BAIN** M. BAIN ☎ 94.76.90.06 – 20 CH. 120/250 F. MENU 60/150 F. PEN-
☞ SION 260/298 F. DEMI-PENSION 170/208 F. FERME 12 NOV./24 DEC. ET JEUDI 15 OCT./1 AVR. 🛥 ☂ 🔀 E.

CONCARNEAU 29110 FINISTERE 20000 HAB. S.I.

** **DES SABLES BLANCS** PLAGE DES SABLES BLANCS M.CHABRIER ☎
☞ 98.97.01.39/98.97.86.93 – 48 CH. 125/260 F. MENU 59/175 F. PENSION 210/290 F. DEMI-PEN-SION 190/270 F. FERME 1 NOV./25 MARS. 🄵 🔀 🄰🄴 ⦿ E &.

* **LA BONNE AUBERGE** (LE CABELLOU) M.LE BIHAN ☎ 98.97.04.30 – 16 CH. 98/140 F. MENU 50/85 F. PENSION 170/225 F. DEMI-PENSION 138/180 F. HOTEL FERME 30 SEPT./1 MAI. RESTAURANT FERME 15 SEPT./ 23 JUIN.

* **LA CREPE D'OR** 3, RUE AU LIN Mme.LE GAC ☎ 98.97.08.61 – 26 CH. 85/180 F. MENU 55/140 F. PENSION 175/230 F. DEMI-PENSION 130/185 F. RESTAURANT FERME DIMANCHE SOIR. 🔀 E CV.

CONCHES-EN-OUCHE 27190 EURE 4500 HAB. S.I.

* **DE LA GRAND'MARE** 13, AV. CROIX DE FER. MM. GALLE ☎ 32.30.23.30 – 9 CH. 75/130 F. MENU 80/195 F. FERME FEV., DIMANCHE SOIR/LUNDI OCT./MARS. ☂ 🔀.

* **LE CYGNE** 36 RUE DU VAL M. ET Mme GILLES. ☎ 32.30.20.60 – 9 CH. 90/180 F. MENU
☞ 50/90 F. PENSION 145 F. DEMI-PENSION 120 F. FERME VAC. SCOL. FEV., 1ERE QUINZAINE JUIL., ET LUNDI. 🄵 🛥 🔀 E.

CONCHY-LES-POTS 60490 RESSONS-SUR-MATZ OISE 410 HAB.

* **LE RELAIS** SUR R.N. 17. M. LACOUR ☎ 44.85.01.17/44.85.00.58 – 15 CH. 65/115 F. MENU 63/190 F. PENSION 165 F. DEMI-PENSION 135 F. FERME 23 NOV./7 DEC., 26 JANV./1 FEV., VEN-DREDI SOIR, SAMEDIMIDI ET DIMANCHE SOIR SAUF JUIL./AOUT. 🔀 E.

CONCORET 56430 MAURON MORBIHAN 608 HAB.

* **CHEZ MAXIME** M. BORGHI ☎ 97.22.63.04 – 9 CH. 70/120 F. MENU 44/156 F. PENSION 167/198 F. DEMI-PENSION 124/154 F. FERME 1/22 FEV., DIMANCHE SOIR ET LUNDI 1 SEPT./30 JUIN SAUF RESERVATIONS. ⚍ E CV.

CONCOTS 46260 LIMOGNE-EN-QUERCY LOT 350 HAB.

AF **AUBERGE DU MESNIL** M.FLAHAUX ☎ 65.31.51.96 – 5 CH. 120/130 F. MENU 55/185 F. PENSION 180 F. DEMI-PENSION 130 F. FERME LUNDI OCT./28 FEV. 🄵 ⚍ 🄰🄴 ⊙ E.

CONDAT 15190 CANTAL 1570 HAB. S.I.

AF **DES VOYAGEURS** Mme BOULET ☎ 71.78.51.15/71.78.53.69 – 20 CH. 68/92 F. MENU 40/65 F. PENSION 135/120 F. DEMI-PENSION 105/92 F. FERME 24 DEC./4 JANV. ET WEEK-END NOV./MARS.

CONDE-SUR-NOIREAU 14110 CALVADOS 7257 HAB. S.I.

** **DU CERF** 18 RUE DU CHENE M. MALGREY ☎ 31.69.40.55 – 9 CH. 91/189 F. MENU 55/150 F. PENSION 191/289 F. DEMI-PENSION 141/249 F. FERME VENDREDI SOIR, SAMEDI MIDI ET DIMANCHE SOIR 15 SEPT./1 JUIN. ⚍ ⚍.

CONFOLENS 16500 CHARENTE 3470 HAB. S.I.

** **AUBERGE DE LA BELLE ETOILE** M.FUMERON ☎ 45.84.02.35 – 14 CH. 90/165 F. MENU 55/120 F. PENSION 210/240 F. DEMI-PENSION 160/180 F. FERME 1/25 OCT., 1/31 JANV., LUNDI OCT./JUIN. ⚍ ⚍.

* **DE VIENNE** 4 RUE DE LA FERRANDIE Mme.DUPRE ☎ 45.84.09.24 – 14 CH. 72/135 F. MENU 50/125 F. PENSION 153/195 F. DEMI-PENSION 127/163 F. FERME 22 OCT./11 NOV., 22 DEC./2 JANV., VENDREDI SOIR ET SAMEDI HS. 🄵 ⚍ ⚍ ⚍.

** **EMERAUDE** 20, RUE EMILE ROUX. M. HOCDE ☎ 45.84.12.77 – 18 CH. 95/160 F. MENU 48/150 F. PENSION 205/270 F. DEMI-PENSION 156/205 F. FERME 1 FEV./1 MARS, ET LUNDI. 🄵 ⚍ ⚍ ⚍ 🄰🄴 ⊙ E CV ♿.

CONNANTRAY 51230 FERE CHAMPENOISE MARNE 250 HAB.

AF **LA ROUTIERE** SUR N. 4. M. VILLAIN ☎ 26.42.42.03/26.42.02.65 – 9 CH. 55/145 F. MENU 46/120 F. PENSION 140 F. DEMI-PENSION 100 F. ⚍ ⚍ 🄰🄴 E CV.

CONQUES 12320 SAINT-CYPRIEN-SUR-DOURDOU AVEYRON 450 HAB. S.I.

* **AUBERGE DU PONT ROMAIN** Mme ESTRADE-DOMERGUE ☎ 65.69.84.07 – 7 CH. 70/125 F. MENU 42/85 F. PENSION 135/160 F. DEMI-PENSION 96/120 F. FERME JANV. OU FEV. (PRIX 1987). 🄵 CV.

CONQUET (LE) 29217 FINISTERE 1880 HAB. S.I.

* **DE BRETAGNE** 16, RUE Lt JOURDEN. M. DAVIAUD ☎ 98.89.00.02 – 17 CH. 95/200 F. MENU 55/240 F. PENSION 165/230 F. DEMI-PENSION 135/190 F. FERME 1 OCT./15 MARS.

CONTAMINES-MONTJOIE (LES) 74190 LE FAYET HAUTE-SAVOIE 1164 M. 1050 HAB. S.I.

** **GAI SOLEIL** Mme MERMOUD Renee ☎ 50.47.02.94 – 19 CH. 185/275 F. MENU 75/95 F. PENSION 220/285 F. DEMI-PENSION 190/230 F. FERME 16 AVR./14 JUIN, 18 SEPT./18 DEC. 🄵 ⚍ ⚍ CV.

** **LE CHRISTIANIA** M.MERMOUD ☎ 50.47.02.72 – 16 CH. 86/205 F. MENU 62/66 F. DEMI-PENSION 148/190 F. FERME FIN AVR./15 JUIN, 10 SEPT./20 DEC. ⚍ ⚍.

** **LE MIAGE** (LE NIVORIN) M. BOIDARD ☎ 50.47.01.63 TELEX 385730 – 11 CH. 250/350 F. MENU 70/250 F. PENSION 250/320 F. DEMI-PENSION 220/250 F. FERME JUIN, OCT., NOV. MINI-GOLF. ⚍ ⚍ ⊙ CV.

** **LES MORANCHES** Restaurant **LA CENTAUREE** M. CHEVRAT ☎ 50.47.03.35 – 20 CH. 220/350 F. MENU 55/160 F. PENSION 250/315 F. DEMI-PENSION 220/285 F. FERME 15 SEPT./15 DEC., 15 AVR./1 JUIN. ⚍.

CONTIS-PLAGE 40170 SAINT-JULIEN-EN-BORN LANDES 40 HAB. S.I.

* **LE PETIT TABARIN** M.BARSACQ ☎ 58.42.85.14 – 18 CH. 100/150 F. MENU 60/160 F. PENSION 180/210 F. DEMI-PENSION 145/165 F. FERME 20 SEPT./20 JUIN. 🄵 ⚍ ⚍ 🄰🄴 ⊙ E.

CONTRES 41700 LOIR-ET-CHER 2811 HAB.

** **DE FRANCE** RUE PIERRE H.MAUGER M.METIVIER ☎ 54.79.50.14 TELEX 750826 – 40 CH. 190/245 F. MENU 70/170 F. PENSION 260/290 F. DEMI-PENSION 190/220 F. FERME FEV., ET VENDREDI 1 OCT./MARS. 🄵 ✂ ⚍ ⚍ 🄰🄴 ⊙ E CV ♿.

CONTREXEVILLE 88140 VOSGES 5000 HAB. S.I.

** **DE FRANCE** 58, AV. DU ROI STANISLAS. M. DODIN ☎ 29.08.04.13 – 35 CH. 85/200 F. MENU 65/170 F. PENSION 240/350 F. DEMI-PENSION 200/300 F. 🄵 ⚍ ⚍ ⚍ ♿.

** **DE PARIS** AV. GRANDE DUCHESSE DE WLADIMIR M.OHRESSER ☎ 29.08.13.46 – 38 CH. 125/300 F. MENU 110/200 F. PENSION 215/450 F. FERME 20 SEPT./20 AVR. SOLARIUM. 🄵 ⚍ ⚍ ⚍ 🄵.

** **DES SOURCES** ESPLANADE M.PAYS ☎ 29.08.04.48 – 38 CH. 97/243 F. MENU 80/150 F. PENSION 230/342 F. FERME 30 SEPT./15 AVR. SOLARIUM. 🄵 ⚍ 🄰🄴 ♿.

COQUILLE (LA) 24450 DORDOGNE 1800 HAB. S.I.

** **DES VOYAGEURS** (SUR N. 21). M.SAUSSOT-FONTANEAU ☎ 53.52.80.13 – 10 CH. 110/250 F. MENU 68/220 F. PENSION 250/300 F. DEMI-PENSION 200/250 F. FERME 1 NOV./31 MARS., DIMANCHE SOIR AVR., MAI. ET OCT. 🄵 ⚍ ⚍ ⊙ E.

CORBEIL-ESSONNES 91100 ESSONNE 38080 HAB. S.I.

** **AUX ARMES DE FRANCE** 1, BLD JEAN JAURES. M. DEJEAN ☎ (1)64.96.24.04 – 12 CH. 130/155 F. MENU 88/287 F. DEMI-PENSION 250 F. FERME AOUT, 24/25 DEC., ET 1ER MAI. ⚍ ⚍ 🄰🄴 ⊙ E.

CORCELLES-EN-BEAUJOLAIS 69220 BELLEVILLE RHONE 550 HAB.

** **GAILLETON** GAILLETON SARL ☎ 74.66.41.06 – 15 CH. 95/160 F. MENU 55/180 F. PEN-
☞ SION 180/260 F. DEMI-PENSION 120/200 F. FERME FEV. ET LUNDI 1 OCT./1 AVR. ⚏ 🅐🅴
E.

CORCIEUX 88430 VOSGES 1900 HAB. S.I.

* **AUBERGE FORFELAISE** M.HOUSSEMAND ☎ 29.50.65.56 – 10 CH. 100/110 F. MENU
47/150 F. PENSION 150 F. DEMI-PENSION 141 F. FERME 24 SEPT./24 OCT. 🐾

* **DU COMMERCE** M. BROUSSOIS ☎ 29.50.65.62 – 14 CH. 60/98 F. MENU 47/90 F. PEN-
SION 140/195 F. DEMI-PENSION 115/150 F. FERME 19 DEC./4 JANV. ET SAMEDI HS. ⚏
⚏ E.

** **LE CONTI** 2 RUE D'ALSACE M. EVE J-Paul ☎ 29.50.66.33 – 12 CH. 65/110 F. MENU
50/110 F. PENSION 140/180 F. DEMI-PENSION 120/150 F. FERME MERCREDI HS. 🅵 ⚏
🅐🅴 ⊚ E.

CORDES 81170 TARN 1200 HAB. S.I.

*AF **DE LA BRIDE** Mme COLLADO ☎ 63.56.04.02 – 8 CH. MENU 55/165 F. PENSION 220 F.
DEMI-PENSION 170 F. FERME DEC. ET JANV. 🅵 ⚏ 🅐🅴 ⊚ E.

*** **HOSTELLERIE DU VIEUX CORDES** RUE DE LA REPUBLIQUE M. LAFUENTE ☎
63.56.00.12 TELEX 530955 – 18 CH. 260/360 F. MENU 70/200 F. PENSION 270 F. DEMI-PEN-
SION 210 F. FERME FEV. ET LUNDI. 🅵 ⚏ 🅐🅴 ⊚ E.

** **HOTELLERIE DU PARC** (LES CABANNES) M.IZARD ☎ 63.56.02.59 – 15 CH. 170/250 F.
☞ MENU 70/230 F. PENSION 230/257 F. DEMI-PENSION 185/215 F. FERME 8 NOV./1 MARS ET
DIMANCHE SOIR /LUNDI 15 SEPT./15 JUIN 🅵 ⚏ E.

CORDON 74700 SALLANCHES HAUTE-SAVOIE 1000 M. 700 HAB. S.I.

** **LES BRUYERES** (A FREBOUGE-CORDON). M. BOTTOLLIER-CURTET ☎ 50.58.09.75 – 15 CH.
☞ 140/160 F. MENU 70/85 F. PENSION 180/220 F. DEMI-PENSION 160/190 F. FERME 30
SEPT./20 DEC., 15 AVR./1 JUIN. 🅵.

CORMARANCHE-EN-BUGEY 01110 HAUTEVILLE-LOMPNES AIN 900 M.
800 HAB.

* **DU CENTRE** MM. EMIN ET PESANTI ☎ 74.35.33.13 – 10 CH. 90/150 F. MENU 55/180 F.
PENSION 150/170 F. DEMI-PENSION 130/140 F. FERME 24 DEC./31 JANV.,DIMANCHE APRES-
MIDI/ LUNDI 22H 🅵 ✆ 🏍 ⚏ 🅐🅴 ⊚ E.

CORMORANCHE-SUR-SAONE 01290 PONT-DE-VEYLE AIN 800 HAB.

* **VAISSE⬛CHEZ PETIT LOUIS⬛**M.VAISSE ☎ 85.36.20.45 – 7 CH. 75/100 F. MENU
☞ 55/140 F. PENSION 150/170 F. DEMI-PENSION 130/150 F. FERME 21 OCT./20 NOV.,
DIMANCHE SOIR ET LUNDI. 🅵.

CORNEVILLE-SUR-RISLE 27500 PONT-AUDEMER EURE 1004 HAB.

*** **LES CLOCHES DE CORNEVILLE** ROUTE DE ROUEN M.LOTHION ☎ 32.57.01.04 – 12 CH.
☞ 155/310 F. MENU 120 F. DEMI-PENSION 225/295 F. RESTAURANT FERME 20 NOV./15 DEC., ET
15 FEV./1 MARS., ET MERCREDI. 🐾 ⚏ 🅐🅴 E CV.

CORNILLON-CONFOUX 13250 SAINT-CHAMAS BOUCHES-DU-RHONE
810 HAB. S.I.

** **LE DEVEM DE MIRAPIER** Mme PECOUL ☎ 90.55.99.22 TELEX 401056 – 16 CH.
☞ 270/400 F. MENU 135/195 F. DEMI-PENSION 380/480 F. FERME 15 DEC./20 JANV. 🅵
🏍 ⚏ 🅐🅴 ⊚ E ᕳ.

CORNIMONT (TRAVEXIN) 88310 VOSGES 0 M. 486 HAB. S.I.

** **LE GEHAN** M. GRANDGIRARD ☎ 29.24.10.71 – 15 CH. 82/182 F. MENU 60/145 F. PEN-
SION 170/205 F. DEMI-PENSION 123/164 F. FERME 20 JUIN/10 JUIL. ET LUNDI HS. 🅵
⚏ ⚏ 🅐🅴 ⊚ E CV.

CORPS 38970 ISERE 950 M. 400 HAB. S.I.

** **DE LA POSTE** M.DELAS ☎ 76.30.00.03 – 17 CH. 130/250 F. MENU 75/200 F. PENSION
220/300 F. DEMI-PENSION 185/240 F. FERME 15 NOV./15 JANV. 🐾 ⚏ E CV ᕳ.

** **LE NAPOLEON** PLACE NAPOLEON M. TATINCLAUX ☎ 76.30.00.42 – 22 CH. 115/180 F.
🅵 ✖ CV.

** **NOUVEL HOTEL** M.PELISSIER ☎ 76.30.00.35 – 20 CH. 130/190 F. MENU 65/150 F. PEN-
SION 170/200 F. DEMI-PENSION 130/150 F. FERME 1 JANV./1 FEV. 🅵 🐾 ⚏
⊚ E.

COSNE-D'ALLIER 03430 ALLIER 2400 HAB.

* **LE GLOBE** 61 RUE DE LA REPUBLIQUE M.DEFOURNEAU ☎ 70.07.50.26 – 8 CH. 60/120 F.
MENU 46/110 F. PENSION 170/200 F. DEMI-PENSION 130/150 F. FERME DIMANCHE SOIR/
LUNDI SOIR. 🅵 ⚏ 🅐🅴 ⊚ E.

COSNE-SUR-LOIRE 58200 NIEVRE 12000 HAB. S.I.

** **LE VIEUX RELAIS** RUE SAINT-AGNAN M. ET Mme CARLIER ☎ 86.28.20.21 – 11 CH.
130/220 F. MENU 90/180 F. PENSION 90/200 F. FERME 14 FEV./14 MARS. ET VENDREDI HS.
🐾 🅵 ⚏ 🅐🅴 ⊚ E CV ᕳ.

COTE-SAINT-ANDRE (LA) 38260 ISERE 5000 HAB. S.I.

* **DE L'EUROPE** 20 RUE DE LA REPUBLIQUE M.GABRIELE ☎ 74.20.53.10 – 14 CH. 85/210 F.
☞ MENU 60/150 F. PENSION 175/200 F. DEMI-PENSION 135/175 F. FERME 1 DEC./6 JANV., VEN-
DREDI SOIR ET SAMEDI SAUF SAISON ETE. 🐾 ⚏ 🅐🅴 ⊚ E.

COUCHES 71490 SAONE-ET-LOIRE 1600 HAB.

* **DES TROIS MAURES** M.TOLFO ☎ 85.49.63.93 – 10 CH. 85/200 F. MENU 55/130 F. PEN-
☞ SION 180/200 F. DEMI-PENSION 150/170 F. FERME 15 FEV./15 MARS ET LUNDI 1 SEPT./14
JUIL. 🅵 CV.

COUCOURON 07470 ARDECHE 1130 M. 800 HAB. S.I.

** **CARREFOUR DES LACS** M.HAON ☎ 66.46.12.70 – 19 CH. 100/180 F. MENU 48/150 F. PENSION 180/200 F. DEMI-PENSION 150/170 F. FERME 30 NOV./18 DEC. F E CV.

AF **DU PROGRES** M.HAON ☎ 66.46.10.09 – 9 CH. 70/80 F. MENU 48/75 F. PENSION 130/140 F. DEMI-PENSION 100/110 F. FERME UN MOIS EN AUTOMNE. F

* **ENJOLRAS** M. ENJOLRAS Jean ☎ 66.46.10.04 – 17 CH. 110/220 F. MENU 50/90 F. PENSION 160/200 F. DEMI-PENSION 120/180 F. F

COUCY-LE-CHATEAU 02380 AISNE 1200 HAB. S.I.

* **BELLE VUE** (VILLE HAUTE). M. DUBOIS ☎ 23.52.70.12 – 10 CH. 80/150 F. MENU 80/130 F. PENSION 200/250 F. DEMI-PENSION 150/170 F. FERME FEV., ET MARDI. AE E.

COUDES 63114 PUY-DE-DOME 890 HAB.

AF **DE LA POSTE** M.PAUCH ☎ 73.96.61.05 – 7 CH. 70/95 F. MENU 50/90 F. PENSION 120 F. DEMI-PENSION 95 F. FERME MERCREDI APRES-MIDI. F CV.

COUHE 86700 VIENNE 2150 HAB. S.I.

* **AUBERGE DU CHENE VERT** Mme COURTIN ☎ 49.59.20.42 – 10 CH. 90/120 F. MENU 58/88 F. PENSION 150/170 F. E.

COULANGES-SUR-YONNE 89480 YONNE 609 HAB.

* **LION D'OR** M. BRESSON ☎ 86.42.71.72 – 14 CH. 80/140 F. MENU 60/110 F. PENSION 170/190 F. DEMI-PENSION 120/140 F. FERME 8/24 OCT., 18 DEC./10 JANV. ET LUNDI 15 SEPT./1 JUIL.

COULLONS 45720 LOIRET 2060 HAB.

AF **AUBERGE DU CHEVAL BLANC** M.COLLET ☎ 38.36.11.21 – 10 CH. 85/200 F. MENU 60/130 F. PENSION 165/200 F. DEMI-PENSION 125/160 F. FERME 23 DEC./3 JANV., 16 AOUT/10 SEPT. ET MARDI. F E.

COULOMBIERS 86600 LUSIGNAN VIENNE 1000 HAB.

* **DU CENTRE** Mme AUTHE M. MARTIN ☎ 49.60.90.15 – 10 CH. 80/227 F. MENU 48/145 F. PENSION 180/280 F. DEMI-PENSION 130/200 F. FERME 5/26 OCT. ET JEUDI OCT./1 AVR. F E CV.

COULOMBS 28210 NOGENT-LE-ROI EURE-ET-LOIR 850 HAB.

** **RELAIS DES HUSSARDS** 32, ROUTE DE PARIS. M.DELPLANQUE ☎ 37.51.42.16 – 10 CH. 165/220 F. MENU 63/190 F. PENSION 250/300 F. DEMI-PENSION 220/270 F. FERME 15 JANV./15 FEV. AE E.

COULON 79270 DEUX-SEVRES 2000 HAB. S.I.

** **AU MARAIS** 48 QUAI TARDY Mme MATHE ☎ 49.35.90.43 – 11 CH. 225/250 F. MENU 75/150 F. PENSION 464 F. DEMI-PENSION 369 F. FERME JANV. RESTAURANT FERME MI-DEC./FIN JANV., DIMANCHE SOIR ET LUNDI 1 SEPT./30 JUIN, DIMANCHE SOIR JUIL. ET AOUT. F

* **LE CENTRAL** 4 RUE D'AUTREMONT Mme.MONNET ☎ 49.35.90.20 – 7 CH. 145/175 F. MENU 68/140 F. FERME 27 SEPT./21 OCT., 1 JANV./28 FEV., DIMANCHE SOIR ET LUNDI. E.

COULONGES 86290 LA TRIMOUILLE VIENNE 430 HAB.

* **LA CHAUMIERE** M. JUCKER ☎ 49.91.77.19 – 7 CH. 80/130 F. MENU 40/120 F. PENSION 145/175 F. DEMI-PENSION 100/135 F. FERME FEV. ET MARDI. F E CV.

COUPIAC 12550 AVEYRON 718 HAB. S.I.

* **HOSTELLERIE DE LA RENAISSANCE** M. BOYER ☎ 65.99.78.44 – 10 CH. 100/130 F. MENU 55/130 F. PENSION 160/180 F. DEMI-PENSION 130/160 F. FERME SAMEDI SAUF JUIL./AOUT. F

COUR-CHEVERNY 41700 CONTRES LOIR-ET-CHER 2000 HAB. S.I.

** **SAINT-HUBERT** M. ET Mme PILLAULT ☎ 54.79.96.60 – 20 CH. 98/220 F. MENU 90/220 F. FERME 5 DEC./15 JANV., ET MERCREDI HS. F E.

COURGIVAUX 51310 ESTERNAY MARNE 270 HAB.

* **AUBERGE DU CHAPERON ROUGE** M. BONNET ☎ 26.81.57.09 – 14 CH. 55/85 F. MENU 62/105 F. FERME SAMEDI SOIR. F AE E.

COURNANEL 11300 LIMOUX AUDE 290 HAB. S.I.

* **AUBERGE DE LA CORNEILLA** M. BOURNET ☎ 68.31.17.84 – 11 CH. 120/157 F. MENU 55/165 F. PENSION 234 F. DEMI-PENSION 181 F. FERME 20 SEPT./31 OCT. ET RESTAURANT FERME MARDI. F

COURNON-D'AUVERGNE 63800 PUY-DE-DOME 15000 HAB.

* **DU MIDI** PL. DE LA REPUBLIQUE M.BROQUIN ☎ 73.84.80.13 – 16 CH. 80/112 F. MENU 51/130 F. PENSION 165/187 F. FERME 1 AOUT/1 SEPT. RESTAURANT FERME SAMEDI. AE E.

* **LE CEP D'OR** (LE PONT). M.ROCCA ☎ 73.84.80.02 – 25 CH. 120/190 F. MENU 40/110 F. PENSION 220/260 F. DEMI-PENSION 180/220 F. F E CV.

COURS-LA-VILLE 69470 RHONE 5000 HAB. S.I.

** **LE PAVILLON** COL DU PAVILLON (755m.) M.DUPERRAY ☎ 74.89.83.55 – 23 CH. 77/240 F. MENU 69/198 F. PENSION 210/280 F. DEMI-PENSION 150/270 F. F E ♿.

COURSEULLES-SUR-MER **14470** CALVADOS 3000 HAB. S.I.

** **BELLE AURORE** 32, RUE DU MARECHAL FOCH. M. PRUVOT ☎ 31.37.46.23 – 7 CH. 200/250 F. MENU 65/210 F. PENSION 250/280 F. DEMI-PENSION 180/210 F. FERME 1/29 FEV. RESTAURANT FERME LUNDI 1 SEPT./30 JUIN. 🅵 ▨ 🆔 ◉ E.

** **DE PARIS** PLACE DU 6 JUIN. M. LEPARFAIT ☎ 31.37.45.07 – 27 CH. 110/280 F. MENU 70/220 F. PENSION 200/360 F. DEMI-PENSION 140/300 F. FERME 16 NOV./1 AVR. 🅵 ▨ 🆔 E CV.

** **LA CREMAILLERE** AVENUE DES COMBATTANTS M.BERTHAUD ☎ 31.37.46.73 TELEX 171 952 ▱ – 40 CH. 105/260 F. MENU 72/220 F. PENSION 210/310 F. DEMI-PENSION 150/260 F. 🅵 ▨ E.

COURTHEZON **84350** VAUCLUSE 4556 HAB.

* **PORTE DES PRINCES** AV. DE LA REPUBLIQUE. M. TRAMIER ☎ 90.70.70.26 – 8 CH. 75/130 F. MENU 50/140 F. PENSION 240/250 F. DEMI-PENSION 130/140 F. FERME 31 JANV./1 MARS, ET LUNDI. 🅵 ▥ ▨ E CV.

COURTINE (LA) **23100** CREUSE 780 M. 1245 HAB. S.I.

* **AU PETIT BREUIL** SDF PLAZANET-GOURGUES ☎ 55.66.76.67 – 9 CH. 55/110 F. MENU ▱ 42/120 F. PENSION 140/180 F. DEMI-PENSION 100/140 F. FERME DIMANCHE SOIR. ▨ CV.

** **MODERNE** M. MOURLON ☎ 55.66.76.31 – 9 CH. 100/220 F. MENU 40/85 F. PENSION 185/235 F. DEMI-PENSION 220/270 F. PARKING PRIVE. CHIENS PAYANTS. 🅵 ▨ 🆔.

COUSOLRE **59149** NORD 2633 HAB. S.I.

** **LE VIENNOIS** M. WELONEK ☎ 27.63.21.73 – 9 CH. 140/180 F. MENU 60/180 F. PENSION ▱ 230/280 F. DEMI-PENSION 150/180 F. RESTAURANT FERME MARDI. 🅵 ▥ ▨ 🆔 E CV.

COUSSAC-BONNEVAL **87390 SAINT-YRIEIX** HAUTE-VIENNE 1800 HAB. S.I.

** **LES VOYAGEURS** M.ROBERT ☎ 55.75.20.24 – 9 CH. 180/210 F. MENU 60/180 F. PENSION ▱ 230 F. DEMI-PENSION 165 F. FERME JANV., ET LUNDI HS. 🅵 ▨ E.

COUSTELLET **84220 GORDES** VAUCLUSE 1250 HAB.

** **LOU REVENENT et MOTEL LES OLIVIERS** Mme.BOUGNAS ☎ 90.71.91.21 – 15 CH. 160/300 F. MENU 80/140 F. PENSION 280 F. DEMI-PENSION 190 F. FERME 15J. OCT., 15J. FEV., ET LUNDI. 🅵 ▥ ▨ ঌ.

COUTAINVILLE **50230** MANCHE 2349 HAB. S.I.

** **HARDY** (A AGON). M. HARDY Emile ☎ 33.47.04.11 – 17 CH. 145/300 F. MENU 70/260 F. PENSION 250/320 F. DEMI-PENSION 220/285 F. FERME 7 JANV./15 FEV., ET LUNDI 1 OCT./30 MAI. 🐾 ▨ 🆔 ◉ E.

COUTANCES **50200** MANCHE 13450 HAB. S.I.

** **COSITEL** ROUTE DE COUTAINVILLE. M. HOLLEY ☎ 33.07.51.64 TELEX 772003 – 40 CH. 176/251 F. MENU 76/124 F. PENSION 280/370 F. DEMI-PENSION 218/308 F. 🅵 ▥ ▨ 🆔 ◉ E ঌ.

** **GRAND HOTEL** PL. DE LA GARE M. TURPIN ☎ 33.45.06.55 – 25 CH. 85/185 F. MENU ▱ 60/200 F. PENSION 250/300 F. DEMI-PENSION 200/220 F. ▥ ▨.

** **RELAIS DU VIADUC** 25, AV. DE VERDUN M.HOSSIN ☎ 33.45.02.68 – 10 CH. 65/150 F. MENU ▱ 40/220 F. PENSION 180/250 F. DEMI-PENSION 140/200 F. FERME 5/28 SEPT., ET DIMANCHE SOIR HS. 🅵 ▨ E CV.

COUX-ET-BIGAROQUE **24220 SAINT-CYPRIEN** DORDOGNE 650 HAB. S.I.

* **AUBERGE DU PETIT CHAPERON ROUGE** (LA FAVAL) Mme HEMON ☎ 53.31.60.48 – 13 CH. 95/160 F. MENU 55/170 F. PENSION 175/210 F. DEMI-PENSION 140/170 F. FERME 1 JANV./28 FEV. 🅵 ▨ E.

COUZEIX **87270** HAUTE-VIENNE 6000 HAB.

* **RELAIS SAINT-MARTIAL** Mme RINA ☎ 55.39.33.50 – 11 CH. 120/165 F. MENU 51/120 F. PENSION 235 F. DEMI-PENSION 190 F. ▥ ▨ 🆔 ◉ E ঌ.

CRACH **56400** AURAY MORBIHAN 2500 HAB.

** **LE TOURBILLON** M. JAN ☎ 97.55.00.12 – 28 CH. 175/225 F. MENU 51/150 F. PENSION 220/235 F. DEMI-PENSION 175/185 F. FERME 15 JANV./1 MARS. 🅵 ▨ ◉ E CV.

CRANSAC **12110 AUBIN** AVEYRON 2930 HAB. S.I.

** **DU PARC** RUE DU GENERAL LOUIS ARTOUS. M.ASTOR ☎ 65.63.01.78 – 25 CH. 80/200 F. MENU 58/80 F. PENSION 162/230 F. DEMI-PENSION 127/195 F. FERME 20 OCT./15 AVR. 🅵 CV ঌ.

** **HOSTELLERIE DU ROUERGUE** 22 AV.JEAN JAURES Mme.GALTIER ☎ 65.63.02.11 – ▱ 14 CH. 80/165 F. MENU 62/130 F. PENSION 161/225 F. DEMI-PENSION 131/195 F. FERME 16 OCT./15 AVR. 🅵 ▨.

CRAON **53400** MAYENNE 5000 HAB. S.I.

** **DE LA BOULE D'OR** PL. DU 11 NOVEMBRE Mme ROUGER ☎ 43.06.10.01 – 21 CH. 95/115 F. ▱ MENU 55/200 F. PENSION 190/250 F. DEMI-PENSION 150/170 F. ▥ ▨ 🆔 ◉ E.

CRAPONNE-SUR-ARZON **43500** HAUTE-LOIRE 940 M. 3500 HAB. S.I.

* **AU GRANDGOUSIER** M.ROURE ☎ 71.03.21.90 – 9 CH. 75/125 F. MENU 45/150 F. PENSION 160/186 F. DEMI-PENSION 110/136 F. FERME 21 OCT./16 NOV., 1 SEM. SEPT. ET DIMANCHE SOIR/MARDI MATIN. ▨.

CRAVANT-LES-COTEAUX **37500 CHINON** INDRE-ET-LOIRE 715 HAB.

* **AUBERGE CRAVANTAISE** PLACE DU LAVOIR. M. ROBIN ☎ 47.98.40.82 – 7 CH. 75/180 F. MENU 45/120 F. PENSION 160/180 F. DEMI-PENSION 110/130 F. FERME FEV. 🅵 ▨ E.

CRECY-EN-PONTHIEU 80150 SOMME 1400 HAB. S.I.

* **DE LA MAYE** 13 RUE DE ST RIGUIER M.GREVET ☎ 22.23.54.35 — 11 CH. 100/160 F.
FERME 15 FEV./15 MARS ET LUNDI 15 SEPT./15 JUIN. 🄵 🛵 🗙 🍺 🆔 🔟
E.

CRECY-LA-CHAPELLE 77580 SEINE-ET-MARNE 2418 HAB.

** **LE COMMERCE** 2 RUE MICHEL HERRY Mme ALLEMANDI ☎ (1)64.35.80.22 — 13 CH.
130/180 F. MENU 80/120 F. PENSION 242/285 F. DEMI-PENSION 206/215 F. RESTAURANT
FERME LUNDI. PIZZERIA. 🍺 🆔 🔟.

CREMIEU 38460 ISERE 2750 HAB. S.I.

** **LA PETITE AUBERGE** 7 RUE JUIVERIE M.BENOIT ☎ 74.90.75.45 — 14 CH. 80/220 F.
MENU 80/220 F. PENSION 180/260 F. DEMI-PENSION 150/220 F. RESTAURANT FERME 4
JANV./4 FEV. GRILL. 🍴 🍳 🍺 🔟 E.

CREPY-EN-VALOIS 60800 OISE 12000 HAB. S.I.

** **HOSTELLERIE DE GERESME** 1, AV. DE L'EUROPE. M. ANTUNES ☎ 44.39.63.04 — 8 CH.
160/240 F. MENU 100/160 F. DEMI-PENSION 250/350 F. FERME 15 FEV./15 MARS, 15/22
AOUT, DIMANCHE SOIR ET LUNDI. 🄵 🍺 🆔 🔟 E CV.

** **LE RELAIS DU VALOIS** 4, PLACE DU PAON M. GATELLIER ☎ 44.59.11.21 — 14 CH.
100/190 F. MENU 80/145 F. FERME DERN. SEMAINE AOUT, FEV., DIMANCHE SOIR ET LUNDI.
🄵 🍳 🍺.

CRESSENSAC 46600 MARTEL LOT 600 HAB.

** **CHEZ GILLES** M. TREILLE ☎ 65.37.70.06 TELEX CCI LOT 531427 — 29 CH. 130/240 F.
MENU 76/195 F. DEMI-PENSION 180/250 F. FERME MERCREDI 15 NOV./30 AVR. 🄵 🍳
🍺 🆔 🔟 E CV 👟.

** **POQUET** M. POQUET ☎ 65.37.70.08 — 16 CH. 120/250 F. MENU 50/150 F. PENSION
195/220 F. DEMI-PENSION 135/160 F. FERME DIMANCHE SOIR HS. 🍺 E.

CREST 26400 DROME 8000 HAB. S.I.

* **AUBERGE DU SQUARE** RUE DU 8 MAI 1945. M. GONTHIER ☎ 75.40.65.75 — 11 CH.
90/230 F. MENU 45/120 F. PENSION 188/210 F. DEMI-PENSION 145/180 F. FERME 1/29 FEV.
ET MERCREDI. 🄵 🍳 🍴 CV.

** **GRAND HOTEL** 60,RUE DE L'HOTEL-DE-VILLE M.LATTIER ☎ 75.25.08.17 — 20 CH.
85/225 F. MENU 65/160 F. PENSION 185/315 F. DEMI-PENSION 120/250 F. FERME 23 DEC./31
JANV. ET LUNDI 6 SEPT./15 JUIN. 🄵 🍳 🍺 E.

CREST-VOLAND 73590 FLUMET SAVOIE 1230 M. 320 HAB. S.I.

* **DU MONT BISANE** M. Mme BORGIS ☎ 79.31.60.26 — 15 CH. 90/150 F. MENU 60/65 F.
PENSION 170/230 F. DEMI-PENSION 150/210 F. FERME 1 MAI/30 JUIL. ET 1 SEPT./20 FEV.
🍺 🆔 🔟 E.

** **LE CAPRICE DES NEIGES** M. MARIN-LAMELLET ☎ 79.31.62.95 — 16 CH. 220/290 F.
MENU 60/90 F. PENSION 250/285 F. DEMI-PENSION 220/255 F. FERME PAQUES/1 JUIL., ET 10
SEPT./NOEL. 🎿 🍴 🍺 E.

** **LES BARTAVELLES** M.FAVRE ☎ 79.31.61.23 — 16 CH. 99/166 F. MENU 55/66 F. PEN-
SION 173/212 F. DEMI-PENSION 143/182 F. FERME 18 AVR./3 JUIL. ET 25 AOUT/16 DEC.

CRESTET (LE) 07270 LAMASTRE ARDECHE 440 HAB.

AF **AUBERGE DES ROCHES** (LES ROCHES) M. CONVERS ☎ 75.06.20.20 — 3 CH. 85/125 F.
MENU 45/100 F. FERME 1 NOV./15 AVR. SAUF WEEK-ENDS, ET MERCREDI HS. 🄵 🍴
🍺 🆔 🔟 E CV.

* **DE LA TERRASSE** Mme ABATTU ☎ 75.06.24.44 — 10 CH. 90/150 F. MENU 45/85 F. PEN-
SION 140/155 F. DEMI-PENSION 120/135 F. FERME MERCREDI HS. 🍴 🍺 🆔 🔟
E CV 👟.

CREULLY 14480 CALVADOS 1000 HAB.

ec **SAINT MARTIN** 6, PLACE EDMOND PAILLAUD. M. LEGRAND ☎ 31.80.10.11 — 8 CH.
65/130 F. MENU 42/95 F. PENSION 150/200 F. DEMI-PENSION 105/165 F. FERME 20 DEC./5
JANV., VAC. SCOL. FEV., ET DIMANCHE SOIR/ LUNDI 18H HS. 🄵 🍳 🍺 🆔
E CV.

CREUSOT (LE) (LE BREUIL) 71670 SAONE-ET-LOIRE 3000 HAB.

** **MOULIN ROUGE** ROUTE DE MONTCOY M.CORBANESE ☎ 85.55.14.11 TELEX 305551 —
34 CH. 200/300 F. MENU 80/160 F. PENSION 270/320 F. DEMI-PENSION 200/250 F. FERME 20
DEC./10 JANV., VENDREDI ET DIMANCHE SOIR. PISCINE CHAUFFEE. 🄵 🍳 🍺
🔟 E CV 👟.

CREUZIER-LE-NEUF 03300 CUSSET ALLIER 617 HAB.

* **AU BON ACCUEIL** (LES COMBES) M.BARNABE ☎ 70.98.06.01 — 6 CH. 75/115 F. MENU
42/160 F. PENSION 150/165 F. DEMI-PENSION 140 F. FERME 20 JANV./20 FEV., MERCREDI ET
DIMANCHE SOIR D'OCT./31 MARS 🍺 E.

CREVOUX 05200 EMBRUN HAUTES-ALPES 1600 M. 120 HAB. S.I.

** **LE PARPAILLON** M.CHASTAN ☎ 92.43.18.08 — 27 CH. 140/198 F. MENU 65/90 F. PEN-
SION 180/230 F. DEMI-PENSION 140/190 F. FERME 10/30 NOV. 🄵 🍴 🍺
🆔 E.

CREYSSE 46600 MARTEL LOT 234 HAB. S.I.

** **AUBERGE DE L'ILE** M. MAGNETTE ☎ 65.32.22.01 — 14 CH. 115/175 F. MENU 65/150 F.
PENSION 175/215 F. DEMI-PENSION 140/175 F. FERME 1 DEC./1 MARS. 🄵 🍺 🆔
🔟 E.

CROISIC (LE) 44490 LOIRE-ATLANTIQUE 5000 HAB. S.I.

** **LES NIDS** (PLAGE DE PORT-LIN). M.AUDONNET ☎ 40.23.00.63 – 28 CH. 105/270 F. PENSION 226/319 F. DEMI-PENSION 151/238 F. FERME 30 SEPT./30 MARS, ET 18/29 AVR. 🚗 E.

CROIX-BLANCHE (LA) (BERZE-LA-VILLE) 71960 PIERRECLOS SAONE-ET-LOIRE 300 HAB.

** **RELAIS DU MACONNAIS** M.LANNUEL-GUILLET ☎ 85.36.60.72 – 12 CH. 130/230 F. MENU 95/250 F. DEMI-PENSION 250/300 F. FERME 4 JANV./4 FEV., DIMANCHE SOIR ET LUNDI HS. PARKING PRIVE. 🐾 🚗 🅰🄴 🅾 E.

CROIX-MARE 76190 YVETOT SEINE-MARITIME 577 HAB.

AF **AUBERGE DU VAL AU CESNE** (SUR D.5 - LE VAL AU CESNE). M. CAREL ☎ 35.56.63.06 – 5 CH. 250 F. PENSION 350 F. DEMI-PENSION 310 F. 🚗 🅰🄴 ♦.

CROTENAY 39300 CHAMPAGNOLE JURA 700 HAB.

* **DE FRANCE** M.CONROD ☎ 84.51.20.12 – 8 CH. 90/150 F. MENU 55/180 F. PENSION 150/170 F. DEMI-PENSION 120/145 F. FERME 1/31 OCT., MARDI/MERCREDI HS. 🄵 🚗 🅰🄴 🅾 E.

CROZANT 23160 SAINT-SEBASTIEN CREUSE 862 HAB. S.I.

* **DES RUINES** M.JUNJAUD ☎ 55.89.80.56 – 11 CH. 96/152 F. MENU 55/83 F. PENSION 150/162 F. DEMI-PENSION 118/133 F. FERME 1 OCT./PAQUES. (PRIX 1987).

* **LA SOUPROUSSE** M. CHASSIER ☎ 55.89.80.58 – 8 CH. 65/120 F. MENU 55/70 F. PENSION 140/180 F. DEMI-PENSION 100/140 F. FERME 3 OCT./1 NOV. ET JEUDI HS. 🚗 🅰🄴 🅾 E.

CROZANT (SAINT-PLANTAIRE) 36190 ORSENNES INDRE 758 HAB. S.I.

* **DU LAC** (PONT DE CROZANT) M. BRIGAND ☎ 55.89.81.96 – 10 CH. 100/190 F. MENU 45/105 F. PENSION 160/210 F. DEMI-PENSION 140/180 F. FERME 1 OCT./1 MAI ET LUNDI 1 MAI/15 JUIN. 🚲 🐾.

CROZON-MORGAT 29160 CROZON FINISTERE 8000 HAB. S.I.

* **LE KADOR** 42, BD DE LA PLAGE M. ET Mme CHALEIX ☎ 98.27.05.68 – 18 CH. 100/150 F. MENU 65/145 F. DEMI-PENSION 175/205 F. FERME 4 NOV./15 DEC., 15/30 JANV. RESTAURANT FERME LUNDI HS. 🚗 E CV.

** **MODERNE** 61, RUE ALSACE-LORRAINE Mme.VARLET ☎ 98.27.00.10 – 34 CH. 105/230 F. MENU 59/147 F. PENSION 208/275 F. DEMI-PENSION 152/223 F. 🚗 E CV.

CUCURON 84160 CADENET VAUCLUSE 1400 HAB.

** **DE L'ETANG** M.GARDON ☎ 90.77.21.25 – 8 CH. 150/180 F. MENU 100/180 F. DEMI-PENSION 200/260 F. FERME 20 DEC./10 JANV., ET MERCREDI. 🚗 🅰🄴 🅾 E.

CUISEAUX 71480 SAONE-ET-LOIRE 1900 HAB. S.I.

** **DU COMMERCE** M.VUILLOT ☎ 85.72.71.79 – 9 CH. 100/190 F. MENU 68/190 F. PENSION 218/243 F. DEMI-PENSION 168/193 F. FERME 20/27 JUIN, 3/10 OCT. ET LUNDI/DIMANCHE SOIR HS. 🚲 🚗 E.

* **DU NORD** M. TALARMIN ☎ 85.72.71.02 – 25 CH. 80/250 F. MENU 70/190 F. FERME NOV., JEUDI ET VENDREDI MIDI. 🚲 🚗 E.

CUISERY 71290 SAONE-ET-LOIRE 1680 HAB.

** **HOSTELLERIE BRESSANE** M. BECHE ☎ 85.40.11.63 – 15 CH. 150/300 F. MENU 90/250 F. FERME 20/30 JUIN, 12 DEC./19 JANV., MARDI SOIR ET MERCREDI 1 OCT./30 JUIN. 🚲 🚗 🅰🄴 ♿.

CUQ-TOULZA 81470 TARN 515 HAB.

* **CHEZ ALAIN** M.PRATVIEL ☎ 63.75.70.36 – 10 CH. 160/180 F. MENU 40/250 F. PENSION 185 F. DEMI-PENSION 175 F. 🄵 🚗 E.

CUSSAY 37240 LIGUEIL INDRE-ET-LOIRE 600 HAB.

* **AUBERGE DU PONT NEUF** ROUTE LIGUEIL DESCARTES Mme.SENON ☎ 47.59.66.37 – 8 CH. 85/150 F. MENU 50/160 F. PENSION 170/185 F. DEMI-PENSION 130/140 F. FERME 1 FEV./1 MARS, ET LUNDI. 🚗 E.

CUSSEY-SUR-L'OGNON 25870 GENEUILLE DOUBS 400 HAB.

** **LA VIEILLE AUBERGE** M.CLERC ☎ 81.57.78.35 – 8 CH. 110/165 F. MENU 69/160 F. FERME DIMANCHE SOIR OU LUNDI. 1/2 PENSION VRP 160/170 F 🚗 E.

CUTTOLI-CORTICCHIATO 20000 AJACCIO CORSE 750 M. 800 HAB.

AF **AUBERGE»CHEZ PASCAL«** M.TORRE ☎ 95.25.65.73 – 5 CH. 120/140 F. MENU 120/140 F. FERME 30 SEPT./31 OCT., ET LUNDI.

   U LICETTU PLAINE DU CUTTOLI-CORTICCHIATO M. CATELLAGGI ☎ 95.25.61.57 – 8 CH. FERME 5 OCT./10 NOV., ET LUNDI. PRIX NON COMMUNIQUES. 🄵 🚗 CV.

CUXAC-CABARDES 11390 AUDE 1000 HAB.

AF **LE CASTEL** (HAMEAU DE CAZELLES). M. REMINDER ☎ 68.26.58.39 – 5 CH. PRIX NON COMMUNIQUES. 🐴 🚗 🅰🄴 E.

CUZANCE 46600 MARTEL LOT 400 HAB. S.I.

* **ARNAL** SOCIETE ARNAL ET FILS. ☎ 65.37.84.18 – 12 CH. 80/110 F. MENU 42/85 F. PENSION 130/150 F. DEMI-PENSION 115 F. FERME SAMEDI 1 OCT./31 MARS. 🅰🄴.

AF **BARRE** M.BARRE ☎ 65.37.84.17 – 6 CH. 90/100 F. 🐾 ⚒ 🚗 🅰🄴 🅾 E.

D

DABO 57850 MOSELLE 600 M. 3000 HAB. S.I.

* **BELLE-VUE** RUE SAINT-LEON. Mme HUSSER ☎ 87.07.40.21 — 15 CH. 90/180 F. MENU
60/140 F. PENSION 140/180 F. DEMI-PENSION 110/170 F. FERME 2 JANV./1 FEV. 🛏 🍴
E.

DABO (LA HOUBE) 57850 DABO MOSELLE 650 M. 3000 HAB. S.I.

* **DES VOSGES** 41, RUE FORET BRULEE A LA HOUBE. M. SCHWALLER ☎ 87.08.80.44 — 11 CH.
110/170 F. MENU 50/120 F. PENSION 160/180 F. DEMI-PENSION 145/165 F. FERME 15 FEV./15
MARS ET MARDI. F 🍴 🍴.

DALHUNDEN 67770 SESSENHEIM BAS-RHIN 840 HAB.

** **A LA COURONNE** 24 ROUTE DU RHIN M. SCHNEIDER ☎ 88.86.97.16 — 26 CH. 92/200 F.
MENU 90/195 F. PENSION 225/295 F. DEMI-PENSION 160/240 F. FERME FEV., RESTAURANT
FERME LUNDI SOIR ET MARDI. F ✓ 🍴 🍴 ① E CV.

DAMGAN 56750 MORBIHAN 875 HAB. S.I.

** **L'ALBATROS** 1 BLD DE L'OCEAN M. LAUDRAIN ☎ 97.41.16.85 — 16 CH. 125/250 F. MENU
55/100 F. PENSION 185/248 F. DEMI-PENSION 135/200 F. FERME 30 SEPT./15 MARS. 🍴
🍴.

DAMPRICHARD 25450 DOUBS 800 M. 2200 HAB.

** **DU LION D'OR** M.CORNEILLE ☎ 81.44.22.84 — 16 CH. 110/220 F. MENU 65/170 F. PENSION
160/290 F. DEMI-PENSION 135/245 F. FERME OCT., ET DIMANCHE SOIR OCT./AVR. F 🛵
🍴 ① E CV 🏧.

DAMVILLERS 55150 MEUSE 700 HAB. S.I.

* **DE LA CROIX BLANCHE** M.VINOT ☎ 29.85.60.12 — 9 CH. 70/135 F. MENU 50/130 F. PEN-
SION 160/220 F. DEMI-PENSION 140/180 F. FERME FEV., DIMANCHE SOIR ET LUNDI HS. 🍴
🍴 ① E CV.

**DANNE-ET-QUATRE-VENTS (BONNE-FONTAINE) 57370 PHALS-
BOURG** MOSELLE 550 HAB.

** **NOTRE-DAME-DE-BONNE-FONTAINE** M.KNOPF ☎ 87.24.34.33 — 26 CH. 170/280 F.
MENU 68/180 F. PENSION 210/290 F. DEMI-PENSION 170/250 F. FERME 9/28 JANV., 1 SEM.FEV.
ET VENDREDI 1 NOV./31 MARS. F 🛵 🍴 🍴 ① E CV & 🏧.

DANNEMARIE 68210 HAUT-RHIN 1980 HAB.

* **DE FRANCE** MM. LIERMANN ET KEPPELER ☎ 89.07.23.27 — 8 CH. 68/160 F. MENU 53/180 F.
PENSION 147 F. DEMI-PENSION 115 F. FERME 3/17 FEV. F 🍴 🍴.

DAUMERAY 49920 MAINE-ET-LOIRE 1090 HAB.

* **DROUET** RUE DE LA FRATERNITE. M. DROUET ☎ 41.32.56.68 — 7 CH. 125 F. MENU 40/80 F.
PENSION 240 F. DEMI-PENSION 160 F. FERME DIMAN. SOIR. F 🍴 🍴.

DAVEZIEUX 07100 ANNONAY ARDECHE 2070 HAB.

** **LA SIESTA** M. CHOMAT ☎ 75.33.11.99/75.33.07.90 TELEX 346380 — 46 CH. 120/250 F. MENU
77/112 F. PENSION 250 F. DEMI-PENSION 180 F. 🛵 🍴 🍴 ① E CV & 🏧.

DAX 40100 LANDES 20000 HAB. S.I.

* **AU FIN GOURMET** 3, RUE DES PENITENTS M.CAGNATI ☎ 58.74.04.26 — 15 CH. 70/140 F.
MENU 56/175 F. PENSION 150/285 F. FERME 20 DEC./15 FEV. F 🍴 🍴 E.
* **AUBERGE DES PINS** 86, AV. F.-PLANTE M.BEGUE ☎ 58.74.22.46 — 15 CH. 75/130 F. MENU
48/180 F. PENSION 160/220 F. DEMI-PENSION 120/180 F. FERME FEV. F 🍴 &.
* **BISCAI** 154, AV. VINCENT-DE-PAUL Mme.BISCAICACU ☎ 58.74.18.59 — 8 CH. 75/180 F. PEN-
SION 150/190 F. FERME DIMANCHE. 🛏 🍴 🍴 ① E.
** **DE LA GARE** RUE G.-CHAULET M.CAZALIS ☎ 58.74.24.91 — 21 CH. 95/165 F. MENU 45/92 F.
PENSION 185 F. DEMI-PENSION 170 F. F 🍴 🍴 ① E 🏧.
* **DU NORD** 68, AV. VINCENT-DE-PAUL M.TACHOIRES ☎ 58.74.19.87 — 19 CH. 90/110 F. FERME
22 DEC./17 JANV. F ✳ CV.
*** **DU PARC** 1, PL. THIERS M.PAUTHE ☎ 58.74.86.17 TELEX 540481 — 35 CH. 150/250 F. MENU
70/150 F. PENSION 200/300 F. DEMI-PENSION 160/340 F. RESTAURANT FERME 1 NOV./30
MARS. ET DIMANCHE. F 🍴 🍴 ① E CV 🏧.
ec **JEAN LE BON** RUE JEAN LE BON. M. DUTAUZIA ☎ 58.74.90.68/58.74.29.14 — 19 CH.
80/120 F. MENU 50/120 F. PENSION 148/180 F. DEMI-PENSION 120/148 F. F 🛵 🍴
🍴 ① E CV.
** **LA BONNE AUBERGE** 27, Bld SAINT-PIERRE SARL ☎ 58.74.05.55 — 25 CH. 92/156 F. MENU
45/115 F. PENSION 182/217 F. DEMI-PENSION 150/190 F. RESTAURANT FERME 22 DEC./2 JANV.
F 🛵 🍴 🍴 ① E.
** **RICHELIEU** 13, AV. V.-HUGO M.DARC ☎ 58.74.81.81 — 18 CH. 180/225 F. MENU 130/250 F.
PENSION 230/300 F. DEMI-PENSION 210/250 F. 🛏 🍴 🍴 ① CV 🏧.

DEAUVILLE 14800 CALVADOS 6000 HAB. S.I.

* **DES PRAIRIES** 8 AVENUE ROGER DELIENCOURT SARL GECA ☎ 31.88.20.58 — 18 CH.
105/220 F. MENU 50/140 F. PENSION 200/335 F. FERME 15 DEC./15 OU 31 MARS. RESTAURANT
FERME DIMANCHE SOIR/LUNDI HS. CV.
AF **LE LUTRIN** 48 RUE GAMBETTA Mme DUHAMEL ☎ 31.88.32.38 — 7 CH. 75/200 F. MENU
65/130 F. PENSION 230/355 F. DEMI-PENSION 165/290 F. FERME NOEL/31 JANV., MARDI SOIR
ET MERCREDI HS. 🍴.

DECIZE 58300 NIEVRE 10000 HAB. S.I.

* **AGRICULTURE** 20, ROUTE DES MOULINS M.THEVENIOT-STOLTZ ☎ 86.25.05.38 — 17 CH.
85/175 F. MENU 46/130 F. PENSION 150/180 F. DEMI-PENSION 115/120 F. FERME 3/16 OCT. ET
DIMANCHE NOV./MARS. 🛏 🍴.

— 89 —

DEGAGNAC 46340 SALVIAC LOT 160 HAB.

AF   AUBERGE SANS FRONTIERE Mme CANY-HAUCHECORNE ☎ 65.41.52.88 – 8 CH.
70/120 F. MENU 42/105 F. DEMI-PENSION 85/110 F. FERME 15 NOV./15 DEC. ET LUNDI 15
SEPT./1 AVR. **F** ◉ **CV**.

DELLE 90100 TERRITOIRE-DE-BELFORT 7000 HAB. S.I.

••   NATIONAL 32, AV. CH.-DE-GAULLE M.SIESS ☎ 84.36.03.97 – 8 CH. 145/210 F. MENU
75/175 F. PENSION 330 F. DEMI-PENSION 255 F. FERME DIMANCHE SOIR ET LUNDI. ▲ ☴
✝ ☲ E.

DELME 57590 MOSELLE 700 HAB. S.I.

•   A LA XIIeme BORNE 6, PLACE DE LA REPUBLIQUE M. FRANCOIS ☎ 87.01.30.18 – 19 CH.
90/150 F. MENU 45/150 F. PENSION 145 F. DEMI-PENSION 115 F. **F** ▲ ☲ **AE** ◉
E ఉ 🏠.

DENAT 81120 REALMONT TARN 440 HAB.

AF   L'AUBERGE DU SANGLIER (LIEU-DIT MOUSQUETTE) Mme DAURE ☎ 63.45.50.80 – 16 CH.
95/120 F. MENU 55/150 F. PENSION 160 F. DEMI-PENSION 140 F. **F** ▲ ☲ **AE CV**.

DENEE 49190 ROCHEFORT-SUR-LOIRE MAINE-ET-LOIRE 1100 HAB. S.I.

AF   LA BOULE D'OR M.DEBACKER ☎ 41.78.72.46 – 6 CH. 75/95 F. MENU 40/120 F. PENSION
150 F. DEMI-PENSION 110/125 F. FERME MERCREDI SOIR. **F** ☲ **AE** ◉ E.

DESAIGNES 07570 ARDECHE 600 HAB. S.I.

•   DES VOYAGEURS M.RANC ☎ 75.06.61.48 – 15 CH. 95/210 F. MENU 47/150 F. PENSION
150/220 F. DEMI-PENSION 120/200 F. FERME 15 SEPT./15 MARS. ♂ ▲.

DESCARTES 37560 INDRE-ET-LOIRE 4350 HAB. S.I.

••   MODERNE M. LEROY ☎ 47.59.72.11 – 11 CH. 160/230 F. MENU 42/95 F. PENSION
200/220 F. DEMI-PENSION 160/200 F. FERME FEV., ET DIMANCHE SOIR. ▲ ✝ ☲
E.

DESVRES 62240 PAS-DE-CALAIS 5577 HAB.

AF   DE LA GARE 129, RUE DE LA GARE. Mme DUFOUR ☎ 21.91.54.11 – 8 CH. 65/185 F. MENU
40 F. PENSION 130/160 F. DEMI-PENSION 90/120 F. FERME LUNDI. BRASSERIE. ▲ ☲ **AE**
◉ E.

DEUX-ALPES (LES) 38860 ISERE 1650 M. 1000 HAB. S.I.

•••   EDELWEISS M.PONSARD ☎ 76.79.21.22 – 35 CH. 250/420 F. MENU 95/200 F. PENSION
250/440 F. DEMI-PENSION 230/400 F. FERME 1 MAI/19 JUIN ET 11/18 SEPT. **F** ▲ ♂
▲ ☲ ◉ E 🏠.

••   LA BRUNERIE M.DODE ☎ 76.79.22.23 – 43 CH. 246/386 F. DEMI-PENSION 200/350 F.
FERME 5 MAI/20 JUIN ET 15 SEPT./20 DEC. ♂ ▲ ☲ **AE** ◉ ఉ 🏠.

•••   LA MARIANDE M.COLLIGNON ☎ 76.80.50.60 TELEX 320883 – 25 CH. 360/450 F. MENU
150/170 F. PENSION 350/480 F. DEMI-PENSION 300/380 F. FERME 25 AVR./20 JUIN ET 1
SEPT./20 DEC. **F** ▲ ♂ ▲ ✝.

••   LA MEIJE M.PENT ☎ 76.79.20.87/76.79.02.78 – 18 CH. 180/310 F. MENU 120 F. PENSION
250/330 F. DEMI-PENSION 220/300 F. FERME 1 MAI/20 JUIN ET 10 SEPT./1 DEC. **F** ☲.

••   LE CARLINA M.CAIOLO ☎ 76.79.21.12 – 28 CH. 260 F. PENSION 270/345 F. DEMI-PENSION
250/325 F. FERME 17 AVR./9 JUIL. ET 1 SEPT./20 DEC. ▲ ☲ **AE** ◉ E CV ఉ
🏠.

••   LES AMETHYSTES M.ROUSSET ☎ 76.79.22.43 – 19 CH. 130/290 F. MENU 75/100 F. PEN-
SION 235/315 F. DEMI-PENSION 205/285 F. FERME 20 AVR./30 JUIN ET 31 AOUT/15 DEC. ☲.

DHUIZON 41220 LA FERTE-SAINT-CYR LOIR-ET-CHER 1100 HAB.

•   GRAND DAUPHIN 17 PLACE ST PIERRE M.ROUCHE ☎ 54.98.31.12 – 9 CH. 92/125 F. MENU
64/195 F. PENSION 240/310 F. DEMI-PENSION 190/260 F. FERME 15 JANV./28 FEV. **F**
☲ E.

DIE 26150 DROME 4200 HAB. S.I.

•   DES ALPES RUE C.-BUFFARDEL Mme DONCHE ☎ 75.22.15.83 – 22 CH. 90/170 F. PENSION
165/210 F. DEMI-PENSION 120/170 F. **F** ▲ ☲ E.

••   LA PETITE AUBERGE AVENUE SADI CARNOT M.MONTERO ☎ 75.22.05.91 – 13 CH.
90/180 F. MENU 75/180 F. DEMI-PENSION 155/210 F. FERME 15 DEC./20 JANV., DIMANCHE
SOIR ET LUNDI. **F** ☲ **CV** ఉ.

••   LE RELAIS DE CHAMARGES AVENUE DE LA CLAIRETTE M.BOUSTIE ☎ 75.22.00.95 –
10 CH. 150/240 F. MENU 55/170 F. PENSION 210/270 F. FERME 25 JANV./28 FEV., DIMANCHE
SOIR ET LUNDI. **F** ☲ **CV**.

••   SAINT DOMINGUE M. PEREZ ☎ 75.22.03.08 – 26 CH. 160/185 F. MENU 49/100 F. PENSION
200/220 F. DEMI-PENSION 150 F. FERME 1 NOV./1 DEC. ET RESTAURANT FERME SAMEDI 15
OCT./1 AVR **F** ▲ ☲ E **CV**.

DIENNE 15300 MURAT CANTAL 1050 M. 493 HAB.

•   DE LA POSTE M.BRUNET ☎ 71.20.80.40 – 10 CH. 100/120 F. MENU 50/70 F. PENSION
160/175 F. DEMI-PENSION 125/135 F. FERME 15 NOV./20 DEC. ✝ ☲ E.

DIEPPE 76200 SEINE-MARITIME 32000 HAB. S.I.

••   RELAIS GAMBETTA 95, AV. GAMBETTA M.RICHARD ☎ 35.84.12.91 – 18 CH. 160/230 F.
MENU 75/150 F. PENSION 245/290 F. DEMI-PENSION 175/215 F. FERME 28 SEPT./28 OCT. LUNDI
SOIR/MARDI HS. **F** ☲ **CV**.

••   WINDSOR 18, BD VERDUN Ste LE CASTELET ☎ 35.84.15.23 TELEX 770741 – 47 CH.
215/265 F. MENU 82/262 F. FERME 18 DEC./22 JANV. **F** ✝ ☴ ☲ **AE** ◉ **CV** ఉ
🏠.

DIEULEFIT 26220 DROME 3000 HAB. S.I.

* **L'ESCARGOT D'OR** ROUTE DE NYONS M.PLUMEL ☎ 75.46.40.52 – 15 CH. 100/200 F. MENU 70/120 F. PENSION 200/250 F. DEMI-PENSION 150/200 F. FERME 15 NOV./15 MARS. 🍴 ▨ E CV.

DIEULEFIT (LE POET-CELARD) 26460 BOURDEAUX DROME 700 M. 137 HAB. S.I.

*AF **AUBERGE DU GRAND BOIS** Rte DE BOURDEAUX,AU COL GRAND BOIS. M. CLAASSEN, Mme BARTELS 🌣 75.53.33.72 – 4 CH. 100/150 F. MENU 65/160 F. PENSION 380/430 F. DEMI-PENSION 260/310 F. FERME 12 SEPT./2 OCT., 12 DEC./1 MARS ET MERCREDI. PRIX DE PENSION ET DE 1/2 PENSION POUR 2 PERSONNES. 🍴 🛵

DIEULEFIT (MONTJOUX) 26220 DROME 200 HAB.

** **RELAIS DU SERRE** M.BOREL ☎ 75.46.43.45/75.46.36.54 – 7 CH. 140/180 F. MENU 60/180 F. PENSION 210/250 F. DEMI-PENSION 160/190 F. FERME FEV. ET LUNDI 15 MAI./15 JUIN. ▨ AE ⓪ E.

DIEULOUARD 54380 MEURTHE-ET-MOSELLE 5210 HAB.

AF **LE COMMERCE** 20, AV. DU GENERAL DE GAULLE. M. ROGOWSKI ☎ 83.23.50.71 – 12 CH. 95/115 F. MENU 48/110 F. PENSION 150 F. DEMI-PENSION 120 F. FERME DIMANCHE DU 15 JUIN/15 SEPT. FERME VENDREDI 15 SEPT./ 15 JUIN. 🍴 ▨ E.

DIEUZE 57260 MOSELLE 4750 HAB. S.I.

** **LA SALICORNE** 2, RUE NIMSGERN. M. FISCH ☎ 87.86.03.69 – 23 CH. 80/190 F. MENU 35/99 F. PENSION 168/200 F. DEMI-PENSION 133/165 F. F ▨ AE ⓪ E CV & ▥.

DIGNE 04000 ALPES-DE-HAUTE-PROVENCE 600 M. 16000 HAB. S.I.

** **DE BOURGOGNE** AV.DE VERDUN M.PETIT ☎ 92.31.00.19 – 17 CH. 100/180 F. MENU 80/200 F. PENSION 270/320 F. DEMI-PENSION 200/260 F. FERME 15 DEC./1 FEV. 🍴 ▨ AE E &.

** **LE COIN FLEURI** 9, BD V.-HUGO M.VILLENEUVE ☎ 92.31.04.51 – 15 CH. 90/220 F. MENU 56/170 F. PENSION 220/350 F. DEMI-PENSION 170/300 F. FERME 31 OCT./28 FEV. RESTAURANT FERME DIMANCHE. F ▨ E CV.

DIGOIN 71160 SAONE-ET-LOIRE 11402 HAB. S.I.

AF **AUBERGE DES SABLES** (A NEUZY - 3 Km). M. REBIS ☎ 85.53.07.64 – 4 CH. 100/160 F. MENU 70/200 F. PENSION 150/170 F. FERME FEV. VAC.SCOL., 1 SEM. JUIL. ET LUNDI. ▨ E.

** **DILIGENCES ET COMMERCE** 14, RUE NATIONALE M.BECK ☎ 85.53.06.31 – 10 CH. 80/195 F. MENU 80/280 F. PENSION 250/300 F. DEMI-PENSION 210/240 F. FERME 2/11 MAI, 2 NOV./7 DEC., LUNDI SOIR ET MARDI. ▨ E.

DIJON (DAIX) 21121 FONTAINE-LES-DIJON COTE-D'OR 784 HAB. S.I.

** **CASTEL BURGOND** 3, ROUTE DE TROYES A DAIX - (RN.71). Mme BARTHELET ☎ 80.56.59.72 TELEX ITACO 350.490F 077 A – 22 CH. 178/198 F. ▨ AE ⓪ &.

DINAN 22100 COTES-DU-NORD 18000 HAB. S.I.

** **DE FRANCE** 7, PLACE DU 11 NOVEMBRE. M. GAULTIER ☎ 96.39.22.56 – 14 CH. 110/205 F. MENU 58/130 F. PENSION 230/300 F. DEMI-PENSION 180/250 F. FERME 20 DEC./3 JANV. ET RESTAURANT FERME SAMEDI HS. 🍴 ▨ E.

** **INTER HOTEL DES ALLEUX** RTE DE PLOUBALAY-TADEN M. SILLOU ☎ 96.85.16.10 TELEX 741280 – 29 CH. 190/230 F. MENU 55/130 F. PENSION 245/315 F. DEMI-PENSION 190/260 F. FERME 1 JANV./28 FEV., RESTAURANT FERME VENDREDI ET DIMANCHESOIR 15 OCT./15 MARS. F ▨ E CV &.

*** **LE D'AVAUGOUR** 1, PL. DU CHAMP-CLOS M.QUINTON ☎ 96.39.07.49 TELEX 950415 – 27 CH. 300/350 F. MENU 100/200 F. DEMI-PENSION 330/370 F. RESTAURANT SUPPLEMENTAIRE«LA POUDRIERE«DANS LES REMPARTS. ▨ AE ⓪ E CV & ▥.

** **MARGUERITE** 29, PL. DU GUESCLIN M.PENVEN ☎ 96.39.47.65 TELEX 741369 – 19 CH. 140/250 F. MENU 55/160 F. DEMI-PENSION 180/230 F. FERME JANV., DIMANCHE SOIR ET LUNDI 1 OCT./31 MARS. F ▨ AE ⓪ E.

DINARD 35800 ILLE-ET-VILAINE 10000 HAB. S.I.

** **ALTAIR** 18, BD FEART Mme.LEMENAGER ☎ 99.46.13.58 – 21 CH. 200/300 F. MENU 65/250 F. PENSION 275/310 F. DEMI-PENSION 220/240 F. FERME 15 DEC./15 JANV. ET MERCREDI. F ▨ AE ⓪ E CV &.

** **LA PLAGE** 3, BD FEART M.SUEUR ☎ 99.46.14.87 TELEX 740 358 – 18 CH. FERME 31 JANV./15 MARS. ET MERCREDI. PRIX NON COMMUNIQUES. F ▨ AE E ▥.

** **LA VALLEE** 6, AV. GEORGE V. M. TRIHAN ☎ 99.46.94.00 – 26 CH. 120/350 F. MENU 100/250 F. PENSION 190/300 F. DEMI-PENSION 170/280 F. FERME 15 NOV./20 DEC., 10/30 JANV. ET RESTAURANT FERME MERCREDI HS. F 🍴 ▨ & ▥.

** **LES TILLEULS** 36, RUE DE LA GARE M.GAUVIN ☎ 99.46.18.06 TELEX 740802 – 32 CH. 150/240 F. MENU 55/140 F. PENSION 200/250 F. DEMI-PENSION 165/195 F. RESTAURANT FERME 15 DEC./30 JANV. ET DIMANCHE 30 SEPT./ 15 MARS. F ▨ AE ⓪ E CV.

DIVONNE-LES-BAINS 01220 AIN 5000 HAB. S.I.

* **BEAU-REGARD** RUE DE PLAN. M. BUFFARD ☎ 50.20.04.35 – 24 CH. 80/180 F. MENU 58/75 F. PENSION 180/260 F. DEMI-PENSION 140/200 F. FERME FIN NOV./MI-MARS. F CV.

** **BEAUSEJOUR** 1 PLACE PERDTEMPS M. DALLA LONGA ☎ 50.20.06.22 – 28 CH. 120/220 F. MENU 100/200 F. PENSION 250/350 F. FERME 1/20 NOV.,MARDI SOIR ET DIMANCHE 20 NOV./30 MARS. 🍴 ▨ AE ⓪ E CV.

DIVONNE-LES-BAINS (suite)

** BELLEVUE MARQUIS CHEMIN DES MEULES Mme VERDIER-MARQUIS ☎ 50.20.02.16 –
15 CH. 180/340 F. MENU 150/260 F. PENSION 310/450 F. DEMI-PENSION 280/420 F. FERME
20 DEC./1 MARS, RESTAURANT FERME LUNDI/MARDI MIDI. ⚏ A4 ⊙ E.

* LA TERRASSE FLEURIE MM.FERRAGUT ☎ 50.20.06.32 – 24 CH. 100/160 F. MENU 65 F.
PENSION 160/220 F. FERME 1 NOV./30 MARS.

* LE PROVENCAL 9, RUE DE GENEVE. M. PAVIOT ☎ 50.20.01.87 – 12 CH. FERME 1/15
☞ JUIL.,15/28 FEV., DIMANCHE SOIR ET LUNDI. PRIX NON COMMUNIQUES. ⚏ A4 E.

** MONT-BLANC (A ARBERE) M.FAVRE ☎ 50.20.12.54 – 18 CH. 95/240 F. MENU 100/200 F.
PENSION 280/340 F. FERME 1 NOV./30 MARS, RESTAURANT FERME MERCREDI. ⚏
⊙ E.

DOL-DE-BRETAGNE 35120 ILLE-ET-VILAINE 5000 HAB. S.I.

* DE BRETAGNE 17 PLACE CHATEAUBRIAND M.HAELLING-MOREL ☎ 99.48.02.03 – 29 CH.
☞ 62/160 F. MENU 50/90 F. PENSION 135/180 F. DEMI-PENSION 90/135 F. FERME 30 SEPT./29
OCT. ET RESTAURANT FERME SAMEDI OCT./MARS. F ⚏ ⊙ E.

** LOGIS DE LA BRESCHE ARTHUR 36,BD DEMINIAC M.FAVEAU ☎ 99.48.01.44 TELEX
741369 – 24 CH. 220/250 F. MENU 64 F. PENSION 280/300 F. DEMI-PENSION 220/250 F.
F ⚏ ⊙ A4 ⊙ E &.

DOLE 39100 JURA 32000 HAB. S.I.

*** LA CHAUMIERE 346 AV DU MAL. JUIN M.POURCHERESSE ☎ 84.79.03.45 – 18 CH.
235/450 F. MENU 100/200 F. FERME 19 DEC./19 JANV., 15/25 JUIN, SAMEDI ET DIMANCHE
15 SEPT./30 JUIN. GARAGES INDIVIDUELS A 50F. ⚏ ⊙ ⚏ E.

** POURCHERESSE 8 RUE AV.DUHAMEL (EX AV. DE CHALON) M. POURCHERESSE ☎
84.82.01.05 – 21 CH. 90/210 F. MENU 54/78 F. FERME 21 DEC./10 JANV., 1/15 MAI, ET
DIMANCHE. PARKING PRIVE. ⚏ E.

DOLE (BREVANS) 39100 JURA 406 HAB. S.I.

** AU VILLAGE Mme.MARLIN ☎ 84.72.56.40 – 16 CH. 130/350 F. MENU 75/160 F. PENSION
290/350 F. DEMI-PENSION 220/320 F. FERME 24 DEC./6 JANV., ET DIMANCHE SOIR. F
⚏ ⚏ E.

DOMARIN 38300 BOURGOIN-JALLIEU ISERE 1250 HAB.

* MENESTRET 68, ROUTE DE LYON. M. MENESTRET ☎ 74.93.13.01 – 10 CH. 180/205 F.
MENU 65/95 F. PENSION 250 F. DEMI-PENSION 205 F. RESTAURANT FERME DIMANCHE. ⚏
E.

DOMECY-SUR-CURE 89450 VEZELAY YONNE 390 HAB.

AF DE LA POSTE (HAMEAU DE CURE). M. SCHWER ☎ 86.32.32.55 – 8 CH. 115/195 F. MENU
60/120 F. PENSION 190/222 F. DEMI-PENSION 145/178 F. FERME 20 SEPT./11 OCT. ET MER-
CREDI HS. ⚏ ⚏ A4 ⊙ E &.

DOMENE 38420 ISERE 6297 HAB.

** LE BEAUVOIR 6 AVE DE LA GARE M.MURAZ ☎ 76.77.20.91 – 15 CH. 150/300 F. MENU
60/300 F. PENSION 250/300 F. DEMI-PENSION 200/230 F. FERME DIMANCHE SOIR ET LUNDI.
F ⚏.

DOMFRONT 61700 ORNE 4518 HAB. S.I.

** DE FRANCE 7, RUE DU MONT ST MICHEL M.ROTTIER ☎ 33.38.51.44 – 22 CH. 80/210 F.
☞ MENU 55/130 F. PENSION 185/280 F. DEMI-PENSION 160/250 F. FERME 4 JANV./12 FEV. ET
RESTAURANT FERME LUNDI SOIR ET MARDI 15 SEPT./15 JUIN. F ⚏ ⊙ ⚏ ⚏
E CV.

** DE LA POSTE Melle LE PRISE ☎ 33.38.51.00 – 29 CH. 72/195 F. MENU 62/185 F. PEN-
☞ SION 235/380 F. DEMI-PENSION 180/220 F. FERME 15 NOV./28 FEV., DIMANCHE SOIR ET
LUNDI 1 OCT./31 MAI. F ⚏ ⊙ A4 ⊙ E.

AF LE PONT DE CAEN (D.962,HAUTE CHAPELLE) M. LENEVEU ☎ 33.38.65.51 – 4 CH.
50/75 F. MENU 35/85 F. PENSION 145 F. DEMI-PENSION 95 F. FERME 15/31 AOUT ET
DIMANCHE. F ⚏ A4 ⊙ E CV.

DOMME 24250 DORDOGNE 650 HAB. S.I.

** L'ESPLANADE M.GILLARD ☎ 53.28.31.41 – 19 CH. 190/380 F. MENU 100/265 F. PEN-
SION 345/445 F. DEMI-PENSION 245/350 F. FERME 3 NOV./15 DEC., 1 FEV./1 MARS.,
DIMANCHE SOIR ET LUNDI HS. F ⚏ A4 E CV &.

DOMPAIRE 88270 VOSGES 980 HAB.

** DU COMMERCE PLACE DU GENERAL LECLERC M.FLEUROT ☎ 29.36.50.28 TELEX 960573
DOM – 11 CH. 120/160 F. MENU 50/220 F. PENSION 160/190 F. DEMI-PENSION 120/150 F.
FERME 20 DEC./10 JANV. RESTAURANT FERME DIMANCHE SOIR ET LUNDI. F ⚏ A4
⊙ E CV.

DOMPIERRE-LES-ORMES 71970 SAONE-ET-LOIRE 844 HAB.

** RELAIS DU HAUT-CLUNYSOIS Mme PROST ☎ 85.50.27.67 – 20 CH. 160/250 F. MENU
75/120 F. PENSION 250/270 F. DEMI-PENSION 175/195 F. RESTAURANT FERME DIMANCHE
SOIR SAUF JUILLET ET AOUT - MERCREDI NOV./MARS. ⚏ A4 E &.

DOMPIERRE-SUR-BESBRE 03290 ALLIER 5000 HAB.

* DE L'OLIVE RUE DE LA GARE M. CORBET ☎ 70.34.51.87 – 11 CH. 58/160 F. MENU
☞ 47/160 F. FERME 15 NOV./15 DEC. ET JEUDI. ⚏ E.

* LA PAIX 74 PLACE DU COMMERCE M.GRAND ☎ 70.34.50.09 – 9 CH. 75/175 F. MENU
55/150 F. PENSION 143/185 F. DEMI-PENSION 114/149 F. FERME 25 OCT./15 NOV. ET
DIMANCHE SOIR/LUNDI. A4.

DONJON (LE) 03130 ALLIER 1450 HAB.
* **LA BONNE MARMITE** RUE DU GENERAL DE GAULLE M. PATET ☎ 70.99.53.87 – 9 CH. 85/115 F. MENU 47/160 F. PENSION 160 F. DEMI-PENSION 130 F. FERME 4/25 JANV., DIMANCHE SOIR ET LUNDI 1 OCT./15 AVR. � 🎻 E.

DONZENAC 19270 CORREZE 2000 HAB. S.I.
** **LA GAMADE** PLACE LEON MADRIAS Mme.SALESSE ☎ 55.85.71.07 – 10 CH. 130/170 F. MENU 55/160 F. PENSION 190/230 F. DEMI-PENSION 170/190 F. F 🎻 AE ● CV.
** **RELAIS DU BAS LIMOUSIN** (A SADROC)SUR N20,DIRECTION UZERCHE. M.BESANGER ☎ 55.84.52.06/55.84.54.62 – 20 CH. 85/190 F. MENU 56/180 F. PENSION 180/260 F. DEMI-PEN-SION 125/210 F. FERME DIMANCHE HS. F 🚲 🎻 E.

DONZY 58220 NIEVRE 2000 HAB. S.I.
* **GRAND MONARQUE** 10 RUE DE L'ETAPE M.LESORT ☎ 86.39.35.44 – 17 CH. 100/200 F. MENU 55/170 F. FERME JANV. OU FEV. DIMANCHE SOIR ET LUNDI MIDI (ET LUNDI SOIR HS). 🚲 🐴.

DORAT (LE) 87210 HAUTE-VIENNE 2800 HAB. S.I.
* **DE BORDEAUX** PLACE CH. DE GAULLE M.BRULE ☎ 55.60.76.88 – 10 CH. 65/135 F. MENU 46/120 F. PENSION 190/210 F. DEMI-PENSION 130/140 F. FERME JANV. RESTAURANT FERME DIMANCHE SOIR. 🐴 🎻 AE ● E.
* **LA PROMENADE** 3 AV. DE VERDUN M.PENOT ☎ 55.60.72.09 – 8 CH. 80/110 F. MENU 47/150 F. PENSION 150/180 F. DEMI-PENSION 110/130 F. FERME 15/22 FEV., 1/21 SEPT., DIMANCHE SOIR ET LUNDI. 🚲 🐴 🎻 E.

DORDIVES 45680 FERRIERES LOIRET 1800 HAB.
** **CESAR** (SORTIE AUTOROUTE A6). M.VALADE ☎ 38.92.73.20 – 22 CH. 70/220 F. F 🚴
🎻 ✕ AE ● E CV ♿.

DORNAS 07160 LE CHEYLARD ARDECHE 640 M. 350 HAB.
* **LA REMISE** M. AUBERT ☎ 75.29.09.44 – 13 CH. 75/190 F. MENU 60/110 F. PENSION 165/185 F. DEMI-PENSION 135/155 F. FERME 10/25 OCT. RESTAURANT FERME VENDREDI SOIR. F 🚲 CV.

DOUAI 59500 NORD 55000 HAB. S.I.
*** **LA TERRASSE** 36, TERRASSE SAINT-PIERRE. M.HANIQUE ☎ 27.88.70.04 – 28 CH. 170/395 F. 🎻 AE.

DOUARNENEZ 29100 FINISTERE 20000 HAB. S.I.
** **AUBERGE DE KERVEOC'H** ROUTE DE KERVEOC'H M. GUITTON ☎ 98.92.07.58 – 14 CH. 190/220 F. MENU 80/200 F. DEMI-PENSION 230/250 F. FERME 15 OCT./PAQUES SAUF VAC. SCOL. 🎻 E.
AF **AUBERGE FOUESNANTAISE** (A TREBOUL,RUE DES ROCHES BLANCHES). M. FRANCELLE ☎ 98.74.03.33 – 5 CH. 153/186 F. PDCMENU 50/150 F. DEMI-PENSION 162/187 F. FERME 15 SEPT./PAQUES. PARKING PRIVE. 🐴 🎻 AE E.

DOUE-LA-FONTAINE 49700 MAINE-ET-LOIRE 7500 HAB. S.I.
** **DE FRANCE** PL. DU CHAMP-DE-FOIRE M.JARNOT ☎ 41.59.12.27/41.59.76.00 – 18 CH. 95/200 F. MENU 50/150 F. PENSION 180/250 F. DEMI-PENSION 120/200 F. FERME 24 DEC./20 JANV., 25 JUIN/8 JUIL., DIMANCHE SOIR ET LUNDI. F 🎻.
* **LE DAGOBERT** 14, PLACE DU CHAMP DE FOIRE M. SORIN ☎ 41.59.14.44 – 18 CH. 65/167 F. MENU 55/165 F. PENSION 115 F. DEMI-PENSION 105 F. FERME VENDREDI 6 NOV./FIN FEV. 🚲 🎻 E.

DOUELLE 46140 LUZECH LOT 700 HAB.
* **AUBERGE DU VIEUX DOUELLE** Mme MALIQUE ☎ 65.20.02.03 – 18 CH. 55/185 F. MENU 45/150 F. PENSION 155/200 F. DEMI-PENSION 140/160 F. 🎻 E.

DOULAINCOURT 52270 HAUTE-MARNE 1271 HAB.
* **DE PARIS** M. FRANTZEN ☎ 25.95.31.18/25.94.61.18 – 10 CH. 68/105 F. MENU 45/75 F. PEN-SION 160/175 F. DEMI-PENSION 120/130 F. FERME 24 AOUT/14 SEPT., ET MERCREDI SAUF JUIL./ AOUT. F 🐴 🎻 CV.

DOULLENS 80600 SOMME 8520 HAB. S.I.
* **AUX BONS ENFANTS** 23,RUE D'ARRAS M.LOUETTE ☎ 22.77.06.58 – 8 CH. 80/160 F. MENU 60/120 F. PENSION 220/250 F. DEMI-PENSION 150/200 F. RESTAURANT FERME SAMEDI. F 🚲 🐴 🎻 E.
** **LE SULLY** 45, RUE D'ARRAS M. de BORGGRAEVE ☎ 22.77.10.87 – 7 CH. 85/150 F. MENU 50/110 F. DEMI-PENSION 130/160 F. FERME 23 JUIN/7 JUIL. ET MERCREDI. 🎻.

DOUSSARD 74210 FAVERGES HAUTE-SAVOIE 2000 HAB. S.I.
ec **ARCALOD** M. LITTOZ-MONNET ☎ 50.44.30.22 – 23 CH. 138/184 F. MENU 65/120 F. PENSION 175/219 F. DEMI-PENSION 155/199 F. FERME 15 OCT./20 MARS. F 🚲 🎻 AE ● E CV ♿ 🎏.
** **AUBERGE DES SOLLIS** HAMEAU DE SOLLIER M. BRUGIER ☎ 50.44.39.85 – 9 CH. 185/230 F. MENU 67/145 F. PENSION 220/240 F. DEMI-PENSION 175/185 F. FERME DIMANCHE SOIR. F 🎻 E.
** **LA NUBLIERE** M. MASSET ☎ 50.44.30.35 – 7 CH. 185/230 F. MENU 65/185 F. PENSION 215/250 F. DEMI-PENSION 200/220 F. FERME 15 OCT./1 AVR. F 🎻 E.

DOUVAINE 74140 HAUTE-SAVOIE 2200 HAB. S.I.
** **DE LA COURONNE** RUE DU CENTRE,ROUTE DE GENEVE. MM. POIRIER ☎ 50.94.10.62 – 12 CH. 150/180 F. FERME 7/30 SEPT. F 🚲 🎻 AE ● E CV.

DOUVILLE 24140 VILLAMBLARD DORDOGNE 380 HAB. S.I.

** **LE TROPICANA** SUR N. 21 MAISON JEANNETTE M.TYTGAT ☎ 53.82.98.31 — 23 CH. 118/240 F. MENU 49/178 F. PENSION 200/255 F. DEMI-PENSION 195/210 F. FERME 10 DEC./10 FEV. ET VENDREDI 15H/SAMEDI 18H HS. 🚗 ⑳ &.

DOZULE 14430 CALVADOS 1400 HAB.

* **HOTELLERIE NORMANDE** 98 GRANDE RUE M.CHENEVARIN ☎ 31.79.20.18 — 12 CH. 68/160 F. MENU 50/120 F. PENSION 160/180 F. DEMI-PENSION 110/130 F. FERME DEC./FEV., ET LUNDI SAUF JUIL./AOUT. 🄵 🚗 🖃.

DREUX 28100 EURE-ET-LOIR 40000 HAB. S.I.

** **AU BEC FIN** 8, BD PASTEUR M. FERRON ☎ 37.42.04.13 — 24 CH. 110/260 F. MENU 55/110 F. PENSION 270 F. DEMI-PENSION 235 F. FERME 21 DEC./7 JANV. RESTAURANT FERME DIMANCHE. 🄵 ⅻ E CV &.

** **AUBERGE NORMANDE** 12, PL. METEZEAU M. LE CLOAREC ☎ 37.50.02.03 — 16 CH. 180/250 F. ⅻ E.

DRUYES-LES-BELLES-FONTAINES 89560 COURSON-LES-CARRIERES
YONNE 350 HAB. S.I.

** **AUBERGE DES SOURCES** M. PORTAL ☎ 86.41.55.14 — 17 CH. 150/200 F. MENU 🖝 67/150 F. PENSION 212/225 F. DEMI-PENSION 152/165 F. FERME 15 DEC./15 MARS. ET LUNDI HS. 🚗 ⅻ ⑳ E &.

DUCEY 50220 MANCHE 1939 HAB.

** **DE LA SELUNE** M. GIRRES ☎ 33.48.53.62 — 20 CH. 170/190 F. MENU 55/130 F. PENSION 🖝 205/215 F. DEMI-PENSION 152/162 F. FERME 20 JANV./20 FEV., ET LUNDI 1 OCT./1 MARS. 🚢 ⅻ ⑳ ⑩ E.

DUCLAIR 76480 SEINE-MARITIME 3000 HAB. S.I.

** **DE LA POSTE** 286 QUAI DE LA LIBERATION M.MONTIER ☎ 35.37.50.04 — 20 CH. 130/160 F. MENU 60/150 F. PENSION 230/240 F. DEMI-PENSION 160/170 F. FERME 1/9 NOV., 15/29 FEV., 1/15 JUIL., DIMANCHE SOIR RESTAURANT FERME DIMANCHE SOIR ET LUNDI. ⅻ ⑳ E.

DUINGT 74410 SAINT-JORIOZ HAUTE-SAVOIE 350 HAB.

** **AUBERGE DU ROSELET** M.FALQUET ☎ 50.68.67.19 — 14 CH. 250/280 F. MENU 47/230 F. DEMI-PENSION 250/280 F. FERME 30 OCT./15 FEV., ET MERCREDI. 🄵 ✍ 🚗 ⅻ E.

** **LE CLOS MARCEL** MM. MOLVEAU ET DUCHATEL ☎ 50.68.67.47 — 15 CH. 135/275 F. MENU 95/150 F. PENSION 160/335 F. DEMI-PENSION 230/275 F. FERME 30 SEPT./PAQUES. &.

DUN-LE-PALESTEL 23800 CREUSE 0 M. 1330 HAB. S.I.

* **DE FRANCE** M.PATRAUD ☎ 55.89.07.72 — 16 CH. 70/170 F. MENU 45/100 F. PENSION 150/220 F. DEMI-PENSION 120/180 F. FERME 1/15 OCT., 1/15 FEV. ET SAMEDI. 🄵 🚗 ⅻ E.

* **JOLY** M.MONCEAUX ☎ 55.89.00.23 — 12 CH. 80/180 F. MENU 45/180 F. PENSION 170/260 F. DEMI-PENSION 130/220 F. FERME 1/21 MARS., 10/25 OCT., DIMANCHE SOIR ET LUNDI MIDI. 🄵 ✈ ⅻ E CV.

DUN-SUR-AURON 18130 CHER 4211 HAB. S.I.

** **LE BEFFROY** 13 PLACE DE LA HALLE M.SCHMITE ☎ 48.59.50.72 — 12 CH. 90/250 F. 🖝 MENU 65/160 F. PENSION 180/240 F. DEMI-PENSION 130/190 F. FERME 15 JANV./15 FEV., ET LUNDI HS. ⅻ E.

DUN-SUR-MEUSE 55110 MEUSE 750 HAB. S.I.

** **DU COMMERCE** M.NIVOIX ☎ 29.80.90.25 — 11 CH. 95/175 F. MENU 55/175 F. PENSION 160/175 F. DEMI-PENSION 140/150 F. FERME 25 DEC./1 FEV., LUNDI ET DIMANCHE SOIR HS. 🄵 🚗 ✈ ⅻ ⑳ ⑩ E CV.

DUNKERQUE 59240 NORD 73620 HAB. S.I.

** **DU XIXeme SIECLE** 1, PLACE DE LA GARE. M. BADTS ☎ 28.66.79.28/28.66.27.72 — 🖝 14 CH. 130/220 F. MENU 65/100 F. PENSION 290 F. DEMI-PENSION 230 F. RESTAURANT FERME DIMANCHE. 🚗 ⅻ ⑳ ⑩ E.

DURAS 47120 LOT-ET-GARONNE 1245 HAB. S.I.

* **AUBERGE DU CHATEAU** PLACE JEAN BOUSQUET M.MONGELARD ☎ 53.83.70.58 — 10 CH. 125/190 F. MENU 60/150 F. PENSION 180/200 F. DEMI-PENSION 170 F. FERME 15 NOV./1 DEC., ET MERCREDI. 🄵 ⅻ ⑳ ⑩ E.

** **HOSTELLERIE DES DUCS** M.BLANCHET ☎ 53.83.74.58 TELEX 571953 — 15 CH. 130/230 F. MENU 63/185 F. DEMI-PENSION 185/210 F. RESTAURANT FERME DIMANCHE SOIR ET LUNDI. 🄵 ⅻ E.

DURAVEL 46700 PUY-L'EVEQUE LOT 875 HAB. S.I.

** **AUBERGE DU BARAN** ROUTE DE CAHORS. Mme WASHBOURNE ☎ 65.24.60.34 — 9 CH. 🖝 110/200 F. MENU 65/130 F. PENSION 270/315 F. DEMI-PENSION 205/250 F. RESTAURANT FERME 14 NOV./8 DEC., 1 FEV./3 MARS., MERCREDI T.A., LUNDI, MARDI ET MERCREDI 1 NOV./3 MARS. 🄵 ⅻ E.

E

EAUX-BONNES **64440** **LARUNS** PYRENEES-ATLANTIQUES 750 M. 526 HAB. S.I.
- ** **DE LA POSTE** M. HERVE ☎ 59.05.33.06 — 20 CH. 115/205 F. MENU 59/160 F. PENSION 180/228 F. DEMI-PENSION 132/176 F. FERME 1 OCT./15 DEC. ET PAQUES/15 MAI. **F** ☎ ⊞ ⊞ ⊕ E CV ⊞.
- ** **DES PYRENEES** M. LASCURETTES ☎ 59.05.38.80 — 15 CH. 120/250 F. MENU 40/120 F. PENSION 140/260 F. DEMI-PENSION 140/200 F. FERME NOV. **F** ☎ E CV.

EBREUIL **03450** ALLIER 1300 HAB. S.I.
- ** **DU COMMERCE** RUE DES FOSSES. M:ROUMY ☎ 70.90.72.66 — 20 CH. 90/290 F. MENU 65/160 F. PENSION 220 F. DEMI-PENSION 200 F. FERME 1/30 OCT. ET LUNDI SAUF JUIL. ET AOUT. ☎.

ECHALLON (LE CRET) **01490** **SAINT-GERMAIN-DE-JOUX** AIN 850 M. 462 HAB.
- * **PONCET** M. PONCET ☎ 74.76.48.53 — 15 CH. 75/240 F. MENU 60/200 F. PENSION 180/240 F. DEMI-PENSION 145/190 F. FERME 11/21 JANV., 15/30 MARS, 1 NOV./20 DEC. ET MARDI HORS VACANCES SCOLAIRES. **F** ☎ ☎ ☎ CV.

ECHETS (LES) **01700** **MIRIBEL** AIN 350 HAB.
- ** **MARGUIN** ROUTE DE STRASBOURG M.MARGUIN ☎ 78.91.80.04 — 9 CH. 140/290 F. MENU 85/265 F. FERME 1/10 SEPT., 2/20 JANV., MARDI SOIR/MERCREDI. ☎ ☎ ☎ ⊞ ⊕ E CV ⅃.

ECHEVIS **26190** **SAINT-JEAN-EN-ROYANS** DROME 36 HAB.
- ** **LE REFUGE** SUR D.518 M.BOCQUET ☎ 75.48.68.32 — 20 CH. 168/250 F. MENU 65/170 F. PENSION 208/292 F. DEMI-PENSION 168 F. FERME 2 JANV./30 MARS. SAUF SUR RESERVATION. ☎ ☎.

ECHIGEY **21110** **GENLIS** COTE-D'OR 250 HAB.
- ** **DE LA PLACE** M.REY ☎ 80.29.74.00 — 14 CH. 95/180 F. MENU 45/190 F. PENSION 160/200 F. DEMI-PENSION 140/180 F. FERME 1/28 FEV., DIMANCHE SOIR ET LUNDI. **F** ☎ ☎ E ὅ.

ECOMMOY **72220** SARTHE 4300 HAB. S.I.
- * **DU COMMERCE** 19, PLACE DE LA REPUBLIQUE. M. ROUSSEAU ☎ 43.42.10.34 — 13 CH. 92/141 F. MENU 55/153 F. PENSION 220/300 F. DEMI-PENSION 160/240 F. FERME 15/28 FEV., ET LUNDI. PARKING PRIVE. **F** ☎ ☎ ☎ E.

ECUEILLE **36240** INDRE 1730 HAB. S.I.
- * **DU LION D'OR** 11, PLACE DU 8eme CUIRASSIER M. MOREAU ☎ 54.40.20.08 — 12 CH. MENU 65/100 F. PENSION 135/200 F. DEMI-PENSION 110/150 F. FERME 20 DEC./10 JANV., ET VENDREDI OCT./AVR. **F** ᛘ ☎ ☎ E CV.

ECULLY **69130** RHONE 22000 HAB.
- * **LE RELAIS** 6, AV, DU Dr TERVER. Mme BRUN ☎ 78.33.12.03 — 12 CH. 76/150 F. MENU 58/90 F. PENSION 208/251 F. DEMI-PENSION 150/193 F. FERME 2/4 AVR., 21/23 MAI, 30 JUIL./24 AOUT, RESTAURANT FERME 30 JUIL./28 AOUT, SAMEDI SOIR, DIMANCHE ET FERIES. ☎.

EGLETONS **19300** CORREZE 630 M. 5912 HAB. S.I.
- ** **AU RELAIS D'EGLETONS** 117, AV. VENTADOUR. M. LEFEVRE ☎ 55.93.21.16 — 8 CH. 130/150 F. MENU 90/200 F. PENSION 190 F. DEMI-PENSION 150 F. FERME FIN D'ANNEE, ET SAMEDI.

EGLISENEUVE-D'ENTRAIGUES **63850** PUY-DE-DOME 950 M. 1000 HAB. S.I.
- * **D'ENTRAIGUES** M.CHARBONNEL ☎ 73.71.90.09/73.71.92.66 — 20 CH. 78/100 F. MENU 60/95 F. PENSION 150/160 F. DEMI-PENSION 115/120 F. FERME 10 NOV./20 DEC. ☎.

EGUELSHARDT (BANNSTEIN) **57230** **BITCHE** MOSELLE 403 HAB.
- AF **DE LA FORET** M.KLEINKLAUS ☎ 87.96.03.09 — 6 CH. 80/100 F. MENU 77/110 F. PENSION 170/190 F. FERME LUNDI MIDI ET MARDI. ☎.
- * **HOSTELLERIE LA PETITE SUISSE** 98 ROUTE NATIONALE M.KAELIN ☎ 87.96.03.01 — 8 CH. 105 F. MENU 65 F. DEMI-PENSION 180 F. FERME 20 DEC./3 JANV., 31 JANV./12 MARS ET MARDI SOIR + MERCREDI. **F** ☎ ☎ ☎ ⊕ E.

EGUISHEIM **68420** **HERRLISHEIM** HAUT-RHIN 1500 HAB. S.I.
- *AF **A LA VILLE DE COLMAR** M. STOFFEL ☎ 89.41.16.99 — 7 CH. 90/120 F. MENU 74/125 F. DEMI-PENSION 130/150 F. FERME 1/15 SEPT., 22 DEC./4 JANV., ET MERCREDI. ☎ ☎ E.

EGUZON **36270** **EGUZON-CHANTOME** INDRE 1466 HAB. S.I.
- ** **DE FRANCE** PLACE DE LA REPUBLIQUE M. RENAUD ☎ 54.47.46.88 — 25 CH. 90/220 F. MENU 45/80 F. PENSION 150 F. DEMI-PENSION 120 F. FERME 15 DEC./15 MARS. **F** CV ὅ.

EIGENTHAL-WALSCHEID **57870** **TROISFONTAINES** MOSELLE 150 HAB.
- **DE LA PAIX** M.JACQUET ☎ 87.03.70.40 — 7 CH. 70/80 F. MENU 52/150 F. PENSION 170/280 F. DEMI-PENSION 120/180 F. FERME MARDI HS. ☎ ☎ ⊕ E.

ELINCOURT-SAINTE-MARGUERITE **60157** OISE 632 HAB.
- AF **AUBERGE SAINT-FLOR** M.GABORIAU ☎ 44.76.04.54 — 5 CH. 90/150 F. MENU 60/80 F. PENSION 160/180 F. DEMI-PENSION 120/140 F. FERME 15 JANV./15 FEV., MARDI SOIR ET DIMANCHE SOIR. **F** ☎.

ELOISE 01200 BELLEGARDE HAUTE-SAVOIE 600 HAB.

*** **LE FARTORET** M. GASSILLOUD ☎ 50.48.07.18 — 40 CH. 171/310 F. MENU 90/210 F. PEN-
SION 263/330 F. DEMI-PENSION 215/277 F. 🄵 ⚓ ♫ ✕ 🄰🄷 ① E ᵫ 🏠.

ELVEN 56250 MORBIHAN 3025 HAB. S.I.

** **HOSTELLERIE DU LION D'OR** 5, PLACE LE FRANC. M. BRARD ☎ 97.53.33.52 — 11 CH.
100/280 F. MENU 55/130 F. PENSION 190/220 F. DEMI-PENSION 140/180 F. FERME 3 SEM.
OCT., 8J. APRES PAQUES, DIMANCHE SOIR ET LUNDI HS. 🄵 ⚓ ✕ E.

EMBRUN 05200 HAUTES-ALPES 876 M. 6000 HAB. S.I.

** **DE LA MAIRIE** PLACE BARTHELON. M. FRANCOIS ☎ 92.43.20.65 — 22 CH. 140/160 F. MENU
68 F. DEMI-PENSION 150/160 F. FERME 1 OCT./30 NOV., MAI ET LUNDI. ✕ 🄰🄷 ① CV.

* **NOTRE DAME** M.LEFRANCOISFRANCOIS ☎ 92.43.08.36 — 15 CH. 75/185 F. MENU 50/98 F.
PENSION 190/243 F. FERME 1 NOV./30 DEC. ✕ 🄰🄷 ① E.

EMPURANY 07730 ARDECHE 650 HAB.

* **BEAUSEJOUR** M. RABBACHIN ☎ 75.06.71.80 — 14 CH. 75/100 F. MENU 45/104 F. PENSION
130/140 F. DEMI-PENSION 110/115 F. 🄵 ✕ CV.

ENNORDRES 18380 LA CHAPELLE CHER 300 HAB.

AF **LA CROIX BLANCHE** M.SIMONNET ☎ 48.58.06.38 — 7 CH. 60/90 F. MENU 42/120 F. PEN-
SION 130 F. DEMI-PENSION 95 F. FERME VENDREDI. ✕ E.

ENTRAUNES 06470 GUILLAUMES ALPES-MARITIMES 130 HAB.

AF **AUBERGE ROCHE GRANDE** ☎ 93.05.51.83 — 14 CH. 149/190 F. MENU 72/120 F. PEN-
SION 240 F. DEMI-PENSION 190 F. FERME 10 NOV./20 DEC. RESTAURANT FERME MERCREDI
SEPT./OCT. ET MARDI HS. 🄵.

ENTRAYGUES 12140 AVEYRON 1500 HAB. S.I.

** **DE LA TRUYERE** M. GAUDEL Gerard ☎ 65.44.51.10 TELEX CCIRODE 530366 — 25 CH.
165/210 F. MENU 60/160 F. PENSION 224/247 F. DEMI-PENSION 183/206 F. FERME 31 OCT./30
MARS ET LUNDI. 🄵 ⚓ ✕ E CV ᵫ 🏠.

** **LES DEUX VALLEES** AV. DU PONT DE TRUYERES. M.FERRARY ☎ 65.44.52.15 — 18 CH.
130/160 F. MENU 43/88 F. PENSION 190/220 F. DEMI-PENSION 160/190 F. ⚓ ✕ ᵫ 🏠.

ENTRE-LES-FOURGS (JOUGNE) 25370 LES HOPITAUX NEUFS DOUBS
1100 M. 60 HAB.

* **LES PETITS GRIS** M.GRESSET ☎ 81.49.12.93 — 16 CH. 68/290 F. MENU 53/130 F. PENSION
195/235 F. DEMI-PENSION 155/195 F. FERME 19 SEPT./8 OCT. RESTAURANT FERME MERCREDI.
🐎 ✕ E.

ENVEITG (VILLAGE FRONTIERE) 66760 BOURG-MADAME PYRENEES-
ORIENTALES 1200 M. 800 HAB. S.I.

** **TRANSPYRENEEN** AVENUE BELVEDERE M.CASAMITJANA ☎ 68.04.81.05 — 36 CH.
110/260 F. MENU 68/115 F. PENSION 180/280 F. DEMI-PENSION 160/240 F. FERME 1/31 MAI ET
1 OCT./20 DEC. 🄵 ⚓ 🚗 ✕ 🄰🄷 ① E ᵫ.

EPERNON 28230 EURE-ET-LOIR 5000 HAB.

* **DE LA MADELEINE** M.BARDOT ☎ 37.83.42.06 — 7 CH. 70/110 F. MENU 52/135 F. PENSION
155 F. DEMI-PENSION 125 F. FERME VAC. SCOL. FEV. ET VENDREDI SOIR/DIMANCHE MATIN. RES-
TAURANT FERME 4 SEMAINES EN AOUT. 🚗 🐎 ✕.

EPFIG 67680 BAS-RHIN 1744 HAB.

VILLE DE STRASBOURG M. STUMPF ☎ 88.85.50.03 — 9 CH. 100/180 F. MENU 50/150 F.
PENSION 150/180 F. DEMI-PENSION 100/120 F. FERME FIN JANV. VAC. SCOL. ET LUNDI. ✕
E.

ERDEVEN 56410 ETEL MORBIHAN 2350 HAB. S.I.

** **AUBERGE DU SOUS BOIS** ROUTE DE PONT LOROIS M. PIOT ☎ 97.55.66.10 TELEX 950 581 —
21 CH. 260 F. MENU 61/99 F. DEMI-PENSION 260 F. FERME 10 OCT./15 MARS. 🄵 ✕
🄰🄷 ① E ᵫ.

** **DES VOYAGEURS** 14 RUE DE L'OCEAN ERDEVEN M.GOUZERH ☎ 97.55.64.47 — 20 CH.
110/180 F. MENU 46/130 F. PENSION 215/242 F. DEMI-PENSION 144/180 F. FERME 1 OCT./1
AVR., ET MARDI HS. 🄵 🐎 ✕ E.

** **HUBERT** M. HUBERT ☎ 97.55.64.50 — 16 CH. 110/176 F. MENU 60/198 F. PENSION
272/347 F. DEMI-PENSION 212/288 F. FERME 27 SEPT./27 OCT., ET LUNDI. ⚓ ✕ E.

ERMENONVILLE 60440 OISE 750 HAB. S.I.

* **DE LA CROIX D'OR** 2 RUE PRINCE RADZIWILL M.VEZIER ☎ 44.54.00.04 — 11 CH. 120/170 F.
MENU 88 F. DEMI-PENSION 180 F. FERME 20 DEC./8 FEV., ET LUNDI. 🐎 ✕ E.

ERNEE 53500 MAYENNE 6000 HAB. S.I.

** **DU GRAND CERF** 17-19 R.ARISTIDE BRIAND M.SEMERIE ☎ 43.05.13.09/43.05.17.89 —
12 CH. 94/184 F. MENU 56/125 F. PENSION 250/280 F. FERME 1ERE QUINZ. FEV., ET LUNDI HS.
🄵 E ᵫ.

** **LE RELAIS DE LA POSTE** 1, PLACE DE L'EGLISE M.LESAULNIER ☎ 43.05.20.33 TELEX
730956 — 35 CH. 120/215 F. MENU 61/154 F. PENSION 198/298 F. RESTAURANT FERME
DIMANCHE SOIR. 🄵 ⚓ ✕ E CV ᵫ 🏠.

ERQUY 22430 COTES-DU-NORD 3500 HAB. S.I.

*AF **BEAUSEJOUR** RUE DE LA CORNICHE M. THEBAULT ☎ 96.72.30.39 — 10 CH. 98/159 F. MENU
50/110 F. PENSION 165/195 F. DEMI-PENSION 145/175 F. FERME 1 OCT./1 MARS SAUF VAC.,
VENDREDI SOIR ET SAMEDI OCT./PAQUES. PARKING PRIVE. (PRIX 1987). 🄵 ✕ E.

ESCALLES 62179 **WISSANT** PAS-DE-CALAIS 300 HAB.

* **L'ESCALE** ROUTE DE BOULOGNE M.BOURDON ☎ 21.85.25.09 — 26 CH. 105/185 F. MENU
⌁ 55/150 F. PENSION 190/230 F. DEMI-PENSION 160/195 F. FERME 27 SEPT./FEV., SAUF
DIMANCHE, TOUSSAINT, 11 NOV. ET RESTAURANT FERME 27 SEPT./20 OCT. 🛏 🎱
E CV.

ESCHAU 67114 BAS-RHIN 3109 HAB.

* **AU CYGNE** 38, RUE DE LA 1ere DE. M. BOUYOUD ☎ 88.64.04.79 — 20 CH. 80/140 F.
⌁ MENU 40/120 F. PENSION 130 F. DEMI-PENSION 115 F. FERME DIMANCHE SOIR OCT./MARS ET
RESTAURANT FERME 24 DEC./3 JANV. 🎱 🅰 ⓓ **E**.

ESCHBACH-AU-VAL (OBERSOLBERG) 68140 **MUNSTER** HAUT-RHIN
800 M. 400 HAB.

** **OBERSOLBERG** M.MICHEL ☎ 89.77.36.49 — 17 CH. 90/170 F. MENU 64/84 F. PENSION
157/179 F. DEMI-PENSION 135/157 F. FERME 15 OCT./15 NOV., 18 DEC./3 JANV., MARDI
APRES-MIDI ET MERCREDI. 🛏 🛌 🎱 🅰 ⓓ **E CV**.

ESCOLIVES-SAINTE-CAMILLE 89290 **CHAMPS-SUR-YONNE** YONNE
0 M. 256 HAB.

** **GALAXIE** (LA COUR BARREE). Mme BAUDRAT. ☎ 86.53.60.55 — 17 CH. 200/237 F. MENU
60/130 F. PENSION 170/195 F. DEMI-PENSION 140/160 F. RESTAURANT FERME 23 DEC./2
JANV. ET DIMANCHE HIVER. PARKING PRIVE - CLIMATISATION. 🅵 🎱 **E CV** &.

ESCOULOUBRE-LES-BAINS 11140 **AXAT** AUDE 903 M. 90 HAB.

AF **AUBERGE DE LA CHAPELLE** M. MOYSES ☎ 68.20.41.14 — 10 CH. 50/120 F. MENU
⌁ 50/90 F. PENSION 120 F. DEMI-PENSION 95 F. FERME OCT. ET LUNDI HS. 🛏 🎱
E CV.

ESPALION 12500 AVEYRON 4800 HAB.

** **MODERNE** 27, BLD DE GUIZARD M. RAULHAC ☎ 65.44.05.11 — 25 CH. 95/250 F. MENU
⌁ 80/200 F. PENSION 190/280 F. DEMI-PENSION 160/200 F. FERME 10 NOV./10 DEC.,
DIMANCHE SOIR ET LUNDI HS. 🅵 🛌 🎱 **E**.

ESPEDAILLAC 46320 **ASSIER** LOT 250 HAB.

AF **AUBERGE BEAUVILLE** M. BEAUVILLE. ☎ 65.40.55.62 — 10 CH. 100/150 F. MENU
40/75 F. PENSION 192/242 F. DEMI-PENSION 152/170 F.

ESPELETTE 64250 **CAMBO-LES BAINS** PYRENEES-ATLANTIQUES
1430 HAB. S.I.

** **EUZKADI** DARRAIDOU ☎ 59.29.91.88 — 32 CH. 160 F. MENU 60/130 F. PENSION 230 F.
DEMI-PENSION 190 F. FERME 20 FEV./1 MARS, 15 NOV./15 DEC., LUNDI. FERME MARDI SAUF
JUIL. AOUT. 🅵 🎱 **E CV**.

ESPEROU (L') 30570 **VALLERAUGUE** GARD 1265 M. 100 HAB.

AF **DU TOURING** M. JONGET ☎ 67.82.60.04 — 12 CH. 100 F. PENSION 170 F. DEMI-PENSION
⌁ 145 F. FERME 15 NOV./26 DEC. ET VENDREDI HS. (PRIX 1987). 🎱 🅰 ⓓ **E**.

ec **GRAND HOTEL DU PARC ET DE L'ESPEROU** (CARREFOUR DES HOMMES DE LA
⌁ ROUTE). Mme BOISSIERE ☎ 67.82.60.05 — 8 CH. 130/200 F. MENU 70/150 F. PENSION
190/200 F. DEMI-PENSION 150/160 F. FERME HS. 🅵 🛌 🎱 🅰 ⓓ **E CV**.

ESPEZEL 11340 AUDE 900 M. 228 HAB.

* **GRAU** M. GRAU ☎ 68.20.30.14 — 9 CH. 70/160 F. MENU 50/200 F. PENSION 175 F. DEMI-
PENSION 125 F. 🎱 **E**.

ESPOEY 64420 **SOUMOULOU** PYRENEES-ATLANTIQUES 600 HAB.

** **YAN PETIT** PLACE DE LA MAIRIE M.LAE ☎ 59.04.62.48 — 14 CH. 90/180 F. MENU
50/100 F. PENSION 170/205 F. DEMI-PENSION 130/165 F. FERME 15 OCT./1 JUIN. 🅵
🎱 ⓓ **E CV**.

ESPRELS 70110 **VILLERSEXEL** HAUTE-SAONE 700 HAB.

* **DES TILLEULS** M.RICHARD ☎ 84.20.53.56 — 10 CH. 75/100 F. MENU 49/100 F. PENSION
150/175 F. DEMI-PENSION 110/120 F. FERME 1 SEM. AOUT. **E**.

ESQUIEZE-SERE 65120 **LUZ-SAINT-SAUVEUR** HAUTES-PYRENEES 730 M.
1200 HAB.

*** **MONTAIGU** M.ABADIE ☎ 62.92.81.71 TELEX 521959 — 41 CH. 250/350 F. MENU 80/120 F.
PENSION 280/320 F. DEMI-PENSION 240/280 F. FERME 1 NOV./15 DEC. 🅵 🛏 🎱
E & 🔟.

ESTAING 12190 AVEYRON 770 HAB. S.I.

** **AUX ARMES D'ESTAING** M.CATUSSE ☎ 65.44.70.02 — 47 CH. 90/150 F. MENU
⌁ 45/120 F. PENSION 150/190 F. DEMI-PENSION 120/160 F. 🅵 🛌 🎱 **CV**.

* **RAYNALDY** M.LAVEINE ☎ 65.44.70.03 — 16 CH. 58/117 F. MENU 45/110 F. PENSION
⌁ 140/150 F. DEMI-PENSION 115/125 F. FERME 1 OCT./1 AVR. 🎱 **CV**.

ESTERENCUBY 64220 **SAINT-JEAN-PIED-DE-PORT** PYRENEES-ATLANTI-
QUES 457 HAB.

** **ANDREINIA** M. LARRAMENDY ☎ 59.37.09.70 — 25 CH. 100/180 F. MENU 52/160 F. PEN-
SION 140/180 F. DEMI-PENSION 120/150 F. FERME 15 NOV./15 DEC. 🅵 🛌 🎱 🅰
ⓓ **E CV**.

** **ARTZAIN-ETCHEA** (ROUTE D'IRATY). M. ARRIAGA ☎ 59.37.11.55/59.37.04.08 — 16 CH.
⌁ 110/160 F. MENU 60/150 F. PENSION 165/180 F. DEMI-PENSION 150/155 F. FERME 2
JANV./10 FEV., ET MERCREDI HS. RESTAURANT PERMANENT. 🅵 🛌 **CV** &.

ESTIVAREILLES 03190 HERISSON ALLIER 939 HAB.

**   **DU LION D'OR** SUR RN 144. M.TAUVRON ☎ 70.06.00.35 – 10 CH. 130/160 F. MENU 60/200 F. PENSION 190/210 F. DEMI-PENSION 170/190 F. FERME 1/31 AOUT, VAC.SCOL. DE FEV., DIMANCHE SOIR ET LUNDI. ⏚ ⫴ ☰ CV.

ETAIN 55400 MEUSE 3800 HAB. S.I.

*   **DE LA SIRENE** 22 RUE P. HOUTTE M. CHECINSKI ☎ 29.87.10.32 – 26 CH. 65/150 F. MENU 60/70 F. PENSION 190/195 F. DEMI-PENSION 170/175 F. FERME 23 DEC./1 FEV., ET LUNDI. ⏚ ⫴ ☰ E.

ETANG-SUR-ARROUX 71190 SAONE-ET-LOIRE 2892 HAB.

**   **HOSTELLERIE DU GOURMET** ROUTE DE TOULON. M. BRIVET ☎ 85.82.20.88 – 12 CH. 110/160 F. MENU 65/200 F. PENSION 220/280 F. DEMI-PENSION 160/220 F. FERME 3 JANV./5 FEV., DIMANCHE SOIR ET LUNDI SAUF JUIN JUIL., AOUT. ☰ ₳ E.

ETAULIERS 33820 SAINT-CIERS-SUR-GIRONDE GIRONDE 1550 HAB. S.I.

  DES PLATANES M. CUILIE ☎ 57.64.70.42 – 10 CH. 130/165 F. MENU 60/160 F. PENSION 150/190 F. DEMI-PENSION 120/160 F. FERME DIMANCHE SOIR. ⏚ ⫴ ☰.

  RELAIS DE L'ESTUAIRE PLACE DE LA HALLE M. PETOIN ☎ 57.64.70.36 – 23 CH. 100/180 F. MENU 42/180 F. PENSION 135/190 F. DEMI-PENSION 135/190 F. FERME 1/28 FEV. ET VENDREDI DEC./AVR. PARKING INTERIEUR. ⏚ ☰ CV.

ETEL 56410 MORBIHAN 2700 HAB.

**   **LE TRIANON** 14 RUE DU GAL LECLERC Mme GUEZEL ☎ 97.55.32.41 – 16 CH. 140/300 F. MENU 48/160 F. PENSION 200/290 F. DEMI-PENSION 160/260 F. FERME LUNDI HS. PARKING PRIVE. F ☰ ₳ E CV.

ETOUY 60600 CLERMONT OISE 670 HAB.

  DE LA FORET 255 RUE DE LA FORET M.LECLERCQ ☎ 44.51.65.18 – 9 CH. 72/130 F. MENU 88/180 F. FERME 15 AOUT/15 SEPT., ET VENDREDI. ⫴

ETREAUPONT 02580 AISNE 955 HAB.

**   **LE CLOS DU MONTVINAGE** RUE ALBERT LEDENT. M. TROKAY ☎ 23.97.91.10 – 17 CH. 160/300 F. MENU 60/160 F. PENSION 260/350 F. DEMI-PENSION 200/300 F. RESTAURANT FERME DIMANCHE SOIR ET LUNDI MIDI. F ⏚ ☰ ₳ E CV ᶑ.

ETSAUT 64490 BEDOUS PYRENEES-ATLANTIQUES 650 M. 150 HAB.

**   **DES PYRENEES** Mme MENDIONDO ☎ 59.34.88.62 – 16 CH. 98/200 F. MENU 58/150 F. PEN-SION 160/180 F. DEMI-PENSION 150/170 F. FERME 12 NOV./20 DEC. F ☰ ₳ E.

EU 76260 SEINE-MARITIME 9500 HAB. S.I.

**   **LE RELAIS** PLACE ALBERT 1ER M.MERAUD ☎ 35.86.14.88 – 14 CH. 120/225 F. MENU 55/94 F. PENSION 205/260 F. DEMI-PENSION 145/200 F. FERME 30 AOUT/18 SEPT., 31 JANV./14 FEV. ET RESTAURANT FERME DIMANCHE SOIR/LUNDI. ☰ ᶑ.

EVAUX-LES-BAINS 23110 CREUSE 2000 HAB. S.I.

**   **CHARDONNET** 18 RUE DE L'HOTEL DE VILLE M.CHARDONNET. ☎ 55.65.51.78 – 27 CH. 75/200 F. MENU 50/180 F. PENSION 170/210 F. DEMI-PENSION 150/180 F. FERME DIMANCHE SOIR ET LUNDI 1 NOV./1 AVR. F ⏚ ☰ CV ᶑ.

**   **GRAND HOTEL THERMAL** (LES BAINS). M. LANCEMOT ☎ 55.65.50.01 – 77 CH. 93/155 F. MENU 57/150 F. PENSION 156/225 F. FERME 22 OCT./31 MARS. ⏚ ☰ ₳ ⊙ E ⊞.

EVIAN-LES-BAINS 74500 HAUTE-SAVOIE 6200 HAB. S.I.

**   **PANORAMA** GRANDE RIVE M.BIANCARD ☎ 50.75.14.50 – 29 CH. 195/230 F. MENU 62/130 F. PENSION 220/250 F. DEMI-PENSION 190/205 F. FERME 1 OCT./30 AVR. ⏚ ⫴ ☰ E.

EVIAN-LES-BAINS (NEUVECELLE) 74500 EVIAN-LES-BAINS HAUTE-SAVOIE 600 M. 2500 HAB. S.I.

**   **LE MOULIN A POIVRE** (D. 21) M.TARRANO ☎ 50.75.21.84 – 14 CH. 95/280 F. MENU 53/130 F. PENSION 145/240 F. DEMI-PENSION 115/210 F. FERME 1 DEC./31 JANV., ET MER-CREDI SOIR HS. F ☰ E CV.

EVISA 20126 CORSE 830 M. 850 HAB.

**   **AITONE-HOTEL** M. CECCALDI Toussaint ☎ 95.26.20.04/95.26.23.55 – 32 CH. 100/300 F. MENU 60/100 F. PENSION·250/600 F. DEMI-PENSION 200/500 F. FERME 5 NOV./31 DEC. F ⏚ ᶑ ☰ ₳.

**   **SCOPA ROSSA** M. CECCALDI Paul Pascal ☎ 95.26.20.22 – 25 CH. 200/250 F. MENU 90/120 F. DEMI-PENSION 200 F. FERME OCT./15 AVR. ⏚ ☰.

EVREUX 27000 EURE 50358 HAB. S.I.

**   **DE FRANCE** 29, RUE SAINT-THOMAS M.RIESER-ROGUES ☎ 32.39.09.25 – 15 CH. 93/290 F. MENU 196/320 F. RESTAURANT FERME DIMANCHE SOIR ET LUNDI. ⏚ ⫴ ☰ ₳ ⊙.

**   **DE L'ORME** 13, RUE DES LOMBARDS M.TESQUET ☎ 32.39.34.12 – 43 CH. 130/260 F. 1/2 PENSION POUR GROUPES. ⏚ ⫴ ⫴ ☰ ₳ CV.

EVRON 53600 MAYENNE 6500 HAB. S.I.

AF   **DES COEVRONS** RUE DES PRES Mme BORDEAU ☎ 43.01.62.16 – 6 CH. 95/140 F. MENU 48/160 F. PENSION 150/180 F. DEMI-PENSION 100/110 F. RESTAURANT FERME VENDREDI SOIR. ☰ ⊙ E CV.

EXCIDEUIL 24160 DORDOGNE 1990 HAB. S.I.

**   **HOSTELLERIE DU FIN CHAPON** M.QUILLIEN ☎ 53.62.42.38 – 10 CH. 110/160 F. DEMI-PENSION 165/195 F. FERME 15 DEC./15 JANV., DIMANCHE SOIR ET LUNDI HS. ⫴ ☰ ₳ ⊙ E.

EYGALIERES 13810 BOUCHES-DU-RHONE 1427 HAB.

** **AUBERGE CRIN BLANC** M.BOURGUE ☎ 90.95.93.17 – 10 CH. 255 F. MENU 120/180 F.
PENSION 290 F. DEMI-PENSION 250 F. FERME 1 NOV./15 MARS ET RESTAURANT FERME LUNDI.
♣ ✔ ⅢⅢ A⋿ ⓓ E ゐ.

EYMOUTIERS 87120 HAUTE-VIENNE 2635 HAB. S.I.

** **SAINT PSALMET** Bld KARL MARX. M. LEPETIT ☎ 55.69.10.06 – 24 CH. 120/160 F. MENU
50/150 F. PENSION 170/180 F. DEMI-PENSION 150/160 F. F ⅢⅢ A⋿ ⓓ E.

EYRAGUES 13630 BOUCHES-DU-RHONE 3000 HAB.

* **AUBERGE LA FARIGOULE** ROUTE DE SAINT REMY M.MISTRAL ☎ 90.94.15.08 – 8 CH.
90/150 F. MENU 50/100 F. PENSION 180/200 F. DEMI-PENSION 130/150 F. HOTEL FERME 1
OCT./1 AVR., LUNDI SOIR ET RESTAURANT FERME 23 DEC./2 JANV. ET FEV. F ♣
ⅢⅢ E.

EYZIES-DE-TAYAC (LES) 24620 DORDOGNE 800 HAB. S.I.

** **DE FRANCE AUBERGE DU MUSEE** Mme PREUX ☎ 53.06.97.23 – 16 CH. 80/200 F. MENU
65/235 F. PENSION 185/260 F. DEMI-PENSION 125/200 F. FERME HOTEL 6 NOV./26 MARS. ET
RESTAURANT 6 NOV./1 AVR. ♣ ⅢⅢ E C V.

** **DES ROCHES** M.BOUSQUET ☎ 53.06.96.59 – 19 CH. 170/220 F. MENU 60/170 F. PENSION
210/290 F. DEMI-PENSION 170/240 F. FERME 15 OCT./RAMEAUX. REPAS SERVIS AU RESTAU-
RANT LE PERIGORD. ⌁ ✕ ⅢⅢ A⋿ ⓓ E.

** **DU CENTRE** M.BRUN ☎ 53.06.97.13 – 18 CH. 160/190 F. MENU 72/300 F. PENSION
230/250 F. DEMI-PENSION 180/200 F. FERME 5 NOV./15 MARS. ⅢⅢ E.

* **LE PERIGORD** M.BOUSQUET ☎ 53.06.97.26 – 11 CH. 90/120 F. MENU 65/170 F. PENSION
170/250 F. DEMI-PENSION 125/180 F. FERME 15 OCT./RAMEAUX. ⌁

EZE-VILLAGE 06360 ALPES-MARITIMES 1860 HAB. S.I.

* **AUBERGE DES 2 CORNICHES** M. MAUME ☎ 93.41.19.54 – 8 CH. 110/120 F. MENU
70/100 F. PENSION 180/190 F. DEMI-PENSION 130/160 F. FERME 26 OCT./15 DEC.,6/31 JANV.
ET JEUDI. ⌁

* **L'HERMITAGE DU COL D'EZE** (SUR LA GRANDE CORNICHE). M. BERARDI ☎ 93.41.00.68 –
13 CH. 140/210 F. MENU 70/135 F. DEMI-PENSION 160/170 F. FERME RESTAURANT 12 NOV./ 1
MARS. ⌁ ⅢⅢ A⋿ ⓓ E.

F

FABREGUES 34690 HERAULT 2915 HAB.

** **RELAIS DE FABREGUES** M. LEU ☎ 67.85.11.79 – 16 CH. 170/240 F. MENU 77/165 F.
DEMI-PENSION 215/245 F. FERME 22 DEC./30 JANV., RESTAURANT FERME DIMANCHE SOIR ET
LUNDI 30 OCT./30 MAI. F ♣ ⅢⅢ A⋿ ⓓ E.

FALAISE 14700 CALVADOS 9000 HAB. S.I.

** **DE LA POSTE** 38, RUE G.-CLEMENCEAU M.COLLIAS ☎ 31.90.13.14 – 19 CH. 95/190 F. MENU
55/155 F. PENSION 188/236 F. DEMI-PENSION 133/181 F. FERME 17/23 OCT., 20 DEC./15
JANV., ET DIMANCHE SOIR. RESTAURANT FERME LUNDI. ♣ ⅢⅢ A⋿ E.

FAREMOUTIERS 77120 COULOMMIERS SEINE-ET-MARNE 1400 HAB.

ec **AUBERGE DU MOUTIER** 1,RUE FOCH M. BOURGETEAU ☎ (1)64.03.90.73 – 7 CH.
170/180 F. DEMI-PENSION 220 F. FERME AOUT, MARDI SOIR ET MERCREDI. ⅢⅢ A⋿ ⓓ
E.

FAUCOGNEY 70310 HAUTE-SAONE 800 HAB.

* **DU COQ GAULOIS** M.BAUQUEREY ☎ 84.49.30.89 – 10 CH. 65/85 F. MENU 60/95 F. PEN-
SION 140/170 F. DEMI-PENSION 100/120 F. FERME SEPT., DIMANCHE SOIR ET LUNDI. ⅢⅢ A⋿
ⓓ E.

FAUILLET 47400 TONNEINS LOT-ET-GARONNE 950 HAB.

AF **VOTRE AUBERGE** M. FOURNOL ☎ 53.79.09.03 – 8 CH. MENU 60/110 F. PENSION 180 F.
DEMI-PENSION 150 F. FERME 1 OCT./1 NOV. ⌁ ⅢⅢ E.

FAUVILLE-EN-CAUX 76640 SEINE-MARITIME 1750 HAB.

** **DU COMMERCE** 919, GRANDE RUE. M. BENARD ☎ 35.96.71.22 – 14 CH. 85/150 F. MENU
37/82 F. PENSION 160/180 F. DEMI-PENSION 150/170 F. FERME LUNDI. ⅢⅢ.

FAVEDE (LA) 30110 GARD 200 HAB.

*** **A L'AUBERGE CEVENOLE** M. CHABAUD ☎ 66.34.12.13 – 18 CH. 240/550 F. MENU
140/230 F. PENSION 400/550 F. DEMI-PENSION 270/440 F. FERME 1 DEC./15 MARS. F
♣ ⌁ ⅢⅢ E.

FAVERGES (SEYTHENEX) 74210 HAUTE-SAVOIE 720 M. 510 HAB. S.I.

*** **AU GAY SEJOUR** M.GAY ☎ 50.44.52.52 – 12 CH. 180/350 F. MENU 85/180 F. PENSION
300/360 F. DEMI-PENSION 250/310 F. FERME 27 DEC./30 JANV., DIMANCHE SOIR ET LUNDI HORS
VAC. SCOL. ♣ ⌁ ⅢⅢ A⋿ ⓓ E.

FAY (LE) 36170 SAINT-BENOIT-DU-SAULT INDRE 100 HAB.

* **A L'ALOUETTE** Mmes.BEIGNEUX ☎ 54.47.56.53 – 10 CH. 80/140 F. MENU 48/90 F. PENSION
160 F. DEMI-PENSION 110 F. FERME 12 NOV./12 DEC., ET MERCREDI. ♣ ⅢⅢ E ゐ.

FAY-AUX-LOGES 45450 LOIRET 2200 HAB.

* **DU POISSON D'ARGENT** M. CHAMPION ☎ 38.59.56.28 – 9 CH. 75/110 F. MENU 81/165 F.
PENSION 150 F. DEMI-PENSION 125 F. RESTAURANT FERME DIMANCHE SOIR. F ♣ ⅢⅢ
A⋿ ⓓ E C V.

FAYENCE 83440 VAR 2146 HAB. S.I.
**   **AUBERGE DE LA FONTAINE** ROUTE DE FREJUS M.MARTIN ☎ 94.76.07.59 – 7 CH. 160 F.
▭   MENU 65/150 F. PENSION 230 F. DEMI-PENSION 175 F. ▆▆ 🅐🅔 ⓓ E.

FAYET-LES-THERMES (LE) 74190 HAUTE-SAVOIE 600 M. 2000 HAB. S.I.
*   **LES ALLOBROGES** RUE DE GENEVE M.RAFFIN ☎ 50.78.12.21 – 20 CH. 90/230 F. MENU
▭   48/180 F. PENSION 145/230 F. DEMI-PENSION 115/190 F. FERME NOVEMBRE. 🄵 🐈
  ▆▆ 🅐🅔 ⓓ E CV.

**   **LES DEUX GARES** 60 IMPASSE DES DEUX GARES M.BERTHIER ☎ 50.78.24.75 – 24 CH.
  100/190 F. DEMI-PENSION 150/180 F. FERME 1 NOV./10 DEC. 🄵 🛏 🐈 ▆▆ 🅐🅔
  ⓓ E.

FAYL-BILLOT 52500 HAUTE-MARNE 1600 HAB.
*   **DU CHEVAL BLANC** PLACE DE LA BARRE. M. GEROMETTA ☎ 25.88.61.44 – 11 CH.
  67/140 F. MENU 51/150 F. PENSION 175/235 F. DEMI-PENSION 125/185 F. FERME 1/15 OCT.,
  5/25 JANV., DIMANCHE SOIR ET LUNDI 1 JANV./28 FEV. 🄵 🛏 ▆▆ E.

FECLAZ (LA) 73230 SAINT-ALBAN-LEYSSE SAVOIE 1350 M. 500 HAB. S.I.
*   **CENTRAL ET TERRASSES FLEURIES** M. MIGNOT ☎ 79.25.81.68 – 24 CH. 80/100 F.
  MENU 65/85 F. PENSION 180/240 F. DEMI-PENSION 160/220 F. FERME 1 MAI/30 JUIN ET 31
  AOUT/1 DEC.

**   **LE BON GITE** M. DELAVIS ☎ 79.25.82.11 – 33 CH. 110/270 F. MENU 75/135 F. PENSION
  178/268 F. DEMI-PENSION 155/222 F. FERME PAQUES/15 JUIN ET 15 SEPT./NOEL. 🄵 🛌
  ✇ 🛏 ▆▆ CV 🔟.

**   **PLAINPALAIS** COL DE PLAINPALAIS M. CHARPENTIER ☎ 79.25.81.79 – 20 CH. 178/252 F.
▭   MENU 78/132 F. PENSION 207/239 F. DEMI-PENSION 179/204 F. FERME 10 AVR./21 MAI ET 30
  SEPT./17 DEC. 🄵 🐈 ▆▆ E CV.

FEGERSHEIM-OHNHEIM 67640 BAS-RHIN 3005 HAB.
*   **AUBERGE AU CHASSEUR** 19 RUE DE LA LIBERTE M.SITTLER ☎ 88.64.03.78 – 24 CH.
  165/210 F. MENU 45/100 F. DEMI-PENSION 225/285 F. FERME 1/25 AOUT, RESTAURANT FERME
  VENDREDI SOIR ET SAMEDI. ▆▆ E.

FEL (LE) 12140 ENTRAYGUES AVEYRON 30 HAB.
AF   **AUBERGE DU FEL** M.ALBESPY ☎ 65.44.52.30 – 10 CH. FERME 1 DEC./31 MARS. PRIX NON
  COMMUNIQUES.

FELICETO 20225 MURO CORSE 300 HAB.
**   **MARE E MONTE** M.RENUCCI ☎ 95.61.73.06 – 17 CH. 130/203 F. MENU 100/150 F. PENSION
  220/260 F. DEMI-PENSION 160/180 F. FERME 1 OCT./1 MAI. 🄵 🅐🅔 ⓓ.

FELLERING 68470 WESSERLING HAUT-RHIN 700 M. 1500 HAB.
**   **AU THALHORN** 9 RUE STUCKELRAIN Mme.STUMPF ☎ 89.82.64.16 – 9 CH. 140/150 F. MENU
  75 F. PENSION 200/220 F. DEMI-PENSION 180/200 F. FERME 1 NOV./1 MARS. 🄵 ▆▆
  🅐🅔 ⓓ E.

FELLETIN 23500 CREUSE 3350 HAB. S.I.
*   **DE LA GARE** M. RICHEN ☎ 55.66.48.29 – 9 CH. 100/200 F. MENU 97/220 F. PENSION 190 F.
▭   DEMI-PENSION 120 F. 🄵 ▆▆ 🅐🅔 ⓓ E CV.

FERNEY-VOLTAIRE 01210 AIN 6400 HAB.
**   **DE FRANCE** 1, RUE DE GENEVE. M. BOILLAT ☎ 50.40.63.87 – 13 CH. 200/250 F. RESTAU-
  RANT FERME DIMANCHE/ LUNDI MIDI. PRIX RESTAURANT NON COMMUNIQUES 🄵 ▆▆
  E.

FERRETTE 68480 HAUT-RHIN 750 HAB. S.I.
**   **COLLIN** M. COLLIN ☎ 89.40.40.72 – 11 CH. 70/175 F. MENU 40/160 F. PENSION 130/165 F.
▭   DEMI-PENSION 115/145 F. FERME 6 SEPT./1 OCT., 3/19 JANV. RESTAURANT FERME MARDI SOIR/
  MERCREDI. 🄵 ▆▆ E CV.

AF   **LE FELSENECK** 42, RUE DU CHATEAU. M. SCHMIDT ☎ 89.40.41.54 – 10 CH. 80/110 F.
▭   MENU 38/185 F. PENSION 145/165 F. DEMI-PENSION 115/135 F. FERME 15 JANV./15 FEV. ET
  LUNDI/MARDI 16 H. 🍴 ▆▆ 🅐🅔 ⓓ E CV.

FERRIERE (LA) 38580 ALLEVARD ISERE 1000 M. 300 HAB. S.I.
**   **DU CURTILLARD** AU SEPT LAUX M.MOULIN ☎ 76.97.50.82 – 24 CH. 200/234 F. MENU
  75/120 F. PENSION 226/270 F. DEMI-PENSION 186/230 F. FERME 17 AVR./1 JUIN ET 15 SEPT./20
  DEC. 🄵 🛌 ✇ 🐈 ▆▆ E CV 🔟.

FERRIERES-POUSSAROU 34360 SAINT-CHINIAN HERAULT 35 HAB.
AF   **LA RESERVE** (A LA FRAISE). M. BELLIERES ☎ 67.38.06.82 – 6 CH. 180/190 F. MENU
▭   70/190 F. PENSION 235/315 F. DEMI-PENSION 170/250 F. FERME 1/31 MARS, 1/8 SEPT. ET
  MARDI. 🄵 CV.

FERRIERES-SUR-SICHON 03250 MAYET-DE-MONTAGNE ALLIER 600 M.
  640 HAB.
*   **CENTRAL HOTEL** M.ROSANIS ☎ 70.41.10.06 – 7 CH. 90/120 F. MENU 65/120 F. PENSION
  165 F. DEMI-PENSION 130 F. FERME NOV. ET MERCREDI 1 SEPT./30 JUIN. 🄵 ▆▆ ⓓ CV.

FERTE-BERNARD (LA) 72400 SARTHE 9800 HAB. S.I.
*   **LA PERDRIX** 2,RUE DE PARIS M. THIBAUT ☎ 43.93.00.44 – 10 CH. 92/150 F. MENU
  87/160 F. FERME MARDI. ▆▆ 🅐🅔 ⓓ.

FERTE-GAUCHER (LA) 77320 SEINE-ET-MARNE 3500 HAB. S.I.
**   **DU BOIS FRAIS** 32 AVE DES ALLIES M.RENAULT ☎ (1)64.20.27.24 – 7 CH. 90/180 F. MENU
  50/90 F. PENSION 155/245 F. DEMI-PENSION 140/230 F. RESTAURANT FERME 17 AOUT/3 SEPT.,
  24 DEC./15 JANV., DIMANCHE SOIR ET LUNDI. ▆▆ E.

FERTE-IMBAULT (LA) 41300 SALBRIS LOIR-ET-CHER 1105 HAB.

*   **AUBERGE A LA TETE DE LARD** 13, RUE NATIONALE. M. BENNI ☎ 54.96.22.32 – 10 CH. 80/100 F. MENU 65/190 F. PENSION 210 F. DEMI-PENSION 150 F. FERME 15 FEV./6 MARS, DIMANCHE SOIR ET LUNDI SAUF FERIES. F ⚏ E.

FERTE-MACE (LA) 61600 ORNE 7390 HAB. S.I.

**   **AUBERGE D'ANDAINE** LA BARBERE-3km DE BAGNOLES-DE-L'ORNE M. OLSZOWY ☎ 33.37.20.28 – 13 CH. 160/210 F. MENU 50/200 F. PENSION 210/260 F. DEMI-PENSION 190/225 F. F ⚏ E.

**   **NOUVEL HOTEL - LE CELESTE** 6-8, RUE DE LA VICTOIRE. M. CINGAL ☎ 33.37.22.33 – 18 CH. 70/190 F. MENU 55/160 F. PENSION 160/200 F. DEMI-PENSION 150/170 F. FERME JANV., DIMANCHE SOIR ET LUNDI. ⚏ E.

FERTE-SAINT-CYR (LA) 41220 LOIR-ET-CHER 750 HAB. S.I.

**   **SAINT CYR HOTEL** 15 FG BRETAGNE M. CHAMAILLARD ☎ 54.87.90.51 – 18 CH. 140/210 F. MENU 60/150 F. DEMI-PENSION 152/220 F. FERME 15 JANV./1 MARS., DIMANCHE SOIR ET LUNDI 15 SEPT./15 JUIN. F ⚏ ◑ CV.

FERTE-SOUS-JOUARRE (LA) 77260 SEINE-ET-MARNE 7000 HAB. S.I.

**   **AU BEC FIN** 1, QUAI DES ANGLAIS M.LEMAITRE ☎ (1)60.22.01.27 – 11 CH. 130/170 F. MENU 75/125 F. FERME 16 AOUT/3 SEPT., 15/31 JANV. ET MERCREDI. ⚏ AE.

FIGEAC 46100 LOT 12000 HAB. S.I.

**   **AU PONT DU PIN** 3, ALLEE V.-HUGO Mme.JEAN ☎ 65.34.12.60 – 24 CH. 100/250 F. ⛢ ✳ ⚏ CV ♿.

*   **DES BAINS** 1,RUE DU GRIFFOUL Mme PALAZY ☎ 65.34.10.89 – 20 CH. 90/200 F. FERME 1 DEC./1 MARS. ⚏ E.

***   **DES CARMES** ENCLOS DES CARMES S.A.R.L TILLET ☎ 65.34.20.78 TELEX 520 794 – 32 CH. 235/280 F. MENU 90/190 F. FERME 15 NOV./15 DEC., SAMEDI ET DIMANCHE SOIR. F ⚏ ✍ ⚏ AE ◑ E ⊞.

**   **HOSTELLERIE CHAMPOLLION** 51, ALLEE VICTOR HUGO. Mme BALDY ☎ 65.34.10.16 – 30 CH. 120/200 F. MENU 50/145 F. DEMI-PENSION 182/200 F. FERME 20 JANV./10 FEV. ET LUNDI. F ⚏ AE ◑ E CV.

*   **LA COURTE PAILLE** 12, PLACE CARNOT. M. VINEL ☎ 65.34.21.83 – 7 CH. 110/150 F. FERME DIMANCHE APRES-MIDI. ⛢ ✳ ⚏.

*   **PARAMELLE** 59, AV. DU FAUBOURG DU PIN. M. PARAMELLE ☎ 65.34.21.82 – 24 CH. 80/180 F. MENU 50/130 F. FERME 22 DEC./8 JANV., DIMANCHE ET FERIES. F ⚏.

*   **TERMINUS SAINT JACQUES** 27, AV. CLEMENCEAU Mme LEFOUR ☎ 65.34.00.43 – 12 CH. 70/170 F. MENU 50/140 F. PENSION 185/245 F. DEMI-PENSION 135/195 F. FERME 15 DEC./15 JANV., HOTEL FERME DIMANCHE SOIR RESTAURANT DIMANCHE SOIR ET LUNDI. F ⚏ E CV.

FILITOSA-SOLLACARO 20140 CORSE 350 HAB.

**   **LE TORREEN** M.CESARI ☎ 95.74.00.91 – 20 CH. 160/180 F. FERME 1 OCT./31 MARS.

FISMES 51170 MARNE 5000 HAB. S.I.

*   **A LA BOULE D'OR** ROUTE DE LAON M.BLANQUET ☎ 26.78.11.24 – 7 CH. 68/160 F. MENU 68/195 F. PENSION 199/209 F. DEMI-PENSION 149/159 F. FERME DIMANCHE SOIR ET LUNDI. ⚏ AE ◑ E.

FIXIN 21220 GEVREY-CHAMBERTIN COTE-D'OR 1025 HAB.

*   **CHEZ JEANNETTE** 7 RUE NOISOT M.GERBER ☎ 80.52.45.49 – 11 CH. 85/125 F. MENU 65/110 F. FERME 23 DEC./26 JANV., ET JEUDI. F ⚏ AE ◑ E.

FLECHE (LA) 72200 SARTHE 16500 HAB. S.I.

**   **DE L'IMAGE** 50, RUE GROLLIER M. CHERRIER ☎ 43.94.00.50 – 20 CH. 95/320 F. MENU 60/180 F. PENSION 185/260 F. FERME 15 FEV./15 MARS. ⛢ ⚏ E.

*   **LE VERT GALANT** 70, GRANDE RUE. M. BERGER ☎ 43.94.00.51 – 10 CH. 78/116 F. MENU 60/185 F. PENSION 200/245 F. DEMI-PENSION 150/180 F. FERME 20 DEC./9 JANV., ET JEUDI. ⛢ ⚏ E.

FLERS-DE-L'ORNE 61100 ORNE 25000 HAB. S.I.

**   **DE L'OUEST** 14, RUE DE LA BOULE M.FAVETTE ☎ 33.64.32.43 – 12 CH. 80/220 F. MENU 55/90 F. PENSION 205/270 F. DEMI-PENSION 150/215 F. FERME FEV. ET SAMEDI. ⚏ ⛢ ⚏ E CV.

FLEURVILLE 71260 LUGNY SAONE-ET-LOIRE 310 HAB.

*   **LE FLEURVIL** M.BADOUX ☎ 85.33.10.65 – 9 CH. 90/160 F. MENU 80/160 F. FERME 15 NOV./15 DEC. ⚏ E.

FLIZE 08160 ARDENNES 1015 HAB.

*   **LA CENDRIERE** 1, RUE DES MEZIERES. M.ROUSSEAUX ☎ 24.54.05.83 – 9 CH. 120/170 F. MENU 45/120 F. PENSION 210/250 F. DEMI-PENSION 170/220 F. FERME 1/28 FEV. ET VENDREDI. F ⚏ E.

FLORAC 48400 LOZERE 2100 HAB. S.I.

**   **LE ROCHEFORT** SUR N.106, ROUTE DE MENDE. Mme BOISSIER ☎ 66.45.02.57 – 24 CH. 125/180 F. MENU 58/136 F. PENSION 181/207 F. DEMI-PENSION 128/155 F. FERME 15 NOV./15 MARS. F ⚏ E CV.

FLOREMONT 88130 CHARMES VOSGES 410 HAB.

**   **AUBERGE DU VIEUX MOULIN** ROUTE DE MIRECOURT M. NICOLAS ☎ 29.38.12.62 – 7 CH. 161/184 F. FERME FIN OCT., NOV. ET LUNDI. ⛢ ⚏ CV.

FLORENSAC 34510 HERAULT 3200 HAB. S.I.
** **LEONCE** PLACE DE LA REPUBLIQUE M.FABRE ☎ 67.77.03.05/67.77.05.55 — 16 CH. 110/180 F. MENU 110/250 F. FERME 20 SEPT./9 OCT., 15/28 FEV., DIMANCHE SOIR ET LUNDI. 🐄 ▮▮ 🅰🅴 ⓜ 🄴 Ⅲ.

FLUMET 73590 SAVOIE 1010 M. 760 HAB. S.I.
* **PANORAMIC** M.MONGELLAZ ☎ 79.31.60.01 — 10 CH. 100/150 F. MENU 50/70 F. PENSION 170/190 F. DEMI-PENSION 140/150 F. FERME 15 SEPT./20 DEC. ET 20 AVR./15 JUIN. 🄵 🚗▮▮.

FOISSAC 12260 VILLENEUVE AVEYRON 350 HAB.
* **RELAIS DE FREJEROQUES** (SUR D.922) M.ESPEILLAC ☎ 65.64.62.80/65.64.60.03 — 16 CH. 98/140 F. MENU 42/70 F. PENSION 130/143 F. DEMI-PENSION 98/110 F. RESTAURANT FERME SAMEDI MIDI ET DIMANCHE MIDI SAUF JUIL./ AOUT. 🄵 🍴 ▮▮ 🅴 &.

FOIX 09000 ARIEGE 10235 HAB. S.I.
** **AUDOYE LONS** 6, PL. G.-DUTILH M.LONS ☎ 61.65.52.44 — 35 CH. 130/220 F. MENU 55/150 F. DEMI-PENSION 160/210 F. FERME 15 DEC./15 JANV., ET SAMEDI EN HIVER. 🄵 ▮▮ 🅰🅴 ⓜ 🄴 CV Ⅲ.

FOIX (SAINT-MARTIN-DE-CARALP) 09000 FOIX ARIEGE 600 M. 212 HAB. S.I.
ec **GRANDGOUSIER** COL DEL BOUICH. M. ILLAND ☎ 61.02.90.02 — 8 CH. 100/160 F. MENU 65/185 F. PENSION 220/280 F. DEMI-PENSION 145/185 F. FERME DIMANCHE SOIR ET LUNDI HS. 🄵 ▮▮.

FOIX (SAINT-PAUL-DE-JARRAT) 09260 FOIX ARIEGE 1200 HAB.
** **LA CHARMILLE** M. DUBIE BERNARD ☎ 61.64.17.03 — 10 CH. 100/300 F. MENU 55/200 F. FERME 25 SEPT./10 OCT., 15 DEC./10 FEV., ET LUNDI. 🄵 🍴 ▮▮ ⓜ.

FOLELLI-PLAGE 20213 CASTELLARI-DI-CASINCA CORSE 1400 HAB.
** **SAN PELLEGRINO** PLAGE SAN PELLEGRINO Mme.GOFFI ☎ 95.36.90.61/95.36.91.77 TELEX 460398 — 54 CH. 250/320 F. MENU 90/150 F. PENSION 275/322 F. DEMI-PENSION 232/276 F. FERME 1 OCT./1 MAI. 🄸 ♂ ▮▮ 🅰🅴 ⓜ 🄴 CV &.

FONCINE-LE-HAUT 39460 JURA 863 M. 900 HAB. S.I.
** **LA TERRASSE ET LA TRUITE** M.PASTEUR ☎ 84.51.90.07/84.51.91.22 — 20 CH. 80/250 F. MENU 50/105 F. PENSION 165/210 F. DEMI-PENSION 130/170 F. 🄵 🛥.
🐄▮▮.

* **PENSION FAIVRE LECOULTRE** M. LECOULTRE ☎ 84.51.90.59/84.51.92.44 — 9 CH. 96/136 F. MENU 40/110 F. FERME 1/11 MAI. RESTAURANT FERME LUNDI HORS VAC. SAUNA. SALLE DE MUSCULATION. 🄵 🚗 ▮▮.

FONT-ROMEU 66120 PYRENEES-ORIENTALES 1800 M. 3000 HAB. S.I.
** **CARLIT** M.FORNES ☎ 68.30.07.45 TELEX 375 974 — 58 CH. 175/335 F. MENU 85/150 F. PENSION 245/395 F. DEMI-PENSION 175/315 F. FERME 25 AVR./1 JUIN ET 1 OCT./20 DEC. PISCINE DE PLEIN AIR CHAUFFEE. SOLARIUM. 🄵 🍴 ▮▮ 🅴 CV Ⅲ.
** **LE COQ HARDI** M. SAGELOLY ☎ 68.30.11.02 — 23 CH. 150/250 F. MENU 65/125 F. PENSION 220/250 F. DEMI-PENSION 180/210 F. FERME 15 NOV./15 DEC. ET JUIN. 🄵 ▮▮ 🅰🅴 🄴.

FONTAINE-DE-VAUCLUSE 84800 L'ISLE-SUR-SORGUE VAUCLUSE 700 HAB. S.I.
** **DU PARC** LES BOURGADES M.BAFFONI ☎ 90.20.31.57 — 12 CH. 210 F. MENU 110/240 F. DEMI-PENSION 272 F. FERME 2 JANV./15 FEV., ET MERCREDI 1 NOV./31 MARS. 🄵 🚗 🅰🅴 ⓜ.

FONTAINEBLEAU 77300 SEINE-ET-MARNE 20000 HAB. S.I.
** **A LA CARPE D'OR** 21 BIS, RUE DU PARC M.BADEE ☎ (1)64.22.28.64 — 9 CH. 120/200 F. MENU 50/90 F. PENSION 220/280 F. FERME 25 AOUT/15 SEPT. ET MERCREDI. 🚗 CV &.
** **DE L'ILE DE FRANCE** 128, RUE DE FRANCE M. GLISE ☎ (1)64.22.21.17 TELEX 690358 — 25 CH. 190/220 F. MENU 40/100 F. PENSION 270/394 F. DEMI-PENSION 195/320 F. 🄵 ▮▮ 🅰🅴 ⓜ &.
** **LE RICHELIEU** 4, RUE RICHELIEU. M. MARIN ☎ (1)64.22.26.46 — 20 CH. 150/230 F. MENU 60/80 F. PENSION 350/520 F. DEMI-PENSION 290/400 F. 🄵 ▮▮ 🅰🅴 ⓜ 🄴 CV.

FONTAINS 77370 NANGIS SEINE-ET-MARNE 140 HAB.
AF **MOTEL LES BILLETTES** (SUR D.201 A 2km de NANGIS). M. FARJON ☎ (1)64.08.22.50 TELEX 692131 — 11 CH. 110/180 F. MENU 65/105 F. RESTAURANT FERME LUNDI. 🄵 🅴.

FONTAN 06540 BREIL-SUR-ROYA ALPES-MARITIMES 380 HAB. S.I.
* **AUBERGE DE LA ROYA** M. MAFFEI ☎ 93.04.50.19 — 13 CH. 95/165 F. MENU 60/90 F. PENSION 170/200 F. DEMI-PENSION 140/160 F. ▮▮ 🅰🅴 ⓜ 🄴.

FONTENAY-LE-COMTE 85200 VENDEE 16650 HAB. S.I.
* **LE RABELAIS** ROUTE DE PARTHENAY. M. ROLLAND ☎ 51.69.86.20 TELEX 701737 — 43 CH. 210/330 F. MENU 60/120 F. PENSION 290/355 F. DEMI-PENSION 220/285 F. 🄵 🚗.

FONTEVRAUD-L'ABBAYE 49590 MAINE-ET-LOIRE 1868 HAB. S.I.
* **LA CROIX BLANCHE** M.THIERY ☎ 41.51.71.11 — 22 CH. 75/306 F. MENU 48/130 F. PENSION 189/248 F. DEMI-PENSION 124/184 F. FERME 14 NOV./2 DEC., 16 JANV./4 FEV. RESTAURANT CLIMATISE. 🄵 🚗.

FONTVIEILLE 13990 BOUCHES-DU-RHONE 3450 HAB. S.I.

* **HOSTELLERIE DE LA TOUR** 3 RUE DES PLUMELETS M.CORNILLE ☎ 90.97.72.21 – 10 CH. 165/210 F. MENU 65 F. DEMI-PENSION 140/155 F. FERME 20 OCT./25 MARS. PARKING PRIVE.

** **SIBOTEL LA RIPAILLE** ROUTE DES BAUX M. SIBOURG ☎ 90.97.73.15 TELEX 420425 OREM – 17 CH. 190/230 F. MENU 90/160 F. PENSION 276/301 F. DEMI-PENSION 207/235 F. [F] ▨ ♨ E CV ᗞ.

FORCALQUIER 04300 ALPES-DE-HAUTE-PROVENCE 4500 HAB. S.I.

** **HOSTELLERIE DES DEUX LIONS** 11, PLACE DU BOURGUET. M. AUDIER ☎ 92.75.25.30 – 17 CH. 160/280 F. MENU 125/180 F. DEMI-PENSION 230/280 F. FERME 15 NOV./1 MARS, DIMANCHE SOIR ET LUNDI HS. [F] ♨ ▨ ⅏ E.

** **LE COLOMBIER** (MAS LES DRAGONS). M. LAPORTE ☎ 92.75.03.71 – 10 CH. 150/200 F. MENU 60/160 F. PENSION 190/240 F. DEMI-PENSION 140/190 F. FERME 1 JANV./28 FEV.,15/30 NOV. ET DIMANCHE SOIR LUNDI SOIR. ▨ E CV.

FORCE (LA) 24130 DORDOGNE 1950 HAB.

* **HOSTELLERIE DES DUCS** PLACE DU CHATEAU M. LENGEREAU ☎ 53.58.95.63/53.58.02.97 – 11 CH. 80/170 F. MENU 60/160 F. PENSION 150/190 F. DEMI- PENSION 110/140 F. FERME 1/15 OCT., 1/28 FEV., RESTAURANT FERME DIMANCHE SOIR ET LUNDI MATIN. [F] ♨ ▨ ᗞ.

FORET-FOUESNANT (LA) 29133 FINISTERE 2000 HAB. S.I.

** **DE L'ESPERANCE** Mme TUDAL ☎ 98.56.96.58/98.56.93.44 – 30 CH. 93/214 F. MENU 52/170 F. PENSION 176/234 F. DEMI-PENSION 136/194 F. FERME FIN SEPT./25 MARS. [F] ♨ ▨ E CV ᗞ.

** **DE LA BAIE** M. HENAFF ☎ 98.56.97.35 – 20 CH. 120/209 F. MENU 65/180 F. PENSION 170/230 F. DEMI-PENSION 135/190 F. FERME 15 NOV./1 MARS. [F] ♞ ▨ E CV.

* **DE LA PLAGE** A KERLEVEN - 64,ROUTE DE LA PLAGE. Mme.JAN ☎ 98.56.97.14 – 20 CH. 110/240 F. FERME 20 SEPT./RAMEAUX. ♨.

FORGES-LES-EAUX 76440 SEINE-MARITIME 3700 HAB. S.I.

AF **DE LA PAIX** 17, RUE DE NEUFCHATEL M.MICHEL ☎ 35.90.51.22 – 5 CH. 80/140 F. MENU 55/120 F. PENSION 150/165 F. DEMI-PENSION 135 F. FERME 10 DEC./10 JANV., DIMANCHE SOIR ET LUNDI 1 OCT./30 AVR [F] ▨ ⅏ E CV.

FORT-MAHON-PLAGE 80790 SOMME 1000 HAB. S.I.

** **DE LA TERRASSE** 1461, AV. DE LA PLAGE. M. CANTREL ☎ 22.27.70.19 – 32 CH. 180/320 F. MENU 70/150 F. PENSION 200/250 F. DEMI-PENSION 160/200 F. FERME 1 JANV./15 MARS. [F] ♨ ▨ E CV.

** **LA CHIPAUDIERE** 1440, AV. DE LA PLAGE. M. DELEFORTRIE ☎ 22.27.70.36 – 18 CH. 150/250 F. MENU 65/150 F. PENSION 180/280 F. DEMI-PENSION 150/170 F. FERME 15 NOV./1 FEV. [F] ▨ ⅏ E CV.

FOUDAY 67130 SCHIRMECK BAS-RHIN 250 HAB. S.I.

** **CHEZ JULIEN** M. GOETZ ☎ 88.97.30.09 – 10 CH. 132/162 F. MENU 50/100 F. PENSION 170/175 F. DEMI-PENSION 140/150 F. FERME 1/15 MARS ET MARDI 1 SEPT./1 JUIL. [F] ▨ E CV.

FOUESNANT 29170 FINISTERE 4000 HAB. S.I.

* **D'ARMORIQUE** M. MORVAN ☎ 98.56.00.19 – 25 CH. 100/235 F. MENU 62/175 F. PENSION 195/260 F. DEMI-PENSION 175/240 F. FERME OCT./FIN MARS, ET LUNDI MIDI HS. ♞ ▨ E.

FOUGERES 35300 ILLE-ET-VILAINE 30000 HAB. S.I.

* **DU COMMERCE** PLACE DE L'EUROPE M.BAUDOUIN ☎ 99.94.40.40 – 23 CH. 70/280 F. MENU 50/75 F. PENSION 180/200 F. DEMI-PENSION 160/180 F. FERME 20 DEC./4 JANV. ET DIMANCHE SAUF GROUPES. [F] ♨ ▨ E CV.

* **MODERNE** 15, RUE DU TRIBUNAL Mme.HELLEU ☎ 99.99.00.24 – 25 CH. 78/210 F. MENU 60/80 F. PENSION 195/215 F. DEMI-PENSION 150/160 F. ♨ ▨ ⅏ E CV.

FOULAIN 52800 NOGENT HAUTE-MARNE 720 HAB.

*AF **LE CHALET** SUR R.N. 19. M. OREFICE ☎ 25.31.11.11 – 12 CH. 72/175 F. MENU 50/160 F. PENSION 150/230 F. DEMI-PENSION 115/170 F. FERME 1/15 OCT., ET LUNDI 15 SEPT./15 JUIN. [F] ▨ ⅏ E CV.

FOURNETS-LUISANS 25390 ORCHAMPS-VENNES DOUBS 860 M. 450 HAB.

* **AUBERGE DU TUYE** M.LEGAIN ☎ 81.43.54.68 – 22 CH. 65/130 F. MENU 36/100 F. PENSION 155/165 F. DEMI-PENSION 135/145 F. FERME JANV. ET LUNDI 1 SEPT./1 MAI. [F] ♨ ▨ ⅏ E.

FOURS 58250 NIEVRE 780 HAB.

* **DE LA POSTE** SUR N.81 M. BUFFENOIR ☎ 86.50.21.12 – 8 CH. 58/180 F. MENU 48/130 F. PENSION 145/195 F. DEMI-PENSION 115/155 F. FERME 8/20 MAI, 1/15 SEPT. ET VENDREDI. [F] ▨ ⅏ E CV.

FOX-AMPHOUX 83670 BARJOLS VAR 600 M. 287 HAB.

** **AUBERGE DU VIEUX FOX** PLACE DE L'EGLISE M. MARTHA ☎ 94.80.71.69 – 10 CH. 90/280 F. MENU 85/120 F. PENSION 280 F. DEMI-PENSION 200 F. FERME 1 JANV./4 MARS. RES-TAURANT FERME MARDI ET MERCREDI MIDI HS. [F] ▨ ⅏ E CV.

FRAISSE-HAUT 15300 MURAT CANTAL 950 M. 160 HAB.

* **CHALET DE MONTAGNE** SARL VERGNES-MAZEL ☎ 71.20.05.60 – 15 CH. 78/101 F. MENU 50/68 F. PENSION 140/155 F. DEMI-PENSION 120/135 F. ♨ ▨ ⅏ E CV.

FRAISSE-SUR-AGOUT **34330 LA SALVETAT** HERAULT 700 M. 250 HAB. S.I.

** **AUBERGE DE L'ESPINOUSE** M.BASTOUL ☎ 67.97.63.10 — 20 CH. 135/180 F. MENU 60/220 F. PENSION 200/260 F. DEMI-PENSION 195/220 F. FERME 1 DEC./1 MARS. **F**
♂ ⚓ ☲ ㎰ ⑩ E.

FRANCHEVILLE **69340 FRANCHEVILLE-LE-BAS** RHONE 9580 HAB.

AUBERGE DE LA VALLEE 39, AV. DU CHATER. M. PORTENEUVE ☎ 78.59.11.88 — 14 CH. 78/128 F. MENU 55/166 F. PENSION 210/224 F. DEMI-PENSION 155/169 F. FERME DIMANCHE SOIR ET LUNDI. ☲ ⑩ E.

FRANCIN **73800 MONTMELIAN** SAVOIE 550 HAB.

LA SAVOYARDE M.GIRARD ☎ 79.84.21.74 — 12 CH. 70/140 F. MENU 60/100 F. PENSION 130/170 F. DEMI-PENSION 100/130 F. FERME SEPT. ET SAMEDI.

FREHEL **22240** COTES-DU-NORD 1500 HAB. S.I.

ec **DE LA PLAGE et FREHEL** PLAGE DU VIEUX-BOURG Mme. GIRARD ☎ 96.41.40.04 — 28 CH. 74/220 F. MENU 58/145 F. PENSION 175/222 F. DEMI-PENSION 150/190 F. FERME 15 NOV./25 MARS., 5/25 OCT. ET MARDI HORS VAC. 15 AVR./31 MAI. 🐾.

FREISSINIERES **05310 LA-ROCHE-DE-RAME** HAUTES-ALPES 1200 M. 200 HAB.

AF **LE RELAIS DES VAUDOIS** (LES RIBES). M. MOUTIER ☎ 92.20.93.01 — 6 CH. 117/173 F. PENSION 167 F. DEMI-PENSION 135 F. FERME 1 MAI/1 JUIN, 15 OCT/18 DEC. RESTAURANT FERME 1 MAI/1 JUIN, 15 OCT/20 DEC.

FREISSINOUSE (LA) **05000 GAP** HAUTES-ALPES 1000 M. 300 HAB.

** **AZUR** M.BOURGES ☎ 92.57.81.30 — 40 CH. 120/220 F. MENU 60/110 F. PENSION 170/240 F. FERME 1/15 DEC. ⚓ ⚓ ☲ ⑩ E.

FRENEY-D'OISANS (LE) **38142** ISERE 1000 M. 200 HAB. S.I.

** **LE CASSINI** M.OUGIER ☎ 76.80.04.10 — 15 CH. 100/240 F. MENU 68/200 F. PENSION
▱ 210/250 F. DEMI-PENSION 164/210 F. FERME 15 AVR./28 MAI ET 10 OCT./15 DEC. ⚓ ☲.

FRENZ (LE) **68820 KRUTH** HAUT-RHIN 850 M. 1054 HAB.

DES QUATRE SAISONS M.LANG ☎ 89.82.28.61 — 11 CH. 80/160 F. MENU 55/90 F. PENSION 160/180 F. DEMI-PENSION 125/150 F. FERME MERCREDI HS. **F** ♂ ☲
㎰ ⑩ E CV.

FRESNAY-SUR-SARTHE **72130** SARTHE 3000 HAB. S.I.

** **RONSIN** M.DUVAL ☎ 43.97.20.10 — 12 CH. 106/220 F. MENU 46/145 F. PENSION 190/230 F. DEMI-PENSION 150/195 F. FERME DIMANCHE ET LUNDI MIDI HS. **F** ⚓
☲ ㎰ ⑩ E CV.

FRESNAYE-SUR-CHEDOUET (LA) **72670** SARTHE 861 HAB.

AF **AUBERGE SAINT PAUL** M. MONTAGNE ☎ 43.97.82.76 — 4 CH. 215/270 F. MENU 85/195 F. PENSION 270/350 F. DEMI-PENSION 200/280 F. FERME 15 JANV./15 FEV. ☲
㎰ E.

FRESSE-SUR-MOSELLE **88570 LE THILLOT** VOSGES 800 M. 2446 HAB.

AUBERGE DE LA HARDOYE M. MOUZELER ☎ 29.25.06.23 — 9 CH. 98/140 F. MENU 45/85 F. PENSION 155/185 F. DEMI-PENSION 110/145 F. FERME MERCREDI APRES-MIDI.
F ⚓.

* **LES BRIMBELLES** M. PERRY SARL LES BRIMBELLES ☎ 29.25.03.85 — 12 CH. 120/150 F. MENU 80/120 F. PENSION 200/250 F. DEMI-PENSION 170/220 F. FERME 15 NOV./15 MAI.
F ⚓ ♂ ☲ ㎰ E.

FRET (LE) **29160 CROZON** FINISTERE 300 HAB.

** **HOSTELLERIE DE LA MER** M. KEROUEL ☎ 98.27.61.90 — 25 CH. 185/270 F. MENU 82/240 F. PENSION 275/315 F. DEMI-PENSION 217/257 F. FERME 15 OCT./12 MAI. **F**
🐾 ☲ E.

FREVENT **62270** PAS-DE-CALAIS 4428 HAB. S.I.

** **D'AMIENS** 7, RUE DE D'OULLEUS M.VARGA ☎ 21.03.65.43/21.41.29.03 — 10 CH.
▱ 120/180 F. MENU 55/150 F. PENSION 200/300 F. DEMI-PENSION 180/230 F. FERME SAMEDI NOV./PAQUES. **F** ⚓ ☲ ㎰ E CV.

FREYMING-MERLEBACH **57800** MOSELLE 16218 HAB. S.I.

* **GEIS-CAVEAU DE LA BIERE** 2 RUE DU 5 DECEMBRE Mme GEIS ☎ 87.81.33.45 — 22 CH. 80/197 F. MENU 49/140 F. PENSION 145/250 F. DEMI-PENSION 120/210 F. FERME SAMEDI ET DIMANCHE SOIR. 🐾 ☲ ▥.

FROENINGEN **68720 ILLFURTH** HAUT-RHIN 496 HAB.

*** **AUBERGE DE FROENINGEN** ROUTE D'ILLFURTH M.RENNER ☎ 89.25.48.48 — 7 CH.
▱ 250/300 F. MENU 95/135 F. FERME 5/18 JANV., 15/29 AOUT, DIMANCHE SOIR ET LUNDI.
⚓.

FROGES **38190 BRIGNOUD** ISERE 2300 HAB.

* **LE MAS** RUE VICTOR HUGO M. VACCARINI ☎ 76.71.41.36 — 8 CH. 100/140 F. MENU 60/120 F. PENSION 170/185 F. DEMI-PENSION 130/135 F. FERME DIMANCHE SOIR. 🐾
☲.

FROGES (CHAMP) **38190 BRIGNOUD** ISERE 600 M. 1000 HAB.

* **LA VIEILLE AUBERGE** CHAMP PRE FROGES M.JOSSERAUD ☎ 76.71.40.80 — 10 CH.
▱ 100/150 F. MENU 60/130 F. PENSION 150/180 F. DEMI-PENSION 110/140 F. FERME 1/20 MAI, 20 AOUT/15 SEPT., RESTAURANT FERME DIMANCHE SOIR ET LUNDI. 🐾.

FRONTONAS 38290 LA VERPILLIERE ISERE 1100 HAB.

AF   AUBERGE DU RU M.MOREL ☎ 74.94.25.71 – 3 CH. 88/105 F. MENU 46/135 F. PENSION
180 F. DEMI-PENSION 140 F. FERME 31 JUIL./25 AOUT ET RESTAURANT FERME LUNDI. 🐾
🍴 E.

FRUGES 62310 PAS-DE-CALAIS 3500 HAB. S.I.

*   **MODERNE** 32 RUE DU FOUR M.DUFRESNE ☎ 21.04.41.98 – 8 CH. 96/150 F. MENU 42/100 F.
FERME LUNDI. 🄴 🚿 🍴 E.

FUANS 25390 ORCHAMPS-VENNES DOUBS 800 M. 200 HAB.

**   **PATTON** M.GAIFFE ☎ 81.43.51.01 – 10 CH. 85/180 F. MENU 50/140 F. PENSION 170/190 F.
DEMI-PENSION 155 F. FERME 11 NOV./1 DEC., DIMANCHE SOIR ET LUNDI 1 OCT./1 JUIN. 🐾
🍴 🄰🄴 ⓓ E.

FURDENHEIM 67370 ITTENHEIM BAS-RHIN 700 HAB.

*   **AU LION D'OR** M.BRUCKMANN ☎ 88.69.08.66 – 14 CH. 70/170 F. MENU 40/80 F. FERME 15
JUIN/15 JUIL. ET MARDI. 🐾 🍴.

FUSSY 18110 CHER 2000 HAB.

**   **L'ECHALIER** 30 RTE DE PARIS M.GIBARROUX ☎ 48.69.31.72 – 11 CH. 100/150 F. MENU
50/100 F. PENSION 180/200 F. DEMI-PENSION 140/160 F. FERME 1 SEM. FIN SEPT.,15 J. TOUS-
SAINT,15 J. VAC. FEV.,DIM SOIR 15 JUIN/15 SEPT., DIM. SOIR ET LUNDI 16 SEPT./14 JUIN. 🍴 ⓖ.

FUTEAU 55120 CLERMONT-EN-ARGONNE MEUSE 200 HAB.

**   **A L'OREE DU BOIS** M.AGUESSE ☎ 29.88.28.41 – 7 CH. 195/245 F. MENU 140/180 F. DEMI-
PENSION 330/350 F. FERME 3/31 JANV., DIMANCHE SOIR ET MARDI. 🍴 E.

G

GABRIAC 12340 BOZOULS AVEYRON 470 HAB.

*   **BOULOC** M.BOULOC ☎ 65.44.92.89 – 13 CH. 100/160 F. MENU 48/150 F. PENSION
160/200 F. DEMI-PENSION 140/180 F. FERME 30 SEPT./1 NOV., ET MERCREDI. 🄴 🚿
🚿 🍴 E.

GACILLY (LA) 56200 MORBIHAN 2000 HAB. S.I.

*   **DE FRANCE** S.A.R.L. ☎ 99.08.11.15 – 25 CH. 75/110 F. MENU 42/100 F. PENSION
140/160 F. DEMI-PENSION 100/120 F. 🐾 🍴 🄰🄴 ⓓ E.

**   **DU SQUARE** S.A.R.L. ☎ 99.08.11.15 – 17 CH. 140/190 F. MENU 42/100 F. PENSION
170/195 F. DEMI-PENSION 105 F. FERME 24/31 DEC. 🐾 🍴 🍴 E.

GALGAN 12220 MONTBAZENS AVEYRON 480 HAB.

*   **AUBERGE VINEL** Mme ALAUX ☎ 65.80.41.06 – 7 CH. 110/135 F. MENU 55/150 F. PEN-
SION 175/185 F. FERME 30 SEPT./31 MAI, RESTAURANT FERME MERCREDI HS. 🄴.

GALLARGUES-LE-MONTUEUX 30660 GARD 1633 HAB.

AF   AUBERGE DE LA TOUR BOMBARDIERE Mme MONNIER ☎ 66.35.44.29/66.35.47.57 –
9 CH. 120/250 F. MENU 78/128 F. PENSION 260/400 F. DEMI-PENSION 180/250 F. FERME
10/30 NOV. ET MARDI SOIR/MERCREDI SOIR. 🄴 🚿 🍴 🄰🄴 ⓓ E ⓖ.

GAMARDE-LES-BAINS   40380   MONTFORT-EN-CHALOSSE LANDES
900 HAB. S.I.

*   **L'AUBERGE** S.LACOUTURE-CAMJOUAN ☎ 58.98.62.27 – 11 CH. 110/120 F. MENU
50/100 F. PENSION 170/180 F. DEMI-PENSION 140/150 F. 🐾 🍴 E.

GANGES 34190 HERAULT 186 M. 4000 HAB. S.I.

*   **AUX CAVES DE L'HERAULT** 14 RUE JEU DE BALLON M. MURCIA ☎ 67.73.81.09 –
13 CH. 70/150 F. MENU 50/80 F. PENSION 175/240 F. DEMI-PENSION 130/190 F. FERME 30
NOV./1 FEV., VENDREDI SOIR ET SAMEDI HS. 🄴 🍴 E.

GANNAT 03800 ALLIER 600 M. 7000 HAB. S.I.

AF   DU CHATEAU 9 PLACE RANTIAN M.BUSSON ☎ 70.90.00.88 – 8 CH. 66/80 F. MENU
45/110 F. PENSION 145 F. DEMI-PENSION 105 F. FERME JANV. 🚿 🍴 🄰🄴 ⓓ CV.

GAP 05000 HAUTES-ALPES 743 M. 29730 HAB. S.I.

**   **CARINA-PAVILLON 2** ROUTE DE VEYNES. M. BANNWARTH ☎ 92.52.02.73 TELEX 405891
– 40 CH. 190/215 F. MENU 59/100 F. PENSION 212/234 F. DEMI-PENSION 165/184 F. FERME
24 DEC./12 JANV. PISCINE COUVERTE. 🄴 🚿 🚿 🍴 🄰🄴 ⓓ E CV.

**   **FONS-REGINA** QUARTIER DE FONTREYNE. M. ROCHAS ☎ 92.53.98.99 – 21 CH. 105/196 F.
MENU 66/132 F. PENSION 190/243 F. DEMI-PENSION 153/185 F. 🍴 🄰🄴 ⓓ E CV.

GARABIT 15390 LOUBARESSE CANTAL 800 M. 30 HAB. S.I.

**   **BEAU-SITE** M. BIGOT ☎ 71.23.41.46/71.23.46.34 – 16 CH. 90/160 F. MENU 45/150 F.
PENSION 160/200 F. DEMI-PENSION 125/160 F. FERME 1 NOV./1 AVR. PISCINE CHAUFFEE.
🄴 🚿 🍴 E CV.

**   **DU VIADUC** M.ALBUISSON ☎ 71.23.43.20 – 20 CH. 90/190 F. MENU 45/130 F. PENSION
155/270 F. DEMI-PENSION 120/230 F. FERME 1 NOV./1 AVR. 🄴 🚿 🍴 E CV.

**   **GARABIT-HOTEL** M. CELLIER ☎ 71.23.42.75 – 45 CH. 148/280 F. MENU 51/162 F. PEN-
SION 165/255 F. DEMI-PENSION 149/235 F. FERME 1 NOV./1 AVR. 🄴 🚿 🚿 🍴
E ⓖ.

**   **PANORAMIC** M.CELLIER ☎ 71.23.40.24 – 25 CH. 100/220 F. MENU 52/160 F. PENSION
180/230 F. DEMI-PENSION 160/210 F. FERME 1 NOV./1 AVR. 🚿 🚿 🍴 🄰🄴 ⓓ
ⓖ.

GAREOULT 83136 LA ROQUEBRUSSANNE VAR 2400 HAB.

* **DE LA PISCINE** Mme PELISSIER ☎ 94.04.92.70 — 7 CH. 110/130 F. MENU 60/90 F. PENSION 160 F. DEMI-PENSION 130 F. FERME 5/31 OCT. ET VENDREDI. 🅴.

GARGILESSE-DAMPIERRE 36190 ORSENNES INDRE 347 HAB. S.I.

* **DES ARTISTES** Mme DESORMIERE ☎ 54.47.84.05 — 12 CH. 90/125 F. MENU 60/150 F. PENSION 150/200 F. DEMI-PENSION 120/160 F. FERME 15 DEC./10 JANV. RESTAURANT FERME VENDREDI SOIR. 🔳 🅰🅴 E.

GASCHNEY (LE) 68380 METZERAL HAUT-RHIN 1000 M. 50 HAB.

*AF **SCHALLERN** M. BRAESCH Raymond ☎ 89.77.61.85 — 10 CH. 100/150 F. MENU 50/90 F. PENSION 155/175 F. DEMI-PENSION 125/145 F. FERME 5/23 AVR., 3/22 OCT. 🐴 🔳 E CV.

GASTES 40160 PARENTIS LANDES 250 HAB.

* **L'ESTANQUET** M.ARBULO ☎ 58.78.42.00 — 8 CH. 120/180 F. MENU 70/200 F. PENSION 240 F. DEMI-PENSION 180 F. FERME 30 SEPT./15 MAI ET MARDI 15 MAI/30 JUIN. 🔳 🅰🅴 ⊙ E.

GAUDE (LA) 06610 ALPES-MARITIMES 3000 HAB. S.I.

* **LES TROIS MOUSQUETAIRES** M. GAGLIARDINI ☎ 93.24.40.60 — 10 CH. 100/160 F. MENU 95/125 F. PENSION 180/210 F. DEMI-PENSION 150/190 F. FERME 2/10 NOV. ET MERCREDI SAUF JUIL. ET AOUT. 🅴 🔳 E.

GAVRE (LE) 44130 BLAIN LOIRE-ATLANTIQUE 825 HAB.

* **AUBERGE DE LA FORET** (LA MAILLARDAIS) Mme.POROT ☎ 40.51.20.26 — 12 CH. 85/130 F. MENU 59/110 F. PENSION 160 F. DEMI-PENSION 145 F. 🅴 🔳 ⊙ E CV.

GAZERAN 78120 RAMBOUILLET YVELINES 800 HAB.

*AF **AUBERGE VILLA MARINETTE** 20, AVENUE DU GENERAL DE GAULLE M. KIEGER ☎ (1)34.83.19.01 — 6 CH. 120/180 F. MENU 60/150 F. DEMI-PENSION 130/160 F. FERME 18 AOUT/10 SEPT., SCOL.FEV., MARDI SOIR ET MERCREDI. 🅴 🐴 🔳 🅰🅴 ⊙ E.

GEDRE 65120 LUZ SAINT SAUVEUR HAUTES-PYRENEES 1000 M. 400 HAB. S.I.

** **A LA BRECHE DE ROLAND** M. PUJO ☎ 62.92.48.54 — 24 CH. 170/320 F. MENU 65 F. PENSION 190/220 F. DEMI-PENSION 160/180 F. FERME 15 OCT./20 DEC. ET 20 AVR./31 MAI. 🅴 🕹 ♿.

* **DES PYRENEES** M.GUILLEMBET ☎ 62.92.48.51 — 20 CH. 170/250 F. MENU 70/120 F. PENSION 200/250 F. DEMI-PENSION 165/190 F. FERME 5 NOV./20 DEC. 🔳 E.

GELLES 63740 PUY-DE-DOME 870 M. 1200 HAB. S.I.

AF **LE FORESTIER ET DU COMMERCE** Mme PEIGNE ET M. MONNET ☎ 73.87.84.32/73.87.80.01 — 15 CH. 55/85 F. MENU 42/95 F. PENSION 116/119 F. DEMI-PENSION 80/85 F. FERME 23 OCT./15 NOV., ET VENDREDI SOIR HS. 🅴 🛵 🔳 🅰🅴 E.

GELOS 64110 JURANCON PYRENEES-ATLANTIQUES 3557 HAB. S.I.

** **LE BOURBAIL** ROUTE TOURISTIQUE M.SABATTE ☎ 59.21.54.60/59.21.65.97 — 20 CH. 100/200 F. MENU 80/110 F. PENSION 260/360 F. DEMI-PENSION 260/380 F. FERME 1/31 JANV., RESTAURANT FERME SAMEDI ET DIMANCHE SOIR 15 OCT./1 JUIN. 🅴 ♂ 🔳 E.

GEMENOS 13420 BOUCHES-DU-RHONE 4000 HAB. S.I.

ec **LE SAINT PONS** 1, VALLEE DE SAINT PONS. MM. GRANIER-LECUL ☎ 42.82.24.08 — 7 CH. 205/360 F. MENU 78/180 F. FERME DIMANCHE SOIR ET LUNDI. 🔳 CV.

GENILLE 37460 INDRE-ET-LOIRE 1435 HAB.

AF **AGNES SOREL** M. LE HAY ☎ 47.59.50.17 — 3 CH. 120/250 F. MENU 100/230 F. DEMI-PENSION 270 F. FERME DIMANCHE SOIR ET LUNDI. 🚗 🔳 E.

GENISSIEUX 26750 ROMANS-SUR-ISERE DROME 1500 HAB.

** **LA CHAUMIERE** PLACE DU CHAMP DE MARS Mme FRANCON ☎ 75.02.77.97 — 15 CH. 125/280 F. MENU 50/90 F. PENSION 210/225 F. DEMI-PENSION 175/195 F. FERME 23 DEC./15 JANV. 🔳 🆖.

GENNES 49350 MAINE-ET-LOIRE 1668 HAB. S.I.

** **HOSTELLERIE DE LA LOIRE** 9 RUE DES CADETS DE SAUMUR M.REYNIER ☎ 41.51.81.03 — 11 CH. 110/280 F. MENU 55/130 F. DEMI-PENSION 160/250 F. FERME 28 DEC./8 FEV., LUNDI SOIR ET MARDI SAUF WEEK-ENDS FETES. 🅴 🚗.

GENOLHAC 30450 GARD 850 HAB. S.I.

* **DU MONT LOZERE** 13, AV. DE LA LIBERATION. M. COUPEY ☎ 66.61.10.72 — 15 CH. 90/160 F. PENSION 155/190 F. DEMI-PENSION 128/155 F. FERME 2 NOV./5 FEV. ET MARDI SAUF JUIL., AOUT. 🅴 🚗 🐴 🔳 🅰🅴 ⊙ E.

GENOUILLAC 23350 CREUSE 380 M. 1000 HAB.

* **LE RELAIS D'OC** M.HARDY ☎ 55.80.72.45 — 7 CH. 95/220 F. MENU 60/200 F. FERME 1 DEC./20 MARS. ET LUNDI. 🅴 ♂ 🚗 🔳 ⊙ CV.

GERARDMER 88400 VOSGES 700 M. 10000 HAB. S.I.

* **AUBERGE DE LORRAINE** 44 BLD DE ST DIE M. GRUNER ☎ 29.63.09.82 — 8 CH. 95/150 F. MENU 55/105 F. PENSION 212/262 F. DEMI-PENSION 162/217 F. FERME 10 NOV./20 DEC. ET MERCREDI HS. 🐴 🔳 E CV.

GERARDMER (suite)

** AUBERGE DES DEUX ETANGS (COL DE MARTIMPRE - Alt. 800 m.) M. MENNEZIN ☎ 29.63.14.31 — 11 CH. 120/155 F. MENU 55/140 F. PENSION 130/280 F. DEMI-PENSION 110/225 F. FERME 5/23 OCT., 15 NOV./5 DEC. ET LUNDI HS. ⌨ ⌨ ⌨ E CV.

*** DE LA JAMAGNE 2 Bd DE LA JAMAGNE. M.JEANSELME ☎ 29.63.36.86 TELEX 961 139 — 50 CH. 120/300 F. MENU 82/90 F. PENSION 242/330 F. DEMI-PENSION 205/260 F. FERME 15 OCT./20 DEC. ET MARS. 🇫 ⌨ ⌨ ⌨ ⌨ E ⌨ 🔧.

** DE LA PAIX Restaurant LAGRANGE (FACE AU LAC). M. LAGRANGE ☎ 29.63.38.78 — 26 CH. 160/240 F. MENU 70/220 F. DEMI-PENSION 180/230 F. 🇫 ⌨ ⌨ ⌨ E CV.

** DU PARC M.HUART ☎ 29.63.32.43/29.63.09.04 — 36 CH. 95/250 F. MENU 63/125 F. PENSION 190/270 F. DEMI-PENSION 130/210 F. FERME FIN SEPT./RAMEAUX SAUF VAC. DE FEV. 🇫 ⌨ ⌨ E CV.

*** HOSTELLERIE DES BAS-RUPTS ET SON CHALET FLEURI ROUTE DE LA BRESSE (Alt. 800m.). M. PHILIPPE ☎ 29.63.09.25 TELEX 960992 — 32 CH. 250/450 F. MENU 110/320 F. PENSION 400/550 F. DEMI-PENSION 280/360 F. 🇫 ⌨ ⌨ ⌨ ⌨.

** L'ABRI (LES XETTES) Mme VINCENT ☎ 29.63.02.94 — 14 CH. 110/200 F. FERME 28 OCT./10 NOV. ET MERCREDI. ⌨ ⌨ ⌨ CV.

** LA BONNE AUBERGE DE MARTIMPREY (COL DE MARTIMPRE - Alt. 800 m.). M.ENGELHARD ☎ 29.63.19.08 TELEX 961 408 BAMA — 11 CH. 125/230 F. MENU 60/80 F. PENSION 231/273 F. DEMI-PENSION 158/195 F. FERME 5 NOV./15 DEC., MARDI SOIR ET MERCREDI 15 SEPT./15 AVR 🇫 ⌨ ⌨ ⌨ E CV.

*** LA RESERVE (FACE AU LAC) M.GALLI-MARCHAL ☎ 29.63.21.60 TELEX 961509 — 32 CH. 120/320 F. MENU 70/200 F. FERME 15 NOV./20 DEC. 🇫 ⌨ ⌨ ⌨ E CV.

** LE CHALET DU LAC RIVE DROITE DU LAC RTE D'EPINAL M. BERNIER-VALLCANERAS ☎ 29.63.38.76 — 11 CH. 105/240 F. MENU 60/220 F. PENSION 210/250 F. DEMI-PENSION 150/190 F. FERME 1 OCT./30 NOV. ET RESTAURANT FERME VENDREDI. ⌨ ⌨ ⌨ E.

** LE RELAIS DE LA MAUSELAINE (Alt. 880m.) M. PHILIPPE ☎ 29.63.05.74 — 15 CH. 200/210 F. MENU 58/180 F. PENSION 250/260 F. DEMI-PENSION 215/220 F. FERME 1 OCT./15 DEC. ⌨ ⌨ ⌨ ⌨.

** LES LISERONS M.VIGNON ☎ 29.63.02.61 — 10 CH. 145/300 F. MENU 80/150 F. PENSION 230/250 F. DEMI-PENSION 180/200 F. FERME 1 OCT./15 DEC. ET MERCREDI HS. 🇫 ⌨ ⌨ ⌨ ⌨.

** LES TILLEULS (LES GOUTTRIDOS). S.A.R.L. MICHEL ☎ 29.63.09.06 TELEX 961 408 — 38 CH. 110/220 F. MENU 65/85 F. PENSION 180/240 F. DEMI-PENSION 140/190 F. FERME 15 NOV./15 DEC. 🇫 🔧 ⌨ ⌨ E CV ⌨.

** ROMEO ET DE LA ROUTE VERTE 61,BD DE LA JAMAGNE MM. LAFOUGE ET ROMEO ☎ 29.63.12.97/29.63.00.90 TELEX 960187 — 50 CH. 110/210 F. MENU 65/160 F. PENSION 200/230 F. DEMI-PENSION 155/190 F. 🇫 ⌨ ⌨ ⌨ ⌨ E ⌨ 🔧.

GERARDMER-VALLEE-DES-LACS-XONRUPT-LONGEMER   88400
VOSGES 800 M. 1525 HAB.

** DU LAC DE LONGEMER Restaurant LE BELBRIETTE M. LAPOTRE Frank ☎ 29.63.37.21 — 21 CH. 110/230 F. MENU 42/220 F. PENSION 220/280 F. DEMI-PENSION 170/230 F. FERME 12 NOV./20 DEC. SALLE DE REMISE EN FORME (MUSCULATION, SAUNA, UVA). 🇫 ⌨ ⌨ ⌨ ⌨ E CV.

** LE COLLET (Alt. 1100 m.) M.LAPOTRE ☎ 29.63.11.43 TELEX 961 408 — 23 CH. 140/250 F. MENU 70/200 F. PENSION 220/310 F. DEMI-PENSION 200/260 F. FERME 1/10 MAI ET 11 NOV./18 DEC. 🇫 ⌨ ⌨ ⌨ E CV.

GERMIGNY-DES-PRES 45110 CHATEAUNEUF-SUR-LOIRE LOIRET 400 HAB.
S.I.

AF DE LA PLACE M. MAILLARD ☎ 38.58.20.14 — 12 CH. 75/120 F. MENU 45/120 F. PENSION 130/170 F. DEMI-PENSION 110/150 F. FERME 20 JANV./1 MARS ET VENDREDI HS. PARKING. ⌨ E.

GERTWILLER 67140 BARR BAS-RHIN 1000 HAB.

** AUX DELICES 176 ROUTE DE SELESTAT M.HABSIGER ☎ 88.08.95.17 — 16 CH. 102/146 F. MENU 70/120 F. PENSION 167/208 F. DEMI-PENSION 125/155 F. FERME JEUDI. ⌨ ⌨ ⌨ E CV.

GETS (LES) 74260 HAUTE-SAVOIE 1250 M. 950 HAB. S.I.

* A LA BONNE FRANQUETTE M.ANTHONIOZ ☎ 50.79.72.68 — 17 CH. MENU 50/95 F. PENSION 165/180 F. DEMI-PENSION 145/160 F. ⌨ ⌨ E.

* CHEZ PAULETTE (LE PONT DES GETS). M. BAUD ☎ 50.34.32.19 — 8 CH. 160 F. MENU 58/95 F. PENSION 220/240 F. DEMI-PENSION 200/220 F. FERME 26 JUIN/10 JUIL., 14/28 NOV., ET MERCREDI. 🇫 ⌨ ⌨ ⌨.

** HASTINGS ROUTE DES CHAVANNES M. LETESSIER ☎ 50.79.82.78 — 14 CH. 190/270 F. MENU 75/95 F. PENSION 240/300 F. DEMI-PENSION 195/260 F. FERME 15 SEPT./19 DEC., 20 AVR./15 JUIN. 🇫 ⌨ ⌨ ⌨ E CV.

*** LA MARMOTTE Mme.MIRIGAY ☎ 50.79.75.39 — 45 CH. PENSION 350/520 F. FERME 10 AVR./2 JUIL., 28 AOUT/22 DEC. 🇫 ⌨ ⌨ ⌨ E ⌨.

GEUDERTHEIM 67170 BRUMATH BAS-RHIN 1755 HAB.

** DE LA COURONNE M. FAULLIMMEL ☎ 88.51.82.93 — 20 CH. 80/180 F. MENU 60/150 F. PENSION 200/260 F. DEMI-PENSION 140/220 F. FERME VENDREDI ET DIMANCHE SOIR. ⌨ ⌨ ⌨.

GEVREY-CHAMBERTIN **21220** COTE-D'OR 3000 HAB. S.I.

*** **LES TERROIRS** 28, ROUTE DE DIJON M.LECLERC ☎ 80.34.30.76 – 22 CH. 220/420 F. FERME 19 DEC./18 JANV. ✶ ⓧ ⒶⒺ ⓪ E.

GEX **01170** AIN 600 M. 5000 HAB. S.I.

** **DU PARC** M.JEAN-PROST ☎ 50.41.50.18 – 20 CH. 100/300 F. MENU 110/260 F. PENSION 250/320 F. DEMI-PENSION 210/280 F. FERME 18/29 SEPT., 15 DEC./10 FEV., DIMANCHE SOIR ET LUNDI. ⊷ ⓧ E.

GEZ-ARGELES **65400** ARGELES-GAZOST HAUTES-PYRENEES 600 M. 210 HAB.

AF **ARRICASTRES** M. ARRICASTRES ☎ 62.97.02.01 – 5 CH. 75/80 F. MENU 45/50 F. PENSION 135/140 F. DEMI-PENSION 97/100 F. FERME MERCREDI. **CV**.

GIAT **63620** PUY-DE-DOME 780 M. 1300 HAB.

* **DU COMMERCE** Mme.MEUNIER ☎ 73.21.72.38 – 13 CH. 80/120 F. MENU 40/120 F. PENSION 120/140 F. DEMI-PENSION 100/120 F. RESTAURANT FERME LUNDI. Ⓕ ⓧ **CV**.

GIEN **45500** LOIRET 18000 HAB. S.I.

ec **BEAU SITE Restaurant LA POULARDE** 13, QUAI DE NICE. M. DANTHU ☎ 38.67.36.05
⌁ – 9 CH. 210/220 F. MENU 70/250 F. PENSION 370 F. DEMI-PENSION 290 F. FERME 1/15 JANV., 1/7 SEPT. ET DIMANCHE SOIR. ⓧ ⒶⒺ ⓪ E.

** **DU RIVAGE** 1, QUAI DE NICE M.GAILLARD ☎ 38.67.20.53 – 22 CH. 215/520 F. MENU 80/245 F. DEMI-PENSION 290 F. RESTAURANT FERME 8/29 FEV. ☗ ⓧ ⒶⒺ ⓪ E.

GIETTAZ (LA) **73590** FLUMET SAVOIE 1200 M. 510 HAB. S.I.

* **FLOR'ALPES** M.BIBOLLET ☎ 79.32.90.88 – 11 CH. 90/130 F. MENU 60/110 F. PENSION 155/175 F. DEMI-PENSION 125/140 F. FERME 30 AVR./1 JUIN ET 30 SEPT./15 DEC. Ⓕ ⊷ ⓧ ⒶⒺ

* **LA CORDEE** M.JOLY ☎ 79.32.91.98 – 20 CH. 90/130 F. MENU 50/105 F. PENSION 155/180 F. DEMI-PENSION 125/140 F. FERME 20 AVR./20 JUIN ET 10 SEPT./20 DEC. Ⓕ ☗ ⓧ E **CV**.

* **LES ALPAGES** Mme.JOGUET ☎ 79.32.90.30 – 20 CH. 90/140 F. MENU 50/80 F. PENSION 170/190 F. DEMI-PENSION 130/160 F. FERME 1 NOV./20 DEC. ☗.

* **LES VERNES** HAMEAU DU PLAN Mme HOSSAY ☎ 79.32.92.68 – 16 CH. MENU 60/90 F.
⌁ PENSION 186/198 F. DEMI-PENSION 156/168 F. FERME 30 SEPT./15 DEC. Ⓕ ⓧ ⓪ E.

GIFFAUMONT-CHAMPAUBERT **51290** SAINT-REMY-EN-BOUZEMONT MARNE 296 HAB. S.I.

AF **LE CHEVAL BLANC DU LAC** Mme LAFEFVE ☎ 26.72.62.65 – 20 CH. 75/100 F. MENU 43/80 F. PENSION 130 F. DEMI-PENSION 95 F. ⊷.

GIGONDAS **84190** BEAUMES-DE-VENISE VAUCLUSE 800 HAB. S.I.

** **LES FLORETS** ROUTE DES DENTELLES M.GERMANO ☎ 90.65.85.01 – 15 CH. 200/240 F. MENU 100/155 F. PENSION 300/325 F. DEMI-PENSION 205 F. FERME JANV./FEV., ET MERCREDI. ⓧ ⒶⒺ ⓪ E **CV**.

GINCLA **11140** AXAT AUDE 600 M. 35 HAB.

** **HOSTELLERIE DU GRAND DUC** M. BRUCHET ☎ 68.20.55.02 – 10 CH. 160/280 F.
⌁ MENU 55/200 F. PENSION 234/304 F. DEMI-PENSION 174/244 F. FERME 1 DEC./31 MARS. ET RESTAURANT FERME MERCREDI MIDI HS. ⓧ E **CV**.

GIPCY **03210** SOUVIGNY ALLIER 300 HAB.

AF **DE LA CROIX BLANCHE** Mme.LENOIR ☎ 70.47.23.72 – 7 CH. 60/85 F. MENU 45/49 F. PENSION 130/150 F. DEMI-PENSION 100/120 F. FERME 20 DEC./2 JAN.,VENDREDI SOIR HIVER ETE ET DIMANCHE SOIR ETE. ⓧ.

GIRMONT-VAL-D'AJOL **88340** LE VAL-D'AJOL VOSGES 700 M. 300 HAB.

AF **AUBERGE DE LA VIGOTTE** Mlle BURASCHI ☎ 29.61.06.32 – 10 CH. 75/120 F. MENU 45/115 F. PENSION 175/190 F. DEMI-PENSION 140/155 F. FERME 15 NOV./15 DEC., LUNDI APRES-MIDI ET MARDI HS. ⓧ **CV** ♿.

GIROMAGNY **90200** TERRITOIRE-DE-BELFORT 484 M. 3560 HAB. S.I.

** **LA SAPINIERE** 56 RUE DU TILLEUL M.PSZONKA ☎ 84.29.32.88 – 7 CH. 150/160 F. MENU 65/140 F. PENSION 195/240 F. DEMI-PENSION 160/170 F. FERME DIMANCHE SOIR ET LUNDI HS. Ⓕ ⓧ **CV**.

GISORS **27140** EURE 9000 HAB. S.I.

** **MODERNE** PL. DE LA GARE M.WACH ☎ 32.55.23.51 – 30 CH. 125/240 F. MENU 49/87 F.
⌁ FERME DIMANCHE SOIR ET LUNDI. RESTAURANT FERME 20 DEC./ 7 JANV., ET 13 JUIL./10 AOUT. Ⓕ ☗ ⓧ **CV**.

GIVRY **71640** SAONE-ET-LOIRE 3280 HAB. S.I.

* **DE LA HALLE** PLACE DE LA HALLE M. RENARD ☎ 85.44.32.45 – 10 CH. 120 F. MENU 85/145 F. FERME 16/29 AOUT, 7/28 NOV., DIMANCHE SOIR ET LUNDI. Ⓕ ⓧ ⒶⒺ ⓪ E **CV**.

GIVRY-EN-ARGONNE **51330** MARNE 600 HAB. S.I.

* **L'ESPERANCE** Mme.BERBERAT ☎ 26.60.00.08 – 7 CH. 85/160 F. MENU 45/180 F. PENSION 120/160 F. DEMI-PENSION 120 F. ⌁.

GLUGES **46600** MARTEL LOT 1500 HAB.

* **LA BONNE FRITURE** M.SANTURETTE ☎ 65.37.33.50 – 8 CH. 100/120 F. MENU 65/100 F. PENSION 180/200 F. DEMI-PENSION 150 F. ☗ ⓧ ⒶⒺ ⓪ E.

GLUGES (suite)

⁎⁎ LES FALAISES M. DASSIOU ☎ 65.37.33.59/65.37.32.08 – 16 CH. 85/220 F. MENU 75/180 F. PENSION 205/260 F. DEMI-PENSION 180/205 F. FERME 1 DEC./1 MARS. ⊨ ⊠.

GOLBEY 88190 VOSGES 330 M. 9500 HAB.

⁎⁎ MOTEL COTE OLIE et LA MANSARDE (N.57) Mmes.BOQUET ET BOX ☎ 29.34.28.28/29.34.18.75 TELEX 961 011 – 24 CH. 228/359 F. MENU 59/150 F. RESTAURANT FERME DIMANCHE SOIR. ⊠ 🆑 ▣ E C V ₺.

GOLFE-JUAN 06220 VALLAURIS ALPES-MARITIMES 7000 HAB. S.I.

⁎⁎ CHEZ CLAUDE 162 AV.DE LA LIBERTE. (N.7) M.FUGAIRON ☎ 93.63.71.30/93.63.51.01 – 9 CH. 110/198 F. MENU 58/158 F. DEMI-PENSION 180/195 F. FERME 20 DEC./10 JANV. ET MARDI SOIR 1 NOV./30 MARS. 🅵 ⊠ 🌑 E.

⁎⁎ DE CRIJANSY AV. JULIETTE-ADAM M. BAYOL ☎ 93.63.84.44 – 20 CH. 225/240 F. PENSION 255/270 F. FERME 15 OCT./22 DEC. ⊨ ⊠.

GORDES 84220 VAUCLUSE 340 M. 1800 HAB. S.I.

⁎⁎ AUBERGE DE CARCARILLE (LES GERVAIS, D.2). M.RAMBAUD ☎ 90.72.02.63 – 11 CH. 190/230 F. MENU 75/130 F. PENSION 290/410 F. DEMI-PENSION 220/340 F. FERME 25 NOV./28 DEC., ET VENDREDI. ♨ ⊨ ₺.

GORRON 53120 MAYENNE 2700 HAB. S.I.

⁎⁎ DE BRETAGNE M.LOUVIGNE ☎ 43.08.63.67 – 12 CH. 85/190 F. MENU 58/118 F. PENSION 158/210 F. DEMI-PENSION 128/158 F. FERME 2/22 JANV., DIMANCHE SOIR ET LUNDI 15 OCT./1 AVR. 🅵 ♨ ⊠ E.

⁎ LE BOCAGE Mme.BIBRON ☎ 43.04.61.74 – 8 CH. 70/130 F. MENU 45/130 F. PENSION 160/200 F. DEMI-PENSION 120/140 F. ♨ ⊠ E.

GORZE 57130 ARS-SUR-MOSELLE MOSELLE 1254 HAB. S.I.

⁎ HOSTELLERIE DU LION D'OR M.ERMAN ☎ 87.52.00.90 – 10 CH. 90/140 F. MENU 88/240 F. PENSION 190/220 F. DEMI-PENSION 170/200 F. FERME 10J. FEV. 🅵 ⊠

GOSIER (DAMPIERRE LOUEZEL) 97190 GOSIER GUADELOUPE 20000 HAB.

⁎⁎ SERNIDA'S HOTEL (A DAMPIERRE). Mme FIARI ☎... TELEX 919519 – 6 CH. TEL: 590 84 29 29 🅵 ⊨ ⊠ E.

GOUAREC 22570 COTES-DU-NORD 1101 HAB.

⁎⁎ DU BLAVET RN 164 BIS M.LE LOIR ☎ 96.24.90.03 – 15 CH. 110/320 F. MENU 65/300 F. PENSION 210/275 F. DEMI-PENSION 145/210 F. FERME 1/29 FEV., 19/26 DEC., DIMANCHE SOIR ET LUNDI SAUF JUIL. ET AOUT. 🅵 ⊠ E.

GOUESNAC'H 29118 BENODET FINISTERE 1500 HAB.

⁎⁎ AUX RIVES DE L'ODET M.LE NADER ☎ 98.54.61.09 – 35 CH. 85/180 F. MENU 60/90 F. PENSION 150/200 F. DEMI-PENSION 120/165 F. FERME 23 SEPT./1 NOV., 1 SEM. FEV., ET LUNDI 1 NOV./31 MAI. 🅵 ⊠ E.

GOUMOIS 25470 TREVILLERS DOUBS 140 HAB. S.I.

⁎⁎ AUBERGE MOULIN DU PLAIN M.CHOULET ☎ 81.44.41.99 – 22 CH. 105/178 F. MENU 70/128 F. PENSION 205/225 F. DEMI-PENSION 175/195 F. FERME 15 NOV./27 FEV., DIMANCHE SOIR ET LUNDI 4 OCT./15 NOV. 🅵 ⊠ 🌑 E.

⁎⁎⁎ TAILLARD MM.TAILLARD ☎ 81.44.20.75 – 17 CH. 160/270 F. MENU 90/260 F. PENSION 260/305 F. DEMI-PENSION 220/265 F. FERME FIN NOV./FIN FEV., ET MERCREDI 1 OCT./1 AVR. ♨ ⊠ 🆑 🌑 E.

GOUPILLIERES 14210 EVRECY CALVADOS 90 HAB.

⁎⁎ AUBERGE DU PONT DE BRIE M. DRI ☎ 31.79.37.84 – 10 CH. 100/250 F. MENU 65/175 F. DEMI-PENSION 180/230 F. FERME MERCREDI 1 OCT./1 JUIL. ⊨ ⊠ 🆑 E.

GOURDON 46300 LOT 275 M. 5070 HAB. S.I.

⁎⁎ BISSONNIER. LA BONNE AUBERGE 51 BD DES MARTYRS M. BISSONNIER ☎ 65.41.02.48 – 18 CH. 110/200 F. MENU 50/180 F. PENSION 200/260 F. DEMI-PENSION 165/210 F. FERME 1 DEC./4 JANV. ET RESTAURANT FERME VENDREDI SOIR 1 JANV./15 MARS. 🅵 ⊨ ⊠ E C V 🍴.

⁎⁎ LA BOURIANE M.LACAM ☎ 65.41.16.37 – 22 CH. 180/220 F. MENU 60/180 F. PENSION 260/280 F. DEMI-PENSION 210/230 F. FERME 1 JANV./15 MARS. ET RESTAURANT FERME LUNDI SAUF SAISONCHIENS PAYANTS. ⊠ E ₺ 🍴.

⁎ NOUVEL HOTEL 1, Bld DE LA MADELEINE Mme CABIANCA ☎ 65.41.00.23 – 12 CH. 120/145 F. MENU 50/180 F. PENSION 160/200 F. DEMI-PENSION 130/180 F. ⊠ E.

⁎ TERMINUS 7, AV. DE LA GARE. M. RIGOUSTE ☎ 65.41.03.29/65.41.22.32 – 13 CH. 115/250 F. MENU 50/190 F. PENSION 180/250 F. DEMI-PENSION 170/200 F. FERME 25 OCT./10 NOV. ET RESTAURANT FERME LUNDI HS. ♨ ⊠ 🆑 🌑 E.

GOURDON 71690 MONT-SAINT-VINCENT SAONE-ET-LOIRE 800 HAB.

⁎ LARTAUD SUR D.980,SORTIE MONTCEAU-LES-MINES. M. LARTAUD ☎ 85.57.37.19 – 7 CH. 75/124 F. MENU 48/168 F. PENSION 148 F. DEMI-PENSION 122 F. FERME 1/22 FEV. ET LUNDI. 🅵 ♨ ⊠ 🌑 E.

GOUZON 23230 CREUSE 1500 HAB. S.I.

⁎ BEAUNE ROUTE DE MONTLUCON Mme LAMESA ☎ 55.62.20.01 – 11 CH. 70/180 F. MENU 60/150 F. PENSION 150/210 F. DEMI-PENSION 110/180 F. FERME DIMANCHE SOIR OCT-./MARS. 🅵 ♨ ⊠ E.

GOUZON (suite)

** LE LION D'OR ROUTE DE MONTLUCON M. RABIET ☎ 55.62.28.54 — 11 CH. 110/190 F.
MENU 55/145 F. PENSION 155/190 F. FERME 8 JANV./8 FEV., DIMANCHE SOIR ET LUNDI SAUF
JUIL. ET AOUT. 🍴 ▨ ▨ E.

* MODERNE M.DUCHEZ ☎ 55.62.20.24 — 10 CH. 75/140 F. MENU 45/100 F. PENSION
135 F. FERME 15 OCT./15 NOV. ET SAMEDI HS. 🍴

GRACAY 18310 CHER 2000 HAB. S.I.

**AF LA PLAISANCE (SUR N. 20). M. PAGET ☎ 54.49.77.15 — 4 CH. 160 F. MENU 84/180 F.
FERME MERCREDI 30 SEPT./30 JUIN. 🍴 ▨ E ᕐ.

GRAMAT 46500 LOT 300 M. 3830 HAB. S.I.

* AUBERGE DU ROULAGE 1, AV. LOUIS MAZET. Mme ROLLAT ☎ 65.38.71.69 — 13 CH.
60/140 F. MENU 46/120 F. PENSION 130/180 F. DEMI-PENSION 90/140 F. FERME 23 DEC./3
JANV. 🍴 ▨ E.

*AF DE L'EUROPE 8 AVENUE LOUIS MAZET M.PENOT ☎ 65.38.71.68 — 10 CH. 75/113 F.
MENU 48/145 F. PENSION 158 F. DEMI-PENSION 118 F. FERME DEC. ET SAMEDI. 🍴 ▨
▨ ⊕ E CV.

* DE LA PROMENADE Mme CIRCAL ☎ 65.38.71.46 — 12 CH. 100/160 F. MENU 50/150 F.
PENSION 140/190 F. DEMI-PENSION 130/160 F. FERME 1/15 NOV. ET 23/30 DEC. ▨
E.

** DU CENTRE PLACE DE LA REPUBLIQUE M.GRIMAL ☎ 65.38.73.37 — 14 CH. 130/220 F.
MENU 65/220 F. DEMI-PENSION 160/220 F. FERME VAC. FEV., 3EME SEM. NOV., 3EME SEM.
JANV., ET SAMEDI HS. 🍴 🍴 ▨ E CV ᕐ.

*** LE LION D'OR 8, PLACE DE LA REPUBLIQUE. M.MOMMEJAC ☎ 65.38.73.18 — 15 CH.
230/350 F. MENU 78/230 F. PENSION 340/360 F. DEMI-PENSION 300/320 F. FERME 15
DEC./15 JANV. ET LUNDI NOV./MARS. ▨ E ▨.

AF LE QUERCY 23 AVENUE 11 NOVEMBRE M.VERTES ☎ 65.38.72.88 — 12 CH. 80/120 F.
MENU 55/120 F. PENSION 130/150 F. DEMI-PENSION 100/110 F. FERME 15/31 OCT. ▨
▨ ⊕ E.

* LE RELAIS GOURMAND 2 AV.DE LA GARE M. CURTET ☎ 65.38.83.92 — 11 CH.
85/180 F. MENU 62/150 F. PENSION 115/160 F. DEMI-PENSION 170/215 F. FERME 15
JANV./15 FEV., LUNDI SAUF JUIL., AOUT, DIMANCHE SOIR ET LUNDI 1 NOV./30 MARS. 🍴
▨.

GRAND BALLON (LE) 68760 WILLER-SUR-THUR HAUT-RHIN 1424 M. 10 HAB.

* DU GRAND BALLON Mme.DEBENATH ☎ 89.76.83.35 — 20 CH. 80/130 F. MENU
59/165 F. PENSION 170/185 F. DEMI-PENSION 150/165 F. FERME 15 NOV./15 DEC. 🍴

GRAND BALLON (LE) (GOLDBACH) 68760 WILLER-SUR-THUR HAUT-RHIN 970 M. 190 HAB.

AF GOLDENMATT ROUTE DES CRETES Mme BUTTERLIN ☎ 89.82.32.86 — 12 CH. 90/270 F.
MENU 85/190 F. DEMI-PENSION 190/270 F. FERME 15 NOV./PAQUES. 🍴 ▨ ▨
⊕ E.

GRAND-BORNAND CHINAILLON (LE) 74450 GRAND-BORNAND HAUTE-SAVOIE 1300 M. 1419 HAB. S.I.

** LA CREMAILLERE M.GACHET ☎ 50.27.02.33 — 15 CH. 140/185 F. MENU 80/130 F. PEN-
SION 190/250 F. DEMI-PENSION 170/225 F. FERME 20 AVR./20 DEC. ▨ ▨ E.

** LE CORTINA M.DUSONCHET ☎ 50.27.00.22 — 30 CH. 200/240 F. MENU 70/210 F. PEN-
SION 225/270 F. DEMI-PENSION 205/250 F. FERME 31 AOUT/20 DEC., 20 AVR./1 JUIL. ▨
E ▨.

** LES FLOCONS ENVERS DU CHINAILLON M. PESSEY ☎ 50.27.00.89 — 18 CH. DEMI-PEN-
SION 260/290 F. OUVERT NOEL/PAQUES. ᖴ ᕐ ▨ ▨ E.

GRAND-BORNAND VILLAGE (LE) 74450 HAUTE-SAVOIE 1800 HAB. S.I.

** CROIX SAINT-MAURICE M. BAUGEY ☎ 50.02.20.05 — 21 CH. 142/210 F. MENU 72/90 F.
PENSION 205/278 F. DEMI-PENSION 185/250 F. FERME 20 AVR./20 JUIN, 10 SEPT./20 DEC.
RESTAURANT FERME 20 AVR./20 DEC. ETE: CHAMBRES ET PDC UNIQUEMENT. ▨.

** LES GLAIEULS M. BETEMPS ☎ 50.02.20.23 — 19 CH. 108/238 F. MENU 60/180 F. PEN-
SION 173/255 F. DEMI-PENSION 123/205 F. FERME 15 SEPT./20 DEC., 20 AVR./15 JUIN.
🍴 ᕐ ▨ E.

GRAND-LEMPS (LE) 38690 ISERE 480 M. 2000 HAB.

* DU PETIT PARIS RUE DE LA REPUBLIQUE M.UGNON-COUSSIOZ ☎ 76.55.80.25 — 14 CH.
85/120 F. MENU 45/90 F. PENSION 135/155 F. DEMI-PENSION 105/125 F. FERME 2/31 JUIL.
ET RESTAURANT FERME DIMANCHE SOIR. 🍴 ▨ E.

GRAND-PRESSIGNY (LE) 37350 INDRE-ET-LOIRE 1200 HAB. S.I.

* LE SAVOIE VILLARS MM. GATAULT ET RICHARD. ☎ 47.94.96.86 — 7 CH. 105/170 F.
MENU 58/125 F. PENSION 180 F. DEMI-PENSION 155 F. FERME 1/28 FEV. ET MARDI SOIR/
MERCREDI HS. ▨.

GRAND-SERRE (LE) 26530 DROME 450 M. 1000 HAB.

AF DES VOYAGEURS M.BERTRAND ☎ 75.68.83.53 — 9 CH. MENU 110/130 F. PENSION
150/180 F. FERME LUNDI. 🍴 ▨ ▨ ⊕ E.

GRAND-VABRE 12320 SAINT-CYPRIEN-SUR-DOURDOU AVEYRON 100 HAB. S.I.

** **AUX GORGES DU DOURDOU** M. CARRIER ☎ 65.69.83.03 – 16 CH. 140/180 F. MENU 60/150 F. PENSION 165/200 F. DEMI-PENSION 140/160 F. FERME 1 DEC./31 JANV. Ⓕ ▧ E.

* **HOSTELLERIE LE ROUCAN** M.GOUDY ☎ 65.69.85.44 – 8 CH. 80/145 F. MENU 65/90 F. PENSION 120/170 F. DEMI-PENSION 110/150 F. FERME 1 NOV./PAQUES.

GRANDCAMP-MAISY 14450 CALVADOS 1845 HAB. S.I.

AF **AU BON WEEK END** PLACE DE LA MAIRIE M. VOISIN ☎ 31.22.65.91/31.22.60.21 – 10 CH.
▱ 80/150 F. MENU 45/75 F. PENSION 160/190 F. DEMI-PENSION 130/150 F. FERME DIMANCHE OCT./MARS. ▧ Ⓐ E CV.

* **LA GRANDCOPAISE** RUE A. BRIAND M. MACE ☎ 31.22.63.44 – 18 CH. 85/130 F. MENU 44/130 F. PENSION 180 F. DEMI-PENSION 170 F. FERME 24 DEC./24 JANV., ET LUNDI. Ⓕ ▧ Ⓐ ◎ CV.

** **LE DUGUESCLIN** 4, QUAI CRAMPON M. BRARD ☎ 31.22.64.22 – 28 CH. 70/200 F. MENU 50/140 F. PENSION 185/210 F. DEMI-PENSION 120/160 F. FERME 20/27 OCT., 15 JANV./5 FEV. ▧ &.

GRANDCHAIN 27410 BEAUMESNIL EURE 200 HAB.

AF **AU JOYEUX NORMAND** M.BONTEMPS ☎ 32.44.47.16 – 5 CH. 70/98 F. MENU 50/105 F. PENSION 130/150 F. DEMI-PENSION 95 F. FERME 28 FEV./14 MARS, 4/19 SEPT., ET DIMANCHE SOIR/LUNDI SOIR.

GRANDE-RIVIERE 39150 SAINT-LAURENT-EN-GRANDVAUX JURA 900 M. 450 HAB.

** **DE L'ABBAYE** M.PIOT ☎ 84.60.11.15/84.60.87.01 – 27 CH. 75/183 F. MENU 46/115 F. PENSION 135/194 F. DEMI-PENSION 95/154 F. Ⓕ CV ▧.

GRANDFONTAINE 67130 SCHIRMECK BAS-RHIN 750 M. 300 HAB.

** **DU DONON** (AU COL). M.GUILLAUME ☎ 88.97.20.69 – 20 CH. 160/175 F. MENU 70/140 F. PENSION 200/220 F. DEMI-PENSION 170/180 F. FERME 20 NOV./15 DEC. ET JEUDI HS. Ⓕ ▧ Ⓐ ◎ E CV &.

GRANDRUPT-DE-SENONES 88210 SENONES VOSGES 56 HAB.

AF **LA ROSERAIE** Mme.MAIRE ☎ 29.57.62.92 – 7 CH. 85/100 F. MENU 60/120 F. PENSION 160/170 F. DEMI-PENSION 130/140 F. FERME JANV. ET MERCREDI. Ⓕ ▧.

GRANDVILLERS 88600 BRUYERES VOSGES 700 HAB.

* **DU COMMERCE** M. BASTIEN ☎ 29.65.71.17 – 8 CH. 70/82 F. MENU 42/65 F. PENSION 132/138 F. DEMI-PENSION 112/122 F. FERME 1/10 OCT., VENDREDI SOIR ET DIMANCHE SOIR EN HIVER. ▧ ▧ Ⓐ ◎ E.

GRANE 26400 CREST DROME 1200 HAB. S.I.

** **GIFFON** M. GIFFON & FILS ☎ 75.62.60.64/75.62.70.11 – 9 CH. 160/255 F. MENU 120/220 F. FERME 15 NOV./7 DEC., DIMANCHE SOIR ET LUNDI OCT./AVR. ET LUNDI EN SAISON SEULEMENT. ▧ ◎ E.

GRANGES-LES-BEAUMONT 26600 TAIN-L'HERMITAGE DROME 155 M. 600 HAB.

** **ROGER LANAZ** RN.532 Mme LANAZ ☎ 75.71.50.56 – 7 CH. 118/147 F. MENU 42/147 F. PENSION 220/258 F. DEMI-PENSION 178/255 F. FERME 1/10 MAI., 3/27 SEPT. ET SAMEDI. Ⓕ ▧ Ⓐ ◎ E &.

GRANGES-LES-VALENCE 07500 ARDECHE 9000 HAB.

** **NATIONAL** ROUTE DE PRIVAS M.REBOUL ☎ 75.41.65.33 TELEX 345744 – 52 CH. 160/210 F.
▱ MENU 66/85 F. DEMI-PENSION 152/215 F. RESTAURANT FERME MIDI TA SAUF RESERVATIONS + 10 PERS. ▰ ▧ & Ⓗ.

GRANGETTES (LES) 25160 MALBUISSON DOUBS 900 M. 140 HAB.

* **BON REPOS** M. DUFFAIT Claude ☎ 81.89.41.89 – 22 CH. 92/138 F. MENU 68/120 F. PENSION 172/206 F. DEMI-PENSION 145/173 F. FERME 1 OCT./20 DEC., 14/26 MARS., MARDI SOIR ET MERCREDI HS Ⓕ ▰ ◥ ▧ CV.

GRANVILLE 50400 MANCHE 13326 HAB. S.I.

** **NORMANDY-CHAUMIERE** 20, RUE P.-POIRIER M.DUGUE ☎ 33.50.01.71 – 7 CH. 105/250 F. MENU 68/147 F. PENSION 250/280 F. DEMI-PENSION 160/199 F. FERME 15/26 OCT., 19 DEC./5 JANV., MARDI SOIR ET MERCREDI HS ◥ ▧ E.

GRASSE 06130 ALPES-MARITIMES 45000 HAB. S.I.

** **LES AROMES** 115 ROUTE NATIONALE 85. M.ROUSSET ☎ 93.70.42.01 – 7 CH. 170/200 F. MENU 75/150 F. PENSION 250/265 F. DEMI-PENSION 180/195 F. FERME 1 DEC./1 FEV. ET RESTAURANT SAMEDI. ▧ Ⓐ ◎ E CV &.

* **LES PALMIERS** ROUTE NAPOLEON. Mme GARIN ☎ 93.36.07.24 – 11 CH. MENU 60 F. PENSION 182/214 F. DEMI-PENSION 142/182 F. FERME 26 SEPT./3 NOV.

GRAU-D'AGDE (LE) 34300 AGDE HERAULT 12768 HAB. S.I.

** **CHATEAU-VERT** QUAI COMMANDANT-MERIC M.CAUMIL ☎ 67.94.14.51 – 57 CH. 156/320 F.
▱ MENU 61/166 F. PENSION 229/281 F. DEMI-PENSION 170/222 F. FERME 1 OCT./15 MAI. ▰ ▧ E.

** **EL RANCHO** BD DU FRONT-DE-MER Mme REGOL ☎ 67.94.24.35 – 9 CH. 180 F. PENSION 218 F. DEMI-PENSION 170 F. FERME NOV. ▧ Ⓐ ◎ E CV.

GRAULHET 81300 TARN 15000 HAB. S.I.

** **LE GRANDGOUSIER** 6-8 PL.DU JOURDAIN M.FERNANDEZ ☎ 63.34.50.32 TELEX 521235 –
21 CH. 190/320 F. MENU 50/130 F. PENSION 250 F. DEMI-PENSION 200 F. 🏩 🖼 ◍
E CV 🖫.

GRAVE (LA) 05320 HAUTES-ALPES 1500 M. 600 HAB. S.I.

** **LA MEIJETTE** M et Mme JUGE ☎ 76.79.90.34 – 20 CH. 160/280 F. MENU 80/110 F. DEMI-
PENSION 190/250 F. FERME 30 SEPT./4 FEV., 20 AVR./1 JUIN ET MARDI HS. 🍴 CV ৬.

GRAVESON 13690 BOUCHES-DU-RHONE 2400 HAB. S.I.

** **MAS DES AMANDIERS** PROXIMITE N.570 M. BAYOL ☎ 90.95.81.76 – 21 CH. 195/270 F.
PENSION 320 F. FERME 1 NOV./1 MARS. 🖻 🕳 ⚲ 🛥 🏩 🖼 ◍ E CV
৬.

GRAY 70100 HAUTE-SAONE 12000 HAB. S.I.

** **BELLEVUE** 1, AV. CARNOT M.CARBONI ☎ 84.65.47.76 – 15 CH. 73/150 F. MENU
55/158 F. PENSION 180/205 F. DEMI-PENSION 131/152 F. FERME DEC. ET SAMEDI 1 NOV./30
MARS. 🛥 🏩 🖼 ◍ E CV.

** **LE FER A CHEVAL** 9 AV. CARNOT M.MORLOT ☎ 84.65.32.55 – 46 CH. 130/195 F. FERME
24 DEC./4 FEV. 🛥 ✕ 🏩 🖼 ◍ E.

GREALOU 46160 CAJARC LOT 214 HAB.

** **LES QUATRE VENTS** M.BALAT ☎ 65.40.68.71 – 10 CH. 140/160 F. MENU 60/150 F.
PENSION 160/180 F. FERME 1/15 FEV. ET 1/15 SEPT. 🛥 🍴.

GRENADE-SUR-L'ADOUR 40270 LANDES 2130 HAB. S.I.

* **DE FRANCE** PLACE DES TILLEULS M. BERNADET ☎ 58.45.19.02 – 7 CH. 80/135 F. MENU
50/135 F. PENSION 150/185 F. DEMI-PENSION 120/145 F. FERME 5/20 JANV. ET MARDI 15
SEPT./15 JUIN. 🖻 🏩 E.

GRENDELBRUCH-MUCKENBACH 67190 MUTZIG BAS-RHIN 700 M.
1100 HAB. S.I.

* **HIMBER** 7 RUE UNTERHOF Mme HIMBER ☎ 88.97.42.62 – 8 CH. 120/180 F. MENU
80/160 F. PENSION 165/200 F. DEMI-PENSION 130/150 F. FERME LUNDI. 🖻 🛥 CV.

GREOLIERES 06620 LE-BAR-SUR-LOUP ALPES-MARITIMES 295 HAB. S.I.

** **DOMAINE DU FOULON** M. SOUBRIER ☎ 93.59.95.02 – 13 CH. 160/200 F. MENU
88/250 F. PENSION 210/230 F. DEMI-PENSION 160/200 F. FERME 15 NOV./15 DEC. ET LUNDI
14H/MERCREI 8H. 🖻 🏩 ◍ E.

GRESSE-EN-VERCORS 38650 MONESTIER-DE-CLERMONT ISERE 1205 M.
250 HAB. S.I.

** **LE CHALET** M.PRAYER ☎ 76.34.32.08 – 31 CH. 130/250 F. MENU 67/200 F. PENSION
☐ 240/280 F. DEMI-PENSION 210/250 F. FERME 17 OCT./22 DEC. ET 18 AVR./11 MAI. 🖻
🛥 ⚲ 🛥 🍴 🖼 E CV.

** **ROCHAS** Mme ROCHAS ☎ 76.34.31.20 – 8 CH. 95/180 F. MENU 85/160 F. PENSION 190 F.
☐ DEMI-PENSION 165 F. FERME NOV./20 DEC. 🛥 🍴 E.

GREZ-NEUVILLE 49220 LE LION-D'ANGERS MAINE-ET-LOIRE 850 HAB.

AF **LE CHEVAL BLANC** M. HANOL ☎ 41.95.35.07 – 8 CH. 90/200 F. MENU 88/160 F. PEN-
SION 180/200 F. FERME SEPT., ET LUNDI. 🖻 🍴 🏩 E.

GRIGNOLS 24110 SAINT-ASTIER DORDOGNE 500 HAB.

AF **AU BON ACCUEIL** M.ALANOU ☎ 53.54.28.35 – 6 CH. 60/95 F. MENU 70 F. PENSION
150 F. DEMI-PENSION 110 F. 🍴.

GRIGNON-VIEILLES-MAISONS 45260 LORRIS LOIRET 353 HAB.

* **LES 3 ECLUSES** Mme CLAIRET ☎ 38.92.42.54 – 6 CH. 50/120 F. MENU 160 F. DEMI-
PENSION 130 F. FERME 1 DEC./1 MARS, LUNDI SOIR ET MARDI.

GROLEJAC 24250 DORDOGNE 600 HAB.

** **LE GRILLARDIN** M. GIRAUD ☎ 53.28.11.02 – 14 CH. 100/185 F. MENU 55/110 F. PEN-
☐ SION 150/200 F. DEMI-PENSION 120/165 F. FERME VAC. TOUSSAINT, VAC. FEV., ET MER-
CREDI. 🍴 🏩 🖼 ◍ E.

GROSBLIEDERSTROFF 57520 MOSELLE 4000 HAB.

AF **BOLAY** 35, RUE DE LA REPUBLIQUE M. BOLAY ☎ 87.09.01.13 – 6 CH. 70/120 F. MENU
52/160 F. DEMI-PENSION 125/145 F. FERME 15 JUIL./1 AOUT, 15 JANV./1 FEV. ET VENDREDI.
🖻 🏩 🖼 E.

GRUFFY 74540 ALBY-SUR-CHERAN HAUTE-SAVOIE 565 M. 530 HAB.

* **DE LA POSTE** M.GUEVIN ☎ 50.68.14.04/50.77.50.89 – 15 CH. 80/150 F. MENU 42/95 F.
PENSION 135/170 F. DEMI-PENSION 110/140 F. FERME OCT., ET MERCREDI HS. 🛥 🏩
E.

GRUISSAN 11170 AUDE 1270 HAB. S.I.

** **CORAIL** M. BOUSQUET ☎ 68.49.04.43 – 32 CH. 200/260 F. MENU 52/130 F. PENSION
255/290 F. DEMI-PENSION 200/225 F. FERME 5 OCT./15 FEV. 🖻 🏩 🖼 E
CV ৬ 🖫.

GRUISSAN-PLAGE 11430 GRUISSAN AUDE 1270 HAB. S.I.

** **LE FLORIDE** SUR LA PLAGE M. ALQUIER ☎ 68.49.04.06 – 33 CH. 200/300 F. MENU 60 F.
PENSION 230 F. DEMI-PENSION 175 F. FERME 15 SEPT./15 AVR. 🖻 CV ৬.

** **LE TAHITI** 1, RANGEE N[1. Mme ALQUIER ☎ 68.49.22.28 TELEX 505539 – 32 CH.
200/240 F. MENU 60/120 F. PENSION 230/250 F. DEMI-PENSION 175/195 F. FERME 5
JANV./31 MARS PISCINE INTERIEUR D'EAU DE MER CHAUFFEE. 🖻 🏩 🖼 ◍
E CV ৬ 🖫.

GUE-CHERVAIS (LE) 03300 CUSSET ALLIER 6 HAB.

AF AUBERGE DU GUE-CHERVAIS M.POIRIER ☎ 70.41.80.69 – 6 CH. 90/100 F. MENU 65/100 F. PENSION 160/170 F. DEMI-PENSION 130/140 F. ⛟.

GUEBERSCHWIHR 68420 HERRLISHEIM-PRES-COLMAR HAUT-RHIN 727 HAB.

** AU RELAIS DU VIGNOBLE 13, RUE DES FORGERONS. M. ROTH ☎ 89.49.22.22 – 30 CH. 160/300 F. MENU 80/180 F. PENSION 250/300 F. DEMI-PENSION 200/250 F. FERME 1 FEV./8 MARS. RESTAURANT FERME JEUDI. ⌧ E C V ⅃ ▣.

GUEBWILLER 68500 HAUT-RHIN 13000 HAB. S.I.

** D'ALSACE 140, RUE DE LA REPUBLIQUE M.MARK ☎ 89.76.83.02 – 29 CH. 60/168 F. ⌑ MENU 35/180 F. PENSION 150/185 F. DEMI-PENSION 130/165 F. RESTAURANT FERME 1/28 DEC., ET VENDREDI 15H/SAMEDI 17H. ⌧ E ⅃ ▣.

** DU LAC RUE DE LA REPUBLIQUE M.MAS ☎ 89.76.63.10 – 43 CH. 160/220 F. MENU 38/150 F. PENSION 220/230 F. DEMI-PENSION 180/190 F. RESTAURANT FERME LUNDI. ▣ ⚲ ✔ ⌧ ⏻ E.

GUEMENE-SUR-SCORFF 56160 MORBIHAN 2100 HAB.

* LE BRETAGNE M. HAMONIC ☎ 97.51.20.08 – 18 CH. 85/150 F. MENU 40/120 F. PEN-SION 179/199 F. DEMI-PENSION 139/159 F. FERME SAMEDI HS. ▣ ⚲ ⌧ ⏻ E.

GUERANDE 44350 LOIRE-ATLANTIQUE 10000 HAB. S.I.

* LES FLORALIES. LE DE D'ARGENT CHEMIN DU PRADILLON M.COGREL ☎ 40.24.90.17/40.24.96.50 – 7 CH. 130/180 F. MENU 60/150 F. PENSION 200 F. ⌧ CV.

** LES VOYAGEURS PLACE DU 8 MAI. M. SALAUN ☎ 40.24.90.13 – 12 CH. 225/255 F. MENU 49/115 F. DEMI-PENSION 220/280 F. FERME 20 DEC./1 FEV., ET LUNDI SAUF JUIL-L./AOUT. PARKING. ⌧ ⏻ E.

GUERCHE-SUR-L'AUBOIS (LA) 18150 CHER 3300 HAB. S.I.

** LE BERRY 12 RUE JEAN JAURES M.LEFRANCOIS ☎ 48.74.00.41/48.74.17.93 – 7 CH. 130/240 F. MENU 68/110 F. PENSION 180/200 F. DEMI-PENSION 150/180 F. FERME 20 DEC./5 JANV., ET VENDREDI SOIR HS. ⛟ ⌧ E.

GUERET 23000 CREUSE 450 M. 17000 HAB. S.I.

** AUCLAIR 19, AV. DE LA SENATORERIE Mme.PASQUET ☎ 55.52.01.26 – 33 CH. 100/255 F. MENU 55/160 F. PENSION 182/316 F. DEMI-PENSION 127/232 F. FERME 15 JANV./15 FEV. ET RESTAURANT FERME DIMANCHE SOIR ET LUNDI MIDI OCT./JUIN. ▣ ⚲ ▨ ⏻ E.

** DU NORD** 1,BD DE LA GARE M.FOUCHE ☎ 55.52.71.85 – 20 CH. 68/140 F. MENU 49/105 F. PENSION 170/190 F. DEMI-PENSION 145/180 F. FERME 25 JUIL./15 AOUT., 2 SEMAINES FIN DEC., SAMEDI SOIR ET DIMANCHE. ⚲ ⛟ ⌧ E C V.

* L'UNIVERS 8,RUE DE L'ANCIENNE-MAIRIE M.LALOZE ☎ 55.52.02.03 – 7 CH. 75/140 F. ⌑ MENU 52/170 F. PENSION 170/210 F. DEMI-PENSION 130/180 F. FERME 30 JUIN/14 JUIL. ET LUNDI. ⌧ E ⅃.

* MODERN'HOTEL 1, AV. PIERRE-LEROUX M.DELEAGE ☎ 55.52.13.34 – 16 CH. 75/150 F. MENU 54/152 F. PENSION 140/220 F. DEMI-PENSION 110/140 F. FERME 15/30 JUIN, VEN-DREDI SOIR ET SAMEDI OCT./MAI. ▣.

GUERET (GLENIC) 23380 AJAIN CREUSE 532 HAB. S.I.

** LE MOULIN NOYE Mme LONSAGNE ☎ 55.52.09.11 TELEX 580064 – 18 CH. 96/185 F. ⌑ MENU 58/180 F. PENSION 210/250 F. DEMI-PENSION 165/205 F. RESTAURANT FERME LUNDI. ▣ ⚲ ⌧ CV.

GUERLESQUIN 29248 FINISTERE 1800 HAB. S.I.

*. DES MONTS D'ARREE 14 RUE DU DOCTEUR QUERE Mme GUEGUEN ☎ 98.72.80.44 – 22 CH. 90/220 F. MENU 60/130 F. PENSION 170/230 F. DEMI-PENSION 140/190 F. FERME 11 DEC./4 JANV., DIMANCHE SOIR ET SOIRS FERIES. ⛟ ⌧ E C V.

GUEUGNON 71130 SAONE-ET-LOIRE 11000 HAB.

** DU CENTRE 34, RUE DE LA LIBERTE. M. VEZANT ☎ 85.85.21.01 – 17 CH. 90/180 F. MENU 55/150 F. PENSION 180/200 F. DEMI-PENSION 140/150 F. FERME 11/31 JUIL., 22/28 FEV. ET DIMANCHE SOIR. ⚲ ⌧ ▨ ⏻ E.

** RELAIS BOURGUIGNON 47, RUE DE LA CONVENTION M.VAN DEN ABEELE ☎ 85.85.25.23 – 8 CH. 130/150 F. MENU 75/230 F. FERME 20 FEV./1 MARS, 1/23 AOUT, DIMANCHE SOIR ET LUNDI. PARKING PRIVE + 4 GARAGES FERMES. ▣ ⚲ ⌧ ▨ ⏻ E.

GUICHEN 35580 ILLE-ET-VILAINE 5000 HAB.

** DU COMMERCE 34, RUE DU GENERAL LECLERC M.BERTIN ☎ 99.57.01.14/99.57.03.41 – 14 CH. 95/192 F. MENU 43/130 F. PENSION 175/190 F. DEMI-PENSION 140/180 F. FERME 7/22 AOUT ET RESTAURANT FERME SAMEDI. ▣ ⚲ ⌧ E C V.

GUIDEL-PLAGE 56520 GUIDEL MORBIHAN 6000 HAB.

* L'AUBERGE DU POULDU M. CADIEU ☎ 97.05.98.39 – 18 CH. 110/180 F. MENU 70/130 F. PENSION 180/230 F. DEMI-PENSION 150/200 F. FERME 2 NOV./VAC. PAQUES, ET MARDI. ▣ ⚲ ▨ ⏻ E C V.

GUILLAUMES 06470 ALPES-MARITIMES 800 M. 500 HAB. S.I.

AF LES CHAUDRONS M. MALHAUTIER ☎ 93.05.50.01 – 10 CH. 85/130 F. MENU 60/110 F. PENSION 150/180 F. DEMI-PENSION 120/150 F. FERME 1/31 JANV. ET MERCREDISOIR/JEUDI SOIR INCLUS. ▣.

GUILLESTRE 05600 HAUTES-ALPES 1000 M. 2000 HAB. S.I.

** BERARD (MAISON DU ROY). M. BERARD ☎ 92.45.08.34/92.45.16.01 – 30 CH. 200/296 F. ⌑ MENU 60/130 F. PENSION 250/270 F. DEMI-PENSION 225/250 F. FERME NOV. ET 1/8 MAI. ⚲ ⌧ ⏻ E C V.

GUILLESTRE (suite)

** **LE CATINAT FLEURI** Mme DOMENY ☎ 92.45.07.62 – 16 CH. 200/230 F. MENU 55/80 F. PENSION 190/210 F. DEMI-PENSION 165/185 F. 🏖 ♂ ☲ ⓜ CV.

GUILLIERS 56490 MORBIHAN 1300 HAB.

** **AU RELAIS DU PORHOET** 11 PLACE DE L'EGLISE M.COURTEL ☎ 97.74.40.17 – 13 CH. 100/160 F. MENU 55/160 F. PENSION 210/300 F. DEMI-PENSION 170/260 F. 🄵 ☲ 🄰4 ⓜ E CV.

GUILVINEC (LE) 29115 FINISTERE 5000 HAB. S.I.

* **DU CENTRE** M.LE LANN ☎ 98.58.10.44 – 18 CH. 94/172 F. MENU 55/180 F. PENSION ☞ 180/230 F. DEMI-PENSION 150/195 F. FERME 1/29 FEV., ET LUNDI NOV./MARS. 🄵 ☲ E CV.

H

HABAS 40290 LANDES 1383 HAB. S.I.

LA BERGERIE M.LASSERRE ☎ 58.98.03.85 – 7 CH. 170 F. MENU 100/140 F. PENSION 190/230 F. DEMI-PENSION 120 F. FERME 15 NOV./15 MARS ET LUNDI. ♿.

HABERE-LULLIN 74420 BOEGE HAUTE-SAVOIE 850 M. 400 HAB.

* **AUX TOURISTES** Mme CHENEVAL-PALLUD ☎ 50.39.50.42 – 20 CH. 120/150 F. MENU ☞ 60/160 F. PENSION 155/180 F. DEMI-PENSION 145/170 F. FERME 15 OCT./15 DEC., ET MER-CREDI. 🍴 ☲ ⓜ E ♿.

HABERE-POCHE 74420 BOEGE HAUTE-SAVOIE 1116 M. 460 HAB. S.I.

* **LE GAI LOGIS** (AU COL DE COU). M.POMEL ☎ 50.39.52.35 – 11 CH. 90/180 F. MENU 70/140 F. PENSION 170/215 F. DEMI-PENSION 145/190 F. FERME 18 AVR./11 JUIN, 1 OCT./19 DEC. ☲ E.

HABITARELLE (L') 48170 CHATEAUNEUF-DE-RANDON LOZERE 1180 M. 40 HAB. S.I.

* **DE LA POSTE** M. LAURENS ☎ 66.47.90.05 – 23 CH. 75/138 F. MENU 44/120 F. PENSION 138/180 F. DEMI-PENSION 105/132 F. FERME 15 DEC./31 JANV., MARDI SOIR ET MERCREDI MIDI HS. 🏖 ☲ E.

HACHIMETTE 68650 LAPOUTROIE HAUT-RHIN 410 HAB. S.I.

** **A LA BONNE TRUITE** 5 RUE PRINCIPALE M. ZAVIALOFF ☎ 89.47.50.07 – 10 CH. 110/180 F. MENU 58/180 F. DEMI-PENSION 135/160 F. FERME 2 JANV./6 FEV., 29 FEV./25 MARS, MARDI ET MERCREDI 1 OCT./31 MAI. ☲ E.

HAGENTHAL-LE-BAS 68220 HEGENHEIM HAUT-RHIN 800 HAB.

* **JENNY** M.KOEHL ☎ 89.68.50.09 – 10 CH. 95/145 F. MENU 90/220 F. PENSION 160/190 F. DEMI-PENSION 140/170 F. FERME 9 JANV./9 FEV. RESTAURANT FERME MERCREDI. 🄵 🏖 ☲ 🄰4 ⓜ E CV.

HAGETMAU 40700 LANDES 5000 HAB. S.I.

* **LA CREMAILLERE** ROUTE D'ORTHEZ M. BOURDIEU. ☎ 58.79.31.93 – 9 CH. 83/90 F. ☞ MENU 59/79 F. PENSION 140/170 F. DEMI-PENSION 120/140 F. 🄵 🏖 ☲ CV.

SYLVIA M.GAILLET ☎ 58.79.33.05 – 7 CH. 65/200 F. MENU 50 F. PENSION 140 F. DEMI-PENSION 125 F. FERME SAMEDI HS. 🄵 🏖 ☲.

HALLUIN 59250 NORD 16448 HAB. S.I.

** **SAINT-SEBASTIEN** 15-17, PLACE DE L'ABBE BONPAIN. Mme LIEVENS-LOOTENS ☎ ☞ 20.94.21.68/20.94.25.28 – 10 CH. 192/245 F. MENU 60/115 F. PENSION 270 F. DEMI-PEN-SION 245/270 F. RESTAURANT FERME MERCREDI. ☲ 🄰4 ⓜ E CV.

HARTMANNSWILLER 68500 GUEBWILLER HAUT-RHIN 466 HAB.

** **MEYER** 49 RTE DE CERNAY M. MEYER. ☎ 89.76.73.14 – 18 CH. 140/220 F. PENSION 70/250 F. DEMI-PENSION 175/250 F. RESTAURANT FERME VENDREDI. 🏖 🐄 ☲ E.

HASPARREN 64240 PYRENEES-ATLANTIQUES 5400 HAB. S.I.

** **BERRIA** RUE FRANCIS JAMMES M. MARCARIE ☎ 59.29.61.85 – 20 CH. 80/150 F. MENU 60/80 F. PENSION 190/210 F. DEMI-PENSION 130/160 F. FERME 10/31 OCT. ET MARDI 1 NOV./31 MAI. 🄵 🏖 ☲.

HAUTERIVES 26390 DROME 1125 HAB. S.I.

** **LE RELAIS** M.GRAILLAT ☎ 75.68.81.12 – 17 CH. 80/150 F. MENU 50/160 F. FERME 15 JANV./28 FEV., DIMANCHE SOIR ET LUNDI. 🍴 ☲ 🄰4 ⓜ E CV.

HAUTES-RIVIERES (LES) 08800 MONTHERME ARDENNES 2500 HAB.

* **AUBERGE EN ARDENNE** 15 RUE DE L'HOTEL DE VILLE M.BROUET LAIME ☎ 24.53.41.93 – 13 CH. 65/129 F. MENU 45/70 F. PENSION 132 F. DEMI-PENSION 116 F. FERME 15/31 AOUT ET DIMANCHE HS. 🍴 ☲ 🄰4 E.

HAUTEVILLE-LES-DIJON 21121 FONTAINE-LES-DIJON COTE-D'OR 950 HAB.

** **LA MUSARDE** 7, RUE DES RIOTTES. M. OGE ☎ 80.56.22.82 – 10 CH. 100/192 F. MENU ☞ 72/160 F. PENSION 250/322 F. DEMI-PENSION 190/260 F. FERME DIMANCHE SOIR ET LUNDI. 🄵 ☲ E CV.

HAUTEVILLE-LOMPNES 01110 AIN 850 M. 5000 HAB. S.I.

*AF AUBERGE DU COL DE LA LEBE M. CLERC ☎ 79.87.64.54 – 7 CH. 95/135 F. MENU 90/160 F. PENSION 190/210 F. DEMI-PENSION 155/165 F. FERME 5/15 JANV.,20/30 JUIN,10/20 SEPT.,15/30 NOV.,LUNDI ET MARDI. FERME MARDI JUIL. ET AOUT. Ⓕ ⚞ E.

** LA CHAPELLE RUE DE LA CHAPELLE M.CLERC ☎ 74.35.20.11 – 20 CH. 116/198 F. MENU 70/130 F. PENSION 195/215 F. DEMI-PENSION 152/199 F. FERME VACANCES SCOLAIRES TOUSSAINT ET MERCREDI. ⚞ E.

HAUTEVILLE-SUR-MER 50590 MONTMARTIN-SUR-MER MANCHE 597 HAB. S.I.

** DE LA PLAGE M. PAISNEL ☎ 33.47.52.33 – 12 CH. 100/240 F. MENU 85/180 F. FERME 2 1ERES SEM. OCT., 15 JANV./15 FEV., ET MARDI. ⚞ Ⓐ ⦿ E.

HAYBES-SUR-MEUSE 08170 FUMAY ARDENNES 2500 HAB. S.I.

* JEANNE D'ARC 32, GRANDE RUE Mme.AVEZARD ☎ 24.41.11.44 – 13 CH. 55/70 F. MENU 60/150 F. PENSION 150/170 F. DEMI-PENSION 125/135 F. FERME 22 DEC./5 JANV., VENDREDI SOIR ET DIMANCHE SOIR HS. Ⓕ.

* ROBINSON Mme.CANU ☎ 24.41.11.73 – 9 CH. 75/93 F. MENU 55/180 F. PENSION 155/165 F. DEMI-PENSION 140/155 F. FERME 20 DEC./5JANV., LUNDI, VENDREDI SOIR ET SAMEDI SOIR. Ⓕ ⚞ E.

* SAINT HUBERT 47, GRANDE RUE. M. JACQUES ☎ 24.41.11.38 – 10 CH. 90/200 F. MENU 55/150 F. PENSION 170/200 F. DEMI-PENSION 155/180 F. Ⓕ ⚞ E.

HAYE-DU-PUITS (LA) 50250 MANCHE 1714 HAB. S.I.

* LE HAYTILLON M.LECENNE ☎ 33.46.10.33 – 11 CH. 85/185 F. MENU 65/175 F. DEMI-PENSION 160/220 F. FERME 15J. MARS, 15J. 1ERE SEM. OCT., 1ERE SEM. JANV. DIMANCHE SOIR ET LUNDI. ⚞ Ⓐ ⦿ E.

HEDE 35630 ILLE-ET-VILAINE 749 HAB. S.I.

** LE VIEUX MOULIN MME PIRO ☎ 99.45.45.70 – 12 CH. 120/235 F. DEMI-PENSION 180/220 F. FERME 23 DEC./23 JANV., DIMANCHE SOIR ET LUNDI. ⚞ Ⓐ ⦿ E.

HEMING 57830 MOSELLE 506 HAB.

* AUBERGE ALSACIENNE M. HABERMEYER ☎ 87.25.00.10 – 9 CH. 80/160 F. MENU 70/160 F. PENSION 180 F. FERME 15 JUIL./1 AOUT ET SAMEDI.

HENDAYE 64700 PYRENEES-ATLANTIQUES 13000 HAB. S.I.

* CHEZ ANTOINETTE PL. PELLOT M.HARAMBOURE ☎ 59.20.08.47 – 24 CH. 100/150 F. MENU 80/90 F. PENSION 180/200 F. DEMI-PENSION 150/175 F. FERME 20 SEPT./1 JUIN. ⚞ E CV.

HENDAYE-PLAGE 64700 HENDAYE PYRENEES-ATLANTIQUES 11000 HAB. S.I.

** GITANILLA 52 Bd GENERAL LECLERC M.HARAMBOURE ☎ 59.20.04.65 – 7 CH. 140/250 F. MENU 90 F. DEMI-PENSION 170/180 F. FERME 15 OCT./30 NOV., DIMANCHE SOIR ET LUNDI. ⚞ Ⓐ ⦿ E.

HENNEBONT 56700 MORBIHAN 14000 HAB. S.I.

** AUBERGE DE TOUL DOUAR ANCIENNE ROUTE DE LORIENT M.KERVARREC ☎ 97.36.24.04 – 32 CH. 83/166 F. MENU 54/160 F. PENSION 208/291 F. DEMI-PENSION 156/240 F. FERME 1 SEM. NOV., 3 SEM. FEV., DIMANCHE SOIR ET LUNDI. Ⓕ ⚞ Ⓐ ⦿ E CV.

HERBAULT 41190 LOIR-ET-CHER 1100 HAB.

AF AUBERGE DES TROIS MARCHANDS 34 PLACE DE L'HOTEL DE VILLE M. CUVIER ☎ 54.46.12.18 – 7 CH. 72/102 F. MENU 58/168 F. FERME 1/30 DEC., ET LUNDI SOIR/MARDI SOIR. ⚞ ⦿ E.

HERBIERS (LES) 85500 VENDEE 11100 HAB. S.I.

** CHEZ CAMILLE (A ARDELAY) M. MASSE ☎ 51.91.07.57 – 13 CH. 150/195 F. MENU 48/98 F. DEMI-PENSION 185 F. Ⓕ ⚞ Ⓐ ⦿ E CV ♿.

* DU CENTRE 6, RUE DE L'EGLISE M.MORILLON ☎ 51.67.01.75 – 8 CH. 90/150 F. MENU 50/140 F. PENSION 200/260 F. DEMI-PENSION 150/210 F. FERME 1/18 AOUT, 23/31 DEC., VENDREDI SOIR, SAMEDI ET DIMANCHE SOIR 1 SEPT./31 MAI. ⚞ Ⓐ E. .

HERICOURT 70400 HAUTE-SAONE 10082 HAB.

* DEUX CLEFS 67, RUE G.-DE-GAULLE M.BOIVIN ☎ 84.46.06.66 – 15 CH. 75/135 F. MENU 40/120 F. PENSION 140/170 F. DEMI-PENSION 120/140 F. FERME 10 DEC./10 JANV. ET SAMEDI. Ⓕ ⚟ ⚞ E CV.

* DU CENTRE 13, RUE J.-JAURES M.BELLECULLE ☎ 84.46.03.14 – 10 CH. 65/110 F. FERME DIMANCHE. ⚞ E.

HERICOURT-EN-CAUX 76560 DOUDEVILLE SEINE-MARITIME 780 HAB.

* AUBERGE DE LA DURDENT Mme LEBARQ ☎ 35.96.42.44 – 15 CH. 125/135 F. MENU 44/120 F. PENSION 185 F. DEMI-PENSION 160 F. FERME 10/30 OCT. ET 10/28 FEV. Ⓕ ⚞ E.

HERM 40990 DAX LANDES 700 HAB.

* DE LA PAIX M.JUNCA ☎ 58.91.52.17 – 10 CH. 110/130 F. MENU 50/180 F. PENSION 160/180 F. DEMI-PENSION 140/160 F. FERME JANV. ET LUNDI. ⚞ E.

* DE LA POSTE M. KURYLAK ☎ 58.91.51.51 – 8 CH. 80/130 F. MENU 58/105 F. DEMI-PENSION 110/140 F. FERME 1/28 FEV. Ⓕ.

AF LA BERGERIE Mme PUYOBRAU ☎ 58.91.52.28 – 8 CH. 65/100 F. MENU 55/90 F. PENSION 130/155 F. DEMI-PENSION 95/110 F. FERME 24 DEC./4 JANV. ⚞ Ⓐ ⦿ E.

HERMANVILLE-SUR-MER 14880 CALVADOS 1300 HAB. S.I.

* **DE LA BRECHE** M. BOUCHER ☎ 31.97.20.40 − 21 CH. 108/150 F. MENU 67/110 F. PEN-SION 193/213 F. DEMI-PENSION 142/160 F. FERME 11 NOV./1 MARS, ET LUNDI HS. ⚐ 🎟 CV.

HERMENT 63470 823 PUY-DE-DOME 370 HAB. S.I.

** **SOUCHAL** M. SOUCHAL ☎ 73.22.10.55 − 17 CH. 70/150 F. MENU 40/120 F. PENSION 125/150 F. DEMI-PENSION 110/135 F. ⚐ 🎟 🖼 ⊕ E CV.

HEROUVILLE-CANAL 14200 CALVADOS 3000 HAB.

* **ESPERANCE** 512, RUE ABBE ALIX. M. PAIRE ☎ 31.44.97.10 − 10 CH. 100/120 F. MENU 48/130 F. PENSION 150/210 F. DEMI-PENSION 150/180 F. FERME 9/31 AOUT ET LUNDI. ⚐ 🎟.

HERY (LES BAUDIERES) 89550 YONNE 150 HAB.

* **LES BAUDIERES** M. LARUE ☎ 86.40.11.51 − 8 CH. 145/165 F. MENU 80/210 F. PENSION 255 F. DEMI-PENSION 195 F. FERME LUNDI EN SAISON, DIMANCHE SOIR ET LUNDI HS. 🎟 E ⅄.

HESDIN 62140 PAS-DE-CALAIS 3500 HAB. S.I.

** **DES FLANDRES** M.PERSYN ☎ 21.86.80.21 − 14 CH. 90/290 F. MENU 55/175 F. FERME 20 DEC./10 JANV. ⚐ 🎟.

*AF **LA CHOPE** 48, RUE D'ARRAS. M. SAMPER-DEMAN ☎ 21.86.82.73 − 7 CH. 105/165 F. MENU 68/175 F. PENSION 200/250 F. DEMI-PENSION 175/220 F. FERME 24 DEC./2 JANV., ET VENDREDI 15 SEPT./15 JUIN, SAUF RESERVATIONS. 🅵 🛏 🎟 🖼 ⊕ CV.

HESDIN-L'ABBE 62360 PONT-BRIQUES-SAINT-ETIENNE PAS-DE-CALAIS 1556 HAB.

*** **CLERY - CHATEAU D'HESDIN-L'ABBE** M. OSSELAND ☎ 21.80.64.31 TELEX 135 349 − 18 CH. 220/435 F. MENU 100/160 F. DEMI-PENSION 350/625 F. 🅵 ♂ 🐄 🎟 🖼.

HEUDICOURT 55210 VIGNEULLES LES HATTON CHATEL MEUSE 150 HAB.

** **DU LAC DE MADINE** M.DRAPIER ☎ 29.89.34.80 − 30 CH. 90/220 F. MENU 58/160 F. DEMI-PENSION 165/215 F. FERME 2 JANV./1 MARS, ET LUNDI HS. ⅄.

HOHRODBERG 68140 MUNSTER HAUT-RHIN 750 M. 120 HAB.

** **PANORAMA** 3 ROUTE DU LINGE M. MAHLER ☎ 89.77.36.53 − 15 CH. 110/220 F. MENU 68/135 F. PENSION 200/230 F. DEMI-PENSION 150/180 F. FERME 4/31 JANV., ET MERCREDI MIDI SAUF JUIL./AOUT. 🅵 ⚐ 🛏 🎟 E.

** **ROESS** 16 ROUTE DU LINGE M.ROESS ☎ 89.77.36.00 − 24 CH. 105/220 F. MENU 75/155 F. PENSION 205/250 F. DEMI-PENSION 180/225 F. FERME 7 NOV./17 DEC. 🅵 ⚐ 🐄 🎟 E ⅄.

HOHWALD (LE) 67140 BARR BAS-RHIN 750 M. 400 HAB. S.I.

** **MARCHAL** M. MARCHAL ☎ 88.08.31.04 − 15 CH. 120/220 F. MENU 75/95 F. PENSION 180/230 F. DEMI-PENSION 160/200 F. FERME 5 NOV./26 DEC. ET MARDI. 🅵 🎟 E.

* **ZUNDELKOPF** 2, RUE DU ZUNDELKOPF M.BACHER ☎ 88.08.30.41 − 12 CH. 110/210 F. PENSION 170/200 F. DEMI-PENSION 150/180 F. FERME 9/21 MARS ET 7 NOV./15 DEC. SAUNA.

HOMPS 32120 MAUVEZIN GERS 115 HAB.

AF **AUBERGE DES CARDAYRES** M. RAULIER ☎ 62.06.95.11 − 3 CH. 150 F. MENU 78/180 F. PENSION 220 F. DEMI-PENSION 170 F. RESTAURANT FERME MERCREDI. 🐄.

HONFLEUR 14600 CALVADOS 10000 HAB. S.I.

AF **DE LA CLAIRE** 77, COURS ALBERT MANUEL. Mme LEBAS ☎ 31.89.05.95 − 13 CH. 110/230 F. MENU 75/130 F. PENSION 210/250 F. DEMI-PENSION 150/190 F. FERME 15 NOV./1 AVR. ⚐ ⅄.

AF **DES PELERINS** 6, RUE DES CAPUCINS M. DELAUNEY ☎ 31.89.19.61 − 12 CH. 100/221 F. MENU 80/120 F. PENSION 239/250 F. DEMI-PENSION 190/200 F. FERME 1/31 JANV., ET MER-CREDI 1 SEPT./15 JUIL. RESTAURANT FERME 1 DEC./31 JANV. 🐄 E CV ⅄.

* **FERME DE LA GRANDE COUR** (A EQUEMAUVILLE). M. SALOMON ☎ 31.89.04.69 − 13 CH. 121/292 F. MENU 100/190 F. PENSION 275/390 F. DEMI-PENSION 210/325 F. FERME JANV. RESTAURANT FERME MERCREDI HS. 🎟.

** **LE BELVEDERE** 36, ROUTE EMILE-RENOUF M. HAUBOURDIN ☎ 31.89.08.13 − 10 CH. 110/190 F. MENU 80/190 F. PENSION 150/200 F. FERME 15 NOV./15 DEC., 8/20 JANV., ET LUNDI MIDI. 🎟 E.

HOPITAL-SAINT-JEAN (L') 46600 MARTEL LOT 530 HAB.

AF **PARLANGE** M.GOURSAT ☎ 65.37.70.22 − 5 CH. 90/105 F. MENU 55/120 F. PENSION 130/160 F. DEMI-PENSION 130/140 F. FERME 30 OCT./1 AVR. ET RESTAURANT FERME LUNDI. 🅵 🛏 🎟 🖼 ⊕ E.

HOPITAL-SUR-RHINS (L') 42132 SAINT-CYR-DE-FAVIERES LOIRE 600 HAB.

** **LE FAVIERES** M. VELUIRE ☎ 77.64.80.30 − 14 CH. 102/170 F. MENU 59/180 F. FERME DIMANCHE SOIR/LUNDI MIDI DU 1 NOV./30 AVR. 🅵 ⚐ 🎟.

HOPITAUX-NEUFS (LES) 25370 DOUBS 1000 M. 270 HAB. S.I.

** **ROBBE** M. ROBBE ☎ 81.49.11.05 − 20 CH. 100/140 F. MENU 52/80 F. PENSION 150/200 F. DEMI-PENSION 130/170 F. FERME 15 AVR./25 JUIN, 10 SEPT./20 DEC. ⚐ 🐄 🎟 E.

VIVE LA LIBERTÉ

RENAULT
EURODRIVE

RENAULT 5

RENAULT TT

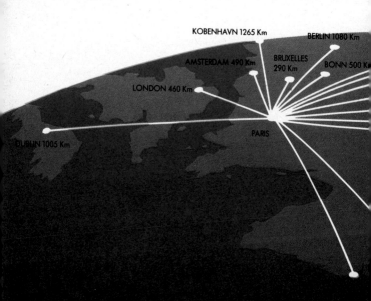

KOBENHAVN 1265 Km

BERLIN 1080 Km

AMSTERDAM 490 Km

BRUXELLES 290 Km

BONN 500 Km

LONDON 460 Km

DUBLIN 1005 Km

PARIS

RENAULT EUROPA AL VOLANTE

Descubra Europa durante un período de 3 semanas a 6 meses, según una fórmula global : al volante de un vehículo nuevo, totalmente suyo, con kilometraje ilimitado, asegurado contra todo riesgo, asistencia 24 horas sobre 24 y 15 000 agentes a su disposición. Para descubrir esta fórmula de alto rendimiento, hable con su agente de viajes o escriba a

**RENAULT D.V.S.E.
186, Av. Jean-Jaurès
75019 PARIS, FRANCIA.**

PELA EUROPA NUM RENAULT

Descubra a Europa, durante um período de 3 semanas ate 6 meses, por um preço total incluindo tudo : dirijindo o seu carro 0 km, com kilometragem livre, um seguro de garantia total e carta verde internacional, v.terá uma assistência durante as 24 horas do dia e 15.000 agentes Renault a seu dispôr. Para descobrir esta formula "grande performance", dirija-se à sua agencia de viagens ou escreva a

**RENAULT D.V.S.E.
186, Av. Jean-Jaurès
75019 PARIS, FRANCE.**

IEN 1300 Km

BUDAPEST 1550 Km

BUCURESTI 2710 Km

BEOGRAD 1980 Km

Km

ATHINAI 2960 Km

ROMA 1430 Km

D 1260 Km

Some of the Renault Eurodrive representatives over the world

ARGENTINA

RENAULT ARGENTINA
Dep. Ventas en Europa
Maipu 311
1006 BUENOS AIRES
Tel.: 33 33 12/49 40 31, Mr. SIRIMARCO
Telex: 9211

AUSTRALIA

LNC RENAULT IMPORTERS
250 Victoria Street
Wetherill park - NSW 2164
Tel.: (02) 725 91 11
Toll free (008) 22 66 43, Mr. R. H. BESSEMER

FRANCE BONJOUR TRAVEL
13-15, Atchison Street
St LEONARD NSW 2065
Tel.: (008) 22 60 14 (toll free), Julie STRINGER

BRASIL

RENOCAR TURISMO LTDA
Rua Marconi 53 6° Andar
Conjunto 62
01047 SAO PAULO
Tel.: 255 00 73, Mr. CORCODEL
Telex: 37174

CANADA

AUTOMOBILES RENAULT CANADA LTD
1305 Bd Marie Victorin
B.P. 6400 MONTREAL 3
St BRUNO DE MONTARVILLE
QUEBEC
Tel.: 46 11 149, Miss M. SANSCHAGRIN

COLOMBIA

SOFASA
Calle 13 - N° 35-38
BOGOTA
Tel.: 237 68 35 - 237 67 85,
Sra. DE ZAMORA - Telex: 444 99

JAPAN

FRANCE TRAVEL CENTER
9, F Banque Indo-Suez
1-1-2 AKASAKA
MINATO-KU TOKYO 107
Tel.: 582 47 77, Mr. M. HAOUR
Telex: 242 45 66

MEXICO

AUTOMOVIL ESTANCIA EUROPA
Privada de Horacio 22/Desp. 502
POLANCO-MEXICO D.F. 11510
Tel.: 520 34 40, Mr. LABAT

NEW ZEALAND

EUROTRANS MOTORS LTD
253, Great South Road
P.O. BOX 17192
GREEN LANE-AUCKLAND
Tel.: 59 24 84 (toll free), Miss P. HELLYER

U.S.A.

RENAULT U.S.A. inc.
650, First Avenue
NEW YORK 10016-3214
Tel.: 221 10 52 (toll free), Mr. J. GABELLA

We are also represented in many other countries.

HORBOURG-WIHR **68000 COLMAR** HAUT-RHIN 5000 HAB.

** **DES ROMAINS** 13 ROUTE DE NEUF-BRISACH M.CHEVILLARD ☎ 89.23.46.46 TELEX 880294 – 63 CH. 190/240 F. MENU 57/150 F. PENSION 270/340 F. DEMI-PENSION 210/280 F. E.

** **DU CERF** 9 GRAND'RUE M.HAGENMULLER ☎ 89.41.20.35 – 25 CH. 190/240 F. MENU 75/180 F. DEMI-PENSION 170/220 F. FERME 18 JANV./7 MARS, ET LUNDI 8 MARS/17 JANV. E.

AF **DU COMMERCE** 68, GRANDE RUE M.GILCH ☎ 89.41.23.67 – 6 CH. 140/195 F. MENU 38/180 F. PENSION 180 F. DEMI-PENSION 145 F. FERME 7/27 JUIL., 15/28 DEC., MARDI SOIR ET MERCREDI. E CV.

HOSPITALET (L') pres L'ANDORRE **09390** ARIEGE 1450 M. 180 HAB.

* **LE SISCA** M. SAINAS ☎ 61.64.23.02 – 14 CH. 70/150 F. MENU 55/80 F. PENSION 120/165 F. DEMI-PENSION 98/120 F. FERME SAMEDI HORS VAC. SCOL.

HOSSEGOR **40150** LANDES 2548 HAB. S.I.

** **ERMITAGE** M.LESIEUR ☎ 58.43.52.22 – 12 CH. 232 F. MENU 96 F. DEMI-PENSION 240 F. FERME 20 SEPT./PAQUES. RESTAURANT FERME 20 SEPT./31 MAI. CV.

** **HUITRIERES DU LAC** 1187 AV.DU TOURING CLUB Mme COTIS ☎ 58.43.51.48/58.43.51.26 – 9 CH. 170/190 F. MENU 95/240 F. DEMI-PENSION 200/220 F. FERME 15 NOV./15 FEV. ET MERCREDI HS. SAUF JOURS FERIES OU VACANCES. CV.

* **LA BONBONNIERE** 1111, AV.DU TOURING CLUB DE FRANCE. M.ROSSIGNOL ☎ 58.43.50.21 – 13 CH. 93/175 F. MENU 50/150 F. PENSION 186/227 F. DEMI-PENSION 155/196 F. FERME 1 OCT./31 MAI.

* **LA POMME DE PIN** AV. DE LA GRANDE DUNE M.SOLON ☎ 58.43.51.35 – 12 CH. 130/220 F. MENU 65/100 F. DEMI-PENSION 165/185 F. FERME 1 NOV./15 MARS ET MARDI.

* **LE NEPTUNE** 1053, AVE DU TOURING CLUB DE FRANCE M. BRETELLE ☎ 58.43.51.09 – 22 CH. 100/180 F. MENU 55/130 F. PENSION 170/230 F. DEMI-PENSION 140/200 F. FERME 1 DEC./14 MARS ET MERCREDI HS. E.

** **LES HELIANTHES** M.BENOIT ☎ 58.43.52.19 – 18 CH. 120/230 F. FERME 12 OCT./25 MARS. CV.

HOSSEGOR (SOORTS) **40510** LANDES 2500 HAB. S.I.

* **LE ROND-POINT** AV. DU TOURING CLUB. Mme VERGEZ ☎ 58.43.53.11 – 12 CH. MENU 45/100 F. DEMI-PENSION 150/205 F. E CV.

HOUCHES (LES) **74310** HAUTE-SAVOIE 1000 M. 1766 HAB. S.I.

** **LE BELLEVARDE** M.PAILLOU ☎ 50.55.51.85 TELEX 385000 – 28 CH. 210/268 F. MENU 62/146 F. PENSION 210/262 F. DEMI-PENSION 190/232 F. FERME 20 SEPT./20 DEC., 18 AVR./10 JUIN. CV.

HOUDAN **78550** YVELINES 3500 HAB. S.I.

** **SAINT-CHRISTOPHE** 6, PLACE DU GENERAL DE GAULLE M. BOYER ☎ 30.59.61.61 – 9 CH. 150/200 F. MENU 55/140 F. FERME DIMANCHE SOIR ET LUNDI.

HOUDELAINCOURT **55130 GONDRECOURT** MEUSE 400 HAB. S.I.

** **AUBERGE DU PERE LOUIS** M.HAIM ☎ 29.89.64.14 – 7 CH. 92/180 F. MENU 70/250 F. DEMI-PENSION 180/230 F. FERME 1/9 AOUT, 26 DEC./2 JANV., DIMANCHE SOIR/LUNDI. RESTAURANT FERME 26/31 DEC. E.

HOUEILLES **47420** LOT-ET-GARONNE 1000 HAB.

* **LE MAQUIS LANDAIS** SUR D.933 M.GARRABOS ☎ 53.89.10.21 – 8 CH. 150/170 F. MENU 45/55 F. PENSION 160/214 F. DEMI-PENSION 115/164 F.

HOULGATE **14510** CALVADOS 1750 HAB. S.I.

** **1900** 17 RUE DES BAINS M.BEGASSAT ☎ 31.91.07.77 – 17 CH. 110/250 F. MENU 60/190 F. PENSION 215/285 F. DEMI-PENSION 145/215 F. FERME 4 JANV./6 FEV., ET LUNDI SOIR/MARDI SOIR HORS VAC. SCOL. E CV.

* **HOSTELLERIE NORMANDE** 11 RUE EMILE DESCHANEL M.LEGEAY ☎ 31.91.22.36 – 10 CH. 200/220 F. MENU 100/150 F. PENSION 320/335 F. DEMI-PENSION 220/235 F. FERME 4 JANV./12 FEV., ET MARDI.

HOURDEL (LE) **80410 CAYEUX-SUR-MER** SOMME 2900 HAB. S.I.

* **DU PARC AUX HUITRES** M.LEROUX ☎ 22.26.61.20 – 7 CH. 120/150 F. MENU 70/150 F. PENSION 190/210 F. DEMI-PENSION 140/170 F. FERME 15 DEC./15 JANV., MARDI SOIR ET MERCREDI 10 SEPT/15 JUIN. FORFAIT, SAUF JUIL./AOUT. E.

HUNINGUE **68330** HAUT-RHIN 6680 HAB. S.I.

** **TIVOLI** 15, AVENUE DE BALE. M. SCHNEIDER ☎ 89.69.73.05 – 42 CH. 200/240 F. MENU 120/280 F. PENSION 330/380 F. DEMI-PENSION 250/290 F. FERME AOUT, NOEL/NOUVEL AN. RESTAURANT FERME DIMANCHE SOIR ET LUNDI. E.

HYERES **83400** VAR 45000 HAB. S.I.

** **DU PARC** 7, BD PASTEUR Mme MOREAU ☎ 94.65.06.65 – 40 CH. 115/256 F. MENU 85/105 F. PENSION 175/285 F. DEMI-PENSION 130/235 F. E.

** **LE MEDITERRANEE** (LE PORT) LA PLAGE Mme QUIBLIER ☎ 94.58.03.89 – 13 CH. 180/285 F. MENU 70/110 F. PENSION 230/300 F. DEMI-PENSION 210/250 F. E.

** **THALASSA** 6 AV.JEAN D'AGREVE M. DURANT ☎ 94.57.24.85 – 22 CH. 250/300 F. E.

HYERES (L'AYGADE) **83400 HYERES** VAR 3000 HAB. S.I.

** **LE CEINTURON** 12, Bld DU FRONT DE MER. M. HOCQUELLET ☎ 94.66.33.63 – 13 CH. 170/250 F. MENU 70/120 F. DEMI-PENSION 180/220 F. FERME 15 OCT./15 NOV. E.

I

ILAY 39150 ST-LAURENT JURA 800 M. 40 HAB.

* **AUBERGE DU HERISSON** M.MORIZOT ☎ 84.25.58.18 – 14 CH. 80/150 F. MENU 75/140 F. PENSION 175/210 F. DEMI-PENSION 115/150 F. FERME 15 OCT./15 AVR., ET MERCREDI HS. 🛏 ⚞.

ILE DE BREHAT 22870 BREHAT COTES-DU-NORD 500 HAB. S.I.

** **BELLEVUE** (LE PORT CLOS). M. BOTHOREL ☎ 96.20.00.05 – 18 CH. 150/250 F. PENSION 275/350 F. DEMI-PENSION 260/300 F. FERME 15 NOV./15 MARS. **F** ⚞ **E CV** 🛏.

** **LA VIEILLE AUBERGE** M. LAMIDON ☎ 96.20.00.24 – 14 CH. MENU 70/250 F. DEMI-PENSION 240/275 F. FERME APRES LES VAC. DE TOUSSAINT ET JUSQU'A LA 1 ZONE DE VAC. SCOL. DE PAQUES. **F** 🛏 ⚞ ⚞ ⚞ **E CV** ⚞.

ILE-ROUSSE (L') 20220 CORSE 2632 HAB. S.I.

** **CALA DI L'ORU** Bld DE FOGATA. M. OLIVA ☎ 95.60.14.75 – 24 CH. 200/300 F. MENU 80/110 F. PENSION 290/315 F. DEMI-PENSION 215/255 F. RESTAURANT FERME 15 OCT./1 AVR. ⚞ ⚞ ⚞.

** **FONTANA-MARINA** ROUTE DE MONTICELLO. M. KHALDI ☎ 95.60.16.12/95.60.18.11 –
⚞ 29 CH. 200/350 F. MENU 70 F. PENSION 245 F. DEMI-PENSION 170 F. FERME JANV./FEV. ⚞ ⚞ ⚞ ⚞ ⚞ **E**.

** **L'HACIENDA** Bld DE FOGATA. M. VESCOVALI ☎ 95.60.22.76 – 28 CH. 230/380 F. MENU 65/85 F. PENSION 320/390 F. DEMI-PENSION 255/305 F. FERME 1 OCT./30 MARS. ⚞ ⚞ ⚞ **E**.

** **MARIA-STELLA** Bld DE FOGATA. M. GUIDICELLI ☎ 95.60.18.24/95.60.18.27 – 30 CH. 210/400 F. MENU 70 F. PENSION 260/320 F. DEMI-PENSION 195/245 F. FERME 15 OCT./15 AVR. **F** 🛏 ⚞.

** **MOTEL LE VIEUX MOULIN** ROUTE DE MONTICELLO Mme CARDI ☎ 95.60.16.89/95.60.18.77 – 17 CH. 225/325 F. MENU 70/80 F. DEMI-PENSION 210/255 F. FERME 15 OCT./30 AVR. 🛏.

** **SANTA MARIA** ROUTE DU PORT. M. FRANCISCI ☎ 95.60.13.49 TELEX 648145 – 56 CH. 195/430 F. MENU 70 F. PENSION 260/310 F. DEMI-PENSION 190/240 F. ⚞ ⚞ ⚞ **CV** ⚞.

ILE-TUDY 29157 FINISTERE 500 HAB. S.I.

* **MODERNE HOTEL** M.HUITRIC ☎ 98.56.43.34 – 19 CH. 150/170 F. MENU 60/120 F. PENSION 190/220 F. DEMI-PENSION 160/190 F. FERME 1 OCT./30 MARS. RESTAURANT FERME 15 OCT./15 NOV., ET SAMEDI HS. ⚞ **E** ⚞.

ILLIERS-COMBRAY 28120 EURE-ET-LOIR 4000 HAB. S.I.

AF **LE GUERMANTES** PLACE DE LA GARE M. KIPFER ☎ 37.24.04.21 – 8 CH. 100/180 F. MENU 65/95 F. PENSION 180 F. DEMI-PENSION 150 F. FERME 1er DEC./1 AVR ET LUNDI. RESTAURANT FERME 15 DEC./15 JAN. ⚞ ⚞ ⚞ **E**.

** **MOULIN DE MONTJOUVIN** (SUR N.821) Mme.BARTHELEMY ☎ 37.24.32.32 – 21 CH. 185/220 F. PENSION 250/290 F. DEMI-PENSION 230 F. FERME 20 DEC./20 JANV., 30 JUIL./10 AOUT, ET MERCREDI. **F** ⚞ ⚞ ⚞ **E CV** ⚞.

INGERSHEIM 68000 COLMAR HAUT-RHIN 4500 HAB.

** **KUEHN** QUAI DE LA FECHT M.KUEHN ☎ 89.27.38.38 – 28 CH. 190/270 F. MENU 150/260 F. DEMI-PENSION 270/310 F. FERME 27 JUIN/8 JUIL., 14 NOV./9 DEC., MARDI SOIR/MERCREDI DEC./JUIN. RESTAURANT FERME MERCREDI JUIL./NOV. ⚞ **E** ⚞ ⚞.

INGUINIEL 56240 PLOUAY MORBIHAN 2277 HAB.

* **SAINT GEORGES** PLACE DE L'EGLISE Mme LE LIBOUX ☎ 97.32.08.15 – 16 CH. 82/125 F. MENU 55/85 F. PENSION 130/150 F. DEMI-PENSION 105/125 F. **F**.

INNENHEIM 67880 KRAUTERGERSHEIM BAS-RHIN 870 HAB.

** **AU CEP DE VIGNE** 5 ROUTE DE BAAR M. SCHAAL & FILS S.A.R.L ☎ 88.95.75.45 – 25 CH.
⚞ 125/200 F. MENU 80/155 F. PENSION 180/230 F. DEMI-PENSION 160/195 F. FERME 16/28 FEV. ET LUNDI. **F** ⚞ ⚞ ⚞ **E** ⚞ ⚞.

INOR 55700 STENAY MEUSE 250 HAB. S.I.

** **AUBERGE DU FAISAN DORE** M. BATAILLE ☎ 29.80.35.45 – 13 CH. 170/200 F. MENU 38/180 F. PENSION 200 F. DEMI-PENSION 180 F. FERME VENDREDI 1 NOV./30 MARS. 🛏 ⚞ **E**.

ISIGNY-SUR-MER 14230 CALVADOS 3500 HAB. S.I.

** **DE FRANCE** RUE E. DEMAGNY. M. PETIT ☎ 31.22.00.33 TELEX 170234 – 19 CH.
⚞ 120/225 F. MENU 50/90 F. PENSION 220/290 F. DEMI-PENSION 165/225 F. FERME 15 NOV./15 FEV., VENDREDI SOIR ET SAMEDI MIDI. ⚞ **E CV** ⚞.

AF **DU COMMERCE** 5 RUE E.DEMAGNY M.CRINON ☎ 31.22.01.44 – 10 CH. 78/165 F. MENU
⚞ 50/100 F. DEMI-PENSION 116/145 F. FERME FEV., DIMANCHE SOIR/LUNDI 17H HS. ET JOURS FERIES. ⚞ **E**.

ISLE 87170 HAUTE-VIENNE 7134 HAB.

** **JEANDILLOU** (RN.21 LIEU-DIT CHEZ MINET) M. JEANDILLOU ☎ 55.39.00.44 – 15 CH. 90/250 F. MENU 60/150 F. FERME 1/15 NOV., DIMANCHE SOIR ET LUNDI. ⚞.

* **RELAIS DE PLAISANCE** (L'AIGUILLE. RN.21). M. CARLOT ☎ 55.39.00.17 – 10 CH. 70/170 F. MENU 45/110 F. PENSION 140/190 F. DEMI-PENSION 95/140 F. FERME VENDREDI 🛏 ⚞ ⚞ **E**.

ISLE-D'ABEAU (L') **38300 BOURGOIN-JALLIEU** ISERE 3000 HAB.

RELAIS DU CATEY Mme.COTTARD ☎ 74.27.02.97 – 10 CH. 80/150 F. MENU 59/150 F. FERME 1/31 AOUT, RESTAURANT FERME SAMEDI ET DIMANCHE SOIR. E.

ISLE-ET-BARDAIS **03360 SAINT-BONNET-TRONCAIS** ALLIER 476 HAB. S.I.

* **AUBERGE DU ROND GARDIEN** M.JOMIER ☎ 70.06.11.21 – 8 CH. 90 F. MENU 45/68 F. PENSION 155 F. DEMI-PENSION 110 F. FERME 15 SEPT./1 OCT. ET LUNDI. E.

ISLE-SUR-SORGUE (L') **84800** VAUCLUSE 13000 HAB. S.I.

** **LA GUEULARDIERE** 1,AV. J.-CHARMASSON M.TOPPIN ☎ 90.38.10.52/90.38.46.00 – 19 CH. 110/220 F. MENU 75/140 F. PENSION 210/350 F. DEMI-PENSION 160/280 F. FERME JANV., ET LUNDI. E CV.

* **LE PESCADOR** (LE PARTAGE DES EAUX). M. ROCHET ☎ 90.38.09.69 – 10 CH. 150/170 F. MENU 60/200 F. DEMI-PENSION 180 F. FERME 1 DEC./1 MARS, ET LUNDI.

** **LES NEVONS** QUARTIER DES NEVONS SARL ☎ 90.20.72.00 – 26 CH. 230/280 F. FERME 10 DEC./14 JANV. E CV.

ISOLA-VILLAGE **06420 SAINT-SAUVEUR-SUR-TINEE** ALPES-MARITIMES 873 M. 540 HAB.

* **DE FRANCE** PLACE BORELLI. Mme BACQUEZ ☎ 93.02.17.04 – 17 CH. MENU 60/100 F. PENSION 195/225 F. DEMI-PENSION 150/180 F. FERME 1/31 MAI,1/30 OCT. ET JEUIDI SF VACANCES SCOLAIRES. E.

ISSAMBRES (LES) **83380** VAR 2000 HAB. S.I.

** **LA QUIETUDE** (R.N. 98) M. FARRERO ☎ 94.96.94.34 – 20 CH. 145/200 F. MENU 67/130 F. PENSION 225/270 F. DEMI-PENSION 180/210 F. FERME 15 OCT./15 FEV. E.

ISSARLES (LAC) **07470 COUCOURON** ARDECHE 1000 M. 300 HAB.

* **BEAUSEJOUR** M.ARMAND ☎ 66.46.21.69 – 15 CH. 70/125 F. MENU 40/85 F. PENSION 120/150 F. DEMI-PENSION 90/120 F. PRIX 1987.

* **LE PANORAMIC** M.LAFONT ☎ 66.46.21.65 – 12 CH. 70/125 F. MENU 40/100 F. PENSION 120/150 F. PRIX 1987. E CV.

ISSENHEIM **68500 GUEBWILLER** HAUT-RHIN 3000 HAB.

*AF **A LA DEMI-LUNE** 9 RUE DE ROUFFACH Mme.IMHOFF ☎ 89.76.83.63 – 13 CH. 88/126 F. MENU 46/98 F. PENSION 145/185 F. DEMI-PENSION 131/156 F. FERME 24 DEC./31 JANV. RESTAURANT FERME VENDREDI SOIR SAMEDI MIDI, ET DIMANCHE. F E CV.

ISSOIRE (PARENTIGNAT) **63500** PUY-DE-DOME 400 HAB.

** **TOURETTE** M. TOURETTE ☎ 73.55.01.78 – 31 CH. 116/185 F. MENU 58/160 F. PENSION 199/225 F. DEMI-PENSION 162/185 F. FERME VAC. SCOL. TOUSSAINT, NOEL, FEV., VENDREDI SOIR ET SAMEDI SAUF JUIL./AOUT, JUSQU'AU 15 SEPT. F E.

ISSONCOURT **55220 SOUILLY** MEUSE 70 HAB.

** **RELAIS DE LA VOIE SACREE** M.CAILLET ☎ 29.70.70.46 – 7 CH. 140/170 F. MENU 65/220 F. PENSION 280/310 F. DEMI-PENSION 220/250 F. FERME 19 DEC./30 JANV., ET LUNDI. FERME DIMANCHE SOIR ET LUNDI 11 NOV./PAQUES. E CV.

ISSOUDUN **36100** INDRE 16548 HAB. S.I.

* **DE LA GARE** 7, Bld DE LA GARE. M. VENIN-BERNARD ☎ 54.21.11.59 – 18 CH. 75/140 F. MENU 62/135 F. PENSION 150/180 F. FERME 27 MARS/3 AVR., 18 DEC./2 JANV., ET DIMANCHE. E CV.

*** **LA COGNETTE** BD STALINGRAD M.NONNET ☎ 54.21.21.83/54.21.77.77 – 14 CH. 250/900 F. MENU 150/350 F. PENSION 400/700 F. DEMI-PENSION 360/650 F. FERME 4/26 JANV. RESTAURANT FERME 16/29 AOUT, DIMANCHE SOIR ET LUNDI. F E CV.

ITTENHEIM **67370** BAS-RHIN 1300 HAB.

** **AU BOEUF** 17 ROUTE DE PARIS M.COLIN ☎ 88.69.01.42 – 14 CH. 120/150 F. MENU 55/180 F. PENSION 180 F. DEMI-PENSION 150 F. FERME 15 JUIN/10 JUIL., 20 DEC./22 JANV. ET LUNDI. E CV.

ITTERSWILLER **67140 BARR** BAS-RHIN 305 HAB. S.I.

*** **ARNOLD** M. ARNOLD ☎ 88.85.50.58 TELEX 870550 – 28 CH. 285/400 F. MENU 98/220 F. PENSION 355/380 F. RESTAURANT FERME LUNDI. F.

** **LA CAVE AUX SOUVENIRS** M. KOBLOTH ☎ 88.85.50.68 – 9 CH. 140/160 F. MENU 60/90 F. DEMI-PENSION 160/220 F. FERME MARDI.

ITXASSOU **64250 CAMBO-LES-BAINS** PYRENEES-ATLANTIQUES 1280 HAB.

** **DU CHENE** Mlle SALABERRY ☎ 59.29.75.01 – 16 CH. 130 F. MENU 55/140 F. PENSION 210 F. DEMI-PENSION 185 F. FERME 1 JANV./1 MARS, LUNDI SOIR ET MARDI SAUF JUIL., AOUT SEPT. F.

** **DU FRONTON** M.BONNET ☎ 59.29.75.10 – 15 CH. 124/192 F. MENU 55/168 F. PENSION 163/227 F. DEMI-PENSION 133/199 F. FERME 1 JANV./15 FEV. ET MERCREDI HS. F CV.

IVRY-LA-BATAILLE **27540** EURE 2700 HAB.

** **AU GRAND SAINT MARTIN** M.DARTIX ☎ 32.36.41.39 – 10 CH. 140/270 F. MENU 120/250 F. FERME 20 AOUT/1 SEPT., 2 JANV./1 FEV., ET LUNDI.

IZERON **38160 SAINT-MARCELLIN** ISERE 500 HAB.

AF **DES VOYAGEURS** M.BOSSAN ☎ 76.38.23.79 – 11 CH. 70/100 F. MENU 49/65 F. PENSION 160 F. DEMI-PENSION 120 F. FERME 1/15 JUIL. ET MERCREDI APRES-MIDI. E CV.

J

JAEGERTHAL 67110 NIEDERBRONN-LES-BAINS BAS-RHIN 200 HAB.

AF **DE JAEGERTHAL** M.FISCHER ☎ 88.09.02.40 – 7 CH. 70/90 F. MENU 45/90 F. PENSION 120/160 F. DEMI-PENSION 100/120 F. FERME 24 DEC./30 JANV. ET LUNDI. ⌷

JALEYRAC 15200 MAURIAC CANTAL 620 M. 370 HAB.

AF **AUBERGE DE LA FERME** (LES PLAINES) M.CHARLANNES ☎ 71.69.70.29 – 6 CH. MENU 60/110 F. PENSION 140 F. DEMI-PENSION 100 F. FERME DERNIER TRIMESTRE DE L'ANNEE.
🄵 ⌷ ☒ 🄰🄴 ➡ E.

JALLAIS 49510 MAINE-ET-LOIRE 3100 HAB.

** **LA CROIX VERTE ET LE VERT GALANT** M.GAILLARD ☎ 41.64.20.22/41.64.10.12 –
⌷ 16 CH. 120/240 F. MENU 58/250 F. PENSION 220/330 F. DEMI-PENSION 160/250 F. 🄵
♪ ⌷ ☒ 🄰🄴 ➡ E CV.

JANZE 35150 ILLE-ET-VILAINE 4800 HAB.

* **LE LION D'OR** 30 RUE ARISTIDE BRIAND M.ROHR ☎ 99.47.03.21 – 8 CH. 60 F. MENU
⌷ 50/120 F. PENSION 150 F. FERME 3 SEM. EN FEV., 27 AOUT/13 SEPT., DIMANCHE SOIR ET LUNDI. 🄵 ☒ ➡ E.

JARGEAU 45150 LOIRET 3500 HAB. S.I.

AF **AUBERGE DU CLAIR DE LUNE** MM. LEJEUNE ☎ 38.59.70.25 – 14 CH. 99/180 F. MENU 50/130 F. PENSION 180 F. DEMI-PENSION 125/130 F. FERME 15 DEC./15 JANV. ET LUNDI.
🄵 ☒ 🄰🄴 ➡ E CV.

JARNAC 16200 CHARENTE 5000 HAB. S.I.

** **L'ORANGERIE** M.GUIARD ☎ 45.81.13.72 – 11 CH. 180/250 F. 🄵 ⌷ ✕ ☒
🄰🄴 E.

* **TERMINUS** AV. CARNOT Mme LABARRE Rose-Marie ☎ 45.81.07.04/45.81.04.21 – 12 CH. 90/130 F. MENU 55/130 F. PENSION 175/210 F. DEMI-PENSION 140/175 F. FERME 20 DEC./10 JANV., VENDREDI SOIR ET SAMEDI. 🄵 ⌷ ☒ 🄰🄴 E.

JARNY 54800 MEURTHE-ET-MOSELLE 9500 HAB.

* **DE FRANCE** 45, AV. JEAN JAURES Mme WAGNER ☎ 82.33.19.79 – 17 CH. 85/180 F. MENU 50/75 F. DEMI-PENSION 140/160 F. RESTAURANT FERME DIMANCHE. 🄵 ⌷ ☒
E CV.

JARRIER 73300 SAVOIE 1100 M. 423 HAB. S.I.

* **BELLEVUE** M.LEARD ☎ 79.64.31.03 – 26 CH. 85/155 F. MENU 50/140 F. PENSION 150/185 F. DEMI-PENSION 115/150 F. 🄵 ⌷ ☒ 🄰🄴 E.

JARSY 73630 LE CHATELARD SAVOIE 850 M. 200 HAB.

AF **ARCALOD** Mlle EMONET ☎ 79.54.81.53 – 10 CH. 85/100 F. MENU 55/110 F. PENSION 140/150 F. DEMI-PENSION 125/130 F. 🄵 ☒ 🄰🄴 ➡ E.

JASSANS-RIOTTIER 01480 AIN 3916 HAB.

** **BONNE AUBERGE** Mme RAFFIN Jeanine ☎ 74.60.95.40 – 16 CH. 95/165 F. MENU 41 F. PENSION 160/190 F. DEMI-PENSION 125/140 F. FERME VENDREDI SOIR/DIMANCHE SOIR, HOTEL FERME FEV. RESTAURANT FERME VAC. SCOLAIRES FEV. + UNE SEMAINE.

JAUJAC 07380 LALEVADE ARDECHE 1000 HAB. S.I.

* **LE CAVEAU** M.CULOT ☎ 75.93.22.29 – 20 CH. 95/200 F. MENU 52/100 F. PENSION 180/220 F. FERME 15 NOV./15 MARS. 🄵 ➡ CV.

JAUNAY-CLAN 86130 VIENNE 5000 HAB.

* **DU CENTRE** 4, PLACE DE LA FRATERNITE. M. DENIS ☎ 49.52.05.45 – 24 CH. 79/132 F.
⌷ MENU 48/89 F. PENSION 165/175 F. DEMI-PENSION 130/140 F. FERME SAMEDI SOIR/DI-MANCHE, SAUF RESERVATIONS. 🄵 🄰🄴 ➡.

** **LE RELAIS DE JAUNAY CLAN** MM.BORYSSE et LIVET ☎ 49.52.05.60 – 33 CH. 85/240 F. MENU 90/130 F. PENSION 180/260 F. DEMI-PENSION 140/220 F. FERME 30 SEPT./31 MARS ET SAMEDI. 🄵 ⌷ ☒ 🄰🄴 ➡ E 🄴.

JAVERLHAC 24300 NONTRON DORDOGNE 1071 HAB. S.I.

* **AUBERGE DES TILLEULS** M.SANSARLAT ☎ 53.56.30.12 – 8 CH. 85/115 F. MENU
⌷ 45/100 F. PENSION 130/150 F. DEMI-PENSION 110/130 F. 🄵 ⌷ ☒ 🄰🄴 ➡
E CV.

JAVRON-LES-CHAPELLES 53250 MAYENNE 1500 HAB. S.I.

AF **DU LAC** M. REMOUE ☎ 43.03.60.92 – 5 CH. 90/175 F. MENU 51/105 F. FERME 15/28 FEV., ET LUNDI. ☒ E.

JOIGNY 89300 YONNE 11925 HAB. S.I.

* **LE PARIS-NICE** RD-POINT DE LA RESISTANCE M.GODARD ☎ 86.62.06.72 – 11 CH. 120/180 F. MENU 65/160 F. FERME JANV., DIMANCHE SOIR ET LUNDI. ⌷ ☒.

*** **MODERN'HOTEL** RUE ROBERT PETIT. LES FRERES GODARD ☎ 86.62.16.28 TELEX 801693 – 21 CH. 260/360 F. MENU 200/310 F. PISCINE CHAUFFEE, SOLARIUM, SAUNA, CABINE U.V.A. ➡ ♪ ⌷ ☒ 🄰🄴 ➡ E.

JOINVILLE 52300 HAUTE-MARNE 5000 HAB. S.I.

** **DE LA POSTE** PL. DE LA GREVE M.FOURNIER ☎ 25.94.12.63 – 11 CH. 80/160 F. MENU 75/170 F. FERME 10 JANV./10 FEV., ET JEUDI 15 OCT./15 AVR. ⌷ ☒ 🄰🄴 ➡ E
CV ⌷.

* **DU NORD** 1, RUE CAMILLE GILLET. M. CLEMENT ☎ 25.94.10.97 – 16 CH. 80/165 F. MENU 55/135 F. PENSION 180/220 F. FERME 3 SEM. OCT., DIMANCHE SOIR ET LUNDI. 🄵 ⌷
☒ 🄰🄴 ➡ E CV.

JOINVILLE (suite)
** **DU SOLEIL D'OR** 9, RUE DES CAPUCINS. M. BOUDVIN ☎ 25.94.15.66 — 11 CH. 140/200 F. MENU 90/140 F. FERME 8/28 FEV., ET LUNDI. ⌿ ☎ ▣ ➡ E.

JONCY 71780 SAONE-ET-LOIRE 500 HAB.
* **DU COMMERCE** M.ROUGEOT ☎ 85.96.27.20 — 8 CH. 70/160 F. MENU 40/160 F. PENSION 160/250 F. DEMI-PENSION 140/220 F. FERME 28 SEPT./3 NOV. ET VENDREDI. ☎ E CV.

JONZIEUX 42660 SAINT-GENEST-MALIFAUX LOIRE 890 M. 800 HAB.
* **DU CENTRE** 13 RUE DE L'EGLISE S.A.R.L. HOTEL DU CENTRE. ☎ 77.39.92.85 — 9 CH. 68/85 F. MENU 40/110 F. PENSION 120 F. DEMI-PENSION 85 F. FERME MI-JANV./MI-FEV., ET MERCREDI DEBUT SEPT./FIN JUIN. ☎ E.

JOSSELIN 56120 MORBIHAN 3000 HAB. S.I.
** **DU CHATEAU** 1 RUE DU GAL DE GAULLE Mme.THUAL ☎ 97.22.20.11 — 36 CH. 98/225 F. MENU 55/155 F. PENSION 220/295 F. DEMI-PENSION 165/240 F. FERME FEV., ET LUNDI 1 OCT./1 AVR. ▣ ⌿ ☎ E.
** **LE COMMERCE** M. BLOT ☎ 97.22.22.08 — 7 CH. 160/300 F. MENU 57/184 F. FERME ⌐ MARS, ET MERCREDI. ⌿ ☎ ▣ E.

JOUARRE 77640 SEINE-ET-MARNE 3000 HAB. S.I.
* **LE PLAT D'ETAIN** 6 PLACE AUGUSTE TINCHANT M.LEGRAND ☎ (1)60.22.06.07 — 11 CH. 96/170 F. MENU 48/140 F. PENSION 180 F. DEMI-PENSION 135 F. FERME FEV., DIMANCHE SOIR ET LUNDI. ⌿ ☎ ▣ E.

JOUCAS 84220 GORDES VAUCLUSE 220 HAB.
* **HOSTELLERIE DES COMMANDEURS** M.PILLODS ☎ 90.05.78.01 — 14 CH. 110/165 F. ⌐ MENU 70/110 F. PENSION 220/280 F. DEMI-PENSION 140/230 F. FERME JANV. ☎ E CV.

JOUE-LES-TOURS 37300 INDRE-ET-LOIRE 35240 HAB.
** **LE GRILL DU LAC** AVENUE DU LAC M. SASSIER ☎ 47.67.37.87 TELEX 750806 — 21 CH. 208/231 F. MENU 56/118 F. PENSION 370 F. DEMI-PENSION 310 F. ▣ ☎ E ♿.

JOUE-SUR-ERDRE 44440 RIAILLE LOIRE-ATLANTIQUE 1800 HAB.
AF **AUBERGE DU LION D'OR** 21, RUE DU BOCAGE. M. PROD'HOMME ☎ 40.72.35.34 — 5 CH. 75/98 F. MENU 44/150 F. PENSION 140/160 F. DEMI-PENSION 105/125 F. FERME DIMANCHE SOIR ET LUNDI HS. ▣ ⌿ ⌂ ☎ E.

JOUGNE 25370 LES HOPITAUX NEUFS DOUBS 1020 M. 850 HAB. S.I.
** **BONJOUR** M.GUYON ☎ 81.49.10.45 — 18 CH. 86/160 F. MENU 55/150 F. PENSION 175/220 F. DEMI-PENSION 145/190 F. FERME 10 SEPT./20 DEC., 15 AVR./15 JUIN. ▣ ⌿ ☎ E.
** **DE LA POSTE** Mme ROBBE ☎ 81.49.12.37 — 15 CH. 100/165 F. MENU 60/150 F. PENSION 180/230 F. DEMI-PENSION 140/180 F. FERME 10 AVR./1 JUIL., 15 SEPT./15 DEC. ▣ ⌿ ☎ E.
* **LE SUCHET** ROUTE DE LAUSANNE M. MARIN ☎ 81.49.10.38 — 16 CH. 80/195 F. MENU 38/90 F. PENSION 170/185 F. DEMI-PENSION 130/150 F. FERME 12 SEPT./25 OCT., 1/20 JUIN. ▣ ☎ ▣ ➡ E.

JOUQUES 13490 BOUCHES-DU-RHONE 2800 HAB.
* **AUBERGE LE REAL** 1 BOULEVARD DU REAL M. SCANDOLERA ☎ 42.67.60.85 — 12 CH. ⌐ 80/150 F. MENU 55/150 F. PENSION 200/250 F. DEMI-PENSION 150/200 F. ▣.

JOURSAC 15170 NEUSSARGUES-MOISSAC CANTAL 750 M. 300 HAB.
** **DU MIDI** (AU PONT DU VERNET). Mme CHALIER ☎ 71.20.51.20 — 11 CH. 130/140 F. MENU 50/130 F. PENSION 200/220 F. DEMI-PENSION 150/160 F. ▣ ☎ E.

JOYEUSE 07260 ARDECHE 1293 HAB. S.I.
* **DU NORD** M. GERBAUD ☎ 75.39.41.42 — 15 CH. 100/150 F. MENU 50/90 F. PENSION 170/190 F. DEMI-PENSION 150/170 F. ⌿ CV.
** **LES CEDRES** Mme.DUSSERRE ☎ 75.39.40.60 TELEX 345175 — 40 CH. 249 F. MENU 57/98 F. PENSION 280 F. DEMI-PENSION 225 F. FERME 15 OCT./5 AVR. ▣ ☎ ▣ ➡ E.

JOZE 63350 MARINGUES PUY-DE-DOME 904 HAB.
* **DU PONT** M.DESMOND ☎ 73.70.20.10 — 8 CH. MENU 36/126 F. PENSION 130/170 F. FERME DECEMBRE, ET LUNDI. ⌿ ☎ CV.

JUGON-LES-LACS 22270 COTES-DU-NORD 1500 HAB. S.I.
* **LA GRANDE FONTAINE** M. DIVEU ☎ 96.31.61.29 — 14 CH. 90/160 F. MENU 50/120 F. PENSION 180/200 F. DEMI-PENSION 150/160 F. FERME 15 OCT./15 NOV. ET SAMEDI. ☎ ▣ ➡ E.

JULIENAS 69840 RHONE 650 HAB.
* **CHEZ LA ROSE** PLACE DU MARCHE Mme.BOUCAUD ☎ 74.04.41.20 — 12 CH. FERME 8/16 JANV. ET MARDI. PRIX NON COMMUNIQUES. ⌿ ⌂ ☎ E.
* **DES VIGNES** M.OCHIER ☎ 74.04.43.70 — 20 CH. 175/210 F. ⌿ ⌗ ☎ E.

JULIENRUPT 88120 VAGNEY VOSGES 450 HAB.
** **A LA VALLEE DE CLEURIE** Mme NURDIN ☎ 29.61.10.00 — 12 CH. 90/300 F. MENU ⌐ 68/200 F. PENSION 210/310 F. DEMI-PENSION 145/250 F. FERME 3/24 JANV. ☎ ▣ ➡ E.

JUNGHOLTZ-THIERENBACH 68500 GUEBWILLER HAUT-RHIN 700 HAB.

** **AUBERGE DE THIERENBACH** M. VONESCH ☎ 89.76.93.01 – 16 CH. 250/300 F. MENU 95/200 F. PENSION 290/350 F. DEMI-PENSION 260/290 F. FERME 15 DEC./15 JANV., ET LUNDI HS. 🄵 ⬆ ♨ ⌹ ⮕ E

* **BIEBLER** M. BIEBLER Paul ☎ 89.76.85.75 – 8 CH. 70/160 F. MENU 65/165 F. PENSION 180 F. DEMI-PENSION 145 F. FERME JEUDI SOIR ET VENDREDI. 🄵 ⛩ ♨ 🄰🄴 ⮕ E CV.

* **KUENTZ** 1 ROUTE DE THIERENBACH M. GREMMINGER ☎ 89.76.83.32 – 10 CH. 90/100 F. MENU 80/190 F. PENSION 170/180 F. DEMI-PENSION 140/150 F. FERME 1/15 DEC., 1/15 FEV., ET LUNDI 31 MAI/15 SEPT. 🄵 ⬆ ⛟ ♨.

*** **LES VIOLETTES** M.MUNSCH ☎ 89.76.91.19 – 12 CH. 220/420 F. MENU 155/340 F. FERME 5 JANV./5 FEV. RESTAURANT FERME LUNDI SOIR ET MARDI. ♨ 🄰🄴 ⮕ E.

JUSSAC 15250 CANTAL 630 M. 1685 HAB.

* **PRADO** M.ARNAL ☎ 71.46.66.37 – 10 CH. MENU 48/95 F. PENSION 135/160 F. DEMI-PEN-
⌁ SION 120/145 F. ⬆ ♨ E.

JUSSEY 70500 HAUTE-SAONE 2400 HAB. S.I.

** **CHRISTINA** Mme PHEULPIN ☎ 84.68.16.22 – 10 CH. 120/260 F. MENU 50/130 F. PENSION
⌁ 180/190 F. DEMI-PENSION 140/150 F. FERME DEC. ET DIMANCHE/LUNDI SOIR. 🄵 ♨ 🄰🄴 ⮕ ᵬ.

JUVIGNY-SOUS-ANDAINE 61140 BAGNOLES-DE-L'ORNE ORNE 1020 HAB. S.I.

** **AU BON ACCUEIL** PLACE SAINT-MICHEL. M. COUSIN ☎ 33.38.10.04 – 8 CH. 200/260 F. MENU 60/200 F. PENSION 250 F. DEMI-PENSION 225 F. FERME FEV., MARDI SOIR ET MERCREDI. CHIENS PAYANTS 25F. ⬆ ♨.

* **DE LA FORET** MM. PIARD ET TROUSSIER ☎ 33.38.11.77 – 19 CH. 85/115 F. MENU 42/90 F. PENSION 150/180 F. FERME JANV.

K

KATZENTHAL 68230 TURCKHEIM HAUT-RHIN 505 HAB.

*AF **A L'AGNEAU** 16 GRAND RUE MR MEYER RENE ☎ 89.27.04.67/89.80.90.25 – 10 CH.
⌁ 130/200 F. MENU 60/160 F. DEMI-PENSION 170/180 F. FERME LUNDI. ⛩ ♨.

KAYSERSBERG 68240 HAUT-RHIN 3000 HAB. S.I.

** **A L'ARBRE VERT** 1 RUE HAUTE DU REMPART KIENY-WITTMER S.A.R.L. ☎ 89.47.11.51 –
⌁ 22 CH. 165/250 F. MENU 78/180 F. DEMI-PENSION 225/250 F. RESTAURANT FERME LUNDI. ⛩ ♨ E.

* **DU CHATEAU** M. KOHLER Denis ☎ 89.78.24.33 – 12 CH. 85/230 F. MENU 55/125 F. PENSION
⌁ 208/278 F. DEMI-PENSION 138/208 F. FERME 10/31 JANV., 28 JUIN/7 JUIL., MERCREDI SOIR ET JEUDI 1 NOV./1 MAI. ⬆ ♨ E CV.

*** **LES REMPARTS** 4, RUE FLIEH. Mme KELLER ☎ 89.47.12.12 – 30 CH. 180/260 F. 🄵
⬆ ✕ ♨ 🄱🄴 E CV.

KERSAINT-EN-LANDUNVEZ 29236 PORSPODER FINISTERE 1200 HAB.

* **HOSTELLERIE DU CASTEL** M.TALARMIN ☎ 98.48.63.35 – 12 CH. MENU 54/160 F. PEN-
SION 194/219 F. DEMI-PENSION 174/199 F. FERME 30 SEPT./15 MAI, DIMANCHE SOIR/MARDI MATIN. RESTAURANT FERME 30 SEPT./PAQUES. ♨.

KIENTZHEIM 68240 KAYSERSBERG HAUT-RHIN 950 HAB.

** **HOSTELLERIE DE L'ABBAYE D'ALSPACH** 4 RUE FOCH Mme Annick SCHWARTZ ☎
89.47.16.00 – 20 CH. 130/250 F. FERME 4 JANV./21 FEV. RESTAURANT FERME MERCREDI ET JEUDI. ⛩ ♨ 🄱🄴 ⮕ E.

** **HOSTELLERIE SCHWENDI** 2 PLACE SCHWENDI M. SCHILLE-GISIE ☎
89.47.30.50/89.47.92.92 – 10 CH. 180/220 F. DEMI-PENSION 180/200 F. FERME 1 NOV./PA-
QUES, MERCREDI ET JEUDI MIDI. ⬆ ♨ E.

KIFFIS 68480 FERRETTE HAUT-RHIN 600 M. 220 HAB.

** **AUBERGE DU JURA** M.WORRETH ☎ 89.40.33.33 – 8 CH. 150/185 F. MENU 40/150 F. PEN-
SION 190/200 F. DEMI-PENSION 135/150 F. FERME FEV., 29 AOUT/19 SEPT., ET LUNDI. ⬆
⛩ 🄱🄴 ⮕ ᵬ.

KINGERSHEIM 68260 HAUT-RHIN 750 M. 10000 HAB.

* **RELAIS GASTRONOMIQUE BURGER** 163, FG DE MULHOUSE Mme.BRINGEL ☎
⌁ 89.52.76.12 – 12 CH. 120/150 F. MENU 95/285 F. FERME JANV., DIMANCHE SOIR/LUNDI.
🄵 ♨ 🄱🄴 ⮕ E CV ᵬ.

KNUTANGE 57240 MOSELLE 3650 HAB.

** **REMOTEL** M.REMMER ☎ 82.85.19.23 – 22 CH. 120/250 F. MENU 60/150 F. PENSION
220/350 F. DEMI-PENSION 180/250 F. RESTAURANT FERME LUNDI. 🄵 ♨ 🄱🄴 ⮕
E CV ᵬ.

KOENIGSMACKER 57110 YUTZ MOSELLE 1603 HAB.

** **LA LORRAINE** 1, RUE DE L'EGLISE Mme.ZENNER ☎ 82.55.01.44 – 20 CH. 95/190 F. MENU
⌁ 50/130 F. PENSION 180/235 F. DEMI-PENSION 140/195 F. FERME 2/10 JANV. ET DIMANCHE SOIR. ⛩ ♨ 🄱🄴 ⮕ E CV.

KRUTH 68820 HAUT-RHIN 1100 HAB.

** **AUBERGE DE FRANCE** 20 GRAND RUE M.RUFFENACH ☎ 89.82.28.02 – 16 CH. 95/140 F.
⌁ MENU 48/110 F. PENSION 170/180 F. DEMI-PENSION 130/140 F. FERME 2 NOV./10 DEC., ET JEUDI. ♨ 🄱🄴 ⮕ E ᵬ.

L

LABALME-SUR-CERDON 01450 PONCIN AIN 600 M. 117 HAB.

** **CARRIER** M. CARRIER. ☎ 74.39.97.22 – 15 CH. 110/220 F. MENU 65/180 F. PENSION 180/200 F. DEMI-PENSION 150/160 F. FERME 2 JANV./1 FEV., MARDI SOIR ET MERCREDI. E.

LABAROCHE 68910 HAUT-RHIN 865 M. 1483 HAB. S.I.

** **DE LA ROCHETTE** M. PREISS Georges ☎ 89.49.80.40 – 8 CH. 180/220 F. MENU 75/140 F. PENSION 195/205 F. DEMI-PENSION 178/192 F. FERME 1 JANV./2 FEV., ET MERCREDI 1 NOV./30 AVR. F E CV.

** **LES EVAUX** Mme.OLRY ☎ 89.49.80.06 – 13 CH. 110/210 F. DEMI-PENSION 115/160 F. FERME 15 NOV./1 FEV. E.

AF **PANORAMA** 104 RTE D'AMMERSCHWIHR Mme.KAUFFMANN ☎ 89.49.81.21 – 6 CH. 95/110 F. MENU 55/95 F. PENSION 145/155 F. DEMI-PENSION 120/135 F. FERME 5/25 NOV. F.

LABASTIDE-D'ANJOU 11320 AUDE 860 HAB. S.I.

* **CHEZ PINELOU** M. PINEL ☎ 68.60.11.63/68.60.11.08 – 12 CH. 80/160 F. MENU 49/110 F. PENSION 150/200 F. DEMI-PENSION 130/170 F. FERME 15/28 AVR., 18 OCT./2 NOV. ET MERCREDI HS. F E CV.

* **HOSTELLERIE ETIENNE** (SUR N. 113). M. ROUSSELOT ☎ 68.60.10.08 – 10 CH. 60/180 F. MENU 42/200 F. PENSION 160/230 F. DEMI-PENSION 120/160 F. FERME 15 NOV./15 DEC. CV ♿.

LABASTIDE-DU-HAUT-MONT 46210 LATRONQUIERE LOT 780 M. 91 HAB.

AF **VERMEIL** Mme LABIT ☎ 65.40.25.82 – 12 CH. 135/150 F. MENU 60/90 F. PENSION 160/170 F. DEMI-PENSION 130/140 F. FERME 15 SEPT./1 JUIN ET RESTAURANT OUVERT HS SUR COMMANDE.

LABASTIDE-MURAT 46240 LOT 700 HAB.

** **CLIMAT DE FRANCE** M. RECOURT ☎ 65.21.18.80 – 20 CH. 220/250 F. MENU 55/95 F. PENSION 244/327 F. DEMI-PENSION 184/270 F. FERME 23 DEC./23 JANV. F E CV ♿.

LABATUT 40300 PEYREHORADE LANDES 1060 HAB.

* **AUBERGE DU BOUSQUET** M.LACARRAU ☎ 58.98.18.24 – 6 CH. 100/150 F. MENU 45/180 F. PENSION 150/190 F. FERME 5/30 JANV., 5/12 OCT., LUNDI SOIR ET MARDI. F ♿.

LABEGUDE 07200 AUBENAS ARDECHE 1900 HAB.

* **SABATON** Mme.REYNAUD-SABATON ☎ 75.37.40.37 – 14 CH. 83/230 F. MENU 58/120 F. PENSION 178/240 F. DEMI-PENSION 120/180 F. RESTAURANT FERME SAMEDI. E.

LABENNE 40530 LANDES 2000 HAB. S.I.

* **CHEZ LEONIE** M.DARAMY ☎ 59.45.41.64 – 10 CH. 100/150 F. MENU 48/150 F. PENSION 180/210 F. DEMI-PENSION 136/162 F. FERME 15 OCT./2 NOV., 15 DEC./2 JANV. ET SAMEDI. E.

** **EUROPEEN** M.CHEMIN ☎ 59.45.41.49 – 24 CH. 160/275 F. MENU 60/120 F. PENSION 260/320 F. DEMI-PENSION 200/260 F. FERME 20 JANV./1 MARS. F E CV.

LABERGEMENT-SAINTE-MARIE 25160 MALBUISSON DOUBS 860 M. 630 HAB. S.I.

** **DU PONT** (LES GRANGES SAINTE-MARIE). M. ROBBE ☎ 81.69.34.33 – 24 CH. 90/210 F. MENU 58/135 F. PENSION 175/215 F. DEMI-PENSION 140/185 F. FERME 18 AVR./20 MAI, 1 OCT./18 DEC., DIMANCHE SOIR/LUNDI HORS VACANCES. F E.

LABESSERETTE 15120 MONTSALVY CANTAL 320 HAB.

* **LA GRANGEOTTE** Mme FAU. ☎ 71.49.22.00 – 16 CH. 88/135 F. MENU 55/80 F. PENSION 135/165 F. DEMI-PENSION 100/130 F. F E CV.

LABORDE 65130 CAPVERN-LES-BAINS HAUTES-PYRENEES 150 HAB. S.I.

AF **AUBERGE VIAU** M.DELLA ROSSA ☎ 62.39.05.36 – 10 CH. 70/100 F. MENU 45 F. PENSION 120 F. DEMI-PENSION 100 F. FERME 20 SEPT./20 OCT. ET MERCREDI. E.

LABOUHEYRE 40210 LANDES 2650 HAB. S.I.

** **UNIC HOTEL** M. BARTHELEMY-JAPIOT ☎ 58.07.00.55 – 9 CH. 150/200 F. MENU 65/115 F. DEMI-PENSION 220/250 F. FERME 20 DEC./1 FEV., DIMANCHE SOIR ET LUNDI HS. E.

LACANAU-OCEAN 33680 LACANAU GIRONDE 2018 HAB. S.I.

** **ETOILE D'ARGENT** M.DUFILH ☎ 56.03.21.07 – 14 CH. 120/160 F. MENU 70/120 F. PENSION 240/260 F. DEMI-PENSION 180/200 F. FERME 1 DEC./20 JANV. F E.

LACANCHE 21230 ARNAY-LE-DUC COTE-D'OR 980 HAB.

AF **AU BON ACCUEIL** M. DORIER ☎ 80.84.22.47 – 7 CH. 80/100 F. MENU 50/100 F. PENSION 130/160 F. DEMI-PENSION 110/120 F. FERME 1/18 AOUT, ET DIMANCHE. F E.

LACAPELLE VIESCAMP 15150 LAROQUEBROU CANTAL 400 HAB.

* **DU LAC** Mme.TEULIERE ☎ 71.46.31.57 – 14 CH. 90/105 F. MENU 65/95 F. PENSION 130/145 F. DEMI-PENSION 100/115 F.

LACAPELLE-MARIVAL **46120** LOT 1350 HAB. S.I.

** **LA TERRASSE** ROUTE D'AURILLAC M.BOUSSAC ☎ 65.40.80.07 – 20 CH. 120/240 F. MENU 80/190 F. PENSION 180/220 F. DEMI-PENSION 150/200 F. FERME 20 DEC./1 AVR. **F** ♂️ 🛏️ 🍴 ⚒ 🅰🄴 ⏻ E CV.

AF **LE GLACIER** M.GIBRAT ☎ 65.40.82.67 – 10 CH. 65/130 F. MENU 48/130 F. PENSION 155/180 F. DEMI-PENSION 110/135 F. FERME DIMANCHE HS. **F** 🛌.

LACAUNE **81230** TARN 800 M. 3500 HAB. S.I.

* **CALAS LE GLACIER** M. CALAS ☎ 63.37.03.28 – 20 CH. 98/150 F. MENU 50/180 F. PENSION 185/200 F. DEMI-PENSION 155/170 F. FERME 21 JANV./21 FEV. ET VENDREDI SOIR OCT./MARS. **F** ⚒ 🅰🄴 ⏻ E.

** **CENTRAL HOTEL FUSIES** 2 RUE DE LA REPUBLIQUE M. FUSIES ☎ 63.37.02.03 – 50 CH. 120/250 F. MENU 50/300 F. PENSION 230/270 F. DEMI-PENSION 170/210 F. FERME 20 DEC./20 JANV., VENDREDI SOIR ET SAMEDI MIDI 1 NOV./30 MARS. **F** 🛏️ ♂️ 🛏️ ⚒ 🅰🄴 ⏻ E CV.

LACAVE **46200 SOUILLAC** LOT 300 HAB.

* **DES GROTTES** M. DELPY J.Marc ☎ 65.37.87.06 – 16 CH. 72/150 F. MENU 30/90 F. DEMI-PENSION 110/135 F. FERME 30 SEPT./31 MARS. **F**.

*** **LE PONT DE L'OUYSSE** M.CHAMBON ☎ 65.37.87.04 – 12 CH. 250/500 F. MENU 120/250 F. DEMI-PENSION 300/350 F. FERME 11 NOV./1 MARS ET LUNDI 1 MARS/15 JUIN. ⚒ ⏻ E.

LACHAMP-RAPHAEL **07530 ANTRAIGUES-SUR-VOLANE** ARDECHE 1330 M. 190 HAB.

* **LES CAMPANULLES** M.GAFFET ☎ 75.38.78.73 – 7 CH. 110/160 F. MENU 58/120 F. PENSION 180 F. DEMI-PENSION 130 F. FERME 1/15 OCT., ET 1/20 DEC. **F** ⚒ ⏻.

AF **LES CIMES** M. BOUCHET ☎ 75.38.78.58 – 7 CH. 80/95 F. MENU 48/85 F. PENSION 170 F. DEMI-PENSION 110 F. FERME 15 NOV./15 DEC. **F** 🛏️ ⚒ 🅰🄴 ⏻ E.

LACHASSAGNE **69480 ANSE** RHONE 515 HAB.

AF **AU GOUTILLON BEAUJOLAIS** LIEU-DIT LA COLLINE. M. CLAVEL ☎ 74.67.14.99 – 5 CH. 100/150 F. MENU 80/150 F. PENSION 240 F. DEMI-PENSION 180 F. FERME NOEL, FEV., MARDI SOIR, MERCREDI ETE, MARDI ET MERCREDI HIVER. ⚒.

LACROUZETTE **81210 ROQUECOURBE** TARN 620 M. 2000 HAB. S.I.

** **LE RELAIS DU SIDOBRE** 8, ROUTE DE VABRE M. SCHAWLB, M.et Mme KING ☎ 63.50.60.06 – 22 CH. 135/230 F. MENU 60/175 F. PENSION 175/184 F. DEMI-PENSION 125/134 F. **F** ⚒ CV ♿.

LAFEUILLADE-EN-VEZIE **15130 ARPAJON** CANTAL 780 M. 580 HAB.

AF **DU COMMERCE** Mme.POUJOL ☎ 71.62.55.06 – 9 CH. 45/65 F. MENU 46/52 F. PENSION 110/125 F. DEMI-PENSION-95/110 F. ⚒ 🅰🄴 ⏻ E.

LAFFREY **38220 VIZILLE** ISERE 910 M. 200 HAB. S.I.

* **DU GRAND LAC** (LA PLAGE) M.MARTIN ☎ 76.73.12.90 – 26 CH. 88/265 F. MENU 55/135 F. PENSION 190/255 F. DEMI-PENSION 150/215 F. RESTAURANT FERME OCT./AVR. **F**.

* **DU PARC** M.MELMOUX ☎ 76.73.12.98 – 11 CH. 100/140 F. MENU 55/95 F. PENSION 140/160 F. DEMI-PENSION 110/150 F. FERME MERCREDI SAUF ETE, HOTEL 1 NOV./1 AVR. SAUF PERIODE SCOL., RESTAURANT 1/31 OCT. **F** 🛏️ ⚒ 🅰🄴 E.

* **L'IMPERIAL DES LACS** Mme.LACOSTE ☎ 76.73.14.73/76.68.15.73 – 7 CH. 80/96 F. MENU 49/115 F. PENSION 150/190 F. DEMI-PENSION 125/145 F. FERME MERCREDI, HOTEL 1 NOV./1 JUIL. ET RESTAURANT 1 NOV./ 1 DEC. **F** 🛏️ ⚒ 🅰🄴 E.

LAGARDE-ENVAL **19150 LAGUENNE** CORREZE 576 HAB.

AF **LE CENTRAL** M. MESTRE ☎ 55.27.16.12 – 7 CH. 80/100 F. MENU 75/150 F. PENSION 180/200 F. DEMI-PENSION 160 F. FERME SEPT. **F** 🛌.

LAGNY-LE-SEC **60330 LE PLESSIS-BELLEVILLE** OISE 1750 HAB.

* **A LA BONNE RENCONTRE** (R.N.2) M.GONZALO ☎ 44.60.50.08 – 9 CH. 148 F. MENU 90/180 F. PENSION 264 F. FERME 31 JANV./17 FEV., 17 JUIL./10 AOUT., LUNDI SOIR/MARDI. ⚒ 🅰🄴 E.

LAGUIOLE **12210** AVEYRON 1000 M. 1300 HAB. S.I.

** **GRAND HOTEL AUGUY** AV. DE LA PEPINIERE. M.AUGUY ☎ 65.44.31.11 – 28 CH. 130/200 F. MENU 66/140 F. PENSION 190/225 F. DEMI-PENSION 142/170 F. FERME 3 NOV./25 DEC., 19/29 AVR., DIMANCHE SOIR ET LUNDI SAUF VAC. SCOL. **F** 🛏️ ⚒ 🎛️.

** **LOU MAZUC** M.BRAS ☎ 65.44.32.24 – 13 CH. 170/380 F. FERME 18 OCT./1 AVR. **F** ⚒ 🎛️.

** **REGIS** M.VAURS ☎ 65.44.30.05 – 15 CH. 100/250 F. MENU 60/120 F. PENSION 186/195 F. DEMI-PENSION 150/160 F. FERME 10/22 OCT. **F** ⚒ E.

LAILLY-EN-VAL **45190** LOIRET 1600 HAB.

* **AUBERGE DES 3 CHEMINEES** ROUTE DE BLOIS Mme MEURET ☎ 38.44.74.20 – 12 CH. 90/320 F. MENU 69/180 F. FERME 8 FEV./1 MARS ET MERCREDI 1 OCT./30 AVR. ⚒ E ♿.

LAISSAC **12310** AVEYRON 600 M. 1500 HAB. S.I.

*AF **CAZES** ☎ 65.69.60.25 – 13 CH. 80/130 F. MENU 48/75 F. PENSION 150 F. DEMI-PENSION 105 F. 🛏️ ⚒ 🅰🄴 ⏻ E CV.

LAITRE-SOUS-AMANCE **54770 BOUXIERES** MEURTHE-ET-MOSELLE 220 HAB.

* **CHAPON DORE** Mme.XOLIN ☎ 83.31.10.19 – 6 CH. 65/70 F. MENU 48/128 F. PENSION 140 F. DEMI-PENSION 115 F. FERME FEV., ET LUNDI. 🛌.

LALACELLE 61320 CARROUGES ORNE 300 HAB. S.I.
* **LA LENTILLERE** Mme.GENTIL ☎ 33.27.38.48 – 8 CH. 85/120 F. MENU 50/210 F. DEMI-PEN-
SION 140/170 F. FERME 1/28 FEV., DIMANCHE SOIR ET LUNDI 1 SEPT./30 JUIN. ⌘ 🎳 ⏳
E.

LALAYE 67220 VILLE BAS-RHIN 350 HAB.
AF **DES SAPINS** RN.19 M.ADRIAN ☎ 88.57.13.10 – 7 CH. 90/120 F. MENU 37/105 F. PENSION
150/160 F. DEMI-PENSION 120/130 F. FERME 15 DEC./15 JANV. ET LUNDI. Ⓕ 🎠 🎳
⏳ CV.

LALBENQUE 46230 LOT 900 HAB. S.I.
* **DU LION D'OR** Mme.BERTHIER ☎ 65.31.60.19 – 7 CH. 61/110 F. MENU 53/94 F. PENSION
150/170 F. DEMI-PENSION 110/130 F. RESTAURANT FERME SAMEDI. 🎠.

LALEVADE D'ARDECHE 07380 ARDECHE 1180 HAB. S.I.
* **DE LA PAIX** M.LABROT ☎ 75.38.01.42 – 9 CH. 70/120 F. MENU 55/80 F. PENSION
160/170 F. DEMI-PENSION 100/115 F. FERME SAMEDI. Ⓕ ⌘ CV.
* **L'ESCHALLIER** 31, PLACE DE LA GARE. M. FERRARO ☎ 75.94.17.23 – 8 CH. 78/145 F. MENU
45/85 F. PENSION 165/185 F. DEMI-PENSION 145/165 F. FERME DIMANCHE SOIR ET LUNDI MIDI.
⌘ 🎳.

LALINDE 24150 DORDOGNE 3700 HAB. S.I.
** **DU CHATEAU** M.GENSOU ☎ 53.61.01.82 – 8 CH. 140/220 F. MENU 95/220 F. DEMI-PENSION
145/195 F. FERME 15 NOV./1 MARS. ET RESTAURANT FERME VENDREDI 1 SEPT./ 30 JUIN.
Ⓕ 🎳 ⏳ E.
** **LA FORGE** PLACE VICTOR HUGO M. GOUZOT ☎ 53.24.92.24 – 15 CH. 175/235 F. MENU
80/250 F. PENSION 380/431 F. DEMI-PENSION 305/331 F. HOTEL FERME DIMANCHE SOIR OCT./
PAQUES, RESTAURANT FERME LUNDI SAUF FETES, JUIL. ET AOUT. 🎳 🎳 AE ⏳
E ⛴.

LALIZOLLE 03450 EBREUIL ALLIER 375 HAB.
AF **LA CROIX DES BOIS** ROUTE DE BELLENAVES (SUR D.987) M. GAURIAULT ☎ 70.90.41.55 –
3 CH. 90/150 F. MENU 50/120 F. PENSION 170/210 F. DEMI-PENSION 120/160 F. Ⓕ 🎳.

LALOUBERE 65310 HAUTES-PYRENEES 1300 HAB.
* **AUX TILLEULS** M. BAUDOUR ☎ 62.93.19.66 – 11 CH. 70/105 F. MENU 40/80 F. DEMI-PEN-
SION 86/91 F. ⌘ 🎳.

LALOUVESC 07520 ARDECHE 1050 M. 480 HAB. S.I.
** **BEAU SITE** M.GAS ☎ 75.67.82.14 – 33 CH. 72/210 F. MENU 57/140 F. PENSION 190/245 F.
DEMI-PENSION 145/200 F. FERME 1 OCT./ PAQUES. ⌘ 🎳 ⏳ CV.
* **DE LA POSTE** M. DEYGAS ☎ 75.67.82.84 – 11 CH. 90/120 F. MENU 55/120 F. PENSION
150/170 F. DEMI-PENSION 140 F. FERME 1 DEC./1 FEV. 🎠 🎳.
** **RELAIS DU MONARQUE** Mme.MOUTARD SOLNON ☎ 75.67.80.44 – 20 CH. 95/220 F. MENU
□ 65/155 F. PENSION 200/280 F. DEMI-PENSION 160/250 F. FERME 15 OCT./1 MAI. Ⓕ ⌘
🎳 AE ⏳ E CV.

LALUQUE 40400 TARTAS LANDES 710 HAB.
HOSTELLERIE LANDAISE M. CERNAITS ☎ 58.57.22.04 – 9 CH. 100/130 F. MENU
45/150 F. PENSION 170 F. DEMI-PENSION 130 F. FERME VENDREDI 15H/SAMEDI 18H. Ⓕ
🎳.

LAMALOU-LES-BAINS 34240 HERAULT 3000 HAB. S.I.
** **DE LA PAIX** RUE ALPHONSE DAUDET M. BITSCH ☎ 67.95.63.11 – 32 CH. 95/200 F. MENU
65/95 F. PENSION 180/260 F. DEMI-PENSION 160/235 F. FERME 15 NOV./15 JANV. Ⓕ 🎳
🎳 E ⛴ ⏳.
* **DU COMMERCE** M.SAIGNES ☎ 67.95.63.14 – 21 CH. 69/125 F. MENU 35/55 F. FERME 15
DEC./15 JANV. ET RESTAURANT FERME DIMANCHE. 🎳 🎳 AE ⏳ E.
** **HOTEL MAS** AV. CHARCOT M. BITSCH ☎ 67.95.62.22 – 38 CH. 95/195 F. MENU 50/165 F.
□ PENSION 185/220 F. DEMI-PENSION 170/200 F. FERME 2 JANV./25 FEV. Ⓕ ♂ 🎳 ⏳
E ⛴ ⛴.

LAMARCHE-SUR-SAONE 21760 COTE-D'OR 1500 HAB.
** **HOSTELLERIE LE SAINT-ANTOINE** ROUTE DE VONGES M. JAGLA ☎
□ 80.47.11.33/80.47.16.46 – 8 CH. 180/215 F. MENU 78/150 F. PENSION 250/265 F. DEMI-PEN-
SION 195/210 F. FERME 15 JANV./15 FEV. Ⓕ ⌘ 🎳 E.

LAMASTRE 07270 ARDECHE 3100 HAB. S.I.
*** **CHATEAU D'URBILHAC** ROUTE DE VERNOUX. Mme XONPERO ☎ 75.06.42.11 – 12 CH.
350/500 F. MENU 160/250 F. DEMI-PENSION 375/450 F. FERME 16 OCT./30 AVR. ⌘ ⌘ 🎳
AE ⏳ E CV ⏳.
* **DE LA POSTE** AVENUE BOISSY D'ANGLAS Mme.ROCHE ☎ 75.06.42.10 – 12 CH. 80/188 F.
❋ 🎳 AE ⏳ E.
* **DES NEGOCIANTS** M.LOPEZ ☎ 75.06.41.34 – 29 CH. 80/200 F. MENU 50/135 F. PENSION
□ 135/210 F. DEMI-PENSION 115/190 F. FERME 30 NOV./1 FEV. ⌘ 🎳 AE ⏳ E CV.
** **GRAND HOTEL DU COMMERCE** PLACE RAMPON M.RANC ☎ 75.06.41.53 – 24 CH.
□ 95/250 F. MENU 60/250 F. PENSION 175/250 F. DEMI-PENSION 145/200 F. FERME 1 NOV./1
MARS. Ⓕ ⌘ 🎠 ⏳.

LAMBALLE 22400 COTES-DU-NORD 11000 HAB. S.I.
*** **D'ANGLETERRE** 29,BD. JOBERT Mmes. DAVID-RIVALLAN ☎ 96.31.00.16/96.31.06.21 TELEX
740994 – 35 CH. 70/220 F. MENU 50/160 F. RESTAURANT FERME 3 JANV/7 FEV. ET DIMANCHE
SOIR/LUNDI MIDI SAUF JOURS DE FETES 1 OCT./1 AVR. ⌘ 🎳 AE ⏳ E CV ⛴.

LAMBALLE (suite)

** LA TOUR D'ARGENT 2, RUE DU Dr-LAVERGNE M.MOUNIER ☎ 96.31.01.37 TELEX 741301 –
30 CH. 85/250 F. MENU 60/158 F. PENSION 220/260 F. DEMI-PENSION 160/220 F. RESTAURANT
FERME 18 JUIN/3 JUIL. ET SAMEDI 1 SEPT./30 JUIN. 🄵 🚗 🎖 🄰🄴 📶 E CV.

LAMBESC 13410 BOUCHES-DU-RHONE 5500 HAB. S.I.

AF AUBERGE DE LA BASTIDE SUR N.7 M.GILLET ☎ 42.92.72.26 – 8 CH. 128/220 F. MENU
78/150 F. DEMI-PENSION 226/266 F. RESTAURANT FERME 15 OCT./20 MARS. 🄵 🚗
🐾.

** CHATEAU DE MONTPLAISIR (N. 7) M.BLIN ☎ 42.28.01.64 – 14 CH. 150/230 F. MENU
100/130 F. PENSION 290/350 F. DEMI-PENSION 198/230 F. FERME 15 OCT./15 MARS, MERCREDI
MIDI ET RESTAURANT FERME 1 OCT./15 MARS. 🚗 🎖 🄰🄴.

LAMOTTE-BEUVRON 41600 LOIR-ET-CHER 4500 HAB. S.I.

AF HOSTELLERIE DE LA CLOCHE 39, AV. DE LA REPUBLIQUE. M. BEAUFILS ☎ 54.88.02.20 –
☞ 6 CH. 60/105 F. MENU 56/151 F. FERME LUNDI SOIR ET MARDI, MARDI SEULEMENT 1 JUIL./15
SEPT. 🎖 🄰🄴 📶 E CV.

** LE MONARQUE** 2, AV. DE L'HOTEL DE VILLE. M. CONVERT ☎ 54.88.04.47 – 13 CH. 95/195 F.
☞ MENU 68/210 F. PENSION 195/235 F. DEMI-PENSION 150/185 F. FERME 1 FEV./1 MARS, 16/26
AOUT, MARDI SOIR ET MERCREDI. PARKING PRIVE. 🄵 🎖 🄰🄴 📶 E ♿.

** TATIN** 5, AV. DE VIERZON M. CAILLE ☎ 54.88.00.03 – 15 CH. 90/160 F. MENU 65/180 F.
FERME 15 JANV./20 FEV., DIMANCHE SOIR ET LUNDI 15 SEPT./ 1 JUIN. 🎖 E.

LAMOTTE-BEUVRON (LE RABOT) 41600 LOIR-ET-CHER 1250 HAB.

** MOTEL DES BRUYERES M.MAROT ☎ 54.88.05.70 – 48 CH. 93/230 F. MENU 65/140 F.
PENSION 244/427 F. DEMI-PENSION 154/337 F. 🄵 🚗 ✋ 🎖 🄰🄴 📶 E ♿.

LAMOURA 39310 SEPTMONCEL JURA 1150 M. 300 HAB. S.I.

** LA SPATULE MME FERREUX ☎ 84.41.20.23 – 25 CH. 120/185 F. MENU 75/110 F. PENSION
190/220 F. DEMI-PENSION 150/180 F. FERME 30 AVR./15 JUIN, 1 OCT./15 DEC. 🚗 🐾
🎖 E.

LAMPAUL-GUIMILIAU 29230 LANDIVISIAU FINISTERE 2200 HAB. S.I.

** DE L'ENCLOS Mme CAUCINO ☎ 98.68.77.08 – 36 CH. 172/190 F. MENU 65/120 F. PENSION
☞ 231 F. DEMI-PENSION 192 F. 🄵 🎖 🄰🄴 📶 E CV.

LAMURE-SUR-AZERGUES 69870 RHONE 1051 HAB. S.I.

* DU COMMERCE M. LEQUEL ☎ 74.03.05.00 – 9 CH. 80/160 F. MENU 40/180 F. PENSION
170/190 F. FERME 2 JANV./1 FEV., MARDI APRES-MIDI ET MERCREDI OCT./MAI. 🚗 🎖 🄰🄴.

** RAVEL** M.GELY ☎ 74.03.04.72 – 10 CH. 85/150 F. MENU 60/160 F. PENSION 180/200 F.
☞ DEMI-PENSION 150/170 F. FERME 2/30 NOV. ET VENDREDI OCT./MAI. 🚗 🎖 E.

LANARCE 07660 ARDECHE 1200 M. 400 HAB.

** DES SAPINS M.OLLIER ☎ 66.69.06.08/66.69.46.08 – 14 CH. 80/170 F. MENU 53/140 F.
☞ PENSION 160/190 F. DEMI-PENSION 110/150 F. FERME NOV. ET DIMANCHE SOIR DU 1/OCT./25
DEC. 🄵 🚗 🎖 🄰🄴 📶 E CV.

AF LE PROVENCE SUR N. 102. Mme PHILIPPOT ☎ 66.69.46.06 – 10 CH. 65/165 F. MENU
☞ 52/85 F. PENSION 140/150 F. DEMI-PENSION 110/120 F. FERME 15 NOV./1 FEV. 🄵 🚗
🎖 E.

LANCRANS 01200 BELLEGARDE AIN 800 HAB.

** DU SORGIA M.MARION ☎ 50.48.15.81 – 17 CH. 90/160 F. MENU 55/140 F. PENSION
170/200 F. DEMI-PENSION 130/180 F. FERME 12 SEPT./8 OCT., 3/12 JANV., ET DIMANCHE
18H/LUNDI 18H 🄵 🚗 🎖.

LANDERNEAU 29220 FINISTERE 16000 HAB. S.I.

** LE CLOS DU PONTIC RUE DU PONTIC M.SAOUT ☎ 98.21.50.91 – 32 CH. 200/230 F. MENU
78/250 F. PENSION 280/300 F. DEMI-PENSION 200/220 F. RESTAURANT FERME SAMEDI MIDI,
DIMANCHE SOIR ET LUNDI. 🎖 E ♿.

LANDEVANT 56690 MORBIHAN 1794 HAB.

** AU VIEUX CHENE Mme JACOB ☎ 97.56.90.01 – 7 CH. 124/180 F. MENU 63/245 F. DEMI-
PENSION 135/180 F. FERME 12 NOV./14 DEC., MERCREDI MIDI ET DIMANCHE SOIR. 🎖 🄰🄴
E.

LANDEYRAT 15160 CANTAL 1100 M. 110 HAB.

** HOSTELLERIE DE LA CALECHE** M.GANDILHON ☎ 71.20.40.61/71.05.64.47 – 7 CH.
☞ 100/140 F. MENU 48/140 F. PENSION 171/190 F. DEMI-PENSION 141/160 F. FERME MERCREDI
HS. 🄵 🚗 🎖 🄰🄴 📶 E CV.

LANDIVISIAU 29230 FINISTERE 9000 HAB. S.I.

** DE L'AVENUE** PLACE DU CHAMP DE FOIRE M. GUILLERM ☎ 98.68.11.67 – 23 CH. 75/140 F.
MENU 50 F. DEMI-PENSION 135/192 F. FERME VAC. NOEL. RESTAURANT FERME 10/25 OCT.,
SAMEDI ET DIMANCHE SOIR HS. 🎖 E CV.

LANDRY 73860 AIME SAVOIE 800 M. 300 HAB.

* DU COL DU PALET M.ROMANET ☎ 79.07.08.74 – 16 CH. 100/240 F. MENU 60 F. PENSION
175 F. DEMI-PENSION 130 F. FERME JANV. ET SAMEDI.

LANGEAC 43300 HAUTE-LOIRE 0 M. 4733 HAB.

** VAL D'ALLIER (A REILHAC 2km) M. VELAY ☎ 71.77.02.11 – 21 CH. 110/200 F. MENU
58/105 F. PENSION 180/220 F. DEMI-PENSION 135/180 F. RESTAURANT FERME SAMEDI ET
DIMANCHE SOIR 15 OCT./15 MARS. 🎖 E.

LANGEAIS 37130 INDRE-ET-LOIRE 4000 HAB. S.I.

** **DUCHESSE ANNE** 10 RUE DE TOURS MM. RATISBONNE ET DUFOSSE ☎ 47.96.82.03 – 22 CH. 120/240 F. MENU 98/200 F. DEMI-PENSION 240/330 F. FERME 1 DEC./15 MARS, DIMANCHE SOIR ET LUNDI. ⊕ ✕ ⌖.

** **HOSTEN** M. HOSTEN ☎ 47.96.70.63/47.96.82.12 – 12 CH. 220/310 F. FERME 10 JANV./10 FEV., 20 JUIN/10 JUIL., LUNDI SOIR ET MARDI. ⊕ ✕ ⌖ ⊙ E.

LANGOGNE 48300 LOZERE 913 M. 4500 HAB. S.I.

* **BEL AIR** M.DELENNE ☎ 66.69.01.08 – 11 CH. 78/128 F. MENU 39/82 F. PENSION 130/180 F. DEMI-PENSION 90/130 F. 🄵 ⊕ ✕ E CV.

LANGRES 52200 HAUTE-MARNE 11000 HAB. S.I.

** **GRAND HOTEL DE L'EUROPE** 23-25, RUE DIDEROT M. JOSSINET ☎ 25.87.10.88 –
28 CH. 80/240 F. MENU 52/130 F. PENSION 210/230 F. DEMI-PENSION 155/180 F. FERME 2/16 MAI, 2/24 OCT., DIMANCHE SOIR. RESTAURANT FERME DIMANCHE SOIR ET LUNDI MIDI. ⊕ ✕ ⌖.

* **LES MOULINS** 5, PL. DES ETATS-UNIS Mme LEBRETON ☎ 25.85.08.12/25.87.08.12 –
10 CH. 86/140 F. MENU 50/95 F. FERME 1 DEC./31 JANV. ✕ ⌖ ⊙ E.

LANGRUNE-SUR-MER 14830 CALVADOS 1050 HAB. S.I.

* **DE LA MER** BLD ARISTIDE BRIAND Mlle LEPLANQUOIS ☎ 31.96.03.37 – 11 CH. 140 F.
MENU 56/185 F. PENSION 220 F. DEMI-PENSION 160 F. 🄵 ✕ ⌖ ⊙.

** **L'OCEANIDE** 58, RUE GENERAL LECLERC. M. JOSSE ☎ 31.96.32.50 – 20 CH. 115/220 F. MENU 61/147 F. PENSION 245/275 F. DEMI-PENSION 185/215 F. FERME JANV./FEV., ET MARDI HS. ✕ ⌖ ⊙ E.

LANNE 64570 ARAMITS PYRENEES-ATLANTIQUES 542 HAB.

* **LACASSIE** Mme PAPARAMBORDE ☎ 59.34.62.05 – 10 CH. MENU 65 F. PENSION 195 F. DEMI-PENSION 175 F. FERME 24 DEC./15 JANV. ET LUNDI. 🄵 ✕ ⌖ ⊙ E.

LANNEMEZAN 65300 HAUTES-PYRENEES 600 M. 8500 HAB. S.I.

** **DES PYRENEES** RUE DIDEROT M.NOGUES ☎ 62.98.01.53 TELEX 532807 – 30 CH.
200/300 F. MENU 60/150 F. PENSION 220/300 F. DEMI-PENSION 200/250 F. ⊕ ✕ ⌖
⊙ & ▥.

LANNION 22300 COTES-DU-NORD 20000 HAB. S.I.

** **TERMINUS** 30, AV. GENERAL DE GAULLE. M.GUILLOU ☎ 96.37.03.67 – 16 CH. 95/150 F. MENU 58/150 F. FERME LUNDI 15 SEPT./15 MAI. ✕ ⊙.

LANOBRE 15270 CHAMPS-SUR-TARENTAINE CANTAL 670 M. 1800 HAB.

AF **BEAU RIVAGE** M.MARTIN ☎ 71.40.31.11 – 6 CH. 89/130 F. MENU 45/105 F. PENSION 130/170 F. FERME 1 DEC./29 FEV. ⊕ ✕ ⌖.

** **LA VILLA DE VAL** SARL MOULIN-JUILLARD ☎ 71.40.33.40 – 13 CH. 110/180 F. MENU 43/150 F. DEMI-PENSION 145/180 F. 🄵 ✕ E CV &.

LANS-EN-VERCORS 38250 ISERE 1020 M. 1100 HAB. S.I.

** **DU COL DE L'ARC** M.MAYOUSSE ☎ 76.95.40.08 – 26 CH. 150/220 F. MENU 60/110 F.
PENSION 200/230 F. DEMI-PENSION 170/200 F. FERME 15 NOV./15 DEC. ET 23/30 AVR.
🄵 ✓ ✕ ⌖ ⊙ E.

LANSLEBOURG 73480 SAVOIE 1400 M. 570 HAB. S.I.

*** **ALPAZUR** M.JORCIN ☎ 79.05.93.69 – 21 CH. 250/360 F. MENU 90/250 F. PENSION
300/380 F. DEMI-PENSION 250/320 F. FERME 20 AVR./1 JUIN ET 20 SEPT./20 DEC. 🄵
⊕ ✕ ⌖ ⊙ E CV.

* **DE LA VIEILLE POSTE** Mme DIMIER ☎... – 16 CH. 95 F. MENU 55/75 F. PENSION 190 F. DEMI-PENSION 155 F. FERME WEEK-END HS. 🄵 ⊕ ✕ CV.

* **LES MARMOTTES** GRANDE RUE M.BOCH ☎ 79.05.93.67 – 20 CH. 95/175 F. MENU
62/95 F. PENSION 180/230 F. DEMI-PENSION 138/170 F. FERME 20 SEPT./20 DEC. ET 25
AVR./10 JUIN. 🄵 ⊕ ✕ E CV.

* **RELAIS DES DEUX COLS** M.GAGNIERE ☎ 79.05.92.83 – 30 CH. 110/220 F. MENU
60/130 F. PENSION 200/275 F. DEMI-PENSION 160/235 F. FERME 1 OCT./20 DEC. 20
AVR./MAI. APPAREILS DE MUSCULATION. ⊋ ⊕ ✕ ⌖.

LANSLEVILLARD 73480 LANSLEBOURG-MONT-CENIS SAVOIE 1480 M.
370 HAB. S.I.

* **FLEURS ET NEIGE** M.FILLIOL ☎ 79.05.93.34 – 14 CH. 100/230 F. MENU 63/140 F. PEN-
SION 204/267 F. DEMI-PENSION 164/220 F. FERME 17 AVR./20 JUIN ET 15 SEPT./20 DEC.
🄵.

** **LE GRAND SIGNAL** M. CLERT ☎ 79.05.91.24 – 18 CH. 140/200 F. MENU 60/120 F. PEN-
SION 230/260 F. DEMI-PENSION 190/220 F. FERME 15 SEPT./20 DEC. ET 17 AVR./15 JUIN.
SAUNA - SALLE MUSCULATION. 🄵 ✕.

** **LES MELEZES** (LA MATHIA). M. DESIMONE ☎ 79.05.93.82 – 16 CH. 148/188 F. MENU
70/98 F. PENSION 240/289 F. DEMI-PENSION 170/204 F. FERME 20 AVR./25 JUIN ET 10
SEPT./19 DEC. PENSION HIVER SEULEMENT. ⋔.

LANTEUIL 19190 BEYNAT CORREZE 430 HAB.

* **LE RELAIS D'AUVERGNE** Mme ARDAILLOUX ☎ 55.85.51.08 – 7 CH. 90/160 F. MENU 50/110 F. PENSION 140 F. DEMI-PENSION 120 F. 🄵 ⋔.

LANTOSQUE 06450 ALPES-MARITIMES 700 HAB.

** **HOSTELLERIE DE L'ANCIENNE GENDARMERIE** (LE RIVET) Mme WINTHER-SOLVEIG
☎ 93.03.00.65 – 9 CH. 200/350 F. MENU 110/170 F. DEMI-PENSION 250/300 F. FERME 5
NOV./1 JANV. ET RESTAURANT LUNDI. ⊋ ⋔ ⊙.

LAPALISSE 03120 ALLIER 3775 HAB. S.I.

* **DU BOURBONNAIS** 1 PLACE DU 14 JUILLET M.PINET ☎ 70.99.04.11 — 11 CH. 85/140 F.
MENU 50/170 F. FERME 10/25 MARS, 15 NOV./1 DEC. ET LUNDI. ⊁ ✕ E.

** **GALLAND** 20 PLACE DE LA REPUBLIQUE M. PUGIN ☎ 70.99.07.21 — 8 CH. 150/230 F.
MENU 60/200 F. FERME 1/31 JANV. ET MERCREDI. ♨ ✕ E.

LAPARADE 47260 CASTELMORON LOT-ET-GARONNE 500 HAB. S.I.

AF **DU CENTRE** Mme LABAISSE ☎ 53.84.05.08 TELEX 560800 — 7 CH. 55/97 F. MENU
45/80 F. PENSION 155 F. DEMI-PENSION 115 F. FERME 1/31 JANV. RESTAURANT FERME
DIMANCHE SOIR, ET LUNDI SEPT./JUIN. ⊁ ✕ E.

LAPLEAU 19550 CORREZE 600 HAB. S.I.

AF **DES TOURISTES** M.AIRES ☎ 55.27.52.06 — 20 CH. 70/95 F. MENU 60/100 F. PENSION
165/180 F. DEMI-PENSION 100/110 F. RESTAURANT FERME OCT./PAQUES. ⊸.

LAPOUTROIE 68650 HAUT-RHIN 760 M. 2000 HAB. S.I.

AF **AUBERGE DU BOUTON D'OR 31 BERMONT M. PIERREVELCIN ☎ 89.47.50.95 — 7 CH.
120/170 F. MENU 60/90 F. PENSION 180/210 F. DEMI-PENSION 150/170 F. FERME 2 JANV./2
FEV. RESTAURANT FERME MERCREDI. ✕ Ⅷ ⊸ E.

** **DU FAUDE** M.BALDINGER ☎ 89.47.50.35 — 27 CH. 110/200 F. MENU 64/180 F. PENSION
210/265 F. DEMI-PENSION 150/210 F. FERME 10/20 MARS, 11 NOV./12 DEC. ♨ ✕ Ⅷ
E CV.

** **LES ALISIERS** M.DEGOUY ☎ 89.47.52.82 — 12 CH. 160/220 F. MENU 95/140 F. DEMI-PEN-
SION 210/230 F. FERME 19/28 AVR., 14 NOV./20 DEC., LUNDI SOIR ET MARDI. Ⅸ
⊁ ✕ Ⅷ.

LAQUEUILLE 63820 PUY-DE-DOME 1030 M. 501 HAB.

AF **DE LA POSTE** Mme GALLERAND ☎ 73.22.00.78 — 9 CH. 70/90 F. MENU 55 F. PENSION
145 F. DEMI-PENSION 120 F. Ⅸ ♨ ✕ E.

AF **DU CHEVAL BLANC** M.TARDIF ☎ 73.22.00.14 — 8 CH. 80/110 F. MENU 50/85 F. PEN-
SION 140/145 F. DEMI-PENSION 110/115 F. FERME 24 AOUT/10 SEPT. ⊁ ✕ E.

LAQUEUILLE-GARE 63820 LAQUEUILLE PUY-DE-DOME 1000 M. 580 HAB.

** **LE COMMERCE** (SUR D. 82) M.CHEYVIALLE ☎ 73.22.00.03 — 14 CH. 100/250 F. MENU
45/120 F. PENSION 200/250 F. DEMI-PENSION 150/200 F. FERME OCT., ET DIMANCHE SOIR
HS. ♨ ✕ E.

** **LES CLARINES** (SUR D. 82) Mme BERTRAND Marcelle ☎ 73.22.00.43 — 14 CH. 124/230 F.
MENU 70/130 F. PENSION 187/262 F. DEMI-PENSION 140/178 F. FERME 15 NOV./25 DEC., 1
JANV./10 FEV., ET JEUDI 1 MARS/1MAI ♨ ✕ Ⅷ ⊸ E CV.

LARAGNE 05300 HAUTES-ALPES 530 M. 4000 HAB. S.I.

** **LE CHRISMA** ROUTE DE GRENOBLE M. CHAZEAU ☎ 92.65.09.36 — 19 CH. 147/210 F. PEN-
SION 240/250 F. DEMI-PENSION 200/210 F. FERME 15 OCT./PAQUES. REPAS PRIS AU RESTAU-
RANT LE GLOBE, A 50 m. ♨ ⊸ ⊁ E.

** **LE GLOBE** PLACE DES AIRES. Mme CHAZEAU ☎ 92.65.15.81 — 10 CH. 105/155 F. MENU
68/105 F. PENSION 190/215 F. DEMI-PENSION 149/175 F. FERME JANV., SAMEDI ET
DIMANCHE SOIR 1 OCT./30 JUIN. Ⅸ ⊁ ✕ E.

* **LES TERRASSES** M. PELLISSIER ☎ 92.65.08.54 — 15 CH. 70/200 F. MENU 70/120 F.
PENSION 170/220 F. DEMI-PENSION 140/170 F. FERME 10 OCT./1 MAI. ♨ ✕ Ⅷ ⊸
E CV.

LARCHE 04540 ALPES-DE-HAUTE-PROVENCE 1700 M. 91 HAB.

* **AU RELAIS D'ITALIE** Mme PALLUEL ☎ 92.84.31.32 TELEX 401272 — 13 CH. 80/175 F.
MENU 49/90 F. PENSION 150/200 F. DEMI-PENSION 120/160 F. FERME 23 DEC./2 JANV. ET
DIMANCHE JOURS FERIES MAI ET NOV. Ⅸ ♨.

LARCHE 19600 CORREZE 1200 HAB. S.I.

* **LES GLYCINES** Mme.LAVAL ☎ 55.85.30.12 — 9 CH. 60/160 F. MENU 50/130 F. PENSION
160/180 F. DEMI-PENSION 135/155 F. FERME 15 DEC./15 JANV.

LARDIN (LE) 24570 DORDOGNE 2000 HAB.

** **SAUTET** M. SAUTET ☎ 53.51.27.22 — 35 CH. 130/300 F. MENU 75/200 F. FERME 1/5
JANV., 22/31 DEC., SAMEDI ET DIMANCHE 1 OCT./31 MARS. Ⅸ ♨ ♂ ✕ E
CV Ⅷ.

LARMOR-BADEN 56790 MORBIHAN 790 HAB.

** **AUBERGE PARC FETAN** 17 RUE DE BERDER M.DELANOUE ☎ 97.57.04.38 TELEX 951958
— 23 CH. 113/400 F. MENU 68/136 F. PENSION 208/378 F. DEMI-PENSION 166/336 F. FERME
5 NOV./15 MARS. RESTAURANT FERME MIDI 1 OCT./1 AVR. PARKING PRIVE. Ⅸ ✕
Ⅷ ⊸ E CV.

LARMOR-PLAGE 56260 MORBIHAN 5500 HAB. S.I.

** **BEAU RIVAGE** PLAGE DE TOULHARS M.ROIG ☎ 97.65.50.11 — 18 CH. 81/180 F. MENU
68/260 F. PENSION 210/275 F. DEMI-PENSION 140/190 F. RESTAURANT FERME 25 OCT./5
DEC., ET DIMANCHE SOIR/LUNDI SOIR Ⅸ ✕ Ⅷ ⊸ E.

LARNAGOL 46160 CAJARC LOT 169 HAB.

** **LE MAS DE CARITEAU** M.CONTI ☎ 65.31.28.77 — 30 CH. 132/297 F. MENU 77/120 F.
PENSION 229/285 F. DEMI-PENSION 167/224 F. FERME 30 SEPT./10 MAI. ♨ ♂ CV.

LAROQUEVIEILLE 15250 JUSSAC CANTAL 700 M. 450 HAB.

AF **AUBERGE DES VOLCANS** (A VERQUERES) Mme.LAPORTE ☎ 71.47.31.81 — 7 CH.
90/117 F. MENU 50/90 F. PENSION 150/160 F. DEMI-PENSION 120/140 F. ✕ Ⅷ ⊸
E CV.

LATILLE **86190 VOUILLE** VIENNE 1300 HAB.

* •• **DU CENTRE** M.FRAIGNEAU ☎ 49.51.88.75 – 12 CH. 68/131 F. MENU 55/85 F. PENSION 160/185 F. DEMI-PENSION 105/130 F. FERME 1ere QUINZ. JANV. 🄵 ⇋ **CV**.

LATRONQUIERE **46210** LOT 650 M. 700 HAB. S.I.

* • **DU COMMERCE** Mme.RIC ☎ 65.40.25.09 – 14 CH. 75/110 F. MENU 45/80 F. PENSION 150/165 F. DEMI-PENSION 130/145 F. ⚞ 🄰🄴 ⏩ E.

LAUMES-ALESIA (LES) **21150 VENAREY-LES-LAUMES** COTE-D'OR 3700 HAB. S.I.

* • **LESPRIT** 6, AV. DE LA GARE M. LESPRIT ☎ 80.96.00.46 – 24 CH. 150/180 F. MENU 50/150 F. ⇋ 🄴 🄵.

LAURAC-EN-VIVARAIS **07110 LARGENTIERE** ARDECHE 850 HAB.

AF **AUBERGE DES PILES** M.JALLES ☎ 75.36.85.75 – 8 CH. 60/80 F. MENU 45/75 F. PENSION 120/130 F. DEMI-PENSION 90/100 F. ⚞ 🄰🄴 ⏩ E.

LAURIS-SUR-DURANCE **84360** VAUCLUSE 1800 HAB. S.I.

* •• **LA CHAUMIERE** Mme.DIAMANT ☎ 90.08.20.25 – 10 CH. 200/275 F. MENU 155/200 F. DEMI-PENSION 245/290 F. FERME 5 JANV./20 FEV. RESTAURANT FERME MARDI ET MERCREDI MIDI. 🄵 ⇋ ⚞ 🄰🄴 ⏩ E 🄳.

LAUZET (LE) **04340** ALPES-DE-HAUTE-PROVENCE 900 M. 300 HAB.

* • **LE RELAIS DU LAC** M.SOLDINI ☎ 92.85.51.07 – 17 CH. 60/200 F. MENU 45/110 F. PENSION 165 F. DEMI-PENSION 125 F. 🄵.

LAVANDOU (LE) **83980** VAR 4275 HAB. S.I.

* •• **LA RAMADE** 16 RUE PATRON RAVELLO M. FRIOLET ☎ 94.71.20.40 – 21 CH. 210/280 F. PENSION 275/319 F. DEMI-PENSION 207/249 F. FERME 15 NOV./15 JANV. ET RESTAURANT FERME JEUDI 15 NOV./ 15 JUIN. ⚞ 🄰🄴 ⏩ E 🄳.

LAVARDAC **47230** LOT-ET-GARONNE 2300 HAB. S.I.

* • **LA CHAUMIERE D'ALBRET** ROUTE DE NERAC M.PEDRONIE ☎ 53.65.51.75 TELEX 560800 F – 7 CH. 80/126 F. MENU 43/140 F. PENSION 159/178 F. DEMI-PENSION 118/146 F. FERME VAC. SCOL. FEV., 2/17 OCT. RESTAURANT FERME DIMANCHE SOIR ET LUNDI HS. 🐄 ⚞ 🄰🄴.

LAVAUR **81500** TARN 9000 HAB. S.I.

* •• **TERMINUS** 7, AVENUE DE LA GARE M. SOMMAGGIO ☎ 63.58.31.14 – 9 CH. 91/255 F. MENU 50/170 F. PENSION 170/255 F. DEMI-PENSION 136/220 F. FERME 19 DEC./5 JANV. ET RESTAURANT FERME SAMEDI SAUF SUR RESERVATION. 🄵 ⚞ 🄰🄴 🄳.

LAVAVEIX-LES-MINES **23150 AHUN** CREUSE 1200 HAB.

* • **DE FRANCE** Mme.FREDY ☎ 55.62.42.26 – 10 CH. 77/93 F. FERME 18 DEC./10 JANV. ET VENDREDI. 🄳 🐄 ⚞ 🄰🄴 ⏩ E.

LAVEISSENET **15300 MURAT** CANTAL 1100 M. 149 HAB.

AF **AU BON ACCUEIL** M.PAGES ☎ 71.73.25.43 – 10 CH. 85/100 F. HOTEL FERME 1 OCT./1 AVR. ET JEUDI. 🄵 ✂.

LAVEISSIERE **15300 MURAT** CANTAL 980 M. 600 HAB.

* •• **AU CHEVAL BLANC** M.MEYNIEL ☎ 71.20.02.51 – 20 CH. MENU 55/90 F. PENSION 170/190 F. DEMI-PENSION 150/170 F. FERME 15 SEPT./15 DEC. ET 1 MAI/1 JUIN. 🄵 ⚞ ⏩ E 🄳.

* • **BELLEVUE** M.BOUVET ☎ 71.20.01.22 – 23 CH. 90/150 F. MENU 52/80 F. PENSION 145/165 F. DEMI-PENSION 125/145 F. FERME 16 SEPT./31 MAI. SAUF VACANCES SCOLAIRES ET WEEK-END. 🄵 ⇋.

* •• **LE VALLAGNON** (N. 122) Mme.MAISONOBE ☎ 71.20.02.38 – 30 CH. 102/148 F. MENU 50/130 F. PENSION 150/184 F. DEMI-PENSION 135/165 F. FERME 15 NOV./1 DEC., 1/8 MAI.ET DIMANCHE SOIR/LUNDI SOIR AVR., MAI, OCT., NOV. 🄵 🐄 ⚞ E CV 🄳 🄳.

LAVIGNOLLE-DE-SALLES **33770 SALLES** GIRONDE 3645 HAB.

* • **LE RELAIS TOURISTIQUE** Mme BARON ☎ 56.88.62.09 – 12 CH. 90/165 F. MENU 55/150 F. PENSION 155/185 F. DEMI-PENSION 130/160 F. FERME MI-OCT./MI-NOV. ET MERCREDI. 🐄 ⚞ ⏩ E.

LAVITARELLE (MONTET-ET-BOUXAL) **46210 LATRONQUIERE** LOT 600 M. 217 HAB.

* • **GOUZOU** M. PECHEYRAN ☎ 65.40.28.56 – 17 CH. 80/130 F. MENU 43/145 F. PENSION 125/150 F. DEMI-PENSION 130 F. 🄵 🐄.

LAVOURS **01350 CULOZ** AIN 150 HAB.

* •• **AUBERGE DE LA PAILLERE** Mme FRESSOZ ☎ 79.81.47.52 – 18 CH. 130/150 F. MENU 60/180 F. PENSION 200/220 F. DEMI-PENSION 160/180 F. FERME 20 DEC./1 FEV. 🄵 🍴 ⚞ E 🄳.

LAYE **05500 SAINT-BONNET-EN-CHAMPSAUR** HAUTES-ALPES 1200 M. 165 HAB.

* • **CHEZ MICHEL** M. BLANC-SYLVESTRE ☎ 92.50.50.11 – 10 CH. 110/250 F. MENU 30/60 F. PENSION 168/195 F. DEMI-PENSION 110/160 F. 🐄.

LAYRAC **47390** LOT-ET-GARONNE 3000 HAB. S.I.

* • **LA TERRASSE** 32 RUE DE MONTFORT M.LABARRERE ☎ 53.87.01.69 TELEX 560800 – 7 CH. 135 F. MENU 75/230 F. PENSION 190 F. DEMI-PENSION 160 F. FERME DIMANCHE SOIR/LUNDI. 🄵 ⚞ ⏩ E CV 🄳.

— 129 —

LECQUES (LES) 83270 SAINT-CYR-SUR-MER VAR 5200 HAB. S.I.

** **LE PETIT NICE** 11,ALLEE DU Dr SEILLON M. CHAVANT ☎ 94.32.00.64 TELEX 400479 – 29 CH. 104/228 F. MENU 76 F. PENSION 169/275 F. DEMI-PENSION 143/249 F. FERME 15 DEC./14 JANV. ET MERCREDI (HIVER). 🄴 ⚞ ⚟ CV ♿.

LECQUES (LES) · SAINT-CYR-SUR-MER 83270 VAR 4900 HAB. S.I.

* **BEAU SEJOUR** ROND POINT DE LA PLAGE M. MONGES ☎ 94.26.31.90 – 10 CH. 130/275 F. ⚞ MENU 80 F. PENSION 200/260 F. DEMI-PENSION 155/230 F. FERME OCT. 🄴 ⚟ 🄰🄴 ➡ E ♿.

LEFFONDS 52200 ARC-EN-BARROIS HAUTE-MARNE 300 HAB.

AF **AUBERGE DE LA CRESSONNIERE** M.DUFERT ☎ 25.31.12.84 – 4 CH. 70 F. MENU 41/100 F. PENSION 120/150 F. DEMI-PENSION 98/128 F. **CV**.

LEIGNE-LES-BOIS 86450 PLEUMARTIN VIENNE 500 HAB.

AF **CHEZ Bernard GAUTIER** M. GAUTIER ☎ 49.86.53.82 – 12 CH. 90 F. MENU 50 F. PENSION ⚞ 150 F. DEMI-PENSION 140 F. FERME 1ere QUINZ. OCT. ET LUNDI (HIVER). 🄴 ⚛ ⚟ E CV.

LELEX 01410 CHEZERY-FORENS AIN 900 M. 207 HAB. S.I.

** **DU CENTRE** M.GROSSIORD ☎ 50.20.90.81 – 20 CH. 130/195 F. MENU 65/135 F. PENSION ⚞ 192/248 F. DEMI-PENSION 162/218 F. FERME 18 AVR./1 JUIN, 15 SEPT./18 DEC. RESTAURANT FERME 18 AVR./1 JUIN, ET WEEK-ENDS AUTOMNE. 🄴 ⚛ ⚟ E.

** **DU CRET DE LA NEIGE** Mme.GROSPIRON ☎ 50.20.90.15 – 28 CH. 110/225 F. MENU 65/140 F. PENSION 198/256 F. DEMI-PENSION 158/216 F. FERME 12 SEPT./18 DEC., 15 AVR./28 JUIN. 🄴 ♂ ⚟ ⚟ E.

** **DU MONT JURA** M.GARDAS ☎ 50.20.90.53 – 14 CH. 90/170 F. MENU 65/160 F. PENSION 210/240 F. DEMI-PENSION 180/210 F. FERME 11/29 AVR.,27 OCT/15 DEC., DIMANCHE SOIR/ LUNDI HS. 🄴 ⚟.

LEMBERG 57620 MOSELLE 1600 HAB. S.I.

** **CRISTAL HOTEL** M.BERG ☎ 87.06.45.54 – 14 CH. 55/190 F. FERME 24 DEC./5 FEV. ET LUNDI. ⚛ ⚟ ✕ 🄰🄴 E.

LENCLOITRE 86140 VIENNE 2000 HAB. S.I.

* **AUBERGE DES TROIS PIGEONS** 1 RUE ST EXUPERY M.GIRARD ☎ 49.90.72.58 – 9 CH. 89/162 F. MENU 45/115 F. PENSION 150/160 F. DEMI-PENSION 120/130 F. FERME DIMANCHE SOIR HS. ⚛ 🄰🄴 ➡ E CV.

LENTE 26190 SAINT-JEAN-EN-ROYANS DROME 1070 M. 45 HAB.

AF **DE LA FORET** M.FARAVELLON ☎ 75.48.57.43 – 11 CH. 90/150 F. MENU 59/90 F. PENSION 140/165 F. DEMI-PENSION 100/125 F. FERME 15 AVR./1 MAI. ET 15 NOV./1·DEC. PISCINE GRA-TUITE A 3KM.

LEOUVE-LA-CROIX 06260 PUGET-THENIERS ALPES-MARITIMES 750 M. 70 HAB.

** **HOSTELLERIE LES TILLEULS** Mme BELLEUDY ☎ 93.05.02.07 – 14 CH. 145/260 F. MENU 78/120 F. PENSION 180/270 F. DEMI-PENSION 170/220 F. FERME 1 OCT./15 AVR. 🄴 ⚓

LEPIN-LE-LAC 73610 SAVOIE 200 HAB. S.I.

* **LE CLOS SAVOYARD** (LAC D'AIGUEBELETTE) M.DAUMAS ☎ 79.36.00.15 – 16 CH. ⚞ 100/130 F. MENU 80/185 F. PENSION 200 F. DEMI-PENSION 180 F. FERME 15 SEPT./30 AVR. 🄴 ⚟ ⚟ E CV.

LESCONIL 29138 FINISTERE 2500 HAB. S.I.

* **ATLANTIC** M.TOULEMONT ☎ 98.87.81.06 – 23 CH. 105/240 F. MENU 65/180 F. PENSION 195/270 F. DEMI-PENSION 170/235 F. FERME FEV. ET LUNDI HS. RESTAURANT PERMANENT. 🄴 ⚟ ⚟ 🄰🄴 E.

** **DU PORT** M.STEPHAN ☎ 98.87.81.07 – 34 CH. 110/250 F. MENU 65/140 F. PENSION 190/280 F. DEMI-PENSION 175/265 F. FERME 30 SEPT./15 MAI.

LESNEVEN 29260 FINISTERE 7000 HAB. S.I.

* **DE FRANCE** 1, RUE ALAIN FERGENT. M. PETIBON ☎ 98.83.00.06 – 15 CH. 70/195 F. MENU ⚞ 55/220 F. DEMI-PENSION 141/169 F. FERME SAMEDI/DIMANCHE SOIR 15 OCT./1 AVR. ⚟ 🄰🄴 ➡ E CV.

LESPERON 40260 CASTETS LANDES 1200 HAB. S.I.

ec **AUBERGE DU SOUQUET** M. BRISSON ☎ 58.89.60.30 – 6 CH. 80/160 F. MENU 50/120 F. PENSION 140/200 F. DEMI-PENSION 100/145 F. FERME MERCREDI HS. 🄴 ⚓ ⚟ CV.

* **CHEZ DARMAILLACQ** M. DARMAILLACQ ☎ 58.89.61.45 – 10 CH. 60/140 F. MENU 50/130 F. PENSION 160/200 F. DEMI-PENSION 130/160 F. FERME 15/30 SEPT., ET LUNDI HS. 🄴 ⚟ ⚟ E.

LEUCATE-PLAGE 11370 AUDE 1970 HAB. S.I.

* **LA COTE REVEE** SUR FRONT DE MER. M. PRIVAT ☎ 68.40.00.68 – 11 CH. 200/260 F. FERME ⚞ 16 OCT./31 MARS. ⚟ ⚛ 🄰🄴 ➡ E.

LEVAL 90110 ROUGEMONT TERRITOIRE-DE-BELFORT 185 HAB.

AF **LA FERME DE LEVAL** Mme.DEMEUSY ☎ 84.23.02.06 – 1 CH. 75 F. MENU 40 F. PENSION 110 F. FERME DIMANCHE SOIR. ⚟ CV.

LEVENS 06720 SAINT-MARTIN-DU-VAR ALPES-MARITIMES 600 M. 1800 HAB. S.I.

* **DES GRANDS PRES** M. ROMULUS ☎ 93.79.70.35 – 8 CH. 160 F. MENU 60/120 F. PENSION 200 F. DEMI-PENSION 170 F. FERME 1 JANV./28 FEV. 🄴 ⚛ 🄰🄴 ➡ E CV.

LEVENS (suite)

** **MALAUSSENA** 9 PLACE DE LA REPUBLIQUE ☎ 93.79.70.06 – 12 CH. 155/230 F. MENU 60/150 F. PENSION 200/250 F. FERME 7 NOV./10 DEC. RESTAURANT FERME LE SOIR. 🍴 E.

LEVIER 25270 DOUBS 750 M. 1700 HAB. S.I.

* **DU COMMERCE ET DE LA RESIDENCE** M.GUYOT ☎ 81.49.50.56 – 35 CH. 60/165 F. MENU 40/75 F. PENSION 130/165 F. FERME 11 NOV./11 DEC. 🄵 ⚞ 🚗 CV ♿.

LEVROUX 36110 INDRE 3200 HAB. S.I.

** **DE LA CLOCHE** M. CAPELLI ☎ 54.35.70.43 – 19 CH. 115/235 F. MENU 60/210 F. PENSION 255/295 F. FERME 1/28 FEV., ET LUNDI APRES-MIDI/MARDI SOIR. ⚞ 🚗 🍴 E.

LEYME 46120 LACAPELLE-MARIVAL LOT 1600 HAB.

* **LESCURE** Mme.MARTINEZ ☎ 65.38.90.07 – 16 CH. 90/140 F. MENU 55/150 F. PENSION 165 F. DEMI-PENSION 135 F. FERME 20 DEC./5 JANV. ET SAMEDI HS. 🄵 🍴.

LEZEY 57170 CHATEAU-SALINS MOSELLE 110 HAB.

ec **AU CHARDON LORRAIN** M.WEILER ☎ 87.86.72.76 – 5 CH. 140/160 F. MENU 40/120 F. RESTAURANT FERME MERCREDI. 🍴 🄰🄴 ➌ E CV ♿.

LEZINNES 89160 ANCY-LE-FRANC YONNE 800 HAB.

* **DE LA GARE** 4 RUE DE LA GARE M.BRUYERE ☎ 86.75.66.14 – 10 CH. 85/120 F. MENU 55/120 F. PENSION 160/180 F. DEMI-PENSION 140/150 F. FERME 20 SEPT./15 OCT. 🄵 E.

LIEPVRE 68160 HAUT-RHIN 1500 HAB.

** **AUX DEUX CLEFS** 9, RUE DE LA GARE. Mlle HERMENT ☎ 89.58.93.29 – 11 CH. 160/230 F. MENU 95/180 F. FERME 22 DEC./8 JANV. RESTAURANT FERME 25 JUIN/2 JUIL. VENDREDI ET SAMEDI MIDI. 🐾 🍴 🄰🄴 ➌ E CV.

LIESSIES 59740 SOLRE-LE-CHATEAU NORD 515 HAB. S.I.

** **DU CHATEAU DE LA MOTTE** Mme PLATEAU ☎ 27.61.81.94 – 10 CH. 105/210 F. MENU 78/140 F. PENSION 170/210 F. FERME 22 DEC./31 JANV., ET DIMANCHE SOIR. 🄵 🍴 E CV.

LIEUREY 27560 EURE 1060 HAB.

** **LE BRAS D'OR** M.DESCHAMPS ☎ 32.57.91.07 – 10 CH. 110/210 F. MENU 89/128 F. FERME 15 JANV./15 FEV., ET LUNDI. 🄵.

LIEUTADES 15110 CHAUDES-AIGUES CANTAL 970 M. 280 HAB.

** **BOUDON** M.BOUDON ☎ 71.73.81.73 – 15 CH. 62/158 F. MENU 42/70 F. PENSION 140/170 F. DEMI-PENSION 99/130 F. FERME 1 SEMAINE SEPT. ET SAMEDI 1 SEPT./30 JUIN. (PRIX 1987). 🄵 🍴 🄰🄴 E.

LIGNIERES 18160 CHER 1867 HAB.

AF **AUBERGE DU CARROIR BLANC** 73 RUE ARISTIDE BRIAND Mme TOUZET ☎ 48.60.08.50 – 7 CH. 80/100 F. MENU 65/95 F. PENSION 160/190 F. DEMI-PENSION 120/140 F. 🍴 E CV.

LIGNY-LE-CHATEL 89144 YONNE 1100 HAB.

** **RELAIS SAINT VINCENT** 14 GRANDE RUE Mme COINTRE ☎ 86.47.53.38 – 10 CH. 160/260 F. MENU 60/100 F. DEMI-PENSION 230/320 F. FERME 15/29 FEV. ⚞ 🍴 🄰🄴 ➌ E CV.

LILETTE 37160 DESCARTES INDRE-ET-LOIRE 880 HAB.

* **AUBERGE DE L'ISLETTE** M.MARCHENOIR ☎ 47.59.72.22 – 18 CH. 60/140 F. MENU 43/100 F. PENSION 130/160 F. FERME 15 DEC./15 JANV., ET SAMEDI. ⚞ 🍴 ♿.

LIMEUIL 24510 SAINT-ALVERE DORDOGNE 154 HAB.

** **BEAU REGARD ET LES TERRASSES** RTE DE TREMOLAT M. DARNET ☎ 53.22.03.15 – 8 CH. 180/250 F. MENU 80/300 F. PENSION 300/350 F. DEMI-PENSION 210/245 F. FERME 15 OCT./PAQUES ET RESTAURANT FERME MERCREDI MIDI. 🄵 🍴 E CV.

LIMOGES 87000 HAUTE-VIENNE 150000 HAB. S.I.

** **AU BELVEDERE** 264, RUE DE TOULOUSE MM.ET Mmes SAGNE ☎ 55.30.57.39 – 26 CH. 75/235 F. MENU 53/155 F. FERME SAMEDI 1 OCT./31 MARS. 🄵 ⚞ 🍴 CV.

** **DE L'EUROPE** 2, PLACE WILSON M.FOUCHE ☎ 55.34.23.72 – 23 CH. 80/180 F. MENU 60/130 F. FERME 15 DEC./15 JANV. RESTAURANT FERME SAMEDI. 🍴 E CV.

*** **JEANNE D'ARC** 17,AV. GENERAL-DE-GAULLE Mme.NICOLAS ☎ 55.77.67.77 TELEX JANDARC 580011F – 55 CH. 115/320 F. FERME 22 DEC./5 JANV. ⚞ ✂ 🍴 E 🄷.

** **L'ETOILE BLEUE** 11, AV. ARISTIDE-BRIAND M.BOUTON ☎ 55.77.78.94 – 12 CH. 70/120 F. MENU 50/105 F. PENSION 160 F. DEMI-PENSION 120 F. FERME 30 JUIN/30 JUIL. RESTAURANT FERME LUNDI. 🄵 🍴 ➌ E CV.

** **LE MARCEAU** 2, AV. DE TURENNE M.PASQUIER ☎ 55.77.23.43 – 15 CH. 80/200 F. MENU 55 F. PENSION 240 F. DEMI-PENSION 180 F. FERME 1/15 AOUT. 🍴 E CV.

** **LE MUSSET** 2 BLD DE LA CITE M.MOURIER ☎ 55.34.34.03 – 29 CH. 125/255 F. MENU 75/190 F. DEMI-PENSION 230/260 F. FERME 15J. VAC. PAQUES, SAMEDI ET DIMANCHE SOIR. 🄵 ⚞ 🍴 E.

** **ORLEANS. LION D'OR** 9, COURS JOURDAN Mme.NICOLAS ☎ 55.77.49.71 TELEX JANDARC 580011F – 42 CH. 95/250 F. FERME 22 DEC./5 JANV. 🍴 E 🄷.

LIMOGES (BRACHAUD) 87100 HAUTE-VIENNE 150000 HAB. S.I.

** **AUBERGE L'ETAPE** SUR N. 20 Mme BARBIER ☎ 55.37.14.33 – 13 CH. 135/180 F. MENU 65/120 F. PENSION 250/260 F. DEMI-PENSION 190/200 F. FERME DIMANCHE SOIR. 🄵 ⚞ 🍴 E.

LIMONEST 69760 RHONE 2000 HAB.
** **DU PLATANE** 455, GRANDE RUE M. ZERBIB ☎ 78.35.12.10 – 11 CH. 140/190 F. MENU
☞ 85/195 F. PENSION 290/350 F. DEMI-PENSION 200/250 F. RESTAURANT FERME SEM. DU 15
AOUT ET SAMEDI. ☷ 🅰🄴 ⫶D 🄴.
* **DU PUY D'OR** 25, RTE PUY D'OR M.BOUVIER ☎ 78.35.12.20 – 7 CH. 130/160 F. MENU
☞ 88/170 F. FERME 5/10 AOUT, 25 SEPT./20 OCT., MARDI SOIR ET MERCREDI. 🄵 🛥
☷ 🄴.

LIMOUX 11300 AUDE 10885 HAB. S.I.
* **DES ARCADES** 96,RUE SAINT-MARTIN. M. DURAND ☎ 68.31.02.57 – 7 CH. 120/185 F.
MENU 65 F. FERME 1/31 NOV. ET MERCREDI. 🛥 ☷ 🅰🄴 ⫶D 🄴 CV.
** **MODERNE ET PIGEON** 1, PLAGE GENERAL LECLERC. M. EUPHERTE ☎ 68.31.00.25 –
☞ 25 CH. 110/250 F. MENU 65/155 F. PENSION 260/360 F. DEMI-PENSION 195/295 F. FERME 15
DEC./15 JANV., RESTAURANT FERME LUNDI (JUIL., AOUT SEULEMENT MIDI). 🛥 ☷ 🅰🄴
⫶D 🄴.

LINTHAL 68610 LAUTENBACH HAUT-RHIN 600 HAB.
* **A LA TRUITE DE LA LAUCH** M.RIETHMULLER ☎ 89.76.32.30 – 15 CH. 80/180 F. MENU
☞ 50/180 F. PENSION 190/210 F. DEMI-PENSION 160/180 F. FERME 15 NOV./15 DEC., ET MER-
CREDI HS. 🄵 🛥 ☷ 🄴.
AF **AU SAPIN** M.MUNDINGER ☎ 89.76.33.08 – 7 CH. 90/120 F. MENU 52/130 F. PENSION
120/145 F. DEMI-PENSION 110/120 F. FERME LUNDI. RESTAURANT FERME 15 DEC./15 JANV.
🛥

LINXE 40260 CASTETS LANDES 1300 HAB. S.I.
* **RELAIS TOURISTIQUE CHEZ RATA** Mme.MORA ☎ 58.42.93.53 – 10 CH. 90/100 F.
MENU 40/105 F. DEMI-PENSION 154/161 F. 🄵 🛏 ☷ 🅰🄴 ⫶D 🄴 CV.

LION-SUR-MER 14780 CALVADOS 1685 HAB. S.I.
* **MODERNE** 3 BD PAUL DOUMER M.LEPY ☎ 31.97.20.48 – 14 CH. 90/180 F. MENU
58/130 F. PENSION 180/220 F. DEMI-PENSION 150/190 F. FERME 25 SEPT./PAQUES,
DIMANCHE SOIR ET LUNDI SAUF JUIL./ AOUT. 🄵 ☷ 🅰🄴 ⫶D 🄴.

LIORAN (LE) 15300 MURAT CANTAL 1200 M. 25 HAB. S.I.
* **AUBERGE DU TUNNEL** (N. 122) M. LEBAS ☎ 71.49.50.02 – 18 CH. 117/150 F. MENU
☞ 48/70 F. PENSION 145/175 F. DEMI-PENSION 135/155 F. 🄵 ☷ 🅰🄴 🄴 CV.

LIOUJAS 12850 ONET LE CHATEAU AVEYRON 650 M. 850 HAB.
* **BABY CAUSSE** Mlle DURAND ☎ 65.74.92.15 – 10 CH. 95/150 F. MENU 50/100 F. DEMI-
PENSION 160/200 F. FERME 1/30 NOV., ET SAMEDI HS. 🛥 ☷ 🅰🄴.

LISIEUX 14100 CALVADOS 26000 HAB. S.I.
** **DE LA COUPE D'OR** 49, RUE PONT-MORTAIN M.LION ☎ 31.31.16.84 TELEX 772163 –
☞ 18 CH. 130/290 F. MENU 55/175 F. PENSION 255/330 F. DEMI-PENSION 172/249 F. RESTAU-
RANT FERME 15 DEC./15 JANV. 🄵 🛥 ☷ 🅰🄴 ⫶D 🄴 CV.
** **GRAND HOTEL DE NORMANDIE** 11 BIS, RUE AU CHAR M.CHEURLIN ☎ 31.62.16.05
TELEX 170269 – 70 CH. 200/270 F. MENU 60/95 F. PENSION 255/355 F. DEMI-PENSION
195/355 F. FERME 1 OCT./30 AVR. 🛥 ☷ 🅰🄴 ⫶D 🄴 ♿ 🗔.
** **LA BRETAGNE** 30, PL. DE LA REPUBLIQUE M.CARO ☎ 31.62.09.19 TELEX 170187 –
☞ 14 CH. 98/304 F. MENU 50/114 F. PENSION 216/288 F. DEMI-PENSION 142/215 F. RESTAU-
RANT FERME 15 FEV./3 MARS., VENDREDI ET DIMANCHE SOIR 15 OCT./15 MAI. 🄵 ☷
🅰🄴 ⫶D 🄴 CV.
** **TERRASSE HOTEL** 25, AV. SAINTE-THERESE M. LOTHON ☎ 31.62.17.65 TELEX EXPOLIS
☞ 169170 – 17 CH. 120/200 F. MENU 65/100 F. PENSION 240/280 F. DEMI-PENSION 160/200 F.
FERME 15 NOV./15 MARS, ET MERCREDI HS. ☷ 🅰🄴 🄴.

LIVAROT 14140 CALVADOS 3000 HAB. S.I.
** **DU VIVIER** PLACE DE LA MAIRIE. M.LECENDRIER ☎ 31.63.50.29 – 11 CH. 90/235 F. MENU
55/120 F. PENSION 190/240 F. DEMI-PENSION 160/200 F. FERME DERNIERE SEM. SEPT., 1ERE
SEM. OCT., 20 DEC./16 JANV. LUNDI SAUF FERIES. REST. FERME DIMANCHE SOIR/LUNDI
OCT./AVR. 🛥 ☷ 🄴.

LIVERNON 46320 ASSIER LOT 395 HAB. S.I.
AF **LA PAIX** M.LAFON ☎ 65.40.55.05 – 5 CH. 70/90 F. MENU 48/100 F. PENSION 148 F. DEMI-
PENSION 115 F. FERME 1/10 SEPT. 🛥 🛏 ☷ 🄴.

LIVRON 26250 DROME 7500 HAB. S.I.
** **DES VOYAGEURS** 132, AV. MAZADE M.ROBIN ☎ 75.61.65.20 – 17 CH. 78/175 F. MENU
55/140 F. PENSION 150/220 F. DEMI-PENSION 140/210 F. FERME 21 DEC./4 JANV. ET 27
AVR./4 MAI. 🄵 ☷ 🅰🄴 🄴 CV.
* **LE CARTHAGE** (LES PETITS ROBINS) M. GARAIX ☎ 75.61.60.78 – 7 CH. 110/160 F. MENU
55/120 F. PENSION 180/250 F. DEMI-PENSION 160/190 F. FERME LUNDI ET DIMANCHE SOIR.
🛥 ☷.
* **LE PARIS** 107, AV. MAZADE Mme.ROBIN ☎ 75.61.62.70 – 5 CH. 78/120 F. MENU 45 F.
PENSION 150 F. DEMI-PENSION 140 F. FERME 21 DEC./4 JANV. ET 27 AVR./4 MAI. 🄵
☷ 🅰🄴 🄴 CV.

LIZIERES 23240 LE GRAND BOURG CREUSE 313 HAB.
AUBERGE DES CHASSEURS Mme NATUREL ☎ 55.63.00.82 – 17 CH. 55/100 F. MENU
45 F. PENSION 160/205 F. DEMI-PENSION 115/160 F. FERME VENDREDI SOIR 1 OCT./1 MARS.
☷ CV.

LOCHES 37600 INDRE-ET-LOIRE 7050 HAB. S.I.
* **CAFE DE LA VILLE** 2, PLACE DE LA MARNE M. LEMAIRE ☎ 47.59.01.66 – 10 CH.
200/260 F. MENU 60/160 F. FERME 15 NOV./15 MARS. ☷ 🅰🄴 ⫶D 🄴 CV.

LOCHES (suite)

** **GEORGE SAND** 39, RUE QUINTEFOL M. FORTIN ☎ 47.59.39.74 – 17 CH. 140/280 F. PENSION 310/340 F. DEMI-PENSION 240/260 F. FERME 29 NOV./27 DEC., VENDREDI SOIR ET SAMEDI 1/30 NOV. ☷ E CV.

** **LUCCOTEL** RUE DES LEZARDS. M. VALTON ☎ 47.91.50.50 TELEX 752 054F – 42 CH. 190/235 F. MENU 75/168 F. DEMI-PENSION 210/300 F. FERME 18 DEC./10 JANV. SAUNA, PISCINE CHAUFFEE ET COUVERTE. 🄵 ⚐ ☷ 🄰🄴 ⏸ E ⚅.

LOCMARIAQUER 56740 MORBIHAN 1200 HAB. S.I.

** **L'ESCALE** M.CABELGUEM ☎ 97.57.32.51 – 12 CH. 139/248 F. MENU 75/150 F. PENSION 202/267 F. DEMI-PENSION 147/204 F. FERME 19 SEPT./11 MAI. ☷ ⏸ E.

** **LAUTRAM** M. LAUTRAM ☎ 97.57.31.32 – 24 CH. 100/200 F. MENU 52/170 F. PENSION 175/255 F. DEMI-PENSION 150/197 F. FERME FIN SEPT./FIN MARS. 🛏 ☷ E.

LOCMINE 56500 MORBIHAN 3500 HAB. S.I.

** **L'ARGOAT** 34 RUE O.DE CLISSON M.CADIEU ☎ 97.60.01.02 – 22 CH. 100/200 F. MENU 45/150 F. PENSION 195/235 F. DEMI-PENSION 140/180 F. FERME 25 DEC./20 JANV., ET VENDREDI/SAMEDI SOIR. 🄵 ☷ E.

LOCQUELTAS 56390 GRANDCHAMP MORBIHAN 850 HAB. S.I.

** **LA VOLTIGE** (LIEU DIT PARCARRE) D.778. M. TABARD ☎ 97.60.72.06 – 9 CH. 105/190 F.
▭ MENU 50/140 F. DEMI-PENSION 125/145 F. FERME VAC. SCOL. TOUSSAINT, FEV., ET LUNDI.
🛏 ☷ E.

LOCQUIREC 29241 FINISTERE 1100 HAB. S.I.

* **DU PORT** PLACE DU PORT M.TOURNIER ☎ 98.67.42.10 – 10 CH. 130/190 F. MENU 70/130 F. DEMI-PENSION 140/210 F. FERME 1 OCT./31 MARS.

LOCRONAN 29136 PLOGONNEC FINISTERE 700 HAB. S.I.

* **DU PRIEURE** 11 RUE DU PRIEURE M. JEZEQUEL ☎ 98.91.70.89/98.91.77.98 – 15 CH.
▭ 100/260 F. MENU 55/200 F. PENSION 250/280 F. DEMI-PENSION 180/200 F. FERME 1 OCT./3
NOV., ET LUNDI HS. 🛏 ☷ E.

LOCTUDY 29125 FINISTERE 3000 HAB. S.I.

* **DES ILES** 18,Rue du PORT. M. EYMERIT ☎ 98.87.40.16 – 10 CH. 105/120 F. MENU 50/150 F. PENSION 185 F. DEMI-PENSION 135 F. RESTAURANT FERME SAMEDI 31 AOUT/1 JUIN. 🄵 ⛟ ☷.

LODS 25930 DOUBS 300 HAB. S.I.

** **DE LA TRUITE D'OR** M.VIGNERON ☎ 81.60.95.48 – 13 CH. 75/170 F. MENU 60/200 F. PENSION 130/230 F. DEMI-PENSION 130/180 F. FERME 1 JANV./1 FEV., ET DIMANCHE SOIR-/MARDI. ☷ E.

LOGELHEIM 68600 ANDOLSHEIM HAUT-RHIN 450 HAB.

*AF **A LA VIGNE»STOFFEL«** M. STOFFEL Marcel ☎ 89.22.08.40 – 7 CH. 90/120 F. MENU
▭ 98/160 F. PENSION 220 F. DEMI-PENSION 170 F. FERME 20 JUIN/11 JUIL., 20/31 DEC., MARDI
SOIR ET MERCREDI. ☷ 🄰🄴 ⏸ E.

LOGIS NEUF (LE) 01310 POLLIAT AIN 700 HAB.

** **DE BRESSE** M.ROLLY ☎ 74.30.27.13 – 15 CH. 80/250 F. MENU 60/180 F. PENSION
▭ 220/330 F. DEMI-PENSION 160/270 F. FERME NOV.,DIMANCHE SOIR ET LUNDI 1 OCT/30 AVR.
🄵 ⛟ ☷ E.

LONDINIERES 76660 SEINE-MARITIME 1200 HAB. S.I.

* **AUBERGE DU PONT** RUE DU PONT DE PIERRE M.MITON ☎ 35.93.80.47 – 10 CH.
▭ 98/165 F. MENU 52/160 F. PENSION 195/248 F. DEMI-PENSION 160/180 F. FERME 21 JANV./1
MARS. ☷ E.

LONGEVILLES-MONT-D'OR (LES) 25370 LES HOPITAUX-NEUFS DOUBS 1000 M. 250 HAB.

* **LES SAPINS** M.LANQUETIN ☎ 81.49.90.90 – 12 CH. 92 F. MENU 41/82 F. PENSION 155 F. DEMI-PENSION 118 F. FERME 30 AVR./15 JUIN, 30 SEPT./15 DEC. 🛏 ☷ 🄰🄴 E CV.

LONGNY-AU-PERCHE 61290 ORNE 1600 HAB. S.I.

* **DE FRANCE** 6-8, RUE DE PARIS M. LALAOUNIS ☎ 33.73.64.11 – 10 CH. 110/155 F. MENU 60/190 F. PENSION 210/250 F. DEMI-PENSION 180/210 F. FERME 15/30 JANV., DIMANCHE SOIR ET LUNDI. 🄵 ☷ E.

LONGPONT 02600 VILLERS-COTTERETS AISNE 300 HAB.

** **DE L'ABBAYE** M.VERDUN ☎ 23.96.02.44 – 11 CH. 150/270 F. MENU 80/180 F. PENSION
▭ 260/365 F. DEMI-PENSION 215/315 F. 🄵 ☷ E.

LONGUE 49160 MAINE-ET-LOIRE 6600 HAB.

AF **DE L'UNION** 2 PL.DE LA REPUBLIQUE Mme RIVIERE ☎ 41.52.10.25 – 13 CH. FERME 15
▭ DEC./15 FEV. PRIX NON COMMUNIQUES. ⛟ ☷ ⏸ ⚅.

LONGUYON 54260 MEURTHE-ET-MOSELLE 7000 HAB. S.I.

** **DE LORRAINE. Restaurant»Le Mas«** M.TISSERANT ☎ 82.26.50.07 TELEX 861718 – 15 CH. 100/225 F. MENU 90/250 F. FERME 5 JANV./6 FEV., ET LUNDI HS. ☷ 🄰🄴 ⏸ E CV.

LONS-LE-SAUNIER 39000 JURA 25000 HAB. S.I.

** **DU CHEVAL ROUGE** 47, RUE LECOURBE M.MAYET ☎ 84.47.20.44 – 18 CH. 90/250 F. MENU 80/250 F. DEMI-PENSION 165/300 F. FERME 5/25 NOV., SAMEDI HS. RESTAURANT FERME MARDI 1 JUIL./ 1 SEPT. 🄵 ⛟ 🛏 ☷ ⏸ E.

LONS-LE-SAUNIER (suite)

** **GAMBETTA** 4, BD GAMBETTA M.FROISSARD ☎ 84.24.41.18 – 24 CH. 92/180 F. FERME 24 DEC./2 JANV., ET DIMANCHE/LUNDI 12H HS. 🚑 🛏 ✕ 🎯 📶 ⏺ **E** **CV**.

* **LE MODERNE** 26 AVENUE ARISTIDE BRIAND M. BASSARD ☎ 84.24.42.76 – 10 CH. 75/145 F. MENU 60/115 F. PENSION 190 F. DEMI-PENSION 150 F. FERME DIMANCHE SOIR ET LUNDI. 🎯 🎯.

** **NOUVEL HOTEL** 50, RUE LECOURBE M. BERNARD ☎ 84.47.20.67 – 26 CH. 110/220 F. FERME 1/10 JANV. HOTEL FERME DIMANCHE MIDI/LUNDI MIDI HS. 🚑 ✕ 🎯 📶 **CV**.

** **TERMINUS** 37, AV. ARISTIDE-BRIAND M.DELLERBA ☎ 84.24.41.83 – 18 CH. 125/280 F. MENU 60/120 F. PENSION 240 F. DEMI-PENSION 190 F. FERME 21 DEC./4 JANV., ET SAMEDI HS. 🇫 🚑 🎯 ⏺ **E**.

LORAY 25390 ORCHAMPS-VENNES DOUBS 750 M. 310 HAB.

* **VIEILLE** M. ROBICHON ☎ 81.43.21.67 – 9 CH. 130/140 F. MENU 45/170 F. PENSION 170/180 F. DEMI-PENSION 140/150 F. FERME 5/15 OCT., 1/15 JANV., ET LUNDI MATIN/MARDI MATIN. 🎯 **CV** ♿.

LORGUES 83510 VAR 5000 HAB. S.I.

* **DU PARC** 25,BD CLEMENCEAU MR CAUVIN ☎ 94.73.70.01 – 21 CH. 71/240 F. MENU 53/145 F. PENSION 156/268 F. DEMI-PENSION 105/217 F. FERME 4/30 JANV. ET RESTAURANT FERME SAMEDI 1 OCT./30 MAI. 🇫 🎯 🎯 ⏺ **E CV**.

LORIENT 56100 MORBIHAN 71923 HAB. S.I.

* **D'ARVOR** 104 R.LAZARE CARNOT M.MARCHALOT ☎ 97.21.07.55 – 20 CH. 85/150 F. MENU 65/100 F. PENSION 220 F. DEMI-PENSION 145 F. RESTAURANT FERME 18 DEC./4 JANV., ET DIMANCHE. 🇫 🚑.

LORIOL-SUR-DROME 26270 DROME 5042 HAB. S.I.

* **CROIX DE MALTE** AV. DE LA REPUBLIQUE. M. VIALE ☎ 75.61.63.97 – 20 CH. 60/210 F. MENU 60/80 F. FERME 1/30 NOV. ET SAMEDI + DIMANCHE SOIR HS. 🚑 🎯 📶 ⏺ **E**.

LORMES 58140 NIEVRE 1609 HAB. S.I.

** **PERREAU** 8, ROUTE D'AVALLON. M. CHALVET ☎ 86.22.53.21 – 14 CH. 85/160 F. MENU 56/148 F. PENSION 158/194 F. DEMI-PENSION 115/151 F. FERME JANV. ET LUNDI 1 OCT./30 AVR. 🎯 **E**.

LOROUX-BOTTEREAU (LE) 44430 LOIRE-ATLANTIQUE 4000 HAB. S.I.

AF **AUBERGE DU CHEVAL BLANC** PLACE ST JEAN M. FABRE-NORMAND ☎ 40.33.80.34 – 7 CH. 88/110 F. MENU 45/110 F. PENSION 134 F. DEMI-PENSION 116 F. FERME 1/28 JUIL. RESTAURANT FERME 24 DEC./2 JANV., ET DIMANCHE /LUNDI. 🎯 📶 ⏺ **E**.

LORP-SENTARAILLE 09190 SAINT-LIZIER ARIEGE 800 HAB.

** **HORIZON 117** ROUTE DE TOULOUSE. M. PUECH ☎ 61.66.26.80 – 12 CH. 160/230 F. 67/140 F. PENSION 210/250 F. DEMI-PENSION 160/200 F. FERME 15 OCT./5 NOV. RESTAURANT FERME DIMANCHE SOIR 1 NOV./1 MAI. SALLE DE RELAXATION. SAUNA. 🇫 ✂ 🎯 📶 ⏺ **E CV**.

LORQUIN 57790 MOSELLE 1480 HAB.

GEORGE 175 RUE DU GAL LECLERC M. MASSON ☎ 87.24.80.11 – 10 CH. 70/120 F. MENU 50/130 F. PENSION 130/155 F. DEMI-PENSION 115/125 F. RESTAURANT FERME MERCREDI. 🇫 **CV**.

LORRIS 45260 LOIRET 2600 HAB. S.I.

** **DU SAUVAGE** 2, PLACE DU MARTROI. Mme COUTANCEAU ☎ 38.92.43.79 – 9 CH. 82/215 F. MENU 48/190 F. PENSION 180/250 F. DEMI-PENSION 135/215 F. FERME 3/27 FEV., 5/22 OCT., JEUDI SOIR ET VENDREDI. 🎯 ⏺ **E CV**.

LOSNE 21170 SAINT-JEAN-DE-LOSNE COTE-D'OR 1484 HAB. S.I.

* **AUBERGE DE LA MARINE** M GRANDVUILLEMIN ☎ 80.29.05.11 – 18 CH. 75/130 F. MENU 43/110 F. PENSION 170/230 F. DEMI-PENSION 130/190 F. FERME 20 DEC./30 JANV. RESTAURANT FERME LUNDI. SOIREE ETAPE VRP. 🇫 🎯 📶 ⏺ **E CV**.

LOUDEAC 22600 COTES-DU-NORD 11000 HAB. S.I.

** **DE FRANCE** 1, RUE CADELAC M. LE BOUDEC ☎ 96.28.00.15 TELEX 740631 – 36 CH. 75/320 F. MENU 52/200 F. PENSION 170/350 F. DEMI-PENSION 120/300 F. FERME 25 DEC./3 JANV. ET RESTAURANT FERME DIMANCHE HS. 🇫 🎯 🎯 ⏺ **E**.

** **DES VOYAGEURS** 10, RUE DE CADELAC Mme.GAUTIER ☎ 96.28.00.47 – 29 CH. 65/280 F. MENU 47/220 F. PENSION 160/440 F. DEMI-PENSION 116/240 F. FERME 20 DEC./15 JANV. ET RESTAURANT FERME SAMEDI. 🎯 🎯 ⏺ **E CV**.

** **MOTEL D'ARMOR** M.FRABOULET ☎ 96.25.90.87/96.25.64.85 – 10 CH. 175/240 F. MENU 50/160 F. DEMI-PENSION 190/265 F. FERME VAC. SCOL. FEV. 🛏 🎯 ♿.

LOUDENVIELLE 65110 HAUTES-PYRENEES 1000 M. 200 HAB.

** **LE CAILLAOUAS** M.ROBERT ☎ 62.99.68.06 – 21 CH. 108/168 F. MENU 50/160 F. PENSION 160/233 F. DEMI-PENSION 101/177 F. FERME 15 NOV./20 DEC. SAUNA - SALLE DE GYM. EQUIPEE. 🇫 🎯 🎯 ⏺ **E**.

LOUDUN 86200 VIENNE 0 M. 10000 HAB. S.I.

** **DE LA ROUE D'OR** 1, AV. D'ANJOU M. BOZEC ☎ 49.98.01.23 – 15 CH. 120/195 F. MENU 55/125 F. PENSION 245/285 F. DEMI-PENSION 195/235 F. 🇫 🚑 🎯 📶 **E** **CV**.

LOUDUN (suite)

* **LE CHEVAL BLANC** 11, AV. DU POITOU M. CIVEL ☎ 49.98.02.00 — 17 CH. 100/150 F. MENU 47/110 F. PENSION 150 F. DEMI-PENSION 135 F. ✖ E.

LOUHANS 71500 SAONE-ET-LOIRE 7500 HAB. S.I.

* **CHEVAL ROUGE** 5, RUE D'ALSACE M.AUBRY ☎ 85.75.21.42 — 13 CH. 80/120 F. MENU 65/160 F. PENSION 230/270 F. DEMI-PENSION 150/190 F. FERME 23 DEC./4 JANV., 20/30 JUIN, DIMANCHE SOIR ET LUNDI 1 SEPT./30 JUIN. ⬛ ✖ 🆔 ➡ E.
* **LA POULARDE** 5, RUE DU JURA. M. THOMAS ☎ 85.75.03.06 — 8 CH. 90/170 F. MENU 58/120 F. FERME 20 DEC./15 JANV. ET MERCREDI. ⬛ ✖ E.

LOUPE (LA) 28240 EURE-ET-LOIR 5000 HAB. S.I.

* **LE CHENE DORE** 12,PL. DE L'HOTEL DE VILLE M.PIRAULT ☎ 37.81.06.71 — 13 CH. 102/190 F. MENU 51/165 F. FERME 10/25 JANV., 10/25 MAI, 10 SEPT./25 OCT., DIMANCHE SOIR/LUNDI ET VENDREDI SOIR HS. 1/2 PENSION VRP 180/190F. 🅵 ⬛ ✖ 🆔 ➡ E CV.

LOURMARIN 84160 CADENET VAUCLUSE 800 HAB. S.I.

* **HOSTELLERIE LE PARADOU** M.BREMOND ☎ 90.68.04.05 — 8 CH. 60/240 F. MENU 60/130 F. PENSION 180/220 F. DEMI-PENSION 130/160 F. FERME 5 JANV./28 FEV., ET JEUDI. ⬛ ✖ 🆔 ➡ E.

AF **LES HAUTES PRAIRIES** ROUTE DE VAUGINES. M. BENZI ☎ 90.68.02.89 — 6 CH. 185 F. MENU 65 F. PENSION 335 F. DEMI-PENSION 270 F. RESTAURANT FERME 1 JANV./28 FEV. 🅵 ♪ E.

LOURY 45470 LOIRET 1528 HAB.

** **RELAIS DE LA FORGE** 602, RUE ST NICOLAS M. THIERRY ☎ 38.65.60.27 — 7 CH. 130/220 F. MENU 55/210 F. DEMI-PENSION 230/250 F. FERME 2 PREMIERES SEMAINE JUIL. ET LUNDI. 🅵 ⬛ ✖ 🆔 ➡ E.

LOUVIGNE-DU-DESERT 35420 ILLE-ET-VILAINE 5000 HAB. S.I.

** **LE MANOIR** 1 PLACE CHARLES DE GAULLE M.SAFFRAY ☎ 99.98.53.40 TELEX 741235 — 20 CH. 160/180 F. MENU 70/170 F. DEMI-PENSION 190 F. FERME 15 JANV./15 FEV. ET DIMANCHE SOIR/MARDI MATIN HS. 🅵 ✖ E CV.

LUBERSAC (MONTVILLE-LES-PONTS-SUR-L'AUVEZERE) 19210 CORREZE 600 M. 2400 HAB. S.I.

AF **LE MONTVILLE** M.BUXERAUD ☎ 55.73.56.22 — 6 CH. 110/140 F. MENU 60/160 F. PENSION 175 F. DEMI-PENSION 150 F. FERME 1 NOV./1 DEC., ET LUNDI. ✈ ✖ 🆔 ➡ E.

LUC-EN-DIOIS 26310 DROME 470 HAB. S.I.

** **DU LEVANT** M.PARGANA ☎ 75.21.33.30 — 17 CH. 98/195 F. MENU 68/115 F. PENSION 185/240 F. DEMI-PENSION 155/210 F. FERME 1 OCT./31 JANV. PARKING PRIVE. 🅵 ♪ CV.

LUC-EN-PROVENCE (LE) 83340 VAR 7000 HAB. S.I.

AF **LE PROVENCAL** RUE LEBAS-APPOLINAIRE M.MARTOS ☎ 94.60.72.94 — 4 CH. 150/170 F. MENU 50/100 F. DEMI-PENSION 150/170 F. FERME LUNDI. ✖ 🆔 ➡ E.

LUC-SUR-MER 14530 CALVADOS 2392 HAB. S.I.

** **BEAU RIVAGE** Mme MERIENNE ☎ 31.96.49.51 — 23 CH. 120/240 F. MENU 70/200 F. PENSION 210/280 F. DEMI-PENSION 140/220 F. FERME 1 OCT./1 AVR. ✈ ✖ E.

** **DES THERMES ET DU CASINO** Mme LEPARFAIT ☎ 31.97.32.37 — 27 CH. 240/280 F. MENU 75/220 F. PENSION 280/380 F. DEMI-PENSION 200/300 F. FERME 1 OCT./1 AVR. FORFAIT CURE REMISE EN FORME ET DIETETIQUE. PARKING. 🅵 ✖ 🆔 ➡ E CV ⛵ 🅿.

** **LE MARSOIN** 2, RUE CHARCOT M.DELMOTTE ☎ 31.97.32.08 — 14 CH. 90/230 F. MENU 59/220 F. PENSION 235/290 F. DEMI-PENSION 175/240 F. FERME 12 NOV./15 FEV., DIMANCHE SOIR ET LUNDI HS. 🅵 ✖ 🆔 ➡ E.

LUCCIANA (CASAMOZZA) 20290 BORGO CORSE 0 M. 1200 HAB.

* **MOTEL LE COLIBRI** (A CASAMOZZA - SUR N. 193). M. ASTIER ☎ 95.36.03.15 TELEX 468507 — 26 CH. 170/230 F. MENU 60/80 F. PENSION 260/285 F. DEMI-PENSION 200/225 F. CHAMBRES CLIMATISEES. 🅵 ✖ 🆔 ➡ E.

LUCCIANA (CROCETTA) 20290 BORGO CORSE 2950 HAB.

** **PORETTA** ROUTE DE L'AEROPORT. M. CIOSI ☎ 95.36.09.54 — 34 CH. 270/510 F. MENU 70 F. PENSION 435 F. DEMI-PENSION 365 F. RESTAURANT FERME 15 DEC./15 JANV. ET DIMANCHE. ⬛ ✈ ✖ 🆔 ➡ E.

** **SOLEIL LEVANT** ROUTE DE L'AEROPORT. M. GUIDONI ☎ 95.36.02.25 — 30 CH. 160/220 F. MENU 80/100 F. PENSION 320/325 F. DEMI-PENSION 245/255 F. SALLE DE MUSCULATION. 🅵 ♪ ⬛ ✖ 🆔 ➡ E ⛵ 🅿.

LUCHE-PRINGE 72800 LE LUDE SARTHE 1384 HAB. S.I.

** **AUBERGE DU PORT DES ROCHES** M.MARTIN ☎ 43.45.44.48 — 12 CH. 140/220 F. MENU 60/150 F. PENSION 200/230 F. DEMI-PENSION 180/210 F. FERME DIMANCHE SOIR ET LUNDI HS. ✈ ✖ ➡ E CV.

LUCHON 31110 HAUTE-GARONNE 630 M. 4000 HAB. S.I.

** **D'ETIGNY** FACE AUX THERMES Mme.BARON ☎ 61.79.01.42 — 54 CH. 170/275 F. MENU 75/140 F. PENSION 230/350 F. DEMI-PENSION 210/320 F. FERME 21 OCT./27 MARS. 🅵 🆔 ➡ E CV ⛵ 🅿.

LUCHON(suite)

* **DARDENNE** 2 BD DARDENNE M.LAFONT ☎ 61.79.00.06 — 23 CH. 75/160 F. MENU 70/130 F. PENSION 160/250 F. DEMI-PENSION 125/210 F. FERME 16 OCT./30 MARS SAUF VAC. SCOL. 🅵 ⅀ 🅐🅔 ⏩ E.

** **PANORAMIC** 6 AV. CARNOT. Mme ESTRADE-BERDOT ☎ 61.79.00.67/61.79.30.90 — 30 CH. 150/280 F. MENU 60/150 F. FERME 15 NOV./15 DEC. 🅵 ⅀ 🅓.

LUCON 85400 VENDEE 8000 HAB. S.I.

** **LE BORDEAUX** 14, PLACE DES ACACIAS M. ASSAD ☎ 51.56.01.35/51.56.09.76 — 24 CH. 190/270 F. MENU 75/180 F. DEMI-PENSION 270 F. FERME DIMANCHE SOIR, RESTAURANT FERME 15 SEPT./6 OCT. SAUF POUR RESIDENTS, DIMANCHE SOIR ET LUNDI. 🐾 ⅀ 🅐🅔 ⏩ E.

LUCON (CHASNAIS) 85400 VENDEE 250 HAB. S.I.

** **AUBERGE DE LA COLOMBIERE** RTE DES SABLES D'OLONNE M.FALANTIN ☎ 51.97.73.61 — 15 CH. 210/350 F. MENU 65/145 F. DEMI-PENSION 265/300 F. FERME 1 JANV./28 FEV. ET SAMEDI HS. PISCINE CHAUFFEE. 🅵 ⩈ 🐾 ⅀ 🅐🅔 ⏩ E CV &.

LUDE (LE) 72800 SARTHE 5000 HAB. S.I.

** **DU MAINE** 17, ROUTE DE SAUMUR. M. LESENFANT ☎ 43.94.60.54 — 24 CH. 110/250 F. MENU 65/140 F. PENSION 200/250 F. FERME 20 DEC./20 JANV. RESTAURANT FERME LUNDI. 🅵 ⅀ 🅐🅔 ⏩ E CV &.

LUGAGNAN 65100 LOURDES HAUTES-PYRENEES 190 HAB.

** **DES TROIS VALLEES** M.SOUVERBIELLE ☎ 62.94.73.05 — 32 CH. 75/145 F. MENU 45/105 F. PENSION 130/180 F. DEMI-PENSION 108/145 F. FERME JANV. 🅵 ♂ ⅀ E.

LUGNY 71260 SAONE-ET-LOIRE 950 HAB.

AF **DU CENTRE** Mlle.GIROUD ☎ 85.33.22.82 — 8 CH. 75/150 F. MENU 50 F. PENSION 170/180 F. DEMI-PENSION 140/160 F. FERME 20 DEC./12 JANV., 1 SEM AVR., DIMANCHE SOIR ET LUNDI HS. 🚗 🐾 &.

LUGOS 33830 BELIN-BELIET GIRONDE 392 HAB.

* **LA BONNE AUBERGE** Mme HOECHSTETTER Denise ☎ 56.58.40.34 — 14 CH. 130 F. MENU 60/200 F. PENSION 200 F. DEMI-PENSION 160 F. FERME NOV. ET LUNDI HS. 🚗 ⅀ E &.

LULLIN 74470 BELLEVAUX HAUTE-SAVOIE 860 M. 515 HAB. S.I.

** **L'UNION** M. PICCOT ☎ 50.73.81.02 — 22 CH. 105/190 F. MENU 70/125 F. PENSION 195/220 F. DEMI-PENSION 160/180 F. FERME 15 AVR./15 JUIN, 10 SEPT./15 DEC. 🐾 ⅀ 🅐🅔 ⏩ E CV.

LUNEL 34400 HERAULT 16000 HAB. S.I.

** **MOTEL LA CLAUSADE** 456, AV. COLONEL-SIMON M.GOVETTO ☎ 67.71.05.69 — 10 CH. 170/230 F. MENU 65/130 F. FERME 24 DEC./8 JANV., RESTAURANT FERME SAMEDI ET DIMANCHE. 🐾 ⅀ E.

LURE 70200 HAUTE-SAONE 10500 HAB. S.I.

* **DU COMMERCE** PL. DE LA GARE M.TOURNIER ☎ 84.30.12.63 — 24 CH. 90/210 F. MENU 60/200 F. 🚗 ⅀ 🅐🅔 ⏩ E.

LUS-LA-CROIX-HAUTE 26620 DROME 1020 M. 500 HAB. S.I.

* **DU COMMERCE** M.BOURGES ☎ 92.58.50.18 — 11 CH. 130/180 F. MENU 55/70 F. PENSION 165 F. DEMI-PENSION 140 F. 🅵 ⅀ 🅐🅔 ⏩ E.

* **LE CHAMOUSSET** M.PARON ☎ 92.58.51.12 — 18 CH. 100/155 F. MENU 60/110 F. PENSION 160/210 F. DEMI-PENSION 125/160 F. FERME 15 NOV./NOEL. ET DIMANCHE SOIR HS. 🅵 🚗 🅐🅔 ⏩.

LUSIGNAN 86600 VIENNE 3000 HAB. S.I.

** **DU CHAPEAU ROUGE** 1 RUE NATIONALE M. NAU ☎ 49.43.31.10 — 8 CH. 180/220 F. MENU 58/120 F. DEMI-PENSION 190/220 F. FERME LUNDI SAUF JUIL./AOUT. 🚗 ⅀ E.

AF **LES PROMENADES** 19 AV.DE POITIERS Mme GABARD ☎ 49.43.31.35 — 10 CH. 85/130 F. MENU 59/109 F. PENSION 219/264 F. DEMI-PENSION 160/205 F. 🅵 🚗 ⅀ E CV &.

LUSSAC 33570 GIRONDE 1450 HAB. S.I.

* **L'OASIS** A 800m. N.89 (SORILLON) M.VERBRUGGHE ☎ 57.49.17.18 — 8 CH. 125/200 F. MENU 60/170 F. PENSION 180/220 F. DEMI-PENSION 140/180 F. FERME 1/22 OCT. ET RESTAURANT FERME LUNDI. 🅵 🚗 ♂ 🚗 ⅀ 🅐🅔 ⏩.

LUSSAC-LES-CHATEAUX 86320 VIENNE 2235 HAB. S.I.

*AF **LE RELAIS** M.DARDILLAC ☎ 49.48.40.20 — 8 CH. 70/130 F. MENU 47/170 F. FERME DIMANCHE SOIR ET LUNDI SAUF JUIL./AOUT. 🐾 ⅀ 🅐🅔 E CV.

LUTHEZIEU 01260 CHAMPAGNE-EN-VALROMEY AIN 80 HAB.

** **AU VIEUX TILLEUL** MM. PRAS ☎ 79.87.64.51 — 9 CH. 118/146 F. MENU 56/180 F. PENSION 174/190 F. DEMI-PENSION 147/165 F. FERME 2 JANV./4 FEV., MARDI SOIR ET MERCREDI HS ETE 🅵 🚗 ⅀ 🅐🅔 ⏩ E CV &.

LUTTENBACH 68140 MUNSTER HAUT-RHIN 720 HAB.

* **LE CHALET** M.SPENLE ☎ 89.77.38.33 — 16 CH. 110/180 F. MENU 45/160 F. PENSION 150/175 F. DEMI-PENSION 115/140 F. FERME 15 DEC./20 JANV. RESTAURANT FERME JEUDI 1 OCT./PAQUES. 🅵 🚗 🐾 ⅀ 🅐🅔 ⏩ E CV.

LUTTER 68480 FERRETTE HAUT-RHIN 260 HAB.

**   **AUBERGE PAYSANNE** Mme.LITZLER ☎ 89.40.71.67 – 7 CH. 95/165 F. MENU 45/150 F. PENSION 150/165 F. DEMI-PENSION 135/145 F. FERME 15J FEV., ET LUNDI. ⛊ ➜ E CV.

LUTZELBOURG 57820 MOSELLE 768 HAB.

*   **DES VOSGES** 149, RUE ACKERMANN M. HUSSER ☎ 87.25.30.09 – 13 CH. 100/200 F. MENU 60/130 F. PENSION 120/200 F. DEMI-PENSION 100/170 F. FERME 11 JANV./14 MARS. ET MERCREDI SAUF JUIL., AOUT. 🅵 ⛌ ⛊ ⛚ E CV &.

LUXEUIL-LES-BAINS 70300 HAUTE-SAONE 10700 HAB. S.I.

***   **BEAU SITE** 18, RUE GEORGES MOULIMARD M.LALLOZ ☎ 84.40.14.67/84.40.04.24 – 40 CH. 110/240 F. MENU 65/120 F. PENSION 225/285 F. DEMI-PENSION 180/250 F. FERME 24/31 DEC., VENDREDI SOIR ET SAMEDI EN HIVER. ⛊ 🆓 ➜ E ⛌.

**   **DE FRANCE** 6, RUE GEORGES CLEMEMCEAU. Mme SAILLARD ☎ 84.40.13.90 – 22 CH. 80/230 F. MENU 55/150 F. PENSION 185/280 F. DEMI-PENSION 150/230 F. FERME DIMANCHE SOIR ET VENDREDI SOIR OCT./1 AVR. ⛊ 🆓 ➜ E CV.

*   **DE LA POSTE** (A SAINT-SAUVEUR, 7,RUE CLEMENCEAU): Mme BOSSER ☎ 84.40.16.02 – 34 CH. 80/200 F. MENU 45/150 F. PENSION 170/200 F. DEMI-PENSION 130/160 F. FERME 5/30 JANV. 🅵 ⛊ E CV.

**   **DU LION VERT** 16, RUE CARNOT Mme.LACK ☎ 84.40.50.66 – 18 CH. 57/136 F. MENU 40/70 F. PENSION 128/225 F. DEMI-PENSION 100/180 F. FERME 24 DEC./2 JANV., DIMANCHE SOIR ET RESTAURANT FERME 1 FEV./1 MARS. 🅵 ⛌ ⛊ E.

LUXEY 40430 SORE LANDES 856 HAB.

**   **RELAIS DE LA HAUTE LANDE** M.BARIS ☎ 58.08.02.30 – 11 CH. 130/160 F. MENU 65/180 F. PENSION 140/160 F. DEMI-PENSION 110/130 F. FERME 15 JANV./20 FEV., ET DIMANCHE SOIR/MARDI MATIN. ⛌ ⛊ E.

LUYNES 37230 INDRE-ET-LOIRE 4500 HAB. S.I.

*   **DE LA HALLE** M. VAQUIE ☎ 47.55.50.64 – 9 CH. 85/105 F. MENU 46/120 F. PENSION 150/160 F. DEMI-PENSION 120/130 F. ⛊ ➜ E CV.

LUZ-SAINT-SAUVEUR 65120 HAUTES-PYRENEES 700 M. 1020 HAB. S.I.

*   **BON ACCUEIL** M.RIVIERE-RAMOND ☎ 62.92.80.39 – 18 CH. 80/160 F. MENU 60/80 F. PENSION 140/155 F. DEMI-PENSION 120/135 F. FERME 30 SEPT./22 DEC. ET 20 AVR./1 JUIN. 🅵 ⛌.

*   **DES REMPARTS** M.CAZENAVE ☎ 62.92.81.70 – 12 CH. RENSEIGNEMENTS NON COMMUNIQUES. 🅵.

LUZECH 46140 LOT 1800 HAB. S.I.

*   **DE L'ILE** RUE DUBARRY M.RUE ☎ 65.20.10.09 – 7 CH. 170/220 F. MENU 70/180 F. PENSION 200/250 F. DEMI-PENSION 190/220 F. FERME 18 NOV./2 JANV., 15/30 JUIN ET DIMANCHE 1 OCT./1 JUIL. ⛾ ⛊ E.

LUZENAC 09250 ARIEGE 600 M. 850 HAB.

*   **DE LA PAIX** SUR N.20 Consorts LOUBET ☎ 61.64.48.39 – 9 CH. PRIX NON COMMUNIQUES. 🅵 ⛾ ⛝ ⛊ 🆓 ➜ E CV.

*   **LE REFUGE** M.CANO ☎ 61.64.48.04 – 16 CH. 90/120 F. MENU 80/150 F. PENSION 150/180 F. DEMI-PENSION 120/140 F. FERME 30 OCT./8 NOV., VENDREDI SOIR, SAMEDI MIDI. ⛊ 🆓 E.

LUZY 58170 NIEVRE 2735 HAB. S.I.

*   **DU MORVAN** M.LEVY ☎ 86.30.00.66 – 11 CH. 60/95 F. MENU 45/115 F. PENSION 150 F. DEMI-PENSION 120 F. FERME 25 DEC./1 JANV. ET SAMEDI 1 OCT./1 JUIN. ⛾.

LYE 36600 VALENCAY INDRE 924 HAB.

AF   **DES VOYAGEURS** M. COLIN ☎ 54.41.00.26 – 5 CH. 46/70 F. MENU 40/45 F. PENSION 116/130 F. DEMI-PENSION 86/110 F. FERME 5/25 SEPT., ET JEUDI SAUF JUIL./AOUT. ⛊ 🆓 ➜ E.

LYON (SAINTE-FOY-LES-LYON) 69110 SAINTE-FOY-LES-LYON RHONE 21800 HAB. S.I.

**   **LES PROVINCES** (3km DE Ste-FOY,PAR D75. Pl.ST-LUC). MmesCHAUVEAU-DESVIGNES-BARONNE ☎ 78.25.01.55 – 14 CH. 115/175 F. ⛝ ⛊ 🆓 ➜ E CV.

LYONS-LA-FORET 27480 EURE 850 HAB. S.I.

**   **DOMAINE SAINT-PAUL** (SUR N. 321). MM. LORRAIN ☎ 32.49.60.57 – 20 CH. 140/320 F. MENU 95/115 F. PENSION 275/365 F. DEMI-PENSION 190/280 F. FERME 15 NOV./1 AVR. ⛌ ⛊ E.

***   **LA LICORNE** M.BRUN ☎ 32.49.62.02 – 22 CH. 160/450 F. MENU 120/205 F. PENSION 350/450 F. DEMI-PENSION 270/370 F. FERME 18 DEC./21 JANV., DIMANCHE SOIR/MARDI MATIN OCT./ FIN MARS. 🅵 ⛌ ⛾ ⛊ 🆓 ➜ E.

M

MACINAGGIO 20248 CORSE 500 HAB.

ec   **U LIBECCIU** ROUTE DE LA PLAGE Mme VITALI ☎ 95.35.43.22 – 14 CH. 180/250 F. MENU 70/120 F. PENSION 280/330 F. DEMI-PENSION 230/260 F. FERME 30 OCT./1 MARS. 🅵 ⛾ 🆓 CV.

MACON 71000 SAONE-ET-LOIRE 45000 HAB. S.I.

**   **DE GENEVE** 1, RUE BIGONNET M.PLOTEAU ☎ 85.38.18.10 TELEX 351934 – 60 CH. 110/260 F. MENU 70/170 F. PENSION 250/400 F. DEMI-PENSION 180/330 F. 🅵 ⛌ ⛊ 🆓 ➜ E CV 🅗.

MACON (suite)

** **LA PROMENADE** 266, QUAI LAMARTINE M. BARBOT ☎ 85.38.10.98 – 21 CH. 170/240 F.
☞ MENU 70/200 F. DEMI-PENSION 190 F. FERME 23 DEC./27 JANV. RESTAURANT FERME MERCREDI MIDI ET SAMEDI MIDI. 🇫 🎿 ⊞ 🖭 ⊕ E CV ♿.

** **TERMINUS** 91, RUE V.-HUGO M.MASRIERA ☎ 85.39.17.11 TELEX 351938 – 48 CH. 145/262 F.
☞ MENU 67/115 F. DEMI-PENSION 195/264 F. 🇫 🎿 ⊞ 🖭 ⊕ E CV ♿.

MACON (SENNECE-LES-MACON) 71000 SAONE-ET-LOIRE 45000 HAB. S.I.

** **DE LA TOUR** (SORTIE PEAGE A6 MACON NORD). M. GATINET ☎ 85.36.02.70 – 23 CH.
☞ 129/246 F. MENU 65/190 F. PENSION 218 F. DEMI-PENSION 170 F. 🇫 ⊞ E ♿.

MAGESCQ 40140 LANDES 1050 HAB. S.I.

*** **RELAIS DE LA POSTE** M.COUSSAU ☎ 58.47.70.25 – 12 CH. 350/600 F. MENU 250/300 F.
☞ FERME LUNDI SOIR ET MARDI. 🛁 💆 🚗 🛏 ⊞ 🖭 ⊕ E.

MAGNAC-BOURG 87380 SAINT-GERMAIN-LES-BELLES HAUTE-VIENNE 968 HAB. S.I.

** **AUBERGE DE L'ETANG** M.LAGORCE ☎ 55.00.81.37 – 14 CH. 180/250 F. MENU 50/190 F.
☞ PENSION 200/230 F. DEMI-PENSION 160/200 F. FERME 10 FEV./10 MARS, 3EME SEM. OCT., ET DIMANCHE APRES- MIDI/MARDI MATIN. 🇫 🚗 ⊞ E CV.

* **DES VOYAGEURS** SUR R.N. 20. M. FUSADE ☎ 55.00.80.36 – 10 CH. 95/160 F. MENU
☞ 57/199 F. PENSION 160/200 F. DEMI-PENSION 130/160 F. FERME 10J. JUIN, 10J. OCT., MARDI SOIR ET MERCREDI HS. 🇫 🚗 ⊞ E.

** **DU MIDI** SUR N. 20 M.TRICARD ☎ 55.00.80.13 – 13 CH. 100/250 F. MENU 65/180 F. DEMI-
☞ PENSION 220 F. FERME 15/30 NOV., 15 JANV./15 FEV., ET LUNDI HS. 🇫 🚗 ⊞ 🖭 ⊕ E CV.

** **HOSTELLERIE DU TISON D'OR** M.CHEVALLIER ☎ 55.71.83.64 – 10 CH. 80/180 F. MENU
65/300 F. PENSION 180/220 F. DEMI-PENSION 130/180 F. FERME MARDI HS. ⊞ 🖭 ⊕ E.

MAGNY-COURS 58470 NIEVRE 2000 HAB.

*** **LA RENAISSANCE** RN. 7 M.DRAY ☎ 86.58.10.40 – 10 CH. 240/370 F. MENU 180/390 F.
☞ FERME FIN JANV./DEBUT MARS, PREM.SEM.JUIL., DIMANCHE SOIR ET LUNDI. 🚗 ⊞ 🖭 ⊕ E.

MAICHE 25120 DOUBS 810 M. 5000 HAB. S.I.

* **DES COMBES** 3, RUE DES COMBES. M. VITTORI ☎ 81.64.09.36 – 7 CH. 70/130 F. MENU
40/130 F. PENSION 120/160 F. DEMI-PENSION 110/140 F. FERME 1/15 NOV. 🇫 ⊞ 🖭 E CV.

** **PANORAMA** COTEAU ST MICHEL M.PUC ☎ 81.64.04.78 – 32 CH. 165/250 F. MENU
90/260 F. PENSION 210/260 F. DEMI-PENSION 190/240 F. FERME 5 NOV./26 DEC., DIMANCHE SOIR/LUNDI 1 OCT./PAQUES (HORS VACANCES). 🇫 ⊞ CV.

MAILLARGUES 15160 ALLANCHE CANTAL 1000 M. 1500 HAB.

AF **AU FOIRAIL** Mme.SIGNORET ☎ 71.20.41.15 – 6 CH. 80/90 F. MENU 50/80 F. PENSION
160/170 F. DEMI-PENSION 125/135 F. 🛏 ⊞ 🖭 ⊕ E.

MAILLERAYE-SUR-SEINE (LA) 76940 SEINE-MARITIME 1800 HAB.

* **LE BRAZZA** Mme BORDEAUX ☎ 35.37.12.07 – 7 CH. 100/115 F. MENU 41/120 F. PENSION
185 F. DEMI-PENSION 155 F. FERME LUNDI. 🇫 🛏 ⊞ 🖭 ⊕ E.

MAILLEZAIS 85420 VENDEE 900 HAB. S.I.

** **SAINT NICOLAS** RUE DU DR DAROUX M. TALLINEAU ☎ 51.00.74.45 – 16 CH. 130/255 F.
MENU 55/265 F. RESTAURANT FERME LUNDI HS. 🚗 ⊞ E.

MAILLY-LE-CAMP 10230 AUBE 2102 HAB.

AF **DU CENTRE** M.MAUREL ☎ 25.37.30.08 – 6 CH. 65/100 F. MENU 48/75 F. FERME 8/21 AOUT,
25 DEC./2 JANV., VENDREDI SOIR ET SAMEDI. 🚗 ⊞ E.

MAILLY-LE-CHATEAU 89660 CHATEL-CENSOIR YONNE 500 HAB.

** **LE CASTEL** M.BREERETTE ☎ 86.40.43.06 – 12 CH. MENU 75/135 F. PENSION 140/280 F.
☞ FERME 15 NOV./15 MARS. ET MERCREDI. ⊞ E CV.

MAINSAT 23700 AUZANCES CREUSE 658 M. 800 HAB. S.I.

AF **CHEZ GUSTOU** Mme.LACOMBE ☎ 55.67.07.37 – 5 CH. 70/110 F. MENU 50/80 F. PENSION
☞ 175 F. DEMI-PENSION 135 F. FERME 15 SEPT./16 OCT. 🚗 ⊞ E.

MAISONNEUVE-CHANDOLAS 07230 LABLACHERE ARDECHE 300 HAB.

** **LE RELAIS DE LA VIGNASSE ET GRILLARDIN** M.BENOIST ☎ 75.39.31.91/75.39.04.66
☞ – 17 CH. 180/320 F. MENU 60/180 F. PENSION 250/285 F. DEMI-PENSION 220/250 F. FERME 15/30 NOV. ET 15/28 FEV. 🇫 🚗 ⊞ E CV ♿.

MAISONS-LES-CHAOURCE 10210 CHAOURCE AUBE 180 HAB. S.I.

AF **AUX MAISONS** M. ENFERT ☎ 25.40.11.77 – 8 CH. 80/160 F. MENU 55/120 F. PENSION
130/180 F. DEMI-PENSION 105/150 F. FERME DIMANCHE SOIR HS. 🇫 ⊞ E CV ♿.

MALAUCENE 84340 VAUCLUSE 2000 HAB. S.I.

** **LE VENAISSIN** M. POURQUIER ☎ 90.65.20.31 – 20 CH. 150/195 F. FERME 15 NOV./15 FEV.
RESTAURANT FERME 1/15 JANV. ET VENDREDI. 🛏 ⊞ E.

MALAY-LE-PETIT 89100 SENS YONNE 187 HAB.

* **AUBERGE RABELAIS** M.ROBERT ☎ 86.88.21.44 – 7 CH. 135/165 F. MENU 115/190 F.
☞ FERME 7/17 OCT., 15 JANV./15 FEV., MERCREDI SOIR ET JEUDI. 🖭 ⊕ E.

MALBUISSON 25160 DOUBS 900 M. 350 HAB. S.I.
* **DE LA POSTE** M.DUBOZ ☎ 81.69.31.72 — 9 CH. 90/160 F. MENU 60/150 F. PENSION 160/200 F. DEMI-PENSION 140/175 F. FERME 1/15 MAI, 11 NOV./20 DEC. RESTAURANT FERME MARDI HORS VAC. SCOL. Ⓕ ⵣ Ⓐ E.
*** **LES TERRASSES** M. CHAUVIN Bernard ☎ 81.69.30.24 — 23 CH. 200/230 F. MENU 95/265 F. PENSION 280/325 F. DEMI-PENSION 225/270 F. FERME 12 NOV./15 JANV., ET LUNDI HS. ⵣ ⵣ Ⓐ ⵔ E.

MALEMORT (PALISSE) 19360 MALEMORT CORREZE 6000 HAB.
** **AUBERGE DES VIEUX CHENES** 31 AV. HONORE DE BALZAC M.BOUNY ☎ 55.24.13.55 —
☞ 14 CH. 105/185 F. MENU 45/145 F. PENSION 200/250 F. DEMI-PENSION 165/215 F. FERME 31 JUIL./22 AOUT, ET DIMANCHE. ⵣ ⵣ Ⓐ E.

MALESHERBES 45330 LOIRET 5000 HAB. S.I.
* **ECU DE FRANCE** 10, PL. DU MARTROI M.GROSMANGIN ☎ 38.34.87.25 — 16 CH. 80/275 F. MENU 58/160 F. PENSION 170/340 F. DEMI-PENSION 140/300 F. RESTAURANT FERME JEUDI. (CLASSEMENT EN COURS 2 ETOILES). ⵣ Ⓐ ⵔ E.

MALLEMORT 13370 BOUCHES-DU-RHONE 4000 HAB. S.I.
* **PROVENCAL** (A PONT ROYAL) M.ARNARDI ☎ 90.57.40.64 — 12 CH. 130/170 F. MENU 60/180 F. PENSION 190/250 F. DEMI-PENSION 150/190 F. FERME 1/31 JANV. ET DIMANCHE. ⵣ ⵣ க.

MALLEVAL 38470 VINAY ISERE 1000 M. 20 HAB.
** **LE MALLEVAL** M.CECILLON ☎ 76.38.35.08 — 8 CH. 140 F. MENU 60/150 F. PENSION 190 F. DEMI-PENSION 150 F. OUVERT JUIL., AOUT ET VAC. SCOL. FEV. Ⓕ ⵣ.

MALZIEU-VILLE (LE) 48140 LOZERE 860 M. 924 HAB. S.I.
** **DES VOYAGEURS** ROUTE DE SAUGUES. M. PAGES ☎ 66.31.70.08 — 18 CH. 165/200 F. MENU 50/100 F. PENSION 190/230 F. DEMI-PENSION 170/210 F. FERME 20 DEC./28 FEV., ET DIMANCHE SOIR HS. Ⓕ CV.

MAMERS 72600 SARTHE 7000 HAB. S.I.
** **AU BON LABOUREUR** 1 RUE PAUL BERT M.GUET ☎ 43.97.60.27 — 10 CH. 110/225 F. MENU 45/140 F. PENSION 185/295 F. DEMI-PENSION 155/265 F. FERME 1/22 FEV., VENDREDI SOIR ET SAMEDI MIDI HS. Ⓕ ⵣ ⵣ Ⓐ ⵔ E CV.

MANDAILLES-SAINT-JULIEN 15590 LASCELLE-MANDAILLES CANTAL 950 M. 350 HAB.
AF **AU BOUT DU MONDE** M.DELTEIL ☎ 71.47.92.47 — 7 CH. 80/135 F. MENU 60/80 F. PENSION 140/158 F. DEMI-PENSION 115/130 F. ⵣ E.
* **DES TOURISTES - MAISON BONAL** (A SAINT-JULIEN-DE-JORDANNE) Mme MAGER-BONAL ☎ 71.47.94.71 — 18 CH. FERME 15 SEPT./PAQUES SAUF VAC.SCOL.HIVER. PRIX NON COMMUNIQUES. ⵣ CV.

MANHES 15220 SAINT-MAMET CANTAL 674 M. 1200 HAB. S.I.
* **LE CANTOU** SUR RN 122 (3KM DE ST MAMET) M.PRUNET ☎ 71.64.70.12 — 12 CH. 100/170 F. MENU 62/80 F. PENSION 140/160 F. DEMI-PENSION 125/145 F. Ⓕ ⵣ ⵣ Ⓐ ⵔ E.

MANIGOD (COL DE LA CROIX FRY) 74230 THONES HAUTE-SAVOIE 1477 M. 600 HAB. S.I.
* **LES ROSIERES** M.VEYRAT ☎ 50.44.90.27 — 17 CH. 120/160 F. MENU 55/90 F. PENSION 170/220 F. DEMI-PENSION 130/170 F. FERME 17 AVR./20 JUIN, 25 SEPT./20 DEC. ⵣ E.
* **LES SAPINS** M. VEYRAT-DUREBEX ☎ 50.44.90.29 — 11 CH. 100/140 F. MENU 59/85 F.
☞ PENSION 158/185 F. DEMI-PENSION 123/150 F. FERME NOV. ⵣ Ⓐ ⵔ E CV.

MANOSQUE 04100 ALPES-DE-HAUTE-PROVENCE 22000 HAB. S.I.
** **LE PROVENCE** ROUTE DE LA DURANCE M. MURRIGUIAN ☎ 92.87.75.72/92.72.39.38 — 12 CH. 220 F. MENU 25/110 F. ⵣ E க.

MANTHELAN 37240 LIGUEIL INDRE-ET-LOIRE 1100 HAB.
* **MODERNE** 8 RUE NATIONALE M.INDRAULT ☎ 47.92.80.17 — 10 CH. 80/155 F. MENU
☞ 45/70 F. PENSION 155/165 F. DEMI-PENSION 115/125 F. FERME 20 AOUT/13 SEPT., DIMANCHE ET LUNDI. PARKING PRIVE. ⵣ ⵣ E CV.

MANTRY 39230 SELLIERES JURA 430 HAB.
* **AUBERGE DU COL DES TILLES** M. MASSON ☎ 84.85.51.72 — 12 CH. 93/145 F. MENU 55/165 F. PENSION 165 F. DEMI-PENSION 130 F. FERME 1/28 FEV., ET MERCREDI. Ⓕ ⵣ ⵣ ⵔ.

MANTRY (MONTCHAUVROT) 39230 SELLIERES JURA 430 HAB.
** **LA FONTAINE** M.BELPOIS ☎ 84.85.50.02 — 20 CH. 120/220 F. MENU 65/200 F. PENSION 260/280 F. DEMI-PENSION 180/200 F. FERME 20 DEC./25 JANV., DIMANCHE SOIR ET LUNDI HS. ⵣ ⵣ E.

MANZAC-SUR-VERN 24110 SAINT-ASTIER DORDOGNE 450 HAB.
** **DU LION D'OR** PLACE DE L'EGLISE M. BEAUVAIS ☎ 53.54.28.09 — 8 CH. 75/140 F. MENU 58/150 F. PENSION 170/180 F. DEMI-PENSION 130/140 F. FERME 5/25 NOV., VAC. FEV., DIMANCHE SOIR ET MERCREDI (LUNDI EN JUIL. ET AOUT). Ⓕ ⵣ Ⓐ E.

MANZAT 63410 PUY-DE-DOME 630 M. 1500 HAB.
* **LA BONNE AUBERGE** M.PIERZAK ☎ 73.86.61.67 — 9 CH. 85/110 F. MENU 50/130 F. PENSION 160/180 F. DEMI-PENSION 160 F. FERME 1 OCT./1 NOV., DIMANCHE SOIR ET LUNDI. Ⓕ ⵣ.

MARCENAY-LE-LAC 21330 LAIGNES COTE-D'OR 200 HAB.

**   **LE SANTENOY** MM. ROBLOT Pere ET Fils ☎ 80.81.40.08 — 18 CH. 80/150 F. MENU
52/150 F. PENSION 150/190 F. ☲ **E C V** ⑆

MARCIGNY 71110 SAONE-ET-LOIRE 2500 HAB. S.I.

*   **SAINT ANTOINE** M.BRENON ☎ 85.25.11.23 — 10 CH. 70/120 F. MENU 55/140 F. PENSION
130/180 F. DEMI-PENSION 110/160 F. FERME 10/31 MARS, ET VENDREDI 15H/SAMEDI 17H
HS. ⛤ ☲ **E C V**.

MARCILLAT-EN-COMBRAILLE 03420 ALLIER 976 HAB.

AF   **DU COMMERCE** M. PAWLICA ☎ 70.51.60.24 — 9 CH. 75/100 F. MENU 46/95 F. PENSION
140 F. DEMI-PENSION 120 F. ⛥ ☲ **E C V**.

MARCILLY 21120 IS-SUR-TILLE COTE-D'OR 5500 HAB. S.I.

*   **DE LA GARE** M.THIBAUT ☎ 80.95.06.44 — 14 CH. 70/98 F. MENU 55/80 F. PENSION
160 F. DEMI-PENSION 120 F. FERME AOUT, ET DIMANCHE DE NOV./31 MARS. ☲.

MARCILLY-EN-VILLETTE 45240 LA FERTE-SAINT-AUBIN LOIRET 1500 HAB.

AF   **AUBERGE DE LA CROIX BLANCHE** 118 PLACE DE L'EGLISE M.POCCESCHI ☎
38.76.10.14 — 5 CH. 80/110 F. MENU 46/136 F. FERME 8/28 FEV., 15/31 AOUT. ET VEN-
DREDI. ⛤ ☲.

MARCONNE 62140 HESDIN PAS-DE-CALAIS 1800 HAB.

**   **LES 3 FONTAINES** ROUTE D'ABBEVILLE Mme.RONGER ☎ 21.86.81.65 — 10 CH.
200/300 F. MENU 80/175 F. PENSION 250/320 F. DEMI-PENSION 200/270 F. FERME 26 DEC./2
JANV. ET RESTAURANT FERME 2/20 OCT. **F** ⛨ ☲ **AE** **E C V** ⑆.

MARETZ 59238 NORD 1497 HAB.

*   **DU CENTRE** 19 GRAND PLACE M. DELILLE ☎ 27.85.72.13 — 10 CH. 92/180 F. MENU
52/100 F. PENSION 165/180 F. DEMI-PENSION 145 F. RESTAURANT FERME 20 DEC./2 JANV.,
ET DIMANCHE. **F** ⛨ **C V**.

MARGENCEL 74200 THONON-LES-BAINS HAUTE-SAVOIE 1180 HAB.

*   **LES CYGNES** Mme PLASSAT ☎ 50.72.63.10 — 17 CH. 110/190 F. MENU 60/150 F. PEN-
SION 190/220 F. DEMI-PENSION 140/170 F. FERME DEC./JANV., ET MARDI HS. ☲ **E C V**.

MARGERIE-HANCOURT 51290 SAINT-REMY-EN-BOUZEMONT MARNE 250 HAB.

AF   **DE LA POMME D'OR** Mme RICCI ☎ 26.72.48.52 — 7 CH. 70/80 F. MENU 43 F. PENSION
140 F. DEMI-PENSION 120 F. RESTAURANT FERME SAMEDI ET DIMANCHE. ⛨.

MARIE-SUR-TINEE 06420 SAINT-SAUVEUR-SUR-TINEE ALPES-MARITIMES 630 M. 44 HAB.

AF   **LE MARIE LOU** M.ANDRAU ☎ 93.02.03.01 — 5 CH. 150 F. MENU 90/120 F. PENSION
190 F. DEMI-PENSION 150 F. FERME JANV./15 MARS. ⛨ **AE** **C V**.

MARINGUES 63350 PUY-DE-DOME 2300 HAB. S.I.

**   **LE CLOS FLEURI** M.VIGIER ☎ 73.68.70.46 — 12 CH. 120/220 F. MENU 65/180 F. PEN-
SION 190/220 F. DEMI-PENSION 150/180 F. FERME 1/10 SEPT., 15 JANV./15 FEV., DIMANCHE
SOIR ET LUNDI HS. ⛤ ☲ **E**.

MARIOL 03270 SAINT-YORRE ALLIER 640 HAB.

*   **DES TOURISTES** M.CLAUDE ☎ 70.59.20.87 — 10 CH. 65/101 F. MENU 45/72 F. PENSION
135/140 F. DEMI-PENSION 120/125 F. FERME 15 OCT./8 NOV. ET MERCREDI HS ⛨ ☲
AE ◍ **E**.

MARKSTEIN 68610 LAUTENBACH HAUT-RHIN 1240 M. 640 HAB. S.I.

**   **WOLF** M. WOLF ☎ 89.82.61.80 — 21 CH. 95/275 F. MENU 68/180 F. PENSION 208/307 F.
DEMI-PENSION 178/275 F. FERME 10 NOV./10 DEC. **F** ☲ ◍ **E C V**.

MARLE 02250 AISNE 2730 HAB.

**   **LE CENTRAL** M. SORLIN ☎ 23.20.00.33 — 9 CH. 86/220 F. MENU 55/140 F. PENSION
160/250 F. FERME 24 JUIL./21 AOUT., ET DIMANCHE SOIR. ⛤ ⛨ ☲ **E**.

MARLENHEIM 67520 BAS-RHIN 2600 HAB. S.I.

**   **HOSTELLERIE REEB** 2 RUE ALBERT SCHWEITZER M.REEB ☎ 88.87.52.70 — 35 CH.
200/250 F. MENU 85/250 F. PENSION 250/280 F. DEMI-PENSION 200/220 F. FERME 5/30
JANV. ET JEUDI. **F** ⛤ ⛥ ☲ **AE** ◍ **E**.

MARLIEUX 01240 SAINT-PAUL-DE-VARAX AIN 700 HAB.

*   **DU LION D'OR** M.CLAIR ☎ 74.42.85.15 — 8 CH. 110/150 F. MENU 85 F. DEMI-PENSION
185/200 F. FERME LUNDI SAUF JUIL./AOUT. GRILL. ⛤ ☲.

*   **ENTRE CHASSE ET PECHE** M. CHABRIER ☎ 74.42.86.02 — 7 CH. MENU 58/170 F. RES-
TAURANT FERME 15 JANV./1 FEV., ET MERCREDI. ⛨.

MARMANDE 47200 LOT-ET-GARONNE 25000 HAB. S.I.

**   **LE CAPRICORNE** ROUTE D'AGEN MM. MILLECAM ET GABILLET ☎ 53.64.16.14 — 32 CH.
180/265 F. MENU 66/200 F. PENSION 313/338 F. DEMI-PENSION 255/280 F. FERME 23/31
DEC. HOTEL FERME 1/4 JANV. RESTAURANT FERME 1/10 JANV., ET DIMANCHE SOIR 1
OCT./30 AVR. **F** ⛤ ☲ ⑆.

**   **LE LION D'OR** AV. DE LA REPUBLIQUE M.BEAULIEU ☎ 53.64.21.30 TELEX 571953 —
40 CH. 180/240 F. MENU 50/160 F. PENSION 220/280 F. **F** ☲ **AE** ◍ **E C V**
⑆.

MARQUAY 24620 LES EYZIES-TAYAC-SIREUIL DORDOGNE 420 HAB.

** **DES BORIES** M. DALBAVIE ☎ 53.29.67.02 – 12 CH. 160/280 F. DEMI-PENSION 180/220 F. FERME 15 NOV./15 MARS. PARKING. 🏊 ⅠⅠ E CV.

MARQUEFAVE 31390 CARBONNE HAUTE-GARONNE 715 HAB.

* **CHEZ ROGER** SUR N. 117 M.DESCUNS ☎ 61.87.85.07 – 10 CH. 60/80 F. MENU 45/80 F. PENSION 140 F. FERME 15 OCT./15 NOV. ET DIMANCHE. 🏊 🏴 ⅠⅠ AE ⅅ E CV.

MARSAC-SUR-DON 44170 NOZAY LOIRE-ATLANTIQUE 1500 HAB.

AF **DU DON** Mme.HERROUET ☎ 40.87.54.55 – 4 CH. 60/120 F. MENU 40/150 F. PENSION 150/170 F. DEMI-PENSION 120/140 F. FERME 25 JUIL./13 AOUT, ET LUNDI. ⅠⅠ AE ⅅ E.

MARSEILLE 13008 BOUCHES-DU-RHONE 914356 HAB. S.I.

** **MISTRAL** 31 AV.DE LA POINTE ROUGE M.ESPOSITO ☎ 91.73.44.69/91.73.52.45 – 23 CH. 140/300 F. MENU 65/150 F. PENSION 220/350 F. DEMI-PENSION 170/250 F. RESTAURANT FERME 15/30 JUIN., 17 DEC/3 JANV ET MERCREDI. POSSIBILITE DE GARAGE. F 🏴 ⅠⅠ AE ⅅ.

MARSEILLETTE 11800 TREBES AUDE 606 HAB.

AF **LA MUSCADELLE** ROUTE DE BEZIERS. M. RATORET ☎ 68.79.01.82 – 9 CH. 110 F. MENU 55/150 F. HOTEL FERME 2 JANV./15 FEV. ET RESTAURANT FERME LUNDI HS. ⅠⅠ AE E.

MARSSAC-SUR-TARN 81150 TARN 1450 HAB.

* **DE LA POSTE** M. PLANES ☎ 63.55.40.26 – 19 CH. 70/120 F. MENU 48/75 F. PENSION 120/160 F. DEMI-PENSION 100/130 F. RESTAURANT FERME VENDREDI SOIR. &.

* **DES FLEURS** M. BLANC ☎ 63.55.40.29 – 18 CH. 70/130 F. MENU 50/90 F. PENSION 125/140 F. DEMI-PENSION 100/110 F. FERME 19 DEC./5 JANV., VENDREDI SOIR ET SAMEDI. ⅠⅠ AE ⅅ E.

MARTEL 46600 LOT 1530 HAB. S.I.

** **LE TURENNE. Restaurant LE QUERCY** M.CAMPASTIE ☎ 65.37.30.30 – 17 CH. 80/200 F. MENU 58/180 F. PENSION 180/230 F. DEMI-PENSION 130/180 F. FERME 1 DEC./28 FEV. F 🏴 AE CV.

MARY-SUR-MARNE 77440 LIZY-SUR-OURCQ SEINE-ET-MARNE 1000 HAB.

** **CHATEAU MARYSIEN** M.CASTAINGS ☎ (1)60.01.71.30 – 10 CH. 140/220 F. MENU 120 F. PENSION 200/250 F. DEMI-PENSION 150/180 F. FERME DIMANCHE SOIR ET LUNDI. F 🏄.

MASEVAUX 68290 HAUT-RHIN 3700 HAB. S.I.

* **DE L'AIGLE D'OR** 9 PLACE CLEMENCEAU M.GEBEL ☎ 89.82.40.66 – 7 CH. 77/145 F. MENU 60/185 F. PENSION 160/175 F. DEMI-PENSION 145/160 F. FERME 6 SEPT./6 OCT., 2 JANV./2 FEV., LUNDI SOIR ET MARDI. F 🏊 ⅠⅠ ⅅ E.

MASLIVES 41250 BRACIEUX LOIR-ET-CHER 500 HAB.

** **L'OREE DE CHAMBORD** Mme GIBIER ☎ 54.81.61.62 – 11 CH. 118/210 F. MENU
▱ 52/160 F. FERME 25 JANV./7 MARS, MARDI SOIR ET MERCREDI HS. F ⅠⅠ AE ⅅ E.

MASSAGUEL 81110 DOURGNE TARN 380 HAB.

* **AUBERGE DES CHEVALIERS** M.MARTIN ☎ 63.50.32.33 – 7 CH. 90/110 F. MENU 85/140 F. PENSION 150 F. DEMI-PENSION 120 F. FERME 27 SEPT./29 OCT. ET MERCREDI. 🏴.

MASSAT 09320 ARIEGE 730 M. 711 HAB. S.I.

* **COUTANCEAU** RUE DES PRETRES M. COUTANCEAU ☎ 61.96.95.56 – 18 CH. 81/120 F. MENU 70/138 F. PENSION 143 F. DEMI-PENSION 133 F. FERME 30 SEPT./1 AVR. F ⅠⅠ AE.

MASSAY 18120 CHER 1300 HAB.

AF **AUBERGE DE LA POSTE** M. AVRILLON ☎ 48.51.93.15/48.51.95.05 – 7 CH. 80/160 F.
▱ MENU 65/160 F. PENSION 160 F. DEMI-PENSION 120 F. FERME LUNDI. F ⅠⅠ AE ⅅ E.

MASSERET 19510 CORREZE 815 HAB. S.I.

AF **DES VOYAGEURS** RN 20 M.SATURNIN ☎ 55.73.40.11 – 7 CH. 80/120 F. MENU 55/140 F. PENSION 200 F. DEMI-PENSION 140 F. FERME 1/20 JANV., 15 OCT./1 NOV., ET SAMEDI. 🏊 ⅠⅠ AE E CV.

MASSIAC 15500 CANTAL 2000 HAB. S.I.

** **DE LA MAIRIE** M.DELORME ☎ 71.23.02.51 – 21 CH. 100/175 F. MENU 55/200 F. PENSION
▱ 170/220 F. DEMI-PENSION 140/180 F. FERME 2 JANV./25 MARS, ET LUNDI HS. F ⅠⅠ AE ⅅ E.

MATIGNON 22550 COTES-DU-NORD 1609 HAB.

* **DE LA POSTE** 11, PLACE GOUYON M. GIRARD ☎ 96.41.02.20 – 15 CH. 82/150 F. MENU 48/150 F. PENSION 155/185 F. DEMI-PENSION 110/145 F. FERME 15 JANV./15 FEV., RESTAURANT FERME VENDREDI SOIR/ DIMANCHE SOIR 1 OCT./31 MAI. F ⅠⅠ E CV.

MAUBEUGE 59600 NORD 35470 HAB. S.I.

** **LE GRAND HOTEL et RESTAURANT DE PARIS** 1, PORTE DE PARIS M. MARSZOLIK ☎
▱ 27.64.63.16 TELEX 810231 – 30 CH. 150/240 F. MENU 78/280 F. PENSION 300/395 F. DEMI-PENSION 225/315 F. 🏊 ⅠⅠ ⅅ E CV Ⅲ.

MAULAN **55500 LIGNY-EN-BARROIS** MEUSE 100 HAB.

** **A L'OREE DU BOIS** M. LAROSE ☎ 29.78.60.34 – 15 CH. 95/140 F. MENU 55/110 F. PENSION 170/190 F. DEMI-PENSION 135/155 F. 🅵 ⚓.

MAULEON **79700** DEUX-SEVRES 3500 HAB. S.I.

** **DE LA TERRASSE** M.DURAND ☎ 49.81.47.24 – 16 CH. 160/300 F. MENU 60/130 F. 🅵 ⚓ ⚓ CV ᵔ.

MAULEON-LICHARRE **64130** PYRENEES-ATLANTIQUES 5000 HAB. S.I.

** **HOSTELLERIE DU CHATEAU** 25 RUE DE LA NAVARRE M.ANSO ☎ 59.28.19.06 – 30 CH. 115/140 F. MENU 50/105 F. PENSION 170 F. DEMI-PENSION 140 F. ⚓ ⚓ ⚓ E ᵔ.

MAURIAC **15200** CANTAL 720 M. 5000 HAB. S.I.

* **CENTRAL HOTEL** 4 RUE DE LA REPUBLIQUE M.SERRE ☎ 71.68.01.90 – 34 CH. 110/182 F. MENU 63/95 F. PENSION 193/230 F. DEMI-PENSION 135/170 F. RESTAURANT FERME 11 NOV./1 DEC. 🅵 ⚓ ⚓ ⚓ ⚓ E CV ᵔ.

* **DES VOYAGEURS ET BONNE AUBERGE** SNC BAC-ESCURBASSIERE ☎ 71.68.01.01 – 18 CH. 90/175 F. MENU 50/85 F. PENSION 182/260 F. DEMI-PENSION 140/210 F. FERME DIMANCHE SOIR ET VENDREDI SOIR HS. ⚓ ⚓ E CV.

MAURON **56430** MORBIHAN 3800 HAB. S.I.

** **BRAMBILY** PLACE DE LA MAIRIE. Mme LETOURNEL ☎ 97.22.61.67 – 18 CH. 70/145 F. MENU 50/110 F. PENSION 178/250 F. DEMI-PENSION 133/208 F. FERME 15/31 JANV., JUIN. RESTAURANT FERME DIMANCHE SOIR. 🅵 ⚓ ⚓ E CV.

MAUROUX **46700** PUY-L'EVEQUE LOT 325 HAB.

** **HOSTELLERIE LE VERT** M. PHILIPPE ☎ 65.36.51.36 – 7 CH. 160/230 F. MENU 90/170 F. PENSION 240/275 F. DEMI-PENSION 190/225 F. FERME 15 NOV./6 MARS. RESTAURANT FERME JEUDI. ⚓.

MAURS **15600** CANTAL 3000 HAB. S.I.

** **LE PERIGORD** M.DELMAS ☎ 71.49.04.25 – 17 CH. 145/180 F. MENU 45/140 F. PENSION 190/220 F. DEMI-PENSION 160/180 F. FERME 1 NOV./1 DEC. ET VENDREDI/SAMEDI SOIR. ⚓ ⚓ ⚓ ⚓ CV.

AF **LE PLAISANCE** M.LACAM ☎ 71.49.02.47 – 10 CH. MENU 45/140 F. PENSION 150/160 F. DEMI-PENSION 120 F. FERME 24 DEC./4 JANV. ET SAMEDI 30 SEPT./30 MAI. ⚓ ⚓ ⚓ E.

MAUSSANE-LES-ALPILLES **13520** BOUCHES-DU-RHONE 1650 HAB. S.I.

** **LES MAGNANARELLES** 104, AV. VALLE DES BAUX M. PRIAULET ☎ 90.97.30.25 – 18 CH. 220/270 F. MENU 80/125 F. PENSION 240/250 F. DEMI-PENSION 190/200 F. FERME 3 JANV./28 FEV. GRILL. 🅵 ⚓ ⚓ ⚓ E CV.

MAYENNE **53100** MAYENNE 13000 HAB. S.I.

** **LA CROIX COUVERTE** ROUTE D'ALENCON. S.N.C. COUGE-GOBE ☎ 43.04.32.48 – 13 CH. 165/210 F. MENU 66/98 F. PENSION 235/275 F. DEMI-PENSION 180/200 F. FERME 25/31 DEC. RESTAURANT FERME DIMANCHE SOIR. 🅵 ⚓ ⚓ ⚓ ⚓ E CV.

** **LE GRAND HOTEL** 2, RUE AMBROISE-DE-LORE M.VAN MARLE ☎ 43.00.96.00 TELEX 722622 – 30 CH. 105/375 F. MENU 69/185 F. PENSION 246/298 F. DEMI-PENSION 160/211 F. FERME 24 DEC./19 JANV., SAMEDI ET DIMANCHE SOIR 1 NOV./ 28 FEV. ⚓ ⚓ E.

MAYET-DE-MONTAGNE (LE) **03250** ALLIER 1950 HAB. S.I.

AF **LE RELAIS DU LAC** ROUTE DE LAPRUGNE. M. CAZALS ☎ 70.59.70.23 – 10 CH. 90/120 F. MENU 60/120 F. PENSION 160/180 F. DEMI-PENSION 120 F. 🅵 ⚓.

MAZAMET **81200** TARN 20000 HAB. S.I.

** **JOURDON** 7,AV.ALBERT ROUVIERE M.JOURDON ☎ 63.61.56.93 – 11 CH. 195/300 F. MENU 59/200 F. FERME DIMANCHE. ⚓ ⚓ E.

** **LA METAIRIE NEUVE** (PONT DE L'ARN) Mme TOURNIER ☎ 63.61.23.31 – 7 CH. 198/300 F. MENU 75/230 F. DEMI-PENSION 350/390 F. FERME 20 DEC./10 JANV. ET RESTAURANT FERME SAMEDI MIDI. ⚓ ⚓ ⚓ E.

* **LE BOULEVARD** 24, Bld SOULT. M. CARRIE Robert ☎ 63.61.16.08 – 18 CH. 80/160 F. MENU 58/120 F. PENSION 180/255 F. DEMI-PENSION 138/210 F. RESTAURANT FERME LUNDI. 🅵 ⚓ E CV.

AF **LE ROBINSON DU LAC** (LES MONTAGNES) M. FRUTOS ☎ 63.61.23.88 – 4 CH. 140 F. MENU 55/165 F. PENSION 175/220 F. DEMI-PENSION 120/165 F. FERME LUNDI. ⚓ ⚓ E.

MAZAN **84380** VAUCLUSE 4000 HAB. S.I.

* **LE SIECLE** LE TERREAU Mmes FAURE ET ISPA ☎ 90.69.75.70 – 12 CH. 125/210 F. FERME DIMANCHE HS. ⚓ ⚓ ⚓ CV.

MAZEROLLES **86320** LUSSAC-LES-CHATEAUX VIENNE 650 HAB. S.I.

** **AUBERGE DU CONNESTABLE CHANDOS** (PONT DE LUSSAC) M.CHAMPEAU ☎ 49.48.40.24 – 7 CH. 105/160 F. MENU 62/190 F. FERME 16/30 NOV., 23 FEV./14 MARS ET LUNDI SAUF FERIES. ⚓ ⚓ ⚓ ⚓ E.

MAZEROLLES-DU-RAZES **11240** BELVEZE-DU-RAZES AUDE 180 HAB.

AF **AUBERGE DU SOU** Mme HORTALA ☎ 68.69.00.36 – 3 CH. 120/150 F. MENU 40/110 F. ⚓.

MAZET-SAINT-VOY **43520** HAUTE-LOIRE 1000 M. 500 HAB.

** **L'ESCUELLE** M.NEBOIT ☎ 71.65.00.51 – 11 CH. 100/170 F. MENU 50/100 F. PENSION 150/200 F. FERME 3 JANV./6 FEV. ET DIMANCHE SOIR/MARDI MATIN.

MAZIRAT 03420 MARCILLAT-EN-COMBRAILLE ALLIER 300 HAB.

* **AU CHANT DU GRILLON** Mme DESSEAUVES ☎ 70.51.71.50 – 12 CH. MENU 48/110 F. PENSION 140/170 F. DEMI-PENSION 95/125 F. FERME 31 AOUT/13 SEPT.,1/21 FEV. ET MERCREDI. **F 🗙 E C V**

MEAUDRE 38112 ISERE 1012 M. 700 HAB. S.I.

** **AUBERGE DU FURON** M. ARNAUD ☎ 76.95.21.47 – 9 CH. 187 F. MENU 57/180 F. PENSION 190/230 F. DEMI-PENSION 160/185 F. FERME 15 AVR./1 MAI ET 15 OCT./15 DEC. **F 🗙 E C V**

** **DU PARC** M.BLANC-BRUDE ☎ 76.95.20.02 – 20 CH. 150/190 F. MENU 80 F. PENSION 200/220 F. DEMI-PENSION 165/190 F. FERME 1 OCT./20 DEC., AVR. ET MAI. **F 🗙**

** **LA PRAIRIE** MM. BARNIER Pere et Fils ☎ 76.95.22.55 – 25 CH. 190/285 F. MENU 60/150 F. PENSION 225/232 F. DEMI-PENSION 180 F. FERME 15 AVR., 15/30 OCT. ET RESTAURANT FERME MERCREDI HS. PISCINE CHAUFFEE. **F 🗙 🗙 🗙 C V**

** **LE PERTUZON** M. BLANC-BRUDE ☎ 76.95.21.17 – 10 CH. 125/194 F. MENU 58/130 F. PENSION 185/216 F. DEMI-PENSION 150/181 F. FERME 15/30 JUIN ET 1/31 OCT. **E C V**

MEGEVE 74120 HAUTE-SAVOIE 1113 M. 5000 HAB. S.I.

** **GAI SOLEIL** 343, RUE DU CRET DU MIDI M DEMONCHY ☎ 50.21.00.70 – 20 CH. 120/245 F. MENU 70/95 F. PENSION 190/260 F. DEMI-PENSION 175/230 F. FERME 15 AVR./15 JUIN, 31 AOUT/10 SEPT. RESTAURANT FERME 10/30 SEPT. **🗙 🗙 🗙 E C V**

** **LA PRAIRIE** AVENUE CHARLES FEIGE M. BRANGI ☎ 50.21.48.55 – 25 CH. 189/316 F. FERME 27 SEPT./18 DEC., 20 AVR./20 JUIN. **🗙 🗙 🗙 🗙 E 🗙**

* **LE SEVIGNE** ROUTE DE SALLANCHES M.MOLLIER ☎ 50.21.23.09 – 7 CH. MENU 58/78 F. PENSION 180/200 F. DEMI-PENSION 170/190 F. **🗙 🗙**

** **LES ROSEAUX** 74 CHEMIN DES ROSEAUX M.CHIABERT ☎ 50.21.24.27 – 12 CH. 210/280 F. PDC FERME 15 AVR./30 JUIN, 5 SEPT./20 DEC. **🗙 🗙**

** **LES SAPINS** RTE DE ROCHEBRUNE M.FARINI-SOCQUET ☎ 50.21.02.79 – 19 CH. 127/320 F. MENU 106/170 F. PENSION 260/320 F. DEMI-PENSION 230/290 F. FERME 20 AVR./25 JUIN, 8-10 SEPT./20 DEC. **🗙 E 🗙**

** **SAINT JEAN** 97 BOUCLE DES HOUILLES M.GUER ☎ 50.21.24.45 – 15 CH. 175/360 F. MENU 75 F. PENSION 230/290 F. DEMI-PENSION 200/255 F. FERME 15 AVR./1 JUIL., 15 SEPT./15 DEC. **🗙 🗙 🗙 🗙 E**

MEHUN-SUR-YEVRE 18500 CHER 7178 HAB. S.I.

* **LA CROIX BLANCHE** 164, RUE JEANNE D'ARC M. BADOUX ☎ 48.57.30.01 – 19 CH. 95/245 F. MENU 50/150 F. PENSION 177/265 F. DEMI-PENSION 120/210 F. FERME 20 DEC./20 JANV., 1/10 OCT., DIMANCHE ET LUNDI MIDI. **🗙 🗙 C V**

MEILLERIE 74500 EVIAN-LES-BAINS HAUTE-SAVOIE 258 HAB.

** **LES TERRASSES** R.N. LIEU-DIT»LA TRONCHE«M. WENGLER ☎ 50.76.04.06 – 12 CH. 140/180 F. MENU 60/190 F. PENSION 195/240 F. DEMI-PENSION 195/210 F. FERME 9 JANV./15 FEV., LUNDI SOIR ET MARDI. **F 🗙 🗙 E**

MEISENTHAL 57960 MOSELLE 828 HAB.

ec **AUBERGE DES MESANGES** M. FATH ☎ 87.96.92.28 – 7 CH. 160/180 F. MENU 50/80 F. DEMI-PENSION 155/165 F. FERME 15 JANV./15 FEV., LUNDI SOIR ET MARDI. **🗙 🗙 🗙 🗙 E C V &**

MELE-SUR-SARTHE (LE) 61170 ORNE 1000 HAB. S.I.

* **DE LA POSTE** M.COTTO ☎ 33.27.60.13 – 19 CH. 80/220 F. MENU 50/170 F. FERME 1/15 FEV., 1/15 OCT., DIMANCHE SOIR/LUNDI MIDI. **F 🗙 E**

MELUN 77000 SEINE-ET-MARNE 38996 HAB. S.I.

ec **MAISON BLANCHE** 56, QUAI JOFFRE M.NIORD ☎ (1)64.37.05.18 – 7 CH. 105/150 F. MENU 54 F. PENSION 180 F. DEMI-PENSION 140 F. FERME.DIMANCHE SOIR. **🗙 🗙 🗙 E**

MENDE 48000 LOZERE 730 M. 12000 HAB. S.I.

** **DE FRANCE** 9, BD LUCIEN-ARNAULT M.BRAGER ☎ 66.65.00.04 – 27 CH. 100/250 F. MENU 65/130 F. PENSION 190/340 F. DEMI-PENSION 170/210 F. FERME 15 DEC./31 JANV. RESTAURANT FERME DIMANCHE SOIR ET LUNDI 1 OCT./30 JUIN. **F 🗙 🗙 E C V**

* **DU GEVAUDAN** RUE D'AIGUES-PASSES M.BANCILLON ☎ 66.65.14.74 – 11 CH. 70/120 F. MENU 44 F. PENSION 135 F. FERME 2EME QUINZ. JUIN, SAMEDI SOIR ET DIMANCHE HS. **F 🗙 🗙 C V**

** **DU PONT ROUPT** AV. DU 11-NOVEMBRE M.GERBAIL ☎ 66.65.01.43 – 37 CH. 100/260 F. MENU 55/170 F. PENSION 220/280 F. DEMI-PENSION 160/210 F. FERME 15 JANV./1 MARS, ET SAMEDI 1 OCT./15 AVR. **F 🗙 🗙 🗙 E C V**

MENESQUEVILLE 27850 EURE 390 HAB.

** **LE RELAIS DE LA LIEURE** Mme TREPAGNY ☎ 32.49.06.21 – 16 CH. 160/260 F. MENU 60/100 F. PENSION 220/300 F. DEMI-PENSION 180/260 F. FERME 24 DEC./10 FEV., DIMANCHE SOIR/LUNDI 30 SEPT./1 MAI. PARKING FERME. **🗙 🗙 C V &**

MENIL-THILLOT (LE) 88160 LE THILLOT VOSGES 1100 HAB.

** **LES SAPINS** M.VUILLEMIN ☎ 29.25.02.46 – 21 CH. 115/175 F. MENU 65/120 F. PENSION 190/225 F. DEMI-PENSION 175/205 F. FERME 12 NOV./15 DEC. **F 🗙 🗙 🗙 🗙 E C V &**

MENITRE (LA) 49250 MAINE-ET-LOIRE 1750 HAB. S.I.

* **LE BEC SALE** (LE PORT St-MAUR) Rte ANGERS-SAUMUR. M. ROGER ☎ 41.45.63.56 – 15 CH. 110/180 F. MENU 45/110 F. PENSION 190/220 F. DEMI-PENSION 150/180 F. FERME 2/31 JANV., ET JEUDI 15 SEPT./15 MAI. **🗙 🗙 E**

MENNETOU-SUR-CHER 41320 LOIR-ET-CHER 1000 HAB. S.I.

** **LE LION D'OR** 2 RUE MARCEL BAILLY M.BESNARD ☎ 54.98.01.13/54.98.12.95 — 16 CH. 110/180 F. MENU 60/130 F. PENSION 212/250 F. DEMI-PENSION 144/180 F. FERME 15 JANV., ET DIMANCHE SOIR/MARDI 8H. 🛋 🍴 ⚏ E.

MENONCOURT (LES ERRUES) 90150 FONTAINE TERRITOIRE-DE-BEL-FORT 35 HAB.

AF **LA POMME D'ARGENT** M.WELTE ☎ 84.27.63.69 — 3 CH. 95 F. MENU 60/160 F. PENSION 150 F. FERME 15/31 OCT., 15/28 FEV., ET LUNDI.

MENOUX (LE) 36200 ARGENTON-SUR-CREUSE INDRE 431 HAB.

* **LE PETIT ROY** M. LAGOUTTE ☎ 54.47.87.09 — 8 CH. 80/90 F. MENU 55/180 F. PENSION 190 F. DEMI-PENSION 130 F. HOTEL FERME MARDI SOIR/MERCREDI. RESTAURANT FERME MER-CREDI 1 SEPT./30 JUIN. 🍴 🎿 E.

MENTON 06500 ALPES-MARITIMES 30000 HAB. S.I.

* **AUBERGE LES SANTONS** COLLINE DE L'ANNONCIADE M. BUSBY ☎ 93.35.94.10 — 10 CH. 175/260 F. MENU 90/140 F. PENSION 210/265 F. DEMI-PENSION 160/215 F. FERME 15 OCT./15 DEC. ET LUNDI. 🎿 ⚏ E.

** **LE GLOBE** 21, AV. DE VERDUN M.PELLETIER ☎ 93.35.73.03 — 24 CH. 203/246 F. MENU 72/150 F. PENSION 267/347 F. DEMI-PENSION 197/277 F. FERME 10 NOV./27 DEC. ET RESTAURANT LUNDI 16 SEPT./1 AOUT. 🍴 🎿 E 📺.

** **NEW-YORK** AV. KATHERINE MANSFIELD. M. MENA ☎ 93.35.78.69 — 14 CH. 140/270 F. DEMI-PENSION 190/255 F. FERME 31 OCT./20 DEC., 6/20 JANV. CHAMBRES CLIMATISEES. 📺 🎿 E &.

** **PARIS ROME** 79, PORTE DE FRANCE Mme.CASTELLANA ☎ 93.35.73.45 — 15 CH. 160/285 F. MENU 75/100 F. DEMI-PENSION 210/245 F. FERME HOTEL 6 NOV./23 EC., RESTAURANT 6 NOV./3 JANV. ET LUNDI 3 JANV./31 OCT. 🎿 📺 ⚏ E CV.

MENTON (MONTI) 06503 ALPES-MARITIMES 300 HAB. S.I.

** **LE RELAIS DES TOURISTES** ROUTE DE SOSPEL M.JOUANY ☎ 93.35.81.08 — 20 CH. 165/220 F. PENSION 250/290 F. DEMI-PENSION 185/220 F. FERME 15 OCT./1 AVR. ET MARDI. 🎿 📺 ⚏ E CV.

MER 41500 LOIR-ET-CHER 6000 HAB. S.I.

** **AUBERGE MEROISE** 5, PLACE DE LA HALLE M. DELNESTE ☎ 54.81.00.51 — 7 CH. 130/250 F. MENU 70/135 F. PENSION 250/300 F. DEMI-PENSION 180/240 F. FERME 15 NOV./10 DEC., DIMANCHE SOIR ET LUNDI 15 SEPT./15 JUIN. 📺 🎿 E CV.

MERCUREY 71640 GIVRY SAONE-ET-LOIRE 1340 HAB.

*** **HOTELLERIE DU VAL D'OR** GRANDE RUE M.COGNY ☎ 85.45.13.70 — 11 CH. 110/290 F. MENU 130/290 F. FERME 28 AOUT/6 SEPT., 18 DEC./15 JANV., LUNDI, DIMANCHE SOIR HS. ET MARDI MIDI 15 MARS/15 NOV. 🎿 🍴 E.

MERCUROL 26600 TAIN-L'HERMITAGE DROME 0 M. 1100 HAB.

** **DE LA TOUR** M. GAUCHIER ☎ 75.07.40.07 — 16 CH. 110/225 F. MENU 40/75 F. DEMI-PENSION 130/250 F. FERME 20 DEC./1 FEV. ET RESTAURANT FERME LE MIDI. 🛋 🎿 📺 ⚏ E.

MEREVILLE 54850 MESSEIN MEURTHE-ET-MOSELLE 1200 HAB.

*** **MAISON CARREE** MM. GIRARD-HANNUS ☎ 83.47.09.23 TELEX 961052 — 21 CH. 220/280 F. MENU 70/200 F. PENSION 265/350 F. DEMI-PENSION 205/290 F. RESTAURANT FERME 1ERE QUINZ. FEV. PISCINE CHAUFFEE. MINI-GOLF. 📺 🛋 ♂ 🎿 E CV.

MERINDOL 84360 LAURIS VAUCLUSE 1100 HAB.

** **AUBERGE DU VIEUX PONT** ROUTE DU PONT DE MALLEMORT. Mme RAMSTEIN ☎ 90.72.85.28 — 8 CH. 150/190 F. MENU 70/100 F. PENSION 260/440 F. DEMI-PENSION 210/320 F. FERME DEC./JANV. RESTAURANT FERME LUNDI. 🍴 🎿 E.

MERVENT 85200 FONTENAY-LE-COMTE VENDEE 890 HAB. S.I.

** **ERMITAGE DE PIERRE-BRUNE** M. NORMAND ☎ 51.00.25.53/51.00.20.18 — 10 CH. 100/155 F. MENU 50/170 F. PENSION 175/250 F. DEMI-PENSION 135/205 F. FERME 1 DEC./15 MARS. ♂ 🍴 CV.

MERVILLE-FRANCEVILLE-PLAGE 14810 CALVADOS 1500 HAB. S.I.

** **CHEZ MARION** 10 PLACE DE LA PLAGE M. MARION ☎ 31.24.23.39 — 18 CH. 130/260 F. MENU 93/195 F. PENSION 260/360 F. DEMI-PENSION 215/310 F. FERME 4/28 JANV., LUNDI SOIR/MARDI SAUF VAC. SCOL. 📺 🎿 📺 ⚏ E.

AF **DE LA GARE** ROUTE DE CABOURG M.JEANNE ☎ 31.24.23.37 — 11 CH. 95/300 F. MENU 52/145 F. PENSION 200/250 F. DEMI-PENSION 140/180 F. FERME 20/31 DEC. RESTAURANT FERME MARDI SOIR/JEUDI MATIN HS. 📺 🎿 ⚏ E &.

MESNIL-ESNARD 76240 SEINE-MARITIME 4350 HAB.

** **SAINT LEONARD** M.TERNISIEN ☎ 35.80.16.88 — 20 CH. 160/180 F. MENU 80/150 F. DEMI-PENSION 220/235 F. FERME 18/30 JUIL., RESTAURANT FERME DIMANCHE SOIR ET LUNDI 1 NOV./31 MARS. 📺 🍴 E.

MESNIL-SAINT-PERE 10140 VENDEUVRE-SUR-BARSE AUBE 370 HAB. S.I.

** **AUBERGE DU LAC** M. GUBLIN ☎ 25.41.27.16 — 15 CH. 130/210 F. MENU 100/210 F. PENSION 245/265 F. DEMI-PENSION 130/220 F. FERME 25 JANV./16 FEV., DIMANCHE SOIR ET LUNDI 15 SEPT./ 30 MARS. 📺 🍴 🎿 E.

MESNIL-SELLIÈRES 10220 PINEY AUBE 280 HAB.

* **LA CLEF DES CHAMPS** M. MOINELET ☎ 25.80.65.62 – 10 CH. 71/91 F. MENU 52/100 F. PENSION 188 F. DEMI-PENSION 145 F. FERME 1 FEV./1 MARS, RESTAURANT FERME DIMANCHE SOIR ET LUNDI MIDI. **F ✕ ⊕ E**

MESNIL-VAL-PLAGE 76910 SEINE-MARITIME 500 HAB. S.I.

** **HOSTELLERIE DE LA VIEILLE FERME** (A 4 km DU TREPORT). M. MAXIME ☎
◻ 35.86.72.18 – 33 CH. 210/295 F. MENU 110/229 F. PENSION 299/359 F. DEMI-PENSION 239/299 F. FERME 2 JANV./1 FEV. ET DIMANCHE SOIR 1 NOV./1 MARS. **F ✓ ✕ ꗷ ⊕ E**

MESSERY 74140 DOUVAINE HAUTE-SAVOIE 1000 HAB.

* **BELLEVUE. DU CLOS SAINTE MARIE** M.VUARNET ☎ 50.94.70.55 – 22 CH. 75/120 F. MENU 55/90 F. PENSION 165/185 F. DEMI-PENSION 135/155 F. FERME 5/20 OCT., ET MARDI. **⚓ ✕ E**

MESSEY-SUR-GROSNE 71940 SAINT-BOIL SAONE-ET-LOIRE 435 HAB.

*AF **AUBERGE DU MOULIN DE LA CHAPELLE** M.CHAMPION ☎ 85.44.00.58 – 6 CH. 71 F. MENU 46/111 F. PENSION 194 F. DEMI-PENSION 122 F. FERME FEV., MARDI SOIR ET MERCREDI SAUF JUIL.- AOUT. **F**

METABIEF 25370 LES HOPITAUX-NEUFS DOUBS 1000 M. 300 HAB. S.I.

* **L'ETOILE DES NEIGES** 4 RUE DU VILLAGE M.GIGNET ☎ 81.49.11.21 – 15 CH. 142/160 F. MENU 58/98 F. PENSION 199/218 F. DEMI-PENSION 144/158 F. FERME 15 AVR./30 MAI, 1 OCT./15 DEC. **✕ ✕ ꗷ ⊕ E CV**.

METZ 57000 MOSELLE 118500 HAB. S.I.

** **DU NORD** 173 A ROUTE DE THIONVILLE M.BOURSE WALLERICH ☎ 87.32.53.29 – 47 CH. 100/180 F. FERME DIMANCHE. **✕ ✕ ꗷ**.

* **LA PERGOLA** 13, ROUTE DE PLAPPEVILLE MME KEIL-STOECKLE ☎ 87.32.52.94 – 30 CH. 75/170 F. **✕ ✕**.

* **LUTECE** 11, RUE DE PARIS M. DESARCE ☎ 87.30.27.25 – 20 CH. 85/162 F. MENU 52/79 F. PENSION 191/270 F. DEMI-PENSION 151/214 F. FERME 21 DEC./15 JANV., RESTAURANT FERME DIMANCHE + JOURS FERIES + SAMEDI 1 OCT./31 MARS ET VENDREDI SOIR 1 AVR./30 SEPT ⚓ ✕ ✕ ꗷ E.

METZ (ARGANCY-RUGY) 57640 VIGY MOSELLE 80 HAB.

** **LA BERGERIE** M.KEICHINGER ☎ 87.77.82.27 – 22 CH. 195/235 F. **F ⚓ ✕**.

METZERAL 68380 HAUT-RHIN 1000 HAB.

* **AUX DEUX CLEFS** 12 RUE DE L'ALFENHOF Mme KASPER ☎ 89.77.61.48 – 17 CH. 130/200 F. MENU 65/120 F. PENSION 180/215 F. DEMI-PENSION 140/175 F. FERME 3 NOV./1 AVR. RESTAURANT FERME MERCREDI. **✕ ꗷ ⊕ E ⚹**.

AF **DU PONT** M.KEMPF ☎ 89.77.60.84 – 10 CH. 180/250 F. MENU 60/160 F. PENSION 200/220 F. DEMI-PENSION 160/180 F. FERME 15 NOV./15 DEC., ET LUNDI. **✕ ✕ E**

MEUNG-SUR-LOIRE 45130 LOIRET 4600 HAB. S.I.

* **AUBERGE SAINT JACQUES** 60 RUE GAL DE GAULLE M.LE GALL ☎ 38.44.30.39 – 12 CH. 94/200 F. MENU 65/195 F. PENSION 245/350 F. DEMI-PENSION 180/285 F. FERME 10/26 JANV. ET RESTAURANT FERME LUNDI. INSONORISATION. **F ⚓ ✕ ꗷ E**

MEURSAULT 21190 COTE-D'OR 1800 HAB. S.I.

** **DU CENTRE** 4 RUE DE LATTRE DE TASSIGNY M. FORET ☎ 80.21.02.75 – 7 CH. 80/200 F.
◻ MENU 70/190 F. PENSION 200/260 F. DEMI-PENSION 130/170 F. FERME 21 NOV./3 DEC., 8/28 FEV. RESTAURANT FERME LUNDI MIDI. **✕ E CV**.

* **LES ARTS** 4, PLACE DE L'HOTEL DE VILLE. M. LAROCHE ☎ 80.21.20.28 – 16 CH.
◻ 85/145 F. MENU 60/140 F. DEMI-PENSION 180/250 F. FERME 1/30 JANV., ET MERCREDI 1 NOV./30 AVR. **F ✕ ꗷ**.

MEXIMIEUX 01800 AIN 5000 HAB. S.I.

** **LUTZ** 17 RUE DE LYON M. LUTZ ☎ 74.61.06.78 – 16 CH. 120/260 F. MENU 130/260 F. FERME 18/26 JUIL.,17 OCT./8 NOV., DIMANCHE SOIR/LUNDI. **✕ ꗷ E**.

MEXY 54135 MEURTHE-ET-MOSELLE 2228 HAB. S.I.

** **LA POULARDE** 16, RUE JULES FERRY. M. DELPOSEN ☎ 82.24.44.30 – 36 CH. 140/180 F.
◻ MENU 52/160 F. PENSION 210/280 F. DEMI-PENSION 195 F. RESTAURANT FERME JUIL., ET DIMANCHE APRES-MIDI/LUNDI SOIR. **✕ ꗷ ⊕ E CV**.

MEYMAC 19250 CORREZE 702 M. 2783 HAB. S.I.

** **MODERN'HOTEL** 24, AV. LIMOUSINE. MME FAUGERON ☎ 55.95.10.19 – 30 CH. 75/135 F. MENU 60/130 F. PENSION 160/180 F. DEMI-PENSION 140/160 F. FERME NOV., ET SAMEDI HS. CHIENS PAYANTS. **F**.

** **SPLENDID HOTEL** 76, AV. LIMOUSINE M. VIZIER ☎ 55.95.12.11/55.95.23.08 – 26 CH.
◻ 80/200 F. MENU 50/120 F. PENSION 140/170 F. DEMI-PENSION 130/150 F. FERME DIMANCHE. **⚓ ✕ ꗷ E**.

MEYRUEIS 48150 LOZERE 700 M. 700 HAB. S.I.

** **DE FRANCE** PLACE D'ORLEANS M.CORDELIER ☎ 66.45.60.07 – 45 CH. 120/160 F. MENU 48/115 F. DEMI-PENSION 150/170 F. FERME 1 OCT./PAQUES. **F ✓ ✕ E ⚹ 🏠**.

** **FAMILY** M.JULIEN ☎ 66.45.60.02 – 43 CH. 115/145 F. MENU 58/125 F. PENSION 165/175 F. DEMI-PENSION 135/145 F. FERME 8 NOV./RAMEAUX. **⚓ CV ⚹ 🏠**.

— 145 —

MEYZIEU 69330 RHONE 25000 HAB.

** **LE MONT JOYEUX** AV. VICTOR HUGO, LE CARREAU. M.MOLLARD ☎ 78.04.21.32 TELEX
305551 – 20 CH. RESTAURANT FERME 3/26 JANV. PRIX NON COMMUNIQUES. ▨ ▨
🖶 E.

MEZERIAT 01660 AIN 1600 HAB. S.I.

AF **LES BESSIERES** M.FORAISON ☎ 74.30.24.24 – 6 CH. 120/190 F. MENU 99/130 F. DEMI-
PENSION 230/300 F. FERME 15 DEC./30 JANV., DIMANCHE SOIR/LUNDI SAUF JUIL/AOUT.
10▨ ▨.

MEZIERE (LA) 35520 MELESSE ILLE-ET-VILAINE 50 M. 1610 HAB.

* **LE BEAUSEJOUR** 19 RUE MACERIA Mme PELATRE ☎ 99.69.30.67 – 11 CH. 100/190 F.
▭ MENU 48/110 F. PENSION 160/190 F. DEMI-PENSION 130/160 F. FERME DIMANCHE. ▨ 🖶
E.

MEZILHAC 07530 ANTRAIGUES-SUR-VOLANE ARDECHE 1140 M. 167 HAB.

* **DES CEVENNES** M. MAZE ☎ 75.38.78.01 – 22 CH. 90/170 F. MENU 50/110 F. PENSION
150/190 F. DEMI-PENSION 100/150 F. FERME 15 OCT./15 DEC. ET LUNDI HS. ▣ 🚗
▨ CV.

MEZILLES 89130 TOUCY YONNE 604 HAB.

AF **AUBERGE DU SOLEIL D'OR** ROUTE DE TOUCY. M. BARRIL ☎ 86.45.40.01 – 5 CH.
85/155 F. MENU 75/120 F. PENSION 220/240 F. DEMI-PENSION 155/175 F. FERME 1/15 NOV.,
1/15 FEV., LUNDI SOIR ET MARDI. ▨ E.

MIERS 46500 GRAMAT LOT 380 HAB.

* **DU CENTRE** M.SANS ☎ 65.33.63.61 – 10 CH. 75/105 F. MENU 45/120 F. PENSION
135/160 F. DEMI-PENSION 115/135 F. FERME 1 OCT./1 FEV. RESTAURANT FERME 1 OCT./1
DEC. ▣.

MIGENNES 89400 YONNE 12000 HAB. S.I.

** **DE PARIS** 57, AV. J.-JAURES M.CHAUVIN ☎ 86.80.23.22 – 10 CH. 200/320 F. MENU
73/135 F. DEMI-PENSION 270 F. FERME 2/17 JANV., 22 JUIL./22 AOUT, VENDREDI SOIR ET
SAMEDI. ▨ 🖶 E.

MIGNERETTE 45490 CORBEILLES LOIRET 200 HAB.

AF **AUBERGE DE MIGNERETTE** MM. BLIN ☎ 38.96.40.51 – 7 CH. 70/90 F. MENU
49/135 F. PENSION 155/180 F. DEMI-PENSION 105/130 F. FERME 17/28 AOUT ET MERCREDI.
MINI-GOLF. 🚗 ▨.

MIGNIERES 28630 THIVARS EURE-ET-LOIR 500 HAB.

** **LE RELAIS BEAUCERON** SUR N. 10 M.LICHET ☎ 37.26.46.21 – 30 CH. 150/200 F.
▭ MENU 54/98 F. PENSION 245/350 F. DEMI-PENSION 195/295 F. FERME DIMANCHE. ▣
▨ 🖶 E.

MIJOUX 01410 CHEZERY-FORENS AIN 1000 M. 200 HAB. S.I.

* **DU SOLEIL** M. et Mme GROS ☎ 50.41.31.04 – 30 CH. 110/180 F. MENU 57/150 F. PEN-
SION 160/230 F. DEMI-PENSION 160/210 F. FERME NOV. RESTAURANT FERME 5 NOV./15
DEC., ET 15 AVR./ 15 MAI. ▣ ▨ ▨ E CV.

** **GABELOU** M.GROS ☎ 50.41.32.50 – 21 CH. 120/240 F. MENU 65/110 F. PENSION
160/260 F. DEMI-PENSION 150/230 F. FERME 20 AVR./1 JUIN, 15 OCT/15 DEC. ▣ ▨
▨ 🖶 E.

** **LES VUARNES** M. BENOIT-GONIN ☎ 50.41.30.40 – 12 CH. 211 F. MENU 53/110 F. PEN-
SION 242/270 F. DEMI-PENSION 201/229 F. FERME 17 AVR./1 JUIL., 31 AOUT/15 DEC.
▣ ▨ ▨ 🖶 E CV.

** **VALLEE et VALSERINE** Mme.BENOIT-GONIN ☎ 50.41.32.13 – 25 CH. 110/212 F. MENU
55/120 F. PENSION 165/270 F. DEMI-PENSION 140/230 F. FERME 23 AVR./1 JUIN, 3 NOV./15
DEC. HOTEL VALSERINE 1 ETOILE. ANIMATION. ▣ ▨ E.

MILLAU 12100 AVEYRON 23000 HAB. S.I.

* **DES CAUSSES** 56, AV. J.-JAURES M.FERNANDEZ ☎ 65.60.03.19 – 22 CH. 85/180 F.
MENU 50/160 F. PENSION 180/210 F. DEMI-PENSION 120/150 F. FERME NOV. RESTAURANT
FERME SAMEDI/DIMANCHE SOIR HS. ▣ 🚗.

** **EMMA CALVE** 28, AV. J.-JAURES Mme.CASSAN ☎ 65.60.13.49 – 12 CH. 95/200 F.
▣ ▨ 🖶.

MIMET 13120 GARDANNE BOUCHES-DU-RHONE 600 M. 2700 HAB.

* **HOSTELLERIE DU PUECH** 8 RUE ST SEBASTIEN M. BOUCHER ☎ 42.58.91.06 – 8 CH.
▭ 120/165 F. MENU 68/175 F. PENSION 250/315 F. DEMI-PENSION 190/260 F. FERME 15
FEV./15 MARS., 20 SEPT./15 OCT. ET RESTAURANT FERMEMERCREDI. ▨ E CV.

MIMIZAN 40200 LANDES 7672 HAB. S.I.

*** **AU BON COIN DU LAC** 34, AV. DU LAC M.CAULE ☎ 58.09.01.55 – 9 CH. 320/550 F.
MENU 120/280 F. DEMI-PENSION 400/550 F. FERME 1/28 FEV., DIMANCHE SOIR ET LUNDI.
🚗 🍴 ▨ ▨ ⛾.

** **DU PARC** 6, RUE DE LA PAPETERIE M.BOISSON ☎ 58.09.13.88 – 15 CH. 160/210 F. MENU
▭ 70/160 F. PENSION 220/260 F. DEMI-PENSION 190/210 F. FERME 10 DEC./1 FEV. ET VEN-
DREDI SOIR/SAMEDI. ▣ 🍴 ▨ CV.

MIMIZAN-PLAGE 40200 LANDES 7672 HAB. S.I.

** **BELLEVUE** M.LARTIGUE ☎ 58.09.05.23 – 36 CH. 77/205 F. MENU 67/92 F. DEMI-PENSION
145/210 F. FERME OCT./MARS. CV ⛾.

** **DE FRANCE** Mme LASSUS ☎ 58.09.09.01 – 17 CH. FERME 1 OCT./14 MAI. PRIX NON
COMMUNIQUES. 🍴 ✂ ▨.

MIMIZAN-PLAGE (suite)

* **EMERAUDE DES BOIS** 68, AV. DU COURANT. M. BRASSENX ☎ 58.09.05.28 — 14 CH. 98/190 F. MENU 90 F. DEMI-PENSION 157/200 F. FERME OCT./AVR. ET RESTAURANT FERME OCT./1 JUIN. ⚐ ☰ E.

** **MERMOZ** 16 AV. DU COURANT M.COUCHOU MEILLOT ☎ 58.09.09.30 — 18 CH. 155/260 F. MENU 55/130 F. DEMI-PENSION 361/461 F. FERME 25 SEPT./15 MAI. DEMI-PENSION POUR DEUX PERSONNES. 🏠 ☰ ☰ ⊕ E.

MIRABEL-AUX-BARONNIES 26110 NYONS DROME 905 HAB. S.I.

* **LE MIRABEAU** ☎ 75.27.11.47 — 8 CH. 65/250 F. MENU 50/90 F. ☰ A4 ⊕ E.

MIRAMONT-DE-GUYENNE 47800 LOT-ET-GARONNE 3790 HAB. S.I.

* **DE LA POSTE** 31 PLACE MARTIGNAC M. QUAI ☎ 53.93.20.03 — 14 CH. 95/175 F. MENU 50/185 F. PENSION 175/200 F. DEMI-PENSION 135/151 F. FERME 20 DEC./3 JANV., ET SAMEDI MIDI HIVER. F ⚐ ☰ E.

MIRANDE 32300 GERS 4500 HAB. S.I.

* **DES PYRENEES** 5 AV. D'ETIGNY M. SAINTE-MARIE ☎ 62.66.51.16 — 20 CH. 90/250 F. MENU 65/140 F. PENSION 200/240 F. DEMI-PENSION 165/250 F. F ⚐ ☰ A4 ⊕ E ఉ.

* **METROPOLE ET DE GASCOGNE** 31, RUE VICTOR HUGO. M. GUIBOT ☎ 62.66.50.25 — 13 CH. 80/140 F. MENU 45/143 F. PENSION 125/180 F. FERME SAMEDI ET DIMANCHE SAUF RESIDENTS. F ⚐ ☰ E CV.

MIREBEAU-SUR-BEZE 21310 COTE-D'OR 1200 HAB.

* **AUBERGE DES MARRONNIERS** Mme.PERRIN ☎ 80.36.71.05 — 11 CH. 130/210 F. MENU 48/92 F. FERME 20 DEC./10 JANV., VENDREDI ET DIMANCHE SOIR. 🏠 ☰ E.

MIREPOIX 09500 ARIEGE 5000 HAB. S.I.

** **LE COMMERCE** S.A.R.L. PUNTIS ☎ 61.68.10.29 — 26 CH. 80/185 F. MENU 53/170 F. PENSION 155/205 F. DEMI-PENSION 110/160 F. FERME JANV., 1/8 OCT., RESTAURANT FERME SAMEDI 1 SEPT./ 30 JUIN. F ⚐ ☰ ⊕ E CV.

** **LE MONTSEGUR** 13 RUE VICTOR HUGO Mme VIGUIE ☎ 61.68.11.69 — 12 CH. 80/110 F. MENU 45/139 F. PENSION 140/170 F. DEMI-PENSION 105/120 F. HOTEL FERME 1 JANV./31 MARS, RESTAURANT FERME 1 JANV./ 29 FEV. ET MARDI. ⚐ ☰ E.

MIRIBEL-LES-ECHELLES 38380 SAINT-LAURENT-DU-PONT ISERE 600 M. 1400 HAB.

* **LES 3 BICHES** M.COMBA ☎ 76.55.28.02 — 6 CH. 105/125 F. MENU 50/190 F. PENSION 155/168 F. DEMI-PENSION 120/130 F. FERME 15/28 FEV., 25 OCT./5 NOV. ET MERCREDI. ☰ E CV.

MIRMANDE 26270 LORIOL DROME 500 HAB. S.I.

** **LA CAPITELLE** (LE REMPART). ☎ 75.63.02.72 — 11 CH. 120/290 F. MENU 70/120 F. FERME 30 NOV./1 MARS ET MARDI. ⚐ ☰ E.

MISSILLAC 44160 PONTCHATEAU LOIRE-ATLANTIQUE 3890 HAB. S.I.

* **PARC DE LA BRIERE** 1 PLACE DE L'EGLISE M. BAZIRE ☎ 40.88.30.12 — 9 CH. 74/140 F. MENU 54/105 F. PENSION 162/194 F. DEMI-PENSION 115/142 F. FERME 1/15 NOV. ☰ A4 ⊕ E CV.

MITTELBERGHEIM 67140 BARR BAS-RHIN 640 HAB.

** **GILG** 1 RTE DU VIN M. GILG Georges ☎ 88.08.91.37 — 10 CH. 140/300 F. MENU 120/260 F. FERME 5 JANV./5 FEV., MARDI SOIR ET MERCREDI. 🏠 A4 ⊕ E.

MITTELHAUSEN 67170 BRUMATH BAS-RHIN 405 HAB.

** **A L'ETOILE** 15 RUE DE LE HEY M.BRUCKMANN ☎ 88.51.28.44 — 15 CH. 85/190 F. MENU 36/110 F. PENSION 135/220 F. DEMI-PENSION 100/190 F. RESTAURANT FERME 2/10 JANV., 12/31 JUIL. ET LUNDI. ACCEPTE CHIENS DANS LE CHENIL. F ✂ ☰ E CV ఉ.

MITTELWIHR 68630 HAUT-RHIN 620 HAB.

AF **A LA COURONNE D'OR M.SCHELCHER ☎ 89.47.90.47 — 10 CH. 210/220 F. MENU 90 F. PENSION 240 F. DEMI-PENSION 185 F. FERME JANV., ET LUNDI. ☰ A4 ⊕ E ఉ.

MITTERSHEIM 57930 FENETRANGE MOSELLE 650 HAB. S.I.

** **L'ESCALE** M.HAMANT ☎ 87.07.67.01 — 13 CH. 120/180 F. MENU 60/150 F. PENSION 165/190 F. FERME 1/28 FEV. ET RESTAURANT FERME MERCREDI. 🏠 ☰ A4 ⊕ E CV.

MITTLACH 68380 METZERAL HAUT-RHIN 600 HAB.

*AF **VALNEIGE** M.GERARD ☎ 89.77.61.12 — 17 CH. 110/130 F. MENU 48/75 F. PENSION 149 F. DEMI-PENSION 128 F. FERME EN HIVER. F ☰ E CV.

MIZOEN 38142 LE FRENEY-D'OISANS ISERE 1200 M. 94 HAB. S.I.

** **LE PANORAMIQUE** M. MANENTI ☎ 76.80.06.25 — 10 CH. MENU 83 F. PENSION 190/215 F. DEMI-PENSION 160/180 F. FERME 1/31 MAI ET 1 OCT./28 JANV. ⚐ 🏠

MODANE-VALFREJUS 73500 SAVOIE 1057 M. 5700 HAB. S.I.

** **DES VOYAGEURS** 16, PL. SOMMEILLER M. BONIFACE ☎ 79.05.01.39 — 19 CH. 140/180 F. DEMI-PENSION 160/190 F. FERME 1 NOV./1 DEC. ET DIMANCHE. F 🏠 ☰ ☰ E CV ⊕.

** **LE PERCE-NEIGE** 14, AV. JEAN JAURES. M. NOUSSE ☎ 79.05.00.50 — 18 CH. 147/211 F. MENU 58/160 F. PENSION 210/242 F. DEMI-PENSION 152/184 F. FERME 1/15 MAI ET 23 OCT./6 NOV. F 🏠 ☰ E CV ⊞.

MOISDON-LA-RIVIERE 44520 LOIRE-ATLANTIQUE 1900 HAB.

AF   LA CHAUMIERE 2 PLACE DE L'EGLISE M.MARION ☎ 40.07.61.23 — 5 CH. 60/90 F. MENU 37/75 F. PENSION 120/150 F. DEMI-PENSION 100/130 F. FERME 1/15 AOUT. ⚏ E CV.

MOLINES-EN-QUEYRAS 05390 HAUTES-ALPES 1750 M. 400 HAB. S.I.

** L'EQUIPE** ROUTE DE ST VERAN M.CATALIN ☎ 92.45.83.20 — 22 CH. 210 F. MENU 80/108 F. PENSION 252 F. DEMI-PENSION 196 F. FERME 19 SEPT./18 DEC., 17 AVR./3 JUIN. F ⚏ AE ⍟ E CV.

** LE CHAMOIS** Mme MONETTO ☎ 92.45.83.71 — 14 CH. 104/200 F. MENU 66/135 F. PENSION 183/249 F. DEMI-PENSION 147/204 F. FERME 18/28 AVR.,1 NOV./14 DEC. F ⚏ AE ⍟ E.

** LE COGNAREL** (LE COIN - A 2010 m.) M.CATALA ☎ 92.45.81.03 — 23 CH. 228/302 F. MENU 70/120 F. PENSION 227/253 F. DEMI-PENSION 183/209 F. FERME 15 AVR./15 JUIN, 15 SEPT./20 DEC. F ⚏ AE ⍟ E CV.

MOLINEUF 41190 HERBAULT LOIR-ET-CHER 800 HAB. S.I.

** DU PONT** M. LAIGRET ☎ 54.70.04.26 — 14 CH. 100/120 F. MENU 49/99 F. PENSION 170/180 F. DEMI-PENSION 135/145 F. FERME JANV. RESTAURANT FERME LUNDI. ⚏ E.

MOLITG-LES-BAINS 66500 PRADES PYRENEES-ORIENTALES 610 M. 180 HAB. S.I.

** DU COL DE JAU ET CANIGOU** Mme KOSMALSKI ☎ 68.05.03.20 — 9 CH. 140/180 F. MENU 49/120 F. PENSION 210/250 F. DEMI-PENSION 170/220 F. FERME 1 JANV./30 MARS. F ⚏ ⚏ CV.

MOLLANS-SUR-OUVEZE 26170 BUIS-LES-BARONNIES DROME 650 HAB.

** SAINT MARC** M. VEILEX ☎ 75.28.70.01 — 18 CH. 180/240 F. MENU 80/130 F. PENSION 250/280 F. DEMI-PENSION 190/220 F. FERME 15 DEC./31 JANV., DIMANCHE SOIR ET LUNDI HS. F ⚏ ✦ ⚏ E CV ⚏.

MOLLES 03300 CUSSET ALLIER 687 HAB.

** RELAIS FLEURI** ROUTE DU MAYET DE MONTAGNE. BARICHARD, LASSALLE ☎ 70.41.80.01 — 10 CH. 73/200 F. MENU 70/190 F. PENSION 188/285 F. DEMI-PENSION 145/245 F. FERME 12 NOV./31 DEC. ET MERCREDI. ⚏ ⚏ ⍟ E.

MOLLKIRCH 67190 MUTZIG BAS-RHIN 500 HAB.

** FISCHHUTTE** RTE DE GRENDELBRUCH M.SCHAHL ☎ 88.97.42.03 — 18 CH. 100/240 F. MENU 65/200 F. PENSION 190/270 F. DEMI-PENSION 150/220 F. FERME 26 JANV./7 MARS ET RESTAURANT FERME LUNDI SOIR ET MARDI. F ⚏ ⚏ CV.

MOLLON 01800 MEXIMIEUX AIN 200 HAB.

** LES ACACIAS** M.GOUSSE ☎ 74.35.60.71 — 7 CH. 120/140 F. MENU 46/130 F. PENSION 160/175 F. DEMI-PENSION 120/130 F. FERME AVRIL ET VENDREDI.

MOLSHEIM 67120 BAS-RHIN 8000 HAB. S.I.

** AU CHEVAL BLANC** M.FERRENBACH ☎ 88.38.16.87 — 13 CH. 90/150 F. MENU 80/200 F. DEMI-PENSION 120/150 F. FERME 1 SEM.DEC., FEV., RESTAURANT FERME MARDI SOIR ET MERCREDI 1 NOV./30 AVR. ⚏ AE ⍟ E.

** DU CENTRE** 1, RUE ST MARTIN Mme.HEILIGENSTEIN ☎ 88.38.54.50 — 29 CH. 110/240 F. ⚏ E CV.

MONCOURT-FROMONVILLE 77140 SEINE-ET-MARNE 1600 HAB.

** AUBERGE DES TROIS SOURCES** 125, RUE GRANDE Mme MG LEFEVRE ☎ (1)64.28.94.75 TELEX 692131 — 10 CH. 120/180 F. MENU 125/165 F. DEMI-PENSION 190/220 F. FERME LUNDI SOIR ET MARDI. ⚏ ⚏ E.

MONCRABEAU 47600 NERAC LOT-ET-GARONNE 900 HAB. S.I.

** LE PHARE** M.LESTRADE ☎ 53.65.42.08 TELEX 560800 — 7 CH. 110/193 F. MENU 63/184 F. PENSION 176/226 F. DEMI-PENSION 144/193 F. FERME 16 FEV./5 MARS, 18 OCT./12 NOV. RESTAURANT FERME MARDI. F ⚏ AE ⍟.

MONDOUBLEAU 41170 LOIR-ET-CHER 1800 HAB. S.I.

** LE GRAND MONARQUE** 2 RUE CHRETIEN M. CHEROUTE ☎ 54.80.92.10 — 10 CH. 90/180 F. MENU 66/110 F. FERME 21 DEC./12 JANV., ET DIMANCHE SOIR/MARDI MATIN. ⚏ ⚏ AE ⍟ E.

MONDRAGON 84430 VAUCLUSE 3000 HAB.

** SOMMEIL DU ROY** Mmes.VALLAT ROCHE ☎ 90.40.81.58 — 10 CH. 97/209 F. ⚏ ⚏ ✕ ⚏ AE ⍟ E CV.

MONESTIER (LE) 63890 SAINT-AMANT-ROCHE-SAVINE PUY-DE-DOME 950 M. 365 HAB.

AF   AUBERGE DE LA BELETTE M.BUISSON ☎ 73.95.72.01 — 10 CH. 90/110 F. MENU 50/80 F. PENSION 160 F. DEMI-PENSION 110 F. FERME 15 SEPT./15 OCT., ET LUNDI. F.

MONESTIER-DE-CLERMONT 38650 ISERE 850 M. 500 HAB. S.I.

** DE LA GARE** M. CORDARO ☎ 76.34.04.51 — 8 CH. 65/135 F. MENU 43/70 F. PENSION 155/165 F. DEMI-PENSION 125/135 F. FERME 20 SEPT./10 OCT. ET RESTAURANT FERME DIMANCHE. F ⚏ CV.

** MODERN HOTEL** M.PIOT ☎ 76.34.07.35 — 22 CH. 120/270 F. MENU 62/85 F. PENSION 180/245 F. FERME 7 NOV./1 FEV. ⚏ ⚏ E.

MONESTIES 81400 TARN 1200 HAB. S.I.

** L'OREE DES BOIS** Mme.FABRES ☎ 63.76.11.72 — 8 CH. 75/145 F. MENU 70/120 F. PENSION 180 F. DEMI-PENSION 140 F. FERME 15 DEC./15 JANV. F ⚏ ⚏.

MONETAY-SUR-ALLIER 03500 SAINT-POURCAIN-SUR-SIOULE ALLIER 362 HAB.

* **AUBERGE DU VAL D'ALLIER** PLACE DU BOURG M. MICHELET ☎ 70.42.07.78 – 7 CH. 75/150 F. MENU 60/170 F. PENSION 150/170 F. DEMI-PENSION 120/150 F. ✖ E.

MONETIER-LES-BAINS (LE) 05220 HAUTES-ALPES 1500 M. 1000 HAB. S.I.

* **CASTEL PELERIN** (LE LAUZET). M.GARAMBOIS ☎ 92.24.42.09 – 6 CH. MENU 75/105 F. PENSION 205 F. DEMI-PENSION 165 F. FERME 10 SEPT./22 DEC., 10 AVR./20 JUIN. ☎.

** **DE L'EUROPE** 1 RUE ST FLORADE Mme FINAT ☎ 92.24.40.03 – 31 CH. 220/250 F. MENU
☞ 65/140 F. PENSION 270/300 F. DEMI-PENSION 230/250 F. FERME 30 SEPT./15 DEC., FIN AVR./1 JUIN. F ✖ AE ① E.

MONGIE (LA) 65200 BAGNERES-DE-BIGORRE HAUTES-PYRENEES 1800 M. 25 HAB. S.I.

** **LE PIC D'ESPADE HOTEL** M.MENGELATTE ☎ 62.91.92.27 – 28 CH. 220/290 F. MENU
☞ 65/75 F. PENSION 250/330 F. DEMI-PENSION 200/280 F. FERME 1 MAI/1 AOUT ET 15 SEPT./20 DEC. F ✖ E CV.

MONISTROL-SUR-LOIRE 43120 HAUTE-LOIRE 600 M. 5000 HAB. S.I.

* **DE LA MADELEINE** 2 AVENUE DE SAINT ETIENNE M.HABOUZIT ☎ 71.66.50.05 – 10 CH. 80/200 F. MENU 55/160 F. PENSION 180/300 F. DEMI-PENSION 135/255 F. FERME 23 DEC./1 FEV., 1/10 OCT. ET SAMEDI HS. ☎ ☎.

MONSEC 24340 MAREUIL DORDOGNE 270 HAB.

AF **BEAUSEJOUR** M.BICHE ☎ 53.60.92.45 – 12 CH. 80/160 F. MENU 49/180 F. PENSION 150/230 F. DEMI-PENSION 130/180 F. ✖ ① E CV.

MONT-DAUPHIN 05600 GUILLESTRE HAUTES-ALPES 900 M. 80 HAB. S.I.

* **DE LA GARE et Annexe LE CATINAT** Mme LACOUR ☎ 92.45.03.08 – 14 CH. 93/170 F. MENU 60/130 F. PENSION 181/214 F. DEMI-PENSION 130 F. RESTAURANT FERME SAMEDI 1 MAI/30 JUIN, 1 SEPT./20 DEC. ✖ ① E.

MONT-DE-MARSAN 40000 LANDES 30161 HAB. S.I.

DES PYRENEES RUE DU 34eme REGIMENT D'INFANTERIE. Mme MASSON ☎ 58.46.49.49 – 23 CH. 80/140 F. MENU 42/150 F. PENSION 140/160 F. DEMI-PENSION 115/130 F. RESTAURANT FERME VENDREDI SOIR. ✖ E.

** **LA SIESTA** 8, PLACE JEAN JAURES. SARL LA SIESTA ☎ 58.06.44.44 – 16 CH. 150/220 F.
☞ MENU 64/145 F. F ✖ AE E.

☞ **ZANCHETTIN»RENDEZ-VOUS DES BOULISTES«**1565, AV. DE VILLENEUVE. M. ZANCHETTIN ☎ 58.75.19.52 – 9 CH. 110/165 F. MENU 46/100 F. PENSION 145/165 F. DEMI-PENSION 120/135 F. FERME 14 AOUT/6 SEPT., 1 SEM. FEV., ET DIMANCHE SOIR/LUNDI. F.

MONT-DORE (LE) 63240 PUY-DE-DOME 1100 M. 3000 HAB. S.I.

** **DE L'OISE** 35 AV.DE LA LIBERATION M.LACOMBE ☎ 73.65.04.68 – 53 CH. 100/230 F. MENU 75/95 F. PENSION 200/280 F. DEMI-PENSION 180/250 F. FERME 30 SEPT./NOEL, PAQUES/15 MAI. F CV.

* **DE LA PAIX** 8, RUE RIGNY M. CROSSARD ☎ 73.65.00.17 TELEX 990147 – 36 CH. 180/220 F. MENU 65/80 F. PENSION 260 F. DEMI-PENSION 230 F. FERME 10 OCT./22 DEC. F ✖ AE ① E & 🍴.

** **DU PARC** 11, RUE MEYNADIER M. BARGAIN ☎ 73.65.02.92 TELEX 990147 – 30 CH. 190/200 F. MENU 75/120 F. PENSION 265/275 F. DEMI-PENSION 232/242 F. FERME 1 NOV./15 DEC. F ✖ AE ① E & 🍴.

** **DU PUY FERRAND** Ste. SOUCHAL-QUESNE ☎ 73.65.18.99 TELEX 990147 – 41 CH. 150/220 F. MENU 63/195 F. PENSION 235/330 F. DEMI-PENSION 205/294 F. FERME 15 AVR./15 MAI, 30 SEPT./15 DEC. F ✖ E CV &.

AF **LA FEUILLEE** 12 RUE DE LA SAIGNE M.SERTILLANGES ☎ 73.65.01.66 – 20 CH. MENU 50 F. PENSION 110/140 F. DEMI-PENSION 100/120 F. FERME 1 OCT./NOEL, PAQUES/15 MAI. F ☎.

* **LA RUCHE** M.LACOMBE-AUBERT ☎ 73.65.05.93 – 20 CH. 75/160 F. MENU 65/95 F. PENSION 160/220 F. DEMI-PENSION 125/185 F. FERME 1 OCT./20 DEC., FIN VAC. PAQUES/15 MAI. ✖.

** **LE CASTELET** AV. MICHEL BERTRAND. M. PILOT ☎ 73.65.05.29 – 38 CH. 187/244 F. MENU 95 F. PENSION 273/319 F. DEMI-PENSION 215/264 F. FERME 1 OCT./20 DEC., 15 AVR./15 MAI. F ✖ ① E CV 🍴.

* **LE PARIS** PLACE DU PANTHEON. M.DULONDEL ☎ 73.65.01.79 TELEX SIMDORE 990332 F – 24 CH. 210 F. MENU 68/95 F. PENSION 278 F. DEMI-PENSION 236 F. FERME 1 NOV./20 DEC., PAQUES/15 MAI. HAMMAM. F ✖ ① E 🍴.

* **MON CLOCHER** M.MICHEL RIVIERE ☎ 73.65.05.41 – 32 CH. 100/160 F. MENU 55/110 F. PENSION 170/220 F. DEMI-PENSION 145/195 F. FERME 1 AVR./14 MAI, 1 OCT./25 DEC. F ✖ ① E.

*** **PANORAMA** M.SEAU ☎ 73.65.11.12 – 40 CH. 140/260 F. MENU 95/210 F. PENSION 240/310 F. DEMI-PENSION 210/280 F. FERME 1 OCT./20 DEC., 15 AVR./15 MAI. F ✖ E 🍴.

MONT-LOUIS 66210 PYRENEES-ORIENTALES 1600 M. 420 HAB. S.I.

** **LE CLOS CERDAN** SUR N. 116. M. PUJOL ☎ 68.04.23.29 – 60 CH. 95/320 F. MENU 53/160 F. PENSION 165/240 F. DEMI-PENSION 145/220 F. FERME 1 NOV./15 DEC. F ☎ ✖ E CV 🍴.

MONT-LOUIS (LA LLAGONNE) 66210 MONT-LOUIS PYRENEES-ORIENTALES 200 HAB.

* **DU COMMERCE** M. CORRIEU ☎ 68.04.22.04 – 28 CH. 102/240 F. MENU 59/105 F. PENSION 155/240 F. DEMI-PENSION 120/200 F. FERME 17 AVR./4 JUIN ET 1 OCT./20 DEC. ♂ ♨ ⌀ E.

MONT-ROC 81120 REALMONT TARN 200 HAB. S.I.

* **LE CANTEGREL** (BARRAGE DE RASSISSE) M.LIBOUREL ☎ 63.55.70.37 – 7 CH. 98/110 F. MENU 75/180 F. PENSION 185 F. DEMI-PENSION 145 F. FERME VENDREDI SOIR HS. [F] ♨ ⌀ [AE] E ♿.

MONT-SAINT-MARTIN 54350 MEURTHE-ET-MOSELLE 11550 HAB. S.I.

* **LA CIGOGNE** 106, ROUTE DE LONGWY M. JEZIOREK ☎ 82.23.32.76 – 7 CH. 60/105 F. MENU 77/160 F. PENSION 170 F. FERME LUNDI SOIR. ⌀ E CV.

MONT-SAINT-MICHEL (LE) 50116 MANCHE 114 HAB. S.I.

*** **DE LA DIGUE** MM.LUIZARD-BOURDON ☎ 33.60.14.02 TELEX 170157 – 35 CH. 190/265 F. MENU 65/170 F. FERME 12 NOV./15 MARS. RESTAURANT FERME 20 OCT./25 MARS. ⌀ [AE] ⊕ E.

** **DU GUESCLIN** M.NICOLLE ☎ 33.60.14.10 TELEX 170537 – 13 CH. 75/197 F. MENU 61/180 F. DEMI-PENSION 137/198 F. FERME 15 OCT./RAMEAUX, ET MERCREDI HS. ⌀ [AE] ⊕ E.

** **K. MOTEL** M.FRANCOIS, FOURNIER ☎ 33.60.14.18 TELEX 170537 – 60 CH. 195/270 F. MENU 55/180 F. DEMI-PENSION 220/310 F. FERME 11 NOV./15 MARS. [F] ♨ ⌀ [AE] ♿.

** **MOTEL-VERT** MM. FRANCOIS, SIMON ☎ 33.60.09.33 TELEX 170537 – 60 CH. 160/200 F. MENU 45/130 F. DEMI-PENSION 150/200 F. FERME 11 NOV./15 MARS. [F] ⌀ [AE] ♿.

** **RELAIS DU ROY** M.GALTON ☎ 33.60.14.25 TELEX 170561 – 27 CH. 210/240 F. MENU 55/205 F. DEMI-PENSION 246 F. FERME 15 NOV./22 MARS. [F] ♨ ⌀ [AE] E.

** **SAINT-AUBERT** Mme.RIDEL ☎ 33.60.08.74/33.60.08.66 TELEX 170404 – 27 CH. 210 F. MENU 58/110 F. DEMI-PENSION 185/237 F. FERME 15 SEPT./15 MARS. RESTAURANT FERME 1 NOV./15 MARS. ☕ ♨ ⌀ [AE] E.

** **SAINT-PIERRE** GRANDE RUE Mme GAULOIS ☎ 33.60.14.03 TELEX 772094 – 10 CH. 330/420 F. MENU 49/120 F. DEMI-PENSION 240/260 F. FERME 15 NOV./1 AVR. [F] ⌀ [AE] ⊕ E.

MONT-SAINT-MICHEL (LE) (ARDEVON) 50170 PONTORSON MANCHE 250 HAB.

AF **AUBERGE DE LA BAIE** (LA RIVE - A 4 Km DU MONT-St-MICHEL) Mme POCHON ☎ 33.60.16.33 – 7 CH. 70/115 F. MENU 50/145 F. FERME 5 JANV./5 FEV., DIMANCHE APRES-MIDI ET LUNDI. ⌀ E.

MONT-SAXONNEX 74130 BONNEVILLE HAUTE-SAVOIE 1000 M. 750 HAB. S.I.

* **DU BARGY** M.DONAT ☎ 50.96.90.42 – 19 CH. 70/245 F. MENU 56/100 F. PENSION 160/170 F. DEMI-PENSION 140/150 F. FERME FIN AOUT/25 DEC., PAQUES/25 JUIN. ♂ ♨ ⊕ CV.

MONT-SOUS-VAUDREY 39380 JURA 1000 HAB.

AF **AUBERGE JURASSIENNE** M.CATTENOZ ☎ 84.81.50.17 – 5 CH. 80/100 F. MENU 44/120 F. PENSION 140 F. DEMI-PENSION 95 F. FERME 15 JUIN/1 JUIL., ET MERCREDI. ⌀ E.

MONTAGNAC 34530 HERAULT 3000 HAB. S.I.

** **LES ROCAILLES** (SUR N. 113) MM. GRAVENDEEL ET TEN BROEK ☎ 67.24.00.27 – 12 CH. 125/200 F. DEMI-PENSION 165/205 F. FERME 15 DEC./15 FEV. ET JEUDI HS.

MONTAIGU 85600 VENDEE 4800 HAB. S.I.

** **LES VOYAGEURS** 9 AVE VILLEBOIS MAREUIL M. MEURET ☎ 51.94.00.71 – 28 CH. 140/275 F. MENU 65/160 F. DEMI-PENSION 220/340 F. FERME 23 DEC./9 JANV. ET SAMEDI SEPT./JUIN. [F] ♨ ⌀ [AE] ⊕ E.

MONTAIGUT-LE-BLANC 23320 SAINT-VAURY CREUSE 462 HAB.

AF **AUBERGE DE LA GARTEMPE** Mme.RONZEAU ☎ 55.81.33.36 – 5 CH. 60/90 F. MENU 42/75 F. PENSION 130/140 F. DEMI-PENSION 100/110 F. ♨ ⌀ E.

MONTAIGUT-LE-BLANC 63320 CHAMPEIX PUY-DE-DOME 0 M. 50 HAB.

** **LE RIVALET** ROUTE DE SAINT-NECTAIRE. M. ANGLARD ☎ 73.96.73.92 – 7 CH. 165/215 F. MENU 85/210 F. DEMI-PENSION 200 F. FERME JANV., LUNDI ET MARDI. ⌀ [AE] ⊕

MONTARGIS 45200 LOIRET 20000 HAB. S.I.

** **GRAND HOTEL DE FRANCE** 54, PL. DE LA REPUBLIQUE M.DELANIAN-MANINI ☎ 38.98.01.18 – 25 CH. 70/250 F. ♨ ✕ ⌀ ♿.

** **ROTISSERIE DE LA TOUR D'AUVERGNE** 20,RUE JEAN JAURES M LESEUR ☎ 38.85.01.16 – 14 CH. 80/170 F. MENU 77/270 F. FERME 1/28 FEV., VENDREDI ET SAMEDI MATIN. ♨ ⌀ [AE] ⊕ E CV.

MONTAUBAN 82000 TARN-ET-GARONNE 55000 HAB. S.I.

** **DU MIDI** 12,RUE NOTRE-DAME M. ANDRIEU ☎ 63.63.17.23 TELEX 531 705 – 50 CH. 100/350 F. MENU 70/180 F. PENSION 250/380 F. DEMI-PENSION 195/330 F. FERME DIMANCHE 1 NOV./30 AVR. ET RESTAURANT FERME 15 DEC./ 15 JANV. [F] ♨ ⌀ [AE] ⊕ E CV ♿ [H].

MONTAUBAN (suite)
** **LE PRINCE NOIR** PL. PRAX-PARIS M.BLANC ☎ 63.63.10.10 TELEX 520 362 — 33 CH. 160/210 F. 🚗 ➳ ✻ ☎ E ᴋ ▥.

MONTAUBAN-DE-BRETAGNE 35360 ILLE-ET-VILAINE 3500 HAB.
** **DE FRANCE** 34 RUE DU GENERALDE GAULLE M.LE METAYER ☎ 99.06.40.19 — 13 CH. 90/175 F. MENU 60/120 F. PENSION 170/230 F. DEMI-PENSION 145/180 F. FERME 5/17 OCT., 20 DEC./20 JANV. ET LUNDI. 𝔼 CV.

MONTAUT 40500 SAINT-SEVER LANDES 556 HAB.
* **L'ABEILLE D'OR** M. LASSERRE ☎ 58.76.05.80/58.76.08.44 — 7 CH. 80/120 F. MENU 45/90 F. PENSION 160 F. DEMI-PENSION 125 F. ⍋ ➳ ☎ E.

MONTBARD 21500 COTE-D'OR 7749 HAB. S.I.
*** **DE L'ECU** 7 RUE AUGUSTE CASSE M.COUPAT ☎ 80.92.11.66 TELEX 351102 — 25 CH. 190/300 F. MENU 85/260 F. PENSION 250/280 F. DEMI-PENSION 200/220 F. FERME SAMEDI 15 NOV./1 MARS. 🚗 ☎ 𝔸𝔼 ⓓ E.

MONTBAZENS 12220 AVEYRON 1420 HAB. S.I.
* **DU LEVANT** M. BAUGUIL ☎ 65.80.60.24 — 13 CH. 95/150 F. MENU 48/135 F. PENSION
⌒ 150/180 F. DEMI-PENSION 125/155 F. FERME 20 SEPT./15 OCT. RESTAURANT FERME DIMANCHE SOIR/ LUNDI SOIR. 🚳 🚗 ✻.

MONTBEL 48170 CHATEAUNEUF-DE-RANDON LOZERE 1200 M. 300 HAB.
* **AUBERGE DE LA PLAINE** M.MEYNIEL ☎ 66.47.90.76 — 8 CH. 63/170 F. MENU 44/170 F. PENSION 150/180 F. DEMI-PENSION 100/130 F. FERME 5/25 JANV. 𝔽 🚗 ☎ 𝔸𝔼 ⓓ E CV.

MONTBRISON 42600 LOIRE 15000 HAB. S.I.
* **DES VOYAGEURS** 16, RUE S.-BOYER Mme.MATHIEU ☎ 77.58.03.33 — 11 CH. 88/200 F. MENU 33/62 F. DEMI-PENSION 175/185 F. FERME DIMANCHE. 🚗 ☎ 𝔸𝔼 ⓓ E.
** **L'ESCALE** 27, RUE DE LA REPUBLIQUE M.CREPET ☎ 77.58.17.77 — 18 CH. 65/195 F. MENU 45/60 F. PENSION 155/215 F. DEMI-PENSION 120/180 F. RESTAURANT FERME DIMANCHE. 🚗 ☎ E CV.

MONTBRON 16220 CHARENTE 2600 HAB. S.I.
** **RELAIS DES TROIS MARCHANDS** 10, RUE DE LIMOGES. M. DEBEAULIEU ☎ 45.70.71.29 — 11 CH. 145/165 F. MENU 45/150 F. PENSION 210 F. DEMI-PENSION 175 F. RESTAURANT FERME DIMANCHE SOIR ET LUNDI 15 SEPT./1 JUIN. 𝔽 𝔸𝔼 ⓓ E ᴋ.

MONTBRUN-LES-BAINS 26570 DROME 630 M. 520 HAB.
* **DES VOYAGEURS** Mme.CABRIER ☎ 75.28.81.10 — 8 CH. 60/120 F. MENU 42/80 F. PEN-SION 140/160 F. DEMI-PENSION 100/130 F. FERME 24 DEC./2 JANV. 🚗 🚗 ☎ 𝔸𝔼 ⓓ E.

MONTCABRIER 46700 PUY-L'EVEQUE LOT 350 HAB.
* **HOSTELLERIE DU MOULIN DE CAVART** ROUTE FUMEL GOURDON M. DURANTHON ☎
⌒ 65.36.51.38 — 7 CH. 130/180 F. MENU 85/185 F. PENSION 190/210 F. DEMI-PENSION 145/160 F. FERME 1 OCT./1 AVR. ET LUNDI SAUF JUIL.AOUT. ☎ ⓓ.

MONTCUQ 46800 LOT 1082 HAB. S.I.
** **DU PARC** (A SAINT-JEAN). ROUTE DE FUMEL Mme ADAM ☎ 65.31.81.82 — 16 CH. 90/185 F. MENU 65/95 F. PENSION 212/307 F. DEMI-PENSION 160/255 F. ☎ E.

MONTECH 82700 TARN-ET-GARONNE 2600 HAB. S.I.
** **LE NOTRE-DAME** 7 PLACE JEAN JAURES M. RABASSA ☎ 63.64.77.45 — 12 CH.
⌒ 120/190 F. MENU 63/180 F. PENSION 180/240 F. DEMI-PENSION 140/180 F. FERME 1/20 NOV. 𝔽 ☎ ⓓ E CV.

MONTELIMAR 26200 DROME 30000 HAB. S.I.
** **BEAUSOLEIL** PLACE D'ARMES M.NIERAT ☎ 75.01.19.80 — 16 CH. 110/260 F. FERME 10/26 AOUT. INCLUS. 🚗 ☎ E.
** **DU PRINTEMPS** 8, CHEMIN DE LA MANCHE M.GIRAUD ☎ 75.01.32.63 — 16 CH. 110/230 F. MENU 80/180 F. FERME 18/24 AVR., 1 NOV./15 FEV. ET DIMANCHE 1 SEPT./30 JUIN ☎.
* **LA CROIX D'OR** 1, RUE PIERRE-JULIEN M.PEYRON ☎ 75.01.21.53 — 18 CH. 85/150 F. MENU 50/150 F. DEMI-PENSION 130/150 F. FERME LUNDI. 🚗 ☎ 𝔸𝔼.
** **LE BRIAND** ROUTE DE CREST. M. FIOL ☎ 75.01.77.99 — 18 CH. 170/215 F. MENU 100/160 F. ☎ E ᴋ.
* **PIERRE** 7, PL. DES CLERCS M.ENJOLVIN ☎ 75.01.33.16 — 11 CH. 110/160 F. FERME 1/28 FEV. ✻.

MONTELIMAR (CHATEAUNEUF-DU-RHONE) 26200 DROME 1654 HAB.
** **LE MISTRAL** (SUR N. 7) M.CHABAUD ☎ 75.01.22.42 — 7 CH. 140/220 F. MENU 58/95 F. FERME MERCREDI. 🚗 ☎ E.

MONTENDRE 17130 CHARENTE-MARITIME 3371 HAB. S.I.
* **DE FRANCE** 2 AV. DE LA GARE M. TASTET CHARLES ☎ 46.49.42.42/46.49.29.11 — 8 CH. 90/180 F. MENU 50/180 F. PENSION 150/170 F. FERME 30 SEPT./20 OCT. ET RESTAURANT LUNDI SOIR. 🚗 🚗 ☎.

MONTFAUCON 55270 VARENNES-EN-ARGONNE MEUSE 359 HAB.
* **DU COQ D'OR** Mme.MONGEVILLE ☎ 29.80.72.17 — 7 CH. 70/90 F. MENU 48/100 F. PEN-SION 160 F. DEMI-PENSION 110 F. FERME 1/15 SEPT. ⍋ ☎ 𝔸𝔼 ⓓ E CV.

MONTFAUCON-DU-VELAY 43290 HAUTE-LOIRE 930 M. 1250 HAB. S.I.

* **LES PLATANES** M.VACHON ☎ 71.59.92.44 — 10 CH. 85/185 F. MENU 48/98 F. PENSION 145/190 F. DEMI-PENSION 120/150 F. FERME 15 NOV./1 FEV. ET VENDREDI SAUF 1 JUIN/30 SEPT. F ⬛ ⒶⒺ ⊕ E CV.

MONTFERRAND-DU-PERIGORD 24440 BEAUMONT DORDOGNE 220 HAB.

AF **LOU PEYROL** Mme.BELGARRIC ☎ 53.22.33.63 — 5 CH. 100/190 F. MENU 63/200 F. PEN-
☞ SION 150/200 F. DEMI-PENSION 130/170 F. FERME 31 OCT./1 AVR. ⬛ E.

MONTFORT-EN-CHALOSSE 40380 LANDES 1026 HAB. S.I.

* **AUX TOUZINS** M.LINCONTANG ☎ 58.98.60.22/58.98.61.09 — 20 CH. 77/150 F. MENU 70/150 F. PENSION 205/280 F. DEMI-PENSION 150/230 F. FERME 15 JANV./15 FEV. ET LUNDI. F 🚲 🐎 ⬛ E ♿.

MONTFORT-L'AMAURY 78490 YVELINES 2500 HAB. S.I.

** **DES VOYAGEURS** 49, 51 RUE DE PARIS M. DELALANDE ☎ (1)34.86.00.14 — 9 CH. 95/195 F. MENU 65/120 F. PENSION 380 F. DEMI-PENSION 260 F. FERME FEV., DIMANCHE SOIR ET LUNDI. F 🚲 ⬛ ⒶⒺ ⊕ CV.

MONTFORT-SUR-MEU 35160 ILLE-ET-VILAINE 5000 HAB. S.I.

* **RELAIS DE LA CANE** M.CORPORON DESPIERRE ☎ 99.09.00.07 — 14 CH. 78/171 F. MENU 44/120 F. PENSION 165/215 F. DEMI-PENSION 135/167 F. FERME VENDREDI SOIR, SAMEDI, DIMANCHE SOIR SAUF JUIL. ET AOUT. ⬛ E.

MONTGAILLARD-LAURAGAIS 31290 VILLEFRANCHE-DE-LAURAGAIS HAUTE-GARONNE 459 HAB.

** **HOSTELLERIE DU CHEF JEAN** M. LANAU ☎ 61.81.62.55/61.27.01.79 — 10 CH. 110/250 F. MENU 60/200 F. PENSION 180/400 F. DEMI-PENSION 160/350 F. FERME 1 JANV./28 FEV. SAUNA. MINI-GOLF. F 🚲 ⚽ 🚲 ⬛ ⒶⒺ ⊕ E CV.

MONTGERON 91230 ESSONNE 24061 HAB.

* **DE LA CHASSE** 101 AV.DE LA REPUBLIQUE Mme LIGNAC ☎ (1)69.03.50.72 — 14 CH. 100/145 F. MENU 60/155 F. FERME JUIL., MERCREDI ET DIMANCHE SOIR. F 🐎 ⬛.

MONTGUYON 17270 CHARENTE-MARITIME 1800 HAB. S.I.

* **DE LA POSTE** 18 AV. DE LA REPUBLIQUE Mme.MARCHAIS ☎ 46.04.19.39 — 18 CH. 100/140 F. MENU 45/85 F. PENSION 200/220 F. DEMI-PENSION 159/180 F. F 🚲 ⬛ E CV Ⓗ.

MONTHERME 08800 ARDENNES 3800 HAB. S.I.

* **DE LA PAIX** M.CAPELLI ☎ 24.53.01.55 — 10 CH. 90/130 F. MENU 50/140 F. PENSION 150/160 F. DEMI-PENSION 130/140 F. FERME 15 DEC./4 JANV. ET SAMEDI HS. F 🚲 ⬛ ⒶⒺ ⊕ E CV.

** **FRANCO-BELGE** Mme LEGUAY ☎ 24.53.01.20 — 14 CH. 100/125 F. MENU 72/150 F. PEN-
SION 160/170 F. DEMI-PENSION 140/150 F. FERME 1/15 JANV., VENDREDI ET DIMANCHE SOIR HS. F 🐎 ⬛ E.

MONTHUREUX-SUR-SAONE 88410 VOSGES 1150 HAB.

* **LE RELAIS DES VOSGES** M.CHARPENTIER ☎ 29.09.00.45/29.09.05.95 — 8 CH. 90/120 F. MENU 50/220 F. PENSION 165/195 F. DEMI-PENSION 135/165 F. FERME 4/20 JANV., DIMANCHE SOIR ET LUNDI SOIR. F ⬛ ⒶⒺ ⊕ E.

MONTIERAMEY 10270 LUSIGNY-SUR-BARSE AUBE 400 HAB.

AF **DU CENTRE** M.SBROVAZZO ☎ 25.41.21.64 — 11 CH. 70/90 F. MENU 42/100 F. PENSION 170 F. DEMI-PENSION 130 F. FERME 20 SEPT./6 OCT.

MONTIGNAC 24290 DORDOGNE 3200 HAB. S.I.

* **LE LASCAUX** 109 AV. JEAN JAURES M.MARY ☎ 53.51.82.81 — 16 CH. 90/170 F. MENU 55/180 F. PENSION 170/195 F. DEMI-PENSION 140/165 F. FERME 2/20 NOV., FEV., VENDREDI SOIR ET SAMEDI MIDI OCT./ RAMEAUX. F 🚲 ⬛ ⊕.

MONTIGNY-LA-RESLE 89230 PONTIGNY YONNE 450 HAB.

* **LE SOLEIL D'OR** M.CAUDAL ☎ 86.41.81.21 — 11 CH. 100/150 F. MENU 54/150 F. PEN-
☞ SION 211/265 F. DEMI-PENSION 147/179 F. FERME 1/30 NOV. ET LUNDI HS. ⚽ 🚲 ⬛ ⒶⒺ ⊕ E.

MONTIGNY-LES-METZ 57158 MOSELLE 23730 HAB. S.I.

** **LA CREMAILLERE** 208, RUE DE PONT-A-MOUSSON M.GONCALVES ☎ 87.65.37.52/87.65.34.31 — 26 CH. 95/150 F. PENSION 200/250 F. FERME DIMANCHE SOIR. F 🚲 ⬛.

MONTIGNY-SUR-LOING 77690 SEINE-ET-MARNE 2042 HAB.

** **LA VANNE ROUGE** M. PORTA Mme GORCE ☎ (1)64.45.82.10 — 12 CH. 138/200 F. MENU 75/115 F. PENSION 328/390 F. DEMI-PENSION 238/300 F. FERME 15 JANV./15 FEV. ET MER-
CREDI SOIR/JEUDI. F 🚲 ⬛ E.

MONTJOUX (LA PAILLETTE) 26220 DIEULEFIT DROME 229 HAB.

AF **MIELLE** M. MIELLE. ☎ 75.46.40.09 — 5 CH. MENU 50 F. PENSION 175 F. DEMI-PENSION 133 F. FERME 1/31 SEPT. ⬛.

MONTLEBON 25500 MORTEAU DOUBS 900 M. 1404 HAB.

* **BELLEVUE** M.CAIREY-REMONAY ☎ 81.67.00.05 — 11 CH. 66/86 F. MENU 37/120 F. PEN-
SION 130/175 F. DEMI-PENSION 95/143 F. FERME 20 AOUT/20 SEPT., ET MERCREDI 13H/18H. 🚲 🐎 CV.

MONTLIEU-LA-GARDE 17210 CHARENTE-MARITIME 1284 HAB.
* **LE RELAIS DE LA TOUR** M.GUERIN ☎ 46.04.46.90 – 10 CH. 75/170 F. MENU 48/85 F. PENSION 145/175 F. DEMI-PENSION 115/145 F. FERME 15 OCT./15 NOV. ET MERCREDI. ⚏.

MONTLOUIS 37270 INDRE-ET-LOIRE 10000 HAB. S.I.
** **DE LA VILLE** PL. DE LA MAIRIE M.CLEMENT ☎ 47.50.84.84 – 29 CH. 115/252 F. MENU 70/135 F. PENSION 219/255 F. DEMI-PENSION 149/195 F. FERME 20 DEC./20 JANV. �F 🚗 ⚏ E.

MONTLUCON 03100 ALLIER 51765 HAB. S.I.
AF **CHEVALIER** 46, RUE DES MARAIS. M. BERTHAUD ☎ 70.03.30.10 – 6 CH. 65/90 F. MENU 51/150 F. PENSION 160/170 F. DEMI-PENSION 130/140 F. FERME 15/30 AOUT ET DIMANCHE. 🚗 ⚏ E CV.

MONTLUCON (DOMERAT) 03410 ALLIER 5725 HAB. S.I.
** **LE NOVELTA** Rte DE GUERET,SORTIE MONTLUCON OUEST M.ROBINET ☎ 70.03.34.88 – 40 CH. 205/310 F. MENU 60/100 F. DEMI-PENSION 205/255 F. FERME DIMANCHE SOIR. (PRIX 1987.) �F ⚏ E CV 🕾.

MONTMARAULT 03390 ALLIER 1500 HAB. S.I.
ec **CENTROTEL** 26, ROUTE DE MOULINS SARL ROULLIER ☎ 70.07.61.23/70.07.64.24 – 26 CH. 120/240 F. MENU 48/100 F. PENSION 168/300 F. DEMI-PENSION 130/200 F. FERME 25 DEC./9 JANV.,6/20 JUIL. RESTAURANT DIMANCHE SOIR ETLUNDI. ⚏ E.
* **DE FRANCE** 1 RUE MAX DORMOY M.TOURET ☎ 70.07.60.26 – 12 CH. 65/85 F. MENU 42/75 F. PENSION 130/160 F. DEMI-PENSION 90/110 F. FERME NOV. (4 SEMAINES). 🚗 ⚏

MONTMELIAN 73800 SAVOIE 5000 HAB. S.I.
* **CENTRAL** M.VIBOUD ☎ 79.84.07.24 – 25 CH. 67/194 F. MENU 67/150 F. PENSION 153/205 F. DEMI-PENSION 120/155 F. FERME 1/20 OCT., 3/18 JANV., RESTAURANT FERME LUNDI ET MARDI MIDI. �F 🚗 ⚏ 🈺 E.

MONTMERLE-SUR-SAONE 01090 AIN 1912 HAB.
** **DU RIVAGE** 12 RUE DU PONT M.JOB ☎ 74.69.33.92 – 11 CH. 160/250 F. MENU 70/220 F. FERME 15 NOV./ 15 DEC., ET LUNDI. �F 🚗 🛏 ⚏ 🈺.

MONTMIN 74210 FAVERGES HAUTE-SAVOIE 1157 M. 210 HAB.
* **AU CHARDON BLEU** Mme.MANIGLIER ☎ 50.60.70.10 – 10 CH. 155/185 F. MENU 60/80 F. PENSION 180/195 F. DEMI-PENSION 150/185 F.
** **EDELWEISS** (AU COL DE LA FORCLAZ 1157 m.). M. RULLAND ☎ 50.60.70.24 – 7 CH. 170/200 F. MENU 60/120 F. PENSION 180/220 F. DEMI-PENSION 150/190 F. FERME 1 OCT./31 JANV. ⚏ E.

MONTMIRAIL 51210 MARNE 3420 HAB.
AF **BRIE CHAMPAGNE** 21 AV.CHARLES DE GAULLE M.FAGOT ☎ 26.81.20.51 – 8 CH. 70/100 F. MENU 50/120 F. PENSION 180 F. DEMI-PENSION 140 F. FERME AOUT ET DIMANCHE SOIR. ⚏.

MONTMORT 51270 MARNE 510 HAB.
** **DE LA PLACE** M. THIROUX-VIEILLARD ☎ 26.59.10.38 – 30 CH. 80/160 F. MENU 48/200 F. PENSION 170/250 F. DEMI-PENSION 150/200 F. FERME 15 FEV./10 MARS, ET MERCREDI HS. �F ⚏ E 🕭.
* **DU CHEVAL BLANC** M. COUSINAT ☎ 26.59.10.03 – 12 CH. 80/160 F. MENU 60/240 F. PENSION 250/300 F. DEMI-PENSION 160/200 F. FERME 15 FEV./15 MARS., ET VENDREDI 15 MARS/15 FEV. ⚏ E.

MONTOIRE-SUR-LE-LOIR 41800 LOIR-ET-CHER 3966 HAB. S.I.
** **DU CHEVAL ROUGE** 1, PLACE FOCH M.VELASCO ☎ 54.85.07.05 – 17 CH. 67/168 F. MENU 93/225 F. PENSION 227/340 F. DEMI-PENSION 139/254 F. FERME 1 FEV./4 MARS, MARDI SOIR ET MERCREDI. �F 🚗 ⚏ 🈺 E CV.

MONTPELLIER 34100 HERAULT 201067 HAB. S.I.
** **LA PEYRONIE** RUE DES PETETES. M. BELVEZET ☎ 67.52.52.20 TELEX 490206 – 20 CH. 205/235 F. MENU 59/120 F. PENSION 240/380 F. DEMI-PENSION 188/285 F. 🚗 ⚏ 🐕 E CV ♿.

MONTPON-MENESTEROL 24700 DORDOGNE 5940 HAB. S.I.
** **DU PUITS D'OR** 7, RUE CARNOT. M. LOVATO ☎ 53.80.33.07 – 21 CH. 165/219 F. MENU 70/200 F. PENSION 260 F. DEMI-PENSION 185 F. RESTAURANT FERME LUNDI SAUF 15 JUIN/31 AOUT. �F 🚗 🛏 ⚏ 🈺 🐕 E.
** **LA BELLE EPOQUE** 5, PLACE CLEMENCEAU M. PEYRUCHAUD ☎ 53.82.22.66 – 7 CH. 100/180 F. MENU 60/180 F. PENSION 200/260 F. DEMI-PENSION 172/210 F. FERME 15 JANV./15 FEV. �F ⚏ 🈺 🐕 E CV.

MONTREAL 11290 AUDE 1620 HAB. S.I.
AF **LE MALEPERE** (LES GISCARELS). M. FRANCOIS ☎ 68.76.23.65/68.76.29.43 – 3 CH. 140 F. MENU 46 F. PENSION 190 F. DEMI-PENSION 150 F. RESTAURANT FERME SAMEDI MIDI ET DIMANCHE MIDI. CV.

MONTREDON-DES-CORBIERES 11100 NARBONNE AUDE 730 HAB.
** **LA CAILLE QUI CHANTE** SUR N.113, PONT DE MONTREDON. M. LEFEBVRE ☎ 68.42.04.36 TELEX 505097 – 20 CH. 146/185 F. MENU 47/160 F. PENSION 180/250 F. DEMI-PENSION 170/250 F. FERME DIMANCHE 1 OCT./1 AVR. PARKING PRIVE. �F 🚗 ⚏ 🈺 E CV ♿.

MONTREDON-LABESSONNIE 81360 TARN 2500 HAB. S.I.

* **HOSTELLERIE DU PARC** ROUTE DE LACAUNE M.MAUREL ☎ 63.75.14.08 — 15 CH.
85/120 F. MENU 50/120 F. PENSION 150/180 F. DEMI-PENSION 125/165 F. FERME SEPT., FEV. ET LUNDI 1 OCT./30 JUIN. ⓕ 🚗 CV.

MONTREUIL-BELLAY 49260 MAINE-ET-LOIRE 4500 HAB. S.I.

** **SPLENDID'HOTEL et RELAIS DU BELLAY** M.BERVILLE ☎ 41.52.30.21/41.52.35.50 —
40 CH. 75/230 F. MENU 60/180 F. PENSION 200/270 F. DEMI-PENSION 160/240 F. FERME 15/30 JANV., ET DIMANCHE SOIR 15 SEPT./PAQUES. ⓕ 🛏 ⅈ E.

MONTREUIL-SUR-MER 62170 PAS-DE-CALAIS 2948 HAB. S.I.

* **BELLEVUE** 6, AV. DU 11 NOVEMBRE. M. HENO ☎ 21.06.04.19 — 15 CH. 120/200 F. MENU
70/100 F. FERME 5/22 JANV. ⓕ 🚗 ⅈ.

MONTRICHARD 41400 LOIR-ET-CHER 3857 HAB. S.I.

* **DE LA GARE** 20 AVENUE DE LA GARE M. ROUSSELET ☎ 54.32.04.36 — 13 CH. 100/110 F.
MENU 50/83 F. PENSION 153/163 F. DEMI-PENSION 119/139 F. FERME 20 DEC./20 JANV. 🚲 ⅈ E.

*** **LE BELLEVUE** Mme DAUZET, M.COCOZZA ☎ 54.32.06.17 TELEX 751673 — 29 CH.
140/325 F. MENU 70/200 F. PENSION 385/485 F. DEMI-PENSION 265/365 F. ⅈ 🖼 ⓓ E 🏠.

*** **TETE NOIRE** 24, RUE DE TOURS FAMILLE COUTANT ☎ 54.32.05.55 — 38 CH. 150/240 F.
MENU 78/220 F. PENSION 280/350 F. DEMI-PENSION 215/273 F. FERME 3 JANV./7 FEV., ET VENDREDI 15 OCT./15 MARS. ⓕ ⅈ E.

MONTRICOUX 82800 NEGREPELISSE TARN-ET-GARONNE 700 HAB.

* **RELAIS DU POSTILLON** M.DAUGE ☎ 63.67.23.58 — 11 CH. 92/160 F. MENU 57/160 F.
PENSION 275 F. DEMI-PENSION 220 F. FERME 10 JOURS NOV., 20 JOURS JANV., VENDREDI SOIR ET SAMEDI MIDI. 🚲 ⅈ E.

MONTRIOND 74110 MORZINE HAUTE-SAVOIE 1065 M. 500 HAB. S.I.

** **LES SAPINS** (AU LAC) M.MUFFAT ☎ 50.79.06.52 — 19 CH. 140/200 F. MENU 75/100 F.
PENSION 200/250 F. DEMI-PENSION 180/220 F. FERME 15 SEPT./NOEL. ⓕ ⅈ E.

MONTS 37260 INDRE-ET-LOIRE 5500 HAB.

AF **SPORTING-HOTEL** LE VIEUX BOURG M.GADIN ☎ 47.26.70.15 — 12 CH. 75/130 F. MENU
55/220 F. FERME 15 FEV./8 MARS, 15/30 SEPT. ⓕ ⅈ.

MONTSALVY 15120 CANTAL 800 M. 1200 HAB. S.I.

* **AUBERGE FLEURIE** Mme.BARRAL ☎ 71.49.20.02 — 18 CH. RESTAURANT FERME 1
NOV./1 AVR. PRIX NON COMMUNIQUES. ⓕ ⅈ 🖼 ⓓ E.

** **DU NORD** M.CAYRON ☎ 71.49.20.03 — 26 CH. 100/190 F. MENU 65/200 F. PENSION
205/235 F. DEMI-PENSION 165/190 F. FERME 1 JANV./31 MARS. ⓕ ⅈ 🖼 ⓓ E.

MONTSOREAU 49730 MAINE-ET-LOIRE 500 HAB. S.I.

** **DIANE DE MERIDOR-LE BUSSY** M.WURFELL ☎ 41.51.70.18 — 16 CH. 120/250 F. MENU
68/168 F. PENSION 300/380 F. DEMI-PENSION 200/280 F. FERME 15 DEC./30 JANV., LUNDI SOIR ET MARDI SAUF JUIL./AOUT. ⓕ 🚗 ⅈ E CV ⅙.

MONVIEL 47290 CANCON LOT-ET-GARONNE 103 HAB.

**** **CHATEAU DE MONVIEL** M. LEROY ☎ 53.01.71.64 TELEX 571544 — 10 CH. 370/700 F.
MENU 120/230 F. PENSION 530/695 F. DEMI-PENSION 410/575 F. FERME 15 NOV./1 AVR. RESTAURANT FERME MERCREDI 1 AVR./15 NOV. ⓕ 🛏 ⅈ 🖼 ⓓ E.

MORBECQUE 59190 HAZEBROUCK NORD 500 HAB.

** **AUBERGE DE LA FORET** LA MOTTE AU BOIS. M. BECU ☎ 28.48.08.78 — 13 CH.
120/220 F. MENU 105/210 F. PENSION 290/500 F. DEMI-PENSION 190/350 F. FERME MI-DEC./MI-JANV., DIMANCHE SOIR, LUNDI ET FERIES SOIR. ⅈ E.

MORBIER 39400 MOREZ JURA 930 M. 2000 HAB.

* **LA ROUTE BLANCHE** M.MARILLIER ☎ 84.33.12.78 — 10 CH. 96/150 F. MENU 55/85 F.
PENSION 170/205 F. DEMI-PENSION 136/170 F. FERME 15/31 MAI, 15/31 OCT., ET DIMANCHE. ⓕ 🚲.

** **LES CLARINES** M.CRETIN ☎ 84.33.02.20 — 28 CH. 100/190 F. MENU 60/70 F. PENSION
190/235 F. DEMI-PENSION 150/195 F. FERME 15 AVR./15 JUIN, 15 SEPT./15 DEC. 🚲 ⅈ 🖼 ⓓ E ⅙ 🏠.

MORCENX 40110 LANDES 6000 HAB. S.I.

** **BELLEVUE** Mme.CAUPENNE ☎ 58.07.85.07 — 24 CH. 100/290 F. MENU 52/85 F. PENSION
213/272 F. DEMI-PENSION 143/262 F. FERME 1 JANV./14 MARS. RESTAURANT FERME SAMEDI ET DIMANCHE SOIR 1 OCT./31 DEC. ⓕ 🚗 🚲.

* **DU COMMERCE** 14 AV.FOCH M.ADAM ☎ 58.07.80.25 — 9 CH. 90 F. MENU 50 F. PENSION
180 F. DEMI-PENSION 150 F. ⅈ 🖼 ⓓ E.

MORESTEL 38510 ISERE 3000 HAB. S.I.

** **DE FRANCE** Mme VILLE ☎ 74.80.04.77 — 11 CH. 130/240 F. MENU 55/230 F. PENSION
260/290 F. DEMI-PENSION 202/230 F. FERME 15 NOV./10 DEC., DIMANCHE SOIR ET LUNDI. 🚗 ⅈ 🖼 ⓓ E CV.

** **DUBEUF** M. DUBEUF ☎ 74.80.06.22 — 20 CH. 90/220 F. 🍴 ⅈ 🖼 ⓓ E.

** **LE DOMAINE DE LA GARENNE** ROUTE DE SERMERIEU. M. GEORGES ☎ 74.80.31.14 —
21 CH. 140/260 F. MENU 75/230 F. PENSION 320/430 F. DEMI-PENSION 250/360 F. FERME DIMANCHE SOIR SAUF FETES. ⓕ 🛏 ✂ ⅈ 🖼 ⓓ E CV.

MORET-SUR-LOING 77250 SEINE-ET-MARNE 3555 HAB.

ec **HOSTELLERIE DU CHEVAL NOIR** 47, AV. JEAN JAURES. Mme HUBLET ☎
(1)60.70.50.20 – 13 CH. 90/250 F. MENU 75/175 F. PENSION 240/370 F. DEMI-PENSION
175/295 F. RESTAURANT FERME DIMANCHE SOIR ET LUNDI. ⚏.

MOREY-SAINT-DENIS 21220 GEVREY-CHAMBERTIN COTE-D'OR 900 HAB.

** **CASTEL TRES GIRARD** M.JARLOT ☎ 80.34.33.09 – 12 CH. 180/350 F. MENU 90/150 F.
▱ ⌂ ⚏ A4 ⓞ E.

MOREZ 39400 JURA 750 M. 8000 HAB. S.I.

* **CENTRAL MODERN HOTEL** 106, RUE DE LA REPUBLIQUE. Mme CARON ☎ 84.33.03.07 –
▱ 42 CH. 74/160 F. MENU 45/140 F. PENSION 205/260 F. DEMI-PENSION 140/180 F. FERME 15
JUIL./14 AOUT, ET SAMEDI HS. F ⌂ ⚏ E CV ⚿.

** **DE LA POSTE** 165 RUE DE LA REPUBLIQUE M.ADENOT ☎ 84.33.11.03 – 44 CH. 68/175 F.
MENU 65/180 F. PENSION 255/325 F. DEMI-PENSION 190/256 F. FERME 25 NOV./25 DEC.
RESTAURANT FERME LUNDI/MARDI. PRIX 1987. ⌂ ⚏ A4 ⓞ E CV ⚿.

MORHANGE 57340 MOSELLE 5652 HAB.

* **LA BELLE VUE** RUE DE LA GARE M.SCUR ☎ 87.86.20.40 – 12 CH. 98/136 F. MENU
40/100 F. PENSION 205/250 F. DEMI-PENSION 150/200 F. RESTAURANT FERME 23 DEC./5
JANV. ET LUNDI. F ⌂ ⚏ ⓞ E CV.

MORIENVAL 60127 OISE 950 HAB.

* **AUBERGE DU BON ACCUEIL** (CARREFOUR VAUDRAMPONT-MORIENVAL) M.DELACROIX
☎ 44.42.84.04 – 7 CH. 70/240 F. MENU 130/245 F. FERME 18/28 AOUT, 1/28 FEV., LUNDI
SOIR ET MARDI. F ⚏ E.

MORIERES-LES-AVIGNON 84310 VAUCLUSE 5800 HAB.

** **LE PARADOU** AV.LEON BLUM M.BESLAY ☎ 90.33.34.15 TELEX 432407 – 29 CH.
225/240 F. MENU 90/130 F. PENSION 315/430 F. DEMI-PENSION 225/340 F. FERME
DIMANCHE SOIR 1 OCT./31 MARS. PARKING FERME. F ⌂ ✗ ⚏ A4 ⓞ
E.

MORNANT 69440 RHONE 3500 HAB. S.I.

* **DE LA POSTE** 5, PLACE DE LA LIBERTE M.BAJARD ☎ 78.44.00.40 – 12 CH. 75/200 F.
▱ MENU 60/200 F. PENSION 200/300 F. DEMI-PENSION 155/265 F. RESTAURANT FERME 11/25
SEPT., 15/30 JANV., DIMANCHE SOIR ET LUNDI. F ⌂ ⚏ ⓞ E CV.

MORNAS 84420 VAUCLUSE 1800 HAB.

** **HOSTELLERIE DU BARON DES ADRETS** (ANCIENNE N7) M. PELLET ☎ 90.37.05.15 –
10 CH. 160/220 F. MENU 55/90 F. PARKING PRIVE. F ⌂ ⚏ A4 E CV ⚿.

** **LE MANOIR** (N. 7) M.CAILLET ☎ 90.37.00.79 TELEX 432462 – 25 CH. 210/240 F. MENU
70/140 F. PENSION 284/344 F. DEMI-PENSION 235/310 F. FERME 15/31 JANV., 15 NOV./8
DEC. ET DIMANCHE SOIR/MARDI MIDI. F ⌂ ⚏ E.

MORRE 25660 SAONE DOUBS 1000 HAB.

** **LE VIGNY** M. DUREUX ☎ 81.82.26.12 – 8 CH. 108/152 F. MENU 54/82 F. PENSION
232/254 F. DEMI-PENSION 178/210 F. FERME JANV., DIMANCHE SOIR ET LUNDI MIDI. ⚏
E.

MORTAGNE-AU-PERCHE 61400 ORNE 6000 HAB. S.I.

** **DU TRIBUNAL** 4,PL. DU PALAIS M. BIGOT ☎ 33.25.04.77 – 17 CH. 95/300 F. MENU
64/151 F. PENSION 185/370 F. DEMI-PENSION 145/185 F. F ⌂ ⚏ E.

*AF **LES VOYAGEURS** FAUBOURG SAINT-ELOI M.MOREAU ☎ 33.25.25.46 – 10 CH. 85/95 F.
MENU 49/120 F. PENSION 160 F. DEMI-PENSION 145 F. FERME 20 DEC./15 JANV., DIMANCHE
SOIR ET LUNDI SOIR. ⚏ A4 E.

MORTAGNE-SUR-GIRONDE   17120   COZES   CHARENTE-MARITIME
1200 HAB. S.I.

** **AUBERGE DE LA GARENNE** M. ROUGER ☎ 46.90.63.69 – 10 CH. 125/180 F. MENU
60/150 F. PENSION 205/240 F. DEMI-PENSION 170/200 F. FERME 1 NOV./31 MARS. ⚏ ⚏.

MORTAGNE-SUR-SEVRE 85290 VENDEE 5180 HAB. S.I.

*** **DE FRANCE ET LA TAVERNE** 4, PLACE DU Dr PICHAT. Ste HOFRAMO ☎
51.65.03.37/51.65.03.79 TELEX 711403 – 25 CH. 101/330 F. MENU 60/260 F. FERME 1/13
AOUT ET SAMEDI. F ⌂ ⚏ A4 ⓞ E CV ⚿ ⚿.

MORTAIN 50140 MANCHE 3030 HAB. S.I.

** **DE LA POSTE** 1 PLACE DES ARCADES M. EVEILLARD ☎ 33.59.00.05 – 29 CH. 100/190 F.
MENU 55/110 F. DEMI-PENSION 160/190 F. FERME 20 DEC./1 FEV., ET VENDREDI SOIR/SA-
MEDI SOIR. F ⌂ ✦ ⚏ E ⚿.

* **DES CASCADES** 16, RUE DU BASSIN. M. POULAIN ☎ 33.59.00.03 – 13 CH. 75/160 F.
MENU 39/140 F. PENSION 172/218 F. DEMI-PENSION 136/183 F. FERME 19 DEC./3 JANV.,
DIMANCHE SOIR ET LUNDI. ⚏ E.

MORTEAU 25500 DOUBS 750 M. 8500 HAB. S.I.

** **DE LA GUIMBARDE** 10, PL. CARNOT Mme.DEVOUGE ☎ 81.67.14.12 – 20 CH. 80/250 F.
MENU 80/180 F. PENSION 240/260 F. RESTAURANT FERME 1/31 OCT., ET LUNDI MIDI. ⌂
⚏ E.

MORTEMART 87330 MEZIERES HAUTE-VIENNE 200 HAB. S.I.

* **LE RELAIS** M.PRADEAU ☎ 55.68.12.09 – 6 CH. 80/145 F. MENU 57/127 F. PENSION
160 F. FERME VAC. SCOL. FEV., MARDI SOIR/MERCREDI HS, ET MERCREDI JUIL./AOUT. ⚏
E.

MORTEROLLES-SUR-SEMME 87250 BESSINES-SUR-GARTEMPE HAUTE-VIENNE 470 HAB. S.I.

AF **DU CENTRE** Mlle.GEFFARD ☎ 55.76.04.55 — 10 CH. 66/88 F. MENU 40/70 F. PENSION 130/100 F. DEMI-PENSION 115/135 F. FERME 9/31 JANV., 1 SEM. SEPT., DIMANCHE SOIR ET LUNDI HS. 🚗 ⓐⓔ **E.**

MORZINE 74110 HAUTE-SAVOIE 1000 M. 3000 HAB. S.I.

** **ALPINA** (BOIS-VENANTS). M. MARULLAZ ☎ 50.79.05.24 — 17 CH. 220/265 F. MENU 80/100 F. PENSION 220/265 F. DEMI-PENSION 200/245 F. Ⓕ 🚗 ⓧ **CV** ⓘ.

** **BEAU-REGARD** (LES BOIS-VENANTS) M.GROROD ☎ 50.79.11.05 — 33 CH. 160/260 F. MENU 80 F. PENSION 210/265 F. DEMI-PENSION 190/240 F. FERME HS. Ⓕ 🚗 🐾 **E CV.**

* **DES BRUYERES** M. DEFFERT ☎ 50.79.15.76 — 24 CH. MENU 70/75 F. PENSION 170/235 F. DEMI-PENSION 150/215 F. FERME 10 SEPT./15 DEC., 20 AVR./20 JUIN. Ⓕ **CV.**

** **L'EQUIPE** M.BEARD ☎ 50.79.11.43 — 30 CH. 240/300 F. MENU 85/100 F. PENSION 240/300 F. DEMI-PENSION 220/280 F. FERME 1 SEPT./15 DEC., 15 AVR./30 JUIN. Ⓕ 🚗 🚗 ⓘ ⓔ **CV.**

** **LA RENARDIERE** (ROUTE DES GETS) Mme.BONDAZ ☎ 50.79.03.50 — 16 CH. 170/220 F. FERME 20 AVR./15 JUIL., 15 SEPT./15 DEC. PISCINE CHAUFFEE ETE. Ⓕ 🚗 🚤 ✕ ⓧ.

** **LE LAURY'S** ROUTE DES ARDOISIERES. Mme FIGUEIREDO ☎ 50.79.06.10 — 9 CH. 150/200 F. MENU 50/103 F. PENSION 235/265 F. DEMI-PENSION 200/230 F. RESTAURANT FERME DIMANCHE HS. Ⓕ 🍴 ⓧ ⓐⓔ ⓘ **E CV.**

** **LE NEVE** M.DIDES ☎ 50.79.01.96 — 25 CH. 170/210 F. MENU 55/90 F. PENSION 170/240 F. DEMI-PENSION 170/240 F. Ⓕ 🚗 ⓘ ⓔ **E CV** ⓖ ⓘ.

** **LE SOLY-VARNAY** LE BOURG M.PASSAQUIN ☎ 50.79.09.45 — 19 CH. 135/250 F. MENU 72/115 F. PENSION 250/275 F. DEMI-PENSION 220/250 F. FERME 15 AVR./15 JUIN, 15 SEPT./15 DEC. Ⓕ 🚗 ⓘ ⓔ **E CV** ⓖ.

** **LES COTES** (A LA SALLE). M. MARULLAZ ☎ 50.79.09.96 — 20 CH. 190/230 F. MENU 70/75 F. PENSION 210/275 F. DEMI-PENSION 180/245 F. FERME 15 SEPT./20 DEC., 20 AVR./15 JUIN. SAUNA, SALLE DE MUSCULATION. Ⓕ 🚗 **CV.**

* **LES DENTS BLANCHES** (LA MURAILLE) M. TABERLET ☎ 50.79.08.42 — 18 CH. 125/135 F. MENU 66/75 F. PENSION 190/200 F. DEMI-PENSION 170/180 F. FERME 1 MAI/15 JUIN, 5 SEPT./15 DEC. Ⓕ ⓧ ⓐⓔ **E CV.**

ec **LES FLEURS** M. TROMBERT ☎ 50.79.11.30 — 20 CH. 190/210 F. MENU 55 F. PENSION 190/230 F. DEMI-PENSION 160/200 F. OUVERT SAISON ETE, HIVER. 🐾 ⓧ **E CV** ⓘ.

** **NEIGE ROC** LIEU-DIT LES PRODAINS. M. RICHARD ☎ 50.79.03.21 — 28 CH. 150/190 F. MENU 55/150 F. PENSION 200/260 F. DEMI-PENSION 170/220 F. FERME 20 AVR./20 JUIN, 30 AOUT/15 DEC. Ⓕ 🚗 🚗 ⓧ ⓐⓔ **E CV** ⓘ.

** **SPORTING HOTEL** M.PASSAQUIN ☎ 50.79.15.03 — 28 CH. 120/240 F. MENU 80/110 F. PENSION 230/305 F. DEMI-PENSION 200/275 F. FERME 15 AVR./25 JUIN, 5 SEPT./18 DEC. Ⓕ 🚗 🚗 ⓧ **CV** ⓖ ⓘ.

MOSTUEJOULS 12720 PEYRELEAU AVEYRON 100 HAB.

* **MAS DE LAFONT** R.N. 107 BIS Mme.MAS ☎ 65.62.60.40 — 10 CH. 62/80 F. MENU 45/72 F. PENSION 123/135 F. DEMI-PENSION 88/100 F. FERME 31 OCT./28 FEV. (PRIX 1987). ⓧ ⓐⓔ **CV** ⓖ.

MOTTE-BOURBON (LA) 86120 LES TROIS MOUTIERS VIENNE 190 HAB.

AF **AUBERGE DE LA DIVE** (SUR N. 147) Mme KACZMARECK ☎ 49.22.94.61 — 6 CH. 65/80 F. PENSION 140/160 F. FERME 1/24 AOUT ET SAMEDI. ⓧ ⓐⓔ.

MOTTE-D'AVEILLANS (LA) 38770 ISERE 900 M. 1800 HAB. S.I.

* **RIVAIL** Mme BOYENVAL ☎ 76.30.60.35 — 7 CH. 77/143 F. MENU 60/130 F. PENSION 152/190 F. DEMI-PENSION 108/172 F. FERME MARDI SOIR/MERCREDI SOIR. Ⓕ 🚗 ⓧ **E.**

MOUANS-SARTOUX 06370 ALPES-MARITIMES 7000 HAB. S.I.

* **LA PAIX** ROUTE NATIONAL M.SAUDINO ☎ 93.75.65.30 — 20 CH. 85/220 F. MENU 45 F. Ⓕ ⓧ ⓐⓔ ⓘ **E CV.**

MOUCHARD 39330 JURA 1290 HAB.

** **CHALET BEL AIR HOTEL** M. GATTO ☎ 84.37.80.34 — 7 CH. 98/228 F. MENU 98/250 F. RESTAURANT FERME 9/17 MARS, 23 NOV./15 DEC., MERCREDI ET JEUDI HORS VAC. SCOL. PARKING. Ⓕ ⓧ ⓐⓔ ⓘ **CV.**

MOUGINS 06250 ALPES-MARITIMES 12000 HAB. S.I.

** **LES LISERONS DE MOUGINS** 608, AV. ST-MARTIN (N.567). M. KIRSTETTER ☎ 93.75.50.31 — 21 CH. 190/260 F. MENU 84/129 F. PENSION 264/309 F. DEMI-PENSION 180/225 F. FERME DIMANCHE SOIR/LUNDI 1 NOV./PAQUES, ET RESTAURANT 14 NOV./15 DEC. 🚗 ⓧ **E.**

MOULINS 03000 ALLIER 27408 HAB. S.I.

** **LE PARC** 31, AV. GAL-LECLERC M.BARRET ☎ 70.44.12.25 — 26 CH. 140/280 F. MENU 70/180 F. FERME 1/15 OCT.,22 DEC./5 JANV. ET RESTAURANT SAMEDI. 🚗 🚗.

MOULINS (AVERMES pres) 03000 MOULINS ALLIER 3530 HAB.

** **DE LA TERRASSE** (SUR N.7, MOULINS NORD). M. DUBREUIL LOUIS-PIERRE ☎ 70.44.35.10 — 12 CH. 150/180 F. MENU 70/170 F. PENSION 285/315 F. DEMI-PENSION 180/250 F. FERME NOV. ET VENDREDI. CHAMBRES INSONORISEES. Ⓕ 🚗 ⓧ ⓖ.

MOULINS (COULANDON pres) 03000 ALLIER 563 HAB.

** **LE CHALET** M.HULOT ☎ 70.44.50.08 – 25 CH. 140/290 F. MENU 62/100 F. DEMI-PENSION 185/310 F. FERME 1 NOV./31 JANV. RESTAURANT OUVERT LE SOIR SEULEMENT. F Ⅲ ➍ E CV.

MOULINS-ENGILBERT 58290 NIEVRE 1730 HAB. S.I.

* **AU BON LABOUREUR** 15/17, PLACE BOUCAUMONT Mme LOREAU ☎ 86.84.20.55 – 21 CH. 68/185 F. MENU 49/100 F. PENSION 145/185 F. DEMI-PENSION 95/135 F. FERME 15 JOURS EN JANV. F ⅢI CV.

MOUSSY 51200 EPERNAY MARNE 800 HAB.

** **AUBERGE CHAMPENOISE** M. ARTHOZOUL ☎ 26.54.03.48 – 33 CH. 70/200 F. MENU 45/150 F. PENSION 155/190 F. DEMI-PENSION 125/160 F. F ♂ ➿ Ⅲ E.

MOUSTERLIN 29170 FOUESNANT FINISTERE 400 HAB.

** **DE LA POINTE DE MOUSTERLIN** (POINTE DE MOUSTERLIN). M. MORVAN ☎ 98.56.04.12
☞ – 47 CH. 82/320 F. MENU 68/175 F. PENSION 186/360 F. DEMI-PENSION 156/330 F. FERME 27 SEPT./1 MAI. ♂ ➿ Ⅲ E.

MOUSTOIR-REMUNGOL 56500 MORBIHAN 750 HAB.

* **LE RELAIS DE L'ILLYS** Mme ZICKENHEINER ☎ 97.39.80.73 – 7 CH. 75/110 F. MENU 45/90 F. PENSION 185/225 F. DEMI-PENSION 140/180 F. FERME LUNDI. F ✿ Ⅲ E CV.

MOUTHIER 25920 DOUBS 370 HAB. S.I.

** **LA CASCADE** Mme.SAVONET-MORLET ☎ 81.60.95.30 – 21 CH. 180/230 F. MENU 85/250 F. PENSION 240/280 F. DEMI-PENSION 180/240 F. FERME 1 DEC./1 FEV. ➿ ➿ Ⅲ &.

MOUTIER-ROZEILLE 23200 AUBUSSON CREUSE 500 HAB.

** **AU PETIT VATEL** M.KNEPPERT ☎ 55.66.13.15 – 11 CH. 58/200 F. MENU 52/200 F. PEN-
☞ SION 170/230 F. DEMI-PENSION 140/190 F. FERME 20 DEC./25 JANV., VENDREDI SOIR ET SAMEDI HS. F ✿ Ⅲ E.

MOUTIERS 73600 SAVOIE 5000 HAB. S.I.

** **AUBERGE DE SAVOIE** M. ELIA ☎ 79.24.20.15/79.24.32.37 – 20 CH. 180/240 F. MENU 62/140 F. RESTAURANT FERME SAMEDI HS, ET LUNDI EN SAISON. Ⅲ CV.

* **LES ROCHES BRUNES** 403 FG DE LA MADELEINE M.PERSON ☎ 79.24.20.67 – 15 CH. 70/95 F. MENU 55/85 F. PENSION 160/178 F. DEMI-PENSION 140/155 F. FERME 1/15 MAI, 1/11 NOV. ET DIMANCHE. F ➿ Ⅲ CV.

MOUX 58230 MONTSAUCHE NIEVRE 708 HAB. S.I.

AF **BEAU SITE** M. MARGALIDA ☎ 86.76.11.75 – 24 CH. 78/190 F. MENU 48/138 F. PENSION 150/190 F. DEMI-PENSION 133/180 F. FERME 19 DEC./15 FEV., DIMANCHE SOIR ET LUNDI SOIR 15 NOV./ 20 MARS., RESTAURANT FERME 19 DEC./30 JANV. ➿ ➒ E.

MOYENMOUTIER 88420 VOSGES 3854 HAB.

* **HOSTELLERIE DE L'ABBAYE** 33,RUE DE L'HOTEL.DE VILLE M.TRABACH ☎ 29.41.54.31
☞ – 12 CH. 75/160 F. MENU 60/120 F. PENSION 145/180 F. DEMI-PENSION 110/140 F. FERME 15/23 FEV., 30 SEPT./7 NOV., DIMANCHE SOIR ET LUNDI 31 AOUT/30 JUIN. Ⅲ ➒ ➒
E.

MOYRAZES 12160 BARAQUEVILLE AVEYRON 730 M. 1130 HAB.

AF **DU CENTRE** M. MAZENQ ☎ 65.69.35.54 – 5 CH. 70/80 F. MENU 45/65 F. PENSION 120/130 F. DEMI-PENSION 90/100 F. FERME 1ERE SEMAINE SEPT. ➿.

MUGRON 40250 LANDES 1460 HAB. S.I.

* **LOU CHABROT** M. SOURIGUES ☎ 58.97.71.87 – 7 CH. 130/150 F. MENU 45/100 F. PEN-
☞ SION 160/185 F. DEMI-PENSION 120/140 F. FERME 1/15 FEV. ET LUNDI APRES-MIDI. F Ⅲ ➒ E CV.

MUHLBACH-SUR-MUNSTER 68380 METZERAL HAUT-RHIN 600 M. 950 HAB.

** **BENZ** 1 RUE DU SENDENBACH Mme ERTLE-BENZ. ☎ 89.77.60.76 – 19 CH. 90/220 F. MENU 58/160 F. PENSION 175/220 F. DEMI-PENSION 140/180 F. FERME 2 JANV./2 FEV. F ➿ ➿ ➒ E CV.

** **PERLE DES VOSGES** 22 ROUTE DU GASCHNEY M.BENZ-ERTLE ☎ 89.77.61.34 – 40 CH. 90/240 F. MENU 58/160 F. PENSION 195/240 F. DEMI-PENSION 150/190 F. FERME 2 JANV./2 FEV. F ➿ ➿ ➒ E CV & ⅷ.

MUIDES-SUR-LOIRE 41500 MER LOIR-ET-CHER 1000 HAB. S.I.

** **AUBERGE LA CHAUMETTE** M.FOUCQUETEAU ☎ 54.87.50.97/54.87.50.15 – 19 CH. 135/250 F. MENU 64/180 F. PENSION 252/280 F. DEMI-PENSION 164/210 F. FERME 20
☞ DEC./10 JANV., ET DIMANCHE SOIR 15 NOV./1 AVR. F Ⅲ ➒ ➒ E CV.

MULHOUSE 68200 HAUT-RHIN 150000 HAB. S.I.

* **PAON D'OR** 13, AV. DE COLMAR M.KRUG ☎ 89.45.34.41 TELEX 881720 – 25 CH. 90/210 F. ✕ Ⅲ ➒ E CV.

** **WIR** 1, PORTE DE BALE Mme WIR ☎ 89.56.13.22 TELEX 881720 – 39 CH. 125/235 F. MENU 72/300 F. RESTAURANT FERME 25 JUIN/25 JUIL., ET VENDREDI. Ⅲ ➒ ➒ E ⅷ.

MUNSTER 68140 HAUT-RHIN 5000 HAB. S.I.

* **A LA SCHLUCHT** 4 RUE DE LUTTENLOCH M.SIROP ☎ 89.77.32.48 – 18 CH. 130/190 F.
☞ MENU 40/200 F. PENSION 177/290 F. DEMI-PENSION 140/165 F. FERME 1 NOV./1 DEC., VEN-
DREDI ET DIMANCHE SOIR. F ➿ Ⅲ E CV.

MUNSTER (suite)

** **AU VAL SAINT GREGOIRE** MM. WILDPRETT ET WEINRYB ☎ 89.77.36.22 – 30 CH. 95/215 F. MENU 65/145 F. PENSION 195/250 F. DEMI-PENSION 130/185 F. FERME 2/20 DEC., 4/28 JANV. ET MERCREDI. PARKING COUVERT. F 🚗 ⚓ E CV.

** **AUX DEUX SAPINS** 49, RUE DU 9eme ZOUAVE. M. ROUSSELET ☎ 89.77.33.96 TELEX 870560 – 19 CH. 150/250 F. MENU 50/150 F. PENSION 235/285 F. DEMI-PENSION 185/235 F. FERME 15 NOV./15 DEC., ET MARDI HS. F ⚓ 🛏 ● E CV 🖿 🖼.

** **DE LA CIGOGNE** 4, PLACE DU MARCHE M.PULTAR ☎ 89.77.32.27 – 10 CH. 92/200 F. MENU 65/220 F. DEMI-PENSION 170/220 F. FERME DIMANCHE SOIR ET LUNDI. F 🛏 ⚓ E.

** **DES VOSGES** 58 GRAND RUE M.WENDLING ☎ 89.77.31.41 – 13 CH. 130/230 F. FERME 22 FEV./7 MARS, 18 AVR./10 MAI. SNACK FERME LUNDI. SNACK. 🛏 ⚓.

** **VERTE VALLEE** 10, RUE ALFRED HARTMANN. M. GAUTIER ☎ 89.77.15.15 TELEX 870586 – 72 CH. 200/230 F. MENU 65/160 F. PENSION 205/290 F. DEMI-PENSION 190/260 F. FERME 13/28 JANV. ⚓ 🖼 ● E & 🖿.

MUR-DE-BARREZ 12600 AVEYRON 780 M. 1380 HAB. S.I.

** **AUBERGE DU BARREZ** M. GAUDEL ☎ 65.66.00.76 TELEX 530366 – 10 CH. 160/180 F. MENU 48/145 F. PENSION 205/245 F. DEMI-PENSION 170/205 F. FERME 1/31 JANV. RESTAURANT FERME LUNDI. F 🚗 ⚓ E &.

MUR-DE-SOLOGNE 41230 LOIR-ET-CHER 1100 HAB. S.I.

** **DU BROCARD** RUE DE BLOIS. M. GIRAULT ☎ 54.83.90.29 – 22 CH. 110/220 F. MENU 47/165 F. PENSION 170/226 F. DEMI-PENSION 125/180 F. ⚓ E.

MURAT 15300 CANTAL 930 M. 3000 HAB. S.I.

** **LES MESSAGERIES** 18, AV. DOCTEUR LOUIS MALLET. M. HUGON ☎ 71.20.04.04 – 24 CH. 110/185 F. MENU 55/150 F. PENSION 160/200 F. DEMI-PENSION 130/175 F. FERME 10 NOV./25 DEC. 🖼 ● E 🖿.

MURAZ (LA) 74560 MONNETIER-MORNEX HAUTE-SAVOIE 630 M. 436 HAB.

* **DE L'UNION** M.JANIN ☎ 50.94.51.97 – 10 CH. 91/170 F. MENU 50/90 F. PENSION 137/157 F. DEMI-PENSION 98/140 F. FERME JANV., 5/25 SEPT. F ⚓ 🖼 ● E.

MURBACH 68530 BUHL HAUT-RHIN 750 M. 90 HAB.

*** **AUBERGE LANGMATT** LANGMATT-MURBACH M. BISEL ☎ 89.76.21.12 – 18 CH. 370/520 F. MENU 80/265 F. DEMI-PENSION 375/450 F. RESTAURANT FERME MERCREDI HS. PISCINE INT.CHAUFFEE,SAUNA,SOLARIUN,SALLE GYMNAST.AMENAGEE. 🚗 ⚓ 🖼 E.

MURE (LA) 38350 ISERE 900 M. 7000 HAB. S.I.

* **HELME** 51,AV. DU 22 AOUT 1944 M. HELME ☎ 76.81.01.96 – 10 CH. 50/120 F. MENU 40/75 F. PENSION 115 F. DEMI-PENSION 105 F. FERME 8 AOUT/1 SEPT. ET SAMEDI SAUF POUR GROUPES. 🛏 ⚓ 🖼 E CV.

MURET (LE) 40110 PISSOS LANDES 655 HAB.

* **LE CARAVANIER** M.LAFARGUE ☎ 58.07.72.14 – 10 CH. 65/205 F. 🛏 ✕ ⚓ 🖼 ● E CV &.

** **LE GRANDGOUSIER** SUR N.10 Mme BARDOT ☎ 58.07.72.17/58.07.72.19 – 25 CH. 185/330 F. MENU 65/170 F. PENSION 230/250 F. DEMI-PENSION 170/190 F. FERME LUNDI 15 SEPT./15 JUIN. ⚓ 🖼 ● E.

MURET-LE-CHATEAU 12330 MARCILLAC AVEYRON 600 M. 207 HAB.

* **AUBERGE DU CHATEAU** M. MOUSSAC-COSTES ☎ 65.74.92.62 – 10 CH. FERME 1 OCT./1 MAI. RESTAURANT FERME SAMEDI. PRIX NON COMMUNIQUES. 🛏 ⚓ 🖼 ● E.

MUROL 63790 PUY-DE-DOME 840 M. 620 HAB. S.I.

** **DE PARIS** PLACE HOTEL DE VILLE M. PLANEIX ☎ 73.88.60.09 – 22 CH. 75/130 F. MENU 45/90 F. PENSION 130/175 F. DEMI-PENSION 110/155 F. FERME FIN SEPT./VAC. FEV., SAUF WEEK-ENDS JANV. GROUPES. F ⚓ E CV.

** **DES PINS** Mme.SIMON ☎ 73.88.60.50 – 31 CH. 100/205 F. MENU 50/85 F. PENSION 168/220 F. DEMI-PENSION 153/205 F. FERME 30 SEPT./1 MAI.

** **DU PARC** M.TEYSSIER ☎ 73.88.60.08/73.88.65.14 – 39 CH. 90/260 F. MENU 75/120 F. PENSION 230/300 F. DEMI-PENSION 165/250 F. FERME 14 OCT./28 AVR. OUVERTURES POUR GROUPES/SEMINAIRES SUR DEMANDE. F 🚗 ♂ ⚓ E.

* **DU TARTARET** M.PONS ☎ 73.88.60.28 – 18 CH. 86/128 F. MENU 55/80 F. PENSION 155/180 F. DEMI-PENSION 135/160 F. FERME 30 SEPT./1 FEV. ⚓ E CV.

MUROL (BEAUNE-LE-FROID) 63790 PUY-DE-DOME 1050 M. 150 HAB. S.I.

* **RELAIS DES MONTAGNES** Mlle.BOUCHE ☎ 73.88.61.48 – 12 CH. 69/132 F. MENU 41/60 F. PENSION 140/175 F. DEMI-PENSION 110/150 F. FERME 1 OCT./1 FEV. ⚓ 🖼 E.

MUS 30121 GARD 565 HAB.

** **AUBERGE DE LA PAILLERE** AVE DU PUITS-VIEUX Mlle NADALLE ☎ 66.35.13.33/66.35.08.25 – 8 CH. 178/390 F. MENU 135 F. DEMI-PENSION 210 F. F 🖼 ● E &.

MUSSIDAN 24400 DORDOGNE 3500 HAB. S.I.

** **DU MIDI** AVE DE LA GARE M.GASIS ☎ 53.81.01.77 – 10 CH. 135/230 F. MENU 60/150 F. PENSION 190/250 F. DEMI-PENSION 150/200 F. FERME 15/30 AVR., 4/21 NOV., VENDREDI SOIR ET SAMEDI HS. PISCINE DE PLEIN AIR CHAUFFEE. F 🛏 ⚓ E CV.

MUTZIG **67190** BAS-RHIN 5000 HAB.

** **HOSTELLERIE DE LA POSTE** 4 PLACE DE LA FONTAINE M. PFEIFFER ☎ 88.38.38.38 –
19 CH. 100/210 F. MENU 75/150 F. PENSION 318/428 F. DEMI-PENSION 218/328 F. ⚔ E.

MUZILLAC **56190** MORBIHAN 3500 HAB. S.I.

** **AUBERGE DE PEN MUR** ROUTE DE VANNES M.MINOCHE ☎ 97.41.67.58 – 24 CH. 88/260 F.
MENU 63/135 F. PENSION 190/270 F. DEMI-PENSION 135/220 F. FERME DIMANCHE SOIR 1
OCT./1 AVR. 🇫 ⚔ 🅿 ⊕ E CV.

N

NAGES **81320** MURAT-SUR-VEBRE TARN 800 M. 300 HAB.

* **L'ESCAPADE** Mme CAVAILLES ☎ 63.37.40.51 – 12 CH. PRIX NON COMMUNIQUES. ⚔ E.

NAJAC **12270** AVEYRON 350 M. 500 HAB. S.I.

** **BELLE RIVE** (AU ROC DU PONT) M.MAZIERES ☎ 65.29.73.90 – 30 CH. 160/185 F. MENU
60/150 F. PENSION 215/225 F. DEMI-PENSION 175/185 F. FERME 15 OCT./1 AVR. 🇫 ⚔
⚔ 🅿 ⊕.

** **L'OUSTAL DEL BARRY** PLACE DU BOURG M.MIQUEL ☎ 65.29.74.32 – 21 CH. 110/194 F.
MENU 90/230 F. PENSION 190/230 F. DEMI-PENSION 160/200 F. FERME 1 NOV./20 MARS, ET
LUNDI EN MARS, AVR., OCT., SAUF JOURS FERIES. 🇫 ✂ ⚔ ⚔ & 🅿.

NAMBSHEIM **68740** FESSENHEIM HAUT-RHIN 345 HAB.

*AF **AUX DEUX CLEFS** M.BADER WILLIG ☎ 89.48.60.21 – 19 CH. 70/140 F. MENU 35/120 F.
PENSION 156/185 F. DEMI-PENSION 121/150 F. FERME 24 DEC./15 JANV. RESTAURANT FERME
VENDREDI ET DIMANCHESOIR.

NANCY **54000** MEURTHE-ET-MOSELLE 99300 HAB. S.I.

* **LE PIROUX** 12, RUE RAYMOND POINCARE. Mme SACCARD ☎ 83.32.01.10 – 24 CH. 90/150 F.
MENU 60/75 F. PENSION 230/280 F. DEMI-PENSION 170/220 F. FERME 14 JUIL./15 AOUT, 24
DEC./1 JANV., SAMEDI ET DIMANCHE ⚔ E.

NANGIS **77370** SEINE-ET-MARNE 7005 HAB.

** **HOSTELLERIE LE DAUPHIN** 14, RUE DU DAUPHIN. M. VASCHALDE ☎
(1)64.08.00.27/(1)64.08.03.57 – 12 CH. 90/200 F. MENU 70/120 F. FERME 20 DEC./5 JANV. ET
DIMANCHE SOIR. ⚔ E.

NANS-SOUS-SAINTE-ANNE **25330** AMANCEY DOUBS 0 M. 141 HAB.

* **DE LA POSTE** M. TRIPARD ☎ 81.86.62.57 – 11 CH. 84/134 F. MENU 42/110 F. PENSION
152/180 F. DEMI-PENSION 122/150 F. FERME 1 NOV./15 JANV., 1/15 MARS, ET MARDI HS.
⚔.

* **NOUVEL HOTEL** MM. CAUDOUX ☎ 81.86.61.26 – 9 CH. 80/100 F. MENU 44/105 F. PENSION
140/160 F. DEMI-PENSION 110/130 F. FERME 15 DEC./1 MARS. ⚔ 🅿 E

NANTEUIL-SUR-MARNE **77730** SEINE-ET-MARNE 305 HAB.

*AF **AUBERGE DU LION D'OR** 2 RUE DU BAC M. MASSON ☎ 60.23.62.21 – 7 CH. 75/150 F.
MENU 54/120 F. PENSION 155 F. DEMI-PENSION 125 F. FERME 15 FEV./15 MARS. ET JEUDI.
⚔ E.

NANTUA **01130** AIN 3800 HAB. S.I.

** **DE LYON** 19 RUE DU DOCTEUR MERCIER M.PRAT ☎ 74.75.17.09 – 18 CH. 120 F. MENU
85/180 F. FERME 1ERE SEMAINE JUIN, 1/30 NOV., DIMANCHE SOIR ET LUNDI. ⚔ ⚔ ⚔
E.

** **EMBARCADERE** M.JANTET ☎ 74.75.22.88 – 50 CH. 180/260 F. MENU 95/230 F. PENSION
300/320 F. DEMI-PENSION 220/240 F. FERME 20 DEC./20 JANV., 30 AVR./8 MAI, RESTAURANT
FERME LUNDI ⚔ ⚔ 🅿 ⊕ E.

NARBONNE **11100** AUDE 42200 HAB. S.I.

** **CROQUE CAILLE** ROUTE DE PERPIGNAN, A 3 km. M. ESTARELLA ☎ 68.41.29.69 – 10 CH.
188/350 F. MENU 55/120 F. DEMI-PENSION 170 F. FERME 23 DEC./3 JANV., DIMANCHE HS. ET
RESTAURANT FERME DIMANCHE EN SAISON. PARKING FERME. ⚔ 🅿 ⊕ E.

** **DU MIDI** 4, AV. DE TOULOUSE M.OLIVA ☎ 68.41.04.62 TELEX 500401F – 47 CH. 115/210 F.
MENU 55/130 F. DEMI-PENSION 145/170 F. HOTEL FERME 15 DEC./10 JANV., RESTAURANT
FERME 15 DEC./15 JANV. ET DIMANCHE. 🇫 ⚔ ⚔ 🅿 ⊕ E 🅖.

** **LE LION D'OR** 39, AVENUE PIERRE SEMARD M. BONNET ☎ 68.32.06.92 – 27 CH. 155/200 F.
MENU 70/140 F. PENSION 265/318 F. DEMI-PENSION 193/248 F. RESTAURANT FERME 10/28
NOV., 2/22 JANV., VENDREDI SOIR SAMEDI MIDI, DIMANCHE SOIR ET HOTEL FERME DIMANCHE
HS. 🇫 ⚔ ⚔ 🅿.

NARBONNE-PLAGE **11100** AUDE 450 HAB. S.I.

** **GRAND HOTEL LA CARAVELLE** Bld DU FRONT DE MER Mme BOYER ☎ 68.49.80.38 –
24 CH. 150/200 F. MENU 80/190 F. DEMI-PENSION 180/205 F. FERME 1 OCT./1 MAI. ⚔
⚔ E.

** **L'OASIS** BLD DU FRONT DE MER M.GRILLERE ☎ 68.49.80.12 – 20 CH. 130/250 F. MENU
59/125 F. DEMI-PENSION 145/205 F. HOTEL FERME 15 OCT./1 AVR. ET RESTAURANT FERME 30
SEPT./1AVR 🇫 ⚔ ⚔ 🅿 ⊕ E CV.

NASBINALS (PONT DE GOURNIER) **48260** LOZERE 1063 M. 200 HAB.
S.I.

** **RELAIS DE L'AUBRAC** M. PAGES ☎ 66.32.52.06 – 19 CH. 140/180 F. MENU 50/160 F. PEN-
SION 200/220 F. DEMI-PENSION 150/170 F. FERME 15 NOV./16 DEC. 🇫 CV.

NATZWILLER 67130 SCHIRMECK BAS-RHIN 650 M. 800 HAB.

* **METZGER** M. METZGER ☎ 88.97.02.42 — 10 CH. 140/150 F. MENU 45/160 F. PENSION
  180/185 F. DEMI-PENSION 155/160 F. FERME 15 JOURS MI-JANV., 15 JOURS MI-MARS ET
  LUNDI SAUF JUIL.,AOUT ET FEV. 🛏 🎮 CV.

NAUCELLE 12800 AVEYRON 2500 HAB. S.I.

* **UNAL** M. UNAL ☎ 65.69.21.21 — 12 CH. 80/150 F. MENU 45/150 F. DEMI-PENSION
  100/160 F. FERME NOV., DIMANCHE SOIR ET LUNDI. �F 🛏 🎮 🖅 E.

NAVACELLES 34520 LE CAYLAR HERAULT 29 HAB.

AF **AUBERGE DE LA CASCADE** (CIRQUE DE NAVACELLE) M.VERNAY ☎ 67.81.50.95 — 5 CH.
  155/340 F. MENU 67/115 F. PENSION 235/260 F. DEMI-PENSION 205 F. FERME JANV., FEV. ET
  JEUDI, EN HIVER SUR RESERVATION UNIQUEMENT.

NAVES 19460 CORREZE 2000 HAB.

AF **BETAILLOULOUX** M. BETAILLOULOUX ☎ 55.26.62.42 — 11 CH. 80/120 F. MENU
  50/120 F. PENSION 160/180 F. DEMI-PENSION 135/155 F. FERME 24 DEC./2 JANV. �F
  🎮 CV.

** **L'AUBERGE DE LA ROUTE** SUR N. 120. M. SALESSE ☎ 55.26.62.02 — 22 CH. 70/180 F.
  MENU 55/120 F. PENSION 200 F. DEMI-PENSION 160 F. FERME 2/21 JANV., ET DIMANCHE
  SOIR 15 OCT./PAQUES. �F 🛏 🎮 🖅 ● E.

NAVES-PARMELAN 74370 PRINGY HAUTE-SAVOIE 640 M. 500 HAB.

* **PANISSET** M.PANISSET ☎ 50.60.64.38 — 12 CH. 80/140 F. MENU 60/100 F. PENSION
  120/160 F. FERME 6/30 SEPT. �F 🎮 🖅 ● E CV.

NAY 64800 PYRENEES-ATLANTIQUES 3500 HAB. S.I.

** **AUBERGE CHEZ LAZARE** (ROUTE D'ARUDY) M.CASTAGNET ☎ 59.61.05.26 — 7 CH.
  110/170 F. MENU 60/100 F. DEMI-PENSION 160/170 F. FERME 20 JUIL./10 AOUT ET RESTAU-
  RANT FERME DIMANCHE. �F 🎮 E.

** **DES VOYAGEURS** 12 PLACE MARCADIEU M. LARRUHAT ☎ 59.61.04.69 — 22 CH.
  120/170 F. MENU 46/98 F. PENSION 180/200 F. DEMI-PENSION 165/185 F. �F 🛗.

NAYRAC (LE) 12190 ESTAING AVEYRON 707 M. 600 HAB.

* **AUBERGE FLEURIE** M. VAYSSADE ☎ 65.44.41.18 — 8 CH. PRIX NON COMMUNIQUES.
  🎮 CV.

NEANT-SUR-YVEL 56430 MAURON MORBIHAN 870 HAB. S.I.

* **AUBERGE TABLE RONDE** M.MORICE ☎ 97.93.03.96/97.93.03.97 — 10 CH. 102/170 F.
  MENU 44/145 F. PENSION 155/190 F. DEMI-PENSION 143/155 F. FERME JANV., DIMANCHE
  SOIR ET LUNDI HS. �F 🛏 ● CV.

NEAU 53150 MONTSURS MAYENNE 680 HAB.

** **DE LA CROIX VERTE** 2 RUE D'EVRON M.ARNAUD ☎ 43.98.23.41 — 14 CH. 90/150 F.
  MENU 50/160 F. PENSION 150/170 F. DEMI-PENSION 135/145 F. FERME VAC. SCOL. FEV.,
  DIMANCHE SOIR ET LUNDI 15 SEPT. / 30 AVR. 🎮 E.

NERAC 47600 LOT-ET-GARONNE 7644 HAB. S.I.

** **D'ALBRET** 40, ALLEE D'ALBRET M.CAPES ☎ 53.65.01.47 TELEX 560800 — 18 CH.
  120/250 F. MENU 48/200 F. FERME 1/30 SEPT., ET LUNDI OCT./MAI. �F 🎮 E
  CV.

** **DU CHATEAU** 7, AV. MONDENARD M.WILLY SEIDE ☎ 53.65.09.05 TELEX 560800 — 20 CH.
  85/220 F. MENU 57/170 F. FERME 1/30 OCT. RESTAURANT FERME DIMANCHE SOIR ET LUNDI
  MIDI 1 NOV./30 JUIN. 🎮 E CV.

NERIS-LES-BAINS 03310 ALLIER 360 M. 3000 HAB. S.I.

* **DU CENTRE** 10 RUE DU CAPITAINE MIGAT M.HUGUET ☎ 70.03.10.74 — 22 CH. 80/130 F.
  MENU 48/55 F. PENSION 140/190 F. FERME 4 OCT./11 AVR. �F.

* **DU PARC DES RIVALLES** 7 RUE PARMENTIER M. DAUREYRE ☎ 70.03.10.50 — 28 CH.
  50/180 F. MENU 55/220 F. PENSION 172/292 F. FERME 8 OCT./25 AVR. 🛏 🎮 🛗.

** **LE GARDEN** 12 AVENUE MARX DORMOY M.LAMOINE ☎ 70.03.21.16 — 19 CH. 150/220 F.
  MENU 60/150 F. PENSION 250/280 F. DEMI-PENSION 210/240 F. FERME 20 OCT./10
  NOV.,5/20 JANV. ET VENDREDI - DIMANCHE SOIR 10 NOV./10 AVR. �F 🛏 🎮 🎮
  E CV.

NERONDES 18350 CHER 1300 HAB.

* **LE LION D'OR** M.BOUTILLON ☎ 48.74.87.81 — 14 CH. 80/140 F. MENU 45/100 F. PEN-
  SION 160 F. FERME 11/20 SEPT., 11 DEC./11 JANV., DIMANCHE APRES-MIDI, ETJOURS FERIES
  APRES-MIDI. 🎮.

NEUBOURG (LE) 27110 EURE 3600 HAB. S.I.

** **AU GRAND SAINT MARTIN** M. LACHAUX-MARTINET ☎ 32.35.04.80 — 10 CH. 70/170 F.
  MENU 40/70 F. PENSION 265 F. DEMI-PENSION 195 F. FERME 1ERE QUINZ. JUIN, 1ERE QUINZ.
  SEPT., ET JEUDI. 🎮 E CV.

NEUF-BRISACH 68600 HAUT-RHIN 2500 HAB. S.I.

** **DU CERF** 11 ROUTE DE STRASBOURG M.SCHMIDT ☎ 89.72.56.03 — 30 CH. 197/240 F.
  MENU 45/240 F. DEMI-PENSION 180/185 F. FERME 20 DEC./15 JANV., ET VENDREDI/SAMEDI
  MATIN HS. �F 🎮 E.

** **DU SOLEIL** M. STOECKLE ☎ 89.72.51.28 — 24 CH. 65/170 F. MENU 60/200 F. PENSION
  150/230 F. DEMI-PENSION 120/200 F. FERME DIMANCHE SOIR ET LUNDI. �F 🎮 🖅
  E.

NEUFCHATEAU 88300 VOSGES 9086 HAB. S.I.

AF **AUBERGE DU P'TIT CHEF** 58, AV. DE LA DIVISION. M. HEPPI ☎ 29.94.08.17 — 5 CH.
  130/150 F. MENU 50/130 F. PENSION 238/258 F. DEMI-PENSION 198/218 F. FERME
  DIMANCHE SOIR ET LUNDI. �F 🎮 E.

NEUFCHATEL·EN·BRAY 76270 SEINE-MARITIME 6140 HAB. S.I.
* ** **LES AIRELLES** 2, PASSAGE MICHU. M. DIOMARD ☎ 35.93.14.60 — 14 CH. 90/200 F.
MENU 56/120 F. PENSION 200/240 F. DEMI-PENSION 180/220 F. FERME 18/30 FEV., 15/30
OCT. ET MERCREDI. ☲ E.

NEUILLY·EN·THELLE 60530 OISE 2200 HAB.
* **ec** **AUBERGE DU CENTRE** M. TESSIER ☎ 44.26.70.01 — 8 CH. 85/100 F. MENU 50/80 F.
FERME 15/28 DEC., AOUT, ET LUNDI. ☲ ☲.

NEUILLY·L'EVEQUE 52360 HAUTE-MARNE 700 HAB.
* ***AF* **DE BOURGOGNE** M. LAPEYRE ☎ 25.84.00.36 — 18 CH. 70/170 F. MENU 35/90 F. ☲
E.

NEUNG·SUR·BEUVRON 41210 LOIR-ET-CHER 1195 HAB.
* * **LES TILLEULS** PLACE ALBERT PRUDHOMME. M. LERCK ☎ 54.83.63.30 — 7 CH. 85/121 F.
MENU 50/115 F. PENSION 200/220 F. DEMI-PENSION 135/150 F. FERME FEV., MARDI SOIR ET
MERCREDI HS. ☶ ☲ E.

NEUSSARGUES 15170 CANTAL 810 M. 1300 HAB. S.I.
* * **DES VOYAGEURS** M.COSTE ☎ 71.20.52.05 — 20 CH. 70/135 F. MENU 50 F. PENSION
130/145 F. FERME DEC. ET DIMANCHE. ☱ ☲ ☲ E.

NEUVEGLISE 15260 CANTAL 938 M. 1100 HAB. S.I.
* ** **CENTRAL HOTEL** M. LESCURIER D'ESPERIERES ☎ 71.23.81.28 — 20 CH. 75/140 F. MENU
45/145 F. PENSION 160/190 F. DEMI-PENSION 130/160 F. FERME 1/15 OCT. ☱ ☲
☲ E.
* * **DE LA POSTE** M.CHADELAT ☎ 71.23.80.66 — 25 CH. 90/180 F. MENU 45/100 F. PENSION
140/180 F. DEMI-PENSION 120/160 F. ☱ ☲ ☲ E &.
* ** **RELAIS DE LA POSTE** (A CORDESSE). M. CHADELAT ☎ 71.23.82.32 — 4 CH. 90/200 F.
MENU 50/120 F. PENSION 140/180 F. DEMI-PENSION 120/160 F. ☱ ☲ ☲ E.

NEUVIC 19160 CORREZE 620 M. 2274 HAB. S.I.
* * **DU LAC** M. WATSON ☎ 55.95.81.43 — 14 CH. 130/190 F. MENU 58/85 F. PENSION
210/230 F. DEMI-PENSION 170/190 F. FERME 1 OCT./14 AVR. ♂ ☲ E.

NEUVILLE 37110 CHATEAU-RENAULT INDRE-ET-LOIRE 400 HAB.
* ** **AUBERGE DE LA DILIGENCE** (LA LIMITE RN. 10) M.PELLE ☎ 47.56.28.11 — 8 CH.
100/180 F. MENU 50/170 F. PENSION 160/210 F. DEMI-PENSION 130/160 F. FERME 15/28
FEV., 15/30 SEPT., ET SAMEDI HS. ☱ ☶ ☲ ☲ E.

NEUVILLE·LES·DAMES 01400 AIN 1070 HAB. S.I.
* * **DU MIDI** M.NOBLET ☎ 74.55.60.26 — 7 CH. 100/200 F. MENU 55/150 F. DEMI-PENSION
180/200 F. FERME NOV./AVR., ET MERCREDI. ☲ ☲ ☲ E.

NEUVILLE·LEZ·BEAULIEU (LA) 08380 SIGNY·LE·PETIT ARDENNES
400 HAB.
* ** **MOTEL DU BOIS** (SUR N. 43) M.DUBOIS ☎ 24.54.32.55 — 10 CH. 100/180 F. MENU
35/120 F. PENSION 200 F. DEMI-PENSION 150 F. FERME 15 DEC./1 FEV. ET RESTAURANT
FERME LUNDI MIDI SAUF FETES. ☲ ☲ ☲ E.

NEUVY·SUR·BARANGEON 18330 CHER 1300 HAB.
* * **LE CHEVAL ROUGE** 2 PLACE DU MARCHE M.JACQUEMIN ☎ 48.51.62.15 — 9 CH.
85/160 F. MENU 53/120 F. PENSION 200/450 F. DEMI-PENSION 150/300 F. FERME 1/25
MARS, 15/25 SEPT., ET JEUDI. ☱ ☲.

NEUVY·SUR·LOIRE 58450 NIEVRE 1140 HAB. S.I.
* * **DE LA GAIETE** M.VALLET ☎ 86.39.20.55 — 19 CH. 90/190 F. MENU 72/140 F. PENSION
180/240 F. DEMI-PENSION 145/200 F. FERME 20 DEC./10 JANV., VENDREDI SOIR ET SAMEDI.
☱ ☲ ☲ ☲ E.

NEUWILLER 68220 HEGENHEIM HAUT-RHIN 450 HAB.
* ** **WUNENBURGER** M.WUNENBURGER ☎ 89.68.51.08 — 7 CH. 95/180 F. MENU 38/95 F.
DEMI-PENSION 140 F. FERME 3 SEM. JUILLET, MARDI ET MERCREDI. ☶.

NEVERS 58000 NIEVRE 45500 HAB. S.I.
* * **DU MORVAN** 28, RUE DE MOUESSE M.GEOFFROY ☎ 86.61.14.16 — 11 CH. 100/210 F.
MENU 78/190 F. FERME 1/23 JUIN, 2/20 JANV., MARDI SOIR ET MERCREDI. ☲ E.
* ** **LA FOLIE** ROUTE DES SAULAIES. MM. REYNET ET LOUIS ROSIER. ☎ 86.57.05.31 — 37 CH.
120/250 F. MENU 54/118 F. PENSION 199/255 F. DEMI-PENSION 160/210 F. FERME 15 DEC./7
JANV. ET RESTAURANT FERME VENDREDI 4 SEPT. / 1 JUIL. ☱ ☲ ☲ ☲ E.

NEVERS (VARENNES·VAUZELLES) 58640 NIEVRE 8061 HAB. S.I.
* ** **LE RELAIS BLEU** SUR N.7 M.HALIOUA ☎ 86.57.07.41 — 8 CH. 100/140 F. MENU 50/99 F.
FERME 6/26 JANV. ☱ ☲ ☲ ☲ ☲ E &.

NEYROLLES (LES) 01130 NANTUA AIN 500 HAB. S.I.
* *† **LES DAPHNES** M.HUMBERT ☎ 74.75.01.42 — 13 CH. 98/260 F. MENU 78/220 F. PENSION
210/320 F. DEMI-PENSION 160/250 F. FERME 26 AVR./11 MAI, NOV./DEC., LUNDI SOIR-
/MARDI HS MARDI MIDI JUIL./AOUT. ☱ ☲ ☲ ☲ E.
* * **REFFAY** M.REFFAY. ☎ 74.75.04.35 — 12 CH. 85/150 F. MENU 50/120 F. PENSION
150/180 F. DEMI-PENSION 120/150 F. FERME 25 OCT/10 DEC., DIMANCHE SOIR ET MERCREDI.
☱ CV.

NICE 06200 ALPES-MARITIMES 295000 HAB. S.I.
* ** **LE RELAIS DE RIMIEZ** 128,AVENUE DE RIMIEZ Mme PIETRUSCHI ☎ 93.81.18.65 — 24 CH.
180/280 F. MENU 90/130 F. HOTEL FERME 15 NOV./20 DEC., RESTAURANT 30 OCT./20 DEC.
ET MARDI. ☲ &.

NICE (suite)

* **LES GEMEAUX** SUR GRANDE CORNICHE,Bld OBSERVATOIRE M. DIEUDE ☎ 93.89.03.60/93.26.90.38 – 12 CH. 160/240 F. MENU 65/125 F. PENSION 240/540 F. DEMI-PENSION 190/260 F. PARKING. F ⌧ ⌦ ⏰ E.

NIEDERBRONN-LES-BAINS 67110 BAS-RHIN 5000 HAB. S.I.

** **BRISTOL** 4 PL. DE L'HOTEL DE VILLE M.LE STANC ☎ 88.09.61.44 – 26 CH. 150/270 F. MENU 60/250 F. PENSION 180/260 F. DEMI-PENSION 170/280 F. RESTAURANT FERME 31 DEC./30 JANV. ET MERCREDI. F ♨ ⌧ ⌦ ⏰ E ⏰.

** **MULLER** 16,AV. DE LA LIBERATION M.MULLER ☎ 88.09.70.00 – 18 CH. 104/174 F. MENU 60/176 F. PENSION 132/178 F. DEMI-PENSION 128/174 F. RESTAURANT FERME 6/30 JANV., DIMANCHE SOIR ET LUNDI. F ⌧ ⌦ ⏰ E CV.

NIEDERHASLACH 67190 MUTZIG BAS-RHIN 1100 HAB. S.I.

** **POMME D'OR** 36, RUE PRINCIPALE M.ABELHAUSER ☎ 88.50.90.21 – 20 CH. 130/220 F. MENU 30/150 F. PENSION 185/220 F. DEMI-PENSION 140/200 F. FERME 1 FEV./1 MARS, ET LUNDI SOIR HS. RESTAURANT FERME MERCREDI MATIN. F ⌧ ⌦ ⏰ E.

NIEDERMORSCHWIHR 68230 TURCKHEIM HAUT-RHIN 500 HAB.

** **DE L'ANGE** M.BOXLER ☎ 89.27.05.73 – 14 CH. 180/230 F. MENU 57/170 F. PENSION 205/240 F. DEMI-PENSION 173/200 F. FERME 4 JANV./FIN MARS. ⌧ ⌦ E.

NIEDERSTEINBACH 67510 LEMBACH BAS-RHIN 200 HAB.

** **CHEVAL BLANC** ROUTE DE BITCHE M.ZINCK ☎ 88.09.25.31 – 31 CH. 110/200 F. MENU 70/210 F. PENSION 160/200 F. DEMI-PENSION 150/190 F. FERME 1/14 DEC., 20 JANV./1 MARS., RESTAURANT FERME JEUDI ETVENDREDI MIDI HS. F ♨ ✁ ♨ ⌧ E CV.

NIORT 79000 DEUX-SEVRES 70000 HAB. S.I.

** **TERMINUS - LA POELE D'OR** 82, RUE DE LA GARE. M. TAVERNIER ☎ 49.24.00.38 – 40 CH. 190/230 F. MENU 85/250 F. PENSION 260 F. DEMI-PENSION 190 F. FERME 25/5 JANV. ET RESTAURANT FERME SAMEDI. F ⟊ ⌧ ⌦ ⏰ E CV ⏰ ⏰.

NIORT (SAINT-REMY) 79410 DEUX-SEVRES 440 HAB. S.I.

** **RELAIS DU POITOU** ROUTE DE NANTES Mme.GAILLARD ☎ 49.73.43.99 – 20 CH. 115/175 F. MENU 67/175 F. FERME 24 DEC./24 JANV. ET RESTAURANT FERME LUNDI. ⌧ E.

NISSAN-LEZ-ENSERUNE 34440 HERAULT 2700 HAB. S.I.

** **RESIDENCE** 35, AVENUE DE LA CAVE Mme LOURBET ☎ 67.37.00.63 – 19 CH. 145/199 F. MENU 69 F. RESTAURANT FERME DIMANCHE SOIR 1 OCT./31 MAI. RESTAURANT LE SOIR UNI-QUEMENT POUR CLIENTS DE L'HOTEL. F ♨ ⟊ ⌧ E.

NOEUX-LES-MINES 62290 PAS-DE-CALAIS 13600 HAB.

** **LES TOURTERELLES** 374, ROUTE NATIONALE M.VERBRUGGE ☎ 21.66.90.75 TELEX 133438 – 18 CH. 100/250 F. MENU 75/200 F. DEMI-PENSION 180/225 F. RESTAURANT FERME SANEDI MIDI ET DIMANCHE SOIR. F ⌧ ⌦ ⏰ E CV.

NOGENT-LE-ROTROU 28400 EURE-ET-LOIR 13586 HAB. S.I.

** **DU LION D'OR** PL. SAINT-POL M.DROUET ☎ 37.52.01.60 – 14 CH. 150/250 F. MENU 70/200 F. PENSION 250/350 F. DEMI-PENSION 220/300 F. FERME 5/24 AOUT, 23 DEC./4 JANV., ET SAMEDI. F ♨ ⟊ ⌧ E.

NOHANENT 63830 DURTOL PUY-DE-DOME 1700 HAB.

* **LA TAILLANDERIE** 13 PLACE DE LA FARGE M. TAILLANDIER ☎ 73.62.80.10 – 8 CH. 90/150 F. MENU 50/70 F. PENSION 172 F. DEMI-PENSION 135 F. FERME 13 JUIL./16 AOUT., ET VENDREDI APRES-MIDI. ⟊ ⌧ ⌦ E.

NOHANT-VIC 36400 LA CHATRE INDRE 480 HAB. S.I.

* **AUBERGE DE LA PETITE FADETTE** M. CHAPLEAU ☎ 54.31.01.48 – 15 CH. 120/160 F. MENU 50/120 F.

NOIRETABLE 42440 LOIRE 800 M. 1980 HAB.

** **RENDEZ-VOUS DES CHASSEURS** ROUTE DE L'HERMITAGE M. ROUILLAT ☎ 77.24.72.51 – 17 CH. 90/180 F. MENU 45 F. PENSION 150/190 F. DEMI-PENSION 130/170 F. FERME 20 SEPT./2 OCT., DIMANCHE SOIR ET LUNDI 1 OCT./31 MAI. F ⌧ ⌦ ⏰ E.

NOIRMOUTIER-EN-L'ILE 85330 VENDEE 4000 HAB. S.I.

** **FLEUR DE SEL** (500 M DERRIERE L'EGLISE) M.WATTECAMPS ☎ 51.39.21.59 TELEX 701229 – 23 CH. 255/350 F. MENU 115/215 F. DEMI-PENSION 250/325 F. FERME 12 NOV./25 DEC., 5 JANV./3 FEV. ET LUNDI HORS VAC.SCOL F ♨ ⟊ ⌧ E ⏰.

** **LES CAPUCINES** 38 AVE DE LA VICTOIRE M.HERVOUET ☎ 51.39.06.82 – 21 CH. 120/330 F. MENU 70/150 F. PENSION 240/345 F. DEMI-PENSION 200/300 F. FERME 12 NOV./1 FEV. ET MERCREDI HS. F ⟊ ⌧ E.

** **LES DOUVES** 11,RUE DES DOUVES M.MAISONNEUVE ☎ 51.39.02.72 – 21 CH. 120/320 F. MENU 80/185 F. DEMI-PENSION 245/345 F. DEMI-PENSION 205/305 F. FERME 11 NOV./5 FEV. ET MERCREDI HS. ⌧ ⏰ E CV ⏰.

NOLAY 21340 COTE-D'OR 1686 HAB. S.I.

** **DU CHEVREUIL** M.SUISSA ☎ 80.21.71.89 – 14 CH. 140/250 F. MENU 55/170 F. PENSION 280/320 F. DEMI-PENSION 220/250 F. FERME DECEMBRE, ET MERCREDI. F ♨ ⌧ ⌦ ⏰ E.

* **SAINTE MARIE** M.FECHOZ-TROUILLAT ☎ 80.21.73.19 – 12 CH. 93/196 F. MENU 70/142 F. DEMI-PENSION 185/285 F. FERME 2 JANV./6 FEV., ET LUNDI 15 SEPT./15 JUIN. ♨ ⌧ ⌦ ⏰ E.

— 162 —

NONANCOURT 27320 EURE 2000 HAB. S.I.

* **LE GRAND CERF** 17 RUE GRANDE M.LACROIX ☎ 32.58.15.27 — 7 CH. 105/145 F. MENU
65/132 F. PENSION 170/190 F. DEMI-PENSION 152/165 F. FERME 20 DEC./15 JANV.,
DIMANCHE SOIR ET LUNDI. ☷ ⊞ ⒶⒺ ⓓ.

NONANT-LE-PIN 61240 LE MERLERAULT ORNE 770 HAB.

* **SAINT-PIERRE** M.LEGRIP ☎ 33.39.94.04 — 12 CH. 120/320 F. MENU 48/130 F. PENSION
200 F. DEMI-PENSION 150 F. FERME 20/30 DEC., FEV. ET MARDI 17H/JEUDI MATIN. ⇶ ⊞

NONAVILLE 16120 CHATEAUNEUF-SUR-CHARENTE CHARENTE 180 HAB.

* **LA CLE DES CHAMPS** (PAR PONT A BRAC, ANCIENNE N. 10). M. IDIER ☎ 45.78.57.59 —
7 CH. 70/150 F. MENU 60/100 F. PENSION 165/175 F. DEMI-PENSION 125/145 F. Ⓕ
⊞ Ⓓ E CV.

NONTRON 24300 DORDOGNE 4100 HAB. S.I.

** **GRAND HOTEL** M. PELISSON ET FILS ☎ 53.56.11.22 — 26 CH. 90/250 F. MENU 60/200 F.
PENSION 200/300 F. DEMI-PENSION 180/250 F. FERME 15 JANV./1 FEV. ET DIMANCHE SOIR
NOV./MARS. Ⓕ ⇶ ☷ ⊞ & ⒒.

NONZA 20257 SAINT-FLORENT CORSE 500 HAB.

* **PATRIZI AUBERGE** Mme PATRIZI ☎ 95.37.82.16 — 10 CH. 220/250 F. MENU 75 F. DEMI-
PENSION 200 F. FERME 30 OCT./1 AVR.

NORGES-LA-VILLE 21490 COTE-D'OR 300 HAB.

** **DE LA NORGES** SARL TEBALDINI FILS ☎ 80.35.72.17 TELEX 351123 — 34 CH. 128/175 F.
MENU 50/120 F. PENSION 235/250 F. DEMI-PENSION 165/175 F. FERME DIMANCHE SOIR 1
NOV./1 AVR. Ⓕ ⇶ ⊞ E CV.

NORT-SUR-ERDRE 44390 LOIRE-ATLANTIQUE 4700 HAB.

* **DE BRETAGNE** 41, Av. ARISTIDE BRIAND. M. LORIN ☎ 40.72.21.95 — 5 CH. 65/130 F.
MENU 65/160 F. FERME VAC. SCOL. FEV., DIMANCHE SOIR ET LUNDI. ☷ ⊞.

NORVILLE 76330 NOTRE-DAME-DE-GRAVENCHON SEINE-MARITIME
1200 HAB.

* **AUBERGE DE NORVILLE** M. ELIARD ☎ 35.39.91.14 — 10 CH. 120/170 F. MENU
60/150 F. RESTAURANT FERME VENDREDI ET SAMEDI MIDI. ☷ ⒶⒺ ⓓ E.

NOTRE-DAME-DE-BELLECOMBE 73590 FLUMET SAVOIE 1134 M.
500 HAB. S.I.

* **BEAU SEJOUR** Mme.MOLLIER ☎ 79.31.61.84 — 15 CH. 142/190 F. MENU 68/80 F. PEN-
SION 205/230 F. DEMI-PENSION 185/200 F. FERME 15 SEPT./18 DEC. ET 18 AVR./15 JUIN.
⊞.

** **BELLEVUE** M.PERRIN ☎ 79.31.60.56 — 22 CH. 115/220 F. MENU 68/88 F. PENSION
200/250 F. DEMI-PENSION 174/210 F. FERME 25 AVR./15 JUIN ET 10 SEPT./15 DEC. ⊞.

NOTRE-DAME-DE-BONDEVILLE 76150 SEINE-MARITIME 7500 HAB.

* **LES ELFES** 303, RUE DES LONGS-VALLONS M. DELIGNE BONNET ☎ 35.74.36.21 — 8 CH.
100/120 F. MENU 70/190 F. FERME MARDI SOIR ET MERCREDI. ⇶ ⊞ ⒶⒺ ⓓ E
CV.

NOTRE-DAME-DE-MONTS 85690 VENDEE 1300 HAB. S.I.

** **DE LA PLAGE** 2 AVE DE LA MER M.CIVEL ☎ 51.58.83.09 — 39 CH. 105/252 F. MENU
82/147 F. PENSION 231/298 F. DEMI-PENSION 179/246 F. FERME 4/25 JANV., DIMANCHE SOIR
ET LUNDI SAUF VAC.SCOL. Ⓕ ⊞ ⒶⒺ ⓓ E CV.

* **DU CENTRE** PLACE DE L'EGLISE. M. BRUNET ☎ 51.58.83.05 — 17 CH. 100/180 F. MENU
47/130 F. PENSION 175/210 F. DEMI-PENSION 155/190 F. FERME 1 DEC./28 FEV. Ⓕ
⊞ E CV.

NOTRE-DAME-DE-SANILHAC 24000 PERIGUEUX DORDOGNE 2300 HAB.

AF **AUBERGE NOTRE DAME** ROUTE DE VERGT M.DEBACKER ☎ 53.07.60.69 — 4 CH.
80/150 F. MENU 50/88 F. PENSION 168/193 F. DEMI-PENSION 126/148 F. FERME 28 AOUT/6
SEPT. ET SAMEDI 28 AOUT/15 MAI. ⊞.

NOTRE-DAME-DU-PRE 73600 MOUTIERS SAVOIE 1300 M. 180 HAB.

** **CHALET GAI SOLEIL** M. VIVET ☎ 79.24.09.95 — 20 CH. 100/180 F. MENU 55/85 F. PEN-
SION 180/225 F. DEMI-PENSION 160/200 F. FERME 20 SEPT./15 DEC., ET 1 JUIN/1 JUIL.
Ⓕ ⊞ ⒶⒺ ⓓ E &.

NOUAN-LE-FUZELIER 41600 LA MOTTE-BEUVRON LOIR-ET-CHER
2050 HAB. S.I.

* **LE MOULIN DE VILLIERS** M.ANDRIEUX ☎ 54.88.72.27 — 20 CH. 100/210 F. MENU
75/160 F. PENSION 170/280 F. FERME 2 JANV./25 MARS, 30 AOUT/15 SEPT., MARDI SOIR ET
MERCREDI NOV./DEC. ☷ ⊞ ⒶⒺ ⓓ E.

NOUZERINES 23600 BOUSSAC CREUSE 437 HAB.

** **LA BONNE AUBERGE** M.PERROT ☎ 55.82.01.18 — 8 CH. 90/130 F. MENU 45/100 F.
PENSION 153/224 F. DEMI-PENSION 108/179 F. FERME 22 AOUT/12 SEPT., VAC.SCOL. FEV. ET
SAMEDI. ☷ ⊞ ⒶⒺ ⓓ E.

NOVALAISE 73470 SAVOIE 802 HAB.

** **NOVALAISE-PLAGE** Mme BERGIER ☎ 79.36.02.19 — 13 CH. 130/250 F. DEMI-PENSION
200/250 F. FERME NOV./AVR., LUNDI SOIR ET MARDI. Ⓕ ⇶ ☷ ⊞ ⓓ
E.

NOYAL-SUR-VILAINE 35530 ILLE-ET-VILAINE 4000 HAB.

** **LES FORGES** 22 AVENUE DU GENERAL DE GAULLE M.PILARD ☎ 99.00.51.08 – 11 CH. 170/240 F. MENU 65/200 F. FERME 18 JANV./7 FEV. ⌧ ⌧ ⌧ ⌧ E.

NOYANT 49490 MAINE-ET-LOIRE 1700 HAB. S.I.

* **LE LION D'OR** 2 PLACE DE LA LUNE M. VEZIN ☎ 41.89.50.34 – 11 CH. 70/150 F. MENU 48/96 F. PENSION 160/200 F. DEMI-PENSION 135/160 F. FERME 15/30 NOV., ET LUNDI 15 SEPT./15 JUIN. ⌧ ⌧ ⌧ ⌧ ⌧ E.

NOYEN-SUR-SEINE 77114 GOUAIX SEINE-ET-MARNE 290 HAB.

** **AUBERGE DU PORT MONTAIN** Mme.DUBOIS ☎ (1)64.01.81.05 – 8 CH. 120/195 F. MENU 90/160 F. PENSION 350 F. DEMI-PENSION 290 F. FERME 2 JANV./15 FEV., DIMANCHE SOIR ET LUNDI. ⌧ ⌧ E.

NOYERS-BOCAGE 14210 EVRECY CALVADOS 600 HAB.

** **LE RELAIS NORMAND** M. BOUREAU ☎ 31.77.97.37 – 8 CH. 130/190 F. MENU 52/160 F. PENSION 230/260 F. DEMI-PENSION 200/230 F. FERME 15 JOURS OCT., 15 JOURS FEV., ET MERCREDI. ⌧ ⌧ ⌧ ⌧ E.

NOYERS-SUR-CHER 41140 LOIR-ET-CHER 2000 HAB. S.I.

** **RELAIS TOURAINE-SOLOGNE** LIEU DIT»LE BOEUF COURONNE. M.ROBERT ☎ 54.75.15.23 – 14 CH. 80/190 F. MENU 85/230 F. PENSION 230/270 F. DEMI-PENSION 185/245 F. FERME 4 JANV./20 FEV., ET MERCREDI 1 OCT./15 MAI. ⌧ ⌧ ⌧ E.

NOYON 60400 OISE 14150 HAB. S.I.

** **LE GRILLON** 37-39, RUE SAINT-ELOI. M. PRUVOT ☎ 44.09.14.18 – 34 CH. 100/240 F. MENU 55/110 F. PENSION 245/310 F. DEMI-PENSION 190/240 F. FERME 15 DEC./15 JANV. RESTAURANT FERME DIMANCHE SOIR. ⌧ ⌧ E.

NOZAY 44170 LOIRE-ATLANTIQUE 3240 HAB. S.I.

* **GERGAUD** 12, ROUTE DE NANTES. M. JOLY ☎ 40.79.47.54 – 9 CH. 85/115 F. MENU 42/150 F. PENSION 180/280 F. DEMI-PENSION 145 F. FERME 15/29 FEV., 2/22 NOV., DIMANCHE SOIR ET LUNDI. HOTEL FERME 1 NOV./1 MAI. ⌧ ⌧ ⌧ E.

NUAILLE 49340 TREMENTINES MAINE-ET-LOIRE 1120 HAB.

** **RELAIS DES BICHES** M. BAUME ☎ 41.62.38.99 – 13 CH. 230/300 F. MENU 70/190 F. PENSION 380 F. DEMI-PENSION 320 F. ⌧ ⌧ ⌧ ⌧ ⌧ CV ⌧.

NYONS 26110 DROME 6000 HAB. S.I.

** **MONIER** AV. HENRI-ROCHIER M.VALETTE ☎ 75.26.09.00 – 20 CH. 110/250 F. MENU 80/160 F. PENSION 210/280 F. DEMI-PENSION 180/250 F. FERME 12 NOV./12 DEC. ⌧ ⌧.

NYONS (VIEUX VILLAGE D'AUBRES) 26110 DROME 207 HAB. S.I.

** **AUBERGE DU VIEUX VILLAGE D'AUBRES** Mme.COLOMBE ☎ 75.26.12.89 – 16 CH. 260/780 F. MENU 190/240 F. DEMI-PENSION 400/640 F. RESTAURANT FERME 1 JUIL./1 SEPT. ET MERCREDI MIDI. ⌧ ⌧ ⌧ ⌧ ⌧ E CV ⌧.

O

OBENHEIM 67230 BENFELD BAS-RHIN 1100 HAB.

* **AUBERGE A L'EPERON D'OR** M.ALBRECHT ☎ 88.98.30.79 – 8 CH. 90/150 F. MENU 60/140 F. PENSION 180/200 F. DEMI-PENSION 150/170 F. FERME 27 AOUT/15 SEPT., 20 DEC./5 JANV., RESTAURANT FERME MARDI SOIR ET MERCREDI. ⌧ ⌧ ⌧ E.

OBERHASLACH 67190 MUTZIG BAS-RHIN 1200 HAB. S.I.

** **RUINES DU NIDECK** M.GRUBER ☎ 88.50.90.14 – 13 CH. 125/220 F. MENU 85/180 F. PENSION 150/250 F. DEMI-PENSION 120/200 F. FERME 11 NOV./7 DEC., 1/15 MARS, RESTAU-RANT FERME MARDI SOIR ET MERCREDI. ⌧ E CV ⌧.

OBERLARG 68480 FERRETTE HAUT-RHIN 200 HAB.

AF **A LA SOURCE DE LA LARGUE** M.HIRTZLIN ☎ 89.40.85.10 – 4 CH. 115/125 F. MENU 32/95 F. FERME MARDI APRES-MIDI ET MERCREDI.

OBERNAI 67210 BAS-RHIN 10000 HAB. S.I.

* **DE LA CIGOGNE** 49 R. GENERAL GOURAUD. M.BARBIER ☎ 88.95.52.35 – 20 CH. 100/250 F. MENU 65/150 F. PENSION 180/210 F. DEMI-PENSION 140/160 F. FERME 13 NOV./8 JANV. RESTAURANT FERME JEUDI ET VENDREDI MIDI HS. ⌧ ⌧ ⌧ ⌧ E ⌧.

** **DES VOSGES** 5, PLACE DE LA GARE. M. WELLER Denis ☎ 88.95.53.78/88.95.47.33 – 21 CH. 130/200 F. MENU 60/200 F. DEMI-PENSION 220 F. RESTAURANT FERME 11/31 JANV. ET 13/27 JUIN. ⌧ ⌧ E CV ⌧.

*** **GRAND HOTEL** ,RUE DIETRICH M.BOSCH ☎ 88.95.51.28 – 24 CH. 150/270 F. MENU 100/180 F. PENSION 320/380 F. DEMI-PENSION 260/310 F. FERME 5/23 FEV., 23 DEC./4 JANV., RESTAURANT FERME DIMANCHE SOIR ET LUNDI. ⌧ ⌧ ⌧ ⌧ ⌧ E ⌧.

** **HOSTELLERIE DUC D'ALSACE** 6, PL. DE LA GARE M.ROTHENBURGER ☎ 88.95.55.34 TELEX 880 400 – 17 CH. 120/250 F. MENU 80/100 F. RESTAURANT FERME LUNDI. ⌧ ⌧ ⌧ ⌧ ⌧ E.

** **HOSTELLERIE LA DILIGENCE, RESIDENCE EXQUISIT** 23, PLACE DE LA MAIRIE. M. FRITZ ☎ 88.95.55.69 TELEX 880133 – 35 CH. 142/295 F. MENU 73/200 F. RESTAURANT FERME MARDI ET MERCREDI HS. PARKING PRIVE FERME. ⌧ ⌧ ⌧ ⌧ E ⌧.

OBERNAI (suite)

* **ZUM SCHNOGALOCH** 18, PLACE DE L'ETOILE M. ROLLI ☎ 88.95.54.57 – 10 CH. 145/165 F. MENU 65/110 F. PENSION 200 F. FERME NOV. ET LUNDI. ☲ ⦾ E CV 🔶.

OBJAT 19130 CORREZE 2800 HAB. S.I.

* **DE FRANCE** 12, AV. GEORGES CLEMENCEAU. M. DUMOND ☎ 55.25.80.38 – 15 CH. 80/150 F. MENU 50/150 F. PENSION 160/220 F. DEMI-PENSION 130/180 F. FERME 25 SEPT./15 OCT., 23 DEC./3 JANV., ET DIMANCHE HS. F ☲ CV.

** **LE PRE FLEURI** M.CHOUZENOUX ☎ 55.25.83.92 – 7 CH. 135/145 F. MENU 125/230 F. PENSION 180 F. DEMI-PENSION 130 F. FERME 10/25 JANV., ET LUNDI. F ☲ AE ⦾ E.

OCHIAZ 01200 BELLEGARDE-SUR-VALSERINE AIN 180 HAB.

* **AUBERGE DE LA FONTAINE** ROUTE DE GENISSIAT, D.991. M. RIPERT ☎ 50.48.00.66 – 7 CH. 100/150 F. MENU 65/240 F. PENSION 250/360 F. DEMI-PENSION 185/265 F. FERME 4 JANV./4 FEV., 1/10 SEPT., DIMANCHE SOIR ET LUNDI. ⬱ ☲ AE ⦾ E.

OIE (L') 85140 LES ESSARTS VENDEE 760 HAB.

* **LE GRAND TURC** 33, RUE NATIONALE M. GREAU ☎ 51.66.08.74 – 17 CH. 85/170 F. MENU 52/85 F. PENSION 142/180 F. DEMI-PENSION 112/145 F. FERME VAC. NOEL ET DIMANCHE. ⬱ ☲ ⦾ E.

OIRON 79100 THOUARS DEUX-SEVRES 1317 HAB.

* **LE RELAIS DU CHATEAU** PLACE DES MARRONNIERS Mme ROLLAND ☎ 49.96.51.14 – 7 CH. 80/110 F. MENU 50/150 F. PENSION 190/220 F. DEMI-PENSION 140/170 F. FERME DIMANCHE SOIR ET LUNDI HS., DIMANCHE SOIR EN SAISON. ☲ AE ⦾ E CV.

OLEMPS 12000 RODEZ AVEYRON 630 M. 2200 HAB.

*** **LES PEYRIERES** RUE DES PEYRIERES S.A.R.L. PANIS & FILS ☎ 65.68.20.52/65.68.50.91 – 35 CH. 115/215 F. MENU 50/145 F. DEMI-PENSION 130/270 F. FERME 24 DEC./2 JANV. RESTAURANT FERME DIMANCHE SOIR/ LUNDI 18H. 🐾 ☲.

OLIVET 45160 LOIRET 14480 HAB. S.I.

* **PAUL FORET** 138, ALLEE DES GRANDS COTEAUX. Mme BOUCHARD ☎ 38.63.56.46 – 7 CH. 90/200 F. MENU 80/125 F. PENSION 260 F. DEMI-PENSION 200 F. FERME 1 JANV./28 FEV. ET MERCREDI. ☲ E.

OLLIERES-SUR-EYRIEUX (LES) 07360 ARDECHE 800 HAB. S.I.

** **AUBERGE DE LA VALLEE** M.SERRE ☎ 75.66.20.32 – 7 CH. 125/230 F. MENU 75/220 F. FERME 1 FEV./15 MARS, DIMANCHE SOIR ET LUNDI 15 SEPT./ 15 JUIN. ☲ E.

OLLIERGUES 63880 PUY-DE-DOME 1800 HAB. S.I.

AF **DES VOYAGEURS** M.ACHARD ☎ 73.95.50.43 – 10 CH. 70/120 F. MENU 45/120 F. PENSION 140/150 F. FERME 1/15 OCT. ⬱ AE E CV.

OLMETO-PLAGE 20113 OLMETO CORSE 1300 HAB.

* **ABBARTELLO** M. BALISONI ☎ 95.74.04.73 – 14 CH. 270/310 F. MENU 80/100 F. FERME 30 SEPT./31 MARS. F ♂ CV.

OLORON-SAINTE-MARIE 64400 PYRENEES-ATLANTIQUES 12237 HAB. S.I.

** **BRISTOL** 9,RUE CARREROT (N.134 SOMPORT). M. PORTAIL Paul ☎ 59.39.43.78 – 14 CH. 95/170 F. MENU 45/80 F. PENSION 150/195 F. DEMI-PENSION 125/155 F. SALLE DE SQUASH. F ☲ E.

OLORON-SAINTE-MARIE (GURMENCON) 64400 OLORON-SAINTE-MARIE PYRENEES-ATLANTIQUES 500 HAB. S.I.

** **AU RELAIS ASPOIS** 17, ROUTE DU SOMPORT. M. CASENAVE ☎ 59.39.09.50 – 15 CH. 100/170 F. MENU 50/140 F. PENSION 190/200 F. DEMI-PENSION 130/160 F. FERME 15/30 OCT. ET RESTAURANT FERME LUNDI MIDI. F ⬱ ☲ AE ⦾ E CV.

OMPS 15290 LE ROUGET CANTAL 621 M. 246 HAB.

* **MAISON CAPELLE** M. CAPELLE ☎ 71.64.70.14 – 14 CH. 92/120 F. MENU 53/63 F. PENSION 130 F. DEMI-PENSION 110 F. (PRIX 1987). E.

ONZAIN 41150 LOIR-ET-CHER 3000 HAB. S.I.

AF **AUBERGE DU BEAU RIVAGE** (A ESCURES N.152) M. GUIL ☎ 54.20.70.39 – 8 CH. 100/180 F. MENU 65/150 F. DEMI-PENSION 160/190 F. FERME DIMANCHE SOIR ET LUNDI 15 SEPT./1 AVR. ⬱ ☲ AE E.

**** **DOMAINE DES HAUTS DE LOIRE** STE BONNIGAL ☎ 54.20.72.57 TELEX 751547F – 27 CH. 480/1050 F. MENU 240 F. FERME DEC., JANV. ET FEV. F ♂ 🐾 ☲ AE ⦾ E.

OPIO 06650 LE ROURET ALPES-MARITIMES 1300 HAB. S.I.

** **LA TOUR D'OPIO** 14 ROUTE DE CANNES. M.FRENI ☎ 93.77.24.50 – 13 CH. 180/240 F. MENU 97 F. PENSION 280 F. DEMI-PENSION 200/240 F. FERME RESTAURANT NOV./MARS ET MERCREDI. ⬱ ♂ ☲ AE E.

ORANGE 84100 VAUCLUSE 27000 HAB. S.I.

*** **ARENE** PL. DE LANGES M.COUTEL ☎ 90.34.10.95 TELEX 431 195 CODE 14 – 30 CH. 200/300 F. FERME 1 NOV./15 DEC. F ⬱ 🍴 ☲ AE E.

** **LE GLACIER** 46, COURS A.-BRIAND SARL ☎ 90.34.02.01 – 28 CH. 140/200 F. FERME 23 DEC./31 JANV., ET DIMANCHE SOIR 1 NOV./15 MARS. ⬱ 🐾 🍴 ☲ E CV 🖬.

ORBEC-EN-AUGE 14290 CALVADOS 3700 HAB. S.I.

** **DE FRANCE** 152 RUE GRANDE. M.CORBET ☎ 31.32.74.02 – 25 CH. 87/301 F. MENU 64/137 F. PENSION 211/283 F. DEMI-PENSION 153/231 F. FERME 15 DEC./15 JANV. ▥ ◑ E.

ORBEY 68370 HAUT-RHIN 700 M. 3140 HAB. S.I.

*AF **AU RENDEZ-VOUS DES BONS AMIS** M.ANCEL ☎ 89.71.20.57 – 8 CH. 95/120 F. MENU 40/60 F. PENSION 150/180 F. DEMI-PENSION 110/140 F. FERME VENDREDI. ▥ CV.

** **BON REPOS** 235 ORBEY PAIRIS M.HERMANN ☎ 89.71.21.92 – 19 CH. 105/180 F. MENU 60/110 F. PENSION 150/200 F. DEMI-PENSION 115/165 F. FERME 15 NOV./20 DEC., ET MER-CREDI. F ▥ ▣ E C V.

** **DE LA CROIX D'OR** 13 RUE DE L'EGLISE M.THOMANN ☎ 89.71.20.51 – 18 CH. 150/190 F. MENU 60/160 F. PENSION 180/220 F. DEMI-PENSION 150/180 F. FERME 15 NOV./24 DEC., MER-CREDI HS. RESTAURANT FERME LUNDI ET MERCREDI MATIN. F ▥ ▣ ◑ E C V.

*** **HOSTELLERIE MOTEL AU BOIS LE SIRE** 20 RUE CHARLES DE GAULLE M.FLORENCE ☎ 89.71.25.25 TELEX 881720 – 36 CH. 200/250 F. MENU 88/240 F. PENSION 280/310 F. DEMI-PENSION 220/250 F. FERME 3 JANV./9 FEV. RESTAURANT FERME DIMANCHE SOIR/MARDI MATIN. F ≛ ▥ ▣ E C V ♿.

** **LE SAUT DE LA TRUITE** (A REMOMONT) Mme GAUDEL ☎ 89.71.20.04 – 22 CH. 125/225 F. MENU 90/200 F. PENSION 220/275 F. DEMI-PENSION 180/230 F. FERME 1 DEC./1 FEV. RESTAU-RANT FERME MERCREDI. ⊨ ▥ E.

** **LES BRUYERES** 35 RUE GENERAL DE GAULLE M.BEAULIEU ☎ 89.71.20.36 – 28 CH. 122/170 F. MENU 55/110 F. PENSION 180/205 F. DEMI-PENSION 138/163 F. FERME 1 NOV./31 JANV., SAUF GROUPES. F ▥ ▣ ◑ E C V.

** **PAIRIS** 233 PAIRIS. M. STRENG ☎ 89.71.20.15/89.71.20.53 – 15 CH. 100/280 F. MENU 58/250 F. PENSION 230 F. DEMI-PENSION 185 F. FERME 15 NOV./20 DEC., JANV., DIMANCHE SOIR ET LUNDI. F ▥ ▣ ◑ E.

ORBEY BASSES-HUTTES 68370 HAUT-RHIN 600 M. 3500 HAB. S.I.

** **WETTERER** BASSES-HUTTES Mme WETTERER ☎ 89.71.20.28 – 18 CH. 110/200 F. MENU 70/150 F. PENSION 195/210 F. DEMI-PENSION 165/185 F. FERME 15 NOV./15 DEC. RESTAURANT FERME MERCREDI. ▥.

ORCHAMPS-VENNES 25390 DOUBS 850 M. 1500 HAB.

* **AUBERGE DES SAPINS** (A LA ROCHE DU PRETRE) M.JOUILLEROT ☎ 81.43.52.69 – 7 CH. 98/138 F. MENU 47/146 F. PENSION 159/191 F. DEMI-PENSION 115/159 F. FERME 22 DEC./5 JANV. ET LUNDI.

** **BARREY** M. BARREY ☎ 81.43.50.97 – 15 CH. 70/140 F. MENU 45/180 F. PENSION 160/180 F. DEMI-PENSION 140/150 F. FERME 15J. JANV., ET LUNDI 30 SEPT./30 MAI. F ▥ ◑ E.

ORCINES (LA BARAQUE) 63870 PUY-DE-DOME 780 M. 200 HAB.

** **RELAIS DES PUYS** SUR D.941 A M. ESBELIN ☎ 73.62.10.51 – 28 CH. 95/210 F. MENU 62/140 F. PENSION 180/220 F. DEMI-PENSION 140/180 F. FERME 1 DEC./1 FEV., ET DIMANCHE SOIR 10 SEPT./1 JUIN. F ▥ ▣ E.

ORCINES (LA FONT DE L'ARBRE) 63870 PUY-DE-DOME 836 M. 500 HAB.

* **AUBERGE DES DOMES** M. NAVARRO ☎ 73.62.10.13 – 10 CH. 80/150 F. MENU 48/150 F. PENSION 140/170 F. DEMI-PENSION 110/140 F. FERME JANV. RESTAURANT FERME MERCREDI MIDI ET JEUDI HS. ▥ E.

ORCIVAL 63210 ROCHEFORT-MONTAGNE PUY-DE-DOME 860 M. 360 HAB. S.I.

AF **DU MONT DORE** Mme.GOYON ☎ 73.65.82.06 – 8 CH. 68/147 F. MENU 42/90 F. PENSION 137/150 F. DEMI-PENSION 103/115 F. FERME 12 NOV./24 DEC. F.

** **NOTRE-DAME** Mme DALDIN ☎ 73.65.82.02 – 9 CH. 70/170 F. MENU 39/58 F. PENSION 140/180 F. DEMI-PENSION 110/150 F. FERME 25 OCT./1 AVR., ET MERCREDI HS, SAUF VAC. NOEL, FEV. PAQUES. ⊨ ▥ E.

** **ROCHE** M.COHENDY ☎ 73.65.82.31 – 9 CH. 120/145 F. DEMI-PENSION 145 F. FERME 11 NOV./15 DEC. F ⊨ ▥ E C V.

ORGELET 39270 JURA 2000 HAB. S.I.

** **DE LA VALOUSE** M. TRICHARD ☎ 84.25.40.64 – 16 CH. 158/193 F. MENU 60/185 F. PEN-SION 225/240 F. DEMI-PENSION 200/220 F. FERME 15 NOV./4 DEC., DIMANCHE SOIR ET LUNDI HS. ≛ ▥ E.

ORGNAC-L'AVEN 07150 VALLON-PONT-D'ARC ARDECHE 300 HAB.

* **DE L'AVEN** M.SARRAZIN ☎ 75.38.61.80 – 27 CH. 116/210 F. MENU 65/130 F. PENSION 189/242 F. DEMI-PENSION 164/217 F. FERME 1 NOV./1 MARS. F ▥ ▣ ◑ E CV.

* **LES STALAGMITES** M.RIEU ☎ 75.38.60.67 – 18 CH. 120/175 F. MENU 55/110 F. PENSION 160/198 F. DEMI-PENSION 135/165 F. FERME 1 DEC./1 MARS. F ⊨.

ORLEANS 45000 LOIRET 180000 HAB. S.I.

** **MARGUERITE** 14, PL. DU VIEUX-MARCHE Mme LOUSTAU ☎ 38.53.74.32 – 25 CH. 128/180 F. ✳ ▥ ▣ E ▦.

* **TOURING** 142, BD CHATEAUDUN M.MARCHEGUET ☎ 38.53.10.51 – 13 CH. 60/120 F. ✳.

ORLEANS (SAINT-JEAN-LE-BLANC) 45650 LOIRET 6531 HAB.

** **LE MARJANE CHATEAU DE L'ORTIE** 121, ROUTE DE SANDILLON M. PEARRON ☎ 38.66.35.13 – 24 CH. FERME 25 DEC./20 JANV. ET RESTAURANT FERME VENDREDI/DIMANCHE PRIX NON COMMUNIQUES. ▥ E C V ♿.

ORNANS 25290 DOUBS 5000 HAB. S.I.

** **DE FRANCE** 51-53 RUE PIERRE VERNIER Mme GRESSET et M. VINCENT. ☎ 81.62.24.44 – 31 CH. 130/380 F. MENU 90/220 F. PENSION 250/320 F. DEMI-PENSION 210/270 F. FERME 1 DEC./1 FEV., ET DIMANCHE SOIR/MARDI MATIN. ⚓ 🍴 ➜ E.

ORNOLAC USSAT-LES-BAINS 09400 TARASCON-SUR-ARIEGE ARIEGE 243 HAB.

* **DES PALMIERS** SUR N.20 M.TOURENQ ☎ 61.05.62.02 – 11 CH. 82/90 F. FERME 1 OCT./1 AVR. ⚓ 🍴 ✕ 🅐🅔 ➜ CV.

ORPIERRE 05700 SERRES HAUTES-ALPES 750 M. 51 HAB.

** **LE CEANS** (LES BEGUES A 5 Km). M.ROUX ☎ 92.66.24.22 – 22 CH. 125/160 F. MENU 60/100 F. PENSION 160/190 F. DEMI-PENSION 145 F. FERME 1 NOV./15 AVR. 🄵 ⚓ ♂ 🍴 🅐🅔 E.

ORRES (LES) 05200 EMBRUN HAUTES-ALPES 1750 M. 350 HAB. S.I.

* **LE PETIT GRILLON** M.ESTAMPES ☎ 92.44.00.18 – 10 CH. 150/220 F. MENU 70/120 F. PENSION 215 F. DEMI-PENSION 185 F. FERME 1/31 OCT. 🄵 🍴 🅐🅔 ➜ E.

OSSEJA 66340 PYRENEES-ORIENTALES 1240 M. 1760 HAB. S.I.

AF **LA PETITE THERESE** M. ZUCCOLLO ☎ 68.04.52.39 – 11 CH. 80/110 F. MENU 48/58 F. PENSION 140/150 F. DEMI-PENSION 110/130 F. FERME 31 OCT./30 NOV. ET 1/15 MAI.

OSSEJA (VALCEBOLLERE) 66340 PYRENEES-ORIENTALES 1250 M. 1900 HAB. S.I.

** **AUBERGE LES ECUREUILS** M. LAFFITTE ☎ 68.04.52.03 – 8 CH. 125/190 F. MENU 82/165 F. PENSION 170/225 F. DEMI-PENSION 140/195 F. FERME 30 SEPT./10 JUIN, SAUF VAC. SCOL. 🄵 🍴 🅐🅔 E.

OSSES 64780 PYRENEES-ATLANTIQUES 800 HAB.

** **MENDI-ALDE** M.MINABERRY ☎ 59.37.71.78 – 16 CH. 120/140 F. MENU 65/120 F. PENSION 175/185 F. DEMI-PENSION 155/165 F. FERME 31 OCT./10 DEC. ET LUNDI HS. 🄵 ⚓ 🍴 🅐🅔 CV.

OSTHEIM 68150 RIBEAUVILLE HAUT-RHIN 1500 HAB.

** **AU NID DE CIGOGNES** 2 ROUTE DE COLMAR M.UTZMANN ☎ 89.47.91.44 – 50 CH. 80/220 F. MENU 50/175 F. PENSION 220/280 F. DEMI-PENSION 160/220 F. FERME 15 FEV./25 MARS. RESTAURANT FERME DIMANCHE SOIR ET LUNDI HS. 🄵 ⚓ 🍴 🅐🅔 ➜ E CV 🏃 🛏.

** **BALTZINGER** 16 RTE DE COLMAR M. BALTZINGER. ☎ 89.47.91.39 – 36 CH. 110/220 F. MENU 55/125 F. PENSION 200/280 F. DEMI-PENSION 140/200 F. FERME 15 JANV./28 FEV., ET MARDI. 🄵 ⚓ 🍴 🅐🅔 ➜ E.

OTTROTT 67530 BAS-RHIN 1200 HAB. S.I.

** **A L'AMI FRITZ** 8 RUE DU VIGNOBLE M. FRITZ ☎ 88.95.80.81/88.95.87.39 – 17 CH. 140/240 F. MENU 65/170 F. DEMI-PENSION 180/220 F. FERME 2 JANV./5 FEV. ET RESTAURANT FERME MERCREDI. 🄵 ⚓ 🍴 ➜ E.

* **HOSTELLERIE DES CHATEAUX** 11, RUE DES CHATEAUX. M.SCHAETZEL ☎ 88.95.81.54 TELEX 870439 – 35 CH. 130/370 F. MENU 120/280 F. PENSION 250/410 F. DEMI-PENSION 200/310 F. FERME 18 JANV./28 FEV. ET MARDI HS. 🄵 ⚓ 🍴 E CV 🏃 🛏.

** **LE MOULIN** 32, ROUTE DE KLINGENTHAL. M.SCHREIBER ☎ 88.95.87.33 – 21 CH. 190/260 F. MENU 80/150 F. DEMI-PENSION 210/280 F. FERME 20 DEC./20 JANV. ET MARDI SOIR HS. 🄵 🍴 🏃 🛏.

OUCHAMPS 41120 LES MONTILS LOIR-ET-CHER 415 HAB.

*** **LE RELAIS DES LANDES** M.BADENIER ☎ 54.44.03.33 TELEX 751454 – 28 CH. 410/518 F. MENU 180/200 F. DEMI-PENSION 425/495 F. FERME 2 NOV./RAMEAUX. RESTAU-RANT FERME MERCREDI. ♂ 🍴 🅐🅔 ➜ E 🛏.

OUCQUES 41290 LOIR-ET-CHER 1480 HAB.

** **DU COMMERCE** M. LANCHAIS ☎ 54.23.20.41 – 7 CH. 110/200 F. MENU 70/195 F. FERME 20 DEC./31 JANV., DIMANCHE SOIR ET LUNDI. ⚓ 🍴 E.

OUISTREHAM RIVA-BELLA 14150 OUISTREHAM CALVADOS 8000 HAB. S.I.

* **BELLEVUE** PL. ALFRED-THOMAS M.ROUGEMOND ☎ 31.97.17.43 – 5 CH. 140/160 F. MENU 55/180 F. PENSION 240 F. DEMI-PENSION 170 F. FERME JEUDI SOIR/VENDREDI 15 SEPT./31 JANV. 🄵 🍴 🅐🅔.

** **DE L'UNIVERS** PL. GENERAL-DE-GAULLE M.ROMAGNE ☎ 31.97.12.16 – 28 CH. 200/280 F. MENU 75/135 F. PENSION 280/320 F. DEMI-PENSION 230/270 F. 🄵 🍴 🅐🅔 ➜ 🛏.

** **LE NORMANDIE** 71, AV. MICHEL-CABIEU M.MAUDOUIT ☎ 31.97.19.57 TELEX 171751 – 13 CH. 220/270 F. MENU 95/220 F. PENSION 305/340 F. DEMI-PENSION 230/270 F. 🍴 🅐🅔 ➜ E.

** **SAINT-GEORGES** 51, AV. ANDRY M.ROUGEMOND ☎ 31.97.18.79 – 21 CH. 120/170 F. MENU 65/280 F. PENSION 190/260 F. DEMI-PENSION 165/225 F. FERME 15 DEC./31 JANV. 🍴.

OUYRE 12360 CAMARES AVEYRON 100 HAB.

* **MONTEILS** M. MAJOREL-VIEILLEDENT. ☎ 65.99.50.66 – 16 CH. 80/130 F. MENU 45/120 F. PENSION 140/160 F. DEMI-PENSION 120/130 F. FERME 18 DEC./7 JANV. CV.

OYE-ET-PALLET 25160 MALBUISSON DOUBS 860 M. 380 HAB.

*** **PARNET** MM. PARNET ☎ 81.89.42.03 – 18 CH. 215/270 F. MENU 80/260 F. PENSION 255/290 F. DEMI-PENSION 215/260 F. FERME 15 DEC./15 JANV., ET DIMANCHE SOIR/MARDI MATIN. ⚓ ♂ 🍴 E.

OYONNAX 01100 AIN 25000 HAB. S.I.

** **BUFFARD** PL. DE L'EGLISE SARL BUFFARD ☎ 74.77.86.01 — 28 CH. 99/260 F. MENU 49/150 F. RESTAURANT FERME 24 JUIL./24 AOUT, VENDREDI SOIR, SAMEDI ET DIMANCHE SOIR. ☞ **☎ E CV** 🏠.

OZOIR-LA-FERRIERE 77330 SEINE-ET-MARNE 15000 HAB. S.I.

** **AU PAVILLON BLEU** 108, PL. GENERAL-LECLERC M.FERRIERE ☎ (1)64.40.05.56 — 30 CH. 110/180 F. MENU 60/230 F. PENSION 160/190 F. DEMI-PENSION 145/170 F. FERME AOUT ET RESTAURANT FERME MERCREDI. **☎ ⅢⅢ ᴁ ⊙ E**.

P

PADIRAC 46500 GRAMAT LOT 180 HAB. S.I.

* **DU QUERCY** (LIEU-DIT MATHIEU) Mme.GALES ☎ 65.33.64.68 — 7 CH. 85/160 F. MENU 58/110 F. FERME 10 OCT./2 AVR.

** **MONTBERTRAND** M. MONTBERTRAND ☎ 65.33.64.47 — 7 CH. 165/180 F. MENU 65/110 F. DEMI-PENSION 170/180 F. FERME 15 OCT./1 AVR. ﹘ ﹖ **ⅢⅢ E CV**.

* **PADIRAC HOTEL** M.MOREL ☎ 65.33.64.23 — 25 CH. 68/170 F. MENU 42/145 F. DEMI-PEN-SION 120/145 F. FERME 2E DIMANCHE OCT./31 MARS. ﹘ ﹖ **ⅢⅢ E CV**.

PAILHEROLS 15800 VIC-SUR-CERE CANTAL 1000 M. 300 HAB.

* **AUBERGE DES MONTAGNES** M. COMBOURIEU ☎ 71.47.57.01 — 16 CH. 70/110 F. MENU 50/100 F. PENSION 150/165 F. DEMI-PENSION 130/140 F. FERME 15 OCT./20 DEC. **F ⅢⅢ ᴁ ⊙ E**.

PAILHES 09130 LE FOSSAT ARIEGE 322 HAB.

AF **PONS** M. CORNERO ☎ 61.67.17.23 — 7 CH. 80/160 F. MENU 50/75 F. PENSION 170 F. DEMI-PENSION 130 F. DIMANCHE EN HIVER. ﹘ **ⅢⅢ ᴁ ⊙ E**.

PAIMPOL 22500 COTES-DU-NORD 8498 HAB. S.I.

** **DE LA MARNE** 30, RUE DE LA MARNE M.ET Mme KOKOSZKA ☎ 96.20.82.16 — 16 CH. 110/240 F. MENU 75/260 F. PENSION 210/250 F. DEMI-PENSION 150/190 F. FERME 15/28 FEV. ET VENDREDI. **F ⅢⅢ ᴁ ⊙ E**.

PAJAY 38260 LA COTE-SAINT-ANDRE ISERE 800 HAB.

AF **MA PETITE AUBERGE** Mme.VIVIER ☎ 74.54.26.06 — 7 CH. 64/110 F. MENU 50/90 F. PEN-SION 130/160 F. DEMI-PENSION 110/140 F. RESTAURANT FERME SEPT. **F ⅢⅢ E CV**.

PALLUAU 85670 VENDEE 665 HAB.

AF **LOUIS PHILIPPE** M. LAIDET ☎ 51.98.51.11 — 9 CH. 68/120 F. MENU 37/70 F. PENSION 135/150 F. DEMI-PENSION 110/120 F. FERME SAMEDI HS. **ⅢⅢ E CV**.

PALUD-SUR-VERDON (LA) 04120 CASTELLANE ALPES-DE-HAUTE-PRO-VENCE 950 M. 120 HAB. S.I.

* **AUBERGE DES CRETES** M. STURMA ☎ 92.74.68.47 — 12 CH. 115/130 F. MENU 55/82 F. PENSION 190/210 F. DEMI-PENSION 150/165 F. FERME MI OCT./PAQUES ET MERCREDI HS. FOR-FAITS GROUPES. **ⅢⅢ E CV** ᵬ.

** **DES GORGES DU VERDON** M. BOGLIORIO-SCHAEFFER ☎ 92.74.68.26 — 27 CH. 150/270 F. MENU 62/150 F. PENSION 250/335 F. DEMI-PENSION 180/265 F. FERME NOVEMBRE A PAQUES. ﹘ **ᴁ CV** ᵬ.

** **LE PROVENCE** M.SEGUIN ☎ 92.74.36.50/92.74.68.88 — 15 CH. 160/250 F. MENU 59/120 F. PENSION 200/240 F. DEMI-PENSION 150/190 F. FERME 11 NOV./RAMEAUX. **F ⅢⅢ ᴁ E** ᵬ.

PAMIERS 09100 ARIEGE 15000 HAB. S.I.

** **DE FRANCE** 5,RUE Dr RAMBAUD OU 13,RUE HOSPICE. M. RAJA ☎ 61.60.20.88 — 25 CH. 110/260 F. MENU 68/170 F. PENSION 200/260 F. DEMI-PENSION 150/200 F. FERME 20 DEC./4 JANV. RESTAURANT FERME DIMANCHE 1 OCT./ 20 MAI. **ⅢⅢ E CV** ᵬ.

** **DE LA PAIX** 4, PL. A.-TOURNIER M. CARBONNIER ☎ 61.67.12.71 — 15 CH. 80/160 F. MENU 60/120 F. PENSION 140/200 F. DEMI-PENSION 120/175 F. RESTAURANT FERME SAMEDI MIDI. ﹘ **ⅢⅢ E**.

** **DU PARC** 12, RUE PICONNIERES M.BRUN ☎ 61.67.02.58 — 12 CH. 100/220 F. MENU 70/130 F. PENSION 240/280 F. DEMI-PENSION 190/230 F. RESTAURANT FERME JANV., ET LUNDI. **F ﹘ ⅢⅢ E CV**.

PANNESSIERES 39570 LONS-LE-SAUNIER JURA 460 HAB.

** **HOSTELLERIE DES MONTS JURA** M. LOUIS ☎ 84.43.10.03 — 8 CH. 130/210 F. MENU 60/250 F. PENSION 210/250 F. DEMI-PENSION 150/180 F. FERME 20 DEC./10 JANV. RESTAU-RANT FERME MERCREDI. ﹖ **ⅢⅢ E CV**.

PARAY-LE-MONIAL 71600 SAONE-ET-LOIRE 12000 HAB. S.I.

** **AUX VENDANGES DE BOURGOGNE** 5, RUE DENIS-PAPIN M.BURILLIER ☎ 85.81.13.43 — 14 CH. 107/200 F. MENU 64/210 F. PENSION 235/263 F. DEMI-PENSION 211/225 F. FERME 16 FEV./22 MARS., DIMANCHE SOIR ET LUNDI MIDI SAUF JUIL./AOUT ET JOURS FERIES. **F** ﹖ **ⅢⅢ ᴁ ⊙ E**.

* **DU NORD** 45, AV. DE LA GARE M.LEVITE ☎ 85.81.05.12 — 15 CH. 80/145 F. MENU 50/135 F. PENSION 180/220 F. DEMI-PENSION 145/170 F. FERME 25 DEC./26 JANV. ET SAMEDI HORS VACANCES. **F ⅢⅢ ᴁ E**.

** **DU VAL D'OR** (LA BELUZE) M.SERIEYS ☎ 85.81.05.07 — 17 CH. 130/150 F. MENU 50/160 F. PENSION 220/250 F. DEMI-PENSION 150/170 F. FERME 24 OCT./1 DEC. LUNDI HS. ET RESTAURANT FERME LUNDI. **F ﹘ ⅢⅢ E**.

PARAY-SOUS-BRIAILLES 03500 SAINT-POURCAIN ALLIER 513 HAB.
*AF **DU FOOT** M. BESSET ☎ 70.45.05.80 — 8 CH. 70/110 F. MENU 50/60 F. PENSION 130/160 F. DEMI-PENSION 100/130 F. FERME JEUDI APRES-MIDI.

PARCEY 39100 DOLE JURA 659 HAB.
** **HOSTELLERIE DE L'AS DE PIQUE** M.BEAUVAIS ☎ 84.71.00.76 — 15 CH. 90/150 F. MENU 72/195 F. PENSION 250 F. DEMI-PENSION 180 F. FERME 2/12 JANV., DIMANCHE SOIR ET LUNDI 1 OCT./30 JUIN. 🅵 ♨ ⊠ E.

PARENT-GARE 63270 VIC-LE-COMTE PUY-DE-DOME 647 HAB.
** **MON AUBERGE** M. FAVIER ☎ 73.96.62.06 — 7 CH. 90/200 F. MENU 72/175 F. PENSION 180/250 F. DEMI-PENSION 130/200 F. FERME 1 SEM. JUIN, DEC., ET LUNDI 1 SEPT./1 JUIL. ⊠ E.

PARENTIS-EN-BORN 40160 LANDES 4260 HAB. S.I.
* **COUSSEAU** M.LEPESTEUR ☎ 58.78.42.46 — 10 CH. 100/135 F. MENU 48/200 F. PENSION 150/160 F. FERME 9/15 MAI., 15 OCT./6 NOV., VENDREDI SOIR ET DIMANCHE SOIR.

PARSAC-GARE 23140 JARNAGES CREUSE 680 HAB.
* **DE LA GARE** M.LANDON ☎ 55.62.23.23 — 10 CH. 96/150 F. MENU 42/80 F. PENSION 160/180 F. FERME 24 DEC./24 JANV. ET SAMEDI HS. 🐾 ⊠ E.

PARTHENAY 79200 DEUX-SEVRES 12000 HAB. S.I.
** **DU COMMERCE** 30, BD E.-QUINET M.CAILLON ☎ 49.94.11.55 — 11 CH. 80/135 F. MENU 46/90 F. PENSION 185/235 F. DEMI-PENSION 140/195 F. HOTEL FERME DIMANCHE. RESTAURANT FERME VENDREDI SOIR ET DIMANCHE 1 JANV./31 DEC. ♨ ⊠ E CV.
** **DU NORD** 86, AV. GENERAL DE GAULLE. M.REVEILLAUD ☎ 49.94.29.11 — 13 CH. 73/136 F. MENU 48/150 F. FERME 20 DEC./10 JANV. ET SAMEDI. ⊠ 🅰 ⊚ E CV.
** **SAINT JACQUES** 13, AV. DU 114e-R.-I. SOCIETE ☎ 49.64.33.33 — 46 CH. 115/205 F. ♨ ✕ ⊠ 🅰 ⊚ E & 🅗.

PASQUIER (LE) 39300 CHAMPAGNOLE JURA 600 M. 200 HAB.
AF **AU GIBUS** Mme.BOURNY ☎ 84.52.04.67/84.51.70.43 — 8 CH. 70/130 F. MENU 50/70 F. PENSION 140 F. DEMI-PENSION 100 F. ⊠.

PASSAIS-LA-CONCEPTION 61350 ORNE 1022 HAB.
** **AUBERGE DU CHEVAL BLANC** M. ARNOULT ☎ 33.38.73.09 — 8 CH. 110/170 F. MENU 50/350 F. PENSION 250/350 F. DEMI-PENSION 185/250 F. FERME 15 JANV./20 FEV. ET LUNDI. ♨ ⊠ E.

PASSENANS 39230 SELLIERES JURA 330 HAB.
** **AUBERGE DU ROSTAING** M. ECKERT ☎ 84.85.23.70 — 10 CH. 62/128 F. MENU 47/87 F. PENSION 125/205 F. DEMI-PENSION 82/162 F. FERME 1 DEC./31 JANV., ET MARDI 1 SEPT./30 JUIN. 🅵 ⊠ ⊚ E CV.
** **DOMAINE TOURISTIQUE DU REVERMONT** M.SCHMIT ☎ 84.44.61.02 — 28 CH. 145/235 F. MENU 80/180 F. PENSION 238/283 F. DEMI-PENSION 183/228 F. FERME 2 JANV./1 MARS., DIMANCHE SOIR ET LUNDI HS. ♨ ♂ ♨ ⊷ ⊠ E & 🅗.

PASSY 74190 LE FAYET HAUTE-SAVOIE 700 M. 10000 HAB. S.I.
** **DU CENTRE ET DU COTEAU** M.DEVILLAZ ☎ 50.78.23.66 — 35 CH. 160/220 F. MENU 70/120 F. PENSION 190/230 F. DEMI-PENSION 170/190 F. FERME OCT. ♨ ⊠.

PATAY 45310 LOIRET 1800 HAB.
AF **DU CHEVAL BLANC** 5, RUE DE LA GARE. M.VASLIER ☎ 38.80.80.11 — 7 CH. 80/130 F. MENU 50/140 F. PENSION 200/240 F. DEMI-PENSION 150/180 F. FERME 1/10 SEPT., 1/28 FEV. ET MERCREDI. 🅵 ⊠ 🅰 ⊚ E.

PATRIMONIO 20253 CORSE 455 HAB.
** **ALBINU** LIEU-DIT LUSTICONE. Mme ROVERE-CHISTOFARI ☎ 95.30.15.55 — 9 CH. 180/280 F. FERME 1 NOV./1 AVR. 🅵 ⊷ ⊠ E CV.

PAULHAC 15430 CANTAL 1117 M. 550 HAB.
AF **DE LA PLANEZE** M. JOUVE ☎ 71.73.32.60 — 12 CH. 120/160 F. MENU 45/85 F. PENSION 155/165 F. DEMI-PENSION 135/145 F. 🅵 ⊠ E.

PAULHAGUET 43230 HAUTE-LOIRE 1047 HAB. S.I.
* **LAGRANGE** M. LAGRANGE ☎ 71.76.60.11 — 15 CH. 85/150 F. MENU 45/100 F. PENSION 180/200 F. DEMI-PENSION 140/160 F. FERME 15 SEPT./15 OCT. ET SAMEDI TOUSSAINT/PAQUES. ♨ ⊠.

PAYRAC 46350 LOT 420 HAB. S.I.
** **HOSTELLERIE DE LA PAIX** M. DESCHAMPS ☎ 65.37.95.15 TELEX 521 291 — 50 CH. 150/310 F. MENU 68/160 F. PENSION 230/270 F. DEMI-PENSION 175/220 F. FERME 4 JANV./19 FEV. ♨ ⊠ 🅰 ⊚ E CV.

PAYZAC 24270 LANOUAILLE DORDOGNE 1200 HAB. S.I.
* **GRAND HOTEL DES VOYAGEURS** M. CHAPELLEAUBOS ☎ 53.52.70.10 — 7 CH. 90/120 F. PENSION 180 F. DEMI-PENSION 160 F. FERME SAMEDI 1 NOV./1 AVR. 🅵 ♨ ⊷ ⊠ E.

PEAUGRES 07340 SERRIERES ARDECHE 1000 HAB.
* **LE BON GITE** GRAND' RUE Mme.ROYET ☎ 75.34.80.44 — 11 CH. 93/228 F. MENU 52/101 F. PENSION 179/200 F. DEMI-PENSION 137/158 F. FERME SAMEDI 1 NOV./31 MARS, HOTEL FERME 15 JANV./1 MARS RESTAURANT FERME 15 JANV./15 MARS. 🅵.

PEAULE 56130 LA ROCHE-BERNARD MORBIHAN 2000 HAB.

** **AUBERGE ARMOR VILAINE** M.BOEFFARD ☎ 97.42.91.03 – 21 CH. 160/240 F. MENU 50/175 F. PENSION 200/220 F. DEMI-PENSION 160/180 F. FERME FEV., DIMANCHE SOIR-/LUNDI HS, ET JOURS FERIES. ♿ ➤ ⌘ E CV ᕀ.

** **LE RELAX** RUE DU PUITS MLLE GUYOT ☎ 97.42.91.22 – 15 CH. 155/200 F. FERME 10/25 OCT. ♿ ➤ ⌘ ⌑ E.

PECHEREAU (LE) 36200 ARGENTON-SUR-CREUSE INDRE 1930 HAB. S.I.

* **L'ESCAPADE** 2, RUE DU CHENE. SARL ARNAUD ☎ 54.24.26.10 – 8 CH. 135/220 F. MENU
☞ 45/130 F. PENSION 180/220 F. DEMI-PENSION 140/170 F. FERME MERCREDI SOIR. ⌘ ⌑ ⏰ E.

PEGOMAS 06580 ALPES-MARITIMES 3740 HAB.

* **LES JASMINS** QUARTIER DU LOGIS. M. LATOUR ☎ 93.42.22.94 – 14 CH. 150/230 F. MENU 55/180 F. PENSION 200/280 F. DEMI-PENSION 150/230 F. FERME 30 SEPT./31 MARS. ⌘ E CV.

PEGUE (LE) 26230 TAULIGNAN DROME 315 HAB.

* **AUBERGE DU DONJON** M.BEAUD ☎ 75.53.55.71 – 11 CH. 90/170 F. MENU 60/110 F. PENSION 150/220 F. DEMI-PENSION 135/190 F. FERME 1 JANV./1 FEV. ET LUNDI. ⌐F ⌘ E.

PEILLAC 56220 MALANSAC MORBIHAN 1800 HAB. S.I.

** **CHEZ ANTOINE** Mme.SERAZIN ☎ 99.91.24.43 – 12 CH. 120/150 F. MENU 49/160 F. PEN-SION 210/230 F. DEMI-PENSION 160/180 F. FERME FEV., ET LUNDI. ⌐F ⌘ ⌑ ⏰ E.

PEILLE 06440 L'ESCARENE ALPES-MARITIMES 700 M. 1000 HAB. S.I.

AF **BELVEDERE** M. BEAUSEIGNEUR ☎ 93.79.90.45 – 5 CH. MENU 58/140 F. PENSION 200/220 F. DEMI-PENSION 170/190 F. FERME 1/20 DEC. ET RESTAURANT LUNDI 15 OCT./31 MARS. ➤.

PEILLON-VILLAGE 06440 L'ESCARENE ALPES-MARITIMES 110 HAB. S.I.

** **AUBERGE DE LA MADONE** FAMILLE MILLO ☎ 93.79.91.17 – 18 CH. 266/420 F. MENU 90/200 F. DEMI-PENSION 320/380 F. FERME 30 MAI/6 JUIN, 15 OCT./15 DEC. ET MERCREDI. ⌐F ⌑ ⏰ ⌘ E.

* **LA BRAISIERE** Mme SAVONA ☎ 93.79.91.06 – 6 CH. 115/125 F. MENU 75/110 F. PEN-SION 210/225 F. DEMI-PENSION 140/150 F.

PEISEY-NANCROIX 73210 AIME SAVOIE 1350 M. 500 HAB. S.I.

* **BELLECOTE** (A PEISEY-VILLAGE). M.VILLIOD ☎ 79.07.93.30 – 16 CH. 80/150 F. MENU 55/110 F. PENSION 190/220 F. DEMI-PENSION 140/155 F. FERME 1 SEPT./15 DEC. ET 20 AVR./15 JUIN. ⌘ E.

* **RELAIS DE BELLECOTE** SARL VILBIM ☎ 79.07.93.09 – 13 CH. 120/160 F. MENU 60/70 F. PENSION 186/247 F. DEMI-PENSION 156/217 F. ⌐F ♂ ⌘ CV.

PELACOY 46000 CAHORS LOT 28 HAB.

AF **CABESSUT** M.CABESSUT ☎ 65.36.86.09 – 5 CH. 90/100 F. MENU 60/80 F. FERME 1/15 OCT. ET SAMEDI SAUF JUIL.AOUT. ➤.

PELLERIN (LE) 44640 LOIRE-ATLANTIQUE 3500 HAB.

** **LE RELAIS DE LA COTE DE JADE** 1, RUE DU PORT CHASSE. M. BENI ☎ 40.04.69.85 –
☞ 8 CH. 115/190 F. MENU 50/140 F. PENSION 178/290 F. DEMI-PENSION 128/185 F. FERME 25 OCT./10 NOV., ET DIMANCHE SOIR 1 SEPT./30 JUIN. ⌘ E.

PELUSSIN 42410 LOIRE 3000 HAB. S.I.

** **DE FRANCE** 4, PLACE DES CROIX. M. CHOMIENNE ☎ 74.87.68.88 – 9 CH. 120/260 F. MENU 45/130 F. PENSION 190/220 F. DEMI-PENSION 150/170 F. FERME 1 QUINZ. JANV. ET RESTAURANT FERME DIMANCHE SOIR ET LUNDI. ⌐F ♿ ⌘ E.

* **DE L'ANCIENNE GARE** M. CHENAVIER ☎ 74.87.61.51 – 7 CH. 80/170 F. MENU 50/150 F. PENSION 170/210 F. DEMI-PENSION 150/170 F. FERME 1/31 JANV. ET SAMEDI HS. ⌐F ➤ ⌘.

** **LE COTTAGE** M. THOMAS ☎ 74.87.61.37 – 14 CH. 82/240 F. MENU 48/130 F. PENSION
☞ 150/310 F. DEMI-PENSION 120/260 F. FERME 8 FEV./7 MARS, 3/10 SEPT. ET VENDREDI. ⌘ ⌑ E.

PELVOUX 05340 HAUTES-ALPES 1250 M. 350 HAB. S.I.

* **LA CONDAMINE** M. ESTIENNE ☎ 92.23.35.48 – 19 CH. 180/200 F. MENU 50/75 F. PEN-SION 205/220 F. DEMI-PENSION 180/190 F. FERME 15 AVR./1 JUIN, 15 SEPT./20 DEC. ➤ ⌘ ⌑ ⏰ E CV.

AF **SAINT ANTOINE** M. STAUB ☎ 92.23.36.99 – 9 CH. 72/170 F. MENU 60 F. PENSION
☞ 150/190 F. DEMI-PENSION 120/160 F. FERME 1/31 OCT., 15/31 MAI, ET MERCREDI HS. ⌐F ⌘ E CV.

PELVOUX-AILEFROIDE 05340 PELVOUX HAUTES-ALPES 1515 M. 30 HAB.

* **LES CLOUZIS** M. GALLICE Rene ☎ 92.23.32.07 – 11 CH. 125/155 F. MENU 69/120 F. PENSION 185 F. DEMI-PENSION 150 F. FERME 20 SEPT./10 JUIN. ➤ ⌘ E.

PENHORS (Plage) 29143 POULDREUZIC FINISTERE 150 HAB. S.I.

** **BREIZ-ARMOR** PLAGE DE PENHORS M.SEGALEN ☎ 98.54.40.41 – 23 CH. 195/210 F.
☞ MENU 68/165 F. PENSION 270/280 F. DEMI-PENSION 240/250 F. FERME 15 OCT./1 AVR., SAUF VAC. NOEL. RESTAURANT FERME JANV./FEV., ET LUNDI SAUF JUIL./AOUT. ⌐F ➤ ⌘ E CV ᕀ.

PENNE-D'AGENAIS 47140 LOT-ET-GARONNE 2250 HAB. S.I.

* **DU COMMERCE ET RESTAURANT LE MOULIN** (A PORT DE PENNE). Mme PALTRIE ☎ 53.41.21.34 – 13 CH. 70/120 F. MENU 55/90 F. PENSION 160 F. DEMI-PENSION 130 F. FERME 1 SEPT./5 OCT., ET DIMANCHE SOIR/MARDI MATIN. ♨ 🖭 ⚏ E.

PENNES-MIRABEAU (LES) 13170 BOUCHES-DU-RHONE 16000 HAB. S.I.

** **MIRABEAU PRIMOTEL** SQUARE GAL DE GAULLE M. DA SILVA ☎ 42.02.87.60 – 37 CH. 93/187 F. MENU 48/100 F. RESTAURANT FERME DIMANCHE SOIR. ♨ 🖭 ⚏ E.

PENTREZ-PLAGE 29127 PLOMODIERN FINISTERE 800 HAB. S.I.

* **DE LA MER** Mme LIVET ☎ 98.26.50.55 – 22 CH. 75/120 F. MENU 62/130 F. PENSION 180/192 F. DEMI-PENSION 138 F. FERME 10 SEPT./1 JUIN. [F] 🖭.

PEPIEUX 11700 CAPENDU AUDE 1054 HAB.

* **MINERVOIS** M. FUSTER ☎ 68.91.41.28 – 21 CH. 150/200 F. MENU 50 F. PENSION 180/220 F. DEMI-PENSION 140/180 F. ♨.

PERCY (LE) 38930 CLELLES ISERE 850 M. 110 HAB.

* **CHAMOIS D'OR** M.CARTON ☎ 76.34.42.62 – 18 CH. 80/150 F. MENU 50/110 F. PENSION 198/224 F. DEMI-PENSION 128/154 F. FERME LUNDI. [F] 🚲 🖭 E.

PERIGUEUX 24000 DORDOGNE 43000 HAB. S.I.

* **DU MIDI** 18, RUE DENIS PAPIN. M. FAURE ☎ 53.53.41.06 – 27 CH. 75/150 F. MENU 56/170 F. PENSION 180/200 F. DEMI-PENSION 125/145 F. FERME 25 SEPT./11 OCT. ET 23 DEC./3 JANV. ♨ 🖭 ⚏.

** **DU PERIGORD** 74, RUE V.-HUGO Mme.VALLEJO ☎ 53.53.33.63 – 21 CH. 90/180 F. MENU 52/140 F. PENSION 210/270 F. DEMI-PENSION 200/220 F. FERME 25 OCT./3 NOV., 8 JOURS CARNAVAL ET SAMEDI NOV./FEV. CV.

* **L'UNIVERS** 18, COURS MONTAIGNE M. CADOL ☎ 53.53.34.79 – 16 CH. 90/150 F. MENU 58/185 F. 🖭.

* **LES CHARENTES** 16, RUE DENIS-PAPIN Mme.GADONNET ☎ 53.53.37.13 – 15 CH. 100/175 F. MENU 58/175 F. PENSION 165/200 F. DEMI-PENSION 115/150 F. FERME 20 DEC./10 JANV. 🖭 [AE] E CV.

PERIGUEUX (BASSILLAC) 24000 DORDOGNE 1297 HAB.

** **CHATEAU DE ROGNAC** M.DAUDRIX ☎ 53.54.40.78 – 12 CH. 153/257 F. MENU 78/183 F. PENSION 383/487 F. DEMI-PENSION 268/372 F. FERME 31 OCT./15 DEC. ET LUNDI 15 DEC./30 JUIN. [F].

PERIGUEUX (RAZAC) 24430 RAZAC-SUR-L'ISLE DORDOGNE 1702 HAB.

** **CHATEAU DE LALANDE** (ANNESSE ET BEAULIEU) M. SICARD ☎ 53.54.52.30 – 22 CH. 155/270 F. MENU 63/235 F. PENSION 260/320 F. DEMI-PENSION 210/250 F. FERME 15 NOV./15 MARS. ET RESTAURANT FERME MERCREDI HS. [F] 🖭 E.

PERLES-ET-CASTELET 09110 AX-LES-THERMES ARIEGE 700 M. 91 HAB.

** **LE CASTELET** Mme TISSIER ☎ 61.64.24.52 TELEX 530955 – 27 CH. 159/265 F. MENU 80/165 F. DEMI-PENSION 220/240 F. FERME 31 OCT./15 MAI, ET MERCREDI. [F] 🐾 🖭 E.

PERNES-LES-FONTAINES 84210 VAUCLUSE 5000 HAB. S.I.

** **L'HERMITAGE** ROUTE DE CARPENTRAS M. BOFFELLI ☎ 90.66.51.41 – 20 CH. 190/220 F. MENU 60/165 F. PENSION 260 F. DEMI-PENSION 195 F. [F] 🖭 E.

** **PRATO-PLAGE** M. BOFFELLI ☎ 90.61.31.72 – 10 CH. 180 F. MENU 60/165 F. PENSION 250 F. DEMI-PENSION 185 F. [F] ♨ ⚏ E CV.

PERONNE 80200 SOMME 10000 HAB. S.I.

** **HOSTELLERIE DES REMPARTS** 21, RUE BEAUBOIS M.DRICHEMONT ☎ 22.84.38.21/22.84.01.22 – 15 CH. 110/220 F. MENU 65/180 F. 🖭 [AE] ⚏ E CV.

** **SAINT CLAUDE** 42, PL. LOUIS-DAUDRE M.LALOS ☎ 22.84.46.00 TELEX 145 618 – 37 CH. 100/300 F. MENU 90/130 F. PENSION 250/390 F. DEMI-PENSION 180/300 F. [F] 🖭 [AE] ⚏ E.

PERROS-GUIREC 22700 COTES-DU-NORD 7000 HAB. S.I.

** **HERMITAGE HOTEL** 20, RUE LE MONTREER M.CARIOU ☎ 96.23.21.22 – 25 CH. 110/185 F. MENU 68/95 F. PENSION 190/235 F. DEMI-PENSION 150/185 F. FERME 15 SEPT./15 MAI. ET RESTAURANT FERME 15 SEPT./15 JUIN. 🖭 E.

ec **KER YS** 12, RUE DU MAL-FOCH Mme.HAMON ☎ 96.23.22.16 – 30 CH. 100/160 F. MENU 50/80 F. DEMI-PENSION 135/188 F. FERME 20 OCT./1 MARS. [F] 🖭 E.

** **LE SPHINX** CHEMIN DE LA MESSE M. LE VERGE ☎ 96.23.25.42 – 11 CH. 250/300 F. MENU 110/230 F. DEMI-PENSION 300/308 F. FERME 6 JANV./15 MARS., RESTAURANT FERME LUNDI MIDI ET VENDREDI MIDI HS. [F] 🚲 🖭 [AE] ⚏ E CV ⚅.

** **LES FEUX DES ILES** 53, BD CLEMENCEAU M.LE ROUX ☎ 96.23.22.94 – 15 CH. 160/210 F. MENU 90/250 F. PENSION 270/300 F. DEMI-PENSION 210/250 F. FERME 15 NOV./20 DEC., 10 JANV./10 FEV., DIMANCHE SOIR ET LUNDI. [F] ✁ 🖭 ⚏ E.

PERROS-GUIREC (PLOUMANACH EN) 22700 PERROS-GUIREC COTES-DU-NORD 7793 HAB. S.I.

** **DU PARC** Mme SALVI ☎ 96.23.24.88 – 11 CH. 125/180 F. MENU 52/160 F. DEMI-PENSION 165/190 F. FERME 25 SEPT./2 AVR. 🖭 E.

** **LES ROCHERS** CHEMIN DE LA POINTE Mme JUSTIN ☎ 96.23.23.02 – 15 CH. 250/390 F. MENU 120/350 F. DEMI-PENSION 325/338 F. FERME FIN SEPT./PAQUES,18/28 AVR. ET MERCREDI PAQUES/FIN JUIN. 🖭 E.

** **SAINT GUIREC ET DE LA PLAGE** 162, RUE SAINT GUIREC. Mme HARDOUIN ☎ 96.91.40.89 – 25 CH. 94/201 F. MENU 54/133 F. PENSION 204/258 F. DEMI-PENSION 169/223 F. FERME 8 NOV./26 MARS. [F] 🖭 CV.

PERTUIS 84120 VAUCLUSE 15000 HAB. S.I.

** **L'AUBARESTIERO** PLACE GARCIN M.FABREGUE ☎ 90.79.14.74 – 13 CH. 110/220 F. MENU 75/320 F. PENSION 225/255 F. DEMI-PENSION 150/180 F. 🍴🐕 ▥ E.

*** **SEVAN** ROUTE DE LA BASTIDONNE M.HAIRABIAN ☎ 90.79.19.30 TELEX 431470 – 36 CH. 307/375 F. MENU 100/160 F. PENSION 422/545 F. DEMI-PENSION 322/447 F. FERME 2 JANV./DEB. MARS. Ⓕ 🍴 ♪ 🐕 ▥ Ⓐ⒠ ⓓ E ▥.

PESMES 70140 HAUTE-SAONE 1100 HAB. S.I.

** **DE FRANCE** MM.VIEILLE ☎ 84.31.20.05 – 10 CH. 120/170 F. MENU 65/120 F. PENSION 170/190 F. DEMI-PENSION 140/160 F. FERME 20 OCT./10 NOV. Ⓕ ▥ Ⓐ⒠ ⓓ E CV.

PESSE (LA) 39370 LES BOUCHOUX JURA 230 HAB.

** **BURDET** M. RAYMOND ☎ 84.42.70.12 – 17 CH. 90/160 F. MENU 66/110 F. PENSION 160/190 F. DEMI-PENSION 115/145 F. FERME 15 AVR./15 MAI, NOV., ET MERCREDI HS. Ⓕ 🍴 ⓓ E.

PETITE-FOSSE (LA) 88490 PROVENCHERES-SUR-FAVE VOSGES 600 M. 73 HAB.

** **AUBERGE DU SPITZEMBERG** M.MATHIS ☎ 29.51.20.46 – 9 CH. 190/200 F. MENU 52/115 F. PENSION 225/230 F. DEMI-PENSION 180/185 F. FERME 15 NOV./15 MARS ET MARDI. ▥ CV.

PETITE-PIERRE (LA) 67290 WINGEN-SUR-MODER BAS-RHIN 640 HAB. S.I.

** **AU LION D'OR** 15, RUE PRINCIPALE. M. VELTEN ☎ 88.70.45.06 – 35 CH. 65/285 F. MENU 65/260 F. PENSION 190/275 F. DEMI-PENSION 165/250 F. FERME 10 JANV./15 FEV., RESTAURANT FERME MERCREDI SOIR ET JEUDI. PISCINE COUVERTE CHAUFFEE, SAUNA ET TENNIS. Ⓕ 🍴 ♪ 🐕 ▥ Ⓐ⒠ ⓓ E CV 🚲 ♿ ⒯.

** **AUBERGE D'IMSTHAL** RTE FORESTIERE D'IMSTHAL M.MICHAELY ☎ 88.70.45.21 – 23 CH. 150/290 F. MENU 50/200 F. PENSION 220/290 F. DEMI-PENSION 170/240 F. RESTAURANT FERME 25 NOV./20 DEC. ET MARDI. ▥ Ⓐ⒠ ⓓ E CV 🚲 ♿ ⒯.

** **AUX TROIS ROSES** M.GEYER ☎ 88.70.45.02 TELEX 871150 – 48 CH. 135/390 F. MENU 70/185 F. PENSION 200/360 F. DEMI-PENSION 185/320 F. FERME 4 JANV./4 FEV., RESTAURANT FERME DIMANCHE SOIR ET LUNDI. Ⓕ 🍴 ♪ 🐕 ▥ E CV ♿ ⒯.

** **DES VOSGES** 30 RUE PRINCIPALE M.WEHRUNG ☎ 88.70.45.05 – 30 CH. 175/280 F. MENU 90/220 F. PENSION 220/280 F. DEMI-PENSION 190/220 F. FERME 15 NOV./15 DEC., MARDI SOIR ET MERCREDI. Ⓕ ▥ E 🚲 ⒯.

** **LA CLAIRIERE** RTE D'INGWILLER M. STROHMENGER ☎ 88.70.47.76 – 19 CH. 170/320 F. MENU 67/200 F. PENSION 232/310 F. DEMI-PENSION 185/260 F. PISCINE COUV., GYMNASTIQUE, SAUNA, FITTNESS, SOLARIUM, BICY. Ⓕ 🍴 🐕 ▥ Ⓐ⒠ ⓓ E CV ♿ ⒯.

PETITE-VERRIERE (LA) 71400 AUTUN SAONE-ET-LOIRE 75 HAB.

AF **AU BON ACCUEIL** M. MENART ☎ 85.82.74.48/85.54.14.10 – 6 CH. 80 F. MENU 42/105 F. PENSION 140 F. DEMI-PENSION 115 F. FERME 18 DEC./6 JANV.

PETITES-DALLES (LES) 76540 VALMONT SEINE-MARITIME 680 HAB. S.I.

AF **DE LA PLAGE** M. PIERRE ☎ 35.27.40.77 – 6 CH. 75/160 F. MENU 65/125 F. PENSION 160/220 F. DEMI-PENSION 120/165 F. FERME FEV. DIMANCHE SOIR ET LUNDI. ▥ CV ♿.

PEYRAT-LE-CHATEAU 87470 HAUTE-VIENNE 1518 HAB. S.I.

* **AUBERGE DU BOIS DE L'ETANG** M. MERLE ☎ 55.69.40.19 – 31 CH. 100/175 F. MENU 60/180 F. PENSION 160/180 F. DEMI-PENSION 135/150 F. FERME 15 DEC./15 JANV. Ⓕ ▥ E ♿.

* **DES VOYAGEURS** AV. DE LA TOUR M. LORIOL ☎ 55.69.40.02 – 15 CH. 90/160 F. MENU 50/95 F. PENSION 170/190 F. DEMI-PENSION 140/160 F. FERME 1 NOV./29 FEV. Ⓕ 🍴 E.

PEYRAT-LE-CHATEAU (AUPHELLE) 87470 HAUTE-VIENNE 650 M. 100 HAB. S.I.

** **GOLF DU LIMOUSIN** (LAC DE VASSIVIERE) M.LUCCHESI ☎ 55.69.41.34 – 18 CH. 93/156 F. MENU 65/166 F. PENSION 166/208 F. DEMI-PENSION 145/187 F. FERME 30 OCT./15 MARS, ET MERCREDI HS. Ⓕ.

PEYRAT-LE-CHATEAU (VASSIVIERE) 87470 HAUTE-VIENNE 650 M. 1518 HAB. S.I.

*** **LA CARAVELLE** Mme.PLANCHAT ☎ 55.69.40.97 – 21 CH. 250/260 F. MENU 120 F. PENSION 330 F. DEMI-PENSION 280 F. FERME DEC./MARS. Ⓕ 🐕 ▥ E.

PEYREHORADE 40300 LANDES 3000 HAB. S.I.

* **AU BON ACCUEIL** (N. 117) M.GILLES ☎ 58.73.03.60 – 10 CH. 74/105 F. MENU 42/120 F. PENSION 170/180 F. DEMI-PENSION 125/135 F. FERME 20 DEC./10 JANV. Ⓕ.

** **CENTRAL** PLACE ARISTIDE BRIAND M. BARRAT ☎ 58.73.03.22 – 10 CH. 220/270 F. MENU 50/160 F. PENSION 380/430 F. DEMI-PENSION 300/350 F. FERME DIMANCHE SOIR ET LUNDI HS. Ⓕ ▥ Ⓐ⒠ ⓓ E ♿ ⒯.

AF **LES PECHEURS** M. FLOUS ☎ 58.73.02.40 – 6 CH. 80/180 F. DEMI-PENSION 120/160 F. RESTAURANT FERME MERCREDI. 🍴 ▥ Ⓐ⒠.

* **MIMI** RUE NAUTON TRUQUEZ Mme LABORDE ☎ 58.73.00.06 – 16 CH. 61/190 F. MENU 58/126 F. DEMI-PENSION 107/168 F. FERME 10/28 MAI, 15 OCT./8 NOV. ET VENDREDI 12H/SAMEDI 18H. 🐕 ▥ Ⓐ⒠ ⓓ E.

PEYROLLES-EN-PROVENCE 13860 BOUCHES-DU-RHONE 2500 HAB.
** **LE MIRABEAU** (N. 96) M.PERIOU ☎ 42.57.81.78 – 9 CH. 160/220 F. MENU 62/105 F.
DEMI-PENSION 180/230 F. FERME 15 JANV./15 FEV., 2/8 MAI ET DIMANCHE SOIR ET LUNDI
HS. ⬤.

PEZENAS 34120 HERAULT 9000 HAB. S.I.
** **GENIEYS** 9, AV. A. BRIAND. M. PAILLARD ☎ 67.98.13.99 – 27 CH. 90/270 F. MENU
☞ 55/185 F. PENSION 235/305 F. DEMI-PENSION 180/205 F. RESTAURANT FERME 12/23 NOV., 1
SEM. FEV. ET DIMANCHE SOIR /LUNDI SOIR HS. 🚗 ⊞ 🖭 ⬤ E.

PFAFFENHEIM 68250 ROUFFACH HAUT-RHIN 1250 HAB.
AF **RELAIS AU PETIT PFAFFENHEIM** 1 RUE DE LA CHAPELLE M.BASS ☎ 89.49.62.06 –
☞ 8 CH. 100/120 F. MENU 60/200 F. PENSION 195 F. DEMI-PENSION 160 F. FERME 20 DEC./15
JANV., LUNDI SOIR ET MARDI. 🚗 ⊞ 🖭 ⬤ E.

PHALSBOURG 57370 MOSELLE 4230 HAB. S.I.
** **ERCKMANN CHATRIAN** M.RICHERT ☎ 87.24.31.33 – 16 CH. 110/184 F. MENU
42/152 F. FERME LUNDI ET MARDI MIDI. 🚗 ⊞ 🖭 ⬤ E CV.

PIANA 20115 CORSE 500 HAB. S.I.
ec **LES ROCHES ROUGES** MM. ALFONSI ET DALAKUPEYAN ☎ 95.26.81.81 – 30 CH.
☞ 250/350 F. MENU 85/110 F. DEMI-PENSION 250 F. FERME 15 OCT./1 AVR. ⊞ 🖭 ⬤
E.

PIANOTTOLI-CALDARELLO 20131 CORSE 900 HAB..
* **MACCHIE ET FIORI** M.PARIS ☎ 95.71.80.69 – 12 CH. 200/220 F. MENU 80 F. PENSION
230 F. DEMI-PENSION 190 F. FERME 1 OCT./31 MAI. 🖪 �- .

PIARDS (LES) 39150 SAINT-LAURENT-EN-GRANDVAUX JURA 940 M.
135 HAB.
** **LES ROULIERS** M. VINCENT ☎ 84.60.42.36 – 17 CH. 169 F. MENU 49/115 F. PENSION
☞ 203/243 F. DEMI-PENSION 153/193 F. FERME MARDI SOIR ET MERCREDI HS, SAUF RESERVA-
TIONS. 🖪 🚗 �-�- 🖭 ⬤ E CV.

PICHERANDE 63113 PUY-DE-DOME 1116 M. 530 HAB. S.I.
AF **CENTRAL HOTEL** M.GOIGOUX ☎ 73.22.30.79 – 20 CH. 45/95 F. MENU 52/110 F. PEN-
SION 144 F. DEMI-PENSION 114 F. FERME OCT./NOV. �-�- CV.

PIEDICROCE 20229 CORSE 636 M. 164 HAB. S.I.
* **LE REFUGE** M. RAFFALLI ☎ 95.35.82.65/95.35.81.08 – 20 CH. 140/280 F. MENU
75/110 F. PENSION 245/285 F. DEMI-PENSION 180/220 F. FERME 1/31 OCT. 🖪 �-�-
⊞ 🖭 ⬤ CV.

PIERRE-BUFFIERE 87260 HAUTE-VIENNE 1300 HAB. S.I.
*AF **DUPUYTREN** Mme.GIBAUT ☎ 55.00.60.26 – 7 CH. 75/150 F. MENU 65 F. DEMI-PENSION
140 F. FERME LUNDI. RESTAURANT FERME 1 NOV./15 AVR. �-�- ⊞.

PIERREFONDS 60450 OISE 1600 HAB. S.I.
AF **CHATEAU GAILLARD** 20, RUE VIOLLET LE DUC M.GUENANEN ☎ 44.42.80.96 – 9 CH.
125 F. PDC FERME OCT., ET MERCREDI. CREPERIE. �-�- 🞙.

PIERREFONTAINE-LES-VARANS 25510 DOUBS 700 M. 1500 HAB.
* **DU COMMERCE** GRANDE RUE. M.BOITEUX J. ☎ 81.56.10.50 – 8 CH. 85/150 F. MENU
45/135 F. PENSION 140/150 F. DEMI-PENSION 120/135 F. FERME 20 DEC./20 JANV. ET LUNDI
HS. ⊞ E.

PIERRELATTE 26700 DROME 10000 HAB. S.I.
** **DU CENTRE** PL. DE L'EGLISE. Mme TERRA ☎ 75.04.28.59 – 26 CH. 179/198 F. MENU
65/130 F. RESTAURANT FERME 11/22 FEV., 4/28 AOUT, ET SAMEDI. RESTAURANT FERME
VENDREDI SOIR DE NOV./AVR. 🖪 ⊞ 🖭 ⬤ E 🛅.
** **HOSTELLERIE TOM II** 5, AV. GAL-DE-GAULLE M.JACOB ☎ 75.04.00.35 – 15 CH.
121/184 F. MENU 89/190 F. PENSION 210 F. DEMI-PENSION 188 F. RESTAURANT FERME
DIMANCHE SOIR ET LUNDI. 🖪 🚗 ⊞ 🖭 E.
* **LES PEUPLIERS** RTE DE BOURG ST ANDEOL M. TOUSSAINT ☎ 75.54.50.43 – 9 CH.
105/175 F. MENU 55/170 F. PENSION 180/220 F. DEMI-PENSION 160/200 F. FERME 10
AOUT/10 SEPT. RESTAURANT FERME VENDREDI, SAMEDI ET DIMANCHE LE SOIR. �-�-
⊞ E.

PILLES (LES) 26110 NYONS DROME 157 HAB.
* **AUBERGE DE L'AYGUES** M.SAGNAL ☎ 75.27.72.97 – 10 CH. 120/168 F. MENU
☞ 55/150 F. PENSION 145/198 F. DEMI-PENSION 163 F. FERME 25 DEC./25 JANV. ET LUNDI.
⊞ 🖭 E CV.

PIN (LE) 36200 ARGENTON-SUR-CREUSE INDRE 700 HAB. S.I.
* **DU PONT NOIR** M.RICAUD ☎ 54.47.85.20 – 15 CH. 95/179 F. MENU 60/152 F. PENSION
152/196 F. DEMI-PENSION 140 F. FERME 13 NOV./25 DEC., 15 JANV./1 MARS, LUNDI SOIR ET
MARDI. 🖪 ⊞ E.

PINEUILH 33220 SAINTE-FOY-LA-GRANDE GIRONDE 3540 HAB.
** **DOMAINE DE LOSELLY** 38av.G.CLEMENCEAU(ROUTE DE MUSSIDAN) M. MACQ ☎
57.46.10.59 – 9 CH. 130/220 F. MENU 80/110 F. DEMI-PENSION 200/280 F. FERME 28
OCT./6 NOV., 18 DEC./2 JANV., RESTAURANT FERME MIDI ET MARDI. ⊞ E.

PIOLENC 84420 VAUCLUSE 3259 HAB.
AF **AUBERGE DU BORI** (QUARTIER VALBONNETTE) M. BERLUTI ☎ 90.37.00.36 – 5 CH.
220/320 F. MENU 92/220 F. PENSION 300/310 F. DEMI-PENSION 210/220 F. FERME JANV., ET
LUNDI HS. 🚗 ⊞ 🖭 E.

PIONSAT **63330** PUY-DE-DOME 1300 HAB.

* **A LA QUEUE DU MILAN** Mme GERBIER ☎ 73.85.60.71 — 13 CH. 67/114 F. MENU 48 F. PEN-SION 129/155 F. DEMI-PENSION 100/124 F. RESTAUR. FERME LUNDI. Ⓕ ☲ Ⓔ C V.

PIRIAC-SUR-MER **44420** **LA TURBALLE** LOIRE-ATLANTIQUE 1150 HAB. S.I.

** **DE LA POSTE** M. BLANCHOT ☎ 40.23.50.90 — 15 CH. 105/255 F. MENU 70/150 F. PENSION 255/260 F. DEMI-PENSION 200/220 F. FERME FEV., ET MARDI HS. OUVERT WEEK-ENDS DEC./31 MARS. 🐾 ☲ Ⓐ4 Ⓔ E.

* **DU PORT** M. CUBAYNES ☎ 40.23.50.09 — 12 CH. 100/180 F. MENU 100/200 F. PENSION 200/250 F. DEMI-PENSION 150/200 F. FERME JANV. ET LUNDI OCT./MAI. Ⓕ.

PITHIVIERS **45300** LOIRET 10000 HAB. S.I.

** **LA CHAUMIERE** 77, AV. DE LA REPUBLIQUE Mme.QUENTIN ☎ 38.30.03.61 — 8 CH. 116/185 F. MENU 54/105 F. PENSION 320/340 F. DEMI-PENSION 260/280 F. FERME 20 DEC./15 JANV. RESTAURANT FERME LUNDI MIDI. Ⓕ ☲ C V.

PLAGNE **01490** **SAINT-GERMAIN-DE-JOUX** AIN 800 M. 67 HAB.

* **MONNET OLGA** Mme MONNET ☎ 50.59.81.64 — 11 CH. 100/110 F. MENU 52/120 F. PEN-SION 155/160 F. DEMI-PENSION 135/140 F. FERME 20 DEC./20 FEV., ET LUNDI SAUF JUIL./ AOUT. ☲ Ⓐ4 Ⓔ E C V.

PLAILLY **60128** OISE 1171 HAB.

** **AUBERGE DU PETIT CHEVAL D'OR** M.ARNAUD ☎ 44.54.36.33 TELEX 150176 — 20 CH. 150/300 F. MENU 105/125 F. PENSION 425 F. ☲ Ⓐ4 Ⓔ E &.

PLAINE-SUR-MER (LA) **44770** LOIRE-ATLANTIQUE 2000 HAB. S.I.

** **ANNE DE BRETAGNE** PORT DE GRAVETTE -163 BLD DE LA TARA M. VETELE ☎ 40.21.54.72 — 26 CH. 214/304 F. MENU 90/230 F. PENSION 320/391 F. DEMI-PENSION 250/321 F. FERME 2 JANV./3 FEV. RESTAURANT FERME DIMANCHE SOIR ET LUNDI1 OCT./31 MAI. PISCINE CHAUFFEE. Ⓕ ♨ ☲ E.

PLAINEFAS (SAINT-MARTIN-DU-PUY) **58140** **LORMES** NIEVRE 0 M. 100 HAB.

AF **AUBERGE DU LAC** M. MALARDIER ☎ 86.22.60.86 — 7 CH. 70/160 F. MENU 50/150 F. PEN-SION 160/170 F. DEMI-PENSION 140/150 F. ☲.

PLAINFAING **88230** **FRAIZE** VOSGES 2400 HAB. S.I.

** **CHATEAU DE LA MALAIDE** M.FRANCOIS ☎ 29.50.36.86 — 18 CH. 100/200 F. MENU 68/160 F. PENSION 230/310 F. DEMI-PENSION 170/250 F. FERME 2 NOV./1 DEC. ET LUNDI HS. Ⓕ ☲.

PLAISANCE **12710** AVEYRON 300 HAB.

AF **LES MAGNOLIAS** M.ROUSSEL ☎ 65.99.77.34 — 5 CH. 160/190 F. MENU 68/240 F. PENSION 234/260 F. DEMI-PENSION 162/180 F. FERME 15 NOV./15 MARS. ☲ Ⓐ4 Ⓔ E C V.

PLAISIA **39270** ORGELET JURA 100 HAB.

AF **LE VIEUX PRESSOIR** M. NOEL ☎ 84.25.41.89 — 6 CH. 180/240 F. MENU 49/160 F. PENSION 210/240 F. DEMI-PENSION 160/190 F. FERME 20 JANV./27 FEV., MARDI SOIR ET MERCREDI. Ⓕ ☲ E C V.

PLAN-D'AUPS - SAINTE-BAUME **83640** **SAINT-ZACHARIE** VAR 700 M. 260 HAB. S.I.

** **LOU PEBRE D'AI** M. CARTERI ☎ 42.04.50.42 — 15 CH. 120/340 F. MENU 90/200 F. PENSION 230/340 F. DEMI-PENSION 190/290 F. FERME 1 JANV./1 MARS. ET MERCREDI. Ⓕ ♨ ☲ Ⓐ4 Ⓔ E C V &.

PLAN-DU-VAR **06670** **SAINT-MARTIN-DU-VAR** ALPES-MARITIMES 200 HAB.

** **CASSINI** M.MARTIN ☎ 93.08.91.03 — 20 CH. 130/210 F. MENU 48/145 F. PENSION 210/280 F. DEMI-PENSION 150/200 F. FERME 5/28 JANV., 8/20 JUIN, ET VENDREDI HS. Ⓕ ♨ ☲ E.

PLANCHER-LES-MINES **70350** **CHAMPAGNEY** HAUTE-SAONE 1410 HAB.

** **HOSTELLERIE DES ROCHES** 24 RUE DE FRANCE M. KESSASSOUIA ☎ 84.23.60.47 — 20 CH. 80/175 F. MENU 60/192 F. PENSION 178/215 F. DEMI-PENSION 118/155 F. FERME 27 JUIN/4 JUIL., 28 NOV./12 DEC., DIMANCHE SOIR ET LUNDI. Ⓕ ♨ ☲ Ⓐ4 Ⓔ E C V &.

PLANCHEZ **58230** **MONTSAUCHE** NIEVRE 630 M. 450 HAB.

** **LE RELAIS DES LACS** M. DUMARAIS ☎ 86.78.41.68/86.78.42.27 TELEX 801 118 — 36 CH. 90/200 F. MENU 70/240 F. PENSION 150/200 F. DEMI-PENSION 120/170 F. FERME 15 NOV./15 DEC., 5 JANV./15 FEV. ET MERCREDI 15 SEPT./15 JUIN. Ⓕ ☲ Ⓐ4 Ⓔ E C V.

PLANCOET **22130** COTES-DU-NORD 3000 HAB. S.I.

** **CHEZ CROUZIL** M. CROUZIL ☎ 96.84.10.24 — 12 CH. 115/230 F. MENU 75/350 F. PENSION 280/300 F. DEMI-PENSION 220/250 F. FERME 6/20 JUIN, 7/21 NOV., DIMANCHE SOIR ET LUNDI. Ⓕ ♨ ☲ E.

PLANQUES (LES) **12850** OLEMPS AVEYRON 16 HAB.

AF **SEGONDS** M. SEGONDS ☎ 65.69.34.37 — 2 CH. 60 F. MENU 40/160 F. PENSION 120 F. FERME 1/15 SEPT., DIMANCHE SOIR ET LUNDI. 🐾.

PLASCASSIER-DE-GRASSE **06130** **GRASSE** ALPES-MARITIMES 1200 HAB.

* **LES MOULINIERS** CHEMIN DE MASSEBOEUF Mme MATHIEU ☎ 93.60.10.37 — 9 CH. 120/150 F. MENU 60/150 F. PENSION 180/240 F. DEMI-PENSION 150/180 F. ☲.

PLATEAU-D'ASSY 74480 HAUTE-SAVOIE 1100 M. 1000 HAB. S.I.

* **LA SAPINIERE** ROUTE DE PLAINE JOUX. M. AUBRY ☎ 50.58.80.19 — 17 CH. 100/180 F. MENU 45/130 F. PENSION 155/175 F. DEMI-PENSION 130/150 F. FERME 10 JUIN/2 JUIL., 1/15 OCT. **E** ⬛ **E CV.**

PLEAUX 15700 CANTAL 620 M. 2666 HAB. S.I.

AF **DU COMMERCE** M.CHASSAN ☎ 71.40.41.11 — 10 CH. 85/110 F. MENU 50/80 F. PENSION 150/160 F. DEMI-PENSION 120/130 F. FERME 15 DEC./10 JANV. **E** ⬛ 🆑 ⬤ **E.**

PLENEUF-VAL-ANDRE 22370 COTES-DU-NORD 3600 HAB. S.I.

** **DE FRANCE ET DU PETIT PRINCE** FACE EGLISE DE PLENEUF. M.CROUZET-POTTIER ☎
⌀ 96.72.22.52 — 55 CH. 80/170 F. MENU 66/190 F. PENSION 200/240 F. DEMI-PENSION 150/190 F. FERME DEBUT NOV./FIN MARS ET LUNDI HS. HOTEL DE FRANCE 1 ETOILE. **E** ⬤.

PLERGUER 35540 MINIAC-MORVAN ILLE-ET-VILAINE 1800 HAB.

AUBERGE DE L'ETRIER Mme.BRISOU ☎ 99.58.92.52 — 10 CH. 80/120 F. MENU 43/80 F. PENSION 140 F. DEMI-PENSION 120 F. FERME 1/30 OCT. ET LUNDI HS. 🐾 **CV.**

PLESSIS-BELLEVILLE (LE) 60330 OISE 1700 HAB.

* **LE RALLYE** 6 AVENUE DE LA GARE M. LESNIEWISKI ☎ 44.60.50.29/44.60.52.86 — 40 CH. 80/195 F. MENU 50/130 F. PENSION 163/233 F. DEMI-PENSION 113/183 F. FERME 6/22 AOUT, 24 DEC./8 JANV., ET SAMEDI 14H/DIMANCHE. ⬛.

PLESTIN-LES-GREVES 22310 COTES-DU-NORD 3500 HAB. S.I.

** **DES VOYAGEURS** PLACE DE LA MAIRIE M.LE MERRER ☎ 96.35.62.12 — 26 CH. 100/180 F. MENU 40/130 F. PENSION 165/210 F. DEMI-PENSION 140/180 F. FERME 1 JANV./28 FEV. ET LUNDI HS. **E** ⬛ **E CV.**

PLEUDIHEN-MORDREUC 22690 COTES-DU-NORD 180 HAB.

AF **L'ABRI DES FLOTS** Mme.ROUXEL ☎ 96.83.20.43 — 5 CH. 90 F. MENU 37/60 F. PENSION 150 F. DEMI-PENSION 130 F. ⬛ 🆑 ⬤

PLEUDIHEN-SUR-RANCE 22690 COTES-DU-NORD 2500 HAB.

** **LA BROCHETTERIE** PLACE DU BOURG M. SOULARD ☎ 96.83.31.10 — 8 CH. 170/350 F. MENU 56 F. DEMI-PENSION 190 F. FERME 25 SEPT./20 OCT., 10/22 FEV., MERCREDI ET JEUDI. ⬛ **E.**

PLEURS 51230 FERE-CHAMPENOISE MARNE 700 HAB.

* **DU CHEVAL GRIS** M.LAUREAUT ☎ 26.80.10.20 — 12 CH. 57/100 F. MENU 35/56 F. PENSION 127/173 F. DEMI-PENSION 107/120 F. FERME 6 JANV./6 FEV., DIMANCHE ET FETES LE SOIR. ⬛ ⬤ **E.**

PLEURTUIT 35730 ILLE-ET-VILAINE 4500 HAB. S.I.

* **DE L'ANGELUS** 33, RUE DE DINAN M.LEBRET ☎ 99.88.41.53 — 7 CH. 95/140 F. MENU 55/140 F. PENSION 190 F. DEMI-PENSION 150 F. FERME 15 SEPT./15 OCT., DIMANCHE SOIR ET LUNDI. **E** 🍴 ⬛ ⬤ **E.**

PLEYBEN 29190 FINISTERE 3897 HAB. S.I.

* **AUBERGE DU POISSON BLANC** (A PONT COBLANT). M. LE ROUX ☎ 98.73.34.76 — 7 CH. 120/180 F. MENU 58/168 F. PENSION 155/165 F. DEMI-PENSION 135/155 F. **E** ⬛ **E CV.**

PLOERMEL 56800 MORBIHAN 7258 HAB. S.I.

** **DU COMMERCE** 70, RUE DE LA GARE M. CRUAUD ☎ 97.74.05.32 — 19 CH. 87/200 F.
⌀ MENU 59/200 F. PENSION 230/260 F. DEMI-PENSION 165/230 F. RESTAURANT FERME MARDI SOIR. **E** ⬛ **E CV.**

** **LE COBH** 10, RUE DES FORGES. Mme CRUAUD M. GUILLOUCHE ☎ 97.74.00.49 — 13 CH.
⌀ 87/240 F. MENU 50/200 F. PENSION 190/300 F. DEMI-PENSION 140/200 F. RESTAURANT FERME MARDI SOIR. **E** ⬛ **E CV.**

PLOGOFF (POINTE DU RAZ) 29113 AUDIERNE FINISTERE 2300 HAB.

** **DE LA BAIE DES TREPASSES** M.BREHONNET ☎ 98.70.61.34 — 27 CH. 120/254 F. MENU 65/200 F. PENSION 250/320 F. DEMI-PENSION 200/267 F. FERME 5 JANV./5 FEV. **E** ⬛ 🆑 ⬤ **E.**

PLOGONNEC 29136 FINISTERE 3000 HAB. S.I.

* **LE RELAIS DU NEVET** 2 RUE DE LA MAIRIE M.COADOU ☎ 98.91.72.36 — 10 CH. 95/135 F. MENU 45/125 F. PENSION 160/190 F. FERME 4 OCT./2 NOV., ET SAMEDI SEPT.-./JUIN. **E** ⬛ **E CV.**

PLOMBIERES-LES-BAINS 88370 VOSGES 450 M. 2300 HAB. S.I.

* **BELLEVUE** M.DAVAL ☎ 29.66.00.02 — 24 CH. 73/110 F. MENU 59/65 F. PENSION 169/189 F. FERME 30 SEPT./15 AVR. **E** ⬛ 🆑 ⬤ **E.**

* **DE LA POSTE ET DU REGENT** M.LAMBACH ☎ 29.66.01.10 — 19 CH. 65/180 F. MENU 40/68 F. PENSION 145/200 F. FERME 1 OCT./30 AVR. **E** 🐾 ⬛ 🆑 ⬤ **E.**

* **DU COMMERCE** M.DAVAL ☎ 29.66.00.47 TELEX 960573 COM — 30 CH. 70/140 F. MENU 58/130 F. PENSION 165/235 F. DEMI-PENSION 145/210 F. FERME 1 OCT./30 AVR. **E** ⬛ 🆑.

** **HOSTELLERIE LES ROSIERS** M.BONNARD ☎ 29.66.02.66 — 20 CH. 100/190 F. MENU
⌀ 65/150 F. PENSION 200/300 F. DEMI-PENSION 160/260 F. FERME 1 NOV./PAQUES SAUF SUR RESERVATION. **E** 🐾 🆑 ⬤.

** **LA CLEF DES CHAMPS** ROUTE DES SCIERIES M. SCALVINONI ☎ 29.66.01.81 — 14 CH. 100/150 F. MENU 65/100 F. PENSION 220/300 F. DEMI-PENSION 180/260 F. FERME 1 OCT./30 AVR. 🛏 🐱 🍴 ⬛.

PLOMBIERES-LES-BAINS (suite)

* **LE STRASBOURGEOIS** PLACE BEAUMARCHAIS. M. ROBERT ☎ 29.66.01.73 — 13 CH. 65/130 F. MENU 55/120 F. PENSION 150/200 F. DEMI-PENSION 130/180 F. FERME NOV. ET DIMANCHE 1 OCT./1 AVR. 🅵 🎿 🍽 📺.

** **LES ACACIAS** M.DAVAL ☎ 29.66.00.01 TELEX 960573 COM — 44 CH. 80/160 F. MENU 58/130 F. PENSION 180/265 F. DEMI-PENSION 155/230 F. FERME 1 OCT./30 AVR. 🅵 🍽 📼 🏙.

** **MODERN HOTEL** R. THEOPHILE GAUTIER Mme DURUPT ☎ 29.66.04.02/29.66.06.08 — 27 CH. 100/145 F. MENU 65/100 F. PENSION 200/245 F. DEMI-PENSION 180/210 F. 🅵 🎿 🍽 ⊕ E CV.

* **MON REPOS** RUE DES GENETS M.CORNU ☎ 29.66.02.88/29.66.04.35 — 16 CH. 58/125 F. MENU 55/80 F. PENSION 160/220 F. DEMI-PENSION 124/188 F. FERME 1 OCT./10 AVR. 🅵 🎿 🍽 E CV.

PLOMEUR 29120 PONT-L'ABBE FINISTERE 3000 HAB.

** **RELAIS BIGOUDEN ET LA FERME DU RELAIS BIGOUDEN** RUE PEN ALLEE M. CARRIOU ☎ 98.82.04.79/98.58.01.32 — 30 CH. 185/238 F. MENU 50/260 F. PENSION 230/260 F. DEMI-PENSION 200/230 F. FERME 4/2 JANV. FERME DU RELAIS BIGOUDEN A 1 KM DE PLOMEUR. 🅵 🍽 E ♿.

PLONEOUR-LANVERN 29120 FINISTERE 4800 HAB. S.I.

** **DE LA MAIRIE** 3 RUE JULES FERRY M.DISLOSQUER ☎ 98.87.61.34 — 18 CH. 105/220 F. MENU 50/260 F. PENSION 190/258 F. DEMI-PENSION 160/218 F. FERME 20 DEC./20 JANV. 🅵 E CV.

* **DES VOYAGEURS** M.LEGRAND ☎ 98.87.61.35 — 14 CH. 51/160 F. MENU 49/200 F. PENSION 165/200 F. DEMI-PENSION 135/165 F. FERME FEV., ET VENDREDI HS. 🅵 🎿 🍽 📼 ⊕ E CV.

PLONEVEZ-PORZAY 29127 PLOMODIERN FINISTERE 1533 HAB. S.I.

** **MANOIR DE MOELLIEN** Mme LE CORRE ☎ 98.92.50.40 — 10 CH. 260/290 F. MENU 70/290 F. PENSION 310/400 F. DEMI-PENSION 290/320 F. FERME 12 NOV./20 MARS. RESTAURANT FERME MERCREDI 1 OCT./ 1 AVR. 🍽 ⊕ E.

PLOUESCAT 29221 FINISTERE 4000 HAB. S.I.

* **DE LA BAIE DU KERNIC** 100 RUE DE BREST M.ABJEAN ☎ 98.69.63.41 — 20 CH. 75/170 F. MENU 50/280 F. PENSION 190/240 F. DEMI-PENSION 120/210 F. FERME NOV., ET LUNDI 14 SEPT./1 JUIL. 🅵 🍽 E CV.

** **LA CARAVELLE** 20, RUE DU CALVAIRE. Mme CREACH ☎ 98.69.61.75 — 17 CH. 145/225 F. MENU 53/200 F. PENSION 250 F. DEMI-PENSION 200 F. RESTAURANT FERME LUNDI 1 SEPT./30 JUIN. 🅵 🎿 🍽 ⊕ E CV.

PLOUHARNEL 56720 MORBIHAN 1500 HAB. S.I.

** **CHEZ MICHEL** AV DE L'OCEAN M. PIERRE ☎ 97.52.31.05 — 24 CH. 90/210 F. MENU 52/140 F. PENSION 195/255 F. DEMI-PENSION 130/195 F. FERME 15 NOV./20 MARS. RESTAURANT FERME MERCREDI, SAUF JUIL./AOUT. 🍴 🍽 📼 ⊕ E.

PLOUHINEC 29149 FINISTERE 6000 HAB. S.I.

** **TY-FRAPP** M.URVOIS ☎ 98.70.89.90 — 25 CH. 113/191 F. MENU 60/200 F. PENSION 209/253 F. DEMI-PENSION 184/228 F. FERME 18 SEPT./4 OCT. RESTAURANT FERME DIMANCHE SOIR/LUNDI HIVER. 🍴 🍽 📼 ⊕ E CV.

PLOUHINEC 56680 MORBIHAN 3000 HAB.

* **DE KERLON** M.COEFFIC ☎ 97.36.77.03 — 16 CH. 120/220 F. MENU 60/120 F. DEMI-PENSION 155/205 F. FERME 15 NOV./15 MARS. 🍴 🍽 ⊕ E.

PLOUIDER 29260 LESNEVEN FINISTERE 4000 HAB. S.I.

* **DE LA BUTTE** M. BECAM ☎ 98.25.40.54 — 13 CH. 110/185 F. MENU 68/220 F. PENSION 220/240 F. DEMI-PENSION 190/210 F. FERME JANV., ET LUNDI 15 SEPT./15 JUIN. 🅵 🍽 ⊕ E CV.

** **LE WEEK-END** (PONT DU CHATEL) M.FROGER ☎ 98.25.40.57 — 12 CH. 130/160 F. MENU 60/160 F. PENSION 145/160 F. DEMI-PENSION 142 F. FERME 2/31 JANV. RESTAURANT FERME LUNDI MIDI. 🅵 🎿 🐄 🍽 📼 ⊕ E ♿.

PLOUIGNEAU 29234 FINISTERE 4000 HAB.

* **AN TY KORN** M.JACQ ☎ 98.67.72.72 — 7 CH. 120/160 F. MENU 50/220 F. PENSION 200/220 F. DEMI-PENSION 190/220 F. FERME 15/30 SEPT., ET DIMANCHE SOIR/LUNDI. 🍽 📼 ⊕ E CV.

PLUDUNO 22130 PLANCOET COTES-DU-NORD 1450 HAB.

* **LE PETIT BIGNON** M. FOURNEL ☎ 96.84.15.37 — 9 CH. 90/130 F. MENU 62/78 F. FERME LUNDI HS. 🎿 🍽 E.

PLUMELEC 56420 MORBIHAN 3000 HAB.

* **AUBERGE DU MOULIN DE CALLAC** (A CALLAC) M. GUILLO ☎ 97.67.12.83 — 8 CH. 85/170 F. MENU 49 F. PENSION 145/190 F. DEMI-PENSION 100/145 F. 🅵.

* **LE LION D'OR** PLACE DE L'EGLISE M.DREANO ☎ 97.42.24.19 — 15 CH. 82/138 F. MENU 72/150 F. PENSION 170/205 F. DEMI-PENSION 130/150 F. FERME 15 SEPT./15 OCT., DERNIERE SEM. DEC. RESTAURANT FERME SAMEDI. 🎿.

POCE-SUR-CISSE 37400 AMBOISE INDRE-ET-LOIRE 10000 HAB.

** **LA RAMBERGE** ROUTE DE ST OUEN LES VIGNES M.BAUDU ☎ 47.57.27.58/47.57.38.68 — 17 CH. 109/217 F. MENU 60/150 F. PENSION 297/405 F. DEMI-PENSION 218/326 F. FERME 1 NOV./30 MARS. RESTAURANT FERME LUNDI. 🅵 🍴 🍽 📼 ⊕ E.

POET·LAVAL (LE) 26160 LA BEGUDE-DE-MAZENC DROME 800 HAB.

●●● LES HOSPITALIERS M.MORIN ☎ 75.46.22.32 – 20 CH. 370/640 F. MENU 170/350 F. FERME 15 NOV./1 MARS. ⌂ ▥ ▦ ⊕ E.

POGGIO·MEZZANA 20230 SAN-NICOLAO CORSE 287 HAB.

● MONTICELLU M. PONSAILLE ☎ 95.38.57.96 – 20 CH. 350/400 F. MENU 85/100 F. DEMI-PENSION 290/315 F. FERME NOV./AVR. 🅵 ⌂ ▥ ▦ ⊕ E.

POITIERS 86000 VIENNE 110000 HAB. S.I.

● DE PARIS 123,bd DU GRAND CERF Mme BUSSONNET ☎ 49.58.39.37 – 10 CH. 88/120 F. MENU 55/120 F. DEMI-PENSION 160/190 F. FERME 1/15 SEPT. ET LUNDI. 🐕 ▥ E.

● DU GRAND CERF 137,bd DU GRAND-CERF M.BONNIN ☎ 49.58.20.85 – 9 CH. 75 F. MENU 48/105 F. PENSION 175 F. DEMI-PENSION 135 F. FERME 4/26 JUIL. ET LUNDI SAUF FERIES. 🐕 ▥ ▦ E CV.

POLIGNY 39800 JURA 5000 HAB. S.I.

●● DE PARIS 7,RUE TRAVOT M.BIETRY ☎ 84.37.13.87 – 25 CH. 110/210 F. MENU 70/170 F. DEMI-PENSION 190/200 F. FERME 3 NOV./3 FEV. RESTAURANT FERME LUNDI/MARDI MIDI. ⌂ ⌂ ▥ E.

● LES CHARMILLES 14 AV.DE LA GARE (ROUTE DE DOLE). M.TISSOT ☎ 84.37.24.51 – 12 CH. 95/160 F. MENU 55/85 F. DEMI-PENSION 120/160 F. FERME 20 DEC./20 JANV., ET DIMANCHE HORS VAC. SCOL. ▥ E.

●● VALLEE HEUREUSE ROUTE DE GENEVE M.LOMBARD ☎ 84.37.12.13 – 9 CH. 160/220 F. MENU 80/160 F. DEMI-PENSION 210/230 F. RESTAURANT FERME MERCREDI/JEUDI 16H. 🅵 ⌂ ▥ ⊕ E.

POLISOT 10110 BAR-SUR-SEINE AUBE 295 HAB.

● HOSTELLERIE DE LA SEINE M.WALLOIS ☎ 25.38.54.41 – 20 CH. 110/200 F. MENU 80/180 F. PENSION 280/400 F. DEMI-PENSION 200/300 F. 🅵 ⌂ ▥ E.

POLLIAT 01310 AIN 1600 HAB.

● DE LA PLACE M.TEJERINA ☎ 74.30.40.19 – 9 CH. 95/230 F. MENU 62/165 F. PENSION 220/260 F. DEMI-PENSION 175/215 F. FERME 7/16 JUIN, 7/24 OCT., 6/11 JANV., ET DIMANCHE SOIR. RESTAURANT FERME DIMANCHE SOIR ET LUNDI. ⌂ ▥ E.

POLMINHAC 15800 VIC-SUR-CERE CANTAL 650 M. 1300 HAB. S.I.

● AU BON ACCUEIL Mme COURBEYROTTE ☎ 71.47.40.21 – 20 CH. 85/145 F. MENU 45/90 F. PENSION 135/165 F. DEMI-PENSION 105/135 F. FERME 15 OCT./15 DEC. 🅵 🐕 E.

●● LES PARASOLS M.DELRIEU ☎ 71.47.40.10 – 29 CH. 145/190 F. MENU 55/85 F. PENSION 180/190 F. DEMI-PENSION 150/160 F. FERME OCT. ▥ ▦ E.

POMMIERS·LA·PLACETTE 38340 VOREPPE ISERE 600 M. 500 HAB.

●● DU COL COL DE LA PLACETTE M.FAGOT ☎ 76.56.30.42/76.56.32.15 – 21 CH. 135/250 F. MENU 50/150 F. PENSION 195/260 F. DEMI-PENSION 140/190 F. RESTAURANT FERME 2 JANV./1 MARS ET DIMANCHE SOIR/MARDI MATIN ⌂ ▥ ▦ ⊕ E CV.

POMPADOUR 19230 ARNAC-POMPADOUR CORREZE 1500 HAB. S.I.

●● AUBERGE DE LA MANDRIE RTE DE PERIGUEUX (5KM) M.MILLOT ☎ 55.73.37.14 – 20 CH. 145/160 F. MENU 50/160 F. PENSION 130/170 F. DEMI-PENSION 110/150 F. 🅵 ⌂ ▥ ⊕ E CV ♿.

● AUBERGE DE LA MARQUISE 4 AVENUE DES ECUYERS M.LEBLOND ☎ 55.73.33.98 – 10 CH. 195/225 F. MENU 90/300 F. PENSION 220/250 F. DEMI-PENSION 190/220 F. FERME 2 NOV./2 MAI. RESTAURANT FERME 2 NOV./10 MAI, ET MARDISAUF JUIL./AOUT. 🐕 ▥ ⊕ E.

POMPADOUR(ARNAC) 19230 POMPADOUR-ARNAC CORREZE 1500 HAB. S.I.

● DU PARC M. MARKO ☎ 55.73.30.54 – 10 CH. 80/130 F. MENU 68/120 F. PENSION 150/180 F. DEMI-PENSION 120/150 F. FERME 1/31 JANV., ET SAMEDI HS. 🅵 ▥ ▦.

PONT D'AIN 01160 AIN 2000 HAB. S.I.

●● DES ALLIES M.VIEUDRIN ☎ 74.39.00.09 – 18 CH. 130/250 F. MENU 90/180 F. FERME 21 DEC./24 JANV., 30 MAI/5 JUIN, ET JEUDI SOIR. RESTAURANT FERME JEUDI/VENDREDI MIDI SAUF JUIL./AOUT. ⌂ ▥ E.

PONT·AUDEMER 27500 EURE 10156 HAB. S.I.

● LE PILORI 38, PLACE VICTOR-HUGO. Mme TERRASSON ☎ 32.41.01.80 – 9 CH. 90/180 F. MENU 55/125 F. PENSION 215 F. DEMI-PENSION 150 F. FERME 2/25 OCT., 4/31 DEC., ET VENDREDI SOIR/SAMEDI 18H30. 🅵 ▥ E.

PONT·D'OUILLY 14690 CALVADOS 1100 HAB. S.I.

●● AUBERGE SAINT-CHRISTOPHE M. LECOEUR ☎ 31.69.81.23 – 7 CH. 195 F. MENU 72/180 F. PENSION 280 F. DEMI-PENSION 200 F. FERME FEV., 25 SEPT./21 OCT., DIMANCHE SOIR/LUNDI 1 OCT./ 31 MAI. RESTAURANT FERME LUNDI MIDI 1 JUIN/30 SEPT. ▥ ▦ E.

● DU COMMERCE M.RIVIERE ☎ 31.69.80.16 – 15 CH. 90/180 F. MENU 50/160 F. PENSION 160/210 F. DEMI-PENSION 130/180 F. FERME 16 DEC./16 JANV., ET DIMANCHE SOIR/MARDI MATIN. 🅵 🐕 ▥.

PONT·DE·BEAUVOISIN 73330 SAVOIE 1600 HAB. S.I.

AF DE SAVOIE Mme MICHAL ☎ 76.37.05.61 – 7 CH. 80/100 F. MENU 48/150 F. PENSION 140 F. DEMI-PENSION 108 F. FERME SEPT.

PONT-DE-CHERUY 38230 ISERE 4000 HAB.

* **BERGERON** 3 RUE GIFFARD Mme HYVERT ☎ 78.32.10.08 – 16 CH. 80/145 F. FERME 15/31 AOUT ET HOTEL FERME DIMANCHE 12H./19H. ♿ ⊶ ✕ ⊠.

PONT-DE-CLAIX 38800 ISERE 15000 HAB.

* **LE GLOBE** 1, COURS SAINT-ANDRE M. BODOCCO ☎ 76.98.05.25 TELEX 980881 – 10 CH. 140/160 F. MENU 75/110 F. PENSION 234/309 F. DEMI-PENSION 219/234 F. RESTAURANT FERME DIMANCHE SOIR. ♿ ⊶ ⊠ E.

** **LE VILLANCOURT** COURS SAINT-ANDRE M.JULLIEN-PALLETIER ☎ 76.98.18.54 – 30 CH. 155/210 F. ☐ ♿ ⊶ ⊠ E ♿ ⊞.

PONT-DE-L'HERBASSE(CLERIEUX) 26260 SAINT-DONAT DROME 1273 HAB.

AF **AU FIN GOURMET** (SUR D.532, SORTIE AUTOROUTE TAIN). M.AULIBE ☎ 75.71.50.99 – 5 CH. 70/80 F. MENU 60/150 F. FERME 10 OCT./10 NOV., MARDI SOIR ET MERCREDI. ⊠ ⊠ E.

PONT-DE-L'ISERE 26600 TAIN-L'HERMITAGE DROME 2500 HAB.

* **LATITUDE 45** M.ABATTU ☎ 75.84.60.16 – 8 CH. 98/155 F. MENU 75/140 F. PENSION 185/285 F. DEMI-PENSION 155/185 F. FERME 11/22 FEV., 25 SEPT./10 OCT., DIMANCHE SOIR ET MERCREDI SOIR HS.

PONT-DE-LABEAUME 07380 LALEVADE-D'ARDECHE ARDECHE 500 HAB.

* **AUBERGE DE LA TRUITE ENCHANTEE** M. GUEUGNAUD. ☎ 75.38.05.02 – 7 CH. ⊐ 100/130 F. MENU 60/160 F. PENSION 160 F. DEMI-PENSION 130 F. ♿ ⊠ ⊠.

PONT-DE-MONTVERT 48220 LOZERE 885 M. 450 HAB. S.I.

* **AUX SOURCES DU TARN** PONT DE MONTVERT M.MAZOYER ☎ 66.45.80.25 – 20 CH. 120/200 F. MENU 55/110 F. PENSION 195/230 F. DEMI-PENSION 140/165 F. RESTAURANT FERME JEUDI MIDI. ☐ ⊶ ⊠ ⊠ ⊕ E.

PONT-DE-POITTE 39130 CLAIRVAUX-LES-LACS JURA 600 HAB.

** **DE L'AIN** M. BAILLY ☎ 84.48.30.16 – 10 CH. 120/160 F. MENU 75/230 F. PENSION ⊐ 170/200 F. DEMI-PENSION 150/180 F. FERME LUNDI. ⊠.

PONT-DE-SALARS 12290 AVEYRON 686 M. 1500 HAB. S.I.

* **DES TILLEULS** 35, AVENUE DE RODEZ M.GOMBERT ☎ 65.46.82.02 – 23 CH. MENU 40/80 F. PENSION 130/150 F. DEMI-PENSION 100/135 F. FERME DIMANCHE APRES-MIDI-/LUNDI MATIN, SAUF JUIN, JUIL. AOUT ET SEPT. ☐ ⊶.

** **DES VOYAGEURS** M.GUIBERT ☎ 65.46.82.08 – 30 CH. 80/160 F. MENU 65/200 F. PEN-SION 180/250 F. DEMI-PENSION 160/220 F. FERME 15 NOV./15 MARS, DIMANCHE SOIR/LUNDI SAUF JUIN JUIL., AOUT ET SEPT. ☐ ♿ ⊠ ⊠ ⊕ E CV.

PONT-DE-VEYLE 01290 AIN 1200 HAB. S.I.

* **DE LA SAMIANE** 2, PLACE DE LA SAMIANE M. FERREZ ☎ 85.31.54.78 – 11 CH. 70/200 F. MENU 45/110 F. PENSION 190/200 F. DEMI-PENSION 110/170 F. ☐ ♿ ⊠ E CV.

PONT-DU-BOUCHET (Pres MIREMONT) 63380 PONTAUMUR PUY-DE-DOME 417 HAB.

* **LA CREMAILLERE** M. CHEFDEVILLE ☎ 73.86.80.07 – 16 CH. 85/175 F. MENU 60/150 F. PENSION 165/220 F. DEMI-PENSION 140/220 F. FERME 15 DEC./15 JANV., VENDREDI SOIR ET SAMEDI MIDI HS. ⊶.

PONT-DU-NAVOY 39300 CHAMPAGNOLE JURA 480 M. 245 HAB.

** **DU CERF** M. BERBEY ☎ 84.51.20.87 – 30 CH. 85/198 F. MENU 72/172 F. PENSION 176/238 F. DEMI-PENSION 151/213 F. FERME 15 NOV./6 FEV. ☐ ♿ ⊠ ⊠ ⊕.

PONT-EN-ROYANS 38680 ISERE 1038 HAB. S.I.

* **BEAU RIVAGE** M. FONTAINE ☎ 76.36.00.63 – 16 CH. 80/220 F. MENU 70/200 F. PENSION ⊐ 160/220 F. DEMI-PENSION 140/190 F. FERME 15 NOV./1 FEV. ET LUNDI 1 OCT./1 JUIN. ☐ ⊠.

PONT-L'ABBE 29120 FINISTERE 8000 HAB. S.I.

** **DE BRETAGNE** 24,PLACE DE LA REPUBLIQUE M.COSSEC-DILOSQUER ☎ 98.87.17.22 – 18 CH. 170/280 F. MENU 52/265 F. PENSION 255/320 F. DEMI-PENSION 220/280 F. FERME 15/30 OCT., 15/30 JANV. RESTAURANT FERME LUNDI HS. ⊶ ⊠ E.

* **LES VOYAGEURS** QUAI SAINT-LAURENT M.LOUET ☎ 98.87.00.37 – 19 CH. 105/210 F. MENU 75/210 F. DEMI-PENSION 185/200 F. FERME JANV., ET LUNDI. ⊠ E.

PONT-L'EVEQUE 14130 CALVADOS 3000 HAB. S.I.

* **AUBERGE DU HARAS DE LA HAUQUERIE** (A 10km PAR N.175, A QUETTEVILLE). Mme LOMBARD ☎ 31.64.14.46/31.64.16.86 – 8 CH. 180/325 F. MENU 80/125 F. DEMI-PENSION 220/330 F. FERME 14/30 DEC., 11 JANV./19 FEV., ET JEUDI SAUF JUIL./AOUT ⊠ E.

PONT-LES-MOULINS 25110 BAUME LES DAMES DOUBS 170 HAB.

** **DU LEVANT** M.SPRICH ☎ 81.84.09.99 – 15 CH. 130/240 F. MENU 85/190 F. PENSION 310 F. DEMI-PENSION 245 F. FERME 2 NOV./28 FEV. ☐ ⊠ ⊠ ⊕ E.

PONT-SAINT-PIERRE 27360 EURE 1180 HAB.

*** **LA BONNE MARMITE** M.AMIOT ☎ 32.49.70.24 TELEX 771315 – 9 CH. 250/310 F. MENU ⊐ 125/285 F. PENSION 500/530 F. DEMI-PENSION 380/410 F. FERME 19 FEV./13 MARS, 25 JUIL./12 AOUT, VENDREDI/SAMEDI MIDI, ET DIMANCHE SOIR 1 SEPT./30 MARS. ⊶ ⊠ ⊠ ⊕ E.

PONT-SALOMON 43330 HAUTE-LOIRE 650 M. 1600 HAB.

AF **AUBERGE DU ROSSIGNOL** LIEU-DIT LE ROSSIGNOL. M.BRUNON ☎ 77.35.50.12 – 5 CH. 85/115 F. MENU 48/120 F. PENSION 145 F. DEMI-PENSION 110 F. FERME 1/31 JUIL. ET SAMEDI.

PONT-SCORFF 56620 MORBIHAN 2430 HAB.

** **DU FER A CHEVAL** 6 RUE DU GAL DE LANGLE DE CARY Mme RUELLO ☎ 97.32.60.20/97.32.62.12 – 13 CH. 160/170 F. MENU 45/120 F. DEMI-PENSION 150/160 F. RESTAURANT FERME SAMEDI, DIMANCHE SOIR ET LUNDI HS. 🛉 ⚏ 🅐🅔 E.

PONT-SUR-YONNE 89140 YONNE 2800 HAB.

** **HOSTELLERIE DE L'ECU** 3, RUE CARNOT M.VALLIER ☎ 86.67.01.00 – 8 CH. 80/180 F. MENU 80/140 F. PENSION 200/350 F. DEMI-PENSION 135/235 F. FERME 18 JANV./26 FEV., LUNDI SOIR ET MARDI. ⚏ 🅐🅔 ⑩ E.

PONTAILLER-SUR-SAONE 21270 COTE-D'OR 1300 HAB. S.I.

AF **HOSTELLERIE DES MARRONNIERS** M. ROUX ☎ 80.36.12.76 – 6 CH. 98 F. MENU 55/115 F. PENSION 150 F. DEMI-PENSION 120 F. FERME DEBUT JANV./FIN FEV., ET LUNDI SAUF JUIL./AOUT. ⚏ E.

PONTAUBAULT 50300 AVRANCHES MANCHE 483 HAB.

AF **DES TOURISTES** M.MAILLARD ☎ 33.58.14.08 – 11 CH. 90/140 F. MENU 50/65 F. PENSION 120/160 F. DEMI-PENS. 100 F. FERME 18 DEC./4 JANV. 🅵 🛏 ⚏ 🅐🅔 E CV.

⟿ **MOTEL DES 13 ASSIETTES** (LE VAL SAINT PERE) M. DUBRUILLE ☎ 33.58.14.03 TELEX 772173 – 36 CH. 100/180 F. MENU 60/180 F. PENSION 232/272 F. DEMI-PENSION 152/192 F. FERME 15 NOV./15 MARS ET MERCREDI HS. 🅵 🛏 ⚏ E CV 🅖.

PONTAUBERT 89200 AVALLON YONNE 250 HAB.

* **AU SOLEIL D'OR** MM. HOCHART ☎ 86.34.15.74 – 15 CH. 95/230 F. MENU 48/170 F. (PRIX 1987).

** **LES FLEURS** M.GAUTHIER ☎ 86.34.13.81 – 7 CH. 160/250 F. MENU 80/150 F. DEMI-PENSION 200 F. FERME 25 JANV./3 MARS, 10J. OCT., MERCREDI ET JEUDI MIDI HS. ⚏ E.

PONTAUMUR 63380 PUY-DE-DOME 980 HAB. S.I.

** **DE LA POSTE** AV.DU MARRONNIER M. QUINTY ☎ 73.79.90.15 – 17 CH. 110/160 F. MENU 50/150 F. PENSION 170/200 F. DEMI-PENSION 120/150 F. FERME 15 DEC./1 FEV., ET DIMANCHE SOIR/MARDI MATIN. 🛉 ⚏ E.

PONTCHARRA-SUR-TURDINE 69490 RHONE 2000 HAB.

** **DE FRANCE** RN.7 Mme ALONSO ☎ 74.05.72.97 – 11 CH. 103/205 F. MENU 135/175 F. PENSION 305/360 F. DEMI-PENSION 180/280 F. FERME 1/30 NOV. ET DIMANCHE SOIR/LUNDI. 🅵 🛏 ⚏ 🅐🅔 ⑩ E CV.

PONTCHATEAU 44160 LOIRE-ATLANTIQUE 7304 HAB. S.I.

* **AUBERGE DU CALVAIRE** LIEU-DIT LE CALVAIRE, D.33. Mme COUVRAND ☎ 40.01.61.65 – 10 CH. 85/190 F. MENU 55/90 F. PENSION 160/188 F. DEMI-PENSION 140/160 F. ⚏ 🅐🅔

AF **LE RELAIS DE BEAULIEU** (A BEAULIEU). Mme PRAUD ☎ 40.45.60.58 – 7 CH. 150/200 F. ⟿ MENU 50/61 F. ⚏ 🅐🅔 ⑩ E.

PONTGIBAUD 63230 PUY-DE-DOME 675 M. 1000 HAB. S.I.

* **DE LA POSTE** PLACE DE LA REPUBLIQUE M.ANDANT ☎ 73.88.70.02 – 11 CH. 110/160 F. MENU 60/160 F. PENSION 180/200 F. DEMI-PENSION 130/150 F. FERME JANV., 1ERE QUINZ. OCT., DIMANCHE SOIR ET LUNDI. 🅵 🛏 ⚏ 🅐🅔 E.

PONTIVY 56300 MORBIHAN 15000 HAB. S.I.

** **LE VILLENEUVE** RTE DE VANNES M. DUCLOS ☎ 97.39.83.10 – 10 CH. 120/180 F. MENU ⟿ 45/150 F. DEMI-PENSION 175/195 F. 🅵 🛏 ⚏ CV.

** **MARTIN** 1,RUE LEPERDIT M. MARTIN ☎ 97.25.02.04 – 26 CH. 95/200 F. MENU 50/120 F. PENSION 200/250 F. DEMI-PENSION 150/200 F. FERME 15 DEC./15 JANV., ET DIMANCHE HS. ⚏ ⚏ E.

PONTORSON 50170 MANCHE 5377 HAB. S.I.

** **DE BRETAGNE** 59, RUE DU COUESNON Mme.CARNET ☎ 33.60.10.55 – 13 CH. 120/200 F. ⟿ MENU 55/140 F. PENSION 220 F. DEMI-PENSION 180 F. FERME 12 NOV./20 JANV. ET LUNDI. ⚏ E.

* **DU CHALET** 20,RUE DU DOCTEUR TIZON M. DELAMARCHE ☎ 33.60.00.16 – 12 CH. 80/230 F. MENU 45/125 F. PENSION 180/260 F. DEMI-PENSION 120/185 F. FERME 3 JANV./10 FEV., 20 NOV./20 DEC., ET LUNDI HS. ⚏ E.

*AF **LA CAVE** 37, RUE DE LA LIBERATION. Mme REBILLON ☎ 33.60.11.35 – 15 CH. 80/160 F. MENU 40/80 F. DEMI-PENSION 159/239 F. FERME 15 DEC./15 FEV. RESTAURANT FERME 15 NOV./15 FEV., ET VENDREDI HS. 🛉 ⚏ E.

* **LE RELAIS CLEMENCEAU** 40,BD CLEMENCEAU M.LEMONNIER ☎ 33.60.10.96 – 19 CH. 80/240 F. MENU 49/160 F. PENSION 170/250 F. DEMI-PENSION 135/170 F. FERME 15 JANV./20 FEV., ET LUNDI HS. 🛉 ⚏ E.

** **LE VAUBAN** BOULEVARD CLEMENCEAU M. GUESDON ☎ 33.60.03.84/33.60.26.16 – 15 CH. 130/210 F. ⚏ E.

** **MONTGOMERY** 13,RUE COUESNON Mme LE BELLEGARD ☎ 33.60.00.09 TELEX 171332 – ⟿ 32 CH. 145/240 F. MENU 65/115 F. PENSION 325/358 F. DEMI-PENSION 210/243 F. FERME 15 OCT./RAMEAUX. 🅵 🛉 🅐🅔 ⑩ E.

PONTORSON (BREE-EN-TANIS) 50170 MANCHE 250 HAB.

AF **LE SILLON DE BRETAGNE** Mme.XERRI ☎ 33.60.13.04 – 9 CH. 100/200 F. MENU 55/170 F. PENSION 230/330 F. DEMI-PENSION 175/275 F. FERME JANV.,ET JEUDI 1 OCT./31 MARS. 🅵 ⚏ 🅐🅔 ⑩ E.

PONTS DE CE (LES) **49130** MAINE-ET-LOIRE 11000 HAB. S.I.

* **LE BOSQUET** 2 RUE MAURICE BERNE SUR N. 160 M.ADAM ☎ 41.57.72.42 — 11 CH. 100/160 F. MENU 80/195 F. PENSION 200/300 F. FERME VAC. SCOL. FEV., 20 AOUT/5 SEPT., DIMANCHE SOIR ET LUNDI. **F** 🚗 🛏 🎪 **E**.

PORCELETTE **57890** MOSELLE 2200 HAB.

* **AU RELAIS D'ALSACE** M.FEDERLEN ☎ 87.93.02.68 — 10 CH. 70/140 F. MENU 42/120 F. PENSION 145/190 F. DEMI-PENSION 120/150 F. FERME 15 JUIL./28 AOUT ET RESTAURANT FERME LUNDI. **F** 🚗 🛏 🛏 **E**.

PORNIC **44210** LOIRE-ATLANTIQUE 8200 HAB. S.I.

** **BEAUSOLEIL** 70, QUAI LE RAY. M. VETELE ☎ 40.82.34.58 — 15 CH. 195/230 F. MENU 60/250 F. PENSION 385 F. DEMI-PENSION 275 F. FERME VENDREDI. 🛏 🎪 **E** ♿.

** **LES SABLONS** M. NOBLET ☎ 40.82.09.14 — 30 CH. 180/230 F. MENU 85/180 F. PENSION 310/330 F. DEMI-PENSION 230/265 F. RESTAURANT FERME DIMANCHE SOIR HS. 🛏 🛏 **E**.

PORNICHET **44380** LOIRE-ATLANTIQUE 6000 HAB. S.I.

* **LES OCEANIDES** 4, BLD DES OCEANIDES. M. VIGNERON ☎ 40.61.33.25 — 14 CH. 100/220 F. MENU 60/150 F. PENSION 190/250 F. DEMI-PENSION 170/220 F. **F** **E**.

*** **SUD BRETAGNE** 42,BD. DE LA REPUBLIQUE M.BARDOUIL ☎ 40.61.02.68 TELEX 701960 — 32 CH. 350/800 F. PENSION 450/600 F. DEMI-PENSION 400/550 F. FERME 4 JANV./4 FEV. **F** 🚗 ♪ 🛏 🎪 ⊕ **E** 🏠.

PORS-EVEN **22620** PLOUBAZLANEC COTES-DU-NORD 3507 HAB.

** **PENSION BOCHER** Mme.LE ROUX ☎ 96.55.84.16 — 16 CH. 82/130 F. MENU 82/180 F. PENSION 232/298 F. DEMI-PENSION 165/242 F. FERME 8 NOV./RAMEAUX. 🛏 🛏 **CV** ♿.

PORT-BAIL **50580** MANCHE 1591 HAB. S.I.

* **LA GALICHE** M.GENEST ☎ 33.04.84.18 — 12 CH. 75/150 F. MENU 52/170 F. PENSION 189/266 F. DEMI-PENSION 142/219 F. FERME 1/15 OCT., 1 FEV./1 MARS, DIMANCHE SOIR ET LUNDI SAUF JUIL./AOUT. 🚗 🛏 ♿.

PORT-BLANC **22710** PENVENAN COTES-DU-NORD 3000 HAB. S.I.

* **DES ILES** BOULEVARD DE LA MER M.CARE-JEZEQUEL ☎ 96.92.66.49/48.76.63.44 — 35 CH. 85/200 F. MENU 60/120 F. PENSION 180/220 F. DEMI-PENSION 130/180 F. FERME 30 SEPT./25 MARS. **F** 🛏 **E** ♿.

* **GRAND HOTEL** BLD DE LA MER M.MONFRANCE ☎ 96.92.66.52/96.92.74.36 — 30 CH. 100/150 F. MENU 55/170 F. PENSION 210/235 F. DEMI-PENSION 150/175 F. **F** ♪ 🛏 ⊕ **E CV**.

PORT-DE-GAGNAC **46130** BRETENOUX LOT 686 HAB.

* **AUBERGE DU VIEUX PORT** M. LASFARGEAS ☎ 65.38.50.05 — 15 CH. 85/180 F. MENU 50/140 F. PENSION 140/180 F. DEMI-PENSION 115/160 F. 🛏.

* **HOSTELLERIE BELLE RIVE** Mme DUMONT ☎ 65.38.50.04 — 10 CH. MENU 60/150 F. PENSION 170/200 F. FERME 1 OCT./28 FEV. **F** 🛏 🛏.

PORT-DE-LANNE **40300** PEYREHORADE LANDES 650 HAB.

** **LA VIEILLE AUBERGE** PLACE DE L'EGLISE M.LATAILLADE ☎ 58.89.16.29 — 7 CH. FERME 20 SEPT./15 JUIN. PRIX NON COMMUNIQUES. 🚗 ♿.

PORT-DES-BARQUES **17730** CHARENTE-MARITIME 1250 HAB. S.I.

* **LA BRASERADE** 49 AVENUE DE L'ILE MADAME Mme RESGNIER ☎ 46.84.80.04 — 14 CH. 140/180 F. MENU 55/150 F. PENSION 180/230 F. DEMI-PENSION 138/200 F. FERME 1 NOV./15 MARS., LUNDI ET RESTAURANT FERME 1 JANV./ 1 MARS. **F** 🛏.

PORT-LA-NOUVELLE **11210** AUDE 5000 HAB. S.I.

*** **MEDITERRANEE** FRONT DE MER M.CASTAING ☎ 68.48.03.08 TELEX 500712 — 31 CH. FERME 5 JANV./5 FEV. PRIX NON COMMUNIQUES. **F** 🚗 🛏 🎪 ⊕ **E CV** 🏠.

PORT-LESNEY **39430** JURA 600 HAB.

** **GRAND HOTEL DU PARC** (CHATEAU DE GERMIGNEY) M.BROCART ☎ 84.37.81.41 — 15 CH. 150/280 F. MENU 120/200 F. PENSION 250/400 F. DEMI-PENSION 210/280 F. FERME TOUSSAINT/PAQUES. ♪ **CV** ♿.

PORT-MANECH-EN-NEVEZ **29139** NEVEZ FINISTERE 2800 HAB. S.I.

** **DU PORT** M.DANIELOU ☎ 98.06.82.17 — 36 CH. 125/235 F. MENU 68/160 F. PENSION 195/260 F. DEMI-PENSION 155/220 F. FERME FIN SEPT./PAQUES, ET LUNDI MIDI. DANS ANNEXE CHAMBRES 1 ETOILE. **F** 🛏 🛏 **E**.

PORT-SAINT-LOUIS-DU-RHONE **13230** BOUCHES-DU-RHONE 10400 HAB. S.I.

** **LE TAMARIS** ROUTE DE LA PLAGE NAPOLEON. M. REYNAUD ☎ 42.86.10.49 — 12 CH. 220/240 F. MENU 75/130 F. PENSION 264/280 F. DEMI-PENSION 204/210 F. RESTAURANT FERME 20 DEC./10 JANV. ET SAMEDI. 🛏 🎪 ⊕ **E**.

PORT-SUR-SAONE **70170** HAUTE-SAONE 250 M. 3000 HAB. S.I.

* **LA POMME D'OR** 1, RUE DE ST. VALERE M.BERGERET ☎ 84.91.52.66 — 8 CH. 75/165 F. MENU 55/150 F. PENSION 160/185 F. DEMI-PENSION 130 F. **F** 🚗 🛏 **E**.

PORTES-LES-VALENCE **26800** DROME 8000 HAB.

AF **DES VOYAGEURS** 27 RUE CHARLES DOUCET M. FOREST ☎ 75.57.10.43 — 10 CH. 70/90 F. MENU 48/60 F. PENSION 135/150 F. DEMI-PENSION 115/130 F. FERME AOUT, ET VENDREDI SOIR/LUNDI MATIN. 🚗.

PORTICCIO **20166** CORSE 1000 HAB. S.I.

** **AGOSTA-PLAGE** (A MOLINI) Mme.SALINI ☎ 95.25.40.26 – 30 CH. 180/240 F. FERME 30 SEPT./PAQUES. 🅵 📶 🅰🅴 ▣ E.

** **LES FLOTS BLEUS** AGOSTA PLAGE MOLINI. M. GIUSEPPI ☎ 95.25.49.57 – 28 CH. 230/240 F. ♂ 📶 🅰🅴.

PORTIRAGNES-PLAGE (LA REDOUTE) **34420** **PORTIRAGNES** HERAULT 300 HAB. S.I.

** **LE MIRADOR** Mme GIL ☎ 67.90.91.33 – 17 CH. 100/280 F. MENU 65/160 F. PENSION 200/280 F. DEMI-PENSION 150/220 F. FERME 5 OCT./1 AVR. 🅵 ⇞ 📶 🅰🅴 ▣ E CV.

PORTO-OTA **20150** OTA CORSE 600 HAB. S.I.

• **BON ACCUEIL** M.BATTINI ☎ 95.26.12.10 – 20 CH. 110/140 F. MENU 65/100 F. PENSION 185/220 F. DEMI-PENSION 125/150 F. FERME 15 OCT./31 MARS. 🅵 📶.

** **CAPO D'ORTO** M.BATTINI ☎ 95.26.11.14 – 30 CH. 203/253 F. MENU 80/110 F. PENSION 280/290 F. DEMI-PENSION 203/209 F. FERME 15 OCT./31 MARS. 🅵 📶.

** **KALLISTE II** (PORTO-MARINE). M. COEROLI ☎ 95.26.10.30/95.21.27.60 TELEX 468083 – 23 CH. 190/320 F. 🅵 ✕ 📶 🅰🅴 ▣.

** **LE GOLFE** M.FIESCHI ☎ 95.26.13.33 – 10 CH. 110/170 F. MENU 80 F. FERME 1 OCT./31 MARS. 📶 🅰🅴.

*** **LE KALLISTE** M.COEROLI ☎ 95.26.10.30/95.21.27.60 – 22 CH. 230/350 F. 🅵 📶 🅰🅴 ▣.

** **LE MONTE-ROSSO** M.GASTAGNO ☎ 95.26.11.50 – 8 CH. 160/165 F. FERME 1 OCT./30 AVR.

** **LE PORTO** RTE DE CALVI Mme.AGOSTINI ☎ 95.26.11.20 – 30 CH. 230/290 F. FERME 1 OCT./30 AVR. 🛏 ✕ 📶 🅰🅴 ▣ E.

ec **MOTEL LE LONCA** M. LECA Toussaint ☎ 95.26.17.50/95.26.17.08 – 14 CH. 200/350 F. FERME 1 OCT./30 AVR. 📶 🅰🅴 ▣ E.

PORTO-VECCHIO **20137** CORSE 10000 HAB. S.I.

** **DE LA RIVIERE** (QUARTIER DE BALA). M. PASQUALINI ☎ 95.70.10.21 – 29 CH. 250/330 F. MENU 110 F. DEMI-PENSION 360/420 F. FERME 1 OCT./1 AVR. ⇞ ♂ 📶 🅰🅴 ▣ E ఉ.

** **HOLZER»CHEZ LOUIS**«12, RUE JEAN JAURES. M. SAUER-HOLZER ☎ 95.70.05.93 – 27 CH. 250/450 F. MENU 75 F. PENSION 300 F. DEMI-PENSION 230 F. RESTAURANT FERME SAMEDI ET DIMANCHE HS. 🅵 ⇞ 📶 🅰🅴 ▣ ఉ.

** **SAN GIOVANNI** ROUTE D'ARCA M.VIDONI ☎ 95.70.22.25 – 26 CH. 287/370 F. MENU 100 F. PENSION 423/480 F. DEMI-PENSION 348/370 F. FERME 16 OCT./31 MARS. RESTAURANT FERME 30 SEPT./31 MARS. ⇞ ♂ 📶 🅰🅴 ▣.

** **SANTA GIULIA** BAIE DE SANTA GIULIA. M. POLETTI ☎ 95.70.18.66 – 25 CH. FERME FIN OCT./DEBUT AVR. PRIX NON COMMUNIQUES. 🅵 ♂ ఉ.

PORTS-SUR-VIENNE **37800** **SAINTE-MAURE-DE-TOURAINE** INDRE-ET-LOIRE 412 HAB.

AF **DU GRILLON** M.CARPY ☎ 47.65.02.74 – 3 CH. 107/120 F. MENU 43/200 F. PENSION 180 F. DEMI-PENSION 150 F. FERME 20/27 FEV., 1/10 JUIL., 23/30 SEPT., JEUDI SOIR ET VENDREDI. ⇞ 📶.

POTIGNY **14420** CALVADOS 2155 HAB.

ec **LA TAVERNE** 57, RUE DU GENERAL LECLERC. Mme MABIRE ☎ 31.90.67.25 – 7 CH. 95/245 F. MENU 49/110 F. PENSION 170/220 F. DEMI-PENSION 140/190 F. FERME DIMANCHE SOIR SAUF RESERVATION. 🅵.

POUGUES-LES-EAUX **58320** NIEVRE 2800 HAB.

• **CENTRAL HOTEL** ROUTE DE PARIS M. BEAUFILS ☎ 86.68.85.00 – 12 CH. 95/210 F. MENU 48/169 F. PENSION 175/260 F. FERME 15 NOV./15 DEC., 7/20 JANV. ET VENDREDI HS. 🅵 ⇞ 📶 CV ఉ.

POUGUES-LES-EAUX (PRES) **58400** **LA CHARITE-SUR-LOIRE** NIEVRE 837 HAB. S.I.

** **LA CHANCE AU ROY** (SUR N.7 A CHAULGNES) M. BARDAY ☎ 86.68.80.08 – 8 CH. 70/130 F. MENU 50/90 F. PENSION 160/260 F. DEMI-PENSION 120/200 F. FERME 3 SEM. FIN DEC./DEBUT JANV., ET MARDI HS. 🛏 ▣ E CV.

POUILLEY-LES-VIGNES **25115** DOUBS 1500 HAB. S.I.

** **AU VIEUX CHENE** M.GUICHET ☎ 81.55.40.24 – 21 CH. 65/170 F. MENU 48/75 F. PENSION 128/155 F. DEMI-PENSION 108/135 F. ⇞ 📶.

POUILLON **40350** LANDES 2700 HAB. S.I.

** **LE RELAIS DE POUILLON** PLACE DE LA MAIRIE M. MARQUIER ☎ 58.98.20.15 – 12 CH. 90/110 F. MENU 50/120 F. PENSION 180 F. DEMI-PENSION 150 F. FERME 20 DEC./12 JANV. ET DIMANCHE SOIR EN HIVER. 📶 E CV.

POUILLY-EN-AUXOIS **21320** COTE-D'OR 1500 HAB. S.I.

• **DU BASSIN** ROUTE DE SAULIEU. M.POTHERAT ☎ 80.90.83.98 – 7 CH. 80/150 F. MENU 50/110 F. FERME OCT. ET DIMANCHE SOIR/MARDI MATIN. ⇞ 📶 🅰🅴 ▣ E.

POUILLY-SUR-LOIRE **58150** NIEVRE 1800 HAB. S.I.

** **LA BOUTEILLE D'OR** M.PIVAREC ☎ 86.39.13.84 – 29 CH. 150/270 F. MENU 70/280 F. PENSION 240/280 F. DEMI-PENSION 200/230 F. FERME 10 JANV./20 FEV., DIMANCHE SOIR ET LUNDI 15 SEPT. / 15 JUIN. 📶.

POUILLY-SUR-LOIRE (suite)

** LE RELAIS FLEURI Restaurant LE COQ HARDI 42, AV. DE LA TUILERIE. M. ASTRUC ☎
86.39.12.99 – 9 CH. 95/170 F. FERME 15 JANV./15 FEV., MERCREDI SOIR ET JEUDI 15 OCT./30
AVR. ⚓ ✕ E.

POULDREUZIC 29143 PLOGASTEL-SAINT-GERMAIN FINISTERE 2024 HAB.

*** KER ANSQUER (A LABABAN) Mme ANSQUER ☎ 98.54.41.83 – 11 CH. 225 F. MENU
190/230 F. DEMI-PENSION 225 F. ✕.

POULDU (LE) 29121 CLOHARS-CARNOET FINISTERE 3330 HAB. S.I.

** ARMEN ROUTE DU PORT Mme DECAILLET ☎ 98.39.90.44 – 38 CH. 160/290 F. MENU
56/170 F. PENSION 240/310 F. DEMI-PENSION 215/280 F. FERME 21 SEPT./27 MAI. CHIENS
PAYANTS. ✕ ⚓ A4 ⊕ E CV ⊞.

** DES BAINS PLAGE DES GRAINS DE SABLE M.PLUMER ☎ 98.39.90.11 – 49 CH. 125/270 F.
MENU 65/210 F. PENSION 195/295 F. DEMI-PENSION 168/260 F. FERME 25 SEPT./25 AVR.
✕ ⚓ E CV ⊞.

POULIGUEN (LE) 44510 LOIRE-ATLANTIQUE 5000 HAB. S.I.

** BEAU-RIVAGE SUR LA PLAGE 11 RUE JULES BENOIST M. MAILLARD ☎ 40.42.31.61 – 54 CH.
203/210 F. MENU 90/150 F. PENSION 258/280 F. DEMI-PENSION 248/270 F. FERME PAQUE-
S/OCT. ANIMATION. ✕ ✕ E CV.

POURU-SAINT-REMY 08140 DOUZY ARDENNES 1500 HAB.

AF DE FRANCE M. PERROT ☎ 24.26.30.02 – 5 CH. 80/150 F. MENU 43/85 F. PENSION 150 F.
DEMI-PENSION 120 F. FERME MERCREDI 1 OCT./30 AVR. F ⚓ ✕ E.

POURVILLE-SUR-MER 76550 OFFRANVILLE SEINE-MARITIME 300 HAB.
S.I.

* AUX PRODUITS DE LA MER RUE DU 19 AOUT M.LEBON ☎ 35.84.38.34 – 8 CH. 120/220 F.
MENU 55/80 F. FERME 15 DEC./1 FEV., MARDI SOIR ET MERCREDI. ✕ ✕.

POUZAUGES 85700 VENDEE 6000 HAB. S.I.

** AUBERGE DE LA BRUYERE RUE DU DR BARBANEAU Mme.CHATAIN ☎
51.57.11.11/51.91.93.46 TELEX 701804 – 26 CH. 170/299 F. MENU 44/135 F. PENSION
295/401 F. DEMI-PENSION 219/331 F. RESTAURANT FERME LUNDI 15 SEPT./16 JUIN. GRILL.
F ⚓ ✕ A4 ⊕ E CV ⚹ ⊞.

POUZIN (LE) 07250 ARDECHE 3000 HAB.

** DE L'AVENUE ROUTE DU TEIL M. MALOSSE ☎ 75.63.80.43 – 14 CH. 80/160 F. MENU 50 F.
PENSION 145/240 F. DEMI-PENSION 110/185 F. FERME 16/31 AOUT, 24 DEC./1 JANV., HOTEL
FERME DIMANCHE HS, RESTAURANT FERME SAMEDI MIDI ET DIMANCHE. F ✕ A4
⊕ E CV.

PRADELLE 26340 SAILLANS DROME 40 HAB.

AF DES VOYAGEURS Mme LOIRE ☎ 75.21.71.50 – 4 CH. 80/95 F. MENU 60/100 F. PENSION
150 F. DEMI-PENSION 110 F. F.

PRADES 43300 LANGEAC HAUTE-LOIRE 118 HAB.

* HOSTELLERIE DU VIEUX MOULIN M.TOURETTE ☎ 71.74.01.40 – 8 CH. 82/160 F. MENU
65/110 F. PENSION 160/200 F. DEMI-PENSION 120/140 F.

PRADES-D'AUBRAC 12470 SAINT-CHELY-D'AUBRAC AVEYRON 830 M.
120 HAB.

AF MODERNE Mme COMBRET ☎ 65.44.02.81 – 13 CH. 95/125 F. MENU 42/90 F. PENSION
135/145 F. DEMI-PENSION 95/110 F. FERME NOV. ✕.

PRALOGNAN-LA-VANOISE 73710 SAVOIE 1430 M. 650 HAB. S.I.

** DU GRAND BEC M.FAVRE ☎ 79.08.71.10 – 39 CH. 220/310 F. MENU 75/100 F. PENSION
230/255 F. DEMI-PENSION 190/255 F. FERME 20 AVR./6 JUIN ET 20 SEPT./18 DEC. F
♂ ⚓ ✕ A4 ⊕ E CV ⚹ ⊞.

** LES AIRELLES RUE DES DARBELAYS. M. BOYER ☎ 79.08.70.32 – 16 CH. 220/300 F. MENU
80/110 F. PENSION 215/310 F. DEMI-PENSION 175/270 F. FERME 18 AVR./5 JUIN ET 20 SEPT./20
DEC. F ⚓.

** PARISIEN M.VION ☎ 79.08.72.31 – 22 CH. 105/220 F. MENU 70/90 F. PENSION 175/250 F.
DEMI-PENSION 148/200 F. FERME PAQUES/5 JUIN ET 20 SEPT./NOEL. F ✕ A4 ⊕
E CV.

PRATS-DE-MOLLO-LA-PRESTE 66230 PYRENEES-ORIENTALES 750 M.
1500 HAB. S.I.

** DES TOURISTES Mme POULIQUEN ☎ 68.39.72.12 – 40 CH. 110/200 F. MENU 70/125 F.
PENSION 160/225 F. FERME 1 NOV./31 MARS. F ✕ A4 ⊕ E.

* HOSTELLERIE LE RELAIS 3 PLACE J. DE LA TRINXERIA Mme RAUSS ☎ 68.39.71.30 –
15 CH. 90/140 F. MENU 60/90 F. PENSION 135/210 F. DEMI-PENSION 125/150 F. FERME 5
JANV./5 FEV. F ✕ E.

* LE VAL DU TECH Mme MALER et M. REMEDI ☎ 68.39.71.12 – 40 CH. 100/200 F. MENU
70/90 F. PENSION 180/275 F. DEMI-PENSION 140/235 F. FERME 15 NOV./30 MARS. CV ⚹
⊞.

PRAYSSAC 46220 LOT 2500 HAB. S.I.

** INTER-HOTEL«LE VIDAL«3, RUE DES GARABETS. M. LEVASSEUR ☎ 65.22.41.78 – 11 CH.
110/180 F. MENU 43/150 F. PENSION 170/190 F. DEMI-PENSION 120/150 F. FERME DIMANCHE
SOIR ET LUNDI. ETAPE VRP 150 F. F ⚓ ✕ CV ⚹.

PRAZ-SUR-ARLY 74120 MEGEVE HAUTE-SAVOIE 1036 M. 700 HAB. S.I.

** AUBERGE DES 2 SAVOIES MME GOULARD ☎ 50.21.90.14 – 18 CH. 130 F. MENU 68/150 F.
PENSION 250/290 F. DEMI-PENSION 200/220 F. F ✕ A4 ⊕ E CV.

PRAZ-SUR-ARLY (suite)
** **MONT CHARVIN** SARL ☎ 50.21.90.05 — 26 CH. 175/245 F. MENU 85/120 F. PENSION 230/285 F. DEMI-PENSION 195/245 F. FERME 20 AVR./30 MAI, 1 NOV./20 DEC. ♂ 🚲 ✠ ☎ E CV.

PRE-EN-PAIL 53140 MAYENNE 2500 HAB. S.I.
** **DE BRETAGNE** 145 RUE A. BRIAND M.LEJEUNE ☎ 43.03.00.06 — 17 CH. 90/190 F. MENU
⌂ 65 F. PENSION 180/260 F. DEMI-PENSION 130/190 F. FERME 15 DEC./1 FEV., DIMANCHE SOIR ET LUNDI MIDI HS. 🚲 ☎ E CV.

PREFAILLES 44770 LOIRE-ATLANTIQUE 625 HAB. S.I.
** **LA FLOTTILLE** (POINTE SAINT GILDAS). Mme CASSIN ☎ 40.21.61.18 — 13 CH. 280/360 F.
⌂ MENU 72/225 F. PENSION 330/390 F. DEMI-PENSION 290/350 F. ☎ 📶 ⊕ ● E CV
&.

** **SAINT PAUL** M.TROESTLER ☎ 40.21.60.25 — 41 CH. 140/210 F. MENU 72/210 F. PENSION
⌂ 250/310 F. DEMI-PENSION 220/260 F. FERME 10 NOV./FIN MARS. PISCINE CHAUFFEE.
�F 🚲 🚲 ☎ 📶 ⊕ E.

PRELENFREY-DU-GUA 38450 VIF ISERE 950 M. 130 HAB.
* **LA SAPINIERE** M.DELOBETTE ☎ 76.72.37.65 — 12 CH. 95/110 F. MENU 60/90 F. PENSION 160/170 F. DEMI-PENSION 120/130 F. FERME 15/30 NOV. ET MARDI. ☎ E.

PREUILLY-SUR-CLAISE 37290 INDRE-ET-LOIRE 1600 HAB. S.I.
AF **AUBERGE SAINT NICOLAS** M. BERTRAND ☎ 47.94.50.80 — 9 CH. 75/210 F. MENU
48/160 F. PENSION 160/220 F. DEMI-PENSION 130/180 F. FERME 5/28 SEPT., ET DIMANCHE
SOIR. 🚲 ☎ E.

PREVERANGES 18370 CHATEAUMEILLANT CHER 860 HAB.
AF **PONTABRY** M. PONTABRY ☎ 48.56.47.49 — 6 CH. 75/128 F. MENU 38/51 F. PENSION
150 F. DEMI-PENSION 115 F. FERME FIN JUIN/15 JUIL., OU 1/22 SEPT., ET SAMEDI. PRIX
1987. ☎ E.

PRINGY 74370 HAUTE-SAVOIE 1374 HAB.
* **DU FIER** (AU PONT DE BROGNY) M.THEVENOT ☎ 50.27.16.66 — 10 CH. 150/186 F. MENU
97/210 F. PENSION 175/210 F. DEMI-PENSION 145/170 F. FERME NOV., MARDI SOIR ET MER-
CREDI. ☎ E.

PRIVAS 07000 ARDECHE 12000 HAB. S.I.
AF **LION D'OR** 29,RUE DE LA REPUBLIQUE M.ARMAND ☎ 75.64.11.43 — 10 CH. 82/170 F.
MENU 40/65 F. PENSION 132/170 F. DEMI-PENSION 112/150 F. FERME DEC., 1ERE SEMAINE
JUIL., SAMEDI SOIR ET DIMANCHE SOIR. ☎ 📶 ⊕ E.
* **LOUVRE** 1,RUE PIERRE-FILLAT M.CAYROUSSE ☎ 75.64.10.54 — 25 CH. 80/220 F. MENU
68/150 F. PENSION 190/230 F. DEMI-PENSION 150/170 F. RESTAURANT FERME SAMEDI ET
DIMANCHE SOIR. �F 🚲.

PROPIAC-LES-BAINS 26170 BUIS-LES-BARONNIES DROME 50 HAB.
* **PLANTEVIN** M. AUGUSTE ☎ 75.28.02.42 — 21 CH. 115/160 F. MENU 60/130 F. PENSION
172/206 F. DEMI-PENSION 132/165 F. FERME 1 DEC./15 MARS, LUNDI HS. ET RESTAURANT
FERME 2/31 JANV.

PROPRIANO 20110 CORSE 3500 HAB. S.I.
** **OLLANDINI** Mme OLLANDINI ☎ 95.76.05.10 — 51 CH. 240/380 F. FERME 30 SEPT./2 MAI.
🚲 ♂ ✠ 📶 ⊕ &.

PROVINS 77160 SEINE-ET-MARNE 12500 HAB. S.I.
** **HOSTELLERIE DE LA CROIX D'OR** 1,RUE DES CAPUCINS M. GONCALVES ☎
⌂ (1)64.00.01.96 TELEX 692131 — 7 CH. 80/275 F. MENU 75/200 F. �F 🚲 ☎ 📶
⊕.

PRUNIERES 05230 CHORGES HAUTES-ALPES 1000 M. 150 HAB.
** **LE PREYRET** M.CEARD ☎ 92.50.62.29 TELEX 405868 PREYRET — 40 CH. 270 F. MENU
85 F. PENSION 320 F. DEMI-PENSION 270 F. FERME 16 OCT/25 DEC., 17 AVR./14 MAI. �F
🚲 ♂ ✠ ☎ E.

PUGEY 25720 BEURE DOUBS 500 HAB.
** **CHAMP FLEURI** Mme PERROT ☎ 81.57.21.54 — 35 CH. 90/230 F. MENU 47/130 F. PEN-
SION 175/220 F. DEMI-PENSION 125/165 F. FERME 20 DEC./10 JANV. RESTAURANT FERME
DIMANCHE SOIR. �F ☎.

PUID (LE) 88210 SENONES VOSGES 600 M. 82 HAB.
AF **LE RAYBOIS** RUE PRINCIPALE. M. THOMAS ☎ 29.57.67.97 — 9 CH. 90/110 F. MENU 40 F.
PENSION 170/190 F. DEMI-PENSION 140/141 F. RESTAURANT FERME DIMANCHE ET LUNDI.

PULVERSHEIM 68840 HAUT-RHIN 2100 HAB.
** **NIEMERICH** M.WEISS ☎ 89.48.11.03 — 20 CH. 95/200 F. MENU 45/95 F. PENSION
190/210 F. DEMI-PENSION 140/150 F. RESTAURANT FERME 1/25 AOUT, 25 DEC./1 JANV., ET
VENDREDI. ☎ 📶 ⊕ E.

PUSSY-LA LECHERE-LES BAINS 73260 AIGUEBLANCHE SAVOIE
750 M. 200 HAB.
* **BELLACHAT** M.BOUVIER ☎ 79.22.50.87 — 7 CH. 160/185 F. MENU 63/110 F. PENSION
145/185 F. DEMI-PENSION 115/135 F. FERME 15 DEC./10 FEV. ET MERCREDI.

PUTANGES-PONT-ECREPIN 61210 ORNE 900 HAB. S.I.
** **DU LION VERD** M.GUILLAIS ☎ 33.35.01.86 — 20 CH. 60/200 F. MENU 45/140 F. PENSION
120/200 F. DEMI-PENSION 100/160 F. FERME 25 DEC./31 JANV. �F ☎ 📶 E.

PUY-DE-DOME (SOMMET DU) 63870 ORCINES PUY-DE-DOME 1465 M.
10 HAB.

** **LE DOME** M.GIRAL ☎ 73.91.49.00 – 10 CH. 118/210 F. MENU 79/154 F. PENSION
🗢 212/318 F. DEMI-PENSION 185/250 F. FERME 1 OCT./MI-MAI. 🅵.

PUY-EN-VELAY(LE) 43000 HAUTE-LOIRE 630 M. 35000 HAB. S.I.

* **DES VOYAGEURS** 37,BD. FAYOLLE M.THOMAS ☎ 71.09.05.30 – 15 CH. 100/150 F.
MENU 54/95 F. PENSION 210 F. FERME 24 DEC./1 FEV. 🚗 🎠 🏠.

** **DU CYGNE** 47, Bld MARECHAL FAYOLLE. MM. PESTRE ☎ 71.09.32.36 TELEX 392540 –
40 CH. 100/245 F. MENU 55/150 F. PENSION 266/407 F. DEMI-PENSION 196/337 F. FERME 30
NOV./1 MARS ET RESTAURANT FERME VENDREDI. 🅵 ✕ E CV 🔳.

* **LA VERVEINE** 6,PL. CADELADE M. MATHIEU Gaston ☎ 71.02.00.77/71.02.14.66 – 28 CH.
🗢 100/180 F. MENU 60/120 F. PENSION 200/220 F. DEMI-PENSION 130/160 F. FERME 15
DEC./15 JANV. 🅵 ✕ ♿.

* **LE VAL-VERT** 6,AV.BAPTISTE-MARCET M.CHASTEL. ☎ 71.09.09.30 – 26 CH. 110/230 F.
MENU 60 F. DEMI-PENSION 278/328 F. FERME 15 DEC./15 JANV. ET DIMANCHE 1 OCT./1
JUIN. 🅵 🚗 ✕ E.

** **LICORN'HOTEL** 25,AV.CHARLES-DUPUY M. PLOMB ☎ 71.02.46.22 TELEX 392.856. –
49 CH. 100/280 F. MENU 80/195 F. DEMI-PENSION 180/211 F. FERME DIMANCHE SOIR ET
LUNDI HS. ET RESTAURANT FERME 2/10JANSAUNA ET PISCINE COUVERTE. 🅵 ✕
E ♿ 🔳.

PUY-EN-VELAY(LE) (CUSSAC-SUR-LOIRE) 43370 CUSSAC-SUR-LOIRE
HAUTE-LOIRE 875 M. 1248 HAB.

ec **LA BONNE AUBERGE** (LES BARRAQUES). M. DURKALEC ☎ 71.03.10.02 – 7 CH.
🗢 100/160 F. MENU 45/120 F. FERME 15 JANV./1 MARS, ET DIMANCHE, SAUF JUIL./AOUT.
✕ E ♿ 🔳.

PUY-L'EVEQUE 46700 LOT 3000 HAB. S.I.

** **BELLEVUE** PLACE DE LA TRUFFIERE. Mme AMOUROUX ☎ 65.21.30.70 – 15 CH. 100/200 F.
MENU 55/155 F. PENSION 220/265 F. DEMI-PENSION 145/190 F. FERME 15 NOV./15 MARS.,
DIMANCHE SOIR ET LUNDI SEPT./JUIN. 🅵 🚗 ✕ CV.

* **DE LA TRUFFIERE** RUE DES SCAFIGNOUS A LA TRUFFIERE. M. MEJECAZE dit DUKERCY ☎
65.21.34.54 – 11 CH. 135/165 F. MENU 50/110 F. PENSION 210 F. DEMI-PENSION 160 F.
RESTAURANT FERME LUNDI HS. 🚗 ✕ 🆎 ♿.

* **HENRY** M. HENRY ☎ 65.21.32.24 – 20 CH. 65/110 F. MENU 45/130 F. PENSION
165/190 F. DEMI-PENSION 130/155 F. RESTAURANT FERME DIMANCHE SOIR. CV.

PUY-SAINT-MARTIN 26430 CLEON-D'ANDRAN DROME 500 HAB. S.I.

AF **AUBERGE SAINT MARTIN** M. RIOU ☎ 75.90.13.61 – 4 CH. 70/95 F. MENU 55/90 F.
PENSION 135/175 F. DEMI-PENSION 95/125 F. ✕ E.

AF **CHAMP DE MARS** Mme.BOREL ☎ 75.90.11.07 – 6 CH. 65/110 F. MENU 45/75 F. PEN-
SION 140/150 F. DEMI-PENSION 100/110 F. CV.

PUY-SAINT-VINCENT 05290 VALLOUISE HAUTES-ALPES 1380 M.
298 HAB. S.I.

* **L'AIGLIERE** M. ENGILBERGE ☎ 92.23.30.59 – 30 CH. 104/189 F. MENU 50/110 F. PEN-
SION 172/215 F. DEMI-PENSION 147/190 F. FERME 20 AVR./15 JUIN, 15 SEPT./15 DEC.
SAUNA FINLANDAIS 🅵 🚗 ✕ E CV.

PUYBRUN 46130 BRETENOUX LOT 800 HAB.

*AF **DES TOURISTES** M. MALIRAT ☎ 65.38.52.38 – 22 CH. 60/125 F. MENU 55/150 F. PEN-
SION 140/172 F. DEMI-PENSION 95/125 F. FERME OCT. ET LUNDI.

PUYGIRON 26160 LA-BEGUDE-DE-MAZENC DROME 300 HAB.

AF **AUBERGE DE LA CIGOGNE** M.MEYER ☎ 75.53.80.24 – 3 CH. 110/130 F. MENU
47/110 F. FERME MARDI.

PUYLAURENS 81700 TARN 1300 HAB. S.I.

* **GRAND HOTEL PAGES** ☎ 63.75.00.09 – 21 CH. 100/180 F. MENU 50/160 F. PENSION
🗢 170/200 F. DEMI-PENSION 130/150 F. 🅵 ✕ E 🔳.

PUYLOUBIER 13114 BOUCHES-DU-RHONE 1220 HAB. S.I.

* **RELAIS DE SAINT-SER** ROUTE DE SAINT-ANTONIN. M. BAUBE ☎ 42.29.24.27 – 8 CH.
130/160 F. MENU 110/180 F. DEMI-PENSION 170/185 F. FERME 1/31 JANV., DIMANCHE SOIR
ET LUNDI 1 OCT./1 MARS. 🎠 ✕ ♿.

Q

QUARRE-LES-TOMBES 89630 YONNE 600 M. 800 HAB. S.I.

* **AUBERGE DES BRIZARDS** (SUR V. 7 AUX BRIZARDS) Mme.ARFEUX ☎ 86.32.20.12 –
25 CH. 148/220 F. 🅵 ✏ 🎠 ✕ ♿.

** **DU NORD ET POSTE** PL. DE L'EGLISE M.ROSTAIN ☎ 86.32.24.55 – 35 CH. 95/250 F.
🗢 MENU 80/160 F. PENSION 210/290 F. DEMI-PENSION 150/195 F. 🅵.

QUATRE-ROUTES-D'ALBUSSAC 19380 SAINT-CHAMANT CORREZE
600 M. 50 HAB.

* **AUBERGE LIMOUSINE** 4 ROUTES D'ALBUSSAC M.ESCARAVAGE ☎ 55.28.15.83 – 10 CH.
70/160 F. MENU 65/150 F. PENSION 170/200 F. DEMI-PENSION 140/150 F. FERME 1 NOV./15
DEC., ET LUNDI. 🅵 🚗 ✕ 🆎 ♿.

QUATRE-ROUTES-D'ALBUSSAC (suite)

* **ROCHE DE VIC** M.FRECHET ☎ 55.28.15.87 — 14 CH. 78/160 F. MENU 50/140 F. PENSION 160/180 F. DEMI-PENSION 120/150 F. FERME JANV./FEV., ET LUNDI. 🅵 ⚓ ✖ E ᕀ.

QUEDILLAC 35290 SAINT-MEEN-LE-GRAND ILLE-ET-VILAINE 1200 HAB. S.I.

** **RELAIS DE LA RANCE** Mme.GUITTON ☎ 99.07.21.25/99.07.23.13 TELEX 730004 — 16 CH. 80/240 F. MENU 55/260 F. PENSION 180/230 F. DEMI-PENSION 150/190 F. FERME 1 FEV./1 MARS, DIMANCHE SOIR 1 OCT./PAQUES, RESTAURANTFERME DIMANCHE SOIR ET LUNDI HS. 🅴 ✖ 🅴 ◑ E.

QUESTEMBERT 56230 MORBIHAN 5213 HAB. S.I.

** **DE LA GARE Restaurant LE SAINTE-ANNE** AV. DE LA GARE M. LE BIHAN ☎ 97.26.11.47 — 9 CH. 140/160 F. MENU 60/230 F. PENSION 200/220 F. DEMI-PENSION 160/200 F. FERME VAC. FEV., DIMANCHE SOIR ET LUNDI. ⚓ ✖ 🅴 ◑ E.

QUETTREVILLE-SUR-SIENNE 50660 MANCHE 1093 HAB.

** **AU CHATEAU DE LA TOURNEE** M.DESLANDES ☎ 33.47.62.91 — 10 CH. 130/200 F. MENU 50/150 F. PENSION 190 F. DEMI-PENSION 150 F. FERME 21 FEV./13 MARS, 25 SEPT./11 OCT., DIMANCHE SOIR ET LUNDI SEPT./JUIN. ⚓ ✖ E CV.

QUIBERON 56170 MORBIHAN 5000 HAB. S.I.

** **BELLEVUE** RUE DE TIVIEC M.LE QUELLEC ☎ 97.50.16.28 — 44 CH. 260/360 F. PENSION 320/360 F. DEMI-PENSION 290/330 F. FERME NOV./MARS. PISCINE CHAUFFEE. 🅴 ⚓ ✖ E ᕀ.

** **DES DRUIDES** 6, RUE DE PORT-MARIA Mme.CARN ☎ 97.50.14.74 — 30 CH. 190/280 F. MENU 68/140 F. PENSION 270/320 F. DEMI-PENSION 240/290 F. FERME 1 OCT./1 AVR. RESTAURANT FERME 1 OCT./15 MAI. 🅴 ✖ CV ᕀ.

*** **EUROPA** (PORT HALIGUEN) M. CHERON ☎ 97.50.25.00 — 56 CH. 280/340 F. MENU 95/185 F. PENSION 290/340 F. DEMI-PENSION 280/295 F. FERME 3 OCT./28 MARS. 🅴 ⚓ 🅴 ◑ ᕀ E.

** **HOCHE** Mme QUELVEN ☎ 97.50.07.73 — 39 CH. 165/320 F. MENU 70/195 F. PENSION 250/350 F. DEMI-PENSION 200/300 F. FERME 15 OCT./15 FEV. 🅴 ✖ E.

* **L'OCEAN** 7, QUAI DE L'OCEAN M.BEALLE-CHAPUS ☎ 97.50.07.58 — 35 CH. 95/175 F. MENU 65/130 F. PENSION 185/230 F. DEMI-PENSION 130/175 F. FERME NOV./PAQUES. ✖ E ᕀ.

** **LE GRAND LARGE** 1, Bld D'HOEDIC. M. COURSEAUX ☎ 97.50.13.39 — 18 CH. 220/280 F. MENU 60/160 F. PENSION 290/320 F. DEMI-PENSION 230/260 F. 🅴 ✖ 🅴 ◑ E.

** **LE NEPTUNE** 4, QUAI DE HOUAT M.NAOUR ☎ 97.50.09.62 — 22 CH. 200/260 F. MENU 70/160 F. PENSION 305/380 F. DEMI-PENSION 260/340 F. FERME 20 DEC./10 FEV., ET LUNDI. 🅴 ✖ E.

** **NAVIROTEL** 10 PL.DE PORT HALIGUEN M.BOUXIN ☎ 97.50.16.52 TELEX 950 538 — 21 CH. 165/365 F. MENU 98/185 F. PENSION 190/340 F. DEMI-PENSION 160/305 F. FERME 6 JANV./6 MARS. 🅴 ✖ E CV.

QUIBERON (SAINT-PIERRE) 56510 SAINT-PIERRE-QUIBERON MORBIHAN 2035 HAB. S.I.

** **AUBERGE DU PETIT MATELOT** (PLAGE DE PENTHIEVRE) M.LE MOUROUX ☎ 97.52.31.21 — 25 CH. 115/195 F. MENU 58/115 F. PENSION 185/230 F. DEMI-PENSION 135/175 F. FERME 30 OCT./15 MARS. RESTAURANT FERME LUNDI. 🅴 ✖ E.

* **DE BRETAGNE** RUE DU GAL DE GAULLE M.MADEC ☎ 97.30.91.47 — 20 CH. 120/150 F. MENU 60/140 F. DEMI-PENSION 155/210 F. FERME 5 OCT./PAQUES. RESTAURANT FERME 20 SEPT./15 MAI. ⚓ ✖ E.

** **DE LA PLAGE** Mme AUDIC ☎ 97.30.92.10 — 39 CH. 150/400 F. MENU 77/135 F. PENSION 230/380 F. DEMI-PENSION 150/300 F. FERME 10 OCT./25 MARS, 20/27 AVR. 🅴 ⚓ ✖ 🅴 E CV ᕀ ᕀ.

QUIBERVILLE-SUR-MER 76860 OUVILLE-LA-RIVIERE SEINE-MARITIME 400 HAB. S.I.

** **L'HUITRIERE** M.ARACHEQUESNE ☎ 35.83.02.96 — 17 CH. 95/230 F. MENU 63/230 F. PENSION 220/250 F. DEMI-PENSION 165/185 F. FERME 1 DEC./15 JANV., VENDREDI ET DIMANCHE SOIR 1 OCT./ 31 MARS. ✖ E.

** **LES FALAISES** M. ARACHEQUESNE ☎ 35.83.04.03 — 14 CH. 180/240 F. MENU 60/150 F. PENSION 250 F. DEMI-PENSION 190 F. FERME 15 OCT./1 MARS., MARDI SOIR ET MERCREDI 1 MARS/30 JUIN. ✖ E.

QUILLAN 11500 AUDE 6000 HAB. S.I.

** **CARTIER** 31, Bld CH. DE GAULLE M. CARTIER ☎ 68.20.05.14 — 32 CH. 97/252 F. MENU 55/140 F. DEMI-PENSION 170/220 F. FERME 15 DEC./15 MARS ET RESTAURANT FERME 1 OCT./15 DEC. 🅴 ⚓ ✖ E CV ᕀ.

** **LA CHAUMIERE** Mme.BOYER ☎ 68.20.08.62 — 20 CH. 95/220 F. MENU 55/190 F. DEMI-PENSION 180/220 F. FERME 1 NOV./20 DEC. ET VENDREDI SOIR/SAMEDI SOIR HIVER. 🅴 ⚓ ✖ E.

QUIMPER 29000 FINISTERE 60510 HAB. S.I.

** **GRADLON** 30, RUE DE BREST Mme COLLER ☎ 98.95.04.39 — 25 CH. 135/285 F. FERME 20 DEC./11 JANV. SAMEDI ET DIMANCHE 11 NOV./28 FEV. 🐎 ✖ ✖ 🅴 ◑ E CV.

** **LA TOUR D'AUVERGNE** 13, RUE DES REGUAIRES M.LE GARS ☎ 98.95.08.70 TELEX 941100 — 45 CH. 122/265 F. MENU 59/140 F. PENSION 306/320 F. DEMI-PENSION 243/258 F. FERME 23 DEC./8 JANV. RESTAURANT FERME 1 OCT./30 AVR. ⚓ ✖ 🅴 E ᕀ ᕀ.

QUIMPER (suite)

** **LE TRANSVAAL** 57, RUE J.-JAURES M.QUEMERE ☎ 98.90.09.91 TELEX 941103 — 44 CH. 91/211 F. MENU 59/175 F. PENSION 193/400 F. DEMI-PENSION 130/274 F. RESTAURANT FERME 15 DEC./15 JANV., ET SAMEDI. 🛏 ⚍ 🖻 🎛 ⊕ E.

QUINCIE-EN-BEAUJOLAIS **69430 BEAUJEU** RHONE 1020 HAB.

** **LE MONT BROUILLY** (LE PONT DES SAMSONS) M. BOUCHACOURT ☎ 74.04.33.73 — 26 CH. 190/230 F. MENU 70/180 F. PENSION 230/310 F. DEMI-PENSION 185/260 F. FERME 15/28 FEV., DIMANCHE SOIR ET LUNDI NOV./MARS. ℉ ⚍ 🖻 🎛 E ♿.

QUINGEY **25440** DOUBS 1000 HAB.

* **HOSTELLERIE DU GAI LOGIS** ROUTE DE LYON Mme.LOUIS-ETIENNE ☎ 81.63.63.01 — 10 CH. 114/135 F. MENU 54/122 F. PENSION 135 F. DEMI-PENSION 120 F. FERME 15 OCT./15 NOV. ℉.

QUINSON **04480** ALPES-DE-HAUTE-PROVENCE 232 HAB. S.I.

** **RELAIS NOTRE DAME** M. BERNE ☎ 92.74.40.01 — 14 CH. 155/220 F. MENU 52/150 F. PENSION 200/240 F. DEMI-PENSION 150/190 F. FERME 2 JANV./15 MARS ET LUNDI 1 SEPT./PAQUES SAUF PENSION. ⚍ ⚍ 🖻 🖻 E.

QUINTIN **22800** COTES-DU-NORD 3500 HAB. S.I.

** **DU COMMERCE** 2 RUE ROCHONEN M.LE GAUDU ☎ 96.74.94.67 — 14 CH. 95/175 F. MENU 56/142 F. DEMI-PENSION 135/174 F. FERME 15 DEC./15 JANV., DIMANCHE SOIR/LUNDI MIDI SAUF JUIL. AOUT. ET JOURS FERIES. 🛏 ⚍ 🖻.

R

RABASTENS **81800** TARN 4700 HAB. S.I.

** **DU PRE VERT** 54 PROMENADE DES LICES Mme LEROY-FAYS ☎ 63.33.70.51 — 13 CH. 95/280 F. MENU 55/150 F. PENSION 225/340 F. DEMI-PENSION 180/300 F. FERME DEC. ET DIMANCHE SOIR. 🖻 E.

RABASTENS-DE-BIGORRE **65140** HAUTES-PYRENEES 1200 HAB. S.I.

* **CHEZ YVONNE** M.DUPUIS ☎ 62.96.60.20 — 6 CH. 80/120 F. MENU 65/80 F. FERME 15 OCT./2 NOV., 1/7 MAI ET VENDREDI. 🖻.

* **DES PLATANES** M. CAZAUX ☎ 62.96.61.77 — 7 CH. 75/95 F. MENU 50/95 F. PENSION 150 F. DEMI-PENSION 110/125 F. FERME 15/30 OCT. ET SAMEDI. ℉ 🎛 ⊕ E CV ♿.

RAGUENES-PLAGE **29139 NEVEZ** FINISTERE 100 HAB.

** **CHEZ PIERRE** RUE DES ILES M.GUILLOU ☎ 98.06.81.06 — 29 CH. 100/300 F. MENU 95/190 F. PENSION 185/285 F. DEMI-PENSION 155/255 F. FERME 28 SEPT./30 MARS, 18 AVR./6 MAI. RESTAURANT FERME MERCREDI 22 JUIN/14 SEPT. ℉ 🛏 🖹 🖻 E.

RAHON **25430 SANCEY-LE-GRAND** DOUBS 101 HAB.

*AF **AUBERGE DU CHATEAU** M.ANGELOT ☎ 81.86.82.27 — 8 CH. 79/130 F. MENU 56/83 F. PENSION 120/135 F. DEMI-PENSION 100/115 F. FERME SAMEDI. 🖹 ⊕.

RAMERUPT **10240** AUBE 380 HAB.

AF **DU CENTRE** Mme.TALLOT ☎ 25.37.60.22 — 5 CH. 85/120 F. MENU 50/120 F. PENSION 130/135 F. DEMI-PENSION 105/110 F. FERME 16/31 AOUT ET LUNDI APRES MIDI/MARDI MATIN. 🖹 🖻.

RANCHOT **39700 ORCHAMPS** JURA 400 HAB.

* **DE LA MARINE** M.THUEGAZ ☎ 84.71.13.26 — 14 CH. 90/130 F. MENU 52/72 F. 🖻 E.

RANDAN **63310** PUY-DE-DOME 1300 HAB. S.I.

* **DU PARC** RUE DU COMMERCE M.SIMON ☎ 70.41.51.89 — 9 CH. 90/98 F. MENU 70/160 F. PENSION 170 F. DEMI-PENSION 140 F. FERME 15 NOV./1 MARS. ℉ 🛏.

RANES **61150** ORNE 1000 HAB. S.I.

** **SAINT PIERRE** M.DELAUNAY ☎ 33.39.75.14 — 12 CH. 120/230 F. MENU 58/145 F. PENSION 225/260 F. DEMI-PENSION 195/220 F. RESTAURANT FERME VENDREDI. ℉ 🖻 ⊕ E CV.

RAON-SUR-PLAINE **88110 RAON-L'ETAPE** VOSGES 148 HAB.

* **LE RELAIS DES PRINCES** 30, GRAND'RUE. M. LITIQUE ☎ 29.41.15.04 — 12 CH. 72/235 F. MENU 42/80 F. PENSION 155/202 F. DEMI-PENSION 115/155 F. FERME MARDI SOIR ET MERCREDI. ℉ 🖻 E CV.

RASTEAU **84110 VAISON-LA-ROMAINE** VAUCLUSE 700 HAB.

** **BELLERIVE** M.PETRIER ☎ 90.46.10.20 — 20 CH. 260/280 F. MENU 100/240 F. DEMI-PENSION 250/270 F. FERME 2 JANV./15 MARS. ℉ ⚍.

RATHSAMHAUSEN **67600 SELESTAT** BAS-RHIN 50 HAB.

** **HOSTELLERIE SAINT HUBERT** M.JULIEN ☎ 88.92.14.58 — 10 CH. 130/180 F. MENU 85/220 F. PENSION 180/240 F. DEMI-PENSION 160/210 F. ℉ ⚍ 🖻 🖻 ⊕ E CV.

RAZES **87640** HAUTE-VIENNE 950 HAB. S.I.

* **DES FAMILLES** M.MERIGAUD ☎ 55.71.03.61 — 7 CH. 80/100 F. MENU 45/95 F. PENSION 160 F. DEMI-PENSION 140 F. FERME NOV., ET SAMEDI HS. 🖹.

REALMONT 81120 TARN 2700 HAB. S.I.

** NOEL M. GRANIER ☎ 63.55.52.80 — 14 CH. 90/265 F. MENU 120/260 F. PENSION 305/395 F. DEMI-PENSION 205/280 F. FERME DIMANCHE SOIR ET LUNDI 15 SEPT./JUIN. F ⊨ ▓ AE ⦿ E.

REAUVILLE 26230 GRIGNAN DROME 166 HAB.

AF AUBERGE DU LAURIER Mme.CROZAT. ☎ 75.98.50.35 — 5 CH. 65/90 F. MENU 40/130 F. PENSION 135 F. DEMI-PENSION 95 F. FERME 1/15 SEPT., SEMAINE DE NOEL. ET MERCREDI. ▓ AE ⦿ CV.

RECLOSES 77116 URY SEINE-ET-MARNE 400 HAB. S.I.

** CASA DEL SOL (PAR D.63e - SORTIE URY A 6). Mme COURCOUL ☎ (1)64.24.20.35 TELEX 692131 — 10 CH. 150/285 F. MENU 100/180 F. PENSION 270/330 F. DEMI-PENSION 250/290 F. FERME 1/31 DEC., RESTAURANT FERME 1 DEC./1 FEV. ET LUNDI/ MARDI HS. F ▓ AE ⦿ E.

RECOLOGNE 25170 DOUBS 400 HAB.

* L'ESCALE Mme.FAYE ☎ 81.58.12.13/81.58.14.78 — 11 CH. 75/140 F. MENU 45/120 F. DEMI-PENSION 120/140 F. FERME 15 OCT./1 NOV. RESTAURANT FERME 1/15 OCT, ET MARDI HS. ▓ CV.

RECQUES-SUR-HEM 62890 TOURNEHEM-SUR-LA-HEM PAS-DE-CALAIS 355 HAB.

** CHATEAU DE COCOVE Mme CALONNE ☎ 21.82.68.29 TELEX 810 985 — 22 CH. 260/450 F. MENU 90/160 F. PENSION 488 F. DEMI-PENSION 388 F. ⇛ ▓ AE ⦿ E ⴜ.

REDON 35600 ILLE-ET-VILAINE 11000 HAB. S.I.

** DE BRETAGNE 18,PL. DE LA GARE M. BLOYET-DOUCET ☎ 99.71.00.42/99.71.05.35 — 17 CH. 73/200 F. MENU 70/180 F. DEMI-PENSION 200 F. RESTAURANT FERME LUNDI. ⊨ ▓ ⦿ E CV.

REDON (SAINT-NICOLAS-DE-REDON) 44460 SAINT-NICOLAS-DE-REDON LOIRE-ATLANTIQUE 2771 HAB.

* AUBERGE DU POTEAU VERT (SUR D. 164 A 6 KM DE REDON). M. HEBERT ☎ 99.71.13.12 — 5 CH. 150/170 F. MENU 65/210 F. FERME 3/24 JANV., DIMANCHE SOIR ET LUNDI. ▓ AE ⦿ E ⴜ.

REFFANNES 79420 DEUX-SEVRES 300 HAB.

AF DU COMMERCE M.CHIRON ☎ 49.70.22.08 — 9 CH. 70/165 F. MENU 43/95 F. PENSION 135/170 F. DEMI-PENSION 105/120 F. F.

REICHSFELD 67140 BARR BAS-RHIN 230 HAB.

** BLEESZ M. BLEESZ ☎ 88.85.50.61 — 8 CH. 130/160 F. MENU 70/95 F. PENSION 230 F. DEMI-PENSION 210 F. FERME 1 JANV./1 MARS., RESTAURANT FERME MERCREDI SOIR ET JEUDI. F ⦿.

REICHSTETT 67116 BAS-RHIN 4500 HAB.

*** AIGLE D'OR 5 RUE DE LA WANTZENAU SARL ☎ 88.20.07.87 TELEX 880400 — 18 CH. 205/280 F. FERME 24 DEC./2 JANV. ⇛ ✕ ▓ AE ⦿ E.

** DE PARIS M.STEINMETZ ☎ 88.20.00.23 — 17 CH. 100/200 F. MENU 35/110 F. PENSION 180 F. DEMI-PENSION 150 F. RESTAURANT FERME VENDREDI APRES-MIDI ET SAMEDI. ▓ AE ⦿ E.

REIGNIER (L'ECULAZ) 74800 LA ROCHE-SUR-FORON HAUTE-SAVOIE 3000 HAB. S.I.

AF A LA JONQUILLE Mme.ROGUET ☎ 50.43.40.29 — 12 CH. 60/120 F. MENU 50/100 F. PENSION 135/160 F. DEMI-PENSION 95/110 F. FERME 23 DEC./5 JANV., ET SAMEDI. F ⇛ ▓ AE ⦿ E.

REILHAGUET 46350 PAYRAC LOT 102 HAB.

** RELAIS SAINT AMADOUR M. PASQUIER ☎ 65.37.96.00 — 7 CH. 160/290 F. MENU 95/220 F. DEMI-PENSION 240/320 F. FERME 10 NOV./1 MARS ET LUNDI. F ▓ AE E.

REIMS 51100 MARNE 181990 HAB. S.I.

** AU TAMBOUR 63, RUE DE MAGNEUX. M. PLATTEAUX ☎ 26.40.59.22/26.40.00.57 TELEX 830220 — 14 CH. 190/210 F. MENU 56/96 F. PENSION 286 F. DEMI-PENSION 252 F. RESTAURANT FERME SAMEDI MIDI, ET DIMANCHE. ▓ ⦿ CV.

RELEVANT 01400 SAINT-TRIVIER-SUR-MOIGNANS AIN 330 HAB.

** CHEZ NOELLE Mme BOUCHARD ☎ 74.55.32.90 — 7 CH. 170/240 F. MENU 60/180 F. PENSION 200/240 F. DEMI-PENSION 150/180 F. FERME 1 FEV./3 MARS, MERCREDI MIDI 1 MAI/15 OCT., ET MERCREDI 15 OCT./30 AVR. ▓.

REMILLY-AILLICOURT 08450 RAUCOURT ARDENNES 900 HAB.

* LA SAPINIERE M. MOVET ☎ 24.26.75.22 — 7 CH. 100/130 F. MENU 50/120 F. PENSION 160/190 F. DEMI-PENSION 140/160 F. FERME VAC. SCOL. TOUSSAINT, 28 DEC./18 JANV. ET LUNDI. ▓ CV.

REMIREMONT 88200 VOSGES 11499 HAB. S.I.

** DE LA POSTE 67 RUE CHARLES DE GAULLE M.RIQUOIR ☎ 29.62.55.67 — 21 CH. 165/240 F. MENU 63/170 F. PENSION 231/268 F. DEMI-PENSION 168/205 F. FERME 19 DEC./11 JANV. ET 2e QUINZ. AOUT. ⇛ ▓.

** DU CHEVAL DE BRONZE 59, RUE CHARLES DE GAULLE. M. RIQUOIR ☎ 29.62.52.24 — 36 CH. 100/250 F. FERME DIMANCHE SOIR. ✕ ▓.

REMIREMONT (suite)

* LE PETIT VATEL 113 RUE CHARLES DE GAULLE M.PETITDEMANGE ☎ 29.23.06.65 –
16 CH. 90/200 F. MENU 58/160 F. PENSION 160/200 F. DEMI-PENSION 130/170 F. FERME
7/15 MARS, 20/27 JUIN, 12/20 SEPT., SAMEDI ET DIMANCHE SOIR HS. F ▦ AE
⊙ E CV &.

REMOULINS 30210 GARD 1870 HAB.

** LE COLOMBIER (PONT DU GARD, RIVE DROITE). MM. BARATIN ET COCHET. ☎ 66.37.05.28
– 10 CH. 150/180 F. MENU 70/130 F. PENSION 235/350 F. DEMI-PENSION 245/280 F. 🚗
▦ E.

RENAISON 42370 LOIRE 2100 HAB.

** CENTRAL PLACE DU 11 NOVEMBRE M. SONNERY ☎ 77.64.25.39 – 10 CH. 83/150 F. MENU
53/140 F. PENSION 200/267 F. DEMI-PENSION 158/225 F. FERME 10/25 FEV., 15 SEPT./15
OCT. ET MERCREDI. F 🚗 ▦ E.

* JACQUES COEUR 15 RUE DE ROANNE M. GIRAUDON ☎ 77.64.25.34 – 10 CH. 92/132 F.
MENU 65/230 F. PENSION 210/230 F. DEMI-PENSION 148/168 F. FERME 2 QUINZ. FEV., 1
QUINZ. MARS ET DIMANCHE SOIR/LUNDI. ▦ AE ⊙ E.

RENCUREL 38680 PONT-EN-ROYANS ISERE 800 M. 350 HAB. S.I.

** FAMILIAL HOTEL Mme PERAZZI ☎ 76.38.97.68 – 17 CH. 120/200 F. MENU 68/110 F.
PENSION 165/210 F. DEMI-PENSION 135/170 F. FERME 11 NOV./23 DEC. F 🚗 🛌
▦ E CV

RENNES-LES-BAINS 11190 COUIZA AUDE 194 HAB. S.I.

** DE FRANCE M. ROUSSELOT ☎ 68.69.87.03 – 25 CH. 160/190 F. MENU 55/155 F. PEN-
SION 210 F. ▦ AE ⊙ E CV & ▦.

THERMES ROMAINS · LE RABELAIS M. SIDOBRE ☎ 68.69.87.04 – 22 CH. 108/185 F.
MENU 60/200 F. PENSION 200/240 F. 30 OCT./1 AVR. F ▦ E.

REOLE (LA) 33190 GIRONDE 4480 HAB. S.I.

** DU CENTRE 42, RUE ARMAND CADUC. M. LECAT ☎ 56.61.02.64 – 12 CH. 110/180 F.
MENU 50/200 F. DEMI-PENSION 160/230 F. FERME 23 DEC./31 JANV., RESTAURANT FERME
DIMANCHE SOIR ET LUNDI MIDI. 🚗 ▦ AE E.

RETHEL 08300 ARDENNES 8500 HAB. S.I.

** LE MODERNE PL. DE LA GARE M.SIEGEL ☎ 24.38.44.54 – 23 CH. 115/215 F. MENU
70/200 F. PENSION 235/355 F. DEMI-PENSION 160/280 F. FERME 23 DEC./3 JANV. F
🚗 ▦ AE ⊙ E CV.

** SANGLIER DES ARDENNES 1,RUE P.CURIE Mme.FAUCHEUX ☎ 24.38.45.19 – 22 CH.
96/240 F. MENU 58/98 F. PENSION 240/330 F. DEMI-PENSION 160/290 F. FERME 24 DEC./2
JANV. ET RESTAURANT FERME DIMANCHE. F ▦ AE ⊙ E CV.

REUILLY-SAUVIGNY 02130 JAULGONNE AISNE 163 HAB.

* AUBERGE LE RELAIS SUR N.3. M. BERTHUIT ☎ 23.70.35.36 – 7 CH. 220/290 F. MENU
106/175 F. FERME FEV., 25 AOUT/10 SEPT., MARDI APRES-MIDI ET MERCREDI. ▦ AE
⊙ E.

REVARD (LE) 73100 AIX-LES-BAINS SAVOIE 1500 M. 822 HAB. S.I.

* LE CHALET BOUVARD M. BOUVARD ☎ 79.61.51.43/79.54.00.80 – 26 CH. 120/220 F.
MENU 65/100 F. PENSION 180/250 F. DEMI-PENSION 135/200 F. FERME 20 AVR./31 MAI ET 5
OCT./15 DEC. F 🚗 ▦ CV.

REVEL 31250 HAUTE-GARONNE 7329 HAB. S.I.

* DU MIDI 34 Bd GAMBETTA M.AYMES ☎ 61.83.50.50 – 16 CH. 70/170 F. MENU 55/180 F.
PENSION 155/220 F. DEMI-PENSION 110/175 F. RESTAURANT FERME 12 NOV./3 DEC. F
🚗 ▦ CV.

REVENTIN-VAUGRIS 38120 ISERE 1230 HAB. S.I.

** RELAIS 500 DE VIENNE (SUR N. 7). Mme COURANT M. VAUCLIN ☎ 74.58.81.44 TELEX
380343 – 41 CH. 175/300 F. MENU 45/120 F. PENSION 299/336 F. DEMI-PENSION 158/179 F.
F 🚗 🚗 ▦ AE ⊙ E.

REVILLE 50760 BARFLEUR MANCHE 1233 HAB.

** LE MOYNE DE SAIRE M.JORE ☎ 33.54.46.06/33.54.48.23 – 12 CH. 90/210 F. MENU
55/120 F. PENSION 160/200 F. DEMI-PENSION 140/190 F. FERME 12 NOV./1 JANV., VENDREDI
ET DIMANCHE SOIR HS. F 🛌 E CV.

RIANS 83560 VAR 2500 HAB. S.I.

* L'ESPLANADE M.HOTEL ☎ 94.80.31.12 – 8 CH. 100/140 F. MENU 53/110 F. PENSION
140/170 F. DEMI-PENSION 120/140 F. F CV.

RIBEAUVILLE 68150 HAUT-RHIN 4300 HAB. S.I.

** AU CHEVAL BLANC 122 GRAND RUE M.LEBER ☎ 89.73.61.38 – 25 CH. 73/175 F. MENU
40/120 F. PENSION 165/185 F. DEMI-PENSION 130/150 F. FERME 1 DEC./1 FEV. RESTAURANT
FERME LUNDI. F ▦ E CV.

** DE LA TOUR 1 RUE DE LA MAIRIE Mme.ALT ☎ 89.73.72.73 – 32 CH. 180/270 F. FERME 1
JANV./15 MARS. 🛌 🐴 ✕ ▦ ⊙ E CV ▦.

*** DES VOSGES 2 GRAND'RUE M.MATTER ☎ 89.73.61.39 – 17 CH. 250/350 F. MENU
130/300 F. FERME 3 JANV./15 MARS, ET LUNDI. 🛌 ▦ AE E ▦.

RIBERAC 24600 DORDOGNE 4444 HAB. S.I.

** DE FRANCE 3, RUE MARC DUFRAISSE Mlle JAUVIN ☎ 53.90.00.61 – 20 CH. 85/160 F.
MENU 50/150 F. PENSION 155/195 F. DEMI-PENSION 105/145 F. ▦ AE E.

RIEUPEYROUX 12240 AVEYRON 800 M. 2000 HAB. S.I.

* **CHEZ PASCAL** RUE DE L'HOM M.BOU ☎ 65.65.51.13 – 14 CH. 60/140 F. MENU 50/120 F. PENSION 120/150 F. DEMI-PENSION 100/120 F. FERME 1/15 OCT., ET DIMANCHE SOIR. **F** 🍴 ⚑ **E C V**.

** **DU COMMERCE** M.DELMAS ☎ 65.65.53.06/65.65.51.59 – 26 CH. 90/160 F. MENU 55/160 F. PENSION 160/180 F. DEMI-PENSION 140/160 F. FERME 19 DEC./19 JANV., ET DIMANCHE SOIR/LUNDI 17H. **F** 🍴 ⚑ ⓓ **E**.

RIEUX-MINERVOIS 11160 CAUNES-MINERVOIS AUDE 1893 HAB.

* **LOGIS DE MERINVILLE** M. LECLERC, Mme SCHOTT ☎ 68.78.11.78 – 8 CH. 95/125 F. MENU 45/115 F. PENSION 220/225 F. DEMI-PENSION 165/170 F. FERME 2/28 JANV. ET RESTAURANT FERME MARDI SOIR/MERCREDI SOIR. ⚑ **AE** ⓓ **E**.

RIGNAC 12390 AVEYRON 1900 HAB. S.I.

* **DELHON** M.DELHON ☎ 65.64.50.27 – 18 CH. 60/90 F. MENU 45/80 F. PENSION 130/145 F. DEMI-PENSION 105/120 F. RESTAURANT FERME DIMANCHE SOIR 15 OCT./1 MAI. **F** ⚑ **CV**.

RILLE 37340 SAVIGNE-SUR-LATHAN INDRE-ET-LOIRE 395 HAB.

** **DU LAC** Mme COUSIN ☎ 47.24.66.61 – 7 CH. 180/200 F. MENU 62/140 F. PENSION 210/230 F. FERME 9/24 FEV. RESTAURANT FERME MARDI 1 OCT./31 MARS. **F** 🚲 ⚑ **AE** ⓓ **E**.

RILLY-SUR-LOIRE 41150 ONZAIN LOIR-ET-CHER 360 HAB.

* **AUBERGE DES VOYAGEURS** M.GUILBERT ☎ 54.20.98.85 – 19 CH. 180/240 F. MENU 50/150 F. PENSION 200/230 F. DEMI-PENSION 130/170 F. FERME 24 DEC./31 JANV., ET MER-CREDI HS. ⚑ **E C V**.

* **CHATEAU DE LA HAUTE BORDE** M.VERY ☎ 54.20.98.09 – 18 CH. 108/250 F. MENU 65/195 F. PENSION 200/270 F. DEMI-PENSION 150/221 F. FERME 15 NOV./1 AVR., LE 5 AVR., LES 1 ET 24 MAI. HOTEL FERME DIMANCHE SOIR. RESTAURANT FERME DIMANCHE SOIR ET LUNDI🍴 ⚑ **E**.

RIMBACH 68500 GUEBWILLER HAUT-RHIN 600 M. 110 HAB.

* **A L'AIGLE D'OR** M.MARCK ☎ 89.76.89.90 – 21 CH. 125/160 F. MENU 60/120 F. PENSION 135/170 F. DEMI-PENSION 115/150 F. FERME 22 FEV./21 MARS, ET LUNDI OCT./AVR. 🚲 🍴 ⚑ **AE** ⓓ **E**.

RIMONT 09420 ARIEGE 600 HAB.

* **DU BON ACCUEIL** RUE DE LA RESISTANCE. M. PUJOL ☎ 61.96.30.70 – 10 CH. 80/110 F. MENU 45/130 F. PENSION 140/150 F. DEMI-PENSION 110/120 F. **F** ⚑ ⚑ **CV**.

RIOM-ES-MONTAGNES 15400 CANTAL 840 M. 4200 HAB. S.I.

* **CENTRAL HOTEL** M. ALTIER ☎ 71.78.00.15 – 19 CH. 65/177 F. MENU 45/80 F. PENSION 135/140 F. DEMI-PENSION 110/120 F. ⚑.

* **MODERN'HOTEL** M.COUDERC ☎ 71.78.00.13 – 25 CH. 80/130 F. MENU 50/100 F. PEN-SION 130/155 F. DEMI-PENSION 110/125 F. FERME VENDREDI SOIR ET SAMEDI MIDI. **F** ⚑ **AE** ⓓ **E C V**.

* **PANORAMIC** ROUTE DE MARCHASTEL. M. MAZE ☎ 71.78.06.41/71.78.00.57 – 10 CH. 130/140 F. MENU 55/100 F. PENSION 160 F. DEMI-PENSION 140 F. FERME 1 OCT./1 JUIN. **F** 🍴 **E**.

RIQUEWIHR 68340 HAUT-RHIN 295 M. 1045 HAB. S.I.

** **DU CERF** 5, RUE DU GENERAL DE GAULLE. M. SCHMIDT ☎ 89.47.92.18 – 18 CH. 140/250 F. MENU 50/250 F. DEMI-PENSION 180/250 F. FERME DEBUT JANV./MI-FEV., LUNDI SOIR ET MARDI HS. ⚑ **E**.

** **LE SARMENT D'OR** 4, RUE DU CERF M. MERCKLING ☎ 89.47.92.85 – 10 CH. 180/350 F. DEMI-PENSION 225 F. FERME 1 DEC./31 JANV. RESTAURANT FERME DIMANCHE SOIR/LUNDI. ⚑ **AE** ⓓ **E C V** ♿.

** **SCHOENENBOURG** RUE DU SCHOENENBOURG M. KIENER ☎ 89.49.01.11 – 25 CH. 270/470 F. RESTAURANT FERME 1 FEV./10 MARS., ET MERCREDI SOIR/VENDREDI MATIN. ⚑ **E**.

RISOUL 05600 GUILLESTRE HAUTES-ALPES 1250 M. 300 HAB. S.I.

* **LA BONNE AUBERGE** M.MAUREL ☎ 92.45.02.40 – 36 CH. 150/175 F. MENU 75 F. PEN-SION 185/200 F. DEMI-PENSION 160/175 F. FERME 20 SEPT./20 DEC., 3 JANV./1 FEV., ET 13 MARS/1 JUIN. 🍴 **AE**.

* **LE ROCHASSON 2** (LE GAUDISSARD) M. ARNAUD ☎ 92.45.14.47/92.45.06.36 – 19 CH. MENU 60/110 F. PENSION 200/230 F. FERME 15 AVR./25 JUIN, 15 SEPT/20 DEC. **F** 🚲 ⚑ ⓓ.

RISTOLAS 05460 ABRIES HAUTES-ALPES 1610 M. 52 HAB.

** **LES ETERLOUS DE LESTIAU** M. MARION ☎ 92.45.76.07 – 8 CH. 180 F. MENU 45/65 F. PENSION 207/244 F. DEMI-PENSION 165/194 F. FERME 1 MAI/15 JUIN, 1 OCT./20 DEC. **F**.

RIVARENNES 37190 AZAY-LE-RIDEAU INDRE-ET-LOIRE 750 HAB.

AF **DE LA POSTE** Mme AUBARD ☎ 47.95.51.16 – 9 CH. 130 F. MENU 45/75 F. PENSION 170 F. **F** ♿.

RIVIERE-SUR-TARN 12640 AVEYRON 710 HAB.

* **ANDRIEU** ROUTE DES GORGES DU TARN. M. MOSCHELLI ☎ 65.59.81.40 – 22 CH. 80/145 F. MENU 55/115 F. PENSION 165/230 F. DEMI-PENSION 125/190 F. FERME 1/15 OCT. **F** 🍴 ⚑ **AE** ⓓ **E**.

RIVIERE-THIBOUVILLE (LA) 27550 NASSANDRES EURE 1100 HAB.

** LE SOLEIL D'OR M. HERVIEUX ☎ 32.45.00.08 – 12 CH. 140/280 F. MENU 70/230 F. PENSION 250/400 F. DEMI-PENSION 200/320 F. FERME 25 JANV./10 MARS, ET MERCREDI 1 SEPT./30 JUIN. 🖼 E ㅎ.

RIXHEIM 68170 HAUT-RHIN 9600 HAB. S.I.

* AU CYGNE 1, ROUTE DE MULHOUSE M. TRITSCH ☎ 89.44.06.83 – 7 CH. 75/90 F. MENU 69/130 F. PENSION 150/185 F. DEMI-PENSION 130/160 F. FERME 1/22 SEPT., DIMANCHE SOIR ET LUNDI. 🖼 E.

** ELECTRA 1, ROUTE DE L'ILE NAPOLEON. M. TRITSCH ☎ 89.44.11.18 – 25 CH. 100/225 F. MENU 69/130 F. DEMI-PENSION 170/210 F. FERME DIMANCHE SOIR. 🚗 🖼 E.

ROANNE (LE COTEAU) 42120 LE COTEAU LOIRE 54748 HAB. S.I.

** ARTAUD 133, AV. DE LA LIBERATION. M. ARTAUD ☎ 77.68.46.44 TELEX ITARO 900394 – 25 CH. 150/320 F. MENU 75/250 F. FERME DIMANCHE. RESTAURANT FERME 5/25 JUIL. SAUF GROUPES. 🚗 🖼 E CV.

ROANNE (RIORGES) 42153 RIORGES LOIRE 9366 HAB.

** LE MARCASSIN LE BOURG M. FARGE ☎ 77.71.30.18 – 10 CH. 135/190 F. MENU 90/220 F. FERME 1/21 AOUT, 15 JOURS EN FEV. ET RESTAURANT FERME SAMEDI 🍴 🖼 AE.

ROCAMADOUR 46500 GRAMAT LOT 708 HAB. S.I.

** AUBERGE DE LA GARENNE D.247, ROUTE DE LACAVE. Mme LESGOURGUES ☎ 65.33.65.88 – 41 CH. 85/380 F. MENU 65/210 F. PENSION 200/395 F. DEMI-PENSION 150/330 F. [F] 🚗 🖼 AE ⓘ E ㅎ.

*** BEAU-SITE S.A. MENOTEL ☎ 65.33.63.08 TELEX 520 421 – 50 CH. 140/330 F. MENU 79/130 F. DEMI-PENSION 206/372 F. FERME 1 NOV./1 AVR. [F] 🚗 🖼 AE ⓘ E ㅎ 🖼.

** BELLEVUE (A L'HOSPITALET) Mme AMARE Raymonde ☎ 65.33.62.10 – 13 CH. 110/220 F. MENU 68/250 F. FERME DEC.JANV.FEV. ET JEUDI HS SAUF VAC.SCOL. 🖼 AE ⓘ E ㅎ.

* DES VOYAGEURS PLACE DE LA GARE Mme LASFARGUES ☎ 65.33.63.19 – 9 CH. 90/130 F. FERME 15 OCT./1 NOV. ET VENDREDI SOIR/SAMEDI MIDI. 🖼 AE E.

** DU CHATEAU ET RELAIS AMADOURIEN ROUTE DU CHATEAU M.MARNAC ☎ 65.33.63.22/65.33.65.30 TELEX 521 871 – 34 CH. 180/260 F. MENU 50/200 F. DEMI-PENSION 195/250 F. FERME 1 NOV./31 MARS. PARKING. 🖼 ✆ 🖼 ㅎ.

* DU GLOBE M. MUCCI ☎ 65.33.67.73 – 7 CH. 110/200 F. FERME 1 DEC./1 FEV. ✈ 🖼 AE ⓘ E.

** LE BELVEDERE M. SCHEID ☎ 65.33.63.25 – 18 CH. 180/220 F. MENU 55/180 F. PENSION 260/280 F. DEMI-PENSION 200/220 F. FERME 5 OCT./20 MARS. [F] 🖼 E CV.

** LE PANORAMIC RTE DU CHATEAU M.MEJECAZE ☎ 65.33.63.06 – 13 CH. 180/205 F. MENU 53/180 F. DEMI-PENSION 195/210 F. RESTAURANT FERME 1 NOV./15 FEV. 🖼 E.

** LES VIEILLES TOURS (PAR D.673, A 2km5 DE ROCAMADOUR). M. ZOZZOLI ☎ 65.33.68.01 – 7 CH. 170/260 F. MENU 70/120 F. DEMI-PENSION 175/250 F. FERME 8 NOV./VAC. PAQUES. RESTAURANT FERME MIDI SAUF RESERVATIONS GROUPES. [F] 🖼 E CV.

** LION D'OR M.DUCLOS ☎ 65.33.62.04 – 32 CH. 80/250 F. MENU 52/170 F. DEMI-PENSION 187/244 F. FERME 11 NOV./RAMEAUX. PARKING. 🖼 E ㅎ ⓘ E.

** TERMINUS HOTEL PLACE DE LA CARRETTA M. ET Mme AYMARD ☎ 65.33.62.14 – 15 CH. 77/198 F. MENU 52/100 F. DEMI-PENSION 134/170 F. FERME 30 OCT./RAMEAUX. [F] 🖼 ⓘ E.

ROCHE-BERNARD (LA) 56130 MORBIHAN 1038 HAB. S.I.

** AUBERGE DES DEUX MAGOTS M.MORICE ☎ 99.90.60.75 – 15 CH. 200/400 F. MENU 48/170 F. DEMI-PENSION 240 F. FERME 15 DEC./15 JANV., DIMANCHE SOIR ET LUNDI HS. RESTAURANT FERME LUNDI. 🍴 🖼 E.

ROCHE-CANILLAC (LA) 19320 MARCILLAC-LA-CROISILLE CORREZE 185 HAB. S.I.

** L'AUBERGE LIMOUSINE M. MAISON, Mme COUDERT ☎ 55.29.12.06 – 26 CH. 140/233 F. MENU 60/170 F. PENSION 195/225 F. DEMI-PENSION 155/185 F. FERME 1 OCT./VEILLE DE PAQUES. [F] 🚗 🐄 🖼 E CV ㅎ.

ROCHE-DERRIEN (LA) 22450 COTES-DU-NORD 1287 HAB. S.I.

* AUBERGE DU CHEVAL BLANC M.GROSSI ☎ 96.91.36.33 – 10 CH. 95/130 F. MENU 55/100 F. DEMI-PENSION 155/165 F. FERME 1/15 SEPT. [F] 🚗 🖼 E CV.

ROCHE-DES-ARNAUDS (LA) 05400 VEYNES HAUTES-ALPES 933 M. 750 HAB.

** CEUSE-HOTEL M.PARA ☎ 92.57.82.02 – 28 CH. 100 F. MENU 55/95 F. PENSION 170/190 F. FERME 15 NOV./1 DEC. [F] 🖼 AE ⓘ E.

ROCHE-LEZ-BEAUPRE 25220 DOUBS 1600 HAB.

* DE LA POSTE 32 ROUTE NATIONALE Mme.LEGER ☎ 81.57.07.44 – 9 CH. 70/90 F. MENU 42/62 F. PENSION 162/182 F. DEMI-PENSION 122/142 F. FERME DIMANCHE. 🖼 E.

ROCHE-POSAY (LA) 86270 VIENNE 1400 HAB. S.I.

* CLOS PAILLE Mme COURTAULT ☎ 49.86.20.66 – 13 CH. 90/160 F. MENU 65/125 F. PENSION 190/210 F. DEMI-PENSION 150/165 F. FERME 10 OCT./20 MARS. [F] 🖼 E CV.

** HOSTELLERIE SAINT LOUIS M. COURTAULT ☎ 49.86.20.54 – 21 CH. 100/200 F. MENU 55/140 F. PENSION 180/230 F. DEMI-PENSION 145/195 F. FERME 20 OCT./10 MARS. 🚗 🖼 E.

ROCHE-SAINT-SECRET 26230 GRIGNAN DROME 213 HAB.
* **AUBERGE DE LA TOUR** M.CHARPENEL ☎ 75.53.55.86 — 8 CH. 100 F. PENSION 165 F. DEMI-PENSION 140 F. FERME 1/10 NOV. ET LUNDI EN HIVER. ⊞

ROCHE-SUR-FORON (LA) 74800 HAUTE-SAVOIE 543 M. 6000 HAB. S.I.
* **NATIONAL** FG ST-BERNARD. Mme.ROSSI ☎ 50.03.11.41 — 10 CH. 55/75 F. MENU 32/50 F. PENSION 130/140 F. DEMI-PENSION 110/120 F. FERME 1/15 SEPT. ET DIMANCHE, SAUF JUIL. ET AOUT. ✦ 🏛 E CV.

ROCHE-SUR-YON (LA) 85000 VENDEE 53000 HAB. S.I.
*** **GALLET** 75,BD. MARECHAL-LECLERC M.GALLET ☎ 51.37.02.31 TELEX 701803 — 12 CH. 200/400 F. MENU 110/270 F. FERME 23 DEC./9 JANV. ET RESTAURANT FERME DIMANCHE 30 SEPT./30 MARS. 🚗 ✦ 🏛 🅰️ ⊕ E.
** **LE VINCENNES** 81,Bld MARECHAL LECLERC. Mme GRELAUD ☎ 51.62.73.22 — 9 CH. 140/260 F. MENU 69 F. 🏛 🅰️ E ὀ.
** **LOGIS DE LA COUPERIE** ACCES PAR RN CHOLET ET RN NIORT. Mme OLIVEAU ☎ 51.37.21.19 — 9 CH. 120/340 F. 🚗 🏛 🅰️ E.

ROCHECHOUART 87600 HAUTE-VIENNE 4053 HAB. S.I.
* **DE FRANCE** PLACE OCTAVE MARQUET M. PANAIS ☎ 55.03.62.58 — 10 CH. 100/230 F. MENU 67/150 F. PENSION 180/220 F. DEMI-PENSION 170/195 F. FERME 1/20 OCT., 15/29 FEV., ET SAMEDI. ⊞ 🏛 E.

ROCHECORBON 37210 VOUVRAY INDRE-ET-LOIRE 2349 HAB. S.I.
** **LES FONTAINES-SAINT-GEORGES** 6, QUAI DE LA LOIRE. M. LAFAYE ☎ 47.52.52.86 — 15 CH. 150/250 F. ✦ 🏛 🅰️ ⊕ E CV ὀ.

ROCHEFORT-DU-GARD 30650 GARD 2500 HAB.
** **DE LA BEGUDE** (SUR N. 100, A 5 km D'AVIGNON). M.PINGOT ☎ 90.25.41.54 TELEX 432 705 — 35 CH. 200/370 F. MENU 60/120 F. DEMI-PENSION 160/185 F. FERME 15 DEC./15 JANV. RESTAURANT FERME SAMEDI. PARKING PRIVE. ⊞ 🚗 ✦ ✦ 🏛 E.
** **MAS DE LA ROUVETTE** M.BOTTI ☎ 90.31.73.11 — 18 CH. 120/230 F. MENU 70/150 F. ⌂ DEMI-PENSION 190 F. FERME 15 JANV./28 FEV. ET MARDI. ✦ 🚗 ✦ 🏛.

ROCHEFORT-MONTAGNE 63210 PUY-DE-DOME 850 M. 1200 HAB. S.I.
AF **LES ARVERNES** M.GOIGOUX ☎ 73.65.81.18 — 12 CH. 80/110 F. MENU 55/85 F. PENSION 135/145 F. DEMI-PENSION 110/120 F. FERME 6/30 OCT., ET LUNDI 1 NOV./30 JANV. 🚗 🏛 E CV.

ROCHEFORT-SUR-LOIRE 49190 MAINE-ET-LOIRE 1700 HAB. S.I.
** **GRAND HOTEL** 30,RUE RENE GASNIER M.ALLAIRE ☎ 41.78.70.06 — 8 CH. 140/165 F. ⌂ MENU 65/145 F. PENSION 205/215 F. DEMI-PENSION 145/155 F. FERME 15 JANV./15 FEV., DIMANCHE SOIR ET LUNDI SEPT./JUIN. ⊞ 🚗 🏛 ⊕ E CV.

ROCHEFORT-SUR-NENON 39700 ORCHAMPS JURA 387 HAB.
* **FERNOUX-COUTENET** Mme FERNOUX-COUTENET ☎ 84.70.60.45 — 12 CH. 81/99 F. MENU 47/92 F. PENSION 150/170 F. DEMI-PENSION 110/130 F. FERME 20 DEC./2 JANV. RESTAURANT FERME DIMANCHE. 🏛 🅰️ E.

ROCHEMAURE 07400 LE TEIL ARDECHE 1500 HAB.
** **L'AUBERGE ET LES GENETS** M. LAURENT ☎ 75.49.07.05/75.49.12.69 — 43 CH. 120/190 F. MENU 75/160 F. DEMI-PENSION 190/250 F. RESTAURANT FERME 20 DEC./4 JANV., SAMEDI ET DIMANCHE SOIR HS. 🏛 🅰️ ⊕ E.

ROCHER 07110 LARGENTIERE ARDECHE 300 HAB.
** **LE CHENE VERT** M.JACQUET ☎ 75.88.34.02 — 15 CH. 120/230 F. MENU 60/140 F. PEN- ⌂ SION 190/240 F. DEMI-PENSION 150/200 F. FERME 15 NOV./20 MARS. ⊞ 🏛 E CV.

ROCHESERVIERE 85620 VENDEE 1980 HAB. S.I.
** **AUBERGE DE LA BELLE ROCHE** LES CINQ ROUTES M. GADAIS. ☎ 51.94.91.56/51.94.99.20 — 28 CH. 100/216 F. MENU 55/135 F. PENSION 240 F. DEMI-PEN- SION 180 F. FERME DIMANCHE SOIR ET LUNDI, RESTAURANT FERME FEV. ⊞ 🚗 🏛 E CV ὀ.

ROCHETAILLEE 69270 FONTAINES RHONE 800 HAB.
* **DE PARIS** M.POINARD ☎ 78.22.33.62 — 8 CH. 140/150 F. MENU 95/240 F. 🏛 🅰️.

RODEZ 12000 AVEYRON 640 M. 28000 HAB. S.I.
** **DU MIDI** 1, RUE BETEILLE M. DAUTY ☎ 65.68.02.07 — 34 CH. 90/290 F. MENU 55/100 F. ⌂ PENSION 180/300 F. DEMI-PENSION 130/270 F. FERME 15 DEC./15 FEV., SAMEDI SOIR ET DIMANCHE SAUF JUIL. AOUT, PENTECOTE ET PAQUES. RESTAURANT FERME LUNDI JUIL- L./AOUT ⊞ ✦ 🏛 E 🅰️.

RODEZ (GUE-DE-SALELLES) 12000 AVEYRON 30 HAB.
* **BEAUSEJOUR** M. BOUSSAGUET ☎ 65.67.07.09 — 11 CH. 75/120 F. MENU 46/90 F. PEN- SION 140/184 F. DEMI-PENSION 115/150 F. FERME DIMANCHE SOIR. ✦ 🏛.

ROFFIAC 15100 SAINT-FLOUR CANTAL 830 M. 300 HAB.
* **AUX GALETS DU LANDER** Mme.BEAUFILS ☎ 71.60.02.44 — 15 CH. 80/170 F. MENU 40/70 F. PENSION 127/175 F. DEMI-PENSION 107/150 F. FERME 25 DEC./15 JANV. ET RES- TAURANT FERME DIMANCHE HS. 🚗 🏛 🅰️ E.

ROGNONAS 13870 BOUCHES-DU-RHONE 3200 HAB.
* **AUBERGE ROGNONAISE** 10 BD DES ARENES M. GAFFET ☎ 90.94.88.43 — 9 CH. 115/150 F. MENU 75/135 F. 🚗 🏛 🅰️ ⊕ E.

ROGNY-LES-SEPT-ECLUSES **89220 BLENEAU** YONNE 740 HAB. S.I.

* **LES SEPT ECLUSES** M. BELLEVILLE ☎ 86.74.52.90 — 7 CH. 135/185 F. MENU 120/170 F. PENSION 200/220 F. FERME 15 JANV./20 FEV., LUNDI SOIR ET MARDI. 🄵 �︎ 🄲🄴 E.

ROHRBACH-LES-BITCHE **57410 MOSELLE** 2000 HAB.

* **AUBERGE DE LA CROIX D'OR** M.LAUER ☎ 87.09.73.01 — 10 CH. 60/130 F. MENU 35/120 F. PENSION 125 F. DEMI-PENSION 90 F. FERME AOUT ET LUNDI. �︎ 🄲🄴 E.

ROMANECHE-THORINS **71570 SAONE-ET-LOIRE** 1800 HAB.

*** **LES MARITONNES** M.FAUVIN ☎ 85.35.51.70 TELEX 351 060 — 20 CH. 320/380 F. MENU 160/300 F. FERME 30 MAI/7 JUIN, 15 DEC./25 JANV.,DIMANCHE SOIR ET LUNDI1 OCT./30 JUIN ET LUNDI/MARDI MIDI 1 JUIL./30 SEPT. 🚗 🚫 🄲🄴 🄳 E.

ROMANS **26100 DROME** 34202 HAB. S.I.

** **AU TAHITI** QUARTIER DES BALMES,ROUTE DE TAIN. M. GREGOIRE ☎ 75.02.29.52 — 12 CH. 165/240 F. MENU 65/150 F. DEMI-PENSION 170/190 F. FERME 16/31 MAI. ET DIMANCHE SOIR. 🄵 🚗 🚫 🄲🄴 🄳 E.

** **DES ORS** QUARTIER DES ORS M.DERLY ☎ 75.02.26.24/75.02.28.86 — 22 CH. 110/185 F. MENU 55/85 F. PENSION 200/250 F. DEMI-PENSION 170/230 F. RESTAURANT FERME SAMEDI MIDI. 🄵 🚗 🚫 CV.

AF **PONTON** 40,PL.JACQUEMART M. PONTON ☎ 75.02.29.91 — 3 CH. MENU 98/180 F. FERME 18 JUIL./3 AOUT, DIMANCHE SOIR ET LUNDI. 🚫 🄲🄴 🄳 E.

ROMAZY **35490 SENS-DE-BRETAGNE** ILLE-ET-VILAINE 250 HAB.

* **LE SAINT MARC** ROUTE DU MONT SAINT-MICHEL M.BELLIER ☎ 99.39.50.94 — 9 CH. 100/150 F. MENU 70/150 F. PENSION 160/200 F. DEMI-PENSION 140/160 F. FERME 10/31 OCT., MARDI, MERCREDI ET JEUDI EN HIVER. 🄵 🚗 🚫 🄲🄴.

ROMENAY **71470 MONTPONT-EN-BRESSE** SAONE-ET-LOIRE 1691 HAB.

* **DU LION D'OR** PLACE OCCIDENTALE. M.CHEVAUCHET ☎ 85.40.30.78 — 8 CH. 75/140 F. MENU 70/150 F. FERME PREMIERE QUINZAINE JUIN, NOV., MARDI SOIR ET MERCREDI. 🚫 E.

ROMORANTIN-LANTHENAY **41200 LOIR-ET-CHER** 18150 HAB. S.I.

** **AUBERGE LE LANTHENAY** PLACE DE L'EGLISE MM. BORNET ☎ 54.76.09.19 — 12 CH. 105/190 F. MENU 85/170 F. FERME 21/30 SEPT., 17 FEV./17 MARS, DIMANCHE SOIR ET LUNDI. 🚫 E.

** **D'ORLEANS** 2, PLACE DU GENERAL DE GAULLE. Mme MARATREY-PETIT ☎ 54.76.01.65 — 10 CH. 110/240 F. MENU 75/180 F. FERME 3/23 DEC., ET VENDREDI. 🚫 E.

*** **DU LION D'OR** 69, RUE GEORGES CLEMENCEAU M. BARRAT ☎ 54.76.00.28 TELEX 750990 — 10 CH. 400/550 F. MENU 260/420 F. FERME DEBUT JANV./MI-FEV. 🚗 🚫 🄲🄴 🄳 E 🄷.

** **LE COLOMBIER** 10, PLACE DU VIEUX MARCHE M. DUPUY ☎ 54.76.12.76 — 11 CH. 144/220 F. MENU 80/160 F. FERME 15 JANV./13 FEV., 15/22 SEPT. RESTAURANT FERME LUNDI. 🚗 🚫 🄲🄴 🄳 E CV.

RONCHAMP **70250 HAUTE-SAONE** 3000 HAB. S.I.

* **CARRER** (LE RHIEN) M. CARRER ☎ 84.20.62.32 — 20 CH. 75/130 F. MENU 45/170 F. PENSION 150/195 F. DEMI-PENSION 120/160 F. 🄵 🚗 🚫 E.

* **LA POMME D'OR** Mme.CENCI ☎ 84.20.62.12 — 25 CH. 70/115 F. MENU 36/85 F. PENSION 113/155 F. DEMI-PENSION 96/125 F. 🚫 CV.

ROQUE-D'ANTHERON (LA) **13640 BOUCHES-DU-RHONE** 4800 HAB. S.I.

** **SILVACANE** 3 COURS FOCH M. LABARRE ☎ 42.50.41.32 TELEX 430360 — 15 CH. 175/200 F. MENU 60/185 F. PENSION 228/312 F. DEMI-PENSION 170/254 F. FERME 1/28 FEV., MARDI SOIR ET MERCREDI 15 SEPT./15 JUIN. 🚫 🄲🄴 🄳 E CV.

ROQUE-GAGEAC (LA) **24250 DOMME** DORDOGNE 500 HAB. S.I.

** **BELLE ETOILE** M.ONGARO ☎ 53.29.51.44 — 16 CH. 95/220 F. MENU 80/210 F. PENSION 250/270 F. DEMI-PENSION 210/220 F. FERME 15 OCT./RAMEAUX. 🚗 🚫 E.

** **LE PERIGORD** STE.DELRIEU ☎ 53.28.36.55 — 40 CH. 170/250 F. MENU 75/170 F. PENSION 250/300 F. DEMI-PENSION 200/240 F. FERME DIMANCHE SOIR/MARDI MATIN 15 NOV./31 MARS. 🄵 🚗 🚫 E.

ROQUEBILLIERE **06450 LANTOSQUE** ALPES-MARITIMES 640 M. 1650 HAB.

AF **LE MAS PROVENCAL** Mme ROSSI ☎ 93.03.45.28 — 9 CH. 105/130 F. MENU 63 F. PENSION 195 F. DEMI-PENSION 170 F. FERME 1/15 OCT.,1/15 JUIN ET MERCREDI.

** **SAINT SEBASTIEN** M. CAILLEAU ☎ 93.03.45.38 — 23 CH. 190/330 F. PENSION 260/310 F. DEMI-PENSION 190/240 F. 🄵 🚗 🕳 🄷.

ROQUEBRUNE-CAP-MARTIN **06190 ALPES-MARITIMES** 12000 HAB. S.I.

** **WESTMINSTER** 14, AV. LOUIS LAURENS M. PEREGRINI ☎ 93.35.00.68 — 30 CH. 140/230 F. MENU 65/100 F. PENSION 240/280 F. DEMI-PENSION 180/210 F. FERME HOTEL 23 OCT./26 DEC.,8 JANV./15 FEV. ET RESTAURANT 4 OCT./15 FEV., PENSION HIVER SEULEMENT. 🛏 🚫 🄲🄴 🄳 E CV.

ROQUEFAVOUR **13122 VENTABREN** BOUCHES-DU-RHONE 30 HAB. S.I.

** **ARQUIER** M.BERNARD ☎ 42.24.20.45 — 18 CH. 100/220 F. MENU 110/230 F. PENSION 250/300 F. DEMI-PENSION 200/250 F. FERME FEV. ET DIMANCHE SOIR/LUNDI HS. 🄵 🛏 🚫 🄲🄴 🄳 E.

ROQUEFORT **40120 LANDES** 2112 HAB. S.I.

* **DU COMMERCE Restaurant LE TOURNEBROCHE** M. LABAT ☎ 58.45.50.13 — 16 CH. 70/220 F. MENU 55/130 F. PENSION 180/280 F. DEMI-PENSION 125/225 F. FERME DIMANCHE SOIR ET LUNDI, SAUF JUIL. ET AOUT. 🄵 🚫 E.

— 192 —

ROQUEFORT (suite)

* **LE COLOMBIER** Mme.DEYTS ☎ 58.45.50.57 – 17 CH. 50/115 F. MENU 40/100 F. PENSION 125/150 F. DEMI-PENSION 98/115 F. 🖭 ⚏ ⚞ E CV.

ROQUETTE (LA) 12850 ONET-LE-CHATEAU AVEYRON 110 HAB.

* **LA ROCADE** M.GAYRAUD ☎ 65.67.17.12 – 17 CH. 75/100 F. MENU 45/85 F. PENSION 140/160 F. DEMI-PENSION 120/140 F. FERME 1/14 JUIL., 20 DEC./10 JANV., VENDREDI SOIR ET SAMEDI. ⚞ ⒶⒺ ⊕ E.

ROSCOFF 29211 FINISTERE 5000 HAB. S.I.

** · **BELLEVUE** SUR D.7 (DTION FERRY ET LES VIVIERS) M.PICHON ☎ 98.61.23.38 – 20 CH. 95/235 F. MENU 80/180 F. PENSION 185/265 F. DEMI-PENSION 140/230 F. FERME 10 OCT./10 MAI. 🖭

* **DU CENTRE»CHEZ JANIE**«5, RUE GAMBETTA Mme BRETON ☎ 98.61.24.25 – 17 CH. 80/160 F. FERME 15 NOV./15 MARS. 🖭 ✕ ⚞ ⒶⒺ E.

* **LES CHARDONS BLEUS** 4, RUE AMIRAL REVEILLERE. M. KERDILES ☎ 98.69.72.03 – 13 CH. 110/130 F. MENU 62/150 F. PENSION 160/200 F. DEMI-PENSION 150/190 F. FERME 15 DEC./1 FEV., ET JEUDI, SAUF JUIL./AOUT. ⚞ E.

ROSIERE-DE-MONTVALEZAN (LA) 73700 BOURG-SAINT-MAURICE SAVOIE 1850 M. 500 HAB. S.I.

** **LE ROC NOIR** Mme.HEBURDERIE ☎ 79.06.80.49/79.07.02.31 – 30 CH. 240/260 F. MENU 50/150 F. PENSION 240/290 F. DEMI-PENSION 220 F. FERME 1 MAI/1 DEC. SOLARIUM. 🛏

** **LE SOLARET** M. HERBIGNY ☎ 79.06.80.47 – 31 CH. 130/230 F. MENU 60/100 F. PENSION 195/280 F. DEMI-PENSION 160/240 F. FERME 20 AVR./1 JUIL. ET 1 SEPT./19 DEC. E CV.

** **RELAIS DU PETIT SAINT BERNARD** M. BOURDIN J.C. ☎ 79.06.80.48 – 20 CH. 180/230 F. MENU 70/75 F. PENSION 235/265 F. DEMI-PENSION 180/210 F. FERME 20 AVR./20 JUIN ET 15 SEPT./20 DEC. ⚏ ⚓ 🛏 ⚞.

ROSIERES 07260 JOYEUSE ARDECHE 860 HAB.

* **LES CEVENNES** Mme REYNOUARD ☎ 75.39.52.07 – 8 CH. MENU 50/120 F. PENSION 160/170 F. DEMI-PENSION 110/130 F. 🖭 ⚞ E.

ROSIERS (LES) 49350 GENNES MAINE-ET-LOIRE 2000 HAB. S.I.

* **AU VAL DE LOIRE** PLACE DE L'EGLISE M. VIDUS ☎ 41.51.80.30 – 11 CH. 90/145 F. MENU 55/140 F. PENSION 220/250 F. DEMI-PENSION 160/220 F. FERME FEV., DIMANCHE SOIR ET LUNDI. ⚏ 🛏 ⚞ E �.

ROSOY 89100 SENS YONNE 600 HAB. S.I.

** **L'HELIX** 52, ROUTE NATIONALE 6. M. BARRET ☎ 86.97.92.10 – 10 CH. 150/185 F. MENU 100/190 F. PENSION 280 F. DEMI-PENSION 230 F. FERME VENDREDI ET DIMANCHE SOIR. 🖭 ⚏ ⚞ ⒶⒺ ⊕ E.

ROSPORDEN 29140 FINISTERE 8000 HAB. S.I.

* **AU GAI LOGIS** 5,ROUTE DE QUIMPER Mme DESTEUQUE ☎ 98.59.22.38 – 18 CH. 110/200 F. MENU 50/250 F. PENSION 180/220 F. DEMI-PENSION 130/170 F. FERME 15 FEV./15 MARS, ET SAMEDI 15 SEPT./15 JUIN. 🖭 ⚞ ⒶⒺ ⊕ E CV med.

** **BOURHIS** PL. DE LA GARE M. BOURHIS ☎ 98.59.23.89 TELEX 941808 – 27 CH. 200/270 F. MENU 60/250 F. DEMI-PENSION 195/285 F. FERME 15 NOV./2 DEC., 28 FEV./23 MARS, DIMANCHE SOIR/ LUNDI 30 SEPT./30 MAI. 🖭 ⚞ ⒶⒺ ⊕ E ⚊ med.

ROSTASSAC 46150 CATUS LOT 140 HAB.

* **AUBERGE DU VERT** M. JOUCLAS ☎ 65.36.22.85 – 7 CH. 85/145 F. MENU 55/160 F. PENSION 210/260 F. DEMI-PENSION 155/200 F. FERME 1/28 FEV. ET LUNDI 1 SEPT./30 JUIL. ⚏ ⚞ E.

ROTHIERE (LA) 10500 BRIENNE-LE-CHATEAU AUBE 120 HAB.

** **AUBERGE DE LA PLAINE** D.396 M.GALTON ☎ 25.92.21.79 – 11 CH. 80/165 F. MENU 60/165 F. PENSION 200/250 F. DEMI-PENSION 170/190 F. FERME VENDREDI SOIR ET SAMEDI MIDI 1 SEPT./31 MAI. ⚞ ⒶⒺ ⊕ E CV.

ROUFFACH 68250 HAUT-RHIN 5000 HAB. S.I.

** **A LA VILLE DE LYON** 1 RUE POINCARE M. BOHRER ☎ 89.49.65.51/89.49.62.49 – 40 CH. 155/240 F. MENU 45/270 F. DEMI-PENSION 210 F. FERME 15 FEV./15 MARS. RESTAURANT FERME LUNDI. 🖭 ⚞ ⒶⒺ ⊕ E CV.

ROUFFILLAC-DE-CARLUX 24370 CARLUX DORDOGNE 600 HAB.

** **CAYRE»AUX POISSONS FRAIS**«M. CAYRE ☎ 53.29.70.24 – 15 CH. 116/210 F. MENU 55/178 F. PENSION 210/231 F. DEMI-PENSION 189/210 F. FERME 30 SEPT./31 OCT. 🖭 ⚏ ⚊ ⚓ ⚞ E.

ROUGE 44660 LOIRE-ATLANTIQUE 2082 HAB.

* **KOSTE AR C'HOAD** 4, RUE DE LA GARE. M. GIQUEL ☎ 40.28.84.18 – 15 CH. 75/135 F. MENU 40/50 F. PENSION 183/243 F. DEMI-PENSION 143/203 F. HOTEL FERME DIMANCHE. ⚞ ⒶⒺ ⊕ E.

ROUGET (LE) 15290 CANTAL 600 M. 1000 HAB. S.I.

* **AU GALANDOU** Mme JURADO. ☎ 71.46.10.36 – 12 CH. 65/85 F. MENU 36/65 F. PENSION 100/110 F. DEMI-PENSION 90/95 F. 🖭 ⚞ ⒶⒺ E.

* **DES VOYAGEURS** M.ROUSSILHE ☎ 71.46.10.14 – 38 CH. 120/140 F. MENU 40/70 F. PEN-SION 108/115 F. DEMI-PENSION 100 F. 🖭 ⚊ ⚏ 🛏 ⚞ ⒶⒺ ⊕ E.

ROUGON (GORGES DU VERDON) 04120 CASTELLANE ALPES-DE-HAUTE-PROVENCE 800 M. 500 HAB.

* **AUBERGE DU POINT SUBLIME** (SUR D.952) M.et Mme MONIER-STURMA ☎ 92.83.60.35 – 14 CH. 80/140 F. MENU 52/100 F. PENSION 195/205 F. DEMI-PENSION 145/155 F. FERME 10 NOV./25 MARS. ⚞ E CV.

ROUILLAC 16170 CHARENTE 2000 HAB. S.I.

* **DU COMMERCE** M.PARIS ☎ 45.96.77.13/45.21.77.13 — 8 CH. 65/125 F. MENU 48/82 F.
PENSION 160/180 F. DEMI-PENSION 120/140 F. FERME 15 J. SEPT., DIMANCHE SOIR ET LUNDI.
🅵 ♨ ☎ ▮ E.

ROULLET 16440 CHARENTE 2337 HAB.

** **LA BERGUILLE** M.CONTAMINES ☎ 45.66.34.72 — 18 CH. 120/180 F. MENU 58/145 F. PEN-
SION 260/310 F. DEMI-PENSION 180/230 F. FERME 19 FEV./1 MARS. RESTAURANT FERME
DIMANCHE SOIR/LUNDI HS. ♨ ▮ ▮.

ROUQUEYROUX-SAINTE-COLOMBE 46120 LACAPELLE-MARIVAL LOT
612 M. 241 HAB.

AF **AUBERGE MAZARS** S.D.F. MAZARS-SEINCE ☎ 65.40.27.57 — 4 CH. 70/75 F. MENU
37/100 F. PENSION 130/140 F. DEMI-PENSION 100/110 F. 🅵 ♨.

ROURE 06420 SAINT-SAUVEUR-SUR-TINEE ALPES-MARITIMES 1100 M.
112 HAB. S.I.

* **LE ROBUR** COMMUNE DE ROURE ☎ 93.02.03.57 — 14 CH. 95/220 F. MENU 60/180 F. PEN-
◻ SION 235/360 F. DEMI-PENSION 175/300 F. 🅵 ▮ 🅰🅴 ● E.

ROUSSES (LES) 39220 JURA 1120 M. 2700 HAB. S.I.

** **ARC-HOTEL** M. ADENOT ☎ 84.60.50.08 — 7 CH. 180/195 F. MENU 40/70 F. PENSION
215/240 F. DEMI-PENSION 160/180 F. RESTAURANT FERME LUNDI. 🅵.

** **AUBERGE DES PILES** (LES CRESSONNIERES) Mme PAGET-BLANC ☎ 84.60.00.44 — 20 CH.
◻ 90/275 F. MENU 70/120 F. PENSION 200/250 F. DEMI-PENSION 150/200 F. FERME 20 AVR./1
MAI. 🅵 🅰🅴 E ♨.

** **CHALET LA REDOUTE** (ROUTE BLANCHE) M.PERRARD ☎ 84.60.00.40 — 26 CH. 195/210 F.
MENU 70/250 F. PENSION 258/270 F. DEMI-PENSION 210 F. FERME 15 NOV./10 DEC. 🅵
▮ E.

** **LE NOIRMONT** (AU BY). MME PERRARD ☎ 84.60.30.15 — 7 CH. 250 F. MENU 70 F. PENSION
280 F. DEMI-PENSION 230 F. ♨ ▮ ▮.

** **RELAIS DES GENTIANES** 309, RUE PASTEUR. M.ABREAL ☎ 84.60.50.64 — 14 CH.
180/270 F. MENU 80/265 F. PENSION 215/260 F. DEMI-PENSION 185/230 F. FERME JUIN, ET
1re QUINZ. OCT. ▮ 🅰🅴 ● E CV ♿.

ROUSSES (LES) (NOIRMONT) 39220 JURA 1150 M. 2700 HAB. S.I.

** **LE CHAMOIS** M.MANDRILLON ☎ 84.60.01.48 — 12 CH. 190/210 F. MENU 65/95 F. PENSION
◻ 210/230 F. DEMI-PENSION 180/200 F. FERME 30 AVR./31 MAI, 1 NOV./15 DEC. ▮.

ROUSSILLON 84220 GORDES VAUCLUSE 1100 HAB. S.I.

** **RESIDENCE DES OCRES** (LE SABLON) M.CRAVAGNOLO ☎ 90.05.60.50 — 15 CH.
190/220 F. FERME 15 NOV./15 DEC., ET FEV. ♨ ✳ ▮ 🅰🅴 ● E CV.

ROUVRES-EN-XAINTOIS 88500 MIRECOURT VOSGES 390 HAB.

** **BURNEL** Mmes BURNEL ☎ 29.65.64.10 — 7 CH. 125/240 F. MENU 55/200 F. PENSION
◻ 255/280 F. DEMI-PENSION 200/225 F. FERME 20/31 DEC. ET DIMANCHE SOIR HS. 🅵 ♨
▮ 🅰🅴 ♿.

ROUVRES-LA-CHETIVE 88170 CHATENOIS VOSGES 400 HAB.

** **DE LA FREZELLE** M.MARTIN ☎ 29.94.51.51 — 7 CH. 160/230 F. MENU 55/145 F. PENSION
◻ 260/300 F. DEMI-PENSION 210/280 F. FERME 15/31 OCT. ET RESTAURANT FERME SAMEDI.
🅵 ♨ ✳ ▮ 🅰🅴 ● E CV.

ROUZIERS-DE-TOURAINE 37360 NEUILLE-PONT-PIERRE INDRE-ET-LOIRE
800 HAB.

AF **AUBERGE DU BOEUF** 3, RUE DU 8 MAI 1945. M. DUROYON ☎ 47.56.67.56 — 5 CH. 60/70 F.
MENU 45/80 F. PENSION 155 F. FERME VENDREDI APRES-MIDI/SAMEDI MATIN 11 H. ♨ ▮
E.

ROYAN 17200 CHARENTE-MARITIME 18600 HAB. S.I.

** **LES BLEUETS** 21,FACADE DE FONCILLON. M. DELHEZ ☎ 46.38.51.79 — 16 CH. 205/230 F.
◻ MENU 87 F. DEMI-PENSION 203/314 F. FERME 18 DEC./4 JANV. ET RESTAURANT FERME SAMEDI/
DIMANCHE HS 🅵 ✳ ▮ E CV.

ROYAT 63130 PUY-DE-DOME 650 M. 5000 HAB. S.I.

** **BELLE MEUNIERE** 25 AV.DE LA VALLEE M.BON ☎ 73.35.80.17 — 10 CH. 180/240 F. MENU
130/270 F. PENSION 315 F. DEMI-PENSION 250 F. FERME 3 SEM. FEV., NOV., DIMANCHE SOIR ET
MERCREDI. ▮ 🅰🅴 ● E.

* **LE PONT DES SOUPIRS** ROUTE DU PUY-DE-DOME Mme COUTANSON ☎ 73.35.82.66 — 9 CH.
130/180 F. MENU 120/250 F. PENSION 190/220 F. FERME 2 NOV./15 MARS. RESTAURANT
FERME MERCREDI. ▮ E.

ROYE 80700 SOMME 6500 HAB.

* **DU NORD** PL.DE LA REPUBLIQUE M.LUTZ ☎ 22.87.10.87 — 7 CH. 80/150 F. MENU 75/210 F.
◻ FERME 15 FEV./2 MARS, 15/28 JUIL., MARDI SOIR ET MERCREDI. ✳ ▮ E CV ♿.

ROYERES 87400 SAINT-LEONARD-DE-NOBLAT HAUTE-VIENNE 600 HAB.

*AF **BEAU SITE** (A BRIGNAC) M.VIGNERON ☎ 55.56.00.56 — 11 CH. 70/180 F. MENU 50/130 F.
◻ PENSION 130/190 F. DEMI-PENSION 110/160 F. FERME 28 OCT./7 NOV., 14/28 FEV. ET VENDREDI
SOIR. RESTAURANT FERME LUNDI MIDI HS. 🅵.

ROZ-SUR-COUESNON 35920 PLEINE-FOUGERES ILLE-ET-VILAINE
1006 HAB.

* **LES«QUATRE SALINES«**Mme BILHEU ☎ 99.80.23.80 — 20 CH. 95/160 F. MENU 49/120 F.
◻ PENSION 170/200 F. DEMI-PENSION 120/150 F. ▮ 🅰🅴 ● E CV.

ROZAY-EN-BRIE 77540 SEINE-ET-MARNE 1800 HAB.

** **DE FRANCE** 84 RUE GENERAL LECLERC M. GAUTHRON ☎ (1)64.25.77.57 – 10 CH. 115/210 F.
MENU 90/145 F. FERME VAC.SCOL.FEV. ET RESTAURANT FERME MERCREDI. 🖘 🖼 🕪
E.

RUE 80120 SOMME 3280 HAB. S.I.

*AF **DU LION D'OR** 5 RUE DE LA BARRIERE Mme BOUVET ☎ 22.25.74.18 – 8 CH. 95/160 F. MENU
52/110 F. PENSION 165/180 F. DEMI-PENSION 115/130 F. FERME 14 DEC./8 JANV. ET MERCREDI
SOIR 8 SEPT./30 JUIN. 🇫 🚲 🐕 🖘 E.

RUGLES 27250 EURE 2665 HAB. S.I.

** **DE LA HALLE** M.CHAILLOU ☎ 33.24.61.22 – 11 CH. 95/110 F. MENU 42/75 F. PENSION
95/135 F. FERME 21 FEV./15 MARS, 14/30 AOUT, DIMANCHE SOIR ET LUNDI. 🖘 E.

RUMILLY-MOYE 74150 HAUTE-SAVOIE 640 HAB.

** **RELAIS DU CLERGEON** ROUTE DU CLERGEON M.CHAL ☎ 50.01.23.80 – 19 CH. 105/270 F.
MENU 60/210 F. PENSION 200/280 F. DEMI-PENSION 160/230 F. FERME VAC. TOUSSAINT, FEV,
1/15 JANV., DIMANCHE SOIR ET LUNDI. 🇫 🚲 🐕 🖘 E CV ♿.

RUOMS 07120 ARDECHE 3000 HAB. S.I.

** **LA CHAPOULIERE** ROUTE D'ALES. Mme DAMOUR ☎ 75.39.65.43 – 11 CH. 120/200 F. MENU
60/150 F. PENSION 240/320 F. DEMI-PENSION 190/270 F. FERME NOV. ET MERCREDI. 🖘.

RUPT-SUR-MOSELLE 88360 VOSGES 3800 HAB. S.I.

AF **AUBERGE DE LA VALLEE** 111, RUE D'ALSACE M. CASAUX ☎ 29.24.37.02 – 4 CH.
65/110 F. MENU 35/95 F. PENSION 130/170 F. DEMI-PENSION 98/141 F. FERME DIMANCHE SOIR
HS. 🖘 🖼 E.

** **DU CENTRE** 28/30 RUE DE L'EGLISE M.PERRY ☎ 29.24.34.73/29.24.37.43 – 11 CH.
95/248 F. MENU 58/250 F. PENSION 180/290 F. DEMI-PENSION 120/230 F. FERME JANV.,
DIMANCHE SOIR ET LUNDI. 🇫 🚲 🖘 🖼 🕪 E CV.

AF **LES CHARMOTTES** (MAXONCHAMP) M. VERNIER ☎ 29.24.34.79 – 7 CH. 75/120 F. MENU
70/150 F. PENSION 135 F. DEMI-PENSION 105 F. 🐕 🖘 E.

* **RELAIS BENELUX BALE** 69 RUE DE LORRAINE M. REMY ☎ 29.24.35.40/29.24.37.64 –
10 CH. 80/130 F. MENU 50/110 F. PENSION 160/230 F. DEMI-PENSION 110/185 F. 🇫 🚶
🖘 🖼 E.

RUSSEY (LE) 25210 DOUBS 875 M. 1912 HAB.

* **DE LA COURONNE** 18 RUE DELATTRE DE TASSIGNY M. BRENEY ☎ 81.43.71.66 – 15 CH.
75/125 F. MENU 42/120 F. PENSION 130/170 F. DEMI-PENSION 100/140 F. 🇫 🚲 🖘
🖼 E CV

RUSTREL 84400 APT VAUCLUSE 450 HAB.

AF **AUBERGE DE RUSTREOU M.FAVIER ☎ 90.74.24.12 – 6 CH. 170/195 F. MENU 55/88 F.
PENSION 225 F. DEMI-PENSION 165 F. FERME 20 DEC./10 JANV. 🇫 🖼 🕪.

RUYNES-EN-MARGERIDE 15320 CANTAL 900 M. 600 HAB. S.I.

AF **AUBERGE DES PINS** (A COMBECHALDE) GARE DE RUYNES M. OUANJALI ☎ 71.23.48.65 –
7 CH. 65/80 F. MENU 45/80 F. PENSION 145/160 F. DEMI-PENSION 110/130 F. 🇫 🖘
🖼 E.

* **MODERNE** Mmes MUNERY,ROUSSET ☎ 71.23.41.17 – 35 CH. 70/130 F. MENU 45/100 F.
PENSION 140/180 F. DEMI-PENSION 120/140 F. FERME 15 OCT./1 MARS. 🇫 🚲 🖘 🖼
E.

S

SAALES 67420 BAS-RHIN 1200 HAB. S.I.

** **ROCHE DES FEES** M.KASTLER ☎ 88.97.70.90 – 14 CH. 85/145 F. MENU 58/165 F. PEN-
SION 176 F. DEMI-PENSION 155 F. FERME 15/30 OCT., 15 NOV./10 DEC., 15 JANV./10 FEV. ET
MERCREDI OCT./MAI. 🇫 🚲 🐕 🖘 🕪 E CV.

SABLES-D'OLONNE (LES) 85100 VENDEE 20000 HAB. S.I.

** **DU CHENE VERT** 5 RUE DE LA BAUDUERE M.MICHAUD ☎ 51.32.09.47 – 30 CH. 160/350 F.
MENU 37/62 F. PENSION 195/265 F. DEMI-PENSION 165/235 F. FERME 25 SEPT./20 OCT., 20
DEC./5 JANV. ET DIMANCHE 20 OCT./1 JUIN. 🖘 🖼 🕪 E CV.

* **LES HIRONDELLES** 44,RUE DES CORDERIES Mme DEMARIA ☎ 51.95.10.50 – 54 CH.
95/200 F. MENU 80/100 F. PENSION 190/250 F. DEMI-PENSION 169/210 F. FERME 22 SEPT./1
AVR. ET LUNDI. PENSION COMPL. 1 JUIN/20 SEPT. PARKING ET GARAGE PAYANTS. CV 🖼.

* **LES PINS** 43, AV. BRIAND M. BOHEAS Yann ☎ 51.21.03.18/51.38.09.48 – 15 CH. 90/150 F.
MENU 80/90 F. PENSION 190/240 F. DEMI-PENSION 170/220 F. FERME 30 SEPT./1 AVR. RESTAU-
RANT FERME 30 SEPT./1 JUIN ET LUNDI SOIR. 🇫.

SABLES-D'OR-LES-PINS 22240 FREHEL COTES-DU-NORD 2116 HAB. S.I.

** **AU BON ACCUEIL** M. ROLLAND ☎ 96.41.42.19 – 39 CH. 95/280 F. MENU 63/118 F. PEN-
SION 210/290 F. DEMI-PENSION 150/250 F. FERME 1er OCT./31 MARS. 🇫 🖘 CV ♿
🖼.

** **DE DIANE** M. RABARDEL ☎ 96.41.42.07 – 44 CH. 95/280 F. FERME 30 SEPT./25 MARS.
🇫 ✳ 🖘 🖼 🕪

** **L'ABORDAGE** BOULEVARD DE LA MER. M. MACE ☎ 96.41.51.11 – 39 CH. 200/270 F. MENU
59/240 F. PENSION 240/270 F. DEMI-PENSION 200/240 F. FERME 31 OCT./1 AVR. ET MARDI HS.
🐕 🖘 E ♿ 🖼.

SABLES-D'OR-LES-PINS (suite)

** **LA VOILE D'OR** ALLEE DES ACCACIAS. M. ORIO ☎ 96.41.42.49 – 18 CH. 120/235 F. MENU 68/230 F. PENSION 192/295 F. DEMI-PENSION 160/250 F. FERME 15 NOV./15 MARS, LUNDI HS. 🅵 ⬛ E.

SABLONNIERES 77510 REBAIS SEINE-ET-MARNE 440 HAB.

AF **AUBERGE DU HARAS** (LA CHENEE). M. HERDT ☎ (1)64.04.90.33/(1)64.04.92.74 – 7 CH. 110/185 F. MENU 65/95 F. PENSION 165 F. FERME 1/23 JANV. ET MARDI/VENDREDI. PISCINE COUVERTE, SAUNA. 🅵 ⬛ 🖉 ⬛ E CV.

SABRES 40630 LANDES 1100 HAB. S.I.

** **AUBERGE DES PINS** M.LESCLAUZE ☎ 58.07.50.47 – 14 CH. 95/220 F. MENU 65/200 F. ☞ PENSION 200/240 F. DEMI-PENSION 180/200 F. FERME 15 JANV./15 FEV. ET LUNDI HS. 🅵 🍴 ⬛ 🆎 ⬛ E CV.

SAGONE 20118 CORSE 1970 HAB. S.I.

** **FUNTANELLA** ROUTE DE CARGESE Mme BEGUEX ☎ 95.28.02.49/95.28.03.36 – 20 CH. ☞ 187/240 F. MENU 70/104 F. DEMI-PENSION 208/226 F. FERME 30 SEPT./31 MARS. 🚲 ⬛ E.

SAGY 71580 SAONE-ET-LOIRE 1200 HAB.

** **LA GROTTE** Mme BERNARD ☎ 85.74.02.33 TELEX 305551 – 17 CH. 130/260 F. MENU 65 F. ⬛ 🆎 ⬛ E CV.

SAHUNE 26510 REMUZAT DROME 250 HAB. S.I.

* **DAUPHINE PROVENCE** M. AUMAGE ☎ 75.27.40.99 – 10 CH. 67/91 F. MENU 45 F. PEN-SION 155 F. DEMI-PENSION 135 F. FERME 26 AOUT/10 SEPT., 23 DEC./6 JANV. ET MERCREDI. ⬛ 🆎 ⬛ E.

SAIGNES 15240 CANTAL O M. 970 HAB. S.I.

* **RELAIS ARVERNE** M.COSNEFROY ☎ 71.40.62.64 – 11 CH. 80/130 F. MENU 44/135 F. PENSION 130/165 F. DEMI-PENSION 92/117 F. FERME 15 JANV./15 FEV., 1/10 OCT., VEN-DREDI SOIR ET DIMANCHESOIR. 🅵 ⬛ 🆎 E CV.

SAIL-SOUS-COUZAN 42890 LOIRE 1294 HAB. S.I.

ec **GIL DE FRANCE** M. BAJARD ☎ 77.24.06.71 – 8 CH. 95/125 F. MENU 42/82 F. PENSION 155/222 F. DEMI-PENSION 117/176 F. FERME SAMEDI MIDI ET DIMANCHE SOIR. 🅵 ⬛ E.

SAINT-AFFRIQUE 12400 AVEYRON 10000 HAB. S.I.

** **MODERNE** 54, AV. A. PEZET, MM. DECUQ ☎ 65.49.20.44 – 28 CH. 82/226 F. MENU ☞ 60/150 F. PENSION 169/217 F. DEMI-PENSION 113/162 F. FERME 15 DEC./15 JANV. 🅵 🚲 ⬛ E CV.

SAINT-AGNAN 26420 LA CHAPELLE-EN-VERCORS DROME 800 M. 335 HAB. S.I.

AF **LE COLLET** M.STEUNOU ☎ 75.48.21.62 – 6 CH. 80/120 F. MENU 65/120 F. PENSION 150 F. DEMI-PENSION 125 F. FERME 1 OCT./1 JANV. ET MARDI.

SAINT-AGNAN (COL DE ROUSSET) 26420 LA CHAPELLE-EN-VERCORS DROME 1255 M. 30 HAB. S.I.

AF **LE TERMINUS DU VERCORS** (AU COL DE ROUSSET). M. RIVALS ☎ 75.48.24.08 – 6 CH. 80/140 F. MENU 55/98 F. PENSION 160/180 F. FERME OCT., NOV. ET MAI. 🅵 CV.

SAINT-AGNAN (ROUSSET) 26420 LA CHAPELLE-EN-VERCORS DROME 1000 M. 15 HAB. S.I.

AF **RIOU SEC** (A ROUSSET EN VERCORS). M.BOISSAT ☎ 75.48.22.00 – 6 CH. 92/164 F. MENU 65/90 F. DEMI-PENSION 149 F. FERME MERCREDI. 🚲

SAINT-AGREVE 07320 ARDECHE 1050 M. 3000 HAB. S.I.

* **DES CEVENNES** 10 PLACE DE LA REPUBLIQUE M.ROCHEDY ☎ 75.30.10.22 – 10 CH. ☞ 90/260 F. PENSION 170/230 F. DEMI-PENSION 150/180 F. FERME 1/30 NOV., ET MERCREDI 15 SEPT./15 JUIN. 🅵 ⬛ 🆎 ⬛ E CV.

* **LE CLAIR LOGIS** M. REYNAUD Pierre ☎ 75.30.13.24 – 8 CH. 65/118 F. MENU 50/90 F. ☞ PENSION 140/160 F. DEMI-PENSION 110/120 F. FERME 15 OCT./20 DEC. ET MERCREDI 15 SEPT./30 AVR. 🅵 ⬛ 🆎 ⬛ E CV 🚳.

SAINT-AIGNAN 41110 LOIR-ET-CHER 4000 HAB. S.I.

** **GRAND HOTEL SAINT-AIGNAN** M.RAGOT-COUVRA ☎ 54.75.18.04 – 21 CH. 78/268 F. MENU 98/210 F. DEMI-PENSION 198/268 F. FERME LUNDI. 🅵 🚲 ⬛ E.

SAINT-AIGNAN-DE-CRAMESNIL 14540 CALVADOS 360 HAB.

** **AUBERGE DE LA JALOUSIE** (SUR N.158 DE CAEN A FALAISE) M.DUCLOS ☎ 31.23.51.69 – 12 CH. 100/250 F. MENU 55/180 F. PENSION 195/280 F. DEMI-PENSION 150/210 F. FERME FEV., ET LUNDI 15 OCT./30 AVR. 🚲 ⬛ 🆎 ⬛ E.

SAINT-AIGNAN-SUR-ROE 53390 MAYENNE 900 HAB.

*AF **LA BOULE D'OR** RUE DU RELAIS DES DILIGENCES M. PAUVERT ☎ 43.06.51.02 – 7 CH. 85/110 F. MENU 38/180 F. PENSION 160/210 F. DEMI-PENSION 120/180 F. FERME AOUT, DIMANCHE SOIR ET LUNDI. 🅵 🚲 ⬛ E.

SAINT-AIGULIN 17360 CHARENTE-MARITIME 2300 HAB. S.I.

* **DE FRANCE** 15 RUE LECLERC M.GUICHARD ☎ 46.04.80.08 – 12 CH. 72/200 F. MENU 42/160 F. PENSION 160/180 F. DEMI-PENSION 130/150 F. FERME 1/15 MARS., 6/20 SEPT. ET LUNDI 1 SEPT./1 MAI. 🚲 CV.

SAINT-ALBAN-DE-MONTBEL 73610 LEPIN-LE-LAC SAVOIE 190 HAB.

* **LE LYONNAIS** M. BERNET ☎ 79.36.00.10 — 17 CH. 90/135 F. MENU 53/88 F. PENSION 125/160 F. DEMI-PENSION 105/135 F. FERME JANV. F ⇱ ⅢE.

SAINT-ALBAN-SUR-LIMAGNOLE 48120 LOZERE 950 M. 2160 HAB. S.I.

** **DU CENTRE** M. GOTTY ☎ 66.31.50.04 — 17 CH. 80/190 F. MENU 45/100 F. PENSION 140/195 F. DEMI-PENSION 102/157 F. FERME 4 JANV./4 FEV. RESTAURANT FERME DIMANCHE SOIR 1 NOV. / PENTECOTE. F Ⅲ AE ⊕ E CV ఈ ⊞.

SAINT-AMAND-LES-EAUX 59230 NORD 16384 HAB. S.I.

** **GRAND HOTEL DE PARIS** 33, GRAND PLACE M. RIBREUX ☎ 27.48.21.00 — 15 CH. 121/245 F. MENU 65/149 F. PENSION 212/365 F. DEMI-PENSION 176/285 F. F ⇲ ⅢE.

SAINT-AMAND-MONTROND 18200 CHER 12500 HAB. S.I.

** **CROIX D'OR** 28,RUE 14-JUILLET M. MORANGES ☎ 48.96.09.41 — 16 CH. 90/220 F. MENU 60/200 F. FERME 15 JANV./1 FEV. ET VENDREDI SOIR HS. ⇲ ⅢCV ఈ.

** **DE LA POSTE** 9, RUE DU DOCTEUR VALLET. M. BARDARY ☎ 48.96.27.14 — 24 CH. 110/280 F. MENU 58/180 F. FERME 25 NOV./3 JANV., LUNDI HS SAUF JOURS FERIES. PARKING PRIVE. AE ⊕ E.

SAINT-AMARIN 68550 HAUT-RHIN 700 M. 2035 HAB. S.I.

AF **AUBERGE DE MEERBAECHEL** M.KORNACKER ☎ 89.82.60.68 — 13 CH. 90/120 F. MENU 42/120 F. PENSION 145/155 F. DEMI-PENSION 120 F. FERME 25 OCT./30 NOV., ET VENDREDI. ⊭ ⅢE.

*AF **DU CHEVAL BLANC** M.WILD ☎ 89.82.64.80 — 7 CH. 150/160 F. MENU 37/65 F. PENSION 160 F. DEMI-PENSION 135 F. FERME 1/15 SEPT., ET VENDREDI. ⊭ Ⅲ AE E CV.

SAINT-AMBROIX (COURRY) 30500 SAINT-AMBROIX GARD 200 HAB. S.I.

AF **CROQUEMBOUCHE** (A COURRY). S.A.R.L. MASHOTEL ☎ 66.24.13.30 — 5 CH. 210/370 F. MENU 65/220 F. DEMI-PENSION 210 F. FERME 1/15 OCT. ET MARDI 1 OCT./31 MARS. F ⇱ Ⅲ AE ⊕ E.

SAINT-AMOUR 39160 JURA 2400 HAB. S.I.

* **DE L'ALLIANCE** RUE STE MARIE M. GILBERT ☎ 84.48.74.94 — 16 CH. 65/130 F. MENU 46/157 F. PENSION 150/245 F. DEMI-PENSION 101/195 F. FERME 1 DEC./30 JANV., ET DIMANCHE SOIR/MARDI MATIN HS. ⇱ ⅢⅢ ⊕ E.

* **DU COMMERCE** PLACE DE LA CHEVALERIE M.RAFFIN ☎ 84.48.73.05 — 15 CH. 85/150 F. MENU 60/180 F. PENSION 150/180 F. DEMI-PENSION 130/150 F. FERME 15 DEC./1 FEV., ET LUNDI HS. F ⇱ ⅢE.

SAINT-ANDRE-LES-ALPES 04170 ALPES-DE-HAUTE-PROVENCE 900 M. 1000 HAB. S.I.

** **LAC ET FORET** Mme.COOLEN ☎ 92.89.07.38 — 30 CH. 100/220 F. MENU 60/130 F. PENSION 200/260 F. DEMI-PENSION 150/210 F. FERME 5 OCT./18 DEC., 23 JANV./6 FEV. ET MERCREDI HS. F Ⅲ AE ⊕ E CV ఈ.

** **LE CLAIR LOGIS** ROUTE DE DIGNE M.LE GAC ☎ 92.89.04.05 — 12 CH. 90/180 F. MENU 50/150 F. PENSION 190/250 F. DEMI-PENSION 155/200 F. FERME 12 NOV./24 MARS. F ⇱ ⅢAEఈ.

** **LE COLOMBIER** (A LA MURE, ROUTE D'ALLLOS A 1 Km) Mme FHAL ☎ 92.89.07.11 — 16 CH. 150/220 F. MENU 59/125 F. PENSION 202/230 F. DEMI-PENSION 160/180 F. PISCINE. F Ⅲ AE ⊕ E CV.

** **LE GRAND HOTEL** (A LA GARE). M. BRUNI ☎ 92.89.05.06 — 22 CH. 75/140 F. MENU 54/135 F. PENSION 190/218 F. DEMI-PENSION 137/163 F. FERME 1 NOV./31 MARS. ⇱.

SAINT-ANDRE-LES-VERGERS 10120 AUBE 10378 HAB.

** **LES EPINGLIERS - LA GENTILHOMMIERE** 180 ROUTE D'AUXERRE. Mme CARREAU, M. BOUF ☎ 25.83.05.99 — 15 CH. 130/160 F. MENU 50/170 F. RESTAURANT FERME 1/31 AOUT, DIMANCHE SOIR ET LUNDI. Ⅲ.

SAINT-ANTHEME 63660 PUY-DE-DOME 940 M. 1200 HAB. S.I.

** **DES VOYAGEURS** M.COLOMB ☎ 73.95.40.16 — 30 CH. 69/163 F. MENU 44/131 F. PENSION 167/191 F. DEMI-PENSION 135/159 F. FERME 1 NOV./PAQUES, SAUF VAC. NOEL, FEV., DIMANCHE SOIR ET LUNDI HS. ⇱ Ⅲ ⊕ E CV ⊞.

SAINT-AOUT 36120 ARDENTES INDRE 780 HAB.

AF **DES SPORTS** Mme DUBREUIL ☎ 54.36.28.20 — 5 CH. 70/120 F. MENU 45/60 F. PENSION 150 F. DEMI-PENSION 110 F. ⊭ ⅢE.

SAINT-AUBAN 06850 ALPES-MARITIMES 1100 M. 110 HAB.

* **AUBERGE DE LA CLUE** M.BONNOME ☎ 93.60.43.12 — 10 CH. 90/130 F. MENU 70/90 F. PENSION 155/178 F. DEMI-PENSION 135/148 F. FERME 15 NOV./15 MARS.

SAINT-AUBIN 62170 MONTREUIL PAS-DE-CALAIS 190 HAB.

*AF **AUBERGE DU CRONQUELET** M. GEDALGE ☎ 21.94.60.76 — 5 CH. 105/170 F. MENU 110 F. DEMI-PENSION 180 F. FERME 8/15 SEPT. ET MERCREDI. F ⇱ ⅢE.

SAINT-AUBIN-DU-CORMIER 35140 ILLE-ET-VILAINE 3400 HAB.

AF **DE BRETAGNE** 68, RUE DE L'ECU Mme.DUMONT ☎ 99.39.10.22 — 13 CH. 84/118 F. MENU 52/90 F. PENSION 138/148 F. DEMI-PENSION 106/118 F. FERME 15 DEC./15 JANV. F Ⅲ AE E.

SAINT-AUBIN-DU-JURA 39410 JURA 1500 HAB.

AF **DU COMMERCE** M.VERNOTTE ☎ 84.70.10.36 — 5 CH. 60/75 F. MENU 55/70 F. PENSION 145/160 F. DEMI-PENSION 100/110 F. FERME LUNDI. Ⅲ AE ⊕ E.

SAINT-AUBIN-SUR-MER **14750** CALVADOS 1500 HAB. S.I.

** **DE NORMANDIE** M.GROSSET ☎ 31.97.30.17 – 27 CH. 100/165 F. MENU 60/160 F. PEN-SION 192/235 F. DEMI-PENSION 150/195 F. FERME FIN SEPT./MI-MARS. F ✖ E CV.

** **LE CLOS NORMAND** M. WAHL ☎ 31.97.30.47 TELEX 170234 – 29 CH. 116/225 F. MENU 80/220 F. PENSION 210/280 F. DEMI-PENSION 190/250 F. FERME OCT./MARS. F ✖ E

** **SAINT-AUBIN** M.TABOGA ☎ 31.97.30.39 – 26 CH. 100/250 F. MENU 80/250 F. PENSION 220/280 F. DEMI-PENSION 180/220 F. FERME 15 NOV./15 FEV., DIMANCHE SOIR/LUNDI 15 FEV./15 MAI ET 1 OCT./15 NOV. ✖ AE E.

SAINT-AUBIN-SUR-SCIE **76550** **OFFRANVILLE** SEINE-MARITIME 1200 HAB.

AF **COQUILLE FLEURIE** M.CHARLOT ☎ 35.85.40.22 – 8 CH. 110/145 F. MENU 90/150 F. PENSION 280 F. DEMI-PENSION 180/210 F. FERME 22 DEC./1 FEV. ET RESTAURANT FERME VENDREDI. F ⚓ ✖ E.

SAINT-AULAIRE **19130 OBJAT** CORREZE 750 HAB.

* **AUBERGE BELLEVUE** Mme.VIANNE ☎ 55.25.81.39 – 10 CH. 100/190 F. MENU 52/180 F. PENSION 160/175 F. DEMI-PENSION 135/150 F. FERME 1/30 OCT., ET SAMEDI HS. F ✖ E.

SAINT-AVOLD **57500** MOSELLE 17023 HAB. S.I.

*** **DE L'EUROPE** 7,R. ALTMAYER M.ZIRN ☎ 87.92.00.33 TELEX 860638 – 34 CH. 250/320 F. PENSION 370/390 F. DEMI-PENSION 310/330 F. RESTAURANT FERME DIMANCHE. F ⚓ ✖ AE E CV & E.

SAINT-AYGULF **83600 FREJUS** VAR 2800 HAB. S.I.

* **LA PALANGROTTE** 246 AVE F. MILLET Mme DEMOTIE ☎ 94.81.21.69 – 14 CH. 160/260 F. MENU 60/185 F. PENSION 215/280 F. DEMI-PENSION 170/230 F. FERME FIN OCT./1 FEV. ⚓ ✖ E.

SAINT-BARTHELEMY-LE-PIN **07270 LAMASTRE** ARDECHE 350 HAB.

AF **GREVE** Mme GREVE. ☎ 75.06.58.92 – 5 CH. 80/130 F. MENU 50/100 F. PENSION 130/150 F. DEMI-PENSION 110/120 F. FERME 1 NOV./15 MARS. F ✖ E.

SAINT-BAUDILLE **81660 PONT-DE-L'ARN** TARN 1100 HAB.

AF **AUBERGE DU ROSE D'ANJOU** Mme DURE ☎ 63.61.14.07 – 9 CH. 110/250 F. MENU 90/180 F. PENSION 250/300 F. DEMI-PENSION 165/230 F. FERME 4 JANV./20 MARS. ET RES-TAURANT FERME SAMEDI MIDI. ⚓ ✖ E CV.

SAINT-BENOIT **01300 BELLEY** AIN 500 HAB.

AF **DU PONT D'EVIEU** M.BILLIEMAZ ☎ 74.39.72.56 – 3 CH. 80/120 F. MENU 57/150 F. PEN-SION 130/160 F. DEMI-PENSION 90/110 F. FERME 1/21 SEPT., ET MERCREDI. F ⚓ AE

SAINT-BENOIT-DES-OMBRES **27450 SAINT-GEORGES-DU-VIEVRE** EURE 114 HAB.

AF **AUBERGE DU BEAU SITE** M. PRUNIER ☎ 32.42.81.95 – 2 CH. 95/170 F. MENU 80/180 F. PENSION 250/290 F. DEMI-PENSION 180/195 F. FERME JANV./FEV., MARDI SOIR ET MERCREDI. F ✖ AE E.

SAINT-BENOIT-SUR-LOIRE **45730** LOIRET 1800 HAB. S.I.

** **LE LABRADOR** 7 PLACE DE L'ABBAYE Mme.LABRETTE ☎ 38.35.74.38 – 22 CH. 100/285 F. FERME 1 JANV./15 FEV. F ✖ ✖ E.

SAINT-BERON **73520 LA BRIDOIRE** SAVOIE 1200 HAB.

* **DES TOURISTES** M.DEBAUGE ☎ 76.31.11.16 – 16 CH. 85/190 F. MENU 55/140 F. PEN-SION 190/220 F. FERME LE SOIR SAUF AOUT, MERCREDI 20 MARS/1 JANV. RESTAURANT-FERME 1 JANV./20 MARS. ⚓ ✖ AE E.

SAINT-BOIL **71940** SAONE-ET-LOIRE 450 HAB.

AF **AUBERGE DU CHEVAL BLANC** M.CANTIN ☎ 85.44.03.16 – 4 CH. 120/150 F. MENU 65/148 F. FERME 8 FEV./14 MARS. ET MERCREDI.

SAINT-BONNET DE JOUX **71220** SAONE-ET-LOIRE 1000 HAB.

AF **VAL DE JOUX** M.VERNASSIER ☎ 85.24.72.39 – 5 CH. 60/130 F. MENU 50/120 F. DEMI-PENSION 125/170 F. FERME 1 SEM. AOUT, 15 DEC./1 FEV. ET LUNDI. ✖ ✖.

SAINT-BONNET-EN-CHAMPSAUR **05500** HAUTES-ALPES 1025 M. 1000 HAB. S.I.

** **LA CREMAILLERE** M.MONTIER ☎ 92.50.00.60 – 20 CH. 170/210 F. MENU 65/120 F. PENSION 205/230 F. DEMI-PENSION 170/190 F. FERME 1 MARS/1 AVR., 1 OCT./1 FEV. ✖ AE E.

** **LE MAUBERRET COMBASSIVE** M.MAUBERRET ☎ 92.50.00.19 – 27 CH. 140/260 F. MENU 60/150 F. PENSION 195/270 F. DEMI-PENSION 155/220 F. F ⚓ ✖ ✖ AE E CV E.

SAINT-BONNET-LE-FROID **43290 MONTFAUCON** HAUTE-LOIRE 1150 M. 211 HAB.

** **AUBERGE DES CIMES** M.MARCON ☎ 71.59.93.72 – 9 CH. 120/180 F. MENU 95/260 F. DEMI-PENSION 185/235 F. FERME 15 NOV./PAQUES ET DIMANCHE SOIR/MARDI. F ⚓ ✖ ✖ E.

** **LA DECOUVERTE** M.MARCON ☎ 71.59.94.42 – 19 CH. 80/180 F. MENU 85/140 F. PEN-SION 180/250 F. DEMI-PENSION 140/200 F. FERME 30 SEPT./19 DEC. ET 15 AVR./20 MAI. F ⚓ ✖ ✖ E CV.

SAINT-BONNET-TRONCAIS 03360 ALLIER 1000 HAB.

** **LE TRONCAIS** ROND DE TRONCAIS - SUR D. 978A M.BAJARD ☎ 70.06.11.95 – 12 CH. 125/230 F. MENU 85/150 F. PENSION 198/236 F. DEMI-PENSION 166/204 F. FERME 1 DEC./1 MARS ET DIMANCHE SOIR/MARDI. 🄵 ✗ 🐾.

SAINT-BREVIN-LES-PINS 44250 LOIRE-ATLANTIQUE 8000 HAB. S.I.

** **LA BOISSIERE** 70 AV. DE MINDIN Mme LE BERRIGAUD ☎ 40.27.21.79 – 23 CH. 150/240 F. MENU 60/150 F. PENSION 200/250 F. DEMI-PENSION 170/220 F. FERME 1 OCT./15 MAI. 🄵 ⚏ 🄰🄴 E.

** **LE DEBARCADERE** PL.DE LA MARINE Mme.MOISSARD ☎ 40.27.04.61 – 17 CH. 100/185 F. MENU 98/120 F. PENSION 170/220 F. DEMI-PENSION 140/190 F. FERME 15 NOV./1 FEV., ET DIMANCHE SOIR. 🄵 ⚏ 🄰🄴 E CV.

* **LE KAYAC** 119,AV.FOCH M. MAITRE ☎ 40.27.22.37/40.39.02.96 – 11 CH. 90/160 F. MENU 52/105 F. PENSION 190/220 F. DEMI-PENSION 170/190 F. FERME 31 OCT./15 MARS. 🄵 ⚏ 🄴 CV.

SAINT-BRIEUC (PLERIN) 22190 PLERIN COTES-DU-NORD 10753 HAB.

** **LE CHENE VERT** Rte SAINT-LAURENT DE LA MER. M. PARCHEMINER ☎ 96.74.63.20 TELEX 741323 – 49 CH. 202/245 F. MENU 60/130 F. PENSION 250 F. DEMI-PENSION 200 F. RESTAURANT FERME 20 DEC./5 JANV. ET DIMANCHE. 🄵 ⚏ 🄰🄴 🄰🄴 E CV ♿.

SAINT-BRISSON 45500 GIEN LOIRET 1000 HAB.

* **CHEZ HUGUETTE** SARL CARREAU ☎ 38.36.70.10 – 11 CH. 120/150 F. MENU 45/110 F. PENSION 150/170 F. DEMI-PENSION 130/150 F. 🐾 ⚏.

SAINT-BUEIL 38620 ISERE 600 HAB.

AF **LES ROSES** Mme. CAILLET-ROUSSET ☎ 76.07.54.02 – 9 CH. 35/70 F. MENU 43/120 F. PENSION 135/140 F. DEMI-PENSION 85/90 F. FERME 16 AOUT/8 SEPT. ET MERCREDI. ⚏ E.

SAINT-CAST 22380 COTES-DU-NORD 3246 HAB. S.I.

*** **AR-VRO** 10, BLD DE LA PLAGE M.LEVAYER ☎ 96.41.85.01 – 47 CH. 220/350 F. MENU 150/270 F. PENSION 370/400 F. DEMI-PENSION 340/370 F. FERME 7 SEPT./4 JUIN. 🚗 ⚏ 🄰🄴 🄴 E 🄷.

* **D'ANGLETERRE ET PANORAMA** M.RAGOT ☎ 96.41.91.44 – 35 CH. 86/100 F. MENU 65/100 F. PENSION 160/173 F. DEMI-PENSION 140/153 F. FERME 11 SEPT./PENTECOTE. 🄵 ✗ ⚏ E.

** **DES ARCADES** 15 RUE DU DUC D'AIGUILLON M. THEBAULT ☎ 96.41.80.50 TELEX 740802 A 25 – 26 CH. 230/270 F. MENU 60/170 F. PENSION 280/305 F. DEMI-PENSION 210/235 F. FERME 1 NOV./1 AVR. 🄵 ⚏ 🄰🄴 🄴 E CV 🄷.

** **DES DUNES** MM.FERET ☎ 96.41.80.31 – 35 CH. 160/230 F. MENU 95/270 F. PENSION 260/320 F. DEMI-PENSION 240/270 F. FERME 3 NOV./25 MARS. ✗ 🐾 ⚏ E.

** **DES MIELLES** 3 RUE DU DUC D'AIGUILLON M.THEBAULT ☎ 96.41.80.95 TELEX 740802 A 25 – 18 CH. 115/210 F. MENU 60/170 F. PENSION 210/265 F. DEMI-PENSION 145/200 F. FERME 1 OCT./1 AVR. 🄵 ⚏ 🄰🄴 🄴 E CV.

** **DU CENTRE ET DES PLAGES** 10 RUE FREGATE LAPLACE Mme. FOURNEL ANNE MARY ☎ 96.41.91.13/96.84.12.02 TELEX 730800 – 24 CH. 140 F. MENU 59/65 F. PENSION 170/185 F. DEMI-PENSION 140/160 F. FERME 20 SEPT./1 AVR. ET RESTAURANT FERME 15 SEPT./15 JUIN. 🄵 ⚏.

** **ETOILE DES MERS** 32, RUE DU PORT M.LEMAITRE ☎ 96.41.85.36/96.41.81.84 – 19 CH. 95/175 F. MENU 56/185 F. PENSION 188/243 F. DEMI-PENSION 168/223 F. FERME 20 SEPT./20 MARS. 🄵 ⚏ E.

** **L'ESPERANCE** M.BOUVIER ☎ 96.41.81.13/96.41.84.71 – 20 CH. 95/180 F. MENU 55/120 F. PENSION 170/280 F. DEMI-PENSION 150/200 F. FERME 20 SEPT./PAQUES. 🄵 🚗 ⚏ 🄴 E ♿.

* **LES GOELANDS** RUE DE LA RESISTANCE M. PETRISSANS ☎ 96.41.84.89 – 14 CH. 85/160 F. MENU 50/105 F. PENSION 140/197 F. DEMI-PENSION 120/180 F. FERME 3 NOV./20 DEC. ET 2 JANV./15 MARS. 🄵 🐾 ⚏ E.

SAINT-CERE 46400 LOT 5000 HAB. S.I.

*** **DE FRANCE** M. LHERM. ☎ 65.38.02.16 – 23 CH. 150/430 F. MENU 70/160 F. PENSION 342/412 F. DEMI-PENSION 150/342 F. FERME VAC NOEL, VENDREDI ET SAMEDI MIDI. PISCINE PRIVEE CHAUFFEE. 🚗 🚗 ⚏.

*** **DU COQ ARLEQUIN** 1, Bld DU DOCTEUR ROUX. M. BIZAT ☎ 65.38.02.13 – 30 CH. 165/300 F. MENU 80/190 F. PENSION 280/310 F. DEMI-PENSION 240/270 F. FERME 1 JANV./1 MARS. ET LUNDI 15 OCT./31 DEC. PISCINE PRIVEE EN DEHORS DE L'HOTEL. 🄵 🚗 ✗ 🐾 ⚏ E.

ec **DU PARC** Mme CRUEGHE ☎ 65.38.17.29 – 10 CH. 125/210 F. MENU 60/140 F. PENSION 220/270 F. DEMI-PENSION 190/240 F. FERME MARDI SAUF JUIL., AOUT ET SEPT. 🄵 🐾 ⚏.

* **TRUITE DOREE** 4, AV. DE MONZIE M. PARISIS ☎ 65.38.17.54 – 14 CH. 90/170 F. MENU 60/90 F. PENSION 150/180 F. DEMI-PENSION 125/150 F. FERME 1/15 OCT. ET DIM. HIVER. ⚏.

SAINT-CERE (SIRAMON) 46400 LOT 5000 HAB. S.I.

AF **AUBERGE DU MOULIN DE SIRAMON** ROUTE D'AURILLAC Mme.DEJOU ☎ 65.38.19.32 – 5 CH. 65/150 F. MENU 45/120 F. PENSION 145/210 F. DEMI-PENSION 110/210 F. FERME OCT. ET LUNDI HS. 🄵.

SAINT-CERGUES 74140 DOUVAINE HAUTE-SAVOIE 615 M. 2200 HAB.

** **DE FRANCE** M.TETAZ CHAMBON ☎ 50.43.50.32 – 22 CH. 100/175 F. MENU 80/195 F. PENSION 180/225 F. DEMI-PENSION 155/190 F. FERME 25 AVR./2 MAI, 14 OCT./21 NOV., DIMANCHE SOIR ET LUNDI 11 SEPT./19 JUIN. ✗ 🚗 ⚏ E.

SAINT-CEZAIRE-SUR-SIAGNE 06780 ALPES-MARITIMES 1570 HAB. S.I.

AF LA PETITE AUBERGE 4, PLACE DU GENERAL DE GAULLE. M. PHILIPPOTEAUX
☎ 93.60.26.60 – 6 CH. 86/135 F. MENU 65/115 F. PENSION 198 F. DEMI-PENSION 138 F. FERME
15 DEC./15 JANV. RESTAURANT FERME LUNDI SOIR ET MARDI 1 SEPT./30 JUIN. 🗉 ✖
E.

SAINT-CHAMARAND 46310 SAINT-GERMAIN-DU-BEL-AIR LOT 0 M.
170 HAB.

** **LE RELAIS** (SUR N.20 - AU PONT-DE-RHODES). M. FRESQUET ☎ 65.31.00.16 – 22 CH.
126/150 F. MENU 56/120 F. PENSION 180/190 F. DEMI-PENSION 150/160 F. FERME 15
NOV./20 MARS. 🕿 ✔ ✖ 🖾 ⊕ E.

SAINT-CHARTIER 36400 CHATRE (LA) INDRE 560 HAB.

** **CHATEAU LA VALLEE BLEUE** ROUTE DE VERNEUIL. M. GASQUET ☎ 54.31.01.91 –
☞ 15 CH. 110/290 F. MENU 95/245 F. PENSION 290/370 F. DEMI-PENSION 200/380 F. FERME 15
JANV./25 MARS, DIMANCHE SOIR/LUNDI 1 OCT./RAMEAUX. 🕿 ✖ E.

SAINT-CHEF 38890 ISERE 2200 HAB. S.I.

* **BOUVIER** M. BOUVIER ☎ 74.92.41.40 – 12 CH. 80/110 F. MENU 45/120 F. PENSION
160/190 F. DEMI-PENSION 140 F. FERME 26 AOUT/28 SEPT. ET RESTAURANT FERME LUNDI.
🕿 ✖ E.

* **LE SAPIN VERT** (A CRUCILLEUX) M.BERTHET ☎ 74.92.42.93 – 8 CH. 80 F. MENU
75/120 F. PENSION 140 F. DEMI-PENSION 110 F. FERME 2 JANV./1 FEV. ET RESTAURANT
FERME MARDI. 🍴.

SAINT-CHELY-D'APCHER 48200 LOZERE 1000 M. 5000 HAB. S.I.

* **JEANNE D'ARC** 49 AVE DE LA GARE Mme CAULLE ☎ 66.31.00.46 – 15 CH. 100/150 F.
☞ MENU 50/130 F. PENSION 170/200 F. DEMI-PENSION 150/170 F. 🗉 🕿 ✔ ✖
🖾 ⊕ E CV.

SAINT-CHRISTO-EN-JAREZ 42320 LA GRAND-CROIX LOIRE 810 M.
1050 HAB.

* **DES TOURISTES** M. BESSON ☎ 77.20.85.01 – 10 CH. 65/115 F. PENSION 160/180 F.
DEMI-PENSION 140/160 F. FERME 25 AOUT/15 SEPT., VAC. DE FEV. ET MERCREDI. 🗉
🕿 ✖ ⊕ E.

SAINT-CHRISTOPHE-EN-BOUCHERIE 36400 LA CHATRE INDRE
308 HAB.

* **LE RELAIS** M. PERGAUD ☎ 54.30.01.07 – 10 CH. 85/120 F. MENU 55/125 F. PENSION
130/155 F. DEMI-PENSION 105/130 F. FERME 1/29 FEV., ET LUNDI 1 SEPT./15 MAI. 🗉
🕿 🍴 CV.

SAINT-CHRISTOPHE-SUR-LE-NAIS 37370 NEUVY-LE-ROI INDRE-ET-
LOIRE 1000 HAB.

* **LES GLYCINES** Mme.TOUNSI ☎ 47.29.24.10 – 9 CH. 80/150 F. MENU 47/140 F. PENSION
132/164 F. DEMI-PENSION 98/130 F. FERME 15 DEC./15 JANV., DIMANCHE SOIR, ET MER-
CREDI. DIMANCHE SOIR SEULEMENT JUIL./AOUT. 🗉 ✖ E CV.

SAINT-CIRGUES-DE-JORDANNE 15590 LASCELLES-MANDAILLES
CANTAL 800 M. 300 HAB.

AF CHIVA M. ALEYRANGUE ☎ 71.47.93.27 – 5 CH. 85 F. MENU 50 F. PENSION 160 F. DEMI-
☞ PENSION 110 F. ✖.

** **LES TILLEULS** Mme.FRITSCH ☎ 71.47.92.19 – 17 CH. 85/170 F. MENU 50/150 F. PEN-
SION 150/200 F. DEMI-PENSION 110/170 F. DE TOUSSAINT/PAQUES UNIQUEMENT SUR RESER-
VATION. SAUNA. 🕿 ✖ ⊕ E CV.

SAINT-CIRGUES-EN-MONTAGNE 07510 ARDECHE 1040 M. 300 HAB.
S.I.

** **AU PARFUM DES BOIS** M. LESPINASSE ☎ 75.38.93.93 – 25 CH. 140/240 F. MENU
☞ 60/150 F. PENSION 190/240 F. DEMI-PENSION 135/205 F. 🗉 🕿 🖾 ⊕ E
CV.

AF DU CHATEAU PLACE DU BREUIL M.PANDROT ☎ 75.38.91.76 – 10 CH. 85/140 F. MENU
50/130 F. PENSION 145/160 F. DEMI-PENSION 100/110 F. 🗉.

SAINT-CIRGUES-SUR-COUZE 63320 CHAMPEIX PUY-DE-DOME 300 HAB.

* **CHATEAU DES 4 SAISONS** M.PELLAGOT ☎ 73.71.10.11 – 10 CH. 110/150 F. MENU
52/150 F. PENSION 165 F. DEMI-PENSION 150 F. FERME 1/10 FEV., 20/30 SEPT., ET LUNDI.
🗉 🕿 🕿 🖾 E CV.

SAINT-CIRQ-LAPOPIE 46330 CABRERETS LOT 160 HAB. S.I.

* **AUBERGE DU SOMBRAL** M. HARDEVELD ☎ 65.31.26.08 – 10 CH. 160/220 F. MENU
65/220 F. FERME 15 NOV./15 MARS, MARDI SOIR - MERCREDI ET RESTAURANT FERME 15
NOV./15 FEV.

SAINT-CLAUDE 39200 JURA 13156 HAB. S.I.

** **SAINT HUBERT** 3, PLACE SAINT HUBERT. M. GRENARD ☎ 84.45.10.70 – 30 CH.
155/220 F. MENU 76/180 F. PENSION 248/268 F. DEMI-PENSION 240/270 F. FERME 20 DEC./4
JANV. CHIENS PAYANTS. 🗉 🕿 ✖ 🖾.

SAINT-CLAUDE (LE MARTINET) 39200 SAINT-CLAUDE JURA
14086 HAB. S.I.

** **JOLY** M.BON ☎ 84.45.12.36/84.45.31.70 – 15 CH. 130/220 F. MENU 80/150 F. PENSION
☞ 200/250 F. DEMI-PENSION 175/225 F. FERME 25 OCT./31 JANV., DIMANCHE SOIR ET LUNDI
HS. 🗉 🍴 ✖ 🖾 ⊕ E.

SAINT-CLAUDE(VILLARD-SAINT-SAUVEUR) **39200** JURA 600 M.
25 HAB.

** **AU RETOUR DE LA CHASSE** M.VUILLERMOZ ☎ 84.45.11.32 – 16 CH. 105/200 F. MENU
90/225 F. PENSION 185/220 F. DEMI-PENSION 155/195 F. FERME 31 MAI/10 JUIN., DIMANCHE
SOIR ET LUNDI HS. ✔ ⊷ 🎔 ⊞ ● E.

SAINT-COME-D'OLT **12500** ESPALION AVEYRON 1200 HAB.

• **DES VOYAGEURS** Mme.BOS ☎ 65.44.05.83 – 23 CH. 58/125 F. MENU 53/100 F. PEN-
SION 165/210 F. DEMI-PENSION 143/187 F. FERME 1/31 OCT., ET SAMEDI. ⊷ ⊶ 🎔
E.

SAINT-CYPRIEN **24220** DORDOGNE 2000 HAB. S.I.

** **DE LA TERRASSE** Mme.COSTES ☎ 53.29.21.69 – 17 CH. 160/260 F. MENU 75/175 F.
PENSION 195/260 F. DEMI-PENSION 180/245 F. FERME 2 NOV./1 MARS. RESTAURANT FERME
LUNDI MARS ET OCT. 🎔 E.

SAINT-CYPRIEN-SUR-DOURDOU **12320** AVEYRON 870 HAB. S.I.

• **AUBERGE DU DOURDOU** Mme ROLS ☎ 65.69.83.20 – 12 CH. 100/140 F. MENU
50/85 F. PENSION 140/160 F. DEMI-PENSION 120/135 F. FERME OCT., ET LUNDI. PARKING
PRIVE. ⊞ ⊷ 🎔 ⊞.

SAINT-DALMAS-DE-TENDE **06430** TENDE ALPES-MARITIMES 700 M.
400 HAB.

• **TERMINUS** M.GIORDANO ☎ 93.04.60.10 – 22 CH. 83/172 F. MENU 70/115 F. PENSION
193/245 F. DEMI-PENSION 155/193 F. FERME FIN OCT./MARS ET VENDREDI. ⊷ 🎔
⊞ ● E.

SAINT-DENIS-SUR-SARTHON **61420** ORNE 957 HAB.

** **LA NORMANDIERE** M.GOURROT ☎ 33.27.30.24 – 7 CH. 110/180 F. MENU 58/120 F.
DEMI-PENSION 150/180 F. FERME 1/15 OCT. ET LUNDI 16H/MERCREDI 9H. ⊞ ⊷
🎔 🎔.

SAINT-DIDIER **35220** CHATEAUBOURG ILLE-ET-VILAINE 3000 HAB.

** **PEN'ROC** (A LA PEINIERE) M.FROC ☎ 99.00.33.02 TELEX 741 457 – 15 CH. 150/218 F.
MENU 70/185 F. PENSION 286/310 F. DEMI-PENSION 222/247 F. FERME VAC. FEV., VAC.
TOUSSAINT ET RESTAURANT FERME DIMANCHESOIR. ⊞ 🎔 ⊞ ● E.

SAINT-DIE **88100** VOSGES 24820 HAB.

• **MODERNE** 64, RUE D'ALSACE. M. NATTER ☎ 29.56.11.71 – 14 CH. 80/110 F. MENU
75/138 F. PENSION 182/210 F. DEMI-PENSION 135/160 F. FERME 15/30 JUIN, 20 DEC./3
JANV. ⊷ 🎔 E.

SAINT-DIE (TAINTRUX) **88100** SAINT-DIE VOSGES 1000 HAB.

** **LE HAUT FER** (A ROUGIVILLE) Mme LOUIS ☎ 29.55.03.48/29.55.10.93 – 16 CH.
180/210 F. MENU 78/160 F. PENSION 280/295 F. DEMI-PENSION 220/250 F. FERME 1 JANV./6
FEV., DIMANCHE SOIR ET LUNDI. ⊞ ⊷ ✔ 🎔 E CV.

SAINT-DIER-D'AUVERGNE **63520** PUY-DE-DOME 800 HAB.

AF **DE PARIS** M.GOLLIARD ☎ 73.70.80.67 – 11 CH. 110/155 F. MENU 60/145 F. PENSION
155/175 F. DEMI-PENSION 140/155 F. FERME 15/31 OCT. PARKING. ⊞ 🎔 E CV.

SAINT-DIERY (LE CHEIX) **63320** CHAMPEIX PUY-DE-DOME 680 M.
30 HAB.

• **RELAIS DES GROTTES** M. RIGAUD Patrice ☎ 73.96.77.65 – 10 CH. 80/140 F. MENU
50/120 F. PENSION 140/150 F. DEMI-PENSION 110/120 F. FERME 15 NOV./20 DEC., 18/28
AVR. ET MERCREDI. ⊞ ⊷ E CV.

SAINT-DISDIER **05250** SAINT-ETIENNE-EN-DEVOLUY HAUTES-ALPES
1040 M. 220 HAB.

** **LA NEYRETTE** M. MUZARD ☎ 92.58.81.17 – 12 CH. 130/210 F. MENU 70/130 F. PENSION
215/290 F. DEMI-PENSION 150/190 F. FERME 20/30 AVR., 1 NOV./15 DEC., RESTAURANT
FERME MERCREDI HORS VACANCES SCOLAIRES ⊷ 🎔 ⊞ ● E CV.

SAINT-DIZIER-LEYRENNE **23470** CREUSE 1200 HAB.

• **DES VOYAGEURS** M.CHAMBRAUD ☎ 55.64.40.86 – 8 CH. 80/100 F. MENU 45/100 F.
PENSION 150 F. DEMI-PENSION 110 F. FERME DIMANCHE HS. ⊷ 🎔 ⊞ ● E.

SAINT-DONAT **63680** LATOUR-D'AUVERGNE PUY-DE-DOME 1050 M.
550 HAB.

AF **LA PROVIDENCE** Mme GAIDIER ☎ 73.22.30.57 – 7 CH. 85/110 F. MENU 45/65 F. DEMI-
PENSION 100/115 F. FERME 1 OCT./1 FEV. ⊞ 🎔.

SAINT-ESTEPHE **24360** PIEGUT-PLUVIERS DORDOGNE 650 HAB.

• **LE GRAND ETANG** M. GASSOUT ☎ 53.56.82.01 – 7 CH. 85/120 F. MENU 60/95 F. PEN-
SION 140 F. DEMI-PENSION 115 F. FERME 15 NOV./15 DEC. ET LUNDI. 🎔 E.

SAINT-ETIENNE-DE-BOULOGNE (COL DE L'ESCRINET) **07200**
AUBENAS ARDECHE 760 M. 251 HAB.

• **PANORAMIQUE DU COL DE L'ESCRINET** M.ROJON ☎ 75.87.10.11 – 20 CH.
200/360 F. MENU 90/160 F. PENSION 275/330 F. DEMI-PENSION 230/290 F. FERME 16
NOV./15 MARS, DIMANCHE SOIR ET LUNDI MIDI HS. ⊞ ⊷ ⊷ 🎔 E.

SAINT-ETIENNE-DE-CHOMEIL **15400** RIOM-ES-MONTAGNES CANTAL
750 M. 378 HAB.

AF **LA RUCHE CANTALIENNE** M.CHAUMEIL ☎ 71.78.32.04 – 7 CH. 112 F. MENU 45/80 F.
PENSION 135/155 F. DEMI-PENSION 115/140 F. FERME 28 SEPT./26 OCT.ET SAMEDI SAUF
VAC.SCOL. ⊷ 🎔 E.

SAINT-ETIENNE-DE-CROSSEY 38960 ISERE 1600 HAB.

* **DU CROSSEY** M.BERTHET ☎ 76.06.00.62 – 10 CH. 50/140 F. FERME 15 NOV./30 DEC. 🏍.

SAINT-ETIENNE-DE-FURSAC 23290 CREUSE 500 HAB.

** **MODERNE** M.NOUGIER ☎ 55.63.60.56 – 12 CH. 222/400 F. MENU 92/220 F. PENSION 300 F.
DEMI-PENSION 220 F. FERME 15 JANV./28 FEV., DIMANCHE SOIR ET LUNDI 1 SEPT. / 30 JUIN.
🅵 🏖 ⚓ 🅴.

SAINT-ETIENNE-DE-TINEE 06660 ALPES-MARITIMES 1142 M. 2030 HAB.
S.I.

AF **DES AMIS** 1, RUE VAL GELE. M. FULCONIS ☎ 93.02.40.30 – 6 CH. MENU 60/110 F. PENSION
160/170 F. DEMI-PENSION 130/150 F.

SAINT-ETIENNE-EN-COGLES 35460 SAINT-BRICE-EN-COGLES ILLE-ET-
VILAINE 1422 HAB.

** **AUBERGE DU COGLAIS** 5, RUE CHARLES DE GAULLE. M. THOMAS ☎ 99.98.65.10 – 17 CH.
100/150 F. MENU 48/115 F. PENSION 160/200 F. DEMI-PENSION 110/150 F. FERME FEV. ET
LUNDI HS. ⚓ 🅴.

SAINT-ETIENNE-LES-ORGUES 04230 ALPES-DE-HAUTE-PROVENCE
700 M. 600 HAB. S.I.

** **SAINT CLAIR** M.LAURENS ☎ 92.76.07.09 – 27 CH. 120/260 F. MENU 85/130 F. PENSION
190/360 F. DEMI-PENSION 145/295 F. FERME 20 NOV./15 FEV. ET RESTAURANT LUNDI
OCT./AVR. 🅵 🏖 🍴 CV.

SAINT-EUSTACHE 74410 SAINT-JORIOZ HAUTE-SAVOIE 850 M. 300 HAB.

* **LA COCHETTE** LIEU DIT LA MAGNE. M. LAHURE ☎ 50.68.50.08 – 15 CH. 90/160 F. MENU
80/150 F. PENSION 225/310 F. DEMI-PENSION 145/230 F. 🅵 ⚓ 🅴.

SAINT-FELIX-LAURAGAIS 31540 HAUTE-GARONNE 1100 HAB. S.I.

*** **AUBERGE DU POIDS PUBLIC** M.AUGE ☎ 61.83.00.20 TELEX 532 477 – 13 CH. 190/205 F.
MENU 48/160 F. PENSION 230/255 F. DEMI-PENSION 190/215 F. FERME 6 JANV./14 FEV. ET
DIMANCHE SOIR 15 OCT./15 MARS. 🅵 🏖 ⚓ 🅰🅴 ⊙ CV.

SAINT-FERREOL 74210 FAVERGES HAUTE-SAVOIE 650 HAB. S.I.

** **FLORIMONT** M. GOUBOT ☎ 50.44.50.05 TELEX 309369 – 27 CH. 190/340 F. MENU 70/200 F.
PENSION 270/300 F. DEMI-PENSION 200/250 F. 🅵 ⚓ 🅰🅴 ⊙ & 📶.

SAINT-FERREOL 31250 REVEL TARN 71 HAB. S.I.

* **DE LA PLAGE** Mme HERAIL ☎ 61.83.51.06 – 12 CH. 75/135 F. MENU 42/85 F. PENSION
170 F. DEMI-PENSION 140 F. RESTAURANT FERME 1 OCT./1 AVR. 🅵 🏖 ⚓ 🅴 CV.

SAINT-FERREOL (LAC) 31250 REVEL HAUTE-GARONNE 71 HAB. S.I.

* **LA RENAISSANCE** SARL ☎ 61.83.50.05/61.83.51.50 – 25 CH. 80/140 F. MENU 48/140 F.
PENSION 150/185 F. DEMI-PENSION 120/155 F. FERME 2 JANV./1 FEV. ET RESTAURANT FERME
VENDREDI SOIR. PARKING. 🅵 ⚓ ⊙ CV &.

SAINT-FIRMIN 05800 HAUTES-ALPES 900 M. 560 HAB. S.I.

** **DES ALPES, Restaurant CHEZ GASTON** PLACE RENE MOURENAS MME CHAIX YVONNE ☎
92.55.20.02 – 26 CH. 136/180 F. MENU 60/120 F. PENSION 180/250 F. DEMI-PENSION
140/170 F. 🅵 🏖 ⚓ 🅰🅴 ⊙ E CV & 📶.

SAINT-FLORENT-LE-VIEIL 49410 MAINE-ET-LOIRE 3000 HAB. S.I.

* **HOSTELLERIE DE LA GABELLE** QUAI DE LA LOIRE M.REDUREAU ☎ 41.72.50.19 – 20 CH.
100/200 F. MENU 50/130 F. DEMI-PENSION 175 F. FERME 24 DEC./3 JANV., FEV. RESTAURANT
FERME VENDREDI ET DIMANCHE 1 OCT./1 MARS. 🅵 🏖 ⚓ 🅴.

SAINT-FLORENTIN 89600 YONNE 7000 HAB.

*** **LA GRANDE CHAUMIERE** RUE DES CAPUCINS M.BONVALOT ☎ 86.35.15.12 – 10 CH.
240/320 F. MENU 89/240 F. FERME 20 DEC./20 JANV., 1/9 SEPT. ET MERCREDI SEPT./MAI.
⚓ 🅴.

** **LES TILLEULS** RUE DE COURTIVE M.LESTRIEZ ☎ 86.35.09.09 – 10 CH. 180/235 F. MENU
80/180 F. FERME 2 NOV./2 DEC., DIMANCHE SOIR ET LUNDI. ⚓ 🅴.

SAINT-FLORENTIN (VENIZY) 89210 YONNE 520 HAB.

** **MOULIN DES POMMERATS** M.REUMAUX D'EQUAINVILLE ☎ 86.35.08.04 – 18 CH.
200/420 F. DEMI-PENSION 290 F. RESTAURANT FERME DIMANCHE SOIR ET LUNDI HS. 🍴
⊙ 🅴 &.

SAINT-FLORET 63320 CHAMPEIX PUY-DE-DOME 200 HAB.

* **DES VOYAGEURS** M. RAMBERT ☎ 73.71.11.76/73.71.16.87 TELEX 990969 – 12 CH.
80/140 F. MENU 55/80 F. PENSION 160/180 F. DEMI-PENSION 130/145 F. FERME 1 NOV./20
DEC. 🅵 ⚓ ⊙ E CV.

SAINT-FLOUR 15100 CANTAL 900 M. 9000 HAB. S.I.

AF **AUBERGE DE LA PROVIDENCE** 1,RUE DU CHATEAU-D'ALLEUZE M.CHARBONNEL ☎
71.60.12.05 – 10 CH. 92/160 F. MENU 58/85 F. PENSION 160/200 F. DEMI-PENSION·135/170 F.
FERME 15 NOV./15 MARS. 🅵 🏖 🍴 ⚓ 🅰🅴 ⊙ 🅴.

* **DES MESSAGERIES** 23,AV. CH. DE GAULLE M.GIRAL ☎ 71.60.11.36 – 18 CH. 90/180 F.
FERME MI-SEPT./MI-MAI·. 🅵 🏖 🍴 🅴.

* **L'ANDER** 6 BIS, AV. DU CT. DELORME M. QUAIREL ☎ 71.60.21.63 TELEX 393160 – 37 CH.
130/140 F. MENU 55/150 F. PENSION 180/200 F. DEMI-PENSION 140/180 F. FERME 15 DEC./15
JANV.ET DIMANCHE HS. ANIMATION. 🅵 🏖 ⚓ 🅰🅴 E CV & 📶.

** **NOUVEL HOTEL - LA BONNE TABLE** 21, AV. DE LA REPUBLIQUE M. JUILLARD, Mme GRAS.
☎ 71.60.05.86 TELEX 393160 – 48 CH. 160/250 F. MENU 55/150 F. PENSION 180/230 F. DEMI-
PENSION 160/200 F. FERME TOUSSAINT/RAMEAUX. 🅵 ♂ 🏖 ⚓ 🅰🅴 E CV
& 📶.

SAINT-GATIEN-DES-BOIS 14130 PONT-L'EVEQUE CALVADOS 1054 HAB.

** **LE CLOS SAINT-GATIEN** M. RUFIN ☎ 31.65.16.08 – 30 CH. 165/380 F. MENU 90/150 F. DEMI-PENSION 190/290 F. RESTAURANT FERME OCT./AVR. 🛵 🎿 ⏃ ⓐ E ఉ.

SAINT-GAUDENS 31800 HAUTE-GARONNE 13000 HAB. S.I.

** **ESPLANADE** 7,PL. DU MAS-ST-PIERRE Mme.SANTI ☎ 61.89.15.90 – 10 CH. 120/175 F. ✂ 🎿 ⓐ ఉ.🌀.

* **PEDUSSAUT** 9, AV. DE BOULOGNE. Mme GAY ☎ 61.89.15.70 – 20 CH. 65/120 F. MENU 46/135 F. PENSION 130/200 F. DEMI-PENSION 110/165 F. 🅵 🛵 🎿 E CV.

SAINT-GENGOUX-LE-NATIONAL 71460 SAONE-ET-LOIRE 1050 HAB. S.I.

AF **DE LA GARE** M.PIEDOIE ☎ 85.92.66.39 – 9 CH. 90/110 F. MENU 50/100 F. PENSION 130/140 F. DEMI-PENSION 100/110 F. FERME VEN. ET VENDREDI SOIR 1 OCT./30 JUIN. 🛵 🐾 🎿 ⓐ E CV.

SAINT-GENIEZ-D'OLT 12130 AVEYRON 2000 HAB. S.I.

** **DE LA POSTE** 3 PLACE NEUVE M.CAMPO VIDAL ☎ 65.47.43.30 – 42 CH. 80/180 F. MENU 55/95 F. PENSION 180/295 F. DEMI-PENSION 130/245 F. FERME 15 NOV./31 JANV. 🅵 🛵 ℐ 🎿 🎿 E CV 🌀.

** **DU LION D'OR** M.RASCALOU ☎ 65.47.43.32/65.47.54.60 – 20 CH. 70/190 F. MENU 60/140 F. PENSION 135/210 F. DEMI-PENSION 125/180 F. FERME 15 DEC./10 FEV. ANIMATION. 🅵 🐾 🎿 🎿 E CV 🌀.

SAINT-GENIS-LES-OLLIERES 69290 CRAPONNE RHONE 2700 HAB.

** **LA CASCADE** M. DECEUR ☎ 78.57.10.69/78.57.05.72 TELEX 305 255 – 16 CH. 180/200 F. MENU 80/100 F. PENSION 310 F. DEMI-PENSION 255 F. 🅵 ℐ 🎿 ⓐ ⓓ E CV.

SAINT-GEOIRE-EN-VALDAINE 38620 ISERE 1560 HAB. S.I.

** **AUBERGE DU VAL D'AINAN** M.BLUSSET ☎ 76.07.50.04 – 13 CH. 142/182 F. MENU 90/180 F. PENSION 250/260 F. DEMI-PENSION 190/220 F. FERME JANV., FEV., DIMANCHE SOIR ET LUNDI SAUF JUIL., AOUT. 🅵 🎿 ⓓ E.

SAINT-GEORGES-DE-GREHAIGNE 35610 PLEINE-FOUGERES ILLE-ET-VILAINE 370 HAB.

AF **LE SAINT GEORGES** Mme LEDEDENTE Germaine ☎ 99.48.61.98 – 8 CH. 73/125 F. MENU 46/140 F. PENSION 187/208 F. DEMI-PENSION 125/145 F. FERME 1 OCT./15 MARS ET LUNDI. 🛵 ⓐ CV 🌀.

SAINT-GEORGES-DE-MONTCLARD 24140 VILLAMBLARD DORDOGNE 270 HAB.

* **LAMBERT** M. LAMBERT ☎ 53.82.98.56 – 8 CH. 110/200 F. MENU 55/200 F. PENSION 170/220 F. DEMI-PENSION 160/200 F. FERME 15 JOURS EN OCT., VAC. SCOL.FEV. ET VENDREDI SOIR. 🅵 🐾 🌀.

SAINT-GERMAIN-D'ARCE 72420 VAAS SARTHE 350 HAB.

* **DE LA PAIX** Mme MIGAUD. ☎ 43.46.03.64/43.46.01.66 – 8 CH. 80/250 F. MENU 43/65 F. PENSION 160/220 F. DEMI-PENSION 120/180 F. FERME MERCREDI. 🎿 ⓐ ⓓ E.

SAINT-GERMAIN-DE-JOUX 01490 AIN 600 HAB.

** **HOSTELLERIE REYGROBELLET** M.GAVARD ☎ 50.59.81.13 – 10 CH. 165/240 F. MENU 78/195 F. PENSION 200/220 F. DEMI-PENSION 170/185 F. FERME 1 OCT./10 NOV., 14/24 MARS, ET MARDI SOIR/JEUDI MATIN. 🅵 🛵 🎿.

SAINT-GERMAIN-DE-SALLES 03140 CHANTELLE ALLIER 500 HAB.

AF **CAFE DU CENTRE** M.DEFONTIS ☎ 70.56.80.36 – 7 CH. 60/80 F. MENU 48/70 F. PENSION 150/160 F. DEMI-PENSION 110/130 F. 🎿.

SAINT-GERMAIN-DE-TALLEVENDE 14500 VIRE CALVADOS 1650 HAB.

AF **AUBERGE SAINT-GERMAIN** M. JOUAN ☎ 31.68.24.13 – 3 CH. 90/120 F. MENU 47/130 F. DEMI-PENSION 150 F. FERME 4/29 SEPT., DIMANCHE SOIR ET LUNDI. 🅵 🛵 🎿 ⓐ E CV.

SAINT-GERMAIN-DES-VAUX 50440 BEAUMONT-HAGUE MANCHE 240 HAB.

** **HOSTELLERIE L'ERGUILLERE** (PORT RACINE) M.LE HUEL ☎ 33.52.75.31 – 10 CH. 185/247 F. MENU 135/175 F. PENSION 330/357 F. DEMI-PENSION 220/247 F. FERME 1 JANV./15 MARS, DIMANCHE SOIR ET LUNDI HORS VAC. SCOL 🛵 🐾 🎿 ⓐ ⓓ E ఉ.

SAINT-GERMAIN-DU-BOIS 71330 SAONE-ET-LOIRE 1952 HAB.

* **HOSTELLERIE BRESSANE** M. PICARDAT ☎ 85.72.04.69 – 9 CH. 63/172 F. MENU 50/103 F. DEMI-PENSION 145/236 F. FERME 10/19 JUIN, 23 DEC./8 JANV., VENDREDI T.A. ET DIMANCHE SOIR SAUF JUIL./AOUT. 🛵 🎿 E.

SAINT-GERMAIN-DU-CRIOULT 14110 CONDE-SUR-NOIREAU CALVADOS 718 HAB.

AF **AUBERGE SAINT-GERMAIN** M. BAUDE ☎ 31.69.08.10 – 5 CH. 80/90 F. MENU 56/95 F. PENSION 155 F. DEMI-PENSION 120 F. FERME 4/15 JANV., 4/15 AOUT, VENDREDI SOIR ET DIMANCHE SOIR 1 SEPT./31 JUIN. RESTAURANT FERME DIMANCHE SOIR. 🐾 🎿.

SAINT-GERMAIN-LAPRADE (PEYRARD) 43700 BRIVES-CHARENSAC HAUTE-LOIRE 600 M. 2000 HAB.

AF **LA TETE D'AIL** (SUR D.15). M.DESVIGNES ☎ 71.05.43.81 – 4 CH. 65/90 F. MENU 45/100 F. PENSION 150/175 F. DEMI-PENSION 120/142 F. FERME DIMANCHE SOIR/LUNDI. 🅵 🎿 ⓐ E.

SAINT-GERMAIN-LEMBRON 63340 PUY-DE-DOME 1800 HAB.

* **LA POSTE** M. GOUZON ☎ 73.96.41.21 — 20 CH. 80/180 F. MENU 50/110 F. PENSION 145/175 F. DEMI-PENSION 100/130 F. FERME 7 NOV./7 DEC., SAMEDI ET DIMANCHE SOIR. ⚓ ▥ E.

SAINT-GERMAIN-LES-ARLAY 39210 VOITEUR JURA 268 HAB.

** **HOSTELLERIE SAINT-GERMAIN** M.FERNANDEZ ☎ 84.44.60.91 — 10 CH. 182/265 F. MENU 68/140 F. FERME 5 NOV./5 DEC., ET MARDI.

SAINT-GERVAIS-D'AUVERGNE 63390 PUY-DE-DOME 725 M. 2000 HAB. S.I.

* **CASTEL HOTEL** Mme.MOUTY ☎ 73.85.70.42 — 26 CH. 70/180 F. MENU 60/150 F. PENSION 175/215 F. DEMI-PENSION 125/160 F. FERME 4 JANV./4 FEV. ℉ ⚓ ▥ E.

AF **DE LA PLACE** Mme MOUTY ☎ 73.85.72.04 — 7 CH. 74/104 F. MENU 50/95 F. PENSION 132/150 F. FERME 15 NOV./15 DEC., SAMEDI ET DIMANCHE HS. ⚓ ▥.

SAINT-GERVAIS-LES-BAINS 74170 HAUTE-SAVOIE 900 M. 5000 HAB. S.I.

** **LA MAISON BLANCHE** RUE VIEUX PONT DU DIABLE M. FOUGERES ☎ 50.78.19.38 — 14 CH. 145/220 F. MENU 80/160 F. PENSION 171/262 F. DEMI-PENSION 153/221 F. FERME 15 AVR./1 MAI, 30 SEPT./20 DEC. ℉ ▥ AE ⊙ E.

* **LA MARMOTTE** ROUTE DES CONTAMINES. M. RICHARD ☎ 50.93.42.76 — 8 CH. 90/110 F. MENU 50/95 F. PENSION 140/160 F. DEMI-PENSION 120/130 F. FERME 1 NOV./15 DEC. ℉ ▥ E CV.

** **LE BELVEDERE** 835, AV. DE MIAGE. M. LEFEVRE ☎ 50.93.42.13 — 12 CH. 200/220 F. MENU 65/85 F. PENSION 195/235 F. DEMI-PENSION 180/195 F. FERME 1 NOV./12 DEC., ET JEUDI HS. ℉ ▥ E.

** **LE REGINA** AVENUE DE MIAGE. M. LEBAS ☎ 50.93.52.03 — 20 CH. 147/225 F. MENU 80/150 F. PENSION 225/265 F. DEMI-PENSION 183/223 F. FERME 30 OCT./15 DEC., ET MERCREDI HS. ℉ ▥ ⊙ E.

SAINT-GILLES-CROIX-DE-VIE 85800 VENDEE 6340 HAB. S.I.

** **LE LION D'OR** 84, RUE DU CALVAIRE. M. GIRAUDEAU ☎ 51.55.50.39 — 55 CH. 100/230 F. MENU 45/130 F. PENSION 170/250 F. DEMI-PENSION 130/210 F. FERME JANV., RESTAURANT FERME SAMEDI ET DIMANCHE OCT./MARS. SAUF VAC.SCOL. ℉ ⚓ ▥ AE E CV ♿.

SAINT-GILLES-VIEUX-MARCHE 22530 MUR-DE-BRETAGNE COTES-DU-NORD 430 HAB.

* **DES TOURISTES** Mme.NEVO ☎ 96.28.53.30 — 10 CH. 85/125 F. MENU 45/100 F. DEMI-PENSION 130/160 F. FERME SAMEDI HS. ℉.

SAINT-GINGOLPH 74500 EVIAN HAUTE-SAVOIE 750 HAB. S.I.

** **AUX DUCS DE SAVOIE** M. BARE Jean ☎ 50.76.73.09 — 12 CH. 150/180 F. MENU 100/200 F. PENSION 200/225 F. DEMI-PENSION 180/205 F. FERME 11 JANV./11 FEV., LUNDI ET MARDI HS. ⚓ ▥ E.

* **LE LEMAN** (A BRET SAINT-GINGOLPH) S.A.R.L. MONGELLAZ ☎ 50.76.73.67 — 11 CH. 80/230 F. MENU 66/110 F. PENSION 140/195 F. DEMI-PENSION 110/160 F. ▥ E.

* **NATIONAL** M. CHEVALLAY ☎ 50.76.72.97 — 14 CH. 80/220 F. MENU 80/160 F. PENSION 180/220 F. FERME 20 OCT./21 NOV., MARDI SOIR ET MERCREDI. ⛌ ▥ E.

SAINT-GIRONS 09200 ARIEGE 9500 HAB. S.I.

*** **HOSTELLERIE LA TRUITE DOREE** 28,AV. DE LA RESISTANCE M.LADIAN ☎ 61.66.16.89 — 12 CH. 110/300 F. MENU 70/130 F. PENSION 280/380 F. DEMI-PENSION 240/310 F. FERME 1 NOV./3 JANV. ℉ ⚓ ▥ AE ⊙ E.

** **MIROUZE** 19,AV. GALLIENI M.MIROUZE ☎ 61.66.12.77 — 24 CH. 70/180 F. MENU 60/90 F. PENSION 165/200 F. DEMI-PENSION 115/160 F. FERME 24/31 DEC. ℉ ⚓ ▥ E CV.

SAINT-GROUX 16230 MANSLE CHARENTE 110 HAB.

** **LES TROIS SAULES** M. FAURE ☎ 45.20.31.40 — 10 CH. 125/165 F. MENU 46/140 F. PENSION 148/175 F. DEMI-PENSION 135/150 F. FERME 18/29 FEV., 1/12 NOV., DIMANCHE SOIR ET LUNDI MIDI. ℉ ▥ E ♿.

SAINT-GUILHEM-LE-DESERT 34150 GIGNAC HERAULT 180 HAB.

AF **FONZES** M.FONZES ☎ 67.57.72.01 — 10 CH. 75/190 F. MENU 72/160 F. PENSION 204 F. DEMI-PENSION 166 F. FERME 15 NOV./15 MARS. ⛌.

SAINT-HILAIRE-DE-BRETHMAS 30560 GARD 2761 HAB.

** **L'ECUSSON** (A 3 Km D'ALES, SUR R.N. DE NIMES). Mme.COLLELLMIR ☎ 66.30.10.52 — 26 CH. 160/250 F. FERME 20 DEC./5 JANV. ⚓ ✕ ▥ E.

SAINT-HILAIRE-DU-HARCOUET 50600 MANCHE 5077 HAB. S.I.

* **LA VERTE CAMPAGNE** ROUTE DE PARIS M.DAUFOUY ☎ 33.49.20.84 — 20 CH. 150/200 F. MENU 50/120 F. PENSION 150/200 F. DEMI-PENSION 90/150 F. ℉ ▥ E CV.

** **LE CYGNE** 67,RUE WALDECK-ROUSSEAU M.LEFAUDEUX ☎ 33.49.11.84 TELEX 171445 — 45 CH. 150/300 F. MENU 58/100 F. PENSION 230/315 F. DEMI-PENSION 180/250 F. FERME 20 DEC./10 JANV., ET VENDREDI SOIR 1 OCT./31 AVR. ℉ ⚓ ▥ AE ⊙ E CV ♿ ▥.

** **LE LION D'OR** 120,RUE D'AVRANCHES M.JEANNE ☎ 33.49.10.82 — 17 CH. 110/200 F. MENU 60/100 F. DEMI-PENSION 175/275 F. FERME 3/23 FEV., 4/24 OCT., ET DIMANCHE 18H/LUNDI 18H ⚓ ▥ E.

SAINT-HILAIRE-LE-CHATEAU 23250 CREUSE 400 HAB.

*** DU THAURION M.FANTON ☎ 55.64.50.12 — 10 CH. 100/250 F. MENU 60/320 F. DEMI-PENSION 270/320 F. FERME TOUSSAINT/PAQUES., MERCREDI ET JEUDI MIDI SAUF JUIL. ET AOUT. F ⚎ AE ⊕ E.

SAINT-HILAIRE-SAINT-MESMIN 45580 LOIRET 1900 HAB.

** L'ESCALE DU PORT ARTHUR 205 RUE DE L'EGLISE M.MARQUET ☎ 38.76.30.36 TELEX 782320 — 20 CH. 120/230 F. MENU 80/210 F. PENSION 300/320 F. DEMI-PENSION 210/230 F. F ⚎ AE ⊕ E CV.

SAINT-HIPPOLYTE 25190 DOUBS 1500 HAB. S.I.

** LE BELLEVUE SUR N. 437. M. CLAUDE ☎ 81.96.51.53 — 15 CH. 75/180 F. MENU 45/180 F. PENSION 160/200 F. DEMI-PENSION 140/170 F. FERME 1/15 JANV., ET DIMANCHE SOIR 1 OCT./31 MARS. ⇌ ⚎ AE ⊕ E CV.

SAINT-HIPPOLYTE 68590 HAUT-RHIN 1250 HAB. S.I.

** A LA VIGNETTE M.HUMBRECHT ☎ 89.73.00.17 — 16 CH. 110/200 F. MENU 55/150 F. DEMI-PENSION 145/185 F. FERME 1 DEC./31 JANV., ET JEUDI. 🛏 ⚎ E.

** DU PARC 6 RUE DU PARC M. KIENTZEL ☎ 89.73.00.06 — 21 CH. 120/250 F. MENU 50/200 F. PENSION 180/250 F. DEMI-PENSION 130/190 F. FERME 20 DEC./1 JANV., 20 JUIN/4 JUIL: RESTAURANT FERME LUNDI. F 🛏 ⚎ AE ⊕ E.

*** MUNSCH. AUX DUCS DE LORRAINE 16 RTE DU VIN M.MEYER ☎ 89.73.00.09 — 40 CH. 230/500 F. MENU 100/275 F. DEMI-PENSION 330/430 F. FERME 28 NOV./15 DEC., 10 JANV./5 MARS. RESTAURANT FERME LUNDI. 1/2 PENSION UNIQUEMENT. 🚗 🛏 ⚎ AE ⊕ E CV ⊞.

SAINT-HONORE-LES-BAINS 58360 NIEVRE 800 HAB. S.I.

** HENRY ROBERT Mme.POULET ☎ 86.30.72.33 — 14 CH. 140/200 F. MENU 75/200 F. PEN-SION 220/250 F. DEMI-PENSION 190/210 F. FERME 30 SEPT./1 MAI. F ⚎ AE.

AF LE CENTRE Mmes LE POULAIN ET NEANT ☎ 86.30.73.55 — 12 CH. 100/110 F. MENU 55/60 F. PENSION 160/170 F. FERME 1/31 OCT. ET MERCREDI 1 NOV./30 AVR.

SAINT-JACQUES-DES-BLATS 15580 CANTAL 1000 M. 400 HAB.

* AU CHALET FLEURI M. GUILLEMIN ☎ 71.47.05.09 — 33 CH. 100/130 F. MENU 44/54 F. PENSION 125/130 F. DEMI-PENSION 115/120 F. FERME 15 OCT./15 DEC. F.

** DES CHAZES M.SERIO ☎ 71.47.05.68 — 13 CH. 110/160 F. MENU 50/90 F. PENSION 160/165 F. DEMI-PENSION 145 F. FERME 30 SEPT./10 DEC. ⚎ E.

** DES TOURISTES M.TROUPEL ☎ 71.47.05.86 — 20 CH. 90/170 F. MENU 48/85 F. PENSION 130/170 F. DEMI-PENSION 105/135 F. FERME 10 OCT./18 DEC. ET 15 AVR./10 MAI. ⚎ E.

AF L'ESCOUNDILLOU Mme BRUGES ☎ 71.47.06.42 — 6 CH. 95/110 F. MENU 45/68 F. PEN-SION 125 F. DEMI-PENSION 110 F. FERME 15 NOV./15 DEC.

** LE GRIOU M. TROUPEL BERNARD ☎ 71.47.06.25 — 12 CH. 105/170 F. MENU 50/90 F. PEN-SION 150/175 F. DEMI-PENSION 120/140 F. FERME 15 OCT./15 DEC. PARKING PRIVE. F ⚎ AE E.

SAINT-JAMES 50240 MANCHE 2895 HAB. S.I.

** NORMANDIE HOTEL M. BOYER ☎ 33.48.31.45 — 14 CH. 168/260 F. MENU 57/165 F. PENSION 260/280 F. DEMI-PENSION 180/200 F. F 🚗 ⚎ E.

SAINT-JEAN-AUX-BOIS 60350 CUISE-LA-MOTTE OISE 285 HAB.

**** AUBERGE A LA BONNE IDEE RUE DES MEUNIERS M.ROYER ☎ 44.42.84.09/44.42.82.64 TELEX 155026 — 24 CH. 320/380 F. MENU 140/350 F. FERME MI-FEV./MI-MARS, 24 AOUT/4 SEPT., ET MARDI/MERCREDI 16H. ⚎ E.

SAINT-JEAN-D'ANGELY 17400 CHARENTE-MARITIME 9580 HAB. S.I.

** DE LA PAIX 5, AV. DU GENERAL DE GAULLE. M. POUTIER ☎ 46.32.00.93 — 15 CH. 93/220 F. MENU 57/120 F. 🚗 ⚎ E.

** LE CHALET 66, AV. ARISTIDE BRIAND. Mme PIERRE ☎ 46.32.01.08 — 19 CH. 90/180 F. MENU 45/100 F. PENSION 180/250 F. DEMI-PENSION 130/200 F. FERME 23 DEC./5 JANV. ET DIMANCHE SAUF HOTEL JUIL. ET AOUT. F 🚗 ⚎ AE ⊕ E CV.

SAINT-JEAN-D'ARVES 73530 SAVOIE 1600 M. 240 HAB. S.I.

** CHALET HOTEL DE L'OULE ROUGE (LA CHAL). FAMILLE SURRIER ☎ 79.59.70.99 — 9 CH. 150/210 F. MENU 60/125 F. PENSION 190/290 F. DEMI-PENSION 160/260 F. F 🛏 ⚎ ⊕ E.

SAINT-JEAN-DE-GONVILLE 01630 SAINT-GENIS-POUILLY AIN 1000 HAB.

* DEMORNEX M.DEMORNEX ☎ 50.56.35.34 — 10 CH. 90/160 F. MENU 60/300 F. PENSION 180/190 F. FERME 3 DERNIERES SEMAINES JANV., 2 PREMIERES SEMAINES JUIL., DIMANCHE SOIR ET LUNDI. 🚗 ⚎ AE ⊕ E CV.

SAINT-JEAN-DE-LOSNE 21170 COTE-D'OR 2000 HAB. S.I.

* SAONOTEL RUE DU CHATEAU M.LAVRAND ☎ 80.29.04.77 — 11 CH. 60/145 F. MENU 42/150 F. PENSION 160/250 F. FERME 1 NOV./7 DEC., ET MERCREDI. F 🚗 ⚎ E CV.

SAINT-JEAN-DE-LUZ 64500 PYRENEES-ATLANTIQUES 13000 HAB. S.I.

** LA FAYETTE Restaurant KAYOLA 18-20, RUE DE LA REPUBLIQUE. Mme COLOMBET ☎ 59.26.17.74 — 17 CH. 200/230 F. MENU 100/170 F. PENSION 324/339 F. DEMI-PENSION 224/239 F. FERME 1 JANV./10 FEV. RESTAURANT FERME LUNDI. F ⚎ AE ⊕ E CV.

SAINT-JEAN-DE-MONTS 85160 VENDEE 5543 HAB. S.I.

** **AUBERGE DE LA CHAUMIERE** A OROUET SUR CD38,A 6km SUD St-JEAN. M.BOUCHER ☎ 51.58.67.44 — 29 CH. 150/280 F. MENU 60/170 F. PENSION 245/300 F. DEMI-PENSION 190/250 F. FERME 3 OCT./29 AVR. F ⌘ ♂ ♨ ☰ AE ⊙ E CV &.

** **LE RICHELIEU** 8, AV. DES OEILLETS. M. COULON ☎ 51.58.06.78 — 8 CH. 230/260 F. MENU 92/220 F. PENSION 330/340 F. DEMI-PENSION 270/280 F. FERME 2 JANV./2 FEV. ♨ ☰ AE ⊙ E.

* **LES TAMARIS** 15/20 AV.DES MIMOSAS M.COULON ☎ 51.58.03.04 — 16 CH. 105/310 F. MENU 50/200 F. PENSION 195/235 F. DEMI-PENSION 160/190 F. FERME 1 NOV./31 JANV. ET SAMEDI 1 NOV./30 AVR. F ♨ ☰ ⊙ E CV &.

* **ROBINSON** 28, Bld LECLERC. M. BESSEAU ☎ 51.58.21.01 — 66 CH. 115/195 F. MENU 48/141 F. PENSION 185/200 F. DEMI-PENSION 150/180 F. FERME DEC. ET JANV. F ☰ AE ⊙ E CV.

** **TANTE PAULETTE** 32 RUE NEUVE M.BONNAMY ☎ 51.58.01.12 — 41 CH. 100/190 F. MENU 70/125 F. PENSION 200/260 F. FERME FIN OCT./DEBUT MARS. ☰ AE ⊙ E CV.

SAINT-JEAN-DE-SIXT 74450 LE-GRAND-BORNAND HAUTE-SAVOIE 960 M. 600 HAB. S.I.

** **BEAU-SITE** M.BASTARD ☎ 50.02.24.04 — 15 CH. 150/200 F. MENU 55/95 F. PENSION 200/240 F. DEMI-PENSION 160/200 F. FERME 15 AVR./15 JUIN, 10 SEPT./20 DEC. PISCINE EXTERIEURE CHAUFFEE. ⌘ ☰ E.

* **HOTEL-CLUB DES ARAVIS** M. CHARRIERE ☎ 50.02.24.03 — 23 CH. 130/315 F. MENU 55/120 F. PENSION 170/290 F. DEMI-PENSION 145/265 F. FERME 1 OCT./19 DEC. ET 17 AVR./1 MAI. ☰ E CV.

* **LE VAL D'OR** M. LORION ☎ 50.02.24.15 — 20 CH. 100/165 F. MENU 44/78 F. PENSION 165/180 F. DEMI-PENSION 140/155 F. ⌘ ☰ E.

SAINT-JEAN-DE-THOUARS 79100 THOUARS DEUX-SEVRES 15000 HAB. S.I.

** **DU CHATEAU** ROUTE DE PARTHENAY M.RAMARD ☎ 49.66.18.52 — 20 CH. 130/152 F. MENU 51/150 F. FERME DIMANCHE SOIR. ⌘ ☰ E.

SAINT-JEAN-DU-BRUEL 12230 LA CAVALERIE AVEYRON 1000 HAB. S.I.

** **DU MIDI** M.PAPILLON ☎ 65.62.26.04 — 19 CH. 63/158 F. MENU 61/160 F. PENSION 164/270 F. DEMI-PENSION 140/176 F. FERME 11 NOV./26 MARS. F ⌘ ☰.

SAINT-JEAN-DU-GARD 30270 GARD 2500 HAB. S.I.

** **AUBERGE DU PERAS** RTE DE NIMES. M.ROUDAUT ☎ 66.85.35.94 — 10 CH. 178/318 F. MENU 55/150 F. PENSION 211/289 F. DEMI-PENSION 150/247 F. FERME JANV./28 FEV. F AE ⊙ CV.

** **L'ORONGE** 103 GRAND'RUE Mme BERTHIER Monique ☎ 66.85.30.34 — 30 CH. 80/250 F. MENU 50/170 F. PENSION 190/230 F. DEMI-PENSION 185/200 F. FERME 2 JANV./1 AVR. ET DIMANCHE SOIR/LUNDI HS. F ⌘ ☰ AE ⊙ E CV.

* **LA CORNICHE DES CEVENNES** M.SOULIER ☎ 66.85.30.38 — 16 CH. 100/150 F. MENU 62/90 F. PENSION 210 F. DEMI-PENSION 162 F. FERME 30 NOV./1 MARS ET JEUDI 1 OCT./PAQUES. F ☰ CV &.

SAINT-JEAN-EN-ROYANS (COL DE LA MACHINE) 26190 DROME 1015 M. 3 HAB. S.I.

* **DU COL DE LA MACHINE** (AU COL, A 11 KM). M. FARAVELLON ☎ 75.48.26.36 — 16 CH. 96/180 F. MENU 69/125 F. PENSION 160/230 F. DEMI-PENSION 125/180 F. FERME 15 NOV./15 DEC. SOLARIUM. F ⌘ ⌘ ☰ E CV.

SAINT-JEAN-LE-THOMAS 50530 SARTILLY MANCHE 327 HAB. S.I.

** **DES BAINS** M. GAUTIER ☎ 33.48.84.20 TELEX 170380 — 31 CH. 92/220 F. MENU 51/154 F. PENSION 205/269 F. DEMI-PENSION 140/204 F. FERME 10 OCT./20 MARS. F ⌘ ☰ AE ⊙ E CV.

SAINT-JEAN-LE-VIEUX 01450 JUJURIEUX AIN 1300 HAB.

LE PARC Mme.MENOTTI ☎ 74.36.83.31 — 7 CH. 85/140 F. MENU 60/170 F. FERME 15 JOURS AVR., 15 JOURS SEPT. ET DIMANCHE SOIR/MARDI-MATIN. ☰ E.

SAINT-JEAN-PIED-DE-PORT 64220 PYRENEES-ATLANTIQUES 2000 HAB. S.I.

** **CAMOU** ROUTE DE BAYONNE. M.CAMOU ☎ 59.37.02.78 — 27 CH. 120/180 F. MENU 60/140 F. PENSION 190/220 F. DEMI-PENSION 160/180 F. FERME 1 JANV./28 FEV. ET MARDI. F ⌘ ☰ E CV &.

* **RAMUNTCHO** 1, RUE DE FRANCE M. BIGOT ☎ 59.37.03.91 — 16 CH. 100/150 F. MENU 62/75 F. PENSION 180/220 F. DEMI-PENSION 135/155 F. FERME 25 NOV./25 DEC. ET RESTAURANT FERME MERCREDI. F ☰ E.

SAINT-JEANNET 06640 ALPES-MARITIMES 2800 HAB. S.I.

* **SAINTE-BARBE** PLACE SAINTE BARBE M.PRIORI ☎ 93.24.94.38 — 6 CH. 95/135 F. MENU 60/100 F. PENSION 200/220 F. DEMI-PENSION 150/160 F. FERME 1/28 FEV. ET MARDI. ☰ CV.

SAINT-JEURES 43200 YSSINGEAUX HAUTE-LOIRE 1040 M. 785 HAB.

AF **AUBERGE DU LIZIEUX** PLACE DU MONUMENT M.DELOLME ☎ 71.59.60.14 — 9 CH. 80/130 F. MENU 50/80 F. PENSION 145/150 F. DEMI-PENSION 125/130 F.

SAINT-JORIOZ 74410 HAUTE-SAVOIE 3500 HAB. S.I.

* **DU SEMNOZ** Mme HERISSON ☎ 50.68.60.28 – 36 CH. 110/130 F. MENU 65/100 F. PENSION 195/220 F. DEMI-PENSION 160/175 F. FERME FIN SEPT./FIN AVR. ৬.
** **LE BON ACCUEIL** M.BERTHIER ☎ 50.68.60.40 – 21 CH. 180/330 F. MENU 85/170 F. PENSION 220/320 F. DEMI-PENSION 190/280 F. FERME 30 OCT./1 MAI. ♂ ☵ E C V.
*. **LE VERGER** (LA CROIX DE FILLY). M. LACROIX ☎ 50.68.60.29 – 9 CH. 97/113 F. MENU 55/105 F. PENSION 163/177 F. DEMI-PENSION 139/154 F. Ⓕ ☵ E.
** **LES CHATAIGNIERS** (LIEU-DIT MACHEVAZ) M.BOLLE ☎ 50.68.63.29 TELEX 385417 – 35 CH. 135/295 F. MENU 79/175 F. PENSION 210/325 F. DEMI-PENSION 170/280 F. FERME 1 OCT./25 AVR. Ⓕ ⊇ ♂ ☵ C V ৬.
* **LES TERRASSES** M.GROS-CADOUX ☎ 50.68.60.16 – 21 CH. 95/170 F. MENU 63/170 F. PENSION 190/220 F. DEMI-PENSION 160/190 F. FERME OCT./NOV., DIMANCHE SOIR ET LUNDI HS. Ⓕ ⏤ ✠ ☵ E.

SAINT-JULIEN-CHAPTEUIL 43260 HAUTE-LOIRE 820 M. 1700 HAB. S.I.

** **BARRIOL** M. BARRIOL ☎ 71.08.70.17 – 20 CH. 74/180 F. MENU 45/180 F. PENSION 163/215 F. DEMI-PENSION 120/195 F. FERME 1 NOV./20 DEC. ET DIMANCHE SOIR/MARDI MATIN. Ⓕ ✠ ☵ Ⓐ ⊕ E C V.
☐ **DU MIDI** PLACE DE LA MAIRIE. M. VINCENT ☎ 71.08.70.20 – 9 CH. 70/138 F. MENU 40/100 F. PENSION 112/141 F. DEMI-PENSION 91/119 F. FERME SAMEDI 15 SEPT./1 JUIN. ☵ C V.

SAINT-JULIEN-D'EMPARE 12700 CAPDENAC AVEYRON 6000 HAB. S.I.

** **AUBERGE LA DIEGE** Mme NICOULAU ☎ 65.64.70.54 – 13 CH. 90/200 F. MENU 58/170 F. PENSION 198/306 F. DEMI-PENSION 140/240 F. FERME 24 DEC./4 JANV., VENDREDI APRES-MIDI ET SAMEDI. ⊇ ☵ Ⓐ ⊕ E.

SAINT-JULIEN-DU-VERDON 04170 SAINT-ANDRE-LES-ALPES ALPES-DE-HAUTE-PROVENCE 914 M. 100 HAB. S.I.

* **LOU PIDANOUX** M.MARTEL ☎ 92.89.05.87 – 17 CH. 100/160 F. MENU 60/120 F. PENSION 200/230 F. DEMI-PENSION 160/180 F. FERME 15 NOV./15 MARS. Ⓕ ☵ Ⓐ ⊕ E.

SAINT-JULIEN-EN-CHAMPSAUR 05500 SAINT-BONNET HAUTES-ALPES 1100 M. 300 HAB.

** **LES CHENETS** M.BOREL ☎ 92.50.03.15 – 20 CH. 145/180 F. MENU 65/100 F. PENSION ☐ 170/210 F. DEMI-PENSION 155/175 F. FERME 1 OCT./20 DEC. Ⓕ ⏤ ☵ Ⓐ ⊕ E.

SAINT-JULIEN-EN-VERCORS 26420 LA-CHAPELLE-EN-VERCORS DROME 950 M. 200 HAB.

AF **DE LA GROTTE** M.CALLET-RAVAT ☎ 75.45.52.67 – 10 CH. 100/170 F. MENU 57/120 F. PENSION 120/180 F. DEMI-PENSION 130/140 F. ☵ Ⓐ E.
AF **LE COIN TRANQUILLE** M.CHABERT ☎ 75.45.50.27 – 6 CH. 90/110 F. MENU 60/90 F. PENSION 145/160 F. DEMI-PENSION 115/130 F. FERME 1 NOV./26 DEC. Ⓕ ☵.

SAINT-JULIEN-SUR-SURAN 39320 JURA 415 HAB.

* **DU SURAN** M.BITAL ☎ 84.85.40.48 – 10 CH. 70/150 F. MENU 44/105 F. PENSION 130/150 F. DEMI-PENSION 95/120 F. FERME 15/30 SEPT., 24 DEC./4 JANV., ET DIMANCHE HS. ⏤.

SAINT-JUNIEN 87200 HAUTE-VIENNE 12000 HAB. S.I.

** **LE BOEUF ROUGE** 57, Bld VICTOR HUGO. Mme BRISSAUD ☎ 55.02.31.84 – 18 CH. 145/195 F. MENU 62/149 F. PENSION 270 F. DEMI-PENSION 210 F. FERME DIMANCHE SOIR HS. Ⓕ ⏤ ☵ E C V.
** **LE CONCORDE** 49 AV. HENRI-BARBUSSE M. BARTIER ☎ 55.02.17.08 – 26 CH. 138/210 F. FERME 20 DEC./4 JANV. PARKING PRIVE FERME. ✕ ☵ Ⓐ E C V.
* **LE RELAIS DE COMODOLIAC** 22-26,AV.SADI-CARNOT M.FERRES-TEXIER ☎ 55.02.12.25 TELEX 590336 – 28 CH. 170/280 F. MENU 98/170 F. Ⓕ ⏤ ☵ Ⓐ ⊕ E ৬.

SAINT-JUST 18340 LEVET CHER 582 HAB.

* **LE CHEVAL BLANC** (SUR N. 76). M. MATHURIN ☎ 48.25.62.18 – 7 CH. 135/235 F. MENU 60/120 F. FERME JANV., DIMANCHE SOIR/LUNDI SAUF JUIL./AOUT.

SAINT-JUST-EN-CHEVALET 42430 LOIRE 650 M. 2130 HAB. S.I.

* **DE LA POSTE** ROUTE DE THIERS Mme HOCQUARD ☎ 77.65.01.42 – 12 CH. 80/160 F. MENU ☐ 55/150 F. PENSION 135/180 F. DEMI-PENSION 135 F. FERME 15/30 NOV. ET MARDI SAUF DE JUIN/OCT. ☵ Ⓐ E.
AF **DE LONDRES** M.FRERES ☎ 77.65.02.42 – 8 CH. 90/120 F. MENU 50/220 F. PENSION ☐ 155/175 F. DEMI-PENSION 130/160 F. FERME 30 OCT./11 NOV., 5/18 JUIN ET VENDREDI SOIR/DIMANCHE MATIN. ☵ E.

SAINT-JUST-SAUVAGE 51260 ANGLURE MARNE 1500 HAB.

AF **AUBERGE DU GRILLON** M.DUFOUR ☎ 26.80.02.81 – 7 CH. 80/95 F. MENU 45/60 F. PENSION 140 F. DEMI-PENSION 105 F. FERME MERCREDI. Ⓕ ⏤ ☵ E.

SAINT-JUSTIN 40240 LABASTIDE-D'ARMAGNAC LANDES 1300 HAB. S.I.

* **LE CADET DE GASCOGNE** PLACE DE LA MAIRIE Mme.LOUBERY ☎ 58.44.80.77 – 10 CH. 100/150 F. MENU 40/120 F. PENSION 125/140 F. DEMI-PENSION 115/125 F. Ⓕ ⏤.

SAINT-LARY-SOULAN 65170 HAUTES-PYRENEES 836 M. 921 HAB. S.I.

* **ANDREDENA** M. MARIE ☎ 62.39.43.59 – 14 CH. 140/170 F. MENU 55/80 F. PENSION 200/220 F. DEMI-PENSION 150/170 F. FERME 2/15 MAI ET 15 OCT./15 NOV. Ⓕ ✠ ☵ E C V.

SAINT-LATTIER **38840 SAINT-HILAIRE-DU-ROSIER** ISERE 850 HAB.

** **BRUN** (LES FAURIES) M. BRUN ☎ 76.36.54.08/76.36.54.76 — 11 CH. 130/155 F. MENU 70/150 F. PENSION 220 F. DEMI-PENSION 170 F. ⚫ 🅐🅔 ⊕ E 🔥.

SAINT-LAURENT-DE-CHAMOUSSET **69930** RHONE 680 M. 1356 HAB. S.I.

AF **LE SAINT-LAURENT** M.LAFOND ☎ 74.70.50.03 — 10 CH. 80/120 F. MENU 50/95 F. PEN-
☛ SION 140/160 F. DEMI-PENSION 100/120 F. FERME FEV. ET MARDI. 🅔 🔥 🍴.

SAINT-LAURENT-DE-NESTE **65150** HAUTES-PYRENEES 1200 HAB.

* **LA PLANTADE** (sur N.117) Mme LAPORTE ☎ 62.39.76.73 — 10 CH. 85/140 F. MENU 50/80 F. FERME SAMEDI ET DIMANCHE. ⚫ 🅐🅔 ⊕ E.

SAINT-LAURENT-DES-AUTELS **49270** MAINE-ET-LOIRE 1320 HAB. S.I.

* **LE CHEVAL BLANC** 4, RUE DES MAUGES. M. SOLIGNAC ☎ 40.83.90.05 — 8 CH. 70/100 F. MENU 68/178 F. PENSION 214/244 F. DEMI-PENSION 146/176 F. FERME 1/10 JANV., 7/17 AOUT, DIMANCHE SOIR ET MERCREDI 1 SEPT./31 DEC. ⚫ 🅔 🔥.

SAINT-LAURENT-DU-PAPE **07800 LA-VOULTE-SUR-RHONE** ARDECHE 1300 HAB.

* **DE LA VALLEE DE L'EYRIEUX** M.ALLEGRE ☎ 75.62.20.19 — 15 CH. 100/200 F. PEN-
SION 165/225 F. DEMI-PENSION 130/195 F. FERME 20 SEPT./20 OCT., DIMANCHE SOIR ET
LUNDI 1 OCT./ 30 AVR. 🔥 ⚫ E.

SAINT-LAURENT-DU-PONT **38380** ISERE 3700 HAB.

* **BEAUSEJOUR** AVENUE VICTOR HUGO MR BLIN RAYMOND. ☎ 76.55.21.88 — 12 CH. 120/160 F. MENU 70/170 F. DEMI-PENSION 150 F. FERME 1 NOV./1 AVR., DIMANCHE SOIR ET LUNDI, RESTAURANT FERME 1 NOV./6 DEC., 16/28 JUIN. ⚫ 🅐🅔 ⊕ E.

* **DES VOYAGEURS** RUE PASTEUR M.MARTINET ☎ 76.55.21.05 — 14 CH. 75/245 F. MENU 45/130 F. PENSION 145/200 F. DEMI-PENSION 100/155 F. FERME OCT. ET VENDREDI SOIR SAUF JUIL., AOUT. 🔥 ⚫ E CV.

SAINT-LAURENT-DU-VAR **06700** ALPES-MARITIMES 20719 HAB. S.I.

** **LOU BELLA VISTA** ROUTE DE SAINT-JEANNET. M. DURAND ☎ 93.31.15.58 — 15 CH. 140/230 F. MENU 90/190 F. PENSION 210/260 F. DEMI-PENSION 180/210 F. FERME RESTAU-
RANT DIMANCHE SOIR ET LUNDI MIDI. ⚫ E CV.

SAINT-LAURENT-EN-GRANDVAUX **39150** JURA 950 M. 1800 HAB. S.I.

** **DE LA POSTE** M.FAIVRE ☎ 84.60.15.39 — 11 CH. 100/190 F. MENU 52/68 F. PENSION 160 F. DEMI-PENSION 120/190 F. FERME 25 OCT./10 DEC. 🅔 🔥 ⚫.

SAINT-LAURENT-LES-EGLISES (PONT DU DOGNON) **87340 LA JONCHERE** HAUTE-VIENNE 630 HAB. S.I.

** **LE RALLYE** M.PERIERAS ☎ 55.56.56.11 — 20 CH. 110/240 F. MENU 70/190 F. PENSION
☛ 170/300 F. DEMI-PENSION 135/250 F. FERME 1 NOV./1 AVR. ET LUNDI HS. 🅔 🔥 ⚫.

SAINT-LAURENT-NOUAN **41220 LA FERTE-SAINT-CYR** LOIR-ET-CHER 3230 HAB.

** **RELAIS DES SAPINS** 203 ROUTE DE BLOIS M. GRACIA ☎ 54.87.70.71 — 42 CH. 160/260 F. MENU 55/170 F. PENSION 250/360 F. DEMI-PENSION 200/350 F. 🅔 🔥 ♪ ⚫ 🅐🅔 📺.

SAINT-LAURENT-SUR-GORRE **87310** HAUTE-VIENNE 1443 HAB.

AF **LE SAINT LAURENT** M. BARDE ☎ 55.00.03.96 — 5 CH. 100/150 F. MENU 70/110 F. PEN-
☛ SION 180/195 F. DEMI-PENSION 155/165 F. FERME FEV. 🅔 🔥 CV.

SAINT-LAURENT-SUR-OTHAIN **55150 DAMVILLERS** MEUSE 450 HAB.

* **LE RALLYE** M.VUILLAUME ☎ 29.88.01.45 — 11 CH. 80/150 F. MENU 50/180 F. PENSION 160/180 F. DEMI-PENSION 130/150 F. 🅔 ⚫ 🅐🅔 E CV.

SAINT-LAURENT-SUR-SEVRE **85290 MORTAGNE-SUR-SEVRE** VENDEE 4067 HAB. S.I.

* **HERMITAGE HOTEL** 2 RUE DE LA JOUVENCE M.JEANNEAU ☎ 51.67.83.03 — 17 CH. 180/250 F. MENU 70 F. DEMI-PENSION 225/310 F. RESTAURANT FERME DIMANCHE. ⚫ 🅐🅔 ⊕ E.

SAINT-LEGER-MAGNAZEIX **87190 MAGNAC-LAVAL** HAUTE-VIENNE 772 HAB.

AF **AUBERGE DE L'EPI DE BLE** M. GERMAIN ☎ 55.68.24.11 — 6 CH. 78/80 F. MENU 38/92 F. PENSION 135 F. DEMI-PENSION 96 F. FERME JANV. RESTAURANT FERME MARDI HS. ⚫ ⚫.

SAINT-LEONARD **76400 FECAMP** SEINE-MARITIME 1600 HAB.

** **AUBERGE DE LA ROUGE** (HAMEAU LE CHESNAY). M. GUYOT ☎ 35.28.07.59 — 8 CH. 220/250 F. MENU 75/200 F. DEMI-PENSION 250/300 F. FERME VAC.SCOL.FEV., RESTAURANT FERME DIMANCHE SOIR ET LUNDI ⚫ 🅐🅔 ⊕ E 🔥.

SAINT-LEONARD-DE-NOBLAT **87400** HAUTE-VIENNE 6000 HAB. S.I.

* **MODERN'HOTEL** Bd ADRIEN PRESSEMANE M.ROYER ☎ 55.56.00.25 — 8 CH. 100/220 F.
☛ MENU 110/200 F. DEMI-PENSION 180/210 F. FERME 30 JANV./1 MARS, 13/21 OCT., DIMANCHE SOIR ET LUNDI HS ⚫ E.

SAINT-LEOPARDIN-D'AUGY **03160** BOURBON-L'ARCHAMBAULT ALLIER 550 HAB.

* **DU CENTRE** Mme.JACQUET ☎ 70.66.22.78 — 7 CH. 100/130 F. MENU 42/120 F. PENSION 150 F. DEMI-PENSION 125 F. FERME FEVRIER, RESTAURANT LUNDI. 🍴.

SAINT-LO 50000 MANCHE 23221 HAB. S.I.

** **DES VOYAGEURS** PLACE DE LA GARE Mme TREBOUVILLE ☎ 33.05.08.63 TELEX 170753 –
15 CH. 140/210 F. MENU 55/150 F. PENSION 195/230 F. DEMI-PENSION 140/175 F. FERME 15
DEC./15 JANV., DIMANCHE SOIR ET LUNDI HS. 🅵 ✖ 🆑 ➜ E.

** **GRAND HOTEL DE L'UNIVERS** 1,AV. BRIOVERE M.FOUCART ☎ 33.05.10.84 – 24 CH.
80/190 F. MENU 50/130 F. DEMI-PENSION 150/180 F. FERME 6/21 FEV., SAMEDI SOIR ET
DIMANCHE 3 NOV./1 AVR. 🅵 ✖ 🆑 ➜ E

** **LE TERMINUS** 3,AV. BRIOVERE M. CHURIN ☎ 33.05.08.60 – 15 CH. 91/182 F. MENU
49/105 F. DEMI-PENSION 160/180 F. FERME 9 DEC./9 JANV. HOTEL FERME SAMEDI NOV./MARS.
RESTAURANT FERME VENDREDI SOIR ET DIMANCHE HS. 🅵 🚲 🐾 🆑 ➜ E.

SAINT-LOUBOUER 40320 GEAUNE LANDES 425 HAB. S.I.

AF **LES QUATRE VENTS** (FACE AUX ARENES) M. DARZACQ ☎ 58.51.19.80 – 6 CH. 90/115 F.
MENU 48/100 F. PENSION 140/150 F. DEMI-PENSION 105/115 F. FERME SAMEDI MIDI ET LUNDI
SOIR.

SAINT-LOUIS 68300 HAUT-RHIN 18000 HAB.

* **NATIONAL** 71,RUE DE BALE Mme GOELLER ☎ 89.67.20.32 – 20 CH. 100/200 F. MENU
100/180 F. PENSION 170/200 F. DEMI-PENSION 165/180 F. FERME 15 SEPT./5 OCT. RESTAU-
RANT FERME DIMANCHE SOIR ET LUNDI. 🚲 🐾 🆑 ➜ E.

SAINT-LOUP-SUR-SEMOUSE 70800 HAUTE-SAONE 5000 HAB.

** **TRIANON** 13,PL. JEAN-JAURES M. BILLON ☎ 84.49.00.45 – 10 CH. 70/120 F. MENU
45/160 F. PENSION 160/190 F. DEMI-PENSION 125/150 F. FERME FEV. 🅵 🚲 🐾
✖ 🆑 ➜ E CV.

SAINT-LYE 10600 LA CHAPELLE SAINT LUC AUBE 1789 HAB.

** **LA PERRIERE et AUBERGE GRIL** (SUR N. 19). M.PICARD ☎ 25.45.61.38 – 12 CH.
110/210 F. MENU 56/125 F. FERME 28 DEC./10 JANV., 3 SEMAINES EN AOUT ET DIMANCHE SOIR.
✖ E ⚅.

SAINT-LYPHARD 44410 HERLIGNAC LOIRE-ATLANTIQUE 1554 HAB. S.I.

** **AUBERGE DE KERHINET** VILLAGE DE KERHINET M.PEBAY-ARNAUNE ☎ 40.61.91.46 –
7 CH. MENU 60/160 F. DEMI-PENSION 210 F. FERME 15 DEC./15 JANV., 3EME SEM. OCT., MARDI
SOIR ET MERCREDI. ✖ 🆑 ➜ E.

SAINT-MAIXENT-L'ECOLE 79400 DEUX-SEVRES 9358 HAB. S.I.

** **AUBERGE DU CHEVAL BLANC** 8, AV. GAMBETTA. M. ROBELIN ☎ 49.05.50.06 – 38 CH.
80/190 F. MENU 65/120 F. PENSION 180/280 F. DEMI-PENSION 150/250 F. 🅵 ✖ 🆑
E CV ⚅.

SAINT-MALO 35400 ILLE-ET-VILAINE 52000 HAB. S.I.

* **ARMOR** 8, RUE R.SCHUMAN M.COLLEU ☎ 99.56.00.75 – 11 CH. 145/180 F. MENU 50/93 F.
PENSION 199/220 F. DEMI-PENSION 160/173 F. FERME 15 DEC./15 JANV. 🅵 ✖ CV.

* **DE LA POMME D'ARGENT** 24, Bld DES TALARDS M. COQUELIN ☎ 99.56.12.39 – 14 CH.
78/200 F. MENU 52/115 F. PENSION 240/272 F. DEMI-PENSION 167/209 F. FERME 1/8 AVR.,
1/21 NOV. ET SAMEDI 30 SEPT./1 MAI. ✖ E.

** **DE LA PORTE SAINT PIERRE** 2, PLACE DU GUET. Mme BERTONNIERE ☎ 99.40.91.27 –
25 CH. 110/250 F. MENU 50/170 F. PENSION 200/250 F. DEMI-PENSION 200/230 F. FERME 15
NOV./15 JANV. ET RESTAURANT FERME MARDI. ✖ E ⚅.

** **GRAND HOTEL DE COURTOISVILLE** 69, BD HEBERT M.DETROIS ☎ 99.40.83.83 – 53 CH.
200/380 F. MENU 88 F. PENSION 255/330 F. DEMI-PENSION 225/290 F. FERME 15 NOV./ FIN
MARS. 🚲 🐾 ✖ E 🔟.

* **LA ROTONDE** 1,BD CHATEAUBRIAND M.BUNGERT ☎ 99.56.00.77 – 16 CH. 100/220 F. MENU
50/100 F. PENSION 180/250 F. DEMI-PENSION 140/180 F. FERME 10 NOV./1 AVR. ET MERCREDI.
RESTAURANT FERME 1 OCT./15AVR. 🅵.

SAINT-MALO (ROTHENEUF) 35400 ILLE-ET-VILAINE 800 HAB. S.I.

** **DU CENTRE ET DU CANADA** 7, PLACE DU CANADA. M. FILLIETTE-BOUDEVILLE ☎
99.56.96.16 – 23 CH. 85/187 F. MENU 54/78 F. PENSION 170/221 F. DEMI-PENSION 132/164 F.
FERME MI-DEC./DEBUT FEV. ET DIMANCHE SOIR/LUNDI HS. ✖ E.

SAINT-MALO (SAINT SERVAN) 35400 ILLE-ET-VILAINE 50000 HAB. S.I.

** **LE SERVANNAIS** 4, RUE A.MAGON Mme FORTIN ☎ 99.81.45.50 – 44 CH. 95/415 F. MENU
85/220 F. PENSION 245/370 F. DEMI-PENSION 185/290 F. ✖.

SAINT-MAMET 31110 LUCHON HAUTE-GARONNE 640 M. 600 HAB.

** **LA RENCLUSE** M.CHALEON ☎ 61.79.02.81 – 28 CH. 110/190 F. MENU 52/87 F. PENSION
170/200 F. FERME 6 OCT./1 MAI SAUF VAC. SCOL. D'HIVER. 🐾 ✖ E.

SAINT-MARC-SUR-MER 44600 LOIRE-ATLANTIQUE 5000 HAB. S.I.

** **DE LA PLAGE** 37, RUE Ct. CHARCOT. M.BOURGINE ☎ 40.91.99.01 – 33 CH. 120/204 F. MENU
55/180 F. PENSION 230/265 F. DEMI-PENSION 205/226 F. RESTAURANT FERME DIMANCHE SOIR
ET LUNDI. ✖ E.

SAINT-MARCEL 36200 ARGENTON-SUR-CREUSE INDRE 1800 HAB.

** **LE PRIEURE** RUE DU PRESIDENT FRUCHON M.PAVY ☎ 54.24.05.19 – 12 CH. 105/180 F.
MENU 50/120 F. FERME 1/28 FEV., ET LUNDI. ✖ CV.

SAINT-MARCEL-D'ARDECHE 07700 BOURG-SAINT-ANDEOL ARDECHE
1200 HAB.

AF **DE LA SOURCE** RN.86 M.ARNAL ☎ 75.04.65.66 – 3 CH. 140/200 F. MENU 40/140 F. PEN-
SION 180 F. DEMI-PENSION 140 F. FERME JANV. 🅵 ✖ E.

SAINT-MARDS-EN-OTHE **10160 AIX-EN-OTHE** AUBE 600 HAB.

* **LE GRIL'OTHE** M.RODIER ☎ 25.70.10.03 – 7 CH. 63/100 F. MENU 78/99 F. PENSION 140/150 F. DEMI-PENSION 105/110 F. FERME 21 DEC./6 JANV., 23 JUIN/9 JUIL. ET MERCREDI. E.

SAINT-MARS-LA-JAILLE **44540** LOIRE-ATLANTIQUE 2046 HAB. S.I.

* **DU COMMERCE** 6 PLACE DU COMMERCE M. BASLANDE JOEL ☎ 40.97.00.32 – 8 CH. 85/120 F. MENU 70/160 F. PENSION 150/160 F. DEMI-PENSION 120/130 F. FERME 6/30 SEPT., ET LUNDI. E.

SAINT-MARTIN-AUX-CHARTRAINS **14130 PONT-L'EVEQUE** CALVADOS 249 HAB.

* **AUBERGE DE LA TRUITE** M.LEBON ☎ 31.65.21.64 – 7 CH. 120/250 F. MENU 90/250 F. DEMI-PENSION 180 F. FERME FEV., MERCREDI SOIR ET JEUDI. E.

SAINT-MARTIN-BELLEVUE **74370 PRINGY** HAUTE-SAVOIE 650 M. 1100 HAB.

** **BEAU-SEJOUR** M.DEPREZ ☎ 50.60.30.32 – 30 CH. 200/250 F. MENU 75/165 F. PENSION 250/300 F. DEMI-PENSION 210/230 F. FERME 15 DEC./15 MARS. RESTAURANT FERME DIMANCHE SOIR ET LUNDI SAUF JUIL./AOUT. F ♿.

** **LE RELAIS SAVOYARD** M. CURZILLAT ☎ 50.60.31.02 – 20 CH. 130/250 F. MENU 65/140 F. PENSION 190/230 F. DEMI-PENSION 170/210 F. FERME MARS, DIMANCHE SOIR ET LUNDI. F CV.

SAINT-MARTIN-D'ARDECHE **07700 BOURG-SAINT-ANDEOL** ARDECHE 340 HAB. S.I.

AF **AUBERGE DES GORGES** M.GENTIL ☎ 75.04.65.35 – 20 CH. 90/140 F. MENU 48/72 F. DEMI-PENSION 150/168 F. FERME 10 OCT./25 MARS. (PRIX 1987). ♿.

AF **BELLEVUE** M. VIGNAL ☎ 75.04.66.72 – 20 CH. 80/140 F. MENU 35/80 F. PENSION 155 F. DEMI-PENSION 120 F. FERME 1 OCT./1 AVR. TARIF 1987.

SAINT-MARTIN-D'AUXIGNY **18110** CHER 1700 HAB.

** **LE SAINT GEORGES** (SUR D.940,A St-GEORGES-SUR-MOULON). M. SOCHET ☎ 48.64.50.14 – 10 CH. 90/220 F. MENU 68/143 F. FERME 31 JANV./28 FEV., 19/26 JUIL., ET DIMANCHE SOIR 15 NOV./1 MARS. F E.

SAINT-MARTIN-D'ENTRAUNES **06470 GUILLAUMES** ALPES-MARITIMES 1050 M. 115 HAB. S.I.

AF **LES AIGUILLES** (VAL PELENS) Mme.ECKART ☎ 93.05.52.83 – 8 CH. 74/219 F. MENU 49/125 F. PENSION 160/207 F. DEMI-PENSION 131/166 F. FERME 28 SEPT./25 OCT. ET 25 AVR./25 MAI. (PRIX 1987). F.

SAINT-MARTIN-DE-CRAU **13310** BOUCHES-DU-RHONE 12000 HAB. S.I.

** **AUBERGE DES EPIS** 13 AV. PLAISANCE M. PRAT ☎ 90.47.31.17 – 12 CH. 110/270 F. DEMI-PENSION 190/300 F. FERME 1 FEV./7 MARS, DIMANCHE SOIR ET LUNDI HS. F E.

SAINT-MARTIN-DE-LA-PLACE **49160 LONGUE** MAINE-ET-LOIRE 1200 HAB. S.I.

** **AUBERGE DU CHEVAL BLANC** 2 RUE DES MARINIERS M.CORNUBERT ☎ 41.38.42.96 – 8 CH. 145/255 F. MENU 80/200 F. PENSION 230/260 F. DEMI-PENSION 180/210 F. FERME 2 JANV./16 FEV., DIMANCHE SOIR ET LUNDI 1 OCT./30 JUIN E ♿.

SAINT-MARTIN-DE-LENNE **12130 SAINT-GENIEZ-D'OLT** AVEYRON 610 M. 350 HAB.

AF **MERVIEL** ☎ 65.47.43.23 – 6 CH. 60/70 F. MENU 35/50 F. PENSION 110/130 F. DEMI-PENSION 90/100 F. CV ♿.

SAINT-MARTIN-DE-VALAMAS **07310** ARDECHE 1700 HAB. S.I.

* **DE LA POSTE** M.RIBES ☎ 75.30.43.79 – 11 CH. 70/140 F. MENU 45/120 F. PENSION 170/190 F. DEMI-PENSION 120/140 F. FERME 20 DEC/31 JANV. F E.

SAINT-MARTIN-EN-BRESSE **71620** SAONE-ET-LOIRE 1500 HAB.

* **AU PUITS ENCHANTE** M. CHATEAU ☎ 85.47.71.96 – 10 CH. 100/150 F. MENU 70/150 F. PENSION 180/200 F. DEMI-PENSION 125/150 F. FERME 15 JANV./28 FEV. ET MARDI HS. F E CV.

SAINT-MARTIN-EN-HAUT **69850** RHONE 750 M. 2960 HAB. S.I.

ec **RELAIS DES BERGERS** 2 PLACE NEUVE M. COUSIN ☎ 78.48.51.22 – 18 CH. 89/150 F. MENU 50/130 F. PENSION 200/250 F. DEMI-PENSION 160/190 F. RESTAURANT FERME 11 NOV./8 DEC. ET MARDI 1 OCT./1 JUIN. F E CV.

SAINT-MARTIN-LA-MEANNE **19320 MARCILLAC-LA-CROISILLE** CORREZE 450 HAB.

* **LES VOYAGEURS** Mme CHAUMEIL-GRAFFEUILLE ☎ 55.29.11.53 – 19 CH. 66/118 F. MENU 54/145 F. PENSION 175 F. DEMI-PENSION 145 F. FERME 16/23 NOV., 2/31 JANV. F E.

SAINT-MARTIN-LA-RIVIERE **86300 CHAUVIGNY** VIENNE 1100 HAB.

*AF **DE LA PLAGE** (A VALDIVIENNE) Mme.SERVOUZE ☎ 49.56.30.28 – 7 CH.. 65 F. MENU 46/80 F. PENSION 110 F. FERME FEV.

SAINT-MARTIN-LALANDE **11400 CASTELNAUDARY** AUDE 470 HAB.

ec **DOMAINE SARRAZY** M. CARRETERO ☎ 68.94.81.82/68.94.81.81 – 12 CH. 120/150 F. MENU 80/180 F. PENSION 200/300 F. F CV.

SAINT-MARTIN-LE-BEAU 37270 MONTLOUIS INDRE-ET-LOIRE 2100 HAB. S.I.

** **AUBERGE DE LA TREILLE** M.COUCKE ☎ 47.50.67.17 — 7 CH. 90/220 F. MENU 55/185 F. PENSION 200/220 F. DEMI-PENSION 170/190 F. FERME 15 SEPT./8 OCT., 1/21 FEV., DIMANCHE SOIR ET LUNDI HS. ♨ ▦ **CV.**

SAINT-MARTIN-LE-VINOUX 38950 ISERE 5582 HAB.

** **BELLEVUE** 1890, ROUTE DE CLEMENCIERES M.AYMARD ☎ 76.87.68.17 — 17 CH. 140/200 F. FERME 23 DEC./3 JANV. ⌑ ▦ **E CV.**

SAINT-MARTIN-SOUS-VIGOUROUX 15230 PIERREFORT CANTAL 780 M. 385 HAB.

AF **DE LA POSTE** M. DURIOL ☎ 71.23.33.61 — 3 CH. 70/110 F. MENU 48/85 F. PENSION 115/160 F. DEMI-PENSION 100/130 F. **F** ▦ **▦ ⊙ E CV.**

* **RELAIS DE LA FORGE** M.PLASSART ☎ 71.23.36.90 — 10 CH. 90/110 F. MENU 45/75 F. PENSION 150/170 F. DEMI-PENSION 130/140 F. FERME MERCREDI APRES-MIDI HS. ▦ ▦

SAINT-MARTIN-VALMEROUX 15140 CANTAL 700 M. 1000 HAB. S.I.

** **HOSTELLERIE DE LA MARONNE** (LE TEIL) M.DE COCK ☎ 71.69.20.33 — 24 CH. 210/280 F. MENU 95/105 F. DEMI-PENSION 210/280 F. FERME 5 NOV./2 AVR. ⌑ ♂ ▦ E &.

SAINT-MARTIN-VESUBIE 06450 LANTOSQUE ALPES-MARITIMES 960 M. 1156 HAB. S.I.

** **LA BONNE AUBERGE** Mme ROBERI ☎ 93.03.20.49 — 16 CH. 163/260 F. MENU 83/110 F. PENSION 220/270 F. DEMI-PENSION 187/235 F. FERME 15 NOV./1 FEV. ET RESTAURANT MERCREDI. &.

SAINT-MAURICE-CRILLAT 39130 CLAIRVAUX LES LACS JURA 800 M. 250 HAB.

* **AU BON SEJOUR** Mme PICARD ☎ 84.25.82.80 — 7 CH. 55/90 F. MENU 40/95 F. PENSION 125/130 F. DEMI-PENSION 90/95 F. FERME 28 SEPT./7 OCT., 15 NOV./15 DEC., ET DIMANCHE SOIR. ▦ E.

SAINT-MAURICE-DE-GOURDANS 01800 MEXIMIEUX AIN 1500 HAB.

** **RELAIS SAINT-MAURICE** M.SANNIER ☎ 74.61.81.45 — 10 CH. 90/250 F. MENU 75/210 F. PENSION 180/280 F. DEMI-PENSION 160/250 F. FERME 1/15 SEPT., 1/24 JANV., VENDREDI ET SAMEDI MIDI. ▦ E.

SAINT-MAURICE-EN-TRIEVES 38930 CLELLES ISERE 850 M. 135 HAB.

* **AU BON ACCUEIL** M.EMPERAIRE ☎ 76.34.70.13 — 18 CH. 65/95 F. MENU 45/60 F. PENSION 125/140 F. DEMI-PENSION 90/105 F. FERME 1/10 OCT. ET 1 DEC./PAQUES.

SAINT-MAURICE-EN-VALGODEMAR 05800 SAINT-FIRMIN HAUTES-ALPES 1000 M. 141 HAB. S.I.

** **LE BAN DE L'OURS** (A LUBAC) M. BOURGEON ☎ 92.55.23.65 — 16 CH. 170/235 F. MENU 65/68 F. PENSION 194/237 F. DEMI-PENSION 156/197 F. FERME 1 OCT./20 DEC., ET HIVER HORS VAC. SCOLAIRES. ▦.

SAINT-MAURICE-SUR-MOSELLE 88560 VOSGES 550 M. 1850 HAB. S.I.

** **AU PIED DES BALLONS** ROUTE DU BALLON. Mme IMARD ☎ 29.25.12.54 — 22 CH. 125/235 F. MENU 50/220 F. PENSION 180/210 F. DEMI-PENSION 150/180 F. FERME 8 NOV./8 DEC., ET LUNDI MIDI HS. **F** ♂ ♨ ▦ E CV.

* **BONSEJOUR** 20, RUE PRINCIPALE. M.PIERREL ☎ 29.25.12.33 — 14 CH. 82/130 F. MENU 45/130 F. PENSION 150/166 F. DEMI-PENSION 115/133 F. FERME DIMANCHE SOIR HS. **F** ▦ E.

** **DU COMMERCE** M.STELLA ☎ 29.25.12.38 — 15 CH. 98/175 F. MENU 48/125 F. PENSION 170/205 F. DEMI-PENSION 135/165 F. FERME 1/15 SEPT., 15/31 MARS., MERCREDI SAUF VAC. SCOL. **F** ♨ ▦ ⊙ E CV.

** **ROUGE GAZON** (ALT. 1260m.). SARL LUTTENBACHER ☎ 29.25.12.80 — 22 CH. 140/250 F. MENU 50/150 F. PENSION 185/280 F. DEMI-PENSION 145/240 F. ♨ ▦ E.

SAINT-MELOIR-DES-ONDES 35350 ILLE-ET-VILAINE 2500 HAB.

** **DE LA GARE. MOTELLERIE DU LIMONAY** M.TIREL ☎ 99.89.10.46 TELEX 740896 — 50 CH. 75/230 F. MENU 90/190 F. PENSION 245/300 F. DEMI-PENSION 170/225 F. FERME 15 DEC./15 JANV. ET DIMANCHE SOIR 1 OCT./31 MARS. **F** ♂ ▦ ▦ ⊙ E &.

SAINT-MERD-DE-LAPLEAU 19320 MARCILLAC-LA-CROISILLE CORREZE 213 HAB.

** **LE RENDEZ-VOUS DES PECHEURS** (AU PONT DU CHAMBON) M. FABRY ☎ 55.27.88.39 — 8 CH. 160/190 F. MENU 60/150 F. PENSION 200/250 F. DEMI-PENSION 155/215 F. FERME 12 NOV./20 DEC., VENDREDI SOIR ET SAMEDI MIDI 1 OCT./ 30 MARS. ▦ ⊙

SAINT-MICHEL 64220 SAINT-JEAN-PIED-DE-PORT PYRENEES-ATLANTIQUES 300 HAB.

* **XOKO-GOXOA** Mme SABALCAGARAY ☎ 59.37.06.34 — 14 CH. 110/160 F. MENU 55/130 F. PENSION 160/180 F. DEMI-PENSION 135/150 F. FERME 1 JANV./1 MARS ET RESTAURANT FERME MARDI SAUF VAC.SCOL **F** ▦ E.

SAINT-MICHEL DES ANDAINES 61600 LA FERTE MACE ORNE 290 HAB.

** **LA BRUYERE** M.GODET ☎ 33.37.22.26 — 19 CH. 110/200 F. MENU 60/140 F. PENSION 180/210 F. DEMI-PENSION 160 F. FERME 15 DEC./15 JANV., VENDREDI SOIR, SAMEDI ET DIMANCHE 31 OCT./31 MARS. **F** ♨ ▦ E.

SAINT-MICHEL-DE-MAURIENNE **73140** SAVOIE 730 M. 5000 HAB.

** **SAVOY HOTEL** 25, RUE GENERAL FERRIE M. CASSAZ ☎ 79.56.55.12 – 18 CH. 90/190 F. MENU 75/160 F. PENSION 190/230 F. DEMI-PENSION 150/180 F. FERME DIMANCHE SOIR ET LUNDI SAUF JUIL./AOUT. RESTAURANT FERME 15/31 OCT. 🄵 🛏 🐾 ☒ ㎎ E CV.

SAINT-MICHEL-EN-GREVE **22300** LANNION COTES-DU-NORD 382 HAB. S.I.

** **DE LA PLAGE** M. SCOTTO ☎ 96.35.74.43 – 38 CH. 120/220 F. MENU 65/130 F. PENSION
☞ 220/280 F. DEMI-PENSION 170/230 F. ☒ ㎎ E ⅙ ⑪.

SAINT-MICHEL-SUR-LOIRE **37130** LANGEAIS INDRE-ET-LOIRE 470 HAB.

** **AUBERGE DE LA BONDE** N. 152 (LA BONDE) M.THIBAULT ☎ 47.96.83.13 – 13 CH. 100/260 F. MENU 61/150 F. DEMI-PENSION 150/200 F. FERME 15 DEC./15 JANV. RESTAURANT FERME SAMEDI SAUF VEILLES FETES. ☒ E.

SAINT-MOLF **44350** GUERANDE LOIRE-ATLANTIQUE 992 HAB. S.I.

* **LA LUTINE** Mme BERTHO ☎ 40.42.51.79 – 8 CH. 115/128 F. MENU 45 F. PENSION
☞ 245/265 F. FERME LUNDI 15 OCT./30 MARS. CREPERIE. ☒ ㎎ ⑩ E.

SAINT-MOREIL **23400** BOURGANEUF CREUSE 350 HAB.

** **MOULIN DE MONTALETANG** M. LAGRUE ☎ 55.54.92.72 – 12 CH. 200/250 F. 🄵 🐾 ☒ E CV.

SAINT-NABORD (FALLIERES) **88200** REMIREMONT VOSGES 300 HAB.

** **LE PRE BRAYEU** (LIEU-DIT LES PRES BRAHEUX). Mlle.PIERREL ☎ 29.62.23.67 – 17 CH. 128/216 F. MENU 215/255 F. DEMI-PENSION 160/200 F. FERME 1/15 JANV. ET DIMANCHE SOIR. RESTAURANT POUR PENSIONNAIRES UNIQUEMENT. 🄵 🛏 🐾 ☒ E CV.

SAINT-NABORD (LONGUET) **88200** REMIREMONT VOSGES 3500 HAB.

** **RELAIS DE BELCOUR** 3 RUE TURENNE M. HENRY ☎ 29.62.06.27/29.62.25.31 – 18 CH. 90/180 F. MENU 50/90 F. FERME NOEL, SAMEDI ET DIMANCHE SOIR. RESTAURANT FERME NOEL ET NOUVEL AN. 🛏 🐾 ☒ E.

SAINT-NAZAIRE **44600** LOIRE-ATLANTIQUE 75000 HAB. S.I.

*** **AU BON ACCUEIL** 39,RUE MARCEAU M.DAUCE ☎ 40.22.07.05 – 12 CH. 250/280 F. MENU 65/150 F. FERME JUIL., ET SAMEDI. ☒ ㎎ ⑩ E.

* **LA RENAISSANCE** 49, RUE ROGER SALENGRO. Mme STIVET ☎ 40.22.41.37 – 17 CH.
☞ 85/150 F. MENU 55/125 F. DEMI-PENSION 140/200 F. FERME DIMANCHE SOIR ET LUNDI HS. ☒ E CV.

SAINT-NAZAIRE-EN-ROYANS **26190** SAINT-JEAN-EN-ROYANS DROME 600 HAB. S.I.

AF **DU PANORAMA** M.PICARD ☎ 75.48.41.43 – 9 CH. MENU 60/110 F. PENSION 150 F.
☞ FERME MERCREDI. 🐾 ☒ ㎎.

* **ROME** M.ROME CAMILLE ☎ 75.48.40.69 – 9 CH. 130/220 F. MENU 85/170 F. FERME 22/30
☞ JUIN, 24 OCT./22 NOV., DIMANCHE SOIR, LUNDI SAUF JUILLET ET AOUT. 🄵 🛏 ☒ ㎎ ⑩ E.

SAINT-NAZAIRE-LE-DESERT **26340** SAILLANS DROME 150 HAB. S.I.

** **AUBERGE DU DESERT»AU CHATEAU«** M. LEYDIER ☎ 75.27.51.43 – 9 CH. 185/310 F. MENU 80/200 F. PENSION 353 F. DEMI-PENSION 283 F. FERME 11 NOV./20 MARS. ⅙.

AF **DE LA POSTE** Mme BRES ☎ 75.27.50.45 – 7 CH. 180/250 F. MENU 50/80 F. PENSION 180/250 F. DEMI-PENSION 160/200 F. 🄵 🛏 CV ⅙.

SAINT-NECTAIRE **63710** PUY-DE-DOME 760 M. 800 HAB. S.I.

** **HERMITAGE** M.THEVENOT ☎ 73.88.50.17 – 45 CH. 165/190 F. MENU 45/85 F. PENSION
☞ 195/220 F. DEMI-PENSION 160/170 F. FERME 28 SEPT./24 MAI. ☒.

* **LE BEL AIR** M.DELPEUX ☎ 73.88.50.42 – 12 CH. 90/195 F. MENU 58/90 F. PENSION
☞ 145/185 F. DEMI-PENSION 120/160 F. FERME 12 NOV./25 DEC., 3/31 JANV. 🄵 ☒.

SAINT-NICOLAS-DES-EAUX **56150** BAUD MORBIHAN 300 HAB.

** **LE VIEUX MOULIN** M.TROUDET ☎ 97.51.81.09 – 12 CH. 91/182 F. MENU 55/160 F. PENSION 180/242 F. DEMI-PENSION 159/213 F. FERME 1 FEV./1 MARS, DIMANCHE SOIR ET LUNDI 1 OCT./31 MAI. ☒ ㎎ ⑩ E.

SAINT-NICOLAS-LES-ARRAS **62223** SAINT-LAURENT-BLANGY PAS-DE-CALAIS 6225 HAB.

** **LA BELLE ETOILE** (ZONE ARTISANALE LES ALOUETTES). M. THEOT ☎ 21.58.59.00 TELEX
☞ 133 748 – 36 CH. 195/240 F. MENU 50/120 F. PENSION 205/310 F. DEMI-PENSION 155/260 F. PARKING FERME. 🄵 ☒ ㎎ E CV ⅙.

SAINT-OMER **62500** PAS-DE-CALAIS 18000 HAB. S.I.

*** **LE BRETAGNE** 2,PL. DU VAINQUAI M.BEAUVALOT ☎ 21.38.25.78 TELEX 133290 – 43 CH. 170/280 F. MENU 60/160 F. 🄵 🐾 ☒ ㎎ ⑩ E ⅙.

SAINT-OMER (WISQUES) **62500** SAINT-OMER PAS-DE-CALAIS 0 M. 262 HAB.

* **LA SAPINIERE** M. DELBEKE ☎ 21.95.14.59 – 10 CH. 80/180 F. MENU 59/160 F. PENSION 190/300 F. DEMI-PENSION 150/250 F. FERME DIMANCHE SOIR ET LUNDI. ☒ E.

SAINT-PALAIS-SUR-MER **17420** CHARENTE-MARITIME 2450 HAB. S.I.

** **DE LA PLAGE** 1, PLACE DE L'OCEAN. M. PIOCHAUD ☎ 46.23.10.32 – 28 CH. 200/240 F.
☞ MENU 72/200 F. PENSION 300/330 F. DEMI-PENSION 265/295 F. FERME DEC. ET JANV. ☒ E.

SAINT-PARDOUX 79310 MAZIERES-EN-GATINE DEUX-SEVRES 1185 HAB.
- **AF** **DES VOYAGEURS** M. POUVREAU ☎ 49.63.40.11 – 3 CH. 99/110 F. MENU 52/157 F. PENSION 176 F. DEMI-PENSION 121 F. FERME 7/28 FEV. ET LUNDI. 🖷 🎟.

SAINT-PAUL-DE-FENOUILLET 66220 PYRENEES-ORIENTALES 2350 HAB. S.I.
- * **LE GALAMUS** 3, PLACE FLORENTIN PLA. Mme CORNILLE ☎ 68.59.01.40 – 8 CH. 100/180 F. MENU 50/156 F. PENSION 150/300 F. DEMI-PENSION 120/230 F. 🖷 🛀 🎟 🅰🅴 ⓜ E CV.

SAINT-PAUL-DE-LOUBRESSAC 46170 CASTELNAU-MONTRATIER LOT 360 HAB. S.I.
- * **LE LEVAT** (A LA GRANGE DU LEVAT - SUR N.20). M. VENDRISSE ☎ 65.21.93.16 – 10 CH. 90/130 F. MENU 55/75 F. PENSION 180/205 F. DEMI-PENSION 125/145 F. FERME JANV. ET MARDI. RESTAURANT VOISIN. ✕ 🎟 E CV.
- * **RELAIS DE LA MADELEINE** (A 100M. N. 20) M.DEVIANNE ☎ 65.21.98.08 – 16 CH. 85/160 F. MENU 55/90 F. PENSION 150/180 F. DEMI-PENSION 110/150 F. FERME 1 DEC./10 JANV., 8 JOURS VAC.TOUSSAINT ET SAMEDI. 🖷 🎟 E.

SAINT-PAUL-DE-SALERS 15410 SALERS CANTAL 1050 M. 20 HAB.
- **AF** **FERME-AUBERGE** (A RECUSSET). Mme GENEIX ☎ 71.40.73.55 – 7 CH. 70/120 F. MENU 50/80 F. PENSION 125/135 F. DEMI-PENSION 98/110 F. 🎟 E.

SAINT-PAUL-DE-VARAX 01240 AIN 1200 HAB.
- ** **DE LA GARE** M.DUVERGER ☎ 74.42.51.97 – 8 CH. 126/209 F. MENU 58/126 F. FERME FIN NOV./ DEBUT JANV., MARDI SOIR ET MERCREDI SAUF JUIL./AOUT. 🖷 🛏 🎟 E.

SAINT-PAUL-LES-DAX 40990 LANDES 10000 HAB. S.I.
- ** **DES ACACIAS** (LAC DE CHRISTUS) RUE DU PLUMET. SARL LES ACACIAS ☎ 58.91.97.50 – 20 CH. 160 F. FERME 20 DEC./20 JANV. 🎟 🅰🅴 ⓜ E ♿.
- ** **RELAIS DES PLAGES** AV. DE L'OCEAN M.LAGEYRE ☎ 58.91.78.86 – 10 CH. 120/180 F. MENU 60/180 F. PENSION 170/190 F. FERME 15 NOV./15 DEC. ET LUNDI. ⊸ 🎟 CV ♿.
- ** **RELAIS DES THERMES** ROUTE DE BORDEAUX M.LAMATHE ☎ 58.91.64.37 – 20 CH. 165/250 F. MENU 70/200 F. PENSION 270/300 F. DEMI-PENSION 230/270 F. FERME 20 DEC./1 FEV. ET RESTAURANT FERME LUNDI 1 NOV./1 MAI.CLIMATISATION DU RESTAURANT. 🖷 🐄 ⓜ E CV ♿ 🏧.

SAINT-PAUL-LES-MONESTIER 38650 MONESTIER-DE-CLERMONT ISERE 850 M. 140 HAB.
- ** **AU SANS SOUCI** M.MAURICE ☎ 76.34.03.60 – 12 CH. 180/280 F. MENU 70/160 F. PENSION 230 F. DEMI-PENSION 190 F. FERME JANV., DIMANCHE SOIR ET LUNDI. 🖉 🛵 🎟.

SAINT-PAULIEN 43350 HAUTE-LOIRE 800 M. 1950 HAB. S.I.
- **AF** **AU RELAIS VELLAVE** 3, AVE DE VICHY M.RAVEYRE ☎ 71.00.41.23 – 6 CH. 95/130 F. MENU 50/90 F. PENSION 160/170 F. DEMI-PENSION 120/130 F. FERME 1/31 OCT., DIMANCHE SOIR ET LUNDI SAUF ETE. 🖷 🛀 ♿.
- * **DES VOYAGEURS** 9, ROUTE D'ALLEGRE. M. BERGER ☎ 71.00.40.47 – 14 CH. 70/145 F. MENU 40/88 F. PENSION 130/150 F. DEMI-PENSION 95/115 F. 🖷 🛀 🎟 🅰🅴 ♿.

SAINT-PEE-SUR-NIVELLE 64310 ASCAIN PYRENEES-ATLANTIQUES 3000 HAB. S.I.
- * **DE LA NIVELLE** M. BERROTARAN ☎ 59.54.50.15 – 30 CH. 110/250 F. MENU 80/120 F. PENSION 190/270 F. DEMI-PENSION 170/220 F. FERME 1/28 FEV. 🖷 🎟 🅰🅴 E CV.
- * **DU FRONTON** M. DAGUERRE ☎ 59.54.10.12 – 10 CH. 90/170 F. MENU 110/200 F. PENSION 160/180 F. DEMI-PENSION 140/150 F. FERME 15 JANV./15 FEV. ET MERCREDI HS. 🖷 🎟 ⓜ.

SAINT-PHILBERT-DE-BOUAINE 85660 VENDEE 1950 HAB.
- ** **LE RELAIS DES ETANGS** ROUTE DE ROCHESERVIERE Mme GADAIS ☎ 51.41.92.44 – 10 CH. 100/170 F. MENU 45/150 F. DEMI-PENSION 150/170 F. FERME DIMANCHE SOIR. 🖷 🖉 🎟 E ♿.

SAINT-PHILBERT-DE-GRAND-LIEU 44310 LOIRE-ATLANTIQUE 4700 HAB. S.I.
- **AF** **LA RIVIERA** 7 RUE DU PORT M. GRELLIER ☎ 40.78.70.32 – 13 CH. 80/170 F. MENU 37/150 F. PENSION 230/300 F. DEMI-PENSION 165/235 F. FERME MI/28 OCT., DIMANCHE SOIR ET LUNDI. 🐄 🎟 E CV.

SAINT-PIERRE 39150 SAINT-LAURENT JURA 900 M. 200 HAB.
- * **DE LA FORET** M.THEVENIN ☎ 84.60.12.86 – 11 CH. 72/145 F. MENU 46/150 F. PENSION 145/175 F. DEMI-PENSION 105/135 F. 🖷 🎟 ⓜ E ♿.

SAINT-PIERRE-D'ENTREMONT 73670 ISERE 640 M. 840 HAB. S.I.
- ** **DU CHATEAU DE MONTBEL** M. VINCENT ☎ 79.65.81.65 – 15 CH. MENU 60/120 F. PENSION 180/220 F. DEMI-PENSION 140/180 F. FERME 18/29 AVR., 31 OCT./15 DEC., DIMANCHE SOIR ET LUNDI HS 🖷 🛀 E CV 🏧.
- ** **LE GRAND SOM** M. GIROUD ALAIN ☎ 79.65.80.22 – 20 CH. 130/180 F. MENU 75/140 F. PENSION 220/240 F. DEMI-PENSION 190/210 F. FERME 20 OCT./20 DEC. ET MARDI SOIR/MERCREDI HS. 🖷 🎟 E ♿.

SAINT-PIERRE-DE-CHANDIEU 69780 MIONS RHONE 4000 HAB.
- * **HOSTAL** M. HOSTAL ☎ 78.40.30.03 – 21 CH. 110/170 F. MENU 45/110 F. PENSION 180/220 F. DEMI-PENSION 155/170 F. FERME 20 DEC./3 JANV. ET DIMANCHE. 🐄 🎟 E.

SAINT-PIERRE-DE-CHARTREUSE 38380 SAINT-LAURENT-DU-PONT
ISERE 1140 M. 600 HAB. S.I.

* **AUBERGE L'ATRE FLEURI** RTE DU COL DE PORTE RD.512 M.REVEST ☎ 76.88.60.21 – 8 CH.
140/160 F. MENU 50/160 F. PENSION 196/206 F. DEMI-PENSION 150/160 F. FERME VAC.TOUS-
SAINT/26 DEC., DERNIERE SEM. JUIN, MARDI SOIR ET MERCREDI. 🇫 ▥

*** **BEAU SITE** Mme.SOURD ☎ 76.88.61.34 – 30 CH. 150/300 F. MENU 75/160 F. PENSION
220/300 F. DEMI-PENSION 180/260 F. FERME 15 OCT./15 DEC., 15 AVR./15 MAI ET MERCREDI
HS. 🇫 ▥ ▤ ⊕ E CV.

* **BEAUREGARD** Mme PIRRAUD ☎ 76.88.60.12 – 7 CH. 120/140 F. MENU 65/110 F. PENSION
190/200 F. DEMI-PENSION 160/170 F. FERME 15 NOV./15 DEC. ET 20 AVR./10 MAI. ▥ ▤
E.

* **DU DAUPHINE** M.CHAGNIEL ☎ 76.88.62.20 – 13 CH. 78/123 F. MENU 55/85 F. PENSION
170/189 F. DEMI-PENSION 119/139 F. FERME 20 NOV./15 DEC. 🇫 ▥ E.

* **DU NORD** M.SESTIER ☎ 76.88.61.10 – 19 CH. 80/150 F. MENU 65/120 F. PENSION
180/220 F. FERME 1/15 MAI ET 1/15 OCT. ∅ ▥

SAINT-PIERRE-DE-TRIVISY 81330 VABRE TARN 620 M. 680 HAB.

AF **BOUSQUET** M.BOUSQUET ☎ 63.50.42.22 – 8 CH. 80/130 F. MENU 50/100 F. PENSION
160/180 F. DEMI-PENSION 120/140 F. FERME SEPT. ET RESTAURANT FERME SAMEDI. 🇫
▦ ▤ ⊕ E.

SAINT-PIERRE-DE-VENACO 20250 CORTE CORSE 350 HAB.

* **LE BOSQUET** M. CESARI ☎ 95.47.00.11 – 27 CH. 200/250 F. MENU 50/100 F. PENSION
220/270 F. DEMI-PENSION 160/200 F. FERME 30 NOV./30 FEV. 🇫 ▥ ▤ ⊕ E
CV &.

SAINT-PIERRE-DES-NIDS 53370 MAYENNE 1350 HAB. S.I.

** **DU DAUPHIN** M.ETIENNE ☎ 43.03.52.12 – 9 CH. 195/255 F. MENU 70/210 F. PENSION
260/300 F. DEMI-PENSION 195/230 F. FERME VAC. SCOL. FEV., 21 AOUT/10 SEPT., ET MER-
CREDI. ▦ ▥ E.

SAINT-PIERRE-LE-MOUTIER 58240 NIEVRE 2280 HAB. S.I.

AF **AU BON LABOUREUR** Mme DEHORS ☎ 86.37.41.30 – 10 CH. 60/140 F. MENU 65/110 F.
FERME MERCREDI SOIR/VENDREDI MATIN. ▥ ▤ ⊕ E CV.

SAINT-PIERRE-LES-NEMOURS 77140 SEINE-ET-MARNE 5500 HAB. S.I.

** **LES ROCHES** AV.D'ORMESSON M. PAILLASSA ☎ (1)64.28.01.43 – 15 CH. 138/194 F. MENU
70/220 F. DEMI-PENSION 228/290 F. RESTAURANT FERME VAC.TOUSSAINT, VAC.FEV.,
DIMANCHE SOIR ET LUNDI MIDI. 🇫 ∂ ▥ ▤ ⊕ E CV.

SAINT-PIERRE-SUR-DIVES 14170 CALVADOS 4500 HAB. S.I.

AF **AUBERGE DE LA DIVES** 27, Bld COLAS. M. DUHAMEL ☎ 31.20.80.42 – 5 CH. 100/130 F.
MENU 59/200 F. PENSION 200 F. DEMI-PENSION 160 F. FERME LUNDI SOIR. ▥ E.

* **LA RENAISSANCE** 57 RUE DE LISIEUX. LECLERC ET FILS. ☎ 31.20.81.23/31.20.90.01 –
10 CH. 80/210 F. MENU 45/60 F. PENSION 170/215 F. DEMI-PENSION 130/175 F. FERME 15
SEPT./15 OCT. RESTAURANT FERME DIMANCHE MIDI. PARKING. ▦ ▦ ▥ ▤ ⊕
E CV &.

SAINT-PIERREMONT 88700 RAMBERVILLERS VOSGES 155 HAB.

ec **LE RELAIS VOSGIEN** Mme PREVOST ☎ 29.65.02.46 – 9 CH. 95/260 F. MENU 59/150 F.
PENSION 220/260 F. DEMI-PENSION 180/220 F. FERME LUNDI APRES-MIDI. ▦ ▦ ▥
▤ ⊕ E.

SAINT-PLANTAIRE 36190 ORSENNES INDRE 900 HAB.

AF **PATRAUD** M. PATRAUD. ☎ 54.47.23.09 – 8 CH. 55/75 F. MENU 45/95 F. PENSION
130/150 F. DEMI-PENSION 120 F. FERME 1/26 OCT., ET VENDREDI. ▥ E.

SAINT-POL-DE-LEON 29250 FINISTERE 7998 HAB. S.I.

* **DE FRANCE** 29, RUE DES MINIMES. M. LAPRAY ☎ 98.69.00.14 – 21 CH. 90/120 F. MENU
65/150 F. PENSION 190/210 F. DEMI-PENSION 140/170 F. FERME 20 SEPT./6 OCT., 1/28 FEV.,
DIMANCHE SOIR ET LUNDI OCT./AVR. 🇫 ▥ E.

SAINT-PONS 34220 HERAULT 3417 HAB. S.I.

* **PASTRE** 16, AV. DE LA GARE. M. FAISSOLLE ☎ 67.97.00.54 – 20 CH. 68/180 F. MENU
55/170 F. PENSION 150/190 F. DEMI-PENSION 130/170 F. FERME 20 DEC./20 JANV. ET SAMEDI 1
OCT./1 MAI. ▥ E.

SAINT-POURCAIN-SUR-SIOULE 03500 ALLIER 5200 HAB. S.I.

** **DES DEUX PONTS** ILOT DE TIVOLI. M. CHEVILLE ☎ 70.45.41.14 – 27 CH. 90/195 F. MENU
55/180 F. PENSION 250/345 F. DEMI-PENSION 175/270 F. FERME 10 OCT./20 NOV., 1/15 MARS,
ET DIMANCHE SOIR. RESTAURANT FERME DIMANCHE SOIR ET LUNDI. ▥ E.

** **LE CHENE VERT** 35, BOULEVARD LEDRU-ROLLIN. M. SIRET ☎ 70.45.40.65 – 35 CH.
80/280 F. MENU 72/230 F. FERME 5 JANV./5 FEV., 4/12 OCT. ET MARDI + MERCREDI MIDI
OCT./MAI INCLUS. ▦ ▥ ▤ ⊕ E.

SAINT-PRIEST 69800 RHONE 45000 HAB.

*** **MODERNE** 64-70,RTE. D'HEYRIEUX M.MONNET ☎ 78.20.47.46 TELEX 306 562 – 35 CH.
190/300 F. MENU 50/165 F. DEMI-PENSION 240 F. FERME AOUT ET RESTAURANT FERME SAMEDI
SOIR ET DIMANCHE. 🇫 ▥ ▤ ⊕ ▥.

SAINT-PRIEST-TAURION 87480 HAUTE-VIENNE 2000 HAB.

* **RELAIS DU TAURION** M. ROGER ☎ 55.39.70.14 – 12 CH. 78/170 F. MENU 75/150 F. PEN-
SION 140/190 F. DEMI-PENSION 125/160 F. FERME 15 DEC./15 JANV., DIMANCHE SOIR ET LUNDI
MIDI. 🇫 ▦ ▥ E.

SAINT-PRIVAT-D'ALLIER 43460 HAUTE-LOIRE 850 M. 600 HAB. S.I.

* **LA VIEILLE AUBERGE** M. CHAMBON ☎ 71.57.20.56 – 28 CH. 80/145 F. MENU 48/140 F. PENSION 137/160 F. DEMI-PENSION 105/125 F. FERME 15 OCT./1 NOV. ET 15 JANV./1 MARS. Ⓕ 🐟 ▓ CV.

SAINT-PROJET-DE-CASSANIOUZE 15340 CALVINET CANTAL 35 HAB.

* **DU PONT** M.CARRIER ☎ 71.49.94.21 – 14 CH. 90/155 F. MENU 55/140 F. PENSION 150/180 F. DEMI-PENSION 130/155 F. FERME 1 NOV./1 AVR. Ⓕ ▓ E CV.

SAINT-QUAY-PORTRIEUX 22410 COTES-DU-NORD 3500 HAB. S.I.

* **LE BRETAGNE** M. CASSIN ☎ 96.70.40.91 – 14 CH. 110/140 F. MENU 60/81 F. PENSION 238 F. DEMI-PENSION 158 F. ▓ E CV.

** **LE GERBOT D'AVOINE** M.LUCAS ☎ 96.70.40.09 TELEX 950702 – 26 CH. 112/225 F. MENU 58/210 F. DEMI-PENSION 155/210 F. FERME 4/26 JANV., 20 NOV./13 DEC., DIMANCHE SOIR ET LUNDI HS. Ⓕ 🐟 ▓ E.

SAINT-QUENTIN 02100 AISNE 100000 HAB. S.I.

* **DE GUISE** 93,RUE DE GUISE M.WALLERAND ☎ 23.68.27.69 – 15 CH. 110/180 F. MENU 60/200 F. PENSION 180/200 F. DEMI-PENSION 160/180 F. RESTAURANT FERME DIMANCHE.

SAINT-QUENTIN-SUR-ISERE 38210 TULLINS ISERE 260 M. 937 HAB. S.I.

** **AUBERGE DE L'ECHAILLON** M. GAUDILLERE ☎ 76.53.95.75 – 8 CH. 140/195 F. MENU 79/228 F. PENSION 250 F. DEMI-PENSION 200 F. FERME LUNDI EN HIVER. 🐟 ▓ E.

SAINT-RAMBERT-D'ALBON 26140 DROME 5000 HAB.

** **LA CROIX D'OR** 3 RUE NATIONALE M.DELEST ☎ 75.31.00.35/75.31.18.12 – 11 CH. 98/240 F. MENU 54/148 F. PENSION 185/240 F. DEMI-PENSION 165/210 F. FERME 16 SEPT./1 OCT., 15 FEV./1 MARS ET DIMANCHE. 🚗 ▓ ⒶⒺ E CV ♿.

SAINT-RAPHAEL 83700 VAR 47000 HAB. S.I.

** **LA COLOMBETTE** 1351 AV.DE VALESCURE M. LE BOULLUEC ☎ 94.52.01.78/94.83.63.18 – 16 CH. 120/220 F. MENU 240/270 F. DEMI-PENSION 189/205 F. FERME 1 NOV./1 DEC. RESTAURANT RESERVE AUX RESIDENTS. CV.

** **LES AMANDIERS** 874,BD MAL-JUIN Mme.TAINTURIER ☎ 94.95.82.42 – 10 CH. 150/265 F. MENU 65/80 F. PENSION 220/280 F. DEMI-PENSION 180/230 F. FERME 15 NOV./15 JANV. ET RESTAURANT FERME 31 OCT./15 MARS SAUF POUR PENSIONNAIRES. Ⓕ 🐟 ▓ E CV ♿.

SAINT-RAPHAEL (ANTHEOR) 83700 VAR 373 HAB. S.I.

** **LA RESERVE D'ANTHEOR** (A ANTHEOR) M. AUTIN ☎ 94.44.80.05/94.44.82.03 – 13 CH. 168/275 F. MENU 82/155 F. PENSION 265/290 F. DEMI-PENSION 210/245 F. FERME 15 OCT./1 FEV. ▓ ⒶⒺ E.

SAINT-RAPHAEL (LE DRAMONT) 83700 VAR 657 HAB. S.I.

** **DU DEBARQUEMENT** (AU DRAMONT - R.N. 98). M. CAVATAIO ☎ 94.82.02.51 – 16 CH. 170/200 F. MENU 68/150 F. PENSION 210/230 F. DEMI-PENSION 165/178 F. FERME 1 JANV./1 FEV. ET RESTAURANT FERME DIMANCHE SOIR 15 OCT./1 AVR. ▓ CV.

SAINT-RAPHAEL (VALESCURE) 83700 VAR 47000 HAB. S.I.

*** **LA CHENERAIE** BLD DES GONDINS (PRES GOLF). Mme PELLETIER M. CHAVANON ☎ 94.52.08.02/94.83.65.03 – 10 CH. 250/385 F. MENU 170/270 F. DEMI-PENSION 320/360 F. FERME 1 FEV./15 MARS, RESTAURANT FERME DIMANCHE SOIR ET LUNDI SAUF 1/2 PENSION. Ⓕ ▓ E.

SAINT-REMY-DE-PROVENCE 13210 BOUCHES-DU-RHONE 8000 HAB. S.I.

** **AUBERGE DE LA REINE JEANNE** 12, Bld MIRABEAU. M. CANAC ☎ 90.92.15.33 – 10 CH. 200/250 F. MENU 65/150 F. PENSION 280/310 F. DEMI-PENSION 210/250 F. ▓ ⒶⒺ ◉ E.

** **HOSTELLERIE LE CHALET FLEURI** 15 AV. F-MISTRAL M. POIREY Pierre ☎ 90.92.03.62 – 12 CH. 120/210 F. MENU 80/120 F. DEMI-PENSION 160/300 F. FERME 25 OCT./15 MARS., RESTAURANT FERME 15 OCT./20 MARS ET MARDI. Ⓕ.

* **VILLA GLANUM** 46,AV.VAN-GOGH Mme EMANUEL ☎ 90.92.03.59 – 23 CH. 180/290 F. MENU 60/160 F. DEMI-PENSION 185/240 F. FERME HOTEL 1/31 JANV. ET RESTAURANT 15 NOV/15 MARS. ▓ ⒶⒺ ◉ E.

SAINT-REMY-SUR-DUROLLE 63550 PUY-DE-DOME 680 M. 2300 HAB. S.I.

AF **LE VIEUX LOGIS** (LIEU-DIT POMMIER) Mme MANTELET ☎ 73.94.30.78 – 4 CH. 110/120 F. MENU 80/150 F. FERME FEV., FIN AOUT/DEBUT SEPT., DIMANCHE SOIR ET LUNDI SOIR.

SAINT-RESTITUT 26130 SAINT-PAUL-TROIS-CHATEAUX DROME 600 HAB.

*** **AUBERGE DES QUATRE SAISONS** PLACE DE L'EGLISE Mme.VIGUET-CARRIN ☎ 75.04.71.88 – 10 CH. 195/410 F. MENU 70/220 F. PENSION 405/540 F. DEMI-PENSION 315/450 F. FERME 11 JANV./3 FEV., 14 NOV./6 DEC., LUNDI SOIR ET MARDI MIDI HS. Ⓕ ▓ ⒶⒺ ◉ E.

SAINT-ROBERT 19310 AYEN CORREZE 360 HAB. S.I.

* **MONT BEL AIR** Mme GALINAT ☎ 55.25.12.82 – 8 CH. 80/150 F. MENU 50/120 F. PENSION 135/170 F. DEMI-PENSION 120/140 F. FERME 1/29 FEV., ET MERCREDI. ▓.

SAINT-ROMAIN 16210 CHALAIS CHARENTE 510 HAB. S.I.

*AF **LA BRAISIERE** M. JOZELEAU ☎ 45.98.51.35 – 5 CH. 78/98 F. MENU 44/117 F. PENSION 130 F. DEMI-PENSION 100 F. FERME LUNDI 1 NOV./1 MARS. Ⓕ ▓ E.

SAINT-ROMAIN-D'AY 07290 SATILLIEU ARDECHE 540 HAB.

** **DU VIVARAIS** M. POINARD Regis ☎ 75.34.42.01 — 8 CH. FERME LUNDI. PRIX NON COMMUNI-
QUES. 🚗 ▨.

SAINT-ROME-DE-CERNON 12490 AVEYRON 850 HAB.

* **DU COMMERCE** Mme.ROUCAYROL GAYRAL ☎ 65.62.33.92 — 13 CH. 65/110 F. MENU
45/100 F. PENSION 150/180 F. DEMI-PENSION 110/140 F. FERME 20 DEC./5 JANV. 🐟🍴.

SAINT-SATUR 18300 SANCERRE CHER 1960 HAB. S.I.

** **LE LAURIER** 29, RUE DU COMMERCE. Mme DECREUZE ☎ 48.54.17.20 — 9 CH. 90/200 F.
☞ MENU 65/200 F. PENSION 190/300 F. DEMI-PENSION 130/240 F. FERME 15/30 NOV., FEV., ET
LUNDI 1 SEPT./30 JUIN. ▨.

SAINT-SATURNIN-D'APT 84490 VAUCLUSE 1700 HAB.

* **DES VOYAGEURS** M.AUGIER ☎ 90.75.42.08 — 13 CH. 110/290 F. MENU 80/170 F. DEMI-
☞ PENSION 170/220 F. FERME MERCREDI HORS VAC. 🄵 🍴 ▨ 🅰🄴 ⓜ E.

AF **SAINT HUBERT** M.ARNAUD ☎ 90.75.42.02 — 6 CH. 120/180 F. MENU 100/160 F. FERME
FEV., JUIN, DIMANCHE SOIR ET LUNDI. 🍴 ▨ CV ♿.

SAINT-SAUD-EN-PERIGORD 24470 DORDOGNE 1200 HAB. S.I.

** **HOSTELLERIE SAINT JACQUES** M.BABAYOU ☎ 53.56.97.21 — 10 CH. 180/200 F. MENU
55/120 F. PENSION 247/280 F. DEMI-PENSION 217/250 F. FERME LUNDI HS., HOTEL 15 OCT./1
AVR., RESTAURANT 15 OCT./ 1 AVR. SAUF DIMANCHE ET JOURS DE FETES. 🄵 ⬙ ♂ ⛵
▨ E.

SAINT-SAUVES 63950 PUY-DE-DOME 850 M. 1300 HAB. S.I.

* **DE LA GARE** Mme.BRUGIERE ☎ 73.81.11.80 — 9 CH. 80/145 F. MENU 50 F. PENSION
135/155 F. DEMI-PENSION 92/112 F. **E CV**

* **DE LA POSTE** M.BOIVIN ☎ 73.81.10.33 — 18 CH. 70/148 F. MENU 46/125 F. PENSION
138/170 F. DEMI-PENSION 108/138 F. FERME 5 NOV./20 DEC. 🄵 ▨ E ♿.

* **LA PORTE DES DORES** M.AUDIGIER ☎ 73.81.11.11 — 12 CH. MENU 45/120 F. PENSION
175/190 F. DEMI-PENSION 125/140 F. FERME 1 NOV./31 MARS, SAUF VAC. NOEL, FEV., ET
LUNDI HS. 🄵 🍴.

SAINT-SAUVEUR 05200 EMBRUN HAUTES-ALPES 1150 M. 250 HAB.

AF **LA FERME LOUBET** Mme ALBRAND ☎ 92.43.11.34 — 10 CH. 120 F. MENU 60/80 F. PENSION
☞ 195/250 F. DEMI-PENSION 140/198 F. FERME 30 OCT./18 DEC. 🄵 ▨ 🅰🄴 ⓜ E.

SAINT-SAVIN 65400 HAUTES-PYRENEES 325 HAB.

** **LE VISCOS** M. SAINT-MARTIN ☎ 62.97.02.28 — 16 CH. 185/190 F. MENU 88/190 F. PENSION
☞ 212/247 F. DEMI-PENSION 166/179 F. FERME 1/25 DEC. ET LUNDI HORS VAC.SCOL. 🄵 ▨
🅰🄴 E.

* **LES ROCHERS** Mme CONTRERES ☎ 62.97.09.52 — 20 CH. 73/225 F. PENSION 128/181 F.
DEMI-PENSION 106/159 F. FERME 1 OCT./PAQUES. ▨ 🅰🄴 ⓜ E CV ♿.

** **PANORAMIC HOTEL** SARL ☎ 62.97.08.22 — 22 CH. 110/190 F. MENU 63/125 F. PENSION
170/230 F. DEMI-PENSION 140/200 F. FERME 10 OCT./PAQUES. 🄵 ▨ 🅰🄴

SAINT-SAVIN 86310 VIENNE 1500 HAB. S.I.

* **DU MIDI** M.PROLY ☎ 49.48.00.40 — 9 CH. 65/150 F. MENU 50/175 F. PENSION 200 F. DEMI-
PENSION 145 F. FERME 2/31 JANV., DIMANCHE SOIR ET LUNDI SAUF JUIL./AOUT. 🄵 ⬙
▨ 🅰🄴 E.

SAINT-SEINE-L'ABBAYE 21440 COTE-D'OR 340 HAB. S.I.

AF **CHEZ GUITE** RUE CARNOT. Mme FRELET ☎ 80.35.01.46 — 7 CH. 75/150 F. MENU 45/85 F.
PENSION 190/210 F. DEMI-PENSION 140/160 F. ▨ E.

** **DE LA POSTE** Mme JACQUAND ☎ 80.35.00.35 — 22 CH. 115/260 F. MENU 110/150 F. PEN-
SION 280/330 F. DEMI-PENSION 200/250 F. FERME 1/28 FEV., ET MARDI. 🄵 ⬙ E.

SAINT-SERNIN 12380 AVEYRON 980 HAB. S.I.

** **CARAYON** PLACE DU FORT M. CARAYON ☎ 65.99.60.26 — 23 CH. 89/250 F. MENU 55/230 F.
☞ PENSION 169/249 F. DEMI-PENSION 149/229 F. FERME DIMANCHE SOIR/LUNDI 1 NOV./1 AVR.
🄵 ▨ 🅰🄴 ⓜ E CV ♿.

SAINT-SEVER 14380 CALVADOS 2000 HAB. S.I.

* **AUBERGE DE L'ABBATIALE** M.LARSONNEUR ☎ 31.68.81.66 — 9 CH. 105/180 F. MENU
60/120 F. PENSION 170/200 F. DEMI-PENSION 140/150 F. FERME FIN SEPT./15 OCT., ET LUNDI.
🄵 ⬙.

* **DU VIEUX BEFFROI** M. MUROT ☎ 31.67.82.22 — 10 CH. 88/155 F. MENU 49/85 F. PENSION
180/230 F. FERME FEV., ET LUNDI. 🄵 ⬙ 🍴 ▨ E.

SAINT-SEVER 40500 LANDES 5000 HAB. S.I.

** **RELAIS DU PAVILLON** M.DUMAS ☎ 58.76.20.22 — 14 CH. 160/250 F. MENU 90/250 F.
DEMI-PENSION 220/280 F. FERME DIMANCHE SOIR 1 NOV./31 MARS. ▨ 🅰🄴 ⓜ E.

SAINT-SORLIN-D'ARVES 73530 SAINT-JEAN-D'ARVES SAVOIE 1550 M. 310 HAB. S.I.

* **BEAUSOLEIL** M. VERMEULEN ☎ 79.59.71.42 — 23 CH. 140/160 F. MENU 65/100 F. PENSION
185/225 F. DEMI-PENSION 165/200 F. FERME 20 AVR./15 JUIN ET 15 SEPT./15 DEC. 🄵
♂ ⬙ 🍴 ▨ E.

* **LE CHARDON BLEU** M.RIEDLE ☎ 79.59.71.47 — 26 CH. 120/220 F. MENU 70/120 F. PEN-
SION 180/250 F. DEMI-PENSION 140/210 F. FERME 15 AVR./1 JUIL. ET 31 AOUT/10 DEC. 🄵
⬙ 🍴 ▨ E.

SAINT-SOZY 46200 **SOUILLAC** LOT 450 HAB.
* **GRANGIER** M. DESTANNES ☎ 65.32.20.14 − 12 CH. 85/125 F. MENU 46/149 F. PENSION 145/160 F. DEMI-PENSION 125/145 F. FERME 11 NOV./15 DEC. ET LUNDI.
* **LA RENAISSANCE** M.LOURADOUR ☎ 65.32.20.13 − 11 CH. 140 F. MENU 43/110 F. PENSION 170 F. DEMI-PENSION 140 F. FERME 1 JANV./1 FEV. ET SAMEDI. ▦ ▣ ⓤ **E**.

SAINT-SULPICE 81370 TARN 4000 HAB. S.I.
* **AUBERGE DE LA POINTE** (A LA POINTE) M.CHELOT ☎ 63.41.80.14 − 7 CH. 55/110 F. MENU 56/140 F. FERME MERCREDI OCT./JUIN. ▦ ▣ ⓤ **E**.

SAINT-SYLVAIN-D'ANJOU 49480 MAINE-ET-LOIRE 3500 HAB.
** **AUBERGE D'EVENTARD** (RN 23) M. MAUSSION ☎ 41.43.74.25 − 10 CH. 110/260 F. MENU 100/270 F. PENSION 340/420 F. DEMI-PENSION 260/410 F. FERME 2/26 JANV., DIMANCHE SOIR ET LUNDI. ▦ ▣ ⓤ **E**.
** **LA FAUVELAIE** ROUTE DU PARC EXPO Mme JUHEL ☎ 41.43.80.10 − 9 CH. 90/180 F. MENU 60/90 F. PENSION 182/237 F. DEMI-PENSION 125/180 F. RESTAURANT FERME 3 SEM. AOUT, DIMANCHE SOIR ET SOIR FETES. ▦ CV &.

SAINT-SYMPHORIEN 72480 **BERNAY-EN-CHAMPAGNE** SARTHE 650 HAB. S.I.
** **RELAIS DE LA CHARNIE** M.GASNIER ☎ 43.20.72.06 − 10 CH. 85/220 F. MENU 60/160 F. PENSION 150/230 F. DEMI-PENSION 140/200 F. FERME VAC. SCOL. FEV., ET LUNDI. ANIMATION. 🄵 ▵ ▦ CV &.

SAINT-THEGONNEC 29223 FINISTERE 2000 HAB.
* **AUBERGE SAINT THEGONNEC** M.LE COZ ☎ 98.79.61.18 − 7 CH. 100/150 F. MENU 70/280 F. DEMI-PENSION 175/220 F. FERME 15 DEC./1 FEV., DIMANCHE SOIR/LUNDI 1 SEPT./30 JUIN. 🄵 ▦ ▣ ⓤ **E**.

SAINT-THIEBAULT 52150 **BOURMONT** HAUTE-MARNE 330 HAB.
AF **AUBERGE DU CHEVAL BLANC** M. FAIRISE ☎ 25.01.13.03 − 3 CH. 85/200 F. MENU 46/160 F. DEMI-PENSION 150/200 F. FERME 2EME QUINZ. FEV., 2EME QUINZ. AOUT, ET LUNDI. ▣.

SAINT-USUGE 71500 **LOUHANS** SAONE-ET-LOIRE 1500 HAB.
* **BOIVIN** M. BOIVIN ☎ 85.72.10.95 − 8 CH. 65/135 F. MENU 50/140 F. PENSION 155/185 F. DEMI-PENSION 105/135 F. FERME 13 SEPT./13 OCT. ET LUNDI SAUF JUIL./AOUT. 🄵 ▦ ▣ **E**.

SAINT-UZE 26240 **SAINT-VALLIER** DROME 2088 HAB.
* **DES VOYAGEURS** PLACE DE LA MAIRIE M.DUCLAUX ☎ 75.03.23.85 − 10 CH. 70/100 F. MENU 48/120 F. PENSION 140 F. DEMI-PENSION 100 F. FERME LUNDI HS. ▦ **E** CV.

SAINT-VAAST-LA-HOUGUE 50550 MANCHE 2347 HAB. S.I.
** **DE FRANCE ET DES FUCHSIAS** 18, RUE MAL FOCH M.BRIX ☎ 33.54.42.26 − 32 CH. 90/320 F. MENU 60/190 F. PENSION 200/310 F. DEMI-PENSION 150/265 F. FERME 3 JANV./1 MARS, ET LUNDI 15 SEPT./1 JUIL. 🄵 ▦ ▣ ⓤ **E**.

SAINT-VALERY-EN-CAUX 76460 SEINE-MARITIME 5814 HAB. S.I.
AF **LA MARINE** 113, RUE SAINT-LEGER. M. DAUSSY ☎ 35.97.05.09 − 7 CH. 130/150 F. MENU 80/125 F. PENSION 180 F. DEMI-PENSION 140 F. FERME JANV./MI-MARS ET RESTAURANT FERME VENDREDI. 🄵 ▦ **E**.

SAINT-VALLIER 26240 DROME 5425 HAB. S.I.
** **DES VOYAGEURS** 2,AV. JEAN JAURES M.BROUCHARD ☎ 75.23.04.42 − 9 CH. 120/150 F. MENU 60/200 F. FERME 29 MAI/22 JUIN, DIMANCHE SOIR ET LUNDI. ▵ ▦ ▣ ⓤ **E**.
* **TERMINUS Restaurant LECOMTE** 116, AV. JEAN JAURES. M. LECOMTE ☎ 75.23.01.12 − 11 CH. 95/165 F. MENU 95/260 F. FERME 4/28 AOUT, 11/22 FEV., DIMANCHE SOIR ET LUNDI. ▦ ▣ ⓤ **E** CV.

SAINT-VALLIER-DE-THIEY 06460 ALPES-MARITIMES 720 M. 900 HAB. S.I.
** **AUBERGE DU THIEY** 16, QUARTIER JORRA. M. DUFRENE ☎ 93.42.63.26 − 13 CH. 130/350 F. MENU 70/120 F. PENSION 250/280 F. DEMI-PENSION 200/230 F. FERME 15 JANV./2 MARS. ▦ ▣ &.
* **LA RABASSIERE** M.GALLO ☎ 93.42.62.59 − 17 CH. 180/210 F. FERME MERCREDI. 🦌 CV &.
** **LE PREJOLY** M. PALLANCA ☎ 93.42.60.86 TELEX 470 673 − 18 CH. 150/350 F. MENU 95/200 F. PENSION 300/450 F. DEMI-PENSION 220/370 F. FERME 15 DEC./15 JANV., ET MARDI. SAUNA, HAMMAM, SOLARIUM, ET SALLE DE MUSCULATION. ▦ ▣ ⓤ **E**.
** **LE RELAIS IMPERIAL** (SUR ROUTE NAPOLEON, N.85). M. PASQUIER ☎ 93.42.60.07 TELEX 306 022 − 27 CH. 120/275 F. MENU 72/155 F. PENSION 240/320 F. DEMI-PENSION 180/260 F. FERME 12 NOV./23 DEC. 🄵 ▦ ▣ ⓤ **E**.

SAINT-VERAN 05490 HAUTES-ALPES 2040 M. 280 HAB. S.I.
** **LE GRAND TETRAS** M.PLICHON ☎ 92.45.82.42 − 21 CH. 125/245 F. MENU 54/82 F. PENSION 230/335 F. DEMI-PENSION 172/230 F. FERME 17 AVR./10 JUIN, 12 SEPT./19 DEC. 🄵
** **LES CHALETS DU VILLARD** M.WEBER ☎ 92.45.82.08 − 26 CH. 140/350 F. MENU 70/100 F. PENSION 230/360 F. DEMI-PENSION 170/300 F. FERME 20 AVR./20 JUIN, 20 SEPT./20 DEC. 🄵 ✓.

SAINT-VIANCE 19240 ALLASSAC CORREZE 850 HAB.

* **DE LA VEZERE** Mme.MIGOUT ☎ 55.85.00.50 – 10 CH. 120/135 F. MENU 65/135 F. PENSION 180 F. DEMI-PENSION 165 F. FERME 1/30 OCT., ET LUNDI. F ⚬ AE ⊕ E.

SAINT-VIATRE 41210 NEUNG-SUR-BEUVRON LOIR-ET-CHER 1160 HAB.

** **AUBERGE DE LA CHICHONE** M. CLEMENT ☎ 54.88.91.33 – 7 CH. 270 F. MENU 120/180 F. PENSION 640 F. DEMI-PENSION 520 F. FERME MARDI SOIR ET MERCREDI HS. PRIX CHAMBRE, PENSION ET 1/2 PENSION POUR DEUX PERSONNES. ▦ E.

SAINT-VICTOR 07410 SAINT-FELICIEN ARDECHE 610 M. 800 HAB. S.I.

AF **MARMEY** M. MARMEY ☎ 75.06.01.51 – 10 CH. 80/110 F. MENU 48/150 F. PENSION 150/170 F. DEMI-PENSION 120 F. FERME JANV., DIMANCHE SOIR ET LUNDI HS. F ⚬ AE ⊕ E CV.

SAINT-VINCENT-DE-MERCUZE 38660 LE TOUVET ISERE 0 M. 750 HAB.

* **L'AUBERGE DE SAINT-VINCENT** M. DUPUIS ☎ 76.08.46.97 – 15 CH. 190/360 F. MENU 80/250 F. PENSION 280/340 F. DEMI-PENSION 240/280 F. FERME 3/31 JANV., DIMANCHE SOIR ET LUNDI 30 SEPT./30 AVR. ▦ AE E CV ⚭.

SAINT-VINCENT-SUR-JARD 85520 JARD-SUR-MER VENDEE 520 HAB. S.I.

* **L'OCEAN** RUE G.CLEMENCEAU Mme BOCQUIER ☎ 51.33.40.45 – 30 CH. 110/180 F. MENU 55/170 F. PENSION 190/250 F. DEMI-PENSION 170/215 F. FERME 15 NOV./15 FEV. ET JEUDI 1 OCT./31 MARS. ▦ E CV ⚭.

SAINT-YORRE 03270 ALLIER 3100 HAB.

* **AUBERGE BOURBONNAISE** 2 AVENUE DE VICHY M.DEBOST ☎ 70.59.41.79 – 8 CH. 130/220 F. MENU 60/200 F. PENSION 140/220 F. DEMI-PENSION 130/165 F. FERME 13 DEC./28 FEV., DIMANCHE SOIR ET LUNDI HS SAUF FERIES. PARKING PRIVE. F ▦ E CV.

SAINT-YZAN-DE-SOUDIAC 33920 SAINT-SAVIN-DE-BLAYE GIRONDE 1700 HAB.

* **LE CENTRAL** PLACE PH. MON Mme BAUER. ☎ 57.58.96.08/57.58.98.18 – 10 CH. 90/110 F. MENU 45/98 F. PENSION 160 F. DEMI-PENSION 130 F. ⚬ ⚫ CV.

SAINTE-ANNE-D'AURAY 56400 AURAY MORBIHAN 1500 HAB.

* **L'AUBERGE** M. LARVOIR ☎ 97.57.61.55 – 7 CH. 84/139 F. MENU 54/190 F. PENSION 170/199 F. DEMI-PENSION 122/140 F. FERME 15/30 JANV., 5/28 OCT., MARDI SOIR ET MERCREDI. ▦ E.

SAINTE-CECILE 50800 VILLEDIEU-LES-POELES MANCHE 664 HAB.

ec **MANOIR DE L'ACHERIE** M. CAHU ☎ 33.51.13.87 – 7 CH. 230/300 F. MENU 50/160 F. FERME 30 JUIN/12 JUIL., ET LUNDI. PARKING PRIVE. ⚜ ▦ E ⚭.

SAINTE-CROIX 01120 MONTLUEL AIN 263 HAB.

** **CHEZ NOUS** M.VINCENT ☎ 78.06.17.92 – 18 CH. 80/260 F. MENU 60/190 F. PENSION 200/260 F. DEMI-PENSION 180/240 F. RESTAURANT FERME 15/27 AOUT, ET VENDREDI. F ⚜ ▦ E.

AF **DES CHASSEURS** M. THEVENET ☎ 78.06.17.94 – 6 CH. 80/135 F. MENU 57/170 F. PENSION 155 F. DEMI-PENSION 130 F. FERME 20/26 DEC., RESTAURANT FERME LUNDI. ▦ E.

SAINTE-CROIX-AUX-MINES 68160 SAINTE-MARIE-AUX-MINES HAUT-RHIN 2000 HAB. S.I.

*AF **CHEZ NATHALIE** Mme.SESTER ☎ 89.58.74.93 – 7 CH. 75/180 F. MENU 55/120 F. PENSION 160/180 F. DEMI-PENSION 120/160 F. FERME OCT./NOV., DIMANCHE SOIR ET LUNDI. ▦ E.

* **LE CENTRAL** 41 RUE MAURICE BORRUS M.JULIEN ☎ 89.58.73.27 – 7 CH. 90/180 F. MENU 120/240 F. FERME 15/29 FEV., 15/30 JUIN, DIMANCHE SOIR ET LUNDI. ⚜ ▦ AE E.

SAINTE-CROIX-EN-JAREZ 42800 RIVE-DE-GIER LOIRE 342 HAB.

LE PRIEURE M. BLONDEAU ☎ 77.20.20.09 – 4 CH. 150/200 F. MENU 54/180 F. PENSION 240/300 F. DEMI-PENSION 140/220 F. FERME 1/28 FEV. ET LUNDI. ⚜ ▦ AE ⊕ E.

SAINTE-ENIMIE 48210 LOZERE 600 HAB. S.I.

** **DE PARIS** Mme WAGNER ☎ 66.48.50.02 – 15 CH. 160/200 F. MENU 60/120 F. FERME 15 SEPT./15 JUIN. F.

SAINTE-EULALIE 07510 ARDECHE 1400 M. 400 HAB.

* **DE LA POSTE** M.LAURENT-HUBERT ☎ 75.38.81.09 – 11 CH. 100/125 F. MENU 45/80 F. PENSION 170/180 F. DEMI-PENSION 110/115 F. FERME 15 OCT./15 DEC. ⚜ CV.

SAINTE-EULALIE-D'ANS 24640 CUBJAC DORDOGNE 332 HAB.

AF **TALLET** M. TALLET ☎ 53.51.13.04 – 7 CH. 75/100 F. MENU 50/180 F. PENSION 130/160 F. F ⚜ ⊕ E.

SAINTE-FORTUNADE 19490 CORREZE 1600 HAB.

AF **LAGARDE** M. LAGARDE. ☎ 55.27.13.22 – 9 CH. 70/100 F. MENU 60/120 F. PENSION 160/180 F. DEMI-PENSION 100/120 F. FERME 15 JANV./15 FEV. F ▦ E.

SAINTE-GAUBURGE-SAINTE-COLOMBE 61370 ORNE 1230 HAB.

** **AUBERGE DU VALBURGEOIS** GRANDE-RUE. Mme CHRISTENSEN ☎ 33.34.01.44 – 7 CH. 115/195 F. MENU 55/115 F. PENSION 215/225 F. DEMI-PENSION 180 F. FERME 19 DEC./15 JANV., DIMANCHE SOIR ET LUNDI SAUF EN SAISON. SOIREE ETAPE VRP. ▦ E CV.

SAINTE-GEMME **36500 BUZANCAIS** INDRE 300 HAB.

AF **LE RELAIS DES MILLE ETANGS** Mme MARIE-OLIVE ☎ 54.38.04.82 – 8 CH. 60/85 F. MENU
55/95 F. PENSION 145/165 F. DEMI-PENSION 100/125 F. FERME MI-JANV./MI-FEV., ET LUNDI 1
OCT./31 MAI. ▦ ⏣ E CV.

SAINTE-LIVRADE-SUR-LOT **47110** LOT-ET-GARONNE 6000 HAB. S.I.

** **LE MIDI** 74,RUE NATIONALE M.BENITO ☎ 53.01.00.32 TELEX 560800 – 15 CH. 115/190 F.
MENU 60/160 F. PENSION 170/200 F. DEMI-PENSION 150/160 F 1 DEC./1 AVR., ET 20/30
MAI. CHAMBRES AVEC KITCHENETTE. 🄵 ⏦ ⏣ 🛆 ▦ 🅰🄴 ⏣ E CV.

SAINTE-LUCIE-DE-PORTO-VECCHIO **20144** CORSE 1412 HAB. S.I.

** **SAN PIERU** PONT DE TARCO. M. QUILICI ☎ 95.57.20.64/95.57.21.33 TELEX 460967 – 25 CH.
200/350 F. MENU 85/100 F. PENSION 255/365 F. DEMI-PENSION 190/265 F. 🄵 ▦ 🅰🄴 .

SAINTE-MARIE-AUX-MINES **68160** HAUT-RHIN 7000 HAB. S.I.

** **DES BAGENELLES** 15, PETITE LIEPVRE M. LIROT ☎ 89.58.70.77 – 15 CH. 110/260 F. MENU
70/140 F. PENSION 230/255 F. DEMI-PENSION 175/200 F. FERME MARDI APRES-MIDI ET MER-
CREDI. 🄵 ⏦ ▦ ⏣ E.

* **DU TUNNEL** 23 LES HALLES M.TONON ☎ 89.58.74.25 – 7 CH. 110/130 F. MENU 38/220 F.
PENSION 150/180 F. DEMI-PENSION 110/140 F. FERME VENDREDI SOIR/DIMANCHE SOIR. ▦
🅰🄴 E.

** **GRAND HOTEL CROMER** 185,Mal DE LATTRE DE TASSIGNY. M. CROMER Jean ☎
89.58.70.19 TELEX 880666 F – 24 CH. 90/190 F. MENU 60/180 F. PENSION 165/215 F. DEMI-
PENSION 125/175 F. FERME 15 NOV./15 DEC. RESTAURANT FERME DIMANCHE SOIR ET LUNDI 1
OCT./1 JUIL. 🄵 ⏦ ▦ 🅰🄴 ⏣ E CV.

SAINTE-MARIE-DE-GOSSE **40390** **SAINT-MARTIN-DE-SEIGNANX** LANDES
765 HAB. S.I.

* **LES ROUTIERS** (N.117) M. DELOUBE ☎ 59.56.32.02 – 15 CH. 70/90 F. MENU 45/100 F. PEN-
SION 120/140 F. DEMI-PENSION 107/117 F. FERME 1/15 AVR., 15 OCT./8 NOV. ET SAMEDI.
⏦ ⏦ ▦ E CV.

SAINTE-MARIE-DU-LAC **51290** **SAINT-REMY-EN-BOUZEMONT** MARNE
200 HAB.

AF **LA BOCAGERE** M.KIENLEN ☎ 26.72.37.40 – 10 CH. 100/200 F. MENU 80/120 F. PENSION
200 F. DEMI-PENSION 150 F. FERME 15 DEC./28 FEV. RESTAURANT FERME DIMANCHE SOIR ET
LUNDI. ⏦ .

SAINTE-MARIE-SICHE **20190** CORSE 712 HAB.

** **LE SANTA MARIA** M.CORTICCHIATO ☎ 95.25.72.65/95.25.70.29 – 21 CH. 150/280 F. PEN-
SION 244/362 F. DEMI-PENSION 179/248 F. FERME 15 DEC./5 JANV. 🅰🄴 ⏣.

SAINTE-MAURE-DE-TOURAINE **37800** INDRE-ET-LOIRE 4500 HAB. S.I.

* **LA GUEULARDIERE** (N. 10) M.AUTISSIER ☎ 47.65.40.71 – 16 CH. 75/190 F. MENU
60/150 F. FERME 14/28 NOV., 16/30 JANV., LUNDI, ET DIMANCHE SOIR OCT./MARS. ⏦
▦ 🅰🄴 ⏣ E.

* **LE BELLEVUE** (SUR N. 10). M. BARDEAU ☎ 47.65.40.61 – 25 CH. 70/190 F. MENU 50/120 F.
PENSION 190/310 F. DEMI-PENSION 140/260 F. RESTAURANT FERME DIMANCHE SOIR ET LUNDI.
🄵 ▦ E.

* **LE CHEVAL BLANC** M.GAZEAU ☎ 47.65.40.27 – 12 CH. 70/180 F. MENU 50/160 F. DEMI-
PENSION 130/180 F. FERME JEUDI. ⏦ ▦ ⏣ E CV.

* **LE VEAU D'OR** 13 RUE DU DOCTEUR PATRY M.LALUBIN ☎ 47.65.40.41 – 11 CH. 80/195 F.
MENU 55/150 F. FERME 11/26 OCT., 10 FEV./4 MARS, MARDI SOIR ET MERCREDI. ⏦
🅰🄴 ⏣ E.

SAINTE-MENEHOULD **51800** MARNE 6000 HAB. S.I.

** **DE LA POSTE** 54, AV. VICTOR HUGO. M.GROSDEMOUGE ☎ 26.60.80.16 – 10 CH. 70/220 F.
MENU 45/165 F. PENSION 175 F. DEMI-PENSION 140 F. FERME 15 DEC./15 MARS, VENDREDI ET
SAMEDI MIDI. ▦ E.

** **DU CHEVAL ROUGE** 13, RUE CHANZY. Mme JULIEN ☎ 26.60.81.04 – 15 CH. 90/180 F.
MENU 70/180 F. PENSION 200/250 F. DEMI-PENSION 155/200 F. FERME LUNDI. RESTAURANT
FERME DIMANCHE SOIR. 🄵 ▦ 🅰🄴 E.

SAINTE-PAZANNE **44680** LOIRE-ATLANTIQUE 2940 HAB.

* **LA CROIX DE RETZ** 64 RUE DU BALLON Mme GOUBAULT ☎ 40.02.40.88 – 5 CH. 80/140 F.
MENU 41/130 F. PENSION 180 F. DEMI-PENSION 135 F. FERME SAMEDI. CV.

SAINTE-RADEGONDE **79100** THOUARS DEUX-SEVRES 1986 HAB.

AF **AUBERGE DE POMMIERS** STE RADEGONDE M. MORIN ☎ 49.66.06.13 – 8 CH. 66/105 F.
MENU 42/100 F. PENSION 152/190 F. DEMI-PENSION 113/152 F. FERME 24 DEC./22 JANV.,
MARDI SOIR ET MERCREDI SAUF JUIL./ AOUT. ▦ E.

SAINTE-SAVINE **10300** AUBE 10700 HAB. S.I.

** **MOTEL SAVINIEN** 87, RUE JEAN DE LA FONTAINE M. LANORD ☎ 25.79.24.90/25.79.20.89 –
58 CH. 145/185 F. RESTAURANT FERME LUNDI MIDI. ▦ E CV ⏦.

SAINTE-SEVERE-SUR-INDRE **36160** INDRE 1200 HAB. S.I.

* **L'ECU DE FRANCE** 25 RUE D'AUVERGNE M.BLANCHET ☎ 54.30.52.72 – 7 CH. 75/200 F.
MENU 60/150 F. PENSION 170/220 F. DEMI-PENSION 140/170 F. FERME 15 SEPT./5 OCT., ET
LUNDI. 🄵 ⏦ ⏦ 🅰🄴 ⏣ E.

SAINTE-SIGOLENE **43600** HAUTE-LOIRE 810 M. 5200 HAB.

* **DE LA POSTE** PL.LECLERC M.MOUNIER ☎ 71.66.61.33 – 10 CH. 70/150 F. MENU 40/80 F.
PENSION 150 F. FERME 1/31 AOUT ET DIMANCHE. ▦ 🅰🄴 ⏣ E.

SAINTE-TULLE 04220 ALPES-DE-HAUTE-PROVENCE 2810 HAB.

* **LES MARRONNIERS** ROUTE DE MONTFURON M. CURCOVICH ☎ 92.79.74.34 – 17 CH.
110/180 F. MENU 65/180 F. PENSION 220/240 F. DEMI-PENSION 180/200 F. 〖F〗 ☎ AE
◉ E.

SAINTES-MARIES-DE-LA-MER 13460 BOUCHES-DU-RHONE 2150 HAB.
S.I.

** **HOSTELLERIE DU PONT DE GAU** ROUTE D'ARLES. M. AUDRY ☎ 90.47.81.53 – 9 CH.
160 F. MENU 75/210 F. PENSION 350 F. DEMI-PENSION 220/300 F. FERME 5 JANV./15 FEV. ET
MERCREDI 15 OCT./PAQUES. ☎ AE E.

AF **MAS DE LAYALLE** SUR N.570 Melle MICHEL. ☎ 90.47.94.81 – 17 CH. 95/185 F. MENU
70/75 F. DEMI-PENSION 175/265 F. FERME 15 NOV./20 DEC. ET 5 JANV./1 AVR. EQUITATION.
〖F〗.

SAISSAC 11310 AUDE 660 HAB.

* **DE LA MONTAGNE NOIRE** Mlle MERIC ☎ 68.24.43.94 – 15 CH. 100/140 F. MENU
60/110 F. PENSION 170 F. DEMI-PENSION 140 F. ☎ AE ◉ E.

SALAVAS 07150 VALLON-PONT-D'ARC ARDECHE 300 HAB.

* **DES SITES** Mme ABRIAL ☎ 75.88.00.85 – 15 CH. 80/165 F. MENU 30/100 F. PENSION
160/195 F. DEMI-PENSION 120/150 F. FERME 30 SEPT./1 AVR. 🐎 ☎ AE ◉ E
CV.

SALBRIS 41300 LOIR-ET-CHER 8000 HAB. S.I.

*** **DU PARC** 8,AV. D'ORLEANS M.CAILLOUX ☎ 54.97.18.53 TELEX 751164 – 27 CH. 170/350 F.
MENU 85/170 F. PENSION 450 F. DEMI-PENSION 370 F. RESTAURANT FERME 15 JANV./20 FEV.
〖F〗 ☎ AE ◉ E CV.

** **LE DAUPHIN** 57,BD. DE LA REPUBLIQUE M.DURAND ☎ 54.97.04.83 – 10 CH. 110/200 F.
MENU 68/220 F. PENSION 250/350 F. DEMI-PENSION 190/250 F. FERME 4/26 JANV., DIMANCHE
SOIR ET LUNDI. ☎ ☎ E CV.

SALERS 15410 CANTAL 950 M. 500 HAB. S.I.

** **DES REMPARTS ET CHATEAU DE LA BASTIDE** ESPLANADE DE BARROUZE. Mme CABY
☎ 71.40.70.33 – 31 CH. 150/240 F. MENU 60/95 F. PENSION 175/240 F. DEMI-PENSION
160/200 F. FERME 20 OCT./18 DEC. 〖F〗 ☎ E CV.

** **LE BAILLIAGE** M.BANCAREL ☎ 71.40.71.95 – 30 CH. 140/230 F. MENU 56/100 F. PENSION
195/240 F. FERME 15 NOV./15 DEC. 〖F〗 ☎ AE ◉ E.

SALIES-DU-SALAT 31260 HAUTE-GARONNE 2300 HAB. S.I.

* **CENTRAL HOTEL** M.FRECHE ☎ 61.90.50.01 – 21 CH. 65/140 F. MENU 48/75 F. PENSION
160/190 F. DEMI-PENSION 130/150 F. FERME 15 SEPT./10 OCT. ET RESTAURANT FERME SAMEDI.

** **GRAND HOTEL** 3 AVENUE DE LA GARE M.BES ☎ 61.90.56.43 – 26 CH. 86/190 F. MENU
57/110 F. PENSION 180/255 F. DEMI-PENSION 155/220 F. FERME 15 SEPT./6 JUIN. PARKING.
〖F〗 ☎ CV.

SALIGNAC-EYVIGNES 24590 DORDOGNE 1035 HAB. S.I.

* **LA TERRASSE** PLACE DE LA POSTE. Mme BREGEGERE ☎ 53.28.80.38 – 13 CH. 135/200 F.
MENU 58/100 F. PENSION 190/220 F. DEMI-PENSION 150/180 F. FERME 15 NOV./1 AVR. ET
SAMEDI. ☎ E.

SALIN-DE-GIRAUD 13129 BOUCHES-DU-RHONE 3000 HAB. S.I.

* **DE CAMARGUE** M. BRUN ☎ 42.86.82.82 – 23 CH. 110/180 F. MENU 55/160 F. PENSION
230 F. DEMI-PENSION 160 F. RESTAURANT FERME DIMANCHE SOIR. 〖F〗 ☎ AE ◉
E CV.

SALINS-LES-BAINS 39110 JURA 4180 HAB. S.I.

** **GRAND HOTEL DES BAINS** PLACE DES ALLIES. M. PETITGUYOT ☎ 84.37.90.50 – 22 CH.
170/250 F. MENU 68/190 F. PENSION 290/330 F. DEMI-PENSION 235/275 F. FERME 5 JANV./10
FEV., ET DIMANCHE SOIR HS. 〖F〗 ☎ ☎ E 〖□〗.

SALLANCHES 74700 HAUTE-SAVOIE 12000 HAB. S.I.

** **BEAUSEJOUR** PL. DE LA GARE M. CATTIN ☎ 50.58.00.06 – 35 CH. 110/170 F. MENU
60/120 F. PENSION 170/210 F. DEMI-PENSION 150/180 F. FERME 1/15 NOV., 1/15 MAI. ☎
☎ E 〖□〗.

*** **LES SORBIERS** 17,RUE DU Dr-BONNEFOY M.LHEUREUX ☎ 50.58.01.22 TELEX 309422 –
36 CH. 92/272 F. MENU 80/180 F. PENSION 241/328 F. DEMI-PENSION 189/269 F. RESTAURANT
FERME DIMANCHE SOIR ET LUNDI MIDI HORS VAC. SCOL. PARKING. 〖F〗 ☎ 🐎 ☎ ☎
AE ◉ E CV & 〖□〗.

** **SAINT JACQUES** 1,QUAI SAINT-JACQUES M.VEZ ☎ 50.58.01.35 – 9 CH. 75/150 F. 🐎
✕ ☎ E.

SALLES-CURAN 12410 AVEYRON 800 M. 2000 HAB. S.I.

** **HOSTELLERIE DU LEVEZOU** M.BOUVIALA ☎ 65.46.34.16 – 14 CH. 130/250 F. MENU
73/260 F. PENSION 250/300 F. DEMI-PENSION 200/250 F. FERME 15 OCT./1 AVR., DIMANCHE
SOIR /LUNDI 1 AVR./ 15 SEPT. 〖F〗 ☎ AE ◉ E.

SALLES-SUR-VERDON (LES) 83138 VAR 125 HAB.

** **AUBERGE DES SALLES** M.ANOT ☎ 94.70.20.04 – 22 CH. 170/206 F. MENU 70/170 F. PEN-
SION 260/280 F. DEMI-PENSION 185/206 F. FERME 15 NOV./15 MARS ET MARDI HS. 〖F〗
☎ E &.

SAMOENS 74340 HAUTE-SAVOIE 714 M. 1800 HAB. S.I.

** **GAI SOLEIL** M. COFFY ☎ 50.34.40.74 – 20 CH. 160/230 F. MENU 45/85 F. PENSION
190/250 F. DEMI-PENSION 165/225 F. FERME 17 AVR./11 JUIN, 11 SEPT./17 DEC. SAUNA, SALLE
DE MUSCULATION, SOLARIUM. ☎ ◉ E CV 〖□〗.

SAMOGNAT 01580 IZERNORE AIN 238 HAB.
* AU MOULIN DU PONT M.GINDRE ☎ 74.76.98.46 – 10 CH. 75/120 F. MENU 48/125 F. DEMI-
PENSION 120 F. FERME 20 DEC./20 JANV., DIMANCHE SOIR ET LUNDI. ⌖ 🏖 ⌖.

SAMOIS 77920 SEINE-ET-MARNE 1571 HAB. S.I.
*** HOSTELLERIE DU COUNTRY CLUB 11 QUAI F ROSEVELT M.PLANCON ☎ (1)64.24.60.34 –
16 CH. 160/250 F. MENU 90/148 F. PENSION 350/406 F. DEMI-PENSION 279/304 F. FERME
15/31 AOUT, 15/31 DEC. ET DIMANCHE SOIR/MARDI MATIN. 🄵 ✔ ⌖ ⌖.

SAN-MARTINO-DI-LOTA 20200 BASTIA CORSE 2183 HAB.
* DE LA CORNICHE Mme ANZIANI ☎ 95.31.40.98 – 16 CH. 140/220 F. MENU 70/100 F. PEN-
SION 220/250 F. DEMI-PENSION 175/205 F. FERME 1/31 JANV., ET DIMANCHE SOIR/ MARDI
MATIN OCT./31 MARS. 🚗 ⌖ ⌖ 🅰🄴.

SANCERRE 18300 CHER 3000 HAB. S.I.
* DU REMPART Mme ANZIANI DES DANES M. MEROTTO ☎ 48.54.10.18 TELEX 783541 – 13 CH.
130/195 F. MENU 68/160 F. PENSION 250 F. DEMI-PENSION 195 F. ⌖ 🅰🄴 ⓪ E CV.

SANCOINS 18600 CHER 3558 HAB. S.I.
*AF LE COMMERCE SARL. ☎ 48.74.55.68 TELEX 632139 – 10 CH. 79/98 F. MENU 53/110 F.
PENSION 180/230 F. DEMI-PENSION 140/180 F. 🄵 ⌖ 🅰🄴 ⓪ E CV.

SANTENAY 41190 HERBAULT LOIR-ET-CHER 262 HAB.
* L'UNION M. NIVAULT ☎ 54.46.11.03 – 5 CH. 80/180 F. MENU 50/150 F. PENSION 170/190 F.
DEMI-PENSION 140/160 F. FERME 15 FEV./15 MARS, DIMANCHE SOIR ET LUNDI. ⌖ ⌖
E.

SARCEY 69490 PONTCHARRA-SUR-TURDINE RHONE 530 HAB.
** MAURICE CHATARD M. CHATARD ☎ 74.26.86.58 – 10 CH. 80/150 F. MENU 80/180 F. PEN-
SION 250 F. DEMI-PENSION 200 F. FERME 2 SEM. EN NOV., 3 SEM. EN JANV., LUNDI SOIR ET
MARDI. ⌖.

SARDIERES 73500 MODANE SAVOIE 1500 M. 32 HAB.
* DU PARC M. GRAND ☎ 79.20.51.73 – 30 CH. 130/165 F. MENU 55 F. PENSION 182/214 F.
DEMI-PENSION 157/189 F. FERME 20 AVR./15 JUIN. ET 20 SEPT./15 DEC. 🄵 CV.

SARE 64310 ASCAIN PYRENEES-ATLANTIQUES 2000 HAB. S.I.
** FAGOAGA-BARATCHARTEA QUARTIER IHALAR M. FAGOAGA ☎ 59.54.20.48 – 20 CH.
110/170 F. MENU 75/120 F. PENSION 170/195 F. DEMI-PENSION 140/160 F. FERME 20 DEC./28
FEV. 🄵 ⌖ ⌖ ⌖ E.
** PIKASSARIA M. ARBURUA ☎ 59.54.21.51 – 34 CH. 95/185 F. MENU 75/110 F. PENSION
150/185 F. DEMI-PENSION 135/170 F. FERME 1 DEC./1 MARS ET MERCREDI. ⌖ E.

SARLAT 24200 DORDOGNE 11000 HAB. S.I.
** LA COULEUVRINE 1 PLACE DE LA BOUQUERIE Mme.LEBON ☎ 53.59.27.80 – 18 CH.
120/250 F. MENU 72/140 F. PENSION 228/290 F. DEMI-PENSION 160/218 F. FERME 5/31 JANV.
RESTAURANT FERME MARDI HS. 🄵 ⌖ 🅰🄴 ⓪ E 🄱.
*** LA HOIRIE LIEU DIT LA GIRAGNE. Mme SAINNEVILLE - de VIENNE ☎ 53.59.05.62 – 15 CH.
250/400 F. MENU 150/180 F. FERME 15 NOV./14 MARS. 🚗 ⌖ 🅰🄴 ⓪ E.
** SAINT ALBERT PL. PASTEUR M.GARRIGOU ☎ 53.59.01.09 – 59 CH. 130/280 F. MENU
80/210 F. PENSION 270/350 F. DEMI-PENSION 200/260 F. FERME DIMANCHE SOIR/MARDI MATIN
HS. 🄵 ⌖ 🅰🄴 ⓪ E.

SARLIAC-SUR-L'ISLE 24420 SAVIGNAC-LES-EGLISES DORDOGNE 755 HAB.
* LE NORDOC M. LAMASSE ☎ 53.07.83.61 – 18 CH. 95/200 F. MENU 49/170 F. PENSION
246/360 F. DEMI-PENSION 176/287 F. FERME DIMANCHE SOIR/LUNDI MIDI HS. CV.

SARRAS 07370 ARDECHE 1800 HAB. S.I.
** LE VIVARAIS M.BERTRAND ☎ 75.23.01.88 – 10 CH. 115/175 F. MENU 60/150 F. FERME 1
FEVR./8 MARS, ET MARDI. 🚗.

SARRAZAC 24800 THIVIERS DORDOGNE 650 HAB.
AF DES TOURISTES M.GOINEAU ☎ 53.62.52.14 – 6 CH. 80/100 F. MENU 50/100 F. PENSION
150/160 F. DEMI-PENSION 120/130 F. ⌖ 🅰🄴 ⓪ E.
AF DU CENTRE M.CHAPEYROUX ☎ 53.62.52.04 – 6 CH. 80/100 F. MENU 55/100 F. PENSION
150/160 F. DEMI-PENSION 110/120 F. ⌖ 🅰🄴 ⓪ E.

SARRAZAC 46600 MARTEL LOT 530 HAB.
* AUSSEL M.AUSSEL ☎ 65.37.70.38 – 25 CH. 83/160 F. MENU 44/150 F. PENSION 155/205 F.
DEMI-PENSION 130/175 F. FERME 15 NOV./25 DEC. ET VENDREDI SOIR HS. 🄵 🚗 ✓
⌖ E.
** L'AUBERGE DE CARTASSAC (SUR CD 20) M.LECOUTRE ☎ 65.32.13.80/65.32.12.75 –
12 CH. 140/240 F. MENU 70/150 F. PENSION 200/220 F. DEMI-PENSION 170/200 F. 🄵
⌖ ⌖.

SARRE-UNION 67260 BAS-RHIN 3130 HAB. S.I.
** A LA PORTE HAUTE 9 RUE DE BITCHE M. GREINER ☎ 88.00.22.43 – 7 CH. 75/130 F. PEN-
SION 120/150 F. DEMI-PENSION 100/120 F. FERME 3 PREM.SEM. AOUT ET SAMEDI. 🚗
⌖ ⌖ 🅰🄴 ⓪ E ♨.
** AU CHEVAL-NOIR M.HETZEL ☎ 88.00.12.71 – 21 CH. 70/180 F. MENU 35/200 F. PENSION
160/260 F. DEMI-PENSION 140/250 F. FERME 1/21 OCT. ET RESTAURANT FERME LUNDI. 🄵
⌖ ⌖ 🅰🄴 ⓪ E CV.

SARREBOURG 57400 MOSELLE 15000 HAB. S.I.

** **DE FRANCE** 3,AV. DE FRANCE M.JOUANNEAU ☎ 87.03.21.47 TELEX 861 844 – 30 CH. 135/248 F. MENU 65/150 F. PENSION 210/268 F. DEMI-PENSION 158/205 F. RESTAURANT FERME 15/30 NOV., 15/28 FEV., SAMEDI ET DIMANCHE SOIR 1 NOV./30 AVR. GRILL. F 📫 ⚏ E CV.

** **DU SOLEIL** 5,RUE DES HALLES Mme.GERARD ☎ 87.03.21.71 – 14 CH. 85/220 F. MENU 72/175 F. PENSION 195/245 F. DEMI-PENSION 165/215 F. FERME 19 DEC./2 JANV., 15/31 AOUT, DIMANCHE SOIR ET LUNDI. F ⚏ ⚏ ⚏ CV.

SARREGUEMINES 57200 MOSELLE 25178 HAB. S.I.

** **LA CHARRUE D'OR** 21,RUE POINCARRE M.MOINAUX ☎ 87.98.44.79 – 8 CH. 99/166 F. MENU 50/158 F. FERME VENDREDI ET DIMANCHE SOIR. ⚏ E.

* **UNION** 28,RUE GEIGER M.OBRINGER ☎ 87.95.28.42 – 22 CH. 150/230 F. MENU 58/140 F. RESTAURANT FERME 24 DEC./3 JANV., SAMEDI MIDI ET DIMANCHE. F ⚏ ⚏ AE ⊙ E CV.

SARTENE 20100 CORSE 3500 HAB. S.I.

** **LES ROCHES** M.GORI ☎ 95.77.07.61 – 66 CH. 220/235 F. MENU 82 F. PENSION 372/385 F. DEMI-PENSION 292/304 F. ⚏ ⚏ &.

** **VILLA PIANA** ROUTE DE PROPRIANO. M.ABRAINI ☎ 95.77.07.04 – 32 CH. 230/270 F. FERME 1 OCT./15 MAI. ✏ ⚏ ⚏ ⚏ ⚏ AE ⊙.

SARZEAU 56370 MORBIHAN 4500 HAB. S.I.

** **L'ECUBIER** M.DANIELO ☎ 97.41.84.80 – 34 CH. FERME 15 DEC./15 JANV. PRIX NON COMMU-NIQUES. F ⚏ ⚏.

SATILLIEU 07290 ARDECHE 2000 HAB.

* **CHALEAT-SAPET** PLACE DE LA FAURIE M. SAPET ☎ 75.34.95.42 – 11 CH. 90/150 F. MENU 45/120 F. PENSION 160/190 F. DEMI-PENSION 130/165 F. F ⚏ E.

** **DU PONT ET LA GENTILHOMMIERE** M.ASTIC ☎ 75.34.94.31 TELEX 345548 – 41 CH. 200/290 F. MENU 75/180 F. PENSION 200/290 F. DEMI-PENSION 180/250 F. RESTAURANT FERME 1 NOV./1 AVR. SAUF GROUPES ET SEMINAIRES. SAUNA. FITNESS. F ⚏ ✏ ⚏ E CV & ⚏.

** **JULLIAT-ROCHE** M. JULLIAT ☎ 75.34.95.86 – 11 CH. 130/260 F. MENU 55/160 F. PENSION 180/230 F. DEMI-PENSION 150/200 F. FERME 1 JANV./28 FEV., ET DIMANCHE SOIR HS. F ⚏ ⚏ AE ⊙ E.

SAUBUSSE 40180 DAX LANDES 620 HAB. S.I.

** **THERMAL** M.LABORDE ☎ 58.57.31.04 – 25 CH. 90/165 F. MENU 54 F. PENSION 170/220 F. DEMI-PENSION 120/180 F. FERME 27 NOV./10 MARS. F ⚏ &.

SAUGUES 43170 HAUTE-LOIRE 960 M. 2500 HAB. S.I.

* **DE LA TERRASSE** M.FARGIER ☎ 71.77.83.10 – 14 CH. 83/164 F. MENU 47/110 F. PENSION 144/167 F. DEMI-PENSION 128/150 F. FERME DIMANCHE HS. ET RESTAURANT FERME 15 DEC./1 FEV. F ⚏.

SAUJON 17600 CHARENTE-MARITIME 7 M. 4768 HAB. S.I.

** **DU COMMERCE** Mme DURIVAULT ☎ 46.02.80.50 – 19 CH. 134/235 F. MENU 72/105 F. PEN-SION 216/265 F. DEMI-PENSION 178/225 F. FERME 15 DEC./15 MARS., DIMANCHE SOIR ET LUNDI. F ⚏ ⚏ E.

SAULCE 26270 LORIOL DROME 1199 HAB.

** **LES REYS DE SAULCE** M.CLUTIER ☎ 75.63.00.22 – 20 CH. 85/230 F. MENU 60/130 F. PENSION 220/260 F. DEMI-PENSION 150/180 F. FERME 23 DEC./24 JANV., DIMANCHE SOIR ET LUNDI HS. ⚏ ⚏ E CV.

SAULCE (LA) 05110 HAUTES-ALPES 600 M. 700 HAB.

* **MARROU** Mme.SIMEON ☎ 92.54.20.02 – 12 CH. 110/155 F. PENSION 230/240 F. DEMI-PEN-SION 165/180 F. FERME 1/31 NOV. F ⚏ ⚏.

SAULCY-SUR-MEURTHE 88580 VOSGES 1866 HAB.

** **LA TOSCANE** 1, RUE RAYMOND PANIN. Mme GUYOT ☎ 29.50.97.19 – 7 CH. 150/180 F. MENU 55/99 F. PENSION 277/307 F. DEMI-PENSION 222/252 F. F ⚏ CV. ⚊

SAULGES 53340 BALLEE MAYENNE 420 HAB. S.I.

** **L'ERMITAGE** M.JANVIER ☎ 43.90.52.28 – 27 CH. 90/220 F. MENU 54/180 F. PENSION 160/220 F. DEMI-PENSION 150/195 F. FERME 5 JANV./28 FEV., DIMANCHE SOIR ET LUNDI HS. F ⚏ E.

SAULIEU 21210 COTE-D'OR 600 M. 3500 HAB. S.I.

** **DE BOURGOGNE** 9 RUE COURTEPEE M.LETARD ☎ 80.64.08.41 – 16 CH. 105/210 F. MENU 55/190 F. PENSION 200/250 F. DEMI-PENSION 135/185 F. FERME DEC., MERCREDI ET JEUDI MIDI 1 OCT./30 MAI. F ⚏ ⚏ AE ⊙ E CV.

*** **DE LA POSTE** M.VIRLOUVET ☎ 80.64.05.67 TELEX 350540 – 46 CH. 100/345 F. MENU 98/288 F. PENSION 340/400 F. DEMI-PENSION 240/300 F. ⚏ ⚏ AE ⊙ E &.

SAULT 84390 VAUCLUSE 760 M. 1230 HAB. S.I.

** **HOSTELLERIE DU DEFFENDS** ROUTE DE SAINT-TRINIT. M. GRIFFOULIERE ☎ 90.64.01.41 – 10 CH. 240 F. MENU 115/160 F. PENSION 306 F. DEMI-PENSION 239 F. FERME 15 NOV./31 MARS. RESTAURANT FERME LUNDI. F ⚏ ⚏ E.

SAULT-BRENAZ 01790 AIN 1100 HAB.

* **DU RHONE** M.BAUDIN ☎ 74.36.61.35 – 8 CH. 110/220 F. MENU 65/220 F. FERME 20 AOUT/20 SEPT., 20 DEC./15 JANV., VENDREDI SOIR HS DIMANCHE SOIR ET LUNDI. ⚏ ⚏.

SAULXURES 67420 SAALES BAS-RHIN 400 HAB. S.I.

** **BELLE-VUE** M.BOULANGER ☎ 88.97.60.23 – 12 CH. 85/220 F. MENU 60/200 F. PENSION 200/250 F. DEMI-PENSION 150/200 F. FERME 1/31 JANV., 20 NOV./10 DEC., MARDI SOIR ET MERCREDI HS ▩ ▨ E.

SAULXURES-SUR-MOSELOTTE 88290 VOSGES 3603 HAB. S.I.

* **HOSTELLERIE DE LA MOSELOTTE** .9 AV.JULES FERRY Mme ROEHN ☎ 29.24.61.12 – 9 CH. 85/200 F. MENU 55/190 F. PENSION 200/325 F. DEMI-PENSION 150/270 F. FERME 15/30 NOV. **F** ▩ ▨ AE ⊙ E CV.

SAUVETERRE-DE-BEARN 64390 PYRENEES-ATLANTIQUES 1900 HAB. S.I.

* **AUBERGE BEARNAISE«A BOSTE«**RUE LEON BERARD Mme LAGIERE ☎ 59.38.50.62 – ⌐ 10 CH. 75/155 F. MENU 55/120 F. PENSION 218/296 F. DEMI-PENSION 160/240 F. FERME 1 OCT./15 NOV., DIMANCHE SOIR ET LUNDI. **F** ▩ ▨ AE ⊙ E.

* **HOSTELLERIE DU CHATEAU** M.CAMY ☎ 59.38.52.10 – 10 CH. 80/170 F. MENU 70/110 F. PENSION 180/240 F. DEMI-PENSION 160/180 F. FERME FIN NOV., FEV. ET LUNDI. **F** ▩ ⊙ E &.

SAUVETERRE-LA-LEMANCE 47500 FUMEL LOT-ET-GARONNE 850 HAB. S.I.

AF **DU CENTRE** M. CARMEILLE ☎ 53.71.65.45 TELEX 560800 – 6 CH. 130 F. MENU 64 F. PEN- ⌐ SION 170 F. DEMI-PENSION 150 F. FERME 1 SEPT./31 MAI. RESTAURANT FERME JANV. ▩ E.

SAUXILLANGES 63490 PUY-DE-DOME 1400 HAB.

AF **CHALUT GAIME** M.CHALUT ☎ 73.96.80.71 – 10 CH. 85/140 F. MENU 42/90 F. PENSION 130/140 F. DEMI-PENSION 110/120 F. FERME 1/22 SEPT, DIMANCHE APRES-MIDI ET LUNDI. **F** ▩ ▨ E.

SAUZE (LE) 04400 BARCELONNETTE ALPES-DE-HAUTE-PROVENCE 1700 M. 500 HAB. S.I.

** **SEOLANES** M.SERRES ☎ 92.81.05.10 – 8 CH. 100/210 F. PENSION 165/260 F. DEMI-PEN- SION 130/200 F. FERME PAQUES/FIN JUIN,SEPT./NOEL. PAS DE RESTAURANT POUR LE PASSAGE. **F** CV &.

SAUZE-VAUSSAIS 79190 DEUX-SEVRES 1800 HAB. S.I.

AF **DES VOYAGEURS** M.DUVOID ☎ 49.07.60.66 – 10 CH. 70/90 F. MENU 60/100 F. DEMI-PEN- ⌐ SION 135 F. FERME 15 DEC./15 JANV. ET SAMEDI. ▩ CV.

SAUZET 46140 LUZECH LOT 480 HAB.

*AF **AUBERGE DE LA TOUR** M.POL ☎ 65.36.90.05 – 13 CH. 90/140 F. MENU 45/120 F. PEN- ⌐ SION 160/180 F. DEMI-PENSION 140/150 F. FERME OCT. ET LUNDI HS. ▩ E.

SAVERNE 67700 BAS-RHIN 11000 HAB. S.I.

** **CHEZ JEAN** 3, RUE DE LA GARE M.HARTER ☎ 88.91.10.19 – 27 CH. 100/250 F. MENU 65/168 F. DEMI-PENSION 200/250 F. FERME 22 DEC./10 JANV., DIMANCHE SOIR ET LUNDI SAUF JUIL./ AOUT. **F** ▩ ▨ AE ⊙ E ▥.

** **FISCHER** 15,RUE DE LA GARE S.A. ☎ 88.91.19.53 – 18 CH. 130/210 F. MENU 40/140 F. PEN- ⌐ SION 180/210 F. DEMI-PENSION 150/170 F. FERME 20 DEC./10 JANV., RESTAURANT FERME VEN- DREDI SOIR ET SAMEDI. **F** ▩ ▨ E.

** **GEISWILLER** RN. 4,ROUTE DE PARIS M.MERTZ ☎ 88.91.18.51 TELEX 890020 – 35 CH. 165/330 F. MENU 60/250 F. PENSION 255/295 F. DEMI-PENSION 195/245 F. **F** ▩ ▨ ⊙ E CV ▥.

SAVIGNAC-LES-ORMEAUX 09110 AX-LES-THERMES ARIEGE 0 M. 300 HAB.

* **LES ORMEAUX** Mme RAYNAUD ☎ 61.64.24.32 – 10 CH. 75/140 F. MENU 42/65 F. PENSION 115/150 F. DEMI-PENSION 80/115 F. FERME 15 DEC./15 JANV. ▩ ▨ CV.

SAVINES-LE-LAC 05160 HAUTES-ALPES 790 M. 850 HAB. S.I.

** **EDEN LAC** M. ANDRZEJEWSKI ☎ 92.44.20.53 – 19 CH. 180/250 F. MENU 58/100 F. PENSION 250/320 F. DEMI-PENSION 225/295 F. FERME 15 NOV./15 DEC. **F** ▩ ▨.

SCAER 29111 FINISTERE 7215 HAB. S.I.

* **BRIZEUX** 56,RUE J-JAURES M.MASSE ☎ 98.59.40.59 – 17 CH. 80/195 F. MENU 65/195 F. ⌐ PENSION 185/205 F. DEMI-PENSION 155/195 F. FERME 4 JANV./14 FEV. RESTAURANT FERME DIMANCHE SOIR/LUNDI. **F** ▩ E CV.

SCHAEFFERSHEIM 67150 ERSTEIN BAS-RHIN 580 HAB.

* **A LA COURONNE** 32, RUE PRINCIPALE M. HEITZ ☎ 88.98.02.48 – 9 CH. 95/165 F. MENU 55/100 F. DEMI-PENSION 135/170 F. FERME 20 JUIN/15 JUIL., 24 DEC./2 JANV., VENDREDI SOIR ET SAMEDI. ▩ E.

SCHIRMECK(LES QUELLES) 67130 BAS-RHIN 600 M. 15 HAB. S.I.

** **NEUHAUSER** M. NEUHAUSER ☎ 88.97.03.77/88.97.06.81 – 14 CH. 130/250 F. MENU 80/200 F. PENSION 215/275 F. DEMI-PENSION 165/210 F. FERME 15 NOV./1 DEC., 15/31 JANV. ET MERCREDI SAUF JUIL./ AOUT. PISCINE CHAUFFEE. **F** ▩ ▨ AE ⊙.

SCOURY 36300 LE BLANC INDRE 350 HAB.

* **HOSTELLERIE DES RIVES DE LA CREUSE** M. JOLY ☎ 54.37.98.01 – 8 CH. 150/180 F. ⌐ MENU 45/150 F. PENSION 180/250 F. DEMI-PENSION 150/200 F. FERME 15/30 NOV., 20/28 FEV., DIMANCHE SOIR/LUNDI 1 NOV./ 31 MARS. ▩ ▨ E.

SEAUVE-SUR-SEMENE (LA) 43470 HAUTE-LOIRE 730 M. 1200 HAB.

** **LA SOURCE** 88, AVE DE LA SEMENE M.BARRALON ☎ 71.61.03.79 – 15 CH. 100/130 F. MENU ⌐ 56/100 F. PENSION 160/170 F. DEMI-PENSION 140 F. **F** ▩ ▨ E CV &.

SEBOURG 59990 SAULTAIN NORD 1590 HAB. S.I.

** **AU JARDIN FLEURI** 21-23, RUE DU MOULIN. M. DELMOTTE ☎ 27.26.53.31 – 10 CH. 110/160 F. MENU 58/120 F. PENSION 200/260 F. DEMI-PENSION 150/220 F. FERME DIMANCHE SOIR. RESTAURANT FERME DIMANCHE SOIR ET LUNDI ET DU 16 AOUT/3 SEPT. 🛇 🎿

SECLIN 59113 NORD 13000 HAB. S.I.

*** **AUBERGE DU FORGERON** 17, RUE ROGER BOUVRY. M. BELOT ☎ 20.90.09.52 – 20 CH. 130/260 F. MENU 75/250 F. DEMI-PENSION 250/350 F. FERME 7/27 AOUT, ET DIMANCHE. 🎿 AE CV.

SEDAN 08200 ARDENNES 24535 HAB. S.I.

* **LE SAINT-MICHEL** 3, RUE SAINT-MICHEL. M. COPINE ☎ 24.29.04.61 – 19 CH. 150/200 F. MENU 50/110 F. PENSION 180/220 F. DEMI-PENSION 140 F. RESTAURANT FERME DIMANCHE SOIR. 🎿 E CV.

SEES 61500 ORNE 5243 HAB. S.I.

* **DU DAUPHIN** 31,PL. DES HALLES M.BELLIER ☎ 33.27.80.07 – 9 CH. 75/120 F. MENU 80/200 F. DEMI-PENSION 160/220 F. FERME 18/30 NOV., ET 1/28 FEV. F 🎿 AE ⊙ E.

* **LE CHEVAL BLANC** 1, PLACE ST PIERRE M.LE GROS ☎ 33.27.80.48 – 9 CH. 65/120 F. MENU 55/70 F. PENSION 195 F. FERME 1/15 MARS, 15 OCT./15 NOV., VENDREDI ET SAMEDI HS. 🐎 🎿

SEES (MACE) 61500 ORNE 500 HAB.

** **L'ILE DE SEES** M.ORCIER ☎ 33.27.98.65 – 16 CH. 150/205 F. MENU 78/150 F. PENSION 270 F. DEMI-PENSION 220 F. FERME 15 DEC./15 JANV., DIMANCHE SOIR ET LUNDI 15 JANV/ 15 DEC. F 🚲 🐎 🎿 E CV.

SEEZ 73430 BOURG-SAINT-MAURICE SAVOIE 904 M. 1300 HAB. S.I.

* **AU GATEAU DE SAVOIE** 1 RUE CELESTIN FREPPAZ Mme.FERRARIS ☎ 79.07.02.20 – 15 CH. 120/180 F. MENU 60/80 F. PENSION 175/200 F. DEMI-PENSION 135/150 F. FERME 1 MAI/1 JUIN. F 🎿 E.

** **MALGOVERT** M.GAYMARD GEORGES. ☎ 79.07.02.05 – 20 CH. 120/200 F. MENU 67/95 F. PENSION 195/230 F. DEMI-PENSION 175/210 F. FERME 1 OCT./10 JUIN, SAUF VAC. SCOL. ET WEEK-ENDS HIVER. 🛇 🎿 AE

SEEZ (VILLARD-DESSUS) 73700 BOURG-SAINT-MAURICE SAVOIE 1000 M. 200 HAB. S.I.

* **RELAIS DES VILLARDS** Mme MERENDET ☎ 79.07.02.37 – 10 CH. 99/170 F. MENU 60 F. PENSION 165/195 F. DEMI-PENSION 130/165 F. F AE E CV.

SEGUR 12290 PONT-DE-SALARS AVEYRON 780 M. 250 HAB.

AF **DU VIAUR** Mme.VAYSSIERE ☎ 65.69.63.81 – 12 CH. 60 F. MENU 35/50 F. PENSION 125 F. DEMI-PENSION 90 F. RESTAURANT FERME DIMANCHE SOIR 1 JUIL./30 SEPT. 🐎 🎿 AE ⊙ E.

SEGURET 84110 VAISON-LA-ROMAINE VAUCLUSE 650 HAB.

** **LA TABLE DU COMTAT** M.GOMEZ ☎ 90.46.91.49 – 8 CH. 280/500 F. MENU 100/350 F. FERME 20 NOV./5 DEC., 30 JANV./1 MARS, MARDI SOIR ET MERCREDI HS. CLIMATISATION. PARKING PRIVE FERME. 🚲 🐎 AE ⊙ E.

SEIGNOSSE 40510 LANDES 11000 HAB. S.I.

* **DU LAC BLANC - CHEZ TOTON** M. LAFARIE ☎ 58.72.80.15 – 10 CH. 150 F. MENU 59/90 F. PENSION 210 F. DEMI-PENSION 151 F. FERME MERCREDI, HOTEL FIN SEPT./PAQUES ET RESTAURANT 18 OCT /20 NOV. 🐎 🎿

SEILHAC 19700 CORREZE 1440 HAB. S.I.

** **RELAIS DES MONEDIERES** MM. BESSE ☎ 55.27.04.74 – 14 CH. 140/220 F. MENU 50/150 F. PENSION 180/220 F. DEMI-PENSION 150/190 F. FERME 1 NOV./1 DEC. 🚲 🛇 🐎 🎿 AE ⊙ E.

SEINGBOUSE 57450 FAREBERSVILLER MOSELLE 1575 HAB.

* **RELAIS DIANE** 16, ROUTE NATIONALE. M. HOUPERT ☎ 87.89.11.10 – 12 CH. 100/208 F. MENU 48/180 F. PENSION 160/195 F. DEMI-PENSION 130/165 F. FERME 1 FEV./1 MARS. RESTAURANT FERME JEUDI. F 🎿 AE ⊙ E CV.

SEIX 09140 ARIEGE 1030 HAB. S.I.

*AF **AUBERGE DU HAUT SALAT** M.BARRE ☎ 61.66.88.03 – 8 CH. 101/190 F. MENU 65 F. DEMI-PENSION 147/165 F. FERME 20 MAI/5 JUIN, 20 SEPT./20 DEC. F 🐎 🎿 AE ⊙ E.

SEIX (PONT-DE-LATAULE) 09140 SEIX ARIEGE 600 M. 11 HAB. S.I.

* **AUBERGE DES DEUX RIVIERES** PONT DE LA TAULE M.DOUGNAC ☎ 61.66.83.57 – 11 CH. 79/210 F. PDCMENU 58/105 F. PENSION 147/189 F. DEMI-PENSION 100/147 F. FERME 20 SEPT./30 OCT. ET 31 OCT./FIN MAI SAUF WEEK-ENDS ET VAC. SCOL. F 🐎 🎿 AE.

SELESTAT 67600 BAS-RHIN 16000 HAB. S.I.

* **AUBERGE DES ALLIES** 39,RUE DES CHEVALIERS M.ROESCH ☎ 88.92.09.34 – 7 CH. 120/150 F. MENU 59/145 F. DEMI-PENSION 170 F. FERME 15 JANV./20 FEV. 🎿 E.

SELLES-SAINT-DENIS 41300 SALBRIS LOIR-ET-CHER 1071 HAB.

* **HOSTELLERIE DU CHEVAL BLANC** 5 PLACE MAIL M.MAILLET ☎ 54.96.21.11/54.96.16.02 – 12 CH. 60/150 F. MENU 70/168 F. PENSION 220/305 F. DEMI- PENSION 150/235 F. RESTAURANT FERME 15 FEV./15 MARS., ET LUNDI SOIR/MERCREDI MATIN. F 🛇 🎿 AE ⊙ E CV.

SELLIERES 39230 JURA 800 HAB. S.I.

AF **DU CHAPEAU ROUGE** M. PICARD ☎ 84.85.50.20 — 8 CH. 78/180 F. MENU 48/78 F. PEN-
SION 145/160 F. DEMI-PENSION 105/115 F. FERME 10 JANV./15 FEV., ET LUNDI. 🚗 🍴
🖼 **E**.

SELONNET 04460 ALPES-DE-HAUTE-PROVENCE 1060 M. 274 HAB.

** **LE RELAIS DE LA FORGE** Mme TURREL ☎ 92.35.16.98 — 15 CH. 140/205 F. MENU
☐ 57/140 F. PENSION 196/230 F. DEMI-PENSION 141/176 F. FERME 14/30 NOV.,1/12 DEC. ET
DIMANCHE SOIR/LUNDI SOIR 20 AVR./20 JUIN,1 OCT./20 DEC. **F** 🖼 🖼 ⓘ **E**
&.

SELONNET (CHABANON) 04460 SELONNET ALPES-DE-HAUTE-PROVENCE
1500 M. 30 HAB.

* **LE BLANCHON** (STATION DE CHABANON). M. LLATA ☎ 92.35.09.55 — 27 CH. 150/194 F.
☐ MENU 67/150 F. PENSION 190/210 F. DEMI-PENSION 160/175 F. FERME MAI ET NOV. **F**
🍴 🖼 🖼 ⓘ **E CV**.

SEMBADEL (GARE) 43160 LA-CHAISE-DIEU HAUTE-LOIRE 1100 M.
120 HAB.

* **CHALET HOTEL** M.MAISONNEUVE ☎ 71.00.90.02 — 16 CH. 120/180 F. PENSION 160/180 F.
DEMI-PENSION 130/150 F. FERME 16 SEPT./13 JUIL. **F** 🍴 🖼 **E**.

* **MODERNE** Mme MAISONNEUVE ☎ 71.00.90.15 — 23 CH. 100/180 F. MENU 50/100 F. PEN-
SION 160/180 F. DEMI-PENSION 125/140 F. FERME HOTEL 1 DEC./1 AVR. ET RESTAURANT 1
DEC./1 MARS. 🚗 🍴 🖼 **E**.

* **ROUX.restaurant CHEZ JACQUES** M. MAISONNEUVE Jacques ☎ 71.00.90.03 — 12 CH.
80/170 F. MENU 65/140 F. PENSION 140/170 F. DEMI-PENSION 125/155 F. **F** 🖼 ⓘ
E CV &.

SEMBLANCAY 37360 NEUILLE-PONT-PIERRE INDRE-ET-LOIRE 1100 HAB.

** **HOSTELLERIE DE LA MERE HAMARD** M. PEGUE ☎ 47.56.62.04 — 9 CH. 160/185 F.
☐ MENU 70/175 F. DEMI-PENSION 170/185 F. FERME VAC. SCOL. TOUSSAINT, FEV., ET LUNDI HS.
F 🚗 🖼 ⓘ **E**.

SEMNOZ (LE) 74000 ANNECY HAUTE-SAVOIE 1700 M. 10 HAB.

* **LES ROCHERS BLANCS** CRET DE CHATILLON M.ANSELMET ☎ 50.01.23.60 — 16 CH.
140/250 F. MENU 55/120 F. PENSION 190/225 F. DEMI-PENSION 150/180 F. FERME NOV. ET
1/15 MAI. **F** 🖼 🖼 **E CV**.

SEMOY 45400 FLEURY-LES-AUBRAIS LOIRET 1800 HAB.

* **DE LA FORET** 106, AVE GALLOUEDEC M.JULIEN ☎ 38.86.41.34 — 12 CH. 70/130 F. MENU
☐ 48/150 F. PENSION 145/200 F. DEMI-PENSION 100/155 F. FERME 1/29 FEV., ET VENDREDI SOIR-
/SAMEDI MIDI 15 SEPT./ 15 JUIN. **F** 🖼 ⓘ **E CV**.

SEMUR-EN-AUXOIS (LAC DE PONT) 21140 COTE-D'OR 105 HAB.

** **DU LAC** (A PONT ET MASSENE). M.LAURENCON ☎ 80.97.11.11 — 23 CH. 130/230 F. MENU
70/150 F. PENSION 260/320 F. DEMI-PENSION 200/260 F. FERME 15 DEC./1 FEV., DIMANCHE
SOIR ET LUNDI 1 SEPT./1 JUIL. 🚗 🍴 🖼 ⓘ **E CV**.

SENLIS 60300 OISE 14387 HAB. S.I.

** **HOSTELLERIE DE LA PORTE BELLON** 51,RUE BELLON Mme.PATENOTTE ☎ 44.53.03.05
— 19 CH. 110/270 F. MENU 98/160 F. FERME 20 DEC./20 JANV. RESTAURANT FERME VENDREDI.
🚗 🍴 🖼.

SENLIS (FONTAINE-CHAALIS) 60300 SENLIS OISE 400 HAB.

** **AUBERGE DE FONTAINE** M. CAMPION ☎ 44.54.20.22 — 8 CH. 185/250 F. MENU 99/160 F.
☐ DEMI-PENSION 220/280 F. FERME 31 JANV./1 MARS., MARDI SOIR ET MERCREDI. 🍴 🖼.

SENONCHES 28250 EURE-ET-LOIR 3500 HAB. S.I.

** **AUBERGE DE LA POMME DE PIN** 15 RUE MICHEL CAUTY M. BAUER ☎ 37.37.76.62 —
☐ 11 CH. 80/220 F. MENU 90/140 F. PENSION 170/230 F. DEMI-PENSION 135/190 F. FERME 1/18
JANV., 16 AOUT/5 SEPT., DIMANCHE SOIR ET LUNDI. TENNIS PRIVE A 5 KM. 🖼 **E**.

SENS 89100 YONNE 30000 HAB. S.I.

** **LA CROIX BLANCHE** 9,RUE VICTOR-GUICHARD M. SUCHOT ☎ 86.64.00.02 — 25 CH.
80/156 F. MENU 62/135 F. PENSION 205/279 F. DEMI-PENSION 144/220 F. RESTAURANT FERME
VENDREDI SOIR ET SAMEDI. **F** 🚗 🖼 **E**.

SENS (VILLEROY) 89100 SENS YONNE 227 HAB.

** **RELAIS DE VILLEROY** ROUTE DE NEMOURS. M. CLEMENT ☎ 86.88.81.77 — 8 CH.
165/190 F. MENU 100/250 F. PENSION 310/380 F. DEMI-PENSION 260/310 F. FERME 25
JUIL./11 AOUT, 19 DEC./5 JANV. ET DIMANCHE SOIR/ MARDI MATIN. 🖼 🖼 ⓘ **E**.

SEREILHAC 87620 HAUTE-VIENNE 1400 HAB.

** **LA MEULE** (N. 21) M.JOUHAUD ☎ 55.39.10.08 — 10 CH. 240 F. MENU 75/320 F. FERME 20
JOURS JANV. ET MARDI HIVER. 🚗 🖼 🖼 ⓘ **E**.

** **MOTEL DES TUILERIES** (LES BETOULLES) M.CHAMBRAUD ☎ 55.39.10.27 — 10 CH.
160/190 F. MENU 60/180 F. PENSION 240/260 F. DEMI-PENSION 200/220 F. FERME NOV., VAC.
SCOL. FEV., DIMANCHE SOIR ET LUNDI HS. **F** 🖼 **E** &.

SEREZIN-DU-RHONE 69360 SAINT-SYMPHORIEN-D'OZON RHONE
2000 HAB.

** **LA BOURBONNAISE** A7 SORTIE SOLAISE M.PASCUAL ☎ 78.02.80.58 TELEX 305551 —
☐ 36 CH. 149/239 F. PENSION 62/235 F. DEMI-PENSION 209/279 F. **F** 🖼 🖼 ⓘ
E CV &.

SERGY 01630 **SAINT-GENIS-POUILLY** AIN 1088 HAB.

* **AU CRET DE LA NEIGE** Mme LEFORT ☎ 50.42.01.55 — 7 CH. 130/160 F. MENU 50/90 F. PENSION 170/210 F. DEMI-PENSION 140/200 F. RESTAURANT FERME DIMANCHE. [F] ▥ ⊕ E CV.

SERRAVAL 74230 HAUTE-SAVOIE 760 M. 350 HAB. S.I.

** **DE LA TOURNETTE** M. TISSOT Robert ☎ 50.27.50.13 — 18 CH. 70/170 F. MENU 50/125 F. PENSION 170/200 F. DEMI-PENSION 140/170 F. FERME NOV., ET MARDI HS. [F] ▥ ☞ ☕ ▥ E.

SERRE-CHEVALIER 05330 **SAINT-CHAFFREY** HAUTES-ALPES 1350 M. 500 HAB. S.I.

** **OLYMPIC-HOTEL** M. POGGI ☎ 92.24.00.11 — 30 CH. 180/300 F. MENU 75/140 F. PENSION 230/336 F. DEMI-PENSION 185/260 F. HOTEL FERME 1 MAI/15 JUIN, 15 SEPT./1 DEC. RESTAURANT FERME 15 AVR./1 JUIL., 31 AOUT/15 DEC. & ▥.

SERRIERA 20150 **PARTINELLO** CORSE 200 HAB.

** **CAPANACCIA** M. CECCALDI Dominique ☎ 95.26.14.46 — 16 CH. 180/220 F. MENU 70/100 F. DEMI-PENSION 190/230 F. FERME 10 OCT./20 AVR. ▥.

** **L'AIGLON** Mme TORMEN ☎ 95.26.10.65 — 18 CH. 175/230 F. MENU 70/190 F. PENSION 210/250 F. DEMI-PENSION 175/215 F. FERME 1 OCT./30 AVR. ☞ ▥ E.

** **STELLA MARINA** M. CECCALDI Paul Francois ☎ 95.26.11.18 — 20 CH. 250 F. MENU 80 F. DEMI-PENSION 240 F. FERME 30 SEPT./30 AVR. [F] ▥ ▥ ⊕ &.

SERRIERES 07340 ARDECHE 130 M. 1342 HAB. S.I.

* **SCHAEFFER** QUAI JULES ROCHE M. MATHE ☎ 75.34.00.07 — 12 CH. 88/160 F. MENU 98/250 F. PENSION 200/240 F. DEMI-PENSION 160/190 F. FERME JANV., LUNDI SOIR ET MARDI SAUF JUIL./AOUT. ▥ ▥ ▥ ⊕ E.

SERVANT 63560 **MENAT** PUY-DE-DOME 430 M. 600 HAB.

* **BEAU SITE** (VALLEE DE LA SIOULE) Mme.ROUGIER-GUILLOIS ☎ 73.85.51.47 — 8 CH. 70/100 F. MENU 42/110 F. PENSION 140/150 F. FERME 12 NOV./15 JANV., ET LUNDI APRES- MIDI 15 SEPT./15 FEV. ▥ ▥ E.

SERVOZ 74310 LES HOUCHES HAUTE-SAVOIE 816 M. 470 HAB. S.I.

AF **CHEZ MAXIME** Mme.MOLLARD ☎ 50.47.21.94 — 6 CH. 120/150 F. MENU 55/65 F. PENSION 150/160 F. DEMI-PENSION 130/140 F. FERME 10 MAI/10 JUIN, ET MERCREDI HS. ☞ CV.

** **LA SAUVAGEONNE** M.PRUDHOMME ☎ 50.47.20.40/50.47.23.82 — 10 CH. 140/198 F. MENU 59/150 F. PENSION 190/220 F. DEMI-PENSION 160/175 F. FERME MAI, NOV. RESTAURANT FERME MERCREDI HS. [F] ☞ ▥ E CV.

** **LES CHAMOIS** M. VUAGNOUX ☎ 50.47.20.09 — 7 CH. 170/320 F. MENU 70/150 F. PENSION 212/247 F. DEMI-PENSION 175/207 F. FERME 15 NOV./15 DEC., 1/15 MAI., ET MERCREDI. [F] ▥ ⊕.

* **LES CIMES BLANCHES** (LE MONT). M.CHOUPIN ☎ 50.47.20.05 — 10 CH. 135/170 F. MENU 60/100 F. PENSION 165/170 F. DEMI-PENSION 140/145 F. FERME 15 AVR./15 JUIN, 15 SEPT./15 DEC. ☞ ▥.

SETE 34200 HERAULT 40000 HAB. S.I.

** **GRAND HOTEL DE PARIS** 2,RUE FREDERIC-MISTRAL M.AGUILLON ☎ 67.74.98.10 — 40 CH. 120/260 F. ▥ ✕ ▥.

SETTONS (LAC DES) 58230 MONTSAUCHE NIEVRE 600 M. 825 HAB. S.I.

** **LA MORVANDELLE** MM. BIRON ET PAYEN ☎ 86.84.50.62/86.84.52.51 — 24 CH. 110/230 F. MENU 68/170 F. PENSION 170/260 F. DEMI-PENSION 130/200 F. FERME 15 NOV./15 MARS. [F] ▥ E.

** **LES GRILLONS** LAC DES SETTONS M.GOULOT ☎ 86.84.51.43/86.84.53.44 — 15 CH. 98/220 F. MENU 70/160 F. PENSION 180/250 F. DEMI-PENSION 145/215 F. FERME 15 NOV./15 MARS. [F] ▥ ▥ E CV &.

SEURRE 21250 COTE-D'OR 3200 HAB. S.I.

** **LE CASTEL** 20 AV. DE LA GARE Mme.DESCHAMPS ☎ 80.20.45.07 — 20 CH. 135/220 F. MENU 85/200 F. FERME 2 JANV./25 FEV., ET LUNDI 1 NOV./30 AVR. ▥ E.

SEVERAC-LE-CHATEAU 12150 AVEYRON 700 M. 3000 HAB. S.I.

** **DU COMMERCE** M. LAFON ☎ 65.71.61.04 — 21 CH. 170/300 F. MENU 55/140 F. PENSION 220 F. DEMI-PENSION 180 F. FERME 1/15 NOV., 1/31 JANV. [F] ▥ ▥ ▥ E ▥.

* **DU MIDI** AV. ARISTIDE BRIAND. M. GAL ☎ 65.47.62.15 — 10 CH. 70/105 F. MENU 48/95 F. PENSION 135/160 F. DEMI-PENSION 100/170 F. FERME DIMANCHE 1 OCT./1 JUIL. ▥.

* **LE GRAND FAUBOURG** Mme.ROUBY ☎ 65.47.62.46 — 15 CH. 60/120 F. MENU 50/60 F.

SEVIGNACQ-MEYRACQ 64260 **ARUDY** PYRENEES-ATLANTIQUES 446 HAB.

* **LES BAINS DE SECOURS** M. PAROIX ☎ 59.05.62.11 — 9 CH. 95/115 F. MENU 50/100 F. PENSION 170 F. DEMI-PENSION 120 F. FERME 1 OCT./1 JUIN. RESTAURANT FERME 1/20 JANV. ET DIMANCHE MIDI/MARDI MATIN. ▥ E CV.

SEVRIER 74410 HAUTE-SAVOIE 2500 HAB. S.I.

** **BEAU SEJOUR** ROUTE D'ALBERTVILLE. M.RICHARD ☎ 50.52.41.06 — 32 CH. 120/300 F. MENU 85/180 F. PENSION 225/300 F. DEMI-PENSION 190/240 F. FERME FIN SEPT./AVRIL. ▥ ☞ CV.

*** **ERAMOTEL** RN. 508 M. ERARD ☎ 50.52.43.83 — 18 CH. 290 F. MENU 98/150 F. DEMI-PENSION 300 F. FERME 15 NOV./15 DEC. RESTAURANT FERME 15 NOV./1 FEV. ▥ ▥ ▥ ▥ ⊕ E CV.

SEVIGNACQ-MEYRACQ (suite)

** **LA FAUCONNIERE** (LIEU-DIT LETRAZ-CHUGUET - N. 508). M. RAFFATIN ☎ 50.52.41.18 –
☞ 20 CH. 130/250 F. MENU 75/125 F. PENSION 230/250 F. DEMI-PENSION 185/210 F. FERME 1
JANV./7 FEV. RESTAURANT FERME DIMANCHE/LUNDI 17H. 🄵 �🛏 ☎ E.

** **LES TONNELLES** ROUTE D'ALBERTVILLE M.CURT ☎ 50.52.41.58 – 26 CH. 110/320 F. MENU
60/200 F. PENSION 180/300 F. DEMI-PENSION 160/250 F. 🄵 ☎ 🄐 ⊕ E CV.

SEWEN 68290 MASEVAUX HAUT-RHIN 564 HAB.

AF **AUBERGE DU LANGENBERG** ROUTE DU BALLON D'ALSACE. M. FLUHR ☎ 89.48.96.37 –
5 CH. MENU 40/140 F. PENSION 165/175 F. DEMI-PENSION 120/135 F. FERME 1/15 OCT. RES-
TAURANT FERME JEUDI. ☎ 🄐 ⊕ E.

** **DES VOSGES** M.KIEFFER ☎ 89.82.00.43 – 20 CH. 75/185 F. MENU 70/200 F. PENSION
150/220 F. DEMI-PENSION 115/185 F. FERME 7 NOV./22 DEC., 11 JANV./7 FEV., DIMANCHE SOIR
OCT./ AVR., ET JEUDI SEPT./JUIN. 🄵 ⚞ ☎ 🄐 ⊕ E CV.

* **HOSTELLERIE AU RELAIS DES LACS** M.FLUHR ☎ 89.82.01.42 – 16 CH. 85/190 F. MENU
☞ 66/145 F. PENSION 170/250 F. DEMI-PENSION 130/230 F. FERME 6 JANV./6 FEV., ET MARDI
SOIR/MERCREDI. 🄵 ⚞ ☎ 🄐 ⊕ E CV.

SEYNE-LES-ALPES   04140   ALPES-DE-HAUTE-PROVENCE   1260 M. 1500 HAB. S.I.

** **AU VIEUX TILLEUL** (LES AUCHES). M. GENIN ☎ 92.35.00.04 – 18 CH. 100/260 F. MENU
68/160 F. PENSION 200/295 F. DEMI-PENSION 160/255 F. FERME 1 OCT./15 DEC. ⚞ ☎
🄐 E.

** **BELLEVUE** M. MICHEL ☎ 92.35.00.32/92.35.03.95 – 21 CH. 130/210 F. MENU 46/120 F.
☞ PENSION 187/235 F. DEMI-PENSION 165/205 F. 🄵 ☎ 🄐 ⊕ E.

* **LA CHAUMIERE** M. BRAVO ☎ 92.35.00.48 – 11 CH. 69/210 F. MENU 48/157 F. PENSION
150/190 F. DEMI-PENSION 110/150 F. ☎ 🄐 ⊕.

SEYSSEL 01420 AIN 1500 HAB. S.I.

** **DU RHONE** QUAI Gal DE GAULLE, RIVE DROITE M.HERBELOT ☎ 50.59.20.30 – 10 CH.
☞ 100/275 F. MENU 95/275 F. PENSION 250/300 F. DEMI-PENSION 220/260 F. FERME 15 NOV./5
FEV., RESTAURANT FERME 15 NOV./2 MAI DIMANCHE SOIR ET LUNDI MIDI. 🄵 ⚞ ☎
🄐 ⊕ E.

SEZANNE 51120 MARNE 6200 HAB. S.I.

** **DE LA CROIX D'OR** 53, RUE NOTRE-DAME M. DUFOUR ☎ 26.80.61.10 – 13 CH. 80/185 F.
☞ MENU 48/180 F. PENSION 198/296 F. FERME 1/16 JANV., 15/22 OCT., ET LUNDI. ⚞ ☎
🄐 ⊕ E CV.

** **LE RELAIS CHAMPENOIS ET DU LION D'OR** 157, RUE NOTRE DAME. M. FOURMI ☎
☞ 26.80.58.03 – 14 CH. 85/240 F. MENU 53/150 F. ☎ 🄐 E ♿.

SIAUGUES-SAINT-ROMAIN   43410   SIAUGUES-SAINTE-MARIE   HAUTE-LOIRE 910 M. 1000 HAB.

* **PECHAUD** M. PECHAUD ☎ 71.74.21.19 – 10 CH. 58/90 F. MENU 42/96 F. PENSION
135/150 F. DEMI-PENSION 115/165 F. FERME 19 SEPT./20 OCT. 🄵 CV.

SIERENTZ 68510 HAUT-RHIN 1660 HAB.

* **AUBERGE SAINT LAURENT** M. ARBEIT ☎ 89.81.52.81 – 10 CH. 75/120 F. MENU
☞ 60/280 F. FERME JANV., JUIL., LUNDI ET MARDI. SOIREE ETAPE 180/205F. ☎ E.

SIGEAN 11130 AUDE 3140 HAB. S.I.

AF **SAINTE-ANNE** (LE PLA). M. MAGNIN ☎ 68.48.24.38 – 12 CH. 65/130 F. MENU 44/110 F.
PENSION 170 F. DEMI-PENSION 130 F. 🄵 CV.

SIGNY-L'ABBAYE 08460 ARDENNES 1800 HAB. S.I.

* **AUBERGE DE L'ABBAYE** Mme.LEFEBVRE ☎ 24.52.81.27 – 12 CH. 105/220 F. MENU
☞ 55/110 F. PENSION 150/220 F. DEMI-PENSION 110/190 F. FERME 2 JANV./1 MARS ET MERCREDI
16H/VENDREDI 9H. 🄵 CV.

SIGOULES 24240 DORDOGNE 700 HAB.

AF **CAFE DU CENTRE** Mme.LABROUSSE ☎ 53.58.40.29 – 10 CH. 60/140 F. PENSION
140/160 F. DEMI-PENSION 100/120 F. 🄵 ☎ 🄐 ⊕ E.

SIORAC-EN-PERIGORD 24170 BELVES DORDOGNE 875 HAB. S.I.

** **AUBERGE DE LA PETITE REINE** M.DUC ☎ 53.31.60.42 – 40 CH. 160/240 F. MENU
☞ 75/180 F. PENSION 210/260 F. DEMI-PENSION 190/210 F. FERME 1 NOV./31 MARS. PAS DE 1/2
PENSION JUIL. ET AOUT. PISCINE COUVERTE. 🄵 ⚞ 🕊 🐄 ☎ E CV.

** **L'ESCALE** (LE PORT) M. AUDIBERT ☎ 53.28.60.23 – 16 CH. 100/190 F. MENU 61/125 F. PEN-
SION 180/230 F. DEMI-PENSION 135/190 F. FERME 2 NOV./1 AVR. 🄵 ☎ 🄐 ⊕
E CV ♿.

SISTERON 04200 ALPES-DE-HAUTE-PROVENCE 7000 HAB. S.I.

** **LES CHENES** ROUTE DE GAP, SORTIE NORD. M.ROUSTAN ☎ 92.61.15.08/92.61.13.67 –
21 CH. 136/220 F. MENU 65/130 F. PENSION 185/240 F. DEMI-PENSION 145/200 F. FERME 1/15
NOV., 20 DEC./15 JANV. ET DIMANCHE 1 OCT./15 AVR. 🄵 ⚞ ☎.

SIXT-FER-A-CHEVAL 74740 HAUTE-SAVOIE 800 M. 650 HAB. S.I.

** **LE BOUT DU MONDE** (A NAMBRIDE). M. MONET ☎ 50.34.44.17/50.34.47.60 – 20 CH.
180 F. MENU 70/120 F. PENSION 165/230 F. DEMI-PENSION 145/207 F. FERME 1 OCT./15 DEC.
🄵 ☎ E CV 🄵.

** **LE PETIT TETRAS** (LIEU-DIT SALVAGNY) M. SCURI ☎ 50.34.42.51 – 20 CH. 150/220 F.
MENU 70/140 F. PENSION 195/240 F. DEMI-PENSION 170/210 F. FERME 15 AVR./1 JUIN, 18
SEPT./18 DEC. 🄵 🕊 ☎ ⊕ E CV.

SOCCIA 20125 CORSE 650 M. 716 HAB.

** **U PAESE** M.BATTISTELLI ☎ 95.28.31.92 – 22 CH. 125/137 F. MENU 85/115 F. PENSION 195/210 F. FERME 20 NOV./20 DEC. 🄵 🚗 🅰🄴 ⓓ E.

SOLERIEUX 26130 SAINT-PAUL-TROIS-CHATEAUX DROME 132 HAB.

* **FERME SAINT MICHEL** Mme LAURENT, Mme BEDOUIN ☎ 75.98.10.66 – 10 CH. 170/230 F. MENU 70/120 F. RESTAURANT FERME 15 DEC./15 JANV. ET DIMANCHE SOIR/LUNDI MIDI. 🚗 🚗 🅰🄴 E.

SOLFERINO 40210 LABOUHEYRE LANDES 450 HAB.

AF **AUBERGE DU VIEUX LOGIS** M.SAINT PAUL ☎ 58.07.21.01 – 7 CH. 90/130 F. MENU 75/145 F. PENSION 150/170 F. DEMI-PENSION 115/130 F. FERME VAC. SCOL. FEV., SAMEDI ET DIMANCHE SOIR HS SAUF RESERVATIONS. (PRIX 1987). 🄵.

SOLFERINO (CAP DE PIN) 40210 LABOUHEYRE LANDES 486 HAB.

* **RELAIS NAPOLEON III** M. GOUDIN ☎ 58.07.20.52 – 12 CH. 100/185 F. MENU 55/160 F.
☞ PENSION 185/220 F. DEMI-PENSION 135/165 F. FERME 15/31 OCT., 15/31 JANV. ET LUNDI HS. 🄵 🚗 E 👍.

SOLIGNAC 87110 HAUTE-VIENNE 1260 HAB. S.I.

AF **AUBERGE DE L'ABBAYE** M.GALINET ☎ 55.00.50.24 – 5 CH. 70/110 F. MENU 48/100 F. PENSION 175 F. DEMI-PENSION 130 F. FERME 10 OCT./15 NOV., ET LUNDI.

** **SAINT ELOI** 66 AV. SAINT ELOI M.LUBAC ☎ 55.00.50.11 – 9 CH. 93/165 F. MENU 61/115 F.
☞ PENSION 180/290 F. DEMI-PENSION 120/230 F. RESTAURANT FERME DIMANCHE SOIR ET LUNDI HS. 🄵 🚗 CV.

SOMBERNON 21540 COTE-D'OR 600 M. 800 HAB. S.I.

* **LE BELLE VUE** RUE DE LA LIBERATION. Mme BRULOIS ☎ 80.33.40.52 – 10 CH. 90/150 F.
☞ MENU 55/150 F. PENSION 200/260 F. DEMI-PENSION 140/220 F. FERME 29 FEV./6 MARS ET MARDI. 🚗 🚗 🅰🄴 ⓓ E CV.

** **LE SOMBERNON** M.BLONDELLE ☎ 80.33.41.23 – 10 CH. 70/200 F. MENU 50/190 F. PEN-SION 150/230 F. DEMI-PENSION 130/180 F. FERME 15 JANV./15 FEV., ET MERCREDI. 🚗 🐎 🄴.

SONDERNACH 68380 METZERAL HAUT-RHIN 527 HAB.

*AF **AU LAC DU LAUCHEN** M. SCHICKEL ☎ 89.77.61.55 – 10 CH. 125/190 F. MENU 40/80 F.
☞ PENSION 155/170 F. DEMI-PENSION 130/140 F. FERME 12 NOV./20 DEC., ET MERCREDI. 🄵 🚗 🅰🄴 ⓓ E CV.

SORGES 24420 SAVIGNAC-LES-EGLISES DORDOGNE 900 HAB. S.I.

** **AUBERGE DE LA TRUFFE** M. LEYMARIE-BASTIDE ☎ 53.05.02.05 – 19 CH. 115/185 F. MENU 52/200 F. PENSION 170/220 F. DEMI-PENSION 140/180 F. RESTAURANT FERME 15 JOURS JANV., 1 SEM. JUIN, 1 SEM. OCT. ETLUNDI. 🄵 🚗 🅰🄴 ⓓ E CV 👍.

** **DE LA MAIRIE** Mme LEYMARIE ☎ 53.05.02.11 – 11 CH. 85/175 F. MENU 80/300 F. PENSION 165/190 F. DEMI-PENSION 140/165 F. RESTAURANT FERME 15J. JANV., 1 SEM. JUIN, 1 SEM. OCT., ET MERCREDI. 🄵 🚗 🅰🄴 E CV.

SOSPEL 06380 ALPES-MARITIMES 2200 HAB. S.I.

** **DE FRANCE** M.VOLLE ☎ 93.04.00.01 – 12 CH. 110/270 F. MENU 65/110 F. PENSION 250/270 F. DEMI-PENSION 200/220 F. FERME 1/30 NOV. ET 1/29 FEV. 🄵 🚗.

** **DES ETRANGERS** 7, Bld DE VERDUN. M.DOMEREGO ☎ 93.04.00.09 TELEX 970439F – 35 CH.
☞ 120/250 F. MENU 62/115 F. PENSION 240/280 F. DEMI-PENSION 220/240 F. FERME 26 NOV./1 FEV. PISCINE COUVERTE ET CHAUFFEE. 🄵 🚗 🅰🄴 ⓓ E CV 👍.

** **L'AUBERGE PROVENCALE** ROUTE DE MENTON Mme LUCIANO ☎ 93.04.00.31 – 10 CH. 80/235 F. MENU 55/130 F. PENSION 210/330 F. DEMI-PENSION 170/260 F. FERME 11 NOV./1 DEC. ET RESTAURANT JEUDI MIDI 1 OCT./ MARS. 🄵.

SOTTEVILLE-LES-ROUEN 76300 SEINE-MARITIME 30558 HAB.

LE RIVE GAUCHE 277, RUE VICTOR-HUGO. Mme MARTIN ☎ 35.73.71.47 – 9 CH. 150/200 F. MENU 75/150 F. PENSION 290/320 F. DEMI-PENSION 220/250 F. FERME VAC.SCOL.FEV. ET AOUT. 🄵 🚗 🅰🄴 E.

SOUCY 89100 SENS YONNE 1000 HAB.

* **AUBERGE DU REGAIN** 11 ROUTE DE NOGENT Mme VERMAND ☎ 86.86.64.62 – 7 CH. 100/200 F. MENU 90/200 F. PENSION 250/360 F. DEMI-PENSION 180/290 F. FERME 15 AOUT/22 SEPT., DIMANCHE SOIR ET LUNDI. 🚗.

SOUDAN 79800 LA MOTHE-SAINT-HERAY DEUX-SEVRES 500 HAB.

* **L'ORANGERIE** SUR N.11 (A 10 SORTIE 21) M.BORDAGE ☎ 49.76.08.05 – 10 CH. 75/190 F.
☞ MENU 55/150 F. FERME 31 DEC./31 JANV. ET DIMANCHE HS. 🐎 🅰🄴 E.

SOUDRON 51320 SOMPUIS MARNE 250 HAB.

AF **DE LA MAIRIE** Mme MONCUIT ☎ 26.67.40.66 – 7 CH. 78/141 F. MENU 45 F. 🐎.

SOUFFELWEYERSHEIM 67460 BAS-RHIN 4200 HAB.

** **HOSTELLERIE DU CERF BLANC** 12 RTE DE BISCHWILLER M.FRISTCH ☎ 88.20.05.07 – 14 CH. 140/170 F. MENU 45/150 F. CV.

SOUILLAC 46200 LOT 5000 HAB. S.I.

* **AUBERGE DU PUITS** M.ARNAL ☎ 65.37.80.32 – 16 CH. 85/150 F. MENU 48/195 F. PEN-SION 160/198 F. DEMI-PENSION 120/160 F. FERME 1 NOV./1 JANV., DIMANCHE SOIR ET LUNDI HS. CV.

** **BELLE VUE** 68, AV. JEAN JAURES M. THION ☎ 65.32.78.23 – 25 CH. 100/180 F. FERME 15 DEC./15 JANV. 🚗 🚗 🍴 🅰🄴 ⓓ E 👍.

SOUILLAC (suite)

** **DE LA PROMENADE et Annexe DES ACACIAS** Mme DELBREIL ☎ 65.37.82.86/65.37.89.55 – 46 CH. 130/200 F. MENU 70/200 F. PENSION 220/230 F. DEMI-PENSION 170/190 F. F ⟵ 🎿 ⚏ 🗚 & 🏠.

** **DES AMBASSADEURS** 7,12,14 AV.DU GAL DE GAULLE M.SEMBLAT ☎ 65.32.78.36 – 28 CH. 90/245 F. MENU 45/158 F. PENSION 188/260 F. DEMI-PENSION 124/182 F. FERME 29 SEPT./29 OCT., 18/29 FEV., VENDREDI SOIR ET SAMEDI HS. F ⟵ ⚏ E CV.

** **INTER-HOTEL LE QUERCY** 1, RUE DE LA RECEGE Mme LEDOUX ☎ 65.37.83.56 – 25 CH. 110/205 F. FERME 15 DEC./15 MARS. F ⟵ ✕ ⚏ CV.

** **LA ROSERAIE** 42,AV. DE TOULOUSE M.FOURNIER ☎ 65.37.82.69 – 26 CH. 110/173 F. MENU 50/143 F. PENSION 182/214 F. DEMI-PENSION 132/163 F. FERME 15 OCT./15 AVR. F ⟵ ⚏ E CV 🏠.

** **LA VIEILLE AUBERGE** M.VERIL ☎ 65.32.79.43 TELEX 533 715 – 20 CH. 130/200 F. MENU 90/200 F. PENSION 300/320 F. DEMI-PENSION 230/250 F. FERME 15 NOV./15 MARS. F ⟵ 🎿 ⚏ 🗚 ⓜ E CV.

** **LE GRAND HOTEL** 1,ALLEE DE VERNINAC M.BOUYJOU ☎ 65.32.78.30 – 30 CH. 130/235 F. MENU 75/175 F. PENSION 231/268 F. DEMI-PENSION 166/203 F. FERME MERCREDI AVR.MAI ET OCT. SOLARIUM. ⟵ ⚏ 🗚 E CV 🏠.

*** **LES GRANGES VIEILLES** ROUTE DE SARLAT SARL CAYRE ☎ 65.37.80.92 – 11 CH. 200/350 F. MENU 75/200 F. PENSION 280/360 F. DEMI-PENSION 230/280 F. FERME 2 /31 JANV. MINI-GOLF. 🐎.

* **PERIGORD** AV Gal DE GAULLE Mlle CAZALS ☎ 65.32.78.28 – 31 CH. 95/250 F. MENU 65/130 F. PENSION 210/275 F. DEMI-PENSION 150/215 F. FERME 1 OCT./30 AVR. F 🎿 ⟵ ⚏.

*** **RENAISSANCE** 2,AV. JEAN JAURES Mme CAZALS-BOUTOUX ☎ 65.32.78.04 – 21 CH. 160/260 F. MENU 65/140 F. PENSION 235/285 F. DEMI-PENSION 175/220 F. FERME 1 NOV./1 AVR. F 🎿 ⟵ ⚏ & 🏠.

SOULAC-SUR-MER **33780** GIRONDE 2590 HAB. S.I.

* **L'HACIENDA** AV. DU PERRIER DE LARSAN. M. LAROCHE ☎ 56.09.81.34 – 12 CH. 160/250 F. MENU 70/150 F. PENSION 200/255 F. DEMI-PENSION 150/195 F. FERME 1 OCT./1 AVR. F ⚏ E CV.

SOULAIRE-ET-BOURG **49460** MONTREUIL-JUIGNE MAINE-ET-LOIRE 1100 HAB.

AF **LE RELAIS DU PLESSIS BOURRE** M. LUCAS ☎ 41.32.06.07 – 4 CH. 82/90 F. MENU 45/115 F. PENSION 148 F. DEMI-PENSION 112 F. FERME 10J. FEV., ET MERCREDI HS. ⚏.

SOULTZ **68360** HAUT-RHIN 6000 HAB. S.I.

** **BELLE VUE** ROUTE DE WUENHEIM M.GRESS ☎ 89.76.95.82 – 7 CH. 150/160 F. MENU 60/180 F. PENSION 150/200 F. DEMI-PENSION 120/175 F. FERME 2/30 JANV., ET MERCREDI. F ⟵ E.

SOULTZBACH-LES-BAINS **68230** TURCKHEIM HAUT-RHIN 600 M. 600 HAB.

* **SAINT CHRISTOPHE** Mme.SCHONHAMMER ☎ 89.71.13.09 – 10 CH. 117/185 F. MENU 40/85 F. PENSION 175/195 F. DEMI-PENSION 130/155 F. FERME MERCREDI. ⚏ 🗚 ⓜ E CV.

SOULTZEREN **68140** MUNSTER HAUT-RHIN 600 M. 1200 HAB. S.I.

AF **A LA VILLE DE GERARDMER** M. GREDER ☎ 89.77.31.57 – 15 CH. 88/168 F. MENU 49/128 F. PENSION 145/178 F. DEMI-PENSION 112/145 F. FERME 28 OCT./19 NOV., ET MER-CREDI HS. ⚏ E CV.

*AF **DU PONT** M. FRITSCH-FLEURY ☎ 89.77.35.23 – 15 CH. 95/130 F. MENU 47/90 F. PENSION 150/170 F. DEMI-PENSION 130/150 F. FERME 27 OCT./27 NOV., DIMANCHE SOIR, ET LUNDI HS. ⚏ E.

SOULTZMATT **68570** HAUT-RHIN 1924 HAB.

** **BETTER** 42, RUE DE LA VALLEE. M. BETTER ☎ 89.47.00.13 – 10 CH. 120/190 F. MENU 82/230 F. PENSION 230/260 F. DEMI-PENSION 160/190 F. FERME 20 JUIN/13 JUIL. RESTAURANT FERME MERCREDI. F ⚏ 🗚 ⓜ E.

** **KLEIN** 44 RUE DE LA VALLEE M. KLEIN ☎ 89.47.00.10 – 7 CH. 120/220 F. MENU 75/200 F. PENSION 200/250 F. DEMI-PENSION 150/200 F. FERME 15/29 NOV., ET LUNDI. F ⟵ ⚏ 🗚 ⓜ E CV.

SOUQUET (LE) LESPERON **40260** CASTETS LANDES 1500 HAB.

** **PARIS-MADRID** (SUR N. 10). M.SIERRA ☎ 58.89.60.46 – 15 CH. 160/220 F. MENU 88/140 F. DEMI-PENSION 240 F. FERME 15 OCT./15 MARS. ET RESTAURANT FERME LUNDI. 🎿 ♂ 🐎 E &.

SOUSCEYRAC **46190** LOT 1200 HAB. S.I.

* **AU DEJEUNER DE SOUSCEYRAC** M. PIGANIOL ☎ 65.33.00.56 – 10 CH. 100/140 F. MENU 85/160 F. PENSION 250 F. DEMI-PENSION 185 F. FERME 15 JANV./1 MARS ET LUNDI. 🐎 ⚏.

AF **DU COMMERCE** Mme.CHEVALIER ☎ 65.33.02.81 – 5 CH. 80/100 F. MENU 60/100 F. PEN-SION 140/170 F. FERME OCT. ⚏ 🗚 ⓜ E.

SOUSTONS **40140** LANDES 5500 HAB. S.I.

** **AU BORD DU LAC** 63, AV. GALLEBEN M. NOUGUE ☎ 58.41.18.80 – 12 CH. 125/265 F. MENU 62/132 F. PENSION 200/240 F. DEMI-PENSION 160/195 F. FERME 30 SEPT./15 AVR. ⚏ E.

SOUTERRAINE (LA) 23300 CREUSE 5500 HAB. S.I.

** **DE LA PORTE SAINT JEAN** 2, RUE DES BAINS M. JEANGUENIN ☎ 55.63.03.83 – 14 CH. 95/188 F. MENU 59/185 F. PENSION 236/304 F. DEMI-PENSION 176/244 F. RESTAURANT FERME 1/25 JANV. [F] ⏚ 🐎 🎫 [AE] ⑩ E CV.

* **GRAND HOTEL** 3, PLACE DE LA GARE M. VIALATOU ☎ 55.63.20.63 – 13 CH. 75/160 F. FERME 20/27 JUIN., 18 SEPT./3 OCT. ET LUNDI. ⏚ 🐎 🎫 [AE] ⑩ E.

SOUVIGNY 03210 ALLIER 2212 HAB.

* **DE LA POSTE** 20 RUE DE LA VERRERIE M. GEBEL ☎ 70.43.61.52 – 9 CH. 60/200 F. MENU 45/120 F. PENSION 180 F. DEMI-PENSION 140 F. RESTAURANT FERME MERCREDI SOIR. 🎫 E.

SOUVIGNY-EN-SOLOGNE 41600 LAMOTTE-BEUVRON LOIR-ET-CHER 400 HAB.

* **AUBERGE CROIX BLANCHE** PLACE DE L'EGLISE Mme. MAROIS ☎ 54.88.40.08 – 9 CH. 105 F. MENU 70/205 F. PENSION 200/225 F. DEMI-PENSION 150/162 F. FERME 18 JANV./4 MARS, ET MARDI SOIR/JEUDI MATIN. [F] 🐎 🎫.

SPERACEDES 06530 PEYMEINADE ALPES-MARITIMES 550 HAB.

AF **LA SOLEILLADE** M. FOREST ☎ 93.66.11.15/93.60.58.46 – 7 CH. 90/150 F. MENU 60/140 F. PENSION 180 F. DEMI-PENSION 130 F. FERME 30 SEPT./PAQUES. RESTAURANT FERME OCT., ET MERCREDI. 🐎 ♿.

STAINVILLE 55500 LIGNY EN BARROIS MEUSE 368 HAB.

** **LA GRANGE** M. JUNG ☎ 29.78.60.15 – 6 CH. 120/170 F. MENU 65/180 F. PENSION 250/300 F. DEMI-PENSION 190/250 F. FERME 15 NOV./1 MARS. RESTAURANT FERME 2/31 JANV., ET MARDI SOIR/MERCREDI APRES-MIDI. [F] ⏚ 🎫 [AE] ⑩ E CV.

STEENBECQUE 59189 NORD 1480 HAB.

** **AUBERGE DE LA BELLE SISKA** ROUTE NATIONALE M. DELAINE ☎ 28.43.61.77 – 8 CH. 100/160 F. MENU 50/125 F. PENSION 200 F. DEMI-PENSION 150 F. RESTAURANT FERME SAMEDI. [F] 🎫 [AE] ⑩ E CV.

STOSSWIHR 68140 MUNSTER HAUT-RHIN 450 M. 1300 HAB. S.I.

*AF **AUBERGE DU MARCAIRE** RUE SAEGMATT. M. PETER ☎ 89.77.44.89 – 10 CH. 90/130 F. MENU 40/100 F. PENSION 165/190 F. DEMI-PENSION 140/165 F. FERME 15 SEPT./15 JUIN.

AF **DES VOSGES** 30 RUE D'AMPFERSBACH M.RIEDLINGER ☎ 89.77.33.29 – 6 CH. 110/130 F. MENU 40/92 F. PENSION 180/220 F. DEMI-PENSION 160/200 F. FERME 30 OCT./15 DEC., MARDI SOIR ET MERCREDI HS. 🐎 🎫 CV ♿.

STRASBOURG 67000 BAS-RHIN 300000 HAB. S.I.

** **AU CERF D'OR** 6, PLACE DE L'HOPITAL M. ERB ☎ 88.36.20.05 – 16 CH. 180/255 F. MENU 48/195 F. PENSION 275 F. DEMI-PENSION 210 F. 🎫 E 🏠.

*** **MONOPOLE METROPOLE** 16,RUE KUHN M.SIEGEL ☎ 88.32.11.94 TELEX 890366 – 94 CH. 285/410 F. FERME 20 DEC./3 JANV. [F] ⏚ ✕ 🎫 [AE] ⑩ E 🏠.

STRASBOURG (ILLKIRCH-GRAFFENSTADEN) 67400 ILLKIRCH-GRAFFENSTADEN BAS-RHIN 21146 HAB.

** **D'ALSACE** 187, ROUTE DE LYON. M. PIASECKI ☎ 88.66.41.60 TELEX 870706 – 40 CH. 230/290 F. MENU 65/140 F. PENSION 250/300 F. DEMI-PENSION 195/235 F. FERME 23 DEC./4 JANV. RESTAURANT FERME SAMEDI MIDI ET DIMANCHE. [F] ⏚ 🎫 🏠.

SULLY-SUR-LOIRE 45600 LOIRET 5500 HAB. S.I.

* **AUBERGE DU COQ** 21,RUE DU Fbg St GERMAIN M.NOUBLANCHE ☎ 38.36.21.30 – 13 CH. 80/150 F. MENU 45/150 F. PENSION 220 F. DEMI-PENSION 160 F. FERME 23 DEC./10 JANV. ⏚ 🎫 [AE] E.

** **HOSTELLERIE DU GRAND SULLY** PL DU CHAMP DE FOIRE M.LACAILLE ☎ 38.36.27.56 – 10 CH. 250/320 F. MENU 135/195 F. FERME 15 DEC./15 JANV. ET RESTAURANT FERME DIMANCHE SOIR 15 OCT./AVR. SAUF FETES. ⏚ 🎫 [AE] ⑩ E.

* **LE CONCORDE** 1, RUE PORTE DE SOLOGNE. M. LOISEL ☎ 38.36.24.44 – 8 CH. 130/180 F. MENU 50/60 F. FERME 1/28 FEV. [F] ⏚ 🎫 E.

SUQUET (LE) 06450 LANTOSQUE ALPES-MARITIMES 60 HAB.

** **AUBERGE DU BON PUITS** M.CORNIGLION ☎ 93.03.17.65 – 10 CH. 200/230 F. MENU 70/120 F. PENSION 230/260 F. DEMI-PENSION 200/230 F. FERME 1 JANV./1 MARS. RESTAURANT FERME 1 JANV./1 MARS, ET MARDI HS. [F] ⏚ CV ♿. [AE] E.

SURGERES 17700 CHARENTE-MARITIME 8000 HAB. S.I.

* **LE RONSARD** 24, AV. DE LA LIBERATION. M.RAYRAT ☎ 46.07.00.63 – 11 CH. 80/150 F. MENU 53/120 F. FERME SAMEDI. ⏚ 🎫 E.

SUZE-LA-ROUSSE 26130 DROME 1200 HAB. S.I.

** **RELAIS DU CHATEAU** M.IMBERT ☎ 75.04.87.07 – 38 CH. 200/270 F. MENU 60/150 F. PENSION 303/328 F. DEMI-PENSION 218/243 F. FERME 20 DEC./10 JANV. [F] ⏚ ♒ 🐎 🎫 [AE] E 🏠.

T

TAIN-L'HERMITAGE 26600 DROME 6000 HAB. S.I.

* **DU TAUROBOLE** M.DURIEUX ☎ 75.08.25.88 – 20 CH. 100/300 F. MENU 72/180 F. PENSION 240/300 F. DEMI-PENSION 170/230 F. FERME 20 DEC./20 JANV., DIMANCHE SOIR ET LUNDI. [F] ⏚ 🎫 E.

TAIN-L'HERMITAGE (MERCUROL) 26600 DROME 6000 HAB. S.I.

** **L'ABRICOTINE** ROUTE DE ROMANS Mme.KASMADJIAN ☎ 75.07.44.60 – 9 CH. 188/268 F. MENU 42/60 F. FERME 20 NOV./12 DEC., ET DIMANCHE NOV./MARS. ⌂ 🍴 Ⅲ E ᕹ.

TALLOIRES 74290 VEYRIER-DU-LAC HAUTE-SAVOIE 900 HAB. S.I.

*** **L'HERMITAGE** M.CHAPPAZ ☎ 50.60.71.17 TELEX 385196 – 35 CH. 260/550 F. MENU 130/285 F. PENSION 440/520 F. DEMI-PENSION 400/480 F. FERME 31 OCT./15 MARS. ⌂ ♂ 🍴 ▤ Ⓐ▣ ⓞ E ᕹ 🏠.

** **LA CHARPENTERIE** M. EXCOFFIER Denys ☎ 50.60.70.47 TELEX 385197 – 20 CH. 165/280 F. MENU 85/160 F. PENSION 205/305 F. DEMI-PENSION 235/265 F. FERME 1 NOV./25 MARS. RESTAURANT FERME MARDI D'OCT./MAI. ▤ Ⓐ▣ ⓞ E CV.

** **LA MUSARDIERE** (LIEU DIT ECHARVINES). M. PARIZY ☎ 50.60.12.56 – 15 CH. 150/250 F. MENU 50/160 F. PENSION 200/250 F. DEMI-PENSION 150/210 F. FERME JANV. ▤ ⓞ E CV.

** **LES GRILLONS** M.CASALI ☎ 50.60.70.31 – 34 CH. 220/320 F. MENU 105/160 F. PENSION 250/330 F. DEMI-PENSION 220/300 F. FERME 12 NOV./31 MARS, SAUF GROUPES. Ⓕ ☞ 🍴 ▤ E.

** **VILLA DES FLEURS** ROUTE DU PORT M.JAEGLER ☎ 50.60.71.14 – 7 CH. MENU 108/235 F. DEMI-PENSION 260/280 F. FERME 15 JANV./15 FEV., 15 NOV./15 DEC., DIMANCHE SOIR ET LUNDI, SAUF PAQUES ET PENTECOTE. ▤ ⓞ E CV.

TALLOIRES (ANGON) 74290 VEYRIER-SUR-LAC HAUTE-SAVOIE 809 HAB. S.I.

* **LA BARTAVELLE** M.FOESSEL ☎ 50.60.70.68 – 7 CH. 90/160 F. DEMI-PENSION 130/165 F. FERME 15 SEPT./15 MAI. Ⓕ.

TALMONT-SAINT-HILAIRE 85440 VENDEE 3913 HAB. S.I.

** **DES PARCS** LE PORT DE LA GUITTIERE Mme BEIGNON ☎ 51.90.61.64/51.90.26.13 – 21 CH. 100/220 F. MENU 60/160 F. DEMI-PENSION 220 F. FERME 15 SEPT./PAQUES ET LUNDI. Ⓕ ☞ E CV ᕹ.

TAMNIES 24620 LES EYZIES DORDOGNE 280 HAB.

** **LABORDERIE** M. LABORDERIE ☎ 53.29.68.59 – 30 CH. 130/290 F. MENU 70/230 F. PENSION 220/310 F. DEMI-PENSION 170/260 F. FERME 15 NOV./19 MARS. Ⓕ ⌂ ▤ E.

TANINGES (LE PRAZ-DE-LYS) 74440 TANINGES HAUTE-SAVOIE 2950 HAB. S.I.

* **LE CHAMOIS** AU PRAZ-DE-LYS. M. GRANGE ☎ 50.34.22.72 – 20 CH. 80/150 F. MENU 48/70 F. PENSION 180/250 F. DEMI-PENSION 140/210 F. FERME 15 SEPT./15 DEC., 25 AVR./15 JUIN. Ⓕ ⌂ ♂ ▤ E CV.

TANNERON 83141 VAR 1210 HAB.

* **LA GRILLE** QUARTIER DE LA GRILLE. Mme POMPANON ☎ 93.60.68.30 – 10 CH. 180 F. MENU 80/150 F. PENSION 230 F. DEMI-PENSION 180 F. FERME 15 NOV./15 DEC. ET MERCREDI SEPT./MAI. Ⓕ ▤ E.

TANUS 81190 MIRANDOL TARN 650 HAB.

** **DES VOYAGEURS** M.DELPOUS ☎ 63.76.30.06 – 14 CH. 150/200 F. MENU 80/210 F. PENSION 210 F. DEMI-PENSION 160 F. FERME 1/8 NOV., FEV. PERIODE SCOL. ET VENDREDI. Ⓕ ⌂ ☞ ▤ Ⓐ▣ E.

TAPONAS 69220 RHONE 300 HAB.

** **AUBERGE DES SABLONS** M.TARDY ☎ 74.66.34.80 – 15 CH. 220/250 F. MENU 68/150 F. RESTAURANT FERME 20 DEC./15 JANV. Ⓕ ▤ E ᕹ.

TARARE 69170 RHONE 0 M. 12500 HAB. S.I.

** **GIT'OTEL restaurant LA GRANGE CLEAT** SUR N.7 MM. JOFFARD ET BURNICHON. ☎ 74.63.44.01 TELEX 380 589 – 35 CH. 140/245 F. MENU 58/130 F. RESTAURANT FERME DIMANCHE. Ⓕ ▤ Ⓐ▣ ⓞ E CV ᕹ.

TARASCON 13150 BOUCHES-DU-RHONE 12500 HAB. S.I.

** **LE SAINT JEAN** 24,BD VICTOR-HUGO M.LEYRE ☎ 90.91.13.87 – 12 CH. 170/195 F. MENU 66/170 F. PENSION 230/250 F. DEMI-PENSION 170/185 F. FERME 15 DEC./15 JANV. ET RESTAURANT FERME MERCREDI HS. Ⓕ 🍴 ▤ Ⓐ▣ ⓞ E.

TARASCON-SUR-ARIEGE 09400 ARIEGE 4300 HAB. S.I.

** **HOSTELLERIE DE LA POSTE** Mme GASSIOT ☎ 61.05.60.41 – 30 CH. FERME 15 NOV./15 DEC. PRIX NON COMMUNIQUES. Ⓕ ▤ Ⓐ▣ ⓞ E.

AF **LE BELLEVUE** 7 PL.JEAN JAURES M.RESPAUD ☎ 61.05.60.45 – 9 CH. 60/95 F. MENU 42/60 F. PENSION 130/150 F. DEMI-PENSION 100/130 F. RESTAURANT FERME DIMANCHE 1 OCT./1 MAI. Ⓕ ▤ Ⓐ▣ ⓞ E CV.

TARCO 20144 SAINTE-LUCIE-DE-PORTO-VECCHIO CORSE 400 HAB.

** **AU REVE** (SUR N. 198). M. MANCA ☎ 95.57.20.93 – 26 CH. 130/250 F. ▤ Ⓐ▣ ⓞ E.

TARNAC 19170 BUGEAT CORREZE 700 M. 500 HAB.

** **DES VOYAGEURS** M.DESCHAMPS ☎ 55.95.53.12 – 17 CH. 92/182 F. MENU 68/140 F. PENSION 170/215 F. DEMI-PENSION 150/190 F. FERME 10 JANV./20 FEV. HOTEL FERME DIMANCHE. RESTAURANT FERME DIMANCHE SOIR/LUNDI MIDI 1 OCT./1 JUIN SAUF FERIES. Ⓕ ☞ ▤.

TAUXIGNY 37310 REIGNAC INDRE-ET-LOIRE 900 HAB.

AF **SOLEIL LEVANT** M. BENNOIN ☎ 47.92.18.14 – 5 CH. 57/81 F. MENU 72/98 F. PENSION 125/140 F. DEMI-PENSION 88/102 F. FERME MARDI 1 SEPT./30 JUIN. 🍴 CV ᕹ.

TEIL (LE) 07400 LE TEIL-D'ARDECHE ARDECHE 0 M. 8352 HAB. S.I.

* **L'OUSTAL** 30, RUE DE LA REPUBLIQUE. M. ARNAUD ☎ 75.52.17.72 – 9 CH. 110/150 F. MENU
40/79 F. PENSION 170/210 F. DEMI-PENSION 150/180 F. FERME 1/15 AOUT. RESTAURANT
FERME DIMANCHE. ⏛ ☰ A4 ⊙ E.

TEILLEUL (LE) 50640 MANCHE 1534 HAB.

** **LA CLE DES CHAMPS** ROUTE DE DOMFRONT M.BOUILLAULT ☎ 33.59.42.27 – 20 CH.
☞ 97/210 F. MENU 60/135 F. PENSION 220/280 F. DEMI-PENSION 165/220 F. FERME 1 FEV./8
MARS. ET DIMANCHE SOIR 1 OCT./1 AVR. ⏛ ☰ A4 ⊙ E ♿.

TEMPLE-DE-BRETAGNE (LE) 44360 SAINT-ETIENNE-DE-MONT-LUC
LOIRE-ATLANTIQUE 1000 HAB.

* **LA BOULE D'OR** M.BUTON ☎ 40.57.02.80 – 9 CH. 70/150 F. MENU 60/90 F. FERME 14
JUIL./15 AOUT, SAMEDI ET DIMANCHE. ☰.

TENCIN 38570 ISERE 950 HAB.

* **DES VOYAGEURS** M.FOROT ☎ 76.71.36.23 – 5 CH. 80/100 F. MENU 50/95 F. PENSION
155/165 F. DEMI-PENSION 130/140 F. FERME 1/30 SEPT. ET SAMEDI. ⏛ ☐ ☰ A4
⊙ E.

TERCIS-LES-BAINS 40180 DAX LANDES 900 HAB.

LE PARC MM. FAGES ET CHANCEREL ☎ 58.57.80.16 – 7 CH. 80/180 F. MENU 80/110 F. PEN-
☞ SION 150/200 F. FERME MERCREDI OCT./MAI, HOTEL 15 NOV./15 MARS ET RESTAURANT15
JANV./5 MARS.

TERMIGNON 73500 MODANE SAVOIE 1300 M. 340 HAB. S.I.

* **AUBERGE DE LA TURRA** M. PEAQUIN ☎ 79.20.51.36 – 14 CH. 90/140 F. MENU 58/103 F.
PENSION 160/200 F. DEMI-PENSION 125/145 F. FERME 1/15 NOV. ET 1/25 MAI. ☰ A4 ⊙
E CV.

TESSY-SUR-VIRE 50420 MANCHE 1461 HAB. S.I.

* **DE FRANCE** M. AMIOT ☎ 33.56.30.01 – 17 CH. 70/160 F. MENU 42/136 F. PENSION
130/190 F. DEMI-PENSION 90/130 F. F ⏛ ☰ E CV.

TESTE-DE-BUCH (LA) 33260 GIRONDE 22000 HAB. S.I.

** **BASQUE** 36,RUE MAL-FOCH Mme GOUDRIAAN ☎ 56.66.26.04 – 10 CH. 125/225 F. MENU
57/135 F. PENSION 185/240 F. DEMI-PENSION 155/210 F. FERME 10 OCT./1 DEC. ET RESTAU-
RANT FERME DIMANCHE SOIR/ MARDI MATIN. ☰ E.

TEULET (LE) 19430 MERCOEUR CORREZE 524 HAB.

* **LE RELAIS DU TEULET** SUR N.120 M. CLAVIERES MARTY ☎ 55.28.71.09 – 10 CH. MENU
48/115 F. PENSION 155/160 F. FERME SAMEDI TOUSSAINT/PAQUES. ☛ ☰ ♿.

THANN 68800 HAUT-RHIN 8523 HAB. S.I.

** **DU PARC** M. LERCH Alain ☎ 89.37.10.98 – 20 CH. 160/280 F. MENU 37/158 F. PENSION
☞ 230/245 F. DEMI-PENSION 185/210 F. FERME JANV. F ⏛ ☰ A4 ⊙ E.
** **KLEBER** 39, RUE KLEBER M. MANGEL ☎ 89.37.13.66 – 15 CH. 95/205 F. MENU 50/145 F.
PENSION 210/240 F. DEMI-PENSION 160/190 F. RESTAURANT FERME 24 DEC./10 JANV., 1/17
JUIL., ET DIMANCHE. ♂ ☰.
* **MOSCHENROSS** 42,RUE GAL-DE-GAULLE M.THIERRY ☎ 89.37.00.86 – 24 CH. 55/190 F.
☞ MENU 45/180 F. PENSION 180/210 F. DEMI-PENSION 130/160 F. FERME 15J. NOV., 15J. MARS,
ET LUNDI. ⏛ ☰ ♿.

THANNENKIRCH 68590 SAINT-HIPPOLYTE HAUT-RHIN 600 M. 400 HAB.

* **AU TAENNCHEL** M.SCHAETZEL ☎ 89.73.10.15 – 15 CH. 80/160 F. MENU 60/145 F. PEN-
SION 190/230 F. DEMI-PENSION 135/170 F. FERME 15 NOV./15 MARS, ET MARDI. RESTAURANT
FERME 15 DEC./ 15 MARS. ☛ ☰ A4 ⊙ E.
*AF **HAUT-KOENIGSBOURG** M. FLUCK ☎ 89.73.10.08 – 11 CH. 70/135 F. FERME 25 OCT./15
AVR. ☛ ✕ ☰ A4 ⊙ E ♿.
** **LA MEUNIERE** M.DUMOULIN ☎ 89.73.10.47 – 12 CH. 160/200 F. MENU 70/110 F. PENSION
230/260 F. DEMI-PENSION 170/200 F. FERME 15 NOV./15 DEC., 5 JANV./15 FEV. RESTAURANT
FERME MERCREDI. ☛ ☰.
** **TOURING-HOTEL** ROUTE DU HAUT-KOENIGSBOURG M. STOECKEL ☎ 89.73.10.01 – 34 CH.
171/199 F. MENU 68/118 F. PENSION 238/254 F. DEMI-PENSION 196/207 F. FERME 4 NOV./1
AVR. ⑪.

THEIL-SUR-HUISNE (LE) 61260 ORNE 2200 HAB.

AF **DE LA CLOCHE** 2,RUE BACCHUS M.MENANTEAU ☎ 37.49.64.86 – 9 CH. 75/120 F. MENU
45/140 F. PENSION 150/160 F. DEMI-PENSION 130/140 F. FERME 22 DEC./5 JANV. ET DIMANCHE
SOIR/MARDI MATIN. ☛ ☰ E.

THEIZE 69620 LE BOIS-D'OINGT RHONE 600 M. 1000 HAB.

* **L'ESPERANCE** Mme CLAVEL ☎ 74.71.22.26 – 9 CH. 70/130 F. MENU 70/110 F. FERME 20
SEPT./20 OCT.,MARDI SOIR ET MERCREDI.RESTAURANT FERME 1 JANV./1 AVR.SAUF SAMEDI ET
DIMANCHE MIDI. PARKING. ☰ A4 ⊙ E.

THEMES 89410 CEZY YONNE 210 HAB. S.I.

* **LE P'TIT CLARIDGE** 2, ROUTE DE JOIGNY M. BALDUC ☎ 86.63.10.92 – 13 CH. 90/160 F.
☞ MENU 80/200 F. PENSION 170/260 F. DEMI-PENSION 130/200 F. FERME MARDI. ☛ ☰
A4 E ♿.

THENIOUX 18100 VIERZON CHER 584 HAB.

AF **AUBERGE DE LA COQUELLE** ROUTE DE TOURS. M. GALOPIN ☎ 48.52.03.17 – 5 CH.
130/250 F. MENU 80/130 F. FERME 4/17 JANV., DIMANCHE SOIR ET LUNDI, DIMANCHE SOIR/
LUNDI MIDI JUIN, JUIL., AOUT. ☛ ☰ E.

THERONDELS 12600 MUR-DE-BARREZ AVEYRON 960 M. 700 HAB.

* **MIQUEL** Mme MIQUEL ☎ 65.66.02.72 – 22 CH. 70/105 F. MENU 48/70 F. PENSION 120/145 F. DEMI-PENSION 92/116 F. FERME 1 JANV./1 FEV., 1/15 OCT. ▨ E.

THESEE-LA-ROMAINE   41140   NOYERS-SUR-CHER   LOIR-ET-CHER 1200 HAB. S.I.

** **HOSTELLERIE DU MOULIN DE LA RENNE** 15,IMPASSE DES VARENNES. M. SURAUD ☎
☞ 54.71.41.56 – 15 CH. 95/180 F. MENU 75/160 F. PENSION 260 F. DEMI-PENSION 210 F. FERME 15 JANV./1 MARS, MARDI SOIR ET MERCREDI HS. ▨.

* **LA MANSIO** M.DELAIN ☎ 54.71.40.07 – 9 CH. 80/150 F. MENU 60/150 F. PENSION 180/200 F. DEMI-PENSION 150/170 F. FERME 2 JANV./8 FEV., ET MARDI SOIR/JEUDI. ⇛ ▨ E.

THIBERVILLE 27230 EURE 1800 HAB.

AF **DE LA LEVRETTE** M.FURET ☎ 32.46.80.22 – 7 CH. 90/130 F. MENU 70/120 F. FERME FEV., DIMANCHE SOIR ET JEUDI. ▨ Ⓐ Ⓔ.

THIEBLEMONT 51300 VITRY-LE-FRANCOIS MARNE 490 HAB. S.I.

** **LE CHAMPENOIS** (RN. 4) M. VIE ☎ 26.73.81.03 – 6 CH. 130/200 F. MENU 80/250 F. FERME
☞ 15/31 OCT., 1/28 FEV., DIMANCHE SOIR ET LUNDI. Ⓕ ▨ E CV.

THIEFOSSE 88290 SAULXURES-SUR-MOSELOTTE VOSGES 600 HAB. S.I.

* **AUBERGE DU CROSERY** M.DESLOGES ☎ 29.61.76.35 – 12 CH. 90/140 F. MENU 50/130 F. PENSION 186/224 F. DEMI-PENSION 142/180 F. FERME 1/15 OCT. Ⓕ ▨ Ⓐ E.

THIEZAC 15450 CANTAL 800 M. 720 HAB. S.I.

* **A LA BELLE VALLEE** Mme.LAUZET ☎ 71.47.02.65 – 18 CH. 82/115 F. MENU 60/140 F.
☞ PENSION 140/160 F. DEMI-PENSION 115/135 F. FERME 15 NOV./15 DEC. Ⓕ ⇛ ▨ Ⓐ E.

AF **AU COMBELOU** M.BALDASSO ☎ 71.47.01.70 – 10 CH. 85/95 F. MENU 45/80 F. PENSION 130/135 F. DEMI-PENSION 110/115 F.

* **DU COMMERCE** Mme CUEILHE ☎ 71.47.01.67 – 20 CH. 120/150 F. MENU 50/160 F. PEN-SION 135/165 F. DEMI-PENSION 115/145 F. Ⓕ ▨.

** **L'ELANCEZE** M.LAUZET ☎ 71.47.00.22 – 12 CH. 145/165 F. MENU 60/140 F. PENSION
☞ 170/190 F. DEMI-PENSION 145/165 F. FERME 15 NOV./20 DEC. Ⓕ ⇛ ▨ Ⓐ E.

THILLOT (LE) 88160 VOSGES 550 M. 5127 HAB. S.I.

* **DE LA PLACE** 18, RUE CHARLES de GAULLE. M. THIEBAUTGEORGES ☎ 29.25.01.18 – 8 CH. 105/140 F. MENU 45/85 F. PENSION 200/220 F. DEMI-PENSION 160/180 F. FERME DIMANCHE HS. Ⓕ ⇛ ▨ Ⓐ E.

** **LE PERCE NEIGE** (COL DES CROIX Alt. 760m.) M.LEDUC ☎ 29.25.02.63 – 16 CH. 150/180 F.
☞ MENU 60/150 F. PENSION 200/230 F. DEMI-PENSION 160/180 F. FERME 10 NOV./20 DEC. Ⓕ ⇛ ▨ Ⓐ Ⓔ.

THIONVILLE 57100 MOSELLE 41450 HAB. S.I.

** **AUX PORTES DE FRANCE** 1,PLACE PATTON Mme.LEICK ☎ 82.53.30.01 – 21 CH. 80/210 F. FERME 1/21 AOUT. ⇛ ⇛ ✕ ▨ Ⓐ Ⓔ CV ♿ Ⓗ.

ec **DES AMIS** 40,AV. COMTE DE BERTHIER. M. GUERIN ☎ 82.53.22.18 – 12 CH. 90/150 F. MENU 45/105 F. PENSION 140/170 F. FERME DIMANCHE APRES 15 HEURES. Ⓕ ▨ Ⓐ E.

* **EXCELSIOR** 3, PLACE ARNOULT M.VATRY ☎ 82.53.33.78 – 10 CH. 88/100 F. FERME 20 JUIL./15 AOUT, DIMANCHE APRES-MIDI ET LUNDI MATIN. ✕.

THIZY 69240 RHONE 4500 HAB. S.I.

** **LA MUSARDIERE** 12 RUE DU BOIS-SEME M. CROUZET. ☎ 74.64.03.15 – 11 CH. 120/160 F. MENU 70/150 F. PENSION 240/280 F. DEMI-PENSION 190/230 F. FERME DIMANCHE SOIR. Ⓕ Ⓐ Ⓔ CV ♿.

THIZY 89420 GUILLON YONNE 135 HAB.

ec **L'ATELIER** M. et Mme FREVIN ☎ 86.32.11.92 – 8 CH. 170/280 F. MENU 90/180 F. DEMI-PEN-
☞ SION 223/393 F. FERME 1 JANV./3 MARS, 30 NOV./31 DEC., MERCREDI ET JEUDI 4 MARS/29 NOV. ⇛ ▨ E.

THOISSEY 01140 AIN 1454 HAB.

* **DE L'HOTEL DE VILLE** Mme.SIMONET ☎ 74.04.02.37 – 15 CH. 86/121 F. MENU 44/58 F. PENSION 147/180 F. DEMI-PENSION 110/147 F. FERME 5 SEPT./2 OCT. ET SAMEDI HS. ▨ Ⓐ Ⓔ E CV.

THOLY (LE) 88530 VOSGES 600 M. 1600 HAB. S.I.

* **AUBERGE DU PIED DE LA GRANDE CASCADE** Mme BERGRET-MARTINOLI ☎ 29.33.21.18 – 13 CH. 75/110 F. MENU 80 F. PENSION 155/180 F. DEMI-PENSION 105/130 F. FERME 12 NOV./15 DEC.

** **DE LA GRANDE CASCADE** 24, RTE DU COL DE BONNEFONTAINE M.PIERRE ☎ 29.33.21.08 TELEX GVT VOSGES 850743 – 22 CH. 85/160 F. MENU 55/140 F. PENSION 155/190 F. DEMI-PEN-SION 120/160 F. FERME 30 OCT./7 DEC. Ⓕ ⇛ ▨ Ⓐ Ⓔ CV.

** **GERARD** 1, PLACE GENERAL LECLERC. M. ET Mme GERARD ☎ 29.61.81.07 TELEX 961 408 – 23 CH. 130/210 F. MENU 55/125 F. PENSION 200/220 F. DEMI-PENSION 180/190 F. FERME OCT. PISCINE COUVERTE CHAUFFEE MAI/ FIN SEPT. Ⓕ ⇛ ⇛ ▨ Ⓐ Ⓔ E CV.

THOMERY 77810 SEINE-ET-MARNE 2300 HAB.

AF **AUX TILLEULS** 2, ROUTE DE CHAMPAGNE. M. BELLIVIER ☎ (1)60.70.06.62 – 35 CH. 60/165 F. MENU 46/95 F. PENSION 156/200 F. DEMI-PENSION 120/165 F. FERME 19 AOUT/4 SEPT., 23 DEC./15 JANV. ET VENDREDI. ▨ E.

THONAC 24290 MONTIGNAC-LASCAUX DORDOGNE 900 HAB. S.I.

* **DES ILES** M.DELTREUILH ☎ 53.50.70.20 – 28 CH. 200/300 F. MENU 80/320 F. PENSION 240/280 F. DEMI-PENSION 180/240 F. FERME 31 DEC./31 JANV. RESTAURANT FERME LUNDI. F ⌂ ✓ 🚗 🎟 AE CV ⅙.

THONES 74230 HAUTE-SAVOIE 630 M. 4800 HAB. S.I.

* **L'HERMITAGE** AVENUE DU VIEUX PONT M. BONNET ☎ 50.02.00.31 – 40 CH. 90/160 F. MENU 45/105 F. PENSION 145/168 F. DEMI-PENSION 110/138 F. FERME 1/10 MAI, 20 OCT./10 NOV., ET VENDREDI APRES-MIDI HS. F 🚗 🐾 🎟 AE CV.

** **NOUVEL HOTEL DU COMMERCE** 5 RUE DES CLEFS M.BASTARD ROSSET ☎ 50.02.13.66 – 25 CH. 178/315 F. MENU 56/155 F. PENSION 218/310 F. DEMI-PENSION 170/250 F. FERME 18/30 AVR., 24 OCT./8 DEC. RESTAURANT FERME LUNDI HS. 🚗 🐾 🎟 E ⅙ 🍴.

THONON-LES-BAINS 74200 HAUTE-SAVOIE 30000 HAB. S.I.

* **BELLEVUE** AV. DE LA DAME. (LES FLEYSSETS). M. ANGLES ☎ 50.71.02.53 – 15 CH. 90/180 F. MENU 60/100 F. PENSION 170/190 F. DEMI-PENSION 140/160 F. RESTAURANT FERME DIMANCHE SOIR. F 🐾 🐾 🎟 AE ⊙ E.

** **DUCHE DE SAVOIE** 43,AV. GAL-LECLERC M.MAURY ☎ 50.71.40.07 – 17 CH. 170/240 F. MENU 80/190 F. PENSION 285/320 F. DEMI-PENSION 230/250 F. FERME 1 NOV./15 MARS. RESTAURANT FERME LUNDI HS. 🚗 🐾 🎟 E.

* **L'OMBRE DES MARRONNIERS** 17,PL. DE CRETE Mme.BORDET ☎ 50.71.26.18 – 19 CH. 95/190 F. FERME 3 NOV./3 DEC. RESTAURANT FERME DIMANCHE SOIR ET LUNDI SAUF 1 MAI/30 SEPT. 🐾 🎟.

** **TRIANON DU LEMAN** AV. DE CORZENT - PORT DES CLERGES. M. DUBOULOZ-MONNET ☎ 50.71.25.78 – 17 CH. 120/230 F. MENU 80/170 F. PENSION 230/360 F. DEMI-PENSION 200/330 F. 🚗 🐾 🎟.

** **VILLA DES FLEURS** 4,AV. DES JARDINS M.BORDET ☎ 50.71.11.38 – 11 CH. 135/260 F. FERME 1 OCT./1 AVR. 🐾 🐾 ✕ 🎟 AE ⊙ E.

THORENC 06750 CAILLE ALPES-MARITIMES 120 HAB.

* **DES VOYAGEURS** M. ROUQUIER ☎ 93.60.00.18 – 15 CH. 100/190 F. MENU 75/115 F. PENSION 250/290 F. DEMI-PENSION 180/220 F. FERME 15 SEPT./1 FEV. F 🚗 🎟.

THORENS-GLIERES 74570 HAUTE-SAVOIE 670 M. 1800 HAB. S.I.

ec **AUBERGE DES GLIERES** (LE PLATEAU, Alt. 1400 m.). M. DEMOLIS ☎ 50.22.45.62 – 15 CH. 70/120 F. MENU 65/130 F. PENSION 180/250 F. DEMI-PENSION 140/200 F. FERME 15J. MAI ET NOV./DEC, MERCREDI/JEUDI HS, SAUF RESERVATIONS. F 🐾.

* **LA CHAUMIERE SAVOYARDE** M.GONNET ☎ 50.22.40.39 – 33 CH. 110/150 F. MENU 65/95 F. PENSION 170/190 F. DEMI-PENSION 140/155 F. FERME 15 SEPT./25 OCT. 🚗 🎟 E.

THORIGNE-SUR-DUE 72160 CONNERRE SARTHE 1900 HAB. S.I.

** **SAINT JACQUES** PLACE DU MONUMENT M.BINOIST ☎ 43.89.95.50 TELEX 720410 PUBLIC LE MANS – 10 CH. 135/260 F. MENU 70/200 F. PENSION 200/280 F. DEMI-PENSION 180/260 F. FERME 5/31 JANV., ET LUNDI. 🚗 🎟 ⊙ CV ⅙.

THORONET (LE) 83340 VAR 800 HAB. S.I.

AF **HOSTELLERIE DU PONT D'ARGENS** LE PONT D'ARGENS. Mme ABADIE ☎ 94.73.87.04 – 6 CH. 160/180 F. MENU 135/180 F. PENSION 310 F. DEMI-PENSION 240 F. FERME MARDI SOIR ET MERCREDI HS. 🎟.

THUEYTS 07330 ARDECHE 1100 HAB. S.I.

** **DES MARRONNIERS** M. LABROT ☎ 75.36.40.16 – 19 CH. 80/190 F. MENU 65/145 F. PENSION 175/220 F. DEMI-PENSION 185 F. FERME 20 DEC./10 MARS, ET LUNDI. F 🚗 🐾 🎟 CV.

** **DU NORD** Mlle VIAL ☎ 75.36.40.38 – 20 CH. 100/200 F. PENSION 170/230 F. DEMI-PENSION 150/200 F. FERME 15 OCT./30 NOV. ET LUNDI HS. F 🚗 🎟 AE ⊙ E CV ⅙.

* **LA CONDAMINE** Mme BOUQUET ☎ 75.36.41.79 – 10 CH. 58/180 F. MENU 45/120 F. PENSION 160/190 F. DEMI-PENSION 140/170 F. F 🚗 🎟.

** **LES PLATANES** M. FAYETTE Mme SERRET ☎ 75.93.78.66/75.36.41.67 – 25 CH. 70/190 F. MENU 52/150 F. PENSION 170/240 F. DEMI-PENSION 140/200 F. FERME 8 NOV./10 FEV., MARDI OCT. ET 10 FEV./PAQUES. F 🚗 🎟 E ⅙ 🍴.

THURINS 69510 RHONE 1790 HAB.

BONNIER (LE PONT). MM. BONNIER ☎ 78.48.92.06 – 18 CH. 60/120 F. MENU 38/110 F. PENSION 140/200 F. DEMI-PENSION 110/160 F. FERME AOUT, DIMANCHE SOIR ET LUNDI SOIR SAUF PENSIONNAIRES. PARKING. F.

THURY-HARCOURT 14220 CALVADOS 1500 HAB. S.I.

AF **DE LA PLACE** 8, PLACE GENERAL DE GAULLE. M. PARENTY ☎ 31.79.70.01 – 10 CH. 75/140 F. MENU 37/95 F. PENSION 163 F. DEMI-PENSION 126 F. FERME DIMANCHE SOIR ET LUNDI SAUF JOURS FERIES. F 🎟 E.

AF **DU VAL D'ORNE** 9 ROUTE D'AUNAY M. TROUVE ☎ 31.79.70.81 – 9 CH. 85 F. MENU 45/140 F. PENSION 170 F. DEMI-PENSION 130 F. FERME 20 DEC./24 JANV., MERCREDI SOIR ET JEUDI HS. 🎟 E CV.

TIGNES (LAC DE) 73320 SAVOIE 2100 M. 1200 HAB. S.I.

*** **LE REFUGE** M.FAVRE ☎ 79.06.36.64 TELEX 980030 F – 27 CH. 185/264 F. MENU 127 F. PENSION 410/500 F. DEMI-PENSION 297/382 F. FERME 15 MAI/26 JUIN, RESTAURANT FERME 15 MAI/5 JUIL. ET 30 SEPT./26 OCT. F 🚗 🎟 E.

** **NEIGE ET SOLEIL** M.AIMONIER-DAVAT ☎ 79.06.32.94 – 26 CH. 220/350 F. MENU 90/95 F. PENSION 285/370 F. DEMI-PENSION 245/320 F. FERME 2 MAI/30 OCT. F 🎟 E.

TILLY-SUR-SEULLES 14250 CALVADOS 1100 HAB.

*   **JEANNE D'ARC** M. MARIE ☎ 31.80.80.13 – 14 CH. 75/131 F. MENU 25/120 F. PENSION
☞ 200/250 F. DEMI-PENSION 150/200 F. FERME 15 JANV./15 FEV., DIMANCHE SOIR ET LUNDI HS.
    F 🚗 **⬛ AE E CV**.

TINCHEBRAY 61800 ORNE 3351 HAB. S.I.

*AF   **DU LION D'OR** CENTRE VILLE M. SELLIER ☎ 33.66.62.07 – 10 CH. 79/115 F. MENU 45/99 F.
    PENSION 161/195 F. DEMI-PENSION 122/154 F. FERME MERCREDI. 🏍 ⬛ E CV.

TINTENIAC 35190 ILLE-ET-VILAINE 3500 HAB. S.I.

*   **AUBERGE DU HALAGE** M. DERVILY ☎ 99.68.03.64 – 8 CH. 85/108 F. MENU 42/92 F. PEN-
    SION 170/185 F. DEMI-PENSION 120/135 F. FERME 21 DEC./3 JANV. ET SAMEDI 1 NOV./30
    MARS. **F** 🚗 ⬛ AE ⓘ E.

**   **AUX VOYAGEURS** RUE NATIONALE M.COUPPEY ☎ 99.68.02.21 – 15 CH. 130/180 F. MENU
    50/150 F. PENSION 195/225 F. DEMI-PENSION 150/180 F. FERME 15 DEC./15 JANV. ET LUNDI.
    F 🚗 ⬛ AE ⓘ E CV.

TIUCCIA 20111 CALCATOGGIO CORSE 800 HAB. S.I.

***   **LA CINARCA** ROUTE DE CALVI M. GIOVANNELLI jean Baptiste ☎ 95.52.21.39 – 30 CH.
    300/310 F. FERME 30 SEPT./30 AVR. **F** 🚗 ♿ 🅃.

*   **LE RELAIS DE TIUCCIA** M. PAQUET ☎ 95.52.21.21 – 25 CH. 150/350 F. FERME LUNDI HS.
    ⬛ E CV.

**   **ROC E MARE** M. PENOCCI ☎ 95.52.23.86 – 17 CH. 220/270 F. FERME 30 SEPT./31 MARS.
    F 🚗 ♂ ⓘ E CV ♿.

TOMBEBOEUF 47380 MONCLAR-D'AGENAIS LOT-ET-GARONNE 600 HAB.

**   **DU NORD** M.REBEYREN ☎ 53.88.83.15 TELEX 560800 C/O LE NORD – 10 CH. 75/140 F. MENU
    44/100 F. PENSION 160/210 F. DEMI-PENSION 130/185 F. FERME 11/31 JUIL., ET VENDREDI
    SOIR. **F** 🚗 ⬛ E.

TONNAY-BOUTONNE 17380 CHARENTE-MARITIME 1100 HAB.

**   **LE PRIEURE** M.VERNOUX ☎ 46.33.20.18 – 16 CH. 180/250 F. MENU 125 F. DEMI-PENSION
    250/350 F. FERME 23 DEC./3 JANV., RESTAURANT FERME 1 NOV./30 MARS. ET HOTEL FERME
    VENDREDI/LUNDI 1er NOV./30 MARS. 🏍 ♿.

TORIGNI-SUR-VIRE 50160 MANCHE 2905 HAB.

*   **AUBERGE DE L'ORANGERIE** 3 RUE VICTOR HUGO M. DAUVERGNE ☎ 33.56.70.64 – 7 CH.
    140/170 F. MENU 59/147 F. PENSION 238/261 F. DEMI-PENSION 180/202 F. FERME 1/28 FEV.,
    DIMANCHE SOIR ET LUNDI. ⬛ E.

TOUET-SUR-VAR 06710 VILLARS-SUR-VAR ALPES-MARITIMES 304 HAB.

AF   **AUBERGE DES CHASSEURS** M.MEYER ☎ 93.05.71.11 – 5 CH. MENU 90/138 F. PENSION
    160 F. DEMI-PENSION 140 F. FERME FEV. ET MARDI. ⬛ ⓘ E CV ♿.

TOUR-D'AUVERGNE (LA) 63680 PUY-DE-DOME 950 M. 1000 HAB. S.I.

AF   **AUBERGE CHEZ LA BERGERE** Mme BERNARD ☎ 73.21.53.90 – 5 CH. 80/105 F. MENU
☞ 48/92 F. PENSION 145 F. DEMI-PENSION 125 F. FERME 15 SEPT./25 OCT., ET VENDREDI SOIR/DI-
    MANCHE MATIN HS. **F** 🚗 🏍.

AF   **CHAMP DE FOIRE** Mme TOURNADRE ☎ 73.21.52.08 – 9 CH. 68 F. MENU 49/69 F. PENSION
    140/150 F. DEMI-PENSION 100/110 F. **F** CV.

*   **DU LAC** ROUTE DE BORT M.SCIAUVEAUX. ☎ 73.21.52.19 – 12 CH. 105/195 F. MENU
    53/100 F. PENSION 147/189 F. DEMI-PENSION 126/145 F. FERME 1 OCT./15 DEC.

AF   **LA TERRASSE** M.MAMPON ☎ 73.21.50.29 – 31 CH. 75/105 F. MENU 50/75 F. DEMI-PENSION
    150/160 F. FERME 30 SEPT./20 DEC. **F** ⬛ E.

TOUR-DU-PIN (LA) 38110 ISERE 8000 HAB. S.I.

*   **AU DAUPHINE SAVOIE** 2,RUE A-BRIAND M.GARNIER ☎ 74.97.03.87 – 12 CH. 78/160 F.
    MENU 155/135 F. DEMI-PENSION 170/190 F. DEMI-PENSION 140/160 F. FERME 15 OCT./1 NOV., 4/11
    AVR. ET LUNDI JUSQU'A 16H. AE ⓘ CV.

**   **DE FRANCE ET RESTAURANT LE BEC FIN** PLACE CHAMP-DE-MARS Mme MEYER ☎
    74.97.00.08 – 21 CH. 110/190 F. MENU 60/160 F. PENSION 190/250 F. DEMI-PENSION
    150/210 F. **F** 🚗 ⬛ AE E CV.

TOURNOISIS 45310 PATAY LOIRET 344 HAB.

*   **RELAIS SAINT-JACQUES** M. PINSARD ☎ 38.80.87.03 – 6 CH. 160/260 F. MENU 55/116 F.
    FERME 21 FEV./6 MARS ET DIMANCHE SOIR/LUNDI SOIR. ⬛.

TOURNON 07300 ARDECHE 10000 HAB. S.I.

**   **LA CHAUMIERE** 76,QUAI FARCONET Mme.BESLIN ☎ 75.08.07.78 – 10 CH. 110/270 F. MENU
☞ 77/170 F. PENSION 240/260 F. DEMI-PENSION 210/230 F. FERME 1 NOV./12 MARS, LUNDI SOIR
    ET MARDI HS. ⬛ AE ⓘ.

***   **LE CHATEAU** QUAI MARC-SEGUIN M.GRAS ☎ 75.08.60.22 TELEX 345156 – 14 CH. 160/365 F.
☞ MENU 85/250 F. PENSION 250/320 F. DEMI-PENSION 190/270 F. FERME 1/20 OCT., SAMEDI ET
    DIMANCHE HS. **F** 🚗 ⬛ AE ⓘ E CV.

TOURNUS 71700 SAONE-ET-LOIRE 7800 HAB. S.I.

**   **AUX TERRASSES** 18,AV. DU 23-JANVIER M.CARRETTE ☎ 85.51.01.74 – 12 CH. 90/160 F.
    MENU 60/160 F. DEMI-PENSION 160/230 F. FERME 4 JANV./4 FEV., 20/30 JUIN, DIMANCHE SOIR
    ET LUNDI. 🚗 ⬛ E.

**   **DE LA PAIX** 9,RUE JEAN-JAURES M.GIGER ☎ 85.51.01.85 – 23 CH. 185/260 F. MENU
☞ 65/136 F. DEMI-PENSION 180/215 F. HOTEL FERME MARDI. RESTAURANT FERME MARDI ET MER-
    CREDI MIDI 1 SEPT./30 JUIN. **F** 🚗 ⬛ AE ⓘ E ♿.

TOURNUS (suite)

* **NOUVEL HOTEL** 1 BIS,AV. DES ALPES M. GRANDVAUX ☎ 85.51.04.25 — 6 CH. 92/152 F.
MENU 60/135 F. FERME 19 DEC./4 JANV., 6/12 JUIN, DIMANCHE HS. ET RESTAURANTFERME
DIMANCHE SOIR HS. 🚗 🎨 E.

TOUROUVRE 61190 ORNE 1730 HAB. S.I.

* **DE FRANCE** 19 RUE DU 13 AOUT 1944 M.FEUGUEUR ☎ 33.25.73.55 — 14 CH. 85/220 F. MENU
65/160 F. PENSION 175/250 F. FERME 15 DEC./5 JANV. ET DIMANCHE SOIR/LUNDI SEPT./JUIN.
F 🚗 🎨 ⊚ E CV.

TOURRETTE-LEVENS 06690 ALPES-MARITIMES 3000 HAB.

* **AUBERGE CHEZ LUCIEN** PLACE DE L'EGLISE Mme.GASIGLIA ☎ 93.91.00.71 — 7 CH.
100/160 F. MENU 60/100 F. PENSION 160/200 F. DEMI-PENSION 130/160 F. FERME 25 OCT./5
DEC. ET MERCREDI. 🚗 🎨 AE ⊚ E CV.

TOURRETTES-SUR-LOUP 06140 VENCE ALPES-MARITIMES 2700 HAB.

** **AUBERGE BELLES TERRASSES** ROUTE DE VENCE M.FERRANDO ☎ 93.59.30.03 — 14 CH.
180/190 F. MENU 65/95 F. PENSION 280/290 F. DEMI-PENSION 175/180 F. PARKING PRIVE.
F &.

** **LA GRIVE DOREE** ROUTE DE GRASSE M.LOISEAU ☎ 93.59.30.05 — 14 CH. 150/220 F. MENU
87/160 F. PENSION 320/380 F. DEMI-PENSION 175/200 F. F.

TOURS 37000 INDRE-ET-LOIRE 250000 HAB. S.I.

** **ARMOR** 26 BIS,BD HEURTELOUP M.BELLANGER ☎ 47.05.24.37 TELEX 752020 F — 50 CH.
130/260 F. F 🚗 ✕ 🎨 AE ⊚ E CV & 🔢.

** **MODERNE** 1-3, RUE VICTOR LALOUX. M.MALLIET ☎ 47.05.32.81 TELEX 750008 — 23 CH.
80/280 F. MENU 65/85 F. DEMI-PENSION 165/220 F. RESTAURANT FERME DIMANCHE 15
OCT./31 MARS. F 🎨 E CV.

** **MONDIAL** 3,PL. DE LA RESISTANCE M. DUPUIS ☎ 47.05.62.68 — 18 CH. 83/236 F. FERME
DIMANCHE 11 NOV./1 MARS. ✕ 🎨 E CV.

TOURS-SUR-MARNE 51150 MARNE 1245 HAB.

* **LA TOURAINE CHAMPENOISE** M.SCHOSSELER ☎ 26.58.91.93 — 9 CH. 100/200 F. MENU
60/180 F. 🚗 🎨 AE ⊚ E.

TOURTOIRAC 24390 HAUTEFORT DORDOGNE 800 HAB.

** **DES VOYAGEURS** Mme LEVIGNAC ☎ 53.51.12.29 — 11 CH. 105/180 F. MENU 45/120 F.
PENSION 150/195 F. DEMI-PENSION 135/170 F. F 🚗 🐄 🎨 E.

TOURVES 83170 BRIGNOLES VAR 1900 HAB. S.I.

* **HOSTELLERIE LE PARADOU** (SUR R.N.7) M. VENTRE ☎ 94.78.70.39 — 6 CH. 100/130 F.
MENU 97/142 F. PENSION 195/265 F. DEMI-PENSION 145/165 F. FERME 12 JOURS FIN SEPT., 12
JOURS FIN JANV., DIMANCHE SOIR ET LUNDI. F 🎨 E.

TOUSSUIRE (LA) 73300 SAVOIE 1800 M. 603 HAB. S.I.

** **DU COL** M.COLLET ☎ 79.56.73.36 — 37 CH. 75/195 F. MENU 60/150 F. PENSION 167/252 F.
DEMI-PENSION 135/155 F. FERME 20 AVR./30 JUIN ET 31 AOUT/15 DEC. 🚗 🎨 AE ⊚
E & 🔢.

** **LE GENTIANA** M.TRUCHET ☎ 79.56.75.09 — 20 CH. 130/220 F. MENU 60/110 F. PENSION
165/235 F. DEMI-PENSION 130/195 F. FERME 20 AVR./1 JUIL. ET 31 AOUT/10 DEC. 🎨 AE
⊚ E CV.

*** **LES AIRELLES** M. GILBERT-COLLET ☎ 79.56.75.88 — 31 CH. 105/195 F. MENU 65/150 F.
PENSION 175/273 F. DEMI-PENSION 140/233 F. FERME 20 AVR./26 JUIN ET 3 SEPT./15 DEC.
F 🐄 E CV.

** **LES MARMOTTES** M. GILBERT-COLLET ☎ 79.56.74.07 — 14 CH. PENSION 170/230 F. DEMI-
PENSION 186/196 F. FERME 18 DEC./20 AVR. ET 1 JUIL./31 AOUT. 🚗.

** **LES SOLDANELLES** M.DUPUIS ☎ 79.56.75.29 — 22 CH. 125/155 F. MENU 69/195 F. PEN-
SION 165/235 F. DEMI-PENSION 150/165 F. OUVERT SAISON HIVER ET JUIL./AOUT. PISCINE
CHAUFFEE DE PLEIN AIR. 🚗 🐄 🎨.

TOUVET (LE) 38660 ISERE 1570 HAB.

* **DU GRAND SAINT JACQUES** M.OLLINET ☎ 76.08.43.26 — 21 CH. 71/130 F. MENU 48 F.
PENSION 170/210 F. DEMI-PENSION 125 F. RESTAURANT FERME DIMANCHE ET FETES. E.

TOUZAC 46700 PUY-L'EVEQUE LOT 700 HAB.

*** **SOURCE BLEUE** MOULIN DE LEYGUES M. BOUYOU JEAN-PIERRE ☎ 65.36.52.01 — 9 CH.
200/275 F. MENU 90/195 F. PENSION 220/300 F. FERME 15 OCT./25 MARS ET RESTAU-
RANT FERME MARDI MIDI. 🎨.

TRAINEL 10400 NOGENT-SUR-SEINE AUBE 900 HAB.

AF **LE CHEVAL BLANC** 10, RUE DU FAUBOURG ST GERVAIS M. VERGER ☎ 25.39.13.34 — 6 CH.
80/110 F. MENU 48/150 F. PENSION 145/155 F. DEMI-PENSION 110/120 F. FERME 3 SEMAINES
FEV., 15 JOURS OCT. ET DIMANCHE SOIR/ LUNDI. 🚗.

TRANCHE-SUR-MER (LA) 85360 VENDEE 2500 HAB. S.I.

** **DE L'OCEAN** 49 RUE ANATOLE FRANCE M.GUICHETEAU ☎ 51.30.30.09 — 50 CH. 105/335 F.
MENU 90/150 F. PENSION 285/350 F. DEMI-PENSION 215/280 F. FERME 1 OCT./1 AVR. F
✕ 🎨 ⊚ E CV &.

** **DU CARVOR** AVE DE LA MER M.CHEVALIER ☎ 51.30.38.26 — 23 CH. 205 F. MENU 80/120 F.
PENSION 280 F. DEMI-PENSION 260 F. FERME 15 SEPT./1 AVR. F 🎨 AE.

** **LA COTE DE LUMIERE** LIEU-DIT LA TERRIERE M. BYROTEAU ☎ 51.30.30.35 — 27 CH.
100/130 F. MENU 60/120 F. PENSION 160/190 F. DEMI-PENSION 130/150 F. FERME 30 SEPT./15
MARS. 🎨 ⊚ E &.

TREBEURDEN 22560 COTES-DU-NORD 4000 HAB. S.I.

** **FAMILY HOTEL** Mme.LE GALL ☎ 96.23.50.31 – 25 CH. 110/280 F. MENU 55/125 F. PENSION 235/300 F. DEMI-PENSION 195/260 F. RESTAURANT FERME 1 OCT./1 AVR. 🄵 🚗 🚅 🅰🄴 E CV.

** **KER AN NOD** RUE DE PORS-TERMEN. M. LE PENVEN ☎ 96.23.50.21 – 20 CH. 110/270 F. MENU 75/170 F. DEMI-PENSION 190/260 F. FERME 1 NOV./15 MARS. 🄵 🚅 🄰🄴 ⓞ E.

* **LA POTINIERE** PLAGE DE TRESMEUR M. MOISAN ☎ 96.23.50.43 – 8 CH. 115/140 F. FERME 1 OCT./1 AVR. ET LUNDI HS. 🄵 🐾.

*** **TI AL LANNEC** M.JOUANNY ☎ 96.23.57.26 TELEX 740656 – 24 CH. 360/470 F. MENU 98/250 F. PENSION 460/515 F. DEMI-PENSION 345/400 F. FERME 13 NOV./MI-MARS ET RESTAURANT FERME LUNDI MIDI. 🚅 🅰🄴 E.

TREFFORT 38650 MONESTIER-DE-CLERMONT ISERE 69 M. 618 HAB.

ec **CHATEAU D'HERBELON** M. CASTILLAN ☎ 76.34.02.03 – 9 CH. 300/500 F. MENU 105/130 F. DEMI-PENSION 270/350 F. FERME JANV. 🄵 🐾 🚅.

TREGASTEL 22730 COTES-DU-NORD 2000 HAB. S.I.

AF **AUBERGE DE LA VIEILLE EGLISE** M.LE FESSANT ☎ 96.23.88.31 – 12 CH. 65/90 F. MENU 58/170 F. PENSION 170/180 F. DEMI-PENSION 150/160 F. FERME OCT., VENDREDI ET DIMANCHE SOIR HS. 🚅 E.

** **BEAU SEJOUR** M.LAVEANT ☎ 96.23.88.02 – 18 CH. 130/240 F. MENU 85/150 F. PENSION 230/300 F. DEMI-PENSION 200/250 F. FERME 30 SEPT./15 MARS. 🄵 🚅 🅰🄴 ⓞ E CV.

*** **BELLE-VUE** A TRESGASTEL PLAGE,RUE DES CALCULOTS Mme.LE DAUPHIN ☎ 96.23.88.18 – 33 CH. 220/340 F. MENU 96/275 F. DEMI-PENSION 280/360 F. FERME 1 OCT./25 MARS ET RESTAURANT FERME 15 ET 18 MAI. 🄵 🚅 E CV.

** **DE LA GREVE BLANCHE** M.RICHARD ☎ 96.23.88.27 – 28 CH. 158/285 F. DEMI-PENSION 255/325 F. FERME 1 OCT./26 MARS ET RESTAURANT FERME 28 SEPT./11 MAI. 🚅 E.

** **DES BAINS** M.ROPARS ☎ 96.23.88.09 – 30 CH. 110/225 F. MENU 60/120 F. DEMI-PENSION 180/235 F. FERME 5 NOV./15 MARS, RESTAURANT FERME 15 JANV./25 FEV. ET MARDI HS. 🄵 🚅 E.

* **LE CABOTEUR** Mme LE FESSANT ☎ 96.23.88.33 – 15 CH. 95/120 F. MENU 58/160 F. PENSION 190 F. DEMI-PENSION 165 F. FERME 15 NOV./15 AVR. 🚅.

TREGUIER 22220 COTES-DU-NORD 3500 HAB. S.I.

*** **KASTELL DINEC'H** M.PAUWELS ☎ 96.92.49.39 – 15 CH. 200/320 F. MENU 82/230 F. DEMI-PENSION 200/270 F. FERME 13/28 OCT., 31 DEC./15 MARS., MARDI SOIR ET MERCREDI HS. PAS DE RESTAURANT LE MIDI, DINER SEULEMENT. 🄵 🚗 🚅 E CV ♿.

TREGUNC 29128 FINISTERE 5000 HAB. S.I.

** **LE MENHIR** M.KERANGAL ☎ 98.97.62.35 – 20 CH. 100/230 F. MENU 70/250 F. PENSION 190/240 F. DEMI-PENSION 160/210 F. FERME 1 OCT./31 DEC., 1 JANV./15 MARS, ET LUNDI SAUF JUIL./ AOUT. 🄵 🐾 🚅 E.

** **LES GRANDES ROCHES** ROUTE DE KERAHLON. M. HEMRICH ☎ 98.97.62.97 – 19 CH. 120/350 F. MENU 60/240 F. PENSION 180/340 F. DEMI-PENSION 150/280 F. FERME FIN NOV-./DEBUT MARS. RESTAURANT FERME LUNDI. 🚅 E ♿.

TREIGNAC 19260 CORREZE 1800 HAB. S.I.

* **DU LAC** (A 4km). M.ROGER ☎ 55.98.00.44 – 20 CH. 70/140 F. MENU 80/110 F. PENSION 140/180 F. DEMI-PENSION 110/170 F. FERME 15 OCT./26 MARS, ET MERCREDI. 🄵.

TREMBLADE (LA) 17390 CHARENTE-MARITIME HAB. S.I.

AF **LA GUITOUNE** 15, Bld JOFFRE. M. OLLIVIER ☎ 46.36.05.38 – 5 CH. 150/200 F. MENU 57/138 F. DEMI-PENSION 160/230 F. FERME MI-NOV. ET RESTAURANT FERME LUNDI MIDI HS. 🐾 🅰🄴 E CV.

TREMONT-SUR-SAULX 55000 BAR-LE-DUC MEUSE 429 HAB.

** **AUBERGE DE LA SOURCE** M.RONDEAU ☎ 29.75.45.22 – 26 CH. 200/400 F. MENU 75/260 F. DEMI-PENSION 375/380 F. FERME 31 JUIL./22 AOUT, VAC. SCOL. FEV., DIMANCHE SOIR. RESTAURANT FERME DIMANCHE SOIR ET LUNDI MIDI. SAUNA. 🄵 🐾 🚅 E CV ♿.

TREPAIL 51150 VERZY MARNE 463 HAB.

AF **AUBERGE DU VIEUX LOGIS** M. MICHEL ☎ 26.57.05.67 – 9 CH. 90/200 F. MENU 37/125 F. PENSION 120 F. DEMI-PENSION 100 F. 🚅 🅰🄴 E.

TRETS 13570 BOUCHES-DU-RHONE 7000 HAB. S.I.

** **DE LA VALLEE DE L'ARC** 1, AV. JEAN JAURES. M. VAGUE ☎ 42.61.46.33/42.61.47.39 – 15 CH. 120/210 F. MENU 68/98 F. RESTAURANT FERME 15/28 FEV., MERCREDI SOIR ET DIMANCHE SOIR. 🄵 🚗 🚅 ⓞ E.

TREVE 22600 LOUDEAC COTES-DU-NORD 1200 HAB.

* **AUX GENETS D'OR** M.SAMSON ☎ 96.28.13.89 – 17 CH. 85/200 F. MENU 48/200 F. PENSION 170/220 F. DEMI-PENSION 140/170 F. FERME 15/28 FEV. ET RESTAURANT FERME SAMEDI. 🄵 🅰🄴 ⓞ E CV.

TREVIERES 14710 CALVADOS 844 HAB.

AF **SAINT AIGNAN** RUE DE LA HALLE M.RIBET ☎ 31.22.54.04 – 4 CH. 63/147 F. MENU 50 F. PENSION 144/186 F. DEMI-PENSION 94/136 F. FERME 29 NOV./17 JANV., 16/26 JUIN, ET DIMANCHE.

TREVOUX 01600 AIN 5200 HAB. S.I.

* **DE LA GARE** 6 RUE DE LA SIDOINE M.MOSCA ☎ 74.00.12.42 – 7 CH. 85/200 F. MENU 65/170 F. DEMI-PENSION 135/190 F. FERME JUIL., LUNDI MIDI/MERCREDI. 🐾 🚅 E.

TRIE-CHATEAU 60590 SERIFONTAINE OISE 1100 HAB.

*AF L'OUSTAL 36, RUE NATIONALE. M. DESJARDINS ☎ 44.49.73.38 – 5 CH. 170/250 F. MENU 86/170 F. FERME FEV., DIMANCHE SOIR ET LUNDI. ☰ E.

TRIE-SUR-BAISE 65220 HAUTES-PYRENEES 1200 HAB. S.I.

** DE LA TOUR 1 RUE DE LA TOUR M.CAZAUX ☎ 62.35.52.12 – 10 CH. 110/180 F. MENU 59/100 F. PENSION 190/230 F. DEMI-PENSION 140/180 F. FERME 2/20 JANV. ET RESTAURANT FERME LUNDI MIDI. ☲ ☰ E CV.

TRIGUERES 45220 CHATEAURENARD LOIRET 1090 HAB.

AF AUBERGE DE L'OUANNE 34,AV. DE LA GARE. M. ALEXANDRE ☎ 38.94.02.78 – 3 CH. 80/100 F. MENU 45/120 F. PENSION 160 F. DEMI-PENSION 120 F. FERME DIMANCHE SOIR ET LUNDI SAUF PENSIONNAIRES. ☲ ☰ E.

TRILPORT 77470 SEINE-ET-MARNE 8000 HAB.

* RELAIS DE LA MARNE 7 AVE DU MAL JOFFRE M.DAUJAT ☎ (1)64.33.27.27 – 12 CH. 100/174 F. MENU 97/215 F. PENSION 177/203 F. DEMI-PENSION 145/175 F. RESTAURANT FERME LUNDI. ☲ ☷ ☰ E.

TRINITE-SUR-MER (LA) 56470 MORBIHAN 1470 HAB. S.I.

** LE ROUZIC 17, COURS DES QUAIS. M. SANTAMANS ☎ 97.55.72.06 – 32 CH. 150/240 F. MENU 70/90 F. PENSION 292/360 F. DEMI-PENSION 232/300 F. FERME 15 NOV./15 DEC. RESTAURANT FERME DIMANCHE SOIR/MARDI MATIN. ☲ ☒ ☺ ☷.

** PANORAMA (A SAINT-PHILIBERT) M.LE BARON ☎ 97.55.00.56 – 25 CH. 180/210 F. MENU 65/130 F. PENSION 230/250 F. DEMI-PENSION 190/210 F. FERME FIN SEPT./FIN MARS.

TRIZAC 15400 RIOM-ES-MONTAGNES CANTAL 940 M. 1000 HAB.

AF DES CIMES M.CHASSAGNARD ☎ 71.78.60.30 – 12 CH. 65/100 F. MENU 42/80 F. PENSION 125/130 F. DEMI-PENSION 110/120 F. FERME DIMANCHE HS. ☲ ☷ ☶.

TROARN 14670 CALVADOS 3000 HAB. S.I.

CLOS NORMAND 10 RUE PASTEUR M.MALHAIRE ☎ 31.23.31.28 – 23 CH. 80/170 F. MENU 60/190 F. PENSION 160/210 F. DEMI-PENSION 110/160 F. FERME 16 AOUT/6 SEPT., 24 DEC./5 JANV., ET DIMANCHE SOIR 1 OCT./30 MAI. ☶.

TROIS-EPIS 68410 HAUT-RHIN 650 M. 150 HAB. S.I.

** LA CHENERAIE M.RINN ☎ 89.49.82.34 – 25 CH. 130/260 F. MENU 75 F. PENSION 200/260 F. DEMI-PENSION 175/240 F. FERME 20 DEC./1 FEV., ET MERCREDI. ☶ ☲ ☒.

**AF VILLA ROSA Mme.DENIS ☎ 89.49.81.19 – 9 CH. 140/210 F. MENU 70/130 F. DEMI-PENSION 160/200 F. FERME 1 NOV./6 FEV., 27 JUIN/4 JUIL. RESTAURANT FERME JEUDI.1/2 PENSION UNIQUEMENT. SAUNA. ☲ ☷ ☶ ☲.

TRONGET 03240 LE MONTET ALLIER 1050 HAB.

AF DU COMMERCE SUR D. 945. M. AUBERGER ☎ 70.47.12.95 – 7 CH. 70/100 F. MENU 60/150 F. PENSION 130/150 F. DEMI-PENSION 95/120 F. ☲ E.

* DU NORD (SUR D.33, A 3KM DE L'AXE EST-OUEST) Mme.LEPEE LARONDE ☎ 70.47.12.12 – 13 CH. 75/170 F. MENU 55/120 F. PENSION 160/180 F. DEMI-PENSION 120/140 F. ☲ ☷ ☲ E CV.

TROUVILLE 14360 CALVADOS 6500 HAB. S.I.

** CARMEN 24,RUE CARNOT M. BUDE ☎ 31.88.35.43 – 16 CH. 130/260 F. MENU 65/140 F. PENSION 215/370 F. DEMI-PENSION 150/310 F. FERME 4 JANV./4 FEV., 3EME SEMAINE AVR., OCT. RESTAURANT FERME LUNDI SOIR/MARDI. ☲ ☒ ☺ E CV.

* LA COQUILLE 106,RUE GAL-DE-GAULLE M.PELVET ☎ 31.88.02.37 – 10 CH. 215/240 F. MENU 69/96 F. DEMI-PENSION 230/240 F. FERME 15 NOV./25 DEC., ET MERCREDI. ☲ ☒ ☺ E.

TULETTE 26130 DROME 1450 HAB.

* RELAIS COSTEBELLE M.CHAVE ☎ 75.98.30.02 – 16 CH. 110/240 F. MENU 70/140 F. PENSION 190/260 F. DEMI-PENSION 160/220 F. ☲ ☷ ☶ ☲ ☒ E ♿.

TULLE 19000 CORREZE 23000 HAB. S.I.

** DE LA GARE 25,AV. W-CHURCHILL M.FARJOUNEL ☎ 55.20.04.04 – 14 CH. 70/160 F. MENU 68/100 F. PENSION 160/180 F. FERME 1/15 SEPT. ☲ ☲ E.

** SAINT-MARTIN 45, QUAI ARISTIDE BRIAND Mme Renee BONNET ☎ 55.26.12.18 – 24 CH. 80/140 F. MENU 55/120 F. PENSION 180/230 F. DEMI-PENSION 130/180 F. FERME 1/31 JANV., ET LUNDI. ☲ ☷ ☲ E CV.

TULLINS 38210 ISERE 6000 HAB. S.I.

** AUBERGE DE MALATRAS Mme FORTUNATO ☎ 76.07.02.30 – 23 CH. 200/220 F. MENU 120/220 F. PENSION 320/390 F. DEMI-PENSION 220/290 F. FERME VAC. TOUSSAINT, VAC. FEV. ET MERCREDI. ☲ ☲ E.

TURCKHEIM 68230 HAUT-RHIN 3700 HAB. S.I.

** AUBERGE DU BRAND 8 GRAND'RUE M. ZIMMERLIN Christian ☎ 89.27.06.10 – 8 CH. 140/185 F. MENU 75/282 F. PENSION 214/238 F. DEMI-PENSION 160/182 F. FERME 7/17 MARS, 26 JUIN/9 JUIL., 15/30 NOV. RESTAURANT FERME MARDI SOIR ET MERCREDI. ☲ ☲ ☺ E.

*AF AUX PORTES DE LA VALLEE 29, RUE ROMAINE. M. GRAFF ☎ 89.27.27.15 – 9 CH. 95/165 F. MENU 60/98 F. DEMI-PENSION 124/159 F. RESTAURANT FERME DIMANCHE. ☲ ☲ E.

** BERCEAU DU VIGNERON 10,PL TURENNE M.BAUR ☎ 89.27.23.55 – 16 CH. 165/280 F. FERME 1 NOV./1 MARS. ☷ ☶ ☒.

TURCKHEIM (suite)

** **DES DEUX CLEFS** 3,RUE DU CONSEIL M.PLANEL-ARNOUX ☎ 89.27.06.01 – 49 CH. 130/320 F. MENU 70/200 F. PENSION 215/320 F. DEMI-PENSION 155/260 F. Ⓕ ▤ ᴀᴇ ⦿ E CV ♿ ⑪.

** **DES VOSGES** PLACE DE LA REPUBLIQUE M. CHEVILLARD ☎ 89.27.02.37 TELEX 880852 – 32 CH. 180/300 F. MENU 55/150 F. PENSION 200/330 F. DEMI-PENSION 200/270 F. FERME 12 NOV./PAQUES. Ⓕ ▤ ᴀᴇ E ⑪.

TURINI (COL DE) 06440 L'ESCARENE ALPES-MARITIMES 1604 M. 20 HAB.

* **LE RANCH** M.LUPI ☎ 93.91.57.23 – 7 CH. MENU 50/100 F. PENSION 180/200 F. DEMI-PEN-SION 150/170 F. ▤ E.

** **LES CHAMOIS** M. MARTOS ☎ 93.91.57.42 – 10 CH. 130/160 F. MENU 52/94 F. PENSION 190 F. DEMI-PENSION 160 F. ᴁ ▤ ᴀᴇ ⦿ E.

** **LES TROIS VALLEES** M. DOYA ☎ 93.91.57.21 – 18 CH. 210/250 F. MENU 65/130 F. PEN-SION 230/250 F. DEMI-PENSION 190/220 F. FERME 15 NOV./15 DEC. Ⓕ ▤ E CV.

TURINI (L'AUTHION) 06440 L'ESCARENE ALPES-MARITIMES 1750 M. 10 HAB.

AF **RELAIS DU CAMP D'ARGENT** M.CHIAVARINO ☎ 93.91.57.58 – 4 CH. MENU 55/150 F. PENSION 180/190 F. DEMI-PENSION 150/160 F. FERME 10/25 NOV.

TURQUESTEIN 57560 ABRESCHVILLER MOSELLE 22 HAB. S.I.

** **LE MOULIN DU KIBOKI** (SUR R.D. 993). M.SCHMITT ☎ 87.08.60.65 – 15 CH. 150/350 F. DEMI-PENSION 200/260 F. FERME FEV. ET MARDI. ⚓ ✝ ▤ CV ♿.

TURRIERS 04250 LA MOTTE-DU-CAIRE ALPES-DE-HAUTE-PROVENCE 1000 M. 320 HAB.

** **ROCHE CLINE** M.DE MARCHI ☎ 92.54.41.38 – 16 CH. 110/310 F. MENU 65/85 F. PENSION 185/200 F. DEMI-PENSION 165/185 F. FERME 21 DEC./4 JANV. ET LUNDI OCT./JUIN. Ⓕ ᴁ ✝ ▤ E.

U

UFFHOLTZ 68700 CERNAY HAUT-RHIN 1300 HAB.

** **AUBERGE DU RELAIS** Mme DICK ☎ 89.75.56.19 – 23 CH. 110/200 F. MENU 40/150 F. PEN-SION 160/200 F. DEMI-PENSION 155/185 F. FERME 16 DEC./3 JANV. RESTAURANT FERME VEN-DREDI SOIR SAMEDI MIDI, ET DIMANCHE SOIR. Ⓕ ▤ E.

** **FRANTZ** 41 RUE DE SOULTZ M.FAHRER ☎ 89.75.54.52 – 50 CH. 85/230 F. MENU 40/250 F. PENSION 180/240 F. DEMI-PENSION 145/220 F. RESTAURANT FERME 4/11 JANV., 19/28 DEC., ET LUNDI. Ⓕ ▤ ᴀᴇ ⦿ E CV.

URCAY 03360 SAINT-BONNET-TRONCAIS ALLIER 300 HAB.

AF **L'ETOILE D'OR** M.BLANCHET ☎ 70.06.92.66 – 6 CH. 80/120 F. MENU 50/145 F. PENSION 180 F. DEMI-PENSION 130 F. FERME 15/30 OCT. ET MERCREDI. ✝ ▤ E.

URDOS-EN-BEARN 64490 BEDOUS PYRENEES-ATLANTIQUES 784 M. 162 HAB.

** **LE PAS D'ASPE** N. 134 COL DU SOMPORT. M. CAZERES ☎ 59.34.88.93 – 14 CH. 140/190 F. MENU 60/130 F. PENSION 180/200 F. DEMI-PENSION 150/170 F. FERME 10/31 OCT., LUNDI HS., HORS VAC.SCOL. ET RESTAURANT FERME 10 OCT./10 NOV. ᴁ ▤ ᴀᴇ ⦿ E CV.

URIAGE-LES-BAINS 38410 ISERE 1800 HAB. S.I.

* **AUBERGE DU VERNON** (LES DAVIDS) M.GIROUD ☎ 76.89.10.56 – 7 CH. 100/130 F. MENU 65/100 F. PENSION 150/180 F. DEMI-PENSION 130/160 F. FERME 5 OCT./5 FEV.

** **LE MANOIR** M.HUCHON ☎ 76.89.10.88 – 15 CH. 85/300 F. MENU 55/150 F. PENSION 180/300 F. DEMI-PENSION 160/280 F. FERME 5/30 JANV., 20 NOV./14 DEC., DIMANCHE SOIR ET LUNDI 25 OCT./1 AVR. ▤ E ♿.

URMATT 67190 MUTZIG BAS-RHIN 1092 HAB.

** **DE LA POSTE** 74, RUE DU GAL DE GAULLE M.GRUBER ☎ 88.97.40.55 – 13 CH. 160/210 F. MENU 60/280 F. DEMI-PENSION 160/210 F. FERME 7/21 MARS, 4/11 JUIL., 14/28 NOV. ET LUNDI. ▤ ᴀᴇ ⦿ E.

URRUGNE 64700 PYRENEES-ATLANTIQUES 4800 HAB.

* **CHEZ MAITE** PLACE DE LA MAIRIE M. TARDIEU ☎ 59.54.30.27 – 7 CH. 110/190 F. DEMI-PEN-SION 155/165 F. FERME 5/24 JANV., MERCREDI SOIR ET JEUDI SAUF JUIL., AOUT. ▤ E CV.

URY 77116 SEINE-ET-MARNE 708 HAB.

AF **AUBERGE LES PRIMEVERES** 10, RUE DE FONTAINEBLEAU. M. DUFRESNES ☎ (1)64.24.47.25 – 4 CH. 50/95 F. MENU 45/100 F. FERME 2/17 FEV. ET MARDI. ▤ E CV.

USSEL 19200 CORREZE 630 M. 12000 HAB. S.I.

** **DU MIDI** 24, AVENUE THIERS M. JALLUT ☎ 55.72.17.99 – 15 CH. 110/155 F. MENU 60/90 F. DEMI-PENSION 130/170 F. FERME VAC. TOUSSAINT, DU 5/15 JANV. RESTAURANT FERME DIMANCHE 1 OCT./1 JUIN. Ⓕ ᴁ ▤.

AF **L'AUBERGE** 6, AV. GAMBETTA M. RENAUDIE ☎ 55.96.17.30 – 5 CH. 180/200 F. MENU 50/125 F. FERME 1 SEM. FIN FEV., 1 SEM. FIN AOUT, 2 SEM. DEBUT SEPT. DIMANCHE SOIR ET LUNDI. ▤ E.

* **NOUVEL HOTEL** 10, AV. DE LA GARE M.PERICHON ☎ 55.72.10.11 – 15 CH. 75/140 F. MENU 50/80 F. FERME NOV. RESTAURANT FERME DIMANCHE HS. ᴁ.

USSEL (SAINT-DEZERY) 19200 CORREZE 630 M. 11391 HAB.

** **LES GRAVADES** (SUR N. 89) M. FRAYSSE ☎ 55.72.21.53 – 20 CH. 200/300 F. MENU
90/140 F. DEMI-PENSION 230 F. RESTAURANT FERME VENDREDI SOIR/SAMEDI MIDI, SAUF JUIL-
L./AOUT. 🖪 🚗 🕿 🏧.

USSON-EN-FOREZ 42550 LOIRE 950 M. 1200 HAB. S.I.

** **RIVAL** RUE CENTRALE M. RIVAL. ☎ 77.50.63.65 – 13 CH. 83/173 F. MENU 47/155 F. PENSION
185/240 F. DEMI-PENSION 166/220 F. FERME 16/30 JUIN ET LUNDI HS. 🖪 🚗 🛏 🕿 E CV.

UTELLE 06450 LANTOSQUE ALPES-MARITIMES 800 M. 450 HAB.

* **BELLEVUE** ROUTE DE LA MADONE M.MARTINON ☎ 93.03.17.19 – 17 CH. 160/180 F. MENU
65/100 F. PENSION 190/200 F. DEMI-PENSION 160 F. FERME 1 OCT./1 NOV. ET MERCREDI 1
OCT./31 MARS. 🖪.

UZERCHE 19140 CORREZE 3500 HAB. S.I.

** **MODERNE** M.LEONARD ☎ 55.73.12.23 – 7 CH. 110/160 F. FERME 1 FEV./1 MARS. 🚗
🗙 🕿 🏧 ⊕ E.

AF **SAGNE** M. DUMOND ☎ 55.73.17.75 – 17 CH. 88/125 F. MENU 50/115 F. PENSION 150/180 F.
DEMI-PENSION 120/150 F. 🕿 E.

UZERCHE (VIGEOIS) 19410 VIGEOIS CORREZE 1380 HAB. S.I.

** **LES SEMAILLES** (A VIGEOIS 6 KM PAR RN 20 ET D3). M. BERNARD ☎ 55.98.93.69 – 7 CH.
90/150 F. MENU 75/155 F. PENSION 160/190 F. DEMI-PENSION 140/170 F. FERME 1 DEC./31
JANV., DIMANCHE SOIR ET LUNDI HS. EQUITATION. 🖪 🗸 🛏 🕿 🏧 ⊕ E.

V

VAGNEY (LE HAUT-DU-TOT) 88120 VAGNEY VOSGES 900 M. 150 HAB. S.I.

** **AUBERGE DE LA CROIX DES HETRES** M.GROS ☎ 29.24.71.59 – 17 CH. 100/190 F.
MENU 70/120 F. PENSION 190/220 F. DEMI-PENSION 170/190 F. FERME 1 NOV./5 DEC. 🖪
🚗 🕿 CV.

VAIGES 53480 MAYENNE 977 HAB.

** **DU COMMERCE** M.OGER ☎ 43.01.20.07 TELEX 722520 – 31 CH. 150/290 F. MENU
80/220 F. PENSION 240/340 F. DEMI-PENSION 180/260 F. 🖪 🚗 🛏 🕿 ⊕ E
CV 🔟.

VAILLY-SUR-SAULDRE 18260 CHER 750 HAB.

AF **DU CERF** Mme CHESTIER ☎ 48.73.71.53 – 9 CH. 80/150 F. MENU 45/125 F. PENSION
150/180 F. DEMI-PENSION 110 F. FERME 22 AOUT/6 SEPT., 23 DEC./2 JANV., ET DIMANCHE
SOIR. 🚗 🕿 E.

VAISON-LA-ROMAINE 84110 VAUCLUSE 5900 HAB. S.I.

* **A L'ESCARGOT D'OR** ROUTE D'ORANGE Mrs PLUMEL FRERES ☎ 90.36.02.88 – 8 CH. 140 F.
MENU 60/110 F. PENSION 180 F. DEMI-PENSION 146 F. FERME 15 OCT./15 MARS, ET MERCREDI
HS. RESTAURANT FERME 15 OCT./15 NOV., 15 JANV./15 MARS. 🖪 🛏 🕿 🏧
⊕ E CV.

* **DU THEATRE ROMAIN** PLACE DU CHANOINE SAUTEL M.AUGUET ☎ 90.36.05.87 – 21 CH.
102/185 F. MENU 50/110 F. PENSION 220/270 F. DEMI-PENSION 170/220 F. FERME 15/30 DEC.
🚗 🛏 🕿 E CV.

** **LE LOGIS DU CHATEAU, Restaurant LE DOLIUM** (LES HAUTS DE VAISON). M. DUROUGE-
BELIANDO ☎ 90.36.09.98/90.36.24.24 TELEX 431 389 F – 40 CH. 250/390 F. MENU 68/140 F.
PENSION 340/405 F. DEMI-PENSION 250/315 F. FERME 31 OCT./15 MARS. 🖪 🚗 🚲 🚗
🕿 🏧 ⊕ E CV 👤 🔟.

VAISSAC 82800 NEGREPELISSE TARN-ET-GARONNE 650 HAB.

* **TERRASSIER** Mme TERRASSIER ☎ 63.30.94.60 – 12 CH. 90 F. MENU 48/170 F. PENSION
160/180 F. DEMI-PENSION 120/140 F. RESTAURANT FERME VENDREDI SOIR. 🖪 🚗 🕿
E CV.

VAL D'ISERE 73150 SAVOIE 1850 M. 1300 HAB. S.I.

** **VIEUX VILLAGE** Mme ROCHE ☎ 79.06.03.79 TELEX 980 077 – 23 CH. 210/295 F. DEMI-PEN-
SION 265/305 F. FERME 5 MAI/30 JUIN ET 1 SEPT./1 DEC. 1/2 PENSION HIVER SEULEMENT.
🖪 🕿 E.

VAL-D'AJOL (LE) 88340 VOSGES 5000 HAB. S.I.

** **LA RESIDENCE** 5, RUE DES MOUSSES M.BONGEOT ☎ 29.30.68.52/29.30.64.60 TELEX RES
960 573 – 60 CH. 80/245 F. MENU 60/190 F. PENSION 204/280 F. DEMI-PENSION 180/235 F.
FERME 15 NOV./15 DEC. 🖪 🛏 🕿 🏧 ⊕ E CV.

** **LES EPINETTES** PLACE DE L'HOTEL DE VILLE M. CHRIST ☎ 29.30.66.62 – 19 CH. 69/170 F.
MENU 69/125 F. PENSION 170/255 F. DEMI-PENSION 127/210 F. FERME 20 DEC./10 JANV. SAUF
RES. RESTAURANT FERME 20 DEC./ 31 JANV., ET MERCREDI 1 NOV./31 MARS. 🖪 🕿
🏧.

VALDAHON 25800 DOUBS 650 M. 4000 HAB.

** **RELAIS DE FRANCHE COMTE** RUE CHARLES SCHMITT M.FRELIN ☎ 81.56.43.18 – 20 CH.
165/200 F. MENU 50/195 F. DEMI-PENSION 185/215 F. FERME 20 DEC./15 JANV., VENDREDI
SOIR/SAMEDI MIDI 1 SEPT./ 30 JUIN. 🖪 🚗 🕿 ⊕ E CV.

VALDOIE 90300 TERRITOIRE-DE-BELFORT 5800 HAB.

* **MARCHAL** 4, RUE DE LA GARE Mme MARCHAL ☎ 84.26.62.05/84.26.68.93 — 13 CH. 78/110 F. MENU 58/160 F. PENSION 220/250 F. FERME MERCREDI. RESTAURANT FERME 1/30 SEPT. ▣ ⚞ ▦.

VALDROME 26310 LUC-EN-DIOIS DROME 150 HAB. S.I.

AF **L'OUSTAOU** Mme PINCHON ☎ 75.21.48.80 — 7 CH. 85/120 F. MENU 60/120 F. FERME VEN-DREDI. ▦ ▤ ⓔ ● E C V.

VALENCE 26000 DROME 75000 HAB. S.I.

** **CALIFORNIA** 174, AV. MAURICE-FAURE MM. GURAGOSSIAN ☎ 75.44.36.05 — 30 CH. 150/198 F. MENU 85 F. PENSION 280 F. DEMI-PENSION 200 F. FERME 1/15 JANV. RESTAURANT FERME 1 NOV./29 FEV. ▣ ⚞ ▦ ⓔ ● E.

** **DE FRANCE** 16, BD DE GAULLE Mme MIROUX ☎ 75.43.00.87 TELEX 345715 — 34 CH. 198/280 F. CLIMATISATION. ⚞ ✕ ▦ ▤ ● E ▦.

** **DU GRAND SAINT-JACQUES** 9, FG SAINT-JACQUES Mme MAISONNEUVE ☎ 75.42.44.60 TELEX 345265 — 32 CH. 95/220 F. MENU 55/185 F. PENSION 237/340 F. DEMI-PENSION 163/266 F. RESTAURANT FERME DIMANCHE SAUF POUR LES GROUPES. ▦ E C V ▦.

VALENCE (BOURG-LES-VALENCE) 26500 DROME 18000 HAB. S.I.

** **SEYVET** 24 AVENUE MARC-UTIN RN 7 ☎ 75.43.26.51 TELEX 346338 — 32 CH. 165/258 F. MENU 60/130 F. PENSION 307/348 F. DEMI-PENSION 244/288 F. RESTAURANT FERME DIMANCHE SOIR 15 OCT./15 AVR. ▣ ⚞ ▦ ▤ ● E C V ▦.

VALENCE-D'ALBIGEOIS 81340 TARN 1280 HAB. S.I.

* **L'ESCAPADE** Mme HERAIL ☎ 63.56.40.57/63.53.41.20 — 10 CH. 100/150 F. MENU 60/130 F. PENSION 230/250 F. DEMI-PENSION 180/200 F. ▣ ⚞ ▦ ▤ ● E.

VALENCE-EN-BRIE 77830 SEINE-ET-MARNE 500 HAB.

** **AUBERGE SAINT GEORGES** A 8km DE L'EGLISE M. IMBAULT ☎ (1)64.31.81.12 — 10 CH. 110/140 F. MENU 55/80 F. FERME 15 DEC./15 JANV., LUNDI ET MARDI. ▦ C V.

VALENSOLE 04210 ALPES-DE-HAUTE-PROVENCE 600 M. 1950 HAB. S.I.

** **PIES** M. PIES ☎ 92.74.83.13 — 16 CH. 220 F. MENU 60/200 F. PENSION 250 F. DEMI-PENSION 210 F. FERME 7/31 JANV. ET MERCREDI JANV./MARS. ⚞ ▦ E.

VALFF 67210 OBERNAI BAS-RHIN 1173 HAB.

ec **AU SOLEIL** 114, RUE PRINCIPALE. M. GOETTELMANN ☎ 88.08.92.58 — 8 CH. 135/155 F. MENU 45/145 F. PENSION 170/200 F. DEMI-PENSION 145/160 F. FERME JANV. ET LUNDI. ⚞ ▦ ● E.

VALFRAMBERT 61000 DAMIGNI ORNE 1000 HAB.

** **AUBERGE NORMANDE** M.EDET ☎ 33.29.43.29 — 10 CH. 60/180 F. MENU 60/120 F. PEN-SION 140/180 F. DEMI-PENSION 120/160 F. FERME DIMANCHE SOIR ET LUNDI. ▣ ⚞ ▦ E.

VALGORGE 07110 LARGENTIERE ARDECHE 462 HAB. S.I.

* **CHEZ MICHEL** M.MICHEL ☎ 75.88.98.90 — 20 CH. 50/145 F. MENU 40/70 F. PENSION 116/160 F. DEMI-PENSION 86/130 F. FERME 1/15 JANV. ▣ ✗ ▦ C V.

** **LE TANARGUE - CHEZ COSTE** M. COSTE ☎ 75.88.98.98/75.88.98.20 — 25 CH. 120/265 F. MENU 70/160 F. PENSION 210/280 F. DEMI-PENSION 200/245 F. FERME 3 JANV./3 FEV. PARKING PRIVE. ▣ ⚞ ▦ ▤ E ▵ ▦.

VALLAURIS 06220 ALPES-MARITIMES 14000 HAB. S.I.

* **SIOU AOU MIOU** QUARTIER SAINT-SEBASTIEN M.ISOARDI ☎ 93.64.39.89 — 8 CH. 200 F. MENU 63/120 F. PENSION 230 F. DEMI-PENSION 200 F. FERME RESTAURANT NOV. ET SAMEDI. PARKING FERME. ▦ ▤ C V.

VALLERAUGUE 30570 GARD 1040 HAB. S.I.

** **LES BRUYERES** RUE ANDRE CHAMSON M. BASTIDE ☎ 67.82.20.06 — 28 CH. 105/180 F. MENU 60/170 F. PENSION 175/200 F. DEMI-PENSION 125/160 F. FERME HOTEL 1 NOV./PAQUES ET RESTAURANT 1 NOV./1 AVR. ▵ ⚞ ▦ E C V.

VALLET 44330 LOIRE-ATLANTIQUE 5000 HAB. S.I.

AF **DE LA GARE** 44,RUE SAINT-VINCENT M.JOUY ☎ 40.33.92.55 — 15 CH. 90/125 F. MENU 40/145 F. PENSION 135/145 F. DEMI-PENSION 105/115 F. RESTAURANT FERME DIMANCHE. ▣ ▦ E C V ⚭.

VALLIGUIERES 30210 REMOULINS GARD 205 HAB.

* **LA VIEILLE AUBERGE** A 8km DE REMOULINS, N.86. M.BUTHOD ☎ 66.37.16.13 — 8 CH. 95/120 F. DEMI-PENSION 140/150 F. FERME 1 NOV./1 AVR. ● C V.

VALLOIRE 73450 SAVOIE 1450 M. 1500 HAB. S.I.

* **CRET ROND** (LES VERNEYS). Mme MARTIN Suzanne ☎ 79.59.01.64 — 19 CH. 110/160 F. MENU 62/92 F. PENSION 155/210 F. DEMI-PENSION 137/160 F. FERME 30 SEPT./15 DEC. ET 20 AVR./1 JUIL. ⚞ ▤.

* **DE LA POSTE** M.MAGNIN ☎ 79.59.03.47 — 19 CH. 95/170 F. MENU 60/70 F. PENSION 140/212 F. DEMI-PENSION 114/182 F. FERME 20 AVR./5 JUIN ET 30 SEPT./10 DEC. ▣ ⚞ ▦ E C V.

** **DU CENTRE** M.MAGNIN ☎ 79.59.00.83 — 36 CH. 85/250 F. MENU 50/100 F. PENSION 150/280 F. DEMI-PENSION 130/260 F. FERME 15 AVR./20 JUIN ET 15 SEPT./15 DEC. ▣ ▦ ● E C V.

** **LA SETAZ Restaurant LE GASTILLEUR** M. VILLARD ☎ 79.59.01.03 — 22 CH. 190/220 F. MENU 78/130 F. PENSION 230/290 F. DEMI-PENSION 190/250 F. FERME 18 AVR./3 AOUT ET 26 SEPT./18 DEC. ▵ ▦ ● E C V.

VALLOIRE (suite)

** **LE CHRISTIANIA** M.CHINAL ☎ 79.59.00.57 — 26 CH. 115/210 F. MENU 62/110 F. PENSION
☞ 180/270 F. DEMI-PENSION 165/200 F. FERME 10 SEPT./15 DEC. ET 30 AVR./25 JUIN. 🐾
🎠 E CV.

** **LES CARRETTES** M. PETIT ☎ 79.59.00.99 TELEX 980553 — 30 CH. 170/250 F. MENU
68/110 F. PENSION 200/400 F. DEMI-PENSION 180/380 F. FERME 15 AVR./15 JUIN ET 15
SEPT./20 DEC. 🅵 ⚓ 🐾 🎠 E CV.

* **LES GENTIANES** M.MARTIN ☎ 79.59.03.66 — 20 CH. 95/210 F. MENU 75/100 F. PENSION
170/230 F. DEMI-PENSION 150/210 F. FERME 1 OCT./20 DEC. ET 15 AVR./5 JUIL.

** **RELAIS DU GALIBIER** (LES VERNEYS). M.RAPIN ☎ 79.59.00.45 — 26 CH. 110/220 F. MENU
☞ 59/120 F. PENSION 180/260 F. DEMI-PENSION 160/240 F. FERME 15 SEPT./20 DEC. ET 20
AVR./15 JUIN. 🅵 🐾 E.

VALLON-EN-SULLY 03190 HERISSON ALLIER 1800 HAB. S.I.

* **LE LICHOU** (SUR N. 144). M.BOUGEROL ☎ 70.06.50.43 — 9 CH. 75/110 F. MENU 50/110 F.
PENSION 150/170 F. DEMI-PENSION 120/140 F. FERME 1/31 DEC. ET VENDREDI HS. 🅵 CV
&.

VALLON-PONT-D'ARC 07150 ARDECHE 2000 HAB. S.I.

* **DES TOURISTES** (A LA ROUVIERE). M.LABROT ☎ 75.88.00.01 — 14 CH. 88/150 F. MENU
24/78 F. PENSION 155/185 F. DEMI-PENSION 125/155 F. FERME 16 OCT./31 MARS. PRIX 1987.

* **DU PARC** BOULEVARD PESCHAIRE ALIZON M.BOULLE ☎ 75.88.02.17 — 20 CH. 110/150 F.
MENU 55/140 F. PENSION 195/210 F. DEMI-PENSION 175/185 F. FERME 4 JANV./1 FEV., RES-
TAURANT FERME VENDREDI 1 OCT./ 1 JUIN. 🐾

** **DU TOURISME** BD PESCHAIRE ALIZON M.BERNERON ☎ 75.88.02.12 — 26 CH. 179/220 F.
MENU 55/95 F. PENSION 220/250 F. DEMI-PENSION 185/210 F. FERME 15 DEC./31 JANV. ET
LUNDI 1 OCT./30 MARS. 🅵 🎠 E CV 🈂.

* **LE BELVEDERE** M.SAULNIER ☎ 75.88.00.02/75.88.00.27 — 16 CH. 105/185 F. MENU
☞ 58/110 F. PENSION 380/450 F. DEMI-PENSION 251/340 F. FERME 15 NOV./15 MARS. PRIX PEN-
SION ET DEMI-PENSION POUR 2 PERSONNES. 🎠 🆎 🔘 E.

VALLOUISE 05290 HAUTES-ALPES 1200 M. 550 HAB. S.I.

** **LES VALLOIS** M. MORAND ☎ 92.23.33.10 — 15 CH. 200/220 F. MENU 62/100 F. PENSION
275/345 F. DEMI-PENSION 240/310 F. FERME 1 OCT./30 NOV., 1/ 31 MAI 🅵 ⚓ 🎠
🆎 🔘 E CV.

VALOGNES 50700 MANCHE 7000 HAB. S.I.

* **DE L'AGRICULTURE** 16-18,RUE LEOPOLD DELISLE M.BOUCHER-BOTTON ☎ 33.95.02.02 —
36 CH. 75/173 F. MENU 50/105 F. PENSION 153/221 F. DEMI-PENSION 140/178 F. RESTAURANT
FERME 1/18 JANV., 28 JUIN/4 JUIL., 20 SEPT./ 4 OCT., DIMANCHE SOIR SAUF JUIL./AOUT, ET
LUNDI. 🅵 � 🎠 E CV.

VALRAS-PLAGE 34350 HERAULT 2935 HAB. S.I.

** **DE LA PLAGE** M.BELOU ☎ 67.32.08.37 — 18 CH. 160/250 F. MENU 58/160 F. PENSION
☞ 250 F. DEMI-PENSION 210 F. FERME HOTEL 15 NOV./15 MARS, RESTAURANT PERMANENT.
🅵 🎠 E.

** **LA CHAUMIERE** ANGLE Bld MICHELET-Bld REPUBLIQUE. Mme MIALHE ☎
67.32.02.03/67.32.16.00 — 14 CH. 225/330 F. MENU 40/200 F. PENSION 230/260 F. DEMI-PEN-
SION 210/230 F. FERME 15 JANV./15 FEV., LUNDI SOIR ET MARDI EN HIVER. 🎠 E CV.

** **MEDITERRANEE** Mme AURIAC ☎ 67.32.38.60 — 12 CH. 200/230 F. MENU 55/210 F. PEN-
☞ SION 250 F. DEMI-PENSION 210 F. FERME MI-OCT./15 MARS ET LUNDI HS. RESTAURANT FERME
VAC. TOUSSAINT ET 5 JANV./15 FEV. 🅵 ⚓ 🎠 🆎 E.

VALREAS 84600 VAUCLUSE 10000 HAB. S.I.

** **GRAND HOTEL** 28, AV. GAL-DE-GAULLE M.GLEIZE ☎ 90.35.00.26 — 18 CH. 120/300 F. MENU
☞ 70/150 F. PENSION 220/300 F. DEMI-PENSION 180/240 F. FERME 25 DEC./30 JANV., ET
DIMANCHE. 🅵 🎠 E.

** **LA CAMARGUE** 49 Cours JEAN JAURES M. FABRO ☎ 90.35.01.51 — 9 CH. 120/190 F. MENU
55/130 F. PENSION 240/310 F. DEMI-PENSION 190/260 F. 🅵 🐾 🎠.

VALROS 34290 SERVIAN HERAULT 1000 HAB.

** **AUBERGE DE LA TOUR** M.GRASSET ☎ 67.98.52.01 — 14 CH. 130/220 F. MENU 72/198 F.
DEMI-PENSION 212/290 F. FERME 10 DEC./15 JANV. ET RESTAURANT FERME MERCREDI. 🎠
E.

VALS-LES-BAINS 07600 ARDECHE 4300 HAB. S.I.

* **DE LA POSTE** PLACE SAINT-JEAN M.FONTBONNE ☎ 75.37.42.30 — 21 CH. 85/170 F. MENU
65/95 F. PENSION 165/270 F. DEMI-PENSION 140/220 F. FERME 30 SEPT./1 MAI. 🅵 ⚓.

* **DES TOURISTES** 13 RUE AUGUSTE CLEMENT Mme CHAMPION ☎ 75.37.42.43 — 16 CH.
80/150 F. MENU 50/100 F. PENSION 185/200 F. DEMI-PENSION 140/145 F. FERME 15 JANV./15
FEV. 🅵 🎠 🆎 E CV.

* **DU STADE** M.TEYSSIER-LILETTE ☎ 75.37.43.09 — 20 CH. 95/180 F. MENU 70/95 F. PENSION
198/225 F. DEMI-PENSION 150/175 F. FERME 15 OCT./1er AVR. 🅵 ⚓ 🚗 🎠 🆎
🔘 E.

** **GRAND HOTEL DE LYON** 11 AVENUE FARINCOURT M.BONNETON ☎ 75.37.43.70 — 35 CH.
180/285 F. MENU 85/120 F. PENSION 240/380 F. DEMI-PENSION 180/310 F. FERME 1 JANV./30
MARS, 1 OCT./31 DEC. 🅵 ⚓ 🎠 🆎 🔘 E CV 🈂.

* **LES CELESTINS** 2 AVENUE FARINCOURT M.LEYNAUD ☎ 75.37.42.20 — 18 CH. 90/220 F.
MENU 65/130 F. PENSION 200/330 F. DEMI-PENSION 160/270 F. FERME 1 JANV./PAQUES.
🅵.

VALS-LES-BAINS (suite)

* **PERFUN** Mme PERFUN ☎ 75.37.43.90 — 11 CH. 85/150 F. MENU 60/100 F. PENSION 180/210 F. FERME 15 OCT./25 MARS. 🛏.

** **SAINT-JACQUES** RUE A. CLEMENT M.FONTBONNE ☎ 75.37.46.02 — 28 CH. 140/260 F. MENU 78/120 F. PENSION 220/350 F. DEMI-PENSION 180/300 F. RESTAURANT FERME 1 OCT.-./PAQUES. F ⭐ AE ⓘ ⊞.

** **SAINT-JEAN** RUE JEAN JAURES MM.BREYSSE ☎ 75.37.42.50 — 32 CH. 110/230 F. MENU 68/140 F. PENSION 220/255 F. DEMI-PENSION 165/195 F. FERME 1 NOV./23 AVR. F ⭐ ⓘ E CV ♿ ⊞.

VALTIN (LE) 88230 FRAIZE VOSGES 750 M. 87 HAB.

** **AUBERGE DU VAL JOLI** M. LARUELLE ☎ 29.50.31.37/29.60.91.37 — 10 CH. 108/193 F. MENU 50/116 F. PENSION 250/307 F. DEMI-PENSION 170/250 F. FERME 15 NOV./15 DEC., DIMANCHE SOIR ET LUNDI. ⭐ AE ⓘ E.

VALUEJOLS 15300 MURAT CANTAL 1060 M. 560 HAB.

* **DES VOYAGEURS** M.BOUNIOL ☎ 71.73.20.75 — 10 CH. 62/95 F. MENU 62/95 F. PENSION 145 F. DEMI-PENSION 120 F. F ⭐ E.

* **DU CENTRE** Mlle VIDAL ☎ 71.73.21.33 — 10 CH. 65/90 F. MENU 55/70 F. PENSION 140/150 F. DEMI-PENSION 100/120 F. F ⭐ AE ⓘ E CV.

VANCELLE (LA) 67600 SELESTAT BAS-RHIN 244 HAB.

** **ELISABETH** 5 RUE DU GENERAL DE GAULLE M. HERTLING ☎ 88.57.90.61 — 13 CH. MENU 75/140 F. PENSION 190/220 F. DEMI-PENSION 140/190 F. FERME 1 JANV./1 FEV. ET RESTAU-RANT FERME MERCREDI/JEUDI. F ⭐ CV.

VANNES (CONLEAU) 56000 MORBIHAN 43507 HAB. S.I.

** **LE ROOF** (PRESQU'ILE DE CONLEAU). Mme MOLLE ☎ 97.63.47.47 — 11 CH. 160/300 F. MENU 75/300 F. DEMI-PENSION 230/350 F. FERME 10 JANV./15 FEV., ET LUNDI HS. 🐕 ⭐ AE ⓘ E.

VANNES (SAINT-AVE) 56000 MORBIHAN 7000 HAB. S.I.

** **LE TY LANN** 11 RUE JOSEPH LE BRIX M.LANGLO ☎ 97.60.71.79 — 18 CH. 185/260 F. MENU 69/140 F. PENSION 220/230 F. DEMI-PENSION 165/175 F. RESTAURANT FERME SAMEDI. F 🛏 ⭐ E CV.

VANOSC 07690 VOCANCE ARDECHE 634 M. 805 HAB.

AF **MARY** M. ROUGEAUX ☎ 75.34.62.83 — 8 CH. 49/110 F. MENU 42 F. PENSION 148/160 F. DEMI-PENSION 100/110 F. F 🛏.

VANS (LES) 07140 ARDECHE 2406 HAB. S.I.

*** **CHATEAU LE SCIPIONNET** M.DUPÖUY ☎ 75.37.23.84 — 26 CH. 260/460 F. MENU 150/220 F. PENSION 375/450 F. DEMI-PENSION 320/380 F. FERME 1 OCT./15 MARS. F ⛱ 🏊 ⭐ E ♿.

VARENGEVILLE-SUR-MER 76119 SEINE-MARITIME 1000 HAB. S.I.

** **DE LA TERRASSE** M.DELAFONTAINE ☎ 35.85.12.54 — 26 CH. 100/260 F. MENU 70/150 F. PENSION 180/250 F. DEMI-PENSION 140/200 F. FERME 15 OCT./15 MARS. 🏊 🐕 ⭐.

VARENNES-LE-GRAND 71240 SENNECEY-LE-GRAND SAONE-ET-LOIRE 1000 HAB.

** **LE VIRAGE FLEURI** (AU PONT DE GROSNE). M.DRESSLER ☎ 85.44.21.07 — 11 CH. 190/255 F. MENU 75/140 F. PENSION 300 F. DEMI-PENSION 200 F. 🛏.

VARENNES-SUR-ALLIER 03150 ALLIER 5046 HAB. S.I.

*** **AUBERGE DE L'ORISSE** (LES CAILLOUX). M. SURANYI ☎ 70.45.05.60 — 23 CH. 195/350 F. MENU 75/350 F. PENSION 410/450 F. DEMI-PENSION 230/270 F. FERME DIMANCHE SOIR 1 NOV./31 MARS. F 🏊 ⭐ E CV.

** **NOUVEL HOTEL** 20, AV. DE LA GARE M. CIMBAULT Alain ☎ 70.45.00.06 — 25 CH. 75/150 F. MENU 55/97 F. PENSION 150/210 F. DEMI-PENSION 130/190 F. FERME VENDREDI SOIR ET SAMEDI MIDI. F ⭐ E CV ♿.

VARENNES-SUR-MORGE 63720 ENNEZAT PUY-DE-DOME 200 HAB.

AF **AUBERGE VARENNOISE** Mme DAVAYAT ☎ 73.97.00.58 — 4 CH. 80 F. MENU 40 F. PENSION 130 F. FERME AOUT, ET SAMEDI. 🛏.

VARENNES-VAUZELLES 58640 NIEVRE 8061 HAB.

AF **AUBERGE DE LA CROIX DE VERNUCHE** 9 RUE VOLTAIRE SUR N. 7 Mme BARDOU ☎ 86.38.07.13 — 8 CH. 67/150 F. MENU 55/100 F. FERME FEV. ET LUNDI. ⭐ AE ⓘ E.

VARS-LES-CLAUX 05560 HAUTES-ALPES 1850 M. 1500 HAB. S.I.

** **LES ESCONDUS** M.DAVID ☎ 92.45.50.35 — 22 CH. 205/260 F. MENU 90/125 F. PENSION 290/340 F. FERME 15 AVR./25 JUIN, 15 SEPT./15 DEC. F 🏊 🛏 ⭐ AE ⓘ E.

VARS-SAINTE-MARIE 05560 HAUTES-ALPES 1650 M. 880 HAB. S.I.

** **LA MAYT** Mme. RISOUL ☎ 92.46.50.07 — 21 CH. 180/250 F. MENU 70/98 F. PENSION 230/320 F. DEMI-PENSION 200/300 F. FERME 10 AVR./1 JUIL., 1 SEPT./20 DEC. F 🛏 ⭐ E.

** **LE MONTE-PENTE** M.BARBEROUX ☎ 92.46.50.08 — 18 CH. 180/220 F. MENU 60/80 F. PEN-SION 215/265 F. DEMI-PENSION 175/225 F. FERME 10 AVR./30 JUIN ET 1 SEPT./20 DEC. F ⭐ E CV.

** **LE VALLON** M.ROSTOLLAN ☎ 92.46.54.72 — 34 CH. 198/300 F. MENU 85 F. PENSION 210/290 F. DEMI-PENSION 173/250 F. FERME 18 AVR./1 JUIL., 1 SEPT./20 DEC. F 🛏 ⭐ E.

VARZY 58210 NIEVRE 1600 HAB. S.I.

* **DE LA GARE** 9; AV. DE LA CHARITE. M. QUETIN ☎ 86.29.44.16 – 7 CH. 110/125 F. MENU
65/145 F. PENSION 160 F. DEMI-PENSION 125 F. FERME LUNDI 1 SEPT./1 MAI. 🛌 📼
🎴 E CV ♿.

VASSIEUX-EN-VERCORS 26420 LA CHAPELLE-EN-VERCORS DROME
1057 M. 310 HAB. S.I.

** **ALLARD** M. ALLARD ☎ 75.48.28.04 – 20 CH. 180/220 F. MENU 60/150 F. PENSION
180/250 F. DEMI-PENSION 170/190 F. FERME OCT. F 📼 CV.

VATAN 36150 INDRE 0 M. 2500 HAB. S.I.

* **CHEZ PHILIPPE** 14, ROUTE D'ISSOUDUN. M. GUIGNARD ☎ 54.49.70.44 – 13 CH. 65/160 F.
☞ MENU 58/140 F. PENSION 150/220 F. DEMI-PENSION 140/200 F. FERME 1/21 OCT., 10/31
JANV., DIMANCHE SOIR/LUNDI TOUSSAINT/PAQUES, LUNDI ET MARDI MIDI EN SAISON. F
📼 E ♿.

VAUCIENNES (LA CHAUSSEE) 51200 EPERNAY MARNE 300 HAB.

* **AUBERGE DE LA CHAUSSEE** M. LAGARDE ☎ 26.58.40.66 – 9 CH. 70/180 F. MENU
60/100 F. PENSION 170/250 F. FERME 19 AOUT./9 SEPT., ET LUNDI SOIR.

VAUCLAIX 58140 LORMES NIEVRE 170 HAB.

AF **DE LA POSTE Restaurant DESBRUERES** M. DESBRUERES ☎ 86.22.71.38 – 10 CH.
☞ 60/90 F. MENU 38/140 F. PENSION 140 F. DEMI-PENSION 120 F. 🏔 📼 🎴 E.

VAUCOULEURS 55140 MEUSE 2554 HAB. S.I.

* **LE RELAIS DE LA POSTE** 12 AV.MAGINOT M.BLANCHET ☎ 29.89.40.01 – 10 CH.
100/170 F. MENU 65/160 F. PENSION 220/250 F. DEMI-PENSION 180/210 F. FERME 20 DEC./20
JANV., ET DIMANCHE SOIR/MARDI MATIN. 🏔 🛌 📼 E.

VAUDEURS 89320 CERISIERS YONNE 400 HAB.

** **AUBERGE LA VAUDEURINOISE** Route de la Grange Seche. M. DELORY ☎ 86.96.28.00 –
7 CH. 175/250 F. MENU 85/200 F. DEMI-PENSION 300 F. FERME 2/26 FEV., JEUDI, MERCREDI
SOIR ET JEUDI HS. F 📼

VAUJANY 38114 ALLEMONT ISERE 1250 M. 250 HAB.

* **DU RISSIOU** M.MANIN ☎ 76.80.71.00 – 15 CH. 130/150 F. MENU 60/110 F. PENSION
170/190 F. DEMI-PENSION 140/150 F. FERME 1 NOV./20 DEC. ET RESTAURANT FERME LUNDI.
F 🎴.

* **L'ETENDARD** M.JACQUEMET ☎ 76.80.71.09 – 14 CH. 100/168 F. MENU 60/140 F. PENSION
160/200 F. DEMI-PENSION 125/165 F. FERME 15 SEPT./1 MAI. 📼 CV.

VAULMIER (LE) 15380 ANGLARDS-DE-SALERS CANTAL 840 M. 200 HAB.

AF **AUBERGE DU MARS** M.LOUVRADOUX ☎ 71.69.50.54 – 16 CH. 90/180 F. MENU 50/100 F.
PENSION 130/190 F. DEMI-PENSION 110/170 F. FERME OCTOBRE. 📼 🎴 E.

VAUVENARGUES 13126 BOUCHES-DU-RHONE 650 HAB.

* **AU MOULIN DE PROVENCE** Mme YEMENIDJIAN ☎ 42.66.02.22 TELEX MITEX 410777 –
12 CH. 95/240 F. MENU 95/200 F. PENSION 270/300 F. DEMI-PENSION 220/250 F. FERME 3
JANV./1 MARS ET LUNDI 1 OCT./3 JANV. 📼 ♿.

VEAUGUES 18300 CHER 643 M. 680 HAB.

* **DE LA GARE** M.CLASSIOT ☎ 48.79.23.06 – 12 CH. 85/135 F. MENU 42/125 F. PENSION
☞ 150/200 F. DEMI-PENSION 140/160 F. FERME 1 SEM. FIN JUIN, 1 SEM. SEPT., 8 JOURS ENTRE
NOEL/ NOUVEL AN ET MERCREDI. 📼.

VEDRINES-SAINT-LOUP 15650 CANTAL 1026 M. 208 HAB.

AF **AUBERGE DES SAPINS** M.DELOLME ☎ 71.73.51.28 – 16 CH. 65/85 F. MENU 40/50 F.
PENSION 120/130 F. DEMI-PENSION 95/115 F. FERME 30 SEPT./1 MAI. 🛌 📼 E.

VEIGNE 37250 INDRE-ET-LOIRE 2400 HAB. S.I.

** **LE MOULIN FLEURI** ROUTE DE MONTS. M. CHAPLIN ☎ 47.26.01.12 – 12 CH. 140/205 F.
MENU 98 F. PENSION 270/325 F. DEMI-PENSION 207/272 F. FERME 15/30 OCT., 3 SEMAINES
CONGES SCOLAIRES FEV. ET LUNDI SAUF FERIES. 📼 🎴 E CV.

VEILLAC-LANOBRE 15270 LANOBRE CANTAL 800 HAB.

AF **MAISON BLANCHE** M. MARTIN ☎ 71.40.30.11 – 3 CH. 80/115 F. MENU 45/105 F. PENSION
160/175 F. DEMI-PENSION 100/125 F. FERME 15 NOV./15 DEC. ET 10 JANV./1 AVR. F 🏔
📼 🎴 ⊕ E.

VELLEMINFROY 70240 SAULX HAUTE-SAONE 221 HAB.

AF **HOSTELLERIE DU CHATEAU GRENOUILLE** Mme RENET ☎ 84.74.30.08 – 7 CH.
70/115 F. MENU 46/120 F. PENSION 130/155 F. FERME 1/31 JANV., LUNDI SOIR ET MARDI SOIR.
🛌 📼 E.

VELLUIRE 85770 VIX VENDEE 400 HAB.

* **AUBERGE DE LA RIVIERE** M.PAJOT ☎ 51.52.32.15 – 11 CH. 110/250 F. MENU 60/180 F.
PENSION 197/252 F. DEMI-PENSION 152/207 F. FERME 18 JANV./29 FEV., 26 OCT./4 NOV.,
DIMANCHE SOIR ET LUNDI SAUF JUIL./AOUT. 🛌 📼 E CV ♿.

VENASQUE 84210 PERNES-LES-FONTAINES VAUCLUSE 500 HAB. S.I.

** **LA GARRIGUE** ROUTE DE MURS M.MONTICO ☎ 90.66.03.40 – 10 CH. 200/300 F. DEMI-PEN-
SION 220/250 F. FERME 20 OCT./20 MARS, ET MERCREDI. 📼 🎴 ⊕ E.

AF **LES REMPARTS** RUE HAUTE. M. ORY ☎ 90.66.02.79 – 5 CH. 120 F. MENU 70/140 F. PEN-
☞ SION 190 F. DEMI-PENSION 140 F. FERME FEV. RESTAURANT FERME MERCREDI. 📼 🎴 ⊕
E.

VENCE 06140 ALPES-MARITIMES 14000 HAB. S.I.

** **LA ROSERAIE** AV. HENRI GIRAUD. M. GANIER ☎ 93.58.02.20 – 12 CH. 220/320 F. MENU
160 F. FERME HOTEL 20 OCT./20 MARS ET RESTAURANT 1/31 JANV. ⌖ 🎱 🖭 E.

* **LE COQ HARDI** ROUTE DE CAGNES. M.MAUME ☎ 93.58.11.27 – 10 CH. 90/120 F. MENU
54/75 F. PENSION 200 F. DEMI-PENSION 150 F. FERME 2 JANV./5 FEV. ET RESTAURANT MARDI.
⌖.

** **MAS DE VENCE** 539, AV. EMILE HUGUES M. GRAZZINI ☎ 93.58.06.16 TELEX HOMAS 462811 F
– 41 CH. 220/295 F. MENU 97/110 F. PENSION 355/450 F. DEMI-PENSION 260/360 F. 🄵
⌖ ⌖ 🎱 🖭 ⊙ ⅋ 🏠.

VENDENHEIM 67550 BAS-RHIN 3539 HAB.

AF **DE LA FORET** M.ECKLY ☎ 88.20.01.15 – 10 CH. 90/160 F. MENU 46/144 F. PENSION
140/160 F. DEMI-PENSION 120/140 F. FERME 26 DEC./10 JANV. ET RESTAURANT FERME LUNDI.
🄵 ⇥ 🎱 ⊙ E CV.

VENDEUIL 02800 LA FERE AISNE 100 M. 900 HAB.

** **L'AUBERGE DE VENDEUIL** (RN.44) M.LEFRANC ☎ 23.07.85.85 – 22 CH. 235/250 F. MENU
80/200 F. PENSION 300/400 F. DEMI-PENSION 220/330 F. 🄵 ⇥ 🎱 🖭 ⊙
E CV ⅋.

VENDOME 41100 LOIR-ET-CHER 20000 HAB. S.I.

* **MODERNE** 8, Bld DE TREMAULT. M. BEAUVALLET ☎ 54.80.27.00/54.80.05.34 – 16 CH.
85/170 F. MENU 62/145 F. ⌖ 🎱 E ⅋.

VENERE 70100 GRAY HAUTE-SAONE 153 HAB.

* **COMTOIS** M.LAMBERT ☎ 84.31.53.60 – 13 CH. 85/185 F. MENU 52/150 F. PENSION
205/245 F. DEMI-PENSION 155/200 F. FERME 25 DEC./10 JANV. ET DIMANCHE SOIR/LUNDI MIDI.
⇥ 🎱 ⊙ E ⅋.

VENOSC 38143 ISERE 1000 M. 862 HAB. S.I.

* **LES AMIS DE LA MONTAGNE** M. DURDAN ☎ 76.80.06.94 – 22 CH. 180/250 F. MENU
70/110 F. PENSION 190/245 F. DEMI-PENSION 150/205 F. FERME 20 SEPT./20 DEC. ET 2 MAI/15
JUIN. 🄵 🎱 E CV.

VENTRON 88310 CORNIMONT VOSGES 650 M. 950 HAB. S.I.

** **DE L'ERMITAGE FRERE JOSEPH** (Alt. 900 m.) Mme LEDUC ☎ 29.24.18.09/29.24.18.29
TELEX 960454 – 40 CH. 200/330 F. MENU 65/160 F. PENSION 225/350 F. DEMI-PENSION
175/270 F. FERME 15 OCT./15 NOV. PISCINE COUVERTE CHAUFFEE. 🄵 ⅋ 🏂 🎱 🖭
E CV ⅋ 🏠.

* **FRERE JOSEPH** PLACE DE L'EGLISE. M. HUMBERT ☎ 29.24.18.23 – 11 CH. 90/110 F. MENU
60/120 F. PENSION 150/160 F. DEMI-PENSION 130/140 F. ⇥.

** **LES BRUYERES** M. GUENOT ☎ 29.24.18.63 – 19 CH. 148/188 F. MENU 68/125 F. PENSION
180/205 F. DEMI-PENSION 170 F. 🄵 🖭 ⊙ CV.

VERCEL 25530 DOUBS 650 M. 1500 HAB.

* **DE LA COURONNE** M.BLONDEAU ☎ 81.58.31.82 – 9 CH. 90/180 F. MENU 60/150 F. PEN-
SION 170/220 F. DEMI-PENSION 140/190 F. FERME 10 NOV./10 DEC. RESTAURANT FERME
DIMANCHE SOIR/LUNDI. 🄵 ⌖ 🎱 E CV.

VERDUN-EN-LAURAGAIS 11400 CASTELNAUDARY AUDE 200 HAB.

* **SANEGRE** M. SAINTMARTIN ☎ 63.74.11.79 – 11 CH. 120/190 F. MENU 70/190 F. PENSION
180/220 F. DEMI-PENSION 130/180 F. ⇥ 🎱 ⊙ E ⅋.

VERETZ 37270 MONTLOUIS-SUR-LOIRE INDRE-ET-LOIRE 3000 HAB.

** **LE SAINT-HONORE** M.DUBOIS ☎ 47.50.30.06 – 9 CH. 80/170 F. MENU 55/160 F. PENSION
165/285 F. DEMI-PENSION 110/230 F. FERME 1/31 JANV., DIMANCHE SOIR ET LUNDI HS.
🄵 🎱 ⊙ E.

VERGEZE 30310 GARD 3000 HAB.

** **LA PASSIFLORE** MM. GALLOUX ET BOOTH. ☎ 66.35.00.00 – 9 CH. 155/245 F. MENU 95 F.
FERME 14 DEC./11 JANV. RESTAURANT FERME MERCREDI 1 SEPT./ 1 JUIN. CLIMATISATION. ⌖
🎱 🖭.

VERNET-LES-BAINS 66500 PYRENEES-ORIENTALES 650 M. 2000 HAB. S.I.

** **ALZINA** M. FITTE ☎ 68.05.58.44/68.05.50.06 – 35 CH. 150/240 F. MENU 55/75 F. PENSION
195/290 F. DEMI-PENSION 155/260 F. FERME 15 NOV./15 MARS. 🄵 🎱 E 🏠.

VERNEUIL-SUR-AVRE 27130 EURE 7000 HAB. S.I.

** **DU SAUMON** 89,PLACE DE LA MADELEINE M.SIMON ☎ 32.32.02.36 TELEX 172770 – 28 CH.
90/210 F. MENU 45/150 F. FERME 23 DEC./4 JANV. 🎱 E CV.

VERNIERFONTAINE 25580 NODS DOUBS 730 M. 350 HAB.

** **CHEZ NINIE** 93, RUE DU REPOS. M.COLIN ☎ 81.60.04.64 – 10 CH. 100/212 F. MENU
48/105 F. PENSION 155/220 F. DEMI-PENSION 120/181 F. FERME 1/20 SEPT. ET MERCREDI
15/18 H. HS. 🄵 ⇥ 🎱 🖭 E.

VERNON (LE GOULET) 27920 SAINT-PIERRE-DE-BAILLEUL EURE 300 HAB.

** **LES 3 SAINT-PIERRE - AUBERGE LES CANNISSES** M. VIEL ☎ 32.52.50.61 TELEX
172945 – 20 CH. 180/240 F. MENU 90/170 F. PENSION 200/240 F. DEMI-PENSION 180/220 F.
RESTAURANT FERME FEV., MARDI SOIR ET MERCREDI. 🄵 🎱 🖭 ⊙ E CV ⅋.

VERNOU-SUR-BRENNE 37210 VOUVRAY INDRE-ET-LOIRE 2000 HAB. S.I.

** **HOSTELLERIE«LES PERCE NEIGE»**13 RUE ANATOLE FRANCE M. METAIS ☎ 47.52.10.04
– 15 CH. 115/250 F. MENU 103/195 F. PENSION 273/340 F. DEMI-PENSION 180/250 F. FERME
JANV., 18/30 OCT., DIMANCHE SOIR ET LUNDI HS. 🄵 🎱 🖭 E.

VERNOUILLET 28500 EURE-ET-LOIR 10000 HAB.

* **AUBERGE DE LA VALLEE VERTE** 6,RUE L.-DUPUIS M.PAILLE ☎ 37.46.04.04/37.42.54.71
– 12 CH. 100/170 F. MENU 90/170 F. DEMI-PENSION 160/220 F. FERME 1/31 AOUT. RESTAU-
RANT FERME VENDREDI SOIR, DIMANCHE SOIR ET LUNDI. 🄵 ⛇ 🛏 🆑 ⓦ
E.

VERRENS-ARVEY 73460 FRONTENEX SAVOIE 400 HAB.

AF **LOMBARD** M.LOMBARD georges ☎ 79.31.43.04 – 7 CH. 80/140 F. MENU 50/150 F. PENSION
150/175 F. DEMI-PENSION 130/150 F.

VERS-EN-MONTAGNE 39300 CHAMPAGNOLE JURA 640 M. 220 HAB. S.I.

** **LE CLAVELIN** MM. JANNET-CARREY ☎ 84.51.44.25 – 7 CH. 140/186 F. MENU 55/110 F.
⊏ PENSION 250 F. DEMI-PENSION 200 F. FERME JANV, DIMANCHE SOIR ET LUNDI 31 JANV./1 JUIL.
🄵 ⛇ 🛏 🆑 E CV ⛄.

VERSAILLES 78000 YVELINES 130000 HAB. S.I.

** **DE LA CHASSE** 2-4,RUE DE LA CHANCELLERIE M.PRESUMEY ☎ (1)39.50.00.92 – 17 CH.
180/320 F. MENU 80/160 F. 🛏 🆑 ⓦ E.

VERTEUIL 16510 CHARENTE 1200 HAB.

* **LA PALOMA** Mme TYSSANDIER ☎ 45.31.41.32 – 10 CH. 110/185 F. MENU 55/120 F. PEN-
SION 180/230 F. DEMI-PENSION 125/175 F. FERME 1 OCT./31 MARS, DIMANCHE SOIR ET LUNDI.
🛏 🛏.

VERTOLAYE 63480 PUY-DE-DOME 900 HAB.

* **DES VOYAGEURS** M.ASNAR-BLONDELLE ☎ 73.95.20.16 – 28 CH. 80/180 F. MENU
⊏ 50/130 F. PENSION 160/190 F. DEMI-PENSION 140/160 F. FERME OCT., ET SAMEDI HS. 🛏
🛏.

VERTUS 51130 MARNE 2870 HAB.

** **LE THIBAULT IV** M. LEPISSIER ☎ 26.52.01.24 – 17 CH. 160/200 F. MENU 45/120 F. PEN-
⊏ SION 220 F. DEMI-PENSION 170 F. 🛏 E CV.

VERVIALLE 87120 EYMOUTIERS HAUTE-VIENNE 30 HAB.

AF **RANCH DES LACS** M.LOCHER ☎ 55.69.15.66 – 3 CH. 70/120 F. MENU 44 F. PENSION
180/200 F. DEMI-PENSION 160/180 F. FERME 26 AOUT/10 SEPT., ET MERCREDI HS. 🛏 E
CV ⛄.

VESOUL 70000 HAUTE-SAONE 20000 HAB. S.I.

** **AUX VENDANGES DE BOURGOGNE** 49, BD DE GAULLE MME PRUDON ☎
84.75.81.21/84.75.12.09 – 30 CH. 70/200 F. MENU 60/140 F. PENSION 170/230 F. DEMI-PEN-
SION 110/230 F. 🄵 🛏 🆑 ⓦ E CV.

VEULETTES-SUR-MER 76450 CANY-BARVILLE SEINE-MARITIME 350 HAB.
S.I.

** **LES FREGATES** RUE DE LA PLAGE M. MARTIN ☎ 35.97.51.22 – 16 CH. 125/155 F. MENU
70/150 F. PENSION 210/290 F. DEMI-PENSION 150/210 F. RESTAURANT FERME 10 OCT./20 DEC.,
DIMANCHE SOIR ET LUNDI MIDI 1 OCT./30 JUIN. 🄵 🛏 ⓦ E CV.

VEURDRE (LE) 03320 LURCY-LEVIS ALLIER 720 HAB.

** **DU PONT NEUF** RUE DU FAUBOURG DE LORETTE M. DUCROIX ☎ 70.66.40.12 – 25 CH.
⊏ 100/250 F. MENU 65/145 F. PENSION 170/220 F. DEMI-PENSION 150/190 F. FERME 2/10 NOV.
ET DIMANCHE SOIR 15 OCT./30 MARS. 🄵 🛏 🛏 🆑 ⓦ E ⛄.

VEYNES 05400 HAUTES-ALPES 800 M. 3400 HAB. S.I.

* **RELAIS DE LA POSTE** 35 RUE BERTHELOT M. MARCEL ☎ 92.57.22.25 – 12 CH. 84/137 F.
⊏ MENU 66/230 F. PENSION 184/257 F. DEMI-PENSION 130/207 F. FERME LUNDI.

VEYRINS-THUELLIN 38115 ISERE 1315 HAB.

** **DE LA GARE** M. JULLIEN ☎ 74.33.74.69 – 9 CH. 95/220 F. MENU 46/110 F. PENSION
145/260 F. DEMI-PENSION 110/230 F. FERME 4/10 JUIL., 23 DEC./2 JANV., RESTAURANT FERME
VENDREDISOIR ET DIMANCHE SOIR. 🄵 🛏.

VEZELAY 89450 YONNE 580 HAB. S.I.

* **RELAIS DU MORVAN** M. LOPEZ ☎ 86.33.25.33 – 9 CH. 110/175 F. MENU 72/175 F. FERME
20 JANV./28 FEV., MARDI SOIR ET MERCREDI. ⛇ 🛏 ⓦ E.

VEZENOBRES 30360 GARD 1175 HAB. S.I.

** **LE SARRASIN** ROUTE DE NIMES. Mme PAULIN ☎ 66.83.55.55 – 18 CH. 120/250 F. MENU
55 F. PENSION 255 F. DEMI-PENSION 200 F. PARKING FERME. 🄵 🛏 🛏 🆑 E
CV ⛄ ▦.

VEZINS 49340 TREMENTINES MAINE-ET-LOIRE 1300 HAB.

** **DU LION D'OR** M.CESBRON ☎ 41.64.40.06 – 10 CH. 85/165 F. MENU 40/130 F. PENSION
160/220 F. DEMI-PENSION 130/195 F. FERME 25 DEC./25 JANV., ET SAMEDI HS. 🄵 🛏
🛏 🆑 ⓦ E.

VIADUC-DU-VIAUR 12800 NAUCELLE AVEYRON 6 HAB.

** **HOSTELLERIE DU VIADUC DU VIAUR** M.ANGLES ☎ 65.69.23.86 – 10 CH. 120/230 F.
MENU 90/160 F. PENSION 250/310 F. DEMI-PENSION 180/230 F. FERME 1 OCT./30 AVR. 🄵
⛇ 🛏 🆑 ⓦ E.

VIAS 34450 HERAULT 2582 HAB. S.I.

** **MYRIAM** VIAS PLAGE M.FOURCADE ☎ 67.21.64.59 – 24 CH. 140/170 F. MENU 49/75 F.
FERME HOTEL 1 OCT./31 MARS ET RESTAURANT 15 SEPT./15 MAI. 🄵 🛏 🛏 E.

VIBRAC **16120 CHATEAUNEUF** CHARENTE 300 HAB.

** LES OMBRAGES M.ORTARIX ☎ 45.97.32.33 – 10 CH. 90/170 F. MENU 60/170 F. PENSION 180/210 F. DEMI-PENSION 120/150 F. ⚐ ♂ 💳 E.

VIBRAYE **72320** SARTHE 2650 HAB. S.I.

** AUBERGE DE LA FORET M.RENIER ☎ 43.93.60.07 – 7 CH. 90/130 F. MENU 65/200 F. PENSION 230 F. DEMI-PENSION 160 F. FERME JANV., ET DIMANCHE SOIR/MARDI MATIN, SAUF JUIL./AOUT. 💳 🅰 ⊚ E.

* LE CHAPEAU ROUGE PLACE HOTEL DE VILLE M. COUSIN ☎ 43.93.60.02 – 11 CH. 80/140 F. MENU 60/150 F. PENSION 180/220 F. DEMI-PENSION 150/190 F. FERME 1/28 FEV., DIMANCHE SOIR ET LUNDI. ⚐ 💳 ⊚ E.

VIC-FEZENSAC **32190** GERS 3987 HAB. S.I.

* LE D'ARTAGNAN PLACE DE LA MAIRIE. M. BLONDEEL ☎ 62.06.31.37 – 10 CH. 80/100 F.
▱ MENU 50/180 F. PENSION 160/185 F. DEMI-PENSION 120/140 F. ⚐ 💳 E CV.

** RELAIS DE POSTES 23, RUE RAYNAL. M. NOEL ☎ 62.06.44.22 – 15 CH. 110/170 F. MENU 48/160 F. PENSION 180/200 F. DEMI-PENSION 150/180 F. FERME 2 JANV./1 FEV. ⚐ 💳 E CV.

VIC-SUR-CERE **15800** CANTAL 680 M. 2045 HAB. S.I.

** BEAUSEJOUR AVENUE ANDRE MERCIER M.ALBOUZE ☎ 71.47.50.27 – 30 CH. 100/250 F.
▱ MENU 55/100 F. PENSION 155/250 F. DEMI-PENSION 135/200 F. FERME 1 OCT./1 MAI. PARKING PRIVE. �F 💳 🅰 ⊚ E 🏧.

** BEL HORIZON M.BOUYSSOU ☎ 71.47.50.06 – 24 CH. 130/190 F. MENU 55/200 F. PENSION 160/200 F. DEMI-PENSION 140/150 F. FERME 1 NOV./10 DEC. 💳 CV.

** DES BAINS 9,11 AVENUE DE LA PROMENADE M.BENET ☎ 71.47.50.16 TELEX 393160 – 38 CH. 165/300 F. MENU 50/170 F. PENSION 195/300 F. DEMI-PENSION 160/250 F. FERME 15 OCT./15 DEC., ET HORS VAC. SCOL. HIVER. ANIMATION. PISCINE CHAUFFEE. �F ⚐ 🐕 💳 E.

** FAMILY HOTEL AV. EMILE DUCLANE M.COURBEBAISSE ☎ 71.47.50.49 TELEX 393160 – 20 CH. 90/220 F. MENU 55/85 F. PENSION 160/240 F. DEMI-PENSION 140/200 F. FERME 12 NOV./26 DEC. �F ♂ 🅰 ⊚ E CV ♿ 🏧.

** GRAND HOTEL DES SOURCES Mme BOULAT ☎ 71.47.50.30 – 22 CH. 95/160 F. MENU 58/150 F. PENSION 140/195 F. DEMI-PENSION 125/170 F. FERME FIN SEPT./MI-MAI SAUF VAC.SCOL. HIVER ET WEEK-END JANV./MARS. ⚐ 💳 E ♿.

* LE RELAIS M. VIGNHAL ☎ 71.47.50.09 – 8 CH. 75/90 F. MENU 48 F. PENSION 143/138 F. DEMI-PENSION 105/110 F. FERME DIMANCHE. 💳 🅰 ⊚ E CV ♿.

AF SAINT-JOSEPH M.BONNET ☎ 71.47.51.92 – 22 CH. MENU 50 F. PENSION 135/160 F. DEMI-PENSION 100/120 F. FERME 15 OCT./15 DEC. �F 🅰 ⊚ E CV.

** TOURING HOTEL M. VIEILLARD ☎ 71.47.51.78 – 20 CH. 160/190 F. MENU 55/160 F. PENSION 170/220 F. DEMI-PENSION 150/180 F. FERME OCT./MAI SAUF VAC. HIVER. �F ⚐ ⚐ 💳 🅰 ⊚ E 🏧.

VICHY **03200** ALLIER 35000 HAB. S.I.

** CONCORDIA 15, RUE ROOVERE. M. MAYADOUX ☎ 70.98.29.65 – 34 CH. 120/160 F. MENU 50/88 F. PENSION 160/230 F. �F 💳 E 🏧.

** D'ORIENT 105, AV. DES CELESTINS. Mme DREVON ☎ 70.98.24.96 – 33 CH. 100/260 F. MENU
▱ 58/110 F. PENSION 180/260 F. DEMI-PENSION 160/220 F. �F ⚐ 💳 🅰 ⊚ E 🏧.

** DE BIARRITZ 3, RUE GRANGIER. M. PIALASSE ☎ 70.97.81.20 – 15 CH. 95/190 F. MENU 55/150 F. PENSION 150/230 F. FERME JANV., 20/31 DEC. RESTAURANT FERME DIMANCHE 1 FEV./ 31 MARS ET 16 OCT./13 DEC. 💳 🅰 ⊚ E CV.

** DE BREST ET SAINT-GEORGES 27, RUE DE PARIS M.SOULIER ☎ 70.98.22.18 – 40 CH.
▱ 90/205 F. MENU 90/210 F. PENSION 190/288 F. FERME 1/28 FEV. ET LUNDI 1 NOV./31 MARS. DEMI-PENSION SUR DEMANDE. �F ⚐ 💳 E 🏧.

** FREJUS RUE DU PRESBYTERE MME JARRY-PESSEAT ☎ 70.32.17.22 TELEX 394870CHAMCOM – 35 CH. 122/220 F. MENU 60/90 F. PENSION 190/300 F. DEMI-PENSION 160/230 F. FERME 10 OCT/1 MAI. �F 💳 🅰 ⊚ E 🏧.

** PAVILLON D'ENGHIEN 32, RUE CALLOU M.BELABED ☎ 70.98.33.30 – 18 CH. 195/360 F. MENU 80/125 F. PENSION 250/310 F. DEMI-PENSION 200/260 F. FERME 15 DEC./15 FEV., SAMEDI SOIR ET DIMANCHE NOV./MARS. �F ⚐ 💳 🅰 ⊚ E.

VICHY (ABREST) **03200** ALLIER 2260 HAB.

* LA COLOMBIERE ROUTE DE THIERS M.SABOT ☎ 70.98.69.15 – 4 CH. 140/190 F. FERME MI-JANV./MI-FEV. ET DIMANCHE SOIR LUNDI HS. 💳 🅰 ⊚ E.

VIEIL-BAUGE **49150** MAINE-ET-LOIRE 1200 HAB.

AF RELAIS DU PAS DE LA MULE PLACE DE L'EGLISE. M. DEVEYCX ☎ 41.89.20.38 – 4 CH. 88/168 F. MENU 39/120 F. PENSION 160/220 F. DEMI-PENSION 130/160 F. FERME SEPT., 15/21 FEV., ET LUNDI. �F 💳 🅰 ⊚ E.

VIEILLEVIE **15120** MONTSALVY CANTAL 193 HAB.

AF DE LA VALLEE M.SAYROLLES ☎ 71.49.94.57 – 16 CH. 60/105 F. MENU 40/95 F. PENSION 118/145 F. 💳 🅰 ⊚ E.

* LA TERRASSE Mme.BRUEL ☎ 71.49.94.00 – 35 CH. 80/150 F. MENU 55/180 F. PENSION 140/190 F. DEMI-PENSION 105/155 F. FERME 1 DEC./15 MARS ET RESTAURANT FERME DIMANCHE 1 DEC./ 15 MARS. �F ⚐ ♂ 💳 🅰 ⊚ E CV ♿.

VIEILLEVILLE **23210** BENEVENT-L'ABBAYE CREUSE 500 HAB.

AF DU COMMERCE M. DAVID ☎ 55.62.01.82 – 7 CH. 62/85 F. MENU 35/45 F. PENSION
▱ 163/186 F. DEMI-PENSION 118/141 F. FERME 1/31 DEC. �F ⚐ 🅰.

VIELLE-SAINT-GIRONS 40560 LANDES 863 HAB.

* **CAMPET** ST GIRONS PLAGE M. CAMPET ☎ 58.47.93.07/58.47.90.72 — 14 CH. 130/160 F. DEMI-PENSION 130/150 F. FERME 1 OCT./31 MARS. 🛏

VIERVILLE-SUR-MER 14710 TREVIERES CALVADOS 292 HAB. S.I.

* **DU CASINO** M. PIPREL ☎ 31.22.41.02 — 13 CH. 120/140 F. MENU 65/165 F. PENSION 235/260 F. DEMI-PENSION 200/210 F. FERME DEC./JANV. 🎠 E.

VIEUX-BOUCAU 40480 LANDES 1200 HAB. S.I.

* **CHEZ SOI** AV. DE MOISAN. M. BROCAS ☎ 58.48.10.32 — 25 CH. 95/245 F. MENU 60/150 F. DEMI-PENSION 160/200 F. FERME 1 OCT./30 AVR. 🎠 AE CV.

* **COTE D'ARGENT** Mme DUBOSCQ-DULON ☎ 58.48.13.17 — 47 CH. 95/230 F. MENU 70/160 F. PENSION 185/210 F. DEMI-PENSION 155/180 F. FERME 1 OCT./15 NOV. ET LUNDI. 🎠 AE ⊙ E.

  D'ALBRET MME CASTELNAU ☎ 58.48.14.09 — 16 CH. 100/195 F. MENU 70/100 F. PENSION 165/196 F. DEMI-PENSION 150/170 F. FERME 30 SEPT./1 JUIN. 🎠 CV.

* **LA MAREMNE** M. RAGUENEAU ☎ 58.48.12.70 — 30 CH. 150/160 F. MENU 65/140 F. PENSION 185/230 F. DEMI-PENSION 160/200 F. FERME 1 NOV./15 MARS ET LUNDI 15 MARS/1 JUIN. 🛏 🎠 AE ⊙ E ৬.

VIEUX-MAREUIL 24340 MAREUIL DORDOGNE 400 HAB. S.I.

*** **AUBERGE DE L'ETANG BLEU** M. COLAS ☎ 53.60.92.63 — 11 CH. 220/240 F. MENU 85/350 F. PENSION 330/335 F. DEMI-PENSION 230/235 F. FERME 1/8 DEC., 15 JANV./22 FEV. ET LUNDI 1 OCT./31 MAI. 🎠 AE ⊙ E CV.

VIGAN (LE) 30120 GARD 5000 HAB. S.I.

* **DES VOYAGEURS** 12, PLACE DU QUAI. M. GOMEZ ☎ 67.81.00.34 — 14 CH. 80/150 F. MENU 60/95 F. PENSION 160/210 F. DEMI-PENSION 155/180 F. 🎠 🛏.

VIGEANT (LE) 86150 L'ISLE-JOURDAIN VIENNE 1120 HAB. S.I.

AF **DU BARRAGE** (A BOURPEUIL). M. ROUSSEAU ☎ 49.48.70.31 — 7 CH. 68/90 F. MENU 45/130 F. PENSION 140/150 F. DEMI-PENSION 110/120 F. FERME 24 DEC./5 JANV. ET MERCREDI APRES-MIDI. 🎠 🎠 AE E.

VIGEOIS 19410 CORREZE 1380 HAB. S.I.

** **DU MIDI** M. CASSAGNE ☎ 55.98.90.45 — 12 CH. 95/140 F. MENU 50/110 F. PENSION 160/190 F. DEMI-PENSION 130/160 F. FERME 20 SEPT./15 OCT., VENDREDI SOIR ET SAMEDI. 🎠 AE ⊙ E CV.

VIGNIEU 38141 ISERE 500 HAB.

AF **AUBERGE RURALE** M. PIMBONNET ☎ 74.80.02.70 — 7 CH. 60 F. MENU 45 F. PENSION 145 F. DEMI-PENSION 85 F. 🎠 🎠 AE ⊙ E CV.

VIGNORY 52320 HAUTE-MARNE 500 HAB.

* **DE L'ETOILE** MME MEYE ☎ 25.02.41.06 — 10 CH. 80/100 F. MENU 50/90 F. PENSION 150/170 F. DEMI-PENSION 120/130 F. FERME 4/19 OCT., ET LUNDI. 🎠 E CV.

VILLAGE-NEUF 68300 SAINT-LOUIS HAUT-RHIN 3000 HAB.

** **CHEVAL BLANC** 6A RUE DE ROSENAU M. ERBSLAND ☎ 89.69.79.15 — 12 CH. 80/180 F. MENU 38/120 F. PENSION 170/180 F. DEMI-PENSION 130/170 F. FERME 20 DEC./4 JANV., 20 JUIN/15 JUIL., DIMANCHE SOIR ET LUNDI. 🎠 🛏 🎠 E.

VILLANDRY 37510 JOUE-LES-TOURS INDRE-ET-LOIRE 679 HAB.

** **LE CHEVAL ROUGE** M. DUDIT ☎ 47.50.02.07 — 20 CH. 270/275 F. MENU 135/200 F. PENSION 425/440 F. DEMI-PENSION 340/345 F. FERME 6 NOV./15 MARS, ET LUNDI MARS, AVR., SEPT., OCT. 🎠 E.

VILLAR-D'ARENE 05480 HAUTES-ALPES 1650 M. 150 HAB. S.I.

** **LE FARANCHIN** Mme. AMIEUX ☎ 76.79.90.01 — 39 CH. 87/170 F. MENU 50/116 F. PENSION 141/201 F. DEMI-PENSION 99/155 F. FERME 3 NOV./20 DEC., 20 MAI/15 JUIN. F 🎠.

VILLARD-DE-LANS 38250 ISERE 1050 M. 4000 HAB. S.I.

** **GEORGES** M. FERRERO ☎ 76.95.11.75 — 17 CH. MENU 70/100 F. PENSION 240/270 F. DEMI-PENSION 200/210 F. FERME 30 SEPT./15 DEC. ET 20 AVR./15 JUIN. F 🎠 🏂 🎠 CV.

** **LA ROCHE DU COLOMBIER et Annexe L'ARC EN CIEL** M. RAVIX ☎ 76.95.10.26 — 27 CH. 250/300 F. MENU 80/120 F. PENSION 240/290 F. FERME 17/30 AVR. ET 30 SEPT./20 DEC. F 🎠 AE ⊙ E.

** **LE PRE FLEURI** (LES COCHETTES). M. CACH ☎ 76.95.10.96 — 18 CH. 270/290 F. MENU 76/140 F. PENSION 270/290 F. DEMI-PENSION 250/265 F. FERME PAQUES/PENTECOTE ET 1 OCT./20 DEC. F 🎠 🛏 🎠 E CV.

** **VILLA PRIMEROSE** (LES BAINS) M. BONNET ☎ 76.95.13.17 — 20 CH. 130/210 F. MENU 60/70 F. DEMI-PENSION 140/200 F. FERME 15 AVR./20 JUIN, ET 20 SEPT./20 DEC. 🎠 E CV.

VILLARD-SUR-DORON 73270 SAVOIE 600 M. 600 HAB.

AF **LA GAIETE** Mme CHAMIOT-CLERC ☎ 79.38.39.06 — 10 CH. RENSEIGNEMENTS NON COMMUNIQUES.

VILLARDONNEL 11600 CONQUES-SUR-ORBIEL AUDE 330 HAB.

AF **ABBAYE DE CAPSERVY** Mme PERRAULT ☎ 68.26.60.03 — 6 CH. 200/300 F. MENU 75/200 F. PENSION 280 F. DEMI-PENSION 210 F. FERME FEV. ET MERCREDI. F 🎠 🎠 AE E.

VILLAROCHE **77550 REAU** SEINE-ET-MARNE 550 HAB.

* **LA PAYELLE** M. DESDOIT ☎ (1)64.38.87.12 – 20 CH. 95/225 F. MENU 60 F. PENSION 200/230 F. DEMI-PENSION 145/175 F. FERME 24 DEC./3 JANV., 14/31 JUIL. ET RESTAURANT FERME VENDREDI SOIR/SAMEDI SOIR. F ▞.

VILLE **67220** BAS-RHIN 1600 HAB. S.I.

** **BONNE FRANQUETTE** 6 PLACE DU MARCHE M.UTZMANN ☎ 88.57.14.25 – 10 CH. 130/180 F. MENU 70/130 F. DEMI-PENSION 160/185 F. FERME 8 FEV./25 MARS., 24 DEC./3 JANV., MERCREDI SOIR ET JEUDI. ▞.

VILLE-EN-TARDENOIS **51170 FISMES** MARNE 400 HAB.

* **DE LA PAIX** M. THERY ☎ 26.61.81.45 – 5 CH. 92/100 F. MENU 60/100 F. PENSION 175 F. DEMI-PENSION 150 F. RESTAURANT FERME DIMANCHE SOIR ET LUNDI. F ▞ ▞ E.

VILLEBOIS **01820** AIN 800 HAB.

* **L'AUBERGE** MME BROUILLARD ☎ 74.36.61.68 – 7 CH. 75/145 F. MENU 50/100 F. PENSION 160 F. DEMI-PENSION 120 F. FERME 6 SEPT./14 OCT., ET LUNDI 14H/MARDI. ⊕ CV.

VILLEDIEU-LES-POELES **50800** MANCHE 4688 HAB. S.I.

** **LE FRUITIER** PLACE DES COSTILS. M.LEBARGY ☎ 33.51.14.24 – 16 CH. 120/190 F. MENU 43/106 F. DEMI-PENSION 145/182 F. FERME 15/28 FEV. ▞ ▞ E CV.

VILLEFORT **48800** LOZERE 600 M. 792 HAB. S.I.

** **BALME** PLACE PORTALET M.GOMY ☎ 66.46.80.14 – 22 CH. 70/200 F. MENU 75/180 F. PEN-SION 180/250 F. DEMI-PENSION 155/210 F. FERME 10 NOV./31 JANV., DIMANCHE SOIR ET LUNDI HS. F ▞ ▞ ▞ ⊕ E.

VILLEFRANCHE-DE-CONFLENT **66500 PRADES** PYRENEES-ORIENTALES 295 HAB. S.I.

** **AUBERGE DU CEDRE** Mme BUGAREL ☎ 68.96.37.37 – 10 CH. 165/235 F. MENU 85/168 F. DEMI-PENSION 220/320 F. F ▞ ▞ ⊕ E ઙ.

VILLEFRANCHE-DE-PANAT **12430** AVEYRON 750 M. 500 HAB. S.I.

HOSTELLERIE DU LAC Mme DAURES ☎ 65.46.58.07 – 20 CH. 130 F. MENU 50/130 F. PEN-SION 185 F. DEMI-PENSION 155 F. FERME NOV./28 FEV. F ▞ ▞ ⊕ CV.

VILLEFRANCHE-DE-ROUERGUE **12200** AVEYRON 13000 HAB. S.I.

** **L'UNIVERS** 2,PL DE LA REPUBLIQUE M. CANCE ☎ 65.45.15.63 – 31 CH. MENU 49/240 F. PEN-SION 180/250 F. DEMI-PENSION 150/200 F. RESTAURANT FERME 17/25 JUIN, 14/29 OCT., 26 FEV./15 MARS VENDREDI SOIR ET SAMEDI 15 SEPT./12 JUIL. F ▞ E ▞.

** **RELAIS DE FARROU** (4 KM ROUTE DE FIGEAC) M.BOULLIARD ☎ 65.45.18.11 – 14 CH. 215/310 F. MENU 65/180 F. PENSION 205/270 F. DEMI-PENSION 180/230 F. FERME 6/17 MARS, 2/17 OCT., 11/26 DEC., RESTAURANT FERME DIMANCHE SOIR ET LUNDI HS. F ▞ ▞ ▞ ▞ ⊕ E.

VILLEFRANCHE-DU-PERIGORD **24550** DORDOGNE 800 HAB. S.I.

** **LES BRUYERES** RTE DE CAHORS Mme MOINY-SEILER ☎ 53.29.97.97 – 10 CH. 150/240 F. MENU 60/180 F. PENSION 225 F. DEMI-PENSION 180 F. ▞ E.

VILLEFRANCHE-DU-QUEYRAN **47160 DAMAZAN** LOT-ET-GARONNE 425 HAB.

AF **AU RENDEZ-VOUS DES CHASSEURS** M.PLAZAS ☎ 53.79.48.11 – 7 CH. 85/140 F. MENU 45/140 F. PENSION 180/250 F. DEMI-PENSION 140/200 F. FERME 1 NOV./1 MARS, LUNDI ET MARDI. ▞ ▞ ⊕ E CV.

VILLEFRANCHE-SUR-MER **06230** ALPES-MARITIMES 7000 HAB. S.I.

** **COQ HARDI** 8, Bld CORNE D'OR (MOYENNE CORNICHE) M.DEGRUELLE ☎ 93.01.71.06 – 20 CH. 200/280 F. MENU 65/130 F. PENSION 240/280 F. DEMI-PENSION 180/220 F. FERME 10 NOV./10 DEC. F ▞ ▞ ▞ CV.

** **LA FLORE** M. FERREIRA ☎ 93.76.67.64 – 18 CH. 183/300 F. MENU 70/145 F. PENSION 224/310 F. DEMI-PENSION 181/242 F. FERME HOTEL 30 OCT./1 DEC. ET RESTAURANT 30 OCT./15 DEC. F ▞ E CV.

** **SAINT-MICHEL** QUARTIER SAINT-MICHEL M.AGUGLION ☎ 93.01.80.42 – 27 CH. 250/280 F. MENU 90/100 F. DEMI-PENSION 210/230 F. F ▞ ▞.

VILLEFRANQUE **64990 SAINT-PIERRE-D'IRUBE** PYRENEES-ATLANTIQUES 1375 HAB.

* **ITHURRALDIA** M.LARRAMENDY ☎ 59.44.00.64 – 7 CH. 120/180 F. MENU 60/120 F. DEMI-PENSION 110/150 F. FERME 15/30 SEPT. ET LUNDI. ▞ ▞ ▞ ⊕ E ▞.

VILLELONGUE **65260 PIERREFITTE-NESTALAS** HAUTES-PYRENEES 375 HAB.

* **LE VAL D'ISABY** MME PERUS ☎ 62.92.76.73 – 8 CH. 88/110 F. FERME 1 OCT./1 JUIN SAUF VAC. SCOL. ▞ ▞ ▞ ▞ ▞ E.

VILLEMAGNE **11310 SAISSAC** AUDE 200 HAB.

** **CASTEL DE VILLEMAGNE** Mme VEZIAN DE REGANHAC ☎ 68.94.22.95 – 7 CH. 180/340 F. MENU 82/150 F. DEMI-PENSION 220/275 F. FERME 24 DEC./1 MARS. DU 1 NOV./23 DEC. ET MARS, SUR RES. SEULEMENT. RESTAURANT FERME MIDI, SAUF SAM., DIM. ET FERIES. F ▞ ▞ E.

VILLENAUXE-LA-GRANDE **10370** AUBE 2000 HAB. S.I.

AF **DU CHATEAU** M.EICHERT ☎ 25.21.31.66 – 5 CH. 87/170 F. FERME SEPT. ET LUNDI. ▞ ▞.

VILLENEUVE-DE-MARSAN 40190 LANDES 2100 HAB. S.I.

*** **DE L'EUROPE** PLACE DE LA BOITERIE M.GARRAPIT ☎ 58.45.20.08 – 15 CH. 100/240 F. MENU 75/200 F. PENSION 240/280 F. DEMI-PENSION 200/240 F. PARKING FERME. 🇪 ≞ ▥ ▤ ⊕ E.

VILLENEUVE-EN-MARCHE (LA) 23260 CROCQ CREUSE 700 M. 124 HAB.

* **LE RELAIS MARCHOIS** M.TERRE ☎ 55.67.23.17 – 9 CH. 65/120 F. MENU 45/90 F. PENSION 160/180 F. ≞ ⊭ ▥ CV.

VILLENEUVE-L'ARCHEVEQUE 89190 YONNE 1300 HAB.

** **AUBERGE DES VIEUX MOULINS BANAUX** 16, ROUTE DES MOULINS M. SICARD ☎ 86.86.72.55 – 17 CH. 90/165 F. MENU 55/130 F. PENSION 240/250 F. DEMI-PENSION 165/175 F. FERME 30 NOV./15 FEV., DIMANCHE SOIR ET LUNDI. ▥ E.

VILLENEUVE-LA-SALLE (SERRE-CHEVALIER) 05240 LA SALLE-LES-ALPES HAUTES-ALPES 1380 M. 350 HAB. S.I.

** **AUX TROIS PISTES** PLACE DE L'ARAVET. Mme CAIRE ☎ 92.24.74.50 TELEX 401558 – 15 CH. 120/250 F. MENU 70/140 F. PENSION 230/320 F. DEMI-PENSION 180/250 F. FERME 10 SEPT./15 DEC. ET 20 AVR./20 JUIN. ▥ ⊕ E CV.

** **LE CHRISTIANIA** (LA SALLE). M. PAUL ☎ 92.24.76.33 – 24 CH. 120/330 F. MENU 65 F. PENSION 260/350 F. FERME 15 AVR./20 JUIN, 15 SEPT./15 DEC. 🇪 ≞ ▥ CV.

VILLENEUVE-LES-AVIGNON 30400 GARD 10000 HAB. S.I.

** **COYA ET PIZZERIA»L'ENCLOS»**(PONT D'AVIGNON) M. LACROIX ☎ 90.25.52.29 – 15 CH. 168/245 F. MENU 80 F. 🇪 ▥ ▤ ⊕ E CV ⅙.

** **L'ATELIER** 5,RUE DE LA FOIRE M. GARNIER ☎ 90.25.01.84 – 19 CH. 200/350 F. FERME 10/31 JANV. ⌘ ▥ ▤ ⊕ E.

*** **LA MAGNANERAIE** 37,RUE CAMP-DE-BATAILLE M.PRAYAL ☎ 90.25.11.11 TELEX 432 640 – 19 CH. 300/950 F. MENU 150/200 F. 🇪 ≞ ⅋ ≞ ▥ ▤ ⊕ E ⅙.

** **RESIDENCE LES CEDRES** 39,AV.PASTEUR-BELLEVUE M.GRIMONET ☎ 90.25.43.92 – 23 CH. 195/260 F. MENU 95 F. DEMI-PENSION 190/215 F. FERME 15 NOV./15 MARS, RESTAURANT FERME MIDI ET DIMANCHE. ≞ ▥ E.

VILLENEUVE-LOUBET 06270 ALPES-MARITIMES 8210 HAB. S.I.

** **AUBERGE FRANC-COMTOISE** (GRANGE-RIMADE). M. POINSOT ☎ 93.20.97.58 TELEX COMTOIS 462852 F – 30 CH. 225/275 F. MENU 85/110 F. PENSION 275 F. DEMI-PENSION 225 F. FERME 15 OCT./15 NOV. 🇪 ≞ ⊭ ▥ E.

** **RELAIS IMPERIAL** M.AIME ☎ 93.73.73.10 – 11 CH. 120/150 F. MENU 60/90 F. PENSION 130/150 F. DEMI-PENSION 180/190 F. FERME 20 NOV./10 DEC. ▥ ▤ ⊕ E.

VILLENEUVE-SUR-ALLIER 03460 ALLIER 950 HAB.

*AF **LE GRILLON** (N.7) M.BAY ☎ 70.43.30.39 – 8 CH. 75/150 F. MENU 55/140 F. CV ⅙.

VILLENEUVE-SUR-LOT 47300 LOT-ET-GARONNE 25000 HAB. S.I.

 DU PALAIS 11,RUE DU GENERAL BLANIAC M. JANNIN ☎ 53.70.11.32 TELEX 560800 – 8 CH. 65/105 F. MENU 45/105 F. PENSION 165/180 F. DEMI-PENSION 125/135 F. FERME 1 NOV./15 DEC., VENDREDI SOIR ET SAMEDI HS. PRIX 1987. ▥ ▤ ⊕ E.

** **LES PLATANES** 40,BD DE LA MARINE M. SERRE ☎ 53.40.11.40 TELEX 560800 – 21 CH. 80/160 F. ⌘ ▥ E.

VILLEREAL 47210 LOT-ET-GARONNE 1500 HAB. S.I.

* **DE L'EUROPE** MME SAPINA ☎ 53.36.00.35 – 10 CH. 75/140 F. MENU 50/140 F. PENSION 160/180 F. DEMI-PENSION 120/140 F. FERME OCT., ET DIMANCHE SOIR HS. 🇪.

** **DU LAC** RTE DE BERGERAC MME GAUFFRE ☎ 53.36.01.39 TELEX 560800 – 25 CH. 140/165 F. MENU 70/140 F. PENSION 200/210 F. DEMI-PENSION 150/160 F. FERME 16 OCT./14 AVR., SAMEDI ET LUNDI MIDI. 🇪 ≞ ⅋ ≞ ▥ CV ⅙.

VILLERS-BOCAGE 14310 CALVADOS 2100 HAB. S.I.

** **LES TROIS ROIS** M.MARTINOTTI ☎ 31.77.00.32 – 14 CH. 150/260 F. MENU 75/165 F. DEMI-PENSION 170/223 F. FERME 3 SEMAINES EN FEV., 27 JUIN/4 JUIL., DIMANCHE SOIR ET LUNDI SAUF FERIES. ▥ ▤ ⊕ E.

VILLERS-LE-LAC 25130 DOUBS 750 M. 4000 HAB. S.I.

** **DE FRANCE** 8,PLACE NATIONALE M.DROZ ☎ 81.68.00.06/81.68.02.46 – 14 CH. 200/250 F. MENU 110/290 F. PENSION 275/295 F. DEMI-PENSION 225/250 F. FERME 10 NOV./1 FEV.RESTAURANT FERME DIMANCHE SOIR ET LUNDI. 🇪 ≞ ▥ ▤ ⊕ E CV.

VILLERS-LES-POTS 21130 AUXONNE COTE-D'OR 700 M. 800 HAB.

** **AUBERGE DU CHEVAL ROUGE** RUE ARMAND ROUX M. HENDERYCKX ☎ 80.31.44.88 – 10 CH. 180/200 F. MENU 75/210 F. PENSION 250/300 F. DEMI-PENSION 180/230 F. FERME SAMEDI MIDI ET DIMANCHE SOIR HS. 🇪 ▥ E.

VILLERS-SOUS-SAINT-LEU 60340 SAINT-LEU-DESSERENT OISE 2100 HAB.

* **LE RELAIS SAINT-DENIS** 7 RUE DE L'EGLISE M.BORDINAT ☎ 44.56.31.87 – 9 CH. 85/160 F. MENU 120/180 F. PENSION 185/220 F. DEMI-PENSION 165/185 F. FERME 20 JUIL./20 AOUT, DIMANCHE SOIR ET LUNDI. ▥ ▤ ⊕ CV.

VILLERS-SUR-MER 14640 CALVADOS 1853 HAB. S.I.

** **AUBERGE DES FRAIS OMBRAGES** M.FERET ☎ 31.87.40.38 – 13 CH. 145/275 F. MENU 100/140 F. PENSION 270/350 F. DEMI-PENSION 220/310 F. FERME 15 NOV./1 FEV., MARDI ET MERCREDI HS. ≞.

VILLERSEXEL **70110** HAUTE-SAONE 1500 HAB.

**   **DE LA TERRASSE** M.EME ☎ 84.20.52.11 – 16 CH. 90/180 F. MENU 52/160 F. PENSION 150/200 F. DEMI-PENSION 130/180 F. FERME 19 DEC./5 JANV. ET VENDREDI SOIR HS. 𝔽 ▨ E CV.

**   **DU COMMERCE** M.MOUGIN ☎ 84.20.50.50 – 14 CH. 135/145 F. MENU 43/195 F. PENSION 160/180 F. DEMI-PENSION 140/160 F. FERME 1/8 JANV. 𝔽 ▨ E CV.

VILLERVILLE **14113** CALVADOS 850 HAB. S.I.

**   **BELLEVUE HOTEL** M. LORANT ☎ 31.87.20.22 – 18 CH. 130/280 F. MENU 90/160 F. PENSION 220/310 F. DEMI-PENSION 170/240 F. RESTAURANT FERME 5 JANV./11 FEV. ▨ ▨ 𝔸𝔼 ⑨ E.

VILLIERS-EN-BOIS **79360** BEAUVOIR-SUR-NIORT DEUX-SEVRES 300 HAB.

AF   **AUBERGE DES CEDRES** (A VIROLLET). M. DUBIEF Mlle JAULIN ☎ 49.09.60.53 – 5 CH. 100/160 F. MENU 53/130 F. PENSION 200/265 F. DEMI-PENSION 170/210 F. FERME 1 SEM.FEV. ET LUNDI. ▨ E CV ♿.

VIMOUTIERS **61120** ORNE 5000 HAB. S.I.

**   **L'ESCALE DU VITOU** ROUTE D'ARGENTAN M. BLONDEAU ☎ 33.39.12.04 – 17 CH. 150/220 F. MENU 48/130 F. PENSION 245/300 F. DEMI-PENSION 185/235 F. RESTAURANT FERME 3/31 JANV. ET DIMANCHE SOIR/LUNDI. SOIREE ETAPE VRP 198F. 𝔽 ▨ ♂ ▨ E.

*   **LE SOLEIL D'OR** 16, PLACE DE MACKAU M.TANQUEREL ☎ 33.39.07.15 – 18 CH. 85/165 F. MENU 50/145 F. PENSION 220 F. DEMI-PENSION 145/165 F. FERME 1 FEV./8 MARS. ET RESTAURANT FERME MARDI. 𝔽 ▨ ▨ ⑨ E CV.

VINCEY **88450** VOSGES 2284 HAB.

**   **RELAIS DE VINCEY** 33 RUE DE LORRAINE M.GRIMON ☎ 29.67.40.11 – 29 CH. 120/230 F. MENU 80/200 F. PENSION 190/250 F. FERME 8/31 AOUT, 25 DEC./3 JANV., ET SAMEDI. RESTAURANT FERME DIMANCHE SOIR. ▨ ♂ ▨ E CV ♿.

VIOLAY **42780** LOIRE 830 M. 1400 HAB. S.I.

**   **PERRIER** PLACE DE L'EGLISE M. GIRAUD-GUIGUES ☎ 74.63.91.01 – 15 CH. 100/180 F. MENU 45/160 F. PENSION 160/180 F. DEMI-PENSION 130/150 F. FERME FEV. ET SAMEDI. ▨ ♯ ▨ 𝔸𝔼 E CV.

VIRE **14500** CALVADOS 15000 HAB. S.I.

**   **CHEVAL BLANC** 2, PL. DU 6 JUIN M. ACHARD ☎ 31.68.00.21 TELEX FEDER A 170428F – 22 CH. 115/260 F. MENU 46/250 F. PENSION 250/350 F. DEMI-PENSION 180/250 F. FERME 20 DEC./20 JANV., VENDREDI SOIR/SAMEDI MATIN 1 OCT./ 30 AVR. 𝔽 ▨ 𝔸𝔼 ⑨ E.

**   **DE FRANCE** 4,RUE D'AIGNAUX M.CARNET ☎ 31.68.00.35 – 20 CH. 120/220 F. MENU 50/150 F. PENSION 200/230 F. DEMI-PENSION 150/200 F. FERME 19 DEC./10 JANV. 𝔽 ♯ ▨ E CV ♿ ▥.

*   **DES VOYAGEURS** 47, AV. DE LA GARE M.DENIAU ☎ 31.68.01.16 – 13 CH. 78/150 F. MENU 40/90 F. PENSION 150/180 F. DEMI-PENSION 100/120 F. ▨ ▨ E ♿.

VIRIEU-LE-GRAND **01510** AIN 900 HAB.

**   **MICHALLET** M. MICHALLET ☎ 79.87.80.97 – 10 CH. 93/190 F. MENU 58/180 F. PENSION 180/200 F. DEMI-PENSION 126/148 F. FERME 17/24 JUIN, 18 SEPT./9 OCT., UNE SEMAINE EN FEV. ET VENDREDI 1 SEPT./30 JUIN. 𝔽 ♯ ▨ 𝔸𝔼 ⑨ E.

VISAN **84820** VAUCLUSE 1210 HAB.

ec   **DU MIDI** AVENUE DES ALLIES M. GUIRAO ☎ 90.41.90.05 – 8 CH. 90/130 F. MENU 49/120 F. PENSION 180/200 F. DEMI-PENSION 150/180 F. FERME 1/28 FEV., ET DIMANCHE EN HIVER. 𝔽 ▨ ▨ ⑨ E.

VISCOMTAT **63250** CHABRELOCHE PUY-DE-DOME 700 M. 1000 HAB.

AF   **DU CENTRE** M.GIRARD ☎ 73.51.91.55 – 10 CH. 70/130 F. MENU 48/100 F. PENSION 135/160 F. FERME 15 SEPT./15 OCT., ET MERCREDI APRES-MIDI HS. ♂ ♯ E.

VITARELLE (LA) **12210 LAGUIOLE** AVEYRON 900 M. 25 HAB.

AF   **RELAIS DE LA VITARELLE** M.FALGUIER ☎ 65.44.36.01 – 6 CH. 70/95 F. MENU 45/100 F. PENSION 120/140 F. DEMI-PENSION 95/105 F. FERME SAMEDI HS. ▨ E CV ♿.

VITRAC **15220 SAINT-MAMET** CANTAL 404 HAB.

**   **AUBERGE DE LA TOMETTE** MME CHAUSI ☎ 71.64.70.94 – 12 CH. 140/200 F. MENU 56/120 F. PENSION 170/200 F. DEMI-PENSION 150/170 F. FERME 15 OCT./1ER DEC. ▨ ▨ E.

VITRAC **24200 SARLAT** DORDOGNE 676 HAB.

**   **DE PLAISANCE** LE PORT M.TAVERNE ☎ 53.28.33.04 – 38 CH. 130/250 F. MENU 60/200 F. PENSION 190/230 F. DEMI-PENSION 170/200 F. FERME 20 NOV./1 FEV., RESTAURANT FERME VENDREDI SOIR ET DIMANCHE SOIR FEV., MARS, OCT., NOV. ♂ ▨ 𝔸𝔼 E.

**   **LA TREILLE** LE PORT. M. GATINEL ☎ 53.28.33.19 – 8 CH. 105/180 F. MENU 80/250 F. PENSION 170/250 F. DEMI-PENSION 160/200 F. FERME 1 JANV./1 FEV. ET MARDI HS. ▨ 𝔸𝔼 ⑨ E CV ♿.

VITRY-LA-VILLE **51240 LA CHAUSSEE-SUR-MARNE** MARNE 230 HAB.

AF   **DE LA PLACE** Mme PICARD ☎ 26.67.73.65 – 7 CH. 70/130 F. MENU 42/70 F. PENSION 140 F. DEMI-PENSION 110 F. FERME 23 DEC./3 JANV., ET SAMEDI. 𝔽 ♯ ♯ ▨ 𝔸𝔼 ⑨ E ♿.

VITTEL **88800** VOSGES 8000 HAB. S.I.

***   **BELLEVUE** 503, AV. DE CHATILLON M. GIORGI ☎ 29.08.07.98 – 39 CH. 160/275 F. MENU 90/160 F. PENSION 225/357 F. DEMI-PENSION 200/325 F. FERME 15 OCT./15 AVR. 𝔽 ▨ 𝔸𝔼 ⑨ E ♿.

VITTEL (suite)

** **L'OREE DU BOIS** (SUR D.18 FACE HIPPODROME) M.FERRY ☎ 29.08.13.51 TELEX CETHO
◻ BRESS ORB 960573 – 38 CH. 73/195 F. MENU 49/144 F. PENSION 216/327 F. DEMI-PENSION
154/263 F. 🅴 🛁 🚗 🚅 📺 🆑 CV.

** **LE CHALET** 70 AV. G. CLEMENCEAU. M. MARQUAIRE ☎ 29.08.07.21 – 10 CH. 120/200 F.
◻ MENU 72/142 F. PENSION 257/330 F. DEMI-PENSION 210/305 F. FERME NOV. ET SAMEDI HS.
RESTAURANT FERME NOV./FEV. 📺 E.

VIUZ-EN-SALLAZ 74250 HAUTE-SAVOIE 670 M. 2500 HAB. S.I.

* **CLAIR MATIN** M.PELLET-BOURGEOIS ☎ 50.36.81.21 – 14 CH. 90/250 F. MENU 55/130 F.
PENSION 165/190 F. DEMI-PENSION 135/190 F. FERME 25 OCT./15 NOV., ET SAMEDI HS. 📺
E.

VIVEY 52160 AUBERIVE HAUTE-MARNE 58 HAB.

LE RELAIS DU LYS CHATEAU DE VIVEY M. ROBOLIN ☎ 25.84.81.01 – 5 CH. 290/350 F.
MENU 78/98 F. PENSION 410 F. DEMI-PENSION 340 F. FERME 1 DEC./30 MARS. RESTAURANT
FERME MARDI SOIR/MERCREDI. 🅴 📺 E.

VIVIER-SUR-MER (LE) 35960 ILLE-ET-VILAINE 1000 HAB.

** **DE BRETAGNE** MM.BUNOULT ☎ 99.48.91.74 – 29 CH. 120/200 F. MENU 80/170 F. PENSION
230/290 F. DEMI-PENSION 190/240 F. FERME 15 NOV./15 MARS., DIMANCHE SOIR ET LUNDI.
🅴 🛁 📺 🆎 🔟 E.

VIVIERS-DU-LAC 73420 SAVOIE 1000 HAB.

** **CHAMBAIX** M. GROS ☎ 79.61.31.11 – 29 CH. 210/260 F. PENSION 250/350 F. DEMI-PENSION
200/290 F. FERME 10 OCT./10 NOV. ET 20 DEC./5 JANV. 🛁 🚗 🍽 📺 🆎 🔟
E 🔟.

** **WEEK-END HOTEL** RUE DU COLONEL BACHETTA. M. CHARVET ☎ 79.54.40.22 – 13 CH.
160/240 F. MENU 68/215 F. PENSION 260 F. DEMI-PENSION 210 F. FERME 15 DEC./1 FEV. ET
LUNDI HS. 📺 E CV.

VIVIERS-SUR-RHONE 07220 ARDECHE 3800 HAB. S.I.

** **LE PROVENCE** PLACE PROSPER ALLIGNOL M.BEAUME ☎ 75.52.60.45 – 10 CH. 85/240 F.
◻ MENU 85/220 F. DEMI-PENSION 180/240 F. FERME 20 DEC./30 JANV. ET LUNDI HS. 🅴
🚅 📺 🔟 E.

* **RELAIS DU VIVARAIS** (SUR N. 86) M. ESPERANDIEU ☎ 75.52.60.41 – 10 CH. 80/150 F.
◻ MENU 70/120 F. DEMI-PENSION 150/180 F. FERME 20 DEC./1 FEV., ET MERCREDI.

VIVONNE 86370 VIENNE 3000 HAB. S.I.

AF **DE LA TREILLE** 10 AV.DE BORDEAUX M.MONTEIL ☎ 49.43.41.13 – 4 CH. 80/135 F. MENU
◻ 63/180 F. PENSION 170/180 F. DEMI-PENSION 120/130 F. FERME 15/31 JANV. ET MERCREDI.
📺 🆎 🔟 E CV ♿.

VIZILLE 38220 ISERE 7200 HAB. S.I.

* **LESDIGUIERES** 100,RUE Gal DE GAULLE M.MAURIN ☎ 76.68.04.84 – 14 CH. 85/145 F.
MENU 55/85 F. PENSION 160 F. DEMI-PENSION 120 F. FERME SAMEDI ET DIMANCHE HS. 🚗

VOGELGRUN 68600 NEUF-BRISACH HAUT-RHIN 450 HAB.

** **MOTEL RESTAURANT L'EUROPEEN** (ILE DU RHIN) M.DAEGELE ☎ 89.72.51.57 – 23 CH.
◻ 170/230 F. MENU 85/230 F. PENSION 250/320 F. DEMI-PENSION 190/210 F. FERME 1 FEV./1
MARS, DIMANCHE SOIR ET LUNDI. 🅴 📺 🆎 🔟 E CV ♿.

VOGUE 07200 AUBENAS ARDECHE 550 HAB.

** **DES VOYAGEURS** ROUTE DE RUOMS M. COSTES ☎ 75.37.71.13 – 11 CH. 170/220 F. MENU
◻ 70/140 F. PENSION 190/230 F. DEMI-PENSION 180/210 F. 🅴 📺 🆎 🔟 E CV.

VOID D'ESCLES (LE) 88260 DARNEY VOSGES 487 HAB.

* **AU PARADIS** M. LANCHON ☎ 29.07.54.26/29.07.52.60 – 17 CH. 70/130 F. MENU 42/160 F.
PENSION 145/185 F. DEMI-PENSION 110/150 F. FERME 24 DEC./5 JANV., ET SAMEDI. 🅴
📺 🆎 🔟 E CV.

VOIRON 38500 ISERE 23000 HAB. S.I.

ec **LA CHAUMIERE** RUE DE LA CHAUMIERE. M. STEPHAN ☎ 76.05.16.24 – 25 CH. 100/208 F.
MENU 58/150 F. DEMI-PENSION 170/200 F. FERME SAMEDI MIDI ET SOIR, DIMANCHE MIDI, 2 ET 3
SEM. AOUT ET 15 JOURS JANV. 📺 E.

VOISINS DE MOUROUX 77120 COULOMMIERS SEINE-ET-MARNE 3000 HAB. S.I.

* **LA RAYMONDINE** 758 AV. GENERAL DE GAULLE M. HAEUW ☎ (1)64.20.65.62 – 8 CH.
110/220 F. MENU 54/80 F. 🚅 📺 E.

VOITEUR 39210 JURA 810 HAB.

* **DU CERF** M.TRONTIN ☎ 84.85.24.41 – 11 CH. 85/140 F. MENU 45/110 F. PENSION
150/170 F. DEMI-PENSION 110/140 F. FERME JANV., DIMANCHE SOIR ET LUNDI. 📺 E.

VOLLORE-MONTAGNE 63120 COURPIERE PUY-DE-DOME 850 M. 450 HAB.

* **DES TOURISTES** M. ROUSSEL ☎ 73.53.77.50 – 12 CH. 80/190 F. MENU 65/130 F. PENSION
◻ 140/198 F. DEMI-PENSION 125/150 F. FERME JANV., 17/26 JUIN., MARDI SOIR ET MERCREDI.
🅴 🚗 📺 E CV.

VOLLORE-VILLE 63120 COURPIERE PUY-DE-DOME 760 HAB.

* **ROBERT** M.ROBERT ☎ 73.53.71.27 – 12 CH. 68/175 F. MENU 45/100 F. PENSION 135/168 F.
DEMI-PENSION 111/139 F. FERME 1/21 OCT., ET VAC. NOEL. 🛁 🚗 📺 E.

VOLVIC 63530 PUY-DE-DOME 3936 HAB. S.I.

** **DU COMMERCE** M. GANNAT ☎ 73.33.60.64 – 20 CH. 150/190 F. MENU 80/235 F. PENSION
210/280 F. DEMI-PENSION 160/210 F. FERME 15 JANV./15 FEV., DIMANCHE SOIR ET MARDI HS.
🖭 🖭 ⓓ E ⅃ 🅿.

VOUGY 74130 BONNEVILLE HAUTE-SAVOIE 520 HAB.

** **LA POMME D'OR** M. MANGIN ☎ 50.34.58.23 – 9 CH. 115/155 F. MENU 62/215 F. FERME
1/30 AOUT, ET DIMANCHE SOIR. 🚗 🖭.

VOUILLE 86190 VIENNE 2400 HAB. S.I.

* **AUBERGE DU CHEVAL BLANC** MME BLONDIN ☎ 49.51.81.46 – 13 CH. 85/130 F. MENU
48/130 F. PENSION 160/190 F. DEMI-PENSION 140/160 F. 🛏 🖭 🅰🅴 E CV.

** **LE CLOVIS** Mme BLONDIN ☎ 49.51.81.46 – 11 CH. 160/190 F. PENSION 190/230 F. DEMI-
PENSION 160/200 F. 🛏 🖭 🅰🅴 E CV.

VOULAINES-LES-TEMPLIERS 21290 RECEY-SUR-OURCE COTE-D'OR
400 HAB.

* **LA FORESTIERE** Mme LANGINIEUX ☎ 80.81.80.65/80.81.05.87 – 10 CH. 77/175 F.
✠ 🖭.

VOULTE-SUR-RHONE (LA) 07800 ARDECHE 6000 HAB. S.I.

** **DE LA VALLEE** QUAI ANATOLE FRANCE M.LAVENENT ☎ 75.62.41.10 – 17 CH. 100/200 F.
MENU 60/180 F. PENSION 180/220 F. FERME JANV., ET SAMEDI SAUF JUIL./AOUT. 🚗 🖭
E.

** **LE MUSEE** PL. DU 4 SEPTEMBRE M.BLANCHOT ☎ 75.62.40.19 – 15 CH. 120/230 F. MENU
70/190 F. PENSION 190/270 F. DEMI-PENSION 160/210 F. FERME 1 FEV./1 MARS, ET SAMEDI
OCT./MARS. 🇫 🚗 🖭 E CV.

VOUTRE 53600 EVRON MAYENNE 950 HAB.

AF **LA CROIX VERTE** M.EVEILLEAU ☎ 43.01.67.28 – 7 CH. 70/100 F. MENU 40/100 F. PENSION
125 F. DEMI-PENSION 100 F. RESTAURANT FERME MERCREDI APRES-MIDI. 🇫 🛏 🖭
🅰🅴 CV.

VOUVANT 85120 LA CHATAIGNERAIE VENDEE 860 HAB.

** **AUBERGE DE MAITRE PANNETIER** PLACE DU CORPS .DE GARDE M. GUIGNARD ☎
51.00.80.12 – 7 CH. 122/150 F. MENU 38/170 F. PENSION 160/198 F. DEMI-PENSION
155/185 F. FERME 1/15 OCT., VAC.SCOL.FEV. ET LUNDI 1 SEPT./30 JUIN. 🖭 E CV.

VOUVRAY 37210 INDRE-ET-LOIRE 2950 HAB.

** **AUBERGE DU GRAND VATEL** 8 RUE BRULE M.COPIN ☎ 47.52.70.32 – 7 CH. 140/210 F.
MENU 115/180 F. DEMI-PENSION 195/250 F. FERME 3 SEM. DEC., 2 SEM. MARS, ET LUNDI. PAR-
KING. 🛏 🖭 🅰🅴 ⓓ E.

VOVES 28150 EURE-ET-LOIR 2800 HAB.

** **AU QUAI FLEURI** 15, RUE TEXIER GALLAS. M. CHADORGE ☎ 37.99.11.20 – 15 CH.
100/260 F. MENU 48/175 F. PENSION 170/340 F. DEMI-PENSION 140/280 F. FERME DIMANCHE
SOIR ET VENDREDI SOIR HS. 🖭 🅰🅴 E CV.

* **AUX TROIS ROIS** MM LALOT-LACOUR ☎ 37.99.00.88 – 7 CH. 95/120 F. MENU 69/142 F.
DEMI-PENSION 180/250 F. FERME 29 AOUT/6 SEPT., DIMANCHE SOIR ET LUNDI. 🖭 E CV.

*AF **DE LA MAIRIE** 18 RUE DE L'HOTEL DE VILLE MME DUVAL ☎ 37.99.01.65 – 12 CH. 86/150 F.
MENU 65/130 F. FERME 15 DEC./15 JANV., ET LUNDI. 🛏 🖭 E.

VRECOURT 88140 CONTREXEVILLE VOSGES 450 HAB.

* **DES VOYAGEURS** M.COLIN ☎ 29.07.32.12 – 10 CH. 85/120 F. MENU 40/100 F. PENSION
130/150 F. DEMI-PENSION 92/100 F. FERME VENDREDI. 🇫 🖭 🖭 E.

VRINE (LA) 25520 GOUX-LES-USIERS DOUBS 900 M. 500 HAB.

** **FERME HOTEL DE LA VRINE** M.DROZ-BARTHOLET ☎ 81.39.47.74 – 35 CH. 120/160 F.
MENU 60/150 F. PENSION 200/270 F. DEMI-PENSION 150/200 F. 🇫 🚗 🖭 E.

W

WANGENBOURG 67710 BAS-RHIN 350 HAB. S.I.

** **DES VOSGES** M.KLERLEIN ☎ 88.87.30.35/88.87.34.11 – 11 CH. 80/185 F. MENU 78/160 F.
PENSION 150/155 F. FERME MARDI SOIR ET MERCREDI.

* **FRUHAUFF-SCHEIDECKER** 35 RUE DU GAL DE GAULLE Mme FRUHAUFF ☎ 88.87.30.89 –
26 CH. 100/200 F. MENU 60/150 F. PENSION 150/200 F. DEMI-PENSION 135/180 F. FERME 1/25
DEC., 6/31 JANV., MARDI SOIR ET MERCREDI HIVER. 🚗 🖭 E.

*** **PARC HOTEL** M.GIHR ☎ 88.87.31.72 – 24 CH. 199/250 F. MENU 78/180 F. PENSION
258/266 F. DEMI-PENSION 243/251 F. FERME 5 NOV./22 DEC. PISCINE COUVERTE. 🇫 🚗
♂ 🚗 🛏 🖭 ⓓ E 🚻.

WARMERIVILLE 51110 BAZANCOURT MARNE 2000 HAB.

** **DE LA GARE** M.CAPITAINE ☎ 26.03.32.09 – 10 CH. 70/160 F. MENU 42/75 F. PENSION
180/200 F. DEMI-PENSION 140/160 F. FERME 30 JUIL./22 AOUT, 20 DEC./4 JANV., ET LES WEEK-
ENDS. 🇫 🛏 🖭 E.

WASSELONNE 67310 BAS-RHIN 5000 HAB. S.I.

* **AU SAUMON** M.WELTY ☎ 88.87.01.83 – 18 CH. 75/170 F. MENU 68/125 F. PENSION
170/200 F. DEMI-PENSION 150/170 F. FERME 10/24 JUIN, 3 SEM. FEV., LUNDI, DIMANCHE SOIR
15 OCT./15 MARS. 🖭 🅰🅴 ⓓ E CV.

WAST (LE) **62142 COLEMBERT** PAS-DE-CALAIS 250 HAB.

* * **HOSTELLERIE DU CHATEAU DES TOURELLES** SUR D.127 M. FEUTRY ☎ 21.33.34.78 –
12 CH. 150/220 F. MENU 75/200 F. PENSION 270/350 F. DEMI-PENSION 180/250 F. FERME 15
JOURS EN FEV. F ▨ ▨ ▨ ● E ⅄.

WESTHALTEN **68111 ROUFFACH** HAUT-RHIN 800 HAB.

*AF **AUBERGE DU CHEVAL BLANC** 20 RUE DE ROUFFACH M.KOEHLER ☎ 89.47.01.16 – 7 CH.
110 F. MENU 87/280 F. FERME 5/29 JANV. RESTAURANT FERME 28 JUIN/9 JUIL., DIMANCHE
SOIR ET LUNDI. ▨ E.

WETTOLSHEIM **68000 COLMAR** HAUT-RHIN 1500 HAB.

* * * **AUBERGE DU PERE FLORANC** 9, RUE HERZOG. M. FLORANC RENE ☎ 89.80.79.14 –
32 CH. 95/240 F. MENU 85/300 F. FERME 1/15 JUIL., 13 NOV./16 DEC., DIMANCHE SOIR HS, ET
LUNDI. ▨ ▨ ● E ⅄.

WIERRE EFFROY **62250 RINXENT** PAS-DE-CALAIS 700 HAB.

* * **FERME-AUBERGE DU VERT** ROUTE DU PAON. M.BERNARD ☎ 21.92.82.10 – 15 CH.
180/390 F. MENU 100/150 F. DEMI-PENSION 220/300 F. HOTEL FERME JANV. RESTAURANT 1
JANV./28 FEV. ET LUNDI. ▨ ▨ ⅄.

WILLER-SUR-THUR **68760** HAUT-RHIN 2020 HAB.

*AF **AU CHEVAL BLANC** M. PRIETO ☎ 89.82.34.04 – 7 CH. 70/120 F. MENU 40/150 F. PENSION
180 F. DEMI-PENSION 140 F. FERME LUNDI ET MARDI MATIN. CLASSEMENT 1 ET 2 ETOILES. ▨.

WIMEREUX **62930** PAS-DE-CALAIS 7023 HAB. S.I.

* * **SPERANZA** 43, RUE DU GENERAL DE GAULLE. M. LEBRUN ☎ 21.32.46.09 – 8 CH. 190/240 F.
MENU 85/165 F. FERME 15/30 NOV. ET MARDI. F ▨ E CV.

WINGEN-SUR-MODER **67290** BAS-RHIN 1600 HAB.

* * **WENK** 1 RUE PRINCIPALE M.LEICHTNAM ☎ 88.89.71.01 – 19 CH. 103/150 F. MENU 55/190 F.
PENSION 180/200 F. DEMI-PENSION 150/160 F. FERME 2 JANV./4 FEV. ET RESTAURANT FERME
LUNDI. F ▨ ▨ E.

WINTZENHEIM **68000 COLMAR** HAUT-RHIN 6700 HAB.

*AF **A LA VILLE DE COLMAR** 17 RUE CLEMENCEAU M.TISSERAND ☎ 89.27.00.58 – 10 CH.
86/145 F. MENU 50/150 F. PENSION 145/190 F. DEMI-PENSION 115/150 F. FERME 22 DEC./15
JANV. ▨ ▨ E.

WISEMBACH **88520 BAN-DE-LAVELINE** VOSGES 430 HAB.

* * **DU BLANC RU** M.LONG ☎ 29.51.78.51 – 7 CH. 98/190 F. MENU 75/160 F. PENSION
190/240 F. DEMI-PENSION 130/170 F. FERME 12/22 SEPT., FEV., DIMANCHE SOIR ET LUNDI.
▨ ● E CV.

WISSANT **62179** PAS-DE-CALAIS 1247 HAB. S.I.

*AF **BELLEVUE** RUE PAUL CRAMPEL M. NOUJARET ☎ 21.35.91.07 – 30 CH. 125/170 F. MENU
65/110 F. PENSION 180/200 F. DEMI-PENSION 140/160 F. FERME 11 NOV./15 MARS. ▨ ▨
E.

WISSEMBOURG **67160** BAS-RHIN 7000 HAB. S.I.

* **A LA ROSE** 4, RUE NATIONALE M.DEBUS ☎ 88.94.03.52 – 7 CH. 40/150 F. FERME 30
AOUT/20 SEPT., 25 DEC./3 JANV., MERCREDI ET DIMANCHE APRES-MIDI. ⅄.

* * **DE LA WALCK** 2, RUE DE LA WALCK M.SCHMIDT ☎ 88.94.06.44 – 15 CH. 175 F. FERME
15/30 JANV., 15/30 JUIN, RESTAURANT FERME DIMANCHE SOIR ET LUNDI. ⅄ ▨ ●
E CV.

* * **DU CYGNE** 3, RUE DU SEL M.KIENTZ ☎ 88.94.00.16 – 16 CH. 120/280 F. MENU 100/250 F.
FERME 1/28 FEV., 15/30 JUIN ET MERCREDI. ▨ E.

WITTELSHEIM **68310** HAUT-RHIN 11000 HAB.

* * **CHEZ JEAN-PIERRE** 11, RUE DE MASEVAUX M.BIHLER ☎ 89.55.20.82/89.57.73.57 – 13 CH.
100/180 F. MENU 44/60 F. FERME 15/31 AOUT, SAMEDI SOIR ET DIMANCHE. ▨.

WITTENHEIM **68270** HAUT-RHIN 13380 HAB.

* * **LE BOREAL** 1 ET 48, RUE D'ENSISHEIM. M. DEMARCHE ☎ 89.52.43.73/89.52.77.89 – 28 CH.
85/165 F. MENU 58/150 F. PENSION 220/320 F. DEMI-PENSION 160/260 F. FERME 16 AOUT/7
SEPT., 23 DEC./6 JANV., ET DIMANCHE. CLASSEMENT 1 ET 2 ETOILES. F ▨ ▨ ▨
● E CV.

*AF **PALACE** 35, RUE DE KINGERSHEIM. Mmes BOEGLIN ☎ 89.52.10.14 – 17 CH. 75/105 F. MENU
39 F. PENSION 160 F. DEMI-PENSION 130 F. FERME SAMEDI APRES-MIDI - DIMANCHE APRES-
MIDI. ▨ CV.

WITTERSDORF **68130 ALTKIRCH** HAUT-RHIN 700 HAB.

* * **KUENTZ-BIX** M.KUENTZ ☎ 89.40.95.01 – 18 CH. 150/200 F. MENU 70/90 F. PENSION 250 F.
DEMI-PENSION 210 F. RESTAURANT FERME 2 FEV./3 MARS, ET LUNDI. F ⅄ ▨
▨ ● E CV.

X

XEUILLEY **54990** MEURTHE-ET-MOSELLE 647 HAB.

* **DU LION D'OR** M.GROSCLAUDE ☎ 83.47.02.31 – 10 CH. 80/320 F. MENU 45/170 F. PENSION
⌐ 150 F. DEMI-PENSION 120 F. FERME 15 AOUT/2 SEPT., 10/23 DEC., VENDREDI ET DIMANCHE SOIR
F ▨ E CV.

Y

YAUDET-EN-PLOULECH (LE) 22300 LANNION COTES-DU-NORD 850 HAB.

* **LES GENETS D'OR** M.CLAIRIN ☎ 96.35.24.17 — 15 CH. 75/135 F. MENU 65/135 F. PENSION 185/205 F. DEMI-PENSION 145/165 F. FERME DIMANCHE SOIR ET LUNDI HS. F ⚞ CV.

YDES CENTRE 15210 CANTAL 2300 HAB.

* **DES VOYAGEURS** M.FAYOLLE ☎ 71.40.82.20 — 10 CH. 77/125 F. MENU 45/130 F. PENSION 140/160 F. DEMI-PENSION 107/118 F. F ⚞ ⚞ ⚞ ⚞ ⚞ E CV.

YENNE 73170 SAVOIE 2170 HAB. S.I.

** **DU FER A CHEVAL** M.GOLLION ☎ 79.36.70.33 — 12 CH. 130/180 F. MENU 55/120 F. PENSION 180/200 F. DEMI-PENSION 150 F. FERME MERCREDI. F CV.

YPORT 76111 SEINE-MARITIME 1200 HAB. S.I.

* **NORMAND** 2, PLACE J.PAUL LAURENS M. LANGLOIS ☎ 35.27.30.76 — 13 CH. 95/160 F. MENU 40/90 F. FERME 2/24 OCT., 1/31 JANV., MERCREDI SOIR ET JEUDI.

YSSINGEAUX 43200 HAUTE-LOIRE 860 M. 6500 HAB. S.I.

** **LE BOURBON** PL. DE LA VICTOIRE. M. PERRIER ☎ 71.59.06.54 — 11 CH. 100/200 F. MENU 58/180 F. PENSION 168/215 F. DEMI-PENSION 115/160 F. FERME 2 NOV./8 DEC. ET DIMANCHE SOIR/LUNDI HS. F ⚞ E.

YVOIRE 74140 DOUVAINE HAUTE-SAVOIE 350 HAB. S.I.

** **DU PORT** M.KUNG ☎ 50.72.80.17 — 8 CH. 160/280 F. FERME 30 SEPT./8 MAI, ET MERCREDI HS. ⚞ ⚞ E.

** **LE PRE DE LA CURE** Mme MAGNIN-FERT ☎ 50.72.83.58 — 20 CH. 220 F. MENU 66/200 F. DEMI-PENSION 225 F. FERME FIN OCT./FIN MARS, ET MERCREDI HS. PARKING COUVERT. ⚞ ⚞ E ⚞.

** **LE VIEUX LOGIS** Mme.JACQUIER ☎ 50.72.80.24 — 11 CH. 190 F. FERME 1 NOV./1 AVR., ET LUNDI. ⚞ ⚞ E CV.

** **LES FLOTS BLEUS** M.VAUVEL ☎ 50.72.80.08 — 8 CH. 135/225 F. MENU 80/160 F. FERME 15 SEPT./10 MAI ET MARDI. ⚞ ⚞ ⚞ E.

YZEURES-SUR-CREUSE 37290 PREUILLY-SUR-CLAISE INDRE-ET-LOIRE 1800 HAB. S.I.

** **LA PROMENADE** Mme BUSSEREAU ☎ 47.94.55.21 — 17 CH. 190/240 F. MENU 98/250 F. PENSION 230/260 F. DEMI-PENSION 190/210 F. FERME VAC. SCOL. FEV. ⚞ ⚞ E CV.

Z

ZELLENBERG 68340 RIQUEWIHR HAUT-RHIN 350 HAB.

** **AU RIESLING** 5, ROUTE DU VIN. MME RENTZ ☎ 89.47.85.85 — 36 CH. 230/250 F. MENU 65/160 F. PENSION 210/310 F. DEMI-PENSION 210/240 F. FERME 31 DEC./1 MARS, ET DIMANCHE SOIR. ⚞ ⚞ ⚞ ⚞ E CV ⚞ ⚞.

ZONZA 20124 CORSE 800 M. 1000 HAB.

** **L'INCUDINE** MM.GUIDICELLI-KUENTZ ☎ 95.78.67.71 — 10 CH. 180/240 F. MENU 75 F. PENSION 190/290 F. FERME 15 OCT./PAQUES. ⚞.

1988
Liste alphabétique des localités par département
précédées du repérage sur les cartes géographiques figurant au début du guide

01 AIN

K-9 AMBERIEUX-EN-DOMBES
K-9 ARS-SUR-FORMANS
L-9 BELLEGARDE-SUR-VALSERINE
L-10 BELLEY
L-10 BENONCES
L-9 BOURG-EN-BRESSE
L-10 BOURG-SAINT-CHRISTOPHE
L-9 CEYZERIAT
L-9 CHAPELLE-DU-CHATELARD (LA)
L-9 CHARIX
L-9 CHATILLON-EN-MICHAILLE (OCHIAZ)
K-9 CHATILLON-SUR-CHALARONNE
M-9 COL DE LA FAUCILLE
L-9 COLIGNY (VILLEMOTIER)
L-9 CORMORANCHE-EN-BUGEY
K-9 CORMORANCHE-SUR-SAONE
M-9 DIVONNE-LES-BAINS
L-9 ECHALLON (LE CRET)
K-10 ECHETS (LES)
M-9 FERNEY-VOLTAIRE
N-9 GEX
L-9 HAUTEVILLE-LOMPNES
K-9 JASSANS-RIOTTIER
L-9 LABALME-SUR-CERDON
L-9 LANCRANS
L-10 LAVOURS
L-9 LELEX
L-9 LOGIS NEUF (LE)
L-9 LUTHEZIEU
L-9 MARLIEUX
L-10 MEXIMIEUX
L-9 MEZERIAT
M-9 MIJOUX
L-9 MOLLON
K-9 MONTMERLE-SUR-SAONE
L-9 NANTUA
L-9 NEUVILLE-LES-DAMES
L-9 NEYROLLES (LES)
L-9 OCHIAZ
K-9 OYONNAX
L-9 PLAGNE
L-9 POLLIAT
L-9 PONT-D'AIN
K-9 PONT-DE-VEYLE
K-9 RELEVANT
L-10 SAINT-BENOIT
L-9 SAINT-GERMAIN-DE-JOUX
M-9 SAINT-JEAN-DE-GONVILLE
L-9 SAINT-JEAN-LE-VIEUX
L-10 SAINT-MAURICE-DE-GOURDANS
L-9 SAINT-PAUL-DE-VARAX
L-10 SAINTE-CROIX
L-9 SAMOGNAT
L-10 SAULT-BRENAZ
M-9 SERGY
K-9 SEYSSEL
K-9 THOISSEY
K-9 TREVOUX
L-10 VILLEBOIS
L-10 VIRIEU-LE-GRAND

02 AISNE

J-3 CAPELLE (LA)
J-4 COUCY-LE-CHATEAU
H-4 ETREAUPONT
J-4 LONGPONT
J-4 MARLE
J-5 REUILLY-SAUVIGNY
J-3 SAINT-QUENTIN
J-4 VENDEUIL

03 ALLIER

J-9 ANDELAROCHE
J-9 ARFEUILLES
H-9 BELLENAVES
J-9 BESSAY-SUR-ALLIER
H-9 BOURBON-L'ARCHAMBAULT
H-9 BUXIERES-LES-MINES
H-9 COSNE-D'ALLIER
J-9 CREUZIER-LE-NEUF
J-9 DOMPIERRE-SUR-BESBRE
J-9 DONJON (LE)
H-9 EBREUIL
J-9 ESTIVAREILLES
H-9 FERRIERES-SUR-SICHON
J-9 GANNAT
H-9 GIPCY
J-9 GUE-CHERVAIS (LE)
J-9 ISLE-ET-BARDAIS
H-9 LALIZOLLE
H-9 LAPALISSE
H-9 MARCILLAT-EN-COMBRAILLE
J-9 MARIOL
H-9 MAZIRAT
J-9 MAYET-DE-MONTAGNE (LE)
J-9 MOLLES
H-9 MONETAY-SUR-ALLIER
H-9 MONTLUÇON
H-9 MONTLUÇON (DOMERAT)
H-9 MONTMARAULT
J-9 MOULINS
J-9 MOULINS (AVERMES, près)
J-9 MOULINS (COULANDON, près)
J-9 NERIS-LES-BAINS
J-9 PARAY-SOUS-BRIAILLES
H-8 SAINT-BONNET-TRONÇAIS
J-9 SAINT-GERMAIN-DE-SALLES
H-8 SAINT-LEOPARDIN-D'AUGY
J-9 SAINT-POURÇAIN-SUR-SIOULE
J-9 SAINT-YORRE
J-9 SOUVIGNY
H-9 TRONGET
H-9 URÇAY
J-9 VALLON-EN-SULLY
J-9 VARENNES-SUR-ALLIER
H-8 VEURDRE (LE)
J-9 VICHY
J-9 VICHY (ABREST)

04 ALPES-DE-HAUTE-PROVENCE

M-13 ANNOT
M-12 BARCELONNETTE
M-12 BEAUVEZER
M-13 CASTELLANE
M-12 CHATEAU-ARNOUX
M-12 DIGNE
L-13 FORCALQUIER
N-12 LARCHE
M-12 LAUZET (LE)
L-13 MANOSQUE
M-13 PALUD-SUR-VERDON (LA)
L-13 QUINSON
M-13 ROUGON (GORGES DU VERDON)
M-13 SAINT-ANDRE-LES-ALPES
L-13 SAINT-ETIENNE-LES-ORGUES
M-13 SAINT-JULIEN-DU-VERDON
L-13 SAINTE-TULLE
M-12 SAUZE (LE)
M-12 SELONNET
M-12 SELONNET (CHABANON)
M-12 SEYNE-LES-ALPES
M-12 SISTERON
M-12 TURRIERS
M-13 VALENSOLE

05 HAUTES-ALPES

N-12 ABRIES
M-11 AIGUILLES
M-12 ARVIEUX
L-12 ASPRES-SUR-BUECH
M-12 BARATIER
M-11 BRIANÇON
M-11 CEILLAC
M-11 CHAUFFAYER
M-12 CHORGES
M-12 CREVOUX
M-12 EMBRUN
M-12 FREISSINIERES
M-12 FREISSINOUSE (LA)
M-12 GAP
M-11 GRAVE (LA)
M-12 GUILLESTRE
L-12 LARAGNE
M-12 LAYE
N-11 MOLINES-EN-QUEYRAS
M-11 MONETIER-LES-BAINS (LE)
M-12 MONT-DAUPHIN
L-12 ORPIERRE
M-12 ORRES (LES)
M-11 PELVOUX
M-11 PELVOUX-AILEFROIDE
M-12 PRUNIERES
M-11 PUY-SAINT-VINCENT
M-12 RISOUL
N-11 RISTOLAS
M-12 ROCHE-DES-ARNAUDS (LA)
M-12 SAINT-BONNET-EN-CHAMPSAUR
L-12 SAINT-DISDIER
M-11 SAINT-FIRMIN
M-12 SAINT-JULIEN-EN-CHAMPSAUR
M-11 SAINT-MAURICE-EN-VALGODEMAR
M-12 SAINT-SAUVEUR
M-11 SAINT-VERAN
M-12 SAULCE (LA)
M-12 SAVINES-LE-LAC
M-12 SERRE-CHEVALIER
M-11 VALLOUISE
M-12 VARS-LES-CLAUX
M-12 VARS-SAINTE-MARIE
L-12 VEYNES
M-11 VILLAR-D'ARENE
M-11 VILLENEUVE-LA-SALLE (SERRE-CHEVALIER)

06 ALPES-MARITIMES

N-13 ANDON
N-13 ANTIBES
N-13 ASPREMONT
N-13 BAR-SUR-LOUP
N-12 BELVEDERE
N-13 BERRE-LES-ALPES
N-12 BERTHEMONT-LES-BAINS
N-12 BEUIL
N-12 BOLLENE-VESUBIE (LA)
N-13 BREIL-SUR-ROYA
N-12 BRIGUE (LA)
N-13 CABRIS
N-13 CAGNES-SUR-MER (LE CROS)
N-13 CANNET-DE-CANNES (LE)
N-13 CAP-D'AIL
N-13 CARROS (PLAN-DE-)
N-13 CASTAGNIERS
N-12 CASTERINO
N-13 CHATEAUNEUF-DE-GRASSE (PRE-DU-LAC)
N-13 CLANS
N-12 COLMIANE (LA)

— 256 —

N-13 COARAZE
N-13 COLOMARS
N-13 COLOMARS (LA MANDA)
M-12 ENTRAUNES
N-13 EZE-VILLAGE
N-12 FONTAN
N-13 GAUDE (LA)
N-13 GOLFE-JUAN
N-13 GRASSE
N-13 GREOLIERES
N-12 GUILLAUMES
N-12 ISOLA-VILLAGE
N-13 LANTOSQUE
N-12 LEOUVE-LA-CROIX
N-13 LEVENS
N-12 MARIE-SUR-TINEE
N-13 MENTON
N-13 MENTON (MONTI)
N-13 MOUANS-SARTOUX
N-13 MOUGINS
N-13 NICE
N-13 OPIO
N-13 PEGOMAS
N-13 PEILLE
N-13 PEILLON-VILLAGE
N-13 PLAN-DU-VAR
N-13 PLASCASSIER-DE-GRASSE
N-12 ROQUEBILLIERE
N-13 ROQUEBRUNE-CAP-MARTIN
N-12 ROURE
M-13 SAINT-AUBAN
N-13 SAINT-CEZAIRE-SUR-SIAGNE
N-12 SAINT-DALMAS-DE-TENDE
N-13 SAINT-ETIENNE-DE-TINEE
N-13 SAINT-JEANNET
N-13 SAINT-LAURENT-DU-VAR
M-12 SAINT-MARTIN-D'ENTRAUNES
N-12 SAINT-MARTIN-VESUBIE
N-13 SAINT-VALLIER-DE-THIEY
N-13 SOSPEL
N-13 SPERACEDES
N-13 SUQUET (LE)
N-13 THORENC
N-13 TOUET-SUR-VAR
N-13 TOURRETTE-LEVENS
N-13 TOURRETTES-SUR-LOUP
N-12 TURINI (COL DE)
N-12 TURINI (L'AUTHION)
N-13 UTELLE
N-13 VALLAURIS
N-13 VENCE
N-13 VILLEFRANCHE-SUR-MER
N-13 VILLENEUVE-LOUBET

07 ARDECHE

K-11 ALBOUSSIERE
K-11 ANNONAY
K-11 ARCENS
K-12 AUBENAS
K-12 AUBENAS (LAVILLEDIEU)
K-12 BAIX
K-11 BEAGE (LE)
K-12 BEAUMONT
K-11 BEAUVENE
K-11 BOREE
K-11 CHARMES-SUR-RHONE
K-12 CHAUZON
K-11 CHEYLARD (LE)
K-12 COUCOURON
K-12 CRESTET (LE)
K-11 DAVEZIEUX
J-11 DESAIGNES
K-11 DORNAS
K-11 EMPURANY
K-11 GRANGES-LES-VALENCE
K-11 ISSARLES (LAC)
K-12 JAUJAC
K-12 JOYEUSE
K-12 LABEGUDE
K-11 LACHAMP-RAPHAEL
K-12 LALEVADE-D'ARDECHE

K-11 LALOUVESC
J-11 LAMASTRE
K-12 LANARCE
K-12 LAURAC-EN-VIVARAIS
K-12 MAISONNEUVE-CHANDOLAS
K-11 MEZILHAC
K-11 OLLIERES-SUR-EYRIEUX (LES)
K-10 ORGNAC-L'AVEN
K-10 PEAUGRES
K-12 PONT-DE-LABEAUME
K-12 POUZIN (LE)
K-12 PRIVAS
K-12 ROCHEMAURE
K-12 ROCHER
K-12 ROSIERES
K-12 RUOMS
K-11 SAINT-AGREVE
K-11 SAINT-BARTHELEMY-LE-PIN
K-12 SAINT-CIRGUES-EN-MONTAGNE
K-12 SAINT-ETIENNE-DE-BOULOGNE
     (COL DE L'ESCRINET)
K-11 SAINT-LAURENT-DU-PAPE
K-12 SAINT-MARCEL-D'ARDECHE
K-12 SAINT-MARTIN-D'ARDECHE
K-11 SAINT-MARTIN-DE-VALAMAS
K-11 SAINT-ROMAIN-D'AY
K-11 SAINT-VICTOR
K-11 SAINTE-EULALIE
K-12 SALAVAS
K-11 SARRAS
K-11 SATILLIEU
K-10 SERRIERES
K-12 TEIL (LE)
K-12 THUEYTS
K-11 TOURNON
K-12 VALGORGE
K-12 VALLON-PONT-D'ARC
K-12 VALS-LES-BAINS
K-11 VANOSC
K-12 VANS (LES)
K-12 VIVIERS-SUR-RHONE
K-12 VOGUE
K-11 VOULTE-SUR-RHONE (LA)

08 ARDENNES

K-4 APREMONT-SUR-AIRE
K-3 AUVILLERS-LES-FORGES
K-4 BUZANCY
K-4 CHARLEVILLE-MEZIERES
K-4 FLIZE
K-3 HAUTES-RIVIERES (LES)
K-3 HAYBES-SUR-MEUSE
K-3 MONTHERME
K-3 NEUVILLE-LEZ-BEAULIEU (LA)
K-4 POURU-SAINT-REMY
K-4 REMILLY-AILLICOURT
K-4 RETHEL
K-4 SEDAN
K-4 SIGNY-L'ABBAYE

09 ARIEGE

G-15 AULUS-LES-BAINS
G-15 AX-LES-THERMES
G-14 BASTIDE-DE-SEROU (LA)
G-15 CABANNES (LES)
G-14 FOIX
G-14 FOIX (SAINT-MARTIN-
     DE-CARALP)
G-14 FOIX (SAINT-PAUL-DE-JARRAT)
G-15 HOSPITALET (L')
     PRES-L'ANDORRE
F-14 LORP-SENTARAILLE
G-15 LUZENAC
G-14 MASSAT
G-14 MIREPOIX
G-15 ORNOLAC-USSAT-LES-BAINS
G-14 PAILHES
G-14 PAMIERS
G-15 PERLES-ET-CASTELET
G-14 RIMONT
F-14 SAINT-GIRONS

G-15 SAVIGNAC-LES-ORMEAUX
F-14 SEIX
F-14 SEIX (PONT-DE-LATAULE)
G-14 TARASCON-SUR-ARIEGE

10 AUBE

J-6 AIX-EN-OTHE
K-6 ARSONVAL
K-6 BREVONNES
K-6 CLAIRVAUX
K-5 MAILLY-LE-CAMP
J-6 MAISONS-LES-CHAOURCE
K-6 MESNIL-SAINT-PERE
K-6 MESNIL-SELLIERES
K-6 MONTIERAMEY
K-6 POLISOT
K-5 RAMERUPT
K-6 ROTHIERE (LA)
J-6 SAINT-ANDRE-LES-VERGERS
J-6 SAINT-LYE
J-6 SAINT-MARDS-EN-OTHE
J-6 SAINTE-SAVINE
J-6 TRAINEL
J-5 VILLENAUXE-LA-GRANDE

11 AUDE

H-14 ALET-LES-BAINS
G-14 BELCAIRE
H-14 BUGARACH
G-14 CAILHAU
H-14 CARCASSONNE
G-14 CASTELNAUDARY
H-14 CAUNES-MINERVOIS
H-14 CAVANAC
H-14 COURNANEL
H-14 CUXAC-CABARDES
G-15 ESCOULOUBRE-LES-BAINS
G-14 ESPEZEL
H-15 GINCLA
J-14 GRUISSAN
J-14 GRUISSAN-PLAGE
G-14 LABASTIDE-D'ANJOU
HJ-14 LEUCATE-PLAGE
H-14 LIMOUX
H-14 MARSEILLETTE
G-14 MAZEROLLES-DU-RAZES
H-14 MONTREAL
H-14 MONTREDON-DES-CORBIERES
H-14 NARBONNE
J-14 NARBONNE-PLAGE
H-14 PEPIEUX
J-14 PORT-LA-NOUVELLE
H-14 QUILLAN
H-14 RENNES-LES-BAINS
H-14 RIEUX-MINERVOIS
H-14 SAISSAC
G-14 SAINT-MARTIN-LALANDE
J-14 SIGEAN
G-14 VERDUN-EN-LAURAGAIS
H-14 VILLARDONNEL
G-14 VILLEMAGNE

12 AVEYRON

J-12 AGUESSAC
H-12 ALBRES (LES)
H-12 ARVIEU
H-12 AUBRAC
H-12 BARAQUEVILLE
J-12 BERTHOLENE
H-12 BOIS-DU-FOUR
G-12 BOISSE-PENCHOT
H-11 BROMMAT
H-13 BROUSSE-LE-CHATEAU
H-12 CANET-DE-SALARS
G-12 CAPDENAC-GARE
H-12 CASSAGNES-BEGONHES
J-13 CAVALERIE (LA)
H-12 COMPOLIBAT
H-12 CONQUES
H-13 COUPIAC
H-12 CRANSAC
H-12 ENTRAYGUES

— 257 —

H-12 ESPALION
H-12 ESTAING
H-11 FEL (LE)
G-12 FOISSAC
H-12 GABRIAC
H-12 GALGAN
H-12 GRAND-VABRE
H-11 LAGUIOLE
H-12 LAISSAC
H-12 LIOUJAS
H-12 MILLAU
H-12 MONTBAZENS
J-12 MOSTUEJOULS
H-12 MOYRAZES
H-11 MUR-DE-BARREZ
H-12 MURET-LE-CHATEAU
G-12 NAJAC
H-12 NAUCELLE
H-12 NAYRAC (LE)
H-12 OLEMPS
H-13 OUYRE
H-13 PLAISANCE
H-12 PLANQUES (LES)
H-12 PONT-DE-SALARS
H-12 PRADES-D'AUBRAC
H-12 RIEUPEYROUX
H-12 RIGNAC
J-12 RIVIERE-SUR-TARN
H-12 RODEZ
H-12 RODEZ (GUE-DE-SALELLES)
H-12 ROQUETTE (LA)
H-13 SAINT-AFFRIQUE
H-12 SAINT-COME-D'OLT
H-12 SAINT-CYPRIEN-SUR-DOURDOU
H-12 SAINT-GENIEZ-D'OLT
J-13 SAINT-JEAN-DU-BRUEL
G-12 SAINT-JULIEN-D'EMPARE
H-12 SAINT-MARTIN-DE-LENNE
H-13 SAINT-ROME-DE-CERNON
H-13 SAINT-SERNIN
H-12 SALLES-CURAN
H-12 SEGUR
J-12 SEVERAC-LE-CHATEAU
H-11 THERONDELS
H-12 VIADUC-DU-VIAUR
H-12 VILLEFRANCHE-DE-PANAT
G-12 VILLEFRANCHE-DE-ROUERGUE
H-12 VITARELLE (LA)

13 BOUCHES-DU-RHÔNE

K-13 ALBARON (L')
K-13 ARLES
K-13 ARLES (PONT-DE-CRAU)
K-13 ARLES (RAPHELE)
L-13 BARBEN (LA)
K-13 BARBENTANE
L-13 BEAURECUEIL
L-13 BOUC-BEL-AIR
L-13 CALAS-CABRIES
L-14 CARNOUX-EN-PROVENCE
L-14 CASSIS
L-13 CHATEAUNEUF-LE-ROUGE
K-13 CHATEAURENARD
L-14 CIOTAT (LA)
L-13 CORNILLON-CONFOUX
L-13 EYGALIERES
K-13 EYRAGUES
K-13 FONTVIEILLE
L-14 GEMENOS
K-13 GRAVESON
L-13 JOUQUES
L-13 LAMBESC
L-13 MALLEMORT
L-14 MARSEILLE
K-13 MAUSSANE-LES-ALPILLES
L-13 MIMET
L-13 PENNES-MIRABEAU (LES)
L-13 PEYROLLES-EN-PROVENCE
K-14 PORT-SAINT-LOUIS-DU-RHONE
L-13 PUYLOUBIER
K-13 ROGNONAS

L-13 ROQUE-D'ANTHERON (LA)
L-13 ROQUEFAVOUR
K-13 SAINT-MARTIN-DE-CRAU
K-13 SAINT-REMY-DE-PROVENCE
K-13 SAINTES-MARIE-DE-LA-MER
K-14 SALIN-DE-GIRAUD
K-13 TARASCON
L-13 TRETS
L-13 VAUVENARGUES

14 CALVADOS

E-4 ANNEBAULT
E-4 ARROMANCHES
E-5 AUNAY-SUR-ODON
D-4 BALLEROY
E-4 BARNEVILLE-LA-BERTRAN
E-4 BAYEUX
E-4 CABOURG
E-4 CANAPVILLE
E-5 CLECY
E-5 COLOMBELLES
E-5 CONDE-SUR-NOIREAU
E-4 COURSEULLES-SUR-MER
E-4 CREULLY
E-4 DEAUVILLE
E-4 DOZULE
E-5 FALAISE
E-5 GOUPILLIERES
D-4 GRANDCAMP-MAISY
E-4 HERMANVILLE-SUR-MER
E-4 HEROUVILLE-CANAL
E-4 HONFLEUR
E-4 HOULGATE
D-4 ISIGNY-SUR-MER
E-4 LANGRUNE-SUR-MER
E-4 LION-SUR-MER
E-5 LISIEUX
E-5 LIVAROT
E-4 LUC-SUR-MER
E-4 MERVILLE-FRANCEVILLE-PLAGE
E-5 NOYERS-BOCAGE
F-5 ORBEC-EN-AUGE
E-4 OUISTREHAM-RIVA-BELLA
E-4 PONT-D'OUILLY
E-4 PONT-L'EVEQUE
E-5 POTIGNY
E-4 SAINT-AIGNAN-DE-CRAMESNIL
E-4 SAINT-AUBIN-SUR-MER
E-4 SAINT-GATIEN-DES-BOIS
D-5 SAINT-GERMAIN-DE-TALLEVENDE
E-5 SAINT-GERMAIN-DU-CRIOULT
E-4 SAINT-MARTIN-AUX-CHARTRAINS
E-5 SAINT-PIERRE-SUR-DIVES
D-5 SAINT-SEVER
E-5 THURY-HARCOURT
E-4 TILLY-SUR-SEULLES
D-4 TREVIERES
E-5 TROARN
E-4 TROUVILLE
D-4 VIERVILLE-SUR-MER
E-5 VILLERS-BOCAGE
E-4 VILLERS-SUR-MER
E-4 VILLERVILLE
D-5 VIRE

15 CANTAL

H-11 ALBEPIERRE
H-11 ALLY
H-11 AURILLAC
H-11 AURILLAC (GIOU-DE-MAMOU)
H-11 BADAILHAC
H-11 BREZONS
H-11 CALVINET
H-11 CARRIERE-DE-SEGUR (LA)
H-11 CAYROLS
H-11 CHALVIGNAC
H-10 CHAMPAGNAC
H-10 CHAMPS-SUR-TARENTAINE
J-11 CHAPELLE-LAURENT (LA)

H-11 CHAUDES-AIGUES
H-11 CHEYLADE
H-11 CLAUX (LE)
H-10 CONDAT
H-11 DIENNE
H-11 FRAISSE-HAUT
J-11 GARABIT
H-11 JALEYRAC
H-11 JOURSAC
H-11 JUSSAC
H-11 LABESSERETTE
H-11 LACAPELLE-VIESCAMP
H-11 LAFEUILLADE-EN-VEZIE
H-11 LANDEYRAT
H-10 LANOBRE
H-11 LAROQUEVIEILLE
H-11 LAVEISSENET
H-11 LAVEISSIERE
H-11 LIEUTADES
H-11 LIORAN (LE)
H-11 MAILLARGUES
H-11 MANDAILLES-SAINT-JULIEN
H-11 MANHES
J-11 MASSIAC
H-11 MAURIAC
H-11 MAURS
H-11 MONTSALVY
H-11 MURAT
H-11 NEUSSARGUES
H-11 NEUVEGLISE
H-11 OMPS
H-11 PAILHEROLS
H-11 PAULHAC
H-11 PLEAUX
H-11 POLMINHAC
H-10 RIOM-ES-MONTAGNES
H-11 ROFFIAC
H-11 ROUGET (LE)
J-11 RUYNES-EN-MARGERIDE
H-10 SAIGNES
H-11 SAINT-CIRGUES-DE-JORDANNE
H-10 SAINT-ETIENNE-DE-CHOMEIL
J-11 SAINT-FLOUR
H-11 SAINT-JACQUES-DES-BLATS
H-11 SAINT-MARTIN-SOUS-VIGOUROUX
H-11 SAINT-MARTIN-VALMEROUX
H-11 SAINT-PAUL-DE-SALERS
H-11 SAINT-PROJET-DE-CASSANLOUZE
H-11 SALERS
H-11 THIEZAC
H-11 TRIZAC
H-11 VALUEJOLS
H-11 VAULMIER (LE)
J-11 VEDRINES-SAINT-LOUP
H-10 VEILLAC-LANOBRE
H-11 VIC-SUR-CERE
H-12 VIEILLEVIE
H-11 VITRAC
H-10 YDES-CENTRE

16 CHARENTE

E-10 ANGOULEME
E-11 AUBETERRE-SUR-DRONNE
E-10 BAIGNES
E-10 BARBEZIEUX
E-10 BASSAC
E-10 CHAMPNIERS
F-10 CHASSENEUIL
E-10 COGNAC
E-10 COGNAC (SAINT-LAURENT-DE-)
F-9 CONFOLENS
E-10 JARNAC
F-10 MONTBRON
E-10 NONAVILLE
E-10 ROUILLAC
E-10 ROULLET
E-10 SAINT-GROUX
E-11 SAINT-ROMAIN
E-9 VERTEUIL

E-10 VIBRAC

17 CHARENTE-MARITIME

D-9 ARS-EN-RE
D-10 ARVERT
E-10 BEAUVAIS-SUR-MATHA
D-10 BOURCEFRANC-LE-CHAPUS
D-9 CHAMBON-GARE
D-9 CHATELAILLON
D-10 CHENAC-SAINT-SEURIN-D'UZET
E-11 CHEVANCEAUX
E-11 MONTENDRE
E-11 MONTGUYON
E-11 MONTLIEU LA GARDE
D-10 MORTAGNE-SUR-GIRONDE
D-10 PORT-DES-BARQUES
D-10 ROYAN
E-11 SAINT-AIGULIN
E-10 SAINT-JEAN-D'ANGELY
D-10 SAINT-PALAIS-SUR-MER
D-10 SAUJON
D-9 SURGERES
D-10 TONNAY-BOUTONNE
D-10 TREMBLADE (LA)

18 CHER

H-7 ARGENT-SUR-SAULDRE
H-7 AUBIGNY-SUR-NERE
H-7 AUBIGNY-SUR-NERE
(SAINTE-MONTAINE)
H-8 AVORD
H-8 BANNEGON
H-8 BAUGY
H-7 BRINON-SUR-SAULDRE
H-8 BRUERE-ALLICHAMPS
H-8 BRUERE-ALLICHAMPS
(NOIRLAC)
H-8 CHAROST
H-8 DUN-SUR-AURON
H-7 ENNORDRES
H-8 FUSSY
G-8 GRAÇAY
H-8 GUERCHE-SUR-L'AUBOIS (LA)
H-8 LIGNIERES
H-8 MASSAY
H-8 MEHUN-SUR-YEVRE
H-8 NERONDES
H-7 NEUVY-SUR-BARANGEON
H-8 PREVERANGES
H-8 SAINT-AMAND-MONTROND
H-8 SAINT-JUST
H-8 SAINT-MARTIN-D'AUXIGNY
H-7 SAINT-SATUR
H-7 SANCERRE
H-8 SANCOINS
G-8 THENIOUX
H-7 VAILLY-SUR-SAULDRE
H-8 VEAUGUES

19 CORREZE

G-11 ALLASSAC
G-11 ARGENTAT
G-11 AUBAZINE
G-11 AYEN
G-11 AYEN (YSSANDON)
G-11 BEAULIEU-SUR-DORDOGNE
G-11 BEYNAT
G-10 BEYSSAC
H-10 BORT-LES-ORGUES
G-11 BRIVE
G-11 BRIVE (USSAC)
G-11 BRIVE (SAINT-VIANCE)
G-11 BRIVE (VARETZ)
G-11 CAMPS
G-10 CHAMBOULIVE
G-10 CHAUMEIL
G-11 DONZENAC
G-10 EGLETONS
G-11 LAGARDE-ENVAL
G-11 LANTEUIL
G-11 LAPLEAU
G-11 LARCHE

G-10 LUBERSAC (MONTVILLE-
LES PONTS-SUR-L'AUVEZERE)
G-11 MALEMORT (PALISSE)
G-10 MASSERET
G-10 MEYMAC
G-10 NAVES
H-10 NEUVIC
G-11 OBJAT
G-10 POMPADOUR
G-10 POMPADOUR (ARNAC)
G-11 QUATRE-ROUTES-D'ALBUSSAC
G-11 ROCHE-CANILLAC (LA)
G-11 SAINT-AULAIRE
G-11 SAINT-MARTIN-LA-MEANNE
G-11 SAINT-MERD-DE-LAPLEAU
G-11 SAINT-ROBERT
G-11 SAINT-VIANCE
G-11 SAINTE-FORTUNADE
G-10 SEILHAC
G-10 TARNAC
G-11 TEULET (LE)
G-10 TREIGNAC
G-11 TULLE
H-10 USSEL
H-10 USSEL (SAINT-DEZERY)
G-10 UZERCHE
G-10 VIGEOIS

20 CORSE

N-14 AFA
N-14 AJACCIO
N-14 BASTELICA
N-14 BOCOGNANO
N-14 BORGO
N-14 CALVI
N-14 CARGESE
N-14 CERVIONE
N-14 CUTTOLI-CORTICCHIATO
N-14 EVISA
N-14 FELICETO
N-15 FILITOSA-SOLLACARO
N-14 FOLELLI-PLAGE
N-14 ILE-ROUSSE (L')
N-14 LUCCIANA (CASAMOZZA)
N-14 LUCCIANA-CRUCETTA
N-13 MACINAGGIO
N-13 NONZA
N-15 OLMETO-PLAGE
N-13 PATRIMONIO
N-14 PIANA
N-15 PIANOTTOLI-CALDARELLO
N-14 PIEDICROCE
N-14 POGGIO-MEZZANA
N-14 PORTICCIO
N-14 PORTO-OTA
N-15 PORTO-VECCHIO
N-15 PROPRIANO
N-14 SAGONE
N-14 SAINT-PIERRE-DE-VENACO
N-15 SAINTE-LUCIE-
DE-PORTO-VECCHIO
N-14 SAINTE-MARIE-SICHE
N-13 SAN-MARTINO-DI-LOTA
N-15 SARTENE
N-14 SERRIERA
N-14 SOCCIA
N-15 TARCO
N-14 TIUCCIA
N-15 ZONZA

21 COTE-D'OR

K-7 AISEY-SUR-SEINE
K-8 ARNAY-LE-DUC
L-8 AUXONNE
K-8 BEAUNE
K-8 BEAUNE (SAVIGNY-LES-)
L-7 BEZE
K-8 BLIGNY-SUR-OUCHE
K-8 CHATEAUNEUF-EN-AUXOIS
L-7 CHEVIGNY-FENAY

L-7 CHEVIGNY-SAINT-SAUVEUR
K-7 DIJON (DAIX)
L-8 ECHIGEY
K-8 FIXIN
K-8 GEVREY-CHAMBERTIN
K-7 HAUTEVILLE-LES-DIJON
K-8 LACANCHE
L-7 LAMARCHE-SUR-SAONE
K-7 LAUMES-ALESIA (LES)
L-8 LOSNE
K-7 MARCENAY-LE-LAC
L-7 MARCILLY
K-8 MEURSAULT
L-7 MIREBEAU-SUR-BEZE
K-7 MONTBARD
K-8 MOREY-SAINT-DENIS
K-8 NOLAY
L-7 NORGES-LA-VILLE
L-7 PONTAILLER-SUR-SAONE
K-7 POUILLY-EN-AUXOIS
L-8 SAINT-JEAN-DE-LOSNE
K-7 SAINT-SEINE-L'ABBAYE
K-7 SAULIEU
K-7 SEMUR-EN-AUXOIS
(LAC-DE-PONT)
L-8 SEURRE
K-7 SOMBERNON
L-7 VILLERS-LES-POTS
K-7 VOULAINES-LES-TEMPLIERS

22 COTES-DU-NORD

B-5 BEGARD
B-5 BELLE-ISLE-EN-TERRE
B-5 BINIC
E-6 CAUREL
C-6 DINAN
C-5 ERQUY
B-5 FREHEL
B-6 GOUAREC
B-5 ILE-DE-BREHAT
C-6 JUGON-LES-LACS
C-6 LAMBALLE
B-5 LANNION
B-6 LOUDEAC
C-5 MATIGNON
B-5 PAIMPOL
B-5 PERROS-GUIREC
B-5 PERROS-GUIREC
(PLOUMANACH-EN-)
C-5 PLANCOET
C-5 PLENEUF-VAL-ANDRE
B-5 PLESTIN-LES-GREVES
C-6 PLEUDIHEN-MORDREUC
C-6 PLEUDIHEN-SUR-RANCE
C-5 PLUDUNO
B-5 PORS-EVEN
B-5 PORT-BLANC
B-6 QUINTIN
B-5 ROCHE-DERRIEN (LA)
C-5 SABLES-D'OR-LES-PINS
B-5 SAINT-BRIEUC (PLERIN)
C-5 SAINT-CAST
B-6 SAINT-GILLES-VIEUX-MARCHE
B-5 SAINT-MICHEL-EN-GREVE
B-5 SAINT-QUAY-PORTRIEUX
B-5 TREBEURDEN
B-5 TREGASTEL
B-5 TREGUIER
B-5 TREVE
B-5 YAUDET-EN-PLOULECH (LE)

23 CREUSE

H-9 AUBUSSON
H-9 AUZANCES
G-9 BETETE
G-9 BONNAT
G-9 BOURGANEUF
H-9 BOUSSAC
H-9 BUDELIERE
G-9 BUSSEAU-SUR-CREUSE

G-9 CELLE-DUNOISE (LA)
H-9 CHENERAILLES
H-10 COURTINE (LA)
G-9 CROZANT
G-9 DUN-LE-PALESTEL
H-9 EVAUX-LES-BAINS
G-10 FELLETIN
G-9 GENOUILLAC
H-9 GOUZON
G-9 GUERET
G-9 GUERET (GLENIC)
H-9 LAVAVEIX-LES-MINES
G-9 LISIERES
G-9 MAINSAT
G-9 MONTAIGUT-LE-BLANC
H-10 MOUTIER-ROZEILLE
G-9 NOUZERINES
H-9 PARSAC-GARE
G-9 SAINT-DIZIER-LEYRENNE
G-9 SAINT-ETIENNE-DE-FURSAC
G-9 SAINT-HILAIRE-LE-CHATEAU
G-10 SAINT-MOREIL
G-9 SOUTERRAINE (LA)
G-9 VIEILLEVILLE
H-10 VILLENEUVE-EN-MARCHE (LA)

24 DORDOGNE

F-11 BADEFOLS-SUR-DORDOGNE
F-11 BASSILLAC
F-11 BERGERAC
F-11 BEYNAC-CAZENAC
F-11 BORDAS-GRUN
F-11 BOUNIAGUES
F-10 BRANTOME
F-10 BUGUE (LE)
F-10 BUSSAC
G-11 CARSAC-AILLAC
F-10 CHAMPAGNAC-DE-BEL-AIR
F-11 CHAMPCEVINEL
F-11 CHANCELADE
F-11 CHAPELLE-AUBAREIL (LA)
F-11 CHERVEIX-CUBAS
F-10 COQUILLE (LA)
F-11 COUX-ET-BIGAROQUE
F-11 DOMME
F-11 DOUVILLE
F-10 EXCIDEUIL
F-11 EYZIES-DE-TAYAC (LES)
F-11 FORCE (LA)
F-11 GRIGNOLS
G-11 GROLEJAC
F-10 JAVERLHAC
F-11 LALINDE
F-11 LARDIN (LE)
F-11 LIMEUIL
F-11 MANZAC-SUR-VERN
F-11 MARQUAY
F-10 MONSEC
F-11 MONTFERRAND-DU-PERIGORD
F-11 MONTIGNAC
E-11 MONTPON-MENESTEROL
F-11 MUSSIDAN
F-10 NONTRON
F-11 NOTRE-DAME-DE-SANILHAC
F-10 PAYZAC
F-11 PERIGUEUX
F-11 PERIGUEUX (BASSILLAC)
F-11 PERIGUEUX (RAZAC)
F-11 RIBERAC
F-11 ROQUE-GAGEAC (LA)
G-11 ROUFFILLAC-DE-CARLUX
F-11 SAINT-CYPRIEN
F-10 SAINT-ESTEPHE
F-11 SAINT-GEORGES-
    DE-MONTCLARD
F-10 SAINT-SAUD-EN-PERIGORD
F-11 SAINTE-EULALIE-D'ANS
G-11 SALIGNAC-EYVIGNES
F-11 SARLAT
F-11 SARLIAC-SUR-L'ISLE

F-10 SARRAZAC
F-11 SIGOULES
F-11 SIORAC-EN-PERIGORD
F-10 SORGES
F-11 TAMNIES
F-11 THONAC
F-11 TOURTOIRAC
F-10 VIEUX-MAREUIL
F-12 VILLEFRANCHE-DU-PERIGORD
F-11 VITRAC

25 DOUBS

M-7 BAUME-LES-DAMES
M-7 BESANÇON
M-8 BOLANDOZ
M-8 BONNETAGE
M-7 CHAMPLIVE
M-8 CHAPELLE-DES-BOIS
M-7 CHARQUEMONT
M-8 CHATELBLANC
M-8 CHEVIGNEY-LES-VERCEL
L-7 CUSSEY-SUR-L'OGNON
M-7 DAMPRICHARD
M-8 ENTRE-LES-FOURGS (JOUGNE)
M-8 FOURNETS-LUISANS
M-8 FUANS
M-7 GOUMOIS
M-8 GRANGETTES (LES)
M-8 HOPITAUX-NEUFS (LES)
M-8 JOUGNE
M-8 LABERGEMENT-SAINTE-MARIE
M-8 LEVIER
M-8 LODS
M-8 LONGEVILLES-MONT-D'OR (LES)
M-8 LORAY
M-7 MAICHE
M-8 MALBUISSON
M-8 METABIEF
M-8 MONTLEBON
M-7 MORRE
M-8 MORTEAU
M-8 MOUTHIER
M-8 NANS-SOUS-SAINTE-ANNE
M-8 ORCHAMPS-VENNES
M-8 ORNANS
M-8 OYE-ET-PALLET
M-7 PIERREFONTAINE-LES-VARANS
M-7 PONT-LES-MOULINS
L-7 POUILLEY-LES-VIGNES
M-8 PUGEY
M-8 QUINGEY
M-7 RAHON
L-7 RECOLOGNE
M-8 ROCHE-LEZ-BEAUPRE
M-8 RUSSEY (LE)
M-7 SAINT-HIPPOLYTE
M-8 VALDAHON
M-8 VERCEL
M-8 VERNIERFONTAINE
M-8 VILLERS-LE-LAC
M-8 VRINE (LA)

26 DROME

L-11 ALIXAN
K-10 ANNEYRON
L-12 AOUSTE-SUR-SYE
L-11 ARTHEMONAY
L-12 BEAUFORT-SUR-GERVANNE
L-12 BELLEGARDE-EN-DIOIS
L-11 BOURG-DE-PEAGE
L-11 BOUVANTE (COL-DU-PIONNIER)
L-11 BOUVANTE-LE-BAS
L-11 CHABEUIL
L-11 CHAPELLE-EN-VERCORS (LA)
K-12 CHAROLS
L-12 CHATILLON-EN-DIOIS
L-12 CHATILLON-EN-DIOIS
    (TRESCHENU-LES-NONIERES)
L-12 CREST
L-12 DIE

L-12 DIEULEFIT
L-12 DIEULEFIT (LE POET-CELARD)
L-12 DIEULEFIT (MONTJOUX)
L-11 ECHEVIS
L-11 GENISSIEUX
L-10 GRAND-SERRE (LE)
L-12 GRANE
L-11 GRANGES-LES-BEAUMONT
L-10 HAUTERIVES
L-11 LENTE
K-12 LIVRON
K-12 LORIOL-SUR-DROME
L-12 LUC-EN-DIOIS
L-12 LUS-LA-CROIX-HAUTE
K-11 MERCUROL
L-12 MIRABEL-AUX-BARONNIES
K-12 MIRMANDE
L-12 MOLLANS-SUR-OUVEZE
L-12 MONTBRUN-LES-BAINS
K-12 MONTELIMAR
K-12 MONTELIMAR
    (CHATEAUNEUF-DU-RHONE)
L-12 MONTJOUX (LA PAILLETTE)
L-12 NYONS
L-12 NYONS (VIEUX-VILLAGE-
    D'AUBRES)
L-12 PEGUE (LE)
K-12 PIERRELATTE
L-12 PILLES (LES)
L-12 POET-LAVAL (LE)
L-11 PONT-DE-L'HERBASSE
    (CLERIEUX)
K-11 PONT-DE-L'ISERE
L-11 PORTES-LES-VALENCE
L-12 PRADELLE
L-12 PROPIAC-LES-BAINS
L-12 PUY-SAINT-MARTIN
K-12 PUYGIRON
K-12 REAUVILLE
L-12 ROCHE-SAINT-SECRET
L-11 ROMANS
L-12 SAHUNE
L-12 SAINT-AGNAN
L-11 SAINT-AGNAN
    (COL DE ROUSSET)
L-12 SAINT-AGNAN (ROUSSET)
L-11 SAINT-JEAN-EN-ROYANS
L-11 SAINT-JEAN-EN-ROYANS
    (COL DE LA MACHINE)
L-11 SAINT-JULIEN-EN-VERCORS
L-11 SAINT-NAZAIRE-EN-ROYANS
L-12 SAINT-NAZAIRE-LE-DESERT
K-10 SAINT-RAMBERT-D'ALBON
K-12 SAINT-RESTITUT
K-11 SAINT-UZE
K-11 SAINT-VALLIER
K-12 SAULCE
K-12 SOLERIEUX
K-12 SUZE-LA-ROUSSE
K-11 TAIN-L'HERMITAGE
K-11 TAIN-L'HERMITAGE
    (MERCUROL)
L-12 TULETTE
L-12 VALDROME
K-11 VALENCE
L-12 VALENCE
    (BOURG-LES-VALENCE)
L-11 VASSIEUX-EN-VERCORS

27 EURE

G-4 ANDELYS (LES)
F-5 BERNAY
F-4 BEUZEVILLE
F-4 BOURGTHEROULDE
F-4 BRIONNE
G-4 CHARLEVAL
F-5 CONCHES-EN-OUCHE
F-4 CORNEVILLE-SUR-RISLE
F-5 EVREUX
G-4 GISORS
F-5 GRANDCHAIN

G-5 IVRY-LA-BATAILLE
F-4 LIEUREY
G-4 LYONS-LA-FORET
G-4 MENESQUEVILLE
F-5 NEUBOURG (LE)
F-4 NONANCOURT
F-4 PONT-AUDEMER
G-4 PONT-SAINT-PIERRE
F-5 RIVIERE-THIBOUVILLE (LA)
F-5 RUGLES
F-4 SAINT-BENOIT-LES-OMBRES
F-5 THIBERVILLE
F-5 VERNEUIL-SUR-AVRE
G-5 VERNON (LE GOULET)

28 EURE-ET-LOIR

G-5 ANET
F-5 BREZOLLES
F-6 BROU
G-6 CHARTRES
G-6 CHATEAUDUN
G-5 COULOMBS
G-5 DREUX
G-6 EPERNON
G-6 ILLIERS-COMBRAY
F-6 LOUPE (LA)
G-6 MIGNIERES
F-6 NOGENT-LE-ROTROU
F-6 SENONCHES
G-5 VERNOUILLET
G-6 VOVES

29 FINISTERE

A-6 AUDIERNE
A-6 AUDIERNE (ESQUIBIEN)
A-7 BEG-MEIL
A-6 BENODET
A-6 BENODET
    (CLOHARS-FOUESNANT)
A-6 BRIEC
A-5 BRIGNOGAN-PLAGE
A-6 CAMARET-SUR-MER
A-7 CAP-COZ (LE)
A-6 CARANTEC
A-6 CHATEAULIN
A-6 CHATEAUNEUF-DU-FAOU
A-6 CONCARNEAU
A-6 CONQUET (LE)
A-6 CROZON-MORGAT
A-6 DOUARNENEZ
A-6 FORET-FOUESNANT (LA)
A-6 FOUESNANT
A-6 FRET (LE)
A-6 GOUESNAC'H
B-5 GUERLESQUIN
A-7 GUILVINEC (LE)
A-6 ILE-TUDY
A-5 KERSAINT-EN-LANDUNVEZ
A-5 LAMPAUL-GUIMILIAU
A-5 LANDERNEAU
A-5 LANDIVISIAU
A-7 LESCONIL
A-5 LESNEVEN
A-5 LOCQUIREC
A-6 LOCRONAN
A-6 LOCTUDY
A-6 MOUSTERLIN
A-6 PENHORS (PLAGE)
A-6 PENTREZ-PLAGE
A-6 PLEYBEN
A-6 PLOGOFF (POINTE-DU-RAZ)
A-6 PLOGONNEC
A-6 PLOMEUR
A-6 PLONEOUR-LANVERN
A-6 PLONEVEZ-PORZAY
A-5 PLOUESCAT
A-6 PLOUHINEC
A-5 PLOUIDER
A-5 PLOUIGNEAU
A-6 PONT-L'ABBE

A-7 PORT-MANECH-EN-NEVEZ
A-6 POULDREUZIC
A-7 POULDU (LE)
A-6 QUIMPER
A-7 RAGUENES-PLAGE
A-5 ROSCOFF
A-6 ROSPORDEN
A-5 SAINT-POL-DE-LEON
A-5 SAINT-THEGONNEC
A-6 SCAER
A-6 TREGUNC

30 GARD

K-13 ALES
K-13 ANGLES (LES)
J-13 AVEZE
K-13 BEAUCAIRE
K-12 BESSEGES
K-12 CHAMBORIGAUD
K-12 CODOLET
K-13 COLLIAS
J-12 ESPEROU (L')
K-12 FAVEDE (LA)
K-13 GALLARGUES-LE-MONTUEUX
J-12 GENOLHAC
K-13 MUS
K-13 REMOULINS
K-13 ROCHEFORT-DU-GARD
K-12 SAINT-AMBROIX (COURRY)
K-13 SAINT-HILAIRE-DE-BRETHMAS
J-13 SAINT-JEAN-DU-GARD
J-13 VALLERAUGUE
K-13 VALLIGUIERES
K-13 VERGEZE
K-13 VEZENOBRES
J-13 VIGAN (LE)
K-13 VILLENEUVE-LES-AVIGNON

31 HAUTE-GARONNE

F-14 BARBAZAN
G-13 BLAGNAC
F-14 CARBONNE
F-15 LUCHON
F-14 MARQUEFAVE
G-14 MONTGAILLARD-LAURAGAIS
G-14 REVEL
G-13 SAINT-FELIX-LAURAGAIS
G-14 SAINT-FERREOL (LAC)
F-14 SAINT-GAUDENS
F-15 SAINT-MAMET
F-14 SALIES-DU-SALAT

32 GERS

F-13 HOMPS
F-13 MIRANDE
E-13 VIC-FERENSAC

33 GIRONDE

D-11 ANDERNOS-LES-BAINS
D-12 ARCACHON
D-11 ARES
E-11 BRANNE
D-11 CARCANS-OCEAN
E-12 CERONS
E-11 ETAULIERS
D-11 LACANAU-OCEAN
D-12 LAVIGNOLLE-DE-SALLES
D-12 LUGOS
E-11 LUSSAC
E-12 REOLE (LA)
E-11 SAINT-YZAN-DE-SOUDIAC
D-10 SOULAC-SUR-MER
D-12 TESTE-DE-BUCH (LA)

34 HERAULT

J-13 ANIANE
J-14 BALARUC-LES-BAINS
H-14 CAPESTANG

J-13 CAYLAR (LE)
J-14 CESSENON
J-13 FABREGUES
H-13 FERRIERES-POUSSAROU
J-14 FLORENSAC
H-13 FRAISSE-SUR-AGOUT
J-13 GANGES
J-14 GRAU-D'AGDE (LE)
J-13 LAMALOU-LES-BAINS
K-13 LUNEL
J-13 MONTAGNAC
J-13 MONTPELLIER
J-13 NAVACELLES
J-14 NISSAN-LEZ-ENSERUNE
J-13 PEZENAS
J-14 PORTIRAGNES-PLAGE
     (LA REDOUTE)
J-13 SAINT-GUILHEM-LE-DESERT
H-13 SAINT-PONS
J-14 SETE
J-14 VALRAS-PLAGE
J-14 VALROS
J-14 VIAS

35 ILLE-ET-VILAINE

D-5 BAGUER-PICAN
C-7 BAIN-DE-BRETAGNE
D-6 BEAUCE
D-6 BETTON
C-5 CANCALE
D-6 CESSON-SEVIGNE
D-6 CHATEAUGIRON
C-6 COMBOURG
C-5 DINARD
C-6 DOL-DE-BRETAGNE
D-6 FOUGERES
C-6 GUICHEN
C-6 HEDE
D-6 JANZE
D-6 LOUVIGNE-DU-DESERT
C-6 MEZIERE (LA)
C-6 MONTAUBAN-DE-BRETAGNE
C-6 MONTFORT-SUR-MEU
D-6 NOYAL-SUR-VILAINE
C-5 PLERGUER
C-5 PLEURTUIT
D-6 QUEDILLAC
C-7 REDON
D-6 ROMAZY
D-5 ROZ-SUR-COUESNON
D-6 SAINT-AUBIN-DU-CORMIER
D-6 SAINT-DIDIER
D-6 SAINT-ETIENNE-EN-COGLES
D-6 SAINT-GEORGES-
    DE-GREHAIGNE
C-5 SAINT-MALO
C-5 SAINT-MALO (ROTHENEUF)
C-5 SAINT-MALO (SAINT-SERVAN)
C-5 SAINT-MELOIR-DES-ONDES
C-6 TINTENIAC
C-5 VIVIER-SUR-MER (LE)

36 INDRE

G-9 AIGURANDE
G-8 AMBRAULT
G-8 ARDENTES
G-9 ARGENTON-SUR-CREUSE
F-9 BELABRE
F-9 BLANC (LE)
G-8 BOUGES-LE-CHATEAU
G-8 BUZANÇAIS
G-8 CHABRIS
G-8 CHATEAUROUX
G-8 CHATEAUROUX (CERE)
G-8 CHATEAUROUX (LA FORGE-DE-
    L'ISLE)
F-8 CHATILLON-SUR-INDRE
G-9 CHATRE (LA)
G-9 CROZANT (SAINT-PLANTAIRE)
G-8 ECUEILLE
G-9 EGUZON

— 261 —

C-13 LABENNE
D-12 LABOUHEYRE
D-13 LALUQUE
D-13 LESPERON
D-13 LINXE
E-12 LUXEY
D-13 MAGESCQ
D-12 MIMIZAN
D-12 MIMIZAN-PLAGE
D-13 MONTAUT
E-13 MONT-DE-MARSAN
D-13 MONTFORT-EN-CHALOSSE
D-13 MORCENX
D-13 MUGRON
D-12 MURET (LE)
D-12 PARENTIS-EN-BORN
D-13 PEYREHORADE
D-13 PORT-DE-LANNE
D-13 POUILLON
E-13 ROQUEFORT
D-12 SABRES
E-13 SAINT-JUSTIN
E-13 SAINT-LOUBOUER
D-13 SAINT-PAUL-LES-DAX
D-13 SAINT-SEVER
D-13 SAINTE-MARIE-DE-GOSSE
D-13 SAUBUSSE
D-13 SEIGNOSSE
D-12 SOLFERINO
D-12 SOLFERINO (CAP-DE-PIN)
D-13 SOUQUET-LESPERON (LE)
D-13 SOUSTONS
D-13 TERCIS-LES-BAINS
D-13 VIELLE-SAINT-GIRONS
C-13 VIEUX-BOUCAU
E-13 VILLENEUVE-DE-MARSAN

41   LOIR-ET-CHER

F-6 ARVILLE
G-7 BLOIS
G-7 CANDE-SUR-BEUVRON
G-7 CELLETTES
G-7 CHAMBORD
F-7 CHAUMONT-SUR-LOIRE
G-7 CHITENAY
G-7 CONTRES
G-7 COUR-CHEVERNY
G-7 DHUIZON
G-7 FERTE-IMBAULT (LA)
G-7 FERTE-SAINT-CYR (LA)
F-7 HERBAULT
G-7 LAMOTTE-BEUVRON
G-7 LAMOTTE-BEUVRON
(LE RABOT)
G-7 MASLIVES
G-7 MENNETOU-SUR-CHER
G-7 MER
F-7 MOLINEUF
F-6 MONDOUBLEAU
F-7 MONTOIRE-SUR-LE-LOIR
F-8 MONTRICHARD
G-7 MUIDES-SUR-LOIRE
G-7 MUR-DE-SOLOGNE
G-7 NEUNG-SUR-BEUVRON
G-7 NOUAN-LE-FUZELIER
G-7 NOYERS-SUR-CHER
F-7 ONZAIN
G-7 OUCHAMPS
G-7 OUCQUES
F-7 RILLY-SUR-LOIRE
G-7 ROMORANTIN-LANTHENAY
G-7 SAINT-AIGNAN
G-7 SAINT-LAURENT-NOUAN
G-7 SAINT-VIATRE
G-7 SALBRIS
F-7 SANTENAY
G-7 SELLES-SAINT-DENIS
H-7 SOUVIGNY-EN-SOLOGNE
G-7 THESEE-LA-ROMAINE
F-7 VENDOME

42   LOIRE

K-10 BESSAT (LE)
K-10 BONSON
K-10 BOURG-ARGENTAL
K-9 CERGNE (LE)
K-9 CHARLIEU
J-10 COLOMBIER
J-9 HOPITAL-SUR-RHINS (L')
K-10 JONZIEUX
K-10 MONTBRISON
J-10 NOIRETABLE
K-10 PELUSSIN
J-9 RENAISON
K-9 ROANNE-LE-COTEAU
K-9 ROANNE (RIORGES)
K-10 SAINT-CHRISTO-EN-JAREZ
J-10 SAINT-JUST-EN-CHEVALET
K-9 SAINTE-CROIX-EN-JAREZ
J-10 SAIL-SOUS-COUZAN
K-10 USSON-EN-FOREZ
K-10 VIOLAY

43   HAUTE-LOIRE

J-11 ALLEGRE
J-11 ALLEYRAS
J-11 ARLEMPDES
K-10 AUREC-SUR-LOIRE
K-10 AUREC-SUR-LOIRE (SEMENE)
K-10 BAS-EN-BASSET
J-11 BIZAC
J-10 BLESLE (LE BABORY)
J-11 BRIGNON (LE)
J-11 BRIOUDE
J-10 CHAISE-DIEU (LA)
K-11 CHAMBON-SUR-LIGNON (LE)
J-11 CHAVANIAC-LAFAYETTE
J-10 CRAPONNE-SUR-ARZON
J-11 LANGEAC
K-11 MAZET-SAINT-VOY
K-10 MONISTROL-SUR-LOIRE
K-11 MONTFAUCON-DU-VELAY
J-11 PAULHAGUET
J-10 PONT-SALOMON
J-12 PRADES
J-11 PUY-EN-VELAY (LE)
J-11 PUY-EN-VELAY (LE) (CUSSAC-
SUR-LOIRE)
K-11 SAINT-BONNET-LE-FROID
J-11 SAINT-GERMAIN-LAPRADE
(PEYRARD)
K-11 SAINT-JEURES
K-11 SAINT-JULIEN-CHAPTEUIL
J-11 SAINT-PAULIEN
J-11 SAINT-PRIVAT-D'ALLIER
K-11 SAINTE-SIGOLENE
J-11 SAUGUES
K-11 SEAUVE-SUR-SEMENE (LA)
J-11 SEMBADEL (GARE)
J-11 SIAUGUES-SAINT-ROMAIN
K-11 YSSINGEAUX

44   LOIRE-ATLANTIQUE

D-7 ANCENIS
C-7 BAULE (LA)
C-8 BERNERIE-EN-RETZ (LA)
C-7 BESLE-SUR-VILAINE
C-7 BLAIN
C-8 BOURGNEUF-EN-RETZ
D-7 CHATEAUBRIANT
C-7 CROISIC (LE)
C-7 GAVRE (LE)
C-7 GUERANDE
D-7 JOUE-SUR-ERDRE
D-8 LOROUX-BOTTEREAU (LE)
C-7 MARSAC-SUR-DON
C-7 MISSILLAC
D-7 MOISDON-LA-RIVIERE
D-7 NORT-SUR-ERDRE
D-7 NOZAY
C-8 PELLERIN (LE)

C-7 PIRIAC-SUR-MER
C-8 PLAINE-SUR-MER (LA)
C-7 PONTCHATEAU
C-8 PORNIC
C-7 PORNICHET
C-7 POULIGUEN (LE)
C-8 PREFAILLES
C-7 REDON
(SAINT-NICOLAS-DE-REDON)
D-7 ROUGE
C-8 SAINT-BREVIN-LES-PINS
C-7 SAINT-LYPHARD
C-7 SAINT-MARC-SUR-MER
D-7 SAINT-MARS-LA-JAILLE
C-7 SAINT-MOLF
C-7 SAINT-NAZAIRE
C-8 SAINT-PHILBERT-DE-GRAND-
LIEU
C-8 SAINTE-PAZANNE
C-7 TEMPLE-DE-BRETAGNE (LE)
D-8 VALLET

45   LOIRET

G-6 ARTENAY
G-7 BEAUGENCY
H-7 BOISMORAND
H-7 BONNY-SUR-LOIRE
H-7 BRIARE
G-7 CHAINGY-FOURNEAUX
H-7 CHATEAUNEUF-SUR-LOIRE
H-6 CHATEAURENARD
H-7 CHATILLON-COLIGNY
G-6 CHEVILLY
H-6 COMBREUX
H-7 COULLONS
H-6 DORDIVES
H-6 FAY-AUX-LOGES
H-7 GERMIGNY-DES-PRES
H-7 GIEN
H-7 GRIGNON-VIEILLES-MAISONS
G-7 JARGEAU
G-7 LAILLY-EN-VAL
H-7 LORRIS
G-6 LOURY
H-6 MALESHERBES
G-7 MARCILLY-EN-VILLETTE
G-7 MEUNG-SUR-LOIRE
H-6 MIGNERETTE
H-6 MONTARGIS
G-7 OLIVET
G-7 ORLEANS
G-7 ORLEANS (SAINT-JEAN-LE-
BLANC)
G-6 PATAY
H-6 PITHIVIERS
H-7 SAINT-BENOIT-SUR-LOIRE
H-7 SAINT-BRISSON
G-7 SAINT-HILAIRE-SAINT-MESMIN
G-6 SEMOY
H-7 SULLY-SUR-LOIRE
G-6 TOURNOISIS
H-6 TRIGUERES

46   LOT

G-11 ALVIGNAC
G-12 ARCAMBAL
G-11 ASSIER
G-11 BETAILLE
G-12 BOUZIES
G-12 BRENGUES
G-11 BRETENOUX
G-12 CABRERETS
G-12 CAHORS
G-12 CAHORS (LABERAUDIE)
G-12 CAHORS (LAROQUE-DES-ARCS)
G-12 CAHORS-SUD
G-12 CAILLAC
G-12 CAJARC
G-11 CALES
G-11 CALVIAC

G-11 CARENNAC
G-12 CASTELNAU-MONTRATIER
G-12 CATUS
G-12 CONCOTS
G-11 CRESSENSAC
G-11 CREYSSE
G-11 CUZANCE
G-11 DEGAGNAC
G-12 DOUELLE
F-12 DURAVEL
G-12 ESPEDAILLAC
G-12 FIGEAC
G-11 GLUGES
G-11 GOURDON
G-11 GRAMAT
G-12 GREALOU
G-11 HOPITAL-SAINT-JEAN (L')
G-11 LABASTIDE-DU-HAUT-MONT
G-12 LABASTIDE-MURAT
G-11 LACAPELLE-MARIVAL
G-11 LACAVE
G-11 LALBENQUE
G-12 LARNAGOL
G-11 LATRONQUIERE
G-11 LAVITARELLE
    (MONTET-ET-BOUXAL)
G-11 LEYME
G-12 LIVERNON
G-12 LUZECH
G-11 MARTEL
F-12 MAUROUX
F-11 MIERS
G-12 MONTCABRIER
F-12 MONTCUQ
G-11 PADIRAC
G-12 PAYRAC
G-12 PELACOY
G-11 PORT-DE-GAGNAC
F-12 PRAYSSAC
F-12 PUY-L'EVEQUE
G-11 PUYBRUN
G-11 REILHAGUET
G-11 ROCAMADOUR
G-12 ROSTASSAC
G-11 ROUQUEYROUX-SAINTE-
    COLOMBE
G-11 SAINT-CERE
G-11 SAINT-CERE (SIRAMON)
G-11 SAINT-CHAMARAND
G-12 SAINT-CIRQ-LAPOPIE
G-12 SAINT-PAUL-DE-LOUBRESSAC
G-11 SAINT-SOZY
G-11 SARRAZAC
F-12 SAUZET
G-11 SOUILLAC
G-11 SOUSCEYRAC
G-12 TOUZAC

47   LOT-ET-GARONNE

F-12 AGEN
F-12 AGEN (COLAYRAC-
    SAINT-CIRQ)
F-12 AIGUILLON
E-12 ALLEMANS-DU-DROPT
F-13 ASTAFFORT
F-12 BEAUVILLE
F-12 BON-ENCONTRE
F-12 BRAX
F-12 CASSENEUIL
E-12 CASTELJALOUX
E-11 DURAS
F-12 FAUILLET
E-12 HOUEILLES
F-12 LAPARADE
E-12 LAVARDAC
F-13 LAYRAC
E-12 MARMANDE
F-12 MIRAMONT-DE-GUYENNE
F-13 MONCRABEAU
F-12 MONVIEL
F-12 NERAC

F-12 PENNE-D'AGENAIS
F-12 SAINTE-LIVRADE-SUR-LOT
F-12 SAUVETERRE-LA-LEMANCE
F-12 TOMBEBŒUF
E-12 VILLEFRANCHE-DU-QUEYRAN
F-12 VILLENEUVE-SUR-LOT
F-12 VILLEREAL

48   LOZERE

J-12 BAGNOLS-LES-BAINS
J-12 BLEYMARD (LE)
J-12 CANOURGUE (LA)
J-12 CHANAC
J-12 CHASTEL-NOUVEL
J-12 FLORAC
J-12 HABITARELLE (L')
G-11 LANGOGNE
J-11 MALZIEU-VILLE (LE)
J-12 MENDE
J-12 MEYRUEIS
J-12 MONTBEL
H-11 NASBINALS
    (PONT-DE-GOURNIER)
J-12 PONT-DE-MONTVERT
J-11 SAINT-ALBAN-SUR-LIMAGNOLE
J-11 SAINT-CHELY-D'APCHER
J-12 SAINTE-ENIMIE
J-12 VILLEFORT

49   MAINE-ET-LOIRE

E-7 AVRILLE
E-7 BAUGE
D-8 BEAUPREAU
D-7 BECON-LES-GRANITS
D-7 BEL-AIR
E-7 BOUCHEMAINE (LA POINTE)
D-7 CANDE
E-8 CHACE
D-7 CHALONNES-SUR-LOIRE
D-7 CHAMPTOCE-SUR-LOIRE
D-7 CHAMPTOCEAUX
E-7 CHATEAUNEUF-SUR-SARTHE
D-7 CHAUDRON-EN-MAUGES
E-8 CHAVAGNES-LES-EAUX
D-8 CHEMILLE
E-7 DAUMERAY
E-7 DENEE
E-8 DOUE-LA-FONTAINE
E-7 FONTEVRAUD-L'ABBAYE
E-7 GENNES
D-8 GREZ-NEUVILLE
E-7 JALLAIS
E-7 LONGUE
D-7 MENITRE (LA)
E-8 MONTREUIL-BELLAY
E-8 MONTSOREAU
E-7 NOYANT
D-8 NUAILLE
E-7 PONTS-DE-CE (LES)
E-7 ROCHEFORT-SUR-LOIRE
E-7 ROSIERS (LES)
D-7 SAINT-FLORENT-LE-VIEIL
D-7 SAINT-LAURENT-DES-AUTELS
E-7 SAINT-MARTIN-DE-LA-PLACE
E-7 SAINT-SYLVAIN-D'ANJOU
E-7 SOULAIRE-ET-BOURG
E-7 VEZINS
E-7 VIEIL-BAUGE

50   MANCHE

D-5 AVRANCHES
C-4 BARNEVILLE-CARTERET
D-5 BEAUVOIR
D-5 BRECEY
D-5 BREVILLE-SUR-MER
D-4 BRICQUEBEC
D-5 CANISY
D-4 CARENTAN (LES VEYS)
D-5 CEAUX

D-5 CHAPELLE-SUR-VIRE (LA)
    (TROISGOTS)
D-5 COUTAINVILLE
D-5 COUTANCES
D-5 DUCEY
D-5 GRANVILLE
D-5 HAUTEVILLE-SUR-MER
D-4 HAYE-DU-PUITS (LA)
D-5 MONT-SAINT-MICHEL (LE)
D-5 MONT-SAINT-MICHEL (LE)
    (ARDEVON)
D-5 MORTAIN
D-5 PONTAUBAULT
D-5 PONTORSON
D-5 PONTORSON (BREE-EN-TANIS)
D-5 PORT-BAIL
D-5 QUETTREVILLE-SUR-SIENNE
D-4 REVILLE
C-4 SAINT-GERMAIN-DES-VAUX
D-5 SAINT-HILAIRE-DU-HARCOUET
D-5 SAINT-JAMES
D-5 SAINT-JEAN-LE-THOMAS
D-5 SAINT-LO
D-4 SAINT-VAAST-LA-HOUGUE
D-5 SAINTE-CECILE
D-6 TEILLEUL (LE)
D-5 TESSY-SUR-VIRE
D-5 TORIGNY-SUR-VIRE
D-4 VALOGNES
D-5 VILLEDIEU-LES-POELES

51   MARNE

K-4 AMBONNAY
J-5 BAYE
K-4 BEAUMONT-SUR-VESLE
J-5 BERGERES-LES-VERTUS
K-5 CHAUSSEE-SUR-MARNE (LA)
J-5 CONNANTRAY
J-5 COURGIVAUX
J-4 FISMES
K-5 GIFFAUMONT-CHAMPAUBERT
J-5 GIVRY-EN-ARGONNE
K-5 MARGERIE-HANCOURT
J-5 MONTMIRAIL
J-5 MONTMORT
J-5 MOUSSY
J-5 PLEURS
J-4 REIMS
J-6 SAINT-JUST-SAUVAGE
K-5 SAINTE-MARIE-DU-LAC
K-5 SAINTE-MENEHOULD
J-5 SEZANNE
K-5 SOUDRON
K-5 THIEBLEMONT
J-5 TOURS-SUR-MARNE
K-5 TREPAIL
J-5 VAUCIENNES (LA CHAUSSEE)
J-5 VERTUS
J-4 VILLE-EN-TARDENOIS
K-5 VITRY-LA-VILLE
K-4 WARMERIVILLE

52   HAUTE-MARNE

L-6 ANDELOT
K-6 BOLOGNE
M-6 BOURBONNE-LES-BAINS
L-6 BOURBONNE-LES-BAINS
    (ENFONVELLE)
L-6 BOURG-SAINTE-MARIE
L-6 CHAMARANDES
K-6 CHAUMONT
K-5 CHEVILLON
K-6 COLOMBEY-LES-DEUX-EGLISES
M-6 DOULAINCOURT
L-7 FAYL-BILLOT
L-6 FOULAIN
K-6 JOINVILLE
M-6 LANGRES
L-6 LEFFONDS
L-6 NEUILLY-L'EVEQUE
L-6 SAINT-THIEBAULT

K-6 VIGNORY
K-7 VIVEY

53 MAYENNE

E-6 AMBRIERES-LES-VALLEES
E-6 BAIS
E-7 CHATEAU-GONTIER
D-7 CRAON
D-6 ERNEE
E-6 EVRON
D-6 GORRON
E-6 JAVRON-LES-CHAPELLES
E-6 MAYENNE
E-6 NEAU
E-6 PRE-EN-PAIL
D-7 SAINT-AIGNAN-SUR-ROE
E-6 SAINT-PIERRE-DES-NIDS
E-6 SAULGES
E-6 VAIGES
E-6 VOUTRE

54 MEURTHE-ET-MOSELLE

L-4 BAZAILLES
L-4 BRIEY
L-5 DIEULOUARD
L-4 JARNY
M-5 LAITRE-SOUS-AMANCE
L-4 LONGUYON
L-5 MEREVILLE
L-4 MEXY
L-4 MONT-SAINT-MARTIN
L-5 NANCY
L-5 XEUILLEY

55 MEUSE

K-4 AUBREVILLE
K-5 BAR-LE-DUC
K-5 CLERMONT-EN-ARGONNE
L-4 DAMVILLERS
K-4 DUN-SUR-MEUSE
L-4 ETAIN
K-5 FUTEAU
L-5 HEUDICOURT
L-5 HOUDELAINCOURT
K-4 INOR
L-5 ISSONCOURT
L-5 MAULAN
K-4 MONTFAUCON
L-4 SAINT-LAURENT-SUR-OTHAIN
K-5 STAINVILLE
K-5 TREMONT-SUR-SAULX
L-5 VAUCOULEURS

56 MORBIHAN

C-7 ALLAIRE
B-7 ARRADON
B-7 AURAY
B-7 BADEN
B-7 BELLE-ILE-EN-MER (SAUZON)
B-7 BELZ
C-7 BILLIERS
B-6 BREHAN
B-6 BUBRY
C-7 CAMOEL
B-7 CAMORS
C-6 CAMPENEAC
B-7 CARNAC
C-6 CHAPELLE-CARO (LA)
B-7 COLPO
C-6 CONCORET
B-7 CRACH
C-7 DAMGAN
C-7 ELVEN
B-7 ERDEVEN
B-7 ETEL
C-7 GACILLY (LA)
B-6 GUEMENE-SUR-SCORFF
B-7 GUIDEL-PLAGE
C-6 GUILLIERS
B-7 HENNEBONT

B-6 INGUINIEL
C-6 JOSSELIN
B-7 LANDEVANT
B-7 LARMOR-BADEN
B-7 LARMOR-PLAGE
B-7 LOCMARIAQUER
B-6 LOCMINE
B-7 LOCQUELTAS
B-7 LORIENT
C-6 MAURON
B-6 MOUSTOIR-REMUNGOL
C-7 MUZILLAC
C-6 NEANT-SUR-YVEL
C-7 PEAULE
C-7 PEILLAC
C-6 PLOERMEL
B-7 PLOUHARNEL
B-7 PLOUHINEC
B-7 PLUMELEC
B-6 PONT-SCORFF
B-7 PONTIVY
C-7 QUESTEMBERT
B-7 QUIBERON
B-7 QUIBERON (SAINT-PIERRE)
C-7 ROCHE-BERNARD (LA)
B-6 SAINT-NICOLAS-DES-EAUX
B-7 SAINTE-ANNE-D'AURAY
B-7 SARZEAU
B-7 TRINITE-SUR-MER (LA)
B-7 VANNES (CONLEAU)
B-7 VANNES (SAINT-AVE)

57 MOSELLE

M-5 ABRESCHVILLER
L-4 AMNEVILLE
L-4 AUDUN-LE-TICHE
N-5 BITCHE
M-5 CHATEAU-SALINS
N-5 DABO
N-5 DABO (LA HOUBE)
N-5 DANNE-ET-QUATRE-VENTS
(BONNE-FONTAINE)
M-5 DELME
M-5 DIEUZE
N-5 EGUELSHARDT (BANNSTEIN)
N-5 EIGENTHAL-WALSCHEID
M-4 FREYMING-MERLEBACH
L-5 GORZE
M-4 GROSBLIEDERSTROFF
M-5 HEMING
L-4 KNUTANGE
M-4 KOENIGSMACKER
N-5 LEMBERG
M-5 LEZEY
M-5 LORQUIN
N-5 LUTZELBOURG
N-5 MEISENTHAL
L-4 METZ
M-4 METZ (ARGANCY-RUGY)
M-5 MITTERSHEIM
L-5 MONTIGNY-LES-METZ
M-5 MORHANGE
N-5 PHALSBOURG
M-4 PORCELETTE
N-5 ROHRBACH-LES-BITCHE
M-4 SAINT-AVOLD
M-5 SARREBOURG
M-4 SARREGUEMINES
M-4 SEINGBOUSE
L-4 THIONVILLE
M-5 TURQUESTEIN

58 NIEVRE

H-8 CHARITE-SUR-LOIRE (LA)
J-8 CHARRIN
J-8 CHATEAU-CHINON
J-8 CHATILLON-EN-BAZOIS
H-7 COSNE-SUR-LOIRE
J-8 DECIZE
H-7 DONZY
J-8 FOURS

J-7 LORMES
J-8 LUZY
J-8 MAGNY-COURS
J-8 MOULINS-ENGILBERT
K-8 MOUX
H-7 NEUVY-SUR-LOIRE
J-8 NEVERS
H-8 NEVERS (VARENNES-VAUZELLES)
J-7 PLAINEFAS (SAINT-MARTIN-DU-PUY)
J-8 PLANCHEZ
H-8 POUGUES-LES-EAUX
H-8 POUGUES-LES-EAUX (PRES)
H-7 POUILLY-SUR-LOIRE
J-8 SAINT-HONORE-LES-BAINS
H-8 SAINT-PIERRE-LE-MOUTIER
K-8 SETTONS (LAC DES)
H-8 VARENNES-VAUZELLES
J-7 VARZY
J-8 VAUCLAIX

59 NORD

H-2 BERGUES
H-2 BOESCHEPE
H-2 BOLLEZEELE
J-3 CAMBRAI
J-3 COUSOLRE
H-3 DOUAI
H-2 DUNKERQUE
H-2 HALLUIN
J-3 LIESSIES
J-3 MARETZ
J-3 MAUBEUGE
H-2 MORBECQUE
J-2 SAINT-AMAND-LES-EAUX
J-3 SEBOURG
H-2 SECLIN
H-2 STEENBECQUE

60 OISE

G-4 BEAUVAIS (WARLUIS)
H-4 BEAUVOIR
H-4 BRETEUIL
H-4 CLERMONT (AGNETZ)
H-4 COMPIEGNE
H-4 CONCHY-LES-POTS
H-4 CREPY-EN-VALOIS
H-4 ELINCOURT-SAINTE-MARGUERITE
H-5 ERMENONVILLE
H-4 ETOUY
H-4 LAGNY-LE-SEC
H-4 MORIENVAL
H-4 NEUILLY-EN-THELLE
H-4 NOYON
H-4 PIERREFONDS
H-5 PLAILLY
H-5 PLESSIS-BELLEVILLE (LE)
H-4 SAINT-JEAN-AUX-BOIS
H-4 SENLIS
H-4 SENLIS (FONTAINE-CHAALIS)
G-4 TRIE-CHATEAU
H-4 VILLERS-SOUS-SAINT-LEU

61 ORNE

E-6 ALENÇON
E-5 ARGENTAN
E-5 ARGENTAN (ECOUCHE)
E-5 BAGNOLES-DE-L'ORNE
E-6 BAGNOLES-DE-L'ORNE
(TESSE-LA-MADELEINE)
E-5 CARROUGES
E-5 CHAPELLE-D'ANDAINE (LA)
E-5 DOMFRONT
E-5 FERTE-MACE (LA)
E-5 FLERS-DE-L'ORNE
E-5 JUVIGNY-SOUS-ANDAINES
E-6 LALACELLE

N-5 DALHUNDEN
N-6 EPFIG
N-5 ESCHAU
N-5 FEGERSHEIN-OHNHEIM
N-5 FOUDAY
N-5 FURDENHEIM
N-5 GERTWILLER
N-5 GEUDERTHEIM
N-5 GRANDFONTAINE
N-5 GRENDELBRUCH-
MUCKENBACH
N-6 HOHWALD (LE)
N-5 INNENHEIM
N-5 ITTENHEIM
N-6 ITTERSWILLER
N-5 JAEGERTHAL
N-6 LALAYE
N-5 MARLENHEIM
N-6 MITTELBERGHEIM
N-5 MITTELHAUSEN
N-5 MOLLKIRCH
N-5 MOLSHEIM
N-5 MUTZIG
N-5 NATZWILLER
N-5 NIEDERBRONN-LES-BAINS
N-5 NIEDERHASLACH
N-5 NIEDERSTEINBACH
N-6 OBENHEIM
N-5 OBERHASLACH
N-5 OBERNAI
N-5 OTTROTT
N-5 PETITE-PIERRE (LA)
N-6 RATHSAMHAUSEN
N-6 REICHSFELD
N-6 REICHSTETT
N-6 SAALES
M-5 SARRE-UNION
N-6 SAULXURES
N-5 SAVERNE
N-5 SCHAEFFERSHEIN
N-5 SCHIRMECK (LES QUELLES)
N-5 SELESTAT
N-5 SOUFFELWEYERSHEIM
N-5 STRASBOURG
N-5 STRASBOURG
(ILLKIRCH-GRAFFENSTADEN)
N-5 URMATT
N-5 VALFF
N-6 VANCELLE (LA)
N-5 VENDENHEIM
N-6 VILLE
N-5 WANGENBOURG
N-5 WASSELONNE
N-5 WINGEN-SUR-MODER
N-4 WISSEMBOURG

68 HAUT-RHIN

N-7 ALTKIRCH
N-7 ALTKIRCH (CARSPACH)
N-6 AMMERSCHWIHR
N-6 ANDOLSHEIM
N-6 ARTZENHEIM
N-6 BALDERSHEIM
N-6 BANTZENHEIM
N-6 BERGHEIM
N-7 BETTENDORF
N-7 BETTLACH
N-6 BIESHEIM
N-6 BISCHWIHR
N-6 BLODELSHEIM
N-6 BOLLENBERG-ROUFFACH
N-6 BONHOMME (LE)
M-7 BOURBACH-LE-BAS
N-6 BREITENBACH
N-6 BUHL
N-7 BURNHAUPT-LE-HAUT
N-6 CERNAY
N-6 COLMAR
N-7 DANNEMARIE
N-6 EGUISHEIM

N-6 ESCHBACH-AU-VAL
(OBERSOLBERG)
M-6 FELLERING
N-7 FERRETTE
M-6 FRENZ (LE)
N-7 FROENINGEN
M-6 GASCHNEY (LE)
M-6 GRAND-BALLON (LE)
N-6 GRAND-BALLON (LE)
(GOLDBACH)
N-6 GUEBERSCHWIHR
N-6 GUEBWILLER
N-6 HACHIMETTE
N-7 HAGENTHAL-LE-BAS
N-6 HARTMANNSWILLER
N-6 HOHRODBERG
N-6 HORBOURG-WIHR
N-7 HUNINGUE
N-6 INGERSHEIM
N-6 ISSENHEIM
N-6 JUNGHOLTZ-THIERENBACH
N-6 KATZENTHAL
N-6 KAYSERSBERG
N-6 KIENTZHEIM
N-7 KIFFIS
N-6 KINGERSHEIM
M-6 KRUTH
N-6 LABAROCHE
N-6 LAPOUTROIE
N-6 LIEPVRE
N-6 LINTHAL
N-6 LOGELHEIM
N-6 LUTTENBACH
N-7 LUTTER
M-6 MARKSTEIN
M-7 MASEVAUX
M-6 METZERAL
N-6 MITTELWIHR
M-6 MITTLACH
M-6 MUHLBACH-SUR-MUNSTER
N-7 MULHOUSE
N-6 MUNSTER
N-6 MURBACH
N-6 NAMBSHEIM
N-6 NEUF-BRISACH
N-7 NEUWILLER
N-6 NIEDERMORSCHWIHR
N-7 OBERLARG
N-6 ORBEY
N-6 ORBEY-BASSES-HUTTES
N-6 OSTHEIM
N-6 PFAFFENHEIM
N-6 PULVERSHEIM
N-6 RIBEAUVILLE
N-6 RIMBACH
N-6 RIQUEWIHR
N-7 RIXHEIM
N-6 ROUFFACH
M-6 SAINT-AMARIN
N-6 SAINT-HIPPOLYTE
N-7 SAINT-LOUIS
N-6 SAINTE-CROIX-AUX-MINES
N-6 SAINTE-MARIE-AUX-MINES
M-6 SEWEN
N-7 SIERENTZ
M-6 SONDERNACH
N-6 SOULTZ
N-6 SOULTZBACH-LES-BAINS
M-6 SOULTZEREN
N-6 SOULTZMATT
M-6 STOSSWIHR
N-6 THANN
N-6 THANNENKIRCH
N-6 TROIS-EPIS
N-6 TURCKHEIM
N-6 UFFHOLTZ
N-7 VILLAGE-NEUF
N-6 VOGELGRUN
N-6 WESTHALTEN
N-6 WETTOLSHEIM
M-6 WILLER-SUR-THUR

N-6 WITZENHEIM
N-6 WITTELSHEIM
N-6 WITTENHEIM
N-7 WITTERSDORF
N-6 ZELLENBERG

69 RHONE

K-10 AMPUIS
K-10 ANSE
K-9 BEAUJEU
K-10 BESSENAY
K-10 BRIGNAIS
K-10 CHAMPAGNE-AU-MONT-D'OR
K-10 CHAPONOST
K-9 CORCELLES-EN-BEAUJOLAIS
K-9 COURS-LA-VILLE
J-10 ECULLY
K-10 FRANCHEVILLE
K-9 JULIENAS
K-10 LACHASSAGNE
K-9 LAMURE-SUR-AZERGUES
K-10 LIMONEST
K-10 LYON (SAINTE-FOY-LES-LYON)
L-10 MEYZIEU
K-10 MORNANT
K-10 PONTCHARRA-SUR-TURDINE
K-9 QUINCIE-EN-BEAUJOLAIS
K-10 ROCHETAILLEE
K-10 SAINT-GENIS-LES-OLLIERES
K-10 SAINT-LAURENT-DE-
CHAMOUSSET
K-10 SAINT-MARTIN-EN-HAUT
L-10 SAINT-PIERRE-DE-CHANDIEU
K-10 SAINT-PRIEST
K-10 SARCEY
K-10 SEREZIN-DU-RHONE
K-9 TAPONAS
K-10 TARARE
K-10 THEIZE
K-9 THIZY
K-10 THURINS

70 HAUTE-SAONE

M-7 CHAMPAGNEY
L-7 COMBEAUFONTAINE
M-7 ESPRELS
M-6 FAUCOGNEY
L-7 GRAY
M-7 HERICOURT
L-7 JUSSEY
M-7 LURE
M-7 LUXEUIL-LES-BAINS
L-7 PESMES
M-7 PLANCHER-LES-MINES
M-7 PORT-SUR-SAONE
M-7 RONCHAMP
M-6 SAINT-LOUP-SUR-SEMOUSE
M-7 VELLEMINFROY
L-7 VENERE
M-7 VESOUL
M-7 VILLERSEXEL

71 SAONE-ET-LOIRE

K-8 AUTUN
K-9 BEAUBERY
K-8 BEAUREPAIRE-EN-BRESSE
K-8 BLANZY
K-8 BOURBON-LANCY
K-8 BUXY
K-8 CHAGNY
K-8 CHAGNY (CHASSEY-LE-CAMP)
K-8 CHALON-SUR-SAONE
K-8 CHALON-SUR-SAONE
(SAINT-REMY)
L-8 CHARETTE
K-9 CHAROLLES
K-8 CHISSAY-EN-MORVAN
K-9 CLAYETTE (LA)
K-9 CLUNY
K-8 COUCHES

— 267 —

K-8 CREUSOT (LE) (LE BREUIL)
K-9 CROIX-BLANCHE (LA)
 (BERZE-LA-VILLE)
L-9 CUISEAUX
K-9 CUISERY
J-9 DIGOIN
K-9 DOMPIERRE-LES-ORMES
K-8 ETANG-SUR-ARROUX
K-9 FLEURVILLE
K-8 GIVRY
K-8 GOURDON
K-9 GUEUGNON
K-8 JONCY
L-8 LOUHANS
K-8 LUGNY
K-8 MACON
K-9 MACON (SENNECE-
 LES-MACON)
J-9 MARCIGNY
K-8 MERCUREY
K-8 MESSEY-SUR-GROSNE
K-9 PARAY-LE-MONIAL
K-8 PETITE-VERRIERE (LA)
K-9 ROMANECHE-THORINS
L-9 ROMENAY
L-8 SAGY
K-8 SAINT-BOIL
K-8 SAINT-BONNET-DE-JOUX
K-8 SAINT-GENGOUX-LE-NATIONAL
L-8 SAINT-GERMAIN-DU-BOIS
L-8 SAINT-MARTIN-EN-BRESSE
L-8 SAINT-USUGE
K-9 TOURNUS
K-8 VARENNES-LE-GRAND

72 SARTHE

D-7 BAZOUGES-SUR-LE-LOIR
E-6 BEAUMONT-SUR-SARTHE
F-7 CHARTRE-SUR-LE-LOIR (LA)
F-7 CHATEAU-DU-LOIR
F-7 ECOMMOY
F-6 FERTE-BERNARD (LA)
E-7 FLECHE (LA)
E-6 FRESNAY-SUR-SARTHE
E-6 FRESNAYE-SUR-CHEDOUET (LA)
E-7 LUCHE-PRINGE
E-7 LUDE (LE)
F-6 MAMERS
F-7 SAINT-GERMAIN-D'ARCE
E-6 SAINT-SYMPHORIEN
F-6 THORIGNE-SUR-DUE
F-6 VIBRAYE

73 SAVOIE

L-10 AIGUEBELETTE-LE-LAC
M-10 AIGUEBELLE
M-10 AIME
M-10 AIX-LES-BAINS
M-10 AIX-LES-BAINS
 (PUGNY-CHATENOD)
M-10 AIX-LES-BAINS (TREVIGNIN)
M-10 ALBERTVILLE
M-11 ALBIEZ-MONTROND
M-10 ARVILLARD
M-10 AUSSOIS
M-10 BATHIE (LA)
M-10 BEAUFORT-SUR-DORON
N-10 BESSANS
N-10 BONNEVAL-SUR-ARC
L-10 BOURDEAU
M-10 BOURG-SAINT-MAURICE
M-10 BRIDES-LES-BAINS
M-10 CHALLES-LES-EAUX
M-10 CHAMBERY
M-10 CHAMBERY
 (LES CHARMETTES)
M-10 CHAMOUSSET
M-10 CHAMPAGNY-EN-VANOISE
M-10 CHATELARD (LE)
L-10 CHINDRIEUX
M-10 COL-DE-LA-MADELEINE

M-10 CREST-VOLAND
M-10 FECLAZ (LA)
M-10 FLUMET
M-10 FRANCIN
M-10 GIETTAZ (LA)
M-10 JARRIER
M-10 JARSY
M-10 LANDRY
N-10 LANSLEBOURG
N-10 LANSLEVILLARD
L-10 LEPIN-LE-LAC
M-10 MODANE-VALFREJUS
M-10 MONTMELIAN
M-10 MOUTIERS
M-10 NOTRE-DAME-
 DE-BELLECOMBE
L-10 NOVALAISE
M-10 NOTRE-DAME-DU-PRE
M-10 PEISEY-NANCROIX
L-10 PONT-DE-BEAUVOISIN
M-10 PRALOGNAN-LA-VANOISE
L-10 PUSSY-LA LECHERE-LES-BAINS
M-10 REVARD (LE)
N-10 ROSIERE-
 DE-MONTVALEZAN (LA)
L-10 SAINT-ALBAN-DE-MONTBEL
L-10 SAINT-BERON
M-11 SAINT-JEAN-D'ARVES
M-11 SAINT-MICHEL-
 DE-MAURIENNE
M-11 SAINT-SORLIN-D'ARVES
M-10 SARDIERES
M-10 SEEZ
N-10 SEEZ (VILLARD-DESSUS)
N-10 TERMIGNON
N-10 TIGNES (LAC DE)
N-10 TOUSSUIRE (LA)
N-10 VAL-D'ISERE
M-11 VALLOIRE
M-10 VERRENS-ARVEY
M-10 VILLARD-SUR-DORON
M-10 VIVIERS-DU-LAC
L-10 YENNE

74 HAUTE-SAVOIE

M-9 ABONDANCE
M-9 ALLINGES
M-9 ALLINGES-MESINGES
M-9 ALLONZIER-LA-CAILLE
M-9 AMANCY
M-9 AMPHION-LES-BAINS
M-9 ANNECY
M-9 ANNECY-LE-VIEUX
M-9 ANNECY-LE-VIEUX (ALBIGNY)
M-9 ANNEMASSE (ETREMBIERES)
L-9 ARGENTIERE
M-9 ARMOY
M-9 BALME-DE-SILLINGY (LA)
M-9 BELLEVAUX
M-9 BELLEVAUX (HIRMENTAZ)
M-9 BERNEX
M-9 BERNEX (LA BEUNAZ)
M-9 BIOT (LE)
M-9 BOGEVE
M-9 BONLIEU
M-9 BONNE
M-9 BONNEVILLE
M-10 BOUCHET (LE)
M-10 BREDANNAZ-DOUSSARD
M-9 CARROZ-D'ARACHES (LES)
L-9 CHALLONGES
N-9 CHAMONIX
N-9 CHAMONIX (LE LAVANCHER)
N-9 CHAMONIX (LES BOSSONS)
M-10 CHAPARON
M-9 CHAPELLE-D'ABONDANCE (LA)
M-9 CHATEL
M-9 CLUSAZ (LA)
M-9 CLUSES
M-9 COL DU MONT-SION
M-9 COMBLOUX

M-10 CONTAMINES-MONTJOIE (LES)
M-9 CORDON
M-10 DOUSSARD
M-9 DOUVAINE
M-10 DUINGT
L-9 ELOISE
M-9 EVIAN-LES-BAINS
M-9 EVIAN-LES-BAINS
 (NEUVECELLE)
M-10 FAVERGES (SEYTHENEX)
M-9 FAYET-LES-THERMES (LE)
M-9 GETS (LES)
M-9 GRAND-BORNAND-
 CHINAILLON (LE)
M-9 GRAND-BORNAND-VILLAGE (LE)
M-10 GRUFFY
M-9 HABERE-LULLIN
M-9 HABERE-POCHE
N-9 HOUCHES (LES)
M-10 LULLIN
M-10 MANIGOD
 (COL DE LA CROIX-FRY)
M-9 MARGENCEL
M-9 MEGEVE
M-9 MEILLERIE
M-9 MESSERY
M-9 MONT-SAXONNEX
M-10 MONTMIN
M-9 MONTRIOND
M-9 MORZINE
M-9 MURAZ (LA)
M-9 NAVES-PARMELAN
M-9 PASSY
M-9 PLATEAU-D'ASSY
M-10 PRAZ-SUR-ARLY
M-9 PRINGY
M-9 REIGNIER (L'ECULAZ)
M-9 ROCHE-SUR-FORON (LA)
M-9 RUMILLY-MOYE
M-9 SAINT-CERGUES
M-10 SAINT-EUSTACHE
M-10 SAINT-FERREOL
M-9 SAINT-GERVAIS-LES-BAINS
M-9 SAINT-GINGOLPH
M-9 SAINT-JEAN-DE-SIXT
M-10 SAINT-JORIOZ
M-9 SAINT-MARTIN-BELLEVUE
M-9 SALLANCHES
M-9 SAMOENS
M-10 SEMNOZ (LE)
M-10 SERRAVAL
M-9 SERVOZ
M-10 SEVRIER
M-9 SIXT-FER-A-CHEVAL
M-10 TALLOIRES
M-10 TALLOIRES (ANGON)
M-9 TANINGES (LE PRAZ-DE-LYS)
M-10 THONES
M-9 THONON-LES-BAINS
M-9 THORENS-GLIERES
M-9 VIUZ-EN-SALLAZ
M-9 VOUGY
M-9 YVOIRE

76 SEINE-MARITIME

G-4 AUMALE
F-3 BERNEVAL-SUR-MER
F-4 BOSC-LE-HARD
F-4 CAUDEBEC-EN-CAUX
F-4 CROIX-MARE
F-3 DIEPPE
F-4 DUCLAIR
G-3 EU
F-4 FAUVILLE-EN-CAUX
F-4 FORGES-LES-EAUX
F-4 HERICOURT-EN-CAUX
F-4 LONDINIERES
F-4 MAILLERAYE-SUR-SEINE (LA)
F-4 MESNIL-ESNARD
G-3 MESNIL-VAL-PLAGE
G-4 NEUCHATEL-EN-BRAY

F-4	NORVILLE
F-4	NOTRE-DAME-DE-BONDEVILLE
F-3	PETITES-DALLES (LES)
F-3	POURVILLE-SUR-MER
F-3	QUIBERVILLE-SUR-MER
F-3	SAINT-AUBIN-SUR-SCIE
F-4	SAINT-LEONARD
F-3	SAINT-VALERY-EN-CAUX
F-3	SOTTEVILLE-LES-ROUEN
F-3	VARENGEVILLE-SUR-MER
F-3	VEULETTES-SUR-MER
F-4	YPORT

77 SEINE-ET-MARNE

H-6	BARBIZON
H-6	BOIS-LE-ROI
H-6	BOURRON-MARLOTTE
H-5	CHAUMES-EN-BRIE
H-5	CRECY-LA-CHAPELLE
H-5	FAREMOUTIERS
J-5	FERTE-GAUCHER (LA)
H-5	FERTE-SOUS-JOUARRE (LA)
H-6	FONTAINEBLEAU
H-6	FONTAINS
H-5	JOUARRE
H-5	MARY-SUR-MARNE
H-6	MELUN
H-6	MONTCOURT-FROMONVILLE
H-6	MONTIGNY-SUR-LOING
H-7	MORET-SUR-LOING
H-5	NANGIS
H-5	NANTEUIL-SUR-MARNE
J-6	NOYEN-SUR-SEINE
H-6	OZOIR-LA-FERRIERE
J-6	PROVINS
H-6	RECLOSE
J-5	ROZAY-EN-BRIE
J-5	SABLONNIERES
H-6	SAINT-PIERRE-LES-NEMOURS
H-6	SAMOIS
H-6	THOMERY
H-6	TRILPORT
H-6	URY
H-6	VALENCE-EN-BRIE
H-6	VILLAROCHE
H-5	VOISINS-DE-MOUROUX

78 YVELINES

G-5	GAZERAN
G-5	HOUDAN
G-5	MONTFORT-L'AMAURY
G-5	VERSAILLES

79 DEUX-SEVRES

D-9	ARCAIS
E-8	BRESSUIRE
E-9	BRIOUX-SUR-BOUTONNE
E-9	CELLES-SUR-BELLE
D-8	CERIZAY
E-9	CHENAY
E-9	COULON
D-8	MAULEON
E-9	NIORT
E-9	NIORT (SAINT-REMY)
E-8	OIRON
E-8	PARTHENAY
E-9	REFFANNES
E-8	SAINT-JEAN-DE-THOUARS
E-9	SAINT-MAIXENT-L'ECOLE
E-9	SAINT-PARDOUX
E-8	SAINTE-RADEGONDE
E-9	SAUZE-VAUSSAIS
E-9	SOUDAN
E-9	VILLIERS-EN-BOIS

80 SOMME

H-3	ALBERT
G-3	CRECY-EN-PONTHIEU
H-3	DOULLENS
G-3	FORT-MAHON-PLAGE

G-3	HOURDEL (LE)
H-3	PERONNE
H-4	ROYE
G-3	RUE

81 TARN

H-13	ALBAN
H-13	ALBI
H-13	AMBIALET
H-13	ANGLES
H-13	BOUT-DU-PONT-DE-L'ARN
H-13	BRASSAC
H-13	CARMAUX
H-13	CASTRES
G-13	CORDES
G-13	CUQ-TOULZA
G-13	DENAT
G-13	GRAULHET
H-13	LACAUNE
H-13	LACROUZETTE
H-13	LAVAUR
G-13	MARSSAC-SUR-TARN
H-13	MASSAGUEL
H-13	MAZAMET
G-13	MONESTIES
H-13	MONT-ROC
H-13	MONTREDON-LABESSONNIE
H-13	NAGES
G-13	PUYLAURENS
G-13	RABASTENS
H-13	REALMONT
H-13	SAINT-BAUDILLE
G-13	SAINT-FERREOL
H-13	SAINT-PIERRE-DE-TRIVISY
G-13	SAINT-SULPICE
H-12	TANUS
H-13	VALENCE-D'ALBIGEOIS

82 TARN-ET-GARONNE

F-13	BEAUMONT-DE-LOMAGNE
G-13	BRUNIQUEL
G-12	CAUSSADE
G-13	MONTAUBAN
F-13	MONTECH
G-13	MONTRICOUX
G-13	VAISSAC

83 VAR

N-13	ADRETS-DE-L'ESTEREL (LES)
M-13	AIGUINES
M-13	ARCS (LES)
M-13	AUPS
L-14	BANDOL
M-13	BAGNOLS
M-13	BARJOLS
M-13	BAUDUEN
M-14	BEAUSSET (LE)
M-14	BORMES-LES-MIMOSAS
M-13	BRIGNOLES
M-13	CANNET-DES-MAURES (LE)
M-13	COMPS-SUR-ARTUBY
M-13	FAYENCE
M-13	FOX-AMPHOUX
M-14	GAREOULT
M-14	HYERES
M-14	HYERES (L'AYGADE)
M-13	ISSAMBRES (LES)
M-14	LAVANDOU (LE)
L-14	LECQUES (LES)
L-14	LECQUES (LES) SAINT-CYR-SUR-MER
M-13	LORGUES
M-13	LUC-EN-PROVENCE (LE)
L-14	PLAN-D'AUPS-SAINTE-BAUME
L-13	RIANS
M-13	SAINT-AYGULF
N-13	SAINT-RAPHAEL
N-13	SAINT-RAPHAEL (ANTHEOR)
N-13	SAINT-RAPHAEL (LE DRAMONT)
N-13	SAINT-RAPHAEL (VALESCURE)
M-13	SALLES-SUR-VERDON (LES)

N-13	TANNERON
M-13	THORONET (LE)
M-13	TOURVES

84 VAUCLUSE

L-13	ALTHEN-DES-PALUDS
L-13	APT
L-12	AUREL
K-13	AVIGNON
K-13	AVIGNON (MONTFAVET)
L-12	BARROUX (LE)
L-13	BASTIDE-DES-JOURDANS (LA)
L-13	BEDARRIDES
K-12	BOLLENE
L-13	BUOUX
L-13	CADENET
L-12	CAROMB
L-13	CARPENTRAS
L-13	CARPENTRAS (SAINT-DIDIER)
L-13	CAVAILLON
L-12	COURTHEZON
L-13	COUSTELLET
L-13	CUCURON
L-13	FONTAINE-DE-VAUCLUSE
L-12	GIGONDAS
L-13	GORDES
L-13	ISLE-SUR-SORGUE (L')
L-13	JOUCAS
L-13	LAURIS-SUR-DURANCE
L-13	LOURMARIN
L-12	MALAUCENE
L-13	MAZAN
L-13	MERINDOL
K-12	MONDRAGON
L-13	MORIERES-LES-AVIGNON
K-12	MORNAS
K-12	ORANGE
L-13	PERNES-LES-FONTAINES
L-13	PERTUIS
K-12	PIOLENC
L-12	RASTEAU
L-13	ROUSSILLON
L-13	RUSTREL
L-13	SAINT-SATURNIN-D'APT
L-12	SAULT
L-12	SEGURET
L-12	VAISON-LA-ROMAINE
L-12	VALREAS
L-13	VENASQUE
L-12	VISAN

85 VENDEE

C-8	BEAUVOIR-SUR-MER
D-8	BOUPERE (LE)
C-8	BRETIGNOLLES
C-8	CHALLANS
D-8	CHANTONNAY
D-8	CHATAIGNERAIE (LA)
D-8	FONTENAY-LE-COMTE
D-8	HERBIERS (LES)
D-9	LUÇON
D-9	LUÇON (CHASNAIS)
D-9	MAILLEZAIS
D-8	MERVENT
D-8	MONTAIGU
D-8	MORTAGNE-SUR-SEVRE
C-8	NOIRMOUTIER-EN-L'ILE
C-8	NOTRE-DAME-DE-MONTS
C-8	OIE (L')
D-8	PALLUAU
D-8	POUZAUGES
D-8	ROCHE-SUR-YON (LA)
D-8	ROCHESERVIERE
C-9	SABLES-D'OLONNE (LES)
C-8	SAINT-GILLES-CROIX-DE-VIE
C-8	SAINT-JEAN-DE-MONTS
D-8	SAINT-LAURENT-SUR-SEVRE
D-8	SAINT-PHILBERT-DE-BOUAINE
D-9	SAINT-VINCENT-SUR-JARD
C-9	TALMONT-SAINT-HILAIRE
D-9	TRANCHE-SUR-MER (LA)

D-9	VELLUIRE	
D-9	VOUVANT	

— 270 —

Guide 1988
Fiche d'appréciation à envoyer à la

FÉDÉRATION NATIONALE DES LOGIS
ET AUBERGES DE FRANCE
25, rue Jean-Mermoz - 75008 PARIS

Nom de l'usager _____
Name of guest / Name des Gastes / Naam inzender

Nationalité _____
Nationality / Nationalität / Nationaliteit

Profession _____
Profession / Beruf / Beroep

Adresse _____
Address / Anschrift / Adres

_____

Dates de séjour _____
Dates of stay / Aufenthaltsdaten / Datum verblijf

_____

Nom de l'hôtel _____
Name of hotel / Name des Hotels / Naam van het hotel

Nom de l'hôtelier _____
Name of hotel owner-manager / Name des Hoteliers / Naam van de hotelhouder

Localité _____
Locality / Ort / Plaatsnaam

Département _____

Les prix énoncés dans le Guide ont-ils été respectés ? _____	OUI	NON
Are prices charged the same as in the Guide ?	YES	NO
Wurden die im Führer angegebenen Preise eingehalten ?	JA	NEIN
Zijn de in de gids opgegeven prijzen gehandhaafd ?	JA	NEE
Le service était-il compris dans les prix ? _____	OUI	NON
Was service included in the price ?	YES	NO
War die Bedienung im Preis inbegriffen ?	JA	NEIN
Was de bediening bij de prijs inbegrepen ?	JA	NEE
Etes-vous satisfait de l'accueil ? _____	OUI	NON
Were you satisfied with your reception at the hotel ?	YES	NO
Waren Sie mit Aufnahme zufrieden ?	JA	NEIN
Bent u tevreden over de service ?	JA	NEE

Autres observations
Other comments / Weitere Bemerkungen / Andere opmerkingen

_____

_____

_____

_____

_____

Signature : _____ **Date :** _____
Signature / Unterschrift /　　　　　_Date / Datum_
Handteckening

Guide 1988
Fiche d'appréciation à envoyer à la

FÉDÉRATION NATIONALE DES LOGIS
ET AUBERGES DE FRANCE
25, rue Jean-Mermoz - 75008 PARIS

Nom de l'usager _____
Name of guest / Name des Gastes / Naam inzender

Nationalité _____
Nationality / Nationalität / Nationaliteit

Profession _____
Profession / Beruf / Beroep

Adresse _____
Address / Anschrift / Adres

_____

Dates de séjour _____
Dates of stay / Aufenthaltsdaten / Datum verblijf

Nom de l'hôtel _____
Name of hotel / Name des Hotels / Naam van het hotel

Nom de l'hôtelier _____
Name of hotel owner-manager / Name des Hoteliers / Naam van de hotelhouder

Localité _____
Locality / Ort / Plaatsnaam

Département _____

Les prix énoncés dans le Guide ont-ils été respectés ? _____	OUI NON
Are prices charged the same as in the Guide ?	YES NO
Wurden die im Führer angegebenen Preise eingehalten ?	JA NEIN
Zijn de in de gids opgegeven prijzen gehandhaafd ?	JA NEE
Le service était-il compris dans les prix ? _____	OUI NON
Was service included in the price ?	YES NO
War die Bedienung im Preis inbegriffen ?	JA NEIN
Was de bediening bij de prijs inbegrepen ?	JA NEE
Etes-vous satisfait de l'accueil ? _____	OUI NON
Were you satisfied with your reception at the hotel ?	YES NO
Waren Sie mit Aufnahme zufrieden ?	JA NEIN
Bent u tevreden over de service ?	JA NEE

Autres observations
Other comments / Weitere Bemerkungen / Andere opmerkingen

_____

_____

_____

_____

Signature : _____   **Date :** _____
Signature / Unterschrift /   *Date / Datum*
Handteckening

DEMANDE D'INFORMATION

pour l'édition 1989

du

GUIDE DES HÔTELS LOGIS ET AUBERGES DE FRANCE

25, rue Jean-Mermoz - 75008 PARIS

M

Adresse complète :

En envoyant ce bon, vous serez informé en temps utile de la date de parution et du prix de notre GUIDE 1989

Editeur: FIVEDIT

96, rue du Faubourg-Poissonnière - 75010 PARIS - Tél. (1) 48 78 60 13
25, clos du Buisson - 74000 ANNECY-LE-VIEUX - Tél. 50 66 33 78

Dépôt légal: 1er trimestre 1988
N° ISBN 2-903021-10-4

Imprimerie de La Haye-Mureaux - Tél. 30 99 64 40
PRINTED IN FRANCE